国家出版基金项目
NATIONAL PUBLICATION FOUNDATION

国家社科基金重大项目成果

"十三五"国家重点图书出版规划项目

U0101148

中国老学通史

刘固盛　主编

刘韶军　著

近现代卷（上）

海峡出版发行集团
THE STRAITS PUBLISHING & DISTRIBUTING GROUP

福建人民出版社
FUJIAN PEOPLE'S PUBLISHING HOUSE

图书在版编目（CIP）数据

中国老学通史. 近现代卷：上下 / 刘固盛主编；
刘韶军著 . --福州：福建人民出版社，2023.9
ISBN 978-7-211-08977-2

Ⅰ.①中… Ⅱ.①刘… ②刘… Ⅲ.①老子—
哲学思想—研究—中国—近现代 Ⅳ.①B223.15

中国国家版本馆 CIP 数据核字（2023）第 021669 号

中国老学通史·近现代卷(上、下)

ZHONGGUO LAOXUE TONGSHI·JINXIANDAI JUAN(SHANG、XIA)

作　　者：刘固盛　主编　刘韶军　著

责任编辑：莫清洋　李建周　史霄鸿

责任校对：李雪莹

出版发行：福建人民出版社　　　　　电　　话：0591-87533169(发行部)

网　　址：http://www.fjpph.com　　电子邮箱：fjpph7211@126.com

地　　址：福州市东水路 76 号　　　　邮政编码：350001

经　　销：福建新华发行（集团）有限责任公司

印　　刷：恒美印务（广州）有限公司

地　　址：广州市南沙区环市大道南 334 号

开　　本：710 毫米×1000 毫米　　1/16

印　　张：79

字　　数：1132 千字

版　　次：2023 年 9 月第 1 版　　　　2023 年 9 月第 1 次印刷

书　　号：ISBN 978-7-211-08977-2

定　　价：248.00 元

目　录

第一章 近现代老学发展的思想文化背景

近代是中国社会的转型与剧变期，1949 年新中国成立后，中国进入一个全新的发展阶段。近代思想文化是一幅中西交融、新旧交汇的历史画卷，现代文化则呈现出转换创新、生机勃发的图景。特别是改革开放以来，随着思想解放的进程不断加快，学术研究也进入一个繁荣的阶段。

第一节 中西文化的碰撞与融合

一、西学的传入

早在明代，西学就已开始传入中国，主要方式是靠西方的传教士来中国传教过程中，向中国学术界介绍西方天文学、数学等方面的知识与学术，当然也向中国传播了西方基督教的教义等。清代学者阮元编集《畴人传》[①]，记载了明代以来西方学者在中国传播西方天文学的情况，其中卷四十三至卷四十六专门记载西洋天文学家的情况。而《明史》中的《徐光启传》也记载了当时中国学者学习和接受西方科学知识的情况。[②] 整个明清时期，中国学者对西方的天文

[①] 可参见广陵书社 2009 年出版的《畴人传汇编》。此书收阮元《畴人传》、罗士琳《畴人传续编》、诸可宝《畴人传三编》、华世芳《近代畴人著述记》、黄钟骏《畴人传四编》，因合为一书出版，故新命名为《畴人传汇编》。
[②] 《畴人传》中也有徐光启的传。

学都是采取学习与接受的态度，并在其基础上进一步研究相关问题。

江晓原、钮卫星著《天文西学东渐集》①，专门论述西方天文学向中国传入的情况，其中的"近代篇"记载明清之际的西方天文学传入中国的情况。在《开普勒天体引力思想在中国》章中，作者认为开普勒用磁引力解释行星运动物理机制的学说在牛顿出生之前就已传入中国，清代的王锡阐、梅文鼎等人曾受其启发，做过进一步的研究。② 文中也说明了开普勒天体引力学说传到中国的过程：

> （开普勒）在 1609 年发表的《新天文学》……在 1618—1621 年间出版的三卷本《哥白尼天文学概要》中他的磁引力之说又有进一步发展……此时正值耶稣会传教士东渡来华的高潮时期。③ 耶稣会士为了能在中国合法地传教，以传播西方文化知识为手段，设法接近中国的上层社会。1629—1634 年间，由徐光启主持，罗雅谷、邓玉涵、龙华民④等人撰成天文学著作《崇祯历书》。此书介绍了托勒密、哥白尼、第谷、开普勒、伽利略等许多西方天学家的天文学理论和工作。在以后的一个世纪中，《崇祯历书》几乎成了中国天文学家学习西方天文学的惟一源泉。开普勒用磁力来解释行星运动的学说就在此书中被介绍到中国。⑤

此书还介绍了西方第谷的天文学说传到中国、耶稣会士传授西方天文学、明末来华耶稣会士介绍托勒密天文学、汤若望与托勒密天文学在中国之传播等方面的情况，⑥ 并且谈到了耶稣会士在中国传

① 上海书店出版社 2001 年版。
② 江晓原、钮卫星：《天文西学东渐集》，上海书店出版社 2001 年版，第 259 页。
③ 1609 年，为明万历三十七年；1618—1621 年，为明万历四十六年至天启元年；下面提到的 1629—1634 年为明崇祯二年至七年，属于明代后期。
④ 罗、邓、龙三人都是西方耶稣会的传教士。
⑤ 江晓原、钮卫星：《天文西学东渐集》，上海书店出版社 2001 年版，第 260 页。
⑥ 江晓原、钮卫星：《天文西学东渐集》，上海书店出版社 2001 年版，第 269、301、317、330 页。

教时重视采取"学术传教"的方法。万历十年（1582）利玛窦到达澳门，此为耶稣会士来华的标志。万历二十九年他朝见万历皇帝，贡献西洋物品，赐留京师，此后活动频繁，日与显宦晋接。① 当时明朝的士大夫对科技知识兴趣颇浓，利玛窦认为，传教士如能在当时的修改历法事务中有所贡献，就能取悦于朝廷，而介绍科技知识，也有利于使传教士在中国统治阶层中扩大影响，于是他决定采取"学术传教"的方针，请罗马耶稣教会选派精通科技知识的会士来华。而耶稣会士中不乏博学之人，利玛窦本人就对几何学、算术、天文、地理学等颇有造诣。在"学术传教"方针确定之后，具备数学、天文、历法、机械等知识的耶稣会士接踵来华，如汤若望、罗雅谷、邓玉涵、龙华民、南怀仁等就是其中著名的代表人物。万历四十六年罗马教廷又派金尼阁来华，带来教廷赠送给明朝廷的书籍七千部，此事在当时被视为盛事，受到中国热心西学的士大夫的称道。②

根据研究，当时传来的七千部西方书籍，除了耶稣会教义方面的书籍之外，还有不少科学技术、人文社会学科等方面的著作，让当时中国的士大夫大开眼界，故受他们的称赞也是可想而知的。这说明明末耶稣会士通过学术传教的方式为中国带来大量的西方学术与文化的成果。

二、中国的回应与中西文化交融

在西学东渐的早期，西方文化受到了中国统治者及士大夫的欢迎。江晓原指出，明清士大夫中的学者对待西方的科学知识是持欢迎与学习的态度的，如清代王锡阐、梅文鼎接受西方传教士传来的西方天文学的知识等。③ 又如清代康熙皇帝就非常喜欢学习西方的数学知识，其老师都是西方的传教士，如南怀仁等。他还组织学者陈

① 参见（意）利玛窦、（比）金尼阁：《利玛窦中国札记》，中华书局 1983 年版。
② 参见方豪：《明季西书七千部流入中国考》，《中外文化交通史论丛第一辑》，独立出版社 1944 年版。
③ 可参见《天文西学东渐集》第 261、288、290、291、295、358 等页。

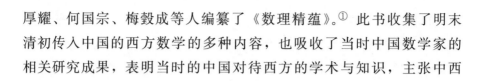

厚耀、何国宗、梅毂成等人编纂了《数理精蕴》。① 此书收集了明末清初传入中国的西方数学的多种内容，也吸收了当时中国数学家的相关研究成果，表明当时的中国对待西方的学术与知识，主张中西贯通，共同研究。

中国当时对待来自西方的科学知识主要持欢迎和学习态度，其原因在于这时的西方科学知识没有对中国传统的学术和思想文化以及社会制度等形成严重的冲击，统治者与士大夫较能以开放胸怀对待西方的学术与科技知识，这与清晚期受到西方国家在军事、政治、经济上的侵略与打击之后对待西方学术的态度是不一样的。

鸦片战争之后，西方列强出于政治、经济原因强行用武力打开向中国出口商品的道路，逼迫中国签订不平等条约，依靠强大的武力向中国索取以前从未涉及的权力，这就使中国的统治阶层感觉到西方列强对中国是欺侮、压迫的态度。而且随着中国与西方列强签订的不平等条约越来越多，国家丧失的主权越来越多，统治阶层再也不能像以前那样对西方国家及其学术文化采取欢迎而赞赏的态度，并在此心态下学习和吸收西方的学术文化。同时，随着西方列强对中国的侵犯越来越深入，中国的统治阶层及士大夫们也感受到中国固有的传统文化及其学术也受到西方近现代学术思想理论的强烈冲击，也不能如以前那样，对西方某些学科的传入保持以中国文化与学术为主导而以之为辅助的态度了。

因此在鸦片战争之后到辛亥革命这一个历史时期内，从朝廷官员到士大夫普遍感受到前所未有的政治、军事、经济以及文化、思想与学术的深重危机，甚至认为这样发展下去会使中国亡国亡种，而无法生存于世界民族之林。所以在这个时期，统治者与士大夫对待西方学术与文化的态度就发生了与以往完全不同的转变。即不再

---

① 详情参见吴文俊主编《中国数学史大系》第七卷（北京师范大学出版社 1999 年版）第三编《康熙帝与数学》部分，其中第一章为《酷爱数学的康熙帝》，说明了康熙学习科学的背景和他的数学观以及他与李光地、梅文鼎等学者的关系，还论述了康熙与《数理精蕴》的编撰的问题，而在第二章中则专门论述《数理精蕴》的内容。

是赞赏、欢迎心态下的学习与引进，而是出于救国救种的根本目的而不得不对西方的文化学术和思想理论以及科学技术等采取有选择地学习。这一时期内统治者和士大夫一方面要保持中国固有的文化与学术，另一方面也要学习西方先进的科学技术与某些政治、经济、社会等方面的理论学说。

魏源首先提出了"师夷长技以制夷"①，他虽贬称西方国家为"夷"——这是中国传统的观念与说法——但也在现实面前承认西方国家的军事与科学技术已经超过中国，所以中国在鸦片战争中会遭到失败，为此提出必须学习西方国家的先进技术。明末清初时的学习西方科技知识，是对中国固有的学术的一种补充，那时的西方科技知识还没有对中国固有的学术及政治与社会秩序造成强烈冲击，所以人们可以心平气和地学习和接受之。鸦片战争之后，中国作为战败国，要对胜利者做出政治经济上的让步，此时的师夷长技，已是一种主动地学习，与以往的被动地接受与学习，在性质上完全不同。

这说明中国在受到西方国家军事、经济、政治打击之后，在科学与技术上也不得不承认西方国家的先进性，但也只是承认这一点，还没有承认西方国家的文化与学术在整体上都先进于中国固有的文化与学术。不过，这一承认是一个开始，随着形势日益严峻，不少人逐步认识到西方国家在学术与文化方面确有先进于中国之处。此后，清政府开展了洋务运动，自民用军工到文化教育，从更多方面向西方学习。

在这方面，中国不像日本那样切实地承认自己的落后，实行全盘西化的文化与思想、学术的改造，而是逐步地一点一点地在事实面前低头，承认西方国家在更多方面比中国先进。这是一个漫长的过程，所以在这种背景下的向西方学习之效果就不如日本通过明治

---

① 魏源在《海国图志》的《原叙》中提出："是书何以作？曰：为以夷攻夷而作，为以夷款夷而作，为师夷长技以制夷而作。"又在卷二《筹海篇三》中说："夷之长技三：一、战舰，二、火器，三、养兵练兵之法。"

维新的方式向西方学习的效果显著。

后来的洋务运动仍然是师夷长技观念的延续，所以虽然在接受与学习西方科技上有了更多的发展，也仍然没有真正摆脱中国固有文化与学术的落后性，因此在后来仍然不断遭受西方以及日本等国家的打击而遭到失败。到这个时候，严复通过大量译介西方的社会政治学说与理论的方式，让中国人认识到中国的落后和受侵略，不仅仅是"技"的方面落后于西方和新近崛起的日本，在关于整个国家社会的政治与理念等方面更是如此。

所以严复在译介西方社会政治方面的学术著作时，用加上自己案语的方式阐述西方社会政治方面的学说与观念，并同时针对中国的社会政治方面的情况进行对照性批评。这就是在提醒中国人，不能仅仅以师夷长技的方法来达到制夷的目的，而是要从根本上对中国传统的社会政治以及相关的思想理论学说重新认识与彻底改造。为此他主张从教育入手，通过长期的努力，全面改造国民的素质，而不是抱希望于一朝一夕的变法或革命式的改朝换代。

但这样的思路为急于改变中国面貌的革命家们难以接受， 所以他们不能彻底实行严复的这种方案，故在选择性地学习与吸收西方国家的社会政治理论和学说时，往往不能虚心学习其中的思想，并切实加以实践，从而使得改造中国的任务完成得不够彻底，留下不少弊端。原因就在于他们只是急于从制度上改造中国。

这也说明在接受和学习西方文化、思想与学术时，不同的中国人会有完全不同的态度与方式，而这又使得接受和学习的效果完全不同。尤其是学者的思考往往不能被行动家所理解和接受，故难以真正使中国理解、掌握并实践西方的学术、思想、文化、理论等。这也说明要区分不同的人来讨论对待西学传入以及学习和接受西学的情况，不能一概而论。

---

① 据王蘧常《严幾道年谱》，1905 年，严复赴伦敦，时孙中山在英，闻严复至，特来访谈。谈次，严复言："以中国民品之劣，民智之卑，即有改革，害之除于甲者将见于乙，泯于丙者将发之于丁。为今之计，惟急从教育上著手，庶几逐渐更新乎！"孙中山曰："俟河之清，人寿几何？君为思想家，鄙人乃执行家也。"

从西学传入到中国开展洋务运动，这是一个过程。在开展洋务运动时，清政府设立了相应的机构组织学者译介西方的著作，如京师同文馆的译书，主要由外国传教士傅兰雅、丁韪良等组织。据《同文馆题名录》记载，同文馆译的书有《万国公法》《格物入门》《法国律例》《公法便览》《公法会通》《化学阐原》《算学课艺》《新加坡刑律》《药材通考》等，该馆的总教习丁韪良还著有《中国古世公法论略》。①

江南制造局下设的翻译馆也长期翻译西方著作，参与其事者也有不少传教士，如傅兰雅等。此馆从 1868 年开馆到 1912 年闭馆，在向中国引入西方学术文化方面做了重要贡献。据傅兰雅统计，翻译馆所译书分三类，已刊的书共 235 本，译成而未刊的书共 45 种124 本，未译全的书 13 种。② 据熊月之考订，翻译馆自 1871 年开始正式出书，第一年冬出版西方著作 14 种 41 册，至 1880 年共出书 98种 235 册，译成未刊的 45 种 124 册。③ 魏允恭在《江南制造局记》列出所译书 177 种。徐维则《东西学书录》记录，至 1899 年共译书126 种。陈洙编《江南制造局译书提要》收所译书共 160 种，从内容上看，所译的书包括史志 6 种，政治 3 种，外交 7 种，兵制及兵学33 种，船政 6 种，学务 2 种，工程 4 种，农学 9 种，矿学 10 种，工艺 18 种，商学 3 种，格致 3 种，算学 7 种，电学 4 种，化学 8 种，声学 1 种，光学 1 种，天文学 2 种，地学 3 种，医学 11 种，图学 7种，其他 12 种。

此外福建船政学堂也译了一些西方著作，如《格致正轨》《中国江海险要图志》《喝茫蚕书》等。

这些机构主要翻译西方科学技术以及法律、军事方面的著作，严复译书晚于洋务运动相关机构的译书，他主要选择翻译西方的社会政治著作，可以说是对洋务运动机构译书的补充，所以他的译书

---

① 张倩：《从三大新式学堂的译书活动看洋务运动》，《科技信息》2011 年第 17 期。

② 傅兰雅：《江南制造总局翻译西书事略》，见《中国近代出版史料初编》，群联出版社 1953 年版，第 23—25 页。

③ 熊月之：《西学东渐与晚清社会》，上海人民出版社 1994 年版，第 499 页。

在当时能形成相当大的影响。

洋务运动过程中由官方机构译介的西方著作数量极多，说明当时的中国在接受与学习西方科学技术和社会政治思想学说方面，确实做了大量的工作。在科学技术方面，中国人能够认真切实地去学，而在社会政治思想学说方面，则不能如此。如严复这样的思想家式的学者在译书中随时针对中国实际情况加以对比和分析，这样的情况，在中国接受和学习西方学术与文化上，就显得特别稀少而更为可贵。但也如孙中山与严复的谈话所表明的，以开展革命活动为主的政治家们，并不能认真思考思想家们对西学的传播与思想，所以思想家们对于中国的改造与发展进步的影响就会小于政治家们。这也是西学在传入中国以及中国人接受和学习西方学术与文化时的一个特别值得关注的现象。

较之明代传教士，洋务运动期间，西方人士来华传播学术与文化，获得了从未有过的优越条件。如上面提到的傅兰雅、丁韪良等，都有中国朝廷给予的官方职务，可以利用官方的资源进行西方著作的翻译。他们还可以办报纸与杂志，让更多的西方在华人士发表文章来讨论和宣传西方的学术与文化，以及如何改造中国社会种种问题。

据方汉奇《中国近代报刊史》统计，从 1815 年到 19 世纪末，外国人在中国一共创办了近 200 种中外文报刊，占当时我国报刊总数的 80% 以上。其中从 1815 年至 1842 年，外国人在中国办中外文报刊共 17 家。1842 年签订的《南京条约》规定"耶稣圣教及天主教"的"传授习学"活动，"中国官毫不得苛待禁阻"，在此背景下，19 世纪 40 至 90 年代，外国人在中国办中外文报刊近 170 种，约占同时期我国报刊总数的 95%，其中大部分是以教会或传教士个人名义创办。①

这一时期，西方传教士在中国宣传教义以及探讨中西文化的种种问题的条件比之从前大为改善。他们在所创办的报刊上大量撰写

---

① 方汉奇：《中国近代报刊史》，山西人民出版社 1981 年版，第 10、18 页。

文章，形成了西方人在中国传播西方思想文化的重要途径，并在当时中国的士大夫中间产生了较大较广泛的影响。这些报刊中，著名者如《申报》，原名《申江新报》，1872 年在上海创刊，至 1949 年 5 月 27 日才停刊。此报是由英商美查同伍华特、普莱亚、麦洛基合资创办的商业报纸，其内容一是发表政论文章，与国计民生、社会经济有关的事都会关注和评议；二是报道各类新闻，如当时日本侵略台湾，美查派人去台湾采访以报道事实真相；三是注意反映社会实际情况，如连续三年报道杨乃武冤案，在当时产生很大影响。此外重视发表副刊文章，创办文艺杂志，如文艺期刊《瀛寰琐记》，还创办使用白话文和标点符号的通俗报纸《民报》，编印《瀛寰画报》《点石斋画报》，还印刷书籍，开办药水厂、肥皂厂等。

又如《万国公报》，它由英国传教士林乐知创办于 1868 年，至 1907 年停办。其内容一方面刊登与教会有关的文章，另一方面则刊登有关中西文化的文章并评论当时中国的各类社会事件。这些文章的作者绝大部分都是当时在华的西方传教士。

在钱锺书主编的"中国近代学术名著"丛书中收有李天纲编校的《万国公报文选》①，此书卷前有朱维铮撰写的《导言》，详细论述了《万国公报》各方面的情况，使我们可以充分了解《万国公报》在传播西方文化学术方面的详情与作用。此《导言》中说："晚清在华的西方人士所主办的中文报刊，曾对中国的学术和政治的实际运动，发生过重要影响的，首先要数在上海出版的《万国公报》。"从《万国公报文选》的篇目中，我们可以看出这份西方传教士办的报纸在哪些方面对中国的士大夫们产生过影响。

一是基督教教义。这方面的文章如《耶稣教士致中国书》《格物探源》《摩西十诫与儒道相合说》《教化议》《儒教不信福音缘故》《论耶教之道超于诸教不得不传至万邦》《耶稣示人以四海为兄弟》

---

① 三联书店 1998 年版。

《儒教辨谬（选录）》①《圣教问答》《中西教学原始论》《自西徂东（选录）》②《中西关系论》《救世教益（选录）》③《基督教有益于中国说》《民教相安议》《救世教成全儒教说》《论基督教于中国学术更变之关系》《论儒教与基督教之分》等。这些文章在传播基督教教义的同时，也说明基督教与儒教的关系，实际上就是论述中西文化的关系问题。

二是时评。这一类的文章有《中西时势论》《中西关系略论（选录）》④《强国利民略论》《救民必立新法》《裹足论》《劝士习当今有用之学论》《敏事慎言论》《泥古变今论》《振兴学校论（选录）》⑤《中国专尚举业论》《华美俄三国将兴论》《设广学会以期中国富强说》《广学会大有造于中国说》《中美关系略论》《中日两国进止互歧论》《中东之战关系地球全局说》《救时策》《新政策》《亟宜防外患论》《新命论》《中国能化旧为新乃能以新存旧论》《藉西士以兴中国论》《行政三和说》《君民一体说》《论太平洋大舞台》等，都与中国文化、中国内政外交乃至世界发展变化等问题有关，是当时在华的西方传教士们对于中国种种问题的思考与见解。

三为西学。此类文章有《译民主国与各国章程及公议堂解》《记上海创设格致书院》《泰西妇女备考》《培根〈格致新法〉（选录）》⑥《泰西诸国校塾》《仿洋学设科论》《中西相交之益》《中西书院之益》《西士论中国语言文字》《西学必以中学为本说》《推广西学议》《重

---

① 所选的文章有《论性》《论五常》《论格物致知》《论经书》《论汉儒宋儒》等，都与儒家学说的主要思想和问题有关。

② 所选的文章有《经学体要论》《史学琐谈》《子学探原》《同文要学》《博学有方》等，都与学术有关。

③ 所选文章有《养民》《安民》《新民》《教民》等，都是基督教教义中关于民众的论说。

④ 所选文章有《论谋富之法》《局外旁观论》等，从西方角度论说中国文化及政治形势。

⑤ 所选文章有《本意》《考试》《新法》等，都是关于学校的论述。

⑥ 所选文章有《小序》《弁言》《心中意象或名诸疑大源》《伪学数等》《伪学形迹》《续格学差谬诸因》《续格学振兴有希望之基》等。

授心学论》《富国养民策（选录）》《税敛要例》《〈泰西新史揽要〉译本序》《变通推原（选录）》《创设学校议》《中国宜广新学以辅旧学说》《拟请京师创设总学堂议》《富民策》《养蒙正轨》《各家富国策辨》《推广实学条例》《欧美十八周进化纪略》《论中国之学术》《论调和新旧学界之法》等，从各个方面论述中西文化与学术的关系以及如何改革中国旧式学术以适应新的时代与世界形势等。

根据以上列述文章的名目，可以看出，到晚清时期，西方传教士们在中国传播西学及其文化的条件虽然大为改善，但他们仍然沿用利玛窦的学术传教方针。

以上说明近现代西方学术与文化传入中国的情况及其变化，也涉及当时中国人对这种传入的态度及其变化。以下则要专门说明中国人对待传来的西方文化与学术的态度，以看出其对中国学术的影响。时间段以清末民初为主，后来的影响与变化就较明显且为人熟知，此不赘述。

近代以来中国人对待传来的西方文化与学术的态度，基本上分为两种。第一种是接受、学习，并在自己的研究中与之融合。这种态度为近现代中国的主流，当然这种接受、学习并且与之融合，在多大程度和深度上能够达到与西方学术及其思想精神相一致，是另一回事。也就是说至少在形式上可以学得很像，而在精神上和本质上能学得怎么样则不一定。之所以如此，其根本原因仍是中西文化与学术精神的差异。且接受、学习和与之融合得比较好的多在自然学科方面，而比较差的则多在人文社会学科方面。

第二种是不太愿意接受、学习西方文化与学术，总是强调中国传统文化和学术比西方的优越，或强调中国文化和学术的特殊性。这主要是在人文社会学科方面，而在自然学科方面则相对不会有这种情绪性的态度。持这种态度的人们对西方学术与文化有一定的了解，但从根本上不肯承认其先进性和科学性，因此不能虚心而认真地接受与学习，也就不能真正认识西方学术与文化中的精华与价值。

第一种态度，可以称之为虚心学习派，第二种态度，可以称之为内心抵触派。这两派可以说是当时中国人对待西方近现代学术与

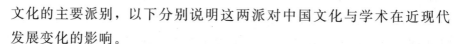

文化的主要派别，以下分别说明这两派对中国文化与学术在近现代发展变化的影响。

虚心学习派的代表人物可举数例。首先是魏源。他受林则徐的嘱托，编纂的《海国图志》，全面收集世界各国的地理、社会、政治、军事、历史、经济、科技、宗教、文化、教育、风土等方面的情况，为"师夷长技"奠定基础。虽还没有真正进入学习西方文化与学术的程度，不过实实在在地表示了虚心"师夷"的态度。也正因为有了这种虚心而认真的态度，所以才能编纂成这样的巨著，打开了中国人向西方学习的道路。之后的洋务运动，可以说就是在国家层面上迈出了向西方学习的第一步。但洋务运动向西方学习的主要还是限于科学技术方面，还没有用心于西方社会学说，更不用说在体制上向西方学习了。

随着洋务运动的逐渐破产，以康有为、严复为代表的学者开始措意于西方政治经济学说。[1]

康有为以促成光绪皇帝实行变法而著名，但他之所以能为光绪皇帝提供全面的变法方案，不是仅靠一时的头脑发热所能完成的，这要归因于他能虚心且深入地学习西方的社会政治学说，有着较充分的理论与学术的准备。

康有为自1882年至1891年间陆续著有《教学通义》《民功篇》《康子内外篇》《实理公法全书》《长兴学记》等，"这些论著表现了康有为急切而认真地向西方新的文化学习，寻求批判旧世界、建设新中华的思想武器"[2]。

康有为在阅读西书所作的笔记中，已采用西方新式学术分科的观念分类论述中国传统学术各方面的内容，包括农学、农业化学、农业肥料、商业、银行、贸易、物价、簿记、工学、土木学、机器

[1] 洋务运动以来到西方游历、参观、访问的中国官员与学者还有不少，但都局限于表面的观察，不能真正深入而系统地学习与了解西方社会政治、人文学科的理论、著作及其思想内容。这里对这一类的学习就不赘述了。

[2] 姜义华、张荣华编校：《康有为全集》第一集《编校说明》，中国人民大学出版社2007年版，第7页。

学、电气学、建筑学、测量等。在《与洪右臣给谏论中西异学书》中，康有为批评洪良品"驳诘洋人政事制度，详斥洋学者之非……然所驳诘者，于洋人情事利弊，似未甚得其綮肯，既未足以折西人，亦不能服讲洋学者之心"。而康有为自己由于"涉猎于洋学，稍反复中西相异之故，及其所以强之效，亦似稍得一二"，认为"近人……鄙洋事者，斥之为夷狄，仆以为皆未深求其故"，并分析了中西学术之所以不同的原因在于势与俗，即历史与国情的差异。西方"政事皆出于议院，选民之秀者与议，以为不可则变之，一切与民共之，任官无二人，不称职则去"，而中国"非无圣君贤臣精核之政，然而一非其人，丛弊百出"，故而造成"外夷迫之"的不利局面。西方文化的优势在于"其设学以教之，其君、大夫相与鼓励之，其士相与聚谋之，器备费足，安得而不精？"而中国"聪明之士，则为诗文无用之学，以其愚下者为之，即有精巧者，又未尝鼓励也，则安能致巧？"能做出这样的分析与判断，说明康有为对于中西文化都有较充分的认识与了解，与一味诘斥西学者不同。①

而据康有为的《我史》②（即其自述年谱），可以了解康有为学习西学的经过。同治十三年（1874），康有为十七岁时，"始见《瀛环志略》《地球图》，知万国之故、地球之理"。光绪五年（1879）二十二岁时，"得《西国近事汇编》……《环游地球新录》及西书数种览之。薄游香港，览西人宫室之瑰丽、道路之整洁、巡捕之严密，乃始知西人治国有法度，不得以古旧之夷狄视之。乃复阅《海国图志》《瀛环志略》等书，购地球图，渐收西学之书，为讲西之基矣。"二十八岁时，"从事算学，以几何著《人类公理》。……乃手定大同之制，名曰《人类公理》。以为吾既闻道，既定大同，可以死矣"。次年，"时张之洞督粤，春间令张延秋编修告之曰：'中国西书太少，傅兰雅所译西书，皆兵医不切之学，其政书甚要，西学甚多新理，

---

① 姜义华、张荣华编校：《康有为全集》第一集，中国人民大学出版社 2007 年版，第 336—337 页。

② 见刘梦溪主编：《中国现代学术经典·康有为卷》，河北教育出版社 1996 年版。

皆中国所无，宜开局译之，为最要事．'张香涛然之，将开局托吾与文芸阁任其事，既而不果。吾乃议以商力为之，事卒不成"。三十岁时，"编《人类公理》……欲立地球万音院之说，以考语言文字。创地球公议院，合公士以谈合国之公理，养公兵以去不会之国，以为合地球之计"。①

由此可以了解康有为学习西方学术与文化是以救中国为前提的，并加上了自己的设想，所以能写成著名的《大同书》②。康有为用西方近现代的学术与文化为参照，再加上自己的设想，而构建了世界大同的理想，这是康有为学习西方的重大成果。他在《大同书》中提出"去国界合大地""去级界平民族""去种界同人类""去形界保独立""去家界为天民""去产界公生业""去乱界治太平""去类界爱众生""去苦界至极乐"等设想多有西学痕迹，反映了他对中国传统学术中的大同理想与西方学术思想的融合。

另一位介绍和学习西方学术的重要学者是严复。他主要通过翻译西方社会政治方面的著作，并在翻译中加上自己的"案语"，来分析中国存在的各种社会问题。这反映了他把西学与中国的实际情况联系起来而加以融合的独特之处，所以可以说严复是接受与学习西方思想文化并做到深入融合的代表。

严复在译《天演论》的自序中说：

> 仲尼之于六艺也，《易》《春秋》最严。司马迁曰："《易》本隐而之显，《春秋》推见至隐。"此天下至精之言也。始吾以谓本隐之显者，观《象》《系辞》以定吉凶而已也。推见至隐者，诛意褒贬而已。及观西人名学，则见其于格物致知之事，有内籀之术焉，有外籀之术焉。内籀云者，察其曲而知其全者也，执其微以会其通者也。外籀云者，据公理以断众事者也，

---

① 见刘梦溪主编：《中国现代学术经典·康有为卷》，河北教育出版社1996年版，第818、821—822、825、826、827等页。

② 《大同书》初稿完成于光绪二十七年至二十八年（1901—1902）间，晚年仍在修改增补。

设定数以逆未然者也。乃推卷起曰：有是哉，是固吾《易》《春秋》之学也。迁所谓本隐之显者，外籀也；所谓推见至隐者，内籀也，其言若诏之矣。二者即物穷理之最要途术也……近二百年，欧洲学术之盛，远迈古初，其所得以为名理、公例者，在在见极，不可复摇。[①]

严复认为，近二百年的西方学术远远超过古代的学术，其最重要的原因在于充分运用内籀术与外籀术，而此二术中国古代学者已经有所体认，只是没有采用近代西方的说法而已。内籀术即西方逻辑学的归纳推理，外籀术即西方逻辑学的演绎推理。中国古代缺乏专门的逻辑学研究，但已在使用这两种逻辑推理的方法。严复通过研究和翻译西方学术著作，认识到中国学术与西方学术在逻辑方法上有共同之处，这是以往的人所不能认识的。

又如他在《天演论·察变》篇中，叙述了赫胥黎的论说之后，用"复案"的方式加上自己的理解与阐释：

> 复案：物竞、天择二义，发于英人达尔文。达著《物种由来》一书，以考论世间动植物类所以繁殊之故。先是言生理者，皆主异物分造之说。近今百年格物诸家，稍疑古说之不可通，如法人兰麻克、爵弗来，德人方拔、万俾尔，英人威里士、格兰特、斯宾塞尔、倭恩、赫胥黎，皆生学名家，先后间出，目治手营，穷探审论，知有生之物，始于同，终于异，造物立其一本，以大力运之，而万类之所以底于如是者，咸其自己而已，无所谓创造者也。然其说未大行也，至咸丰九年，达氏书出，众论翕然。自兹厥后，欧美二洲治生学者，大抵宗达氏。而矿事日辟，掘地开山，多得古禽兽遗蜕，其种已灭，为今所无。于是虫鱼禽互兽人之间，衔接迤演之物，日以渐密，而达氏之言乃愈有征。故赫胥黎谓，古者以大地为静居天中，而日月星

---

① 严复：《译〈天演论〉自序》，见《天演论》，商务印书馆1981年版，第viii—ix页。

辰，拱绕周流，以地为主；自歌白尼出，乃知地本行星，系日而运。古者以人类为首出庶物，肖天而生，与万物绝异；自达尔文出，知人为天演中一境，且演且进，来者方将，而教宗传土之说必不可信。盖自有歌白尼而后天学明，亦自有达尔文而后生理确也。斯宾塞尔者，与达同时，亦本天演著《天人会通论》，举天、地、人、形气、心性、动植之事而一贯之，其说尤为精辟宏富。其第一书开宗明义，集格致之大成，以发明天演之旨；第二书以天演言生学；第三书以天演言性灵；第四书以天演言群理；最后第五书，乃考道德之本源，明政教之条贯，而以保种进化之公例要术终焉。呜乎！欧洲自有生民以来，无此作也。①

他在《天演论·恕败》篇后加案语曰：

> 赫胥黎氏之为此言，意欲明保群自存之道，不宜尽去自营也。然而其义隘矣，且其所举泰东西建言，皆非群学太平最大公例也。太平公例曰：人得自由，而以他人之自由为界。用此则无前弊矣。斯宾塞《群谊》一篇，为释是例而作也。晚近欧洲富强之效，识者皆归功于计学，计学者，首于亚丹斯密氏者也。其中亦有最大公例焉，曰：大利所存，必其两益。损人利己非也，损己利人亦非；损下益上非也，损上益下亦非。其书五卷数十篇，大抵反复明此义耳。故道、咸以来，蠲保商之法，平进出之税，而商务大兴，国民俱富。嗟乎！今然后知道若大路然，斤斤于彼己盈绌之间者之真无当也。②

可见严复翻译西学著作，并非简单移译原文，而是根据自己的

---

① 严复译：《天演论》，商务印书馆 1981 年版，第 3—5 页。另严复注称，"近译《群学肄言》一书，即其第五书中之一编也"。
② 严复译：《天演论》，商务印书馆 1981 年版，第 34 页。

理解加以阐释，尤其重视利用西人之说来分析中国的现实问题。这是他融通中西的重要工作。

马建忠《马氏文通》的撰写，也采用了一种将中国与西方学术加以融合的方式。该书作于光绪二十四年（1898），马氏在所写的《后序》中，说明了编著此书的原因，是基于中国与西方学习语言文字的方法不同，因而用西方教育幼儿学习语言文字的方法来归纳整理中国传统语言文字中的规律性的"义例"，以求国人学习语言文字时能有一种执一驭万的能力：

> 余观泰西，童子入学，循序而进，未及志学之年，而观书为文无不明习；而后视其性之所近，肆力于数度、格致、法律、性理诸学而专精焉，故其国无不学之人，而人各学有用之学。计吾国童年能读书者固少，读书而能文者又加少焉，能及时为文而以其余年讲道明理以备他日之用者，盖万无一焉。夫华文之点画结构，视西学之切音虽难，而华文之字法句法，视西文之部分类别，且可以先后倒置以达其意度波澜者则易。西文本难也而易学如彼，华文本易也而难学如此者，则以西文有一定之规矩，学者可循序渐进而知其所止境；华文经籍虽亦有规矩隐寓其中，特无有为之比拟而揭示之。遂使结绳而后，积四千余载之智慧材力，无不一一消磨于所以载道所以明理之文，而道无由载，理不暇明，以与夫达道明理之西人相角逐焉，其贤愚优劣有不待言矣。
>
> 斯书也，因西文已有之规矩，于经籍中求其所同所不同者，曲证繁引以确知华文义例之所在，而后童蒙入塾能循是而学文焉，其成就之速必无逊于西人。然后及其年力富强之时，以学道而明理焉，微特中国之书籍其理道可知，将由中而求西文所载之道，所明之理，亦不难精求而会通焉。①

---

① 马建忠：《马氏文通·后序》，商务印书馆 2010 年版，第 8—9 页。

马氏是比较了中国与西方学习语言文字的方法及其效果而感受到应该向西方学习。他认为要把幼儿语言文字教学的方法加以改变，根本之道就是从语言文字的使用中总结归纳出若干种"义例"，使之学习变得容易，并为其后读书学习，研究其他更为高深学问打下良好的基础。他的方法就是："因西文已有之规矩，于经籍中求其所同所不同者，曲证繁引以确知华文义例之所在，而后童蒙入塾能循是而学文焉，其成就之速必无逊于西人。"所以《马氏文通》一经问世，就受到国人的欢迎，成为近现代研究和学习中国古代汉语的重要工具书。之所以能够如此，就在于马建忠能学习西方的方法，来改造中国的学习方法，可以说这是一种专门之学的融合之例。

以下论述近代中国人对于西方学术与文化的另一种态度，即内心抵触的态度。

内心抵触的一种主要表现就是主张中体西用。中体西用，是说以中国学术及其思想观念为体，而以西方自然科学方面的知识与技术为用。所谓的体，是指事物的本体，即事物的主体与根本的部分。所谓的用，是指事物的应用，即事物的附随与从属的部分。体对于用，是主宰性的，居于指导和支配地位。用对于体，是附属性的，居于从属与服务地位。所以体与用在中国古代思想中又与道与器这一对概念相关。道是根本性的，不能改变的，器则是附从性的，可以随时根据其效用而改变。从本质上分析，中体西用，就是这样一种思维。

这种思想最早是在咸丰十一年（1861）由冯桂芬在他的《校邠庐抗议·采西学议》提出："以中国之伦常名教为原本，辅以诸国富强之术，不更善之善者哉！"他认为中国不用改变政治社会文化等领域的学术与思想，只要学习和掌握西方这些科学技术，为中国所用，也同样能走向富强。然后再通过鼓励知识分子中的优秀人才学习外语，其中"必有正人君子通达治体者出其中，然后得其要领而驭之。绥靖边陲，道又在是"[1]。也就是说，中国之伦常名教是不用改变的，只要学习和掌握西方自然科学技术就可以保护国家的安全。

---

[1] 冯桂芬：《校邠庐抗议·采西学议》，光绪十年（1884）刻本。

冯氏还认为，"宜于通商各口拨款设船炮局，聘夷人数名，招内地善运思者从受其法，以授众匠工成与夷制无辨者，赏给举人，一体会试，出夷制之上者，赏给进士一体殿试"。通过这样的办法，让中国对西方的洋器制作技术能够"尽得其巧技"，从而使得"国遂勃兴"。他认为这并不是难事，因为"安南、暹罗等国近来皆能仿造西洋船炮，日本亦驾（所造）火轮船十数遍历西洋"，相比之下，中国更有条件学会制造洋器的方法，能够制造出可以媲美西方的洋器，由此不再受西方国家的欺侮。[①] 冯氏以中国伦常名教为根本，以西洋制器之术为辅助的观点，已经具有中体西用的意涵。

在冯氏之后三十年，许多中国学者还是持有此种认识。如光绪十八年（1892）郑观应在《盛世危言·西学》中说："泰西之强强于学，非强于人也。欲与之争强，非徒在枪炮战舰也，强在学中国之学，而又学其所学也。今之学其学者，不过粗通文字语言，为一己谋衣食，彼自有其精微广大之处，何尝稍涉藩篱？故善学者必先明本末，更明所谓大本末而后可。以西学言之，如格致制造等学，其本也，语言文字，其末也。合而言之，则中学其本也，西学其末也。主以中学，辅以西学。"[②]

郑氏所说的西学为末，是指西学与中学相比而言，而他所认识的西学也分本末，以格致制造之学（即自然科学技术）为西学之本，语言文字之学为西学之末。这种认识不如康有为、严复等人重视西方的社会政治思想领域的学术，仍然是以中国的社会政治的学说为根本，而以西方的自然科学技术以及语言文字等学为辅助。这充分说明大多数人关于中学与西学的关系，在思想认识上仍未产生突破。

又如光绪二十一年（1895），《万国公报》第75卷刊登了《救时策》[③] 一文，提出："中西学问，本自互有得失。为华人计，宜以中学

---

① 冯桂芬：《校邠庐抗议·采西学议》，光绪十年（1884）刻本。

② 夏东元编：《郑观应集》，上海人民出版社1982年版，第276页。

③ 文章署名为南溪赘叟，据中华书局1965年出版的《文史》杂志第四期中张静庐、林松、李松年等人编的《戊戌变法前后报刊作者字号笔名录》，知其为时任《万国公报》主笔兼上海中西书院总教习沈寿康，又名沈毓桂。

为体，西学为用。"但其说法有所不同，作者认为"用机器以新纺织，开矿产以供制造，采西法以练水陆之兵，制舰铸械等事次第举行"，以此作为"富强之道"还是不够的，所以他提出"振兴中国之大纲，宜以崇天道为首领，而兴学校、广新法二者相辅而行"的方案。

他所说的"崇天道"竟然是崇尚西方基督教之道："天道者，上帝所垂之真道也。……泰西诸邦，若英、若法、若美，自君上以至于民，壹是皆以深信上帝为本。"所以中国要想得救，也要像西方诸国一样信奉基督教，这样才能"安国治人，不难同轨泰西焉"。

除此之外，兴学校和广新法是两个具体的办法。兴学校是说兴办新式学校，以学习西方的语言文字乃至天文、地理、算法、治河、医药、律例、农务、商务、工艺等学，为此在各省会设"西学大书院"，在府州县乡镇设"西学小学院"，由此培养学习西方上述各门学术的人才。

作者所说的新法，是指实际运作西方科学技术以及经济法律等方面的知识与学说，也就是把所学的西学按照西方人的运作方法来加以应用，而不能再用中国的固有的习惯与观念来运作相关的事务。他说："既建学校习西法，则西人所长者我已尽知之矣，若知而弗行，犹弗知也。"所以"必先有实心，然后可行实政"，"为君者励新政，为臣者焕新猷，为士者学贯中西，为商者货通中外，为工者精参西技以名家，为农者博采西法以树艺"，全国各界都要按照西人做事的方法来各尽其职，如此坚持下去，就能改变中国，走向富强。

作者的这一思想已开始涉及中国的社会制度层面，希望把西学的知识技能落实到中国上上下下，各行各业，而不仅是学习西方的技术。因此，他提出的"为华人计，宜以中学为体，西学为用"，又较此前的类似说法有了发展，这是值得注意的。但他要用西方的宗教来做为中国的思想与文化的主导，则是不切实际的，也与他所说的中学为体、西学为用是相矛盾的。

当时主张中学为体、西学为用的人不仅有学者，许多高官重臣也在思考这个问题。光绪二十二年（1896），孙家鼐在《议覆开办京师大学堂折》中说："中国……决不能如日本之舍己芸人，尽弃其学而学西法。今中国京师创立大学堂，自应以中学为主，西学为辅；中学为体，西学为用；中学有未备者，以西学补之，中学其失传者，以西学还之。以中学包罗西学，不能以西学凌驾中学。"①

之后则有张之洞光绪二十四年（1898）在上奏《两湖经心两书院改照学堂办法片》中说："两湖书院分习经学、史学、地舆学、算学四门……经心书院分习外政、天文、格致、制造四门……另设院长，总司整饬学规，专讲四书义理、中国政治……故于两书院分习之大旨，皆以中学为体，西学为用，既免迂陋无用之讥，亦杜离经畔道之弊。"② 同年张之洞在《劝学篇·设学》中提出学堂之法约有五要，"一曰：新旧兼学。四书、五经、中国史事、政书、地图为旧学，西政、西艺、西史为新学。旧学为体，新学为用，不使偏废。一曰：政艺兼学。学校、地理、度支、赋税、武备、律例、劝工、通商，西政也。算、绘、矿、医、声、光、化、电，西艺也"③。

孙、张二人都说要以中国的思想文化为主导，以西方科学技术等为辅助，用中国的学术统率西方的学术。虽然也涉及社会政治的一些具体事务，但都没有上升到西方社会政治学术的理论层次，这与康有为和严复一比就可清楚看出其中的差别的。所以在这样的思想指导下，虽然近代中国大力学习西方学术，但所选择的都是应用层面的，没有关于社会政治的深层次理论。可以说当时大多数人只看到了西方表面上的先进之处，没有认识到背后还有更为深层的社会、文化因素。这也是中国近代学习西方不能成功的根本原因所在。因此，可以说当时为人们广泛接受的中学为体、西学为用的思想是有严重缺陷的，并不能指导中国走向真正的富强。但这种思想毕竟引导中国人学习西方的科学技术，对于中国的发展进步还是起到了重要作用，这也是必须肯定的。

---

① 中国史学会编：《中国近代史料丛刊·戊戌变法（二）》，上海人民出版社 1953 年版，第 426 页。

② 高时良、黄仁贤编：《中国近代教育史资料汇编·洋务运动时期教育》，上海教育出版社 2007 年版，第 822 页。

③ 张之洞：《劝学篇》，中州古籍出版社 1998 年版，第 121 页。

　　还有一些学者面对西方学术与文化时，总是强调中国文化的优越，不肯承认西方学术文化的先进之处，比中学为体、西学为用的态度显得更为保守。辜鸿铭于 1915 年出版了英文著作《中国人的精神》，此书的写作目的是向外国人说明中国文化的特质。在序言中，辜鸿铭对比中国与英、美、德、法等国的文化，认为中国文化具有此四种文化的优点，而这四国的文化都有自己的弱点。

　　辜鸿铭认为，美国人一般说来博大、纯朴，但不深沉；英国人一般说来深沉、纯朴，却不博大；德国人一般说来深沉、博大，却不纯朴。法国人有一种为上述诸民族所缺乏的精神特质，那就是灵敏。中国人和中国文明的特征，则不仅深沉、博大、纯朴，最重要的一条，就是灵敏。而且这种灵敏的程度无以复加，恐怕只有在古代希腊及其文明中可望得到，在其他任何别的地方都概莫能见。[①]

　　在此书《一个大汉学家》中，他批评了一个著名的汉学家，认为他不能理解中国思想："这位大汉学家缺乏哲学家的洞察力，他能够翻译中国的句文，却不能理解和阐释中国思想。正是这种哲学洞察力的缺乏，使得这位大汉学家在他的著作中对材料的组织安排显得那样无能。"[②]

　　辜氏对中国文化的分析，确实有一定的根据，但此时的中国积贫积弱，理应对西方学术虚心学习，祛除其中的弊端，吸收精华，选择其长处以补中国思想文化之短，这才是最佳的态度。

　　在大量西方学术与知识传入中国的时候，一些学者担心中国固有的学术遭到破坏而失去应有的传统，于是出现了提倡国学的呼声。这虽然反映了他们关心爱护中国固有的学术及其传统的心情，但也表明其中不少人不能虚心认真地向西方学习。

　　在提倡国学的学者中间，比较突出的是以章太炎、邓实、刘师培等为代表的国粹主义派。不像主张中学为体、西学为用观点的学

---

① 辜鸿铭：《中国人的精神》，广西师范大学出版社 2002 年版，第 5 页。
② 辜鸿铭：《中国人的精神》，广西师范大学出版社 2002 年版，第 105 页。

者，还能保持学习西方自然科学技术的态度，国粹派则完全不顾西方近现代以来的学术与文化，只研究中国古代的学术思想，且所使用的观念与方法也都是传统的。如邓实光绪二十八年（1902）在《国粹学》中所说："国必有学而始立，学必有粹为有用。国不学则不国，学非粹则非学，非学不国，其将何以自存矣！"又在光绪三十一年的《国学讲习记》中说："国学者何？一国所自有之学也。君子生是国，则通是学，知爱其国，无不知爱其学。"还在同年的《古学复兴论》中说在当时提倡国粹是要使"亚洲古学复兴"。其主张的根本点在国学要"粹"，就是纯粹而不混杂外来之学。根据他的逻辑，不粹就是不爱其国，不爱其学，而且国将为之不国，学将为之不学。这表明他们主张的国粹主义是完全拒绝西方学术与思想文化的。而这是完全不符合时代进步及其要求的，可以说是在面对西方学术与文化时的最保守的态度。

当然，在整个近现代的学术研究与发展中，还需要这种熟悉古代典籍与历史、思想与文化的专家。不过既然已经到了近现代，这类研究也应随着时代的进步与发展而在观念与方法上有相应的改进，才能有所发展，而不再是传统研究的继续。根据这一认识，再来看当时的国粹派对传统学术的研究，虽然与他们提倡的国粹观点相一致，但也反映了他们对待西方学术与文化的抵触心态，而这种心态所倡导的传统的学术研究方法，在近现代的时代背景下，也就不能产生持久的学术影响，只能作为传统学术观念与方法的最后一道残影，留在近现代中国学术史上。

还有一些学者在面对西方学术强大影响力的时候，表现了新学代替旧学的担忧心态。如钱穆在《现代中国学术论衡》一书的序言中说："文化异，斯学术亦异。中国重'和合'，西方重'分别'。民国以来，中国学术界分门别类，务为专家，与中国传统通人通儒之学大相违异。循至返读古籍，格不相入。此其影响将来学术之发展实大。"这种影响大到何种程度呢？他说："中国旧文化、旧传统、旧学术，则已扫地而尽。治学则务为专家，惟求西化。中国古书，仅以新式眼光偶作参考翻阅之用，再不求融通体会，亦无再批评之必要。"造成这一重大变化之后，"是否当尽弃五千年来民族传统之一切学问于不顾？如有人谓，非先通康德，即无以知朱子。但朱子之为学途径与其主要理想，又何尝从先知康德来。必先西方，乃有中国，全盘西化已成时代之风气，其他则尚何言"。"一切学术，除旧则除中国，开新则开西方。有西方，无中国，今日国人之所谓现代化，亦如是而止矣"。①

细看此类说法，完全可以体会到对中学为西学所取代同化的顾虑，以致把中国传统学术与西方近现代学术完全对立起来，使之成为不可融合的二物。但在实际上，西方学术及其观念模式传入中国之后，中国学者所研究的对象还是历史上传留下来的典籍以及其中所包含的学术与文化等；在这些研究中，学者们仍然要继承历史上中国学者的研究成果与传统的方法等，只是在此基础上又加上了西方学术的观念与方法，使二者融合起来，而不是完全抛弃了这些传统的成果与方法。以现在的实际情况看，学者们研究历史上的各类典籍以及其中的思想内容时，也是完全能够理解与分析的，绝对不是钱氏所说的"返读古籍，格不相入"。至于采取什么理论来解析历史上的学者及其思想，则是另外一回事。如果说用康德的哲学解释朱子不够完善或圆满，仍用传统的观点与方法来研究朱子的思想就一定能够达到完善圆满的境界吗？借鉴西方的学术来研究中国传统的思想文化，是一个不能加以否定的途径，这种借鉴不能加以绝对化的理解，动辄说是全盘西化，说是尽弃传统之一切学问。也根本不是除旧则除中国，开新则开西方，而是中西学术在方法与理解上全都处于相互融合的态势下，这正是近代西方学术传入中国后一百多年来现实中的实际情况。如果按照钱氏的说法，不要接受西方的学术及其观点与方法，中国的学术研究还将停留在程朱理学时代以及清代乾嘉学派的观念和方法上，这样就是对待中国传统学术与文化的最佳态度了吗？如果能平心静气地分析近一百多年来的中国学

---

① 钱穆：《现代中国学术论衡·序》，见《钱宾四先生全集》第二十五册，联经出版事业股份有限公司 1998 年版，第 5、9 页。

术的发展与变化，就不宜再采取那种中西对立而非此即彼的二分思维，而应采取宽广的心态，立足中国传统，接受并理解和消化西方学术的观念与方法等，使二者融合起来，这才是中国学术在现代条件下最为适宜的发展之路。

第二节　新旧转变时期的诸子学复兴

从晚清到民国，是中国新旧时代的转变期，影响及于中国的社会、思想、文化、学术等各个方面。学术研究中的诸子学领域，同样也受到时代转变的深刻影响，而形成了历史上从未有过的转型样态。这使中国历史上传统的诸子研究从形式到内容都发生了根本性的变化，并且一直延续到今天。这一转型，概括地说，就是从中国传统的研究模式转变成了基本仿从西方近现代学术研究的模式。之所以说基本仿从，是因为还没有彻底转变为西方式的学术研究模式，还保存着一些传统研究方法与角度。在思想观念上，对于诸子思想内容的认识，也受西方学术理念的影响而有了根本性的变化，但同样保存了不少中国固有的认识。总体来说，从形式到内容仿从西方较多，也接受或模仿了很多西方的学术观念与话语形式，而在本质上则较多地保存了中国传统研究特征。本节对这一时期诸子学转型问题做简单归纳，以求从整体上把握这一转型的性质及其在中国学术史上的意义。

这一时期诸子学的转型，大体上可分为两个阶段，从鸦片战争之后到辛亥革命为转型前期，辛亥革命之后到 1949 年为转型后期，转型前期是从魏源、陈澧等人注意寻求诸子中的义理开始，继以严复、章太炎对诸子思想内涵的深入揭示，此为求义派，此外还有以俞樾、孙诒让、刘师培等人为代表的考证派。

而到转型后期，以胡适、傅斯年、顾颉刚等人为代表，从哲学史、史学的角度来研究诸子文本及其思想内容。主要分成两派，一派为哲学史派①，一派为古史考辨派②，此外还有一些人坚持沿用中国传统方式对诸子文本及相关典籍进行考证校勘。

一、转型前期

在这一时期，学术界出现了诸子学研究复兴的态势，主要有两种研究模式，一是寻求诸子学说中的思想，可称为求义派，一是沿用乾嘉学派的考校方法，订正讹误，训释文字，可称为考校派。这一时期的诸子学的复兴，是以求义派的发声为开端的，一开始是沿用中国传统的思想观念来探求诸子学说中的大义，如魏源、陈澧等人，后来则接受了西方近现代理论学说与思想，对诸子的思想进行新的阐释，如严复等人。③

1. 求义派之诸子思想探索

对先秦诸子典籍的研究贯穿整个清代学术史。如清初的王夫之，即非常重视研究《老子》与《庄子》的思想，著有《老子衍》《庄子通》《庄子解》。傅山也非常重视研究诸子，在他的《霜红龛集》中有对《老子》《墨子》《管子》《庄子》《公孙龙子》《鬼谷子》《荀子》《淮南子》《尹文子》《邓析子》的研究。他还著有《荀子评注》《淮南子评注》《老子注》《庄子解》《公孙龙子注》《墨子大取篇释》等专门著作。乾嘉时期，汪中对《老子》《墨子》《荀子》也有校勘考

---

① 哲学史派，包括用西方哲学理念和用马克思主义理论分析研究诸子思想学说的，所用观点有所不同，但方式上没有不同。这一派或是以哲学史方式来撰写相关著作，或是对某一诸子进行单独的专门研究，但基本上都是以哲学史的理论与方法来研究诸子的，故可划为一派。

② 古史考辨派，以顾颉刚等人兴起的"古史辨"考证研究为代表，虽然学术观点和写作方式不尽相同，但从整体上看，都是从史学角度来考辨诸子其人其书及学术源流的。

③ 有学者对此现象早有注意，或称之为"诸子之考据学"和"诸子之义理学"，或称为"考证的诸子学"和"诠释的诸子学"。（见麻天祥等著：《中国近代学术史》，湖南师范大学出版社 2001 年版，第 167 页）所用名称不尽相同，但所指没有不同，笔者所说也不外此意，但笔者将从鸦片战争之后到民国时期的诸子学分为两个阶段，且分析前后两个阶段的不同，则与前人所说有所不同。

释，撰有《荀卿子通论》《荀卿子年表》等。之后卢文弨的《群书拾补》，王念孙的《读书杂志》均对子部书作了通考。此外还有孔广森、阮元、顾宗伊、雷柱等对《曾子》的考证注释，孙星衍、黄以周等对《晏子春秋》的校勘考证，王一清、张尔岐、毕沅、宣颖、洪颐煊等对《老子》《庄子》的校勘考证，毕沅、苏时学等对《墨子》的校勘注释，洪颐煊、宋翔凤、戴望等对《管子》的校勘考证等。因为清代学者的重心是考据学，凡是古代的典籍，无论是哪个部类，他们都要进行考证校勘性研究，所以诸子书自然也就在他们的研究范围之内，并出现了许多相关的成果。

鸦片战争之后，社会形势出现重大变化，受此影响人们开始重新审视诸子思想，由此推进了子学研究的深入。从整体上看，此时的研究不再是以文本的校勘考证为主，而是转向重视诸子的思想主张，为清末民初子学研究出现全新转型开启了重要的道路。

如魏源撰有《老子本义》《墨子注》《孙子集注》等，开始注意探求诸子思想的内涵。《老子本义》中有《论老子》四篇，集中阐述了他对《老子》思想的理解。其主要观点是《老子》为救世之书，并非人们所认为的道家退隐之书。《老子论二》说："圣人（指孔子）经世之书，而《老子》救世书也。使生成周比户可封之时，则亦嘿尔已矣。"① 老子目睹时世恶劣，故悯时而欲以真常不弊之道救时，其救道之术就是"以太古之治，矫末世之弊"②。

魏源理解的太古之治的关键是以无为来治理天下国家与社会，要救末世之弊以恢复太古之治，根本办法是教人无为，西汉是运用这一思想的成功范例。他又认为只有汉代学者能正确认识《老子》，后代如晋人则完全误解之："晋人以庄为老，而汉人以老为老。"③ 其

---

① 魏源：《老子本义》，见《老子集成》第十一卷，宗教文化出版社 2011 年版，第3 页。
② 魏源：《老子本义》，见《老子集成》第十一卷，宗教文化出版社 2011 年版，第8 页。
③ 魏源：《老子本义》，见《老子集成》第十一卷，宗教文化出版社 2011 年版，第2 页。

书前有一篇序，说到后人对于《老子》的理解可分为两种，一种是黄老之学，一种是老庄之学。魏源认为以黄老之学理解《老子》才能符合其本义。

魏源有强烈的现实关切精神，认为治学应该要能致用，学术必须关心现实政治，也就是说，治学不能走空洞无物脱离现实的道路。基于这种思路，历来为人们看作退隐于现实社会生活的《老子》，就被魏源解释成了救世之书，是与现实社会紧密相关的思想性著作。①

清末民初学者重视研究诸子的一个共同特点，即是出于现实关怀，欲在诸子学说中寻找治国救国之方。直到胡适等人运用西方的学术理念与方式，将中国哲学史一类的研究与诸子学研究相融合之后，这种出于现实关怀的诸子学研究的特色才逐渐淡化下去。

又如陈澧，所著《东塾读书记》卷十二为"诸子书"，其中对《荀子》《管子》《老子》《庄子》《列子》《韩非子》《尹文子》《慎子》《晏子春秋》《鬼谷子》《商君书》《尸子》《吕氏春秋》以及黄老道家、杨朱、阴阳家等都有独到的评论。如论《荀子》：

> 其非十二子，实专攻子思、孟子……故其非十子，但曰"它嚣、魏牟也""陈仲、史鳅也""墨翟、宋钘也""慎到、田骈也""惠施、邓析也"，独于子思、孟子，则曰"子思、孟轲之罪也"。且非子思、孟子之语，亦倍多于它嚣之等。其言曰："案饰其辞而祗敬之，曰'此真先君子之言也'，子思唱之，孟轲和之，世俗之沟犹瞀儒，嚾嚾然不知其所非也，遂受而传之，以为仲尼、子游为兹厚于后世。"据此，则当时儒者皆深信子思、孟子得孔子之传矣。②

他的这一分析，指出荀子在儒家思想传承过程中的特殊地位以及荀

---

① 魏源《老子本义》对《老子》思想的阐释，下有专文叙述，亦可参见《中国老学史》（福建人民出版社 1995 年版）相关章节。

② 陈澧：《东塾读书记》，上海古籍出版社 2012 年版，第 217—218 页。

子与子思、孟子思想之间的特定关系。

又如论屈原之学属于儒家，为此举了《离骚》以与儒家经典如《中庸》的说法相比较，这种见解在以往的诸子研究中也是很少见到的。

他论《管子》的思想，认为其中最精醇之语是"仓廪实而知礼节，衣食足而知荣辱，上服度则六亲固，四维不张，国乃灭亡"。从中可见他对现实的关怀。此外，他认为《管子》中又有"法家语""名家之言""老子之说"，还有的篇章属农家者流，因此他认为《管子》"一家之书，而有五家之学"。这对我们分析《管子》书的复杂内容是有帮助的。

关于《老子》的思想，陈澧也有不少分析，如说《老子》的"道可道，非常道，名可名，非常名"是"正言若反"，认为"佛氏书亦然，如云佛说般若波罗蜜，即非般若波罗蜜是也"。而《老子》说的"不尚贤，使民不争"，他引宋代司马光的解释："贤之不可不尚，人皆知之，至其末流之弊，则争名而长乱，故老子矫之"，此一"矫"字，足以尽老子之学。①

对于诸子的思想内涵的研究，到了严复，又有了新的变化，即运用西方近代的社会政治学说来阐释诸子中的思想，如他评点《老子》和《庄子》。严复对《老子》和《庄子》的研究是在甲午战争之后，与魏源在鸦片战争之后的心境相似。严复与魏源的不同之处在于，魏源所受的教育全是中国传统式的教育，他则既受到了中国传统教育的熏陶，又比较完整系统地学习了近代西方的自然科学知识，并较为深入地了解了西方近代社会政治学说与理论。因此同样是对《老子》思想进行阐释，严复就不再像魏源那样只能从"太古之治"一类的说法上加以发挥，而是能运用西方近代的社会政治学说来分析《老子》的思想。所以夏曾佑为严复《老子道德经评点》作序时就说："严几道读之，以为其说独与达尔文、孟德斯鸠、斯宾塞

---

① 陈澧：《东塾读书记》，上海古籍出版社 2012 年版，第 221 页。

相通。"①

严复在翻译《天演论》时就已看出了西方的进化论与中国的黄老之学有相通之处："斯宾塞之言治也，大旨存于任天，而人事为之辅，犹黄老之明自然，而不忘在宥是已。……凡人生保身保种，合群进化之事，凡所当为，皆有其自然者为之阴驱而潜率。"②

基于这样的理解，他认为《老子》第五章说的"天地不仁，以万物为刍狗，圣人不仁，以百姓为刍狗"，其意义就在于听任自然，或曰任天，严复认为这就是"天演开宗语"，而"法天者，治之至也"。对于王弼为《老子》此章作的注，严复则认为"此四语，括尽达尔文新理，至哉王辅嗣"。③

严复认为《老子》中有民主与科学的思想，而这是使一个民族达到富强以适应天演进化的必由之路。如对《老子》第三章"不尚贤，使民不争；不贵难得之货，使民不为盗；不见可欲，使民心不乱"，他认为："试读布鲁达奇《英雄传》中来刻谷士一首，考其所以治斯巴达者，则知其作用与老子同符。此不佞所以云黄老为民主治道也。"④ 此一说法，也可以参见严复译孟德斯鸠《法意》中的有关案语。严复认为，来格榖士（即来刻谷士）之治斯巴达，进行变法，主要目的在于强兵。相关的办法，一是建立民主议政制；二是平分土地；三是废金银铜为货币，只用铁钱；四是废奇技淫巧，罢通商；五是教育全国子弟皆为兵士；六是为了保持子弟强壮，规定有关通婚制度，鼓励生下强壮之子；七是禁止其民出游外国，交通外人。⑤

这些措施中，确有不少与《老子》中的主张相似，因此严复认

---

① 见《老子集成》第十一卷，宗教文化出版社 2011 年版，第 530 页。
② 严复译：《天演论》，商务印书馆 1981 年版，第 16 页。
③ 严复：《老子道德经评点》，见《老子集成》第十一卷，宗教文化出版社 2011 年版，第 534 页。这里所说的"四语"，是指王弼为"天地不仁"所作的注里说的："天地任自然，无为无造，万物自相治理，故不仁也。"
④ 严复：《老子道德经评点》，见《老子集成》第十一卷，宗教文化出版社 2011 年版，第 533 页。
⑤ 王栻主编：《严复集》第四册，中华书局 1986 年版，第 944 页。

为黄老思想的主张就是民主治道。《老子道德经评点》中类似的评语有不少，如《老子》四十六章："天下有道，却走马以粪，天下无道，戎马生于郊。"严复评曰："纯是民主主义，读法儒孟德斯鸠《法意》一书，有以征吾言之不妄也。"①《老子》五十七章："以正治国，以奇用兵，以无事取天下。"严复评曰："取天下者，民主之政也。"② 又对《老子》三十九章作评语云："以贱为本，以下为基，亦民主之说。"③《老子》十章："爱民治国，能无知乎？天门开阖，能无雌乎？明白四达，能无为乎？生之畜之。生而不有，为而不恃，长而不宰，是谓玄德。"严复评曰："夫黄老之道，民主之国之所用也，故能长而不宰，无为而无不为。君主之国，未有能用黄老者也。汉之黄老，貌袭而取之耳。君主之利器，其惟儒术乎！而申、韩有救败之用。"④

按严复的说法，黄老之学的政治理论就是自然无为，而只有采用民主制度的国家才能按照黄老的政治学说实施，儒家的政治思想是有为，只能用于君主制的国家，因为君主一定是要有为的，而法家的政治思想则不过是对儒家政治的补救而已。仔细体会严复的评语，也能看出他对先秦诸子各家思想的认识。在评点时能运用西方近代的学说来解释《老子》及先秦诸子的思想，比此前的魏源、陈澧等人又有所推进。⑤

稍晚一点的王国维著有《周秦诸子之名学》《墨子之学说》《老子之学说》《列子之学说》等，是运用西方哲学对先秦诸子的思想进

---

① 严复：《老子道德经评点》，见《老子集成》第十一卷，宗教文化出版社 2011 年版，第 554 页。
② 严复：《老子道德经评点》，见《老子集成》第十一卷，宗教文化出版社 2011 年版，第 558 页。
③ 严复：《老子道德经评点》，见《老子集成》第十一卷，宗教文化出版社 2011 年版，第 551 页。
④ 严复：《老子道德经评点》，见《老子集成》第十一卷，宗教文化出版社 2011 年版，第 536 页。
⑤ 关于严复《老子道德经评点》中运用西方学说解释《老子》思想，具体可参见《二十世纪中国老学》（福建人民出版社 2002 年版）的有关章节。

行解释，如他认为《老子》的"有物混成，先天地生"和"道冲而用之或不盈，渊兮似万物之宗"两章，是"于现在之宇宙外进而求宇宙之根本，而谓之曰道，是乃孔、墨二家之所无，而我中国真正之哲学不可云不始于老子也"。又说《老子》的道"非但宇宙万物之根本，又一切道德政治之根本也"。①

严复、王国维的诸子研究，是近代中国人借用西方学说解释诸子思想的开端，还比较简单，不够系统。此后人们对于先秦诸子思想的探求，就逐步走向深入。如梁启超著有《子墨子学说》《管子评传》《老子哲学》《墨经校释》《墨子学案》《先秦政治思想史》等，侧重对一些诸子进行专门分析。

1904 年梁启超在《新民丛报》发表《子墨子学说》《墨子之论理学》，后合为《墨学微》出版。他对墨子的研究一直持续到 20 年代，《墨子学案》《墨经校释》等可以说是他对墨子研究的集成之作。《墨子学案》中他说墨子"所标纲领，虽有十条，其实只从一个根本观念出来，就是兼爱"。"'节用''节葬''非乐'也出于兼爱，因为墨子所谓爱是以实利为标准。他以为有一部分人奢侈快乐，便损了别部分人的利了，所以反对他。'天志''明鬼'是借宗教的迷信来推行兼爱主义。'非命'，因为人人信有命便不肯做事，不肯爱人了，所以反对他"。②

梁启超对诸子思想的揭示，有时也用西方的学说来加以解释，如他认为兼爱是人类的一种崇高理想，因此把墨学比作社会主义。他还总结墨学中的实利主义有三条公例："凡事利余于害者谓之利，害余于利者谓之不利"，"凡事利于最大多数者谓之利，利于少数者谓之不利"，"凡事能使吾良心泰然满足者谓之利，否则谓之不利"。③

而他之所以重视研究墨子的学说与思想，同样是出于现实关怀，

---

① 王国维：《老子之学说》，《教育世界》1906 年第 6 期。
② 梁启超：《墨子学案》，见《饮冰室合集·专集》之三十九，中华书局 1989 年版，第 8 页。
③ 梁启超：《子墨子学说》，见《饮冰室合集·专集》之三十七，中华书局 1989 年版，第 29 页。

认为墨子的学说是救治中国的精神药方，可以用来改造国民性："今举中国皆杨也……呜呼，杨学遂亡中国，杨学遂亡中国，今欲救之，厥惟墨学，惟无学别墨而学真墨。"① 他研究管子也是出于这一用心，故在《管子传·例言》中说："本编以发明管子政术为主，其他杂事不备载。管子政术，以法治主义及经济政策为两大纲领，故论之特详。"② 此书又说："后之陋儒……摭至迂极腐之末论以诋訾管子，彼于管子何损而以此误治术，误学理，使先民之良法美意，不获宣于后，而吾国遂涣散积弱以极于今日。"③ 这都表明他研究管子完全是出于救国的需要，想用诸子学说中的良法美意来挽救中国涣散积弱之病，这是出于现实关怀之心。

章太炎的《国故论衡》下卷综论诸子学，其《国学讲演录》中的《诸子略说》，也是对诸子学的整体论述。又有《齐物论释》，用佛教唯识学思想阐释《庄子》的《齐物论》。这说明他对诸子学说的研究已较梁启超有了变化，即能从纯学术的角度研究诸子中的共同问题，减少了救国救民的现实主义思考。

胡适在《中国哲学史大纲》中对章太炎的诸子学研究给予了高度评价，并说明了这时诸子学与以往诸子学的不同：

> 到了最近世，如孙诒让、章炳麟诸君，竟都用全副精力，发明诸子学。于是从前作经学附属品的诸子学，到此时代，竟成专门学。一般普通学者，崇拜子书，也往往过于儒书。岂但是"附庸蔚为大国"，简直是"婢作夫人"了。④

---

① 梁启超：《子墨子学说》，见《饮冰室合集·专集》之三十七，中华书局 1989 年版，第 1 页。
② 梁启超：《管子传·例言》，见《饮冰室合集·专集》之二十八，中华书局 1989 年版，第 1 页。
③ 梁启超：《管子传·叙论》，见《饮冰室合集·专集》之二十八，中华书局 1989 年版，第 1 页。
④ 胡适：《中国哲学史大纲》，岳麓书社 2010 年版，第 5 页。

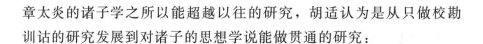

章太炎的诸子学之所以能超越以往的研究，胡适认为是从只做校勘训诂的研究发展到对诸子的思想学说能做贯通的研究：

> 清代的汉学家，最精校勘训诂，但多不肯做贯通的工夫，故流于支离碎琐。校勘训诂的工夫，到了孙诒让的《墨子间诂》，可谓最完备了，但终不能贯通全书，述墨学的大旨。到章太炎方才于校勘训诂的诸子学之外，别出一种有条理系统的诸子学。太炎的《原道》《原名》《明见》《原墨》《订孔》《原法》《齐物论释》都属于贯通的一类。《原名》《明见》《齐物论释》三篇，更为空前的著作。……能融会贯通，于墨翟、庄周、惠施、荀卿的学说里面寻出一个条理系统。①

虽然胡适说章太炎的研究相比之前已经具有了贯通性，但还没有达到对诸子进行整体的系统性研究的阶段，他对诸子学说也还是大体的概述。

从魏源到梁启超、章太炎等人的诸子研究，显示了这一时期的学者在诸子研究上已较乾嘉时期校勘考证式的研究有了重大转变，这一转变可以说一直延续到现在。至今的研究诸子的主流，都是以分析诸子思想为主，而把文本考证与校勘放在了辅助性的地位上。

2. 考证派之诸子学研究

此一时期的诸子研究中，也有一些学者沿用乾嘉学派的校勘考证方法，取得了不少成果。

如俞樾的《诸子平议》，对《管子》《晏子春秋》《老子》《墨子》《荀子》《列子》《庄子》《商君书》《韩非子》《吕氏春秋》等书中字句文意进行了考证解释。孙诒让的《墨子间诂》是对《墨子》全书的校勘注释，此书附有《墨子篇目考》《墨子佚文》《墨子旧叙》《墨子传略》《墨子年表》《墨学传授考》《墨子绪闻》《墨学通论》《墨家

---

① 胡适：《中国哲学史大纲》，岳麓书社 2010 年版，第 19 页。

诸子钩沉》等，都是对墨子及其学派有关史实的考证。孙氏还有《札迻》一书，是对先秦汉魏子书及古注的考证。

此类成果在清末民初还有不少，如刘师培的《荀子补释》《晏子春秋补释》《管子斠补》《庄子斠补》《老子斠补》《墨子拾补》，王先谦的《庄子集解》《荀子集解》，王先慎的《韩非子集解》，郭庆藩的《庄子集释》，章太炎的《庄子解故》，戴望的《管子校正》，梁启超的《墨经校释》，曹耀湘的《墨子笺》，姚永朴的《诸子考略》，陶鸿庆的《读诸子札记》等，这表明仍有不少学者的诸子研究继承了传统的考释研究方法。

需要指出的是，这类研究至今仍是需要的，不可或缺的，但与探讨诸子思想内容的研究相比较，这类研究只能居于从属地位。因为文本考证是服务于思想阐释的，如果只考证校勘文本异同与正误，而不深入分析研究学说的思想内容，则诸子学的研究是不完整的，且在最重要的问题上有了缺失。

二、转型后期

转型前期诸子学研究的根本特点是从文本的考证校勘转向了探求诸子思想内容，而这一转变的原因之一，是出于现实关怀的考虑，到诸子学说中寻找可以救国救民的方策。在这一阶段，最初是凭借中国传统的观念来解释诸子的思想内容，后来则借用西方近代思想学说来解释。而转型后期的诸子学研究，则有了完全不同的特点，一是从出于现实关怀而研究转变为纯学术的研究，二是从零散的研究转变为有系统的贯通性研究。转型后期的诸子学的研究可分为哲学史派和古史考辨派。前者注意从中国古代哲学思想发展的角度来研究先秦诸子的思想学说，主要是借用西方近现代的各种哲学理论（包括马克思主义的哲学理论），后者注意从史学的角度考察先秦诸子其人其事其书。古史考辨派的研究又为哲学史派的研究提供一定的基础，使他们在分析时能够有足够的资料说明先秦诸子在发展过程中形成的源流关系以及思想承继与变化问题。

1. 诸子学的新式研究

胡适较早提出了诸子学研究的新任务与新要求。他强调诸子学研究需要注意与西方学术理论的会通和融合，他在《中国哲学史大纲》中说：

> 我们今日的学术思想，有这两个大源头：一方面是汉学家传给我们的古书，一方面是西洋的新旧学说。这两大潮流汇合以后，中国若不能产生一种中国的新哲学，那就真是辜负了这个好机会了。①

严复等人已经运用西方近代的思想学说来解释诸子，但还没有在方法论上加以阐明，胡适则明确提出了这一重要方法。而且，之前的学者运用此方法还是零散的、不成系统的，胡适不但能自觉地运用西方思想学说来研究诸子，且是整体性系统化的研究，为诸子学研究提供了新的范式。

因此，胡适等人新式的中国哲学史著作中对诸子的研究，可以说是转型前期与后期的分界线。② 更重要的是，这一研究方法出现后，直到今天也没有再次发生根本性的变化，只是学者们利用的学说理论和资料有所不同而已。

胡适等人以哲学史方式研究诸子学，是对传统的诸子学研究彻底改进。这当然是受西方学术著作模式影响的结果，在形式上和内容上都是借鉴西方学术的模式来处理和研究诸子的资料与思想内容。胡适在撰著《中国哲学史大纲》时对此有明确的认识，如前所述，他明白地说到中国的古书与西洋的新旧学说是这个新时期学术研究

① 胡适：《中国哲学史大纲》，岳麓书社 2010 年版，第 6 页。
② 在 1918 年胡适《中国哲学史大纲》问世前两年，谢无量出版了《中国哲学史》，虽仍带有一定的旧学痕迹，但已尝试采用新的研究方式。书中将先秦诸子们都被视为哲学家来加以研究，进而分析他们的哲学思想。胡适《中国哲学史大纲·导言》中也提到了谢无量的《中国哲学史》。

包括诸子研究的两大源头，在此思想指导下，他更为深入地探讨了撰写新式哲学史著作时如何处理和分析研究诸子学材料的问题。

胡适在《中国哲学史大纲》中说："自老子至韩非，为古代哲学，这个时代，又名'诸子哲学'。"① 这就明确地把诸子学研究与编纂新式中国哲学史著作联系在一起了。然后又说，要编撰好新式中国哲学史，要先做好根本工夫：

> 这个根本工夫，叫做述学。述学是用正确的手段、科学的方法、精密的心思从所有的史料里面，求出各位哲学家的一生行事、思想渊源沿革和学说的真面目。为什么说"学说的真面目"呢？因为古人读书编书最不细心，往往把不相干的人的学说并入某人的学说（例如《韩非子》的第一篇是张仪说秦王的书，又如《墨子·经上下》《经说上下》《大取》《小取》诸篇，决不是墨翟的书）；或把假书作为真书（如《管子》《关尹子》《晏子春秋》之类）；或把后人加入的篇章，作为原有的篇章（此弊诸子书皆不能免。试举《庄子》为例，庄子书中伪篇最多。世人竟有认《说剑》《渔父》诸篇为真者。其他诸篇，更无论矣）；或不懂得古人的学说，遂致埋没了（如《墨子·经上》诸篇）；或把古书解错了，遂失原意（如汉人用分野、爻辰、卦气说《易经》，宋人用太极图、先天卦位图说《易经》。又如汉人附会《春秋》来说灾异，宋人颠倒《大学》任意补增，皆是其例）；或各用己意解古书，闹得后来众说纷纭，糊涂混乱（如《大学》中"格物"两字，解者多至七十余家。又如老、庄之书，说者纷纷，无两家相同者）。有此种种障碍，遂把各家学说的真面目大半失掉了。②

他认为这都说明有关诸子学说的史料或不完备，或不可靠，给研究

---

① 胡适：《中国哲学史大纲》，岳麓书社 2010 年版，第 4 页。
② 胡适：《中国哲学史大纲》，岳麓书社 2010 年版，第 6 页。

造成许多障碍，因此编写新式中国哲学史著作，第一步的工作就是要扫清这些障碍，疏理相关史实。

胡适指出，现存的《老子》《孟子》《墨子》《荀子》《庄子》《韩非子》《管子》《列子》《晏子春秋》《关尹子》《鹖冠子》《商君书》《邓析子》《尹文子》《公孙龙子》里面多少都有伪造的内容，只是具体情况不一。另外还有一些人则没有著作留传下来，如它嚣、魏牟、陈仲、宋钘、彭蒙、田骈、慎到、惠施、申不害、公孙尼子等。最典型的是惠施，当时有"惠施多方，其书五车"的说法，而"于今惠施的学说，只剩得一百多个字"。①

此外现存的诸子书还有内容混乱的问题，如《管子》"定非管仲所作，乃是后人把战国末年一些法家的议论和一些儒家的议论和一些道家的议论，还有许多夹七夹八的话，并作一书，又伪造了一些桓公与管仲问答诸篇，又杂凑了一些纪管仲功业的几篇，遂附会为管仲所作"。为此他还举了三个证据，以证明"此书为假造的"。②

胡适认为要做一部真实而且科学的中国哲学史，必须要从整理史料出发，对诸子著作疏理考证，以弄清"学说的真面目"。这与乾嘉学派重视文本考证与校勘，而较少做史料辨析有所不同。

这也表明，在这个时期，诸子学研究一方面与中国哲学史的撰写结合在一起，成为编纂中国哲学史著作不可缺少的基础工作和主要内容，另一方面不再是单纯对某一部诸子书的思想内容进行阐释，而是要在"贯通"的眼光下对所有诸子的思想与相关历史事实进行研究，以求弄清这些学说的真面目。这都表明诸子学较此前，已有了根本性的变化。

此外，他又提出，诸子学的深入研究，需要与西方的学说与知识相结合，引以为参考，他说："有了这种参考的材料，往往能互相印证，互相发明。"他以《墨子》为例："《墨子》的《经上下》《经说上下》《大取》《小取》六篇，从鲁胜以后，几乎无人研究。到了

---

① 胡适：《中国哲学史大纲》，岳麓书社 2010 年版，第 8 页。
② 胡适：《中国哲学史大纲》，岳麓书社 2010 年版，第 10 页。

近几十年之中，有些人懂得了几何算学了，方才知道那几篇里有几何算学的道理。后来有些人懂得光学力学了，方才知道那几篇里又有光学力学的道理。后来有些人懂得印度的名学心理学了，方才知道这几篇里又有名学知识论的道理。"①

在此基础上，胡适非常明确地提出了新式的诸子学研究的模式："我做这部哲学史的最大奢望，在于把各家的哲学融会贯通，要使他们各成有头绪条理的学说。我所用的比较参证的材料，便是西洋的哲学。"② 这就点明了新式诸子学研究的特点所在，一是融会各家思想做贯通性的研究，由此清理出中国古代思想的头绪与条理；二是吸取西方学术研究的观念与方法，对中国史料加以整理和分析。

从胡适《中国哲学史大纲》开始，诸子学研究可以说已经进入了转型后期，与以往根本不一样了。概括地说，这一时期的诸子学研究，是哲学与史学结合的产物，以思想探求为主线，辅以文本的考察与论证，把先秦诸子视为一个整体来加以研究。研究成果则采用了西方学术著作的形式，不再沿用传统的考证条辨式撰述方式。

这说明到民国初期，经过晚清的酝酿和渐变之后，子学研究出现了根本性的变化，真正进入了现代学术研究模式，为后来一百年的发展奠定了坚实的基础。

2. 诸子学的深入研究

对于先秦诸子生平、著作及其思想，胡适在撰写《中国哲学史大纲》时就已提出这是中国哲学史暨诸子学研究中的一个非常重要的问题，必须经过认真的研究而加以澄清。胡适说要"用正确的手段、科学的方法、精密的心思，从所有的史料里面求出各位哲学家

---

① 胡适：《中国哲学史大纲》，岳麓书社 2010 年版，第 19—20 页。
② 胡适：《中国哲学史大纲》，岳麓书社 2010 年版，第 20 页。

的一生行事、思想渊源沿革和学说的真面目"①，不能再像古时的记载那样，"至于哲学家的一生行事和所居的时代，古人也最不留意。老子可见杨朱，庄周可见鲁哀公，管子能说毛嫱、西施，墨子能见吴起之死和中山之灭，商鞅能知长平之战，韩非能说荆、齐、燕、魏之亡。此类笑柄，不可胜数。《史记》说老子活了一百六十多岁，或言二百余岁，又说孔子死后一百二十九年，老子还不曾死。那种神话，更不足论了。哲学家的时代，既不分明，如何能知道他们思想的传授沿革"②。

在这方面，顾颉刚等人掀起的古史辨运动，很大部分都是讨论诸子的种种历史问题，把相关研究推向了深入。

胡适《中国哲学史大纲》之后，又有冯友兰、郭沫若、范文澜、张岱年、侯外庐等人在哲学史或思想史领域对诸子进行了专门、深入而系统的研究，他们所运用的哲学理论大都来自于西方，虽然所依据的哲学理论不完全一样，但分析论述问题的模式则无不同。到这个阶段，中国近代的诸子学研究已经完成转型，而为现代式的研究了。

第三节　传统宗教面临的困境与对策

在新旧时代转变的时期，传统宗教也面临了以前未曾遇到的困境，对此宗教人士也通过思考，为顺应时代的变化，而采取了一定的对策。由于老子不仅是道家的思想家，还是道教中的道祖，而且在近现代也有不少人用道教的思想来解释《老子》，因此需要了解这个时期的宗教情况，以便深入了解基于道教思想与文化所做的《老子》解释。

---

① 胡适：《中国哲学史大纲》，岳麓书社 2010 年版，第 6 页。
② 胡适：《中国哲学史大纲》，岳麓书社 2010 年版，第 7 页。

晚清至民国时期宗教所发生的变化，与时代的巨变有关。这一时期，延续千年的帝制结束了，人们的思想与社会文化都随之发生了巨大的变化，这就必然影响到深入于民众生活的宗教，影响到宗教在中国社会的地位。

整体上看，这一时期的宗教的存在与发展，都受到新时代、新思潮的冲击。教育与文化的普及和传播，使更多的年青一代不再像老一辈人那样用迷信的态度信奉各种宗教，而是离宗教而远之，喜欢接受来自西方的新文化与新思想。

中华人民共和国成立之后，中国社会进入了历史上从来没有过的新时代，在新的社会制度下，人们一方面较为普遍接受了现代教育，一方面受到唯物主义思想的指引，信教的人比之以往大为减少。之后国家不断进行各种社会改造运动，包括最为激烈的"文化大革命"，也对宗教及其组织和活动造成相当大的限制，这都使得传统的宗教在新的社会制度与思想文化环境中的生存面临严峻困局。改革开放以来，党和国家恢复实行正常的宗教政策，但这种恢复仍是要从属于新时代的唯物主义和无神论观念，因此传统宗教面临的困局并不能真正消失。在这种情况下，传统宗教从自身的思想与文化出发，认真思考宗教在新时代如何生存与发展的问题，倡导人间佛教、生活道教等观点，让宗教活动与广大人民的生活实践结合起来，以此求得人民的理解与支持，并由此而使自己的教义与宗教活动得到新的改变，成为能与时代同步前进的中国宗教。因此，总体来说，无论是从时间的纵向上看，还是从宗教文化与活动形式的横向上看，传统宗教都能随着时代的进步而反省和改变自己，因此能够在近现代中国社会巨变过程中，得到相应的发展。

以下分别说明佛教、道教、基督教①在近现代的变化情况以及它

---

① 　中国天主教的情况与基督教大体类似，故不专门论述，可参见晏可佳《中国天主教简史》（宗教文化出版社 2001 年版）。

们面临时代变局时是如何采取妥善对策以求生存与发展的。①

一、佛教的衰落与复兴

蒋维乔《中国佛教史》的第十七章是关于"近世之佛教"的论述，其中对清代至民国的佛教情况作了简明扼要的介绍，可以参考：

> 清代康熙、乾隆二帝，尽力振兴儒教；对于佛教，亦颇提倡。……清代所护喇嘛，皆黄衣派；而称本国固有之佛教徒为青衣派。然顺治、雍正二帝之参禅；乾隆帝之翻译经典；则于固有之佛教，关系至深；可谓清代佛教之全盛时期。嘉庆以后，国势凌替，佛教亦随之衰颓。至光绪年间，士夫竞谈变法；输入西洋哲学，推翻墨守儒说之成见；同时研究佛学之风，亦勃然兴起。民国以来，战乱不息，人心觉悟，研究佛教者乃不期而同；创设佛教会，刊刻经典，各省皆有此机关焉。②

由此可知，清代前期对佛教是采取振兴政策的，佛教因而达到全盛时期。但在清朝国势衰落之后，佛教也随之衰落，这是佛教在清晚期遇到的一大困局。佛教本身不能自我振兴，只能靠社会上爱好佛学的人士采取居士方式来研究和提倡佛学。

关于清晚期的佛教衰颓情况，此书认为，嘉道之后，中国受到西方强国的侵略，国势中衰，佛教传承因此亦不再有此前的隆盛。同时则有一些儒家学者，墨守韩愈排佛之说，尽力排击佛教，更有太平天国打击佛教，对南方各地的佛教破坏甚为严重。而佛教本身也不能保持纯正，僧徒流品既杂，寺庙中几为游民托足之所。几种因素汇合起来，使得佛教日趋衰颓而不可挽回。此时佛教出现一种情况，即居士的勃兴，使得佛教在另一层次保持一定的活力。

---

① 相关宗教在近现代的情况，分别参考了蒋维乔《中国佛教史》（岳麓书社 2009 年版）、任继愈《中国道教史》（上海人民出版社 1990 年版）以及姚民权、罗伟虹《中国基督教简史》（宗教文化出版社 2000 年版）。

② 蒋维乔：《中国佛教史》，岳麓书社 2009 年版，第 265 页。

　　居士勃兴，出现在清末民初，当时一些热心佛教之人，以居士方式传播佛教，经杰出之人提倡弘布，尽其心力，使佛教仍保持一定的社会影响。如郑学川在同治时发愿刻经，前后十五年，创刻经处五所，在苏州、常熟、浙江、如皋等地，刻全藏近三千卷。杨文会亦努力于刻经。他邀合同志，发起大愿，踵《嘉兴藏》式，专刻方册藏经。杨文会在同光年间，以一人之力，刊刻单行本《大藏经》，带动各地爱好佛教之人纷纷刻经，遂使佛教典籍普及全国，故在家研诵佛经者益多。杨文会的刻经事业中最有名的是创办金陵刻经处，鲁迅亦曾在此捐资刻《百喻经》。另外还有狄葆贤在光宣年间于上海创设流通处，创办《佛学丛报》，影响也很大。在这些刻经办报活动的影响下，佛教在民国时期呈现一定的兴盛之势。

　　民国时，佛教徒自结团体，创设中华民国佛教总会，当时活动最力者为天童山住持敬安和尚，他在1912年，率江浙各寺院的代表，到南京临时政府请愿，要求下令保护佛寺财产，之后又联合各地僧界代表，到北平请愿，最终由袁世凯命有关部门核准佛教总会章程，颁布相关条例并加施行，这对佛教的保护与传播都起到了重要作用。

　　佛教总会除保护寺庙财产外，又计划开设各宗专科大学、中学、师范、小学，推行慈善事业等，虽未完全实行，但各地不少寺庙都举办了传播与研究佛学的活动，这是佛教界的革新气象。社会上的居士则聚合起来设立佛教研究会，如上海的佛教居士林、佛教净业社等，活动的时间较久且规模较大，这些活动促成了研究佛学的风气。各地还有佛教徒或居士创立佛教专门学校，如宁波观宗寺有观宗讲舍；常熟兴福寺有华严学院；武昌有佛学院，由著名的太虚法师主其事；厦门有闽南佛学院；常州清凉寺设立清凉学院，南京有内学院，由著名的佛教学者欧阳渐实主之。此类佛学院，对传播佛学起到了重要作用。此外还创办佛学杂志，如1912年创办的《佛学业报》，武昌佛学院创办的《海潮音》，上海天津居士林创办的《林刊》，上海佛教净业社创办的《净业月刊》，内学院创办的《内学》等。其中的《海潮音》持续十多年，影响最大。

此时刻经事业也持续发展，继续杨文会的未竟事业，有北京刻经处、天津刻经处，所刻佛经的版式，都与金陵刻经处相同。还有上海频伽精舍翻印日本弘教书院的小本《大藏经》，商务印书馆影印日本的《续藏经》，朱庆澜、叶恭绰等人在上海影印宋代《碛砂版大藏经》等。这都表明民国初期佛学出现了复兴的景象。

佛教虽然在清晚期遭受打击，但在清末民初，出现了一批有志于佛学的居士，他们通过自己的努力使佛学在社会上传播。这与佛教内人士在寺庙等内部进行活动有所不同，正可反映这一时期中国佛教及佛学的时代特点，同时也表明，当时的佛教处于衰落状态，只能靠居士的努力来维持，靠研究佛学来复兴。

这个时期的佛教复兴也影响到当时或以后的一些著名的学者，如章太炎就从跟随俞樾研究传统经学转向研究佛学，并将佛学与国学的研究结合起来。他根据佛教的唯识论研究《庄子·齐物论》，写成《齐物论释》，在当时也产生了很大影响。这种情况可以说是学术界对于佛学的爱好而形成的佛学研究成果。此外如梁启超也热心研究佛教，他撰有《佛教研究十八篇》，系统地讲解了佛教传入中国以后的发展情况，并解释了佛学上的一些问题，如《读〈异部宗轮论述记〉》《说〈四阿含〉》《说"六足""发智"》《说〈大毗婆沙〉》《读〈修行道地经〉》《〈那先比丘经〉书》，并为想研究佛学的人专门撰写了《佛家经录在中国目录学之位置》。这些文章对于佛学的讲解，在当时的社会上也有较大影响。另外如熊十力，也热心佛学，撰有《佛家名相通释》，对佛学的基本名词概念做了深入的讲解。他后来又撰《新唯识论》，则是对佛教唯识论的深入阐释并加上了自己的发挥。

二、道教的曲折发展

佛教来自于印度，而道教则直接起源于中国文化，是彻底的中国宗教。在这一点上，它比佛教更接近中国文化传统，而且道教在传承过程中也与佛教的理论学说不断进行融合汇通，由此促进了道教思想理论的发展。

　　清王朝为笼络汉人，政治上利用道教，但当时道教和民间秘密宗教、秘密会社的关系密切，所以清王朝对道教仍然严加防范，并不真正热心于道教文化。如康熙认为道教所说的长生久视于世道无补，所以虽然仍对正一道的首领照例行封赐，但并不热心提倡道教，这与清王朝对待佛教的态度完全不同。雍正认为三教各有所长，缺一不可，故给予道教的地位较高。而从乾隆起，清王朝对道教的限制日趋严格，道教的地位不断下降。乾隆将正一道限制在龙虎山，禁止到其他地方传道，道光更下令不让正一真人上京朝觐，可知道教地位已经不高。

　　但在清代出现了全真道盛行的情况，这主要是全真龙门派第七代法师王常月进行了大量弘道活动，使龙门派扩展到南方的江浙、湖北、四川地区。据湖北武昌长春观的《长春观志》记载，在清末"著屋千间，道友万数"，与西安八仙庵和成都二仙庵并称全真道龙门派的大丛林。龙门派之外，还有全真派的其他支派与陈抟一系的老华山派、龙门支派的金山派、霍山派等，直到清末皆传续不绝。此外张三丰一系的支派多达八支，也一直传衍到近代，可谓门庭颇盛。至清末，全真系的势力仍相当强大，宫观庵院遍布各地，田产收入亦相当雄厚，如北京白云观在民国初犹有土地5800亩，年收入达3万元。

　　但另一方面，道教教内人士的素质日益低下，能够实践功行的人越来越少，更多的道教徒是靠香火营生，很少再出现有影响的高道大德。还有一些上层道士走向腐化，如北京白云观第二十代住持高仁峒，受慈禧的宠信，势倾京师，交通宫禁，卖官鬻爵，为社会人士所不齿，这说明道教的衰落之原因，很大部分也来自其内部。

　　辛亥革命时期，孙中山等革命家对中国传统的儒教、道教予以批判，五四运动中，进步的思想家与学者对传统宗教及相关的迷信习俗都予以抨击，加上民主思想、马克思主义和科学知识的传播，对道教及其信仰观念，就形成了强大的冲击。在经济上，道教的宫观田产也受到了冲击。1928年，国民政府颁布神祠废存标准，决定废止的神祠庙宇中，有相当多的属于道教。尽管这一决定未能彻底

实行，但仍废除了许多寺庙观庵，许多道观改建为学校、机关、军营。在中国共产党建立的革命根据地，破除迷信也是宣传工作的一项内容，道教属于被破除的对象。

面对急剧的社会变革，道教界人士为维护道教的生存与发展，成立过一些组织，如1912年北京白云观成立全真派的全国性教会组织中央道教会，同年第六十二代正一天师张晓初在上海筹建正一派的全国性教会组织中华民国道教总会，但未能得到政府批准，仅成立了上海总机关部。上海还成立过地方性的道教组织，如中国道教总会、中华道教会等。道教学者陈撄宁还创办了中华仙学院，主编《仙学月报》《扬善半月刊》等道教杂志。

整体上看，民国时期的道教基本上停滞不前，对社会的影响越来越弱，但其斋醮仪式以及服饵丹术在民间还有较多信奉者，因此也使道教具有了更多的民间宗教色彩。这表明道教在此不利的局势下，通过使自己的影响向社会的下层渗透，以求生存。而在社会中上层，则不受重视，处处受到限制。在这方面，道教人士没有如佛教和佛学那样受到学术界的热心关注，所面临的困局更为严重。

中华人民共和国成立后，1957年，全国性的道教组织中国道教协会在北京白云观成立。该会的宗旨为："团结全国道教徒，在人民政府领导下，继承和发扬道教的优良传统，积极参加国家的社会主义建设和保卫世界和平运动，协助政府贯彻宗教信仰自由政策。"

在"文化大革命"的十年时间里，道教与其他宗教一样都受到了冲击，中国道教协会停止了活动，不少宫观和道教文物遭到破坏。1980年，中国道教协会重新开始活动，各地道教宫观逐步恢复，道士能够进行正常的宗教生活，并努力实现劳动自养。

为了搞好道教界的自身建设，中国道教协会制定了《道教宫观管理办法》，促进宫观事务的有序运行。对于散居民间的正一派道士，道教协会制定了《关于道教散居正一派道士管理暂行办法》，对他们加以引导、联络和管理。

中国道教协会也重视道教后继人才的培养。1962年，协会举办了第一期道教徒进修班。1982年至1990年，举办道教知识专修班、道教知识进修班多期，培养男女道士 200 多人。1990 年，经国务院宗教事务局批准，中国道教协会成立了中国道教学院，其中分专修班和进修班，学制两年。专修班培养宫观管理人才，进修班培养道教的教学、研究人才。后又开设四年制本科教育和三年制研究生教育，还开展留学生教育。此后，上海道教学院、青城山道教学院、武当山道教学院、浙江道教学院等又相继创办，道教人才的培养得到进一步的加强。

中国道教协会把推动和开展道教研究作为重要工作之一。20 世纪 60 年代，协会成立了道教研究室，创办了《道协会刊》。1987 年，《道协会刊》改版为公开发行的刊物《中国道教》。此外道教研究室先后撰写和编辑出版各种道教书籍。

在现代文明的冲击下，道教的宗教观念，尤其是符箓、神仙崇拜等，在社会生活中的影响日益缩小。但作为历史久长的中国本土宗教，道教的教义具有独特性，是集中了中华民族传统宗教观念之大成的宗教。道教文化是中国传统文化遗产的重要组成部分，在历史发展过程中已深深渗入民族文化的多个方面。对道教思想文化的全方位研究，也在国内外受到越来越多学者的关注，呈现出前所未有的兴旺景象。各地的道观及其中的道教人士在当地民宗委的领导下，也非常注意与学术界的联系，经常举办或召开学术研讨活动。这些都使现代的中国道教与学术界对于道教历史及其思想文化的研究不断深入，其中就包括对老子其人其书及其思想的研究。而且道教界人士也在努力研究《老子》，不断有著作问世，这也是现代老学研究时必须注意的一个方面。

三、基督教的发展

基督教传入中国很早，但发展一直很慢，这主要是因为当时的中国政府对其强力限制。两次鸦片战争后，清王朝被迫与西方签订了各种不平等条约，其中许多都要求清政府给予基督教"自由传教"的特权，这使基督教的传教事业获得了前所未有的有利条件，能够在中国内地长驱直入。1877 年在上海举行的第一次在华传教士代表大会，标志着西方的传教活动已取得了稳固的地位。

基督教在传教时通过兴办西式学校、医院，创办报刊，开办印书馆，出版书籍来传播西方宗教思想和有关学术。这类活动一直持续到清末，出现了不少著名的传教士，如林乐知、傅兰雅、李提摩太等。

如傅兰雅，先在《上海新报》任编辑，同时任英华学堂的校长，翻译了不少西方学术和科普书籍，主要有《代数难题解法》《微积须知》《三角数理》《声学》《光学》《电学》《化学考质》《水师操练》《轮船布阵》《矿学须知》《西药大成》《法律医学》《各国公法交涉论》《佐治刍言》等。他还在上海创办格致书院，出版科普期刊《格致汇编》，开办格致书室，销售各种西方书籍。又如李提摩太，他认为要在中国传教，不在于翻译和出版了多少书，而是要以文化传教，与中国士大夫接触，吸引他们了解基督教，这与明代的利玛窦一脉相随。因此他经常撰写文章，介绍西方教义与学术，还在各地举行演讲会，向士大夫与官员讲解各种科学知识。他撰写的著作偏重于社会科学，一类为世界历史、地理、政治、社会的知识介绍，一类为根据中国实情提出的变法设想。如《七国新学备要》《大国次第考》《天下五洲各大国志要》《论生利分利之别》《新政策》等。他被李鸿章邀请到天津担任《时报》主笔一年多，写了200多篇社论，后来这些文章汇集出版，取名《时事新论》，在当时影响很大。

20世纪前20年，基督教在中国的传播达到了高潮。在这20年间，中国社会发生一系列的社会变革，为基督教在中国的传播提供了新的社会环境，使在义和团运动中遭受重大打击的基督教得以重新崛起，教会的势力得到了大发展。

另一方面，中国新一代知识分子在救国的同时，也把反基督教的活动推向高潮。新文化运动中，中国青年接触到的西方哲学和文学作品，其中有不少是反宗教尤其是反基督教的人文主义作品，因此中国的新青年们大受启发，从而对宗教持批判态度，认为科学与宗教是不相容的，要以科学批判宗教。

巴黎和会之后，中国的民族危机更加深重，这时许多知识分子认为中国传统的宗教要反对，西方的基督教也要反对。1922年中国知识分子和青年学生把批判基督教运动推向高潮，形成了一场长达六年的非基督教运动，基督教受到社会的公开谴责和攻击。在这场运动中，重心集中在反对不平等条约、反对教会教育、收回教会学校教育权等问题上。由于这场运动的主要旗帜是动员全国人民反对帝国主义侵略，争取民族解放，所以还团结了一批爱国的基督教徒一起参加。如1927年成立的上海中华基督徒协会对非基督教运动发表宣言，主张要平心静气地对待该运动提出的责难，主张取消不平等条约，除去基督教受保护的特权，促成教会自立自养自治，建立本色教会。同年，著名的教会人士赵紫宸发表《风潮中奋起的中国教会》一文，提出"中国教会，久已应有彻底的思想与改造……现在……反基督教运动……开始与基督教为难。南方的国民政府，对于基督教会及教会学校有收回主权、实行立案的种种明文。在此情势下，中华基督教徒不得不作彻底的思考，立鲜明的表帜。……教会现在逢到了广大的艰难、剧烈的痛苦么？可贺！微明复暗，再鸡唱之后，果然，然而立刻要天晓了。"① 这表明中国爱国的基督教人士已能够清醒认识自身的问题，向着本色化和自立自养方向进行改革了。

自立自养自治，就是要让中国的基督教摆脱外国教会的控制，这是当时中国爱国的基督教人士提出的方向。俞国桢早在1906年就创立了中国耶稣教自立会，宗旨是要"具有爱教爱国之思想，自立自治之精神"。1920年，召开了第一次全国大会，当时自立会已有80多处，以后逐年增加，到1924年已有330多处，信徒2万多人。五四运动以后，中国人民的反帝运动日趋高涨，各地教会也纷纷发表宣言，提出反帝废约、收回教权、脱离外国教会的控制、成立自立教会等要求。如武汉的基督教人士提出"赞成全国基督教协会取消一切不平等条约的宣言"。基督教知名人士王治心在1925年发起废约运动，组织"中华基督徒废除不平等条约促进会"，各地响应而成立了分会，此外，各地出现的自立教会达600多个。

---

① 转引自姚民权、罗伟虹：《中国基督教简史》，宗教文化出版社2000年版，第169页。

另一方面，出现了消除西方文化色彩的本色教会运动，自立运动与社会政治关系密切，而本色化运动则与中国思想文化传统有着更多的关系。1922年在上海召开了基督教全国大会，讨论了中国的传教、教育、出版、慈善、妇女等问题，提出了本色教会的主张，并通过成立了中华全国基督教协进会。协进会的任务就是更有力地推行本色教会运动。

"九一八"事变后，上海基督教界成立了上海基督徒救国会，编印《东三省事件与上海事件真相》，揭露日本在中国的侵略活动。全国基督教协进会等也在刊物上发表《告全国基督徒书》，号召基督徒团结抗日。之后基督教的抗日活动越来越多，一是成立各种推动抗战的机构，共赴国难；二是以财力、人力援助前线，救济难民；三是利用基督教的国际条件，呼吁国际和平力量的支持，寻求国际援助。基督教徒积极参加抗日救亡运动，是他们在国难当头的时候，表现出来的爱国情操。

新中国成立前夕，长期受外国教会势力控制的中国基督教，面临新的问题，即如何在共产党的领导下，在新中国生存，并与之相适应。1949年8月出版的《天风周刊》上发表了吴耀宗的文章，其中提出要"认识我们的时代"，"要投身到时代的洪流中去，与它合作，完成时代的使命"。由此，新中国的基督教进行了一场具有深远意义的三自爱国运动，使自身的面目发生了根本转变。在政治上，从帝国主义、殖民主义的侵略工具变成了中国基督教徒自办的宗教事业，在组织上，摆脱了西方教会的控制，实行独立自主的办教方针。①

吴耀宗还在上海《大公报》上发表文章，指出了中国基督教改革的方向与努力的途径："首先，基督教必须把自己从资本主义帝国主义的系统中挣扎出来，摆脱出来。这不是一件容易的事，然而却是一件必须的事；其次，中国的教会必须实行它早已提倡过的自立自养自传的原则，变成一个道地的中国教会；再其次，基督教必须认识现在的时代，和它自己过去的历史……面对这个历史，它应当

---

① 参见姚民权、罗伟虹：《中国基督教简史》，宗教文化出版社2000年版，第252页。

忏悔，应当严厉地自我批评。……它更应当进而认识现代的时代，基督教必须大彻大悟，让旧的躯壳死去，让新的生命来临；最后，基督教必须投身到时代的洪流里去，与一切爱好和平民主的人士携手起来……共同努力，建设新中国。"[①] 这说明当时许多教徒对新中国满怀热忱，对基督教落后于时代感到不满。

1950年9月23日，《人民日报》上刊登《中国基督教在新中国建设中努力的途径》（简称《三自宣言》）。《人民日报》还专门发表了社论《基督教人士的爱国运动》，指出："这是基督教人士应有的使中国基督教脱离帝国主义影响而走上宗教正轨的爱国运动……这个运动的成功，将使中国的基督教获得新的生命，改变中国人民对于基督教的观感，因为他们使自己的宗教活动和帝国主义侵略中国的活动划清了界线，而不互相混淆。"从此，9月23日成为中国基督教三自爱国运动的纪念日。

在新中国成立之后，中国的基督教人士能够认清时代变化的形势，自觉地听从中国共产党的领导和指引，走向了自己的新生，也因此而能随着中国的不断发展进步而进步。

第四节　改革开放后对传统文化的重新认识

一、改革开放与思想解放

1978年，关于真理标准问题的讨论，深深触及中国人思想深处的种种问题，开启了全国思想界、理论界、学术界及各行各业的思想解放运动。这场思想解放运动，对于以后关于传统文化的认识具有重要作用。所谓思想解放，是对此前的僵化思想而言。僵化思想

---

① 转引自姚民权、罗伟虹：《中国基督教简史》，宗教文化出版社2000年版，第256页。

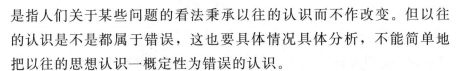

是指人们关于某些问题的看法秉承以往的认识而不作改变。但以往的认识是不是都属于错误，这也要具体情况具体分析，不能简单地把以往的思想认识一概定性为错误的认识。

中华人民共和国成立之后，在中国共产党的领导下，对中国传承了几千年的旧社会制度以及附属于它的传统思想文化进行了分析、批判和改造。这在当时历史条件下，是正确的选择，不能因为后来有过度的批判和破坏而一概否定之。

新中国建立后，中国在共产党的领导下，开始从半封建半殖民地的社会政治制度及其文化向社会主义的社会政治制度以及与之相适应的新文化发展和转变。这是中国历史上从来没有过的任务，代表了中国从传统社会向现代社会的转变与进步，是必须给予肯定的。

批判传统文化中的糟粕，发掘传统文化中的精华，这是当时中国共产党采取的正确认识与态度。但在"文化大革命"中，走向了极端，提出了"破四旧、立四新"的口号，对所谓的"四旧"采取了粗暴的态度，对传统文化及其遗产造成了很大的破坏，违背了共产党领导中国人民进行革命时的初心，违背了"取其精华，弃其糟粕"的科学精神与态度。

在此背景下，党和国家做出了改革开放的正确决策，同时发起了思想解放的运动，引导全国人民对以往粗暴对待传统文化的态度进行反思，重新回到正确的认识上来。并且又更进一步，在更为具体、全面而深入研究与分析的基础上对传统文化进行全新的认识。

首先要清楚什么是传统文化。人们常说的传统文化，是一个非常笼统而含糊的概念，它包括太多的内容，不能用一种态度去对待它。这应该是不言而喻的。20世纪50年代人们形成的认识是，传统文化是伴随中国几千年古代社会的历史发展过程而逐步形成并演变发展的文化。正因为它是古代社会历史的产物，所以它代表着古代社会的思想观念与社会习俗，而在中国进入社会主义新时代之后，这样的文化肯定是不完全适应新时代的要求的。如果对这样的传统文化不加分析、批判和改造，全盘继承和接收下来，这是肯定不行的。50年代党和国家以及学术界对传统文化的认识就是以这种态度与分析为基础，提出了"取其精华、弃其糟粕"的说法，这在当时以及现在都是正确的。至于什么是精华，什么是糟粕，这是一个无法一句话就能说清楚的复杂问题。但有一个标准，那就是凡是符合现代科学精神的思想文化就应该是精华，反之就是糟粕。只要秉持这个标准来看待传统文化的具体内容，就会做出符合科学精神的判断。

但在后来的"文化大革命"中，人们的思想变得非常极端，只要旧时代的东西，不论是精神的，还是物质的，都视之为"四旧"，而对当时人们根据所谓革命的观念想象出来的东西，都视之为"四新"，这就犯了机械思维的错误，违背了科学的精神。所以那时候对与传统文化沾边的一切事物都视为应该打倒和破坏的对象，采取物质形态的破坏与消灭的态度与方法。这当然是不符合"取其精华、弃其糟粕"的态度。

经过这种极端的反传统文化，到改革开放的时代，人们对此进行了反思，提出解放思想的要求。解放思想的任务之一，就是反思此前的极端反传统文化的观念与做法，重新通过科学的研究与分析来对待传统文化的不同内容。但有些人又从一个极端走向另一个极端，认为传统文化一切都好，不区分精华和糟粕，全都加以肯定和弘扬，这同样是错误的态度。现在所谓的回归传统文化，其实就是出自这种观念的一种似是而非的说法。对于传统文化，不是回归的问题，也回归不了，更不能在现代中国大踏步进行改革开放的时代，再让中国现代的文化回归到传统文化里去。所以，正确的态度是对传统文化进行全面而深入的学术研究，分清其中的精华与糟粕，分别采取不同的态度，该弘扬的弘扬，该改造的改造，该舍弃的舍弃。

二、传统文化研究的反思

改革开放带来的思想解放，不仅让广大民众重新再面对新的时代与文化，更重要的是要使学术界得以实行真正符合科学精神的学术研究，对传统文化的复杂内容进行深入具体的切实分析，分清其中的精华与糟粕，并采取相应的措施。

就老学研究而言，其研究的对象属于传统文化，因此一个重要的任务就是要通过科学的研究，来分清老子的思想学说及历史上传留下来的老学研究成果中的精华与糟粕。老子的思想学说，是产生于两千多年前的时代产物，它不可能完全符合现代社会的文化与学术要求，老子的思想中有一些可为现代的中国借鉴，也有不少内容是不能原封不动地继承下来并加以弘扬的。但这都要经过深入的科学研究才能具体分清其中哪些是精华，可为现代社会与文化所借鉴，哪些是糟粕，要对它们进行分析批判，认清其中不符合现代科学文化与思想的内容。只有这样才能使老学研究在以往研究的基础上深入发展，走向更为科学的境界。

在说到思想解放的时候，还要注意一个问题，即不能简单地认为思想解放就是否定此前的所有思想理论与研究成果，而把此前没有引进或应用的学说不加辨别地加以应用。这意味着，对此前的思想理论与学说一方面要根据实践的经验来判断，另一方面还要根据当时人们的理解、解释和实际应用的情况来加以判断。即需要研究者真正认识到以前在应用这些思想理论与学说时究竟在哪里出了问题，是思想理论与学说本身的问题，还是人们在理解上出了问题，还是人们在应用时出了问题。如果不做这样的分析研究，简单地以思想解放为由就把此前的思想理论与学说全盘否定，那就不是科学的态度，是不可取的。这也意味着，在谈到思想解放时，不能只从实践层面来看问题，还要结合实践时所信奉和所理解的思想理论与学说究竟是怎样的情况。

改革开放初期的思想解放，人们比较熟知的一个观点，就是实践出真知，一切理论要经过实践的检验。但实践层面的问题不一定全都因为所信奉和理解的思想理论与学说，还有实践者自身的问题，即实践者是否真正正确地理解了所运用的思想理论与学说。在人们谈论思想解放时，似乎对这一层面的问题并没有加以关注和认真研究，这也就意味着如果这样简单理解思想解放，并不能真正找到之前所犯错误的真实原因所在，也就不能真正理解思想解放的价值所在。

从思想解放的角度来看老学研究的情况，也要注意类似的问题。即不能简单地把以前的思想理论与学说视为过时，而一味套用新出的或时髦的思想理论与学说，不能简单地认为后出的就一定比先有的高明和正确，而是要根据研究对象的具体情况进行具体分析。另外还要注意，任何一个研究者所掌握的思想理论与学说都是有限的，不可只据自己所理解和掌握的进行研究，还应广泛了解其他人的研究，取长补短，使自己的研究不断完善。

在思想解放与对待传统文化的问题上，也要注意，并不是号称进行思想解放的人所掌握和理解的思想理论与学说就一定是正确的。必须先行进行考察，以确定进行思想解放的人是否具有思想解放的应有的素质。也就是说，声称进行思想解放的人，不能只凭着自己声称要进行思想解放就一定占据了思想理论与学说的制高点，就一定掌握了正确的思想理论与学说，就一定正确理解了所主张的思想理论与学说。这都是一个问题的不同层面，不能简单地混为一谈。

在把思想解放的相关问题思考清楚之后，才能具备比较完善而坚实的基础来进行专门的研究。如在老学研究上，对于古人的研究不能简单地以儒家或佛学一类的大名称而涵盖之，更应根据研究者具体所掌握和应用的儒家或其他家的学说的思想内容来加以确定，而且还要检验这些研究者是不是正确地理解运用了儒释道等学派的思想。到了近现代，情况仍是这样的。不能单纯看研究者声称自己应用了什么样的思想理论与学说来研究《老子》，更要具体地看他们在研究中怎样解释和应用理论。所以，思想解放说起来只是一个概念，但在实践中则存在着太多的具体问题。对待传统文化也是这样，不要简单地听人们说弘扬传统文化，更要具体地看他们所说的传统文化究竟是什么内容，看他们在说这些传统文化时又是怎样阐释和分析论断的。传统文化中的儒、道、佛及多种学派的思想理论与学说在不同的研究者那里都会存在着千差万别的情况，研究者们是否全都正确理解和掌握了这些思想理论与学说，必须要进行细致的检验。这样才能妥善处理思想解放与正确对待传统文化的问题，研究成果才可能有可靠性。

以上所说的问题，在过去的思想解放运动中，在过去的对待传统文化的活动中，在研究《老子》思想的过程中，都会存在，所以现在和以后的学者在面对这些问题时，一定要先行思考上述种种问题，不能简单地把别人使用的概念和名词拿来就用，而不经过自己头脑的思考与分析。这样才能避免各种可能出现的问题，使自己的研究和看问题的方法不会出错。

第二章　近现代老学的主要特点和价值

随着西方文化的冲击，学术研究范式的转换，近现代中国老学的发展呈现出与古代大不一样的特点，哲学、政治、经济、伦理、宗教等分科研究成为近现代老学研究的重要方式；同时，传统的考据与义理也有新的突破；而大陆与港台的老学研究有同有异，等等，这些都值得认真总结。

第一节　学术转型与近现代老学研究

一、学术转型对老学研究的影响

中国的老学发展到近现代，发生了前所未有的巨大变化，这与当时中国社会文化环境前所未有的巨变紧密相关。中国社会的这次巨大转变，最初的动力不是来自内部，而是来自外部，是在西方文化的沉重打击与强烈刺激下不得不变，否则即有亡种亡国的危险。然而，当时的统治阶层缺乏主动转变的自觉性，只是采取被动应付的态度。如张之洞这样的人物，曾被西方学者视为比较开明的政治家，[①] 但在其影响甚大的《劝学篇》里，仍提出"中学为体，西学为用"的主张，要以中国传统的文化观念作为整个中国的社会政治以

---

① （美）本杰明·史华兹：《寻求富强——严复与西方》，江苏人民出版社 1995 年版，第 15 页。

及学术的主导，而西方的文化与学术只能作为应用层面的东西，以辅助中国传统文化与学术。在这种态度的支配下，大多数的文化人士或政治人士都缺乏主动积极的转变意识与行动，这使得中国历史上最重要的一次社会与文化转变，处于极其缓慢与被动状态之中。

但是，并非所有的人都以这种态度对待中国历史上的这次巨大转变。不少忧国忧民的仁人志士，尤其是受西方文化与思想影响的人士，对比与中国一水相隔、成功转型的近邻日本，痛感中国社会与文化的落后，不满意被动与消极的变化之现实，以各种形式倡言并思考实行根本性转变的理论可能性与实践操作性等问题。

在这种时代与文化的背景下，老学也出现了学术转型的态势。这种转型，一方面是从乾嘉学派的文本考证与校勘转向探索《老子》的思想主张及其与中国社会的关系，另一方面也有不少学者继续沿用传统的方法对《老子》文本进行整理与研究。这两种方法并存不悖，一直持续下来。其实近现代以前的《老子》研究也是这两种方式。如河上公与王弼的《老子》注就是揭示其文意，与近现代注意探求《老子》思想内容的方式相似，而且这种解释《老子》思想内容的注释，在历代都不断出现，可知这本来就是传统的《老子》研究的主要方式之一。而对《老子》书的文本考证校勘的研究也未有间断，与解释《老子》思想内容的注释方式一起，并存于传统学术中。近现代的老学研究还是这两种方式，但在解释《老子》思想内容方面出现的变化主要有两点。一是出于现实关怀而探求《老子》中关于社会政治的思想内涵，如魏源出于对鸦片战争之后中国社会政治改良之用心，强调《老子》是救世之书，要用其中无为之治的思想来救中国。一是运用西方的思想与学说来解释《老子》，如严复在《老子道德经评点》中运用了他所接触到的西方近代思想理论学说。这两种变化，较传统的《老子》阐释有了明显的差别，可以说是近现代老学研究的最重要转变。

随着中国学术界不断接触与学习近现代西方学术，加上中国的教育制度、学术模式发生了根本性变化，于是出现了以现代西方学术著作模式撰写《老子》研究的专著与论文。这是近现代老学研究的一个重大变化。

近现代老学的又一个变化是更为深入地掌握和运用多种专门学科，如哲学、史学、政治学、社会学、宗教学、经济学、伦理学、语言学、考古学、军事学、美学、心理学、生态学、养生学等的理论与观念来研究《老子》的思想内容。这是在严复用西方思想解释《老子》之后的继续发展之表现。时至今日，这种运用现代学术分科方式来研究《老子》思想内容的不同侧面的情况就更为多样化。

近现代老学研究出现的以上重大变化，也造成了老学研究中的一些不足，最大的问题是由于学术分科而造成的研究话语与视角的分裂。这虽然也是研究的多样性的一个表现，促进老学研究走向深入与广泛，但也容易使得老学研究在话语与对话方面更为陌生与疏离。

学术分科使得近现代的学者具有了不同的学术背景与素质，会在不自觉的状态下决定他们研究老学的走向，形成差异较大的研究成果。如同样是学哲学的，在中国又分为西方哲学、中国哲学和马克思主义哲学三个门类，三者对哲学的理解不完全相同，由此出发来研究老学，就会形成不同的认识与理解。可知，在一个学科中就存在着如此的差别，而在不同学科背景下则所研究的老学必然会出现差异较大的认识与理解。这是因为不同学科及其分支的学者在接受基础学术训练时所接触的思想理论与学说是不完全一样的，因而在他们各自的头脑中所形成的对问题的分析方法以及所凭借的学术理念与观点也是不完全一样的。这就会造成他们对于同一研究对象的不同看法，所形成的研究成果自然也会大有差异。如果是更大的学科分类，则其中的差异就更大，以至于不同学科的学者研究同一个思想理论与学说会各说各话，甚至难于交流。而且他们所关注的问题也会有很大差异，这都是不同的学科对研究者造成的影响。这种差异极多且极大的影响，是近现代老学发展过程中必须特别关注的一个问题，也可以说是现代老学研究上的一个非常重要的特点。处于不同学科的学者，如果只将眼光放在本学科的领域内，而不放眼观察现代老学研究的全貌，就看不到这种差异，也意识不到这种差异对自己的研究所造成的深刻影响，从而导致自己的研究走向片面，也难于与其他学科的学者进行交流。

在近现代中国学术转型过程中，学者们在接受和理解各种思想理论与学说时也会有很大差异，这种差异同样会影响学者研究老学的眼光与见解。如喜西学者多遵从西方学说，而对中国传统思想多采取批判与否定的态度。反之，对中国传统思想文化有感情者，则多不赞成直接运用西方思想理论来解释中国传统文化。这样由对西学不同态度引起的学术观点与方法的差异，就会导致不同的研究者对于老学研究形成完全不同的见解。

从整体上看，虽然不少中国学者接受了西学的理论与方法，但并不是所有人都能对其进行系统而深入的学习，因而他们在理解和运用时，也会有很大的差异。特别是西方学术在现代发展很快，新的学派、理论与学说不断涌现，所以中国学者更应该采取广阔的视野，养成历史发展的理念，不能浅尝辄止，走马观花。这样才能更好地把西方的学术及其丰富成果运用到现代的老学研究中去。

二、近现代老学研究的主要创见

首先，是用传统方法研究《老子》，如对文本和史实的考证、运用道教内丹学进行研究等，在继承前人研究成果以及传留下来的丰富资料的基础上取得了不少进步与成果，特别是出土文献与传世文本相结合的研究成果超过了以往所有的时代。出土文献中不仅有《老子》，还有儒家、黄老道家等多个学派的资料，这些资料对于推动老子与其他诸子相结合的研究有很大帮助。

其次，是从历史学求真求实的立场出发而形成的关于老子其人其书及其时代的考察。这与其他先秦诸子的考辨相结合，成为20世纪20年代至40年代古史辨研究中的重要内容之一。古史辨派从疑古出发，对历史上传留下来的种种记载中关于老子以及其他先秦诸子的说法进行史学的考察，以求弄清楚历史真相，不再盲目地信从古代史料中的相关说法。这种求真求实的研究精神，促进了关于老子其人其书及其时代真相的澄清，对于准确理解老子的思想以及老子与其他诸子之间的各种关系都有重要的学术价值。虽然疑古思潮对于传统的历史记载多持怀疑态度，种种见解并不能成为定论，而且后来又有不少出土文献可以佐证古代记载的相关说法，但这种由疑而辨的学术研究思潮，对于古代相关记载的证实，起到了有益的作用，至少证明了一点，即古代资料中的相关记载，既不能完全相信，也不能全部否定，其中哪些是真实可信的，哪些不是真实可信的，通过这样的考辨，是能加以区分的，这就是古史辨在老学研究上的意义。

再次，是基于现代学术分科而形成的老学研究的多样性，也在老学研究上具有重要价值。前面说过，现代学术分科造成一定的话语与视野的差异而对相互之间的交流与对话构成一定的困难与障碍。但同时也要看到由于现代学术分科的专业化特点，使学者能从不同的角度来看待和研究《老子》的丰富思想。所以现代的老学研究在哲学、史学、政治学、社会学、宗教学、心理学、生态学、伦理学等多学科的不同侧面都得到了专门而深入地研究，这也说明对于《老子》思想的研究不是一个学科的学者就能充分和深入研究的，必须由多个不同学科的学者共同展开研究，各自从不同的角度来深入研究《老子》思想，这样才能对《老子》思想形成比较完备的认识。而这也是现代老学研究中最具特色和最有价值的一点，在古代的老学研究中不可能会有这样的多样性，因为古代没有现代这种多样性的学术分科。

又次，对老子其人其书及其思想的研究扩大到老学史的研究领域。老学史主要是梳理历代学者对于老子其人其书的研究方法及成果，分析其中的发展与变迁。以往人们研究时可能会参考历代学者的有关见解，但都是不系统和不完整的，只能说是研究者各取所需而参考历代学者对于《老子》的研究成果。而这些研究成果是不是都能正确地解释《老子》的思想，则缺乏全面和系统的分析比较。而老学史的研究从整体上分析比较历代研究成果，为现代老学研究提供比较完备的参考资源。老学史研究还能揭示历代学者对《老子》的认识与他们所处的时代和学术背景间的密切关系，对于理解不同

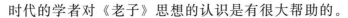

时代的学者对《老子》思想的认识是有很大帮助的。

还有，近现代的学者还非常重视从文献学、版本学角度对《老子》进行研究和整理，为此编纂了不少颇有价值的《老子》文献集成。如台湾严灵峰编纂的《无求备斋老子集成初编》及其《续编》《补编》，华中师范大学道家道教研究中心整理的《老子集成》，华东师范大学先秦诸子研究中心整理的《子藏·老子卷》。这些资料的搜集整理也是现代老学研究中非常重要的一个方面，具有重要的学术价值。

需要指出的是，现代老学研究中有一项必须加以重视且要抓紧付诸实施的工作，即对历代研究成果和文献资料进行数字化加工整理，这是随着计算机技术、网络技术和数字化技术逐渐成熟而形成的时代性课题。目前海内外各大图书馆都在对所藏的善本图书进行数字化加工，但都还没有开展专门针对《老子》的历代研究成果及其文献资料的数字化加工整理工作，这是今后有待弥补的。如果能够完成会对今后的《老子》研究形成莫大的助力，大大提高研究的效率，促进老学研究的深入发展。

三、近现代中国老学的发展特点

近现代老学承继古代老学传统，因此在一定程度上保持着传统研究的特点，如重视文本考据和义理阐释，但在具体内容上则有时代的差异性。这就是近现代老学的最大特点。

就近现代老学的时代特点而言，其突出表现是受到西方学术的影响，而在理论、方法、观念等各个方面突破了传统研究的范畴。具体来说，表现在如下几个方面：一是学科划分明显且学科之间保持着各自的独立性与特殊性；二是不同学科的研究之间保持着相互交流与融会；三是随着时代的快速发展变化，老学研究的热点或重点不断发生着变化；四是基于以上特点而使近现代的老学研究呈现丰富性、多样性。

就学科划分而言，随着西方学术理论和方法的传入，中国固有的学术研究产生了明显的分科态势，有了哲学、史学、文学、政治学、美学、经济学、社会学、心理学等多类型的学科划分，这些学科都是中国传统学术系统中没有出现的分科。学术分科的出现使得传统中国学术含糊的整体性变化为有了明显的彼此疆界。各学科的研究范畴不同，由此而产生的问题观也不同，造成不同学科背景的学者在老学研究上使用不同话语和内容。这使得近现代的老学研究变得更为复杂和多样化。

　　第二个特点是由第一个特点而产生的，且由于学科之间保持着相互交流与融会，使得不同学科的学者在交流中能够了解其他学科的研究视角与问题意识，从而受到启发和促进。而这也正是近现代社会人们学术交流与各方面交际比古代更为密切而频繁的必然结果。近现代学术刊物与会议的大量出现和频繁举行，也为这种不同学科老学研究的相互交流与融会提供了良好的机会与平台。这是近现代学术研究的共同特点，在老学研究中也不会例外。

　　近现代社会是快速发展变化的时代，老学研究在这种时代背景下热点或重点也必然会不断发生变化，这也是古代老学研究所不曾有过的现象，故可称为近现代老学研究的一大特点。

　　由于有了上述三个特点，必然使近现代的老学研究呈现丰富性、多样性。学科的分化、学科间的相互交流与融会、学术热点的不断变化，使得近现代老学的研究成果不仅在数量上大大超过了古代，而且有了更为丰富的研究内涵。

第二节　近现代老学研究的主要问题

一、近现代中国老学研究的前提：基本文献的掌握与梳理

　　台湾学者严灵峰编纂有《无求备斋老子集成初编》和《续编》《补编》。笔者所在团队此前已经撰写了《中国老学史》[①]、《二十世

[①]　熊铁基、马良怀、刘韶军：《中国老学史》，福建人民出版社1995年版。

中国老学》①、《近代中国老庄学》② 等学术史的著作，有助于对近现代老学研究进行整体认识。此外还整理了新编纂的《中华道藏》中的《老子》历代注本，并在此基础上整理出《老子集成》。《老子集成》总计 15 卷，共 1100 万字，收集整理了自战国至 1949 年关于《老子》的传本和注疏本 265 种（其中包括 50 余种善本和孤本），并对这 265 种文献全部加以标点、校勘。华东师范大学先秦诸子研究中心整理有《子藏·道家部·老子卷》。这些都为了解历代老学研究的情况奠定了坚实的基础。

通过严灵峰编辑的《周秦汉魏诸子知见书目》、中国社科院历史研究所编撰的《1900—1980 八十年来史学书目》、熊铁基等著的《二十世纪中国老学》中附录的《二十世纪〈老子〉研究著作目录》等，可以掌握 20 世纪以来《老子》整理和研究的情况。其中清晚期到民国时期比较重要的老学著作主要有：李涵虚《道德经注释》、魏源《老子本义》、宋翔凤《老子章义》、陈澧《老子注》、俞樾《老子平议》、高延第《老子证义》、陶鸿庆《读老子札记》、易顺鼎《读老杂记》、德园子《道德经证》、黄裳《道德经讲义》、杨文会《道德经发隐》、严复《老子道德经评点》、孙诒让《老子札迻》、文廷式《老子枝语》、刘师培《老子斠补》及《老子韵表》、滕云山《道德经浅注》、陈三立《道德经陈氏注》、王闿运《老子注》、刘鼐和《新解老》、江希张《道德经白话解说》、马其昶《老子故》、杨树达《老子古义》、罗振玉《老子考异》、马叙伦《老子覈诂》、奚侗《老子集解》、陈柱《老子集训》和《老学八篇》、钱基博《老子道德经解题及其读法》、王力《老子研究》、高亨《老子正诂》、于省吾《老子新证》、蒋锡昌《老子校诂》、劳健《老子古本考》等。而 1949 年以后大陆与港台学者的《老子》研究著作就更多了。

此外，中国哲学史和思想史著作中对于老子的分析评价，也是近现代老学研究的重要内容，对研究《老子》及其思想起到了广泛

---

① 熊铁基等：《二十世纪中国老学》，福建人民出版社 2002 年版。
② 刘固盛、刘韶军、肖海燕：《近代中国老庄学》，福建人民出版社 2014 年版。

64

而深刻的启发作用，是不可忽视的重要学术资料。

在全面掌握和梳理上述材料的基础上，还要清理不同学者的《老子》研究成果与整个老学史的相互关系，把这些学者及其研究成果放在学术史的背景下加以审视与观照，由此才能把握其学术价值与学术地位，全面揭示这个时期的中国老学研究成就与发展状况。

二、近现代中国老学的诠释理路

整体上看，近现代中国老学的研究，分为文本的校勘考据与思想义理的阐释分析两大方面。前者继承传统的研究方式，对于文本的整理研究特别重视，后者重视探索《老子》中的思想内涵，不断加以阐释。

在此基础上，不断有新发现的文献资料，为《老子》的文本考据工作提供了重要的参考。而受西方学术理论、方法的影响，近现代学者对于各类《老子》文献资料及其思想内容的阐释也有了全新的变化，但同时也不忽视古代学者的成果，构成了近现代老学研究的新态势。

近现代的老学研究在文本考据上有不少重要的成果，清晚期有俞樾《老子平议》、孙诒让《老子札迻》、刘师培《老子斠补》、易顺鼎《读老杂记》、奚侗《老子集解》、罗振玉《老子考异》，民国以来有高亨《老子正诂》、马叙伦《老子覈诂》、蒋锡昌《老子校诂》、于省吾《老子新证》、朱谦之《老子校释》等。马王堆和郭店《老子》出土后，又问世了诸多关于《老子》文本的考据性研究成果，修正、完善了不少以往的观点。这些都反映了清代以来逐渐成熟的版本、目录、校勘、文字、音韵、训诂等研究方法在《老子》文本考据中的重要性，展现出近现代学者在从事专门考据工作中的深厚功底。

在思想义理的阐释方面，近代学术转型对老学发展的影响表现得非常突出。例如近现代学者受到多学科理论与知识的熏陶，能对《老子》文本中包含的丰富思想内容进行多方位、多角度、多层次的分析阐释，这是有了新的思想工具以后才出现的全新态势，也是近现代老学研究成果众多的根本原因所在。早在19世纪末20世纪初，西学对于中国学者的影响已经在老学研究中反映出来了。如严复根据西方斯宾塞等人的政治社会学说来解释《老子》中的思想，认为其中已有民主自由思想，而且在王弼的《老子》注释中就反映了这种思想。这是应用西方近现代政治学、社会学、逻辑学等学说理论解释《老子》，是老学研究的重大变化。又如王国维的《老子之学说》，运用西方哲学的本体论来分析《老子》的思想，认为老子之道是"宇宙万物之根本"，又是"一切道德政治之根本"，这是在严复之后的进一步发展。又如谢无量的《中国哲学史》一书，运用西方章节体哲学史的撰写方式来分析论述和评价《老子》及道家思想，体现出较成熟的新型学术范式的老学研究。到 20 世纪二三十年代及以后，老学研究一方面保持了传统的文本考据与注释的学术方式，同时在《老子》思想的阐释上，主要用西方的新型学术论著方式，说明近现代老学研究与新型的学术范式的转型有着密切关系，可以说是同步出现和发展并走向成熟的。

关于《老子》思想内容的新的阐释，近代以来也是不断丰富的。随着学科的分化和社会文化的发展进步，新的问题不断涌现，对《老子》的研究角度越来越呈现多元化的态势。众多的学者从不同的学科角度对《老子》思想进行分析，深化了认识，也从一个侧面促进了对中国传统文化的全新认识。进入 21 世纪之后，这种多元化的研究成果层出不穷，体现了中国学术界继往开来、持续探索的学术风貌。

三、近现代中国老学与时代文化思潮的互动

中国近现代是社会急剧变革的时代，各种文化思潮不断涌现，相关的学术研究不断变化，这与古代中国因社会形态长期稳定而文化学术在较长时段内不会发生剧变是大不一样的。近现代老学的发展与时代文化和学术思潮变化之间的相互关系，主要有如下几种：

一是老学研究与经世致用思潮的关系。清嘉庆以后，社会矛盾不断激化，外来侵略逐步加深，政府面临的危机越来越严重，这使学者关注社会与国家命运，经世致用思想成为学术界的重大思潮。

在这种思潮的影响下，近代老学研究出现了以往没有的变化，如魏源在《老子本义》中阐述老子思想中的"救世之学"，滕云山的《道德经浅注》从《老子》思想中寻求"治世良方"，曾国藩等人在治理国家的同时，也关心经世之学，对老学的发展变化产生了一定影响。这些都使人们对于《老子》思想的理解产生了前所未有的新气象。

二是近代老学与思想启蒙的关系。在面对国家民族生存危机的时候，有的学者借助西方学术以求解救之路，推动了思想启蒙。如严复就援引了西方民主自由思想的观点来阐释《老子》的思想，这使西方近代思想对于中国传统社会的思想启蒙和《老子》研究直接结合了起来。梁启超在《老子学说》中根据罗素的哲学解释《老子》，认为老子的"无不为"思想是"最高尚且最有益的哲学"，称赞"老子学术纯带革命的色彩"。还有不少学者在撰述相关的中国哲学史或思想史著作时，也在其中利用西方近现代学术思想对《老子》的思想做出新解，从不同角度促进了中国近代的思想启蒙思潮。如从日本法政大学毕业的刘鼐和，撰写有《新解老》。刘氏受到西洋哲学溯究宇宙有相之物最终原理的启发，认为《老子》书就是溯究宇宙无相的最终原理，是形而上学的哲学。这可以说是受了西方近现代学术思想的影响，得到了思想的启蒙，才做出的阐释。又如谢无量著的《中国哲学史》，出版时间比严复的《老子评点》晚十几年，但从著作的撰述形式上已完全采取了西方通行的哲学史的写法。而严复虽然吸收了不少西方近代思想理论，但在撰述形式上仍然采取中国传统的评点方式。说明严复与谢无量都受到西方新的学术思想的启蒙，而使老学研究不断发展变化。而且谢无量的《中国哲学史》，是20世纪的中国最早采用西方哲学史方式著书立说的成果，世人熟知的胡适《中国哲学史大纲》出版于1919年，冯友兰《中国哲学史》上册出版于1931年，都是在谢无量的《中国哲学史》之后，这说明中国学者在近代受到西方学术思想的启蒙而使老学与中国哲学史的研究不断进步。

三是老学与国粹主义的关系。西学流行也引起了不少学者的反弹，他们重新提倡中国传统的学术与文化，以求对抗西学理论。这种国粹主义指导下的国学热，必然会影响到当时的老学研究。如章太炎特别推重老庄之学，作《庄子解故》《齐物论释》等，力图阐发新义，以证明老庄思想并不落后和过时，能够与西方学术思想文化对峙。刘师培也对《老》《庄》进行考证性研究，这都反映了他们以国粹主义思想为主导以求复兴古学，来应对西学。

四是老学与新文化运动的关系。在五四新文化运动的影响下，一时兴起了批判儒学的风气，不少学者重新对老学的价值进行定位。如吴虞以老子的思想来否定长期以来儒家学说的垄断地位。胡适提出了老子"早出说"，不仅仅是为了还原历史真相，更是蕴涵着否定儒学独尊的文化意义。这都说明五四新文化运动不仅深刻影响了人们对于儒家学说的认识与态度，也由此改变了他们对于老学的认识和定位。这也引出了后来的学者提出"道家为中国文化主干"的观点，如江瑔、吕思勉以及鲁迅等，他们具体的见解虽然有所不同，但影响到今天仍然存在，且不断深化。

四、近现代中国老学与中西文化的交融与碰撞

近现代老学的发展，与西方学术文化密不可分。一方面，近现代老学的发展，离不开西方学术与文化观念的引导，但另一方面，也不能机械地应用西方的学科划分及其学说来研究老学。这里面存在一个使中西学术文化恰当融合的问题，既以充分学习与理解西方学术和文化为必要前提，又以充分理解《老子》文本及思想为重要工作。只有把这二者都做好，才能算是老学研究上的中西学术文化的交融，否则就是一种机械式的生搬硬套。

如西方近现代的哲学、美学、伦理学、政治学、经济学、社会学、心理学、逻辑学等都有自己的理论、概念、范畴与逻辑，中国学者必须充分理解了这些西方学术及文化的内在精义之后，才能应用来作为研究《老子》思想的参考。而且西方的这些学科在20世纪也发生了重大变化，出现了许多新的理论与方法，中国学者必须随时跟上这些新的变化，才能将之拿来与研究老学相结合，形成真正学术意义上的交融。

在近现代老学研究中，中国学者大量运用西学的思想、方法、观念等，对《老子》的思想进行阐释与分析。纵观近现代中国老学研究，这种西方学术与文化的渗透，是无处不在的。但是否得出了令人信服的结论与成果呢？恐怕不能一概而论，可以说有不少成果在应用西方学术与文化观念时没有做到充分消化与理解，没有摆脱教条主义和机械化生搬硬套的弊病。这个问题，在分析论述近现代老学的发展过程时，必须予以注意，并加以分析其中的原因，以便为后来的学者利用西方学术与文化来研究中国传统的思想文化时提供有益借鉴，否则就根本谈不上中西学术文化的交融。

在中西学术与文化的碰撞关系上，必须首先思考为什么会发生碰撞，找到原因后再来分析这种碰撞对于中国学术研究的发展以及老学研究的发展有怎样的意义。看清这种碰撞对于中国学术研究的意义，才能评价这种碰撞的性质以及其他的相关问题。可以说，不能简单地否定这种碰撞，也不能简单地肯定这种碰撞，必须分析清楚这种碰撞方方面面的性质，才能准确认识这种碰撞以及由此引起的种种问题。我们只就近现代老学研究的情况来看中西文化与学术的碰撞关系，也不能空谈，必须根据近现代老学的实际情况来看这种碰撞关系，因此要在分析论述近现代老学的过程中来观照这种碰撞的问题。基本上看，这种碰撞是有益的，因为这说明二者是有所不同的，如果二者完全一致和相同，就不会发生碰撞的关系。既然二者有所不同，就要分析二者的异同究竟是什么情况。这是为了认识清楚中西的学术文化究竟何者为正确的，何者为有误的，而不能简单地根据是中国的还是西方的就判断其中的是非。如马克思主义是从西方传来的，在近现代的中国，就不能说来自西方的马克思主义是错误的。在此前提下，再来看中国学术与文化中，与马克思主义的关系，是一致的还是不同的，相互之间有没有碰撞的问题。其他的来自西方的思想学说与文化意识等，都要按这种方式来加以判断和分析，而不能一概而论地给予否定或肯定的判断。

碰撞基本上是由于二者有不同且相互存在矛盾的情况，所以这里面有分析判断并认识其中的是非的问题。但问题不仅仅是这一个方面，中西学术文化的碰撞关系还有另一层面的问题，就是碰撞之所以发生，往往是由于中国学者对中国和西方学术文化的了解不够全面和准确。要做到对中西双方的学术与文化的内涵都能全面而准确地理解，就需要对中西双方的学术和文化进行认真而系统地学习与研究。但学者由于现代学术的分科，限于自己所学学科的知识与理论，并不能真正做到对中西双方学术与文化全面而准确地理解。如哲学分为西方哲学、中国哲学和马克思主义哲学，属于西方哲学学科的学者可能对于西方哲学的基本情况有所了解，但也不能说对整个西方哲学从历史到现代的所有情况都能做到全面深入和准确地理解，同时也不能说对整个中国哲学从历史到现代的所有情况都能做到全面深入和准确地理解。属于中国哲学和马克思主义哲学的学者同样具有这样的问题。其他属于文学、史学、政治学等不同学科的学者也都存在着类似的问题。所以对于现代的中国学者来说，如果想要妥善地解决中西文化与学术的碰撞关系问题，并不是一个简单的事情。也正因为如此，我们在观察分析近现代中国老学时，往往会看到不同的学者在利用西方的文化与学术来分析老子的思想时会存在着片面性和不准确的现象。即使是到西方留过学的学者，也有这种情况。所以我们在分析近现代中国老学的时候，需要时时注意这一现象，由此而来思考这些老学研究成果的价值。

如欲彻底解决中西文化与学术的碰撞问题，在现代学术背景下，只能采取诸多相关学科的联合协同，不能再延续以往学科划分后就分彼疆此界而不能沟通与协同进行研究的现象。但要真正做到诸多学科认真深入地协同与合作，在现有的学科体系背景下，又是一件困难的任务。所以从根本上说，还需要中国学术界与教育界联合起来认真思考这个问题，采取有效措施彻底解决这一问题。但在目前的情况下，这是不可能一步到位的，所以还需要不同学科的学者在自己头脑中树立强烈的学科合作协同和沟通的意识，并且在自己的学习与研究中扩大视野，不要局限于自己的学科甚至是专业的分工，而要让自己广泛学习，真正掌握中国与西方文化与学术的系统知识与理论学说。这样才能奠定解决中西文化与学术碰撞问题的基础，并应用在具体的研究中。

其实不仅是中西文化与学术上会存在碰撞的问题，在中国文化与学术的层面也存在着不同学科和专业的划分而造成的碰撞问题。如学习哲学的学者研究老子，与学习历史或其他学科的学者研究老子，会存在着差异性，从而会造成在观点、见解以及研究方法上的碰撞现象。换言之，不同的学科会形成自己独特的学术话语体系，而使不同学科的学者在研究老子时出现无法对话或对话不能深入的现象。对此，也需要不同学科的学者扩大自己学习和研究的知识体系，不能局限于一个学科或专业的有限的知识与理论学说，这样才能与其他学科或专业的学者进行学术上的沟通与交流，才能解决不同学科和专业间的碰撞问题。

在近现代老学研究中，有不少学者对如何解决中西文化与学术的碰撞问题提出过自己的方法。如谢福成、王仁俊等主张老庄思想与西学相通，但他们的认识是"西学中源"，把中国学术视为源头，由此来看待中国学术与西方学术的关系。大多数学者则主张以平等的眼光看待中西学术，强调中西会通，尝试用西方的学术思想解释《老子》。如严复用他所了解的西方进化论及民主、自由和科学思想解释《老子》；刘师培用西方民约论解释《老子》，倡导平等自由的思想；陈柱认为老子之学是一种极端平等自由的学说，并借老子思想主张无政府主义思想；朱谦之也用西方的平等自由观念解释老子的思想。这一类研究，只能说是初步了解到西方思想学说之后简单地将之套用在《老子》上，还不能真正将二者沟通和融合。后来也有不少学者用马克思主义哲学等思想来解释老子思想，但由于对马克思主义哲学并不能真正彻底地理解，缺乏系统学习与体会，所以这种解释也只能落入生搬硬套的状态之中。改革开放以来，同样存在这方面的问题。这样的研究，由于缺乏对于中西学术思想的真正了解和理解，不能彻底解决中西学术与文化的碰撞问题。所以在这方面，还需要加强学习，老老实实掌握中国与西方的各种思想学说，不要一味求新而不肯切实用力研究复杂的思想学说，如此才有可能从根本上解决中西文化与学术的碰撞、融通问题。

五、近现代中国老学与儒、道、佛学的关系

儒、道、佛三家之学既相互独立，又都在历史发展过程中有选择地吸收其他两家思想中的某些成分，使之与自己的学说融合起来，这就使得各家对一些问题的看法在某种程度上有一定的相似之处。

在近现代老学研究中，学者们在解释老子的思想时，也延续了对于他家思想学说有选择地吸取和改造的做法，使得近现代的老学研究中也经常可以看到采用儒家或佛学的思想观念解释作为道家的老子的现象。

这种融合，一方面反映了近现代学者博采众长的学术态度和自由宽泛的学术取向，一方面也表明近现代学者并不反对融会三家的传统研究方法，再加上近现代西方思想学说的影响，使得近现代老学研究中的儒释道三家融通有了新的时代特征。

近现代老学研究中此类成果相对较多，如马其昶《老子故》、宋翔凤《老子章义》、高延第《老子证义》等，都有调和儒道二家学说的特点；李涵虚《道德经注释》、黄裳《道德经讲义》、刘沅《纯阳子道德经解》、鲁史《纯阳帝君道德经解》等，则把道教的思想观念引入到老子思想解释之中，这使属于道家的老子与从道家衍生出来的道教在一定程度上有了交融。杨文会《道德经发隐》等，则以佛学的思想观念解释老子思想。

近现代老学研究成果中，用儒家和道教思想学说解释老子思想者较多，用佛学思想观念解释者则较少，这是因为佛学相对来说不如儒家和道家思想浅显普及。

从老子与儒家、道教、佛学的相互关系上看，其思想既有独到之处，又与儒家、道教和佛学在某些问题上有相似之处，所以能为援引三家的学者开启一种新的解释路径。但此三家毕竟与老子的思想不能完全等同，如果不能对三家的思想学说做到深入准确的理解，就容易形成简单化的解释。所以要对此类研究成果加以分析，一方面要总结归纳种种说法，另一方面则要分析论证这种方法中存在的不足之处，这样做也是为以后研究老子思想提供借鉴。

六、马克思主义唯物史观与近现代中国老学

近现代中国社会发展的一个重大的现象是引入了马克思主义。从 20 世纪 30 年代起，不少学者运用马克思主义中的唯物史观研究历史，老学研究亦然。所以，在论述近现代老学时，必须关注马克思主义与老学研究的关系。

20 世纪马克思主义的传入，是一个复杂的过程，其中既有学者的传播，也有革命者的传播，这二者对待马克思主义的态度以及传播的重点与方式和影响都是不同的。在分析近现代老学研究中马克思主义的影响的问题时，也需要区别开来加以分析。

早期的马克思主义的传播，以学者的介绍为主。后来由于中国共产党坚持以马克思主义为自己的思想指导理论，而对马克思主义的解释与传播就有了与学者不同的特点。这也形成了二者对于马克思主义的不同解释与理解，而对老学研究的影响也明显不同。

我们一方面注意早期的马克思主义的传入对于老学研究的影响，另一方面更为关注后来以中国共产党为核心的马克思主义的阐释与传播所形成的对于老学研究的影响。

与借用西方思想学说来研究老子一样，中国学者用马克思主义的思想理论来研究老学时也存在着对马克思主义的研究和理解不够深入和系统的问题，因而不能取得应有的成果。

我们在分析近现代老学研究与马克思主义的关系问题时，对此必须予以足够的认识，并要在具体的分析论述中，阐明马克思主义思想理论与近现代老学研究的关系及效果问题。

如从 20 世纪 30 年代起，不少学者用马克思主义的唯物史观研究历史，老子研究自然进入他们的视野，这就使当时人们所理解的马克思主义的唯物史观与老学研究关联起来了。如吕振羽《中国政治思想史》就应用了马克思主义的历史观与方法论来分析评价老子的思想，这在中国老学史上是全新的成果。又如侯外庐《中国古代社会与老子》，是以唯物史观为指导研究中国思想史的初步尝试，书中对老子的经济思想、国家学说、意识形态等提出了新的观点。侯

氏在他主编的《中国思想通史》中，也坚持遵循马克思主义的哲学观与史学观来分析中国历史上的思想家，其中的老子研究部分延续之前的思路，并进一步对老子学说及其社会根源做了完善。1949 年以后，马克思主义成为中国学术界各学科研究的指导性理论，学者们运用马克思主义思想理论，从哲学、史学、文学、政治学、经济学等各领域来分析老子的思想。如任继愈的中国哲学史和老子研究，都是在马克思主义思想理论的指导下加以分析论证的。他的研究成果与观点，在当时的中国学术界具有广泛而深入的影响。我们今天论述那一时期的老学研究时，对于这种重要的老学研究成果，必须予以认真分析评价，至少要从中寻找人们利用马克思主义思想理论研究老子思想的成败得失，作为以后人们应用马克思主义思想理论研究中国古代思想和古代历史问题时的参考。

现在虽然学术界对于马克思主义思想理论在学术研究上的指导作用没有 20 世纪 50 年代至 80 年代那样重视，但这不等于说马克思主义不能作为中国学术研究的指导思想了。问题是中国学者有没有真正研究和掌握了马克思主义的思想理论及其学说。

多数中国学者对于马克思主义的思想学说及其理论和著作，并没有做到独立自主地加以学习和研究，而是在某些权威学者或机构阐释和解说后，自己再来领会和接受。这就造成了对于马克思主义的理解与掌握存在着道听途说的问题。真正独立、完整、系统地研究马克思、恩格斯的著作并由此理解与掌握马克思主义思想理论的学者，是少之又少的。另一方面，不少学者只研究本学科的学术问题，对于马克思主义的理论，则认为不是本学科的内容，也就不去认真阅读马克思、恩格斯的原著，只是借助这一类的书籍掌握一些马、恩的话语，便于自己在研究问题和撰写论著时加以引用，但这种做法从根本上说是不符合马克思主义的。

这样看来，近现代老学研究虽然在一段时间内处于马克思主义的指导之下，但没有真正用马克思主义的思想理论学说指导老学研究，其效果必然是不佳的。这只能说明人们没有真正弄懂马克思主义，并不能说明马克思主义不能用来指导老学研究。在分析近现代老学研究与马克思主义的关系时，对于上述情况必须有切合实际的了解，才能对老学研究与马克思主义的关系有一个科学的认识。

第三节　大陆与港台老学的不同发展路径

一、大陆老学的发展

1949 年后，中国大陆地区老学研究的总体情况是注重以马克思主义为指导原则，在中国哲学史和历史学领域进行多重探索，此外还重视利用出土文献及其他相关文献资料来进行研究。

具体而言，在五六十年代，受到古代历史分期问题的影响，人们在关于老子及其他先秦诸子的考辨基础上，把老子及其时代作为研究的重要问题，提出了不少新的成果。在老子思想的解释上，进一步发展马克思主义史学家如郭沫若、侯外庐、范文澜等人的观点与方法，继续撰写全新的以马克思主义为理论指导的中国古代哲学史著作，并在研究的深度和广度上均有较大提升。这方面的主要成果是以任继愈为代表的学者主持编写的中国哲学史著作，集中讨论了老子思想是唯物主义的还是唯心主义的问题。

在"文化大革命"时期，老学研究陷入停顿。但 1973 年在湖南长沙马王堆三号汉墓出土汉代帛书《老子》之后，又出现了研究《老子》文本与思想内容的热潮。1993 年，又在湖北荆州发现了郭店竹简《老子》，则把利用出土简帛研究《老子》的学术活动推向了一个新高峰。

改革开放后，中国大陆学者从关注老子思想究竟是唯物主义还是唯心主义的焦点问题上摆脱出来，用一种特别开放的眼光，在多个学科领域展开了丰富多彩的全方位的研究，成果也是层出不穷。可以说，在改革开放以后，中国的老学研究进入了前所未有的兴盛阶段。

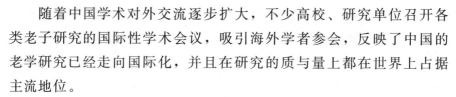

随着中国学术对外交流逐步扩大，不少高校、研究单位召开各类老子研究的国际性学术会议，吸引海外学者参会，反映了中国的老学研究已经走向国际化，并且在研究的质与量上都在世界上占据主流地位。

现在的老学研究还在继续发展，已出现一些新的态势，如与诸子学的研究相结合，成为诸子学研究中的一个重要组成部分。国家也在加大对学术研究的资助力度，不少学校的研究者与相关单位都更为重视包括老子在内的诸子学研究的发展与深入。

此外，老学研究的发展也促进了其分支研究领域的发达，如对出土简帛《老子》文本及其思想内容的研究，就是一个从未有过的老学研究的重要分支。在国内外学者的共同关心与持续研究下，该领域不断涌现高水平的成果，成为21世纪老学研究中最重要的分支之一。

另外，在国家宗教政策的支持下，不少道教协会或宫观也在大力支持学术单位进行老子与道家道教的相关研究。如中国道教协会、湖北武当山道教协会、香港青松观、北京白云观、江苏常熟白龙观等从不同侧面协助学术研究单位进行老子文献的整理和老子思想学说的研究，并经常举办相关的学术会议，这对21世纪的老学研究起到了重要的推动作用。

同时，道教人士也多有研究老子，如中国道教协会的任法融道长、武汉长春观的吴诚真道长，都撰写有相关著作，从道教人士的独特角度阐释老子的思想学说。

总之，随着国家对于文化和学术研究事业的不断支持，老学研究也得到了迅速的发展，达到了历史上从来没有过的兴盛局面。

二、港台地区老学研究情况

中国港台地区在 1949 年以后实行与大陆不同的政治制度和教育制度，由此派生出完全不同的学术研究体制与风格，在此背景下，港台地区的老学研究也与大陆有明显不同的风格与关注点。

具体而言，台湾学术界受民国学术传统影响，有重视考证的风格，在思想史或哲学史研究方面则受欧美近现代哲学的影响较深。香港则因历史原因，受英国学术的影响较深。而且港台地区对外语的翻译习惯也与大陆不同，造成港台地区的学术研究中所使用的术语和表达习惯也与大陆地区有很大差别。这些因素都决定了港台地区的老学研究有着明显的自身特点。

台湾地区的老学研究，一直重视老学文献的整理与考校，如严灵峰先后撰作、编辑有《老子章句新编纂解》（1955）、《老子章句新编全文》（1956）、《音注老子章句新编》（1966）、《道家四子新编》（1968）、《无求备斋老子集成》（1969）、《老子宋注丛残》（1979）、《无求备斋老列庄三子集成补编》（1982）。同时他还对老子的义理进行考释与阐释，撰有《老子众说纠谬》（1955）、《老庄研究》（1966）、《老子达解》（1983）、《老子研读须知》（1991）等书，可以说他是台湾地区长期专门研究《老子》的代表性学者。

港台地区对《老子》的文本及重要注本进行研究者也有不少，如饶宗颐所撰《老子想尔注校笺》，在老学研究史上具有重要地位。这是他于 1956 年出席巴黎国际汉学会时，在法国国家图书馆阅读了原版敦煌经卷后撰出的考证性著作。此外还有郑成海的《老子河上公注校理》（1971）、何经纶的《老子校诂》（1973）、张扬明的《老子校证译释》（1973）、吴静宇的《老子义疏注》（1977）、王光前的《老子笺》（1980）、程南洲的《伦敦所藏敦煌老子写本残卷研究》（1985）、李勉的《老子诠证》（1987）、郑良树的《老子新校》（1997）等，都属于考据学的成果。

港台地区一些从事中国哲学史研究的学者，也非常关注《老子》的哲学思想，他们在研究方法上侧重立足文本，通过对《老子》文句的细致研读，梳理其内在含义，同时重视运用西方哲学思想与方法作为分析和阐释的手段。

如牟宗三在 1986 年于香港新亚研究所为研究生讲老子《道德经》，他强调："讲老子是讲文献，讲康德不能讲文献……讲他的系统的构造。"这是讲中西哲学的不同之处。而他讲文献的方法是"把文句背过以后，然后通义理……那是一句一句讲，是讲文献的方式讲。就是讲经典的原文"。并以读《庄子·齐物论》为例说："要能把《齐物论》一字一句地讲。讲文献就是讲文句，就是把每一句文句都要通过。了解文句以后才进一步了解观念。读哲学的人喜欢凭空发议论，这是坏习气。……讲文献就是把你的想像与文献拉上关系，加以约束，使你有根据。"①

牟宗三批评脱离文本、凭空分析的做法，认为这种研究会流于空洞，因缺乏细节支撑而成为空话套话，失去说服力。他说："平常不是以讲文献的方式讲，是讲大义，笼统地讲，讲甚么是儒家，那是空的……是用 lecture 的方式讲……要了解儒家，那几部基本的文献总要有了解，不能永远是空洞地以 lecture 的方式讲。lecture 是讲大义，讲大义总要有根据嘛，根据就是文献嘛。"

牟宗三当时所在的新亚研究所以研究中国古代哲学为主。他认为中西哲学不可偏废："读逻辑、读西方哲学能提高理解力。你理解力不提高，天天读也不懂呀。你根据你所读的西方哲学来了解中国哲学的问题，那更好嘛。"但光靠逻辑学和西方哲学还是不够的，如不能以"了解经文"为根本，深入研读文本，则所受仍流于浮浅。

他认为研究中国古代哲学，不应过度纠缠于人或事的考证上，而应注重对文本内容本身的理解："我们不讲考据的问题。不讲《道德经》这部书是真的还是假的，是在《庄子》以前还是在《庄子》以后。这种问题我们不予讨论，在我们的讲法里，这些问题没有意义。反正有这么一本书在这里，你每一句讲明白嘛。"

他认为："民国以来的学风重考据，一讲到老子《道德经》，就以为要考证老子这个人是谁，《道德经》这部书究竟是谁作的，这部书是真还是假，以为讨论这些问题才是真正有学问。这种观念维持在社会上一直到现在。这种风气是从清朝开出来的，清朝乾嘉年间讲考据，这表示你最有学问。假定你不懂这些考据，你就是没有学问。我们现在的观念正相反，这些考据没甚么学问，这些都是废话，

---

① 牟宗三：《老子〈道德经〉讲演录》，《鹅湖》第二十八卷第十期。下文所引出自此讲演者，不再一一注明。

满天打雷，一个雨点也没有。……关于老子的那些考据，他知道得很多，版本知道得很多，事实上老子的话一句也不懂。"如他评价钱穆："钱宾四先生坚持老子在庄子之后，那么，首先有一个问题：道家是不是以庄子为开山祖呢？你马上可以知道，说老子在庄子之后，那是不通的。你总不能说道家以庄子为开山祖嘛，所以，你的讲法有问题了。但是，钱先生坚持老子在庄子之后。这就是考据问题，一直在争论这个问题，都没有讲清楚。……你问他：甚么叫做'道可道，非常道'呢？他讲不出来，这算是有学问还是没学问呢？"所以他说："我们以为那一类考据并不代表学问。"由此可知牟宗三力图转变以往老学研究中重历史、轻文本，重考据、轻哲思的学风，重视在文献解读的基础上研求内在义理。而义理的研求又可以借鉴西方哲学，因为学习西方哲学有助于训练逻辑思辨能力，提升对《老子》思想的理解。

在《中国哲学十九讲》第五讲《道家玄理之性格》中，牟宗三说，讲道家的内在义理，"第一步先问'道'的观念如何了解？道家提出的'无'如何了解？再进一步了解无和有的关系，道家如何讲'有'？第三步了解无与有和'物'之关系如何？由这三层了解可以把道家玄理的性格全部展示出来"。但他讲道家义理，讲老子的"天"，也强调要紧扣中国的文化背景，需要对中国的文化生命和所发出的智慧有相当的理解，不能简单套用西方哲学概念。他说："无这个观念若是当作一个逻辑概念或存有论的概念看，在西方哲学中也有，但那是完全不同的讲法。"按照中国文化的精神来理解老子思想，老子所说的"无为是高度精神生活的境界，不是不动。西方人或一般译者把它译成 inaction（不动），这是完全失指的。"[1]

他认为老子所讲的无为，"涵着讲自然"。而"道家所说的'自然'，不是我们现在所谓自然世界的自然，也不是西方所说的自然主义 Naturalism。自然主义和唯物论相近，就是一种唯物主义，指的是自然科学所对的自然世界。……就西方宗教讲，自然是被造物

---

[1]　牟宗三：《中国哲学十九讲》，上海古籍出版社 2005 年版，第 69、70、71 页。

Creature，被上帝创造的有限物属于自然，上帝是超自然 supernature，自然和超自然相对反。道家的自然是个精神生活上的观念，就是自由自在、自己如此，无所依靠。我们现在只知道那借用中国老名词来翻译西方的概念这个'自然'之意义，而我们原来本有的'自然'一词之意义倒忘掉了"。① 由此看来，牟宗三虽然以研究西方的康德哲学出名，但他并不是生搬硬套地运用西方哲学的理念与方法，而是在深深扎根于中国文化的基础上运用西方哲学以研究中国古代哲学的。这种研究，从根本上说还是以中学为体，以西学为用的方法，只不过他对西方哲学的运用更为深入，也使得他对老子思想的研究有了鲜明的特点。而这种运用西方哲学以研究老子思想的方法，因为是以西方的康德哲学为特色的，与大陆学者运用马克思主义哲学的研究方法与理念有很大的不同，体现出与大陆老学研究走着不同的发展路径。他重视认真解读古代哲学经典文本，强调不能凭空发议论的态度，也与大陆学者有着不同的风格。

港台地区的学者研究中国古代哲学思想，多以研究儒家为主，在此基础上形成对老子思想的看法。这反映了 20 世纪 50 年代以来港台地区新儒家研究风气的盛行。他们在此基础上撰写的中国哲学史的著作，因此也与大陆学者撰写的中国哲学史有着明显的不同，而关于老子思想的研究就在这种不同之下呈现出不同的风貌。

唐君毅对于中国哲学史的研究在港台地区是非常有名的。他没有用"中国哲学史"的名义来撰写哲学史，而是采用了"中国哲学原论"的名义。《中国哲学原论》分为《原道篇》《原教篇》《原性篇》三部分，外加《导论篇》，由此构成他对中国古代哲学史的整体性研究。

他在《原道篇》中首先分析中国哲学中的道，与西方和印度哲学中相似概念之间的异同，然后分析道与物、事、生、命、心、性、理、气等概念的关系，进而分析"道"字的原义和引申义，说明道是一字多名，以及道的交会和与存在的关系等。这都是基于中国古

---

① 牟宗三：《中国哲学十九讲》，上海古籍出版社 2005 年版，第 89—90 页。

代哲学中的基本概念来加以理解的。他以这种分析作为基础与前提，然后分别论述孔子、孟子、墨子与老子、庄子的道，最后分析韩非子及管子中的道家思想。在这种框架下，他认为老子的道是法地、法天、法道、更法自然之道，以此来与孔子的仁道、墨子的义道、孟子的立人之道以及庄子成为至人神人真人之道相区别，所论庄子之道放在老子之道后面，表明他也不认可钱穆的庄子在老子之前的说法。

他认为古今中外的学者们研究老子思想，总体上分为古与今两种形态，古代学者研究老子，"多是随文注解，而宗趣所在，则隐于注文之内。今之学者，则其解释老子，大皆先提出若干观念，更举若干老子之言为证，以自成其说。然今之学者，于老子所言之道，宜以何等观念，加以解释，又几于人各异说"。古代学者对老子思想的解释不太明显和系统，今之学者的研究则依赖于某种观念，因此所论各不相同，分歧甚多。这说明"老子一书明有种种含义，可容后人各引一端，以自成其说"。所以今天的学者不能"只举一二单纯之观念，以说老子之所谓道之义之全"。为此他曾论证老子之道有六义，即形上实体之道、虚理之道、道相之道、同德之道、修德之道与其他生活之道、为事物及心境人格之状态之道。在这六义中，他以第一义为本，循序解释其余的五义，以此证明道的六义可以通贯而说之。他认为以这种方法来理解老子的道，更为完整而合理。但他又认为老子的道"是否必须视为一形上之实体，亦实原为不易定之问题"。①

这说明他运用西方哲学的观念来解释老子的道，还是不能真正解决问题。也就是说，"形上之实体"这样的概念是不能真正解释老子的道的。而道的其他五义所用之概念，都是中国哲学固有的概念，就比较容易说明老子的道。且他在分析老子的道时，也多引用古人的注释，相较之下，用西方哲学概念则往往流于生硬，显得不太合适。

唐君毅将老子的道分为六义，说明老子道的内涵比较丰富，不

---

① 唐君毅：《中国哲学原论·原道篇》上册，中国社会科学出版社 2006 年版，第 145 页。

是只用一种概念就能涵盖的。而老子的道分成六义，又说明这是周涵万事之理而形成的最高之道，这就是中国古代哲学的根本特点，不像西方哲学对概念必有清晰的定义，所以人们的解释各有不同，无法统一。总体上看，唐君毅对老子的道的研究，还是承继中国传统的方法，并运用西方哲学的一些方法与概念作为补充，这与牟宗三的方法没有不同，都属于港台老学研究的特有风格。

劳思光的《新编中国哲学史》，在论述老子的思想之前，先说明老子其人其书之时代问题，并分成六个小问题：姓名问题、孔子问礼问题、出关及著书问题、年龄问题、老莱子及太史儋问题、世系问题。这都是因《史记·老子传》的记载而产生的问题，自来争议甚多，不能达成一致。关于《老子》的时代问题，他归纳了前人的论述，认为可分为两点：文体问题、用语问题。最后他说明了老子思想的要点，认为老子的主要观念分为三组：常、道、反；无为与无不为；守柔、不争、小国寡民。第一组是老子思想的根基，第二组是老子思想的中心，第三组是老子中心思想在人事上的应用。劳思光认为贯穿这些观念的精神是"肯定情意我（或生命我）之精神"，而这是道家的一贯精神。[①] 他如此解释老子的思想，是传统的方法与用语，易于为人理解。且对老子思想的归纳也甚为简明扼要，这种研究方式也是港台学者研究老学的特色之一，与牟宗三、唐君毅的研究有所不同，代表了港台地区的学者在老学研究上的另一派别。

除了这几位影响较大的学者之外，港台地区阐释老子哲学或思想的著作，比较重要的有吴康《老庄哲学》（1955）、张起钧《老子哲学》（1958）、陈鼓应《老子今注今译及评介》（1970）、宋雅青《老庄思想与西方哲学》（1971）、林裕祥《老子"道"之研究》（1976）、郭为《老庄哲学与道学》（1977）、王邦雄《老子的哲学》（1980）、袁保新《老子哲学之诠释与重建》（1990）、谭宇权《老子哲学评论》（1992）等。

由于大陆地区不断出土与《老子》有关的文献，港台地区的学

---

① 劳思光：《新编中国哲学史》，广西师范大学出版社 2005 年版，第 175 页。

者也开始重视简帛《老子》研究，重要的著作如丁原植的《郭店竹简老子释析与研究》（1998）等。关于港台地区学者老学研究的详情，将在本书的相关章节加以论述。

第四节 近现代中国老学的思想价值与历史地位

一、近现代中国老学的思想价值

近现代老学与历史上的其他时期相比，有了巨大的进步，取得了丰硕的成果，形成了前所未有的兴盛局面，所呈现的研究成果充分反映了近现代老学的重要思想价值。

首先是继承并发展了传统老学研究的成果与方法，并没有因为近现代社会与学术文化发生了巨大变化而将之抛弃。中国古代学者研究老学的主要方法有两种，一种是对《老子》文本的考证与注释，一种是对《老子》思想内容的阐释与发明。前者以注释与考证的方式呈现，后者或用注释，或用专论、专文的方式进行阐述。而到了近现代，受西方学术方法与观念的影响，学者们在研究老学时，逐渐采用西式论文论著的体裁。虽然著作体式发生变化，但论述的内容仍然不外乎《老子》文本的考证与思想义理的阐释两个方面。然而借助新的学科方法，以及出土文献的不断发现，《老子》的文本考证比此前有了重大突破，而关于《老子》思想内容的阐释也因此而有了重大改变。所关注的问题以及所表述的形式与用语都和传统研究成果完全不同了，但在整体上仍然要参考传统的老学研究成果，这就是继承。在新理论、新观念与新材料的帮助下，必然会有所发展和进步，但文本考释与思想阐释这两个方面的研究则是与历史上的老学一脉相承的，只是在具体的用语、内容和观点上有了明显变化，而这就是发展。这种发展突破了以往两千多年的研究局限，所凭借的理论、观念都是以往历史上从来没有过的，所以能够促成这种历史性的突破。但从近现代老学研究的成果看，这种突破与发展，还是不能彻底解决《老子》思想内涵的阐释问题。这是因为《老子》思想内容丰富，可以从多方面来阐释，所以人们的观点与看法无法统一，但这也造成了近现代老学的思想价值的第二个方面，即多元化与多样性的研究。

近现代的社会与随之而来的文化与学术本身就是多样性的，这比传统的思想观念只有儒、道、释三种的态势有了重大的变化。而在西方学术分科体系之下，各学科的分支越来越多，也分别更有系统性和理论性，这都影响了老学研究者的视角与问题意识。在近代之初，中国学者主要是打开眼界而传入了西方近现代的社会政治思想理论，把近代的老学研究从传统的思想观念的限制中解放出来，有了全新的《老子》思想的解释。之后，中国学者不断引进西方各国的哲学、政治学、历史学、经济学、美学、伦理学、心理学、教育学、语言学、社会学、宗教学、考古学、环境科学、医学等学说理论与方法，再把这些不同学科的学说理论与老学研究结合起来，就形成了近现代老学研究上的多元化、多样性局面。如前面所介绍的唐君毅在《中国哲学原论》中所说的，他根据《老子》的经典文本而分析出《老子》的道有六个方面的思想义理，但在结合西方多学科的学说理论与方法基础上，人们所了解和认识的《老子》之道早已不限于六个方面的思想义理。每一个不同的学科所认识的《老子》思想都是不同的，而且每一个学科之中的学者也因为所接受的学说理论与方法的不同而出现了更多的差异性理解，这都促成了近现代老学研究的多元化、多样性。再加上出土文献的不断增加，人们关于古代历史与思想文化以及《老子》思想的认识也在不断深化，这对近现代老学的多元化局面也有着不可忽视的影响。

近现代老学研究的多元化与多样性视角，使得老学研究得到了极大的拓展，人们对于《老子》思想的认识更为全面、深入和完整，老学研究达到了前所未有的高度、广度与深度。

多元化、多样性的研究基于多学科的学说理论的启发，同时这种多学科的老学研究在日益发达的学术会议、学术活动的过程中形成了越来越多的相互交流与沟通，而且这种学术交流不再限于国内，而是扩展到海外，这就使得近现代老学研究成为世界性的学术研究。另一方面，随着相关出土文献的不断增加，老学日益成为世界上的一门显学，受到越来越多国家与地区学者的关注与参与。这些都使近现代老学的水平在整体上越过了历史上的老学，展现出从来未有的学术价值与文化价值。

二、近现代中国老学的历史地位

这个问题必须将近现代和老学两个问题结合起来加以论证。中国的近现代是从传统社会及其学术和思想观念向近现代的社会及其学术和思想观念进行根本改变的时代，这样的时代决定了这个时代中的老学研究必然会与此前的传统的老学研究有着根本不同的面貌。根据这一情况，才能确切地论证近现代中国老学的历史地位问题。

从整个老学的历史发展过程看，近现代的中国老学是全新的阶段，与以往相比有较大变化。这是因为近现代的中国传入了各种西方思想理论学说，影响所及，使学者们看待和研究老子的眼光、态度、思维方式与研究模式等都彻底发生了改变，这就决定了大多数的近现代中国学者是与传统中国学者完全不同的学者类型，因此他们的老学研究必然会发生根本性变化。而这也就决定了近现代老学研究处于全新的历史地位上。

但是，从近现代老学研究的成果及其内容和学术价值上看，能不能说因为处于全新的历史地位，就必然具有全面超越传统老学研究成果及其价值的分量了呢？这个问题也不能简单予以肯定的答复。

因为老学研究的成果及其内容和学术价值的判断，需要经过长期的历史过程来检验，不是只靠一些学者的感受来决定的。所以我们现在对于近现代老学研究的历史地位的论议只能是暂时的意见，还有待于今后的学者根据历史的发展来检验之。

尽管如此，我们现在仍有必要对近现代的老学的历史地位问题提出我们的看法，以供更多的学者参考。

从时代的发展上看，近现代老学出现的明显变化，反映了新的时代带来的新的理论学说与学科划分而产生的新式研究成果，这是历史性的发展。加上新出土的文献，使近现代学者能够利用前人所不能及的新材料。就此而言，近现代的老学有着足够反映时代的历史地位。

再从研究的多样性看，无论是西学的传入包括马克思主义的传入，还是前所未有的现代学科体系的建立、完善与发展成熟，都改变了以往老学研究的面貌。随着现代教育体制的建立与发展，老学成为专门学问，并形成了一批专业的研究队伍，这些使近现代老学研究确实具有非常高的历史地位。

此外，因历史原因，大陆、台湾和香港的研究机构与学者处于相对不同的学术背景之下，在数十年间形成了互有不同的老学研究范式、研究话语与关注重点等，这其实也是近现代老学研究的多样性的一个侧面。

近现代中国与其他国家学术界的学术交流也呈现出新的样态。中国老学不再是孤立的研究，而成了整个世界老学研究的一个组成部分，相互影响，相互融合。

对于近现代中国老学的历史地位问题，还要注意一点，即近现代的中国学者有着极为不同的学术背景与素养。清晚期到民国时期的学者，在旧学的素养上，是1949年以后的包括港台学者在内的中国学者所不具备的，即现代教育与传统教育培养出来的学者，在学术素养上有着根本的不同。而研究老子的文本与思想，传统的中国学术的素养是非常重要的，缺乏这种素养，会影响到现代学者的研究水平。但另一方面，现代的学者在接受新思想理论与学说和方法方面，又超过了由传统教育体制培养出来的学者。清晚期到民国时的学者，不少有到西方或日本留学的经历，1949年以后的港台学者中也有不少人有在西方或日本留学的经历。大陆在改革开放以前在西方和日本留学的学者极少，这使得这一时期的大陆学者在学术素养上与他们有所不同，但大陆学者接受马克思主义的教育较多，在这方面有着独特的优势。

所以，对于近现代中国老学的分析评价，还要注意这种特定的学术背景的差异性，这样才能比较全面完整认识近现代中国老学的历史地位问题。即这一时代的老学研究者有着极为不同的学术背景与素养，从而影响了他们在老学研究上的见解与成就。这说明近现代中国老学在研究者方面有着以往各历史时代不曾有过的情况，即研究者的学术素养参差不齐，从而影响了这一时代的老学研究成果。可知近现代中国老学的历史地位，不是可以用简单的一种评价所能概括的，而要区分不同研究者的差异性。

大陆学者在 20 世纪 50 年代到 80 年代这段时间内，比较重视理论性的分析，对于古代文献文本的考证性研究关注不够。但在马王堆帛书《老子》与郭店竹简《老子》出土之后，开始重视文本考证，改变了以往侧重理论分析的风气。而这种倾向又与海外关注《老子》新资料的热潮相结合，成为学者共同的学术研究热点。这种学术研究的整体性与同步性，又使这一时代的老学研究有了更为显著的独特的历史地位。

总之，近现代中国老学在许多方面都出现了从未有过的新气象，在重要性、创新性、世界性、多样性等方面都大大超过了以往，这就决定了近现代中国老学的历史地位是无比重要且是无可替代的。

第三章　运用西学的新式老学研究

相对于中国古代传统的老学来说，近现代老学发生了巨大的变化，那就是随着近代学术研究范式的转变，用哲学、政治学、伦理学等专科的方式研究老子成为非常普遍的现象，这是过去未曾出现过的。西方学术分科的方法，并不按照《老子》原文逐一训解，而是另立一套叙述的体例，采取以研究者为主的方式，进行全新的解释与叙述。这样的方式，其优点在于能够对老子思想进行清晰的分类与整理，使人容易了解其各方面的内容，并且常有新的发挥。因此，西式分科的老子研究，不仅仅是形式的新，而且也表现出内容的新。

第一节　严复用西方学说解释《老子》思想

近代中国一方面受到西方列强的武装侵略，另一方面也受到西方近代学说与观念的影响，而使国人对于传统思想学说有了全新的认识。在老学研究上，清末的严复是一个非常重要的人物，他对西学有深入的了解，成为当时在西学传播上影响最大的人物。

严复作为中国近代史上不可忽略的重要思想家，其重要性，不在于他是重要的政治人物，或有过重要的政治活动，而在于他全面地把西方近代思想介绍到中国，这对当时及其后不久的中国人产生了深远影响。

在 19 世纪末和 20 世纪初，严复大量翻译西方学术著作这一举动，在中国历史上，大概除了古代的佛经大量翻译之外，是再也不曾出现过的在输入外来文化方面的历史性重大事件。对比起来，佛经的大量翻译，在思想上的影响，不曾对中国固有的思想文化造成根本的冲击和威胁。而严复的翻译则对当时的中国社会与传统思想，产生了极为巨大而深远的震动，使那些顽固坚持旧思想旧文化的人感到了如同洪水猛兽般的威胁。这种震动和威胁，更因为伴随着中国在甲午战争中的失败，而显得意义非常，令人难忘。

严复在中国近代史上的活动与贡献，很早就引起学者们的关注与研究，[①] 解放以后的研究更多，但主要集中在他的翻译与介绍西方著作、思想上，而对于他曾进行的老庄思想研究则注意不够。[②] 其实，严复在翻译西方学术著作、介绍西方思想文化的同时，并没有忽视研究中国传统思想，如史华兹所说的，在严复的思想中，并没有截然划分"中国传统"与"近代西方"为两个互不相干的对立物。[③] 严复一直认为，在这两者之间可以找到对应点或相通点，这种思想在他翻译《天演论》时就已经在所写自序中充分表达出来了。他在翻译西方著作的紧要时刻，专门抽出时间写出了关于《老子》的评点，后来又专门写出了关于《庄子》的评点，[④] 这与他当时的主要思想活动有着紧密关系。

在这两部《评点》中，严复提出了不少精彩见解，是历来研究

① 严复生前就有人在《民报》等报刊上发表文章评述严氏的思想与学说，其后直到 20 世纪 40 年代，研究论文一直不断，比较重要的有 1940 年周振甫的《严复思想述评》一书。

② 在论文方面，只有严仲仪、艾力农、杨达常的三篇论文；在专门的著作中，主要有欧阳哲生《严复评传》中的两节和美国学者本杰明·史华兹《寻求富强——严复与西方》中的一章。对史华兹的研究，本章下面将专门进行评述。

③ （美）本杰明·史华兹：《寻求富强——严复与西方》，江苏人民出版社 1996 年版，第 182 页。

④ 《老子道德经评点》写于 1903 至 1904 年间，严复翻译西方著作也集中在这一时期，如 1902 年译穆勒《名学》，始译孟德斯鸠《法意》（1906 年译完）；1903 年修改《群己权界论》，译甄克思《社会通诠》。关于《庄子评点》的时间，按商务印书馆编《论严复与严译名著》所附的《严复生平著译大事年表》，1916 年严复"手批《庄子》"；而据中华书局 1986 年版《严复集》第四册所附曾克耑为《庄子评点》所写序的落款为"癸巳秋九月"，则为 1893 年。此从《年表》的说法。

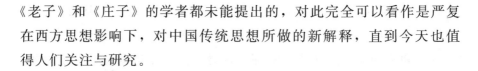

《老子》和《庄子》的学者都未能提出的，对此完全可以看作是严复在西方思想影响下，对中国传统思想所做的新解释，直到今天也值得人们关注与研究。

一、严复的治学特点与思想精神

要深刻认识严复对《老子》思想的评点之意义，需要深入了解严复治学的根本特点。严复以翻译西方社会政治方面的学术著作而确立了他在中国近代史上的地位，尤以他在翻译《天演论》时提出的"信、雅、达"之说闻名于世，但不能仅仅把他看作一个高明而卓越的翻译家，如认真读他的译著，就能发现其中绝非仅有西方学者如赫胥黎、斯宾塞、孟德斯鸠、亚当·斯密等人的见解，更值得关注的是他在译著中附加上的案语。从这些译著和案语中可以看出，严复对于中国近代学术的重大价值，乃是思想层次的价值。严复在翻译过程中把西方的社会政治学说引入中国，对中国人传统心智起到了启蒙作用，对中国社会旧有秩序产生了一定的冲击，展现了他由翻译西学而激发出来的独辟之虑：一个心怀忧患意识的知识分子，对中国落后挨打而无还手之力且内部弊端丛生之现状的痛心疾首，及其为谋求最佳解救之道的深沉思考。

鸦片战争以来，中国对外屡战屡败，连原先视为"岛夷""倭寇"的日本，也能"一战而夺我最亲之藩属，再战而陪京戒严，三战而夺我最坚之海口，四战而覆我之海军"①。雄视东方数千年的中国如今骤然直面异族挑战者，竟不堪一击，形势之严峻，可谓前所未有。此种局面，极为强烈地刺激了素有忧国忧民传统的中国知识分子。为了重振中华，复兴文化，他们从不同的立场、角度，认真思考，积极探索，寻求和尝试各种救亡途径。向已领先于中国的西方寻找治国安邦的方法，则成为主要路数之一。在这方面，严复堪称代表。

毛泽东在革命成功在即之际，总结中国数十年民主革命的经验

---

① 王栻主编：《严复集》第一册，中华书局 1986 年版，第 7 页。

时，列举了"中国共产党出世以前向西方寻找真理的"四大代表，严复即其中之一。① 严复能成为"寻找真理派"的代表之一，自有特殊条件，这一点必须充分注意。李泽厚曾提出疑问：为什么偏偏是不具有那种"著名作用和显赫身份"的严复，能与"不但代表了中国近代三大先进思潮，而且本人也都是当时站在时代前列、叱咤风云、指挥斗争的政治活动家和领导者"的洪秀使、康有为、孙中山并列而为"寻找真理派"的四大代表。② 他认为这个问题始终没有很好研究，于是撰《论严复》一文，分析严氏思想，试图回答这一问题。时至今日，笔者则认为对这一问题应该更进一步分析产生严复思想的主体条件，以助问题之理解。

严复曾对中华书局的老板说："有数部要书，非仆为之，可决三十年中无人为此者。"③ 李泽厚认为"后来的事实证实了"此说并不虚诞。严复敢说此话，绝非傲慢自大，而是他有着当时无人可比的中西学术素养和在此基础上的独辟之见。为此需要了解严复的治学经历，才可明了其自身条件的独一性及其见解的独辟性。

严复 15 岁以前随塾师读书，为能够深入阅读与理解中国传统经典学术著作打下了牢固基础。在他后来翻译西书时，这种深厚的中学素养得到了充分体现。严复所译《天演论》，其文章之雅驯，曾受到当时桐城派古文首领吴汝纶的赞赏，誉为"与晚周诸子相上下"④。20 世纪 20 年代，著名翻译家兼学者贺麟曾高度评论严复的译书，认为"严氏所选译的书，他均能了悉该书与中国固有文化的关系，和与中国古代学者思想的异同"。贺麟还列举了严复译著中大量引用的中国古代论著，无论是经、史、子、集之典籍，还是儒、道、佛诸家之学说，严复都能知其源流，明其理据。贺麟又称赞严复的译笔

---

① 毛泽东：《论人民民主专政》，见《毛泽东选集》第四卷，人民出版社 1991 年版，第 1469 页。

② 李泽厚：《中国近代思想史论》，人民出版社 1979 年版，第 249—250 页。

③ 转引自李泽厚：《论严复》，见《论严复与严译名著》，商务印书馆 1982 年版，第 126 页。

④ 吴汝纶序，见《天演论》，商务印书馆 1981 年版，第 vii 页。

绝伦，谓读其译著，"俨有读先秦子书的风味"。[①] 30 年代，郑振铎编《晚清文选》，其中选录严复的文章 23 篇。这些足以证明严复中学根基之深厚，亦可知他早年所受中国传统教育对他一生学术活动的影响之深远。

严复进入福州船政学堂后，在外籍教师的训导下，系统学习西方的自然科学知识。据其长子严璩编《侯官严先生年谱》，知其当时所学科目包括英文、算术、几何、代数、解析几何、割锥、平三角、弧三角、代积微、动静重学、水重学、电磁学、光学、音学、热学、化学、地质学、天文学、航海术等。后赴英留学继续深造，在格林尼次海军学院学习高等数学、物理、海军战术学、海战术、国际公法及海防建筑学等。[②] 从 15 岁入船政学堂学习西方自然科学，直至 27 岁，严复前后接受西方教育和训练长达 12 年，由此可知其西方自然科学素养之深厚。梁启超曾公开赞誉严复"于西学中学，皆为我国第一流人物"[③]，诚属感佩之言。

当时的西方不仅有与中国截然不同的自然科学体系，更有超乎中国传统学者意想之外的人文社会科学体系。严复在英国留学期间，并不满足于仅仅成为国家所需的一员海军将领，而是利用所剩不多的闲暇时间，废寝忘食地学习西方人文社会科学的主要成果，在学术选择上显示出独辟性。

"独辟"，是严复之语，他在所译《天演论》的序言中说："二千年来，士徇利禄，守阙残，无独辟之虑。"[④] 在他看来，仅按官方设计的方向和范围来学习，以备将来的升迁，无异于二千年来的利禄之学，此种学问只能抱残守缺，而不能有所创新，对于国家和民族

---

① 贺麟：《严复的翻译》，见《论严复与严译名著》，商务印书馆 1982 年版，第 31—32、36 页。

② 均见严璩编：《侯官严先生年谱》，《严复集》第五册，中华书局 1986 年版，第 1546 页。

③ 梁启超语见《新民丛报》一期，转引自王汝丰：《严复思想试探》，见《论严复与严译名著》，商务印书馆 1982 年版，第 63 页。

④ 严复：《译〈天演论〉自序》，见《天演论》，商务印书馆 1981 年版，第 ix 页。

命运之改变，没有重要意义。他所崇尚的学术乃是具有独辟之虑者，即能"抱深思独见之明"。从事这种学问的目的是探索"事理之真实"。他认为，在"物竞之烈"而国运堪忧之时，非如此"则不能窥其万一者也"。① 由此可知，严复身上承继了中国历代优秀知识分子的超越自我的终极关怀性格，这就决定了他的学术路向和致思目标，不会停留在官方要他学习的海军专业上，而是利用留学英国的机会，饱览那些在国内无法知道和阅读的西方人文社会学科的主要学术成果。根据严复西学译著中的案语以及他的其他论著，可知他曾大量引用西方哲学、历史学、社会学、法学、逻辑学、经济学、伦理学、商学、教育学、宗教学诸方面的人物、史事、概念、学说等知识，表明他在英国留学期间，涉猎的西学范围之广博，几乎无学不究问，无事不求知。

严复并不只满足于阅读西学著作，还经常走出学校和书房，深入英国社会，实地考察西方社会的各种民风习俗及典章制度，以印证西学著作中之所论。如他翻译孟德斯鸠《法意》时曾说："犹忆不佞初游欧时，尝入法廷，观其听狱，归邸数日，如有所失。"② "如有所失"，因其就所见而思考中西法律制度之异同，由此总结出："英国与诸欧之所以富强，公理日伸，其端在此一事。"并将此种想法告知当时中国驻英大使郭嵩焘，郭则"深以为然，见谓卓识"。③ 这些考察与思考，后来都会聚于他所译介的西学著作中，以案语方式表达出来，成为严复研习西学的成果之一。

严复在英留学时间仅有三年，主要的时间和精力，是在格林尼茨海军大学中学习各门课程，只有利用闲暇时间才能博览课程之外的其他学科的学术著作。在这种情况下，要想达到饱览熟知的程度，非用如饥似渴、废寝忘食二词不能想象也。而他之所以如此热衷于专业之外的学习与阅读，正是他所谓的独辟之虑所使然。而其合乎

---

① 严复译：《天演论》，商务印书馆 1981 年版，第 9—10 页。
② 王栻主编：《严复集》第五册，中华书局 1986 年版，第 969 页。
③ 王栻主编：《严复集》第五册，中华书局 1986 年版，第 969 页。

逻辑之结果，当然就是"于中学西学，皆为我国第一流人物"。

无论中学西学，都有深奥复杂的学术思想隐于其中，此又非仅靠饱览熟读所能见之，故学问之事最重要者乃是严复所说的"见其理极"。严复曾引英国名学家约翰·穆勒之言称："欲考一国之文字语言而能见其理极，非谙晓数国之言语文字者不能也。"① 而谙晓多国言语文字，又不仅是学习各国的语言，更包括学习和熟悉由该国语言文字所撰写的学术著作。由此可知，严复后来撰写《老子道德经评点》而能颇有新见，亦因其曾多年学习英语并到英国留学，由此学习了以英语为载体的西方自然科学及人文社会科学之著作，始能于由中国传统文字语言所写的《老子》而有所领悟以"见其理极"。而严复之所以不满足于学习海军专业而自觉自愿扩大学习范围，不仅仅因为他有忧国忧民之心，不以利禄之学为意，还与他能知追求学问的"独辟之虑"以求"见其理极"有莫大的关系，这乃是他能独辟学问之道的内在理路。

严复既经长期而全面的西方自然科学之训练，已经在潜移默化之中接受了西方文化较之中国文化所特有的逻辑思维，故他十分推崇逻辑思维中所特有的"内籀术"与"外籀术"，这在他的《老子道德经评点》和《庄子评点》中亦曾多次言及之。严复在《译〈天演论〉自序》中曾特意强调西学对于逻辑的重视，以使中国学者知道西学有此一大特点。他说："及观西人名学，则见其于格物致知之事，有内籀之术焉，有外籀之术焉。内籀云者，察其曲而知其全者也，执其微以会其通者也。外籀云者，据公理以断众事者也，设定数以逆未然者也。"并断定："二者即物穷理之最要途术也。"② 最后仍然落脚在"穷理"上，即"见其理极"上。

严复通过长期学习西方自然科学及人文社会科学，掌握了许多在中国传统学术中无法闻知的思想观念及思维方法，但他并不是一个安于书斋靠学术打发生涯的书生式的学者，而是一个对中国社会

---

① 严复：《译〈天演论〉自序》，见《天演论》，商务印书馆 1981 年版，第 viii 页。
② 严复：《译〈天演论〉自序》，见《天演论》，商务印书馆 1981 年版，第 viii—ix 页。

怀有强烈现实感和责任感的思想家式的知识分子。在他译介西学诸书时，一直用书中所言与中国的历史和现实进行对比，然后以西方的思想、制度为参照，批判中国社会中的各种弊端，并且一直深思如何改造中国的弊端，寻求一条合理而科学的救国治国之路。这一切都反映在他的《老子道德经评点》中。为了解他在《老子道德经评点》中的相关见解，有必要先来了解他的有关观点。

1895 年他译《天演论》时曾以"尊民叛君，尊今叛古"八字作为改造中国的主义，[①] 这是因为他对中国传统社会弊端之误国怀有极度的愤慨。若不"尊民""尊今"，则人们仍然沉浸在流传了数千年的传统思想观念中而不知时代已大不同，整个世界已处于各国各民族激烈竞争的状态中，国人如果仍用中国固有的传统制度与观念治国教民，则无论从政治、经济、军事、教育、文化等各个方面都无法与列强相争，而在适者生存，不适者亡种的规律下，很快就会灭种亡国。所以为整个中华种族和国家全体的根本利益计，必须采取"尊民""尊今"的观念，把传统的君主至高无上而民只能顺从服从、古代是圣王盛治而今则是世道不古人心日下的观念彻底打破。这就是严复赞同此八字主义的思想逻辑。具体到在"尊民""尊今"的前提下如何改造中国，采取何种路线才能真正使中国得到改造而适应全新的世界，他主张采取渐进主义，反对激进的更张或革命。

1903 年，他提出反对"以旦暮之更张"的变法和"搪撞号呼，欲率一世之人，与盲进以为破坏之事"的激进。[②] 1905 年，他在英国与孙中山会见，认为"以中国民品之劣，民智之卑，即有改革，害之除于甲者将见于乙，泯于丙者将发之于丁。为今之计，惟急从教育上著手，庶几逐渐更新乎！"而孙中山认为："俟河之清，人寿几何！君为思想家，鄙人乃实行家也。"[③]

在如何改造中国的问题上，严复与孙中山选择的道路不同，这

---

① 见蔡元培：《蔡元培全集》第四册，中华书局 1984 年版，第 354 页。
② 严复：《译〈群学肄言〉序》，见《群学肄言》，商务印书馆 1981 年版，第 vii 页。
③ 严璩：《侯官严先生年谱》，见《严复集》第五册，中华书局 1986 年版，第 1550 页。

是因为严复在学习和翻译英国式的政治社会思想过程中，受这种思想影响而形成了一个基本观点：一个社会或国家的民众，在德、智、力三方面都要达到一定的高度，具备一定的素质，才能在这个社会或国家中真正建立和实行自由民主的政治制度。而当时的中国，严复认为，由于传统文化和制度的种种弊端，使得中国的民众在德、智、力三方面都远未达到实行自由民主制度的要求，因此他的方案是先从教育入手，逐步提高民众的德、智、力，全面改善民众的素质，才能逐步地实行西方式的自由民主制度。正是基于这种认识，他反对孙中山选择的激烈革命的道路，他认为在中国不可能从旧有的专制政体及其衍生的文化形态，一步跨到自由民主政治之位并形成文明开化的文化形态。

1915 年袁世凯有称帝之意，遣人向严复示意，严复表示："吾固知中国民智卑卑，号为民主，而专制之政不得不阴行其中。"① 仍然坚持上述主张，强调在中国的现实的社会和政治条件下，不可能真正实现西方那种自由民主，就算人们在表面上实行了民主之制，而在实际中也只会变成改头换面的专制之政。他之所以反对"盲进"式的"旦暮之更张"，就是担心有人利用这种局面来假民主之号而阴行专制之政，此即他所谓的"害之除于甲者将见于乙，泯于丙者将发之于丁"。民众没有相应的智、德、力，就不能阻止此种结果的出现。这种情况在严复看来，就是中国的真实国情，故其渐进的主张自有其内在的逻辑。那些主进激进更张者，其动机也是为了救国保种，但中国的现实会使结果事与愿违。严复的思想在许多研究者看来，非常复杂，前后多变，其实如果全面了解他的学术经历和思想路程，仔细阅读他一生所撰的译著、案语及相关论著，完全可以把握其中的思想脉络与内在逻辑，明了其前后本来一贯，所论并无矛盾。笔者认为，这正是他既治中学，又深研西学后的会通之识，故对中西社会及其制度和思想，都有深知灼见。不了解严复治学阐论的这些背景，对于所作《老子道德经评语》也就无法见其明而识

---

① 严璩：《侯官严先生年谱》，见《严复集》第五册，中华书局 1986 年版，第 1551 页。

其新。

严复译介和传播西学，众所周知，但他对中国传统学术及其典籍的重视，人们或者忽略不谈，或者言之不详，甚或把严复译介西学和重视中国传统典籍对立起来，这影响了人们完整地了解严复的思想和学术。其实在严复看来，中国传统学术及其典籍更值得重视，而他为国人译介西学，除了是帮助国人打开窗口以见世界外，更是为了让国人更好地认识传统典籍中的深奥思想，并且运用西学中的智慧发见和补救中国传统典籍中的不足。二者不仅不矛盾，而且是相辅相成的。

严复在翻译了轰动一时的西方学术著作《天演论》后，曾在该书的序言中讲了一番不同寻常的话。他承认"近二百年，欧洲学术之盛远迈古初，其所得以为名理公例者，在在见极，不可复摇"。然而，严复并没有因西学的发达而鄙薄中国古代的学术，恰恰相反，此时此刻的严复却向国人宣告：西人虽然发现了"不可复摇"的"名理公例"，"顾吾古人之所得，往往先之"，或曰西人"所论与吾古人有甚合者"。他举出两个"灼然不诬"的实例，来证明"此非傅会扬己之言"。

第一个例子，是司马迁评论我国古代经典《周易》和《春秋》的两句话："《易》本隐而之显，《春秋》推见至隐"。严复认为这两句话，是"天下至精之言"，并证明了此二句即是西人名学中用于"格物致知之事"的"内籀之术"和"外籀之术"。第二个例子，是"西学之最为切实而执其例可以御蕃变"的"名、数、质、力四者之学"以及斯宾塞发明的"天演自然言化"诸理，皆与中国《周易》所论之理相合。

严复相信这些本来由中国"古之人殚毕生之精力，以从事于一学"所得之"大义微言"，因其所论所得尽与西人之学发明之理"事不相谋而各合"，都具有高度的学术价值。这正是让严复对中国传统学术充满信心的根本原因。然而中国传统学术的发展过程中同时又存在着一种现象，让严复极其愤慨而不得不提出严厉批判，这就是他所说的："古人发其端，而后人莫能竟其绪，古人拟其大，而后人未能议其精"。其原因在严复看来，就是"二千年来，士徇利禄，守阙残，无独辟之虑"，累代学人虽然都在皓首穷经，研读"古人之书"，但却"未尝为古人之学"，对于"古人诏示来学之旨"，及"即物穷理之最要途术"，根本"不知广而用之，未尝事其事，则亦未尝咨其术而已矣"。于是乎古人精心考求所得的思想精华，便统统化神奇为腐朽。严复痛心地告诉世人一个真理："祖父虽圣，何救子孙之童昏也哉？"到最后，中国人仍然"犹之不学无术未化之民而已"。在这种情况下，有"独辟之虑"而欲"见其理极"的"考道之士"，只有"转于西学"，"以其所得于彼者，反以证诸吾古人之所传"，由此达到"澄湛精莹，如寐初觉"的境界，从而"得识古之用焉"。

严复曾与桐城派古文大师吴汝纶讨论中国传统学术的改革及其命运，吴氏深知中国不可不谋新，而每忧旧学之消灭，严复则认为："不然，新学愈进则旧学愈益昌明，盖他山之石可以攻玉也。"① 他与吴氏最大的不同，在于他既熟悉西学，又熟悉中学，而吴氏只知中国传统学术，而不具备最新的西学背景，所以严复敢于肯定"新学愈进则旧学愈益昌明"，而他在《老子道德经评点》中对《老子》的阐释，也证明了这一点。

对严复思想的线索，似可做如下归纳：他生当国家民族危亡之际，而当时的国家体制与国民素质无法应付这样的危险境况。在这样的背景下，严复——这个从小接受了中国传统文化教育，同时又系统接受了西方现代学术训练的人，按照他对中西方文化的理解，提出救国救民的思想方案，希望国家在注重稳定的前提下实行渐进改良，使得具有悠久历史文化传统的中华民族在"天演"中得以赓续。

根据这样的理解，可以看出严复的思想观点主要有如下几点：

第一，中国必须自我改造，以适应天演进化的要求，避免灭种的危险。按照西方进化论的思想来看待中国与西方列强的冲突，不是中国传统思想概念中的华夷冲突，而是各民族遵循优胜劣汰的公

---

① 王栻主编：《严复集》第五册，中华书局 1986 年版，第 1549 页。

例以求保种，是中华民族能否在现实的世界竞争中生存下去的问题。自然界的进化，是毫无人情可言的，自然对于各个具体的生物，不会有什么偏爱，它只提供一个公平的自然环境，谁适应这样的环境，谁就可以生存下去，谁不适应，谁就被无情地淘汰出局，遭到灭种的下场。世界各民族和各文化间的竞争，也是如此，中华民族不管愿意与否，都不得不处于这样的竞争环境之中了。而且已经在这场无情的竞争中处于下风，并愈益恶化，因此必须全面而彻底地改造自身，提升竞争能力与生存能力。这种改造包括思想、文化、社会、国家、国民素质等各个方面，不是以中学为体、西学为用的简单应付方式就可以解决的。

第二，全面而彻底的改造，关键在于推广民主与科学，这关涉一个国家、民族的整体素质，不可能一蹴而就，必须有一整套持久的改造方案。严复所提出的改造方案及其实现途径，就是总结西方国家得以富强的经验，学习其思想文化、社会制度中合理的一面，再结合中国传统文化中的精粹，全面提高国民素质，使整个中华民族焕然一新，脱胎换骨，成为天演过程中强有力的竞争者。严复重视思想文化的作用，认为社会制度的完善是在优秀思想文化的主导下才得以形成与保持的，而经济与技术也只有在这样的思想文化与社会制度的基础上，才能具有真正旺盛的生命力与创造力。

第三，出于以上两方面的思考，严复认为中国的改造不能急躁，必须采取稳健的方案实施并坚持下去，不能幻想通过几次激烈的行动就可以解决中国的根本问题，因此，严复不同意激进的革命方式，不同意单纯引进技术和设备，也不同意满足于传统文化而拒绝外部先进文化的国粹方式。但是，以当时中国的实际，严复思考的方案，存在着根本性的缺陷，即这样方案没有实施和推行的主体者。像严复这样的知识分子（在知识分子之中也是极少数）自身不具备条件来亲自实施和推行这样的改造方案，所以他不能不寄希望于某些强有力的权力人物，如袁世凯之类。事实证明，这样的改造方案是行不通的。但这并不能说明严复思想方案的无意义或全盘错误，而只应促使我们更进一步思考其中的问题所在。

只有对严复思想进行合乎实际的分析与评价，才能真正认识其思想追求的历史意义，也只有从整体把握严复的思路，才能够准确理解他在《老子道德经评点》中所写的各条评语的深刻含义。

二、《老子道德经评点》的主要内容

由前文的分析出发，再来理解严复的《老子道德经评点》，就会感到其与严复的一贯思考处处融通，而不显突兀。虽然严复的评语有时非常短小，我们也可读出其丰富的言外之意，对于当年"严几道读之，以为其说独与达尔文、孟德斯鸠、斯宾塞相通"[①] 者，亦可摸到其中的思想脉络了。

严复的历史观，主要依据他所理解的斯宾塞、赫胥黎和达尔文的进化论，或称天演论，其基本观点是认为人类社会的发展，如同自然界生物之优胜劣汰一样，优良的民族或文化不断取得对于劣弱者的胜利，于是在前者不断胜利和后者不断淘汰之中，整个人类社会从低级向高级发展。这样的优胜劣汰，完全是自然的进程，但是一个民族是否优良，则取决于这个民族的内部文化，而这种文化则是可以改善的。从这样的历史发展观出发，严复认为西方近代以来在政治、经济、法律、社会等方面都优于中国，因而其人民素质，也高于中国，这就是近代中西对抗中中国一再遭到失败的根本原因所在。因此，严复主张应该全面借鉴西方的制度、思想与文化来改造中国。基于这样的目的去理解《老子》，严复提出《老子》之中也有与西方思想相通的内容。当然，他也看出了《老子》的某些思想并不完全符合这些西方思想家的理论，对此他也不为《老子》讳。

将严复对于《老子》的评语加以归纳，可以看出有如下两方面的内容。首先，他相信《老子》思想与斯宾塞等人的进化论相通，而《老子》以"道"为核心的哲学，乃是这种进化思想的哲学基础。

严复在翻译赫胥黎《天演论》时就已看出了西方的进化论与中国的黄老之学有相通之处：

---

① 夏曾佑序，见《老子集成》第十一卷，宗教文化出版社 2011 年版，第 530 页。

斯宾塞之言治也，大旨存于任天，而人事为之辅，犹黄老之明自然，而不忘在宥是已。……凡人生保身保种，合群进化之事，凡所当为，皆有其自然者为之阴驱而潜率。①

这里所说的任天，就是顺乎自然。严复曾说："凡读《易》《老》诸书，遇'天''地'字面，只宜作'物化'观念，不可死向苍苍抟抟者作想，苟如是必不可通矣。"（第七章评语）② 按照这一理解，《老子》第五章所说的"天地不仁，以万物为刍狗，圣人不仁，以百姓为刍狗"，其意义就在于听任自然，或曰任天，所以严复评论说这就是"天演开宗语"而"法天者，治之至也"。针对王弼为《老子》此章"天地不仁"所注的"天地任自然，无为无造，万物自相治理，故不仁也"，严复又明确指出："此四语，括尽达尔文新理，至哉王辅嗣。"（第五章评语）按照严复的理解，天演进化就是自然的过程，不能随人意而加速："浊以静之徐清，安以久动之徐生，天演真相，万化之成由此。"（第十五章评语）所谓的自然和任天，这也是其中之义。

美国学者本杰明·史华兹曾对严复关注《老子》的"道"表示不太理解，其实按照严复所说，这一关注非常自然。如严复对《老子》第五章"多言数穷，不如守中"评论道："太史公《六家要旨》注重道家，意正如是。今夫儒、墨、名、法所以穷者，欲以多言求不穷也。乃不知其终穷。何则？患常出于所虑之外也。惟守中可以不穷。《庄子》所谓'得其环中，以应无穷'也。夫中者何？道要而已。"

斯宾塞有关社会进化的理论，与探讨终极性根本问题为宗旨的哲学相比，终究不过是具体的应用学科而已，这样的思想理论，归根结底，都要以关于"道"的哲学为最高指导。按严复的理解，《老

---

① 严复译：《天演论》，商务印书馆 1981 年版，第 16 页。
② 严复：《老子道德经评点》，见《老子集成》第十一卷，宗教文化出版社 2011 年版，第 535 页。本节此书引文均据此版，不再一一注明页码，只括注所在篇章。

子》的"道"就是这样的哲学，他说：道即"西哲谓之第一因"（第四章评语），道"为一切之因"（第二十一章评语），所以关于道的哲学，理应成为其他学科理论的基础。严复又解释了作为第一因的道与其他事物的关系，以说明为何必须具有根本的哲学观点，并以之为历史与政治等理论的根本基础："老谓之道，《周易》谓之太极，佛谓之自在，西哲谓之第一因，佛又谓之不二法门。万化所由起讫，而学问之归墟也。"（第二十五章评语）又说："玄，悬也。凡物理之所通摄而不滞于物者，皆玄也。哲学谓之提挈归公之物德。"（第十章评语）又说："大道，常道也。常道无所不在……一本既立，则万象昭回，所谓吹万不同，咸其自己。"（第三十四章评语）

道与万化既有如此的关系，所以关于这些事物的学术与理论，首先必须要以道的哲学为其基础。道不仅是一切具体学科理论的哲学基础，而且按照严复的理解，《老子》提出"道即自然"（第二十五章评语），所以，《老子》的道能够成为斯宾塞和赫胥黎等人的进化天演论的哲学基础。如果守着这个"中"，即"道要"，也就能够对万物有总体性的根本把握了："我守其主，则万物安能而不宾哉？"（第三十二章评语）

其次，严复认为，《老子》中有民主与科学的思想，而这是使一个民族达到富强以适应天演进化的必由之路。但他强调民主不是原始主义的民主，科学也不只是技术层次的科学。且随着人类的高度进化，在文明达到相当程度时，民主与科学也会带来严重的弊端。

其论《老子》中的民主，如对第三章之文："不尚贤，使民不争，不贵难得之货，使民不为盗，不见可欲，使民心不乱"的评语曰：

> 试读布鲁达奇《英雄传》中来刻谷士一首，考其所以治斯巴达者，则知其作用与老子同符。此不佞所以云黄老为民主治道也。

关于此一说法，还可以参见严复所译孟德斯鸠《法意》中的有关案语：来格縠士（即来刻谷士）之治斯巴达，进行变法，主要目的在于强兵。相关的办法，一是建立民主议政制；二是平分土地；三是废金银铜为货币，只用铁钱；四是废奇技淫巧，罢通商；五是教育全国子弟皆为兵士；六是为了保持子弟强壮，规定有关通婚制度，鼓励生下强壮之子；七是禁止其民出游外国，交通外人。①

这些措施中，确有不少与《老子》中的主张相似，因此严复认为黄老的思想主张就是民主治道，类似的还有如《老子》第四十六章："天下有道，却走马以粪；天下无道，戎马生于郊"，严复评曰："纯是民主主义，读法儒孟德斯鸠《法意》一书，有以征吾言之不妄也。"《老子》第五十七章"以正治国，以奇用兵，以无事取天下"，严复评曰："取天下者，民主之政也。"《老子》第三十九章"故贵以贱为本，高以下为基"，严复说："以贱为本，以下为基，亦民主之说。"

从民主制出发，就要实行自然无为的政治。严复对《老子》第十章评曰：

> 夫黄老之道，民主之国之所用也，故能长而不宰，无为而无不为。君主之国，未有能用黄老者也。汉之黄老，貌袭而取之耳。君主之利器，其惟儒术乎！而申、韩有救败之用。

这是说黄老之学的政治理论就是自然无为，而只有民主制国家才能实施黄老的政治学说，儒家的政治思想是有为，只能用于君主制国家，而法家的政治思想则不过是对儒家政治的补救。这也是强调《老子》自然无为的政治观与民主主义是相互配合的。

对于无为之治，严复有自己的理解，在《老子》第十章，严复下评语曰：

> 爱民治国矣，而能无用智。天门开阖，由我而能为雌。明

---

① 王栻主编：《严复集》第四册，中华书局 1986 年版，第 944 页。

　　白四达，而能无为。如此，其爱民治国出于诚心，其为雌乃雄
　　之至，其无为乃无不为也。

民主之治的关键是无为，以无为而达到无不为的目的。无为无不为，
在字面上仿佛是自相矛盾的，其实不然。因为无为是指政治家的无
为，而无不为是指民众的无不为。关于这一理解，严复另有明确的
说明："上必无为而用天下者，凡一切可以听民自为者，皆宜任其自
由也。下必有为为天下用者，凡属国民宜各尽其天职，各自奋于其
应尽之义务也。"①
　　此外，关于无为的自然性，严复也有说明，《老子》第二章有
"是以圣人处无为之事，行不言之教，万物作焉而不辞，生而不有，
为而不恃，功成而弗居"之说，严复评曰：

　　　　试举一物为喻，譬如空气为生物所不可少，然不觉眼前食
　　气自由之为幸福也。使其知之，则必有失气之恶阅历而后能耳。

这就是解释圣人的无为之治，因其绝对的自然，而如同空气一样，
不可缺少而又令人感觉不到。这就是自然无为之治的最大价值所在。
　　自然无为的政治，还有清静和无事的特点："惟能为天下正者，
乃老之清静也。"（第四十五章评语）又说："虽有开创之君，栉风沐
雨百战苦辛，若汉高、唐太之开国，顾审其得国之由，常以其无事
者，非以其有事者也。若夫秦隋之君，所以既得而复失者，正欠此
所谓无事者耳。诚哉！有事不足以取天下也。"（第四十八章评语）
《老子》说："取天下常以无事，及其有事，不足以取天下。"故严复
有此评语。
　　无为的政治，甚至能行中央集权："此章言玄之用，以无为用。
近人颇尚中央集权之政策，读《老子》知惟以虚受物，以无为用者，

① 此为严复为《庄子·天道》"上必无为而用天下，下必有为为天下用"一段所作的
　　评语。见《严复集》第四册，中华书局 1986 年版，第 1128—1129 页。

乃能中央集权也。"（第十一章评语）

从民主说到无为之治，严复认为《老子》一书，从根本上说，乃是讲政治的书，这一观点值得重视：

> 老子言作用，辄称侯王。故知《道德经》是言治之书。然孟德斯鸠《法意》中言：民主乃用道德，君主则用礼，至于专制乃用刑。中国未尝有民主之制也，虽老子亦不能为未见其物之思想。于是道德之治亦于君主中求之不能得，乃游心于黄、农以上，意以为太古有之。盖太古君不甚尊，民不甚贱，事与民主本为近也。此所以下篇八十章有小国寡民之说。夫甘食、美服、安居、乐俗、邻国相望、鸡犬相闻、民老死不相往来，如是之世，正孟德斯鸠《法意》篇中所指为民主之真相也。世有善读二书者，必将以我为知言矣。呜呼！老子者，民主之治之所用也。（第三十七章评语）

要实行民主制，就不能用君主制：

> 人主，凡一国之主权皆是，不必定帝王也。（第三十章评语）

凡是行使一国之主权者，都可称为人主，如前面说过的斯巴达的民主议政制，就是"立二十八人之沁涅特，以主国议"①，这样的人也可称为人主。《老子》主张不尚贤，因此严复说："尚贤，君主治要也。"（第三章评语）这样看来，若是民主之治，也就不应实行君主制下的尚贤主张。

在严复看来，《老子》不仅有民主的思想，还有自由平等的思想。《老子》第三十五章："往而不害，安平太。"严复评语曰："安，自由也。平，平等也。太，合群也。"合群就是民主。因为《老子》

---

① 王栻主编：《严复集》第四册，中华书局 1986 年版，第 944 页。

含有民主、自由等思想，所以并非一些人所理解的那种愚民政策：
"老子为术，至如此数章，可谓吐露无余者矣。其所为，若与物反，
而其实以至大顺。而世之读《老》者，尚以愚民訾老子，真痴人前
不得说梦也。"（第六十五章评语）

欲行民主之治和无为之治，需要一个条件，即民智的优良，才
能使政治家的政令顺畅贯彻：

> 管夷吾得此，故能下令如流水之原，又能因祸以为福，转败以
> 为功。（第二十七章评语）

重视民智的提高，以顺利地实行民主之治，这也是严复从西方进化
论中学来的。在《天演论》，严复译道："欲郅治之隆，必于民力、
民智、民德三者之中，求其本也。……智仁勇之民兴，而有以为群
力群策之资，而后其国乃一富而不可贫，一强而不可弱也。嗟夫！
治国至于如是，是亦足矣。……其民莠者日以少，良者日以多，驯
至于各知职分所当为，性分之所固有，通功合作，互相保持，以进
于治化无疆之休。"[1] 并加案语说："盖泰西言治之家，皆谓善治如草
木，而民智如土田。民智既开，则下令如流水之源，善政不期举而
自举，且一举而莫能废。不然，则虽有善政，迁地弗良，淮橘成枳
一也。人存政举，人亡政息，极其能事，不过成一治一乱之局二也。
此皆各国所历试历验者。"在《原富》和《法意》的案语中，严复又
分别说道："又以知民主之制，乃民智最深、民德最优时事。"[2] "吾
未见民智既开，民德既淣之国，其治犹可为专制者也。由是言之，
彼蛮狄之众，尚安得有自由之幸福，而又享其最大者乎？"[3] 严复如
此重视民智的开发与提高，正是他在吸收了西方近代学术思想之后
的最大收获，用此来解释《老子》，也是前所未闻的新义。

---

[1] 严复译：《天演论》，商务印书馆 1981 年版，第 21—22 页。
[2] 王栻主编：《严复集》第四册，中华书局 1986 年版，第 891 页。
[3] 王栻主编：《严复集》第四册，中华书局 1986 年版，第 986 页。

但是，如史华兹所说的，严复也发现了《老子》中关于民主思想的不足之处：

以下三章①，是老子哲学与近世哲学异道所在，不可不留意也。今夫质之趋文，纯之入杂，由乾坤而驯至于未既济，亦自然之势也。老氏还淳返朴之义，犹驱江河之水而使之在山，必不逮矣。夫物质而强之以文，老氏訾之是也。而物文而返之使质，老氏之术非也。何则？虽前后二者之为术不同，而其违自然、拂道纪，则一而已矣。故今日之治，莫贵乎崇尚自繇。自繇则物各得其所自致，而天择之用存其最宜，太平之盛可不期而自至。（第十九章评语）

《老子》欲使人类社会在步入文明后再返回到原始的状态，这是严复所不能同意的，这就是史华兹所说的原始主义民主的问题。类似的说法有严复在《老子》第八十章的评语："此古小国民主之治也，而非所论于今矣。"

值得注意的是，严复自己也有矛盾之处，即此处所说与前面提到的《老子》第三十七章评语"孟德斯鸠《法意》篇中所指为民主之真相也"云云，乃是自相矛盾。一方面，严复反对《老子》的从文明向原始状态的后退，另一方面，他又提醒人们注意文明到来之后的种种弊病："近世欧洲诈骗之局，皆未开化之前所无有者。"（第十八章评语）"今之所谓文明，自老子观之，其不为盗夸者亦少矣。此社会党、虚无党之所以日众也。"（第五十三章评语）"文明之进，民物熙熙，而文物声名皆大盛，此欲作之宜防也。老子之意，以为亦镇之以朴而已。此旨与卢梭正同，而与他哲家作用稍异。"（第三十七章评语）

类似的看法，在翻译《法意》时更有明确的说法："欧美之民，其今日贫富之局，盖生民以来所未有也。富者一人所操之金钱，以兆计者，有时至于万亿，而贫者旦暮之饔飧，有不能以自主。往昔民生差贫，或且谓机器与铁轨行，人人将皆有生事之可操，生业将

---

① 指《老子》第十八、十九、二十章。

皆有倍称之获，衣食足而民欢虞，比户可封之俗，刑措不用之风，非难致也。乃不谓文明之程度愈进，贫富之差数愈遥，而民之为奸，有万世所未尝梦见者。此宗教之士，所以有言，而社会主义所以日盛也。"[①] 又因第一次世界大战爆发而说："觉彼族三百年之进化，只做到利己杀人，寡廉鲜耻八个字。"[②]"西国文明，自今番欧战，扫地遂尽。"[③]

文明的发展虽是天演进化，但也不是尽善尽美，还有非常惨烈的恶果出现，于是严复又重视善的问题：

> 《周易》以善继性，《老子》以善几道。周茂叔曰：诚无为，几善恶。皆至言也。（第八章评语）

严复从善的观点出发，反对强梁和用强，这也是对《老子》思想的发挥："强梁者不得其死，公例之一，自古皆然。"（第四十二章评语）"不道之师，如族庖之刀，不折则缺，未有不早已者也。中国古之以兵强者，蚩尤尚已，秦有白起，楚有项羽，欧洲有亚力山大，有韩尼伯，有拿破仑，最精用兵者也。然有不早已者乎？曰好还，曰早已。老子之言固不信耶？"（第三十章评语）

又说明真正的强行："有力者外损，强者内益，足而不知，虽富贫耳。"（第三十三章评语）"惟强行者为有志，亦惟有志者能强行，孔曰：知其不可而为之，孟曰：强恕而行，又曰：强为善而已矣。德哲噶尔第曰：所谓豪杰者，其心目中常有一他人所谓断做不到者。凡此，皆有志者也。中国之将亡，坐无强行者耳。"（第三十三章评语）真正的强行，是努力实现其志，而非恃力用暴。按照严复所设计的中国富强之路，也须有一个能强行之者，否则再好的思想也是

---

① 王栻主编：《严复集》第四册，中华书局1986年版，第986页。
② 转引自张志建：《严复学术思想研究》，商务印书馆国际有限公司1995年版，第326页。
③ 严复：《与熊纯如书》第七十三，见《严复集》第三册，中华书局1986年版，第690页。

空中楼阁，不能造福于中国。

以上是严复关于《老子》中民主思想的讨论。此外，他认为《老子》还涉及科学问题。严复在翻译穆勒《名学》时，说逻辑"是学为一切法之法，一切学之学"①，评论甚高。他认为《老子》中也有逻辑：

> 日益者，内籀之事也。日损者，外籀之事也。其日益也，所以为其日损也。（第四十八章评语）

此评语是对《老子》"为学日益，为道日损"而发的。以往的理解，为学是与为道相对立而矛盾的，所以一个要益，一个要损。但是严复不这样理解，他用所谓内籀外籀，就是西方逻辑学的归纳与演绎，来解释益与损。益是为了损，也就是说，内籀是为了外籀，二者是相互依赖的。史华兹认为，严复正是从逻辑这一角度入手，把《老子》与科学问题联系起来了。

严复在许多地方所强调的公例问题，也是一个与科学有关的问题，即从学术的角度言，找出事物的公例，乃是最大的科学。穆勒《名学》中说到："何谓自然公例？曰自然公例者，最易最简之法门，得此而宇宙万化相随发现者也。或为之稍变其词曰：自然公例非他，乃极少数之公论，得此而一切世界之常然，皆可执外籀而推知之。"严复说："此段所指之自然公例，即道家所谓道，儒先所谓理，《易》之太极，释子所谓不二法门。必居于最易最简之数，乃足当之。后段所言，即《老子》为道日损，《大易》称易知简能，道通为一者也。"②

把《老子》的道算做自然公例之一，而《老子》所说的"为道日损"，乃是运用逻辑学的外籀术来求得对于道这一自然公例的认识。这里，一是把《老子》的道列入了科学的领域，二是把逻辑这

---

① 王栻主编：《严复集》第四册，中华书局1986年版，第1028页。
② 王栻主编：《严复集》第四册，中华书局1986年版，第1051页。

样的科学方法也与《老子》的思想关联起来了。这就是严复所理解的《老子》中的科学思想。

从科学的观点看，逻辑与公例，是与一切学术紧密相关的，如严复在所译穆勒《名学》的案语中所说："既有公名斯有公例，有公例斯有学术。"① 而中国的传统学术之所以不成为科学，在严复看来，就在于缺乏经过科学论证过的公例："旧学之所以多无补者，其外籀非不为也，为之又未尝不如法也，第其所本者大抵心成之说，持之似有故，言之似成理，媛姝者以古训而严之，初何尝取其公例而一考其所推概者之诚妄乎？此学术之所以多诬，而国计民生之所以病也。"②

由于逻辑与公例如此重要，而这都是需要后天的学习来达成的，因此严复不同意《老子》所提倡的"绝学"，因为绝学就是拒绝认识科学与最高原理："绝学固无忧，顾其忧非真无也，处忧不知，则其心等于无耳。非洲鸵鸟之被逐而无复之也，则埋其头目于沙，以不见害己者为无害。老氏绝学之道，岂异此乎！"（第二十章评语）

因此严复仍然强调"学"："学广则谦，识明则慎，身修而后悟平生之多过，故曰若昧、若退、若颣也。"（第四十一章评语）学与识不只是为了修身，更是为了认识终极的大道："出弥远，知弥少……其知所以弥少者，以为道固日损也。夫道无不在，苟得其术，虽近取诸身，岂有穷哉？而行彻五洲，学穷千古，亦将但见其会通而统于一而已矣。是以不行可知也，不见可名也，不为可成也，此得道者之受用也。"（第四十七章评语）

以外籀之法来认识道这一最大的自然公例，然后可以会通众多的具体之学科而统归于一，从根本上说，就是基于科学方法之上的学。虽然《老子》提倡绝学，但严复仍然从《老子》中找到了为道的科学方法，并且把以往人们所理解的为学与为道间的对立与矛盾加以解决，使之统一起来："其日益也，所以为其日损也。"而日损

---

① 王栻主编：《严复集》第四册，中华书局1986年版，第1045页。
② 王栻主编：《严复集》第四册，中华书局1986年版，第1047页。

的最终目的，是要认识最大的自然公例，再以此为一切学问的前提和根本，以纠正中国传统旧学多诬的弊端，而使国计民生不再多病。严复强调《老子》的科学性，目的或在于此。

三、史华兹对严复老学的评价

美国哈佛大学本杰明·史华兹教授，是研究中国近现代史的著名学者，他对严复的研究成果为《寻求富强——严复与西方》，在西方学术界素有声誉。书中对严复思想的研究比较全面，尤其是注意到了严复的《老子道德经评点》，并通过评点内容对严复思想内容进行了深入的探讨。史华兹的研究，一来因为他为西方人，出于不同的文化背景，因而对于严复思想的分析，常能出乎中国研究者的思考之外；二来由于史华兹的研究涵盖了严复思想的各个方面，因而对严复《老子道德经评点》中的思想分析，具有相当深刻之处。基于这样的考虑，在我们简单地评介了严复的《老子》研究之后，再来看一看史华兹的有关看法，不无有益的启迪。

首先，史华兹认为严复在翻译西方学术著作的时候撰写《老子道德经评点》，是与其全部学术活动相贯通的，而非孤立的。他在研究严复的思想时，就从多方面观察到，在严复的思想中，中国传统与近代西方思想是紧密联系的两个方面，而非互不关联。将这两个方面紧密关联起来的倾向，不是在撰写《老子道德经评点》时才开始出现的，而是在其整个思想活动中都存在着的。比如严复在翻译赫胥黎《天演论》、穆勒《名学》、孟德斯鸠《法意》时，就已包含着对于《老子》和《庄子》思想的"赞美"和"兼容"，[1] 但那时的主题不在于阐述中国的传统与西方思想的关系，故有关的表述还都是零星的和不系统的，而在《老子道德经评点》和《庄子评点》中，这样的思想才有机会得到集中的表现。从这些评语中，史华兹认为可以看出严复"关于人类命运的一般观念，以及他对整个前10

---

[1] （美）本杰明·史华兹：《寻求富强——严复与西方》，江苏人民出版社1996年版，第182—183页。

年间发展起来的宗教和哲学领域所持的基本态度"①。由此可知，《老子道德经评点》并非严复的一部闲作，乃是了解严复思想的重要资料。

其次，史华兹认为，严复之所以评点《老子》，是为了"在《老子》中发现那些特别关于像他自己所理解的那种'民主'和'科学'的暗示"②。这样的愿望表明一点，即严复为了思考解决中国文化的生存问题，不仅重视从西方思想中寻找新的东西，而且并不因此而对传统文化全盘否定，仍要从中发现具有真正价值的精华，使人们不至于对中国传统文化及中国的命运丧失信心。但严复对于传统文化的理解与解释，与保守派单纯赞颂而不知凭借科学精神进行分析，是绝不相同的。他的基本思考方式，是借助于西方的先进思想文化来对照中国传统文化，只肯定其中符合天演进化公例、能够促进中华民族奋起竞争的那部分文化，而不是一味地唱赞歌。对于这一点，史华兹有明确的阐述，他说："虽然严复无疑为自己在老子和西方圣人的见解中发现了对应物而感到高兴，但有大量证据说明这一点并非他被老子所吸引的根本理由。事实上，我们将看到，这种寻找对应物的努力在关键问题上没有成功，每当这种时候，严复总是公正地抛弃了中国古代圣人。"③

第三，史华兹认为严复在《老子》中寻找西方式的民主与科学，最终乃是不成功的。他说："总的来说，在《道德经》里寻找对'民主'和'科学'的信仰的根据，在我看来是站不住脚的。"④ 关于这一点，史华兹提出了两个例子，一个是《老子》中的民主因素，一个是《老子》中的科学因素。

---

① （美）本杰明·史华兹：《寻求富强——严复与西方》，江苏人民出版社 1996 年版，第 183 页。

② （美）本杰明·史华兹：《寻求富强——严复与西方》，江苏人民出版社 1996 年版，第 184 页。

③ （美）本杰明·史华兹：《寻求富强——严复与西方》，江苏人民出版社 1996 年版，第 184 页。

④ （美）本杰明·史华兹：《寻求富强——严复与西方》，江苏人民出版社 1996 年版，第 185 页。

关于民主，史华兹说：　"严复也在《老子》中发现了民主倾向……孟德斯鸠曾发现古希腊、古罗马的民主原则是一种朴素的自我克制的'美德'。严复感到这种'美德'就是老子的'德'和'无为'。……老子的'小国寡民'乌托邦与孟德斯鸠的真正民主只限于城邦，不是说到一个点子上了吗？老子坚持在这样的社会里，人民不追求甜食和漂亮的衣衫，孟德斯鸠则说只有普遍过着朴素和简单生活的地方才可能有真正的民主，这不是又说到一个点子上了吗？"[①]但是严复在对老子的乌托邦和孟德斯鸠的原始主义民主作了一番比较之后，"反对孟德斯鸠对古希腊古罗马民主政体的想象。他反对把简朴、自我克制和小块领土看成是近代意义上的民主政体所必需的先决条件。他看到，在近代世界里，大规模的代议制民主政体已变成导致富强的引擎。而古代希腊与罗马所能提供的只是某种空洞的民主政体观念"[②]。严复最终承认，在原始主义民主这一根本问题上，他与老子之间存在着一条不可逾越的鸿沟。故史华兹认为，严复欲在《老子》中寻找民主，只能找到与西方学者所想象的原始主义民主相接近的东西，而无法找到符合近代西方式民主的东西。

关于科学，史华兹认为，严复在《老子》中所寻找的科学因素，有牵强之处。如《老子》第四十八章的"为学日益，为道日损"，严复理解为穆勒逻辑学中所说的归纳法与演绎法，即"'日益'显然涉及归纳法，以归纳法的累积法获得知识；而'日损'则涉及演绎过程，这个过程把累积过程得到的结果汇拢起来而得出一个还原方程。因为忠实信奉穆勒关于归纳和演绎过程之间关系的观点，所以，严复进而声称：'其日益也，所以为其日损也。'"[③] 史华兹认为这样的理解是牵强附会，他说："对于公正的读者来说，这两句话与《道德

---

① （美）本杰明·史华兹：《寻求富强——严复与西方》，江苏人民出版社 1996 年版，第 187—188 页。

② （美）本杰明·史华兹：《寻求富强——严复与西方》，江苏人民出版社 1996 年版，第 188—189 页。

③ （美）本杰明·史华兹：《寻求富强——严复与西方》，江苏人民出版社 1996 年版，第 186—187 页。

经》里其他许多段落一样，似乎含有对于使人把注意力放在万物之上而脱离虚无之'道'的学问的典型抨击。所以，这两句话其实完全不意味着对归纳逻辑的拥护，而似乎包含着对一般'知识'的贬低。"①

史华兹的这一批评，可以说是非常正确的。因为老子所说的"日益"和"日损"追求的目标不同，一是"学"，一是"道"，故需采用不同的方法。虽然日益可以理解为以累积法获得知识，但不是归纳法的累积法，而只是普通学习之积累。日损则相反，即不追求一般知识的积累，而是逐步地减少这样的知识，因此不是逻辑学的演绎法。中国古代的哲学，最大的特点就是缺乏科学性，表现在概念与逻辑的不清楚与不严密。如欲在《老子》中寻找科学因素，看来是费力不讨好的。史华兹对此评论道："既然了解到老子关于'科学'和'民主'的最终观点与真正的科学和民主有着质的区别，严复努力寻找老子思想和近代西方思想之间对应成分的努力便破灭了。"②

第四，史华兹指出，老子与其他中国圣人一样，具有一种"文化宿命论"："老子以十分激进的方式，得出了一般中国圣人所持的文化宿命论。这种宿命论不欢迎人类充分发挥自己从宇宙这个取之不尽的仓库中获得的潜力，也即通过宇宙和人类进化过程，使人类认识自我的那种潜力；而是驱赶这种潜力使之回到它原来存在的地方也即'无'之中，好像迫使河水倒流回它的源头一样。老子不愿毫无偏见地相信，人类的能力通过自然选择的严峻考验，将体现在从未有过的更复杂和'更高级'的人类组织形式中，而是向往宁静的'母亲'，这种想象几乎使人想起弗洛伊德的退回到子宫的说法。"③

---

① （美）本杰明·史华兹：《寻求富强——严复与西方》，江苏人民出版社 1996 年版，第 187 页。

② （美）本杰明·史华兹：《寻求富强——严复与西方》，江苏人民出版社 1996 年版，第 191 页。

③ （美）本杰明·史华兹：《寻求富强——严复与西方》，江苏人民出版社 1996 年版，第 190 页。

相信人类具有无限进步的潜力，并且致力于发挥人类的这种潜力，从而使人类社会不断前进，这是严复从西方思想中发现的一个重要命题。运用这个命题来对照中国，严复发现中国的文化与社会结构，对于这种潜力的激发，远远不如西方。因此严复强调吸收西方文化中的有益因素，来改造中国的文化与社会结构，使中国尽快地激发出人类共有的这一潜力，从而尽快地取得进步，以在世界竞争中占得主动地位。而严复从这样的心态来读《老子》，则发现其中有违反这一思想的内容，因而他表示不能赞同，这是严复对《老子》的主要批判："老子哲学与近世哲学异道所在，不可不留意也。……老氏还淳返朴之义，独驱江河之水而使之在山，必不逮矣。"批评老子的主张，是逆历史潮流而动，即所谓的"违自然，拂道纪"，针对此点，严复提出正确的态度应是："今日之治，莫贵乎崇尚自繇。自繇则物各得其所自致，而天择之用存其最宜，太平之盛可不期而自至。"（第十九章评语）严复相信只要顺乎自然的趋势，让人们自然地发挥其潜在的能力，就能在天择竞争之中立于不败之地。这无非就是老子思想中的自然之道。

史华兹认为中国的老庄道家与儒家，都具有这样的反对激发人类潜力的思想："道家和儒家都曾反对进一步解放人在体、智、德三方面的能力。两家都反对把富强作为自觉的理想，反对系统地和有意识地追求富强。而西方却明确显示了：投身到进化的长河中，乘着滚滚的洪流勇往直前，人们最终将到达大同的海洋。"[1] 因此史华兹指出，道家既有如此的思想错误，因而严复知道老子和斯宾塞之间存在着一条鸿沟，这最终使得"严复努力寻找老子思想和近代西方思想之间对应成分的努力便破灭了"。

从史华兹关于严复寻找中西思想对应而不成功的论述中，可以看出一点，即作为一个从西方文化背景出发的研究者来说，史华兹严格按照西方思想的本义来评价严复所理解的西方思想及其与中国

---

[1]　（美）本杰明·史华兹：《寻求富强——严复与西方》，江苏人民出版社1996年版，第190页。

思想的对比与关联。因此，他就看出了严复这种努力的不够精确之处。这一点，对于处于中国文化背景中的学者来说，是甚为有益的见解，值得我们在思考中西文化比较时予以足够的注意。

最后，史华兹还强调严复对于最高的终极实在的追寻与依赖，并试图解释他为何要这样做。他说，仅仅从西方思想中获得了诸如进化、竞争和能力等的新价值观念还不够，严复还"强烈地感到需要那个躲在进化长河背后的最终的、不变的、最高的实在"①。

严复所以对《老子》产生兴趣，不仅仅在于他能从《老子》思想中找到中国式的民主和科学的最早的觉醒，更重要的是因为《老子》思想中存在着一种"宗教式形而上学的内核"②。对这种最高终极实在的追求，在当时的中国，不止严复一个人，如梁启超、章太炎、谭嗣同、杨文会、夏曾佑等，都通过中国固有的佛家或道家学说而寻找这种终极性的最高实在，作为自己思想的根据。

为什么会这样？史华兹认为，这是因为："这种终极实在甚至超越了全部既定的现实秩序和结构，并把它们相对化。……因此，用谭嗣同的话来说，它能鼓励努力'冲决罗网'，打碎儒家的正统枷锁。"③ 这样的动机，当时这些人并没有明确地提出来，但可以通过他们的表述而推论出来。这正是处于变革时期的中国知识分子心中最大的愿望，而又不便明确说出。严复是否也有如此的内心动机，史华兹并不敢断定，他只是这样说："严复放眼西方而胸怀中国，关切着中国的富强和创造精神。然而，不知为什么，进化和发展的宗教④还不能满足严复个人的需要，他仍然深深感到需要'从永恒的方面'来看待整个进程。……严复并不赞成老子努力迫使进化的潮流

---

① （美）本杰明·史华兹：《寻求富强——严复与西方》，江苏人民出版社 1996 年版，第 193 页。

② （美）本杰明·史华兹：《寻求富强——严复与西方》，江苏人民出版社 1996 年版，第 192 页。

③ （美）本杰明·史华兹：《寻求富强——严复与西方》，江苏人民出版社 1996 年版，第 193—194 页。

④ 按，即西方思想中的社会进化学说。

退回到它的源头即原始的'道'那里。然而，即使在顺流而下时，回头再看看源头以消除疑虑，对他来说，也是十分必要的。"①

虽然严复一开始就说老子的道是"不可思议"，但他认为那是一个具有无限可能性的仓库，从中可以演绎出对任何问题的解释。当他和同时代的杰出中国人为中国的命运焦虑的时候，无论是西方的思想，还是中国固有的思想，如果能够提供一点有益的启发，对于他们来说，都是最好的精神食粮，可以缓和其心中的焦虑感。这样的心情与感受，即使在百多年之后，也是可以令人通感而知之的。

四、《老子道德经评点》的贡献与影响

综观严复表述思想的形式，大要有三。一是精心译介西方学术著作，基于西人之说，以案语阐述自己的思想，如其译《天演论》《法意》诸书，皆附加大量案语。此可看作中国古代"君子曰"式评议之近代版。二是利用新闻报刊或公共演讲，指陈现实问题和宣传西方思想，前者如《论世变之亟》《原强》《辟韩》诸篇，后者如《政治讲义》《西学门径功用》等。此两种形式，基本特点是以西方思想为是非标准来评价中国社会及其思想文化，如后者存有弊端，则主张据前者以图改进。严复的这一思想主张，无论在当时还是后来，都受到人们的普遍关注，产生了比较明显的社会影响。第三种形式，相比之下就不大为人所知，影响也相对较小。这种形式即评点中国传统典籍，阐释古哲思想。其代表作为《老子道德经评点》《庄子评点》二书。这一形式，从表面上看，似乎是中国传统学问的陈套，但稍一深入，即可发现严复的评点比之旧式的经典注释之学有了截然不同的新义。概括地讲，严复对《老子》《庄子》的"评点"，是做中西理念互释互证的工作，力图从公例层次会通中西文化。

《老子》《庄子》的内在思想及其表现形式，都是纯粹的中国式智慧，丝毫没有西方思想文化的侵染。西方思想文化传来之前，中

---

① （美）本杰明·史华兹：《寻求富强——严复与西方》，江苏人民出版社1996年版，第194页。

国的士大夫研读注释《老》《庄》，皆墨守中式思维模式，虽有佛学的渗入，但也被中国士大夫中国化了。至乎近代，中西文化发生接触之后，研究《老》《庄》者，仍然很少有人将这种中国式智慧，与西方思想文化沟通。这一点大概没有人表示怀疑。人们可能产生的疑虑是：为什么要把《老子》与西方思想文化扯在一起。

对这个问题，先要了解中国式智慧的特征。其一是语言至为精简而蕴意极为赅备。至简之言，是其外在形式；赅备之义，即其思想内容。对这种渊源久远而表达简洁之智慧，无论何人解释，都难穷尽其义；无论何时研读，都能探得新意。如《老子》一书，文止五千，而义蕴渊如，可称典型代表。古人谓"《易》道广大，无所不包"①，此说移论《老子》，亦无不妥。试观古往今来，释《老》者不穷，而论道者辈出，所涉及者自天地大道乃至人事政理，何所不至？虽然上下讨论了数千年，发表意见者无虑千百人，但又有哪一家堪称的义定论？但在这种探讨中就含有十足的魅力，所以吸引历代贤人君子探索研讨不已，于是种种可资启迪之思想从中涌现，涓涓成流，汇成江海，由此构成中国文化中特有的经典阐释现象与思想传承系统，严复《老子道德经评点》及其内含的思想，即此种现象与系统中的分子之一。

纵览历代诠释《老子》之书，虽解义纷繁，人各有说，但大较不出中国传统思想之范围。若无更广背景的改换及异质文化的介入，则纷纭众说，正可谓百花齐放，争奇斗艳。如此局面，亦足慰国人哲思之欲、学问之心于长久。然至近世以来，数千年称雄于世界东方的中国传统思想文化大厦，忽然面临西方思想文化无情而强力的冲击与震撼。人们在屡次战败和进步与落后的巨大反差面前，先是惊诧，继而反思，然而最后还是固守于"中学为体，西学为用"这道战壕内，顽强抵抗。西方的科学文化固然可以为我所用，而中国的人文文化则必须坚持其主体地位。不然的话，岂非全盘西化？在这种思路的引导下，人们对于纯种中国文化之代表的《老子》思想

---

① 永瑢等：《四库全书总目·经部易类序》卷一，中华书局 1965 年版，第 1 页。

的解释自然不会想到去与外来的西学沟通融会。所以时至今日，多数人仍然立足于中国传统思想文化的范围内来做有关《老子》的学问，至多不过借用若干西学的词汇（如哲学、本体论、认识论、方法论、历史观等）来解说《老子》的思想而已，实则根本不曾想到引荐西哲来与吾国古圣老子晤面。也许他们是想捍卫其思想的纯洁，但人们是否想到老子当年却是"西"出关而遁去了呢？西出阳关无故人，他大概去寻找新的知己去了。更可进一步设想，老子若有幸生活于近世，他会反对与西方诸哲讨论道、人、政诸问题吗？他也许要听听另一文化传统中人对有关问题有何种见解，及对他的思想是如何评价。他这位饱读群书的柱下吏也许要参考若干西哲的著作，来写作留予中国人的《道德经》。如此看来，自以为忠诚的后人的思想保卫战很可能不会受到老子本人的赞赏。

　　然而，近代的中国人之中毕竟还有一位敢于独标新义，大胆引入西方思想文化来与老子的思想比勘，并由此发挥出自己的感想。尽管他的见解还远远不能成为中国人的共识定论，但在这一前无古人的中西沟通中已经擦撞出了可贵的思想火花。虽然这一电光石火似的思想萌芽，湮没于浩如烟海的国人著作之中，很少引起人们的注意，更不能与他的另几部名著相提并论。不过人们如果看了他对《老子》的评点，并进一步阅读了他的主要著述之后，就会深感他在百年之前就能采取如此大胆的举动，具有如此难得的思想，殊属可贵。此公非他，即被誉为近世介绍西方思想第一人的严复，他用西方思想解释《老子》的著作，即写于1903至1904年，并于1905年出版于日本东京的《老子道德经评点》。

　　严复研究学问，具有明确的西学中学会通观。他说："不传于兹，或见于彼，事不相谋而各有合。考道之士，以其所得于彼者，反以证诸吾古人之所传，乃澄湛精莹，如寐初觉。其亲切有味，较之觇毕为学者，万万有加焉。此真治异国语言文字者之至乐也。"又说："是以生今日者，乃转于西学，得识古之用焉。"并举赫胥黎《天演论》为例，说："赫胥黎氏此书之旨，本以救斯宾塞任天为治之末流，其中所论，与吾古人有甚合者。"他还认为司马迁所说的

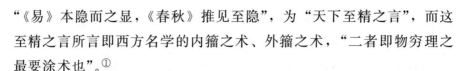

"《易》本隐而之显，《春秋》推见至隐"，为"天下至精之言"，而这至精之言所言即西方名学的内籀之术、外籀之术，"二者即物穷理之最要涂术也"。①

中国古人既已有至精之言，则后人有继承发扬的义务："夫古人发其端，而后人莫能竟其绪，古人拟其大，而后人未能议其精，则犹之不学无术未化之民而已。"这是要求后人把古人已经发其端拟其大的思想义理竟其绪而议其精。但后人并未能完成这一任务："后人不知广而用之者，未尝事其事，则亦未尝咨其术而已矣。"这好比"祖父虽圣，何救子孙之童昏也哉"，其原因首先是"士徇利禄，守阙残，无独辟之虑"。其次是"后人读古人之书，而未尝为古人之学，则于古人所得以为理者，已有切肤精恍之异矣"。再次是读古书难："历时久远，简牍沿讹，声音代变，则通假难明；风俗殊尚，则事意参差。夫如是，则虽有故训疏义之勤，而于古人诏示来学之旨，愈益晦矣。"② 因而他认为"学问格致之事"，最重要的是追求"事理之真实"，而要达到这一目的，则"非抱深思独见之明，则不能窥其万一者也"。③

严复借用西学来评点《老子》的思想，说其中有与西哲相同之处，这说明东西文化中有不谋而合的地方。有许多问题是人类共通的，所以能在东西文化中产生不谋而合的思想。这种共通的问题，乃是一种客观的存在，如关于哲学的根本问题，关于人类、社会、政治的种种问题，不论何种文化，都要面临而思考之，故有产生不谋而合的结论或观点的可能性。既然有这种相通之处，则中体西用说可不攻自破，因为都是讨论同一的问题，所以在思想层次上并没有东西之分。一方面，只有观点的不同，没有问题的不同。另一方面，则有面对相同的问题而产生相同的回答这一现象。严复认为《老子》思想中有与西哲相同的观点，就不是什么奇谈怪论，而是理

---

① 严复：《译〈天演论〉自序》，见《天演论》，商务印书馆 1981 年版，第 viii—x 页。
② 严复：《译〈天演论〉自序》，见《天演论》，商务印书馆 1981 年版，第 viii—ix 页。
③ 严复译：《天演论》，商务印书馆 1981 年版，第 9—10 页。

所必然。他的贡献是为找出东西方思想的相同点而从《老子》思想方面提供了具体的例证，这与钱锺书的工作有共同之处。钱氏撰写《管锥编》，目的就是要打通东西文化，找出东西文化中许多相同的东西，作为例证。但他没有论证这种共通的普遍意义，只停留于具体事物的相比上。严复在远早于钱锺书之前就能自觉运用西方学说思想来解释《老子》的思想，而不是只找东西文化中一些相同的东西，在思想史上更具重要价值。而且从中西会通以研究问题的角度来看这一研究方法，在方法论上也有重要意义。但这要求学者必须对中国传统学术和西方古代以至近现代的学术都要有系统的学习与了解，才能真正运用这一方法来研究中国传统的思想经典著作，不然，也会产生许多偏差。而一百多年前的严复用西方学说思想解释《老子》的思想，为今天的学者树立了榜样。我们不仅要研究他在解释《老子》思想时的具体观点，更应总结他的这种研究方法与思考的角度，如此才能把当今的《老子》研究推向深入。

严复的《老子道德经评点》在当时对一些重要的学者都产生了影响，但有些人对其书也存在一些误解。如章太炎在《国故论衡》中就对此书做过评价，他说：

诸子之书，不陈器数，非校官之业有司之守，不可按条牒而知，徒思犹无补益。要以身所涉历中失利害之端，回顾则是矣。诸少年既不更世变，长老又浮夸少虑，方策虽具，不能与人事比合。夫言兵莫如《孙子》，经国莫如《齐物论》，皆五六千言耳。事未至固无以为候，虽至非素练其情，涉历要害者，其效犹未易知也。是以文久而灭，节奏久而绝。（按《孙子》十三篇，今日本治戎者，皆叹为至精，由其习于兵也。《庄子·齐物论》，则未有知为人事之枢者。由其理趣华深，未易比切，而横议之士，夸者之流，又心忌其害己，是以卒无知者。余向者诵其文辞，理其训诂，求其义旨，亦且二十余岁矣，卒如浮海不得祈向，涉历世变，乃始谦然理解，知其剀切物情。《老子》五千言，亦与是类，文义差明。不知者多以清谈忽之，或以权

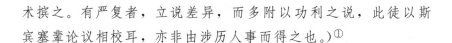

术摈之。有严复者，立说差异，而多附以功利之说，此徒以斯宾塞辈论议相校耳，亦非由涉历人事而得之也。）①

　　章氏认为严复用西方学说思想来比附《老子》，而非由亲自涉历人事得出自己的理解，这一说法似是而非。人们不可能把思想家所阐述的思想都亲身涉历一遍再来解释其思想。思想层面的问题，只能靠思想本身来思考和解决。如哲学所重视的本体论问题、认识论问题等，哲学家可以凭借哲学思维来分析论证之，却是不能凭借亲身涉历来理解的。社会政治学说中的种种问题，也是如此，非要学者遍历社会政治学说中的所有问题之后才能来研究，这显然是不通的。因为所有属于思想层面的问题，后之学者完全可以而且必须先来学习和掌握先哲的思考结果，然后在此基础上进一步思考，怎么能要求他们对所有的事情都要亲身涉历之后才能加以思考与研究呢？章氏所举的《孙子》的例子，也不一定只能先去习兵然后再来学习和研究《孙子》，而是可以先学习和研究《孙子》再在军事活动实践中体认其中的军事思想。对于老子、庄子一类的古代思想家所论说的种种问题，亦应如此，不可能要求研究者先要过老子、庄子的生活并从事其曾经的职业才能研究思考《老》《庄》书中的思想内涵。所以章氏提出的"徒思犹无补益。要以身所涉历中失利害之端"的方法来研究先秦诸子的思想，是无法做到的，也是片面的。

第二节　谢无量的《老子》研究

　　严复借用西方学说思想来解释《老子》，在思想内容上确有不少启发意义，但在论著体式上还是沿用中国传统的评点方式。评点与注疏方式稍有不同，但都属于中国传统的著述体式。明清时期就盛

---

① 　章太炎：《国故论衡·原学》，上海古籍出版社 2003 年版，第 102—103 页。

行对古书包括《老子》进行评点，如凌稚隆《史记评林》《汉书评林》《批点老子道德经》，俞王言《辞赋标义》，袁宏道《精镌古今玉赋》，孙鑛《孙月峰先生评文选》《评王弼注老子》等，直到清末的桐城派大师吴汝纶也多有评点类著述，如《太玄点勘》等。而且吴汝纶又是严复的朋友，曾为严复翻译的《天演论》作序。但是评点式的著述体式，不能充分揭示古代思想的丰富内涵，只能如蜻蜓点水般地提出古人思想中的某些闪光点，而无法详细论证和说明其具体内容。因此这种著述体式无法成为学术研究的主要模式，要充分研究和阐释《老子》的思想，就不能只用这种方式加以论述。在古代的著述体式中，除了评点，更多的是随文注疏，即跟随原文的字句进行字义注释和思想阐释。但这种方式不能针对某一方面的思想集中进行分析与论述，仍然存有不足之处。古人也有专论的方式，如魏源的《老子本义》，除了对《老子》原书的文句加以注释之外，他又撰写了四篇《论老子》，专论老子之学。但专论的方式也只能针对古代经典的思想内容的某一方面进行阐述，还是不能全面系统地论述一书的思想内容，故也存在着不足。到了近现代，受西方学术模式的影响，中国人开始学习西方著作体式，如以中国哲学史的模式全面论述中国历代思想家的哲学思想，这就比传统的注疏、评点、专论等模式更适合阐述古代经典中的思想内容。应该说，这种专著的方式是中国近现代学术研究上的一个重大进步，并且逐步成为主流。它的出现具有重要的学术意义。

一、传统与现代学术方法研究《老子》的优劣

在清末民初，对于《老子》的研究，从思想观念上看，可分为传统与维新两大流派，这是以前未曾出现过的现象。传统派，指研究方法与思想观念依然沿用旧有的东西，没有太大改变。维新派，则是已引入了新内容、新方法者。从研究成果上看，传统派的作品仍占绝对优势，但研究成果仍局限于校勘考证和注释方面，对《老子》思想解释的创新性不如维新派。维新派的成果虽不及传统派多，但从思想史的角度看，研究成果更为重要。不过也有介于两者之间

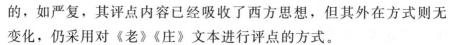

的，如严复，其评点内容已经吸收了西方思想，但其外在方式则无变化，仍采用对《老》《庄》文本进行评点的方式。

维新派的代表人物之一是谢无量，他的《中国哲学史》已使用现代学术方法对古代思想进行分析与论述，与传统的方法大为不同。

传统方式的特点在于无论解释文义，还是校勘字句，都以原文为基础。这种方式的优点在于能够不损害古人论述时的行文原貌，其缺点则在于无法将包含其中的思想条理化，所以就要求读者在阅读时要思考和求索行文中蕴含的丰富思想。否则容易被分散的议论所迷惑，难以得到其思想的要领。而现代学术方法则根本不同，不再跟随古代典籍的原文进行注释和发挥，而是另立一套论述体例，采取以研究对象为主的方式进行解释与叙述。其优点在于能够对典籍中的思想与内容进行分类与整理，使人容易了解古人思想的各方面的内容。但此种方式也有无法避免的缺点，即将古人的思想分割开来，虽然在叙述中也引用部分原文，但古人论述的原貌，有时甚至流于断章取义。

整体来看，现代的学术方法特点是"专"，专则代表着集中，凡属某一类的内容都集中在某一专题里面，这样容易系统透彻地了解古人某一方面的思想。传统的学术方法特点是"散"，即所论述的思想散在各处，需要读者另行分类集中以便探求其中的思想。尤其要注意一点，即古人的思想本来就是统合的，而非分开的。如现代学术概念中的哲学、文学、史学、政治、社会、经济、教育诸学之分，在古人思想中是以一体而存在的，所以，运用现代学术方法和概念来分析古人的思想，一定要注意把握"分"的分寸，避免落入"析之愈精，逃之愈巧"的境地。

二、谢无量对老子思想的认识

谢无量的《中国哲学史》是问世较早的新式学术著作，虽然出版于1916年，但人们多未注意到此书，其影响远远比不上1919年出版的胡适《中国哲学史大纲》上册和1931年出版的冯友兰《中国哲学史》上册。但谢无量此书的撰作，早于胡、冯二书，从这一点上说，谢氏是民国初年用新的学术形式研究中国古代思想的开创者之一。

谢无量（1884—1964），四川乐至人，原名蒙，字大澄，号希范，后改名沉，字无量，别号啬庵。幼年时曾随汤寿潜学习古典诗文，1901 年进入南洋公学，同学中有李叔同、黄炎培等人，曾编辑出版《翻译世界》。1903 至 1904 年间到日本留学，清末曾任成都存古学堂监督，民国初期曾任孙中山秘书长、参议长、黄埔军校教官等。之后在多所大学任教授。1949 年后，历任川西博物馆馆长、中国人民大学教授、中央文史馆副馆长。

谢无量著作甚多，有《中国哲学史》《中国大文学史》《佛学大纲》《伦理学精义》《老子哲学》《王充哲学》《朱子学派》《阳明学派》《诗学指南》《诗经研究》《楚词新论》《中国妇女文学史》《中国古田制考》等，书法集有《谢无量自写诗卷》《谢无量书法》，诗集有《青城杂咏》。

谢氏《中国哲学史》出版于 1916 年，比严复《老子道德经评点》晚十几年，但从形式上，谢氏所著已完全采取西方通行的哲学史的写法，而严复虽然吸收了不少西方近代思想，但在形式上仍然采取中国传统的评点方式。这是中国近代学术转型时的特殊现象，既有新型的学术著作形式，也有传统的学术著作形式，对此一方面要注意新型学术著作形式的出现，另一方面也要注意不同形式的学术著作中的思想内容，不能只从表面的形式来分高下或新旧。

谢氏《中国哲学史》中专列一章来论道家，其中包括了老子以前的早期道家、老子、杨朱、列子、庄子五者，这里只就前两者进行评述。

"老子以前的早期道家"，是笔者根据谢氏的论述而为之定名的，谢氏只是在"道家"一章中论述了老子以前与道家思想有关的人物与事件。老子以前的早期道家是道家思想发展史上的重要阶段，对于理解老子思想的产生有着非同小可的重要意义，故在论述老学史时，有必要一并予以注意。

谢氏根据《汉书·艺文志》的记载，认为中国自古以来就有道家，其祖出自黄帝。老子作为柱下史有多见故书的条件，在这些故书之中，就多有黄帝遗说，经老子的整合而得到集中表述，故老子是道家思想的集成者，为后世道家之宗。

关于道家思想的主旨，谢氏认为《庄子·天下》所说的"以本为精，以物为粗，以有积为不足，澹然独与神明居"，比《汉书·艺文志》所说更为精辟。这四句话最关键者，在于其中提到的四个概念——"本"与"物"，"有积"与"神明"。道家所重视者，只有"本"与"神明"二者而已。所谓的"本"，实际上就应该是精神，因为它是与"物"相对而言的。后面所说"与神明居"，也是指精神而言。至于"有积"一语之所指，应该理解为"物"，或"物"之积。因此，《庄子·天下》所说的道家思想之要旨，无非是说道家所重视者不在于外物，而在于内心，内心又在于向神明回归，即排除外物的干扰，使心灵澹然清明，如此才能独与神明居。这样的思想，在《老子》中也有体现，但不是其思想的全部。《庄子·天下》如此理解道家思想，只能说是其作者对当时所见的道家思想的一个归纳，并不一定是专指老子的思想而言。这表明道家思想的发展，不等同于老子思想的发展。道家思想与老子思想，也是两个不同的概念，也不可混同起来。

谢氏相信《庄子》《列子》中提到的所谓古之至人，如许由、卞随、务光之类，就是老子以前的道家人物。而且还相信他们是唐虞之世和夏之时的人物。因为这些人物在司马迁《史记》、刘向《列仙传》、皇甫谧《高士传》中也都有记载。此外《汉书·艺文志》中记载的道家著作，有列于《老子》之前者，如《伊尹》五十一篇，《太公》二百三十七篇，《辛甲》二十九篇，《鬻子》二十二篇，《管子》八十六篇等。因此他相信老子之前已有道家人物。谢氏这样的见解，在今天看来，有些是难以赞同的。因为此类人物及其传说，恐怕大多都是出自《庄子》之类的寓言，不可作为史实而相信之。

不过，谢氏认为道家的思想不是老子其人的首创，而是中国文化系统中来源甚久的一个流派，这一观点值得重视。他说："《论语》

中屡记孔子与隐者问答之词，此诸隐者，大抵道家之流也。"① 综合有关许由等人的传说及孔子时的隐者之记载，可以相信在中国社会中，很早就有一些具有道家思想的人物存在，虽然不一定结成一个明确的学派，但具有这类思想的人则是每个时代都可能存在的。

关于儒道的对立及其对于中国思想的影响，谢氏认为：

> 孔子之时，道家思想最盛，自孔子以后，而儒家遂与道家对峙为两大派，至是中国学术，以儒道两家为尤著也。②
> 先秦思想，无非孔老二派之绪余。③

把儒道两家看作先秦思想的两大主干，似乎有些以偏概全，但从对于后世的影响来看，先秦思想家中确实只有儒道二家一直延续了其影响，其他诸家则没有此等力量，再者，法家、名家等也往往来源于道家，这是不争的事实，所以从这样的角度看，谢氏强调儒、道二家，也是不无原因的。

值得注意的是，谢氏指出了老子之后的道家，在思想上不尽与老子同，而是颇为变本加厉而骛于其极。这一评论是符合事实的，也是需要重视的一个问题。谢氏所说的老子之后而颇为变化了的道家，主要是指杨朱、庄子、列子，杨朱的快乐主义，庄子的放荡主义，列子的贵虚，都与老子思想不同。其实，若是仔细追究起来，杨、庄、列的思想之与老子相异处，不只是谢氏所列的几点，那不过是最为显著之处而已。而时代更后的道家，其思想又与老子相去甚远。谢氏总结说，这中间的不同，主要在于先秦时的刑名法术诸家（即来源于道家者），还"富于理想，归重精神"，而后世的道家则"渐趋于具体"，④ 如所谓的黄白炼丹之术，辟谷导引之法，甚至演变为道教。这些变化，都是研究老学史值得注意的问题。

---

① 谢无量：《中国哲学史》，台湾中华书局 1976 年版，第 114 页。
② 谢无量：《中国哲学史》，台湾中华书局 1976 年版，第 114 页。
③ 谢无量：《中国哲学史》，台湾中华书局 1976 年版，第 116 页。
④ 谢无量：《中国哲学史》，台湾中华书局 1976 年版，第 117 页。

　　谢氏将老子思想分为宇宙论、修养论、实践道德论、人生观、政治论、战争论六项，这是运用西方学术观念解释老子思想，其完备性即在今天看来，也无可挑剔。这一成果的出现，可以说是老学研究史上的一次重大进步。之后的老子研究遂呈两大流派，一是哲学史式的研究，对老子思想进行多方面的阐释，并对老子其人其书的相关问题进行专门研究；一是沿用传统考据方法的研究，校勘考校《老子》的文字异同并解释字义。而以前者占据主流，后者只是辅助。

　　需要指出的是，谢氏对于老子其人和《老子》其书并没有区分开来，而是将《老子》一书完全当作老子其人的思想。关于老子其人的真实性问题，其实早就有人提出质疑，但谢氏并没有重视，依然直接信用司马迁《老子传》的说法，而不做辨析，这是其研究不严密的一个表现。另外，谢氏把老子思想分为六项，是否恰当，已不必讨论了，因为类似的分法，在今天是司空见惯的，大家习以为常，认为分开述说才是合理的、方便的，并没有人认真考虑该不该分开说和应如何分才符合《老子》思想之实际的问题。这里不想深入讨论此事，只是指出至少要把此事当做一个问题。

　　谢氏对老子思想的分析，较之传统研究，主要是运用了一些现代西方哲学的概念来解释老子思想，如用宇宙论、道德论等术语解释老子的道，这在传统学术中是不曾见到的。谢氏使用现代哲学的概念来解释老子思想，于是出现如上的名词。用这样的名词解释古代的思想，是否合乎古代思想的实际，暂且不论，至少这在解释老子思想的历史上，是新鲜东西。这样的解释，在今天看来，已不觉新鲜，但在清末民初乃是前所未有的理论。这是中国人接受了西方的学术概念与方法之后，在老子研究上的反映。

　　具体看谢氏的分析，与直至今天的哲学史之分析没有太大差别。这不是贬低今天哲学史的研究水平，只是表示中国人运用西方现代学术方法研究中国古代思想，从一开始就具备了相当的水平。或可说中国人运用这些新东西，很快就能上手，在这方面的能力，一定不比运用传统方法的能力弱。

谢氏论老子的宇宙论，即以道为中心展开其说。如谓道即宇宙的本体，无名无形，无始无终，独立存在，为一元气，更发而为阴阳二气，使所有的现象亦即万物得以发生发展及运动变化，故为一切现象的究极本体与运动准则。道既有如此作用，又是无为而无不为的，即没有任何为主恃功之心，这就是道的德，即所谓玄德。

谢氏认为，老子的修养论，若从宇宙论的角度解释道，是说道与万物的关系，而从修养论的角度来谈，实质上就是人与道的关系问题。按照谢氏对老子思想的理解，修养论的最终目标只在"复归道"三字，即人要复归于道。其理想状态是"以我身与宇宙之本体合一，无我无心，清虚无为，而得自然之状态者也"①。然而如何达到这一状态，据谢氏理解，就是远离俗世纷浊，返朴归真。所以能返朴归真，是因为人之形体虽为凡质，而心则灵妙，能与本体合一，故宇宙的体用与一心的体用能够相合，因此如果能够将自家的心融于宇宙本体，也就能够复归于道了。②

而人心如何可与宇宙本体融会贯通合而为一？谢氏指出：

> 老子主任自然，内则柔和澹泊，葆其天真，外则洗涤邪欲，以无累一心之神明。③

这样的心灵状态，就是老子所说的婴儿或赤子状态。根据老子的这种思想，谢氏提出老子思想所追求者，在于"因循天地自然之势，以为修养之序，去动就静，去语就默，去显就隐，去群就独，不逐逐于社会，而以到达玄道为究极"④。这不单是修养论的问题，而已成为人生观的问题。老子如此规定人生目标，但又不主张完全脱离现实世界，仍要处在人世之中，于是就产生谢氏所说的实践道德的问题。

---

① 谢无量：《中国哲学史》，台湾中华书局 1976 年版，第 122 页。
② 谢无量：《中国哲学史》，台湾中华书局 1976 年版，第 123 页。
③ 谢无量：《中国哲学史》，台湾中华书局 1976 年版，第 123 页。
④ 谢无量：《中国哲学史》，台湾中华书局 1976 年版，第 124 页。

实践道德之"道德"，不是《道德经》所言之"道德"，而是指处世的准则，通俗地说，就是处世哲学的问题。人生观或修养论只用于个人，而处世哲学则用来处理个人与他人关系。老子在这方面的思想，无非是尚柔弱谦退、清静无欲而已，目的在于自保，所谓明哲保身，后又为庄子和杨朱学派所发挥。谢氏在这方面虽然使用了新的哲学概念以说明老子思想，但从内容来看，并无新的发现。

值得注意的是老子思想中的政治论。若是不带任何先入之见来读老子之书，会明显感到老子所说不仅仅局限于个人，而是对社会与政治问题更为关心，许多观点都是围绕社会与政治问题而提出的。谢氏对于老子思想中的政治论，能够谈到其要旨，不过由于采用了现代学术的分类而把老子思想分成六个部分，故而把政治问题与其他问题分开来了。这表明使用新的方法若不注意老子思想的整体性，也是会引起解释的片面性，此乃运用新的学术方法与概念者经常忽略的问题。即以谢氏所说的老子政治论与其他五项分论而言，就可看出这种只分不合解释方法的不足之处。

按谢氏所说，老子的宇宙论是以道为宇宙的本体，为万物生成的源泉；而其修养论则强调人向道的复归；其实践道德论则阐释如何处世保身的问题；其人生观则说明老子因为世道的败坏混乱，而自求无事与宁静淳朴；其政治论则说明老子见世道败坏而不可救，欲使社会返回太古时代的自然无为状态；其战争论则称述老子因为有上述的实践道德论和政治论，而产生主张止兵的思想。分开看是各种不同的理论，综合起来就可看出，宇宙论为老子思想的基础，由此而生出自然无为、清静柔弱的总原则，而此总原则不是只停留在哲学层次，而是落实到更为具体的层次上，以加以运用，于是就有关于修养、处世、人生、实践道德及政治和战争等方面的具体的理论。这是一个整体的思想，宇宙论虽是一切事务的总原则，但那不是古代思想家的归宿所在，他们的思考一定要回到具体的人事上来，因此有关于政治、战争、人生、处世、修养、实践道德诸方面的论述。而这归根结底又与社会相关，正因为当时的社会环境是那样的恶劣与败坏，所以才有老子独特的人生观、处世哲学等。关于社会问题的思想，就是所谓的政治论，战争论当然也应包含在政治论中。如果社会政治不是那样的恶劣与败坏，老子就不会提出他那一套独特的人生观、处世哲学、修养论和实践道德论等，而不提这样的一套思想，也就不会到宇宙本体层次上找根本原则。所以，老子思想的出发点是对当时社会与政治的不满，由此产生出的一切观念与理论，也无一不是为了应对这样的社会政治环境。对老子思想的理解，必须这样综合地观察，才不至于因为使用新的学术方法而至分而不知合，论而不知归。

其实认真读《老子》书，就可看出，他所设想的圣人，不是单纯解决个人问题的圣人，而是为了解决社会政治问题的圣人。如谓：

> 是以圣人处无为之事，行不言之教。
>
> 是以圣人之治，虚其心，实其腹，弱其志，强其骨，常使民无知无欲，使夫智者不敢为也，为无为，则无不治。
>
> 太上下知有之……百姓皆谓我自然。
>
> 绝圣弃智，民利百倍，绝仁弃义，民复孝慈，绝巧弃利，盗贼无有。
>
> 是以圣人抱一为天下式……夫唯不争，故天下莫能与之争。
>
> 将欲取在下而为之，吾见其不得已……是以圣人去甚去奢去泰。
>
> 执大象，天下往，往而不害，安平太。
>
> 道常无为而无不为，侯王若能守之，万物将自化。……不欲以静，天下将自定。
>
> 损之又损，以至于无为，无为而无不为，取天下常以无事，及其有事，不足以取天下。
>
> 故圣人云：我无为而民自化，我好静而民自正，我无事而民自富，我无欲而民自朴。
>
> 有国之母，可以长久，是谓深根固柢，长生久视之道。
>
> 治大国若烹小鲜，以道莅天下，其鬼不神。
>
> 以智治国，国之贼，不以智治国，国之福，知此两者，亦

稽式。

> 是以圣人处上而民不重，处前而民不害，是以天下乐推而不厌，以其不争，故天下莫能与之争。
>
> 民之难治，以其上之有为，是以难治。
>
> 是以圣人云：受国之垢，是为社稷主，受国不祥，是为天下王。

之所以详细列出这些《老子》原文，就是要说明《老子》的思想主旨，乃是以圣人为中心而展开的，而这样的圣人明显就是治民之人，也就是社会地位在民之上的治理民众的王，虽然还不一定就是得了天下的王，至少也是治理一国的王。以这样的王为前提的圣人，围绕他所说的一切，都是政治的问题和社会的问题。这样的圣人，是老子立论的中心，圣人所要实行的政治，其根本原则是自然无为，也就是道的根本精神。道虽然是宇宙本体，论道的内容，可以归之于哲学，但那不是学说的最终归宿，只是展开学说的一个前提，最后一定要落实到人的问题上，也就是以人为中心的社会和政治的问题上。而解决这些问题的关键，就在于圣人，身为侯王的圣人。这就是老子全部思想的中心所在，如果抓住了这个中心，其他看来好像与此无关的内容，也都有了归宿，可以贯串起来，成为一个完整的思想。不然的话，就是见山是山，见水是水，好像宇宙论、政治论、人生观、修养论、战争论、实践道德论等等各不相干，各为一说。我们所以强调对于古人思想的解释不宜只分而不合，原因就在于此。

第三节　梁启超的《老子》研究

梁启超所著《老子哲学》，是他对老子其人其书及其思想的研究，在研究方法与思想观念上，一方面沿袭传统的思路，如考察老子年代和生平，另一方面则借用西方哲学观念如本体论、名相论、作用论等，来分析老子的思想，其研究是传统与现代参半交互的。

一、对老子其人的看法

对于老子其人的问题，梁启超认为缺乏"完备正确的史料"，只能依据《史记·老庄申韩列传》里几百字迷离惝恍的记载，因其他的书里所讲的老子其人其事，大多是寓言或后人假造的，都不能当成史料。他这种对于史料的观点，在当时来说已是非常进步的，这说明梁启超已有现代历史学家的眼光，能具体分析史料的可靠性和准确性，从而把老子其人的问题定位于史料不够的位置上，这就可以避免人们根据这些不可靠的记载来研究老子其人其事。这一点与牟宗三的看法一致。现代的学者如果不具备这种历史学家的眼光，还纠缠于《史记》中关于老子的记载以求其人的历史真相，那是相当危险的研究态度。

梁启超认为关于老子其人，较为可靠的有如下几点：第一，老子姓李，名耳，亦名聃。第二，老子是楚国人，或是陈国人，但陈国当时已被楚国灭了，则陈国或许是他的原籍。第三，老子在周朝做过守藏史的官，相当于现代的国立图书馆馆长。第四，老子和孔子见过面。至于时间，梁氏认为清代学者林春溥的说法较为可信，即据《庄子·天运》定在鲁定公八年（前501），孔子五十一岁。[1]

他对这几点的肯定，实际上是与他所秉持的历史学家的观点相违背的。既然他说《史记》的几百字的记载是"迷离惝恍"的，又怎么能够相信这个记载中所说的这些事情是真实可靠的呢？而且他的看法经常是推论，如说陈国或许是老子的原籍，这样的说法是不严谨的。另外守藏史这一官职，是不是相当于现代的国立图书馆馆长，也是难以肯定的。他还说研究这些年代的问题实在是无法真正搞清楚的，为此他提出的一些说法，实质上都是推论，没有可靠的史料作支撑。

---

[1]　梁启超：《老子哲学》，见《饮冰室合集》第8册，中华书局1989年版，第1页。

他继续指出：第五，老子与老莱子、太史儋，是一个人还是两个人或三个人，司马迁当时就搞不清楚了，相关的说法都是传说而已。第六，老子死在中国，《庄子·养生主》有明文。"西度流沙化胡""升仙"之类的说法，"都是谣言"，完全不可信。第七，老子有个儿子叫宗，曾为魏将，可以知道他离战国时甚近。①

梁启超把《史记》等书所记载的老子其人其事的内容归纳为以上七点，然后进行分析，提出自己的两个观点：第一，老子是楚国（或陈国）人，当时算是中国的南部，南方人与北方人有所不同，北方人严正保守，南方人活泼进取，这是历史上的普通现象，所以老子学术纯带革命的色彩。这一看法完全是出于推论，没有事实根据，也不能作为认识老子思想的依据，可知梁启超在这一点上的研究还是相当粗疏的。第二，老子做守藏史这一件事非常重要。他认为守藏史所掌管的资料是宗教掌故的总汇，根据《汉书·艺文志》说史官"历记成败存亡祸福古今之道，然后知秉要执本"，"可见得这样高深的学术，虽由哲人创造，却也并不是一无凭藉"。② 这样的说法也非常笼统，并不能证明所有的史官都能"知秉要执本"，也不能因此就说担任这种官职的人就是哲人。但梁启超说老子创造道家学说是不无凭藉的，这一点颇有道理。老子根据丰富的历史资料对历史上的得失成败进行总结性思考，从而形成道家的思想，这是完全有可能的。而且丰富的历史资料对于形成一种哲学思想，也确实有重要的帮助。

关于老子其人的考察，梁启超说得比较简单，还没有像古史辨派那些学者进行非常深入和细致的考证研究。

二、老子的思想学说

关于老子的思想学说，梁启超认为困难在于老子所说"最高深玄远"，但又不能因此而打退堂鼓，不再继续研究老子的思想。所以

---

① 梁启超：《老子哲学》，见《饮冰室合集》第 8 册，中华书局 1989 年版，第 1 页。
② 梁启超：《老子哲学》，见《饮冰室合集》第 8 册，中华书局 1989 年版，第 2 页。

他提出一个观点：虽然古代思想家的学说思想难懂，但现代的学者也要继续下去，不要中止，因为这是靠人脑中的一种"神秘力"，通过不断阅读与领会古代圣哲的思想学说而"会贮藏识想，久后慢慢发芽，现在虽不懂，将来要懂起来"。① 这是在说研究古代思想家的思想学说与经典著作，必须从不懂到懂，逐渐积累，不断提高自己的理解力与认识水平。此说是很有道理的，因为任何人都不会生而知之，都是通过后天的学习，在不间断的学习过程中逐渐积累，而使自己的思想不断提高与深化，这对于现代的学者来说，也是非常有益的认识。

此外，他又说不要认为老子这一类的古代思想没有什么用处，不要说"这种学问无用"，其用处就在于它能够帮助我们做事业或做学问时必须要让自己的"神智弄得清明"。而先哲的思想就是帮助自己使头脑弄得清明的最重要的东西，人若不学习或掌握古代先哲的这些思想学说，是没办法使自己的头脑达到清明境界的。他认为这是能够帮助人们提高精神生活的学问，操练心境的学问，绝不是无用的。既然如此，就要掌握老子思想的要点，他说《老子》中的义理很多，但可以分为三个重要思想，一是道的本体，二是道的名相，三是道的作用。

1. 本体论

梁启超所说的本体，就是"求索宇宙万物从何而来，以何为体"，这是古今中外久悬未决的一个根本问题，他认为这个问题"怕是到底不能解决"。② 这一认识非常重要，因为西方哲学界到了20世纪，认识到从古代经中世纪再到近现代的哲学思想在本体问题上是无法得到彻底解决的，所以西方哲学界在20世纪发生了重大转向，即从本体论的问题转向到研究哲学的语言与逻辑的问题上来。梁启超在20世纪初就提出了这一看法，应该说是非常有眼光的，一下子

① 梁启超：《老子哲学》，见《饮冰室合集》第8册，中华书局1989年版，第2页。
② 梁启超：《老子哲学》，见《饮冰室合集》第8册，中华书局1989年版，第3页。

看到了哲学问题的最大症结。

他认为虽然本体问题难以彻底解决，但通过研究本体问题"而引起别方面的问题的研究"，这对于学术的发展和进步，仍有非常重要的价值。为此他归纳了世界上关于本体问题的基本认识与分歧，其中主要有一元论、二元论、多元论等观点。一元论或以物为本体，称为唯物论，或以心为本体，称为唯心论。二元论是心与物俱为本体，而相互对立。多元论是多杂的心、物为本体。一元唯物论的本体，是在万物中找出一物为万物之本，如希腊的哲学家或以水为万物之本，或以火为万物之本，都是人类思维较为幼稚时代的产物。多元的唯物论，如中国的五行化生万物说，即是其例。还有心物混杂的多元论，如印度胜论宗说万有由九种事物和合而生。而研究本体论，根本上是寻找一个本体，所以多元的本体论往往得不到人们的认可。唯心的本体论，是强调心对事物的感知，认为事物只在人的意识中存在，人没有意识，就没有所谓万物的存在。这种唯心的一元本体论，其实是把人心对物的感知与记忆当成真实的存在，而忘了没有物的存在，心是无法有这种感知的。

梁启超说："在欧洲哲学史上，唯物唯心两派的一元论，直闹了二千多年，始终并未解决，其中还常常有心物对立的二元论来调和折衷，议论越发多了。"① 这一说法，后来在中国许多研究马克思主义哲学的人们眼里，就成了哲学史的根本性问题，对任何一个哲学家或思想家的思想进行分析研究时，都以这种唯物的本体论与唯心的本体论为划分的标准，实际上是把西方哲学史简单化了，并不能真正研究好哲学问题。而与本体相关的无、有、空、我、物等等观念，也成为古代哲学史上人们争论不休的问题。

在说明了本体论的各种基本观点之后，梁启超从《老子》书中找出不少说法来分析老子的本体论。如：

> 有物混成，先天地生，寂兮寥兮，独立而不改，周行而不

---

① 梁启超：《老子哲学》，见《饮冰室合集》第8册，中华书局1989年版，第4页。

殆，可以为天下母，吾不知其名，字之曰道。强名之曰大。

天法道，道法自然。

谷神不死，是谓玄牝。玄牝之门，是谓天地根，绵绵若存，用之不勤。

玄之又玄，众妙之门。

道冲而用之，或不盈，渊兮似万物之宗，湛兮似或存，吾不知谁之子，象帝之先。

视之不见名曰夷，听之不闻名曰希，搏之不得名曰微，此三者不可致诘，故混而为一。……绳绳不可名，复归于无物，是谓无状之状，无物之象，是谓惚恍，迎之不见其首，随之不见其后。

道之为物，惟恍惟惚，惚兮恍兮，其中有象，恍兮惚兮，其中有物，窈兮冥兮，其中有精，其精甚真，其中有信。

微妙玄通，深不可识。夫唯不可识，故强为之容。

根据这些说法，他认为老子所说的"先天地生""是谓天地根""象帝之先"等，都是说道的本体，而这种本体论的意义在于"是要超出'天'的观念来求他，把古代的'神造说'极力破除"。但后来子思说"天命之谓性，率性之谓道"，董仲舒说"道之大原出于天"，则是"说颠倒了"，因为老子说的是"天法道"，不说"道法天"，他认为这是老子的"见解最高处"。① 也就是说，他认为老子的道的本体论，是超越了天的本体论，道比天更具本体性，而子思等人又把天说成本体，就不如老子的道的本体论高明。

此外他还分析了道与物、有与无的关系。道的本体是怎么样的，这与名、相的问题有关。他认为老子对于道的形象的种种描述，都是用"种种不定的形容词"，用意是让人不要机械地按照这些形容词所涉及的具体的物象来想象道是什么样的，而这也正是"道可道，非常道"的本意所在。总之，他认为老子的道本来是不能用具体的

---

① 梁启超：《老子哲学》，见《饮冰室合集》第 8 册，中华书局 1989 年版，第 7 页。

名与相来描述的，是超语言的，超物象的，这也就是道不可道的关键所在，也是本体论之所以无法彻底解决（彻底说清楚）的根本原因所在。

接着是认识论的问题，即对于这样的本体，人类如何才能领会。为此梁氏借用佛家"不可思议"的说法。"不可思议"不是"不能够思议"，而是"不许思议"。即不许用人的思维来思考、想象和描述的。"一涉思议，便非本体"。因为人的思议总要落到具体的物象上去，这样来思考本体，当然是不能领会到真正的本体的，而会被转变为某种物像，而那就不是本体本身了。

他对《老子》的道的本体论的分析延伸到对道的认识论上，所分析与阐述的都很道理，就是今天也不能完全否定。从《老子》的道的本体性说到认识道的问题，这包含了本体论和认识论。所以他强调《老子》所说的"知者不言，言者不知""其出弥远，其知弥少""为学日益，为道日损，损之又损，以至于无为"等说法，由此证明这些说法都是说明本体的道是不可用言语来表述的。而这正是本体论问题不能彻底解决的根本原因所在。

本体的道虽然不能用言语来说明和表述，但他认为人仍可认识道，否则本体的道就成了不可知的，这在哲学上又会落入不可知论的陷阱。所以如何在不可用言语来描述和说明的情况下认识道，就是接下来的另一个重要的哲学问题，而且由此在中国古代哲学中发展出来另一个重要问题。

梁启超通过《老子》所说而说明了这一问题："要知道道的本体，是要参证得来的，不是靠寻常学问智识得来的，所以他又说'绝学无忧'。"① 道不能用言语来描述，不能靠通常的学问知识来获得，只能靠参证得来。参证就是一种精神上的感通与领悟，是人认识道的唯一途径，也是中国古代哲学强调的最高明的得道方式。从这个意义上理解老子说的"绝学无忧"，就不是一般人认为的抛弃一切知识与学问，而仅是在体认道的问题上需要绝学，而在其他事务

---

① 梁启超：《老子哲学》，见《饮冰室合集》第 8 册，中华书局 1989 年版，第 8 页。

中则不必如此。不少人歪曲老子的"绝学"，就是因为没有与认识本体的道的问题联系在一起，而是断章取义，独立地说绝学，于是形成了抛弃一切知识与学问的理解，而这是不符合老子的思想的。看了梁启超这里的解释，应该能够对老子所说的绝学得到正确的理解。

在认识本体的道之后，还有一个行道的问题需要解决。老子说："上士闻道，勤而行之；中士闻道，若存若亡；下士闻道，大笑之，不笑不足以为道也。"梁启超认为一般人对本体的道尚且不能真正认识，对这种"要离却寻常学问智识的范围去求"的道更不可能理解其价值。因为"离却学问智识，还求个甚么呢？求起来有甚么用处呢？怪不得要大笑了"。①

人对于求道的不同态度正好证明人对道的认识程度有深有浅，因而所得到的境界有高有低，所以老子把人分成上士、中士与下士。而梁启超则把这个问题与人如何认识本体的道结合起来加以解释，也就把哲学上的本体论与认识论结合在一起了。虽然他没有单独提出认识论的问题，但在他的解释中其实是把认识论与本体论合二为一的，并不是分而独行的。这一种见解在哲学上也是有意义的，值得重视。

2. 名相论

从道的本体论还引出了名相论的问题。在梁启超看来，"本体既是个不许思议的东西，所以为一般说法，只得从名相上入手，名相剖析得精确，也可以从此悟入真理，佛教所以有法相宗，就是这个缘故。……他的书第一章，就是说明本体和名相的关系"②。

《老子》第一章说："道可道，非常道；名可名，非常名。无名天地之始，有名万物之母。故常无，欲以观其妙；常有，欲以观其徼。此两者，同出而异名，同谓之玄，玄之又玄，众妙之门。"梁启超认为这是《老子》全书的"总纲"，"把体、相、用三件都提絜起

---

① 梁启超：《老子哲学》，见《饮冰室合集》第 8 册，中华书局 1989 年版，第 9 页。
② 梁启超：《老子哲学》，见《饮冰室合集》第 8 册，中华书局 1989 年版，第 9 页。

来"。头四句是讲道的本体："道本来是不可说的，说出来的道，已经不是本来常在之道了，名本来不应该立的，立一个名，也不是真常的名了。"

从道的本体问题引申到道的名相问题，既已不得已而立些"名"，那"名"应该怎样分析呢？"第五六两句道：'姑且拿个无字来名那天地之始，拿个有字来名那万物之母罢'。上句说的就是《起信论》的'心真如门'，下句说的就是那'心生灭门'"。这是第一章里关于名相论的说法，梁氏还借用了佛教的说法来加以解释，但这更不容易让人理解，不如直接用老子的说法来解释。从名相论角度看，"无"就是道的本体，"有"就是道的名相，不可说的是道的本体，可说出来的是道的名相。道的本体与道的名相并不等同，就像同一个事物在不同民族语言里会有不同的名称一样，名相是随机的，是因人而异的，本体则永远不会变，也永远不会与其他事物混而为一。这里是一定要清楚分开的。所以梁启超把老子思想分成本体论和名相论。

按照梁启超的解释，《老子》思想中的作用论是从本体论到认识论、名相论，再到作用论的。如他说："研究这些名相有什么用处呢？他第七第八两句说：'我们常要做"无"的工夫，用来观察本体的妙处，又常要做"有"的工夫，用来观察事物的边际。他讲了这三段话，又怕人将有无分为两事，便错了，所以申明几句，说：'这两件本来是同的，不过表现出来名相不同，不同的名叫做有无，同的名叫做什么呢，可以叫做玄'。这几句又归结到本体了。"[①] 从这一段话里可以看出，梁启超认为名相就是对本体的解释，所以要给本体定个名，这个名可以说是"有""无"，也可以说是"玄"。有与无是道这个本体的不同名称，是对道进行认识时做的不同工夫而得来的。"有""无"之名反映了人认识"道"的不同作用，"有""无"之名是不同的，在本体上则是相同的，对这个相同的本体用一个名

---

① 梁启超：《老子哲学》，见《饮冰室合集》第8册，中华书局1989年版，第9—10页。

来指称，就是"玄"。所以道是本体，有、无是认识的工夫，有、无与玄又是这种认识所形成的名。名与相是与道之本体相对而称的，从道之本体到名与相的确定，这中间就包括了认识论、名相论和作用论，而它们都是由本体论延伸出来的。

梁启超又认为《老子》书中的许多"无"字，最好作"空"解，"空"者像一面镜，镜内空无一物，而能照出一切物象，老子说的"无"，正是这个意思。

"空"其实是佛家的说法，梁启超把道家老子的"无"与佛家的"空"视为相同的概念，是受了清末民初佛教思想盛行的影响。但他这种比附并不一定准确，反而会使人从这个"空"字产生更多的不符合老子思想的认识，所以最好不要用佛家的"空"字来解释《老子》中的"无"字。且他这里解释的"空"也不完全符合佛家的说法，乃是梁启超自己理解的"空"字。梁启超受当时佛家的影响很深，他在解释名相如何产生的问题时也采用了佛家的说法：

> 然则名相从那里来呢，老子以为从人类"分别心"来，他说道："天下皆知美之为美，斯恶已；皆知善之为善，斯不善已。故有无相生，难易相成，长短相较，高下相倾，音声相和，前后相随。"他的意思说是："怎么能知道有'美'呢，因为拿个'恶'和他比较出来，所以有'美'的观念，同时便有'恶'的观念；怎么能知道有'善'呢，因为拿个'不善'和他比较出来，所以有'善'的观念，同时便有'不善'的观念。所谓'有无''难易''长短''高下''前后'等等名词，都是如此。"他以为宇宙本体原是绝对的，因这分别心，才生出种种相对的名，所以他又说："自古及今，其名不去，以阅众甫（阅同说，众甫谓万物之始），吾何以知众甫之然哉，以此。"意谓"人类既造出种种的名，名一立了，永远去不掉，就拿名来解说万有，我们怎么样能知道万有呢，就靠这些名"，《楞严经》说的"无

同异中炽然成异"，即是此意。①

"分别心"是佛家的说法，其意盖谓人类对于事物有着相互区别、分别的认识，从而把事物分为彼此不同的东西，并为之取了种种不同的名，然后就以名来代替事物本身。于是人们就陷入了自己"造出种种的名"的区别之中，而忘了万有事物之本身，更忘了万有事物的本体。他所说的这种情况，是人类认识万有事物时不可避免的。人类要对事物进行区分，否则就无法认识万有事物。从这一点而言，造名是有必要的，不可绝对否定。只是在造出了种种的事物之名以后，不要忘了"名"不代表它所指称的事物本身，只是便于人们在认识和分析事物时所采取的权宜之计。梁启超只用佛家的"分别心"说明"名"的产生，没有进一步说明人"造出种种的名"以认识万有事物之后还应注意什么问题。这样就容易陷入另一个认识上的陷阱，即绝对否定人所"造出种种的名"，认为这种"名"是"分别心"的产生，而加以否定。这是佛家虚无主义的错误，用来解释老子的思想也不合适。因为如果按照这种逻辑推演下去，就会不要"分别心"，不要对事物进行分别，这样下去，人类怎能认识世界万物呢？这在认识论上是绝对的消极主义，会走向不可知论。

梁启超还分析了老子思想中的名相孳生次序，即"道生一，一生二，二生三，三生万物"。他认为："老子的意思以为一和二是对待的名词，无'二'则并'一'之名称不可得。既说个'一'，自然有个'二'和他对待，所以说'一生二'。一二对立，成了两个，由两个生出个'第三个'来，所以说'二生三'。生出来的'三'，成了个独立体，还等于'一'，随即有'二'来和它对待，生的'三'不止一个，个个都还等于'一'，无数的'一'和'二'对待，便衍成'万'了。所以说'三生万物'。"②

梁启超这样理解"一生二，二生三，三生万物"是有问题的。

① 梁启超：《老子哲学》，见《饮冰室合集》第8册，中华书局1989年版，第10页。
② 梁启超：《老子哲学》，见《饮冰室合集》第8册，中华书局1989年版，第11页。

因为"三"在这里表示"多"，并不是单纯表示一、二、三的"三"。清代学者汪中有《释三九》一文，证明古代三与九都是虚数，不可执着于三与九为具体数字。其文说：

> 凡一二之所不能尽者，则约之三，以见其多；三之所不能尽者，则约之九，以见其极多。此言语之虚数也。实数可稽也，虚数不可执也。何以知其然也？《易》："近利市三倍。"《诗》："如贾三倍。"《论语》："焉往而不三黜。"《春秋传》："三折肱为良医。"此不必限以三也。《论语》："季文子三思而后行，雌雉三嗅而作。"……《史记》：管仲"三仕三见逐于君"，"三战三走"……范蠡"三致千金"，此不必其果为三也。故知"三"者，虚数也。……孔子曰："父在观其志，父没观其行。三年无改于父之道，可谓孝矣。""三年"者，言其久也。[①]

由此可知《老子》所说的三不能认为是实数三，而是泛指多的三。《老子》此处所说，实际是指道之本体为"一"，从中生成阴阳二气，故称"一生二"，再由阴阳二气生出众多的事物，所以说"二生三"，"三生万物"即指由一、二所生的众多事物。所以不能如梁启超所问的，为什么不说"一生二，二生万物"，为什么不说"二生四，四生万物"。这里不是数字逐步增多的问题，不能机械地照字面理解。

其实梁启超下面也说到了这个万物生成的关键之处，即："生物的雌雄递衍……其他一切物象事象，都可以说是由正负两面衍生而来。"这样理解是对的，但他又说："老子说：'天地之间，其犹橐籥乎，虚而不屈，动而愈出。''天地'即是'阴阳''正负'的代表符号。"这就是误解。《老子》的一是道之一，不能用天地来代替。二是阴阳，也不能用天地作为代表。但梁启超解释《老子》的动，是正确的："他拿乐器的空管比这阴阳正负相摩相荡的形相，说他本身

---

① 汪中著，田汉云点校：《新编汪中集》，广陵书社版 2005 年版，第 347—348 页。

虽空洞无物，但动起来可以出许多声音，越出越多，这个'动'字，算得是万有的来源了。"① 认为万物的产生与阴阳的互动有直接的关系，但不能说阴阳的动是万有的来源，只能说在万物产生过程中发挥重要作用。因为万有的来源是道，道生出阴阳，阴阳有互动的关系，由此作用而逐步生出万物，所以说一生二（阴阳），二生三（众多），三生万物。之所以由二而生多，关键因素就是二之阴阳的互动作用。而这就说明了《老子》所说的"一生二，二生三，三生万物"的道理所在。

梁启超又进一步解释"动相"的来源："老子说：'道法自然。'又说：'莫之命而常自然。''自然'是'自己如此'②，参不得一毫外界的意识。'自然'两个字，是老子哲学的根核，贯通体相用三部门，自从老子拈出这两个字，于是崇拜自然的理想，越发深入人心，'自然主义'成了我国思想的中坚了。"③ 他追问阴阳的互动是由什么主宰的，其实这在《老子》中是非常明白的，即由道主宰。因为《老子》所说的"一生二，二生三，三生万物"就已说明了这一点。如果说道的特征就是自然，还是能够说得通的。但不能机械地理解《老子》说的"道法自然"，不能把道与自然理解为两个东西。道就是自然，"常自然"就是说道常如此，"道法自然"就是说道的根本特征为自然。把自然理解为"自己如此"，就是说道本身就是这样的，这就是自然，就是道的本来特性。这样理解道"是老子哲学的根核，贯通体相用"，是正确的。在这里，道与自然不能分成两个东西。说"'自然主义'成了我国思想的中坚"，似乎不太确切，在道家思想中，自然主义是主干性的思想，但在儒家与佛家思想中，自然主义就不能说是它们的中坚。儒家以礼控制人性，是不自然的。佛家放弃人生的意义，人生不能说是人的自然状态，可知佛家也是不崇尚自然主义的。

---

① 梁启超：《老子哲学》，见《饮冰室合集》第 8 册，中华书局 1989 年版，第 11 页。
② 这与牟宗三所解释的"自然"不一样，见本书第二章所论。
③ 梁启超：《老子哲学》，见《饮冰室合集》第 8 册，中华书局 1989 年版，第 12 页。

　　道有"动相"，相对地则有"静相"。梁启超认为："老子以为宇宙万物自然而有动相，亦自然而有静相，所以说：'万物并作，吾以观复。夫物芸芸，各复归其根，归根曰静。''复'字是'往'字的对待名词，'万物并作'即所谓'动而愈出'，所谓'出而异名'，都是从'往'的方面观察的。老子以为'无往不复'，从'复'的方面观察，都归到他的'根'，根是甚么呢？就是玄牝之门，绵绵若存'的'天地根'，就是'橐籥'，就是'绳绳不可名，复归于无物'，所以他又说：'天下万物生于有，有生于无。'"①

　　按照梁启超的理解，动与静都是道的作用，有动就有静，道不会让万物永远只是动，也不会让万物永远只是静，两者是相辅相成的，不可缺一。"万物并作"是动，"复归"是静，复归的是产生万物的根极之道。与万物的动静不居相比，道是不变的、不动的，所以称之为静和根，但这个静的根却有使万物产生并且不停地动静变化的作用。从道生万物的关系上看，道是"玄牝之门"。"玄牝之门"是对道的形容，万物由此门生出，而且永远存在，故说"绵绵若存"。说它是"天地根"，意谓它是天地万物之根。"橐籥"形容道的空无，不是实体性的存在，所以道是不可名的，是"无物"的，是使有从无产生出来的，并进而生成天下万物。这一段说明了道与万物的关系，梁启超说这是老子以为宇宙万物自然而有动相，亦自然而有静相，把万物的动静说成是一种相，仍是将万物与道相对比而言的。宇宙万物自然如此，就是说道使万物自然如此的。这一段解释说明了道与万物以及道与有无、动静的关系，用了根、门、无物等等说法，都是说明道与万物的关系。

　　梁启超认为，动相、静相的讨论实又回到本体论上了，因为"若从纯粹的名相论上说，'无'决不能生'有'。老子的意想，以为万有的根，实在那'非有非无、非非有、非非无'的本体，既已一切俱非，所以姑且从俗，说个'无'字，其实这已经不是名相上的

――――――――――

① 梁启超：《老子哲学》，见《饮冰室合集》第 8 册，中华书局 1989 年版，第 12 页。

话"①。

他这样理解道与万物的关系，本来就是本体论的问题，但他又从名相论上来说明这个问题，并采用佛家的说法"非有非无"② 云云。这样换用另一种说法，就会对老子思想的理解产生偏差，但梁启超总是不自觉地引用佛家的说法来解释老子的思想。这是当时的风气。他认为从名相论上看，无与有没有生成的关系，所以要从有、无的角度来说道与万物的关系，必须回到本体论上。但有、无又是名相论的说法，所以虽然是本体论的问题，却仍然采用名相论的说法，这里就存在着矛盾，因此他认为《老子》思想里名相的概念是不对的。如《老子》说："民莫之令而自均，始制有名，名亦既有，夫亦将知之，知之所以不治。"（从胡适校本）他认为《老子》这样说的意思是"既制出种种的名，人都知有名，知有名便不治了"。为此《老子》又解释说："唯之与阿，相去几何；善之与恶，相去何若。"又说："名与身孰亲，得与亡孰病。"又说："祸兮福之所倚，福兮祸之所伏……人之迷，其日固已久。"

对于这些说法，梁启超认为，老子以为名相都由人类的分别心现出来，但这种分别心是靠不住的。前面已经说到分别心来自于佛家的思想，梁启超用分别心来解释老子思想中的名的问题，是不符合老子思想的原意的。老子本意是指不能把名当做事物的本身，只知道名，却忘了事物本身。老子所说的"人之迷"，是指这层意思而言的，并不是佛家所说的分别心的问题。唯、阿、善、恶、名、身、祸、福等名，它们不是事物本身，只是人们为各种事物起的名，名所代表的事物的各个方面，它们都是相对的，相互之间是会转化的，所以不要迷信这种名，而要看到名所代表的事物的相互之间是会转化的。老子的思想是这样的意思，并不是梁启超所说的分别心的问题。老子也不是反对为事物起名，而是反对机械地理解名所代表的事物，而看不到不同的名所代表的事物的相互转化。所以说梁启超

---

① 梁启超：《老子哲学》，见《饮冰室合集》第 8 册，中华书局 1989 年版，第 12 页。
② 如《地藏占察经》卷下："菩提体者，非有非无，非非有，非非无。"

用佛家的分别心的思想来解释老子关于名的思想，是不能切合老子的思想本意的。

因为名不可作为固定的依据，梁启超认为，不同立场的人尽管恪守相同的名，也往往造成矛盾甚至仇杀。如欧洲的世界大战，法国人恨不得杀尽德国人，德国人恨不得杀尽英国人，这些行为他们自己都以为是"善"，以为这是爱国，爱国便是"善"，其实据旁观者看来或后来的人看，这不算是"善"。老子说："善之与恶，相去何若"，他认为提出一个善的标准，结果反生成种种不善，还不如把这种标准除去为好。关于善恶的种种名称都是由人制定出来的，它们和自然法则不合，但人们执着于这些名称，"自古及今，其名不去"，这是"人之迷，其日已久"。由此可以理解老子说的"礼者忠信之薄而乱之首""大道废，有仁义；慧智出，有大伪；六亲不和，有孝慈；国家昏乱，有忠臣""天下多忌讳而民弥贫，民多利器，国家滋昏；人多伎巧，奇物滋起，法令滋彰，盗贼多有""绝圣弃智，民利百倍，绝仁弃义，民复孝慈，绝巧弃利，盗贼无有"，都不是诡激之谈，含有许多真理。

据梁启超的理解，老子所说的"善之与恶，相去何若"，是指立下善的标准却会引起不善，因此要把这种标准除去。并以不同国家的人所以为的善是不一样的为例，说明名称都是由人制定出来的，与自然法则不合。梁氏的说法不尽符合老子的本意。老子说善与恶相去不远，使人产生迷惑，其原因是这些名与现实背反，不能正确反映现实，论述重心在名实不相符的问题上。除去了与现实不符的名，才能不受这种名的迷惑而使现实的事物得到正确处理。老子并不是反对名，因为如果没有相应的名，则无法认识和处理客观世界的复杂事物，但名必须与实相符，否则就会造成种种不良后果。《老子》书中所提到种种的名，如礼、忠信、仁义、智慧、孝慈、忠臣以及其他种种忌讳（忌讳都有其名）都是与现实不相符的。而利器、伎巧、奇物、法令、圣智等，都属于"智慧出，有大伪"的"智慧"，它们本质也属于名，在老子看来，这些属于智慧的名，都与现实不相符。所以说不相符，是因为这些名引起人们对于不自然事物的追求，从而违背了原本合乎自然的现实。这也不是梁启超所理解的一个"善"字在不同国家的人心里有不同的标准。这不是人们对一个标准的不同理解和认识的问题，而是不论在什么国家都存在着名实不相符的问题。人们只相信名，不思考名与实不相符的问题，所以说是迷。而且长期如此，故曰其迷已久。如果按照梁启超的理解，就要把所有的名都除去，如果是这样，人类又将如何认识、对待、处理世界上的复杂事物呢？老子作为一个哲学家，绝不会提出这样不现实的思想。所以说梁启超这一理解是不符合老子思想原意的。

梁启超用佛家的分别心来解释老子关于名的思想，并进一步引用佛家的"我相"来加以说明：

> 老子以为这些（善恶的标准），都是由分别妄见生出来，而种种妄见，皆由"我相"起，所以说："吾所以有大患者，为吾有身，及吾无身，吾有何患？"这是破除"分别心"的第一要著，连自己的身都不肯自私，那么，一切名相就都跟着破了，所以他说："万物将自化，化而欲作，吾将镇之以无名之朴。"所谓无名之朴，就是把名相都破除，复归于本体了。①

佛家认为事物是虚妄不真实的，连"我"自身也是不真实的，所以要破除"我相"。梁启超看到《老子》中有"吾无身"的说法，就附会为佛家所说的"我相"，"及吾无身，吾有何患"，被解释为"破除我相"，这种理解似是而非。《老子》思想中并没有"我相"和"破除我相"的观点，上面所引《老子》这段话，本意是说不要一切都从我自身出发来考虑事情，从而不顾我之外的世界上的其他事物，如果只知有我，而不顾其他，就会形成我之外的人与物对我自身的伤害，这就是"吾有大患"的意思。因此，人要破除一切以自我为出发点进行思考和行动的观念，要充分认识自身之外的世界上的复杂事物，这样才能使自身的思想行动与外在的世界事物相一致，而

---

① 梁启超：《老子哲学》，见《饮冰室合集》第 8 册，中华书局 1989 年版，第 14 页。

不致受到伤害。老子的办法就是"镇之以无名之朴",无名之朴就是无名的道,也就是使自己的思想与行动都与道相符。"万物将自化,化而欲作",是说外在于我自身的世界万物是自然地活动的,对此只能以无名的道作为自己一切思想与行动的最高准则,所以说"镇之以无名之朴"。这里的"镇",既对万物而言,也对自身而言,说明道的总宰作用。由此可见梁启超常用佛家的思想来解释《老子》,但往往是不符合《老子》思想本意的。

说到"无名之朴",梁启超认为这与老子的自然主义是冲突的。因为老子既说"莫之命而常自然",自然的结果是"动而愈出","万物并作",可是按照老子上面的说法,他要把"出"和"作"的一切全都绝弃,这就不是自然了。梁启超的这一看法并不妥当。万物的"出"与"作"都是自然活动,"万物将自化,化而欲作",自化就是自然之化,化就是作。老子并不是要绝弃万物的自然的"化"与"作",而是要用无名的道作为对待世界万物及其活动的总宰,这本身就是老子的自然主义,即万物的活动是自然的,人按照道与万物相处,也是自然的,反之才是不自然的人为,这才是老子要反对的。可知老子根本不是要绝弃万物及其"动出"和"自化""并作",而是要人不能从自我出发与世界万物相对立,要人遵从自然的道,以与世界万物的自然活动保持和谐状态,这不是自然主义又是什么?梁启超认为老子反对人制定的名,要除去这些名,甚至连我之名相也要除去,这种除去是不自然的。但他没有想到,自己的理解里有误,所以才造成了他所看到的矛盾。

老子要绝弃名相的思想,在认识论上意味着人类对于事物名相的理解都是暂时的、相对的,自然主义就是要顺从自然、尊重客观之物,而不是凭借主观的命名来限定客观万物,这样的思想在今天来说也是可贵的。有些学者总是不能分清老子的思想是唯心主义的还是唯物主义的,恐怕是没有把《老子》中的这些说法进行全面而深入细致的分析。老子的思想是把道作为客观于人之外的东西,尊重客观的道,就是客观主义。道是不是物?道肯定不是物,它是万物之和,万物的根本之理,它的客观性是不可怀疑的。从这个意义上说道不是物，并不等于说道就是心，如果这样理解道是心是物的问题，那就是太简单的机械思维。其实人的心也是物，而道是超越心与物的，它是一切事物的根本之道、根本之理，是一切事物的总的本体，这样的思想早就超越了唯心主义与唯物主义的范畴，所以后人用唯心主义与唯物主义的二分法来看老子的道，那是永远得不到正确理解的。

3. 作用论

梁启超认为老子的思想有本体论和名相论，名相论在一定意义上可以说与认识论有关，但他还没有提出老子思想的认识论问题，不过从他的论说中可以看到与认识论有关的内容。这是他与后来按照马克思主义哲学来分析老子哲学与思想的学者所不同的地方。此外，梁启超认为老子还有第三个方面的哲学思想，即作用论。

所谓作用论，就是用哲学思想来指导人们的行为与实践，指导人们如何分析、看待和解决人类所面临的种种问题的理论。梁启超认为《老子》五千言中最少有四千言是讲道的作用，有一句话可以概括道的作用，即"常无为而无不为"。他用《老子》首章两句"常无，欲以观其妙；常有，欲以观其徼"来解释"常无为而无不为"，认为常无就是常无为，常有就是无不为。

关于"常无""常有"二句的断句，历史上一直存在着两种看法，一种认为应该断句为"常无欲，以观其妙；常有欲，以观其徼"，一种则同于梁启超的断句。由于断句的不同，对这二句的解释就会大为不同。断句在"欲"字下，就出现了"无欲"与"有欲"的问题；断句在"欲"字上，则重点是"常无"和"常有"，"欲"与"无""有"没有关系。对此二句的理解应该结合前后文："道可道，非常道；名可名，非常名。无名，天地之始；有名，万物之母。常无欲以观其妙，常有欲以观其徼。此两者，同出而异名，同谓之玄，玄之又玄，众妙之门。"

在"常无欲以观其妙"之前提到了"无名"和"有名"，这是"无"与"有"的问题，与"无欲"和"有欲"没有关系。下面说

"此两者"，当是指"无名"和"有名"，也就是"无"与"有"两者，而不是"常无欲"和"常有欲"。但存世最早的河上公注就断句为"常无欲"和"常有欲"了："人常能无欲，则可以观道之要"。"常有欲之人，可以观世俗之所归趣也"。后人大多受此影响，但也有不少学者断句为"常无""常有"，如宋代的王安石、苏辙和清代的王夫之。明代焦竑《老子翼》认为：

> 《老子》又曰："道常无名，始制有名"，是可以"无"与"有"为读乎？……《庄子》曰："建之以常无有"，正指《老子》此语，则于常无常有断句似也。然《老子》又曰："常无欲，可名于小"，是又不当以《庄子》为证，据《老子》以读《老子》可也。①

焦竑赞成以"常有欲""常无欲"为读，并在《老子》中找到一处说"常无欲"的书证。

梁启超则把"常无""常有"与"常无为"和"无不为"联系起来了，这又与前人的理解不同。老子所说的"常无""常有"，是从"无名""有名"来的，这里并不能直接把"常无"等同于"常无为"，"常有"等同于"无不为"。因为有、无的问题和无为、无不为的问题中间还有一定的环节。有、无或有名、无名是说世界万物的有无问题和生成的先后问题，而常无为和无不为则是说作为问题，两者本质不同。梁启超在这里并没有深入分析双方的关系，就直接把双方等同起来，可见思维还不严密。

他做了这样的解释之后，继续提出新的问题，即为什么要"常无为"？他用老子所说的"有之以为利，无之以为用"来解释。其实这又是转移了话题。"常无为"与"以无为用"也不是一个完全等同的问题，梁启超对老子思想的分析常常如此，不够严谨。

---

① 焦竑：《老子翼》，见《老子集成》第六册，宗教文化出版社 2011 年版，第 633—634 页。

梁启超认为老子说明了无是有用处的，因此而主张无为。按他的这个说法，老子是以无有用处为根据而提出无为的主张，这本身就说明"无之以为用"与"无为"是两回事。但梁启超并没有思考这里的相互关系，就把这个问题放下了而提出另一个问题：讲无为还要讲无不为，怎样才能做到既无为又无不为呢？梁启超认为要解决这个问题，需要看老子如下的说法：

圣人处无为之事，行不言之教，万物作焉而不辞，生而不有为而不恃功成而不居，夫唯不居，是以不去。

生而不有，为而不恃，长而不宰，是谓玄德。

万物恃之以生而不辞，功成而不名有，衣养万物而不为主。

梁启超认为这里的作而不辞、生而不有、为而不恃、长而不宰、功成而不居，是老子思想的重点，对这些说法，他引用了当时来中国访问的英国哲学家罗素的解释。

罗素认为人类有两种冲动：占有的冲动和创造的冲动。前者会引起争夺相杀，应予裁抑；后者则是人类不断进化的动力，应该提倡。罗素认为老子的生而不有、为而不恃、长而不宰是提倡创造的冲动，所以老子的哲学是最高尚的、最有益的哲学。梁启超认为老子说的"天之道，损有余而补不足"，也是创造的冲动，反之"损不足而奉有余"则是占有的冲动。

但这样的解释并没有说明为什么既要无为又要无不为。应该根据老子所说阐述无为与无不为的相互的辩证关系，这就是圣人按照道的精神无为，如天之道就是道的一种体现，而人之道就是不合乎道的一种表现。以有余以奉天下，这似乎就是罗素所说的创造的冲动，但老子的意思是说圣人据此为而不恃，功成而不处，并不是所谓创造的冲动，所以用罗素的说法解释老子的思想是不确切的。根据老子这里所说，圣人为而不恃，功成而不居，为和功成就是无不为，不恃和不居就是无为，这样就把无为与无不为统一起来了，根本用不着罗素创造的冲动的说法来解释。梁启超所引老子的那些说法，表明万物所做的是生、为、长、功成、衣养等，而不有、不恃、不宰、不辞、不名有、不为主等才是圣人所要做的。这些话分明一面是说圣人如何做，一面是说万物如何做。因此可以说无为或不为，是圣人的事，无不为是万物的事，并不是说圣人既无为又无不为。这样解释才能使老子说的无为与无不为协调起来，而不矛盾。梁启超的解释并没有说明这层意思，所引罗素的说法也与老子的思想毫不相干。

梁启超又据罗素的说法而认为老子说的"既以为人己愈有，既以与人己愈多。天之道，利而不害；圣人之道，为而不争"，就是创造的冲动，并把自己的创造贡献给天下人。这种解释并不能确切地说明老子的思想。因为《老子》此段所说重点是圣人为而不争，所以他能为人而不为己，与人而不与己，这并不是把自己的创造贡献给天下人，只是为而不争，重点是不与人争。前面所说是圣人与万物的关系，圣人无为，万物为，这里是说圣人与别人的关系，圣人也是要为的，但他的为是不与别人相争的。所以圣人既是无为的，又是有为的。要看是在什么条件下来说圣人的为或无为。

梁启超认为老子的无不为就是为人而己愈有、与人而己愈多等，这虽是为，实同于无为，故又说"为无为而无不为"，为此强调"不争"。其实前面说的不有、不恃、不宰、不辞、不名有、不为主等才是无为，而无不为是万物的无不为，并不是圣人既无为又无不为。圣人无为，所以不争，也不是与万物的无不为相关的。梁启超这里的理解是有误的。

梁启超又提出一个问题：老子主张不争，那么有什么方法让人不争。他认为最要紧的是明白"不有"。老子说："天长地久，天地所以能长且久者，以其不自生，故能长生。是以圣人后其身而身先，外其身而身存。非以其无私邪！"无私而不重视占有，就可以不争，破除名相，归于无名之朴，就是为此。

这里的理解还是有问题的。第一，不争，并不是让人不争，而是说圣人不争。这个不争是不能适用于所有人的，所以问题不是让人不争。第二，不有，也是对圣人来说的，不是对所有人来说的。

所引的老子的话里最后归结到"是以圣人后其身而身先，外其身而身存"，就可以证明这是对圣人来说的。圣人是一种特殊的人，不是所有的人都能称为圣人，所以老子为圣人说话，所说的各项主张都是为圣人来说的。不争，是圣人的不争，不是所有人的不争。不有，也是圣人的不有，不是所有人的不有。另外，无私也不是不重视占有，圣人的无私与不有，都不是不重视占有。无私是指不把我放在中心位置，即前面所说的不要一切都从我自身出发来考虑事情，而不顾我之外的世界上的其他事物。如后其身、外其身，都是这个意义。这里都没有与占有的问题有关系，可知梁启超引用罗素的说法来解释老子的思想是不确切的。而破除名相的说法，仍是用佛家的观念，也是不准确的。

梁启超在当时的条件下，对第一次世界大战引起的惨重后果有很深的感受，他认为西方将达尔文的生物进化论，用在人类社会学上，产生许多流弊，所以欧洲人近来喜好研究《老子》，就是对进化论学说的反动。在这种思想基础上，梁启超认为老子的"无为而无不为""为之而无以为"，是以自然主义为基础的，所以老子常以自然界的现象来做比方，如说"天之道利而不害"等。天之道就是讲自然。又常用婴儿打比方，婴儿的状态是"含德之厚比于赤子……骨弱筋柔而握固……精之至也。终日号而不嗄，和之至也"。梁启超认为婴儿的这些状态与自然接近，所以老子要人学婴儿："专气致柔，能婴儿乎"，"复归于婴儿"，就是要人归于自然。

梁启超认为婴儿、自然就是无为、无为而无不为、无所为、独我辅万物之自然而不敢为、功成事遂之后百姓皆谓我自然，这都是老子强调的自然，所以他主张"道法自然"。

前面说过，道就是自然，所谓的法，并不是效法的法，而是法则的法，所以道法自然的意思应该是道的规则为自然。如果把法理解为效法的法，则道与自然成了两个，这就不符合老子的原意了。

老子又说：

> 古之善为道者，非以明民，将以愚之。民之难治，以其智

多。故以智治国，国之贼。不以智治国，国之福。

　　小国寡民。使有什伯之器而不用；使民重死而不远徙。虽有舟舆无所乘之，虽有甲兵，无所陈之。使民复结绳而用之。甘其食，美其服，安其居，乐其俗。邻国相望，鸡犬之声相闻，民至老死，不相往来。

梁启超认为这是老子把自然主义的理想推演到政术。这些都是在政治上的自然主义，但被后人理解为愚民政策。梁启超认为老子不光主张被治者应该愚，治者也应该愚，因为从分别心出来的智最终害多利少，应该捐除之，所以治国不要用智，用智则害国，不用智则国有福。

　　老子这里的话一方面是指民的智，一方面是指治国者的智，二者是不同的。关键是智与治国的关系，老子说"以智治国，国之贼。不以智治国，国之福"，这是治国者不要用智的问题。因为治国者有智，民也有智，用治国者的智对付民的智，是远远不够的，所以治国者不能以智治国，否则只能对国造成伤害，即以智治国是国之贼。但这里的智与佛家的分别心无关，不能用分别心来分析老子的智的问题。不用智的治国，就是保持小国寡民的模式，即使民处于自然状态，从而达到甘食美服安居乐俗，这样治国者不用智也能把国治好，使国有福。反之，治国者用智治国，就会破坏民众生活的自然状态，所以是国之贼。所以第一要分清民的智与治国者的智，第二要理解不用智的本质就是使民众生活于自然状态之下，让民众的智用于他们的生活之中，而不是用于对付治国者上面。之所以能如此，就是因为治国者不用智，所以民众也就不会用智来对付治国者。但民众的生活中还是要用智的，不然就无法实现甘食美服安居乐俗的生活。治国者不用智是消除治国者与民众的对立，民众生活上要用智，是为了实现美好的生活。可知老子所说的"不以智治国"以及"非以明民，将以愚之"，其本意是如此的，并不是人们照字面上理解的愚民政策，也不是出于分别心而对一切事物都不分别而不用智。

　　因为梁启超对老子不用智的思想理解不太适当，因此他认为老

155

子提出的不用智是做不到的。他说：要人类由愚变智是能做到的，反之则无法做到。人类既有智识，只能从智识上尽量想办法使智识不谬误，这才是顺人性之自然，法自然才可以贯彻，老子要反之，是违反自然的。① 这是对《老子》所说不用智的不确切理解所造成的看法。上面分析了老子说的不用智，是对治国者说的，治国者不用智又是为了不与民众的用智形成对立与矛盾，从而使国家受到伤害。老子并不是说人类完全不需要或不用智识，这是两个不同的问题。人类及其社会的发展是自然的，其中就自然会产生关于世界各种事物的智识，这些智识是不能不用的，是不能完全除掉的。梁启超对老子所说的不用智有了不太确切的理解，因而说老子反对用智是反自然的，这是不符合老子思想原意的。老子说的治国者不用智以应对民众，这本身就是自然的治国主义，如果治国者用智来对付民众，民众就会用智来对付治国者，这样双方就都不自然了。只有双方都在相互对待的关系上不用智，才能使双方都处于自然状态，因此老子的不用智不是反自然的，而是合乎他的自然主义的。

梁启超又认为小国寡民也是做不到的，因为那是要人民皆愚，这是不可能的。司马迁在《史记·货殖列传》中说："神农以前，吾不知已。至若《诗》《书》所述虞夏以来，耳目欲极声色之好，口欲穷刍豢之味，身安逸乐，而心矜夸势能之荣。使俗之渐民久矣，虽户说以眇论，终不能化。"梁启超认为司马迁也以为老子这一主张难以实现。

老子说的小国寡民，不能机械理解，这是一种比喻的说法，用来说明治国思想上的自然主义，即在治国者不用智以治国的前提下，让民众的生活处于一种自然状态。如各个村庄及其中的村民，就相当于老子说的小国寡民。在中国古代的农业社会里，这是一种非常自然的民众生活状态。这种状态并不是让国家很小，民众很少，而是让天下的民众都分散在自己的居住地自然地生活，治国者也不用智来干涉或破坏民众的自然生活，于是民众就能过上甘食美服安居乐俗的生活。如果相反，整个国家的所有村庄及其中的民众都处于治国者的各种干扰下，破坏了他们自然的生活状态，这样的治国不就是整个国家的国之贼了吗？

至于司马迁的说法，他并不是反对老子的自然主义，而是反对社会发展过程中人们追求过度的奢欲。"耳目欲极声色之好，口欲穷刍豢之味，身安逸乐，而心矜夸势能之荣使"，其中所说的"欲极"，就是这种追求极度的享乐，并作为自己的夸耀资本。因为在《货殖列传》一开头他就说："老子曰：'至治之极，邻国相望，鸡狗之声相闻，民各甘其食，美其服，安其俗，乐其业，至老死不相往来。'必用此为务，挽近世涂民耳目，则几无行矣。"

这证明司马迁是完全赞成老子这种"小国寡民"之治国方法的，他还感叹近世以来使民耳目受到污染，无法达到这种理想社会状态了。之后才是太史公的评论："夫神农以前，吾不知已。至若《诗》《书》所述虞夏以来，耳目欲极声色之好，口欲穷刍豢之味，身安逸乐，而心夸矜势能之荣。使俗之渐民久矣，虽户说以眇论，终不能化。故善者因之，其次利道之，其次教诲之，其次整齐之，最下者与之争。"这一段也不是反对老子思想的，而是主张应该按照其所设想，让民众各甘其食，美其服，安其俗，乐其业，这才是最关键的要点。为了这样的理想社会，司马迁反对人们对于物欲享乐的极度追求。这段话最后说的是治理的方法。善者因之，就是老子的自然主义，治国者不干扰、干涉民众的生活，让他们按照自己的意愿进行生产生活，这是最佳的治国之道，与老子小国寡民的治国之道是一致的。以利道（导）之等就是老子所说的用智，这样治国必然是国之贼，不是国之富。而按老子的办法，以自然主义的"因之"之道，才是最好的治国之道。这说明司马迁是完全赞同老子自然主义主张和小国寡民之道的。梁启超所说，于老子和司马迁都不相符。

当然，梁启超也认为后人误读了老子所说"非以明民，将以愚之"的思想和小国寡民的设想，错误地将其解释为愚民政策，而予以批评。但他又说老子的政术论之所以失败，就在于这一点。其实老子政术论的失败，根本原因并不在这里，而是老子的这种思想与主张为历来的治国者所不接受，更谈不上实践。因为他们根本没有充分理解老子这些思想的确切含意，就不能真正实行老子的思想，从而只能是用智以治国，所以不断形成国之贼的局面，最后却说老子思想不能做到。这只能说明现实中的治国者达不到老子所要求的圣人境界，从而使自己的治国以失败告终。

梁启超认为后人用此说行愚民政策，则是老子意料不到的。这正好证明后人根本没有理解老子的思想，所行的愚民政策，并不是老子的本意，只是对老子思想的歪曲。

梁启超认为老子的政术之错在其术，不在其理，如"不有""不争"之理是有益社会的，应该推行。但推行的办法应该拿智识做基础，智识愈扩充，愈精密，真理自然会愈实践，老子要人弃绝智识，以求合乎真理，只会适得其反。他的这一评论还是基于对老子思想的错误理解而形成的，把老子说的不用智以治国理解为佛家的分别心产生人们关于世界事物的名相论，又进而误解弃绝智识的说法，从而做出了对老子思想的误评。

梁启超又进一步分析老子为什么主张"为道日损"。他认为这一说法的根据是"五色令人目盲，五音令人耳聋，五味令人口爽，驰骋畋猎令人心发狂，难得之货令人行妨"，并指出这是正确的。因为人们追求色声要越来越强，自然就使人的视力听力逐步迟钝，而至于盲聋。老子为预防这种病态，所以提倡"日损"之义，说"治人事天莫若啬"。梁启超认为《韩非子·解老》对此解释得最好："视强，则目不明；听甚，则耳不聪；思虑过度，则智识乱。……啬之者，爱其精神，啬其智识也。……众人之用神也躁，躁则多费，多费之谓侈。圣人之用神也静，静则少费，少费之谓啬。……神静而后和多，和多而后计得，计得而后能御万物"。他又指出，老子说"去甚去奢去泰"，"见素抱朴，少私寡欲"，"致虚极，守静笃"，都是"日损"之义的做法，以求得心境的清明，所以"祸莫大于不知足，咎莫大于欲得，故知足之足常足矣"。梁启超主张对老子的少私寡欲，要从积极方面看，因为"知人者智，自知者明，胜人者有力，自胜者强"，自知、自胜，是老子修养论的入门。①

梁启超这一段的分析，可以帮助我们更为深入地理解老子的思想。人们极度追求物质享乐，而使人的身心处于不自然、不健康的病态之中，老子对此表示反对，所以他要"去甚去奢去泰"。甚、奢、泰都是过度的物质追求，要消除这些欲望对人心的引诱，方法就是见素抱朴，少私寡欲，守虚静，更简单地说就是知足，能做到这一点就是自胜者和自知者，就能明而强。但这并不是老子的修养论，它仍然属于老子的治国论。因为老子说的圣人都是与侯王相统一的，老子要求侯王要像他所说的圣人一样来治国，这并不是后世道家人士所理解的个人修养问题。所以梁启超认为这是老子修养论的入门，并不符合老子的原意。

不过他认为老子不是厌世哲学，因为他若厌世，就不必著五千言了。说他厌世的人，只看见了"无为"，漏掉了下面的"无不为"。此一说法，前半段是正确的，后半段则不够确切。老子不厌世，这是正确的，但把老子理解为厌世的人，并不是只看见"无为"而没有看见"无不为"。因为老子所说的无为与无不为是密切联系在一起的，根本不能分开。而且无为也不是消极的厌世，如前面所分析的，无为是圣人之事，无不为是万物之事，圣人通过自己的无为而使万物无不为（包括民众的无不为而达到甘食美服安居乐俗）。不管是无为还是无不为，里面都没有厌世的意思。后人不能深入理解老子的思想，所以不管他看到无为还是无不为，都是片面的。

梁启超还分析了"不敢为天下先""知其雄，守其雌，为天下谿；知其白，守其黑，为天下谷""将欲歙之，必固张之，将欲弱之，必固强之"等说法，他认为这些说法不是教人取巧，因为老子是为而不有、长而不宰的人，有什么巧可取？但这些话将人类的机心揭得太破，未免教猱升木了。

这说明他认为老子揭露人类的机心并没有益处，只会教人使用机心。如果老子不是教人取巧，他又为什么要揭露人类的机心呢？

① 梁启超：《老子哲学》，见《饮冰室合集》第 8 册，中华书局 1989 年版，第22页。

这一问题梁启超并没有回答，但必须要予以解释，才能明白老子为什么要说这些事情。第一，老子这些说法不能简单地归结为揭露人类的机心，他其实仍是在揭示事物的辩证关系。即雄与雌、先与后、白与黑、歙与张、弱与强等，都是相对而相互转化的。事物没有一成不变的，不管一时处于哪种状态，都会随着发展变化而变化。老子之所以揭示事物的这种相互转化规律，乃是告诫侯王，要想在治国上保持长久的有利地位，必须懂得事物的这种反向转化的规律，这样才能使国家长治久安。如果后人不这样理解，而认为这是人类的机心，并从中学会类似取巧的伎俩，那根本不是老子的原意，而是后人的误读与歪曲。

梁启超从整体上评论老子，认为他有大功德，即为中国创造出有系统的哲学，其哲学虽是草创，但规模宏大，提出的许多问题足供后人研究。这一说法是可以赞同的，确实在《老子》书中涉及许多哲学与政治学等方面的问题，为后来的中国人留下宝贵精神财富，值得人们永远研究与探讨。

梁启超最后说老子的人生观是极高尚的，极适用的。庄子说的"以本为精，以末为粗，以有积为不足，澹然独与神明居……常宽容于物，不削于人，可谓至极，关尹老聃乎，古之博大真人哉"，可以说是老子的像赞。

不过庄子所说的这些特点，在《老子》中并不能完全看到，仔细看上述梁启超所分析的老子思想以及笔者由此做出的进一步的分析，都与这里庄子所说不是一一对应的，只能说这是庄子所理解的老子的思想，与现在的《老子》中的思想并不完全一致。这可以理解为庄子所看到的《老子》或许与我们今天所看到的有很大不同。这一点，我们在《庄子》中看到诸多关于老聃的描写，就能证明。那是与今天所能看到的《老子》中的思想不是完全一致的。

通过分析梁启超的《老子哲学》，可以看出，他的研究已经超过了此前的严复等人，系统完整地分析了老子的思想。严复借用了西方的思想观念来评价《老子》，但比较零散。章太炎还是用传统的观念把老子放在诸子系统中加以考察，没有专门对老子进行深入研究与分析。谢无量虽然已经采用了哲学史的方式专章论述老子，但还不够深入，停留在一般性的论述上。梁启超的《老子哲学》用西方学说，从本体论、名相论、作用论三个方面分析了老子的思想。但他对于西方哲学的理解和运用还不够系统，只能比较笼统地从几个主要角度来展开论说，并且有不少理解还不够确切的地方，另外还多用佛家的观念来解老子。对于老子的分析与研究，首先必须准确理解其思想的本意，然后再据现代哲学或政治学来加以分析和评价。梁启超的《老子哲学》已经开启了这种研究的道路，但未能达到系统、完整、深入的程度，还留有不少理解上的问题。但我们可以通过分析梁启超对老子思想的认识，来加深自己对于老子思想的理解，从这个意义上说，梁启超的《老子哲学》的研究仍是有重要价值的。

第四节　王国维、胡适的老子研究

一、王国维《老子之学说》

王国维是清末民初的著名学者，其所撰《老子之学说》，发表于1906 年 4 月《教育世界》122 号。

全文共三章，第一章主要探讨老子其人及其著书的问题，比较了清代学者汪中和阮元的两种观点，认为汪说比较可信，其结论是《老子》书是战国初期之书。王国维在这类问题上并没有提出自己的新观点，只是沿用前人的有关看法。

第二章分析老子的形而上学，即哲学思想。王国维对比了孔子和墨子的思想，认为《论语》中无一语及于形而上学，《论语》中的"天"，不过是通俗之语。墨子称"天志"，不过欲巩固道德政治之根柢而已，其"天"与"鬼"之说，达不到精密的形而上学的程度。老子始论说宇宙的根本为何物，如《老子》第二十五章所说的："有物混成，先天地生。寂兮寥兮，独立而不改，周行而不殆，可以为

天下母。吾不知其名，字之曰'道'。"又在第四章说："道冲而用之
或不盈。渊兮似万物之宗。挫其锐，解其纷，和其光，同其尘。湛
兮似或存。吾不知谁之子，象帝之先。"他认为《老子》书中关于道
的说法，就是在探讨宇宙的根本，这是儒家孔子与墨家墨子所没有
的学说，"我中国真正之哲学，不可云不始于老子"①。他又据《老
子》所说来分析这个宇宙之根本的性质。《老子》第二十一章说：
"道之为物，惟恍惟惚。惚兮恍兮，其中有象；恍兮惚兮，其中有
物。窈兮冥兮，其中有精。其精甚真，其中有信。"第十六章说：
"致虚极，守静笃。万物并作，吾以观复。夫物芸芸，各复归其根。
归根曰静，静曰复命，复命曰常。"他归纳这两章所说，认为老子的
"道"都是消极的性质，而不能以现在世界之积极的性质形容之。而
恍惚虚静之道，不仅仅是宇宙万物的根本，还是一切道德政治的根
本，这是通过《老子》第三十九章所说得出的结论："昔之得一者：
天得一以清，地得一以宁，神得一以灵，谷得一以盈，万物得一以
生，侯王得一以为天下贞。其致之，一也。"

　　王国维把《老子》的"一"看作道，天、地、神、谷、万物以
及侯王都能得此道而获得最佳状态，所以他认为道又是道德政治的
根本。为此他在第三章专门论述老子的伦理政治论。他认为宇宙万
物都是相对的，而道是宇宙万物的根本，没有任何一物可以与它相
对，所以道是绝对的。老子把道称为"一"，就是因为这一点。人事
也是如此。《老子》第二章说："天下皆知美之为美，斯恶已；皆知
善之为善，斯不善已。"第二十章说："唯之与阿，相去几何？美之
与恶，相去何若？"这是非常明显的相对之事务。而第三十八章说的
"上德"与"下德"及"有德"和"无德"，也是这种相对的道理。
他还认为第十八章说的"大道废，有仁义。慧智出，有大伪。六亲
不和有孝慈，国家昏乱有忠臣"，也可理解为相对之事务。即仁义、
慧智、孝慈、忠臣，其实都是相对的，它们与外在的条件相关联，

① 王国维：《老子之学说》，见《王国维文集》第三卷，中国文史出版社1997年版，
　　第102页。

外在的条件变了，仁义可能就变成不仁义了。

由此王国维总结道："道德政治上之理想，在超绝自然界及人事界之相对，而反于道之绝对。"① 其意盖谓理想中的政治应超越各种相对的理念而返于绝对的道。他认为老子基于这种认识才说出："绝圣弃智，民利百倍。绝仁去义，民复孝慈。绝巧去利，盗贼无有。此三者以为文不足。故令有所属。见素抱朴，少私寡欲。"即所谓的圣智、仁义、巧利都是相对的道德政治之概念，与绝对的道是完全不同的。所以政治上就要绝弃这些相对的概念，以"见素抱朴"和"少私寡欲"为准则，才能达到理想状态。

由此可知，王国维把老子的思想放在政治角度来理解，摆脱了个人修养论的局限。从这样的理解出发，他认为《老子》第三章所说是可以成立的："不尚贤，使民不争。不贵难得之货，使民不为盗。不见可欲，使民心不乱。"因为贤、难得之货、可欲的东西，都是相对的，不提倡和崇尚它们，才能使民不争、不为盗、心不乱，这样就会使国家治理得好。因此据他看来，《老子》中的思想除了形而上学的问题之外，其他都是与道德政治有关的问题。这也可以看出后人把《老子》思想理解为个人修身养性等都是远离其本意的。

但道与人还是有关系的，这就是"有道者"的问题，即得了道的人。这种人的极致状态如《老子》第二十章所说："众人熙熙，如享太牢，如春登台。我独泊兮其未兆，如婴儿之未孩。儡儡兮若无所归。众人皆有余，而我独若遗。我愚人之心也哉！沌沌兮！俗人昭昭，我独昏昏。俗人察察，我独闷闷。澹兮其若海，飂兮若无止。众人皆有以，而我独顽似鄙。我独异于人而贵食母。"此即掌握了道的人。人之得道，仍然是与治国密切相关的，王国维说："若人人之道德达此境界，则天下大治。"② 《老子》第八十章说："小国寡民。使民有什伯之器而不用，使民重死而不远徙。虽有舟舆，无所乘之；

---

① 王国维：《老子之学说》，见《王国维文集》第三卷，中国文史出版社 1997 年版，第 104 页。

② 王国维：《老子之学说》，见《王国维文集》第三卷，中国文史出版社 1997 年版，第 105 页。

虽有甲兵，无所陈之；使民复结绳而用之。甘其食，美其服，安其居，乐其俗。邻国相望，鸡犬之声相闻，民至老死不相往来。"王国维认为这是老子的政治理想，并说："其道德政治上之理论，不论其是否［非］如何，甚为高尚。"[①] 他并没有批评老子的这种政治理想是消极的，反而说是高尚的，想来其理由就在于认为这种政治理想是由绝对的道而决定的，所以这样的政治理想可谓之高尚。他没有如梁启超那样分析这样的政治理想是不是能够做到。也许他认为这既然是由绝对的道所决定的政治理想，则不论是不是能够做到，都是值得努力为之的。

王国维也批评《老子》的处世治国之术入于权诈，是与其根本思想相矛盾的。如老子论处世之术，说："坚强者死之徒，柔弱者生之徒。"论治国之术，说："将欲歙之，必固张之；将欲弱之，必固强之；将欲废之，必固兴之；将欲夺之，必固与之。是谓微明。柔弱胜刚强。鱼不可脱于渊，国之利器不可以示人。""古之善为道者，非以明民，将以愚之。民之难治，以其智多。故以智治国，国之贼。不以智治国，国之福。""以正治国，以奇用兵，以无事取天下。"王国维认为这些属于"术"的范畴，都是权诈性的，与老子的"道"相矛盾，并引程颐的话作为总结："老子书，其言自不相入处，如冰炭。其初意欲谈道之极玄妙处，后来却入做权诈者上去。"[②]

但程氏的观点，也是简单地理解《老子》里的这些说法，没有深入理解其中的深意。程氏看重的是《老子》中关于道的思想，认为那是讨论道的极玄妙的问题，而这些被理解为术的说法，他就认为没有价值。前面在分析梁启超的相关理解时，笔者曾经对《老子》的此类说法的思想本意做了分析，认为这些说法并不像人们表面上简单理解的那样，其中有着符合其道论或形而上学的思想内涵。这说明对古人的思想，不能只从字面上做表层的理解，更应该细心

---

① 王国维：《老子之学说》，见《王国维文集》第三卷，中国文史出版社 1997 年版，第 105 页。

② 王孝鱼点校：《二程集·遗书卷十八》，中华书局 2004 年版，第 235 页。

地深入探讨其论述的整体内容，由此形成对于各种说法的确切理解，这样才能不辜负古人思想论述的本意。

王国维对老子学说的分析，非常简洁，但说到了其书思想的主要部分，即形而上学和道德政治方面的内容。王国维的理解还是比较符合《老子》的本意的。因为《老子》的内容主题就是针对侯王而发出的，道是根据性的问题，侯王如何根据道的原理像圣人一样治国理政，是其最重要的内容。

王国维对于西方哲学是有造诣的，但他并没有照搬过来分析《老子》的思想，而是根据《老子》的文本内容分析其中的思想。这种研究方法，是值得肯定的。因为西方哲学的概念、观念等与中国古代哲学是有相当大的差别，所以现代的人们不能简单照搬西方哲学来分析《老子》的思想。

二、胡适《中国哲学史大纲》论老子

胡适的《中国哲学史大纲》上卷，写成于 1918 年，出版于次年，具有深远的学术史意义。蔡元培在为此书所作的序中说：

> 我们今日要编中国古代哲学史，有两层难处。第一是材料问题：周秦的书，真的同伪的混在一处。就是真的，其中错简错字又是很多。若没有做过清朝人叫做"汉学"的一步工夫。所搜的材料必多错误。第二是形式问题：中国古代学术从没有编成系统的纪载。《庄子》的《天下篇》，《汉书·艺文志》的《六艺略》《诸子略》，均是平行的纪述。我们要编成系统，古人的著作没有可依傍的，不能不依傍西洋人的哲学史。所以非研究过西洋哲学史的人，不能构成适当的形式。
>
> 现在治过"汉学"的人虽还不少，但总是没有治过西洋哲学史的。留学西洋的学生，治哲学的，本没有几人。这几人中，能兼治"汉学"的更少了。适之先生生于世传"汉学"的绩溪胡氏，禀有"汉学"的遗传性；虽自幼进新式的学校，还能自修"汉学"，至今不辍；又在美国留学的时候兼治文学哲学，于

西洋哲学史是很有心得的。所以编中国古代哲学史的难处，一到先生手里，就比较的容易多了。

先生到北京大学教授中国哲学史，才满一年。此一年的短时期中，成了这一编《中国古代哲学史大纲》，可算是心灵手敏了。①

蔡元培指出，在当时要撰写中国古代哲学史著作，必须具备两方面的条件，一是对中国古代的学术有精深的造诣，一是对西方哲学史有专门的研究，二者结合起来，才能写出有系统的中国古代哲学史著作。而胡适正好具备了这两方面的条件，所以能够撰写出这部《中国哲学史大纲》，建立起新的学术范式。

接着，蔡元培评价了这部著作的重要特点：

第一是证明的方法。我们对于一个哲学家，若是不能考实他生存的时代，便不能知道他思想的来源；若不能辨别他遗著的真伪，便不能揭出他实在的主义；若不能知道他所用辩证的方法，便不能发见他有无矛盾的议论。适之先生这《大纲》中此三部分的研究，差不多占了全书三分之一，不但可以表示个人的苦心，并且为后来的学者开无数法门。

第二是扼要的手段。中国民族的哲学思想远在老子、孔子之前，是无可疑的。但要从此等一半神话、一半政史的记载中，抽出纯粹的哲学思想，编成系统，不是穷年累月不能成功的。适之先生认定所讲的是中国古代哲学家的思想发达史，不是中国民族的哲学思想发达史，所以截断众流，从老子、孔子讲起。这是何等手段！

第三是平等的眼光。古代评判哲学的，不是墨非儒就是儒非墨。且同是儒家，荀子非孟子，崇拜孟子的人，又非荀子。汉宋儒者，崇拜孔子，排斥诸子；近人替诸子抱不平，又有意

① 蔡元培：《序》，见《中国哲学史大纲》，上海古籍出版社 1997 年版，第 1—2 页。

嘲弄孔子。这都是闹意气罢了！适之先生此编，对于老子以后的诸子，各有各的长处，各有各的短处，都还他一个本来面目，是很平等的。

第四是系统的研究。古人记学术的，都用平行法，我已说过了。适之先生此编，不但孔、墨两家有师承可考的，——显出变迁的痕迹。便是从老子到韩非，古人划分做道家和儒、墨、名、法等家的，一经排比时代，比较论旨，都有递次演进的脉络可以表示。此真是古人所见不到的。①

今天看来，蔡元培先生指出的这四点，也是我们研究中国古代哲学思想时所不可忽视的问题。胡适开启了研究中国古代哲学史的先路，其功劳是不可抹杀的。他对老子思想的研究，就是以此四者为重点展开的。

胡适在此书的《导言》部分首先阐明了哲学的概念及相关的研究方法。

胡适说："凡研究人生切要的问题，从根本上着想，要寻一个根本的解决，这种学问，叫做哲学。"② 这一定义可以概括为哲学是研究人生根本问题的学问。人生问题是表面的问题，在它的背后或深处还有根本性的问题，对此根本性的问题进行研究，就是哲学。这一定义说明了中国哲学的特点，即所关心的问题是人生的问题，而要从根本上说明人生问题的道理，就要探讨人生问题的根本性问题。因此，可以说胡适的哲学定义就是人生问题的哲学，这是中国古代哲学的根本特点，与西方的哲学有所不同。

基于这样的定义，胡适认为人生切要的问题不止一个，所以哲学的门类有多种，如：一，宇宙论：探讨天地万物怎样来的；二，名学及知识论：研究人类的知识、思想的范围、作用及方法等；三，人生哲学或称为伦理学：研究人生在世应该如何行为；四，教育哲

---

① 蔡元培：《序》，见《中国哲学史大纲》，上海古籍出版社 1997 年版，第 2 页。
② 胡适：《中国哲学史大纲》，上海古籍出版社 1997 年版，第 1 页。

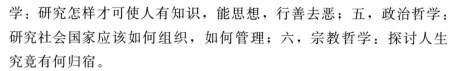

学：研究怎样才可使人有知识，能思想，行善去恶；五，政治哲学：研究社会国家应该如何组织，如何管理；六，宗教哲学：探讨人生究竟有何归宿。

　　研究历史上的哲学家的思想，就构成了哲学史的研究。胡适认为哲学史的研究有三个目的：第一是明变，即究明古今思想沿革变迁的线索；第二是求因，即探寻这些沿革变迁的原因；第三是评判，即对历史上的各种哲学思想进行评判，以看清各家学说的价值。但评判不是据研究者自己的眼光来批评古人的是非得失，评判应是客观的，即弄清楚每一家学说发生的效果。这些效果的价值，就是其哲学思想的价值。而效果分为三种：第一看一家学说在同时代的思想和后来的思想上发生了何种影响；第二看一家学说在风俗政治上发生了何种影响；第三看一家学说的结果可造出什么样的人格。

　　了解了胡适关于哲学的定义及相关的内容，才能懂得他对中国古代哲学史研究的观点以及他对《老子》哲学的认识的特点。

　　对于老子的研究，胡适认为首先要确定老子的年代。他在此书第二篇《中国哲学发生的时代》的第一章《中国哲学结胎的时代》里说，孔子生于周灵王二十一年（前551），死于周敬王四十一年（前479），孔子曾见过老子，老子比孔子至多不过大20岁，大约生于周灵王初年。中国哲学到老子、孔子时，才当得"哲学"两字。

　　关于《老子》书，胡适在第三篇《老子》中认为：第一，今传《老子》书分上下篇，共八十一章。这书原本是杂记体的书，没有结构组织。今本所分篇章，决非原本所有。其中有许多极无道理的分断，如二十章首句"绝学无忧"当属十九章之末，与"见素抱朴，少私寡欲"两句为同等的排句。所以读者当删去某章某章等字，合成不分章的书，然后自己去寻出段落加以分断。如元代吴澄的《道德真经注》，合十七、十八、十九为一章，三十、三十一为一章，六十三、六十四为一章，六十七、六十八、六十九为一章，皆极有理，远胜河上公本。

　　第二，《老子》中有许多重复的话和许多无理插入的话，大概是后人的妄加妄改。胡适推荐参看王念孙、俞樾、孙诒让诸家的校语。

章太炎虽极推崇《韩非子》的《解老》《喻老》两篇，但这两篇所说，大半多浅陋之言。如解"攘臂而仍之""生之徒十有三""带利剑"等句，皆极无道理。但这两篇所据《老子》可能是古本，可供校勘参考。

胡适认为老子其实是一个革命思想家，他的政治思想是激进的。老子的思想来自于当时的时代，是对时代现实的反动。在《老子》书中有不少内容是对当时政治的批判：

> 民之饥，以其上食税之多，是以饥。民之难治，以其上之有为，是以难治。民之轻死，以其求生之厚，是以轻死。

> 民不畏死，奈何以死惧之？若使民常畏死，而为奇者吾得执而杀之，孰敢？

> 天下多忌讳，而民弥贫；民多利器，国家滋昏；人多伎巧，奇物滋起；法令滋彰，盗贼多有。

> 天之道损有余而补不足。人之道则不然：损不足以奉有余。

这些都是很激烈的议论。与《诗经》的《伐檀》《硕鼠》等对照，便知老子所说乃是当时社会的实际情况。民众到了"知我如此不如无生"的时候，束手安分也是死，造反作乱也是死，自然轻死，自然不畏死。

总体上看，老子的政治思想，是反对有为的政治，主张无为无事的政治。凡是主张无为的政治哲学，都是对干涉政策的反动。因为政府用干涉政策，却又没干涉的本领，越干涉越糟，故引起一种反动，主张放任无为。欧洲 18 世纪的经济学者、政治学者，多主张放任主义，因为当时的政府实在太腐败无能，不配干涉人民的活动。老子的无为主义，也是因为当时的政府不配有为，偏要有为；不配干涉，偏要干涉，所以弄得"天下多忌讳，而民弥贫；民多利器，国家滋昏……法令滋彰，盗贼多有"。就像《诗经》说的："人有土田，汝反有之；人有民人，汝覆夺之；此宜无罪，汝反收之；彼宜有罪，汝覆说之。"可知当时的虐政，使百姓人人有"匪鹑匪鸢，翰飞戾天；匪鳣匪鲔，潜逃于渊"的感想。老子说："民之难治，以其上之有为，是以难治。"老子尤恨当时的兵祸连年，故书中多次抨击武力政策，如"师之所处荆棘生焉，大军之后必有凶年""兵者不祥之器""天下无道，戎马生于郊"皆是。

老子面对当时的时势，从批判而形成了革命的政治哲学。他说："大道废，有仁义；智慧出，有大伪；六亲不和，有孝慈；国家昏乱，有忠臣。"他主张："绝圣弃智，民利百倍；绝仁弃义，民复孝慈；绝巧弃利，盗贼无有！"这是极端的破坏主义。老子对国家政治，主张极端的放任。他说："治大国若烹小鲜。"又说："我无为而民自化，我好静而民自正，我无事而民自富，我无欲而民自朴。其政闷闷，其民醇醇；其政察察，其民缺缺。"又说："太上，下知有之。其次，亲而誉之。其次，畏之。其次，侮之。信不足，焉有不信。犹兮其贵言，功成事遂，百姓皆谓我自然。"老子理想中的政治，是极端的放任无为，要使功成事遂，百姓还以为全是自然应该如此，不说是君主之功。故"太上，下知有之"，是说政府完全放任无为，百姓心里只觉得有个政府的存在罢了。"下知有之"，据《永乐大典》本及吴澄本当作"不知有之"，日本本作"下不知有之"，此意更明显。

胡适又说明为什么论述老子的哲学之前，要先说明他的政治学说：

> 我的意思要人知道哲学思想不是悬空发生的。有些人说，哲学起于人类惊疑之念，以为人类目睹宇宙万物的变化生灭，惊欢疑怪，要想寻出一个满意的解释，故产生哲学。这话未必然。人类的惊疑心可以产生迷信与宗教，但未必能产生哲学。人类见日月运行，雷电风雨，自然生惊疑心。但他一转念，便说日有日神，月有月神；雷有雷公，电有电母；天有天帝，病有病魔；于是他的惊疑心，便有了满意的解释，用不着哲学思想了。[①]

---

① 胡适：《中国哲学史大纲》，上海古籍出版社 1997 年版，第 38 页。

胡适认为中国最初的哲学思想，全是由当时社会政治的现状引起的思想批判。社会秩序已破坏混乱，政治的组织不但不能救补维持，并且呈现同样的腐败纷乱。目睹这种现状，老子寻求补救的方法，于是有此政治思想。但老子如果只有革命的政治学说，还算不上根本性的解决，也算不上哲学。老子观察政治社会的状态，从根本上着想，求根本性地解决，于是成为中国哲学的始祖。他的政治主张，只是他的根本性的哲学观念的应用。

这样，胡适就从老子的政治思想深入到他的哲学思想中来了。胡适认为老子哲学的根本观念是他的天道观念。老子以前的天道观念，都把天看作有意志、有知识、能喜能怒、能作威作福的主宰。老子生在纷争大乱的时代，眼见杀人、破家、灭国等惨祸，以为若有一个有意志知觉的天帝，绝不致有这种惨祸。万物相争相杀，人类相争相杀，便是天道无知的证据。故老子说："天地不仁，以万物为刍狗。"胡适考察了"仁"字的两种解释：第一，仁是慈爱；第二，仁是"人"。不仁便是说不是人，不和人同类。古代把天看作有意志、有知识、能喜怒的主宰，是把天看作人同类。老子的"天地不仁"说，含有天地不与人同性的意思。人性之中，以慈爱为最普通，天地不与人同类，即是说天地无有恩意。老子这个观念，打破古代天人同类的谬说，立下后来自然哲学的基础。

胡适认为老子打破古代的天人同类说，是其天道观念的消极方面，但他也有积极的天道论："有物混成，先天地生，寂兮寥兮，独立而不改，周行而不殆，可以为天下母。吾不知其名，字之曰道，强为之名曰大。"他认为老子超出天地万物之外另外设定了一个"道"，这是老子哲学的最大功劳。道的性质是无声、无形，是单独不变的存在，又周行天地万物之中；生于天地万物之先，又是天地万物的本源。而这个道的作用，是"大道泛兮，其可左右。万物恃之而生而不辞，功成不名有，衣养万物而不为主"。道的作用，不是有意志的作用，只是"自然"。"自"是自己，"然"是如此，"自然"是自己如此。老子说："道常无为而无不为。"这说明道的作用，只是万物自己的作用，故说"道常无为"。但万物所以能成万物，又只

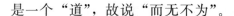

是一个"道"，故说"而无不为"。

胡适又认为，道的性质是无，但道是抽象的观念，不容易说清楚，于是老子又用无来说明道。无的性质、作用，处处和道相像。老子说："三十辐，共一毂，当其无，有车之用。埏埴以为器，当其无，有器之用。凿户牖以为室，当其无，有室之用。故有之以为利，无之以为用。"这里的无即是虚空。车轮等如果没有虚空的"无"，就都不能发挥作用，以此说明道作为无对于万物也是有作用的。所以，胡适认为，道是最大的虚空，无形、无声，整个不可分断，却又无所不在；一切万物若没有道的"无"，便没有用处。这正说明了"寂兮寥兮，独立而不改，周行而不殆，可以为天下母"的道对万物的作用。老子说的无与道是一样的，所以他既说"道生一，一生二，二生三，三生万物"，又说"天地万物生于有，有生于无"。这就说明了道与无是万物的母，可见道即是无，无即是道。

胡适认为哲学观念初起的时代，名词不完备，故说理不能周密。老子说"吾无以名之""强名之"，可见他用词的困难。他提出了"道"的观念，当名词不完备的时代，形容不出道究竟是怎样一个物事，故用空空洞洞的虚空来说"无为而无不为"的道。却不知"无"是与"有"相对的名词，指的是无形体的空洞，怎么可以代表"无为而无不为"的道？只因为老子把道与无看作一物，故他的哲学受这种观念的影响。

老子又说了无中生有的问题："视之不见名曰夷，听之不闻名曰希，搏之不得名曰微。此三者不可致诘，故混而为一。其上不皦，其下不昧。绳绳不可名，复归于无物。是谓无状之状，无物之象，是谓惚恍。"又说："道之为物，惟恍惟惚。惚兮恍兮，其中有象。恍兮惚兮，其中有物。"胡适指出，老子这里说道不是无，乃是有与无之间的一种情境。虽然看不见，听不着，摸不到，但不是完全没有形状的。不过不能形容它，又叫不出它的名称，只得说它是"无物"，称它为"无状之状，无物之象"，称它为"惚恍"。这个"恍惚"，先是"无状之状，无物之象"，故说"惚兮恍兮，其中有象"。后来从无物之象变为有物，故说"恍兮惚兮，其中有物"。这便是

"天地万物生于有，有生于无"的过程。

胡适分析了老子用无来形容道的难处，其中不够严密的地方，只能由后来的人用更为精密的名词和概念来加以弥补，这也正是现代人研究中国古代哲学思想时的最大困难之处。于是胡适又专门分析了名与实的问题，因为这也是中国古代哲学里的重要问题。他认为老子最早提出名实问题："窈兮冥兮，其中有精。其精甚真，其中有信。自古及今，其名不去，以阅众甫。吾何以知众甫之然哉？以此。"胡适认为这就是论名的源起与名的功用。有了法象，然后有物。有物之后，于是发生知识的问题。人所以能知物，只为每个物有其精纯的物德，最足代表那个物的本性，这就是"其中有精，其精甚真，其中有信"的意思。物的德，即物的特定品性，都是极可靠的知识上的信物，故说"其中有信"。这些信物都包括在物的名里。如说"人"便代表人的一切德性，说"雪"便代表雪的一切德性。

人生人死，而"人"名常在；雪落雪消，而"雪"名永存。故说"自古及今，其名不去，以阅众甫"，众甫即万物。"吾何以知众甫之然哉？以此"，"此"指"名"。人们所以能知万物，多靠名的作用。这样，就说明了老子在论道的时候为什么要论名的问题。胡适又说，名虽然有用，但老子却极力崇拜"无名"。名是知识的利器，老子主张绝圣弃智，故主张废名。他说："道可道，非常道。名可名，非常名。无名，天地之始。有名，万物之母。故常无，欲以观其妙。常有，欲以观其徼。"① 胡适认为老子既以为万有生于无，所以把无看得比有重。万物未生时，是"绳绳不可名"的混沌状态，所以说"无名天地之始"。后来有象有信，然后可立名字，所以说"有名万物之母"。因为无名先于有名，故说可道的道不是上道，可名的名不是上名。老子说的"无名之朴"，即是绳绳不可名的混沌状态。胡适的这一分析，让我们懂得了老子思想中的"有"与"无"

---

① 对于"非常道""非常名"中的两个"常"字，胡适从俞樾之说，认为通"尚"，解释为"上"。此外，胡适认为应于"常无""常有"处断句，把两"欲"字与"无""有"连读是错的。

以及"有名"与"无名"的辩证关系，以及老子更重视"无"和"无名"的思想。

他又分析老子的道、无名与社会治乱的关系，即老子所说："道常无名朴①。虽小，天下不敢臣。侯王若能守之，万物将自宾。天地相合以降甘露。民莫之令而自均。始制有名，名亦既有夫亦将知之。知之所以不治。"他认为根据王弼的注，可知《老子》原文末句作"夫亦将知之，知之所以不治"。这样来理解老子所说，其意就是说最高的道是无名朴。后来制有名字，知识渐渐发达，民智日多，作伪行恶的本领也更大了。大乱的根源，即在于此。他认为名越来越多，民智就越多，而作恶就越烈，社会于是大乱。他是从这一角度来说明"无名"在社会政治上的重要性的。

由此来看老子说的："古之为治者，非以明民，将以愚之。民之难治，以其智多。故以智治国，国之贼。不以智治国，国之福。"胡适认为老子这一说法也是反对知识，并推论老子的理由是看到当时社会国家种种罪恶的根源，都由于多欲。文明程度越高，知识越复杂，情欲也越发展。又认为老子所说"五色令人目盲，五音令人耳聋，五味令人口爽，驰骋田猎令人心发狂，难得之货令人行妨"，这是攻击文明文化。老子又说：

> 天下皆知美之为美，斯恶已。皆知善之为善，斯不善已。故有无相生，难易相成；长短相较，高下相倾；音声相和，前后相随。是以圣人处无为之事，行不言之教。……不尚贤，使民不争。不贵难得之货，使民不为盗。不见可欲，使民心不乱。是以圣人之治，虚其心，实其腹；弱其志，强其骨：常使民无知无欲。

胡适认为这里所说就是老子政治哲学的根据。老子以为善恶、美丑、贤不肖等都是相对的，现实政治中的赏善罚恶、尊贤去不肖，都不

---

① 胡适的断句与旧读不同，旧读以"朴虽小"为句。

是根本的解决办法。根本的方法是把善恶、美丑、贤不肖等一切相对的名词都消灭，复归于无名之朴的混沌时代，要使民无知无欲。无知，自然无欲。无欲，自然没有一切罪恶。老子说"大道废，有仁义；智慧出，有大伪；六亲不和，有孝慈；国家昏乱，有忠臣"和"绝圣弃智，绝仁弃义，绝巧弃利"，都是这个道理。所以老子主张："道常无为而无不为。侯王若能守之，万物将自化。化而欲作，吾将镇之以无名之朴。无名之朴，夫亦将无欲。不欲以静，天下将自定。"这就是老子的政治哲学。因为老子所处的时势，正是"化而欲作"之时，所以他要用"无名之朴"来镇压。所以老子理想中的至治之国，是"小国寡民，使有什伯人之器而不用，使民重死而不远徙。虽有舟舆，无所乘之。虽有甲兵，无所陈之。使民复结绳而用之。甘其食，美其服，安其居，乐其欲。邻国相望，鸡狗之声相闻，民至老死不相往来。"胡适认为这就是"无名"观念的实际应用。这种学说，是要把一切制度文物全行毁除，使人类回到无知无欲、老死不相往来的乌托邦。

胡适对老子哲学的分析，是从"道"到"无"，再到"无名"，再到弃除"名"，恢复"无名"，其思路是从宇宙论向名学或知识论发展，再向政治哲学发展。也可以说老子的宇宙论到名学或知识论，是联系在一起的哲学问题，而向政治哲学的发展，则是根本性哲学向实用性哲学的转变，是"道"的哲学在应用层面的变化。这样理解老子的哲学思想，就把老子思想的各项内容都联系起来并统一起来了。

老子的政治哲学既来自于他的道的哲学，而又自成体系，最后发展到无为的政治哲学，这是胡适所理解的老子的政治哲学的两个方面。他说，老子对于社会政治有两种学说，一是毁坏一切文物制度，一是主张极端放任无为的政策。弃除一切名以使社会恢复到无知无欲老死不相往来的乌托邦，是其政治哲学的第一个方面，而无为主义则是第二个方面。

胡适认为老子主张无为的政治哲学，是因天道是"无为而无不为"的，天地万物都有一个独立而不变、周行而不殆的道理，用不着什么神道作主宰，更用不着人力去造作安排。这与西方哲学中的自然法则相似。深信自然法则对于万物绝对有效，往往会走到极端的放任主义，如18世纪的英法经济学家和斯宾塞的政治学说，都以为既有了"无为而无不为"的天道，何必要政府来干涉人民的活动。老子也是如此。他说："天之道，不争而善胜，不言而善应，不召而自来，繟然而善谋。天网恢恢，疏而不失。"又说："常有司杀者杀。夫代司杀者杀，是谓代大匠斫。夫代大匠斫者，希有不伤其手者矣。"

胡适认为老子所说的天道不争、不言、不召却对万物疏而不失，是"司杀者"，万物不能违背这个天道，否则就会扰乱自然的秩序，而天道作为自然法则就会自动地加以处罚。人的社会活动也是如此，也受自然法则的主宰和约束，因而不用社会和政府的干涉。如果用人力赏善罚恶，便是替天行道，便是"代司杀者杀"。这不但无益于事，并且会闹出乱子。所以老子说："民之难治，以其上之有为，是以难治。"又说："天下多忌讳而民弥贫……法令滋彰，盗贼多有。"所以老子主张一切放任，一切无为："损之又损，以至于无为，无为而无不为。"

胡适在分析老子的政治哲学时，对比了西方近代自然法论者的放任学说，这是值得重视的。这种放任学说，在经济学和政治学领域都有很强的影响力，如市场经济学说最初就是在这种放任学说的基础上发展起来的，西方政治学中的自由主义也是来源于此的。今天仍要面对此类学说，所以不能不深加注意。

最后胡适分析了老子的人生哲学，认为和他的政治哲学相同，也是要人无知无欲。具体来说，就是"见素抱朴，少私寡欲，绝学无忧"。老子对此作了详细的描述："众人熙熙，如享太牢，如春登台。我独泊兮其未兆，如婴儿之未孩。儽儽兮若无所归。众人皆有余，而我独若遗。我愚人之心也哉！沌沌兮！俗人昭昭，我独昏昏。俗人察察，我独闷闷。澹兮其若海，飂兮若无止。众人皆有以，而我独顽似鄙。我独异于人而贵食母。"基本的意旨，是要人不去追求昭昭察察的知识，而要保持昏昏闷闷的愚人之心。老子只要人做无思无虑的愚人，而不要做有学问知识的文明人。按照胡适前面的分析，可知这一主张的根据来自于无为的政治哲学，目的是要解救社会的矛盾与祸害，所以不能简单地认为这是修养论的问题。也就是说，老子的人生观是与他的政治观密切联系在一起的，不能分开理解。

在这种人生哲学的基础上，胡适认为老子因此而劝人知足："知足不辱，知止不殆，可以长久。……罪莫大于可欲，祸莫大于不知足，咎莫大于欲得。故知足之足常足矣。"胡适认为这里存在着矛盾，因为知足不是容易做到的。知识越多，越不能知足。故若要知足，除非毁除一切知识。

为了知足，老子又提倡"不争"："江海所以能为百谷王者，以善下之，故能为百谷王。……以其不争，故天下莫能与之争。""曲则全，枉则直，洼则盈。……夫唯不争，故天下莫与之争。""上善若水，水利万物而不争。处众人之所恶，故几于道。""天下柔弱莫过于水，而攻坚胜者莫之能胜。其无以易之。弱之胜强，柔之胜刚，天下莫不知，莫能行。"胡适认为这也是出于对时势的批判。当时兵祸连年，小国不能自保，大国互争霸权。老子生于这样的时代，深知武力竞争是以暴御暴，只有更烈，没有止境。只有消极不争，才可以抵抗强暴。老子要人知道柔弱能胜刚强，"夫唯不争，故天下莫与之争"，要"不敢为天下先"，要"报怨以德"。暂时吃亏忍辱，并不害事，因为"物或损之而益，或益之而损。……强梁者不得其死"。这又回到了他的天道观念上，因为自然法则是"天网恢恢，疏而不失"的，所以一切要听其自然。物或损之而益，或益之而损，都是天道之自然。宇宙之间，自有"司杀者杀"，故强梁者总不得好死。人们尽可逆来顺受，且看天道的自然因果。

据胡适的分析，老子的政治哲学与人生哲学都带有浓厚的消极色彩，在现实中是很难做到的，而且也与老子所提倡的无名思想矛盾。因为这套哲学本身就是有名的，是人类关于政治社会与人生实践的智识，如果要按真正的彻底的自然法则来做人做事，就要连这种哲学也要去掉，它本身也是没存在之必要的。现代学者要认识老子的自然主义哲学，可以从政治学、社会学等多方面加以补足。这是现代学者研究古代哲学思想时的重要任务，即看到其中的不足之处，利用更多的现代学科的理论与学说加以补充，将其中的有益成分转化成可以在现代社会条件下能够加以利用的思想，这样才会使古代思想具有更为现实的价值。

第五节　运用西学研究《老子》的其他成果

进入民国以后，除了胡适等人的哲学史著作外，还有一批学者注意吸收西方哲学等学说理论来解释老子，如蔡元培、刘鼐和、熊十力、张默生、金岳霖、冯友兰等人。以下简述他们的老子理解。

一、蔡元培《中国伦理学史》中的老子思想

蔡元培（1868—1940），字鹤卿，又字仲申、民友、孑民，浙江绍兴人，近代著名教育家。曾任北京大学校长、中华民国首任教育总长、中央研究院院长，著有《哲学大纲》《中国伦理学史》《石头记索隐》等。

《中国伦理学史》由商务印书馆1922年出版，此书第七章是对老子的专门论述。蔡氏认为："《老子》二卷，上卷多说道，下卷多说德。前者为世界观，后者为人生观。"[1]　其学说的渊源，主要来自对历史成败因果关系的深刻观察，由此抽绎为一种思想。在老子生活的时代，楚国为北方齐晋诸国之公敌，被摈于蛮夷之列，南北文化冲突激烈，老子的思想是对北方文化的反动。当时南方的思想家多好为形而上学的探究，而北方学者以经验世界为其世界观的基础，重视礼法仪文，而忽视心性的修养，故南方学者反对之。北方学者对于宇宙，仅注意现象变化的规则，南方学者则进而阐明宇宙的实在。因此，南方学者对伦理学是所不关注的，而且他们认为道德是消极的。

---

① 　蔡元培：《中国伦理学史》，商务印书馆1922年版，第39页。

他对老子思想的分析，都以与北方学者相对比而展开。对于道，北方学者认为是宇宙的法则，老子则认为宇宙的本体是道，即宇宙全体抽象之记号。道本虚静，故万物之本体亦虚静，要点是当纯任自然，而复归于静虚之境，这是老子厌世主义的根本之处。

老子的道既与北方学者不同，故他所谓的德，也不是儒家所说的德。老子认为太古之人不识不知，无为无欲，是为能体道者，其后智慧渐长，惑于物欲，而大道渐以澌灭。此时人们崇尚仁义礼乐，并没有找到根本，因而更加趋于私利，而社会秩序更加混乱。所以老子的挽救之道是要人们循自然之势，复归于虚静，复归于婴儿而已，所以推崇小国寡民那种社会状态。这种思想后被庄子和陶渊明继承，即所谓桃花源式的生活。这说明南方思想家的理想，常为遁世者所服膺。

老子的思想中，道德不足重。正因为崇尚道德，才证明社会道德的浇漓。道德是与不道德相对而言的，仁义忠孝，都是由于已经不仁义忠孝了才加以提倡。所以老子认为最根本的是道，保证了道的不缺失，才能解决种种社会问题。这就是老子思想中道与德仁义礼忠等伦理观念的关系。

蔡氏也指出，社会不断发展，人事日益复杂，害恶名目日益细多，所以用于禁止和预防害恶的办法也随之而需要，这就是道德等名目所以产生的理由，但老子没有说明大道为什么废，六亲为什么不和，国家为什么昏乱，可知老子思想只说明了问题的一部分，因此显得不够完善。

他又分析，老子设置了道德与不道德之间的关系。有不道德而后以道德救之，但不能说道德是不道德的原因，所以对于道德法令，不能因为社会有了不道德不守法的现象而加以否定。虽然道德法令有其纠扰苛苦一面，但也有救治社会疾病的一面，所以只说不能用道德来救世界，还是不完善的。

蔡氏还分析，老子关于一些事物现象相互转换的思想，也不够完善，如说知美之为美，斯恶矣，知善之为善，斯不善矣。虽然事物有相对且相互转化的一面，但也有各种固定的一面，不能因为有相对性且相互转化就否定其固定的一面。如果只看到相对性，而忽视固定性，是不完善的。

关于老子的无为之政治，他认为老子既以道德为长物，则其政治观也必是如此。在把政治视为统治者的责任这一面，老子与儒家是一样的，但儒家主张统治者在政治上要导民齐民，使之进步，而老子则相反，认为只能循民心之所向而无所忤之。

关于法术的起源，蔡元培认为老子既主张无为之治，故斥礼乐，排政刑，恶甲兵，甚且绝学弃智，但他仍然提出一定的方法以解救社会问题。虽然这与老子无为之治是相矛盾的，但与他视事物具有相对性且能相互转化的思想是一致的。所以老子主张将欲噏之，必固张之等。蔡氏认为，这说明老子固然精于处世之法，但他仍按事物相对而转化的思想来处理问题，他虽然排斥智慧，但在处理问题时仍要用一定的智慧。这就是权谋术数之所出，老子也不能不承担一定的责任。

故蔡氏的结论是，老子的学说多偏激，故能冲击思想界，而开后世思想家之先导。但他的学说与进化之理相背驰，故不能久行于普通健全之社会，其盛行者，只在不健全之时代，如魏晋至六朝之间。

蔡氏对老子思想的分析，不只看到其中合理的一面，也能注意到其中不合理的地方，而且指出了老子思想中本身存在的矛盾，这是他老子思想研究中值得重视的地方。

二、刘鼐和《新解老》

刘鼐和（1870—1929），湖南善化（今属湖南长沙）人。日本法政大学毕业，民国间湖南著名学者。民国初年为报社记者，以"少少"为笔名，享誉全国。后应聘北京大学主讲老庄哲学。

刘氏著有《新解老》一书，他在此书中认为黄老学派为中国数千年之干，后来有些学者也有类似的说法，应该是刘氏这一说法的继续。刘氏认为，历代不断有人对《老子》作注，但都不能揭示五千言的真谛。有以儒家注之者，不知老子非儒；有以佛家注之者，不知老子非佛。刘氏通过阅读西洋哲学书，恍然领会到老子著五千言时的心中感想，指出对古人的书如果不能领会古人著书时的感想，所注都是隔靴搔痒。西洋哲学多溯究宇宙有相之物的最终原理，老子此书则是溯究宇宙无相的最终原理，是形而上学的哲学。刘氏在阅读了西方哲学之后，再来理解老子，且他的解释多取证于今，所以对老子的解释称为"新解老"，以与战国韩非的《解老》、明代李贽的《解老》相区别。

既是新解，欲发明老氏精深学说，故其文词以通行为主，多采新名词。如他认为积极有为，是《老子》的最要之旨，《庄子·天下》叙老子之道，亦曰"以有积为不足"，但"积"在后世已无相当的词汇可以发明其意，故不得不改用新名词"积极"二字。这样做的目的是为了"通今"，"以求中外人士皆得了解"。[①]

刘氏认为历代注《老子》者，除了王弼、苏辙、释德清外，鲜不坠于咬文嚼字之诮。即王、苏天才高敏，德清佛理湛深，亦只稍能拟其一贯之旨，至于一贯之旨果真如何，即老子当日立言时其心中作何观，则尚未全然揣中。而他所说的老子当时的心中目标就是探索包括万物万事的最大原理，在他看来，就是"无"字为万化之原。这个原理虽然是一，但分为体和用两层。天下任何义理都必须有体和用两层，在己者为本体，对他者则为应用。老子对于万化的共同本体，认为"无"字为其原理，对于万化的共同应用，则认为"无为"二字为其原理，这就是老子独得的秘奥，五千言的核心，千言万语，都不离这一宗旨。这就是刘氏《新解老》的中心思想。

三、熊十力对老子思想的理解

熊十力（1885—1968），原名继智、升恒、定中，号子真，中年以后更名十力，晚号漆园老人，湖北黄冈人。先后在天津南开中学、北京大学、浙江大学等任教。解放后，以特别人士身份受邀参加首届全国政治协商会议，后被选为全国政协二、三、四届委员。著有《新唯识论》《原儒》《体用论》《明心篇》《佛教名相通释》《乾坤衍》

---

① 刘蕴和：《新解老·凡例》，见《老子集成》第十一卷，宗教文化出版社 2011 年版，第 729 页。

《论六经》《摧惑显宗记》《十力语要》等。

熊十力没有专门对《老子》的研究之作，本小节主要采用郭齐勇《熊十力思想研究》① 第七章《熊十力的道家观》中的内容，来看熊十力是如何理解《老子》与道家，并在自己的哲学体系中加以发挥的。

郭氏此书对熊十力的道家观，分三个方面进行论述，即老庄之"道体"与熊氏之"本体"、老庄之"独体"与熊氏之"个体"、老庄之"玄览"与熊氏之"澄观"。在道体与本体的问题上，熊十力少时喜老庄，中年游心于佛，久之皈向孔学《大易》。尽管熊十力对道家多所批评，然郭氏以为，无道家资源陶养，则不可能有熊氏后来的《新唯识论》。为此郭氏着重研究熊十力哲学与道家思想的渊源关系。

对道体与本体的问题，据郭氏说，熊十力一再声言《老》《庄》源于《易》，并批评道家的差谬，但在总体上对道家价值从未轻视，而诠解又颇具新意。熊氏本体论与道家思想的联系与区别，主要表现在"体"之内涵的规定上，这可从"道——无、有"与熊氏体用观的关系上加以分析。

郭氏说熊十力是以己意诠释老子思想的，对于老子的道、无、一，认为此即真理、宇宙实体，一切万象，以道为体，道固非离一切万有而别有物。若谓道果超越于一切万有之外者，则道亦顽空，何得名为宇宙实体？这即是庄子所说的"道在屎溺"，可见道不离一切万有而独在。可知熊氏把老庄之道解释成与万有打成一片、即物即道的道。熊氏把道解释为有和无的统一，因为作为天地之根、宇宙基源的道，即是生成天地万物最究极、最本源的实在，必须具有神形两方面的品格。熊十力强调老庄之道乃有无两面的统一，并把"易道"的品格融合进来，以阳刚之性补充阴柔之性，将超越之道内化于天地万物及人类之中。这是郭氏所说明的熊氏关于老子之"道"的基本看法。即道有体用两个方面，而在道的用的层面，则又分成神与形两面，神包括无、阳、心，形包括有、阴、物，而神与形又是相对的。熊氏是在解释"有之以为利，无之以为用"时，把体用

---

① 天津人民出版社 1993 年版。

之用训为神妙无限之用，无用之大用，而把形质之有、实利之用，释为有限之用，即精神凭借的工具。

熊氏的体用观是有取于《老子》，而又以自己的"体用不二""翕辟成变"观来解释《老子》。他说，吾心之本体即宇宙之本体，非有二也，故不可外吾心而求道（本体）；吾心发用处，即是道之发用，故善体道者，体之自心而得矣，不必外求。

同时，熊氏以"本心"本体论诠释老子的"自然"本体论，在他的诠释中，逐步把道体引向心体，把道体具有的超越性、绝对性、普遍性、无限性、圆满性保留下来，同时强调老庄的"无包含有""有生于无"，并以易体之大用流行、生生不息、日新富有、灭故生新的特点补充道体的深不可测、虚不可象、冥然无作、无处不在。

熊氏以道家思想特别是其道体观、有无观，论证滞留物用、执着有为对于心体的遮蔽，论证本心与习心之辨，论证摄心归寂、内自反观、炯然明觉、澄然虚静的境界。老庄以非人文、非道德的径路对人生超越境界的论证，被熊氏纳入肯定人文、肯定道德的径路上了。这是熊氏对道家思想的活用。

据郭氏分析，熊氏晚年（20 世纪 50 年代后），对道的诠释在基本思路不变的前提下，直接以"体用"释"无有"。他在《原儒》下卷《原内圣》中说：

老氏所谓道，盖合虚、神、质三者而为混然不可分割之全体。（虚空，亦省云虚。）《老子》第二十五章曰：有物混成，先天地生。（有物之物字，作虚字用，乃隐指道而言，不可作物质解也。混成者，老氏以为宇宙基源，即所谓道者并非空洞的无，而是虚与神、质三者混合而成，故曰混成。辅嗣注云："混然不可得而知，而万物由之以成，故曰混成也。"此则以不可知释混字，以"万物由之而成"释成字，以二义结合曰混成，牵强太甚，不可从。余言虚神质三者混合而成，则会通老氏全书之旨，的然如是，至后当知。先天地生者，即第一章云"无，名天地之始"是也。）寂兮寥兮，独立不改，（寂寥，无形体也。独立，无对也。不改者，变化无常而其德性恒无改易。）周行而不殆，可以为天下母。（神质混一，其周行无所不至。盖至真之极充塞流动于无量无边之虚空中，何殆之有？天地万物皆其周行之势用所发现，故曰为天下母。母者，以能生故名。）……《老子》第二十一章云：道之为物，其恍其惚。（此说虚也。物字即迥指句首道字。恍惚，辅嗣云："无形不系之叹。"案虚空本无形，无形故不系。叹者，叹美之也。又以无形故，无可睹，故云恍惚。）惚兮恍兮，其中有象；恍兮惚兮，其中有物。（此说虚生质也。二语重叠言之，其中者谓虚空之中，下言其中者亦仿此。曰象曰物，非指目成形之一切物，如天、地、人等物也，盖剋就一切物之本质，即流动活跃之质而言，流动之质动而未成乎形乃成形之物所以由以成者。……）[1]

熊十力对老子的话语做了非常深入细致的分析，概括他的意思，是说道中有象、有物、有精、有信，一方面指道体永恒、绝对、至大无外、无形、无名、无状、无物、唯一、第一、不变、不动，由此才能为万物之始之母。另一方面，又指道体真实，虽无形相，而非空无，虽本不动，而涵盖流动活跃。也就是说，道体是恍惚无象之虚空，但虚而不虚，虚而涵实，无而涵有。熊氏认为，王弼对"其中有信"的解释不妥，应将"信"释"实"。虚而不虚者，生神生质，故虚而实。虚生神质，无能所可分，亦无先后。神质与虚，混然为一，完然圆满，是谓混成，亦谓之太一。由斯而论，则《老子》第一章有、无二名，亦可得正解。混成无形，故说名无；混成之动，愈出而无穷无尽则为万物母。故就动出而言，应名为有。混成是体，动出是由体起用。有、无二名依体用假立。体用可分，究不可析而二之。故第一章曰"此两者同，出而异名"也。第二十五和第二十一章，从来学人罕得其解。谈者道其所道，非老氏所谓道也。老学

---

① 熊十力：《原儒》，见《熊十力全集》第六卷，湖北教育出版社 2001 年版，第591—592 页。

之根柢不明，则其一切之论皆不可究其所自。须知，老子所谓道，本虚、神、质之混成，而神与质皆自虚生，故老氏以虚无立本。①

熊氏肯定老学的根柢乃虚、神、质的统一，特别发挥老学的虚（无、体）涵盖着实（有、用），又指出老氏以虚无立本，有无同出于元（道），道之体为无，道之用为有，无乃天地之始，有乃万物之母。"无，以道之体言，道无形故说为无；有，以道之用言，为天地万物之母，是道之用故。体用本不二，故曰同。出者，道之动，第五章云'动而愈出'是也。动出是用。自无涉有，遂致有无异名，故曰'出而异名'。自无涉有者，非谓本无而后有也。无者，言其体，由体起用，故云'自无涉有'。有无二名虽异而实不异。无以名其体；有以名其用。体者用之体；用者体之用；体用本不二，故曰同。同，谓之元"②。

熊氏在《原儒》下卷中说，他在二十多年前以心物分疏老氏有无之论，至《原儒》上卷仍持此义，1954 年定居沪上之后，才认为老氏有无"究是体用之辨，不可以心物分疏"。又说："老氏真以虚空为万化之源也，其学殆与浑天说有关……今谓庄生称关、老'建之以常无有'者，太虚洞然，本来无所有，故曰常无有。无有，何所建？虚而生神生质，神质与虚混然为一，则以混成建之也。下云'主之以太一'者，虚含神质，混然为一矣，不谓之太一得乎？老学根柢，此番掘出无疑。"③ 这说明熊氏对老子的道及有无的理解从中年到晚年有了重大变化。

郭齐勇进一步据熊十力所论，认为他对老庄道体有无观的借鉴和改造的意义在于如下四点：一，肯定道家"道——无、有"之本体论和超本体论的价值。二，批评"虚无为本"在宇宙—人生论，特别是外王学之负面。三，认同道家之"无"在道德论、道德境界

① 熊十力：《原儒》，见《熊十力全集》第六卷，湖北教育出版社 2001 年版，第 592—593 页。
② 熊十力：《原儒》，见《熊十力全集》第六卷，湖北教育出版社 2001 年版，第 589 页。
③ 熊十力：《原儒》，见《熊十力全集》第六卷，湖北教育出版社 2001 年版，第 624—625 页。

及超越境界的慧识。四，赞扬"体无"之本体方法论的贡献。

在老庄的独体与熊十力的个体关系的问题上，郭氏认为老子有一种"畏""避祸""孤独"的意识，似乎看到了"散朴为器""始制有名"以来，文明建制、礼乐仁义、圣智巧利、他人共在等造成的个体人的"被抛""沉沦"与"无家可归"的尴尬处境，即文明异化导致了个体自我的失落。庄子在此基础上突出了人的个体性，尤其是"自本自根""独有之人，是为至贵""独与天地精神往来""以游无穷"诸说，从精神生命上肯定了个体人的地位。而熊十力也吸取、扬弃了道家"独体"学说。熊十力面对的也是文明异化造成真实自我的失落，他同样在对儒家传统、名教纲常之负面所作的抨击中，透露出对"个体性"的反思。这里又表现出思想内在的深刻矛盾：个体与整体之间、无有之间、内圣外王之间、适己性与物化之间的矛盾。因此熊十力肯定"自本自根""依自不依他"，又从必然与自由的辩证关联上思考个体的主体性。在熊十力这里，人的个体性的凸显是伴随着人的形体自我的消解而达成的，是伴随着"吾丧我""无己""忘我"而实现的，但这个过程的结果，最终肢解了、丧失了人的个体性。熊十力说："老曰'吾所以有大患者，为吾有身。及吾无身，吾有何患'云云，夫自私之恶根，在于有身。有身者，即佛氏所云身见或我执，王阳明所云随顺躯壳起念是也。一切自私自利之大恶，其根源只是有身。此非反己工夫至深切者不知也。老氏已拔去自私之根矣。故曰：'我有三宝：一曰慈。'"[1] 又批评老氏末流："老聃尚朴，任自然，自然之说行，必有贱检约，而放荡无所不至者。朴之说行，必将反文明，而安偷惰，至以任情为率真，而实行不肯修，实学不肯讲者。其流弊可畏也。"[2] 又曰："夫仁心之存乎人者，刚健、焰明、生生而能爱，不为小己之私欲所缚，常流通于天地万物而无间隔。此乃根于实体之德性，而为一切德行之源泉也。

<hr />

[1] 熊十力：《读经示要》，见《熊十力全集》第三卷，湖北教育出版社 2001 年版，第 780—781 页。

[2] 熊十力：《读经示要》，见《熊十力全集》第三卷，湖北教育出版社 2001 年版，第 780 页。

人皆有是心，而不幸甚易为形气的独立体所锢蔽（独立体，谓身）。独立体既成，便自有权能，故其锢蔽仁心也甚易，而仁心之发露颇难。"① 又说："原夫于人生命本与宇宙大生命浑然为一，不可分割，但人自有生而后已成独体（谓成为独立的个体），如张人便与其自身以外之人人，或天地万物互相对立。易言之，即势成矛盾，却迷失其本来浑一之大体（大体一词见《孟子》，此借用之，犹云大生命），几于不可复。"② 这说明熊十力看到了身与心、形体自我与精神自我、个体与整体、殊相与共相之间的矛盾冲突，但他对与肉身相联系的个体、独体及其物质欲望，是取贬抑态度的。

郭氏则进一步追问：什么是个体的人（独体）？什么叫"个体性"？人的生命不是理性生命和感性生命的统一吗？本体仁性的生命创造、道德冲动，能够离开肉身材性、生命权能吗？它难道不是与同样隐伏在人性深处的物欲需求、知性冲动相伴随、相补充吗？以"吾丧我""无我""忘我"的模式挺立的道德的主体性和道德的个体性，如果以贬抑材知自我作为代价，则不仅材知自我会沦丧，仁性自我亦会随之消解。这里似乎不完全同意熊十力的观点，并对其说中的矛盾之处发问。

郭氏认为，个体性的确立，个体的自我完善，必须考虑个体与群体、理性生命与感性存在、大体与小体、道义与功利、必然与自由、共相与殊相等一系列的矛盾。传统哲学忽视了作为有欲望的、感性存在的具体的人。当代西方哲学又从西方传统的理性主义超越出来，进一步肯定了个体的存在和个体的自由，尽管有很多缺失，但提出了很多问题，如个人怎样把自己放在价值的本位上才能实现自己的解放，自为的存在与为他的存在的关系，如何把握个人的最本己的"整体能在"，如何把个人融汇在对象和环境世界中，在"忘我"的境界中体验生命的归乡等，有一些可以为改造儒道哲学提供

① 熊十力：《明心篇》，见《熊十力全集》第七卷，湖北教育出版社 2001 年版，第 273 页。
② 熊十力：《原儒》，见《熊十力全集》第六卷，湖北教育出版社 2001 年版，第 335 页。

借鉴，有一些又可以与儒道哲学汇通。"个体性"原则在中国哲学的确立，有赖于现代化事业和现代人的全面发展，有赖于对传统资源的体认和扬弃。个体与群体、理性自我与感性自我总是相依相待的。个体性是全面的，不是片面的；个体性、殊相、偶然与群体性、共相、必然的关系亦是辩证的、统一的。

在老庄的玄览与熊十力的澄观关系的问题上，熊十力非常欣赏老庄的语言哲学。他指出：知见愈出，解释愈多，而吾人与万物浑然同体的不属形限的本原乃益被障碍，而无可参透。因此必须"不可信任自家的知见用事，直须在这里（谓玄学）关闭此一道门（谓知观），才有玄览之路。尤其是对于哲学界，或古今哲学家，许多纷纭复杂的知见和说法，就得用空宗大扫荡的手段，务期斩尽葛藤，方得回机向上"①。他所说的涤除知见，不是对世间一切知识都不理会，而是在作本体玄思时，不能随知见支配。任何冥思都使人超逾当下，趋于玄远，把握永恒，倾听未来，体悟吾人与世界的真实关系。而道家澄心凝思的玄观，给予熊十力深深的启发。

郭氏认为熊十力对语言与道的关系的理解，有如下几层：首先，语言不能直接表诠道体，因而不能执着于语言。其次，语言的妙用可以启发人们接近于道、回归于道。再次，语言对道之境界的表达方式是遮诠，即暗示、隐喻、否定真常之道，本非言说所及。但熊十力又主张"体用不二"，因此，有无之间，有名与无名之间，没有天渊之隔。即用显体，即体显用。他把有与无、有名与无名都视为道之发用，必须不执着名言，才能体会、回归于道，但名言仍有名言的功能，名言是由有至无由无至有的阶梯。因此，有名与无名乃相反相成。有可言之理、可征之事，又有不可言之理、不可述之事。老子的理解是："智者不言，言者不智。"庄子的理解是："言无言；终身言，未尝言；终身不言，未尝不言。"说明了语言的局限性，又说明了语言的不定性。因为道体的微妙恍惚、生生无限，很难以确

① 熊十力：《新唯识论（语体文本）》，见《熊十力全集》第三卷，湖北教育出版社2001年版，第164—165页。

定的名言界定，熊氏认为，如果用西方求知识的态度、西方的形式逻辑来理解中国学问，绝对如隔靴搔痒，了不相涉。中国古代的思想及其著作，文约义丰，意境深远，广大如天，博厚如地，宏通微妙，理趣奥博。善读者，必于言外得意，故非深识精思之士，则读孔老诸氏之书必漠然无所得。熊氏特别推崇孔孟老庄的语言表达方式，认为它能激发人们心中最丰美、深邃的生命精神，直透人的心灵深处，启发人达到崇高的境界。尤其是老庄的玄妙的隐喻、启示，界乎言与不言、名与不名之间，解决了道体的表达问题。宇宙人生的真谛、善性、美景、生命精神、真正的理境、真善美的理想追求、终极的关怀，都很难以用日常语言直接表明，而老庄孔孟的语言哲学，却达到上乘境界。熊十力根据中国古代智者的思想，主张摆脱逻辑理念的束缚，以隐喻、多义的比兴语言表达形而上学的意涵，并启发人们"体道"，返之虚静，提升道德人格和境界，努力追求，止于至善。对于深弘而肆、诙诡谲奇、诗意盎然、汪洋恣肆、暗示性无边无涯、涵盖面无穷无尽的道家、佛家、儒家典籍，阅读它们，不仅要用理智，而且要用情感，甚至要投射全部的生命，要有自己活生生的体验、体悟。这种见解，对于现代的中国人来说，确实并非易事，或许只有熊十力这样的思想家，才能体悟到这层意思。他说："中国学问所以不事逻辑者，其所从入，在反己，以深其涵养，而神解自尔豁如。然解悟所至，益复验之践履。故阳明所谓'知行合一'，实已抉发中国学问之骨髓。"[1] 除了体悟言外之意，更需身体力行，功夫不在言与名，而在涵养心性，履行实践，直至明觉澄然，真理呈显。熊十力解《老》所说的"虚其心"，"摄心归寂"，"内自反观"，"明觉澄然"或"炯然明觉"，"虚明澄静"或"虚明澄净"，与海德格尔说的无遮蔽的"恬然澄明"之境，是同一境界。这既是宇宙真实、人生真意，是个体人真实生存的写照，又是人们体验深层真实、体验超越意境所必需的心境。扫荡名相、知解、杂染、欲

---

① 熊十力：《十力论学辑略》，见《熊十力全集》第二卷，湖北教育出版社 2001 年版，第 312 页。

念的执着，即是求真致善审美，即在倒读世界的"解蔽"活动中，在"敞开"中，对存在和道的观照。

总之，通过郭齐勇所做的解读，让人体会到熊十力思想的深邃性和丰富的现代性，更与个人生命境界之领悟与提升，有着深刻的关系。可以说，熊十力是一个哲学家，他从古代儒道佛等思想传统中吸取营养，善加独思，由此创造出自己的哲学体系，这样所研究和认识的老子思想，更为深刻和独特，能够给人极大的启发。

四、张东荪《从西洋哲学观点看老庄》

张东荪（1886—1973），原名万田，字东荪，浙江杭县（今属杭州）人。曾任中国公学、国立政治大学、光华大学、燕京大学、北京大学教授。

《从西洋哲学观点看老庄》一文，1934 年发表于《燕京学报》第十六期。由于张氏对西方哲学研究甚深，故能用西方哲学的方法来分析老子的思想。他先说明西方哲学是形而上学，形而上学使用的概念与通常的概念不同，如本体这个概念并不是在现象以外，现象与本体不是互相排斥的，乃是相互合摄的。本体与现象是一个东西，又不是一个东西。这样的概念先行说明清楚之后，才能深入分析老子的思想，所以他说，不知道形而上学的思想方法，便不能读老庄的书。这也就可以看出，他的方法就是以西方形而上学即哲学的基本概念来思考《老子》书中的相关内容。

张东荪指出，形而上学的想法与普通人的想法有着根本不同，如佛教说："真如自性非有相，非无相，非非有相，非非无相，非有无俱相，非一相，非异相，非非一相，非非异相，非一异俱相。"对这一段话，"从方法上看，应当注重于这个'非有，非无，非非有，非非无，非又有又无'一点"[1]。普通人的想法是，非有即必是无，非无则必是有，非非有与非非无则必是又有又无。而形而上学的思考方法与之不同，它是把相反的认为同一的。有与无相反，并不是

---

[1]　张东荪：《从西洋哲学观点看老庄》，《燕京学报》第十六期，1934 年。

二者相对而分立，而是思考为有即是无。一与多相反，也不是二者相对而分立，而是思考为一即是多。这就是形而上学的思考方法。他认为《老子》中的许多说法与此类似，如：

> 道可道，非常道；名可名，非常名。
>
> 天下皆知美之为美，斯恶已；皆知善之为善，斯不善已。
>
> 无状之状，无物之象。
>
> 死而不亡者寿。
>
> 道常无为而无不为。
>
> 上德不德，是以有德；下德不失德，是以无德。上德无为而无不为。
>
> 明道若昧，进道若退。
>
> 物或损之而益，或益之而损。
>
> 大成若缺……大盈若冲……大直若屈，大巧若拙，大辩若讷。

这类说法与上述形而上学的思考方法相同，即总是把相反的事物融汇于一，并不因相反而相互抵消，而是得以相成。这样的"相反相成"，可以说是形而上学思考方法的唯一特色。

就使用形而上学的思考方法而论，张氏认为与其说老庄类似于斯宾诺莎，不如说接近于黑格尔。老子主张"无名天地之始，有名万物之母""视之不见名曰夷，听之不闻名曰希，抟之不得名曰微，此三者不可致诘，故混而为一……绳绳不可名，复归于无物，是谓无状之状，无物之象""有物混成，先天地生。寂兮寥兮，独立不改，周行而不殆，可以为天下母。吾不知其名，字之曰道"，则可知老子主张有一个绝对的本体。这一类的本体论与斯宾诺莎有相通处。而且老子提出"大道泛兮其左右，万物恃之而生而不辞""天下万物生于有，有生于无""道常无为而无不为"，这些说法也与斯宾诺莎相类。

但老子的道又是偏于"动"的，如说"万物将自化"，从这一点看，又与斯宾诺莎有些不同。因为斯宾诺莎的本体是绝对的，不动的。而老子的道却不是不变的本体，乃是周行不息的。在这一点上，可以说老子的思想有与《易经》相通的地方。

《系辞》里说"一阴一阳之谓道""生生之谓易""易无思也无为也，寂然不动，感而遂通""易开物成务，冒天下之道"，这与老子的思想颇有相似处。可见老子所谓的道亦是活的、动的。这样说来，不但老子与斯宾诺莎不是十分相同，而且中国古代思想上始终没有寂然静止的"超越的本体"。

老子虽说："道之为物，惟恍惟惚。惚兮恍兮，其中有象；恍兮惚兮，其中有物。窈兮冥兮，其中有精。"但这不过是形容道虽不可视听而又存在而已。中文的"道"字原有"路"字的意义，虽然成了专门术语后已与原义有所不同，但仍然保留了部分的原义。所以凡说到道，都有周行不殆的意思，不能和西方的 Sudstanel（本体）相比拟。因为西方的"本体"有"背后的东西"之意，因此总离不了"本质"（ultimatl stuff，原始材料）的意思。虽然斯宾诺莎重下了定义而变成"自己存在者"，但也不是完全抛弃了原义。由此可知，中国的"道"与西方的"本体"从语源上来说，是有很大差别的，这也说明不能照搬西方的本体概念来解释中国的道。

这种相反相正的形而上学的思考方法就是 dialectic，日本译为"辩证法"，若用佛教说法就是"遮拨法"，照黑格尔的说法又可译作"自否律"（自己否定之原理）。黑格尔在他的《小逻辑》里说自否律只是一种内在的倾向，由此说明每一观念都是一偏的和有限的，并由其反面而见。因为每个东西都是有限的，所以正是取消了它自身。黑格尔认为凡是人身周围的一切东西，都可以用这个原理去认识。于是可知一切都不是静止的与最后的，而是变化的与转移的，这就是有限者的自身否定，这样一来，凡是有限者就不能不蜕出其本身而转化为其反面。由此可知黑格尔的辩证法只是自反律，译作辩证法，不如译作自否律或自反律。但自否自反或佛教所说的遮拨，并不是否定了自己而归于无有，而是在否定自身的基础上更深一层，更广一层，更大一层，是向更深更广更大的移动。黑格尔称之为

aufheben，张东荪译为"消留"，含有两义：一为消灭，一为保留，是既消灭又保留。消留的思想是辩证法的精髓，没有消留就不成其自身的否定。这样的思想就是形而上学的特色。如果把这种思想方法称为逻辑，它与通常所谓的逻辑完全不同，只能用于形而上学。

佛教的形而上学是"真如"，老子是"道"，黑格尔是"绝对"，这些都是不能用言语来解说的。不可说而偏要说，不可名而硬要名，不能讲而姑且讲，所以不能不创出特别的逻辑，因为用通常逻辑无法说、无法名、无法讲。

例如佛教的"非有相，非无相，非非有相，非非无相，非有无俱相"，是指真如而言，并不是人们所处的这个世界中的任何东西，乃是拨开了此世界中一切事物后而要表明的绝对。这是佛教的遮拨法。黑格尔的自否律则有些不同，乃是由有限的自己必须自我否定而推到绝对。佛教的思想方法是靠拨除，黑格尔则是靠推移。因此佛教是超越世间一切事物的，黑格尔则是偏于事物内在的。老子在这个地方接近于黑格尔而与佛教不同。

阐明了形而上学的思考方法及其独特的逻辑之后，张东荪进而分析老子的思想。老子说："无名天地之始，有名万物之母。故常无，欲以观其妙；常有，欲以观其徼。此两者同，出而异名。同谓之玄，玄之又玄，众妙之门。"这里的"名"就是英文 determination的意思。黑格尔在《大逻辑》里说，"纯有"不具任何定性，就是说纯有并不具任何的"分别"（distinction），这就是"无名"。《老子》中往往把无名等同于"无"，因为无名即等于"无物"。黑格尔则认为有而不具任何分别即等于"无"（nothing）。所以老子说的"无"正是黑格尔说的"无"，而不是潘曼尼德斯说的"无"（non-being）。

《老子》又称"无名之朴"，朴就是"未开"（undifferentiated）。《老子》说："绳绳不可名，复归于无物，是谓无状之状，无物之象。"可见无名即等于无物，无物即是未开。从反面来看，如"常有，欲以观其徼"，"徼"训为"分徼"，就是英文 distinction 的意思，而一切"性质"亦由有分别而起。所以《老子》说"道生一，一生二，二生三，三生万物"，这正等于"天下万物生于有，有生于无"。"无""无名""无物"是一个意思。可知老子的"无"正是黑格尔的"纯有"，因为纯有就是无。

但老子又说无变为有，于是有不再是纯有，而是黑格尔所说的determinate being。这是由于"分化"（differentiation）。分化即产生于分别，分别产生之后乃有彼此，所以说"有名万物之母"。老子说的名，不是人类对事物因知识而被加的名，乃是自生的分别，人类因其分别而用不同的名称之。在这一点上，老子与黑格尔又是相似的，他们都不分自然与知识，因为这种分别，是由于认识论而形成的。换言之，这是认识论的问题。老子思想中没有认识论的问题，黑格尔虽知有认识论的问题，但他却用独断的态度一笔抹杀，这是老子与黑格尔的不同处。因为老子是东方的思想，中国的古代思想中有名学而无认识论，乃是一个特色。

《老子》中又多有"玄"和"谷"字，如：

> 同谓之玄。玄之又玄，众妙之门。
>
> 谷神不死，是谓玄牝。玄牝之门，是谓天地根。绵绵若存，用之不勤。
>
> 道生之德畜之，生而不有，为而不恃，长而不宰，是谓玄德。
>
> 玄德深矣、远矣，与物反矣。
>
> 知其雄，守其雌，为天下谿。为天下谿，常德不离，复归于婴儿。知其白，守其黑，为天下式。为天下式，常德不忒，复归于无极。知其荣，守其辱，为天下谷。为天下谷，常德乃足，复归于朴。

张氏认为，"玄"古训有"黑"的意思，就是指把一切分别都抽去而言。"谷"等于"虚"，亦是相类的意思。"谿"与"谷"同，"婴儿""无极""朴"都是相类似的。可见《老子》中的"玄""谷"，都是形容无分别的本体，而这个本体也就是无名，就是无物。

以上是老子的本体论。这种本体论告诉我们：虽然无名天地之

始，有名万物之母，而毕竟有名等于无名。关于这一点，老子又用
"常"字来说明，必须特别注意。《老子》第十六章的"复命曰常"，
可以帮助理解这一思想：

> 致虚极，守静笃。万物并作，吾以观复。夫物芸芸，各复
> 归其根。归根曰静，是谓复命；复命曰常，知常曰明。不知常，
> 妄作凶。

万物虽芸芸而仍归其根。就是说，万物与其根（即无名）是等而不
等，不等而等，是同一而不同一，不同一而同一。从这个不同一之
同一来看，就称之为常。也就是说，万物虽千变万化而总不离其宗，
总不外乎是一个本体所表现出来的。根据此句则对"道可道，非常
道；名可名，非常名"也有了解释。可道之道是不能复归的道，所
以不是常道；可名之名是不能复归的名，所以不是常名。总之，老
子是以"复"来表示"常"。"吾以观复"的"复"很重要，常与复
是相关联的。

　　常又与变有关，没有变就不能说有常，常宿于变之中。变是由
本体变为现象，由无名之朴变为有名的万物。而常就是现象中有本
体，现象与本体是一而又非一，现象与本体不同而又相同。就在是
一而又非一和不同而又相同之中，把常表示出来了。

　　关于道与无的关系。胡适与冯友兰说道就是无，但张东荪认为
二者之间稍有区别。老子的无等于黑格尔的纯有，老子的道却有几
分像黑格尔的"化成"（Bleoming）。老子说的道如：

> 道常无为而无不为。侯王若能守之，万物将自化。
> 道冲而用之，或不盈。渊兮似万物之宗。
> 有物混成，先天地生，寂兮寥兮，独立不改，周行而不殆，
> 可以为天下母。吾不知其名，字之曰道，强为之名曰大。
> 人法地，地法天，天法道，道法自然。
> 大道泛兮其左右，万物恃之而生而不辞，功成不名有，衣

养万物而不为主。

反者道之动，弱者道之用。

道隐无名。夫唯道，善贷且成。

道生之，德畜之，物形之，势成之。是以万物莫不尊道而贵德。道之尊，德之贵，夫莫之命而常自然。

据这些说法，可知道是动的，无为是无，而无不为是道。所以说"道常无为而无不为"。"有物混成，先天地生"是无，而"周行不殆"与"泛兮其左右"则是道。而且《老子》说："孔德之容，惟道是从。道之为物，惟恍惟惚。惚兮恍兮，其中有象；恍兮惚兮，其中有物；窈兮冥兮，其中有精。"这就是说无之变为有乃是道。并且虽有而仍不失其为无，这也是道。佛教承认有个寂然不动的无，老子则不承认，老子所谓的无，是不能与道分开的。这正和黑格尔的纯有不能与化成分开一样。因为他的化成就是有无的综合。由有到无，由无到有，这个历程，黑格尔称之为化成。纯有是自宇宙的基底而言，化成是指宇宙的活动而言。一个偏于本质，一个偏于行历（Proelss）。二者合而为一，于是本体论与宇宙论就不能分开了，而只能名之为形而上学。老子之为形而上学，也是这样，他也没有纯粹的本体论，只有把本体论当作宇宙论的形而上学。所以胡适、冯友兰等人说道即是无，无即是道，却不知道之同于无，正如黑格尔的纯有与化成一样。不能离了纯有来讲化成，化成即是纯有之动。老子的道之与无，也是这样。可以说道是无，又不是无，可以说无即是道，而又不是道。胡适、冯友兰只见了道是无的一面，而忽略了道又不是无的一面。

关于道又不是无，可以据老子说的"道无不为""道生之""道衣养万物""道冲而用之或不盈""道者万物恃之而生""道善贷且成"等来证明之。老子说的"道法自然"，"自然"只是指"自自然然"，而"法"乃是英文 to epitomige 的意思，也不外乎是说道的动态而已。所以，由无到有，乃是道，有而不外乎无，乃是道。可见道有两个意思，一是行历的意思，一是原则（Principle）的意思。

二义合为一起，就是说在行历中有不变的原则。冯友兰说道为天地万物之所以然的总原理，是指它为原则一方面而言。但就原则言，是不变的。就行历言，又是动的。所以，道是变而不变，不变而变的。换言之，即动中之不变易。

常与道必须合而观之，于是便成了不变之变，变而不变。黑格尔认为有行历而无时间，即是说非抽去时间才能拨开现象以明绝对。就西洋哲学来讲，凡形而上学无不以抽除时间为要素。而老子的中心思想是在于"复朴"（复归于朴），复朴也就是复婴，即复归于婴儿状态。复婴之外又有原婴之说，指原来的婴儿。二者的差别就在于时间。如果复婴与原婴没有差别，就证明时间是没有作用的，这样的话，时间虽有而实等于没有。老子不区分二者，可知老子也以为时间是无用的。

抽除时间有两个方法，一是根本不承认有时间，一是以时间虽有而不生效力。前者称为时间之否定，后者称为时间之失效。在老子思想里，也能看见时间失效的意思。如说："有无相生，难易相成，长短相较，高下相倾，前后相随"，如果"前后相随"含有时间的作用，也不过是说前之后有后，后之前有前，然而前仍是前，后乃是后。如果把"前后相随"与"有无相生"合起来看，则不是前后相随，而是前后相对或前后相生。这样一来，时间就没有作用，就等于说方前方后，方后方前。若分割地看，可以有时间，若浑全地看，自然而然就把时间抽除了。这个形而上学的特征在老子思想中是不能避免的，否则就不能成为形而上学。

虽说老子有形而上学，但东方思想毕竟与西方不同。西方有纯粹的形而上学，而老子却只是建立了形而上学的人生观。他们的形而上学只是他们的人生观内的一部分而已。张东荪推测，这可能与中国的国民性有关。西方人从希腊文化以来，无论对何种问题总是先从"是什么"来着眼，东方人则总是先从"怎么样"来着眼。可知东西方的思想对问题的着眼点有先后次序的不同。西方总是先由"是什么"转到"怎么样"，东方则先想了解"怎么样"而后再看"是什么"。中国所有的思想家几乎没有一人例外。所以说老子是只有形而上学的人生观，而没有纯粹的形而上学。

以上说到老子形而上学的人生观乃是复朴。可以把复朴改为"复浑"，即复归于浑朴。浑朴的反面是"开"，即分化。一个东西，本是浑一的，而开了之后就分为若干，这若干个的东西每一个也都变为固定的了，并且都变为有限的。有限，就是被其外的他物所限制。一个东西被其他的东西所限制，这个东西的性质必是倚靠于他物的，其存在也必是倚靠于他物的。所以，凡是有限的都是倚靠其自身以外者而存在的。用黑格尔的话说，这就是自己走入自己的反面，亦即自己否定。从有限者的自己否定看，可以说开的结果依然离不了浑。但老子却总以为开是要不得的。庄子讲的南海北海之帝为中央之帝开七窍，就是这个意思。老子也有这样的说法：

古之善为士者……敦兮其若朴，旷兮其若谷，混兮其若浊……保此道者不欲盈。夫唯不盈，故能蔽复成。

众人熙熙，如享大年，如春登台。我独泊兮其未兆，如婴儿之未孩……俗人昭昭，我独昏昏。俗人察察，我独闷闷……众人皆有以，而我独顽似鄙。我独异于人而贵食母。

知其雄，守其雌，为天下谿。为天下谿，常德不离，复归于婴儿。

上德无为而无以为，下德为之而有以为。

明道若昧，进道若退，夷道若纇，上德若谷，大白若辱，广德若不足，建德若偷，质真若渝。

为学日益，为道日损。

圣人在天下，歙歙为天下浑其心，圣人皆孩之。

含德之厚，比于赤子。

天下有始，以为天下母。既得其母，以知其子。既知其子，复守其母，没身不殆。塞其兑，闭其门，终身不勤。开其兑，济其事，终身不救。见小曰明，守柔曰强。用其光，复归其明，无遗身殃，是为习常。

这些说法都表明人生应当复归于无名之朴，并且应当永留在浑朴的状态中。"吾将镇之以无名之朴"，就是指人生应当以复朴来救阻开化。所以从老子看来，开化是最要不得的。但老子主张人生必须复朴而守静，并不是归于寂然不动，其主旨反在于能够发动。就是说，他们主张无为，目的在于无不为。他们以为只有由无为才能无不为。所以无为而无不为，是同一件事，因为有为就不能无不为，其原因就在于上面说的浑与开之不同。因为是浑沦，所以一切都可包容在内，一切也都可变化出来。若是感而后应，则其应自可千变万化，不至于固定。凡固定的都不能随感而应，其中必有能应的与不能应的，所以不如浑沦好。这就是老子主张守朴的原因，这并不是消极，仍是积极，乃是想得到一个万能的（即万应的）方法。庄子说"虚则静，静则动，动则得矣"，就反映了这一思想。

老子既反对开化，也就反对文明。他以为，以文明（即开化）来医治文明所生的弊病，是不中用的。因为开化的罪恶即在开化自身，愈开化则罪恶必随之而进，所以只有复返于浑浑噩噩的原始状态，才能避免。

老庄把自然状态与浑沦状态认为是一个东西，对此应分析他们所说的自然。老庄的自然，在大原则上并无不同。庄子所谓的自然，只是听其自然的意思，并不是指自然界的自然，绝不是从外界事物的固有状态来讲自然，只是从我们应对万物的角度来讲自然，这就是所谓"万物齐一，孰短孰长"，是从他的齐物主义延续下来的。这种自然观和卢梭的复返于自然不一样，卢梭承认有自然的状态，而老庄只求不加人为的矫揉造作，至于外界有无固有的自然状态，不是他们所关心的。东方人不会有西方的自然主义（naturalism），因为这种自然主义是把重心放在外界，由"是什么"的问题而产生的。东方思想绝少从"是什么"出发，总是从"怎么样"出发。所以老庄的自然主义绝对不是西方的自然主义。老庄的自然，是听其自然，也就是反对人为。

张氏认为老子与庄子除了一点之外，几乎完全相同。如"无"的本体论是老庄共有的，"道"的宇宙论，也是老庄共有的。"复浑"

的人生观也是老庄共有的。反对开化、文明，更是二人所同。二人的不同只有一点，就是老子尚柔。庄子则几乎没有尚柔的议论。老子的尚柔是从复朴的人生观中分出来的，其根据就在于"天之道，其犹张弓欤？高者抑之，下者举之，有余者损之，不足者补之"。根据这个天道，就想出一个应付的方法，即顺着天道而务必先为之伏。明知天要抑高，自己就先居于下；明知天要损有余，自己就先居于不足。这就是知白守黑，就是去甚去奢去泰。这是一种处世哲学，尤其是在人群中对付人的方法，所以称为人君南面之术。后世黄老并称，也就是指这一方面。老庄并称时，是指道的形而上学和复浑的人生观；黄老并称时，是指尚柔的处世术。这就是黄老与老庄的不同。

最后，张东荪认为，老庄在中国文化上已绝了后嗣，独有黄老余毒尚在，这是中国文化上的一大不幸。中国的形而上学没有从老庄继续发展，却由佛教的形而上学来代替了，虽然经过宋明理学家的努力，也没有开辟出一条新路。而留下来的尚柔的处世术，却对儒家济世精神起到了抵消的作用，这也是令人痛心的事。

以上是张氏用西方哲学分析老子思想的论述。首先阐明了西方形而上学及其思考方法，然后论述了老子的道作为本体与西方的不同、老子思想中的辩证法、老子的本体论与人生论的合一，以及老庄和黄老思想在中国文化传统中的不同影响等问题。尤其是他在论述中说明了老子思想与黑格尔思想的相同之处，这对于我们理解老子哲学思想的内涵有重要的启示价值。

五、孙思昉《老子政治思想概论》

孙思昉是章太炎的学生，著有《老子政治思想概论》。该书上海商务印书馆 1931 年初版，1933 年再版。

孙思昉对老子政治思想的研究，主要参考严复所译的斯宾塞等人的西方社会学著作，如《群学肄言》等。他将《老子》全书的内容统一到治国的问题上来，把有关道的论述作为老子政治思想的基础来对待，不是只论《老子》里与哲学有关的内容。这样的研究符合《老子》的整体思想内容，是可取的。

此书卷首为《叙论》，首先说明老子不是神仙家、权术家、道德家、刑名家等，而是"明自然之理，达人生之情，将有以施诸世，乃哲学家道德家而以政治家为归者"。因此"刘歆称道家为君人南面之术，非虚言也"。① 这是为老子学说定性。接着论述老子政治学的纲要，认为老子的政治学以道德为根基，道是自然的天则，即近代西方所说的宇宙观；德是人生的性行，即近代西方所说的人生观。他认为这一思想与西方的孟德斯鸠类似，孟德斯鸠认为法的最大义就是出于万物自然之理。从这个思想来看老子的学说，道就相当于孟德斯鸠所说的万物自然之理，政就相当于孟德斯鸠所说的法。道既为一切事物的自然之理，政治所遵循的法，就必须符合这个道和理。所以说老子的政治学是以道学为根基的。而人生观也离不了这个道，刘氏解释说："一切法皆成于自然，独人道有自为之法。然法之立也，必以理为之原，先有是非而后有法，非法立而后见是非。……此谓法之基于人生观者也。"② 于是断定老子的政治学根基于道学（宇宙观）与德学（人生观）。这样就把老子所说的道、德与政治的问题统一起来了，而不再分割为本体论的哲学、经国治民的政治学以及修身处世的人生观。把这三者分开的认识，可以说没有掌握老子学说的根本宗旨，是只见树木不见森林的片面之见。

从这样的认识出发，孙氏把老子所说的无为看成道与德的所归，是老子政治学的"本株"，即政治学的核心思想。这样认识老子的思想，就会"如珠之在骊，纲之在网"。老子学说的其他内容，都附属于这个政治学的本株，用来说明相关的种种问题，"或明其本体，或疏其名相，或扬其作用"。③ 这就把老子学说的各部分内容统一到他的政治学上来，而以无为为根本宗旨，以贯穿老子所说的各项内容。这样的认识，不会分割老子思想的丰富内容，而只重一偏。

---

① 孙思昉：《老子政治思想概论》，商务印书馆 1931 年版，第 1 页。
② 孙思昉：《老子政治思想概论》，商务印书馆 1931 年版，第 3 页。
③ 孙思昉：《老子政治思想概论》，商务印书馆 1931 年版，第 4 页。

对于无为，孙氏提出也要澄清其确切的含义，那些理解为虚无放诞、悠谬偷惰的观点都是不对的，但这些错误的理解却一直影响着中国的政俗。对此，他非常痛心，说："中国必亡则已，中国无文化可言则已，中国苟一日不亡，尚稍有文化可言，则于此要义，乌得不审思而明辨之？"[①] 他认为这个问题如果不彻底澄清，则会降低中国国民的智慧，不利于中国在世界民族之林的竞争。而"西人固有以民智竞争为忧，而羡黄老之为治者"[②]。西方国家以"民智"为角力之藉，由此带来种种冲突，西方社会已有有识之士意识到民智竞争之害，故转而乞助于黄老无为之治了。因此，他提出现在要"废然知返"老子之说。这说明如能正确理解老子的无为思想，就会对中国人的民智产生正面促进作用。

孙思昉以无为思想为中心，说明老子的政治学是有系统的。老子说："上德不德，是以有德。下德不失德，是以无德。上德无为而无不为，下德为之而无以为。上仁为之而无以为，上义为之而有以为，上礼为之而莫之应，则攘臂而扔之。故失道而后德，失德而后仁，失仁而后义，失义而后礼。夫礼者，忠信之薄而乱之首。"根据他的理解，"上德不德"就是"上德无为"，二者是同样的意思。不德、无为，这是最上者，因为有不德和无为，故而有有德和无不为。这里的德，不是统治者个人的德，而是他在治国上取得良好效果之德。换言之，统治者要无为才能无不为，才能治好国，这才是真正的德，最大的德。其他的下德、上仁、上义、上礼都不是真正的德，都不能把国家治理好。所以最好的政治是无为之治，而提倡下德（即注重个人品德的德）以及仁义礼者，都比不上无为而无不为的政治，最终只能导致国家走向乱而不是治。

孙氏还引用了《庄子·天道》的论述来说明这个道理："古之明大道者，先明天而道德次之，道德已明而仁义次之，仁义已明而分守次之，分守已明而形名次之，形名已明而因任次之，因任已明而

---

① 孙思昉：《老子政治思想概论》，商务印书馆1931年版，第4页。
② 孙思昉：《老子政治思想概论》，商务印书馆1931年版，第4页。

原省次之，原省已明而是非次之，是非已明而赏罚次之，赏罚已明而愚知处宜，贵贱履位，仁贤不肖袭情。必分其能，必由其名。以此事上，以此畜下，以此治物，以此修身，知谋不用，必归其天。此之谓大平，治之至也。"按他的理解，无为之治是最好的政治，无为以源于自然的道德为基础，自然的最大法则就是无为，即没有出于人意的作为。但在源于自然的道德之下，则产生了礼教（仁义），有了礼教然后立法，之后产生出行政、司法、分守、刑名、赏罚、贵贱、贤不肖等，这些名物都在上德无为之下，不能作为政治的根本原则，必须从属于无为的政治准则。

对于老子的无为之治，孙氏认为无为是道之体，无不为是道之用，后人对无为而无不为大多理解有误，如王衍谈老庄之玄，似明体而不达用，李斯、王安石用申韩之法，则似达用而不明体，都有流弊，是对老子无为之治的误解误用。

阐明了老子政治思想的总纲之后，孙思昉分如下问题各设一章详细阐述老子的政治思想：本体论、无为论、放任论、体合论、民本论、相对论、调和论、互助论、法术论、诠选论、农村论、弭战论。这样就使老子学说中丰富的各项内容成为一个整体，不再被分割成互不相干的部分。这样来理解和阐释老子的思想，是值得学习的方法。

以下重点来看他对放任论、农村论两个问题的探究。

放任论是无为之治的核心，是理解无为之治的关键所在。关于放任论，孙氏认为《老子》第五十七章所论即是："以正治国，以奇用兵，以无事取天下。吾何以知其然哉？以此。天下多忌讳而民弥贫；民多利器，国家滋昏；人多伎巧，奇物滋起；法令滋彰，盗贼多有。故圣人云：我无为而民自化，我好静而民自正，我无事而民自富，我无欲而民自朴。"据此章所说，可知他所说的放任论就是统治者无为、好静、无事、无欲，这样自会使民自化、自正、自富、自朴，这也正是无为之治的具体表现。必须注意此章所说的圣人和我，是同一种人，即国家的统治者，"我"是圣人的自称，我（圣人）处处与"民"相对而言，可知我（圣人）是治民的人，治国的人。治国者要好静、无欲才能无为、无事，而目的就是使民自化、自正、自富、自朴。而我（圣人）的无为无事，就是让民自为其事，不由统治者来号令和指导，所以说这是放任的政治。无为之治能有这样的效果，当然是最好的治国之道。

为了说明如何做到放任，孙氏又引《老子》第二十九章："将欲取天下而为之，吾见其不得已。天下神器，不可为也，为者败之，执者失之。故物或行或随，或呴或吹，或强或羸，或挫或隳。是以圣人去甚，去奢，去泰。"认为这是"简法"的做法。即圣人要无为无事，必须去甚、去奢、去泰，这与无欲、好静正是同一个意思。由此可知天下神器不可为，即治国不可有为，所以要简法，即精简各种规章制度。与之相反的是多法，即治国者制定各种规章制度，使民无所措手足，从而不能自富、自化、自正、自朴。又引《老子》第七十四章："民不畏死，奈何以死惧之。若使民常畏死，而为奇者吾得执而杀之，孰敢？常有司杀者杀。夫代司杀者杀，是谓代大匠斫。夫代大匠斫者，希有不伤其手矣。"认为因此要轻刑，故简法与轻刑是放任无为的两大基本做法。又引《老子》第三章："不尚贤，使民不争。不贵难得之货，使民不为盗。不见可欲，使民心不乱。是以圣人之治，虚其心，实其腹；弱其志，强其骨。常使民无知无欲，使夫智者不敢为也。为无为，则无不治。"不尚贤、不贵难得之货、不见可欲，都是圣人无为无事的具体做法，也是与简法、轻刑相配套的做法。所谓的虚其心、弱其志、无知无欲、智者不敢为等，不是指使民众没有任何想法和志向，不敢为任何事务，而是专指使民内心里没有政治上的企图，行动上没有政治上的诉求，这样就会使国家保持政治安定。

总之，孙思昉所认为的放任论，就是无为而无不为的具体做法，一方面要求统治者清静无欲，简法轻刑；另一方面，则使民众虚心弱志、无知无欲，以保持政治的安定。故能做到圣人（统治者）无为、无欲而民众应做之事在此政治环境中能够无不为，即自化、自富、自正、自朴等等。

农村论是对老子小国寡民思想的解释。后人对此分歧甚多。关于农村论，主要看《老子》的第八十章和第五十四章：

> 小国寡民，使有什伯之器而不用，使民重死而不远徙。虽有舟舆，无所乘之；虽有甲兵，无所陈之；使民复结绳而用之。甘其食，美其服，安其居，乐其俗。邻国相望，鸡犬之声相闻，民至老死，不相往来。

> 善建者不拔，善抱者不脱，子孙以祭祀不辍。修之于身，其德乃真；修之于家，其德乃余；修之于乡，其德乃长；修之于国，其德乃丰；修之于天下，其德乃普。故以身观身，以家观家，以乡观乡，以国观国，以天下观天下。吾何以知天下然哉？以此。

孙思昉把小国寡民的"国"解释为农村而非国家，这是可取的。他对小国寡民的解释是："国与域通。治国难，治省易；治省难，而治县易；治县难，而治村易。国大而省小，省大而县小，县大而村小也。村治斯县治，县治斯省治，省治斯国治矣。"而要治村，就要适当的人才。他说："求天下材难，而求国士易。求国士难，而求一方善士易。以一方善士，各治其乡，斯国士之事举，而天下材之事毕矣。此图难于易，作大于细之恉也。"① 实行小国寡民的农村，会是怎样的状态？他引用章士钊的说法：

> 农工建国之本原既异，所有政治道德法律习俗，皆缘是而两歧。农国讲节欲，勉无为，知戒争，一言蔽之，老子之书，为用极宏。以不如是不足以消息盈虚咸得其宜也。工国则反之，纵欲有为，无足贵争，皆其特质。事事积极，人人积极，无所谓招损，损更图满，损满回环，期于必得。以不如此不足以兴集国富，日起有功也……农国政尚清净，以除盗安民、家给人足为兴太平之事。工国则言建设，求进步，争于物质，显其功

---

① 孙思昉：《老子政治思想概论》，商务印书馆 1931 年版，第 73 页。

能。……如此之别，不可一二计。综其要归，欲寡而事节，财足而不争，农国之精神也。俗多而事繁，明争以足财，工国之精神也。综农国之为治，道在节欲，政在无为，欲在知足尚俭，法在息争。此节什伯之器不用，重死不徙，甘食美服，安居乐俗，知足尚俭也。舟车无所乘，甲兵无所陈，结绳而治，无为也。①

《老子》中很多话是讲节欲、无为、知足、尚俭、息争，这是老子政治学的要点。在此基础上，纵观中国历史，孙氏认为正符合老子此种政治思想："是固吾国言大道者之通理达德，意在愿天下之安宁，以活民命，人我之养毕足而止，此以明吾国农业文化之大原，而其精义概寄于是。老子农村之说，亦此物此志也。至于施政之伦次，则始于乡村，与工国之治起于都市者有别。故我国谓民聚于乡则治，斯有至理，盖农国言治以村为么匿。"② 么匿为英语 unit 的音译，指个人或个体，出自严复《群学肄言》："群者谓之拓都，一者谓之么匿。"③

孙氏又引严复所译英国学者斯宾塞《群学肄言》中的论述以说明老子这一思想：

> 曷尝观圬者之成墉乎？使其砖坚实，火候纯一，廉隅礲礲，虽无用涂堊，可以成墉，且其功以久。使其调埴不均，火候不至，谟槼魭断，薛裂桥起，其成墉也，丸塞而涂坿焉，虽高不及肩，犹虑圮已。营卒积员弹而峙之，于此而为员，于彼而为方，然其垛积之形必下宽而上锐，斜倚以为固，欲其端之中悬不可得也。顽铁出镕，杂焉并下，凝为无法之浑体，大者如鬷，小者如拳，圈枑白洼不可胜状。夫如是而积之，虽有至巧，不

---

① 孙思昉：《老子政治思想概论》，商务印书馆 1931 年版，第 74—76 页。
② 孙思昉：《老子政治思想概论》，商务印书馆 1931 年版，第 79 页。
③ 严复译：《群学肄言》，商务印书馆 1981 年版，第 38 页。

能使其形之整齐也。是故凡群者皆一之积也，所以为群之德，
自其一之德而已定。群者谓之拓都（译言总会），一者谓之么匿
（译言单个）。拓都之性情形制，么匿为之。①

这是说群体的性质全由组成这个群体的个体的情况所决定。孙氏引
此说，用来证明老子"作大于细"的思想。在政治上，拓都就相当
于乡村，所以老子的治国思想是以乡观乡，以国观国，以天下观天
下，由此可以推知治国始于乡，这正是"图难于易，作大于细"的
思想。根据这样的解释，可以理解老子说的小国寡民，不是指一个
国家的情况，而是指农村，即国家的最基层组织——乡村的情况。
在乡村可以实行小国寡民的政治，如全国全天下的乡村都实行这种
小国寡民的政治，则整个国家与天下的政治也就有了良好治理的坚
实基础。通过老子的农村论，能完整理解老子无为而治的政治思想。

六、张默生的老子研究

张默生（1895—1979），名敦讷，山东淄博人。先后在复旦大
学、北碚相辉学院、重庆大学、四川大学任教授。张默生于《庄子》
颇有研究，著有《庄子新释》。

张氏著有《老子章句新释》，1948 年出版，前有《自序》和
《注释凡例》，然后为《老子叙论》，论述老子思想及功用，之后是对
《老子》全书的注释，最后为《老子章句异同考》。

在《自序》中他比较了儒家的《论语》与道家的《老子》，认为
《论语》所讲是作人治事的平实道理，《老子》所讲是作人治事的最
高原理。"一是事理的当然，一是事理的所以然"②。《论语》是从人
生的正面立论的，《老子》是从人生的反面立论的，孔子着重讲人
道，老子着重讲天道，即自然。二人对于对方所讲的问题，并非不
知道，也并非不能讲，只是各有偏重。如老子并非不以仁义、孝慈、

---

① 孙思昉：《老子政治思想概论》，商务印书馆 1931 年版，第 80 页。
② 张默生：《老子章句新释·自序》，济东印书社 1948 年版，第 1 页。

忠贞诸行为美德，但他慨叹仁义成则大道废，孝慈立则六亲不合，忠贞显则国家昏乱，所以他希望大道立，六亲合，国家治平，因此他所关注的是至仁至义，真孝真慈，大忠大贞，这才是完整的道德。总之，孔子是想挽狂澜于既倒，老子是痛恨世风之不古。二人的思想，表面上看是相反的，但在实质上则是相同的。如果从绝对的真理上看，二人的思想是相反相成的。

但老子的思想超出了一般人的常识，而在著书的形式上又用了古奥的文体和"正言若反"的方式，因此《老子》的思想内容必须加以阐释。但《老子》的思想内容非常丰富，每个人的理解都有不同，反映在后代学者的思想里，如从老子的宇宙论，变化为庄子的哲学、魏晋的玄学、宋明的道学；从老子的无为论，发展为申韩的政治哲学，应用而为西汉的政治实施，为历朝以来的帝王之术；由老子的军事论，发展而为孙吴的兵法；由老子的名相论，反应为惠施、公孙龙的辩学；由老子的守雌居后论，发展为鬼谷子以及苏秦、张仪的揣摩之术；其他如历代高士的修真养性，名臣的功成自退，以及一般人信奉的知足知止，无不导源于老子。故可说《老子》五千言，已将宇宙人生的一切事理都包括无遗了。

他在该书的《老子叙论》中对老子的学说也做了扼要的说明。首先说明老子的本体论。他认为老子以道为本体，这是与当时其他学派的说法所不同的。在张氏看来，老子把道看成一种不能用理智和言语来讲明的东西，看成一种恍惚抽象而又真实具体的东西，看成一种无为而又无不为的东西。他认为老子的道在本质上就是这样一种玄妙的本体，而《老子》中的许多说法都是在形容道作为本体的玄妙性。而所谓玄妙性，就是用普通人的思维所无法思考与理解的东西。

其次，他论述老子的名相论。梁启超对老子的思想内容分出一类，称为名相论。张氏袭用这一说法，来分析老子的道在名与相的问题上的特点。这一问题，他认为主要反映在老子所说的道与无的关系上。他说，老子把道归之于无，并进而强调这个无也是无的，所以人为之名，就不能指称这样的无和道。张氏认为，老子论道是以无为极的。而人们要论述道的问题，就不得不为之命名，但所有的名都是人为的假定，名不是道的本然之性。所以要理解老子的道与无，不能纠结于名的问题上。更何况名是相对的，一事之名，在不同文化不同时代，都有着不同之名。所以更不能执着于这种人为的名，因此老子论道的时候又强调无名。无名与道和无，都是为了表示本体的不可言说，以及它的无质无形之特性。反过来看，老子说到道的时候，又不是限于一名，道、无、一、常、玄等名，都可以用来说明道的某种特性。可知，人们更不可把道之本体用名来限定了。

在说到名的相对性时，就必然要涉及事物的相对性。名是相对的，而在有了某种固定的名之后的事物本身也是相对的，老子常常拿这类相对的事物来说明社会政治以及人生的道理。这类道理已不是作为本体的道之理，而是与许多具体事物相关的事物之理。如强弱、刚柔、先后、荣辱、黑白、雌雄、损益、虚实、大小、多少、善不善、智慧与大伪、大道与仁义等，这些事物之名所表示的事物的暂时性、相对性、变化性，也是老子名相论中的内容之一。

第三是论述老子的功用论。张氏认为老子的功用论的要点就是"无为而无不为"，并解释成用无为的方法，以达到无不为的目的。这一思想是老子本体论的自然推演，是必至的趋势。所以老子所讲的功用，正是本体的显现，所讲的本体就具备这种功用。换言之，体是用之体，用是体之用。有体有用，二者不可或缺。这是老子本体论与功用论的统一性。重视老子本体的功用论，就可以看出有些说法是不符合老子思想的。如有人说道家的思想是出世法，不甚注意修齐治平的道理。这一说法，就是对老子思想的误解。张氏认为，老子所以讲无为的功用论，是针对当时社会中人为造成的社会动乱及人无宁处的现象，所以老子强调无为。但老子说的无为不是绝对的无所作为，而是无为而无不为，无不为就是无为的必备条件。没有无不为作为补充，无为就是不完整的，也是没有价值的。基于这一理解，就可看出老子所讲的无为是为了无不为，不是没有任何目的性的无为。换言之，老子的道、无、无为，都是紧密地与政治、

社会、人生等具体问题相关联的。从这个意义上说，老子的学说是
为了解决当时的社会、政治以及人生问题而建立的一个思想系统，
以道这一本体作为系统的理论基础，且这个本体是不能言说的，所
以他也不会多说，只是提示性地表达出来，然后就转移到政治、社
会、人生等具体的问题上去。因此，老子的学说里，功用论占着重
要位置。张氏在论述这一点时，从政治、处世和个人修养三个方面
展开论述，给我们以有益的启示，值得关注。

此书的另一个特点是"新释"，在注解时先为"字解"，再为
"句解"，再为章的"大意"。张默生在"字解"中对《老子》用语提
出不少新的解释。如把"道"解释为宇宙的本体。解释"同谓之玄"
的"玄"，认为"玄"有大的意思，又有无的意思，本章的"玄"字
兼有这两种意义，即指无穷大、不可知的道体而言。在解释"常道"
"常名"的"常"时，他表示不同意俞樾所说的"常"通"尚"，"常
道""常名"就是"上道""上名"，而认为"常"就是"经常不变"的
意思。

张氏又著有《先秦道家哲学研究》，1933 年出版。次年再版时，
书前有罗根泽写的序，其中说："张默生先生是现在研究诸子而颇有
成绩的人，他作有《先秦各家哲学研究》《孔子的著述问题》《孟子
哲学》《历代庄子研究述评》等等。"① 其《先秦各家哲学研究》中的
《道家哲学研究》，即是《先秦道家哲学研究》。

此书有张氏的两篇自序，论述近代子学兴起的背景和研究方法。
他认为中国的学术以先秦诸子为重镇，这是因为先秦诸子都是当时
的哲学家或社会思想家，他们提出的解决社会问题的方法虽有不同，
但都是对当时病态社会的深切诊断。各家各派都贡献智慧，形成百
家争鸣的兴盛现象。但汉代独尊儒术以后，诸子之学沉寂了数千年。
近代受西方学术的影响，加上推翻帝制，学者们才开始应用西方学
术观念和方法来研究诸子。由此形成的诸子学研究，都凭借西方学
术的观念，如把墨子学说视为宗教学，把老庄学说视为哲学，把惠

---

① 罗根泽序，见《先秦道家哲学研究》，山东文化学社 1934 年版，第 6 页。

施、公孙龙学说视为名学，把孔孟申韩学说视为伦理政治学。这一时期的诸子学，可称为复活期。在研究中也出现了新的观点，如称某家代表贵族阶级，某家拥护工农利益，某家表露士大夫及新兴地主意识，这都是借用了新兴的社会科学方法，以生产方法为时代的背景，以经济立场作为学说的发轫，从而形成新的见解。但这种观点也有不够确切的地方，如谓孔孟一派代表士及新兴地主阶级，但孔孟并非地主；谓老庄一派表现了反时代的小农思想，但历代王公大臣也常常论及平民贫困问题；而当今的普罗（即无产阶级）作家，往往都是衣食丰足之人。所以简单地把某家某派说成某一阶级的代表，并不能真正把握古代思想家的思想。

张默生提到，当时对先秦诸子已有较多研究，如胡适的《中国哲学史大纲》，梁启超的《先秦政治思想史》，冯友兰的《中国哲学史》，李季的《胡适中国哲学史大纲批判》等，都各有专长。张氏此书则根据各家所论，有所补充，彼详则此略，彼略则此详。这是此书的学术价值。

此书第二编专论老子，分为三个部分：老子书的时代及其作者，老子书的研究法，老子的学说，其中论老子学说又分道、名、相对论、退化论、弃智主义、静默主义、处世态度、政治思想八个问题，这比他在《老子章句新释》中所分析的老子思想更为全面和完整。

此书关于老子的道与名及相对论，所说与《老子章句新释》一样；退化论与弃智主义，是他关于老子的社会政治思想的看法。老子的退化论是与一般人们所认可的进化论相对而言的，即自然界与人事界是越变越坏，越变越不可收拾，宇宙间的一切，都是退化的。如他认为老子说的"道生一，一生二，二生三，三生万物"，是自然界变化的次第，这样的变化是越变离道越远，到了变化为万物，就离混沌的道体更远，而纷然不可收拾了。

老子以混沌的道体为美，若自然界长保此混沌的状态，是再好不过的。但事实上不能如此，于是道生一，一生二，二生三，三生万物，将整个的道分裂又分裂，破碎又破碎，即庄子所说的"残凿混沌"，俗话说的"凿丧天然"。这种现象，在老子看来，是退化的。

老子既主"绝对的道"，当然就排挤"相对的物"。在人事界也是这样，他总以为人事界的变化，是一天不如一天，越变越坏。就社会的情状来看，即"失道而后德，失德而后仁，失仁而后义，失义而后礼。夫礼者，忠信之薄，而乱之首也。"所说的道、德、仁、义、礼，代表着不同时代的社会意识，从这些社会意识的变化看，社会情状日趋于坏。老子所认可的社会意识是道，这样的社会情状，是人民无不得其所，人与人的关系无所谓恩与怨，人对事理的观察，无所谓是与非，就更谈不上相嫉妒、相残杀了。他认为老子既然这样看待社会的发展变化，所以老子的思想是崇古的，主张开倒车的。中国思想界开倒车的，没有比老子更甚的了。张氏理解老子所看到的社会是"大道废，有仁义；知慧出，有大伪；六亲不和，有孝慈；国家昏乱，有忠臣"，"天下多忌讳，而民弥贫；民多利器，国家滋昏；人多伎巧，奇物滋起；法令滋彰，盗贼多有"，于是老子的解救之法是"执古之道，以御今之有。能知古始，是谓道纪"，"古之善为道者，非以明民，将以愚之；民之难治，以其智多。故以智治国，国之贼；不以智治国，国之福"，主张小国寡民式的社会形态。所以张氏认为老子的思想是极端的退化论，是中国思想界中开倒车的鼻祖。老子既然主张退化论，所以也就主张弃智主义，弃智，就是希望社会倒退。而要弃智并恢复古始状态，其办法就是寡欲主义，人要无欲，要节俭，要知止，才能恢复到古始状态。另一个办法是静默主义，即人要虚静、守默。无欲、虚静和守默，也都是合乎道体之自然的，所以从道的本体论出发，就要让人做到无欲、虚静、守默，以恢复社会的古始状态。

老子的处世态度，也是由这样的思想延伸出来的。张氏认为，按照老子的思想，上古时代的人民浑浑噩噩而无知无识，彼此毫无机心，生活又不发生问题，所以没有利害观念，人与人之间很容易相处，不必讲什么处世态度。但到人智渐开，彼此有了尔诈我虞的机心，且人口增多，物质不够分配，于是利害观念产生，人与人之间就不易相处了，也就不能不讲求处世态度了。张氏认为，老子既这样思考，于是就提出了他所主张的处世态度，即既不对人怀着疑心，也不对人表示好感，只是和光同尘，与世无忤，也就是庄子所说的以濡弱谦下为表，以空虚不毁万物为实。这样的处世态度，第一是不露锋芒，不炫耀自己，第二是凡事退让，与人无争。总之，就是处众人之所恶。

由此而论到老子的政治思想，张氏认为那就是"民莫之令而自均"，"太上，下不知有之"，"处无为之事，行不言之教"，上不能立法以制民，所以人民并不知有上。正是古诗中所形容的："日出而作，日入而息，耕田而食，凿井而饮，帝力何有于我哉！"这样的政治思想，要求统治者采取放任无为的政策，不要发动战争，也就不要征税征兵，虽有甲兵，无所用之，还要损有余而补不足，再加上无欲崇俭，使贫富平均，其目的就是让人民过上"甘其食，美其服，安其居，乐其俗"的生活，人们都以小国寡民的形式分散居住，相互不用往来，这就是老子理想的社会生活与政治状态。张氏认为老子这样的理想只是一个"理想国"，无论如何也是不能实现的。

最后张默生比较了以老子为代表的道家与儒家思想的差别及其相互关系，他认为老子的学说，于儒家而言，为正面之敌，儒家主张入世，老子倾向出世；儒家主张有为，老子主张无为；儒家对世事抱积极的态度，老子则凡事趋于消极。老子与墨家、法家、名家也各有不同。墨、法、名三家也是入世有为的，对世事持积极态度的。其他各家都认为道是人智所阐发出来的道理，老子则认为道是用理智和言语无法解释的；各家都认为正名可以正百物，为一切事理之标准，老子则认为名物之起是人类争端的开始，不如复返于无名；各家承认事物的相对的是非善恶之区别，有真是真非真善真恶，老子则认为是非善恶没有一定的标准；各家认为聪明智慧为人生处世的要道，老子则认为聪明智慧是扰乱社会的根源；各家的处世态度多是显露锋芒，不甘退让，老子则主张和光同尘，与世无争；各家都主张政治要有为，或以德，或以法，或以礼，老子则主张废法忘术，无为而治。总之，以老子为代表的道家，在中国学术史上，是非常独特的。

张氏认为老子学说的优点是能将宇宙间的真理寻出一个根源，

能看到其他各家看不到的哲学本体，而对事物相对性的认识，也是别具慧眼，以破世人之成见，以祛世人之执迷。但它也有谬点，即否认社会的进化，不知自然界就是进化的，人类的心智也必然是进化的。老子想开倒车，本身就是违背自然的。

七、林语堂《老子的智慧》

林语堂（1895—1976），福建龙溪（今属福建漳州）人，原名和乐，后改玉堂，又改语堂。曾任教于清华大学、北京大学、厦门大学。1954 年赴新加坡筹建南洋大学，任校长。著有《吾国吾民》《京华烟云》等，英译《论语》《老子》等，并编有《林语堂当代汉英词典》。

林氏著有《老子的智慧》。据书前的《绪论》称，1942 年，他翻译了《老子》和《庄子》的一部分，后来将《庄子》全部译出，而《老子》修改得不多，只将"爱""德"改为"仁""性"，并重新分成七篇，这样就可帮助读者把握住每一章的主要思想。①

林语堂所分七篇为：第一篇为道之德（第一至第六章），第二篇为道之训（第七至第十三章），第三篇为道之体（第十四至第二十五章），第四篇为力量之源（第二十六至第四十章），第五篇为生活的准则（第四十一至第五十六章），第六篇为政治论（第五十七至第七十五章），第七篇为箴言（第七十六至第八十一章）。

这样分篇，使《老子》八十一章的内容得到了一定程度的归纳与分类，更详细的划分则体现在他对每一章的章名及内容的分梳中。如第一章他取名为"论常道"，包括"道不可名、不可言、不可谈""区别""万物归一：意识与精神之眼""众妙之门"等细目，这样就把第一章的内容分成了四个层次，便于把握其中的思想内容。第二章"相对论"，意味着万物均归为一，又有"本体论"，特点是依赖主观，然后论说"言之无益"与"辩之无益"。第三章论"无为而治"，包括不尚贤以求无善的世界，智是争辩的器具，求智、学道毁

①　林语堂：《老子的智慧·绪论》，陕西师范大学出版社 2004 年版，第 17 页。

损了本性，论无为。第四章论"道之德"，把道比做海。第五章论"天地"，包括天地和圣人不仁，"道往下"。第六章论"谷神"，主要是说天地有大美，即万物之源的问题。

林语堂的这种划分，有利于集中突出老子思想的主题，彰显老子的智慧，但他对于《老子》文本的解释，存在一些可以商榷之处。如第一章"无名天地之始；有名万物之母"，他断句为："无，名天地之始；有，名万物之母。"这句于"无名"和"有名"处断句似更合文意。因为前面二句是"名可名，非常名"，可名就是有名，不可名就是无名。天地之始，是宇宙的始处，没有万物，所以无名。万物之母，是万物已经产生，所以有名，而有名产生自无名，所以无名是有名的母，有母就有子，万物就是无名之道的子。这里始终是说名的问题，名又与有、无相关，不能把"名"当作一个动词来理解，而把它与有、无分开。"常无欲以观其妙"二句，林语堂的断句是："常无，欲以观其妙；常有，欲以观其缴。""缴"应当作"徼"，二字有别。他把这两句翻译成："常处于无，以明白无的道理，为的是观察宇宙间变化莫测的境界；常处于有，以明白有的起源，为了是观察天地间事物纷纭的迹象。"[①] 亦不确。这里出现的"以明白无的道理"和"以明白有的起源"的解释，是原文中没有的内容而另行增加上去的。在历史上，对于《老子》此章的"无名"二句和"常无"二句的理解是众说纷纭的，但必须结合此章的全文来理解，才能找到正确的解释之路。上面说"无名，天地之始"，这就是下面所说的"常无"，"观其妙"就是观察和探索"常无"和"无名，天地之始"的妙处。上面说"有名，万物之母"，这就是下面说的"常有"，"观其徼"就是观察和探索"常有"和"有名，万物之母"的微妙门径。探究从无名到有名的变化、从常无到常有的变化以及这种变化中的门径或过程与路线，就是观其徼的意思。无名是天地之始，是没有万物的，可以理解为混沌一团。有名是万物之母，从无名产生出万物，万物各有差别和不同的名相，不再是混沌一团，所

---

① 林语堂：《老子的智慧》，陕西师范大学出版社 2004 年版，第 3 页。

以称为有名。林氏翻译成"有，是创生万物的根源"，这与《老子》文意有别。因为"有"并不是"创生万物的根源"，"无"才是产生万物的根源。而下面的"常无"和"常有"，不是上面"无"和"有"或"无名"和"有名"的另一种说法。"无名""有名"不能分开，"常无""常有"也不能分开。所以将"常无"和"常有"解释为"常处于无"和"常处于有"似欠妥，而"宇宙间变化莫测的境界"和"天地间事物纷纭的迹象"，则属于林语堂的发挥。

林氏大量引用《庄子》的内容来阐释《老子》的思想，一方面有利于拓展对《老子》思想的理解，另一方面又可能造成理解上的不精确。如在第一章的解释中，他引用了《庄子·知北游》中泰清与无穷的对话，但他们的对话是说"懂不懂得道"和"能不能知道"的问题，并不是常道、常名、无名、有名、常无、常有的问题，虽因这里面都有"知"的问题，能与"观其妙"和"观其徼"关联起来，但"知"与"能不能知"又是不同的问题。所以《知北游》所说的问题与老子第一章所说的问题是有很大差别的，两者不能直接等同起来。他又引《庄子·齐物论》的说法，把有关事物的相对性以及是非的相对性的问题拉到《老子》第一章的解释中来，这与《老子》第一章思想的本来意旨有别。他还引了《庄子·德充符》中的内容，来说意识与精神的问题，这也与《老子》第一章关系不大。由此看来，他对《老子》原文的理解和解释都存在着一些问题。

林语堂在此书的《绪论》中讨论道家思想时经常将之与儒家思想关联起来加以比对，但却常把道家与道教混淆起来。如说："但是也有人一不愿服官，二不愿叩头。他具有较深邃的天性，孔子学说未能深入以感动他……人具有隐藏的情愫，愿得披发行吟，可是这样的行为非孔子学说所容许。于是那些喜欢蓬头跣足的人走而归于道教。……孔子学说的人生观是积极的。而道家的人生观则是消极的。"① 前面所说是道教，接下来马上变成了道家，之间没有任何说明，这表明在林氏思想中是把道教与道家视为一体的。又如："孔子学说没有

———————

① 林语堂：《老子的智慧·绪论》，陕西师范大学出版社 2004 年版，第 1 页。

神仙之说，而道教则有之。……故道家哲学乃所以说明中国民族性中孔子所不能满足之一面。……道家哲学为中国思想之浪漫派，孔教则为中国思想之经典派。确实，道教是自始至终罗曼斯的……道教是中国人民的游戏姿态，而孔教为工作姿态。这使你明白每一个中国人当他成功发达而得意的时候，都是孔教徒，失败的时候是道教徒。道家的自然主义是服镇痛剂，所以抚慰创伤了的中国人之灵魂者。"① 道教与道家，儒家与孔教混同使用，从研究的角度来看，显得不够精细。

总之，此书名为《老子的智慧》，对老子思想有很多精彩的阐释，但学理的分析有所欠缺。

八、金岳霖《论道》中的道论

《老子》的"道"应如何理解，是老学中的一个重要问题，许多学者都对之提出了自己的解释，但存有诸多的差异与分歧。在近现代，也有不少人进行系统阐释，金岳霖就是其中的代表。

金岳霖（1895—1984），字龙荪。1926 年，与冯友兰等创办清华大学哲学系，任教授兼系主任。抗战时期，任西南联大哲学系教授。1946 年回北平，任清华大学哲学系教授、系主任、文学院院长等。1952 年院系调整后任北京大学哲学系教授、系主任。1956 年起，任中国科学院哲学社会科学部学部委员。1977 年任中国社会科学院哲学研究所副所长兼研究室主任。著有《逻辑》《论道》《知识论》等。

金岳霖是中国现代著名的哲学家与逻辑学家，他虽然没有专门研究《老子》的著作，但在他的名著《论道》中对道作了独到而深刻的解释，完全可以与《老子》的道相对照，帮助我们加深对《老子》的道的理解。为此特就金氏所论的道略加绍介，并对如何理解《老子》的道加以阐述。

《论道》，1940 年由商务印书馆出版，是金岳霖在抗日战争期间完成的著作。此书的撰写，深受西方哲学著作影响，其思路框架均

---

①　林语堂：《老子的智慧·绪论》，陕西师范大学出版社 2004 年版，第 2 页。

是西式的，旨在构建理论体系，而非直接研究先秦诸子思想之作。他在此书的《绪论》中说：

> 我最初发生哲学上的兴趣是在民八年底夏天。那时候我正在研究政治思想史……民十一年在伦敦念书，有两部书对于我的影响特别的大，一部是罗素底 *Principles of Mathematics*，一部是休谟底 *Treatise*。罗素底那本书我那时虽然不见得看得懂，然而它使我想到哲理之为哲理不一定要靠大题目，就是日常生活中所常用的概念也可以有很精深的分析，而此精深的分析也就是哲学。①

他从西方哲学家那里感悟到什么是哲学以及怎样提出和分析哲学问题，可以说这是他撰写《论道》的思想起点。

他在《绪论》中又说：

> 每一文化区有它底中坚思想，每一中坚思想有它底最崇高的概念，最基本的。……现在这世界的大文化区只有三个：一是印度，一是希腊，一是中国。它们各有它们底中坚思想，而在它们底中坚思想中有它们底最崇高的概念与最基本的原动力……中国底中坚思想似乎儒道墨兼而有之。中国思想我也没有究研过，但生于中国，长于中国，于不知不觉之中，也许得到了一点于中国思想底意味与顺于此意味的情感。中国思想中最崇高的概念似乎是道。所谓行道、修道、得道，都是以道为最终的目标。思想与情感两方面的最基本的原动力似乎也是道。成仁赴义都是行道，凡非迫于势而又求心之所安而为之，或不得已而为之，或知其不可而为之的事，无论其直接的目的是仁是义，或是孝是忠，而间接的目标总是行道。我在这里当然不谈定义，谈定义则儒道墨彼此之间就难免那"道其所道非吾所

----

① 金岳霖：《论道》，商务印书馆1987年版，第3—4页。

谓道"的情形发生，而其结果就是此道非彼道。不道之道，各家所欲言而不能尽的道，国人对之油然而生景仰之心的道，万事万物之所不得不由，不得不依，不得不归的道，才是中国思想中最崇高的概念，最基本的原动力。对于这样的道，我在哲学底立场上，用我这多少年所用的方法去研究它，我不见得能懂，也不见得能说得清楚，但在人事底立场上，我不能独立于我自己，情感难免以役于这样的道为安，我底思想也难免以达于这样的道为得。①

可知金氏所要论说的道，并不是专就《老子》的道而言，而是以之作为中国文化的最崇高和最基本的概念、原动力，以此作为理论思维的对象而加以系统深入分析。这必然会与《老子》的道产生联系。换言之，金氏所论的道，虽不纯粹是《老子》的道，但有许多思想可以作为理解《老子》的道的参考与见证，故可以放在关于《老子》的道的问题中来参考。

金氏论道的根本原因，一是为了说明中国人的道是怎么回事，二是为了说明中国人为什么需要道。因为道在中国人的思想里，不是纯粹的形而上学，不是冷冰冰的一种原理或哲学，而是与他们的生活、情感密切相关的根本"概念"与一切思想行动的"原动力"，即所谓万事万物不得不由、不得不依、不得不归的道，而所有的仁、义、忠、孝都要从属于道。这说明中国文化中的道（包括《老子》的道）不仅是一个哲学概念，同时还是中国人的思想行动的根本动力。中国人的思想、情感与一切行为，都与这个道有关，都由这个道支配。

这一思路，可以帮助我们理解《老子》的道，即它不是纯粹的哲学家的概念，而是支配中国人的思想、感情与行为的基本概念和动力源头。也许中国人不都能从概念上或思辨上理解或掌握这个道，但他们的思想情感与行为却离不了这个道。所以金氏强调说：

---

① 金岳霖：《论道》，商务印书馆 1987 年版，第 16 页。

最崇高概念的道，最基本的原动力的道决不是空的，决不会像式那样的空。道一定是实的，可是它不只是呆板地实像自然律与东西那样的实，也不只是流动地实像情感与时间那样的实。道可以合起来说，也可以分开来说，它虽无所不包，然而它不像宇宙那样必得其全然后才能称之为宇宙。自万有之合而为道而言之，道一，自万有之各有其道而言之，道无量。从知识这一方面说，分开来说的道非常之重要，分科治学，所研究底对象都是分开来说的道。从人事这一方面着想，分开来说的道也许是更重要，"得志与民由之，不得志独行其道"的道都是人道，照本书底说法，都是分开来说的"道"。可是，如果从元学底对象着想，则万物一齐，孰短孰长，超形脱相，无人无我，生有自来，死而不已，而所谓道就是合起来说的道，道一的道。①

金氏对道的这种看法，正是中国式的，即道不是单一的概念，而是总合的概念。道有名，也有实，但不是具体之物的名与实。它既是一，又是无量。无量是说它包含一切，一是说一切统一于它，这就是中国的道的根本特性。而且他又说不要分儒、道、墨各家的道，否则就不是道一的道，也不是无量的道。从另一个意义上说，它是宇宙的道，又是人事的道，是万事万物之分别的道，又是它们之总合的道。是高度抽象的道，又是绝对具体的道。

从这个意义来看《老子》的道也正是如此。所以我们对《老子》的道不能单作纯粹哲学概念的分析，更要从"一"与"无量"两个维度来理解。作为宇宙的道，这就是哲学的问题，作为人事的道，这就是社会政治与人生的问题。《老子》的道正是包涵这两个维度的道。金氏这一说法可以启发我们对于《老子》的道有更完整的理解，这一点不可忽视。

金氏又说：

---

① 金岳霖：《论道》，商务印书馆 1987 年版，第 17—18 页。

这里的道是哲学中最上的概念或最高的境界……从情感方面说，我总觉得印度思想中的"如如"（引用张申府先生底名词）最"本然"，最没有天人底界限。我们既可以随所之而无不如如，在情感方面当然最舒服，中国思想中的"道"似乎不同。我觉得它有由是而之焉的情形。有"是"有"由"，就不十分如如。可是"道"不必太直，不必太窄，它底界限不必十分分明；在它那里徘徊徘徊，还是可以怡然自得。希腊底 Logos 似乎非常之尊严；或者因为它尊严，我们愈觉得它底温度有点使我们在知识方面紧张：我们在这一方面紧张，在情感方面难免有点不舒服，这篇文章中的道也许是多少带一点冷性的道。[①]

这是说作为最上的概念或最高的境界，应该是能让人在情感方面达到如如的程度的，即让人在情感方面最舒服，最怡然自得，而不是让人感到紧张。中国的道在这一点上不如印度的如如，因其是"由是而之焉"，带有对天人关系的冷静理智的审视，因此还有一点情感方面的冷，不是绝对本然的道。可知他所推崇的道应该是绝对本然的道，是在情感方面也使人完全舒服的道，是让人在它那里可以怡然自得的道，这一点是金氏对道的独到之见解，也是令人心情舒服的见解。但在中国古代的儒道墨等诸子中的道，都没有达到这样的程度，都还保留着一定的冷严。可见金氏的这一阐释，有助于我们加深对《老子》的道的理解。

我们一般理解《老子》的道时几乎没有想到"能"的问题，金岳霖则特别从这一角度来加以阐释。他在此书第一章提出："道是式—能。"在说到"道有能"的问题时，专门强调"名"的问题，说：

这里的"能"字是命名的名字，好像张飞、关羽一样，不是形容事物的名词，如红、绿、四方……等等。名字叫"能"

---

① 金岳霖：《论道》，商务印书馆 1987 年版，第 19 页。

的那×①，不是普通所谓"东西"，也不是普通所谓"事体"。……×只能有名字，而不能有摹状词去摹它底状，或形容词去形它底容。名字的"名"与普通所谓名词的名大不相同。普通所谓名词的名是可以按名而得实的名，名字的名不是可以按名而得实的名。"能"字在本文里不过是为行文底方便所引用的名字而已……它可以间接地表示×是活的动的，不是死的静的，一方面它有"气"底好处，没有"质"底坏处，另一方面它又可以与"可能"联起来，给"可能"以比较容易抓得住的意义。"能"既是×底名字，我们不能按"能"底名，而得×底实。×不能以言语直接地传达。在我个人，我可以说我得之于宽义经验之中。在别人，我就不敢说了。它也许是要所谓直觉才能够得到的。如果一个人在自己底经验中能够抓得住它，他自然知道"能"是甚么回事。如果抓不着，也就没有好法子使他抓着，我这里这句话——"有能"——是表示经验的话。在经验中抓住了它，在所谓"形而上"学底范围之内，它也就逃不出去。②

　　金氏所用的×，作为抽象的物，即可以代表道。因为道不是普通所谓东西、事体，所以它没有普通东西、事体那种"名"，只能用一种与普通所谓名词的"名"不相同的"名"来命名它。这样的问题，就与《老子》所说的"道可道，非常道，名可名，非常名"几乎相同了。而且他还说到如何抓住以这种名命名的×，因为这种×是活的动的，不是死的静的，有气的好处，没有质的坏处，所以能靠经验来抓住它，也就是通过经验来认识它，掌握它。这样的思维，也能说明《老子》所说的不能道、不能名的"常道""常名"又为什么能"道"它、"名"它的问题。从这个意义上看，金氏所论的道是"能"、有"能"，颇能帮助我们理解《老子》所说的道、名、物的意

---

① ×代表所说的对象，如云"某物"，"物"不代表有实物、实形、实体。据下所说，×比东西、事体更抽象，但也是"有"，不是"无"。

② 金岳霖：《论道》，商务印书馆 1987 年版，第 19—21 页。

味。也就是说，《老子》中的道、名、物等，都不是一般意义上的道、名、物，所以《老子》又用常道、常名来与一般的道与名相区分，《老子》中的物也要这样理解。能够理解这一层意思，就不会陷入《老子》的道是唯物还是唯心的泥坑中去。

此书的第八章论"无极而太极"，此二语也是中国古代用来阐述"道"的特定名称或概念。此章首先标明："道无始，无始底极为无极。"① 这是本章的核心意涵，把道与无极、太极联系起来，使人们对道的理解多了两个维度。首先来看无极，这是从时间角度来说道，其中也与"言"有关系。他说：

> 道无始，所谓无始就是说无论把任何有量时间以为道底始，总有在此时间之前的道，或者说从任何现在算起，把有量时间往上推，推得无论如何的久，总推不到最初有道的时候。②

这是说道是超越时间限制的，是不能用时间来衡量的。接着又出来新的问题，他说：

> 道既然无始，为什么又有极呢？如果有极，那极岂不就是道底始？这极是极限的极，是达不到的"极"。它虽然是达不到的，然而如果我们用某种方法推上去，无量地推上去，它就是在理论上推无可再推的极限，道虽无有量的始，而有无量地推上去的极限。我们把这个极限叫作无极。
>
> 无极是固有的名词，也许它从前有此地的用法，也许没有。从意义底谨严方面着想，大概能够不用固有的名词最好不用，因为不用的时候，可以免除许多的误会。可是，玄学上的基本思想不仅有懂不懂底问题，而且有我们对于它能够发生情感与否底问题。从这一方面着想，能够引用固有的名词，也许我们

---

① 金岳霖：《论道》，商务印书馆 1987 年版，第 193 页。
② 金岳霖：《论道》，商务印书馆 1987 年版，第 193 页。

比较地易于接受这名词所表示的思想。好在研究这门学问的人不至于因名词底相同就以为意义也一定相同。①

无极与道一样，也是中国固有的说法，金岳霖用来说明道在时间上的性质。对这种问题，他认为最好不用旧有的名词，但为了解决中国人对道的情感问题，还是用了"无极"这个固有的名词，说明他对道的论述，也不是用西方式的纯逻辑的概念。他相信研究哲学的人，能够分清旧名之义以及它的新用法之间的差别。

他继续说明道在时间上的问题：

> 从时间底观点而言之，无极为既往，故不知即不能言。②

又说无极与无的关系：

> 无极为无，就其为无而言之，无极为混沌，万物之所从生。……在有量时间，万物之所从生的仍是万物……只有理论上的极限才是混沌，才是这里所说的万物之所从生的所"从"。但是绝对的"无"，毫无的"无"，空无所有的"无"，不可能的"无"不能生"有"，也不会生"有"，能生有的"无"仍是道有"有"中的一种，所无者不过是任何分别而已。这就是说，无极的无是混沌。③

混沌也是中国固有的说法，但金氏也赋予了新义，用来解释万物从无而生的问题。这正是《老子》中的重要思想之一，但金氏的解释与《老子》不一样。他认为无极的无不是绝对的无、毫无的无、空无所有的无，这样的无不能生有，能生有的无仍是道之有的一种。

---

① 金岳霖：《论道》，商务印书馆 1987 年版，第 193 页。
② 金岳霖：《论道》，商务印书馆 1987 年版，第 193 页。
③ 金岳霖：《论道》，商务印书馆 1987 年版，第 194—195 页。

由这种说法来理解《老子》的道，道不是绝对的无、毫无的无、空无所有的无，只是万物还没有分别时的状态，即混沌状态，所以称之为无。

在金岳霖看来，无极又与能有关，因而它虽是一种虚，但不是绝对的虚。他说：

> 无极为极，就其为极而言之，无极非能而近乎能。无极虽是既往，而是虚的既往。这里的虚就是上条底"无"那样的虚。极总是虚的，总是不会达到的。上条底无不是空无所有的无，不是不可能的无，所以在上条我们说无极是混沌。本条底虚也不是空无所有的虚，不可能的虚。无极虽混沌，而我们对于无极的思想不因此也就混沌。混沌虽混沌，而其所以为混沌也不必一定就混沌。①

老子也讲虚，也讲无，但不是虚无的无、虚无的虚，这里要严加区分。所谓的虚与无，是混沌，万物没有分别时的总状态，而无极也是混沌，对道就应这样理解，对《老子》的道也要这样理解。

接下来金岳霖说明无极与太极的关系，他说：

> 道无终，无终底极为太极。道无终始，无论以甚么有量时间为道底始，在那时间之前已经有道；无论以甚么有量时间为道底终，在那时间之后，道仍自在。道虽无始，而无始有它底极限，道虽无终，而无终也有它底极限。无始底极，叫作无极。无终底极，我本来想叫作至极。可是，既有太极这名称与无极相对待，我们似乎可以利用旧名称把无终底极叫作太极。无极既不是道底始，太极也不是道底终。追怀既往，我们追不到无极，瞻望将来，我们也达不到太极。无极与太极都是极，都是极限的极，它们虽然是不会达的，而它们不是不可以现实的。……太极

---

① 金岳霖：《论道》，商务印书馆 1987 年版，第 195—196 页。

为未达，就其可达而言之，虽未达而仍可言。①

可见，他说的无极与太极，仍是从时间角度来说道，它们都是抽象的"极"点，是极致之"极"。在无极与太极那里，没有时间的起点与终点，即没有始终，但这不影响它们的现实性与可言性，如同前面说的道与混沌一样，它们都是人类可以理解的，可以言说的，但又是达不到的。正因为达不到，所以才称为极。靠人的思维，它们是现实的，是可以理解和言说的。

无极与太极虽都是极，但也有差别，金氏说：

> 太极为至，就其为至而言之，太极至真，至善，至美，至如。至是登峰造极的至，至当不移的至，止的至，势之所归的至……太极既是绝对的，真善美也都是绝对的，所以本条说至真、至善、至美。但是为甚么也至如呢？虽然道莫不如如，而在日常生活中，因为情不尽性用不得体，万事万物各就其本身而言都不完全地自如。……在太极情尽性，用得体，万事万物莫不完全自在，完全自如。……太极不是不舒服的境界，它不仅如如，而且至如。本书底道本来如如的，可是，最低限度是如如，最高限度底是至如如，简单地说是至如。②

总之，太极是极至的，金氏用"至"来称呼，包括它们所涵盖的真、善、美，也都是极至的，而不是普通的、一般的真、善、美。而在这种极至的太极之中，还要让万物万事达到完全自在自如，换言之，就是情尽性、用得体。如果太极为性为体，万事万物（包括人及人事）就是情与用，后者要与太极完全一致，才是情尽性、用得体，它们才能完全自在自如，达到最舒服的境界。这也说明了金氏的道、无极、太极之最高目标，不是纯哲学的，而是于人最有意

---

① 金岳霖：《论道》，商务印书馆 1987 年版，第 210—211 页。
② 金岳霖：《论道》，商务印书馆 1987 年版，第 212—214 页。

义的目标。这一说法可帮助我们理解《老子》中的道，并非纯粹的哲学概念，而是与人生社会密切相关的问题。

金岳霖在分析无极、太极的问题时，又说到"理"与"势"的问题。理与势也是中国固有的说法。他说：

> 无极而太极，理、势各得其全。……现实底历程不从无极始到太极终。无极而太极虽表示现实底方向，而不等于现实底历程，它不仅包含现实底历程而且包含无极与太极。要在这个条件之下，所有的可能才都现实，理势才各得其全。……就此全而言之，无极而太极为宇宙。关于宇宙我们要表示以下诸点：一、宇宙是全；二、宇宙不可以有外；三、宇宙虽唯一而不特殊；四、宇宙虽是具体而不是个体……太极绝逆尽顺，理成而势归，就绝逆尽顺而言之，现实底历程为有意义的程序。①

照他的意思，道、无极、太极是理，万事万物包括人及人事的运动过程就是势，二者也必须一致。道、无极、太极是现实的方向，现实是万事万物包括人的现实，是在万事万物包括人及人事中的实现，而且理与势都要得其全，这是理想的境界和目标，这又是整个宇宙的境界与目标，一切都在宇宙中达到全，达到理想的境界与目标。这里的标准就是绝逆尽顺，上面说到的情尽性、用得体，实质上也是绝逆尽顺。这样就是宇宙万事万物包括人的理想境界与最高目标。

所以金岳霖归纳说：

> 无极而太极是为道。无极是道，太极是道，无极而太极也是道；宇宙是道，天地日月山水土木也莫不是道。……道可以分开来说，也可以合起来说。……说无极而太极是为道，这是合起来说的道。……道一是合起来说的道，道无量是分开来说

---

① 金岳霖：《论道》，商务印书馆1987年版，第217—219页。

的道。有真底道（分），有假底道（分），而道（合）无真假；有善底道（分），有恶底道（分），而道（合）无善恶；有美底道（分），有丑底道（分），而道（合）无美丑。有如底道（分），有不如底道（分），而道（合）莫不如如……就真、善、美……之各为其本身而言之，道无量；就它们彼此有关联而此关联之亦为道而言之道一。①

这意味着，金岳霖的道论要包括一切，使它们都在道之中统一，达到最佳的状态、境界、目标，无论是无极、太极、理势、真善美、情与性、用与体乃至整个宇宙，都是统一的，可以合起来说，也可以分开来说，但最终是统一于道的。在这个意义上人也就与道等统一了，这也是人的最高境界、最佳状态、最舒服的自如。

金氏论道，从方法上看是西方的，但用的术语则尽量用中国固有的，可谓中西合璧。这样的结合，把中国人千百年来所探究的（包括老子所探究的）最根本的、最高的、最真最善最美的、最佳的、最舒服的东西（道），以前人们认为不可言不可说的最玄虚的道理，说清楚了。道家的《老子》《庄子》所要论说的最根本的问题，就这样可以用现代的思维方式与论说方式进行思考和表达了。金氏没有专门研究老子或其他诸子的道，但他最终却把不论哪一家的根本问题都说清楚了。虽然他的《论道》中还有不少专门的名词，但人们可以就其最根本的问题抓住要领，理出头绪，得到收获，这在《老子》研究上也是很有价值的。

九、冯友兰《老子哲学》

冯友兰（1895—1990），字芝生，河南唐河人。曾任清华大学、西南联合大学、北京大学教授。著有《中国哲学史》、《中国哲学简史》、"贞元六书"等。

冯友兰对老子思想的研究成果，最早有 1929 年发表的论文《老

---

① 金岳霖：《论道》，商务印书馆 1987 年版，第 220—221 页。

子哲学》①，1934 年出版的《中国哲学史》② 及 1947 年撰写的《中国哲学简史》③ 中也有涉及老子思想的内容。根据这三者可以看出这一时期他对老子思想的理解。以下根据《老子哲学》的内容论述冯氏当时对老子思想的理解。

冯氏认为《老子》书作于战国时代，作者为李耳。《史记》所载孔子向老聃问学为传说，不是史实。关于道家，他认为分为三个阶段，第一阶段是杨朱，在孔子、墨子之后；第二阶段是李耳，在孟轲、惠施、公孙龙之后；第三阶段是庄周。

他认为老子的"道"，是天地万物的总原理，但道的作用不是有意志的，而是自然如此。与天地万物相比，道是形而上的，可称为"无"；道化生天地万物，"道生一，一生二，二生三，三生万物"，就是它的化生过程。道的无，并不是什么也没有的零，而是一种特殊的客观存在，即所说的"惚兮恍兮，其中有象；恍兮惚兮，其中有物"。而"德"则是具体事物"所以生之原理"，如谓"孔德之容，惟道是从"。他又引《管子·心术上》中的说法以论证这一点："德者，道之舍，物得以生生，知得以职道之精。故德者，得也。得也者，其谓所得以然也。以无为之谓道，舍之之谓德。故道之与德无间，故言之者不别也。"冯氏认为《管子》这里对道与德的关系说得非常精到，可知德即物之所得于道而以成其物者。《老子》所云"道生之，德畜之"，也是说道与德的关系，只是不能像《管子》说得那样清楚。

老子认识到事物变化的通则为"常"，常有普遍永久之意。人以能知常为贵，故说"知常曰明""不知常，妄作凶"。事物变化的最大通则之一就是物极必反，如说"反者道之动"，基于此故说"祸兮福之所倚，福兮祸之所伏"，又说"以道佐人主者，不以兵强天下，其事好还"。

---

①　见《清华周刊》第三十二卷第四期，1929 年 11 月 8 日。
②　商务印书馆 1934 年版。
③　原为著者在美国宾夕法尼亚大学讲授中国哲学史课程的讲稿，1948 年出版英文版，1985 年北京大学出版社出版中文版。

冯友兰认为老子基于对变化通则的认识，提出了他的处世之方：

第一，事物发展至极点，必变为其反面，要维持其发展，而不致变为其反面，则其中必先包含其反面之分子，使其发展永不至极点。故说："明道若昧，进道若退，夷道若纇，上德若谷，大白若辱，广德若不足，建德若偷，质真若渝，大方无隅。"又说："大成若缺，其用不弊，大盈若冲，其用不穷，大直若屈，大巧若拙，大辩若讷。""知常曰明"之人知事物真相如此，故"知其雄，守其雌，为天下谿。……知其白，守其黑，为天下式。……知其荣，守其辱，为天下谷"。总之，圣人"去甚，去奢，去泰"。之所以如此，是怕事物发展到自己的反面，如果泰、甚，则将变为其反面。故曰："持而盈之，不如其已。揣而锐之，不可常保。金玉满堂，莫之能守，富贵而骄，自遗其咎，功遂身退，天之道。"又曰："保此道者，不欲盈。夫唯不盈，故能蔽不新成。"

第二，事物变化既有上述之通则，则"知常曰明"之人处世接物必有一定方法。总体上说，要想如何，必先居于其反面，所以说："将欲歙之，必固张之。将欲弱之，必固强之。将欲废之，必固兴之。将欲夺之，必固与之。"又说："甚爱必大费，多藏必厚亡。"冯氏认为这不是老子提倡阴谋，只是叙述事实而已。此类说法在《老子》中还有很多，如"圣人后其身而身先，外其身而身存，非以其无私耶，故能成其私"，"不自见故明，不自是故彰，不自伐故有功，不自矜故长。夫唯不争，故天下莫能与之争"，"以其终不自为大，故能成其大"，"贵以贱为本，高以下为基，是以侯王自谓孤寡不谷"，"大国以下小国则取小国，小国以下大国则取大国"，"是以欲上民必以言下之，欲先民必以身后之……以其不争，故天下莫能与之争"，"慈故能勇，俭故能广，不敢为天下先，故能成器长"。这些都是"知常曰明"之人的自处之道。

在社会政治问题上，也要遵循物极必反的通则，所以说"法令滋彰，盗贼多有"，"民之难治，以其上之有为，是以难治"，"民之轻死，以其求生之厚，是以轻死"。所以解决社会问题的正确方法是"我无为而民自化，我好静而民自正，我无事而民自富，我无欲而民自朴"。此外则要损弃欲与知，以达到自己的目的，即"损之又损，以至于无为"。这都是冯友兰所理解的老子的处世之方和政治哲学。

冯氏又总结了老子关于理想人格与理想社会的思想。他认为老子的思想是以婴儿作为人生修养的目标，圣人治天下，也是要使人们像婴儿一样单纯，"常德不离，复归于婴儿"，"皆欲孩之"。基于这个道理，老子提出圣人治天下也要使天下人像愚人一样简单。因此说"古之善为道者，非以明民，将以愚之"。这样的理想社会，便是"小国寡民"章描绘的情景。冯友兰这认为并不是原始社会的野蛮境界，而是"大文明似野蛮"，是更高一级的文明。

总起来看，这个时期冯友兰对于老子思想的认识，是从天道、道德角度把握老子思想的根本前提，再来分析道、德与万物的关系，再从万物的通则即普遍规律的角度分析老子的处世之方、政治哲学、人格理想与社会理想。

以上仅是冯友兰对老子思想第一阶段的认识，后来他一直研究中国哲学，不断修订自己关于道家和老子思想的认识，这些情况将放在后面的有关章节加以分析论述。

十、胡哲敷《老庄哲学》

胡哲敷（1898—?），安徽合肥人。曾任浙江大学中文系教授、浙江大学附属中学校长。著有《史学概论》《老庄哲学》《曾国藩》《陆王哲学辨微》等。

《老庄哲学》初版于 1935 年，有章太炎和谢无量二位著名学者题署书名，可知此书受到学界的高度评价。书前又有蒋维乔的序，认为历来对《老子》的解释不一，成为不同学派的思想资料，但都不再符合老子思想的本意，这是阅读历史上的各家学者对于《老子》思想进行阐释的成果时必须注意的。对于老子的思想，首先要掌握其基本要点，蒋维乔认为老庄之道的要旨就是自然，凡是违背自然而妄求去取者，都是老庄所不言的，老庄以清静自正、无为物化为思想主旨，但又不曾忘记天下之事。如《老子》说"为而不有，长而不宰"，《庄子》说"君臣之义，无所逃于天地之间"，就可证明这一点。所以那些把老庄思想解释成权谋术数以及放浪形骸、滑稽乱俗者，都不符合老庄思想的本意。而认为老庄思想是消极遁世者，也同样违背老庄的本意。蒋氏说胡哲敷喜读老庄，又跟随自己学佛，而以佛理相印证。知胡氏解释老庄多参考佛学，这是此书的特点。①

此书对于老庄思想的分析，从宇宙观、人生观、知识论、方法论、实践道德论、政治论、养生论、命论、无为之事与不言之教、齐万物与一死生等多个侧面进行梳理，之外又论及老庄哲学与道教、老庄哲学与法家、老庄哲学与儒家，可以说比较全面地解析了老庄思想。把老庄合在一起来论，不能专就老子思想进行研究，是此书的一个局限。但在论述中，一般都是先说老子的思想，再说庄子的思想，还是可以看出胡哲敷对老子思想的理解。

胡氏在对老庄思想进行分梳之前写有一篇《绪言》，从整体上阐述了他对老子思想的理解，在此基础上再看他在分论各章中的分析，就能了解他对老子思想的完整解释。在《绪言》中，他首先说明哲学的功能与任务，以为哲学就是要解决社会上不能解决的问题，或指破人间偶像而求得进步的曙光，所以世界上任何旧有的事物理论，皆不能成为哲学家探讨问题的障碍，一切事物理论，都要由哲学家加以评定，才能显出其价值，所以哲学的立场就应该是无挂无碍而用彻底的言论判断一切。这在中国古代的学术中，只有道家能够做到。他对道家的这个评价，显示出古代道家思想的重要性。

对比之下，墨家是带有宗教性的救世派，本来就无意于高深的哲学。儒家是纯正的救世派，处处要守中庸之道，而中庸之道就朱熹的解释看，就是"不偏不倚，无过不及"，从救世的角度上看，就是"恰到好处"，"不为已甚"，这在哲学上就为不彻底。而且儒家既然奉行中庸之道，不偏不倚，故对古先圣王的大经大法，始终不敢逾越，这就是儒家所说的"祖述尧舜，宪章文武"。与他们相比，道家对社会现实的批判就严厉得多，如"礼者忠信之薄而乱之首"，"绝圣弃智，民利百倍，绝仁弃义，民复孝慈"，这都是儒家不敢说

---

① 蒋维乔序，见《老庄哲学》，中华书局 1935 年版，第 1 页。

出来的大胆言论。故从整体上看，儒家的言论，处处见维持世道的苦心，而道家的言论则处处有拨云雾见真理的态度。儒家的中庸之道，在维持世道上有一定的合理性，但在追求真理上，就是言论不彻底。而老庄的言论处处都是人们想说而不敢说却被他们一语道破，故能使人如醇醪入心脾，这就是因为他们说得彻底，故胡氏称他们的哲学富有伟大的摄引力。

胡氏又说，老庄的哲学并不是超然物表而与世无关的，正如《淮南子·要略》中所说："言道而不言事，则无以与世浮沈，言事而不言道，则无以与化游息。"《老子》《庄子》都是言道之书，但若二书只言道而不言事，完全与世无关，则所说的道又有什么意义？所以《老》《庄》二书虽然多言道，却都要落实到人事上。只是二书都是从头说起，即从道论起，最后则都落实到人事上，这是二书论述思想的共同特点。如果只看它们所说的道，而不关心它们所说的事，就是根本没有读懂《老》《庄》。它们所说的道，只不过是一切事物的总原理，而总原理必须与人类社会的事情结合在一起，才有意义。胡氏对老庄思想的这一分析，是符合《老》《庄》二书的整体思想的。

胡氏批评了古代学者对于《老子》思想的歪曲与偏见。如程颢说："老子语道德而杂权诈，本末舛矣。"又说："予夺翕张，理所有也，而老子之言非也。予之之意，乃在乎取之。张之之意，乃在乎翕之，权诈之术也。"其他理学家，如真德秀、陆九渊、朱熹等，也在言词间流露出老子"任术数"的意思。胡氏认为，程颢既说予夺翕张，是理所固有，即此乃天地间固有之原理，则老子从原理上说出来，岂能称之为权谋术数？而且《老子》中说："众人皆有余，而我独若遗，众人皆有以，我独顽似鄙。"难道能这样做的人会玩权诈吗？可见理学家的批评是站不住脚的。虽然有的人会将之用于权诈，但并不能仅就这几句话而不顾及《老子》中其他言论，从而把《老子》思想完全否定。又如魏晋清谈家以老庄之道作为清谈的资料，且又加上了放浪形骸、不拘绳墨、鄙弃社会国家之事为不足为和不屑为的种种做法，但这只是他们以老庄思想作为批判名教礼法的武器。他们虽也崇奉老庄，却未必真正理解老庄思想。人们可以批评魏晋清谈之误国，但不能因此而说老庄思想误国。此外还有张道陵一类的方术之士，假托道家的名号，作为窃取名利的工具，离老庄思想更远，完全是风马牛不相及了。就连葛洪这样的道教中人，也对社会上假借道学之名行欺骗之实的术士极为反感，在《抱朴子》一书中多处加以揭露和批判。这都证明了后世存在术士们利用老庄的道学之名以欺骗社会民众的卑鄙行为，而且是在历史上经常反复出现的普遍现象。现当代的邪教也是如此。

胡氏大致梳理了前人对于《老子》的不同认识以及歪曲的恶果，这本身就是老学史研究的重要问题。胡氏基于这种情况，再次说明了研究老庄的正确态度应该是："在消极方面，不可落于形器，不可囿于成见。在积极方面，应明修养与应用的分别，和精神生活与物质生活的利弊。以《老子》读《老子》，以《庄子》读《庄子》，庶不致强老庄以就今人，也不致强今人以就老庄。"①

胡氏还认为，人们之所以认为老子思想是消极的，对社会发展是不利的，其重要原因是老子太藐视物质生活，而现代社会在物质上有了极大进步，追求极度的享乐成为现代人类的共同追求，因此就会觉得老子说的"五色令人目盲，五音令人耳聋，五味令人口爽，驰骋田猎令人心发狂，难得之货令人行妨"都是太不现实的，没有意义的。老子还有许多说法，如不尚贤、绝圣弃智、无为之治、挫锐解纷、和光同尘、使民无知无欲等，人们也都觉得与现代社会的趋势不相符合，因此认为老子思想是消极的，不适合现代社会发展需求的。

胡氏指出这种认识乃是不能正确理解老子思想所致，老子是要人们懂得，一味追求物质享乐，必会引起许多人生的苦恼与复杂的社会问题，一味讲求竞争，就会引起争夺与战争，其弊端是造成今日互相侵灭、互相吞噬的满天杀机。所以老庄都是要人们明白世界所能提供给人类的物质是有限的，而人们的欲望是无限的，这就必

---

① 胡哲敷：《老庄哲学》，中华书局1935年版，第7页。

然会引起莫大的矛盾，造成人生与社会的祸乱。所以他们极力主张超物质的精神生活，以求消弭争患。

胡氏认为，根据老子的思想，物质生活若定要左右人类的精神，操纵人类的意向，终是危险多而幸福少，且以人类的自我人格而役役于物质之下，就不仅会缩小自我的范围，更会造成许多人生与心理上的病态。所以人生自有更高尚的目标，绝不能役役于物质生活。不管科学发展到何种程度，都应该受精神的指导，人类才能安宁其心灵。19世纪以来是科学长足进步的时期，也是人类惨杀最激烈的时期，于是出现了和平运动和非战运动的呼声，其意义就在于要运用人类的精神以妥善安排全世界的物质，不使养人者害人。这样的呼声与要求，在某种程度上就与老庄思想相通。

胡氏也看到了西方对于老子思想的重视。他说，现代世界如果各个国家都有太重的名利心，其国就不能安宁，世界人类的竞争心太重了，世界就不能安宁。老子所说的为天下谿、为天下谷，就是要消弭这种不安宁的现象。现在西方各国开始重视老庄哲学，如德国人雷赫完著《十八世纪中国与欧洲文化交通史略》，此书的《绪论》说道："欧洲之青年，其为今世种种精神问题所困扰者，一遇东方圣贤安乐之教，则其所受之影响为尤深而能久……夫今世青年之所感受者，乃全世人之所同，特青年之感受较为锐敏而深切耳！……若辈青年已常结合少数同志，成为团体，以从事于精神之修养，而以近十年中创痛巨劫（原注云：指欧洲大战）之后为尤多，咸奉老子为宗师，以求智慧。《道德经》一书，已成今世东西文化沟通之枢纽，二十世纪开幕以来在德国翻译《道德经》出版者，已有八家之多，此其故可深长思！"① 以此说明老子思想对于现代社会仍有积极的精神价值。

胡氏在该书的《政治论》部分分析老子思想时，能根据中国古代思想的实际情况加以分析论述。如说："中国古代的学者，很少有离开政治立场，而做纯朴的学问，故每一个学者，都有其理想政治。

---

① 　胡哲敷：《老庄哲学》，中华书局1935年版，第13—14页。

其理想政治，就是其学术表现的目标。所谓'圣有所生，王有所成，皆原于一'，所谓'邦有道则见，邦无道则卷而怀之'，所谓'穷则独善其身，达则兼善天下'，都见得他们的学术理想与政治理想，是一贯的性质。"① 这种认识基本符合古代学者的思想主张。这一点早就由司马谈的《论六家要指》说得清清楚楚了。只是现代学者多从自己所学的学科角度出发来论古代学者的思想内容，所以学哲学的就只看到古代学者著作中的哲学，而看不到其他内容，这是以偏概全，会影响他们对于古代学者思想主张的理解，造成种种片面的认识与结论。

胡氏也能从老庄思想的丰富内容出发，挖掘其中哲学与政治学的关系，他认为，道家学者本有纯朴的哲学意味，然而老子的最后目的乃在小国寡民之乌托邦，庄子的最后目标乃在应帝王。人有感情，故相团结，有组织能力，故能于团结之中求妥善之道，这就是人类政治的根源。政治学是要求人类各得其所，各家的理想政治，大抵都是拿人类各得其所的要求做目标。各家的政治主张，殆如医师对病人所开的方单。医师为病人开方，必先诊断其病的现象，及其病的来源，然后用不同的方药以治疗之，以求恢复健全。一个学者的政治思想，必然是以社会现状与人民疾苦为对象的，然后其政治思想才能持之有故，言之成理，而希望见之于实施。故凡是一种政治思想的产生，皆有其产生的背景，其背景就是社会的情状，与个人的理想。同一种社会情状之下，而有种种不同的政治思想产生，就是因为学者各有自己的政治理想。故他们对于社会情状的看法以及所思考的解救之策就会各具特色，而不尽相同。老子的政治理想是建立太古时期的自然社会，所以其主要条件是小国寡民，而不宜于广土众民。他的哲学是自然主义的，其政治理想也只能是自然主义的无为之治。他看到当时的国家之间战争不断，政刑繁苛，人民流离困苦，社会不能宁息，而这都是由执政者的有为所引起的，所以他希望无为之治，希望由此解救当时天下与社会的种种弊病。胡

---

① 胡哲敷：《老庄哲学》，中华书局 1935 年版，第 140 页。

氏的这一认识，看到了老子的哲学与政治学之间有必然的内在关系，有自然主义的哲学，也就会有无为之治的政治学。

胡哲敷又指出，老子的小国寡民是乌托邦，但不是远古时代那种未开化的野蛮部落，老子的政治理想不是要人类回到野蛮时代。老子的意思是要"端正而不知以为义，相爱而不知以为仁，实而不知以为忠，当而不知以为信"，这种相忘于道术的真实德行，不是野蛮，而是没有机心，没有欺诈之意，没有君子小人之辨，一切自然相对，坦诚相待。而这种理想社会政治的必要条件就是小国寡民，因为国小则易于同风，民寡则不起机心，全体人民都一致而同风，没有机心，而邻国又相互和辑，自然也就不需要甲兵，不用礼乐教化。人民不会迁徙，也就不需要舟车什伯之器。人民安于甘食美服之中，这正是古时"帝力于我何有哉"之景象，所以老子说："太上下知有之，其次亲之誉之，其次畏之侮之……百姓皆谓我自然。"

胡氏对于老子的政治思想的自然性质，也有比较深刻的认识。他认为老子的政治思想来自于他的自然主义哲学，因此他称老子的政治为自然政治。对于自然政治的特点，他认为就是一方面要使人类充分发展个性，一方面又要使人与人之间不要以个性发展而产生冲突，以影响天下的安宁。所以自然政治就是要使天下之人都能明自然之道，顺自然之理，安居乐俗于自然化育之中，而不自知其所以然，其关键就是统治者的无为之治。经此分析，可看出老子无为之治的自然政治并不是消极的，因为这种政治要保证人们的个性发展，同时不使个人的发展之间形成矛盾与冲突。就这一点而言，现代社会的政治也是必须加以认可的。

胡氏又针对有人把老子的政治思想解释为无政府主义而加以辨说，认为老子屡屡提到"侯王""圣人"，这就是君主的代名词，又说"其政闷闷，其民淳淳"，"不以知治国，国之福"，这都是有政府的证据。老子不是不要政府，只是要求政府不干涉人民的生产生活。

有人认为老子的思想是反映中国南方学者的政治主张，与北方周孔派相对峙。胡氏认为这种说法来自日本，谢无量就依据此说而著《古代政治思想研究》。至于日本人研究中国学问，胡氏认为他们不能深悉其中意蕴，且胸襟褊狭，心里总希望中国政局永远分为南北两极，故强说中国古代有南北两种政治思想。之后，他又从思想上人事主义、自然主义未尝完全割裂，地域上孔老等大思想家不会仅囿于一隅两个方面反驳谢无量的南北学派说。这种分析是有道理的。

　　胡氏此书又专辟一章来论老子的无为之事和不言之教。他认为这二者是道家的最高境界，而且不仅是道家，凡是理之极致处，莫不如此。因为事物之理，若追溯到根极处，就是一个最终之理。所谓万殊一本，一本万殊，无言与不言，正是理之极处，所以各家思想多以此为指归。如孔子说："天何言哉！四时行焉，百物生焉，天何言哉！"又说："予欲无言。"而"不可思议"为佛家的不二法门。所谓"不可思议"，就是无欲无为无识无相，湛然静寂，而又不息生机。故毗耶之会上，文殊师利菩萨讲不二法门之旨，一时三十二说皆非，只有净名居士不答一言，这才是真喻。可知一入言诠，便不是不二法门。理到极处，均非言语所能形容。一般人认为无为就是不做事，不言就是不说话，都是误解。胡氏认为老子的无为之事与不言之教的深意有三点：一是取法于自然，要求合于天地之道；二是深明为与言无补于实际，且有很大的弊端；三是无为与不言自有根本意义，即要修养到虚静的地步，虚以守柔，自然不见其有为，静以守默，自然不见其有言。然后虚以待物，虽不见其有为，却是无所不为；静以待动，虽不见其有言，却是无所不言。只是为之而不见其形，言之而不见其迹。这二者是老子思想的精妙之旨，所以说："不言之教，无为之益，天下希及之。"庄子也说："言者有言，其所言者特未定也。果有言邪？其未尝有言耶？"又说："大道不称，大辩不言。"都是说最高明的为与言，是超越了一般意义上的为与言的，是纯自然的，而没有一点人为的矫揉。

　　胡氏此书虽然被蒋维乔说是用佛理印证老庄，但实际上很少引用佛教的义理。另外，全书合论老庄，并总是先说老子的思想，再引用庄子的说法，可以说是用庄子来阐释老子的思想，这样又可以帮助人们理解庄子的思想，这一点也是很有学术价值的。

十一、金声《老子哲学之研究》

金声的《老子哲学之研究》出版于 1948 年。书前有两篇自序，第一篇作于 1944 年，说明自己的相关情况以及研究老子哲学的缘由。序中说他开始研究老子哲学，是在 1940 年担任浙江保安司令部特种工兵营上校营长的时候。由于在实际工作中遇到轩然大波，于是他每天专心研读《老子》，对于老子说的"勇于敢则杀，勇于不敢则活"以及"吾所以有大患者，为吾有身，及吾无身，吾有何患"中的哲理，深有体悟。

他又认为心是人最重要的东西，所以戚继光治兵首重治心，因此他也要把自己的心养得活泼泼地，庶几对于祸福患难成败得失都能无动于衷，且只有能无动于衷，才能任大事而肩大任。

可知他研究老子哲学，是出于自己的工作中的实际问题，把养心的问题放到首位，而以老子的思想作为养心之本。他说，通过数年的研究，对于老子的宇宙观、人生观和政治思想都能略窥门径，稍能通融，使自己在恶劣的境遇中能够淡然自如。[1]

在 1948 年的七七事变纪念日里，金声又写下第二篇自序。文中认为老子的政治思想极富革命色彩，值得研究。文中还说，现实中的人们把"思想"看成"问题"，而把明哲保身当成人生准则，最好是一无所思，一无所想，一无所为，饱食终日，言不及义。对于这样的人生态度，他觉得要用老子的思想来加以批判。因为老子如同站在云端来笑着看下界的扰攘争夺，用极冷静的头脑和极敏锐的目光来观察人们的自私自利的动态。所以人一定要有思想，要能思想。由此他认为中国人为什么非要以孔孟的思想为正统，而不重视老子的思想。他认为汉代以后的儒家思想已经受到佛教的影响，如宋代的理学，已经不是孔孟的本来面目。另一方面，时代在不断变化，生产不断发展，人类的思想自然也要随着改变。今天不是春秋战国，无需以孔孟的思想为正统，何况在孔孟的时代，他们的思想也不是

---

[1] 金声：《老子哲学之研究·自序一》，松涛出版社 1948 年版，第 1—2 页。

正统。所以实有必要研究老子的思想。①

金声将老子的思想分为三个方面来分析，一是宇宙观，二是人生观，三是政治思想。在宇宙观方面，他分成道、道的由来、道的真相、道的功用、宇宙的原理等问题来分析。在人生观方面，他分成无与有、人生的准则、无我与有我、内生活与外生活、循环论的法则与相对论的法则、命运问题、人生的最高境地等问题来分析。在政治思想方面，他分成无为而治、无为而治的原理、如何无为而治、无为而治的成效、治术、理想社会等问题来分析。限于篇幅，以下重点来看他对老子政治思想的理解。

金声把无为而治视作老子政治思想的要旨，为此首先说明老子并不是不关心现实政治的思想家：

> 后人对老子的看法，总说他是个厌世主义者，这一点固然不能完全否认，但我们从他的《道德经》来仔细研究，觉得他对于政治上所发生的议论很多，并无发现他有如何厌世的地方，反之，他到十分同情于人民因政治不良而所受的痛苦，如说他厌世，也只是厌虚伪谲诈的人世，与释氏之根本否认人间世的出世思想，绝然两途，与克鲁泡特金的绝对否认政治的存在的无政府主义，也有所不同。②

他认为老子既不是无政府主义，也不是厌世主义，而是对现实社会与政治有着深刻思考的思想家。老子的政治主张，一言以蔽之，就是无为而治。就这点而言，既然是在说"治"，那就不是无政府主义，也不是厌世主义，而是对于现实社会的政治问题进行探讨。他所理解的无为而治，是如下的意义：

> 让自由的人民自由地自治，政府不必去"多忌讳"，去"法

① 金声：《老子哲学之研究·自序二》，松涛出版社 1948 年版，第 3—4 页。
② 金声：《老子哲学之研究》，松涛出版社 1948 年版，第 43 页。

令滋彰"……政府一"有为",不但把人民自治的本能桎梏埋没,而且苛扰压制,层出不穷,结果反而"不治"。……注重人民自治,原是与近代的政治学理相合的。①

对于"无为"二字的理解,现代人往往不能把握老子的本来意旨,这是因为古代用来表达思想的言辞太过简略,所以要设身处地来体会老子的本来意旨,不能以辞害义。这样看来,老子说的无为,应该是统治者不可好大喜功,麻烦人民,致成苛扰之意。这是因为老子痛感当时君臣图强争霸而法令滋彰,徭役繁兴,捐税苛重,使人民死于刀兵,竭于负担,不能安居乐业。所以在愤慨之余,老子提出"圣人处无为之事,行不言之教""为无为,则无不治""爱民治国,能无为乎(金声自注:河上公本作能无知,唐景龙碑作能无为,此从唐碑)""我无为而民自化,我好静而民自正,我无事而民自富,我无欲而民自朴""天下神器不可为也,为者败之,执者失之""道常无为,而无不为""上德无为,而无不为"等主张,都是要统治者无为。而"将欲取天下而为之""为者败之"等,就是对野心政治家的指斥,要他们放弃那些不良行为。

根据这些说法,就可知老子的无为而治的政治原理是以道为根据的,也是以自然为根据的。因为一切事物都是顺应自然规则而进行活动的,所以治之之道也只能顺其自然,鸟应顺其飞,毋以笼以囚之;鱼应顺其游,毋以网以罗之;花应顺其开放,毋为锄以铲之;水应顺其流,毋为堤以塞之。推而至于人,女性的乳峰应顺其自然耸峙之势,毋以马甲以束之;双趺应顺其长大,毋以足布以裹之。文化活动,应顺其自由,毋为苛法以勒之。生命心灵,应顺其畅遂,毋为兵阵以死之。如果不是这样顺乎事物的自然,而是由狂妄之徒逞欲图私、炫奇斗智、矜才使气而矫揉"有为",那就会使一切自然之事物处于残贼不仁而平添灾祸的处境之下。所以,按照老子无为而治的政治思想,应该顺其天机,由它们自发自动,自循范畴,自

---

① 金声:《老子哲学之研究》,松涛出版社 1948 年版,第 44 页。

趋进化，得自为自治之大和谐，这才合乎道，才是"道常无为，而无不为"。所以人类社会的政治，应该法道，法自然，反之就是有为，是谋求私利和籍名造作，无异于盗窃天下的神器，其结果必然是失败。

金声这样解释老子政治思想上的无为而治，以自然为根本，以不扰乱人民的自然生产生活为准则，以实现天下民众自为自治的大和谐为目标，可以说说出了老子无为而治政治思想的积极意义。

接着金声解释了老子无为而治的方法问题。无为而治的理想虽然很好，但如果没有实现的方法，也是空想的乌托邦。而在《老子》书中，其实也说明了无为而治的具体方法的。他总结出这些方法主要有：一，不尚名；二，毋重利；三，抑私欲；四，绝诈伪；五，尊民意；六，非兵争；七，除刑戮。这样他就把《老子》书中许多相关的内容都统一到无为而治的方法范畴下了，是非常值得重视的分析方法。

对于绝诈伪，金声提到了老子所说的"绝圣弃智，民利百倍，绝仁弃义，民复孝慈"和"古之善为道者，非以明民，将以愚之。民之难治，以其智多。以智治国，国之贼；不以智治国，国之福"。金氏分析说，这种说法，骤然看来极不合理，而且非常反动。国之难治，或国之不强，正因民智不开，教育不普及，人民缺乏科学知识，若照老子的主张，就不要振兴教育了。金氏认为这是误解，因为老子所弃的智，不是指明慧公正之智，而是指巧诈剥削之智，所绝的圣，不是大仁至圣的圣，而是指自私虚伪的圣。如老子说"圣人处无为之事，行不言之教"，"圣人后其身而身先，外其身而身存"，可知老子是推崇圣人的，并不是要绝这样的圣。所以应该根据老子整体的思想来理解绝圣弃智的说法，于是可以看出老子所要绝的，是窃盗名器的剥削自私的伪圣。伪圣自作聪明，满口仁义礼智，设立科条，防备百姓，事事表现出谲诈之心、虚伪之行，正是老子所谓的"以智治国，国之贼"。对"非以明民，将以愚之"的说法，金氏认为是让为政者不要察察为明的济恶纵私，以致把人民也教成察察为明的济恶纵私，而要敦厚为怀，使民众也返朴归真，不尚狡诈。

这样的解释，能够从《老子》全书的整体思想来分析一些容易引起误解的词句，而不是只看一两句就望文生义地加以解释。老子所要反对的圣、智，都应该理解为谲诈之智及其虚伪的圣贤之名。

金声又论述了老子无为而治的功效问题，这在《老子》书中也都有具体的说明，如"道常无为，而无不为，侯王若能守，万物将自化""侯王若能守，万物将自宾"。这就是说其功效不仅在人民身上体现出来，就是万物也都受其恩惠。这与儒家所说的"化及万物"有相似之处。但儒家所说的"化及"，还要人为的力量，而老子说的"自化"，就连这种人为的力量都不需要，因为一切都是自然而成、自然而化的，故成效更高。

金氏认为，老子的哲理是中国哲学史上的一大体系，而这一体系的形成，为中国人提供了高度的智慧，这是不可否认的。在这个哲学体系中，确有不少真理可以发掘，但不要拘泥字句，而要深入思考其中的义理，并结合现实政治的各种情况加以应用，则仍具有理论价值。金氏说，尤其是现今专以扰民为事的掠夺政治的弊病，老子无为而治的思路确实可以作为有效的治疗剂。

在治术中，老子说："将欲歙之，必固张之；将欲弱之，必固强之；将欲废之，必固兴之；将欲夺之，必固与之，是谓微明。柔弱胜刚强，鱼不可脱于渊，国之利器，不可以示人。"这些说法初看与法家的治术很相似，也很容易引起人们的误解，以为老子既然反对权诈，又为什么要说这些话。金声以为张、强、兴、与都是暂时的，实不足恃，其后果将是歙、弱、废、夺，所以老子是希望人们通过这样的道理知道处于柔弱，不自矜，不自傲，不自威，可知这是一种反说的方式，来让人明白自处柔弱的好处，而不要自处于刚强兴夺之中。同样的道理，国之利器不以示人，也是一种柔弱的姿态，是国之利器的最佳保护法。这就像鱼不可脱于渊一样，渊代表柔弱，是自我保护的最好位置。并且这些说法也与"大智若愚""大巧若拙""大辩若讷"等相通，都是自处柔弱之中，而不是以刚强姿态示人。所以金氏说这是一种极大的涵养功夫，自然而然就趋于谦逊，蕴藉恬静，这样才能避免冲突，防止纷争。所以又说"大成若缺，其用不敝，大盈若冲，其用不穷"，若缺若冲，同样是自处于柔弱之中，与若愚若拙若讷同是一种姿态。金氏用这样的解释来说明老子这些话的深刻含义，表示并不能简单地照字面来理解。而这样的思想也与老子主张道的自然一脉相承，必须与老子的全部思想内容结合起来进行理解，才能得到合乎本意的解释。

对于老子的小国寡民，金声认为这种理想社会的根本特点就是不奢陈富丽新奇，朴素得出人意外。但人类社会既然已经发展到繁、奢、巧的程度，要想返回到简、俭、朴的状态，也是不太可能的，这只能说是老子的一种理想，以求解决当时社会上存在的种种弊端，至于理想之国能不能实现，也就在所不计了。金声认为，这与儒家提出"大道之行也，天下为公"的理想社会是同一性质的，都是一种憧憬，难以论及是否可能实现的问题。但人类既然在任何时代都不可避免要面对着种种社会问题，则提出一种理想社会作为憧憬，也是非常必要的，至少这可让人们知道社会应该怎样，不应该怎样，也好为解决社会问题而提供努力的方向。他说："我们必须要有一个比他们所企求的远为进步的理想社会，而且必然的可以实现，而不像他们那样可望不可即地仅凭玄想，因为我们知道了更多的历史，自然应该根据历史的法则，不蹈前人的覆辙。"[①] 由此可知，对于古代思想家的思想，既不能简单地只从字面上加以理解，也不能停留在他们思想的水平上，而应更为全面深刻地总结其思想成果，对他们所提出的问题做出更为进步的理论探讨。

---

① 金声：《老子哲学之研究》，松涛出版社 1948 年版，第 71 页。

第四章　传统方法的《老子》研究

近现代以来，除了利用西方思想学说来阐释《老子》外，仍有不少学者沿用传统的方法来研究《老子》。本章把后者分为两类，一是用传统小学校勘等对《老子》文本进行考证校释，一是用传统学术观念注释和研究《老子》，以见传统方法在近现代以来并没有为中国学者所抛弃，而是有所继承，并在继承之中增加了时代性的思考与理解。

第一节　对《老子》文本的考释

近现代学者考释《老子》文本，主要是沿袭清儒考据传统。考虑到学术的传承与流变，以及部分学者活动跨越晚清、民国，故在本节论述这部分学者及其成果时，将时间向前适当延伸到清晚期。

一、俞樾、魏锡曾、陆心源对《老子》的考校

1. 俞樾《老子平议》

俞樾（1821—1907），字荫甫，号曲园，浙江德清人。道光间进士，曾主持杭州诂经精舍达三十年之久。精训诂考据，著有《诸子平议》《群经平议》《古书疑义举例》《春在堂随笔》等。

俞樾《诸子平议》卷八"老子"部分，收有考证近六十条，除对《老子》原文作校勘考证外，兼对河上公和王弼两家注释有所

辨正。

其书多有精辟考证分析。如《老子》第一章"常无欲以观其妙，常有欲以观其徼"二句，历来有两种断句法，一是断为"常无欲""常有欲"，一是断为"常无""常有"。但人们一般没有注意到"欲"下的"以"字，俞氏据易州唐景龙二年（708年）《道德经碑》此句无二"以"字，认为当从司马光和王安石之说，在"无"和"有"字下断句，读作"常无，欲观其妙；常有，欲观其徼"。下文"此两者同出而异名，同谓之玄"，正承有、无二义而言，若以"无欲""有欲"连读，既有欲矣，岂得谓之玄乎？

俞氏的这一考证对此句的理解有一定的帮助。不过他将首句"道可道，非常道，名可名，非常名"的"常"字读为"尚"，意为上道、上名，言道可道，不足为上道，名可名，不足为上名。故此句的"常无""常有"也读作"尚无""尚有"，言尚无者欲观其微也，尚有者欲观其归也。其实，"常"读本字不误，非必假作"尚"。

第二章的"万物作焉而不辞"，河上公注谓"不辞谢而逆上"，把不辞理解为万物的不辞。俞氏认为不辞当就圣人说，不当就万物说，方与"生而不有，为而不恃"一律。不辞就是不言，即上文"行不言之教"的意思。

其实，"万物作焉而不辞"要与上下文一并来看，其原文是："是以圣人处无为之事，行不言之教，万物作焉而不辞，生而不有，为而不恃，功成而弗居，夫唯弗居，是以不去。"这一段话的主语都是圣人，是说圣人无为、不言，对于万物的作、生、为，也都不辞、不有、不恃，这就是不居功的意思，正因为如此，所以才能"不去"。而这一段话都是说圣人无为而无不为，不辞、不有、不恃以及不言都属于无为，万物的作、生、为都属于功成，无为故功成弗居，正因为不居功，所以才能使功在己而不去，这正是无为而无不为的奥妙所在。如此理解这段原文，自然不会把不辞理解是万物的不辞，只能是圣人的不辞。

第十二章"五色令人目盲，五音令人耳聋，五味令人口爽"，对于"爽"字，河上公注为亡，王弼注为差失。俞氏认为都不合爽字之义。他据《吕氏春秋·尊师》："且天生人也，而使其耳可以闻，不学其闻不若聋；使其目可以见，不学其见不若盲；使其口可以言，不学其言不若爽。"认为口爽与耳聋、目盲并举，正与《老子》此章意同。又引《列子·仲尼》："目将眇者先睹秋豪，耳将聋者先闻蚋飞，口将爽者先辨淄渑，鼻将窒者先觉焦朽，体将僵者先瘚奔佚，心将迷者先识是非。"由此可知爽是口病之名，所以《庄子·天地》说"五味浊口，使口厉爽"，《淮南子·精神》说"五味乱口，使口爽伤"，其中的爽字都是指口的伤病。而《新序·杂事》引《吕氏春秋》此文时"口爽"则作"口喑"，口喑就是口之病，正与耳之病为聋、目之病为盲一样。俞氏这番考证对爽字之义分辨甚明，可以帮助人们理解《老子》此段说法的含义。

第十五章的"古之善为士者"，一般人都不认为这里有什么问题，但俞氏据河上公注"谓得道之君也"，认为这里存在着文字的讹误：

"善为士者"当作"善为上者"，故以"得道之君"释之。"上"与"士"形似而误耳。[1]

这属于理校，俞氏通过河上公注，敏锐地发现"士"可能是"上"字的形误，其说有一定道理，对理解《老子》思想亦有帮助。因为《老子》全书是以侯王为中心，与士没有什么关系，这里突然说"善为士者"，就值得怀疑，而俞氏的考证正为这种怀疑提供了一个证据，值得重视。

又如第二十章的"如春登台"，多本作"如登春台"，难以判断正误。俞氏对此作出了令人信服的考证：

如春登台，与十五章"若冬涉川"一律，河上公本作"如登春台"，非是。然其注曰："春阴阳交通，万物感动，登台观

---

[1] 俞樾：《诸子平议》卷八，上海书店出版社1988年版，第146页。

之，意志淫淫。"然是亦未尝以"春台"连文，其所据本亦必作"春登台"，今传写误倒耳。《文选·闲居赋》注引此已误。①

这一番考证可以确定今传河上公本作"如登春台"是"登"字与"春"字误倒，所以人们在使用河上公本《老子》时一定要有所注意，不要再引用错误的文句。

俞氏又注意考证出河上公本与王弼本之间的异文。如第二十八章的"圣人用之则为官长"，俞氏说：

> 此河上公本也。河上注曰："圣人升用则为百官之元长也。"是其本作"圣人用之"，至王弼注曰："圣人因其分散故为之立官长。"则当作"圣人因之"，方与注合，今作"用"者，后人据河上本改之耳。②

这就说明了二本之间本来存在的文字不同，却因后人的改动而消失了。不过俞氏能细心考索，所以又发现了这种差别，因此这种考证成果值得重视。

2. 魏锡曾《校老子》

魏锡曾（1828—1881），字稼孙，浙江仁和（今属浙江杭州）人，清咸丰贡生。热衷印学，于金石拓本、名人印蜕汇辑甚富。有《魏稼孙全集》行世。

魏氏录有易州龙兴观《道德经碑》，并作校勘记，收入其《续语堂碑录》。该文先录唐代景龙二年（708）易州龙兴观《道德经碑》拓文，又录严可均《铁桥漫稿》中的碑文校勘记，复据原碑拓本比勘。魏氏认为严可均所校异文间有讹舛，且所引各家不著版本，故欲取各本补严可均所遗，但版本太多，不便一一校勘，于是只据龙

---

① 俞樾：《诸子平议》卷八，上海书店出版社 1988 年版，第 147 页。
② 俞樾：《诸子平议》卷八，上海书店出版社 1988 年版，第 149 页。

兴观碑文及苏灵芝所书唐玄宗御注本，并参校严可均所未见的唐广明元年（880）《道德经》残幢，对严校复加校勘，记其异同。并附录广明元年《道德经》残幢碑文于后。

3. 陆心源《道德真经指归校补》

陆心源（1834—1894），字刚甫、刚父，号存斋，晚号潜园老人，浙江归安（今属浙江湖州）人。清代著名藏书家，曾筑皕宋楼、十万卷楼及守先阁等，藏书达十五万多卷。著述甚多，合编为《潜园总集》，约九百四十余卷，其中以《皕宋楼藏书志》《仪顾堂题跋》及所刊"湖州丛书""十万卷楼丛书"，最为有名。

《经典释文·叙录》载严遵《老子指归》十四卷，《隋书·经籍志》著录十一卷，新旧《唐志》著录十四卷。《道藏》本十三卷，缺一至六卷，只存《德经》七卷。《郡斋读书志》著录十三卷，有谷神子注，盖晁公武时《指归》全书尚存。强思齐《道德真经玄德纂疏》、陈碧虚《道德真经藏室纂微篇》、李霖《道德真经取善集》、刘惟永《道德真经集义》并引《指归》中《道经》之文，可见李霖、刘惟永等尚见《指归》全书。明代胡震亨《秘册汇函》所收只有六卷，其后流传都以胡本为祖本。清人钱曾得钱叔宝手抄本，存卷七至十三，有总序及谷神子注，说明胡本出自谷神子注本，但改变了原来的卷第，又删了谷神子的注。陆心源得到影抄钱叔宝本，又得到张学庵校本，再用胡本参校。胡本中没有的，就逐条补录上来，正文用大字，注用双行小字，胡本中的别体和伪字，则注在一旁。这种校补工作很有意义，后人在此基础上可以进行更全面的整理。

但陆心源只有校，没有考证各本间的是非，也没有辑佚。今人王德有查阅《老子》注本五十余种，发现《指归》的引文二百余处，其中引前七卷的近百处，与明以后的《指归》对照，大同小异，足以证明《指归》不是伪托。王氏据《道藏》校勘整理该书，又辑得《指归》后六卷的佚文百余条，删重去赘，合为八十条，汇为辑佚，列于正文后。 此外，蒙文通亦有《严君平道德指归论佚文》，王德有点校时曾加以对照。

二、陈澧、孙诒让、于鬯、奚侗的《老子》注解

1. 陈澧《老子注》

陈澧（1810—1882），字兰甫，号东塾，广东番禺（今属广东广州）人。道光十二年（1832）举人。治学主张汉宋并重。泛览群籍，凡小学、音韵、天文、地理、乐律、算术、古文、骈体文、填词及篆、隶、真、行书，无不研究。著有《说文声表》《切韵考》《水经注提纲》《汉儒通义》《东塾集》等。

陈澧有《老子注》一卷。此书有刻本与抄本两种，刻本为底本，抄本为校本。刻本后有严灵峰跋，谓此注出自汪兆镛家藏钞本。汪系陈澧及门弟子，其原本不知下落，此本乃广州中山大学教授石光瑛次女于1930年8月从汪氏借录。陈注依据王弼注本，但不少地方与王本或有异同，有些是陈氏改动和删节，严灵峰都已一一标出。石光瑛于此注评曰：其注甚简略，似随笔札记，但多有新意，如十五章"俨乎其若客"，谓"客"与"释"韵，辨别本作"容"误。"故能敝不新成"，从《永乐大典》本作"敝"，以官本作"蔽"非。"侯王无以贵高将蹶"，谓"贵高"当为"贞"，以前后文推之，此说不可易。四十四章王注"得多利而亡其身，何者为病也"，谓"多"当作"名"。五十八章"吾何以知其然哉，以此"，谓"自此"以上当为上章结语。均立说精确，虽信手掇拾，而无空疏武断之病。[2]

据今看来，陈氏所注常有解释《老子》意旨甚平实者，如第一章云"常道""常名"就是指"道"，即二十五章所说的"有物混成，先天地生，吾不知其名，字之曰道"。因为"道"在天地之先，万古

---

① 王德有：《老子指归译注·自序》，商务印书馆2004年版。

② 陈澧：《老子注》，见《老子集成》第十一卷，宗教文化出版社2011年版，第394页。

不变，故曰"常"。有天地之后，万变不穷，其"道可道"，其"名可名"，却变为非常者，故曰非常道、非常名。此释常道、常名的"常"之性质甚平实而不艰深。

又如注"常无欲，以观其妙，常有欲，以观其徼"，云："无欲谓禁遏其欲也，常禁遏其欲，以观道妙，然万物皆有欲，出生入死，故又常以己之有欲观万物之归趣也。"① 此以"有欲""无欲"断句，无欲是用来观道之妙，有欲则用来观万物之归趣，这一解释也很有道理。

陈氏亦有对前人旧注加以改进者，如第一章"此两者同出而异名"，引河上公注："两者谓有欲无欲也。"陈澧谓："于其禁遏，名之曰无。于其本有，名之曰有。"② 这就把河上公所说的有欲无欲，发展为有和无。即在陈澧看来，"此两者"应该是有和无，这对《老子》的理解更进一步。因为说到有和无，此章还有两句："无名天地之始，有名万物之母。"也有有和无的问题。而常有欲和常无欲，则有人断句在"有"和"无"字下，与"欲"不连读，则只讲有无，与欲无关。陈氏此注于此强调有和无，自有一定的意义。

陈澧还注意揭示老子思想的本旨，如第七章注："老氏之旨，在成其私。"③ 都是值得重视的认识。

2. 孙诒让《老子札迻》

孙诒让（1848—1908），字仲容，号籀庼，浙江瑞安人。同治六年（1867）举人，官刑部主事。治学以乾嘉学派考据为主，著有《周礼正义》《墨子间诂》《契文举例》《札迻》《温州经籍志》等。被称为清代朴学殿军。

孙诒让对《老子》的考证，收在《札迻》卷四中。就其内容而言，是对《老子》原文及王弼注、河上公注进行考证，所依据者有

① 陈澧：《老子注》，见《老子集成》第十一卷，宗教文化出版社 2011 年版，第 381 页。
② 陈澧：《老子注》，见《老子集成》第十一卷，宗教文化出版社 2011 年版，第 381 页。
③ 陈澧：《老子注》，见《老子集成》第十一卷，宗教文化出版社 2011 年版，第 382 页。

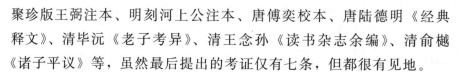

聚珍版王弼注本、明刻河上公注本、唐傅奕校本、唐陆德明《经典释文》、清毕沅《老子考异》、清王念孙《读书杂志余编》、清俞樾《诸子平议》等，虽然最后提出的考证仅有七条，但都很有见地。

如关于《老子》一书分上下篇八十一章的问题，他提出了一些线索，认为这样的分章与分篇在汉代就已形成：

> 《老子》上下篇八十一章，分题《道经》《德经》，河上公本、《经典释文》所载王注本、《道藏》唐傅奕校本、石刻唐玄宗注本并同。《弘明集》牟子《理惑论》云"所理止于三十七条，兼法老氏《道经》三十七篇"，则汉时此书已分《道》《德》二经，其《道经》三十七章、《德经》四十四章，亦与今本正同。今所传王注出于宋晁说之所校，不分《道》《德》二经，于义虽通，然非汉唐故书之旧。①

一般人对《老子》的分篇与分章问题并不太重视，因为一般传世的《老子》，无论是王弼本还是河上公本，都是一样的分篇与分章。孙诒让特别提出这个问题，是他的学术眼光敏锐处。1973年长沙马王堆帛书《老子》出土后，人们发现其虽也分为《道经》与《德经》两篇，但前后位置不同。1993年郭店竹简《老子》出土，人们更发现当时的《老子》不分篇，亦无明确的分章，② 即便可以据后来的分章本对其内容进行分章，但章序也与后代的传世本大不相同。这说明《老子》的成书及其分章分篇，本是一个不断变化的问题，不可能一开始就像后代的传世本那样，有明确的分篇与分章。孙氏虽然不曾见到帛书与竹简《老子》，不能明确地指出这是一个问题，但他从一些历史资料中看出了《老子》的分篇分章并非从来一致，这表明孙氏的学术感觉是相当敏锐的。

---

① 孙诒让：《老子札逐》，中华书局1989年版，第125页。
② 简本《老子》的本文中有一些可视为分章标志的符号，但那样的符号并未严格使用来对全文进行分章，故仍不能说简本《老子》已有明确的分章，分章既无，则分篇就更谈不上了。

又如关于"载营魄"的"载"字，是属上读还是属下读，这也是人们很少注意到的一个问题。其考证文云：

> "功遂身退，天之道"（九章末），"载营魄抱一，能无离乎"（十章），王注云："载犹处也。营魄，人之常居处也，一人之真也。言人能处常居之宅，抱一清神，能常无离乎，则万物自宾也。"河上公注云："营魄，魂魄也。人载魂魄之上，得以生。"案：旧注并以"天之道"断章，而读"载营魄抱一"为句，《淮南子·道应训》及《群书治要》三十九引"道"下并有"也"字，而章句亦同。《楚辞·远游》云："载营魄而登霞兮。"王注云："抱我灵魂而上升也。"屈子似即用《老子》语，然则自先秦、西汉至今，释此书者，咸无异读。惟《册府元龟》载唐玄宗天宝五载诏云："顷改《道德经》'载'字为'哉'，仍隶属上句，遂成注解。"郭忠恕《佩觿》则云："《老子》上卷，改'载'为'哉'。"注亦引玄宗此诏。检《道经》三十七章，王本及玄宗注本，并止第十章有一载字（第二十九章"或培"，河上公本"培"作"载"，易州石本则作"培"，且不在句首，无由隶属上句，知诏所举，必非彼"载"字也），则玄宗所改为"哉"者，即此"载"字，又改属上章"天之道"为句。今易州石刻，玄宗《道德经注》仍作"载"，读亦与旧同者，彼石立于开元二十年，盖以后别有改定，故特诏宣示。石刻在前，尚沿旧义也。"载""哉"古字通。玄宗此读，虽与古绝异，而审文校义，亦尚可通。天宝后定之注，世无传帙，开元颁本虽石刻具存，而与天宝诏两不相应。近代毕沅（《考异》）、钱大昕（《潜研堂金石跋尾》）、武亿（《授堂金石跋》）、王昶（《金石萃编》）考录御注，咸莫能证核，今用诏文，推校石本，得其踪迹，聊复记之，以存异读。[①]

---

① 孙诒让：《老子札迻》，中华书局 1989 年版，第 126—127 页。

这是孙氏提出的一个前人未曾注意的问题。虽然唐玄宗的改动，不能成为定论，但言之成理，可备一说。至于唐玄宗为何要做这样的改动，或许是因"载"字难解，且读作"营魄抱一"，可与本章各句首句均为四字的形式一律，故改为"哉"字，且隶属上句，以形成另一种句读，为此句解释提供另一条思路。不过由于诏书在御注《老子》刻石之后，故后世之人仍沿旧读，至孙诒让始重新注意到这一改动，其治学的严谨，于此可见一斑。

3. 于鬯《老子校书》

于鬯（1854—1910），字醴尊，号香草。江苏南汇（今属上海）人。一生治学而不出仕，著有《香草校书》《香草续校书》《香草文钞》《战国策注》《说文职墨》等。

《老子校书》是于鬯《香草续校书》中的第一种，沿用乾嘉小学考据方法考证《老子》中的字句。他在《香草校书》的序中所说：

> 自高邮《述闻》后有德清《平议》，德清《平议》后有此书。《平议》视《述闻》若有时过焉者，然力不逮矣。是书视《平议》若有时过焉者，力更不逮矣。文章千古，寸心知之。何可饰哉？何可讳哉？[①]

此言并非谦虚，确实有此不足。俞樾的《诸子平议》为求异见，已不免有穿凿之弊，于氏则更甚。如他对"无名天地之始"的"始"字，认为"当读为胎，胎、始并谐台声，例得通假。'无名天地之胎'，故下句云'有名万物之母'，胎与母对。若第作始初义，则与母虚实失伦矣。王弼不通假借，故所注未允"[②]。

"始"与"胎"虽可相通，但《老子》此处用"始"字固无疑义，必欲训为"胎"以与"母"对，则显牵强，此实清人考证滥用

---

① 于鬯：《香草校书·原序》，中华书局1984年版，第2页。

② 于鬯：《香草续校书》，中华书局1963年版，第1页。

通假之弊。

4. 奚侗《老子集解》

奚侗（1878—1939），字度青，号无识。以字行，安徽当涂人。留学日本明治大学，获法学学位。以读书著书为乐，著《庄子补注》《老子集解》等。

《老子集解》分上下卷，前有陈衍、叶玉森的序以及奚侗自序。陈衍称奚侗深于训诂，更精音韵，故标举每章韵语，皆能读其古音，指明本音。奚氏在自序中称以兵戈交于国中，恩怨斯须，循环施报，非清虚谦弱之道不足以息乱致治，故他赞同庄子对老子学说的评论：“以濡弱谦下为表，以空虚不毁万物为实”，以及班固所说道家“清虚谦弱，为君人南面之术，合于尧之克让”。基于这种认识，他就历代各家注释详明而不乖老氏意旨者，附以己见，撰成《集解》，章次一依河上公、王弼之旧。

奚侗在注《老》时，收集较广，又不只是引用直接注《老》者，而能旁引诸书以资考证，如释首章常道、常名之“常”，引《易·象下传》“未变，常也”及虞翻注“常，恒也”。又引本书互证，如引第十六章“道乃久，没身不殆”，第二十一章“自古及今，其名不去”，认为“即此常道、常名”。[1] 这一解释把“常”理解为久而不变，比只解释为久内容更丰富。

又如对首章“无名天地之始”，奚氏引第二十五章“有物混成，先天地生”及《庄子·天地》“泰初有无无，有无名”来解释“无名”。对于“有名万物之母”，则引“道生一，一生二，二生三，三生万物”，说明“道固万物之母也”。[2] 又引第二十五章“可以为天下母，吾不知其名，字之曰道”和《文子·道原》“有名产于无名，无名者，有名之母也”进行解释，则更为可信。此类旁征广引证成其

---

[1] 奚侗：《老子集解》，见《老子集成》第十三卷，宗教文化出版社 2011 年版，第 3 页。

[2] 奚侗：《老子集解》，见《老子集成》第十三卷，宗教文化出版社 2011 年版，第 3 页。

说，颇有参考价值。

三、吴汝纶、张之纯等点评《老子》

1. 吴汝纶《点勘老子读本》

吴汝纶（1840—1903），字挚甫，一字挚父，安徽桐城人。同治四年（1865）进士。曾任直隶深州、冀州知州，又曾主讲保定莲池书院多年，晚年任京师大学堂教习。吴汝纶治学由训诂以通文辞，晚年致力于解经。著有《吴挚甫文集》《诗集》《尚书故》等。

吴汝纶著有《点勘老子读本》。其子吴闿生曾为其作序，以为"先秦诸子之文各有其长，非汉以后所能及。而古人本无所谓专门的文辞之学，士人读书治学，服习久而熟稔，而后立说成文，非后人有意为文者可比"。最后说："今诸子之书具在，先公之读之也一以文义为归，非诸子之必为文也，舍文固无以见其道也。"① 观其说可知吴氏希望通过先秦诸子之文以发挥其中的思想内涵，此古人文以载道观念之体现。

此书用河上公注本的分章与原文，有些地方保留河上公的注，且载河上公本章名。又以唐易州景龙碑本通校，证明此碑是用河上公注本原文。此外莫友芝曾以宋本校王时行所校之河上公注本，吴汝纶摘录了其中差异尤著的一些异文。吴氏还在个别地方略加评点或简注。但总的来看，此书无论是校还是注，都不够完整系统，即便吴氏所重的文辞，也评点不多。可知当时刊行此书，仅以吴氏名高而行于世也。

2. 张之纯《评注老子菁华》

张之纯，江苏江阴人。著有《中国文学史》《评注诸子菁华录》等。《评注诸子菁华录》是张氏应商务印书馆之邀而作，共 18 册，

---

① 吴汝纶：《点勘老子读本》，见《老子集成》第十一卷，宗教文化出版社 2011 年版，第 566 页。

1939 年出版，《评注老子菁华》为其中之一。

张之纯在此书中声称采用王羲之本，只分上下篇，以存《老子》之旧。实际上篇中有分段，段即通行本的章，只是不标章数，也不用河上公本的章名。王羲之本与通行本不同的异文，张氏也不一一标明，只于文义不同处加以说明，并据以注说。如"常有欲以观其徼"，注云："徼，逸少本作窍，道之发泄处也。"① 表明不用通行本的"徼"，而用所谓王羲之本的"窍"。

此书在正文之中加注，栏上加评。注者注释《老子》文义，时有独到见解，如"使夫知者不敢为也"，注："为，伪之借字，言使智巧者不敢作伪。"② 评者点明各段的大旨。如"道可道"一段评曰："推原道德所从出，出于虚无至静，为上下两篇纲领。"③ "不尚贤使民不争"一段评曰："申明无欲之旨。"④ 又用评语点明各段相关之处，如"道冲而用之"一段评曰："此言无欲观妙。"⑤ "天地不仁"一段评曰："此言有欲观徼。"⑥ 即与第一段中"常无欲以观其妙，常有欲以观其徼"相关。张氏强调《老子》全文多用韵语，故评语中还一一指出《老子》原文中押韵之字。需要指出的是，所注所评多出己意，与一般集注者不同，值得研究者重视。

3. 无名氏《老子精华》

无名氏《老子精华》一卷，出版于 1915 年，不题编者。

---

① 张之纯：《评注老子菁华》，见《老子集成》第十五卷，宗教文化出版社 2011 年版，第 176 页。
② 张之纯：《评注老子菁华》，见《老子集成》第十五卷，宗教文化出版社 2011 年版，第 177 页。
③ 张之纯：《评注老子菁华》，见《老子集成》第十五卷，宗教文化出版社 2011 年版，第 177 页。
④ 张之纯：《评注老子菁华》，见《老子集成》第十五卷，宗教文化出版社 2011 年版，第 177 页。
⑤ 张之纯：《评注老子菁华》，见《老子集成》第十五卷，宗教文化出版社 2011 年版，第 178 页。
⑥ 张之纯：《评注老子菁华》，见《老子集成》第十五卷，宗教文化出版社 2011 年版，第 178 页。

此书原题《教科自修适用老子精华》，只选取了《老子》的部分原文，共四十八段，各段另加标题，如"安民""无源虚用""成象韬光""易性运夷""无用""检欲""赞玄""归根""俗薄还淳""虚心""益谦""虚无""苦恩""重德""无为""俭武""圣德""任成仁德""微明为政""法本去用"等。称为"精华"，谓所选取者为《老子》之精华部分。又选前人注释作简明解说，其中多为明代学者之说，如陈仁锡、陶望龄、陈继儒、薛蕙、袁了凡、唐顺之、王畿、杨慎、王阳明、袁宏道等。

此书编者认为学童作文不能成章，原因是不能用语言表达事势与道理，所掌握的句法不足，尤好敷衍为长句以充篇幅。而《老子》之文，"理余于辞，意余于句，非夫简古而索然寡味者比。且其离合变化，骤不可捉搦，而句法尤短洁绝伦。学童诚取夫五千言者，熟讽其二三千言，章者句之所积，句法既多，章法斯立，了然于胸，沛然于手。吾知其读书不必破万卷，而下笔已如有神矣。源源而来，持之有故，举其平日冗长繁杂之弊，摧陷而廓清之，事半功倍，孰逾于此？若夫无为之精谊，自然之妙道，凡所以充其理而明其事势者，则又不俟论矣"①。由此可见，此书宗旨是为了让学童掌握古人遣词造句以作文章的方法，使其作文能力得以提高。但据所选的内容及其所做的分类名目，也可看出编者对《老子》的理解。如其遵从《老子指归》的分章标题，把"不尚贤"章取名为"安民"，把"道冲而用之"章取名为"无源虚用"，把"谷神不死"章取名为"成象韬光"，把"上善若水"取名为"易性运夷"，把"三十辐"章取名"无用"，把"五色令人目盲"章取名"检欲"，把"视之不见"章取名"赞玄"，把"至虚极"章取名"归根"等，可以看出编者比较认同《老子指归》偏重于个人养性养生的宗旨。各章引用历代学者的解说，多为儒释二家的说法，如"检欲"章引陶望龄说："释宗旋返六根，获三千功德，与此不符而合。"引陈仁锡说："养生以谷

---

① 无名氏：《老子精华》，见《老子集成》第十二卷，宗教文化出版社2011年版，第416页。

神养目为主。""归根"章引袁了凡说:"盖妄见撤而性觉圆也,谁谓玄宗不同儒释?"此书虽无编者自己的注释,但毕竟汇集了较多前人之说,也有一定的参考价值。

四、文廷式、刘师培、丁展成校补《老子》

1. 文廷式《老子枝语》

文廷式(1856—1904),字道希,号芸阁、罗霄山人等。江西萍乡人,随父侨居广州。光绪十六年(1890年)进士,殿试一甲第二名及第。甲午战争时主战反和,支持维新变法,被革职逐回原籍。在萍乡开设"广泰福"煤号,创办新学,将书院、祠庙改设学堂。文廷式学问渊博,撰有《纯常子枝语》《补晋书艺文志》《闻尘偶记》等。

文廷式虽是通过旧式科举方式进身之人,却能够及时地接受新思想,并能够为新思想的实现而努力,乃至遭到了褫职处分永不叙用的厄运。这样的遭遇,可能对他的写作产生了一定的影响。文氏有关老子的论述见于其《纯常子枝语》,虽不及十条,然颇有新意,主要为以下几点:

其一,谓黄帝之说与老子之说不尽相同。他说:"《汉书·地理志》云:'昔在黄帝,作舟车以济不通,旁行天下。'(《世本》可证)按:《老子》终篇,欲民老死后世不相往来。然则黄老之说正不必同,特后世道家之言托始轩辕耳。"① 人们常以黄、老并称,作为道家的代称,其实黄、老之学并不完全相同,这就与老、庄不完全相同一样。有时黄老并称或老庄并称,是用来与儒家或其他学派思想进行对比时所用的称呼,但在专门研究道家或老子时,就应注意将他们区分开来,不能混为一谈。文氏虽说强调黄老之说不必同,但也认为《老子》书中有引述黄帝言者,如谓:"'古之所谓曲则全者,

① 文廷式:《老子枝语》,见《老子集成》第十一卷,宗教文化出版社2011年版,第604页。

岂虚言哉？'据此，则上文'曲则全'数语，盖黄帝之言而老子述之。（李石《续博物志》以'谷神不死'至'用之不勤'为黄帝之言，本《列子》）""'故建言有之'，此亦当为黄帝之言。""'故圣人云'，圣人当指黄帝。"① 黄、老不必同，但这不妨碍老子引述黄帝语，因老子思想与黄帝思想仍有一定的关联。如同老子与庄子的思想虽然不尽相同，但二者之间有一定关系。

其二，对一些字句的改动，为前人所未言。例如，对"道冲而用之，或不盈"，文氏认为："不字疑衍，言道虽冲虚，而用之则盈满，为万物之宗也。王弼注：'冲而用之，又或不盈。'似失其解。下文云'大盈若冲，其用不穷'，是其证。"② 此一解释虽有新意，但不确。《老子》的原意当谓道之冲虚，虽用之亦不盈。若按文氏的理解，则为冲虚之道若用之则盈，这是不符合《老子》的精神的。

其三，指出了扬雄的《太玄》与《老子》的关系：

> 《老子》曰："一生二，二生三，三生万物。"此《太玄》之所本，故书中用《老子》之说为多。如《锐》之次曰"迷腹达目"，次八曰"迷目达"，此用《老子》"为腹不为目"之说也。《沈》之次三"沈于美"，测曰"沈于美，作聋盲也"，此用《老子》"五音令人耳聋，五色令人目盲"之说也（司马温公注亦云）。《夷》之次三"婴儿于号，三日不嗄"，测曰"中心和也"，此用《老子》"赤子终日号而不嗄，和之至"之说也。其他用其意者尤夥。盖略用历法，归本道家，是其大旨。③

① 文廷式：《老子枝语》，见《老子集成》第十一卷，宗教文化出版社 2011 年版，第605 页。
② 文廷式：《老子枝语》，见《老子集成》第十一卷，宗教文化出版社 2011 年版，第605 页。
③ 文廷式：《老子枝语》，见《老子集成》第十一卷，宗教文化出版社 2011 年版，第604 页。"如《锐》之次"以下，严灵峰断为："如《锐》之次曰'迷腹达'，目次八曰'迷目达'。"不确。"迷腹达"不成句，"目"字不应属下，应做"迷腹达目"，下"迷目达"下疑脱"腹"字，应作"迷目达腹"。又据《太玄》，此段中"嗄"字应作"嗌"，帛书《老子》亦作"嗌"。高亨在帛书出土后，专门论证了这一点。

文氏通过《太玄》与《老子》相似之字句，看出了《太玄》的大旨是"归本道家"，应该说是一个卓见，因为前人多只注意到扬雄的《法言》而称扬氏为儒家，不知扬氏思想中也有道家的成分。据《汉书》扬雄本传，他自认《太玄》地位远在《法言》之上，则文氏称扬雄思想的大旨归本道家，乃是不错的。

文氏所论还有一条值得注意：

> 《老子》曰："视之不见，名曰夷；听之不闻，名曰希；抟之不得，名曰微。此三者不可致诘。"夫不见不闻，则政治之所不及，而六经之所不言也，故曰"不可致诘"也。《庄子》曰："六合之外，圣人存而不论；六合之内，圣人论而不议。"夫六合之外，非耳目所能察，六合之内，所谓贱而存焉，亦无以议其得失也，此政教之所大闲。然而道家言其不诘不论之故，而儒家不言者，此即"可使由之，不可使知之"之理也。①

文氏所论，其实是指出道家与儒家的一个区别在于，前者关注宇宙本体问题，后者则研究社会政治问题。当时虽然还没有后来所说的"哲学"这一概念，而他能指出儒家与道家的这种差别，可以说其眼光非常深刻。

2. 刘师培《老子斠补》与《老子韵表》

刘师培（1884—1919），字申叔，号左盦，江苏仪征人。光绪二十八年（1902）举人。辛亥革命后，任成都国学院副院长。1917年，由蔡元培聘为北京大学教授。1919年逝世，年仅36岁。刘师培精通经学，西学造诣亦深，著作颇丰，包括《国学发微》《小学发微补》《春秋左氏传古例诠征》《春秋左氏传例略》《春秋左氏传答问》《周礼古注集疏》《礼经旧说考略》《逸礼考》等70余种。

---

① 文廷式：《老子枝语》，见《老子集成》第十一卷，宗教文化出版社2011年版，第604页。

刘师培著有《老子斠补》，此书据历代文献资料校正《老子》王弼注本中的错误，又据他书记载来阐明《老子》意旨，及用《老子》本书前后文互证以明其意。由于本书引证繁富，故不仅于校勘《老子》有益，更有益于参阅其他古籍，不可视为简单的异文校订之作。

刘氏首先提出所要依据的资料：

> 《老子》传于今者，文莫古于唐景龙碑，注莫古于王弼，次则《释文》所详异字，唐宋各类书所引异文，亦多故本。然王弼以前本书讹脱已多，弼注又疏于诂，故欲绎旧文故谊，必求诸东周秦汉之书。盖《老子》之文，恒为《庄》《列》所述，《韩非·解老》《喻老》诠释尤晰，迄至西汉则《淮南》所述为详，《文子》之书又袭《淮南》。其他述《老子》者，于周则荀、吕、商、墨，于汉则陆、韩、贾、桓、扬、刘，或明著其文，或述其谊而殊其词，然所引均故书，所述亦均故谊，有足证今本脱字者。①

他所列举的这些东周秦汉时期的典籍，确实都是研究《老子》时所不可不看的参证资料。日本学者木村英一在他的《老子的新研究》中，为恢复《老子》原貌，用来参证的资料，就不出刘氏所列书目，由此足见刘氏的研究态度之严谨，治学之全面。至于校勘《老子》原文的资料，刘氏所举，亦后之研究者不可不知，如日本人岛邦男作《老子校正》，力图罗列所有的异文资料，来对《老子》的各种版本进行校勘，其用力不可谓不勤，搜罗不可谓不富，其中就包括了刘氏所说的"唐宋各类书所引异文"，可见刘氏的意见确为学者所公认。

刘氏认为，依据这些资料对《老子》进行校勘，就可校出今本《老子》中的各类讹误。脱字如：今本"鱼不可脱于渊"，据《韩非

---

① 刘师培：《老子斠补》，见《老子集成》第十一卷，宗教文化出版社 2011 年版，第709 页。

子·喻老》所引，则知"渊"上脱"深"字。"子孙以祭祀不辍"，证以《喻老》，则"以"下脱"其"字，"不"上又脱"世世"二字。脱句如："上礼为之"数句，证以《韩非子·解老》，疑上脱"礼以情貌"。"祸兮福之所倚"，证以《解老》，疑下脱"以成其功"。讹脱相兼如："贵以贱为本"，当从《淮南子·原道训》作"贵者必以贱为号"。衍文如："柔弱胜刚强"，当从《解老》作"损弱胜强"。讹字如："少私寡欲"，《解老》以"不思"与"无欲"对言，而《文选》注（谢灵运诗注）亦引"私"作"思"，则"私"为讹字。①

至于后世诸本的高下优劣，刘氏也认为可据秦汉古籍的《老子》引文来判定：

> 凡与古籍所引相合者，均属未改之本。如"轻则失臣"，引于《喻老》，"长短相形"，引于《淮南·齐俗训》，则河上公本为长。"故强字之曰道"，引于《解老》及《牟子》，"故人无弃人，物无弃物"，引于《淮南·道应训》，则傅本为长。②

根据这些情况，刘氏认为"讹脱之迹，非勘以诸子弗克明"。将诸子资料引入《老子》校勘中，这是刘氏研究的一大特色，亦为后来的学者所仿效。如前面提到的日本学者岛邦男的《老子校正》就充分利用了这样的资料，这不能不说是刘氏对他的一个启发。

但是，从刘氏所举的例子来看，如果全部以他书引文为据来判定今本《老子》的文字正误，也有片面之嫌。对此刘氏也有通达之说："或因形近，或因义通，或损益助词，或属别义，亦古本《老子》之异文也。"即对义可两通及不影响文义的助词等，视为异文而不强定正误。在古时书籍传播困难，一书存在多种版本，当属正常现象，因此各书所引之文之间出现异文，也是必然现象。

---

① 刘师培：《老子斠补》，见《老子集成》第十一卷，宗教文化出版社 2011 年版，第710 页。

② 刘师培：《老子斠补》，见《老子集成》第十一卷，宗教文化出版社 2011 年版，第710 页。

这样的异文，谁是谁非，孰正孰误，都是没有一定之规的，所以不能单方面以一本为准，而应参照多方面的情况，进行综合的考证。

刘氏还指出应该积极利用先秦文献中阐释《老子》古义的材料。如"常道""常明"，《解老》以"不易"及"有定"训"常"，《文子·道原》引之，与"变"并言，则恒久为常。"治人事天莫若啬"，《解老》以"爱精神，啬知识"相解，《吕氏春秋·情欲》亦引此词，则事有所节为啬。"不善人者"二语，《喻老》以纣索玉版事相诠，《淮南子·道应训》以子发用偷者事相诠，则利而用之谓之资。"则攘臂而扔"，《解老》谓圣人复恭敬尽手足不衰，则扔即因仍，攘臂即行礼。"国之利器"二语，《韩非子》之《内储下》《六微》及《喻老》均以刑赏释利器，以见释示，则此指臣窥人君赏罚而言。推之"生而不有"数语，即《吕氏春秋·贵公》"生而弗有"诸义也。如斯之类，正如孙德谦《古书读法略例》中所说的"读书因彼见此例"[1]，乃多读书善读书之法，用于研究《老子》，亦是好方法。

此外，刘氏还提出多种参证《老子》文义的方法：

> 若"太上，下知有之"，《韩非·难三》篇所述异于《淮南·主术训》，"失德而后仁"节，《淮南·本经训》所述又异于《解老》。若斯之属，亦足证古谊之歧。盖《老子》汉注今既不传，欲稽古说，惟资诸子。诸子而外，则他籍文同《老子》而汉儒作解者，亦足匡王弼诸家之缺。如"刍狗"见于《淮南》（《说山训》《齐俗训》），证以高注，则束刍为狗，与刍灵同。"载营魄"见于《楚词》（《远游》），证以王注，则载训为抱，营魄即灵魂。此亦故训之可稽者也。[2]

---

① 孙德谦：《古书读法略例》，上海书店 1983 年版，第 25 页。
② 刘师培：《老子斠补》，见《老子集成》第十一卷，宗教文化出版社 2011 年版，第 711 页。

　　总之，刘氏校读《老子》所依据的资料，重点在于先秦诸子文献中的"故谊"，其次则用本书之文互勘。这种利用本书资料进行互勘的方法，可称为"内校法"，属于中国古籍校勘考证方面的重要方法，是十分有用的。

　　刘氏在校读时常综合运用这些方法。如释"道可道，非常道。名可名，非常名"一句时，先用秦汉古籍如《易·象传》《韩非子》《文子》《淮南子》中的资料来证实其义，又用《老子》本书第十六章、二十八章、五十二章的内容加以补证，因此所作证说，显得非常有力。此类校注有百余条，虽不甚多，但在方法上实有进步，故成为当时研究《老子》的重要成果，而刘氏提倡的方法，于后来的学者，包括日本的学者，都有很大的影响。

　　刘师培又著有《老子韵表》，为研究《老子》韵例之作。刘氏认为："三代之文多杂韵语，不惟六经为然也。如《老子》《荀子》《离骚》《庄子》诸书亦莫不奇偶相生，音韵相协。欲考古韵之分合，必考周代有韵之书。而周代之书，其纯用韵文者，舍《易》《诗》《离骚》而外莫若《老子》。"[①] 故他仿严可均《说文声类》之例，借《广韵》二百六部，分为十六类，又合为六大类。

　　刘氏又批评"协韵"之说，指出古今音转变之由，其说云：

　　　　凡古韵与今韵异类者，古本音也。古字之不仅一音者，则正音以外又有转音也。夫古音与今音不同者，则因古音为本音，而今音则系古音双声之音。若正音之外别有转音者，其所转之音，亦必与正音为双声。故古今之音不尽同，而四方之音亦不尽同，试推其故，则莫不由于双声。况音有转移，凡古韵之与今韵异类者，在古代未必非同类也。俗儒不察，多谓古用协音。然明陈季立有言："时有古今，地有南北，字有更革，音有转移，亦势所必至。"岂必果出于协哉？协音之说不足取信明矣。

---

① 刘师培：《老子韵表》，见《老子集成》第十一卷，宗教文化出版社 2011 年版，第704 页。

舍协音而论本音，可以知古音之异于今音矣。①

他据《老子》韵文，将古韵列为十六小类，六大类：

之类、脂类、支类，为三小类，合为一大类。
歌类、鱼类、侯类，为三小类，合为一大类。
尤类、萧类，为二小类，合为一大类。
蒸类、东类、侵类，为三小类，合为一大类。
真类、元类，为二小类，合为一大类。
阳类、耕类、谈类，为三小类，合为一大类。

刘氏将《老子》中的入韵字隶于以上十六类，并于各类下详细考证古今音之异，故此书可看作是以《老子》为例来研究上古韵类的专著。而他所强调的古音与今音不同，之间有双声关系，且转音与正音也有双声关系的理论，在古代训诂学上亦有重要意义，值得重视。

3. 丁展成《老子校语》

丁展成，江苏宜兴人，著有《老子校语》《庄子音义绎》等。

《老子校语》书前有丁氏自序，据此可知此书重在以己意推古人用心，对小学家聚讼之点详加考究。他批评晋人于老子之旨未尽失之，然不善取其所长，以至发为"礼岂为我辈设"之论。古人之所惧，以为老庄之弊必至于此，此皆对老庄的误解。故此书意在阐明老子精义，以保其道，作为处世之药石。

丁氏重视断句及字句校订。如第一章"无名天地之始，有名万物之母"，丁氏指出，陈柱《老学八篇》依司马光、王安石于"有"字、"无"字断句，不合《老子》本意。他以《老子》第一章"名可名，非常名"，第三十二章"始制有名，名亦既有"，寻绎其义，认

---

① 刘师培：《老子韵表》，见《老子集成》第十一卷，宗教文化出版社 2011 年版，第 704 页。

为自当以"有名""无名"断句。又引第二十五章"有物混成，先天
地生，寂兮寥兮，独立不改，周行不殆，可以为天下母。吾不知其
名，字之曰道，强为之名曰大"，提出此"字之曰道，强为之名曰
大"者，即第一章所云"有名万物之母"，"天下母""万物之母"，
是一个意思，没有不同。又引第四十二章"道生一，一生二，二生
三，三生万物"，及《庄子·齐物论》"一与言为二，二与一为三，
自此以往，虽巧历不能得"，意并谓"有名"则庶物出。

　　丁氏对《老子》文义的理解，也常有独到之处。如第一章"常
无欲以观其妙，常有欲以观其徼"，丁氏认为《韩非子·主道》"明
主守始以知万物之源"，即《老子》所谓"无欲以观其妙"。由此亦
知司马光、王安石于"有"字、"无"字断句是不对的。

　　丁氏又能揭示《老子》中关于社会政治的精妙思想。如第七十
四章"民不畏死，奈何以死惧之。若使民常畏死，而为奇者，吾执
而杀之，孰敢"，丁氏认为此二语括尽刑名原本。《管子·治国》说：
"凡治国之道，必先富民，民富则安乡重家，安乡重家则敬上畏罪，
敬上畏罪则易治也。民贫则危乡轻家，危乡轻家则敢陵上犯禁，陵
上犯禁则难治也。故治国常富，而乱国常贫。"丁氏案："刑所以期
民之安，民衣食不足，则已不得安矣，虽严刑罚，是长乱也。"[1] 此
一段完全可以引为《老子》第七十四章的解说，他的这种解释甚有
理，值得深思。

五、高延第、易顺鼎、陶鸿庆、罗运贤释读《老子》

1. 高延第《老子证义》

　　高延第（1823—1886），字子上，号槐西居士，江苏山阳（今属
江苏淮安）人。高延第科举失意后深闭不出，锐意读书治学。纂修
《山阳县志》《淮安府志》《盱眙县志稿》等，著有《老子证义》《广

---

① 丁展成：《老子校语》，见《老子集成》第十三卷，宗教文化出版社 2011 年版，第
　　722 页。

韵重文补注》《北游纪程》等。

《老子证义》刊刻于光绪丙戌（1886）。书前有《老子考异辨》，考察《史记·老子传》关于老子其人的记载。次为《古今诸家论老氏宗旨》，他认为汉代对老子之学还能知其本义，后来出现了神仙丹经之说，就歪曲了老子学说的本意，王弼以空有玄妙解之，老子宗旨更加隐晦不明，所以录数家能发明老子宗旨的说法，以帮助人们理解。最后是高氏自己的见解。

他认为老子的核心思想是虚静：

> 能虚静，故能无为，以此治身，亦以此治天下。夫虚静何以能治天下？盖虚者扫除私见，然后能洞察物情，非空虚无薄之谓也。静者屏除物累，然后能灼见事理，非冥然枯寂之谓也。无私见，忘己也，不强人以从我；忘物也，无物累，不枉己以徇人。忘己忘物，然后所行者一出于大公至正，因物付物，秉乎自然，无造作矫拂于其间，所谓无为也。……盖身为治本，身不能治，安能治人。治身之要，又以专一精神，祛除物累为本。故养生者亦得摭之以为说，而非老子著书之意也。①

又论及《庄》与《老》的关系，认为《庄子》内外篇，昔人称为《老子》传注，这一说法是可以成立的，因为庄子其学出于老子。只是《老子》之言简奥，而《庄子》之言洸洋横恣，读者往往迷惑于《庄子》的文句之间，而难得《庄子》思想的本意，其实《庄子》与《老子》的思想可以互相发明。

书后段朝端谓高书考订字义俱精确不刊。如第二十一章"以阅众甫"，"众甫"释为"众父"。第三十九章"致数舆无舆"，高氏认为河上公、王弼等注皆属曲说，故据《经典释文》所引别本异文，改此句为"故至誉无誉"。凡此皆见新意。

---

① 高延第：《老子证义》，见《老子集成》第十一卷，宗教文化出版社 2011 年版，第 302—303 页。

高氏又经常据《老子》之意揭示某种生活理念。如第六十四章注说："宦怠于有成，病加于小愈，祸生于懈惰，比比然也……圣人所以善始善终而无败者，以其先几远瞩，众人之所共忽，圣人必于此注意，众人之所争趋，圣人未尝留盼。"① 言圣人能慎始慎终，于常人疏忽懈怠处加意保持，此正老子所谓"慎终如始，则无败事"。又如第六十五章注说："三代以降，人心险薄，变诈日起，徒立法以防之，而法不必果用，上下徒以智数虚文相应，法令益烦而奸不止，尚智之患也。"② 又引《庄子》"为之斗斛以量之，并与斗斛而窃之"一段，说明以道治国胜于以法治国，以法治国，则所治之法，并被窃去，又何治焉。这些道理说明，社会某种现象的真实本质，往往并不如表面那样，所以人们观察社会现象，应该具备道家的思维。

此种证义，在此书中尚多，对于理解《老子》颇有助益。

2. 易顺鼎《读老札记》

易顺鼎（1858—1920），字实甫，又字仲硕，号眉伽，晚号哭庵。湖南龙阳（今湖南汉寿）人。光绪元年（1875）举人。于学无所不窥，考据、诗文均其擅长，著有《四魂集》《丁戊之间行卷》等。

《读老札记》二卷，附《补遗》一卷，为易顺鼎所著《宝瓠斋杂俎》之四，主要对《老子》王弼注本的文字错误进行考证。易氏在书前自叙中认为，清代学者虽然精于考证，但对《老子》王弼注本却没有整理出一个善本，王念孙《读书杂志》仅考证数条，毕沅《老子考异》罗列各本甚详，但于《老子》的本义则甚略，可谓有校而无注。俞樾《老子平议》考订古义多确，但于王注的舛误则未详加考察。易氏自称尝欲荟萃诸家，是正文字，俾王注成一善本，但因多病而不能成，聊以此篇札记求质于当代。

书中多有新意，如第一章"道可道，非常道。名可名，非常名"

---

① 高延第：《老子证义》，见《老子集成》第十一卷，宗教文化出版社 2011 年版，第 324 页。

② 高延第：《老子证义》，见《老子集成》第十一卷，宗教文化出版社 2011 年版，第 325 页。

中的"常"字，易氏指出古人已读"常"为"尚"，并连引三书为证：

> （《文子》）《精诚》篇又云：故道可道，非常道。名可名，非常名也。著于竹帛，镂于金石，可传于人者，皆其粗也。以可道、可名为粗，则固已读常为尚矣。《淮南·道应训》轮扁对齐桓公曰：圣人之所言者，其糟粕耳，故老子曰：道可道，非常道。名可名，非常名。《道应》一篇皆引他说以证《老子》，其意亦谓糟粕非上道也。《周礼》师氏疏云：《老子》有三等之德，《道经》云：道可道，非常道。《德经》云：上德不德，是以有德。盖解常道与上德同谊。近人读常为尚，不知古人实己先之。①

第五章"天地不仁，以万物为刍狗；圣人不仁，以百姓为刍狗"，易氏以为老子之意盖谓天地之于万物，圣人之于百姓，皆任其自然，所以称为不仁。

第十章"载营魄抱一，能无离乎"，易氏说：

> 《文选·陆士衡赠从兄车骑诗》注引《老子》此文，钟会注云："载，辞也。"盖下皆四字，此独多一字，故士季以为发语之词。《礼器碑》文曰："皇戏统华胥，承天画卦。"首句五字，以后数十句皆四字，乃知古人原有斯例。然施之首句则可，施之他句则不伦矣。王注训载为处，连下为义，似非。②

这种考证对《老子》文义的理解很有启发。

第十二章"五味令人口爽"，王注："爽，差失也。"河上公注：

---

① 易顺鼎：《读老札记》，见《老子集成》第十一卷，宗教文化出版社2011年版，第439—440页。
② 易顺鼎：《读老札记》，见《老子集成》第十一卷，宗教文化出版社2011年版，第442页。

"爽，亡也。"俞樾谓二注并未得"爽"字之义，易氏认为俞樾谓口爽犹口喑，与上文盲聋一律，则其说更不及二家。易氏认为，爽，败也。其考证云：

> 《楚词·招魂》："厉而不爽。"王逸《章句》："爽，败也。"《众经音义》卷二、卷十皆云："爽，败也。楚人羹败名曰爽。"《文选·东京赋》善注引《老子》曰："五味令人口爽。"又引《广雅》曰："爽，伤也。"然则爽者伤败之名，古人有此语也。①

此类考证尚多，又是后之学者往往不予注意的地方，都很有参考价值，对于古籍之义的理解确有帮助。

3. 陶鸿庆《读老子札记》

陶鸿庆（1859—1918），字瘦石，号艮斋，江苏盐城人。光绪六年（1880）乡试中举，后屡应进士不第，遂绝意仕途。著有《读诸子札记》《读礼志疑》《左传别疏》《读通鉴札记》等。《读诸子札记》二十五卷，为陶氏阅读十七子所作札记，此书第一卷即《读老子札记》，并附王弼注勘误。

书前有章太炎 1920 年所写序，称近世治诸子书者以王念孙为审，而陶氏所考证，往往有独出精义者。

陶氏运用清代乾嘉学派治学方法，对《老子》精心考索，以求至当之理解，但所论多有牵强之处。如考《老子》第十三章："何谓宠辱若惊，宠为下，得之若惊，失之若惊，是谓宠辱若惊。"他对"宠为下"三字的断句产生怀疑，王弼注说："宠必有辱，荣必有患，惊（此宠字之误）辱等，荣患同也。为下得宠辱荣患若惊，则不足以乱天下也。"可知王弼的断句是"宠辱若惊宠，为下得之若惊"，而不是把"宠为下"断为一句。"下"读如"下知有之"的"下"，

---

① 易顺鼎：《读老札记》，见《老子集成》第十一卷，宗教文化出版社 2011 年版，第443 页。

指下民。意思是说使为下的人对于荣宠皆忘情得失，则不足以乱天下，这就是"不见可欲，使民心不乱"的意思。这是根据王弼的注来思考原文的语意。但原文下面又有"是谓宠辱若惊"一句，应该是与"何谓宠辱若惊"相呼应的，如果上文是"何谓宠辱若惊宠"，则下文也应该是"是谓宠辱若惊宠"，但下文只说"是谓宠辱若惊"，并不是"是谓宠辱若惊宠"，可知陶氏此说虽以王弼注为依据，但也是不可从的。王弼的注是把"宠辱"与"荣患"相对而言的，而不是以"宠辱"与"惊宠"相对而言的，而且"惊宠"也与"宠辱"不成对偶之语，所以陶氏所依据的王弼注也不能支持他的说法。

第二十章："我独异于人，而贵食母。"傅奕本"我独"下有"欲"字，王弼注："人皆弃生民之本，贵末饰之华，故曰我独欲异于人。"陶氏据此认为王弼本原也有"欲"字，传写中脱文。陶氏还指出："老子状道之要妙，多为支离惝悦之辞，曰戒、曰若、曰如、曰似、曰将、曰欲，皆此旨也。道不异人，人自异道，当以有欲字为胜。"[①] 其实这里有没有"欲"字都不影响全句的意思，因为"我独异于人"和"我独欲异于人"，只是程度上的不同。没有"欲"字，是事实如此，有"欲"字，是希望如此，根本的意思是异于人。而且这里是说"异于人"，不是说"异于道"，并没有道不异人而人自异道的意思。

第三十八章"上德无为而无以为，下德为之而有以为"，陶氏认为应当按俞樾据《韩非子》的引用，作"上德无为而无不为"。"下德为之而有以为"，则应当作"下德为之而有不为"，这样上下两句反正互明。王弼注说："下德求而得之，为而成之，则立善以治物，故德名有焉。求而得之，必有失焉，为而成之，必有败焉。善名生而有不善应焉，故下德为之而有以为也。"陶氏认为王弼注中的"有以为也"也应当作"有不为也"。因为按王弼的注，可知正是解释正文的"有不为"之义。而且王弼的注又说："凡不能无为而为之者，

---

① 陶鸿庆：《读老子札记》，见《老子集成》第十二卷，宗教文化出版社 2011 年版，第 248 页。

皆下德也，仁义礼节是也。"下德，即包括下文中上仁、上义、上礼在内。下文说"上仁为之而无以为，上义为之而有以为，上礼为之而莫之应，则攘臂而扔之"，上仁、上义、上礼分别是"无以为""有以为""莫之应"，都是不一样的，所以上面的下德也应该与上仁、上义、上礼不同。上义既然是"有以为"，则下德不能再说"有以为"，不然二句就没法区别了，也与上仁、上礼二句的意思不相融贯。王弼注最后说："名则有所分，形则有所止，虽极其大必有不周，虽盛其美必有患忧。功在为之，岂足处也？"这正说明上德所以"有德"，是因为它"无不为"，下德所以"无德"，是因为它"有不为"。因此，陶氏怀疑王弼所见的《老子》是作"有不为"的，后来则涉上句而产生了误字，而王弼注也因正文之误而误。

这一段对于"下德为之而有以为"的考证，其理由一个是要与下面几句有所不同，再一个就是根据王弼注解的意思来理解此句。但是这一段的上下几句中都只有"无以为"和"有以为"，上德是"无以为"，上仁也是"无以为"，下德是"有以为"，上义也是"有以为"，只有上礼没有相对应的说法。所以仅据这一点也不能断定上面与下面不能有相同的说法。这一段是整体的比较，所比较的一方是上德，另一方是下德、上仁、上义、上礼。上德是高明的，下德至上礼则是有问题的。上德作为最高明的做法，是"无为而无以为"的，可按《韩非子》和俞樾的说法作"无为而无不为"，这是最合乎道的做法。此外就都不合乎道，主要的不合是在于"为之"，故与上德的"无为"相区别。关键的区别应在这里，而不是在"有以为"或"无以为"以及"有不为"上。除了上德是"无为而无不为"外，其他几项都是"为之"的，而不管是"有以为"还是"无以为"，都因为已是"为之"了，故与上德是不一样的。所以下德是"有以为"，上仁是"无以为"，这里的"有以为"与"无以为"是相对的。后面的上义与上礼，又是相对的一组，即"有以为"与"莫之应"是相对的，而不是以下德与上义相对的。总之，只要不是"无为而无不为"，只要是"为之"，则不管"有以为"还是"无以为"或

"莫之应"，都没有什么根本的差别。换言之，在下德至上礼几项中，"有以为""无以为""莫之应"，是可以互换的，而不影响它们的根本特点。而且在下德至上礼几项中，只有"有以为"和"无以为"的差别，没有"有以为""无以为"与"无不为"的差别。因为只有上德才能"无不为"，下德至上礼是不能"无不为"的。

又如第七十八章"弱之胜强，柔之胜刚，天下莫不知，莫能行"，陶氏引了《老子》第七十章"吾言甚易知，甚易行，天下莫能知，莫能行"，第七十三章"天之所恶，孰知其故"，认为与第七十章的"莫不知"是矛盾的。陶氏敏锐地注意到了这里的文字不同，但他却认为"知"字应当训为见，谓天下莫不见弱之胜强和柔之胜刚。把这几处的说法合并起来，可以看出老子是想表达天下都不知道弱胜强、柔胜刚这个道理，所以他才一而再、再而三地为人们说明。可知问题出在"莫不知"的"不"字上，而不在"知"字上。且"知"就是"见"，不用专门说明也能理解这个意思，所以陶氏这一训，是没有什么意义的。

通过上面几例可见，清代学者为了考证而考证，有时会形成比较偏狭的思路，故乾嘉学派的考证学，也不是都能称之为科学研究之成果的。

4. 罗运贤《老子余谊》

罗运贤（1904—1969），字孔昭，四川华阳（今属四川成都）人。《老子余谊》发表于《华国月刊》1925年第二期第八册及1926年第二期第十一册。此书另有1928年成都石印本。

此书篇幅不多，然颇有创见。作者自称在王念孙、洪颐煊、俞樾、孙诒让等人考证外，又考证了数十条，于是囊括众说，但文字太多不能具录，故只把自己的见解订成一篇，名为《余谊》。而在考证中驳难前人的部分，则没有全部收入。

所谓的创见，如第三章"不见可欲，使民心不乱"，罗氏认为："见、现古今字……不见可欲，犹毋现所欲，盖欲斥治人者言，与上文不尚贤、不贵难得之货一律。（两不字并同毋）《韩非子·主道》

篇所云：君毋见所欲，君见其所欲，臣将自雕琢。即此意也。"①

又如第五章"天地不仁，以万物为刍狗。圣人不仁，以百姓为刍狗"，罗氏认为，老子三宝，慈居其一，此处为什么说不仁？这是因为"仁"当训亲，如《礼记·经解》"上下相亲谓之仁"。不和无意思相通，因此"不仁"就与第七十九章的"无亲"同意，即无私阿。无私阿，所以其视万物百姓如已陈刍狗，而无偏党。

再如第二十三章的"希言自然"，罗氏认为，根据第十四章"听之不闻名曰希"，可知"希"就是"无"。第四十三章"天下希及之"，就是"无及之"；第七十四章"希有不伤其手"，"希有"就是"无有"。因此本章的"希言"就是"无言"。自然即道，希言自然，就是大道无言，这里是倒文。罗氏对"希"的解释可采，但倒文一说似乎证据不足。

六、罗振玉、杨树达、劳健、于省吾《老子》考证

1. 罗振玉《老子考异》

罗振玉（1866—1940），字叔蕴、式如，号雪堂、贞松老人等，原籍浙江上虞，生于江苏山阳。搜集殷墟甲骨、敦煌遗书、西域简牍、金石铭刻等考古资料，整理成《鸣沙山石室秘录》《敦煌石室遗书》《流沙坠简》《殷虚书契》《三代吉金文存》等。其他论著和序跋文字汇为《永丰乡人稿》《辽居杂著》《贞松老人遗稿》等。

罗振玉《老子考异》上下二卷，是对清毕沅《老子考异》的补充和修正。罗氏发现《老子考异》详于宋元诸本，而忽于唐本，故他利用唐代四种石本《老子》、六朝及唐写《老子》残卷十种，对《老子》原书进行校勘考正。又称虽知严可均曾有《老子唐本考异》，但求之三十年而不可得。因此他利用多种资料，包括新发现的敦煌文书中的《老子》资料以校勘王弼注本《老子》。罗氏此书称得上是

---

① 罗运贤：《老子余谊》，见《老子集成》第十三卷，宗教文化出版社 2011 年，第109 页。

对清人校勘《老子》的一次系统总结。

2. 杨树达《老子古义》

杨树达（1885—1956），字遇夫，号积微，湖南长沙人。曾任教于湖南省立第一师范学校、北京高等师范学校、清华大学、湖南大学等校。新中国成立后当选为中国科学院哲学社会科学部委员。著有《词诠》《积微居甲文说》《积微居金文说》《积微居小学述林》《论语疏证》《汉书窥管》《汉书补注补正》等。

杨氏在《老子古义》的自序中说，1917年南北军阀交战，他见民众群出避难，号呼之声不绝于道，惨不忍闻，于是心念老子所说"天地不仁，以万物为刍狗；圣人不仁，以百姓为刍狗"之语，以为命世哲人早知此矣，乃取《韩非子》之《解老》《喻老》以及《淮南子·道应训》诸篇亲手移录，并自各种古籍搜检论说老子的内容，附益于后，成此一书。又以为刑名源于道德，秦汉时儒者类多服习老子，则此书于学术源流亦不悖违。书后还附有《汉代老学者考》。

此书先录《老子》原文，每句下附《韩非子》之《解老》《喻老》以及《淮南子》《文子》《史记》《庄子》《列子》等史书子书中相关内容，可使读者将《老子》原文与他书中相关内容对照阅读，以助理解《老子》思想内容，故杨氏称此书之作可明《老子》学说的源流及变化。这种方法属于传统方法，即在不同文献中搜集相关内容，汇集一处，殊便学者研究。

由于相关文献不仅解说《老子》思想之道理，亦多记有关之史事，故能使读者在具体的历史语境中了解《老子》思想的影响。如第一章"道可道，非常道。名可名，非常名"二句，引《淮南子·道应训》的相关记述："桓公读书于堂，轮人斫轮于堂下，释其椎凿，而问桓公，曰：君之所读者，何书也？桓公曰：圣人之书。轮扁曰：其人焉在？桓公曰：已死矣。轮扁曰：是直圣人之糟粕耳。桓公悖然作色而怒，曰：寡人读书，工人焉得而讥之哉！有说则可，无说则死！轮扁曰：然，有说。臣试以臣之斫轮语之。大疾则苦而不入，大徐则甘而不固，不甘不苦，应于手，厌于心，而可以至妙者，臣不能以教臣之子，而臣之子亦不能得之于臣。是以行年七十，老而为轮。今圣人之所言者，亦以怀其实，穷而死，独其糟粕在耳。故老子曰：道可道，非常道。名可名，非常名。"① 此为用历史故事来证明老子所说之义。

第一章"无名，天地之始"句，引《史记·日者列传》："宋忠见贾谊于殿门外，乃相引屏语，相谓自叹，曰：道高益安，势高益危，居赫赫之势，失身且有日矣。夫卜而有不审，不见夺糈；为人主计而不审，身无所处。此相去远矣，犹天冠地屦也。此老子之所谓无名者万物之始也。"② 这又是用历史上的人物对话来说明"无名，天地之始"的意义。又如第三章："不见可欲，使民心不乱"下引《三国志·蜀志·秦宓传》："宓报李权书云：今战国反覆仪、秦之术，杀人自生，亡人自存，经之所疾。故孔子发愤作《春秋》，大乎居正；复制《孝经》，广陈德行，杜渐防萌，预有所抑。是以老氏绝祸于未萌，岂不信邪！成汤大圣，睹野鱼而有猎逐之失；定公贤者，见女乐而弃朝事。道家法曰：不见所欲，使心不乱。"③ 则是三国时人用历史事实说明老子此语的含义。诸如此类，可知杨氏汇集古籍文献中的相关内容以辅助理解《老子》思想之义，这在传统学术方法中也是一种很好的研究成果。

3. 劳健《老子古本考》

劳健（1894—1952），字笃文，浙江桐乡人。精书法，善治印，著有《篆刻学类要》。

《老子古本考》主要根据各种《老子》版本资料以及前人考校成果来恢复《老子》古本的原貌。劳健在自序中称《老子》"传本文字

---

① 杨树达：《老子古义》，见《老子集成》第十二卷，宗教文化出版社 2011 年，第 185 页。
② 杨树达：《老子古义》，见《老子集成》第十二卷，宗教文化出版社 2011 年，第 186 页。
③ 杨树达：《老子古义》，见《老子集成》第十二卷，宗教文化出版社 2011 年，第 189 页。

多少参差，自古已然。其间或经后人窜易增损，更有妄为翦裁使强就五千成数者。历年既久，舛戾滋甚"①。劳氏接着指出，唐傅奕考核众本，校定古本为五千五百五十六字。此本因去古未远，文献足征，又能笃守许慎字义，取辨谨严，宜为可信。不过其文辞间亦失之拘牵，或近于蔓衍，今唯《道藏》传刻其本，并有亥豕之疑。清代毕沅据以作《老子考异》，摭取河上公、王弼、《韩非子》、《淮南子》、开元石刻及《道藏》诸本略为订证，但未尽详审，且专务阐发许氏字说，于文义出入鲜有论列。清末敦煌石室古写本《老子》残卷流出，罗振玉搜录到六朝残写本、唐残写本等，合并起来只缺第六、七、八、五十六章，加上唐代的景龙、开元、景福、广明四种石刻《老子》，共有十五种版本，皆在唐代及唐以前。罗振玉据这些资料加上陆德明《经典释文》中的相关资料，用来校正世传王弼本，可谓集古本之大观，但未著各本得失。宋道士范应元《老子古本集注》，校勘精博，陈景元、董思靖、彭耜诸家皆莫能及。书中征引别本，上自《韩非子》，下逮陈景元，共三十余家，在唐代以前的有三分之二。劳氏就范本与傅奕古本、罗氏辑录诸唐本、今传河上本、王弼本合校，大率傅、范皆与王本相近而互有长短；诸唐本则多宗河上，亦各具胜义，唯好削减语词；景福、广明二本差少省略之失，广明本残阙已甚，独景福本可采为多。据此可知劳氏对《老子》文本的校勘，可谓集前人之大成，在帛书和竹简《老子》出土以前，是难得的成果。

在对《老子》文本校勘时，劳氏不仅罗列异同，更在此基础上考校是非，勒为定本，以作为研习辞旨的基础。他认为"五千言大旨，固曰微妙难识，然其文辞初非艰晦，说者或过为纡曲，求之愈深，失之愈远，亦鲁鱼陶阴常有以误之耳"。故悉取诸本，"检别疑缪，参比摩研，审义所安，择善而从，旁征周秦两汉诸子与唐宋以来诸家注说，订为《老子古本考》，凡五千四百二十九字，又存疑七

---

① 劳健：《老子古本考》，见《老子集成》第十五卷，宗教文化出版社 2011 年版，第288 页。

十五字，剖析句读，略明音训，庶几辞旨昭然，具存其朴"。①

在分章方面，劳氏亦有见解，认为李道纯《道德会元》分章不标题目，合乎《老子》原貌，可从之。今传河上公本乃有"体道""养身"诸章名，拟议不伦，盖出于流俗妄作。陈景元《藏室纂微序》称《老子》上下二卷八十一章，皆起自先贤，斯为可信。而严遵《老子指归》相传分七十二章，《道藏》仅存其下篇，不记章第，已不能详知其分章情况。吴澄订为六十八章，明太祖据吴本再并一章，为六十七章。近世竞以改订章句相尚，甚至滥施割裂，任意颠倒，均不可从。傅奕古本于每章之次书"右第几章、若干言"，劳氏以为此最可为法，故仿其例，于各章下记章数、字数。全书仍八十一章之旧，便于勘检。

4. 于省吾《老子新证》

于省吾（1896—1984），字思泊，号双剑誃主人、泽螺居士，辽宁海城人。曾任奉天萃升书院院监、辅仁大学教授、北京大学教授、燕京大学名誉教授。新中国成立后任故宫博物院专门委员，东北人民大学（今吉林大学）历史系教授。著有《甲骨文字释林》《双剑誃殷契骈枝》《双剑誃尚书新证》《双剑誃诸子新证》等。

于省吾有《老子新证》一卷，收入其《双剑誃诸子新证》。该书出版于 1940 年，书前有自序，称诸子书经清代学者整理研究，已使诸子书中微言坠绪得以宣昭，但自己在诵览之余时有新解，本之于甲骨彝器陶石文字，"以穷其原，通之于声韵假借校勘异同之方，以究其变"②。说明他的研究方法是从古文字入手，使用传统的音韵训诂校勘方法，以考察诸子书中文字流传变化的情况，作为研究诸子思想的参考与辅助。该书 1962 年再版，于氏在《再版序言》中说，乾嘉时期的考据学家对于古籍的目录辨伪、辑佚校勘以及文字声韵

---

① 劳健：《老子古本考》，见《老子集成》第十五卷，宗教文化出版社 2011 年版，第 289 页。

② 于省吾：《双剑誃诸子新证·序》，中华书局 2009 年版。

训诂之学，颇能实事求是，饶有发明，但也有弊端，即流于支离穿凿，冗蔓烦琐，无补于宏旨。于氏批评的这种考据，是为考据而考据，一味求奇求新，而远离了阐发原文思想内容的重大目标。于氏认为考据只是作为史料的整理与复原工作，并不能阐明历史发展的规律。他说自己从前的考据是聚众本以校异同，会群言而辨得失，后来从事历史学研究，才发现考据应为历史研究提供帮助，这样才能使考据学具有学术价值。

于氏在《老子新证》的序中，认为老子的思想主旨是以清虚谦弱自持，而以家国天下为任；以救人救物为怀，而以功成不居为归。其思想的精微之处在于以一为体，以无为用，居乱世而远于祸患，庄子与韩非的学说都是老子的支流，其他诸子更无法与老子相比。这是对老子思想的高度评价。他认为《老子》书中所易知者，虽不注也能知之，而不易知者，虽有注也不能尽知，所以需要人们不断考证，以求理解。但《老子》传世既久，其文字是各本间差别甚多，虽然人们不断校勘，但仍可发现问题，所以于氏就参校异同，附上自己的看法，继续加以研究。此序落款时间是1937年，较《双剑誃诸子新证》全书完成为早。

于氏考证《老子》书中的疑义，能综合参考全书各处相关的文字，这是一大特点。如第一章"常有欲以观其徼"，对"徼"字的理解，他认为首先应该确定是什么字。于氏根据彭耜、毕沅所校以及景龙本、敦煌本的异文，确定徼、傲、竅、皎都是曒的借字。曒意为明，与上句"常无欲以观其妙"中的"妙"字相对而言，妙训为微之极，即极暗，则上下二句是讲明与暗。而这种用法，在《老子》其他章也有例子，如第十五章"微妙玄通"，微与妙迭义，表示微与妙义同，而微妙与曒明为对文，表示二者意义相反。这就可证明"观其徼"为观其暗，与"观其妙"的观其明相对而言。于氏认为有无既分，则可别其微明；有无不分，则显晦一致。他进一步引用第十四章所说"故混而为一，其上不曒，其下不昧"，认为上与下对文，曒与昧亦为对文。第四十一章"明道若昧"，也是明与昧相对而言，明就是曒。这都可以作为"观其妙"和"观其徼"的旁证。

第七十八章"天下莫不知，莫能行"，前面陶鸿庆的《读诸子札记》中也考证到这一句，他认为"知"当读为"见"，而于氏直接根据何士骥《古本道德经校刊》①　中所说的诸本"不"均作"能"，而认为"莫不知"当作"莫能知"，与"知"字没有关系。这一看法是正确的。他又根据第七十章"吾言甚易知，甚易行，天下莫能知，莫能行"以证明这里也应该是"莫能知，莫能行"，并解释说："上云弱之胜强，柔之胜刚，即易知之谓也。甚易知，而天下莫能知，有慨乎其言也。当其时，天下皆知刚强之能胜物，而不知柔弱之能胜刚强，故云天下莫能知。"②

总之，于氏对《老子》的考证，能充分利用内证和版本异文，并参考上下文意，做出判断，反映了其作为一个学者的严谨态度。

七、李大防、吴承仕、李翘《老子》证注

1. 李大防《老子姚本集注》

李大防（1869—1939），字范之，四川开县（今为重庆开州区）人。曾任安徽大学教授。著有《啸楼集》《寒翠词》《墨经集解》《庄子王本集注》《双清精舍诗》《赵州集》等。

《老子姚本集注》二卷，1928 年石印本。此书前有凡例，后有"注《老子》成漫题十首"，记述注《老子》的心情感受。

据凡例可知此书有以下几个特点：一是全书分章悉依桐城姚鼐本，姚本分章与各家不同处，必加案语说明。

二是《老子》字句各本不同，前人薛蕙、焦竑、毕沅、张煦、汪中等均著《考异》，言之甚详。李氏则依姚本为多，不同处则注明依某本，且注明姚本作某字。

三是姚本专为分章而作，故名《老子章义》，其分章与诸家不同处，间注数字或数十字，注释则并不多。李氏此书于姚注凡关于章

①　见国立北平研究院史学研究会考古组：《考古专报》第一卷第二号，1936 年刊行。
②　于省吾：《双剑誃诸子新证》，中华书局 2009 年版，第 1220 页。

义者，悉行采入，其他注语则未尽录。

四是李氏此书征引古书甚多，如《关尹》《文子》《列子》《庄子》《韩非子》《淮南子》《吕氏春秋》及刘向《新序》等，照原文录入，不加割截。李氏认为这是因为古书意义愈说愈深，愈逼愈紧，如从中割截，首尾不具，则意义不明，而古来的笺注家引他书往往如此，实为一种通病。

五是今所传《文子》"乃魏晋人掇拾诸子为之"[1]，柳宗元已辨为伪书。但其书往往有精义，不能概指为伪作，所以李氏择其精者采入注中。《关尹》九篇，亦北宋人伪托，但时有至精之语，亦择录之。这种态度能实事求是，值得关注。

六是《老子》注解见于各史《艺文志》《经籍志》及各家藏书目者，总共有二百三十余种，李氏称看过一百二十余家，其书择合乎老氏微旨者采入，而涉于神仙修炼之说，佛氏空寂之谈，文人胶滞之理，浅陋不经之说，则都屏弃不采。

七是此书于难解处，则征引各家注解，并加案引裁断。书中所引，已至同时代之人，如曹聚仁、马叙伦、胡适等。

李氏在此书序中认为老子之道以自然为宗，至博至大，至深至约，合称之就是至玄。从源流关系上说，老子之道得之黄帝。黄帝著《归藏》以坤为首，以阴为主，以静为道，以柔为用，老子言道悉本于此，故《老子》之书多与《易》合，不必尽同于释氏。

他在书中提出，研究《老子》有四难：第一，今传本《老子》多有脱佚，非复原本全貌。如《列子·杨朱》《庄子·天下》引用《老子》语，今文所无，则知传本今有脱佚。如第六十二章"大小多少"四字，下必有脱句脱字，否则其理不可通。况前后重复，颠倒错乱，不一而足，则知今之传本实为残缺不完之书。

第二，《老子》是杂记体，没有结构组织，无所谓分章，后人以己意分章，而河上公本分章尤不合理。王弼分八十一章，严遵《老

---

① 李大防：《老子姚本集注》，见《老子集成》第十三卷，宗教文化出版社 2011 年，第 362 页。

子指归》分七十二章，孔颖达分六十四章，吴澄分六十八章，其余各家分章，亦小有异同，大都不能越河上公之范围。但河上公本乃是伪书，应划分者强为连属，应连属者强为划分，分章既误，索解自难，许多注家不惜迁词曲就，使《老子》本旨变得隐晦难知。

第三，《老子》书有后人窜改增益之语。如二十八章《老子》原文本来以雌对雄，以辱对白，后人不知辱为黑义，以辱对白为自周至汉之古义，乃窜易其词。读《庄子·天下》则知《老子》原文乃如彼，而后人窜改之迹显然可见。又如第三十一章语多冗复，王弼无注，晁景迁疑王弼以此章非老子之言。焦竑谓"兵者不祥之器"以下，似古之义疏杂入经文者。严可均、易顺鼎皆谓此章似有注语误入正文，"言以丧礼处之"，观一"言"字即似注家之语。其他窜改增益之处难偻指数。王念孙、俞樾、孙诒让、胡适、马叙伦诸家言之颇悉，皆须注意。

第四，《老子》旨远而词简，太史公当时即称其微妙难识，而为申、韩所依托，自后注家望文生义，见仁见智，言人人殊，各随性之所近，时之所尚，敢为异说以矜创获而猎浮名，其支流乃为兵家言、为纵横家言，甚至方技之士尊为丹经，登坛歃血传其口诀，与《老子》原意相距甚远。清代训诂家，支离其义，漫衍其词，博引繁称，动言假借，多有乖谬。如释首章"常道""常名"，援引《史记》《汉书》谓"常"与"尚"通，尚者上也，言道可道不足为上道，名可名不足为上名。不知老子言道最重"常"，常道、常德、常名、常有、常无以及复命曰常、知和曰常，其言"常"者触目皆是，而谓常与尚通，反入歧途。

在此基础上，李氏遍读诸家所注，认为只有姚鼐《老子章义》分章得当而且析义精到，不署篇名，体例尤近于古，足正河上公之失，允称善本。只是姚本注语绝少，故李氏仿姚本分章，采撷诸家注语之精者列于下方，并加上自己的案语，以抒己见，所以此书名曰《老子姚本集注》。

对于诸子与老子的关系，李氏认为自古以来与老子之道契合无间者，只有关尹，所以庄子把他们同称为"博大真人"。《庄子》内外篇确实可以称为《老子》的注疏，虽然《庄》之烂不如《老》之朴，《庄》之肆不如《老》之约，而同归于自然，在根本宗旨上是一致的。此外如《列子》，其学出于黄老，故其言多可与《老子》相发明。《淮南子》亦多引申《老子》之说，只是纯驳不一。而其说之诡辩者，莫如《韩非子》，精者直抉玄奥，谬者则适与《老子》本旨相反。李氏注中虽然也采用韩非的说法，但都加了案语，辨其诬，明其非。

至于历代《老子》的注家，李氏对王弼、苏辙、范应元、吴澄、焦竑、高延第、易佩绅七家引用较多。李氏自谓此书虽博采众说，但去取之间甚为矜慎，至所加，尤不敢为古人所愚。整体看来，李氏此书，确有自己独到的理解，值得重视。

2. 吴承仕《老子音义辨证》

吴承仕（1884—1939），字检斋，号展成、济安，安徽歙县人。光绪三十三年（1907）应举贡会考，获殿试一等第一名。师从章太炎，精研音韵训诂及经学。1936年春加入中国共产党。著有《经籍旧音辨证》《经典释文序录疏证》《三礼名物》《经学通论》《淮南旧注校理》等。

《老子音义辨证》是《经籍旧音辨证》的一部分，是对《经典释文》中的《老子音义》的注音进行考辨。由于《经典释文》传刻甚多，多有讹误，吴氏考辨多有纠正，值得参考。如"挻埴以为器"的"挻"字之音，《释文》引《字林》云："长也，君连反。"吴承仕称："各本并作《字林》'君连反'，任大椿《字林考逸》引作'丑连反'。"他认为："丑连反，是也，《类篇》《集韵》'挻'字有'抽延'一切。"则以"君"为"丑"之形误。对于"挻"字之义，《释文》又曰："河上云和也。宋衷注本云经同。"吴按：此"七字语不可通，应作'宋衷注《太玄经》同'。《汉书·叙传》'凶德相挻'，萧该《音义》引'《太玄经》曰：与阴阳挻其化，宋忠曰：挻，和。'《释文》谓宋衷注与河上注同耳。'太玄'二字形近讹作'本云',遂不可通。"① 这个考证纠正了今本《经典释文》中的讹字。

又如"其上不皦"的"皦"字,《释文》曰:"古晓反,明式云胡老反。"吴氏引卢文弨曰:"'明式'不知何人,不见《序录》。"他认为:"'明式云'三字为'明也又'三字之误。寻《类篇》'皦'字注云:'吉了切,明也。皦又下老切,明也,《老子》其上不皦。'盖'吉了切'训明,'下老切'亦训明,故两出'明也'之训;又于'下老切'下出《老子》语,明'下老切,明也'其音义本之《老子释文》。使《释文》本作'明式云',依《类篇》立文之例,应云'明式读',今无此言,可证北宋本《释文》之不误矣。宋人彭耜纂集《道德真经集注释文》出'不皦'二字,引'陆德明云:古老切,又胡老切',亦'明式'不为人名之一证。(承仕撰《经籍旧音序录》误以'明式'为人名,遍检旧籍不可得,后细读《篇韵》,始知其误,《旧音序录》所说应从删削。)"②

此类说法皆确不可移,可见吴氏考证之细心。

3. 李翘《老子古注》

李翘(1898—1963),字孟楚,浙江瑞安人。著有《屈宋方言考》《天问管见》等。

《老子古注》,有1929年芬薰馆铅印本。此书对于《老子》自古以来的注释进行了清理,并汇集从《韩非子》之《解老》《喻老》以来,唐以前各类《老子》古注及他书引用资料。这是非常踏实的文献整理工作,很有意义。

在此书自叙中,李氏对历代《老子》注解作了大致梳理,并叙述了自己对这些注解的采摭情况。他认为,《韩非子》之《解老》《喻老》以外,《老子》的传世注以河上公注最早,次则王弼注。"然世于河上注复有所疑,《四库提要》以为详其词旨,不类汉人,殆道

---

① 吴承仕:《经籍旧音辨证》,中华书局2008年版,第286页。
② 吴承仕:《经籍旧音辨证》,中华书局2008年版,第286页。

流之所托"①。李氏认为甚是，且魏晋风气也是注解但求明达，而不必归名于己，所以如《节解》《想尔》等也不详其作者。河上公注的序在梁元帝《金楼子·立言》中已经引用，而唐魏征《群书治要》、李善《文选注》、陆德明《经典释文》等也都引了河上公注。所以也不必弃用此注。另有孙登《集注》、程韶《集解》、张君相三十家《集解》、杜光庭六十家《笺注》，皆已亡佚，唯《道藏》有成玄英疏（《道藏》误题为顾欢疏），采掇逸注，间有残缺。

诸子书有关《老子》者，如《淮南子》多引《老子》，而高诱注往往可取以明《老》。《文选》注引钟会、杨上善《太素注》等，虽片疏单词，李氏莫不掇集。此外，汉唐间的严遵、孙登、陶弘景、顾欢、鸠摩罗什、佛图澄、梁武帝、窦略、臧玄静、诸糅、刘进喜等人之说见于诸书所引者，以及《节解》《想尔》见于古注者，亦皆搜罗汇集。唯王弼注已有专书，孟智周《老子义疏》出于敦煌石室，已影印出版，故不附入。

《老子古注》是对唐以前《老子》注解的一次系统清理。其体例先列《老子》原文，次列河上公注，再列各家注说，末加按语进行考订。各家注说首次出现时注明其书著录情况及后世引用情况，以明源流。此书搜集唐以前已佚注说甚多，可供今日考订《老子》原文及河上公注者参考。

八、马叙伦《老子覈诂》

马叙伦（1885—1970），字彝初，更字夷初，号石翁，晚号石屋老人，浙江杭县（今属浙江杭州）人。曾任教于浙江两级师范学堂、北京大学、浙江第一师范学校。1922 年任浙江省教育厅厅长，1927年任浙江省政务委员兼民政厅厅长。新中国成立后历任政务院文化教育委员会副主任、教育部部长、高等教育部部长等。著有《庄子义证》《老子覈诂》《古书疑义举例三补》《说文解字研究法》《六书解例》《说文解字六书疏证》等。

---

① 李翘：《老子古注》，见《老子集成》第十三卷，宗教文化出版社 2011 年，第 648 页。

　　《老子覈诂》有 1924 年排印本，后经作者修订增补，更名《老子校诂》，1956 年印行。此书以清毕沅经训堂刊唐傅奕校定本为底本，吸收了前人的许多校勘成果，采用重要版本进行校勘，并征引类书及其他各书中《老子》的引文进行比较，也作出了作者自己的一些判断。此书引用的资料较为丰富，对读者有一定的参考价值。但作者使用的方法是清代汉学家的方法，所以校勘不免失于烦琐，而且在文字考订、训诂和断句上也有一些错误。

　　书前自序简要说明了《老子》河上公注本与王弼注本在不同时期的影响，指出现在所见河上公本与王弼本已较历史上的传本有了不少差异。马氏根据历史文献考察了河上公其人的情况。对于王弼注本，他认为通过核对原文与注文，可知其间颇多错讹重复，也有王弼注讹入《老子》正文的情况。河上公注本既有对误入正文的王注的注释，也有王弼注后《老子》正文发生错讹，而河上公本也同其错讹的情况，据此可知河上公本出于王本杂离错讹之后。而据其他史籍引用河上公本的情况看，此本到南朝梁时才在世上通行。此外，唐时有傅奕本、宋时有范应元本。范本号为古本，颇与傅奕本相同。"范举王本与古本同者，核之弼注皆信，而与今王本则不合"①，因此马氏推断范氏所见王弼本可能是晁说之、薛季宣所见的古本。马氏如此梳理历史上《老子》不同传本流传情况，对于人们研究《老子》版本的演变，颇有参考价值。

　　马氏又说今传王弼本《老子》，正文与注文之间多有参差不合的地方，核之《经典释文》中的《老子音义》，也有差失，而且《老子音义》只记录相关字词，很少录下《老子》原文的全句，不能借以考校正文。而对于从宋代彭耜到清代毕沅的校勘成果，马氏都不满意。之后的俞樾、谭献、孙诒让、陶鸿庆、易顺鼎、刘师培的考证则多有胜过前人之处，在此基础上，马氏会校众家，所考证者十之八九都是有明白证验的。可见此书是在吸取前人众多成果的基础上

---

① 　马叙伦：《老子覈诂》，见《老子集成》第十二卷，宗教文化出版社 2011 年，第715 页。

形成的较有价值的新作。

此书前有《老子称经及篇章考》《老子老莱子周太史儋老彭非一人考》《老子姓氏名字乡里仕宦生卒考》三篇关于老子的考证文章，这些考证到后来的古史辨运动时，仍然是众多学者争论的焦点，可惜这类问题缺乏足够可靠的史料，至今仍是难以形成结论的问题。书后附录了《老子失文》《老子覆定文》和引用书目。

此书正文部分主要是对《老子》各本的文字异同进行考察，并对前人考证失误者有所辨证，对字义则很少涉及。如第一章"道可道，非常道，名可名，非常名"，他认为俞樾提出的"常"当读为"尚"而义为"上"的说法是不对的，其理由是：《老子》书内多次说到"常"，如"复命曰常""知常曰明""不知常妄作凶""知常容"，《庄子·天下》也说老子之道术是"建之以常无有"，可知"常"包括有无而言，不是尚、上之义。又如第一章"常无欲以观其妙，常有欲以观其徼"二句，王弼是以"无欲""有欲"为句，从司马光、王安石开始就把"欲"字属下。但清末陶鸿庆则因为《老子》正文中有"常无欲，可名于小"的说法，认为仍应读成"无欲""有欲"。易顺鼎则根据《庄子·天下》所说的"建之以常无有"，认为庄子已以"无"字"有"字为句了，故不能读作"无欲"和"有欲"。马氏认为易说可从，因为"常无欲，可名于小"，在臧疏本（刘承幹刊《道藏》本成玄英《道德经义疏》）、罗卷本（罗振玉藏唐写卷子残本）中都没有"常无欲"三字，根据文义来看，也不应有，所以陶鸿庆的说法是没有依据的。

整体上看，马氏此书是对《老子》正文在不同版本中的差异进行梳理，参考了前人的种种考证结果，也有结合自己的理解加以分析，且能尽量集中前人关于《老子》种种版本之间的文字差异，资料甚丰富，为后来的研究者提供了比较有价值的参考。

九、蒋锡昌《老子校诂》

蒋锡昌（1897—1974），又名海庭，别号思常，江苏无锡人。曾任厦门集美中学、重庆第二女子师范学校、江苏省立第三师范学校国文教师。

蒋氏一生研究老、庄，著有《老子校诂》《庄子哲学》《庄子解题》等。他研究《老子》一书，认为第一要对众多版本进行校勘，以期恢复原书本来面貌；第二要对古奥而言简意赅的字句，通过训诂辨别其字义，否则就会不知古本之真，是读伪书。舍此而专在思想议论等方面着力，只不过是解己意，不会有好的效果，因为这些方面并无可靠的标准。因此他对马叙伦的校诂，胡适的训释以及冯友兰关于道家后起的说法和钱穆认为《老子》在庄周之学盛行之后的说法，都不敢苟同。通过训诂和考证，他对相关问题都一一加以校正。所著《老子校诂》，自成一家。

对于《庄子》，他认为多数人研究《庄子》有两个毛病，一是偏于从哲学角度去研究，往往穿凿附会；二是偏于从训诂角度去研究，往往钻一字一句的牛角尖，不能掌握《庄子》的思想。虽然这两种研究各有心得，但不能"知庄意之全与真"。他的方法是在训诂的基础上梳理《庄子》的思想，又在此基础上提高训诂的价值，主张哲学与训诂合二为一，达到会通，故所著《庄子哲学》颇有学术价值。

《老子校诂》写成于 1935 年，1937 年由上海商务印书馆出版。前有两篇自序，末附《黄老考》《老庄并称之始考》《黄老学者接子捷子接予为一人考》《古代引老经最早之人考》四篇相关考证。蒋氏在第一篇自序中称此书重在以《老》校《老》和以《老》诂《老》，"凡校一字，必先自前后文觅其相同之例；不得，方以他书为校。……凡诂一字，亦必自前后文觅其相同之例；不得，方以他训为诂。其中取舍，则以不背全书大指为定，决不轻以古人成义为据也"[①]。对于前人的种种说法，其于《老子》古义有可探讨者，尽量录入，而后再下己意。蒋氏认为老子哲学不易言，言亦不易明。欲明老子哲学，必先明庄子哲学。这是因为庄子哲学较易了解，而其要归又大体本诸老子。根据蒋氏的这些说法，可以了解他对《老子》研究

---

① 蒋锡昌：《老子校诂》，见《老子集成》第十四卷，宗教文化出版社 2011 年，第502 页。

的方法与特点。

在第二篇自序中，蒋氏先简述了诸子之学产生的主要原因：一是古代天下诸侯并立，各诸侯国地理、政治、经济及文化不同，故学者形成不同的思想。思想学说间的互较互究、相吸相攻，促成各国思想呈多方面分化融贯而渐趋于精密，最终孕育形成诸子之学。二是春秋到战国时期，天下大乱，各诸侯国相攻击相吞并，人民在战争中遭受种种困苦，统治者希望自己的国家变得强盛，需要治国之道与相应的方策，对此诸子所思极不一致，各自以为是，正如《庄子·天下》所说"天下大乱，贤圣不明，道德不一，天下多得一察焉以自好"，于是形成百家争鸣之局面。他认为此时的诸子之中，道与儒二家能特立独行，不与其他诸子相同。他据《庄子·天下》所说，认为其他诸子只能得道术之一端，而老庄能得古之道术之全，二者的差别在于："一则为治道之一，乃人臣之道；一则为治道之整，乃人君之道也。"①

蒋氏认为，老子之道就是《庄子·天下》所说的"内圣外王之道"和"古之所谓道术"。这在历史上已有实践。如《史记·周本纪》载："成王将崩，惧太子钊之不任，乃命召公、毕公率诸侯以相太子而立之。成王既崩，二公率诸侯，以太子钊见于先王庙，申告以文王、武王之所以为王业之不易，务在节俭，毋多欲，以笃信临之。"他认为这就是老子之道，也就是内圣外王之道，或古之所谓道术。《史记·儒林列传》记载："窦太后好《老子》书，召辕固生问《老子》书。固曰：'此是家人言耳。'"索隐："服虔云：'如家人言也。'案：老子《道德篇》近而观之，理国理身而已，故言此家人之言也。"他认为理国即外王之道，理身即内圣之道。可知他认为老子之道是可以付诸实践的，是有可行性的。所谓内圣，就是天下无道之时，圣人退内而为隐居之圣人；所谓外王就是天下有道之时，圣人出外而为治国之君王。可知这就是他所认同的老子之道的可行性。

---

① 蒋锡昌：《老子校诂》，见《老子集成》第十四卷，宗教文化出版社 2011 年，第505 页。

关于道家老子的评价，他认为《庄子·天下》所说已是极高评价，而《史记·老子列传》所称老子之学为"深远"，也是实得道家之精意而后之言，其评论之正确，究非后世小儒浅学所能及。可知他对道家老庄的思想是极为敬佩的。

蒋氏认为，冯友兰根据《论六家要指》对道家给予最高评价而说的"道家后起，故能采各家之长"和钱穆提出的"道启于墨"的说法，都是不对的。《庄子·天下》所说的道家得道术之全，而诸子得道术一端，这才是道家老庄与其他各家学说的关系，而不能因为道家得道术之全就说是道家在各家之后。司马迁在《史记·老子列传》中说："老子所贵道，虚无，因应变化于无为，故著书辞称微妙难识。庄子散道德，放论，要亦归之自然。申子卑卑，施之于名实。韩子引绳墨，切事情，明是非，其极惨礉少恩。皆原于道德之意，而老子深远矣。"蒋氏认为这是明谓各家皆原于整个之道，而老子所得最为深远全备，这正与《论六家要指》中对道家的评价相证，可知冯友兰的理解是错误的。他说："读古书之道，贵心通全书之大而解其小，不能拘于一句一字之小而该其全。"① 也就是说，要把相关资料都综合起来一并思考以理解之，不能只就某处一个说法就下定论，否则就会得出错误的观点。总之，就各家的产生之先后及其学说之完备与否的情况而言，他认为当据《庄子·天下》所说而确定道家与各家皆出于古之道术，唯道家较早而得其整体，各家较迟而得其一端，这就是道家与各家的关系与差别。

蒋氏最后又说本来欲撰《老子哲学》一书，因为已撰《庄子哲学》，而庄子之学实出于老子，二人思想虽有小异，但大体相近，故可不再撰《老子哲学》一书。据此可知他认为老庄思想基本一致。对《老子》全书作校诂，对《庄子》则通论其哲学思想，二书实可相互参考，这就是蒋氏关于老庄研究的整体情况。

在对《老子》正文的校诂方面，蒋锡昌广泛征引历代《老子》

---

① 蒋锡昌：《老子校诂》，见《老子集成》第十四卷，宗教文化出版社 2011 年，第 506 页。

版本和注释共 84 种，可谓博取资料，综合参证。每章之下先详录各本文字异同，次引前人之说，后加按语。对于《老子》原文的解释，先就字来训释其义，并从语法上加以分析。如第一章"道可道，非常道。名可名，非常名"句，认为第一个"道"字即今人所谓道理，第二个"道"字即说的意思，"常"是真常不易之义，在语法上是区别词（Adjective），这就利用了现代语言学的概念来分析《老子》中的语句构成。"常"在《老子》中多次出现，如第二十八章"常德不离，复归于婴儿⋯⋯常德不忒，复归于无极⋯⋯常德乃足，复归于朴"，第四十九章"圣人无常心，以百姓心为心"，这就是用以《老》治《老》的方法。由此可知俞樾认为"常"当读为"尚"，释为"上"之义的说法是站不住脚的。而第三个"道"是"常道"，即第二十五章"道法自然"之"道"，也即下文"无名"之道，乃是老子学说之总名。要理解这个"道"的含义，就要先弄清楚《老子》全书所言思想的要旨。据此说来，道与无名和有名的问题有密切关系，需要厘清。

马叙伦认为《老子》第一章"无名，天地之始；有名，万物之母"中的"天地"，也应当作"万物"。他根据《史记·日者列传》引此句作"无名者，万物之始也"，王弼注说："凡有皆始于无，故未形无名之时，则为万物之始；及其有形有名之时，则长之育之，亭之毒之，为其母也。"可知王本两句也作"万物"，与《史记》相符，当是古本如此。其实这里上下二句中的"天地"与"万物"，是可以看作互文的。即二句都是说天地万物，但古代常把相同之词分开来说，就成了上句说天地，下句说万物。天地与万物其实是同义词。同样，上下二句中的"始"与"母"，也是互文的同义词，都是指始源。像这一类的文句，都不要机械地照字面意思来解释。也就是说，这里的上下二句，是说天地万物的始源问题，最初是无名的，既天地万物没有分开，混沌一气，所以整体上说是无名的，之后变化发展为天地万物各自分开，不再是混沌一气，所以要针对已经分开的天地万物来为之命名，就成了有名。蒋氏认为这里就包含了《老子》书中所说的有与无的关系问题。在《老子》书中还有相关的说法，如第四十章中说："天下万物生于有，有生于无"，就是把天地、万物合在一起说的，可证第一章也是可以合起来说的。

但第四十章说的是从无到有，再从有到天地万物，而第一章是直接分成两个阶段来说的，即无名和有名两段。这两章所说是否矛盾或不同呢？如果仔细思考，可知并不矛盾。因为从无到有，就是两个阶段，这就是《老子》中所说的"道生一，一生二"。道生一都属于是"无"，因为道就是一，混沌一气，所有的东西都没有成形，是不分而为一的。在这里，道不能与一分开来理解，如果那样，道就是"无"之前的"有"，是超"无"的"有"。"无"是混沌一气的，它仍是客观之物，如果道还在这个客观的"无"之前，那它就是神秘的"有"，而《老子》思想中并没有这样的意思，所以不能把道与一分开来理解。只能理解为道就是一，因为此时没有分化，都在混沌一气之中，整体是"无"。之后有了分化，才从"无"演变到"有"，就成了"一生二"，也就是道生"有"，"有"就是"天地万物"。在"有"的最初之时，所"有"的物还是较少的，后来才越变越多，成了天地万物。但都是"有"，是与"无"相对而言的。

总之，"一生二"就是从"无"到"有"，从"无名"到"有名"，因为无物故"无名"，有物则"有名"，所以又用"无名"和"有名"来区分"有"与"无"二阶段。而"二生三"则是从"有"到"多"。"有"与"无"是两个阶段，从"有"到"多"，则是"有"的阶段中的进一步发展，与"无"相比，总体上属于"有"。所以从整体上看，就是从"无"到"有"两个阶段。所以第一章只说"无名"和"有名"，在其他地方，则可说成"道生一，一生二，二生三，三生万物"，但这不是说从道到万物是分成四个阶段，只是说从"无"到"有"也是逐渐变化发展的。

蒋氏又引《文子》的说法来证明。《文子·道原》："有名，产于无名；无名者，有名之母也。"《老子》第四十章所说的"有生于无"，就是《文子》所说的"有名，产于无名"，也就是第一章说的"无名，天地之始"；"天下万物生于有"，就是第一章的"有名，万物之母"。第四十章"有""无"皆以万物言，则此章"有名""无名"亦当皆以万物言。对于"有名""无名"，蒋氏认为纯以宇宙演进之时期言。天地未辟，一无所有，谓之"无名"；天地既辟，万物滋生，名号已起，谓之"有名"。老子不满于现实，故赞美"无名"时期世界之清静空寂，无事无为，故以"无名"或"无"作为"道"的代名词。蒋氏最后总结说："'道''无'与'无名'，同为万物之始，可见'无'即是'无名'，'无名'即'道'也。老子以'无名'为'道'，同时又以'无名'时期一种空无所有之状态为其'道'之总原则。"① 老子并根据"无"的原则，生出"无欲""无为""无知""无私""无事""无执""无名之朴"等观念，作为人事与政治的根本准则。可知老子的哲学从道的无开始，到人生社会的有即万事万物告终。这样，蒋氏就说明了老子哲学的主旨，而道、无、无名等概念的含义也就可以理解了。

蒋氏对《老子》书的思想主旨也有准确的理解。如第二章"是以圣人处无为之事，行不言之教"，他说："《老子》全书所谓'圣人'，皆指理想之人君而言。"② 这一说法，可与高亨《老子正诂》中所说的"《老子》者实深于侯王之思想……《老子》书实侯王之宝典，《老子》哲学实侯王之哲学"③ 的理解相互印证，都是能得《老子》思想真义的解读，值得重视。

《老子校诂》对《老子》原文解释，都是用这种方法，从字义的解释开始，再到句意的疏通，并对前人的不同断句分别进行考释，以确定合乎《老子》全书思想的断句与释义，在此基础上再来诠释整句整章的思想内容。这种方法有始有终，有文献及语言学的根据，又有哲学思想的梳理和贯穿，因此是对《老子》及其思想研究的重要成果，学术价值甚高，值得后辈加以参考。

---

① 蒋锡昌：《老子校诂》，见《老子集成》第十四卷，宗教文化出版社 2011 年版，第 518 页。
② 蒋锡昌：《老子校诂》，见《老子集成》第十四卷，宗教文化出版社 2011 年版，第 523 页。
③ 高亨：《老子正诂》，见《老子集成》第十四卷，宗教文化出版社 2011 年，第 49 页。

十、高亨的《老子》研究

高亨（1900—1986），初名仙翘，字晋生，吉林双阳（今属吉林长春）人。先后任教于吉林省立法政专门学校、东北大学、河南大学、武汉大学、西北大学、齐鲁大学等校。1953 年起任山东大学教授，1957 年聘为中国科学院哲学研究所研究员。著有《周易古经今注》《周易大传今注》《诗经今注》《老子正诂》《诸子新笺》《庄子今笺》《墨经校诠》《文字形义学概论》《文史述林》等。

高氏研究《老子》的著作有三部：《老子正诂》《重订老子正诂》《老子注译》。其中《老子正诂》最先完成，后经修订，1943 年由开明书店重版发行。《老子注译》则于 1977 年完成，1980 年出版。

先看《重订老子正诂》。本书前有一篇《老子通说》，论说对老子思想的理解，后附《史记老子传笺证》，是对老子相关问题的考证。高氏所谓的"正诂"，"正"指校勘校正，"诂"指对《老子》原文字句之义的训解阐释。但他对文字异同的校勘并不太多用力，主要凭借前人的注释加上自己的阐释，且论说得比较通顺易懂，不是凭借高深的哲学术语来做玄奥的自我发挥，故对于理解《老子》书的思想内容，较有帮助。

如第一章"道可道，非常道，名可名，非常名"，高氏的解释是：

> 道可道，犹云道可说也。名可名，犹云名可命也。道可道非常道者，例如儒墨之道，皆可说者，非常道也。名可名非常名者，例如仁义之名，皆可命者，非常名也。老子此二语实为其全书而发。其意以为吾所谓道之一物，乃常道，本不可说也；吾所称道之一名，乃常名，本不可命也。常者，《庄子·胠箧篇》："天下有常然……"《庄子》所云"常然"，与自然固然同意。自然固然者，非人为而然者也。综观《老子》常字之义有四，其三与《庄子》相契。一，常为自然之义。本章曰："道可道非常道，名可名非常名。"常道者自然界之道，常名者自然界之名也。……二，常为固有之义。二十八章曰："常德不离。常

德乃足。"常德者固有之德也。四十九章曰："圣人无常心，以百姓心为心。"常心者固有之心也。三，常犹固也。三十二章曰："道常无名朴。"三十四章曰："常无欲可名于小。"三十七章曰："道常无为而无不为。"……兹三者，随文立训，虽有小异，而义则相通。四，常永久也。三章曰："常使民无知无欲。"二十七章曰："圣人常善救人，故无弃人；常善救物，故无弃物。"四十六章曰："故知足常足矣。"……①

可见他的方法在于梳理《老子》书中关键字的含义，以便理解文义。但他缺少对各种含义的深入论证，如常之四义的说法，就不太准确。

高氏对有的句意的理解，也有问题，如第一章"无名天地之始，有名万物之母"，他认为梁启超的解释是对的："以'无'名彼天地之始，以'有'名彼万物之母。"他认为第四十章"天下万物生于有，有生于无"，就是此说的明证。

这种理解是把"名"当作动词，而一般的理解是"无名"与"有名"作为词组，不能分开来说。且把"无"说成"天地之始"，把"有"说成"万物之母"，也不太符合老子的思想。因为上句说的"常名"就是这里的"无名"，这里的"有名"就是上句说的"非常名"，"常名"与"无名"，都是指"常道"而言。"常道"是天地万物的"始"与"母"，即天地万物由这个"始"与"母"产生出来。在这里，"天地"与"万物"是互文见义，"始"与"母"也是互文见义。有了天地万物，就是"有名"阶段了。在没有天地万物之前，是"无名"阶段，所以"无名"是"有名"的"始"与"母"，既有了天地与万物，就不再是"无"，不再是"无名"。所以说把"无"名（称为）天地之始，还可以说得通，但若说"有"名（称为）万物之母，就说不通了。因为天地万物之"始"与"母"都是"无"或"无名"，而不是"有"或"有名"。总之，对此二句的理解不能

---

① 高亨：《重订老子正诂》，古籍出版社 1956 年版，第 1—2 页。

把"天地之始"和"万物之母"分成两个不同的情况，此二者只是一种情况。而"无名"是它们的"始"与"母"，"有名"就不是它们的"始"与"母"了。此二句只是说从"无名"到"有名"，从"无"到"有"，"有"就是有了天地万物，"无"就是没有天地万物。第四十章所说的"天下万物生于有，有生于无"，根本意思是说"有生于无"，有了天地万物就是"有"，它们是在"有"的阶段不断分化产生出来的，这就是"天下万物生于有"。并不是说从"无"到"有"，再到天地万物产生出来。一至"有"，就开始有天地万物了，但有一个从少到多的过程，但这都包括在"有"的阶段中。在这样一个过程中，"无""无名"是一回事，"有""有名"以及天地万物的存在是一回事，从"无"到"有"，就是"有生于无"，"有"一产生，就有天地万物（或天地万物的初始形态）了，不能说"无"生出"有"，再从"有"生出天地万物。这样就分成三个阶段，而不是从"无"到"有"的两个阶段了。

总之"无名""有名"二句，应该与上面的"常道""常名"联系起来进行解释。"常道""常名"是"无名"，"非常道""非常名"是"有名"，整体上是分成两个阶段，两种情况的，而不是在二者之间还有一个阶段或情况。所以可以把"无名""有名"二句换成如下的表述方式：无名，有名之始之母，有名即有了天地万物及其名。这是说：从无名到有名，是两个阶段，在无名阶段，没有天地万物，到有名阶段，才有了天地万物。而无名是有名及天地万物之产生的始与母。

其下的"常无欲以观其妙，常有欲以观其徼"，也与"道可道"及"无名"之句相关联。这里说成"常无""常有"，即"常道""常名"的"常"与"无名""有名"的"无"和"有"的重新结合，换言之，"常无""常有"就是"常无名""常有名"。"常"与"道""无""无名"是同义的，"常"与"非常"不同，"非常"与"有""有名"是同义的。在说"常无""常有"的时候，应该注意其中还有这种差别。也就是说，"常无"是一种状态，"常有"是另一种状态。"常无"的"常"是"道"的代名，"常有"的"常"与"常无"

的"常"不同，是"通常"的"常"，或者说是普遍的"常"。因为既是有，就不是无，也不是"常道""常名"的"道"与"名"，而是"非常道""非常名"的"非常"。但这种非常也是一种常，即天下万物的普遍性之常。

在此基础上就好理解"观其妙"和"观其徼"的含义了。

"观其妙"，就是观察"常无"的"妙"；"观其徼"，就是观察"常有"的"徼"。"常无"为"道"，所以对道的观察，只能是观察道的妙。"常有"为"有"，是天地万物之总称，所以对"常有"的观察，只能是观察万有的徼。在这样的基础上，就容易掌握徼的意义。徼一定是指万有的某种情况，所以前人或解释为窍，或解释为边界，或解释为归，高氏采纳了陆德明《老子音义》中解释，即"徼，边也"。天地万物既为万有，物之总体就有边界，物与物之间也有边界，这是观察和认识天地万物的基本方法，即对事物的分类方法。这样就可理解此二句所观的对象及其观察的重点是有不同的。而"常无""常有"是从上面几句延伸过来的，这里所说的问题就变化为对常道和天地万物的观察与认识。这样就可看出此章数句的内在逻辑关系。此章最后几句也就容易理解了。"此两者，同出而异名"，"两者"即指上面的"常道"与"非常道"、"常名"与"非常名"、"无名"与"有名"、"常无"与"常有"，"同出"即同出于道，"异名"就是"常"与"非常"的可名与不可名的情况。"同谓之玄"，"玄"就是"道""常道""无名""常无"，也正好与"观其妙"的"妙"相应。"玄之又玄"，是说道的无比玄妙。"众妙之门"，是说天地万物也有其妙处，这就是众妙。门，指天地万物来源之处，也是指道。换言之，这就是说玄之又玄的道，是天地万物之众妙的根源所在。即要认识天地万物之妙，必须理解它们都是来自于玄之又玄的道。

书中对于老子思想的理解，有值得肯定的地方。如第二十五章"故道大，天大，地大，王亦大。域中有四大，而王居其一焉。王法地，地法天，天法道，道法自然"，高注：

老子之言皆为侯王而发，其书言"圣人"者凡三十许处，皆有位之圣人，而非无位之圣人也。言"我"言"吾"者凡十许处，皆侯王之自称，而非平民之自称也。所谓"上善、上德、下德、上仁、上义、上礼、善为道者"等等，皆侯王之别称，而非平民之别称也。所谓"为天下谿""为天下谷""为天下贞"等等，皆侯王之口吻，而非平民之口吻也。故《老子》书实侯王之宝典，《老子》哲学实侯王之哲学也。读《老子》书者，宜先明乎此，兹揭而出之。[①]

这一看法，非常符合《老子》内容之本来实情，平实地读《老子》书，自能看到这一情况，如果只注意哲学的道等概念，则会对此在无意中加以忽略，从而失去了理解老子思想的关键之处。关于这一点，笔者在论述郭店竹简《老子》的思想主旨时，将做专门的分析论证，参见本书相关部分。

高氏晚年又撰有《老子注译》，也是对《老子》文本的校勘与训释。此时马王堆汉墓帛书《老子》已经出土，故成为他注释《老子》的最新资料。全书各章之下先列注释，次列译文，译文有时杂以超出原文的串讲语句，意在说明《老子》的原意。再次列对本章内容的分析，并简单地指出其要点。书前附有一篇《关于老子的几个问题》的论文，探讨老子其人其书及其时代的相关问题。

对照《老子注译》与《老子正诂》，字义训释基本还是相同的，但《老子注译》省略了《老子正诂》中的考释与引证，显得更为简明扼要。同时增加了要义解说，为引导读者思考《老子》思想，提供了指导性的帮助。如对第一章章旨的阐释：

这一章是老子的宇宙论。老子指出：他所谓的道（宇宙本体），不可以讲说，而是永远存在的"常道"。不可以命名，而

---

① 高亨：《重订老子正诂》，古籍出版社 1956 年版，第 62 页。本章"王法地"，王弼本原作"人法地"，高书据寇才质本改。

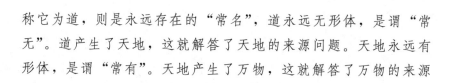

称它为道，则是永远存在的"常名"，道永远无形体，是谓"常无"。道产生了天地，这就解答了天地的来源问题。天地永远有形体，是谓"常有"。天地产生了万物，这就解答了万物的来源问题。在这里首先鲜明地表现了老子的唯心主义成分。①

这里用唯心主义为老子思想定性，带有当时的时代观念，其实并没有论证为什么要说《老子》的宇宙论是唯心主义的。第一章所说各句，究竟哪里表现出唯心主义的成分，也不清楚。

此类论述，并没有什么学术价值，但在各章要义的解说中，还是有不少值得重视的看法，如第八十章的解说中说：

老子正是针对当时的现实，提出他的想象。……老子的想象就是他的政治目标，他的一切政治主张，都是为这个目标服务的。②

这说明第八十章所说的小国寡民，是老子政治思想的根本目标，而《老子》中关于政治问题的论述，都要以这个根本目标为中心，加以贯穿和整合，才能掌握老子政治思想的全貌。

十一、蒙文通、王明的老学研究

1. 蒙文通的道书辑校

蒙文通（1894—1968），名尔达，字文通，四川盐亭人。20世纪20年代起先后执教于成都大学、国立中央大学、河南大学、北京大学、河北女子师范学院、华西大学、四川大学等校。建国后，任华西大学、四川大学教授，兼中国科学院历史研究所研究员、学术委员。著有《古学甄微》《古族甄微》《经学抉原》《古地甄微》《古

---

① 高亨：《老子注译》，河南人民出版社 1980 年版，第 22 页。

② 高亨：《老子注译》，河南人民出版社 1980 年版，第 167 页。

史甄微》《道书辑校十种》等。

蒙文通精研道家学说，尤深于道书辑佚。其《道书辑校十种》中与《老子》有关者如下：《〈老子〉征文》《严君平〈道德指归论〉佚文》《晋唐〈老子〉古注四十家辑存》《〈老子〉王弼本校记》《辑校成玄英〈道德经义疏〉》《辑校李荣〈道德经注〉》《王介甫〈老子注〉佚文》《校理陈景元〈老子注〉》。这都是对《老子》及其注疏文献的整理，是研究《老子》的重要资料。

以《〈老子〉征文》为例，其书初成于 20 世纪 40 年代后期，后由蒙文通之子蒙默抽换底本重新整理。蒙文通因世传《老子》各本字句差异颇大，故纂此书，目的是汇集唐开元前各家引文，作为探究古本《老子》的资料，而唐以后诸家则变古逾远，只选择特别重要者收录。所用《老子》正文，蒙文通初以《道藏》王弼本为底本，后发现该本多据开元御注本改易经文，远非王本之旧，反不若傅亦本、范应元本尚存魏晋古本之貌。故蒙默整理时以唐傅奕《道德经古本篇》为底本，参考范应元《老子道德经古本集注》，择善而从。全书意在比较各本的异同，所以一般不出校语和案语。如第一章"道之可道，非常道也。名之可名，非常名也"，下列《韩非子》《淮南子》《文子》等所引《老子》之文，再与傅本与范本对照。第一章"无名者，万物之始也"，下引《史记·日者列传》、严遵《道德真经指归》、无名氏《道德真经次解》所引《老子》之文，再与傅、范本对照。

这种征引的工作，需要耗费大量时间与精力，显示了蒙氏治学的专精与深入。蒙默的整理后记中说："先君辑校成玄英《老子义疏》、李荣《老子注》，又辑校严君平《道德经指归》佚文，校正河上公《老子注》、王弼《老子注》。成、李《疏》《注》辑校既竟，见二书所用经文与传世各本皆不能合，惊骇于《老子》书传本滋多、差异之甚。于是刻意求之，力图恢复成、李二家之经而后止，乃校经之难，竟倍于校《疏》之与《注》也。"① 由此可知《〈老子〉征

---

①　蒙默整理后记，见《道书辑校十种》，巴蜀书社 2001 年版，第 115 页。

文》编纂之难及其价值，均非一般人所能及。

全书之后又附辑录的《老子》佚文二十多条，远校严可均（一条）、王仁俊（三条）、马叙伦（八条）为多，是值得重视的辑佚成果。

蒙文通其他几种辑校，是对《老子》汉唐古注和宋人注释的辑佚。唐宋以前注解多存精微，但历史既久，多残缺不全，散佚在各种文献之中。蒙氏对此钩稽搜讨，整理编次，使各家久沉之义，略得保存，也为后人研究《老子》在后代的演变及影响，提供了极为宝贵的资料，其学术价值不容小觑。

2. 王明《老子河上公章句考》

王明（1911—1992），字则诚，别号九思，浙江乐清人。西南联大北京大学文科研究所研究生毕业。任中央研究院历史语言研究所助理研究员、乐清师范学校校长。新中国成立后，先后在中国科学院考古研究所，中国社会科学院哲学研究所、研究生院工作，为国务院古籍整理出版规划小组成员。著有《太平经合校》《抱朴子内篇校释》《无能子校注》《道家和道教思想研究》《道家与传统文化研究》等。

王明《老子河上公章句考》，最初发表在《国立北京大学五十周年纪念论文集》（文学院第十八种）中，分为序说、河上丈人与河上公、《河上公章句》之主要思想、《河上公章句》与葛玄之关系、结论共五个部分，由北京大学出版部1948年出版。

《老子》河上公注是现存最早的《老子》注释，它的产生时代与流传情况，一直存在不少疑问。王明严格按照考证学的方法，依靠扎实的文献整理功底，对相关问题做了深入的考证与探讨。为探讨河上公注产生的背景，王明力图从整体上把握不同时代的人们对于《老子》的理解。他认为汉初奉行黄老道家，崇尚无为之治，以治国经世为主旨，当时黄老学的根本宗旨可以概括为八个字：无为自化，清净自正。这样的思想主要用来治国。严遵的《老子指归》，则以道德为元始，神明为宗，太和为祖，是汉人探索宇宙万物奥秘的反映，但不是西汉时期老学的主流思想。东汉奉行黄老学的人们，又以养性长生为主。在此背景下，河上公注当是东汉中叶至末年受到养生风气影响下的产物。到三国时，治《老子》学者，既不为治国经世，又不为治身养性，而变为崇尚虚无自然的玄学。

对于河上公注的作者，存在着河上丈人与河上公两种说法。河上丈人见于《史记·乐毅传》、皇甫谧《高士传》、葛玄《道德经序》三处。王明认为战国末年当有河上丈人，但未为《老子》作注，汉文帝时实无河上公其人，更无所谓河上公《老子章句》，今所传《老子河上公章句》当是东汉时养生家依托河上公之名所作，约作于东汉中叶至末年，其书之行世，当在王弼《老子注》之前。整体上看，河上公注，是《老子》传世之古注，成一家言，是汉代学术史上有价值的材料。

关于河上公注的主要思想，王明认为就是论治身养生的思想。这是汉代人的基本观念，人禀元气而生，要想治身养生，就要爱精气，保神明，使呼吸微妙，五脏不伤，捐除情欲，而后复还性命，则久寿长生。但"河上公章句囿于体制，依经为注，不能成一首尾完具之养生论，然其注文散见于各章，通观互照，已灼然晓示治身之要指矣"①。为此，王氏摘出河上公的说法，再用汉代人的说法加以对照，以见这种思想。汉代说黄老有关养性者，王氏以为有桓谭《新论·祛蔽》、王充《论衡·道虚》、《后汉书·苏顺传》、《潜夫论·思贤》、《潜夫论·志姓氏》等，而河上公注中这种思想表现得非常多。如第一章"道可道"河上公注："谓经术政教之道也"，"非常道"河上公注："非自然长生之道也"。这就是把《老子》的"常道"定性为"自然长生之道"。这种解释与《韩非子·解老》《淮南子·道应训》以及《庄子·天道》的解释都不一样。按照河上公注的意思，它是明确地与西汉重视无为而治的政治性解释相区分的，而它所说的治身，又不是修善积德，而是养生益寿。此类说法，在

---

① 王明：《老子河上公章句考》，见《国立北京大学五十周年纪念论文集》（文学院第十八种），北京大学出版部 1948 年版，第 10 页。

河上公注中多有表现，王氏为之列出，以确定这一情况。尤其是第六十四章"学不学"注："人学治世，圣人学治身，守道真也。"就是明确地把治世与治身分开，以表示与西汉重视无为而治的政治性解释不一样。当然，河上公注中有时也会说到治国，但往往都是以治身为先的，用来衬托治身的思想，如第十章"爱民治身"注："治身者爱气则身全，治国者爱民则国安。"而且第六十章与第七十四章注中讲治身，是与正文本义明显不相符的，可知河上公注往往是借题发挥，往治身养生思想上倾斜。

通过总结河上公注中的养生思想，王氏又归纳出几个要点，一是呼吸行气，二是爱精气，三是养神，四是除情欲，这样就把河上公注的养生思想基本梳理出来了。

笔者在撰写《日本现代老子研究》一书时，对日本学者楠山春树关于河上公注的研究专门加以论述。[1] 楠山认为河上公注的内容分为治身与治国两部分，应以治身为主，而治国的部分，是后人附会增添进去的。他的这一研究，可以与此处王氏所说加以对照参考。

之后，王氏又探讨了河上公注与葛玄的关系。日本学者武内义雄在他的《老子》研究中，非常重视葛玄的《老子序诀》的研究，因为这个《序诀》中就记述了河上公与汉文帝的关系之事。王氏此处探讨河上公注与葛玄的关系问题，也可以参考武内义雄的相关研究。

王氏认为记载河上公注与葛玄有关系的文献，一是《老子序诀》，一是《老子节解》。但经他考证，认为河上公注与葛玄无关，因为其中的思想不一样，而相关文献的记载也多有矛盾之处，多似传说传闻，故不可当作可靠文献而相信之。

总之，王明通过考证，澄清了《老子》河上公注的撰作时代及其思想主旨，表明这是老学发展史上一种独特的《老子》思想之解释，对后来的神仙家思想也产生了一定的影响，但其思想仍与后来的神仙家思想不同。这都是比较重要的观点。

---

[1] 详见《日本现代老子研究》（福建人民出版社 2006 年版）第九章。

第二节　对《老子》义理的阐发

用传统方法阐释老子思想，并不是说其中一点西方的观念与术语都没有，只是就其形式与主要观念而言是属于传统方法的研究。如章太炎对老子及道家的阐释，是放在他的诸子学的题目之下，又纳入国故论衡之中，这是传统的论说方式。又如钟泰在所著《中国哲学史》中论老子，虽其书用了"哲学"之名，但"命名释义，一用旧文"，与胡适《中国哲学史大纲》的西式写法不同。可以说是传统方式与近现代观念相结合的产物。当然，也有继续沿用传统观念来注解《老子》书的，也属于传统方法的研究类型。

一、章太炎《国学讲演录》论老子

章太炎（1869—1936），原名学乘，字枚叔，易名炳麟、绛，号太炎，浙江余杭（今属浙江杭州）人。精研文字音韵训诂之学，擅长考据。著有《新方言》《文始》《小学答问》《国故论衡》《訄书》等。

《国学讲演录》是章太炎在章氏国学讲习会的讲演记录。其中的《诸子略说》，从整体上论说中国古代诸子学的类别与发展演变的源流及各家思想的特点等，胡适曾认为这种讲法是对诸子学的系统论述，给予高评价。《诸子略说》中对老子与道家及道家与其他各家的相互关系都有系统的论述，其中多引佛学说法，以与老子思想比较。

《诸子略说》据司马谈《论六家要指》，说明阴阳、儒、墨、名、法家各有短长，而以黄老之术为依归，这是因为老子身为史官，明于成败利钝之效，故独有取于虚无因循之说。老聃能著五千言，为道家之大宗，固尝为柱下史，所以道家者流出于史官。

章氏称，这是《汉书·艺文志》的看法，但《艺文志》中列为道家的伊尹、太公、管子则都不是史官，所以不能说道家都出于史官。而管子在齐国能下令如流水之原，令顺民心，论卑而易行，这又符合道家南面之术的特点。章氏这一说法，表明道家诸子的不同情况，在思想上各有特点，不能一概而论。

对于诸子孰先孰后，章氏认为太史公、刘向、班固都未论及，《淮南子》中所说的情况，则是先后倒置，也不足以考察诸子产生的时代，所以只能分析战国诸子情况。这说明他认为由于缺乏历史资料，对于诸子早期出现的情况，难以考察清楚，所以只能根据所知的资料，来看战国时诸子各家的先后次序。

战国时的儒家以仲尼为宗师，道家传于老子，可以断定儒家与道家时代为最早。墨子或说与孔子同时，或说在孔子之后。章氏认为墨子尝说鲁阳文子，在楚惠王时。惠王之卒，在鲁悼公时。由此看来，墨子在孔子之后约四五十年。再考察春秋时的情况，则儒家有晏子，道家有管子，鲁国的臧氏与墨家接近。

章氏认为，道家当以老子为首。《汉书·艺文志》中道家首举《伊尹》《太公》，但这些书的真伪不可知，或许出自后人的依托。《管子》书可以征信，但其中词意繁富，杂糅儒家、道家，难寻其指归。太史公言其"善因祸而为福、转败而为功"，可见管子之大用在此。黄老一派，可算是道家的一支。黄老并称，始于周末，盛行于汉初。如史称环渊学黄老道德之术，陈平少时好黄帝、老子之术，胶西有盖公善治黄老言，窦太后好黄帝、老子言，王生处士善为黄老言等。但黄帝论道之书，今不可见。《儒林传》中记载黄生与辕固争论汤武革命之言"冠虽敝必加于首，履虽新必贯于足"，又见于《太公六韬》。但今所传《六韬》不可信，因此道家仍当以老子为首。

章氏对老子思想的分析，首先强调老子与庄子不同："老子多政治语，庄子无之，庄子多超人语，老子则罕言。虽大旨相同，而各有偏重，所以异也。"① 据章氏的这一说法，研究道家确实不能把老子与庄子混为一谈，而很多人往往在这个问题上不太严谨。

章氏分析，因为老子生活于春秋之世，其时政权操于贵族，不

① 章太炎：《国学讲演录》，华东师范大学出版社 1995 年版，第 198 页。

但民主政治未易言，即专制政治亦未易言。故其书有民主语，亦有专制语。贵族用事之时，唯恐国君之不能专制。国君苟能专制，必有愈于世卿专政之局，故曰"鱼不可脱于渊，国之利器不可以示人"。此二语法家以为根本。可知章氏认为当时的政治制度不能简单地用后代的民主和专制的二分法来认识，而且老子的思想也不是从民主或专制的角度来论政治。老子并不关心政治制度是专制还是民主，他只关心如何使政治对国家生存与发展有利，对百姓生活有利，所以其说法中有民主语，也有专制语。即老子思想出发点是只考虑政治的效果，不考虑政治的体制。而国之利器不可以示人，就成了后来法家思想的一个根本原则。

关于《老子》的思想系统，他认为"《老子》书八十一章，或论政治，或出政治之外，前后似无系统"①。老子论政治的核心是一个"因"字："老子论政，不出因字，所谓'圣人无常心，以百姓心为心'是也。"② 他还指出："老子之道最高之处，第一看出'常'字，第二看出'无'字，第三发明无我之义，第四倡立'无所得'三字，为道德之极则。"③ 他不同意严复的看法，认为严复以老子倡民主政治，乃附会之说。"老子亦有极端专制语，其云'鱼不可脱于渊，国之利器不可以示人'，非极端专制何？"而"此二语法家所以为根本"。④ 韩非"解老、喻老而成法家"，盖因"五千言所包亦广矣，得其一术，即可君人南面"，故"法家者，道家之别子耳"。⑤ 章氏的这种说法表明老子与法家有密切关系。

章氏认为老子的"道"的意义就在于"常"，并指出《韩非子·解老》对"常"的解释最正确，即不会有存亡死生盛衰变化者为常，至于"与天地之剖判也俱生"，应该理解为宇宙存在时它就产生了，而之后永不会死亡消失。所以"常"与"道"，在老子思想中是一个

---

① 章太炎：《国学讲演录》，华东师范大学出版社 1995 年版，第 198 页。
② 章太炎：《国学讲演录》，华东师范大学出版社 1995 年版，第 198 页。
③ 章太炎：《国学讲演录》，华东师范大学出版社 1995 年版，第 201 页。
④ 章太炎：《国学讲演录》，华东师范大学出版社 1995 年版，第 198—199 页。
⑤ 章太炎：《国学讲演录》，华东师范大学出版社 1995 年版，第 199 页。

意思，"道"就是"常"，"常"就是"道"。"常"一般会理解为一种状态，"道"一般会理解为一种物，但把"常"与"道"结合起来，就是一种永远不会消失或衰亡的东西，它不是一般的物，因为一般的物是有存亡死生盛衰变化的，故不能称为"常"，也不能称为"道"。对于老子所说的"常"和"道"，不能用西方式哲学术语来解释，也不能用机械的唯物、唯心概念来理解。只能按照中国古代语言中本来所具有的意蕴来理解。而且章氏还认为"常"与"道"以及"常"与"无"也是统一的，不能分开来理解的。他还引申说这种常道的概念包括圣人对它的应用，即内契天则，外施于事，而这又是中国古代思想的一大特征，所以也不能按照西方哲学的观念来解释它们。因为西方哲学的观念是把具体的事都要舍弃而进行高度抽象，中国古代思想则不会把根本的道理与具体的事物分割开，形上与形下是不能分开的。圣人就是体悟了形上的道理又能施用于形下的事物的高明之人，不是西方式的哲学家。章氏对老子思想的这种解释，最符合中国古代思想的真实情况。

章氏又分析老子思想中无与有的关系：

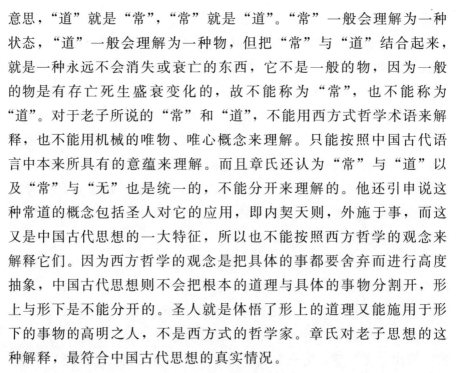

《老子》云："天下万物生于有，有生于无。"后之言佛法者，往往以此斥老子为外道，谓"无何能生有？"然非外道也。《说文》："无，奇字无也，通于元者。"虚无，道也。《尔雅》："元，始也。"夫万物实无所始。《易》曰："大哉乾元。"首出庶物，是有始也。又曰："见群龙无首。"天德不可为首，则无始也。所谓有始者，毕竟无始也。《庄子》此论更为明白，云："有始也者，有未始有始也者，有未始有夫未始有始也者。"《说文系传》云："无通于元者，即未始有始之谓也。"又佛法有缘起之说，唯识宗以阿赖耶识为缘起；《起信论》以如来藏为缘起。二者均有始。而《华严》则称无尽缘起，是无始也。其实缘起本求之不尽，无可奈何，乃立此名耳。本无始，无可奈何称之曰始，未必纯是；无可奈何又称之曰无始，故曰无通于元。儒家无极、太极之说，意亦类是。故老子曰："天下万物生于有，有生于无。"语本了然，非外道也。①

老子言"无"即是"道"，这与《周易》所说的"有始"即"无始"的思想接近，《庄子》又把这种思想加以发挥，"有始"之先，更有"未始有始"。宋儒"无极""太极"之说也是这样，说明这是中国古代普遍的思想。佛教讲缘起，是"有始"，但也有宗派认为无尽缘起，则是"无始"。所以不论哪一家，如果探讨事物的始点，往往都会走向"无始"。这说明老子所揭示的"无"，是一个重要的思想，为各家所不能否定。

章氏进而分析老子发明"无我"之义：

> 无我之言，《老子》书中所无，而《庄子》详言之。太史公《孔子世家》："老子送孔子曰：'为人臣者毋以有己，为人子者毋以有己'。"二语看似浅露，实则含义宏深。盖空谈无我，不如指切事状以为言，其意若曰一切无我，固不仅言为人臣、为人子而已。所以举臣与子者，就事说理，《华严》所谓事理无碍矣。于是孔子退而有犹龙之叹。夫唯圣人为能知圣，孔子耳顺心通，故闻一即能知十，其后发为"毋意、毋必、毋固、毋我"之论，颜回得之而克己。此如禅宗之传授心法，不待繁词，但用片言只语，而明者自喻。然非孔子之聪明睿智，老子亦何从语之哉（老子语孔子之言，《礼记·曾子问》载三条，皆礼之粗迹，其最要者在此。至无我、克己之语，则《庄子》多有之）！②

章氏前文已言，老子罕言"超人语"，故其说往往落实到形而下的事务之中，与人及事统一起来，所以从无延伸到无我的问题。但他认为《老子》书不讲无我，而《庄子》中则详言，这就分出了二者的区别。不过据他所引《史记》中的话看，老子又是主张无我的。但

---

① 章太炎：《国学讲演录》，华东师范大学出版社 1995 年版，第 201—202 页。
② 章太炎：《国学讲演录》，华东师范大学出版社 1995 年版，第 202—203 页。

老子所说的无我，不是形而上的空谈，这又是与庄子不同的。老子是紧密结合着具体人事来说的，虽仅以为人臣、为人子为例，其主旨可切于一切事状。章氏还指出，孔子"四毋"即源于老子的无我，可见老子对孔子及儒家的影响极为深远。这都是一般人研究老子思想时所未曾见及的深刻之处。

章氏还论及《老子》中的"德"的问题：

> 《德经》以上德、下德开端，云："上德不德，是以有德；下德不失德，是以无德。"德者得也，不德者，无所得也。无所得乃为德，其旨与佛法归结于无所得相同，亦与文王视民如伤、望道而未之见符合。盖道不可见，可见即非道。望道而未之见者，实无有道也。所以望之者，立文不得不如此耳，其实何尝望也。佛家以有所见为所知障，又称理障。有一点智识，即有一点所知障。纵令理想极高，望去如有物在，即所知障也。今世讲哲学者不知此义，无论剖析若何精微，总是所知障也。①

章氏此论，是对德与不德的辩证分析。德者得也，即有得于道。上德不自以为有德，而合乎道，下德刻意显示有德，而失于道。章氏又用佛家的说法来证明此理，即有所见就是知障或理障，用在老子的道上，就是道障。换言之，刻意求见于道，就是道障，是无德的。这是从认识论角度说明人与道的关系，而这又是必须合乎道的不可见、不可言的形上特质的。他对所谓讲哲学的人的看法，是这种人根本就是存在着知障、理障和道障的。换言之，就是不能用所谓的哲学来讲道和德的。

由于道与德是不可见的，所以就有了玄的意味。故章氏对老子的玄非常重视，由此论及了知玄之后的问题：

> 老子谓"玄之又玄，众妙之门"，"玄"之一字，于老子自

---

① 章太炎：《国学讲演录》，华东师范大学出版社1995年版，第203页。

当重视。然老子又曰"涤除玄览"，玄且非扫除不可，况其他哉！亦有极高极深之理，自觉丝毫无谬，而念念不舍，心存目想，即有所得，即所谓所知障，即不失德之下德也。孔子云："吾有知乎哉？无知也。"无知故所知障尽。颜子语孔子曰："回益矣，忘仁义矣。"孔子曰："可矣，犹未也。"他日复见曰："回益矣，礼乐矣。"孔子曰："可矣，犹未也。"他日复见曰："回益矣，坐忘矣。"孔子乃称："而果其贤乎！丘请从而后。"盖坐忘者，一切皆忘之谓，即无所得之上德也。此种议论，《老子》书不详，达者观之立喻；不达者语之而不能明。非如佛书之反复申明，强聒而不舍。[①]

此说亦是用佛家的道理来说明，对于道之玄妙，在知之之后更要忘之，不要以知为知，否则就成了不失德的下德，不再是上德不德的有德了。但这样的思想《老子》中本身就已言及，实不必引佛家的说法和庄子的坐忘说来为之阐明。如《老子》中说"知者不言，言者不知"，"知不知上，不知知病"，"上德若谷，广德若不足，大方无隅，大音希声，大象无形"，此类说法都有这种意思在内。

对于道家与儒家在对待人事与世事上的差别，章氏认为：

盖儒以修己治人为本；道家君人南面之术，亦有用世之心。如专讲此等玄谈，则超出范围，有决江救涸之嫌。政略示其微而不肯详说，否则，其流弊即是清淡。非惟祸及国家，抑且有伤风俗，故孔老不为也。印度地处热带，衣食之忧、非其所急；不重财产，故室庐亦多无用处；自非男女之欲，社会无甚争端。政治一事，可有可无，故走入清淡一路而无害。中土不然，衣食居处，必赖勤力以得之，于是有生存竞争之事。团体不得不结，社会不得不立，政治不得不讲。目前之急，不在乎有我无我，乃在衣食之足不足耳。故儒家、道家，但务目前之急，超

---

① 章太炎：《国学讲演录》，华东师范大学出版社1995年版，第203—204页。

> 出世间之理，不欲过于讲论，非智识已到修养已足者，不轻为
> 之语。此儒、道与释家根本虽同，而方法各异之故也。①

老子思想亦重用世，关注社会政治问题，而非一般人所以为的消极
避世。其实《老子》中所说的内容大部分都与现实的社会政治问题
密切相关，并不是远离社会政治问题的。如他论圣人与侯王如何治
民，不是社会政治问题又是什么？只是关心哲学的人往往把这类内
容看得比较轻，没有像对待哲学问题那样加以关心罢了。所以章氏
认为人们研究老子思想，不能单纯关注与玄相关的问题。在他看来，
这是那些只关心哲学问题的人们的一个弊病，所以他说："专讲此等
玄谈，则超出范围，有决江救涸之嫌。政略示其微而不肯详说，否
则，其流弊即是清谈。非惟祸及国家，抑且有伤风俗，故孔老不为
也。"由此可知，孔子不谈性与天道，就是因为此类玄学问题不宜多
谈，否则走上空谈清谈之邪路。老子也只是略谈一点玄妙的道，而
把重点放在社会政治问题上。这样才能抓住孔子及老子思想学说的
要点。对佛学中重点关心玄学问题，他也分析了其中的原因，并指
出中国人研究佛学时必须注意的一点，即不能像印度人那样来研究
佛学，而应立足于中国的文化背景来理解佛学，否则也是会走向清
谈误国之路。章氏的这一看法，对于研究儒、道、佛三家思想的中
国学者来说，是有一定的警醒意义的。

　　他认为作为道家，老子与庄子又有区别，老子不太关注个人的
问题，而庄子思想则将重点放在个人的处世上，与杨朱类似。在这
个基础上来评定道家，他认为"老子譬之大医，医方众品并列，指
事施用，都可疗病。五千言所包亦广矣，得其一术，即可以君人南
面矣"②。这是说老子的思想丰富，从中引出一支，就可另成一家，
将其思想用于一个方面，都能起到应有的作用，形成一种有效的学
说。由此可知，后人分析评价老子思想学说，不能只凭哲学或某一

---

①　章太炎：《国学讲演录》，华东师范大学出版社 1995 年版，第 204 页。
②　章太炎：《国学讲演录》，华东师范大学出版社 1995 年版，第 199 页。

门学科来立说，必须认真而深入地领会其中的各项义旨，才能接近老子思想的原貌。

他由此来比较儒家与道家，认为："承平之世，儒家之术，足以守戒；戡乱之时，即须道家，以儒家权谋不足也。"① 又说："盖儒以修己治人为本，道家君人南面之术，亦有用世之心。"所以对于老子，不能专讲玄谈，否则就会"超出范围，有决江救涸之嫌。政略示其微而不肯详说，否则，其流弊即是清谈。非惟祸及国家，抑且有伤风俗，故孔老不为也"。

后世道家逐渐与道教合流，但其间的区别并未因此消泯，章氏明确指出：

> 道士与老子无关，司马温公已见及此。道士以登仙为极则，而庄子有齐死生之说，又忘老聃之死，正与道士不死之说相反也。汉武帝信少翁、栾大、李少君之属以求神仙，当时尚未牵合神仙、老子为一。《汉书·艺文志》以神仙、医经、经方同入方技，可证也。汉末张道陵注《老子》（《宏明集》引），其孙鲁亦注《老子》（曰：想余注《老子》。想余二字不可解），以老子牵入彼教，殆自此始。后世道士，乃张道陵一派也。然少翁辈志在求仙，道陵亦不然，仅事祈祷或用符箓捉鬼，谓之劾禁。盖道士须分两派：一为神仙家，以求长生、觊登仙为务；一为劾禁家，则巫之余裔也。北魏寇谦之出，道士之说大行。近代天师打醮、画符、降妖而不求仙，即是劾禁一派。前年，余寓沪上，张真人过访，余问炼丹否？真人曰："炼丹须清心寡欲。"盖自以不能也。梁陶弘景为《本草》作注，又作《百一方》，而专务神仙。医家本与神仙家相近，后世称陶氏一派曰茅山派；张氏一派曰龙虎山派。二派既不同，而炼丹又分内丹、外丹二派。《抱朴子》载炼丹之法，唐人信之，服大还而致命者不少，后变而为内丹之说，《悟真篇》即其代表。然于古有汉人所作

---

① 章太炎：《国学讲演录》，华东师范大学出版社1995年版，第200页。

《参同契》，亦著此意。元邱处机（即长春真人，作《西游记》者），亦与内丹相近，白云观道士即此派也。此派又称龙门派。是故，今之道士，有此三派，而皆与老子无关者也。神仙家、道家，《隋志》犹不相混。清修《四库》，始混而为一。其实炼丹一派，于古只称神仙家，与道家毫无关系。宋元间人集《道藏》，凡诸子书，自儒家之外，皆被收录。余谓求仙一派，本属神仙家，前已言之。劾禁一派，非但与老子无关，亦与神仙家无关。求之载籍，盖与《墨子》为近。自汉末至唐，相传墨子有《枕中五行记》（其语与墨子有无关系，不可知）。《后汉书·刘根传》："根隐居嵩山，诸好事者就根学道。太守史祈，以根为妖妄，收而数之曰：'汝有何术，而惑诬百姓？'根曰：'实无他异，颇能令人见鬼耳。'于是左顾而啸，祈之亡父、祖及近亲数十人皆反缚在前，向根叩头。祈惊惧，顿首流血。根默然，忽俱去不知所在。"余按：其术与《墨子·明鬼》相近。刘根得之何人不可知，张道陵之术与刘根近似，必有所受之也。盖劾禁一派，虽与老子无关，要非纯出黄巾米贼，故能使晋世士大夫若王羲之、殷仲堪辈皆信之也。①

大量的史实与文献记载证明了作为道家的老子与后世的道教、道士以及方术之士是根本不同的。现在不少人往往模糊这一认识，笼统地说道家，把老子与庄子混为一谈，更把老子与道教及其种种说法混淆不分，这都是对研究老子思想不利的方法与观念，必须特别加以注意。

章氏还专门论述了庄子与老子的不同：

庄子自言与老聃之道术不同，"死与、生与？天地并与？神明往与？"此老子所不谈，而庄子闻其风而悦之。盖庄子有近乎佛家轮回之说，而老子无之。庄子云："若人之形老，万化而未

---

① 章太炎：《国学讲演录》，华东师范大学出版社 1995 年版，第 205—206 页。

始有极也，其为乐可胜计邪？"此谓虽有轮回而不足惧，较之
"精气为物、游魂为变"二语，益为明白。老子但论摄生，而不
及不死不生，庄子则有不死不生之说。《大宗师》篇，南伯子葵
问乎女偊，女偊称卜梁倚守其道三日，而后能外天下；又守之
七日，而后能外物；又守之九日，而后能外生。已外生矣，而
后能朝彻；朝彻而后能见独；见独而后能无古今；无古今而后
能入于不死不生。天下者，空间也。外天下则无空间观念。物
者实体也。外物即一切物体不足撄其心。先外天下，然后外物
者，天下即佛法所谓地水火风之器世间，物即佛法所谓有情世
间也。已破空间观念，乃可破有情世间，看得一切物体与己无
关，然后能外生。外生者，犹未能证到不死不生，必须朝彻而
见独。朝彻犹言顿悟，见独则人所不见，己独能见，故先朝彻
而后能见独。人为时间所转，乃成生死之念。无古今者，无时
间观念，死生之念因之灭绝，故能证知不死不生矣。佛家最重
现量，阳明亦称留得此心常现在。庄子云无古今而后能入于不
死不生者，亦此意也。南伯子葵、女偊、卜梁倚，其人有无不
可知。然其言如此，前人所未道，而庄子盛称之，此即与老聃
异趣。老子讲求卫生，《庚桑楚》篇，老聃为南荣趎论卫生之经
可见。用世涉务必先能卫生。近代曾国藩见部属有病者辄痛呵
之，即是此意。《史记·老子列传》称老子寿一百六十余。卫生
之效，于此可见。然庄子所以好言不死不生，以彭祖、殇子等
量齐观者，殆亦有故。《庄子》书中，自老子而外，最推重颜
子，于孔子尚有微辞，于颜子则从无贬语。颜子之道，去老子
不远，而不幸短命，是以庄子不信卫生而有一死生、齐彭殇之
说也。①

这一段分析把老子与庄子的不同说得非常清楚而详细，且认为老子
还有卫生的思想，并据庄子的说法来证明这一点。但若据《老子》

---

① 章太炎：《国学讲演录》，华东师范大学出版社 1995 年版，第 206—208 页。

本身来看，不能说老子是讲求卫生的。《老子》第五十九章说："治人事天莫若啬。夫唯啬是谓早服。早服谓之重积德。重积德则无不克，无不克则莫知其极。莫知其极可以有国。有国之母可以长久。是谓深根固柢，长生久视之道。"这里似乎是在讲长生，但要把全章的内容作为一个整体来看这句话才行。此章所说是通过啬来重积德，然后可以有国，可知所论的重点是在有国上，则长生久视就可理解为国家的长久存在，这不是追求个人的长生不老或卫生之事。章氏虽分别了老子与庄子在这个问题上的不同，但那是《庄子》中说的老子，不是《老子》中的老子，所以还要把二书所说的老子加以区别才是。

又论老庄亦可以致治：

> 清儒谓汉称黄老，不及老庄，黄老可以致治，老庄惟以致乱。然史公以老、庄、申、韩同传，老子有治天下语。汉文兼参申韩，故政治修明。庄子政治语少，似乎遗弃世务。其实，庄在老后，政治之论，老子已足；高深之论，则犹有未逮，故庄子偏重于此也。漆园小吏，不过比今公安局长耳，而庄子任之。宦愈小，事愈繁剧，岂庄子纯然不涉事务哉！清谈之士，皆是贵族，但借庄子以自高，故独申其无为之旨。然不但清谈足以乱天下，讲理学太过，亦足以乱天下。亭林谓今之心学，即昔之清谈，比喻至切。此非理学之根本足以乱天下，讲理学而一切不问，斯足以乱天下耳。以故，黄老治天下、老庄乱天下之语，未为通论也。[①]

章氏强调老子有治天下语，庄子亦非不关世事者，后世独申老庄无为之旨，以致流为清谈，是歪曲了老庄学说。认为老庄之学会导致天下大乱，更是厚诬古人。章氏这样的论述，包含着对专讲心性一类哲学问题的学风的痛恨，认为这对国家社会的发展进步没有什么

---

① 章太炎：《国学讲演录》，华东师范大学出版社 1995 年版，第 213—214 页。

好处。

章氏认为：

> 老子之术，平时和易，遇大事则一发而不可当，自来学老子而至者，惟文帝一人耳。《老子》中有权谋语，"将欲歙之，必固张之；将欲弱之，必固强之；将欲废之，必固兴之；将欲夺之，必固与之"是也。凡用权谋，必不明白告人。而老子笔之于书者，以此种权谋，人所易知故尔。亦有中人权谋而不悟者，故书之以为戒。历来承平之世，儒家之术足以守成；戡乱之时，即须道家，以儒家权谋不足也。凡戡乱之傅佐，如越之范蠡（与老子同时，是时《老子》书恐尚未出），汉初之张良、陈平（二人纯与老子相似。张良读《老子》与否不可知，陈平本学黄老），唐肃宗时之李泌，皆有得于老子之道。盖拨乱反正非用权谋不可，老子之真实本领在此。然即"无为而无不为"一语，恐老子于承平政事亦优为之，不至如陈平但说大话（文帝问左丞相周勃："天下一岁决狱几何？"勃谢不知。问："天下钱谷一岁出入几何？"勃又谢不知，惶愧汗出浃背。帝问左丞相陈平，平曰："有主者。"帝曰："君所主者何事？"平曰："宰相上佐天子理阴阳、顺四时，下遂万物之宜，外镇抚四夷、诸侯，内亲附百姓，使卿大夫各得任其职焉。"盖周勃武夫，非所能对；陈平粗疏，亦不能对也）。承平而用老子之术者，文帝之前曹参曾用盖公，日夜饮酒而不治事，以为法令既明，君上垂拱而臣下守职，此所谓"无为而无不为"。至于晋人清淡，不切实用，盖但知无为，而不知无不为矣。[①]

章氏点明老子思想学术的实用性，并说明历史上确有不少人能在实践中应用老子的思想学说，如汉文帝、范蠡、张良、陈平、李泌等人。这表明如果只就《老子》中的几句话就简单地论定为老子思想

---

① 章太炎：《国学讲演录》，华东师范大学出版社1995年版，第200—201页。

是权谋术，那是非常肤浅的认识。老子的学说与儒家是可以互补的，这在历史上都有实际的证明，而老子思想的伟大之处，就在于它能应用于政治实践之中，为国家社会解决重大问题，包括拨乱反正之类的政局之扭转。章氏还进一步指出陈平在对老子思想的理解上还是粗疏的。相比之下，曹参却能很好地践行无为而无不为的思想，可谓是对老子思想领会较深的人。而后来晋代人以老子作为清谈的资料，则更是对老子思想理解得非常片面，且不深刻，更不用说用之于政治实践了。可见问题只在于人们能不能恰当地理解和应用老子的思想。由此亦可看出章氏对老子思想以及道家学说的理解与认识是结合着历史实际情况来说的，所以胡适称赞章氏之说有系统性。

章氏又论老子为道家向法家转变的关键点：

> 春秋时世卿执政，国君往往屈服。反对世卿者，辛伯谏周桓公云："并后匹嫡，两政耦国，乱之本也"（《左传》桓十八年）。辛伯者，辛甲之后，是道家渐变而为法家矣。管子亦由道家而入法家，《法法》篇（虽云法法，其实仍是术也）谓："人君之势，能杀人、生人；富人、贫人；贵人、贱人。人主操此六者，以畜其臣；人臣亦望此六者，以事其君。六者在臣期年，臣不忠，君不能夺；在子期年，子不孝，父不能夺。故《春秋》之记，臣有弑其君、子有弑其父者。"其惧大权之旁落如此。老子则云："鱼不可脱于渊，国之利器不可以示人。"语虽简单，实最扼要。盖老子乃道家、法家之枢转矣。[①]

他认为老子思想的要点在社会政治，所以老子所说的"国之利器不可以示人"一语非常重要，而后来的法家就继承了这一思想，其转变在《管子》书中已有论述，后来的韩非子不过是继承这一思想而加以系统化和理论化罢了。这也说明老子是以社会政治为其学说重点的，而并不是仅仅空谈玄道问题。到司马谈写《论六家要指》时

---

① 章太炎：《国学讲演录》，华东师范大学出版社 1995 年版，第 222 页。

都还能清醒地认识到这一点，而魏晋玄学家却把老子所说的无为歪曲为不从事具体的国家事务，不再关心治理国家大事。这样的倾向到理学时就成了空谈心性之学，最后走向阳明心学后期的空谈成风，带来许多弊端。时至今天，梳理章氏论述老子思想的见解，我们仍要把这种问题放在整个中国学术史和思想史的层面加以观察，才具有切实的学术价值。

以上是章氏从诸子学的整体角度来论述老子及道家思想的特点，及其与其他学派的关系。章氏不受西方哲学思维方式的拘束，也能摆脱清代乾嘉学派只重考证不言义理的弊病，把老子及道家的思想放在整个历史过程中来观察，既关照到其中的关键思想概念，又看到老子思想及其学派在历史上的实际影响与作用，故能比较完整地勾勒出老子思想的整体特质，对研究老子与道家思想深有启示价值。

二、陈柱的老学研究

陈柱（1890—1944），字柱尊，号守玄，广西北流人。曾任广西省立梧州中学校长、无锡国学专科学校教授、大夏大学教授、交通大学教授，曾主编《学艺杂志》《国学杂志》《学术世界》等。著有《守玄阁文字学》《公羊家哲学》《墨子间诂补正》《小学评议》《三书堂丛书》《文心雕龙校注》《墨学十论》《诸子概论》《中国散文史》等。老子研究著作有《老学八篇》、《老子集训》、《老子与庄子》、《老子》（注释）、《老子韩氏说》等。

《老学八篇》于1928年由商务印书馆出版。此书内容包括：老子的大略、老子别传、老子文学、老子学说、庄子的老学、韩非子的老学、庄韩老学比较、新定老子章句。老子大略与别传部分，叙述老子其人及其时代，主要依据《史记·老子传》等资料。老子文学部分，说明对于《老子》书，既要关注其思想内容，又要研究其外在形式，对此陈氏称之为"外式"。认为在《老子》的外式方面，需要注意其中的音韵，因为《老子》中多用韵语，并举出许多实例，以说明《老子》中的押韵之处。在体制方面，《老子》中有似三言诗者，如"虚其心，实其腹，弱其志，强其骨"，"挫其锐，解其纷，和其光，同其尘"，"居善地，心善渊，与善仁，言善信，正善治，事善能，动善时"等；有似四言诗、六言诗、七言诗者；有似歌行者。故他认为："老子之文，说理既精微，造词亦神妙，其在文学，可谓内容外式，均能并美者；故古来文学界，亦引用甚博。"① 陈氏将《文选》中引用《老子》的例子罗列出来，以见《老子》对后代文学的影响甚深且广。

对老子的学说，陈柱分为如下几类：宇宙学说、政治学说（又分建设方面与破坏方面）、教育学说、人生学说，最后形成一个总的结论。

关于老子的宇宙学说，他首先说明哲学的唯一问题是解释宇宙，而这又是最难的问题。这是因为宇宙为一切事物之源，不解决宇宙问题就不能得到最终的认识，但人的形体与寿命都极小且极短，故欲解决宇宙的根极问题，则终似不可能。所以对于人类的哲学来说，宇宙问题既是最为重要的问题，又是最难的问题。为此他借助现代天文学的知识，说明宇宙之大和无限，故宇宙是不可用言语来形容的。而在老子的时代，人们关于宇宙的观念还是非常幼稚的，有不少神怪之说，但老子则不然，他能看到宇宙的不可思议，而名之曰道。对于老子的道，他认为《庄子·知北游》和《韩非子·解老》解释得最好，他还引严复的说法，以说明宇宙的本体问题。其次他分析老子思想中关于宇宙的组织的思想，即所谓夷、希、微的问题。他引用古希腊科学家及 19 世纪英国学者多尔顿的观点，认为夷、希、微所形容的道，就是西方学者所理解的原子或近代科学所认识的电子，并用当时科学上关于原子和电子的知识来说明这一问题。之后又分析老子关于从宇宙本体产生万物的问题，为此多引用古代诸子的相关说法。

老子的政治学说，可分为建设与破坏两个方面。建设方面，陈柱认为老子的学说主张自由平等，其理由是宇宙对于万物是无意志的，也就是无恩无为的，所以政府对民众也要无恩无为，这样的政

① 陈柱：《老学八篇》，商务印书馆 1928 年版，第 34 页。

府他认为就是自由平等的，与专制政体的专以恩威诱摄人民完全不同。为此他引用严复的说法："夫黄老之道，民主之国之所用也。故能长而不宰，无为而无不为。君主之国，未有能用黄老者也。汉之黄老，貌袭而取之耳。"认为真正的无为之治，是"纯任自然，无所好恶，则平等之至矣。正如天地生物，巨细万殊，坚脆匪一，在人或妄生贵贱，自定妍媸；而在天地视之，岂有异哉？"① 而第五十六章所说的玄同，就是这种平等观，对于民众"不可得而亲，不可得而疏，不可得而利，不可得而害，不可得而贵，不可得而贱"，极力发挥平等之旨，由是贤愚不肖，一切以平等对待。

老子说："古之善为道者非以明民，将以愚之。民之难治，以其智多。故以智治国，国之贼；不以智治国，国之福。知此两者亦稽式。常知稽式，是谓玄德。玄德深矣，远矣，与物反矣，然后乃至大顺。"陈氏认为世人大都将之理解为愚民政策，只有严复和章太炎有独到的理解。严复说："《老》之为术，至如此数章，可谓吐露无余者矣。其所为若与物反，而其实以至大顺。而世之读《老》者，尚以愚民訾老子，真痴人前不得说梦也。"② 按严氏的理解，老子此处所说是一种与物相反的玄德，而玄德深而且远，目的是要达到大顺，即避免国之贼而求国之福。所以不能简单地理解为愚民政策。章太炎说："愚之，何道哉？以其明之，所以愚之。今是驵侩则欺罔人，然不敢欺罔其同类，交知其术也，故耿介甚。以是知去民之诈，在使民户知诈，故曰：'以智治国，国之贼；不以智治国，国之福。知此两者亦稽式。'谓人有发奸擿伏之具矣。'粤无镈，燕无函，秦无卢，胡无弓车'，夫人而能之，则工巧废矣。'常知稽式，是谓玄德。玄德深远，而与物反'。伊尹、太公、管仲，虽知道，其道盗也。得盗之情以网捕者，莫如老聃，故老聃反于王伯之辅。"③

但陈氏认为严说比较含混，章说虽新而颇近迂曲，都不够确切。

① 陈柱：《老学八篇》，商务印书馆 1928 年版，第 58—59 页。
② 陈柱：《老学八篇》，商务印书馆 1928 年版，第 60 页。
③ 陈柱：《老学八篇》，商务印书馆 1928 年版，第 60—61 页。

他自己的理解是：

> 老子此章之言愚之，谓不当以仁贤明于天下，以道为市也。为治而必欲人知吾之所仁所贤，是明之也。不欲人之知，是愚之也。"民之难治，以其智多"，智多者利害计较之心甚多也。故治国者若复以此为治，则是以水救水，以火救火矣。此"岂天地不仁，以万物为刍狗，圣人不仁，以百姓为刍狗"之旨乎？故曰："以智治国，国之贼；不以智治国，国之福。"夫"善为道者，生而不有，为而不恃，长而不宰"，夫将何以明民乎？质而言之，老子之于学，于智，于仁，于贤，非真去之绝之也；不以此自矜，不以此明民而已。①

这一理解也是立足于老子的平等之旨。不明民，因为明民也是有为，不是无为。而对于智、仁、贤、学等都不提倡，也是无为，否则就是有为。从这个前提下理解不明民而愚之的说法，才能体会到无为之治的根本之处。换言之，如果是真正的无为之治，必然是不会明民，这也就等于是愚之了。但后人所说的愚民政策，是在统治者自己不无为的前提下来实行的，即统治者自己要用智来治民，却让民愚而无知，这是与不实行无为之治联系在一起的愚民政策，而与老子所说的实行无为之治的非以明民而以愚之的思想和政策，是完全不一样的。

因周代礼制不断崩坏，故老子对现实政治中的制度采取批判态度，在抨击旧制度的时候，对法制、用兵、贫富不均、税制等多有非议，乃至一概否定，此即其政治思想破坏性的一面。

在教育学说上，陈氏认为既知老子的政治学说，就可知道老子所主张的教育所欲造就的人才。简单地说，就是平等自由，不以学自高于人，故曰："学不学，复众人之所过也。"老子说"行不言之教"，是"极言自然之教"。又说："圣人常善救人，故无弃人；常善

---

① 陈柱：《老学八篇》，商务印书馆 1928 年版，第 61 页。

救物，故无弃物"，"善人者不善人之师，不善人者善人之资"，"善者吾善之，不善者吾亦善之，德善；信者吾信之，不信者吾亦信之，德信"，"人之不善，何弃之有"，均为主张教育的言论。陈氏还认为，老子的政治学说是无为而无不为，所以他的教育思想可谓是无教而无不教，但其所教的，是知足、柔弱、守雌、无私等，都是从无为思想中延伸出来的。

经过如上分析，陈氏认为老子的思想，以无为本，于宇宙为无名，于政治是无为，于人生是无生，都不外乎无。老子说"有之以为利，无之以为用"，宋代吕惠卿释曰："有有之为利，而无无之为用，则所谓利者亦废而不用矣。有无之为用，而无有之为利，则所谓用者，亦害而不利矣。"即有与无都需要，不可偏取一端，所以陈氏说："老子盖未尝去有。特以当时之人，皆从事于'有之为利'，而忘夫'无之为用'，故为矫枉过正之谈耳。"[①]

此书还专门分析了庄子之老学、韩非子之老学，并对二家的老学做了比较，这一部分的内容对于人们认识老子学说的发展变化，是很有参考价值的。这也说明关于老子学说的研究史，早就被人们命名为"老学"了。所以今天我们研究老学史时，对于前人关于老学的分析与研究的成果，也必须给予足够的重视。

陈氏又著有《老子与庄子》，1931年商务印书馆出版。其中论老子的内容分为老子传略、老子学说及老学变迁三部分。老子传略部分，探讨了老子其人的若干问题，如老子的姓名及事略，老子的环境。关于老子的姓名与事略，由于没有新的资料，只能在传统的问题上抒发己见，提不出可以最终解决的结论。关于老子的环境，是与老子的时代密切相关的问题，而且这个时代与环境，又与老子思想的产生与形成有着密切关系，所以如何分析老子所处的时代与环境，还是非常重要的问题。在这一部分，陈氏据各书记载，认为老子当为孔子的前辈，生于春秋战国之际，其所处之环境，可概括为五点。首先是战争非常惨烈，其次是赋税重，

---

① 陈柱：《老学八篇》，商务印书馆1928年版，第71页。

第三是严刑峻法，第四是文胜之弊，第五是贫富不均。关于第四点，陈柱认为周代尚文，因此走向凋敝之后就是文胜之弊，这使民众舍本逐末。所谓本，指人的内心的良善与宁静，所谓末，指人对身外之物的过度追求。所以《老子》里说"五色令人目盲，五音令人耳聋，五味令人口爽，驰骋田猎令人心发狂，难得之货，令人行妨"，因而要求人们"不贵难得之货……不见可欲，使心不乱……常使民无知无欲，使夫智者不敢为也"。追求物质享受，心中充满欲望而乱成一团；心中自以为多知多智，实为多欲，从而敢于做很多不法之事，这都是文胜之弊的表现。"老子处以上五种恶劣环境，而思有以救之，故著书五千言，言道德之意。《老子》曰：'善人者，不善人之师，不善人者，善人之资。'当时之环境，正是老子阐发其哲学之资"[1]。陈氏的这一看法，对于了解老子思想的时代背景很有价值。换言之，与其纠缠老子其人其时的各种说法，不如直接在《老子》书中找到他的思想之所以能够产生的背景，这样的对照更有可信性，也对我们理解老子的思想更有参考性。

在老子学说部分，陈柱把《老子》各章的思想加以分类，形成以下类别：道（包括道的本体和人事之道）、德（包括德和玄德）、无（包括绝对之无和对待之无）、仁义圣智、自然、无为、朴、母、天、神、名、一、常、复、生死、柔弱、知、守、若、不自、不争、知足、损有余、无欲、怨、学、教言、玄同、三宝、反。

老学变迁部分，说明老子思想的发展与变化。陈氏认为老子是道家的集大成者，开后代道家之先河，实为道家变迁的绝大枢纽。也就是说，道家并不是自老子才开始的，而是老子继承了其前的道家并加以集成和综合的。他认为老子以前的道家，多是革命家，如《汉书·艺文志》所载的伊尹、太公、鬻熊等。老子之后继承其学说者，能得其偏而不失其宗者为庄周，能取其说而加以改变然后流入法家者为韩非。此外还有流入兵权谋家、宗教家、长生

---

[1] 陈柱：《老子与庄子》，商务印书馆1931年版，第10页。

家的，但都是误解老子思想。关于庄周继承发展老子思想的情况，他在此书的庄子部分加以详细论述。而关于韩非继承发展老子思想的情况，他有《老子韩氏说》一书加以论述。总之，他所分析的老学的变迁，主要为战国时期的情况，其后的发展变化，则未能充分加以探讨。

在论述道家的变迁问题时，陈柱引用了清末学者朱一新《无邪堂答问》中论道家的一则见解，认为朱氏所说很有道理。朱氏分析了道家的起源与最初的相关学者的情况，以及从古代至唐相关道家道教文献中的记载，是关于老学史的一篇简明扼要的文章，为研究老学史的学者所当注意。

《老子韩氏说》一书，1939 年出版。此书先引《老子》各章，再引《韩非子》的《解老》与《喻老》之文，最后再加以分析评判，此书可与他论老学的变迁相互参证。通过陈氏的评析，可以看出其对老子思想的认识。

如《老子》第一章，陈氏引《韩非子·解老》之文："凡理者，方圆、短长、粗靡、坚脆之分也，故理定而后物可得道也。故定理有存亡，有死生，有盛衰。夫物之一存一亡，乍死乍生，初盛而后衰者，不可谓常。唯夫与天地之剖判也俱生，至天地之消散也不死不衰者谓常。而常者无攸易，无定理。无定理，非在于常，是以不可道也。圣人观其玄虚，用其周行，强字之曰道，然而可论。故曰：道之可道，非常道也。"陈氏以为韩非子"此解最得老子之旨"[①]。因为老子以无对待者为"道"，而一切有对待者皆非"道"。所谓的对待者，是指有无、大小、长短、高下之类。无对待者是不可言说的，如果可言说的就必然是对待者。而有对待的东西都是相对的，如大不能常大，小不能常小，高不能常高，低不能常低。所以不可言说的道就是常道，可以言说的道就不是常道。但如果用了"道"这个名称，则有非道者。所以"道"用来指无对待的常道，也是勉强命名而已。不能认为它本身就称为道。

---

① 陈柱：《老子韩氏说》，商务印书馆 1939 年版，第 1 页。

但陈氏也不是完全切合着《韩非子》的解说来展开的，只是按照自己的意思解释《老子》第一章常道之道的问题。如果按照《韩非子》的解释，是用"理"字来说明一切相对的事物，这个理确定了之后，就可以对事物进行分类而加以论说。但事物的分类都是相对的，所以这个理还不能称之为"常"。能称为"常"的，是与天地同时产生，即使到天地消亡之后，也不会死或衰。可见，常是超越天地而存在的。这种常不会改变，也没有定理，也就不可言说。这样的常只能强行命名一个字来称呼它，故称之为"道"。而能言说的道都不是常道。《韩非子》这一段只是解释了《老子》第一章的"道可道，非常道"，还没有其余的部分。陈氏用有对待和无对待来解释它，已是使用了清末民初的习惯用语。

陈氏又有《老子》注释，1928 年由商务印书馆出版。此书前有《绪言》，辨明有关老子其人的几个问题：老聃与太史儋、老莱子、老彭是不是一个人；老子与孔子问礼的老子是不是一个人；老子的寿命是多少；为什么称为老子。这些问题历来的学者存在着种种不同的理解，争论不止。他在考证这些问题时，引用了日本学者津田左右吉的说法。津田著《儒道两家关系论》，认为老子原无其人。陈氏说："试问周秦诸子，言老子老聃者如此之多，赞成其说者有之，反对其说者有之，彼与老子皆年代相去不远，何以一人伪托之，百人附和之？岂诸子皆未尝学问者耶？由彼辈推论之方法，则虽谓孔子孟子亦并无其人，亦未尝不可。"这是说津田的推论方法是不可取的。

又论到《老子》书的问题，认为对老子思想的注释，要仔细思考其本文，由此可知老子之言哲学是主张天演物竞之说；在政治上是为打倒专制政府，反对复古学说；在社会生活上则主张损有余以补不足，抑奢侈，尚俭朴，使社会贫富差别不大，人们的欲望不要太奢，以此求得社会秩序的安宁。这些就是《老子》书的思想之基本要点。

陈氏此前已有《老子集训》，是集合历代注释《老子》的各家说法，而此书又对《老子》本文进行注释，为了避免重复，采取简注的方式。但在解释上也有与《老子集训》不同的地方。如"天得一以清，地得一以宁，神得一以灵，谷得一以盈"四句，"天"与"地"相对，"神"与"谷"相对，由此可知《老子》中连称的"谷神"，"谷"也是与"神"相对的，其意义当与"神"字相近。"《说文》训神为天神引出万物，则神属于天，由是可知谷属于地"①。前人解"谷神"的"谷"为善为欲，解"谷得一"的"谷"为山谷之谷，则未得其义。又如"大器晚成"的"晚"，历来解释为早晚的晚，但陈氏认为要结合上文所说"大方无隅"和下文所说"大音希声""大象无形"以及第十四章所说"听之不闻名曰希"等来看，就可知"无隅"是与"大方"相反的，"希声"是与"大声"相反的，"无形"是与"大象"相反的，因此"晚成"也就必然是与"大器"相反的。"晚"字从免声，在这里应该读为免，可知免成就是无成，这与希声就是无声、无隅就是无形一样。而在训诂上，"晚"训为免，就如同"莫"训为暮一样，在中国古代语言中是可以说得通的。

陈柱的注释常引严复的说法，如对"小国寡民"章，引严复曰："此古小国民主之治也，而非所以论于今矣。"② 这是因为严复用西方思想解释老子，所以陈氏援以为说。这说明陈氏也是赞同用西方思想来理解老子思想的。

陈柱的《老子集训》，1928 年由商务印书馆出版。集训即集解，是对历代《老子》注释中有参考价值的说法加以汇编，以便学者研究《老子》中的思想。他在凡例中说："古说以文子、庄周、韩非为最古，近说以严复为最善，具有泰西哲学眼光，故采录尤多。"可知他对最古的解说和能采用西方学说的解释最为重视。所以其书对清末民初学者的解释采纳颇多，如严复、章炳麟、易顺鼎、李哲明、李慈明、徐绍桢、杨增新、胡适、奚侗、缪篆、罗运贤等人，都能吸收进来，故可作为了解清末民初学者理解《老子》的重要参考资料。

---

① 陈柱注：《老子》，商务印书馆 1929 年版，第 43 页。
② 陈柱注：《老子》，商务印书馆 1929 年版，第 72 页。

三、胡薇元、丁惟鲁、胡怀琛的老子研究

1. 胡薇元《道德经达诂》

胡薇元（1850—1920），字孝博，号诗舲、壶庵，别号玉居士、七十二峰隐者，大兴（今属北京）人。光绪三年（1877）进士，后任广西天河知县、四川西昌知县及陕西兴安、凤翔等地知府等。著有《三州学录》《汉易十三家》《霜菉亭易说》《公法导源》《道德经达诂》及诗词曲多种。

胡氏所著《道德经达诂》，有民国九年（1920）《玉津阁丛书》甲集本。胡氏在书中以为当老子时是治极而乱，需要见道明、体道力、执德宏、信道笃者与天地相通，养先天元神作为主宰，提倡内功，绝去纷纭杂念，凝神一志，使先天元气来归，化精为气，化气为神，清静真修，合天地自然之道，而不必丹鼎药炉以炼精炼气。相信自诚而明，由此入道，然后才能尽性而参赞位育。由此可知胡氏注释的主旨所在。此本卷首题"道德经达诂上"，似原分上下二卷，但卷中并没有标明下卷之处，卷末又题"道德经训诂全卷终"，又与"达诂"之名不符，可知其书刊印不精。

2. 丁惟鲁《道德经注》

丁惟鲁（1871—1954），字揆野，晚号素画，山东日照人。光绪二十四年（1898）进士，授翰林院庶吉士，后任济南知府、济西道观察使、山东东临道尹等。著有《日本学制纂要》《新式万国地理》《医学管窥录》《揆野诗集》等。

丁氏有《道德经注》一卷，1933年排印本。在该书叙中，丁氏认为《道德经》是老子道道之书，而道不可道，如欲道之，只能就天道、人道之能长久与不长久者分而道之。长久者是谓道，不长久者是谓不道。天道、人道之能长久者来自自然，自然而后能长久。这是丁氏对老子思想的独特理解。

他认为《老子》全书上篇分为六段，下篇分为四段，合共十段。

按段研究，脉络清晰，逐段接续读去，能一气呵成。上篇六段，称为经纲、道始、无身、治民、用兵、守朴。第一至三节（节即通行本的章）为经纲，是全经的纲领。第四至六节为道始，推原道之所自始。第七至十六节为无身，善为士者，必视有身若无身。第十七至二十八节为治民，王者宜为太上之治，戒文治而法道自然。第二十九至三十一节为用兵，恃强嗜杀为不道。第三十二至三十七节为守朴，侯王必守无名之朴。

下篇分四段，为道、修德、愚民、天道。第三十八至四十九节为为道，示人以为道之方。第五十至五十六节为修德，示人修德之方针。第五十七至六十九节为愚民，善为道者，其政在愚民。第七十至八十一节为天道，尽人道以合天道，合天道人道而为一。

丁氏强调老子著书时只分上下篇，并未分章，这在《史记》中已有明确记载，后人强为分拆，有五十五、六十四、六十八、七十二、八十一章的分法，丁氏用八十一章分法，但改名为"节"，只是作为标识而便检阅。

《老子》原文各本不同，丁氏依徐大椿注本为准，不同之处，择要略举一二以为证明。

丁氏批评古来注家往往求深反晦，反失古人著书时其言易知易行之意。故他读《老子》，专从经文求解，不为旧注所囿。他在解释中也有独到之意，如说："造天地，生万物，亘古不易，平常无奇之谓道，公有物也，得道之谓德，私有物也。公有之物，万物共由，善恶兼有，若不独有所得，则道与人同，又何足以治国取天下。故有道始有德，亦有道必有德，此所以不名曰《道经》而名曰《道德经》也。"[①]

又如他对"无为"的理解。综观全书所说的"无为"，有如下几处："为无为"，"无为而无不为"，"为而不恃"，最终一节总结为"圣人之道，为而不争"，可见圣人之道就是"为无为"，而不是"无

---

① 丁惟鲁：《道德经注》，见《老子集成》第十四卷，宗教文化出版社 2011 年版，第 88 页。

为"。而无为不是不为，为至无为，才是无为。若遇事不为，就是怠荒，根本不是道。《史记》说"李耳无为自化，清静自正"，来自《老子》的"我无为而民自化，我好静而民自正"，而后人竟然以为老子只主张清静无为，这是对《老子》的误解。

丁氏认为《老子》上篇重治术，下篇重哲理，根本思想是为日损之道，修袭常之德，楷式古之愚民政策，此即治国取天下之道。又认为老子所以作此书，是因为周室东迁，诸侯纵恣，视人命若草芥，以战争为儿戏，老子目击心伤，宗古治术，阐明道德，提倡无为，力戒刚强有为，冀弭杀祸以挽狂澜。所以说《道德经》是道"道"之书，也是救世之书。这些说法，值得重视。

3. 胡怀琛《老子补注》

胡怀琛（1886—1938），原名有怀，字季仁，后改字寄尘，别号秋山，安徽泾县人。历任广益、进步、商务等书局编辑，并在中国公学、沪江大学等校任校。著有《中国文学通评》《中国诗学通评》《中国文学辨正》《中国文学史概要》《佛学寓言》《文学源流浅说》《中国小说研究》等。

胡氏有《老子补注》，后附《老子学辨》，收入其兄胡朴安《朴学斋丛书》。据胡朴安所作跋语，胡怀琛中年以后留意于名物训诂之学，喜读王念孙、俞樾、孙诒让等人的考证之作，并撰有《读书杂志正误》《札迻正误》。此《老子补注》，就对孙诒让《札迻》多有指正。《老子补注》之后附有《老子学辨》一篇，阐明《老子》系掇拾古语为之，非作者自著；《老子》学说的内容是人君南面之术，并由政治学变为哲学。胡氏进而评析《老子》中道与玄之观念，及南面术的价值，最后还列表说明了老子学说的历史变迁。胡朴安认为，读中国古书必先有文字声韵训诂文法之工具，然后可以为旧学说之整理，然后可以有新学说之发明。清乾嘉时代学者皆致力于工具，不能用工具以成他种器物，此派学说至章太炎已成绝诣。而胡怀琛则能较清乾嘉学者更进一步，先有《补注》之基本功夫，后有思想学说之考辨，故其《补注》与《学辨》具有重要学术价值。

四、钱基博、王力的老子研究

1. 钱基博《老子道德经解题及其读法》

钱基博（1887—1957），字子泉，别号潜庐，江苏无锡人。先后在上海圣约翰大学、清华大学、国立中央大学、无锡国学专修学校、光华大学、浙江大学、蓝田国立师范学院、华中大学等校任教。著有《周易解题及其读法》《读庄子天下篇疏记》《版本通义》《古籍举要》《骈文通义》《韩愈志》《经学通志》《中国文学史》《近百年湖南学风》等。

《老子道德经解题及其读法》有大华书局 1934 年版。所谓"解题"，是从传统文献学的角度介绍老子其人其书的有关情况；"读法"即说明如何阅读和理解《老子》的内容。关于《老子》的读法，钱氏分成四个方面，一是通其指意，二是审其篇章，三是旁籀诸子，四是会核众注。

所谓指意，是说《老子》全书及各章的主要意旨。钱氏认为人们都知道《老子》书是讲道德的，但老子之所以要讲道德，人们并不一定知晓。他认为老子观道，始于知常，终于斟玄。此两义贯通，才能懂得道纪。所谓的常，不是俞樾所说的尚，而是绝对不变之称，这是《老子》所说知常的第一义谛。知常的办法是观复，要观复就要守静，两者不可分割，是方法与途径的问题。其次是常的内涵，钱氏认为常是玄的，这是说常为物理之能摄而不滞于物，故又用玄来说明常。意谓不能用某种具体的名或言所指代的事物来代替它或说明它。他用佛家的不可思议来说明这一点，认为《老子》的常与玄，即是不可思议与不可解说的。不过，根据金岳霖所说，道及常或玄等，不是不可思议或不可言说的。

钱氏认为，《老子》的第二项指意，是体道的问题。人以玄道常体诸身就是体道，完全体得了，道就成为人的德，就是玄德。所以在他看来，《老子》全书的旨意，就是讲道与德的问题，二者共同构成《老子》的核心问题。玄德也要通过致虚守静而来，为此又要先为雌和守雌，这可能是出自《易》的归藏义。既要为雌和守雌，所以《老子》又讲无为。《老子》与《易》又有区别，《易》观变，《老子》知常；《易》见天下之动，《老子》守归根之静，而为雌。后来魏晋玄学家把《易》与《老子》混为一谈，表明他们不懂得《老子》的指意。

关于《老子》的篇章，钱氏认为是后人通过不断阅读与理解逐步形成和固定下来的。《老子》的段落本来也是各有一定旨意的，章的分立应该是根据这个而形成的。全书分《道经》与《德经》，则是根据大致意旨而划分的，并不是截然分开的，因此在《道经》与《德经》中，都有讲道与德的内容，但又都要服从于一个主旨。钱氏认为前人对《老子》的分章问题多有讨论，但都不能成立，所以他认为这是尚未彻底解决的问题，希望后之善读书者解决之。

读《老子》要旁籀诸子，但因诸子太多，说法不一，人们往往只据其中的某些说法来证明《老子》的说法，这还是以偏证偏，不能妥善解决利用诸子来理解《老子》的问题。钱氏的方法，是看诸子中有没有引用《老子》之言，把诸子中这类资料收集起来，以便理解《老子》原书的说法。而且诸子引用《老子》之言，又往往在其后敷畅其义，这都是可以参考的。

钱氏认为历代注《老》者甚多，唐以前的注家，杜光庭已收集了六十多家，其后也多有集注之类的著作，这为会核众注提供了方便。他认为还要注意区分各注家的用意，这是因为各注家的学术本来就有不同，如严君平以虚玄为宗，顾欢以无为为宗，孟智周、臧玄静以道德为宗，梁武帝以非有非无为宗，孙登以重玄为宗。宋以后的注家，如苏辙主张佛老同源，又引《中庸》之说以相比附。钱氏认为明代焦竑收集《韩非子》以下六十四家，纂其精要，首尾完具，裁择有法，去取精审，并提出自己的理解，指出《老子》非言无之无，而是明有之无，明有即无，则为无为、事无事，而为与事举不得以碍之矣。其后的德清和杨文会，解《老子》也有独到之处。

钱氏所论读《老子》的方法，多得之于自己的阅读，还没有形成对《老子》的专门研究，但能为人们读《老子》提供一些参考和启发，对于初读者来说，还是有一定价值的。

2. 王力《老子研究》

王力（1900—1986），字了一，广西博白人。1926 年考入清华大学国学研究院，1927 年赴法国巴黎大学留学，1954 年任北京大学教授，1956 年聘为中国科学院哲学社会科学部委员。著有《汉语音韵学》《汉语语音史》《汉语诗律学》《汉语史稿》《中国语言学史》《清代古音学》《楚辞韵读》《诗经韵读》等。

王力所著《老子研究》，出版于 1928 年，是对《老子》思想内容的全面研究。王力是语言学家，但在老子研究上，并不是用语言学的方法，还是哲学思想分析的方法。全书分为七章，围绕着老子的道展开分析，第一章和第七章为总论和结论，其他五章分论道始、道理、道动、道用、道效。

王力提出，老子的道以自然为来源，以无为体，以有为用，以反始守柔为处世之方，这是他对老子的道的总体认识。他认为"反者道之动，弱者道之用，天下万物生于有，有生于无"是《老子》全书的纲领，五千言都不过是阐述这一中心思想，其意是说无生有，有生万物，万物并作，则宜反始守柔以处之。他对此句"反"字的解释是"返"。他根据上文所说"字之曰道，强为之名曰大，大曰逝，逝曰远，远曰反"，认为此即道生一，一生二，二生三，三生万物，所以称之为"大"；而万物并作，已离于道，故称之为"逝"；之后则奇物滋起，去道益远，故称之为"远"。然而剥极必复，乃归于道，所以称之为"反"，即重新返回于道。

按照王力的解释，"反（返）者道之动"，意思就是说道的运动是返，这就决定了万物发展变化的一个基本规律，即无论如何发展，最终都要返回道的原点。再结合"弱者道之用"，意思就更为完整。也就是说，事物发展变化的开始方向是从弱向强，但到了强之后，就要往回返，这是事物发展变化的结束方向，所以就会从强返回到弱。因此按照老子的这一哲学，人们就要选择弱来处守，因为道最终是要返回到弱的。再把"反者""弱者"二句合起来看，就是要人们重视道的返回和道返回之点——弱。而道之动与道之用就成为一个整体，道的动是这样，道的用也是这样，所以人要按照道的动和用来为人处世。所以就要返回到弱。故老子要人们重视道的返回和道返回之点——弱。王力认为老子的道论最终是以反始守柔为处世之方的，这样从整体上把握老子的道，可以说是其独到之处。

根据这一理解，他把《老子》全书的思想内容整理如下：

> 最初是无（道始），接下去是有，然后生成万物，到了万物，则分化出两条路向，一是理论学，一是实践学。
>
> 在理论学方面，则发展为道理学，包括辨名、齐物、阅甫三项内容。
>
> 在实践学方面，则发展出道动（反）和道用（弱）两支。
>
> 在道动（反）方面，包括：复命、崇俭、知止、弃智、去欲、主静、希言、废法、忘术、同尘、破迷、外身、无死。
>
> 在道用（弱）方面，包括：守柔、非战、戒矜、慎事。①

这样他就用一个中心思想（反和弱），把《老子》全书的内容都统合到一个系统之中，是一种比较有科学性的研究方法。古代思想家的著作论述思想时都是分散的，并不集中论述一个个问题，所以现代人分析古代思想著作，就要把其中的内容按照一个统一的分类体系加以梳理，由此整合为一个有机的系统，然后才能比较完整地看出这个思想家的思想系统。王力的《老子研究》就是用这一方法，非常有启示意义。

在王力所梳理的系统中，"无"作为道的始点，生出有，再生出万物。有了万物，就有了世界，人就在这个世界中。人对于世界万物的认识，即构成所谓的理论学，由此总结出世界万物的根本道理。在王氏看来，老子关于世界万物的根本道理是从三个方面来阐述的：

---

① 参见王力：《老子研究》，商务印书馆1928年版，第3页。

辨名、齐物、阅甫。同时，人又根据对于世界万物的认识和所获得的道理，用来指导自己的人生实践，所以又产生出实践学。实践学中也包含关于实践的各种道理，这就是他所树立的道动（反）一类的道理。这些道理，又都来自于理论学中的道理。理论学中的道理，是世界万物的道理，实践学中道动（反）之下的道理，是人生处世的道理。二者有层次的不同。而到了实践学的道用（弱）的方面，其中的守柔到慎事四项，就是人的处世所要遵守的四项基本原则了。这也是道理，但属于更低的层次，即直接用于人生实践的道理。其上层次的道理，则是决定这个最低层次的人生实践中直接应用的道理的根据所在。这样就把老子中所说的各种道理分成了三个层次，从而不再显得分散与杂乱。王力这一分析方法，是对老子思想研究的重要方法，值得关注。

他的这一研究方法，不再局限于哲学的本体论、辩证法、宇宙观、认识论、伦理学以及政治学、社会学或其他学科的相关科目上，能从老子思想的实际内容出发，加以梳理和分类，建立起符合老子思想本来面貌的学说系统，这是尊重历史实际的研究方法。

王力在此书的第七章中总结对老子思想的理解，认为：

> 世之厚诬老子者，皆误认老子为主功利故也。夫绳墨自矫，备世之急，墨翟之徒，以自苦为极者，所谓功利主义也。子罕言利，而曰："苟有用我者，三年有成"，"有成"独非利乎？孟子尚义轻利，而曰："谏行、言听，膏泽下于民"，"膏泽"独非利乎？儒家之徒以义为利，亦未尝不主功利也。董仲舒"正其谊不谋其利，明其道不计其功"，已与孔孟殊途，然道其所道，非老子所谓道也。释氏不期成佛，及功德满而入涅槃。老氏不期独效，及虚静极而收功利。二者取径不同，而其不主功利则一。持较儒墨二家，区以别矣。世人不悟此意，遂以为老子欲利国，不能不事法律；欲利身，不能不讲摄生；欲制人，不能不尚权谋；欲敛财，不能不贵吝啬。以利为前提，以道为手段，

执此以窥老子，则失之远矣。

因为老子说"上德无为而无以为"，就是不为求利而道自然，不为图功而处虚静。如果是以功利为目的，那就不是上德了。另外，如果是以功利为目的，就是为功利所诱惑，就必然会役于功利，这就不是自然之道了，也就不符合老子思想的本意了。韩非子说："所以贵无为、无思为虚者，谓其意无所制也。无术者，故以无为、无思为虚也。以无为、无思为虚者，其意常不忘虚，是制于为虚。虚者，谓其意无所制也，今制于为虚，是不虚也。"这是说意不可有所制，若有意求虚，就是意被虚所制，这样就不是真正的虚。老子若是为了功利而无为虚静，同样也不是真正的无为虚静。老子书中也多言道的效用，王力认为这是指客观上的效用，不是主动上追求的效用。可知老子的道以及无为、虚静等，都是不先责效的，不但不责效于先，而且不居功于后，即所谓"功成事遂，百姓皆谓我自然"，是归功于自然，不是归功于自己的无为、虚静。可知老子是真正的不求功利。相比之下，佛教教人，总是先讲修持的功效，以此吸引信众，这就是责效于先，与老子自然无为而客观有效用是不同的。王力认为，人们之所以认为老子思想是追求功利的，乃是他们只在老子书中寻找片言只语，就来论证，而不能证之全书，这是弃全取偏，所以这种解释都是站不住脚的。

王力又说明研究老子应采取的方法。他引王弼的《易略例》之言："自统而寻之，物虽众，则知可以执一御也。由本而观之，义虽博，则知可以一名举也。"王弼注释《老子》也是用这个方法，故其注，从整体上看，都能阐明老子思想的深意。王力对老子的研究，也是学习这种探本的方法，先求取老子的一贯思想，最后形成系统性的解释，可统合，可分述，避免弃全取偏之病，以获得关于老子思想的确切认识。

对于王力，人们多只注意他在语言学方面的著作与成果，而对

---

① 王力：《老子研究》，商务印书馆1928年版，第105页。

他的《老子研究》一书则关注不够。笔者因此特地说明王力此书的独到的研究方法与整体结论，提供给研究老子思想的人们，可以作为很有价值的参考。

五、郎擎霄、刘其宣《老子学案》

1. 郎擎霄《老子学案》

郎擎霄（1903—?），安徽怀宁人。著有《托尔斯泰生平及其学说》《中国民食史》《老子学案》《庄子学案》《墨子哲学》等书。

《老子学案》1924 年上海大东书局出版，是对历史上的老子研究进行系统性梳理与总结。郎氏在《自序》中说，撰作此书动机有二，其一是为了整理国故，采取科学的方法，从客观上进行评判，而不做主观审定，希望还《老子》本来面目以求其真正价值。其二，《老子》书的内容包罗万象，难以解释，自古以来释者不下千家，人各异义，无所适从。所以他不是从注释上着眼，而是从学理上研究，以求知其学说之大概。在具体写作中，郎氏主要参考了胡适的《中国哲学史大纲》、梁启超的《先秦政治思想史》及朱谦之等人的注释。

郎氏首先考察老子生平，然后考察老子时代的社会情况，包括时代思潮、社会压迫对老子思想的启示、政治黑暗与老子思想的反响，老子学说与时代精神的关系等。再来考察《老子》的篇目及体例，他把《老子》书的体例分为词赋体、诗体、杂记体三种。对于老子学说的渊源，他认为《老子》书中引用了"古之善为士者""古之所谓""古之所以贵此道者""圣人云""是以圣人"等说法，认为"即此一点论之，已足以证实其学说之有渊源矣"，就此"观之，已足以证明老子学说确有来历"。"老子虽未曾指明圣人是谁，吾人尽可信实有其人，实有其语，决非老子之理想"。[①]

这说明郎氏认为《老子》书的思想在其以前已经存在，老子只

---

① 郎擎霄：《老子学案》，上海大东书局 1924 年版，第 28—29 页。

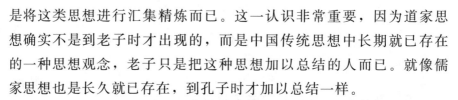

是将这类思想进行汇集精炼而已。这一认识非常重要，因为道家思想确实不是到老子时才出现的，而是中国传统思想中长期就已存在的一种思想观念，老子只是把这种思想加以总结的人而已。就像儒家思想也是长久就已存在，到孔子时才加以总结一样。

郎氏认为老子哲学的根本观念是天道观，人生哲学、政治哲学等都由此而出。一个哲学家思考的目的只在于解决人应如何做人的问题，真正的哲学在于实行，而不在于空谈。

老子以前的天道观，都把天当作有意志、有知识、能喜能怒、能作威作福的主宰。而老子生当纷争大乱的时代，眼见杀人破家灭国各种惨祸，以为若有一个有意志知觉的天帝，绝不致有这种惨祸，此即是天道无知的证据，这是对以前的天道观的修正和发展。老子说天地不仁，含有天地不与人同性的意思，人性之中以慈爱为最普通，说天地不与人同类，即是说天地无有恩情，老子这一观念，打破古代天人同类的观念，立下后来自然哲学的基础。

又论老子思想中有对待观念。老子生当春秋大乱之世，熟察古今成败存亡祸福之道，因知人世一切现象都属于对待，无有绝对。其全书所言，都是阐述这种对待之理。老子既认为事物皆属于对待，则凡对待者均非原理，而是暂时的现象。老子哲学的根本观念就基于此。老子研究了对待现象而知对待之非原理，由是而推所以发生此对待之故，推之天地造化之始，而得恍惚之一元，老子就名之为道，到此就已进入形而上学的范围了。老子由人探到天，由物探到物的本源，不外是求如何做人之道。老子的宇宙观念即老子一生做人的根本观念，亦即他的哲学的重要原则。将这种哲学归纳起来，就有几个要点：一，无是万有的根源，亦名为道，是宇宙的绝对之善。二，人要依道而行。三，道常无为而无不为，所以人也要处无为之事，行不言之教，无本虚静，所以人也要致虚极、守静笃。四，人不能违抗自然法则——天道，人的一切典章文物学问智巧之事，都是对自然法则的反抗，所以老子反对之。

郎氏由此把老子哲学的系统构建起来，其根本观念为道，可应用于政治和人生两个方面：前者要求无为（忘世），后者分为待人和处己两种情况，分别要求不争（忘我）、守静（证道）。

对于道的认识，他认为老子是实证出来的，而不是靠名言思虑思考出来的，所以老子认为道之本体不能用言语表达，而道之用则是可言的，所说的侯王无为等，就是说明道之用的。由道之用可以说明，因此道就是可行的，即按所说的道之用的各个方面去做即可。

郎氏论老子的人生哲学为柔弱——不争，去智——忘情，少私——寡欲，破繁华——归简朴，避动——守静，又主张"三不主义"：不尚贤，不贵难得之货，不见可欲，以此求得返于婴儿之状态。

在政治哲学方面，郎擎霄认为老子反抗当时政治及社会，他的国家观念属于空想，并非实际，只从消极方面着想，而不从积极的文明进步上着想，但老子一生未受政法及社会现状的拘束，故能成为一个理想主义思想家。老子政治思想的要点在于废兵、无为、尚愚。老子思想属于无政府主义，因为老子反对君上，要求君主无为。他反对以政治国，以奇用兵，不承认政权及武力的存在。这种思想的影响甚大，如庄子主张自然放任，不受政府的拘束，把无政府主义思想进一步发挥。

在经济哲学方面，他认为老子的出发点是自然法，要求废除人们的欲念而尚俭。

他又认为老子是革命家，说老子的革命的目的是追求自然与无为，非自然的东西，包括一切人工杜撰的东西，都要从根本上取消之，打破之。但老子革命的方法只是怀疑和破坏，做一番打破的工夫而已。

郎氏又说老子是无抵抗主义的革命者，消极的革命家，学说中处处抱着无抵抗主义。如第八章称赞水德的谦让卑下柔弱，第七十六章主张人生的柔弱，第四十二章说强梁者不得其死，都表现了这种无抵抗主义。

他论管子、关尹子、亢仓子、文子、杨子、列子、鹖冠子，认为诸人均出于老氏，而《管子》中的《白心》《内业》《心术》诸篇不啻老氏之间诂。

郎氏认为古来评论或注释《老子》之人，大抵皆与老子同床异梦。只有《庄子·天下》所论老氏之学及庄子之学能洞见本原，尽厥蕴奥。韩非对《老子》的一些解释值得参考。如《韩非子·解老》解释"国之利器，不可以示人"，对老子的法、术思想就非一般玄学家所能知，只有韩非敢畅言之。另外法家政治思想的基础在于"理"，而这个"理"字，就是韩非从《老子》中寻出根据的。韩非还借助老子学说建立了其政治哲学的原理。但汉代以后，有盖公、黄生之老子，有安期、羡门之老子，有王弼、何晏清谈放旷之老子，甚至还有张角、张道陵辈种种惑世诬民之老子。隋唐以后则又有禅学家之老子，至近代则有西欧哲学家之老子。派别既多，各以其心中之老子说五千言之《老子》，百人百义，是丹非素，入主出奴，于是而使《老子》更为难知难读。夏曾佑为严复《老子道德经评点》作序时把历来的《老子》注家分为四派：法家派、黄老派、道教派、玄学派。郎氏认为不止四派，如儒家重其习礼，方士目为神仙，释氏谓同佛教，黑格尔谓同耶稣教，严复谓即民主政治，胡适则谓是革命家，仍是众说纷纭，见仁见智。郎氏认为释德清和张尔岐对这种情况说得比较公允。释德清说："诸家注释，则多以己意为文……因谓注乃人人之老庄，非老庄之老庄也。"[1] 张尔岐也说："注者纷纷，务矜新异，各以其胸中所见之老子为老子，非必西周柱下之老子，而老子殆将隐矣。譬之水，瀹茗则苦，渍蔗则甘，和醯则酸，投盐则咸，杂橘橙姜桂则又橘橙姜桂，谓水味本尔，不诬水乎？"[2]

郎氏认为老子自然主义的精语在"天下万物皆生于有，有生于无"，以为一切事物起于无，复归于无。这种思想在当时甚有价值，即后世的形而上学也不能逃出彼之范围。自然主义是老子各种主张的根据，其政治哲学为无为政治，其人生哲学为柔弱人生，其经济思想为尚俭去欲，都由自然主义生出。但这种自然主义也有不可弥

---

① 憨山德清：《老子道德经解》，见《老子集成》第七卷，宗教文化出版社 2011 年版，第 391 页。

② 张尔岐：《老子说略》，见《老子集成》第八卷，宗教文化出版社 2011 年版，第717 页。

补的思维盲点，即人的纯自然状态无法永远保持下去，必由人来破坏掉，而人之所以会破坏其初始的自然状态，也是出于人的自然本性，所以自然主义无法解决出于人的自然本性而造成的这种破坏，于是人类社会就会在其本身的自然发展中自然而然地出现许多不以人的意志为转移的问题。这是自然主义所无法解答的问题。

郎氏认为哲学家的思维会超出科学的范围，而使哲学超出经验界线以外，于是相关的思维就难以判断真伪。对于老子的天道观来说，其所说的无（道）为万有的根源，就是一个无法验证真伪的说法。又如老子说道是无状之状，无物之象，这也是无法验证真实的说法。老子又强调道不可道不可名，要靠直觉的悟，这也是一个无法说明的问题。

对于老子的无为政治思想，郎氏认为这是老子针对当时的政治黑暗而提出的主张，目的是"求清乱源"，就此而言，是有价值的。但从无为而形成的无治主义，就是无政府主义，对于后世则有不好的影响。

对于老子主张的尚愚思想，郎氏认为其特点是反对一切人为的东西，以求使人返回自然，但这等于让智识人返于原始人，也等于让人返回禽兽那种完全没有智识文明的状态。这也引出了另一个问题，即：比较无知识的动物如禽兽昆虫之类，与有知识的动物如人类，二者谁为善谁为恶。郎氏认为不能只看到前者的自然纯朴，也不能只看到后者的险恶狡诈，如果这样看问题，就是片面的，因此其思想也就是不够完善的。

最后郎氏用梁启超《先秦政治思想史》中的说法对道家思想的价值加以总结：第一，把人类缺点无容隐地尽情揭破，使人得反省以别求新生命；第二，撇却卑下的物质文化，追寻高尚的精神文化，教人离开外生活以完成其内生活。

2. 刘其宣《老子学案》

刘其宣，广东人。著有《老子学案》，京华印书馆 1934 年版。

此书前有自序，撰写于 1931 年。自序中说明著书宗旨，认为清末以来学者开始用西方治学方法研究老子，但多是仅明其枝叶绪余，而不得其根本大体，甚至仅执其只词片义，强为附会，而不顾其本旨之乖谬。他认为要完整理解老子思想，须先分析老子所处的时代特征。其时在周末，封建势力正盛，诸侯恣为暴虐，贵族怙势横行，阶级不平等，平民受剥削压制，都达到无以复加的程度。对此，儒家提倡仁义礼智，欲以救弊矫失，但不能从根本上解决问题，只属于补苴缺漏之计，且更加重了贵贱之分，所以儒家学说不能解决当时的社会问题，反而使统治阶级的势力更为巩固。

老子对此另作思考，要找出解救平民阶级的道路，使他们得到自由平等的权利，为此必须从根本上寻求解救之道。他对封建社会所以维护统治阶级的法律治制以及所根据的学说，都要摧陷而廓清之。所以老子学说对当时封建社会的黑暗政治大加批评，更对仁义礼智加以否定。他的学说是要消除贵贱，整齐贤愚，泯除一切分别，恢复到太古的淳朴。在老子看来，太古之时，政制未立，万物一体，没有君子小人之分，没有上下尊卑之别，是最为平等自由的时代，因此他的学说里主张绝圣智、弃仁义以及无为之治，不言之教，都是为了达到恢复太古之治的目的。

刘氏认为老子所说的"道"，也与这一思想相合。因为作为宇宙本体的道是不可道、不可名的，而美、恶、善、不善等各种分别都是由人类的分别心所生出来的，都不是道的本然，所以仁、义、礼、智等不同的名目，也都是由人类造出来的差别，都与自然的道不合。而且道是无知识、无意志的，一切纯任自然，在此情况下，万物莫不自化。所以社会存在的那些问题，都是由人为的差别造成的。因此，他认为老子主张自然无为，就是要按道的本来性质去做，社会政治是这样，人生处世也是这样。所以老子所说的虚静、弃智、去欲、守柔等，都是与道相合的，反之则不与道合。在这种认识的基础上，他总结老子的学说，一言以蔽之就是"贵同而贱别"，其目的就是"消灭阶级压制之弊，而归于自由平等之世而已矣"。[①]

---

① 刘其宣：《老子学案·自序》，京华印书馆 1934 年版，第 3 页。

刘氏也承认老子的学说虽然与进化论相违背，但他的愿望是救护平民，改造社会，这样的精神是难能可贵的。他还把老子的学说与西方卢梭的民约论相比较，认为民约论也有不太切合实际情况的地方，但它成为近代民权思想的来源，整个世界的进步都受此一学说的影响。而老子的这种学说，其意义也不比民约论低。如果中国的学者能对老子的学说取其精华，弃其糟粕，把老子的自由平等思想推广开来，则中国社会政治及其历史演变，就会出现全新的局面。只是中国学者不能正确理解老子学说，儒家认为其诋毁仁义礼智，统治者理解为人君南面之术，军事家理解为权谋之言，养生家附会为导引术，乃至魏晋之清谈，东汉以来之道教，都是对老子学说的误读。这样的误读，不仅不能使老子本来的愿望得以实现，反而使中国文化与历史蒙受种种恶果。所以他要通过此书对老子学说中的自由平等的真谛努力加以阐发，使世人知之。

从自序中可以看出刘氏的《老子学案》是阐明自己对于老子学说的理解。全书分为六章。首先考述了老子生平及老学渊源。他总结老子学说的来源有三种说法：出于史官说、出于黄帝说、出于《周易》说，但此三说都不足据。他认为老子学说起源是由于：第一，老子之时，周室日衰，社会腐败，政治黑暗，机巧尚而道德浇漓，法网滋而盗贼蜂起，故道家的厌世思想、破坏思想、恬退无为思想得以产生，这是老子学说的时代来源。第二，老子为南方人，性情温柔而多深沉玄妙之思，南方之学贵理想而尚玄空，尚恬退而贵超世，与北方主积极而切用世不同，而老子又为南方之学集大成者，这是老子学说的地理来源。第三，老子在孔子之后，看到儒家学说不能解决社会问题，出于对儒家学说的批判，形成了反仁义礼智的思想，是对儒学的反动。

此书主体部分从宇宙论、人生论、政治论三个方面深入阐述老子的思想。

在宇宙论方面，刘氏认为老子的宇宙是无意志的，有法度的，其本体即道，是无名的，万物是由本体的无名之道产生出来的。

在人生论方面，刘氏分为人生观和修养论两个问题。他认为老子是厌世主义，奉行恬退守柔之旨。但老子的厌世不是极端的厌世家，不是求杀身以去世，也不是离俗而出世，只是厌世之纷浊，思返于自然。为此他详细分析了老子的修养论，从修养的目的和方法两个方面加以探讨。修养的目的是为摆脱人世的纷扰，而返归于自然虚静。修养的方法则有弃智、去欲、虚静、玄同、谦晦、守柔、知足等。老子修养论的功效本非老子所重，但由其修养方法而客观上会有功效。如"善行无辙迹，善言无瑕谪，善数不用筹策，善闭无关楗而不可开，善结无绳约而不可解"，"善建者不拔，善抱者不脱"，"修之于身，其德乃真；修之于家，其德乃余；修之于乡，其德乃长；修之于邦，其德乃丰；修之于天下，其德乃普"等等，都可以看出通过老子的修养方法而能达到的客观功效。

在政治学说方面，他从去文、废法、无为、无私、愚民、非兵、崇俭、慎事等方面加以论证。他认为《老子》书中言治者居大半，故知《老子》是政治家言，这与许多人认为老子是哲学家的看法大不一样。他认为老子的政治论，与当时其他各家都大异其趣，尤其是与儒家相反。所以，要理解老子的政治学说，要与儒家的政治学说对照起来看。第一，儒家的政治，最重要的是要修明刑政礼乐，以防民邪，引导民善。儒家虽然讲为政以德，但并不废礼法。老子则要把一切用于政治的工具和法律政制以及社会道德、仁义礼智全都废弃。第二，儒家提倡君主勤政，戒荒怠，而老子则提倡无为之治，不言之教，都与儒家相反。第三，儒家主张仁爱民众，老子则以百姓为刍狗。第四，儒家重视教化，老子则主愚民。第五，儒家正名分，老子则齐贵贱。第六，儒家重视任用贤人，老子则主张等贤愚。其他相反之处还有很多。总之，老子认为儒家政治思想不能从根本上解决当时社会政治上的问题，所以主张废除整套社会政治制度及仁义礼智观念，返回太古时期的自然无为之治。

该书第六章论述了老子及其学说的影响，刘氏认为，老子对于学术的影响之最大者，是独出己见以成一家之言。这与孔子只是述而不作，是大为不同的。这种独出己见，著成专书的做法，对于后世的中国学者研究学术和阐述自己的思想有极大的影响。老子以前无所谓学派，老子首倡异说以与儒家对抗，既开此端，扬墨名法之家承其后，于是九流十家相继而起，各以其学自鸣，于是晚周学术遂极一时璀璨宏伟之观。老子诚为周末诸子的先河。

对于政治的影响，刘氏认为老子政治学说陈义过高，离环境事实过远，所以两千年来未受学者注意，不仅没有在政治界发生影响，且没有能够真正认识其学说的人，这使老子学说中的自由平等精神不得明于天下。老子学说对于后世政治的影响，仅是其余义而已。如汉初以清静无为为理，以谦退慈俭为本，但到汉武帝罢黜百家，独尊儒术，老子学说就更不为人重视了。魏晋之际，虽然有王弼、何晏、王衍、乐广等人崇尚老庄，但只是用来清谈玄理，以疏荡为旷达，以放诞为风流，指礼教为流俗，目节信为迂拘，遂致政纲大坏，俗尚益偷，终至于亡国。至唐代，以同姓为李，特地尊崇老子，但也仅是礼节之尊，并非真正实行老子政治学说。后来也有一些皇帝因为尊信道教而崇信老子，但也都是外在的虚尊，并非思想上的认真实行。

但刘氏又认为根据中国历史上的政治实践来看，不少皇帝虽然表面上号称尊儒，对于老学则予以黜弃，但在实际的行政中莫不隐受老子无为主义——放任主义的影响。总起来说，儒家的保育政策，非得圣智之士行之难为功，而老子的放任主义，虽庸愚之人也易于实行。这是老子政治学说上的一点长处，尤其与中国人喜欢因循而害怕改变的心理相合，所以中国两千年的政治实践一直没有进步，也与这一点实有密切关系。

老子学说对于中国风俗的影响也极为深广。好的影响方面：第一，老子之道不慕荣利，不厌贫贱，遁世自甘，超然尘外，所以每个时代都有独行隐逸之士。这种清高之风，就是源于老子学说的。第二，老子之道主张去奢泰，重俭啬，贵知足，影响后世人们淡泊自安，不为侈汰，亦不事妄求，民风质朴。

不好的影响，在于老子学说厌世消极，主张曲全，人们易消失雄奇进取之气，助长柔靡颓惰之习。因此立朝为官就以全身取容为本，而不为国家规久远之计，为民众求福利之效；行己处世就以苟

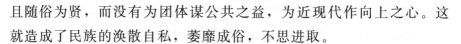

且随俗为贤，而没有为团体谋公共之益，为近现代作向上之心。这就造成了民族的涣散自私，萎靡成俗，不思进取。

在宗教方面的影响，并不是因为老子学说中有宗教因素，而是在于：第一，老子哲理玄妙难识，谷神玄牝长生久视之说，对于不能真正理解其思想的人来说，就往往误会为服食导引之说。加上《庄子》《列子》中又有许多寓言，往往托之于神人以为说，容易被神仙家加以附会。这是源于后人对老子思想的误解。第二，战国秦汉间道家流传最广，成为社会信仰，人主也加以崇拜，方士之流欲鼓吹邪说以惑众牟利，于是托名于当时影响最大的老子。第三，东汉之初，佛教传入中国，但还没有得到广泛传播，于是有人利用道家的老子学说来为佛教服务。这是源于佛教的牵合。在此背景下，道教兴起，老子作为思想家的地位，被宗教家改变了。刘氏对此表示，这不得不痛恨那些方士神仙家们善于附会，而百姓智慧低下，甘受其愚，两千年来而不悟，一直影响到今天。

综观刘氏此书对于老子学说的分析，有其独到之处，既不生搬硬套西方哲学概念以解释老子思想的内容，也不全盘沿用传统的思想观念来认识老子，能从老子思想的实际内容来论述，所说也都有据，尤其是关于老子学说在学术、政治、风俗与宗教方面的影响，值得参考。

六、吕思勉、刘咸炘的老子研究

1. 吕思勉《先秦学术概论》论老子

吕思勉（1884—1957），字诚之，江苏常州人。曾在常州府中学堂、沈阳高等师范学校、苏州省立第一师范学校、沪江大学、光华大学、华东师范大学任教，著有《白话本国史》《吕著中国通史》《先秦史》《秦汉史》《两晋南北朝史》《隋唐五代史》《先秦学术概论》等。

《先秦学术概论》下编辟有"老子"一节，对老子思想做了分析评价。吕思勉认为道家之书，传于今者，以《老子》为最古。虽然

《汉书·艺文志》中也著录有《黄帝四经》《黄帝君臣》《杂黄帝》《力牧》《伊尹》《辛甲》《周训》《太公》《鬻子》等书，且时代都排在《老子》书前，但多是出于后人依托。他根据《列子》之《天瑞》《力命》中所引《黄帝书》，与《老子》对照，发现《天瑞》所引的一条与《老子》书同，其他的也非常相似，所以这些后来托名古时人物的书，都不能视为古代人物的真作。因此他断定，现在所能看到的道家之书，以《老子》为最古，因此讲道家思想必须从《老子》讲起。

吕氏认为《老子》书的文句都是三四言的韵语，中间出现的散句，当是后人所加，因为这都与东周时代的散文截然不同。他关于《老子》书的文体的看法，与日本学者武内义雄相似。武内也认为现存的《老子》，其中既有原文，也有后人添附之文，并不能全都视为《老子》书的原文。

对于《老子》全书的思想，他认为反映了女权优于男权的特点，这就足以证明此书形成的时代非常早，所以他断定《老子》本来是古代传承下来的书，最后才由老子著之竹帛。这一看法，也有一定的道理，即《老子》书中多引古人语，并非编著者自己的话。但古人撰书多有引用古代典籍的习惯，所以仅据这一点也不能断定就是成书甚古的书。他认为此书之所以托名黄帝，是因为汉代习惯以黄老并称。但据《汉书·艺文志》，黄帝有黄帝的书，老子有老子的书，黄老之学这一名称，只是并称，并不专指老子之书及其思想。所以吕氏又引《论衡·自然》"黄者黄帝也，老者老子也"，证明《汉书》所说的黄、老，就是黄帝、老子。

至于老子其人，他据《史记》的记载，认为老子是楚苦县厉乡曲仁里人。汉代的苦县，为后代的河南鹿邑。这个地方本来是陈国，后来陈国灭亡才归属于楚国，所以不能认为老子是楚人，其学是南方之学，与北方的孔子之学相对。他认为这是日本人最先提出来的说法，不少中国学者袭用，却没有思考其中的错误之处。笔者曾有文章论述诸子群起都与北方的齐鲁文化有密切关系，道家也不例外。老子与庄子所在的地方，都属于北方文化圈，与周文化（鲁文化也属于周文化）密切相关，道家不是楚文化的产物。

吕氏也强调，道家之学既然以黄帝为名，而黄帝之学也是北方之学，不能划归南方的楚文化之学。至于《史记》记载说老子见周之衰，乃遂去，至关而著书，也难以考定是什么关，最终是朝哪个方向而去。即使他真的去了南方，也是在著书之后，仍然不能划归南方之学。这个问题虽然不能最终形成定论，但对《老子》思想的理解上，也还是有参考价值的。即《老子》书的思想内容整体上是属于北方文化的，而且是自古以来就传承的一种思想，并不是到老子才出现的新思想。

关于孔子问礼于老子，其事也难以考定，但老子对孔子说的话，颇能反映道家的思想，根据这些内容来对照《老子》中的思想，还是有一定参考价值的。所以不必纠缠于老子其人及其时代的问题，因为那是不能有足够明确的史料可加以证明的，与其纠缠不清，不如深入考察《老子》中的思想内容。所以，吕氏认为，《史记》之意，必非如后世神仙家之所附会，则可断也。而且他还认为现在看到的《史记》，其中有不少文句是后人窜入的，并不是司马氏的原文。如《老子列传》中的"世莫知其然否"六字，一望而知不是西汉人的文义。《论六家要指》中的"凡人所生者神也，所托者形也。神大用则竭，形大劳则敝，形神离则死。死者不可复生，离者不可复反，故圣人重之。由是观之，神者生之本也，形者生之具也。不先定其神，而曰'我有以治天下'，何由哉"一段就与上文全不相涉，也是信神仙者的记识之语而混入本文的。

说到如何读《老子》书，他认为《史记》已说"老子著书五千余言"，这与现在传世本《老子》书的字数大略相合，而历代多有人引用《老子》，其辞句都大体与今本相同，由此可知现在的传世本《老子》必多存旧面目，所以他的结论是"老子之行事，可征者甚鲜，而其书则甚可信也"①。这一判断是值得肯定的。因此，我们研究老子的思想，应该重点放在研究其书的思想内容上，而不是放在

---

① 吕思勉：《先秦学术概论》，世界书局 1933 年版，第 26 页。

考究老子其人其书的相关情况上。这一点，牟宗三也是特别指出了，值得学者们注意。

关于老子的宇宙观，吕氏认为"与自古相传之说同"，是以一种动力作为宇宙的根源，所以说："谷神不死，是谓玄牝。玄牝之门，是谓天地根。绵绵若存，用之不勤。"谷是空虚的意思，神即指动力而言。不死犹言不息，玄指深远，牝是物之所由生。因此这几句的意思就是说，幽深玄远之境实为天地之所自出。其力不息，人不能觉，故曰"绵绵若存，用之不勤"。

据他的分析，老子的宇宙观实是中国自古以来就传承着的一种宇宙观，这也不是老子的新创。老子继承了这种古老的宇宙观，但他并没有对这种古老的宇宙观多做论述，只是说明了这种宇宙观的特点是说宇宙（天地）的产生是有一个根源的，这个根源就是神，是不能说明的，但是在虚空中存在着的，并且不断地发挥着作用，永无休竭。人们并不能像看到一个具体的物件那样看到"道"这个神秘的根源及其作用，但可以体会到这样一个宇宙的根源及其作用。这就是中国自古以来就传承的一种宇宙观，而老子也不是专门来论述这种宇宙根源问题的，只是把自古以来的说法简明扼要地提出来，作为他的其他思想的一个基础和前提。因此，后人研究老子的思想，也没必要在这样的问题上过多过深考究，否则就会陷入无底洞，而无法自拔。即无论怎样阐释，都不可能把这样一种远古的宇宙观说清楚，只要知道中国有这样一种远古的宇宙观及其基本看法就够了。重要的是要研究《老子》中的其他思想内容。

就《老子》书中的更多的思想内容而言，吕氏认为第一段非常重要。他采用了俞樾的考证，认为第一章中的"常"同"尚"，是"上"字的假借。但他没有进一步解释"上道""上名"是什么含义，与一般人理解的"常道""常名"有什么不同。

吕氏认为名都由形而来，宇宙形成之后万物各有其形，因此就有各种各样的名。但在宇宙形成之前，就只是一气，没有各种各样的物，也就不会有名，所以第一章说"无名，天地之始；有名，万物之母"。

　　按照这样的分析，就可以进一步得知，无名就是常名、常道，这都是道的根本特性。但不能直接照字面来解释"有名，万物之母"，因为有名就是有万物了，在这个意义上，有名就等于万物，所以不能说有名是万物之母。万物之母还应该是无名、道。可知，对于《老子》这样的古代汉语的表达方式，不能简单用现代汉语的理解来解释。用现代汉语来解释这几句，就应该是：无名，是天地的初始来源，是有名万物的母亲。换言之，"无名，天地之始"与"有名，万物之母"，在字面上看是一样的语式，但用现代汉语来理解的时候，这种表现上一样的语式，却不能用一样的语式来转释它。

　　在说到始与母的时候，就出现了一个新的问题，即天地的始源与万物的母亲这样的说法中包含着"它们是从哪里来的，是由什么产生出来"的问题。所以吕氏进一步分析说："物之生皆依于道。如天地之生万物，人之生子是。然此已非其朔。语其朔，则必未有天地之时，生天地之道，乃足以当之，故曰'道可道，非上道'也。"[1]这是说天地生万物，还不是最初的源头，最初的源头是道，天地就是由道生出来的。

　　对于"常无欲""常有欲"二句，吕氏认为"欲"是"谷"的假借字，为空隙之义。故"常无欲可名于小"的意思是说："最初惟有构成万物之原质，而无万物；此构成万物之原质，即最小之分子，更不可分，故无空隙。无空隙，则可名之曰小矣。"[2]"常无欲以观其妙"一句，他认为"妙"当作"眇"，即"渺"字，是说最初只有分子而无万物之时，可以见宇宙的微眇。这一理解似有问题，因为"观其妙"的"其"是指道，并不是指宇宙，所以不能解释常无隙以观宇宙的微眇，因此也就没有构成万物的原物为分子的问题。这都是受了现代科学思想的影响，不符合中国古代思想的本来意味。同样，他对"常有欲以观其徼"的解释也不够准确。他把"徼"作为"曒"的借字，用《老子》中的"其上不昧，其下不曒"来解释这里

----

① 吕思勉：《先秦学术概论》，世界书局 1933 年版，第 26 页。
② 吕思勉：《先秦学术概论》，世界书局 1933 年版，第 26 页。

的皦，认为皦与昧相对而言，昧为不明，皦就为明白。因此这一句是说分子既集合而成万物，则其形明白可见。这种理解仍然据分子说来立论，所以还是不够确切，也不符合第一章各句所说的意思。

他认为使宇宙产生的源头是一种不可知的动力，这是他对老子的道的定义。但他又说"此动力之方向为循环，因之得祸福倚伏，知雄守雌之义"①，循环说当为吕氏独到之见。

吕氏是历史学家，所以他对《老子》中的社会政治思想非常重视，认为《老子》的社会政治思想湮没了数千年，必须加以阐发。他的这一认识，对研究老子的思想，是非常重要的，值得今天的学者重视。

他认为《老子》第八十章所说的"小国寡民"，是"农业共产之小社会"，与孔子所谓的"大同"相同。不过，人类社会有了进化，就不能再逆行而复返于原始状态，所以不少人都批评老子的小国寡民思想。但吕氏认为此"殊非道家之意"，"物质文明之进步，与社会组织之复杂，纯系两事，其间并无因果关系"②，并进一步分析说：

> 物质文明之进步，乃人类知识之进步有以致之，与其社会组织之堕落，了无干涉。向使人类社会，永无阶级之分，一守其大同之世……其知识亦未必不进步。知识进步，其制驭天然之力，亦未有不随之而进步者。且社会组织安和，则无阻碍进步及毁坏已成之功之事，其进步必更一日千里，远胜于今。虽事无可征，而理实可信。③

即使没有历史事实来证明，但从道理上是可以说得通的，所以小国寡民这一说法是有道理的。因此，不能像世人那样，认为社会文明进化必然与社会组织的复杂是并行的。按吕氏的理解，小国寡民是

---

① 吕思勉：《先秦学术概论》，世界书局 1933 年版，第 27 页。
② 吕思勉：《先秦学术概论》，世界书局 1933 年版，第 27 页。
③ 吕思勉：《先秦学术概论》，世界书局 1933 年版，第 27—28 页。

一种简单的社会组织形态，这不妨碍这样的社会在知识与文明上的发展与进步。换言之，不能认为知识与科学技术的进步必然与人类的自私自利同步相随。中国在清末民初兴起呼唤德先生与赛先生的思想风潮，这表明民主与科学是可以并步而行的，而不是专制与科学可以并步而行，在这样的时代背景下，吕氏认为知识与科学文明的进化，与社会组织的简单化，是可以并步而行的，就不难理解了。由此他认定：

> 道家之所攻击者，全在社会组织之不合理，而不在物质之进步……社会虽因物质之进步而蒙福，亦因淫侈之增加而受祸，故大声疾呼而攻击之……细读道家之书，自见其所攻击者，皆为社会之病态，无一语及于物质文明，欲毁坏之而使社会复返于榛狉之境者。①

吕氏如此解释小国寡民之说，可以帮助我们认识清楚老子思想的本来意旨，防止只从字面上望文生义地来解释。在这一点上，吕氏之说，还是有启示意义的。

吕氏指出，古代民权不发达，政操贵族之手，此少数贵族唯务剥民以自利，以遂其淫侈之欲，甚至争城争地，或眩惑于珠玉重器，糜烂其民而战之。这就使民众深被其殃，统治者最后也受其祸。所以老子深戒之："五色令人目盲，五音令人耳聋，五味令人口爽，驰骋田猎令人发狂，难得之货令人行妨。""甚爱者必大费，多藏者必厚亡。"

在吕氏看来，《老子》中有关社会政治的内容非常多，都是老子思想的重要内容，虽然不少内容不能直接与哲学挂钩，但研究老子思想的人们绝不能忽略不顾。此类内容，吕氏提出了不少，此处不赘述，但其中关于"古之善为道者，非以明民，将以愚之"的说法，他的解释也与众不同。他认为这一说法绝不足怪，因为人对于天然

---

① 吕思勉：《先秦学术概论》，世界书局1933年版，第28—29页。

的知识及其克服天然的能力虽日有增加，断不至因此而相欺相贼。至于诈愚之智、侵胁之勇，则本是社会的病态，此犹病者的神经过敏，本须使之镇静乃能复于健康。所以说道家欲毁弃物质文明，或说道家欲闭塞人民的知识，都完全不合乎道家的本意。但他的这一解释，并不能说明为什么要不明民而愚之。

吕氏所说只是把人类知识与科学能力的进步和社会的病态或罪恶分开了，说明二者之间没有必然联系，但这一说法不能说明为什么善为道者要不明民而愚之的问题。按《老子》所说，不明民就是使民愚之，这不是不让民接受科学文明而处于愚昧状态吗？是要用这样的方法消除社会的病态与罪恶吗？

按吕氏的解释，都不能回答这两个问题。对于《老子》这里的说法，只能根据《老子》中关于道是自然无为朴素的思想来解释。即：善为道者不是引导人民追求小智小慧或尔虞我诈之类的心机之智，而是引导人民追求自然无为朴素的心态。前者为明，后者为愚，但这种愚不是愚昧的愚，不是不追求文明进步的愚，而是追求社会整体保持朴素心态的愚。在整个社会都能保持这种自然无为朴素之愚的情况下，就能做到第五十七章所说的："圣人云：我无为而民自化，我好静而民自正，我无事而民自富，我无欲而民自朴。"在这里，圣人就是善为道者，他的无为好静无事无欲，就是道的自然无为朴素，而民的化、正、富、朴，就是在道的自然无为朴素的愚之下所取得的效果，这样的话，能说这样的愚对于社会的发展进步没有正面效用吗？笔者认为，只有这样解释老子的话，才不致出现偏差，也才能解释得圆满。

2. 刘咸炘《老子二钞》

刘咸炘（1896—1932），字鉴泉，号宥斋，四川双流人。曾任成都大学、四川大学教授。学识渊博，广涉子学、史学、校雠、方志、文学以及道教学，均有创获，自成一家。著述甚丰，已成书者共236部，475卷，汇为《推十书》。

刘氏对先秦诸子的研究，别具卓识，推崇孔丘、孟轲，认为孔、孟的根源是老聃，老聃为孔子所师。他认为道家、儒家为探讨人道之学，而墨翟、商鞅则是辨析群理之学。

刘氏读古代群书，均有笔记，汇成《中书》《左书》《内书》《外书》《右书》，《老子二钞》收在《左书》中。据其自序，书成于1927年，"名之曰钞，不敢任论也"。此书摘抄前人评论，并附以己见，加以诠评。分甲乙二钞，甲为"评论钞"，对老子之学横论同异，纵论源流，乙为"文义钞"，末附《戊辰讲语》。论述多独得之见。如对阮籍《通老论》中所说的"道者法自然而为化，《易》谓之太极，《春秋》谓之元，《老子》谓之道"，以为"所谓极与道者，固不止自然而已，然此语自当，纵不认老孔之道全同，亦当知其说形上之本无异也"[①]。又如指出诸家解《老》以《庄子》之言最详，其说较他人为可信，故引《天下》篇之言以论老子思想之宗旨。

七、陈梦家《老子分释》

陈梦家（1911—1966），浙江上虞人，著名的古文字学家、考古学家。1936年燕京大学研究院毕业，在燕京大学、西南联大任教。1944年至1947年赴美讲学，并搜集流于海外的商周青铜器资料。归国后，任清华大学教授。1952年起任中国科学院考古研究所研究员。代表作有《殷墟卜辞综述》《西周铜器断代》《汉简缀述》等。

《老子分释》系陈梦家1938年随西南联大驻云南蒙自时所作，商务印书馆1944年出版。此书用文字训诂方法，对《老子》中的"常""玄""玄牝""玄同""混""朴""顺""有无""母""道""德""始　主""不恃""名　争""言""天地　万物　天下""众甫""式　法　自然　象""气""命""和""中"等二十二个重要概念进行诠释，由此来探讨《老子》的思想。书中对前人的句读及解说皆有所取舍和辩证。

以下看他分析论述《老子》"常"之概念，举一例而见全体。

[①]　刘咸炘：《老子二钞》，见《老子集成》第十三卷，宗教文化出版社2011年版，第268页。

他认为《老子》的"常"有特殊的意义，为此列出《老子》中的说法：

> 常德不离，复归于婴儿……常德不忒，复归于无极……常德乃足，复归于朴。
>
> 归根曰静，是谓复命，复命曰常，知常曰明。
>
> 早复谓之重积德。（陈注：复，今本作"服"，《释文》等诸本均作"复"，是也；《道德真经集注》引王弼注："早复，常也。"）
>
> 见小曰明，守柔曰强，用其光，复归其明，无遗身殃，是为习常。

陈氏由此归纳出常为复、归、重诸性质的象征，复、归、重是指反复周行。故《老子》之常道、常德、常名、常有、常无，是说道、德、名、有、无等都具有反复周行的作用。如"反者道之动""字之曰道，强为之名为大，大曰逝，逝曰远，远曰反""（道）绳绳不可名，复归于无物""周行而不殆"，这都是说道具有反复周行之作用，即"常道"。又如"玄德深矣远矣，与物反矣，然后乃至大顺"，这是说德有反复周行之作用，即"常德"。"正言若反"，是谓名有反复之作用，即"常名"。"有生于无""有无相生""此两者（有无）同，出而异名"，此谓有、无具有反复之作用，即"常有""常无"。他认为据这些说法，可以看出常道、常德、常名、常有、常无等都具有周行反复的作用。当然，这里的反、周行、复归尚不能确定可以合并为一个意思，即都是指反复、周行、复归的意思。如果都是这个意思，那就表示循环不已。但这样理解常道、常德等，似乎就把它们的性质单一化了。所以，陈氏把《老子》的"常"定义为复、归、重而指反复周行，似不能涵盖"常"字的整体含义，但揭示出了常道使万物的运动变化呈现复归复返的态势。

陈氏又指出："常"为道之重要含义之一，故有时亦以"道"代表"常"。他引用《老子》的说法："知和曰常，知常曰明，益生曰祥，心使气曰强；物强则老，谓之不道，不道早已"，认为不道就是不常，不道早已，即不常早已，与"早复，常也"正相反，常与不常，早复与早已，是相对的。此外，他又把《老子》里说的"常道"与"道常"等同起来，认为"道常，无为而无不为"及"道常，无名"，这两处的"道常"与"道大，似不肖"的"道大"同例，道之大即大道，则道常亦即常道。陈氏认为老子之常道，出自古天官家所说的星辰运行之道：

> 道为常，而天道亦常，《老子》曰"天道无亲，常与善人"，盖老子之常道，本于天官家之天道有常，天道者，天官家谓日月星辰之运行有一定之常道也。《左·昭十七》传"天事恒象"，恒即常也。《越语》"天道盈而不溢……因阴阳之恒，顺天地之常"；《吕氏春秋·季冬纪》"月穷于纪，星迴于天"，高注云"日有常行，五星随之，故曰星迴于天"；《荀子·天论》"天有常道"，"天行有常"。常道谓之道常，故有常道之天谓之天常，《吕氏春秋·大乐》"离则复合，合则复离，是谓天常"，《古乐》葛天氏之歌八阕"五曰敬天常"。①

由此揭示出了老子思想形成的背景之一。

他还进一步指出其与儒家"天命无常"的区别：

> 此"天道有常论"，起于战国晚年，春秋以至周初为"天命无常论"：此二说即儒道之分水岭也。《康诰》"惟命不于常"，《诗·文王》"天命靡常"，《十月之交》"天命不彻"，不彻者无常道也。天命无常，故无信：《君奭》"天不可信"，"若天棐忱……天难谌"，《康诰》"天威棐忱"，《大诰》"天棐沈"，《诗·大明》"天难谌斯"，《荡》"疾威上帝，其命多辟，天生烝民，其命难谌"，"谌""忱""诚"三字《说文》互训，故棐忱、难谌

---

① 陈梦家：《老子分释》，中华书局 2016 年版，第 4—5 页。

即不信。天命为上帝之命令，无常无信。天道为天体运行之轨迹，有常有信：《吕氏春秋·贵信》"天行不信，不能成岁"，《庄子·大宗师》"道有情可信"，而《老子》二十一章谓道"窈兮冥兮，其中有精，其精甚真，其中有信"。①

陈氏认为道家以常道否定了西周以来的天命论，堪称有得之见。

《老子》的常道就是圜道，圜为周行复返，故圜道即反道。老子于人事，皆用此圜道：

> 夫《老子》常道，乃圜道也，《吕氏春秋·圜道篇》论之甚详，其言曰："天道圜，地道方……精气一上一下，圜周复杂，无所稽留，故曰天道圜（高注云：杂犹匝，无所稽留，运不止也）。……日夜一周，圜道也。月躔二十八宿，轸与角属，圜道也。精行四时，一上一下，各与遇，圜道也。物动则萌，萌而生，生而长，长而大，大而成，成乃衰，衰乃杀，杀乃藏，圜道也。……小为大，重为轻，圜道也。"又《大乐篇》曰："太一出两仪，两仪出阴阳，阴阳变化，一上一下，合而成章。混混沌沌，离则复合，合则复离，是谓天常。天地车轮，终则复始，极则复反，莫不咸当。"此亦圜道也。天地为圜道，万物为圜道，人事为圜道。万物为圜道，故极则复反，成则衰（此与《老子》"万物并作〔作即动也〕，吾以观复"相同），《吕氏春秋·博志篇》曰"全则必缺，极则必反，盈则必亏"，小为大重为轻，故《吕氏春秋·似顺论》曰"至长反短，至短反长，天之道也"。故由圜道观之，万物皆齐一，《庄子·秋水篇》曰"以道观之，何贵何贱，是谓反衍"（《说文》云"衍，水朝宗于海貌也"，案字从水从行，谓水复反于海也，马叙伦谓反衍为般旋是也）；《齐物论》曰"彼是莫得其偶，谓之道枢，枢始得其环中，以应无穷"，此谓彼此不二乃环中之道即圜道也；又曰

① 陈梦家：《老子分释》，中华书局 2016 年版，第 5 页。

"道通为一"，与以道观之万物反衍同意。

> 明乎天地万物之为圜道，故《老子》于人事亦皆用圜道，其以后为先，以柔为刚，以弱为强，以静为动，以无为有，以少为多，以曲为全，以拙为巧，以讷为辩，以虚为实，以辱为白，以雌为雄：皆用圜道也，用圜道即用反道也。[1]

陈氏的论证，都是基于把《老子》的"常"解释为周行复返复归，强调万物的运动变化都要回复本根，而这个本根就是道。

陈氏此书对《老子》中其他重要观念的探讨亦类此，由此也提出了许多新见，值得重视。

八、蒋维乔、钟泰论老子

1. 蒋维乔《中国哲学史纲要》论老子

蒋维乔（1873—1958），字竹庄，号因是子，江苏武进人。曾在东南大学、光华大学等校任教。解放后，任江苏省人民政府委员、上海市政协常务委员、上海市文史馆馆务委员等。著有《中国近三百年哲学史》《宋明理学纲要》《中国佛教史》《佛学概论》等。

《中国哲学史纲要》由蒋维乔与杨大膺合著，上海中华书局1935年出版。

蒋氏在书前序中称："哲学史的编辑方法不可像普通历史一样，用时代来分期，应该拿思想做经，哲学材料做纬，说明各种哲学思想的进展和演变，叫读者展卷以后能够得到一个系统的概念。"[2] 他的方法，是按照思想流派来论述中国古代哲学思想，而不是按时代顺序分人来论述各家的哲学思想，这是一种全新的哲学史形式。他所分的哲学流派是：自然主义派哲学、人为主义派哲学、享乐主义派哲学、苦行主义派哲学、神秘主义派哲学、理性主义派哲学，每

---

① 陈梦家：《老子分释》，中华书局2016年版，第5—6页。
② 蒋维乔、杨大膺：《中国哲学史纲要·序》，中华书局1935年版，第1页。

一派哲学之下，分为引论、正论、余论三个部分来分析论述各派的哲学思想。

该书第一章《作书旨趣》，说明了什么是哲学以及如何研究和撰写中国古代哲学史。作者认为：哲学这个名词是从日本搬来的，日本又是从西洋移译来的。哲学在英文是 Philosophy，出自希腊文的 Philosophos 或 Philosophia，是希腊文 Sophia 及 Philo 合成的。此二字前者为"智"或"智识"，后者为"爱"，合起来是"爱智识"。近代西学东渐以来，日本和中国的学者用西洋哲学的方法整理中国古代学者的思想，前后贯串，撰成一书，往往称为《中国哲学史》。事实上，我国并不是没有哲学，而是历来把这种学问混入其他学问里，或把其他学问混进哲学里，所以彼此分不开，因而无从认识哲学，而这种学问在我国也不能发达，独立更不可能。现在有人能把它从过去混杂的学问里扶助而独立起来，使它能在自己的园地里成为一种独立的"学"，而能和西洋哲学相对抗，这确是有功绩的。不过现在流行的《中国哲学史》，无论是编是译，都不是真正的中国哲学自身的史，而是中国哲学家——或称为中国学者的史或传。既然要做《中国哲学史》，就应该以中国哲学为经，叙述这种学问本身的演变及其前因后果和它的系统派别，方名副其实。然而他们编撰的内容，是拿中国哲学家为经，拿哲学为纬，只记录哲学家的生卒年月以及某某倡些什么学说，著些什么书。他们用这种方法整理中国哲学，就失去了著书的价值，并反映了他们没有真正了解哲学史是什么。据黑格尔说，哲学史是一种独立的学问，与哲学家史不同，哲学史是以哲学为一个整体，描写哲学的诞生、发育、长大、成熟等的，由此看来，他们整理中国哲学的功绩就减少价值了。因为用这种方法著《中国哲学史》，实不能对中国哲学有新的贡献和创造。所以蒋氏等欲写一部对中国哲学有新贡献的《中国哲学史》。

故此书的编写体例，不是以哲学家为经，以哲学问题为纬，而是相反，以哲学问题为经，哲学家为纬，将中国所有哲学思想划分为六派，并以派为分类的唯一标准，不再罗列某某人的哲学。然后将某派的中心思想先叙述出来，再依时代的变迁和后来学者思想的改换，说明各派思想变化和演进的情形。

此书的第二个撰写体例是不大采用现代各学者的话，所有的材料均取之于诸家的原书。这是因为当时的风气是学者著书立说都犯了顾亭林说的"今人著书，正如用废铜铸钱"的毛病，不免以讹传讹，思想的错误终无改正的希望。为避免蹈此故辙，所以要从原书取材。另外，现代一般学者说话，大都凭着自己的主观来下判断，实在太不可靠，不如直接采用古代思想家的原话为好。

第二章《新划定中国哲学的派别》说明为什么采用新的划派法。中国古代自《庄子·天下》以来就已为思想分派，之后还有《荀子·非十二子》《史记·论六家要旨》《汉书·艺文志》等。蒋氏的新分派法，不限于先秦，而是通括整个中国古代历史，其所分六派，与古代哲学家派有对应关系：自然主义派，即原来的道家，主张清静无为、效法自然。人文主义派，即原来的儒家和法家，主张用刚柔之术，专恃人力以治不可为的天下。享乐主义派，为原来道家中的杨朱自我派以及魏晋六朝的玄学派，主张享乐求自我的表现。苦行主义派，即原来的墨家和名家，主张舍己救人、刻苦自励。神秘主义派，为汉晋时的神仙家，主张服食修炼，以求长生不死。理性主义派，为融儒、释、道三家思想而成的宋明理学家，主张理性是天赋，宇宙万有，不能出乎理性以外。故此书对老学的论述，尽见于第三章《自然主义派哲学》。

文中认为，自然主义派是我国思想最早的一派，起自黄帝。黄帝而后，伊尹、鬻熊、姜尚等人，都应用这派思想，成就伟大的功业。在他们以前，这种思想由天子提倡，立有专官，以便遗教后人。自周平王东迁，这种学问渐渐脱离官学而沦亡。于是周朝守藏史老子在西游时候，被关尹邀请，著《道德经》五千言，把这派思想记载下来。老子以后，关尹、列子、庄子都是这派的信徒，而以老子为宗。老子以前的人的思想已无从稽考。

《道德经》第二十五章的"人法地，地法天，天法道，道法自然"是此派思想纲领。自然，指宇宙间整个的活动而言。这种活动，完全是无主宰的自动，并无神力或他力造作其间。宇宙自己也没有丝毫超出常规的举动。宇宙的整个活动能如此，所以它能不生不灭而无穷。要达到这种自然的目的，就要按"道常无为"的方法来修持。

"天法道，道法自然"，"天"与"道"既都"无为"，而"自然"亦必"无为"。所以要达到"自然"的目的，必定要"无为"。但"无为"并非呆若木鸡，不劳动作，而是对一切事物的发生听其自然，不加裁制，不加帮助。换句话说就是无私意主宰其间。所以"道常无为"下是"无不为"，由此来申述"无为"的真义。在"无为"当中，还是要做事的，不过不要存心去做。这种"自然无为"的思想，就是这派的宇宙观，老子、庄子就成了自然主义派的哲学家。他们一切思想，都从"自然无为"的宇宙观出发。由老子到庄子，更由这种"自然无为"的宇宙观发展出自然演化的进化思想以及物化的齐生死思想。

"道德"二字，或分而言之，或合而言之，在老子思想中有重要地位，也是这派思想的核心。这二字各家解释不同，整体上有两方面的含义：一方面，道是宇宙万事形成的原理，即万事形成的必然的或自然的理路，德为保持已成万事的势力；另一方面，道乃宇宙万物生成的原素，德即为联合原素而成的爱力。所以道与德不可分离。故老子说："孔德之容，惟道是从。"

《老子》中的"道冲而用之或不盈，渊兮似万物之宗"，"执古之道以御今之有，能知古始，是谓道纪"，"譬道之在天下，犹川谷之于江海"，这些说法可以证明"道"是形成万事的原理，凡能随着这种原理去做事，事必能做成功。这一派的哲学家盼望普天下的人都按照这种原理做事，不要背违它，否则就是离开了这种原理，也就是违反了宇宙自然的活动。人是宇宙中的动物，一切活动应当顺着宇宙的自然活动，才能安稳而幸福。如果违背自然，必然吃苦遭险，纵使不吃苦遭险，也会空劳一生，没有什么功效。所以他们反对仁义，说："大道废，有仁义"，就是因为仁义是人为的原理，而非宇宙自然的原理——道。

对于德的作用，《老子》说的"知其雄，守其雌，为天下谿。常德不高，复归于婴儿……知其荣，守其辱，为天下谷，常德乃足，复归于朴"，可证明德是保持已成万事的势力，所以德亦不可失。如果失了德，一切事虽成功，也会涣散。例如"为上者有德"，则天下万民翕然宗之，如果"为上者失德"，则天下万民涣然远之。古公亶父处邠，狄人攻之，策马而去，移居岐山下，百姓从之如归市，这是有德的证据。桀纣横暴，汤武伐之，国破身亡，百姓去之，这是失德的证据。

《老子》说的"道生一，一生二，二生三，三生万物"，"有物混成，先天地生，寂兮寥兮，独立而不改，周行而不殆。可以为天下母。吾不知其名，字之曰道，强为名之曰大"，可以证明道为万物生成的原素。《老子》说的"道生之，德畜之，物形之，势成之，是以万物莫不尊道而贵德，道之尊，德之贵，夫莫之命而常自然"，既可以证明道为万物生成的原素，也可以证明德为联合原素而成万物的爱力，更可以看出道为原素，德为爱力，也属自然现象，为万物不可缺少。如果没有道生德畜万物，宇宙即无物可言，所以说"万物莫不尊道而贵德"。

这种道德论，如果用西方哲学名词来诠释，就是西方哲学中的本体论。如古希腊的哲学家认为有一物或数物是最先最基础的，或同时还有爱力，再由此物做原素，而后宇宙万有乃得以生成。自然主义派的道德论，意与此相同。不过古希腊哲学用水、火、气、土或原子等做宇宙万有的本质，而老子则以道为宇宙万有的本体，名异而意同。

这派的人生观，是根据无为宇宙观而来的。这派的哲学家认为人生的意义，不应违反自然以求虚伪的快乐，而应顺从自然以求自在的快乐。他们的处世法就是不加入世俗的集团去争斗一切，而是各自清静无为，顺时安命，以听从自然的处置。所以他们对一切都有任它自生、自化、自消、自灭的意思，而对于生死荣辱，心中也毫不过虑，一概听自然的指挥，所以生亦不为乐，死亦不为哀，荣亦无足喜，辱亦无足忧。一切有无长短，是非美恶，都是相对的，不足计较，只要依从效法自然无为而无不为的绝对的常道，站在宇宙开端之处，过一种简易的生活就足够了。所以老子提倡如下几点：一，知足知止；二，去私；三，守愚；四，崇俭；五，去欲；六，主静；七，外身；八，抱一；九，复命。庄子对这些训条有一些改变，与老子不同，如老子主静，庄子主自在，老子偏于庄敬，庄子偏于旷达。

这派哲学家对人生主张无为而处世，对国家主张无为而治。"处无为之事，行不言之教"，这是老子政治主张的中心点。即是对国家治乱听其自然，存心要国治不可，存心要国乱亦不必。硬要存心求治，就是有为，国家反要乱。所以《老子》说："民之难治，以其上之有为，是以难治。""故圣人云：我无为而民自化，我好静而民自正，我无欲而民自朴。""古之善为道者，非以明民，将以愚之，民之难治，以其智多。故以智治国，国之贼；不以智治国，国之福。"这里说的"智"是乖巧小智，并非大智慧。利用此种乖巧小智治天下，天下必乱，所以非反对不可，"绝圣弃智"，"绝学无忧"。不言之教，是灌输大智慧的。这种大智慧，是用一种直觉方法得之于大自然之中的。

这派哲学家所提出的"无为"思想，不是不为，不像许由等人隐逸不仕，所以他们不但不忘情于国家社会，而且有治国平天下的大纲，即老子提出的"小国寡民"之治。在这个大纲中，可以看出老子的主张有下列几点：一，小国寡民；二，非战；三，废法；四，返古；五，社会主义化。这派人物，既不想屏弃社会而隐逸，对于救世的方策也有自己的主张。这派的人生观和政治思想，都是从宇宙观而来，和他们的方法有极大的关系。

文中又根据黑格尔正、反、合的辩证法——对演法来看待自然主义派的老庄，认为老庄就是用这方法说明社会演进的。他们知道社会的演进是由正而反而合，既合以后，又是而正而反而合。正、反、合的变化无穷，社会的向前演化亦无穷，即"有无相生"，"道生一，一生二，二生三，三生万物"。

"有无相生"和黑格尔正、反、合的意义相合。因为正反所以能合，其中有一种动，而"有无相生"中间也明显有一种动。从黑格尔的正、反、合，就可了解老子的"有无相生"。他们用这种对演法审查一切，知道整个宇宙只包含矛盾的两种现象，两者互相颠覆，颠覆愈烈，宇宙就愈加迅速变更原来的面目，转入一种新境。但宇宙因矛盾现象的互相颠覆，似乎是向前进化了，而在这宇宙中生活的人们，却因此受了矛盾现象互相颠覆所给予的无限苦痛，并且永远脱离不开这个宇宙，永远没有脱离苦痛的一日。因此他们主张返转过来，回到宇宙开始的一点上，就是第一个正、反、合的正的场所，坚定地站着，永远离开这种矛盾，而过"不为物先"的——即"无为"的——听凭自然处置的自生自化自消自灭的生活。正是基于这种思想，所以《老子》中常说"食母""抱一""守静""复命""返朴""归真"一类的话。

自然主义派的哲学思想还有带有科学性的思想，即万物自化说。万物自化，就是说宇宙中万物生长，是自己生长的，宇宙对万物是淡漠的。万物不生长，宇宙也不逼迫它生长；万物要生长，宇宙也不抑制它生长。万物在宇宙中生长了，宇宙也不夸是自己的功劳，或者把万物据为己有。所以《老子》说："天地不仁，以万物为刍狗，圣人不仁，以百姓为刍狗。""万物作焉而不辞，生而不有，为而不恃，功成而不居。""道常无为而无不为，侯王若能守之，万物将自化。"

这一派的人物还有养生的实践功夫，是他们的实践伦理学。养生就是顺着自然，清静无为，里面有许多实践功夫。养生顺乎自然，清静无为以达到长生目的。其要点为：一，养气。如"专气致柔，能婴儿乎"，这是说养气的功夫为主柔，教人调和运气要十分和柔，要像婴儿的纯自然状态，方达到养气目的。二，明心。养生从身心两方面着手，身的方面，就是调和呼吸，心的方面在扫除杂念。如《老子》说："涤除玄览，能无疵乎？""玄览"是指内心的妄见，必要时时当心，如拿水去洗，洗个干净，方能将污秽除去。又说："致虚极，守静笃，万物并作，吾以观其复。夫物芸芸，各复归其根，归根曰静，静曰复命，复命曰常，知常曰明。"这是说怎样明心和明心的结果。这个"明"不是向外求知识上的明，而是向内求心上的本明。三，养成圆满人格。养生功夫达到极致的人，称之为圣人，是外物不能伤害的人，即《老子》所说："治人事天莫若啬。夫唯啬，是谓早服。早服谓之重积德，重积德则无不克，无不克则莫知其极，莫知其极，可以有国。有国之母，可以长久。是谓深根固柢，长生久视之道。""盖闻善摄生者，陆行不遇兕虎，入军不被甲兵。兕无所投其角，虎无所措其爪，兵无所容其刃。夫何故？以其无死地。"一个人能依这方法修养，能不为物役而能役物，神志清醒伟大，所见所闻以及所为，都异乎常人。这种方法养气明心，结果发生灵妙作用，就是"凝神"，是把精神集中而保藏起来，不要浪费。如果能永远保藏，积久成神，就是"谷神不死"。

蒋氏把老子及道家定义为自然主义派哲学，从整体上说明了这一派哲学的宇宙观（本体论和道德论）、政治观、人生观、养生观，有些地方借用了西方的黑格尔的哲学思想，有些地方借用了《庄子》的说法，但都能回到《老子》的话语上来，说明他总是要以老子自己的话来阐释其哲学思想的。虽然其中的分析有时显得不太合乎老子思想的原意，但还是能够自圆其说的。而把老子等道家人物的思想整合起来加以分析，在中国哲学史的撰写上，也是有一定启示意义的。因为这种方法能够把一种哲学思想包括其中的演变都勾勒出一个整体，让人对一种哲学思想的理解达到比较完整而系统的地步。

2. 钟泰《中国哲学史》论老子

钟泰（1888—1979），号钟山，别号待庵，江苏南京人。先后任教于两江师范学堂、安徽高等学堂、南京法政专门学校、湖南蓝田国立师范学院、光华大学、华东师范大学等校。著有《中国哲学史》《国学概论》《荀注订补》《庄子发微》《春秋正言断词三传参》等。

《中国哲学史》1929 年商务印书馆出版。此书第三章论老子的哲学，并附对《老子》"天地不仁，以万物为刍狗"的诠解。

钟氏在此章首先辨明"老子"之名，是古代"称寿考者之号"[①]，

[①] 钟泰：《中国哲学史》，商务印书馆 1929 年版，第 10 页。

依据是《礼记·曾子问》的郑玄注。他也认为老子不是楚人，因其家乡本属陈国，又在周王室任职。孔子向老子问礼，其事为必有。老子后为隐者，故莫知其所终，当时的隐者往往如此，不足为怪。

对于老子的哲学，他认为首先就是"道"的问题。老子以"道"为天地万物之本，故说："有物混成，先天地生。寂兮寥兮，独立而不改，周行而不殆，可以为天下母。吾不知其名，字之曰道。"又说："道生一，一生二，二生三，三生万物。万物负阴而抱阳，冲气以为和。"至于道之本体，则是不可见不可名的，如果是可见可名的，那就非"道"。道又称之为"无"，"天下之物生于有，有生于无"，正与前面所说的道在天地先，为天下母的意思相同。

钟氏认为老子所说的无，不仅是指道之本体，也指道的应用，即所谓："三十辐共一毂，当其无，有车之用。埏埴以为器，当其无，有器之用。凿户牖以为室，当其无，有室之用。"这里所说的无也就是道。但这一说法并不严谨，因为此处所说的无是指具体事物中的无，不是道之本体的无，这不是一个层面上的"无"。他认为道之本体的无又是实有的，故曰："无名天地之始，有名万物之母。常无，欲以观其妙；常有，欲以观其徼。此二者，同出而异名，同谓之玄。"无之所以是实有的，就在于它是道的特性，如果道是实有的，则道的无就是实有的。但这个实有并不是某个物的实有那种实有，而是指道是确实存在的，是不可否认的。所以道与无的实有，不能按一般具体之物的实有之义来理解。

道是"无"，与具体物的"有"发生关系，这就是《老子》说的"有无相生"，但不是"有之以为利，无之以为用"的"有"与"无"。这一点，他常常混为一谈。他认为，有与无并言，明无之即有，有之即无。这一说法也不严谨。有与无并言，不能证明无就是有，有就是无。只能说明无与有之间存在着一定的关系。所以他这一类的说法有不确切之处。

《老子》中对道的形容是："道之为物，惟恍惟惚。惚兮恍兮，其中有象；恍兮惚兮，其中有物；窈兮冥兮，其中有精。其精甚真，其中有信。"恍惚、窈冥就是无，有象、有物、有精、有信，就是有。其实恍惚、窈冥也是一种有，只是不太清楚的有，所以不能理解为无。有象、有物、有精、有信的"有"，与恍惚窈冥的"无"，只是为了说明道既无形又实存，本质上还是"无"。所以老子指出道是"无状之状，无物之象"。所以如此，在于老子认为道是变动不居的、无有方所的，故不得不多方以喻之，又恐人之执实以求之，故不得不闪烁其词。这样理解《老子》中对道的形容，还是比较准确的。所以他不认可胡适的说法：哲学初起，名不完备，故说理不能周密。认为这是不善读《老子》的表现。

关于道与宇宙万物的关系问题，钟氏认为道是宇宙的本体，而"宇宙之本体，即吾心之本体，非有二也"[①]，因此人心可以知道为宇宙之本体，这就是认识论的问题。人能知（认识）道为宇宙之本体，他认为是通过老子所说的"道者同于道，德者同于德，失者同于失"而推知的。他的这一说法还是有启发意义的，即："道者""德者"应该理解为有道的人和有德的人，由此而与道和德达到一致，也就是这样的人认识（知）了道和德，失者当然就是失去了道和德的人，也就是没有得道和得德的人，这种人也就无法认识（知）道和德。所以，"欲知宇宙之本体，须先明吾心之本体"[②]，故老子曰："致虚极，守静笃。万物并作，吾以观其复。夫物芸芸，各归其根。归根曰静，静曰复命，复命曰常，知常曰明。不知常，妄作凶。知常容，容乃公，公乃王，王乃天，天乃道，道乃久，没身不殆。"不过这种说法也有含混之处，似乎宇宙之本体与吾心之本体是两个本体，其实只有一个本体，道是宇宙万物（包括人心）的本体。不同的是，人心有认知能力，人之外的物没有这种认知能力。他把老子的说法理解为明吾心之本体的方法，即先让吾心安静下来，再来观察万物的运动，发现其中的根本规律，由此逐步认识常、明，也就认识了道，也就能"同于道""同于德"，收到"没身不殆"的效果。按他这种理解，就不能说老子思想中没有认识论。

---

① 钟泰：《中国哲学史》，商务印书馆 1929 年版，第 12 页。
② 钟泰：《中国哲学史》，商务印书馆 1929 年版，第 12 页。

但他又把人心的本体说成"命"，宇宙的本体说成"道"："在人心曰命，在宇宙曰道，一也。"[①] 这样分开来说的方法，容易引起误解，应该予以分疏。即所谓的命，是道之本体对人心的命令，不是命运。道对人心有命令作用，是指道能让人心发挥其功能而认识道。所以钟氏所说的命，应该是命令，而不是命运。

人为什么常常"不明夫心之本体"？原因在于"以其有身，以其有知"。钟氏引《老子》语来说明这个道理：

"吾所以有大患者，为吾有身。及吾无身，吾有何患！"此身之患也。身之为患何也？曰以其私欲。私欲所以生生也，而不知其所以害生也。故曰："生之徒十有三，死之徒十有三。人之生动之死地者，亦十有三。夫何故？以其生生之厚。"又曰："五色令人目盲，五音令人耳聋，五味令人口爽，驰骋田猎令人心发狂，难得之货令人行妨。"是故欲免于身之患，必自少私寡欲始矣。少私寡欲，是之谓虚。何言乎以其有知？其言曰："前识者，道之华而愚之始也。"此知之患也。知之为患何也？曰以其伪。知不必伪，而伪则生于知也，故曰"智慧出，有大伪"。是故欲免于知之患，必自见素抱朴始矣。见素抱朴是之谓静。由私欲而进于虚，由伪而进于静，以学言之则益矣。故曰"为学日益"。由有身而无身，由有知而无知，以道言之，则损矣，故曰"为道日损"。老子之言道，非空谈宇宙之本体也。必以吾心之本体，合宇宙之本体。以宇宙之本体，证吾心之本体。故曰："修之于身，其德乃真。"此道德之所以可贵也。[②]

钟氏的这一套分析，都是为了说明人怎样来明心之本体，简单地讲，就是人要无身（不要生生之厚、不要贪于色音味等享乐）、要少私寡欲、要少知少智、要见素抱朴、要静、要不学等，按他的逻

---

① 钟泰：《中国哲学史》，商务印书馆 1929 年版，第 12 页。
② 钟泰：《中国哲学史》，商务印书馆 1929 年版，第 12—13 页。

辑，这样就能使人心之本体与宇宙之本体相合，通过宇宙之本体来证实吾心之本体。他这样理解，其实是把宇宙之本体与吾心之本体分为二事，重点是说人如何认识自心之本体，而不是认识宇宙之本体。《老子》中并没有说人心之本体的问题，他却把这个概念提出来加以论说，这与《老子》思想的本意不太相符。

钟泰认为老子哲学思想的第二个重要观念是"无为"，且无为为有为之本：

> 道之何以言无为也？曰：有为者用也。而所以用夫有为者，则无为也。故无为者，有为之本也。能有为而不能无为者，盖有之矣。未有能无为而不能有为者也。故曰："为无为。"又曰："道常无为而无不为。"又曰："损之又损之，以至于无为。无为而无不为矣。"自夫无无为之本，而一以有为为事，于是天下多害事矣。故曰："天下神器不可为也，为者败之，执者失之。"又曰："以其上之有为也，是以难治。"又曰："圣人无为故无败，无执故无失。"然则老子之言无为，为夫逞其私智而一以生事为能者言之也，为夫执滞于有为之迹而不能行其所无事者言之也，非曰以不事事为无为也。自夫世之不明老子之意，而以无为为不事事，于是遂强指老子为消极主义。老子曰："吾言甚易知，甚易行。天下莫能知，莫能行。"此亦莫能知之一端矣。[①]

老子哲学思想的第三个重要观念是"三宝"。老子曰："我有三宝，宝而持之。一曰慈，二曰俭，三曰不敢为天下先。"对于慈，钟氏认为"惟慈故柔"。《老子》曰："坚强者死之徒，柔弱者生之徒。"又曰："天下之至柔，驰骋天下之至刚。"又曰："天下莫柔弱于水，而攻坚强者莫之能先，以其无以易之也。"《老子》这些说法都是强调柔的作用，并没有说柔就是慈，这层意思是他加上去的，所以他把《老子》的说法加工成"慈柔"："人知慈柔之为慈柔，而不知慈柔之为

---

① 钟泰：《中国哲学史》，商务印书馆 1929 年版，第 13 页。

勇强，故曰：'夫慈故能勇。'"① 《老子》是单说"慈"、单说"柔"的，他把二者合起来说成"慈柔"，与《老子》的说法有所不同。

从"慈故能勇"，就说到战争之事了。《老子》曰："兵者不祥之器，非君子之器。不得已而用之。恬澹为上，胜而不美。"又曰："祸莫大于轻敌，轻敌几丧吾宝。故抗兵相加，哀者胜矣。"钟氏认为这是说"慈也，正其所以为勇也"②。但看《老子》的这些说法，也没有这个意思。《老子》的意思只是说不要用兵，不得已而用之，则要用恬澹之心用之，没有说勇的问题。看来他对《老子》的解释总是超出其语意。

对于俭，"惟俭故啬故愚"③。老子曰："治人事天莫若啬。"又曰："众人皆有，而我独若遗，我愚人之心也哉。"俭啬似愚而实智，似无而实为广积，故曰："俭故能广。"钟氏把俭、啬、愚联系起来一起说，是对俭的一种新解。俭与啬有关，但不一定与愚有关。能俭而啬，故其效果就是能"积而广"，这层意思是可以推论出来的。但俭与啬与愚之间是什么关系？他并没有说明。是不是把俭与啬认成是愚的一种表现？如果是这样，那就意味着与俭和啬相反的奢和侈是智。但他并没有明言这一层意思，只能由读者来为他补充。

俭是三宝之一，根本原因是在于俭是治国的重要原则之一，前面说的慈也是这样，但不能按钟氏说的，把勇也拉进来。他认为《老子》说俭与治国的关系是："古之善为道者，非以明民，将以愚之。民之难治，以其智多。故以智治国，国之贼；不以智治国，国之福。"这是讲智与愚在治国上的关系，与俭无关。钟氏认为这里所说的"愚"，"正其所以为智也"④。但没有说明"其所以为智"的"其"是指谁，是善为道而治民的人，还是民？这类解释往往都是含混不清的。

在此句下面他又引《老子》第八十章"小国寡民"之说，似乎

---

① 钟泰：《中国哲学史》，商务印书馆 1929 年版，第 13 页。
② 钟泰：《中国哲学史》，商务印书馆 1929 年版，第 14 页。
③ 钟泰：《中国哲学史》，商务印书馆 1929 年版，第 14 页。
④ 钟泰：《中国哲学史》，商务印书馆 1929 年版，第 14 页。

是说"愚之"就是按小国寡民方式治国治民，在这样的方式下，是"非以明民，将以愚之"的。这样看来，上面说的"正其所以为智"的"其"，是说善为道的治国者。但"将以愚之"是说愚民，不是说善为道的治国者，所以这个"其"又不能这样理解。或许"愚也，正其所以为智也"可以理解为：善为道的治国者之愚民之"愚"就是这种治国者的"智"。总之，他的解释就是这样迂曲的。

他又说："啬也，正其所以为积也。（《老子》）又曰：'圣人不积，既以为人，己愈有；既以与人，己愈多。'俭也，正其所以为广也。"①《老子》这几句都在第八十章之下，难道钟氏是说第八十章有这样的意思吗？在三宝之中，啬与俭是一宝，与慈和不敢为天下先并列，但这不是第八十章小国寡民思想中的内容，与"非以明民，将以愚之"的思想也不是一回事，他把这些不相干的内容混在一起，很难看清楚他的思考逻辑。

对于不敢为天下先，钟氏认为遵循这一宝之原则，应采取"故后故下"的姿态，这就是《老子》中所说的："江海所以能为百谷王者，以其善下之，故能为百谷王。是以圣人欲上人，以其言下之；欲先人，以其身后之。是以处上而人不重，处前而人不能害。是以天下乐推而不厌。以其不争，故天下莫能与之争。"可见，不敢为天下先，最终是为了为先为上。故曰："不敢为天下先，故能成器长。"他认为《老子》这种"道"又是用之于取天下的："其言曰'大国者下流。天下之交，天下之牝。牝常以静胜牡，以静为下。故大国以下小国，则取小国；小国而下大国，则取大国。故或下以取，或下而取。大国不过欲兼畜人，小国不过欲入事人，夫两者各得其所欲，故大者宜为下。'下也，正其所以为先也。老子之道如是，岂果无为也哉！"②看来，他认为老子之道中的三宝，不是无为，而是有为。这中间的愚就是智，弱就是强，慈就是勇，俭就是积，啬就是广，后就是先，下就是上，所以要把愚、慈、俭等作为宝来加以应用，

---

① 钟泰：《中国哲学史》，商务印书馆1929年版，第14页。
② 钟泰：《中国哲学史》，商务印书馆1929年版，第14页。

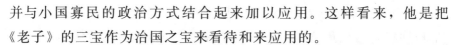

并与小国寡民的政治方式结合起来加以应用。这样看来，他是把《老子》的三宝作为治国之宝来看待和来应用的。

老子哲学第四个重要观念是"婴儿"。钟氏认为老子言道尚"无名朴"，言治尚"小国寡民"，言为道尚"守雌"、尚"婴儿"，其义是相同的。《老子》中关于"婴儿"的说法有三处："专气致柔，能婴儿乎？""众人熙熙，如享太牢，如春登台。我独怕兮其未兆，如婴儿之未孩。""常德不离，复归于婴儿。"

但钟氏没有说明"能婴儿""如婴儿""复归于婴儿"是什么状态，在他看来，这似乎是不用解释的。于是他就分析为什么要尚"婴儿"，认为是"为其无心也"。由此就把《老子》说的"圣人无常，以百姓心为心。善者吾善之，不善者吾亦善之，德善矣。信者吾信之，不信者吾亦信之，德信矣。圣人在天下，惵惵为天下浑其心。百姓皆注其耳目，圣人皆孩之"，与"婴儿"的"无心"联系起来了，由此亦可知他理解的"婴儿"就是"无心"，而且是要应用在政治上的。

他又进一步解释说："无心故无知，然无知者，有知而不用，非不知之谓也。"[1] 他把婴儿式的"无心"解释为有知而不用的"无知"，并与"不知"区别开。《老子》说："知不知，上。不知知，病。""知其雄，守其雌。知其白，守其黑。""天下有始，以为天下母。既得其母，以知其子。既知其子，复守其母。""明道若昧。""虚其心，实其腹。"在这些说法中，"知""不知"，与他所说的"有知而不用"相符，由此发展出来就是"知雄守雌""知白守墨""知子守母""知明守昧""实腹虚心"。把这些说法都与婴儿式的无心、无知联系起来，可使人们阅读《老子》时受到一定的启发。

他又分析为什么"有知而不用"，认为用则有不用，不用则无不用。按照这种解释，似乎就是无为而无不为的意思，也说明了人的知是有限的，用也是有限的，不如不去片面地追求知与用，或许反而能无不用、无不为。但这样的可能性实在是太小了，是更难达到

---

[1] 钟泰：《中国哲学史》，商务印书馆1929年版，第15页。

的目标。

他认为《老子》中的"明白四达，能无知乎"，"不出户，知天下。不窥牖，见天道。其出弥远，其知弥少"等，都是要人用婴儿式的无心、无知来达到无不用、无不知、无不为的效果。并认为"汉家用黄老，以清净治，而班固以为道家君人南面之术，盖皆有见于此"①。他是用这类历史事实来证明《老子》说的婴儿式无心、无知、不用等方法能起到其反面的效应。但这类历史事实并不像道家学者所说的那样，是真正的婴儿式无心、无为、无知、不用，只不过是减少了政府对民众生产生活的骚扰性干涉而已，还不是彻底的婴儿式无心、无为、无知、不用。这种差别，是研究《老子》及道家思想的人所应特别注意的。即对所谓的"无为而治""清静无为"用于实际的社会政治之案例，必须进行具体而彻底的分析，不能笼统地用这种《老子》或道家的思想观念来解释历史，反之也不能简单地用类似的历史事实来阐释《老子》及道家的思想。

钟泰还专门对"天地不仁，以万物为刍狗"予以分析。他首先批评胡适与梁启超的相关说法：

> 老子曰："天地不仁，以万物为刍狗。"胡适之作《中国哲学史》，盛称其言，而谓"天地不仁"者，言其不是人也。古者尝视天为有意志、有智识、有喜怒之主宰，故以天为与人同类，是为天人同类说。而老子则谓天地不与人同性，打破古代天人同类之谬说，而立后来自然哲学之基础，故拟老子之说为思想之革命。其后梁任公撰《先秦政治思想史》，亦沿胡说，并谓与《诗》之言"昊天不惠""昊天不平"正同，指为当时神权观念之动摇。②

他不赞同胡、梁之说，认为统观《老子》全书，知其说出于穿凿，

---

① 钟泰：《中国哲学史》，商务印书馆1929年版，第15页。
② 钟泰：《中国哲学史》，商务印书馆1929年版，第16—17页。

未足据为定论。胡适以"仁"为"人"，所引以为据者是《中庸》"仁者人也"，《孟子》"仁也者人也"，但这两处的"人"字，皆言人之所以为人，非指人身而言。此二"人"字乃抽象名词，非具体名词。故以"人"为"仁"之训则可，而以"人"易"仁"则不可，故不能引此为说而谓"不仁"即"不是人"。而且真如胡适的理解，也只能说"非仁"，不能说"不仁"。"非"与"不"，意固有殊。况《老子》下文说："圣人不仁，以百姓为刍狗。"以"天地不仁"为"天地不是人"，但不能说"圣人不仁"是"圣人不是人"。且胡适把老子理解为不信天有神，以见天道果为无知。但《老子》中说"天网恢恢，疏而不失"，"天道无亲，常与善人"，由此看来，老子并不相信天为无神无知的。钟氏认为要解释一家之言，必须综合此人全书所言，不能只据其中一句而加以解释。胡适只就"天地不仁，以万物为刍狗"来加以解释，而不顾"天网恢恢，疏而不失""天道无亲，常与善人"及下句"圣人不仁，以百姓为刍狗"等说法，是一种断章取义的解释。

钟氏指出，《老子》此言，王弼注就已误了。王注："仁者必造立施化，有恩有为。造立施化，则物失其真。有恩有为，则物不具存。物不具存，则不足以备载矣。地不为兽生刍，而兽食刍；不为人生狗，而人食狗。无为于万物，而万物各适其所用，则莫不赡矣。"他认为以"不仁"为"无恩"是对的，但用来解释"刍狗"，就未为得实。如王氏所说，地不为兽生刍而兽食刍，不为人生狗而人食狗，天地自天地，人兽自人兽，刍狗自刍狗。天地于万物不曾有一点干涉，就不能说"以"说"为"。而且老子并不是毫不关心民众饥苦的思想家，怎会以民众为刍狗呢？他认为最能说明此言之意的是《庄子·天运》中的说法："刍狗之未陈也，盛以箧衍，巾以文绣，尸祝斋戒以将之。及其已陈也，行者践其首脊，苏者取而爨之而已。将复取而盛以箧衍，巾以文绣，游居寝卧其下。彼不得梦，必且数眯焉。"按照这种解释，就可知刍狗不过是用于祭祀的物件，使用它们的时候，它们是有价值的，使用之后就没有价值了。因此，老子所说的"天地不仁，以万物为刍狗"，意思是指"功遂身退，天之道"。而所谓的"不仁"，实则是仁，这正是"正言若反"。中国古代汉语中多有此种用法，必须结合上下文来理解其含义，不能割裂地只据一句而不顾上下文。他认为胡适之所以这样解释《老子》的话，是不知"正言若反"之义，硬行把不信天的思想拉扯进来，而梁启超则认为这是胡适的创意性解释而加以袭用，但没想到胡适的解释并不能成立。关于《老子》此语，学者们还有不同的解释，还可以进一步分析论辩，但胡适的解释明显站不住脚，则是无疑的，其中最明显的错误就是把"天地不仁"解释为"天地不是人"，但"圣人不仁"不能解释为"圣人不是人"，且"不仁"与"非仁"也是在古代汉语中明显有语意差别的。这样的问题，一般学者都能看得出来，而胡适却不考虑这些情况，做出了这种不能令人满意的解释。钟泰对他的批评，是非常正确的。

第三节　考据与义理两种方法的启示

对古代思想家的著作的文本进行考据与对此类著作的思想义理进行探讨，这是研究中国古代思想史的两种基本方法。本章分析了一些使用这两种方法的研究成果，从中能够总结出什么启示呢？

一、考据与义理的方法论省思

对思想史文献的文本进行考据，是不可缺少的研究方法之一。之所以不可缺少，乃是因为要阐释与探讨这些文本中所包含的思想义理，必须首先建立起对文本的恢复与正确解读。因为先秦思想家的著作文献流传到今天，都经过两千年以上的时间，在如此漫长的流传时间内，任何一部著作本身都会在长期而复杂的流传过程中产生无数难以预料的问题。而且，除了著作文字的错、衍、夺、讹、添等各种情况，在两千多年的时间里，中国的文字也经过了多次变化，如我们现在能看到了战国时期的竹简《老子》与汉初的帛书

《老子》，其文字就不是完全一样的。如果《老子》成书于春秋时代，则从春秋到战国，又有文字的发展演变，而且春秋战国的文字在各国和不同地区也有不同的写法，虽然经过秦代的文字统一，但到此时也有了数百年的流传历史，必然会产生诸多的文字书写差异。就算到西汉刘向等人校书时对先秦古籍的文字统一写定，也不能保证完全符合《老子》书刚问世时的本来面貌。这都是可以想见的。从汉代再到雕版印刷出现，这中间主要是靠手写，不同的写手又会在抄写过程中形成更多的文字差异。雕版印刷出现后的众多刻本、抄本，甚至碑刻等，也都会不断使此书的文本产生越来越多的差异。虽然有学者不断校勘，也积累了不少成果与资料，但对于实际产生的那些文字差异与错误来说，这种校勘的效果是十分有限的，也是无法把众多的校勘成果形成学界的公认结果的。所以，就需要不同时代的学者不断根据自己对资料的搜集、掌握和理解来对《老子》重新进行校勘。

对《老子》文本进行校勘是考据研究的重要内容，此外还有对《老子》各家注的文本进行校勘的问题，如河上公注、王弼注在长期的流传中也同样会有各种文本上的错误，需要校勘。还有对不同传本的校勘，如傅奕本、范应元本以及多种碑刻本的校勘。这都是对各种《老子》版本的文本校勘。

除了文字的校勘，还有关于《老子》书中音韵的研究与整理、《老子》书中的文字之义的训诂方面的考据研究、《老子》研究历史上不同学者及其著作的时代与成书等问题的研究、《老子》书的文体方面的考据研究、《老子》书在其他相关文献中的引文方面的考据研究、历代学者对于《老子》书的注释资料的搜集汇编方面的考据研究、《老子》不同注家的内容在其他文献中的引用与保存方面的考据研究、《老子》分章问题的考据研究、记载老子其人及其时代的史书中的相关问题的考据研究等。总之，仅对老子其人及其著作的考据性研究，本身就是一个内容非常丰富而复杂的研究领域。一般重视研究《老子》思想的学者往往认为对老子其人其书的考据没有多大的学术价值，而略之不顾，或视为细枝末节，而给予极低的学术评价。这样的认识往往是对考据性研究的了解不够全面，以为只是根据不太充分可靠的史料考究老子其人及其时代以及成书问题，而不知道还有更多的考据内容，这就影响了这类学者关于考据研究的认识，使之不够充分与完整。所以充分总结考据性研究成果，可以帮助更多的学者在立足于自己的学术立场来对老子其人及其著作和思想进行研究时，了解更为广泛的相关研究领域及其价值，从而深化或改变自己对《老子》思想的认识与理解。

此外，考据性研究还有一个重要特点，是其他研究方法所不具备的，但又能够帮助学者深入和准确理解《老子》文本的丰富含义，这就是对《老子》中的字词的训诂、句法断句、段落主旨的考据。在本章的分析中，笔者多次对一些学者关于《老子》思想内容的阐释提出不同看法，其中最主要的分歧就是对字句训诂、句法与断句、段落主旨的不同理解，而这都与考据有关。如果一个学者不重视考据或不太了解考据的方法，在思想内容的阐释上就容易出现不严谨或错误之处。之所以如此，是因为考据研究的方法是一种特别较真的考证，对《老子》文本每个字的训诂解释都要有坚强的依据。如对第一章"常"字的训释、对"常无""常有"与"常无欲""常有欲"的断句、对"天地之始"与"万物之母"的互文句法的注释、对"此两者"的"两者"的训释，以及对第八十章的"小国寡民"的"国"字的训诂等，都是本来并不复杂的文字及表述，但却能通过考据方法从中发现许多问题，而这都直接影响到对《老子》思想的理解与定义。可知考据方法对于思想义理的研究在有些时候会起到决定性的作用。

还有，在《老子》思想义理的阐释中，学者往往会引用佛学、庄子以及西学哲学的概念与说法作为自己阐释《老子》思想的依据。但这种引用中也包含着考据的方法与要求。即学者在引用不属于《老子》原书的内容与概念或说法时，必须把所引用的概念与说法与《老子》本身的说法进行严格而精密的考释。不能只据表面的相似就引以为说，把《老子》的思想义理阐释成另一个思想家的思想。这种似是而非的情况，在《老子》思想义理的研究中，还是经常会遇到的。

这说明学者研究《老子》的思想义理，也必须掌握考据方法及其学术研究的较真精神，不然对于思想义理的阐释就会产生偏差，形成不够准确或严谨的理解与阐释，这就影响了人们关于《老子》思想义理的研究成果的价值与分量。

在说明考据方法对于研究《老子》的重要性的时候，实际上就已经说到了人们研究《老子》思想义理时所存在的问题，这都是值得注意的，也是我们在总结了近现代关于老子研究的思想义理领域成果时所感受到的最重要的问题。

对于古代思想家原著中的思想义理进行研究和阐释时，第一不能完全不顾考据研究的成果与方法，其次则是不能简单地拿《老子》之外的文献或思想观念等加以比附。这两点上面都已说到了。第三点，对《老子》思想义理的研究，还必须注意一个方法，即要对《老子》全书五千言的整体内容加以融会贯通，不能只据其中的几句话就来分析《老子》的思想义理。如《老子》中说到了道、常、有、无、玄、妙、圣人、侯王、天下、国、民、治、智、虚、静、朴、欲、言、教等许多重要的概念，它们相互之间是怎样的关系，在《老子》的思想体系中各占什么样的地位和起到什么样的作用，就需要做整体的梳理与阐释，不能割裂开来不做相互关系的分析。只有通过把这些重要概念全都放在一起，细致而全面地分析了它们各自的含义和相互关系之后，才能完整地掌握《老子》的思想义理体系。

第四点，不能简单地据西方近现代哲学或佛学的方法与观念来对《老子》的思想义理进行分析研究。近现代的《老子》研究，与古代最大不同是中国的学者们运用了西方哲学不同流派的理论学说与观念、逻辑，与之相近的是近现代学者比较关心研究佛学，而把佛学的学说理论与观念、逻辑也引入《老子》思想义理的研究之中。西方哲学及佛学都是中国之外的学说，可以视为同一类学术，但中国古代《老子》的思想与它们是不同质的学说，不能笼统地看一下外国学者的著作就把他们的思想观念与方法运用到《老子》思想义理的研究之中，必须用精细入微的分析来加以理解。简单地说，必须先把国外不同流派的哲学及其思想学说的观念与方法全面消化，做到理解上没有偏差，没有误解，没有遗漏，才能拿来与《老子》的思想义理进行比较性研究。即使这样，也不能简单地说《老子》的某一说法就是外国某一学者的某一说法，不能这样简单地等同视之。应该同样对《老子》文本的每个字词及其含义和每段的逻辑与宗旨做到全面而准确的理解，才能比较两者。而且还必须保持一个信念，即没有完全相同的哲学和概念与逻辑，所以绝对不能轻易地说《老子》的某一思想就是外国某一学说或概念的意思。这两者之间，会有某些相似，但也必然会存在某些不同，对这两种情况都要加以比较和分析，才能保证运用这种方法时不致产生错误。

第五点，在对《老子》的思想义理进行研究与分析和阐释时，还要注意一个问题，即学者在提出自己的理解与阐释时，还需要分析其他学者的相关阐释与观点。这里面包括立与破两个层面的工作。立是提出自己的阐释与理解，破是分析其他学者的阐释有哪些正确，哪些不正确的地方。自己的阐释和理解，不会是全由自己提出的，必然会吸收其他学者的研究成果，包括他们的观点与阐释等。所以所谓的破与立是参错交互的，不是截然划分的。因此，就更需要在阐述自己的见解时，分清哪些是自己的独立见解，哪些是他人已经提出或分析及论证过的见解，自己的见解与他人的见解之间是什么样的关系。为此，学者必须全面掌握、研究前史，对已有的各家说法与见解进行综合梳理，知其源流，才能以符合科学研究精神的方式进行自己的论述。真正的学术研究，在这一点上是不能含糊的，必须一五一十加以阐述与说明。

二、考据与义理如何结合

以上说明了考据与义理两种研究方法上需要注意的几个问题，以下则来说明二者如何结合以及如何在时代的发展进步中不断加以提高与改进。

考据方法是很早就出现的，历代中国学者在考据方面进行了大量的研究，积累了大量的成果。现代的学者再来进行考据，不能满足于运用古人的方法与观念，应该在新的时代背景下对考据的目的、方法、观念、要求等问题形成自己全新的认识与定义。如校勘文本，就不能简单地罗列各本的异同，而应尽量搜集齐全历史上所有的版本与校勘成果，在此基础上，对版本间的异同进行全面分析考证，形成自己的新见解，这样才能使校勘进一步发展和提高。对文字字义的训诂、文字音韵的考证等考据所涉及的种种问题，也都要这样做。这就是说，现代的学者进行考据性研究，必须全面梳理已有研究成果，在此基础上形成自己的考证分析，并得出新的结论，这样才使考据性研究具有新意，而使之具有学术价值。

思想义理的阐释研究，也同样要如此来做。而且思想义理的研究必须重视考据方法及其成果，不能简单地否定考据研究的学术价值。虽然，如老子其人的姓名、年龄、籍贯、时代等问题中，由于缺乏确凿无疑的资料，所以在考据性研究中形成了众说纷纭的局面，且不能形成统一的结论，成为一个研究上的死胡同。后来的研究者对这种情况应有一个整体认识与了解，除非出现了新的确凿资料，才能对此类问题形成可信的结论。尽管如此，考据性研究的大量成果中确实有着许多具有学术价值的研究成果，不能因为考据性研究中存在着无法解决的争论，就把考据性研究一概否定。这种态度不是实事求是的科学研究的精神，应该引起学者们的注意。

因此研究《老子》的思想义理时必须全面了解和掌握相关的考据性研究的成果及其历史，要能根据科学研究的严谨、精密的精神与要求来利用这些考据性研究成果。如《老子》传世本中的"玄览"，根据帛书《老子》以及《太玄》等其他古籍的内容，已经可以肯定"玄览"应作"玄鉴"。对于这一类的考据性研究的成果，许多研究《老子》思想义理的学者并不予关注，仍然根据传世本中的"玄览"来分析《老子》的相关思想义理。如果严谨地遵守中国古代文字训诂学的规则，"览"与"鉴"字义不同，与"玄"字结合而组成的词组的意义也有很大的差异。但有些研究《老子》思想义理的学者，对此全不关注，或虽然知道，但由于对训诂学不太了解，认为"鉴"与"览"字义差别不大，继续沿用错误的文本阐释思想义理，这就是学术研究不够严谨与精密的表现，使他们对相关思想义理的阐释出现了不应有的偏差。

在考据性研究方面，也应知道乾嘉学派那种考据学，有着明显的缺陷，就是只顾考证单个字或单句的形、义、音的问题，而完全不顾及这些句子或单字的思想内容，这样的考据是缺乏生命力的。现代的学者进行考据性研究，应该明确认识到这一点而加以纠正与改进。即在考证单字或单句的问题，必须与它们所处的文章语境中的思想内容关联起来，才能使考据性研究得到提升，使之具有更高的学术价值。同样的，进行思想义理研究的学者，也必须掌握考据学的方法与规则，懂得中国古代的文字学、音韵学和训诂学、校勘学、版本学、目录学的知识与方法，并了解和掌握相关的学术研究成果，把它们与自己的思想义理的研究结合起来。不能只凭自己的感觉来对《老子》中的文句进行解释和分析，不然就会出现许多不应有的错误，从而使自己对思想义理的分析与阐释得不到正确的结论。

总之，考据与义理的研究虽属两种不同的方法，但二者之间存在着密不可分的关系，在老子及其思想的研究上，必须把两种方法紧密地结合起来。这一方面要求学者们不能满足于自己原有的学术知识及其积累，应该学习和掌握更多的必要的学术知识和方法，了解更多的相关研究成果及历史。一般来说，考据性研究是基础性的，是要首先来进行的，思想义理性研究是更高层次的，要在考据性研究的基础上进一步深入和提升。学者在研究老子及其思想时，不能分成两截，只做半截子研究，那样是不会形成具有真正学术价值的成果的。在现在来说，由于计算机和网络以及人工智能技术的高速发展和广泛应用，这类科学技术及其成果都能应用到老子的研究中来，学者们也应该充分注意和利用，以便更有效地掌握考据性研究和思想义理性研究的丰富成果，使之成为自己的学术研究的扎实基础与积累。另一方面，对于专业人才的培养，就应该打破现有的学术分科体系，而根据所要从事的学术研究的类型与目标进行全新的设计，以便培养能够胜任今后的学术研究重任的合格的学术研究者。这样才能从根本上把考据性研究与思想义理性研究结合为一体，从而促进老子及其思想的研究，完成时代所赋予的全新任务。

第五章　老学与近现代学术思潮

近现代是一个社会急剧变革、各种文化思潮不断涌现的历史时期。近现代老学的发展受到时代思潮的深刻影响，其诠释特点和思想内容，无不留下各种思潮的印记，老学的时代性在这一历史阶段得以充分展示。

第一节　经世致用思潮与老子研究

一、近现代老子研究中的经世致用思想

晚清以来，中国饱受西方列强的侵略与凌辱，一部分有志之士在思考救国救民时，从中国传统的思想资源中寻找方案，由此形成了经世致用的时代思潮。受此影响，不少学者试图从老子思想中寻求救国方略，这使关于老子思想的解释出现了新变化，表现出比以往更强烈的入世倾向，在思想内容的诠释中表现出浓厚的现实关怀。这种变化在近代老学研究中是一个显著特点，从另一个侧面反映了老子的思想具有超越时代的普遍性，也反映了老子思想具有能够适用于现实问题的深刻性，对此我们需要给予足够的关注。

最典型的是魏源的《老子本义》，他认为《老子》为救世之书："圣人经世之书，而《老子》救世书也。使生成周比户可封之时，则亦嘿尔已矣。""老子著书，明道救时。""老子见学术日歧，滞有溺

迹，思以真常不弊之道救之。"①

曾国藩为晚清重臣，他在一生军事政治实践中，也汲取了老子思想的精华，作为自己的人生训条，如他说："立身之道以禹、墨之勤俭，兼老、庄之静虚，庶于修己治人之术两得之矣。"② 还说："思古圣王制作之事，无论大小精粗，大抵皆本于平争、因势、善习、从俗、便民、救敝。非此六者，则不轻于制作也。吾曩者志事以老、庄为体，禹、墨为用，以不与、不遑、不称三者为法，若再深求六者之旨，而不轻于有所兴作，则咎戾鲜矣。"③ 这说明他自觉地把老子思想用于自己的人生实践之中，强调老子思想中的虚静、不争、因势、救弊等要点，在实践中根据实际情况加以灵活运用。

他还把《老子》第三十三章所说的"自胜者强"，用于人生实践中："古语云：自胜之谓强，曰强制，曰强怒，曰强为善，皆自胜之义也。如不惯早起，而强之未明即起……不惯有恒，而强之贞恒，即毅也。"④ 又注意运用老子守柔处弱的思想，如在受到挫折和打击时，则告诫自己："怄气从不说出，一味忍耐，徐图自强，因引谚曰：'好汉打脱牙和血吞'。"⑤ 又说自己："不敢自诩为有本领，不敢自以为是，俯畏人言，仰畏天命。"⑥ 又说："柔非卑弱之谓也，谦退而已。"⑦ 这都是老子"柔弱者生之徒"思想的表现，是用自谦自畏的思想使自己处于柔弱者的状态，以保全自己，徐图后起。

他还说过："知地之大，而吾所居者小，则遇荣利争夺之境，当退让以守其雌。"⑧ 并请左宗棠写下自己所拟的"敬胜怠，义胜欲，知其雄，守其雌"的对联，以示愿与左捐弃前嫌。这都是把老子的

---

① 魏源：《老子本义》，见《老子集成》第十一卷，宗教文化出版社 2011 年版，第 3、52、7 页。

② 曾国藩：《曾国藩全集·日记》第二卷，河北人民出版社 2016 年版，第 104 页。

③ 曾国藩：《曾国藩全集·日记》第四卷，河北人民出版社 2016 年版，第 105 页。

④ 曾国藩：《曾国藩全集·家书》上，河北人民出版社 2016 年版，第 195 页。

⑤ 曾国藩：《曾国藩全集·家书》下，河北人民出版社 2016 年版，第 349 页。

⑥ 曾国藩：《曾国藩全集·家书》下，河北人民出版社 2016 年版，第 362 页。

⑦ 曾国藩：《曾国藩全集·家书》下，河北人民出版社 2016 年版，第 64 页。

⑧ 曾国藩：《曾国藩全集·日记》第二卷，河北人民出版社 2016 年版，第 243 页。

知雄守雌思想运用于自己的人生实践中的例子。

《老子》第十六章中说："致虚极，守静笃，夫物芸芸，复归其根，归根曰静。"曾国藩在用兵作战中特别重视对老子"虚静"思想的应用。[1] 他说："静则生明，动则生昝，自然之理也。"以告诫将领："久履行间，不得养静为虑，则尚有未达。须知千军万马，金鼓喧阗之中，未始非凝静致远、精思通神之地。"他告诫将领在攻城时，不能知进不知退，浪战强攻，那是"求功之心过锐"，"专务体面"，而应"息心静观"。

咸丰五年（1855），他作《水师得胜歌》，其中规定："第四，军中要肃静，大喊大叫须严禁"。次年作《陆军得胜歌》，其中规定："他呐喊来我不喊，他放枪来我不放，他若扑来我不动，待他疲了再接仗。……要肃静……不许高声大喧哗"。后来他还对军中作出规定："贼来不许出队，不许点灯，不许呐喊，说话悄悄静静。"

咸丰六年（1856）四月二十六日，他在致李元度的信中说明了守静对于守城作战的作用：

> 贼匪每夜明火列炬，更鼓严明，正守城之下乘。林启容之守九江，黄文金之守湖口，乃以悄寂无声为贵。江崛樵守江西省城，亦禁止击柝列炬。己无声而后可以听人之声，己无形而后可以伺人之形。

林启容、黄文金都是太平军的将领，他们都以"悄寂无声为贵"。他告诫李元度要由此来判断对方守军的虚实，做出正确的判断。为此他还称赞林启容守城时"静若无人，夜无更柝号火"，湘军一至城下，"则旗举炮发，环城数千堞，旗帜皆立如林"，真"一将才也"。

他自知作为运筹帷幄的大帅，不必像一般将领那样横刀立马冲锋陷阵，而应以虚静为主："各将领征剿，以神速为贵，故变动不

---

[1] 以下所述及引文，参考了彭昊《论曾国藩以静治军》（《湖南师范大学社会科学学报》2011年第3期）一文。

居。大帅以镇定为贵，故宜以静制动，斯得主有常。"所以他一再强调："行军以稳静二字为主。""军旅之才，以朴讷安定为主，自是至论。"他弟弟曾国荃在他的影响下也懂得这个道理："临警之时，想各将官必能静以待动也。""战阵之事，须半动半静，动者如水，静者如山。"

曾国藩以静作战的方法，也得到了李鸿章的认同："楚军营规，无论调拨何处，事势缓急，仍守古法，日行三四十里，半日行路，半日筑营，粮药随带，到处可以立脚，劳逸饥饱之间，将领节养其体力，体恤其艰苦，是以用兵十余年，卒能成功，为其能自立于不败之地。"以静守城的方法是古来用兵的常法，由此也可证明老子思想与兵家确实有相通之处。

进入民国之后，人们在研究《老子》的思想时，也往往能用经世致用的思想来进行阐释。如马其昶的《老子故》虽然是用训诂的方法研究《老子》，但也贯穿了经世思想。陈宝琛为其书作序时说："班《志》所谓君人南面之术，其在斯乎！学说与世运相因相待，衰周暴秦而可致于文景之治，吾道且赖之为引喤，是编岂独为老氏之功臣哉！"① 马其昶自己也说："《老子》书喜言治，非忘世者。而唐颜师古亦谓《道德篇》理国理身而已。予本斯意，采摭诸家，又颇连缀章句，而释其滞疑。"② 孙思昉的《老子政治思想概论》，凭借西方的法学、政治学理论来阐述《老子》的政治学说，其宗旨也是要为解决当时的社会现实问题提供理论方案。所以章太炎为此书做序称："今国家之乱，甚于春秋七国之间，思昉诚有意为国，于此得无深思之乎？余耄矣，无以佐百姓，愿来者之能任是也。"③ 此外，如梁启超的《老子哲学》、程辟金的《老子哲学的研究和批评》、胡哲敷的《老庄哲学》、张默生的《先秦道家哲学研究》等，也都是如

---

① 陈宝琛：《老子故序》，见《老子集成》第十二卷，宗教文化出版社 2011 年版，第 432 页。

② 马其昶：《老子故·自序》，见《老子集成》第十二卷，宗教文化出版社 2011 年版，第 433 页。

③ 章太炎：《序》，见《老子政治思想概论》，商务印书馆 1931 年版，第 2 页。

此。胡哲敷的《老庄哲学》完成于 1933 年，借用西方哲学诠解老庄，充满了现实关怀精神。他认为道家本为救世而生，并不是消极避世的哲学。他认为《汉书·艺文志》所说的"道家出于史官"和《淮南子·要略》所说的"诸子之学皆起于救时之弊"，此二说可以综合起来看，这样才能说明道家的思想实质。他在书中说："老子为周柱下史官，得遍阅远古密藏，'历纪成败存亡祸福古今之道'，故其对于事事物物都能用老吏断狱，毫不游移的态度，制成一切原理。"又说："老子目睹周室衰微，直由于此，而社会纷乱，更日甚一日，而无所底止，故对当时的文物制度礼教法令，均起很大的怀疑。我们苟不审察当时的情势，而骤读老子之书，诚然要觉得他的言论未免偏激，审察了当时的情势，才晓得我们所认为偏激之处，都是补救当时的良剂。"①

最为典型的是历劫余生的《老子研究与政治》。据此书《自序》，知当时正值抗日战争，作者研读《老子》，认为救国方略就在此书之中。

他认为助长天地化育，为政治上的唯一极则，《老子》的道和德都落在这一点上，故他认为这是《老子》第一主旨。他认为要重视《老子》中对王的强调，因为王就是政治首领，在政治上起到无可替代的作用。《老子》中说"道大，天大，地大，王亦大，域中有四大，而王居其一焉"，把王与道、天、地并列起来，可知王在《老子》思想中的重要地位。在此基础上，他认为："《道德经》五千言，实无一语非根据天道而发，更无一语非针对王者而发，针对王者而发之言论，以现代语解之，可谓为政治经，循政治经之方向，以推究《道德经》之主旨，则精光四溢，意义大明。"②

他认为战争摧毁天地化育最烈，而最彻底、最具体的消弭战争的方法，就是息争。争起于有私，息争首先就要无私。老子说的"生而不有，为而不恃，长而不宰"，"功成而不居"，"功遂身退天之

---

① 胡哲敷：《老庄哲学》，中华书局 1935 年版，第 33、37 页。
② 历劫余生：《老子研究与政治》，中国图书杂志公司 1939 年版，第 15 页。

道"，"上德不德"，都是无私的思想。"既以为人己愈有，既以与人己愈多"，我以成就他人者成己，人亦以成就我者成他，则争端无从发生。而无欲则是无私的具体化，所以要先无欲，才能无私，才能息争，才能使天地自然之化育都合于道。在此基础上，老子主张静与无为。他认为老子的无为是相对于无欲而言的，无为是无欲的表现，无欲是无为的本原，而守静则是实现无为的方法。"要之老子所谓'无为'，可以理与势概之，不合理与势者不为，合于理与势者为。理指自然之生理，非人为之名理，所谓天理非人欲也。势有种种相，例如不得其法，不得其时，均属不合于势也。人必有所不为，而后可以有为"①。

这样的思想用于政治上，就是"谦卑与柔弱"。谦卑柔弱只是外形，守柔尚弱并非忍辱吞声，无所作为，而是要达到"夫惟不争，故天下莫能与之争"的效果。总之，在作者看来，《老子》的化育、息争、无私、无欲、无为、守柔思想，便是救国方略的要点。他就是用这样的阐释，使老子的思想与非常现实的救国结合起来了，反映了强烈的经世致用的愿望。

二、魏源的《老子》研究

魏源（1794—1857），名远达，字默深，湖南邵阳人。道光二十四年（1844年）进士，官至知州。著有《书古微》《诗古微》《老子本义》《圣武记》《元史新编》《海国图志》《古微堂诗文集》等。

魏源的思想有较强的现实关切精神，提倡"通经致用"，反对烦琐考证和迂谈心性的治学方法，主张对产生了弊端的政治制度应有所改进。他生活在中国传统社会受到外来冲击的时代，痛感中国传统社会和文化应对这种冲击的无力状态，希望统治者能够改变把实用技术视为奇技淫巧的观念，而要"师夷长技"，由此达到"制夷"的目的。从他的这一思想看，他仍然希望保持中国的传统文化，这是一个不可改变的前提，只有充分保证了这一前提，才允许学习西

---

① 历劫余生：《老子研究与政治》，中国图书杂志公司1939年版，第58页。

方的先进技术，抵制住外来文化的冲击，而使中国传统的社会和文化延续下去。

魏源是生长在中国传统文化环境中的知识分子，能够提出"师夷长技"的主张，比之其他的中国传统知识分子，已经是了不起的创见了。但他所学习研究的思想文化仍然是中国传统的思想文化，这一点就决定了他对外来文化的态度，仅仅只是"师夷长技"而已。他并不接受西方的文化，所以只能运用中国传统的文化知识来阐述自己的思想主张。比如他爱好今文经学，学习《公羊春秋》，写作《古微堂集》《元史新编》《老子本义》《诗古微》等著作，无一不是在传统文化的旧有内容中进行思考和研究。这一现象对于理解他的老学思想有着重要意义。

魏源著《老子本义》属传统意义上的研究，特色在于他所关注的问题已经与以前的学者有所不同。具体而言，即他的老学研究中明显带有现实关怀成分，这正是他对现实政治与国情进行思考的必然结果。

《老子本义》附有《论老子》四篇，集中阐述了魏源对《老子》的理解。他认为《老子》是救世之书，并非退隐之书，老子是因目睹时世恶劣故悯时而欲以真常不弊之道救时，其救道之术就是他在《老子本义》第三章中说的"以太古之治矫末世之弊"，他认为老子是"吏隐静观，深疾末世用礼之失，故怀德抱道，白首而后著书，其意不返斯世于太古淳朴不止也"①。

魏源理解的太古之治，关键是以无知无欲无为来治理天下国家与社会，根本办法是教人无知无欲无为，西汉就是运用这一思想的成功范例。他说："老子之书，上之可以明道，中之可以治身，推之可以治人。"②他在《论老子一》中阐明只有汉代学者能正确认识《老子》，后代如晋人则完全误解之，而且庄、列、申、韩、鬼谷、

---

① 魏源：《老子本义》，见《老子集成》第十一卷，宗教文化出版社2011年版，第2页。

② 魏源：《老子本义》，见《老子集成》第十一卷，宗教文化出版社2011年版，第46—47页。

范蠡等人皆有所误解。他在《论老子四》中更明确说老子与儒和佛也不能相混，尤其是不能与佛家相混。

在《老子本义序》中，魏源说到后人对于《老子》的理解大体可分为两种，一种是黄老之学，一种是老庄之学，而黄老之学符合《老子》的本义：

> 黄老之学出于上古，故五千言中动称经言及太上有言，又多引礼家之言、兵家之言，其宗旨见于《庄子·天下篇》，其旁出者见于《灵枢经》黄帝之言及《淮南·精神训》，其于六经也近于《易》，其末章欲得小国寡民而治之，又言以身治身，以家国天下治家国天下，则其辄言天下无为者，非枯坐拱手而化行若驰也。[①]

以治身治家治国治天下为宗旨，其关键就是由无为而无不为，并不是枯坐拱手式的空谈。至于无为，他认为有混沌初开之无为和中世之无为的区别：

> 含德之厚，比于赤子，致柔之极，有若婴儿，乃混沌初开之无为也。及世运日新，如赤子婴儿日长，则其教导涵育，有简易繁难之不同，惟至人能因而应之，与民宜之，故尧称无名，舜称无为，夫子以仲弓居敬行简，可使南面，其赞《易》惟以乾坤易简为言，此中世之无为也。[②]

这两种无为，前者可以说是人类社会原始状态的无为，后者可以说是社会已有发展变化之后的无为。区分两种无为，意义很大。一般理解老子的无为，往往认为是小国寡民式的无为之治，认为那是人类社会初期的一种原始状态，在人类社会发展进化之后，就不再可

---

① 魏源：《老子本义序》，见《老子本义》，清光绪甲午（1894）避舍盖公堂刊本。
② 魏源：《老子本义序》，见《老子本义》，清光绪甲午（1894）避舍盖公堂刊本。

能返回那种状态了，因此老子所主张的无为就失去了现实可行性。但魏源根据人类社会的不同状态而分出两种无为之后，"无为而治"的思想就有了新的意义。也就是说，混沌初开的无为是适应当时社会状态的，它并不能直接生搬硬套到后世的社会中去，因此要根据社会发展的情况，实行另一种无为，即魏源所说的"中世之无为"。这一种无为并不是没有现实可行性的，是可由至人来实现的，至人所以能在中世实行无为，是因为他能因而应之，与民宜之，居敬行简，南面而治，关键是"易简"二字，不要多事，不要扰民，也就是西汉初年政治家们所实行的那种无为。

魏源接下来又说明了如何实行这种无为：

> 天下之生久矣，一治一乱，如遇大寒暑、大病苦之后，则惟诊治调息以养复其元，而未可施以肥浓腺削之剂。如西汉承周末文胜、七国嬴秦汤火之后，当天下生民大灾患、大恫瘰之时，故留侯师黄石佐高祖，约法三章，尽革苛政酷刑，曹相师盖公，辅齐汉，不扰狱市，不更法令，致文、景刑措之治，亦不啻重睹太古焉。①

"易简之治"在西汉文景时期得到了实现，不过是尽革苛政酷刑，不扰狱市，不更法令而已，并不神秘，也不难办，只要统治者无欲少欲，就能做到。魏源认为黄老主张的"无为而治天下"，是完全可以做到的，且并不只有个案，他说：

> 此黄老无为可治天下，后世如东汉光武、孝明，元魏孝文，五代唐明宗，宋仁宗，金世宗，皆得其遗意，是古无为之治，非不可用于世明矣。②

---

① 魏源：《老子本义序》，见《老子本义》，清光绪甲午（1894）避舍盖公堂刊本。
② 魏源：《老子本义序》，见《老子本义》，清光绪甲午（1894）避舍盖公堂刊本。

但后人却对老子的"无为而治"学说视而不见，反另行解释，而产生了所谓的老庄之学：

> 至魏晋之世，则不言黄老而言庄老。其言庄也，又不师其无欲，而专排礼法以济其欲，故不勇于不敢而勇于敢，动行一切之法，使天下屏息待命而己得以清净自在，遂至万事蛊废。而后王衍之流始自悔其弊，与黄老慈俭不敢先天下之旨若冰炭霄壤之相反。而后人不分，动以黄老相诟厉，岂不诬哉！①

魏晋时人们把老子学说解释成另外一种意思，不再是西汉时的黄老之学，而变成了老庄之学。这种解释完全无视老子学说中的核心精神，以表面的一种清高以济其欲，与老子学说的本来宗旨完全相反，如冰炭霄壤之相反，最后使得"万事蛊废"。可是人们还以此为例来批评老子学说，魏源认为这个罪名根本不能戴到老子的头上。

不仅魏晋时人对《老子》有这样的误解，历史上还有不少人误读《老子》：

> 后世之述《老子》者，如韩非有《喻老》《解老》，则是以刑名为道德，王雱、吕惠卿诸家皆以庄解《老》，苏子由、焦竑、李贽诸家又动以释家之意解《老》，无一人得其真。②

正因前人的解释都错了，所以魏源要重新解释《老子》，让人们知道《老子》的本义。

> 源念先圣犹龙之叹，与孟子辟杨朱不辟老子之故，因念经曰："言有宗，事有君"，爰专取诸家之说，不离无为无欲与无

---

① 魏源：《老子本义序》，见《老子本义》，清光绪甲午（1894）避舍盖公堂刊本。
② 魏源：《老子本义序》，见《老子本义》，清光绪甲午（1894）避舍盖公堂刊本。

名之朴者，以为养心治事之助。①

只要前人注说中有能阐明《老子》无为无欲与无为之朴的内容，他都借鉴来说明《老子》的本义，希望能让人们由此而在养心和治事两个方面有所参考和帮助。魏源作为中国近代史上重要的思想家，对于《老子》的这种理解，确实值得后人参考。

魏源研究《老子》，其内心怀有强烈的现实感。从其《老子本义》和《论老子》中，可发现他的治学精神中突出的一点就是学术必须关心现实政治，也就是说，治学不能空洞无物，脱离现实。基于这种思路，历来为人们看作主张退隐于现实社会生活的《老子》，就被魏源解释成了救世之书，是与现实社会紧密相关的思想性著作。

魏源在《论老子二》中说："圣人经世之书，而《老子》救世之书也。使生成周比户可封之时，则亦嘿尔已矣。"在《老子本义》第三章中说："《老子》，救世之书也。"第五十八章中说："老子著书，明道救时。"第一章中说："老子见学术日歧，滞有溺迹，思以真常不弊之道救之。"第六十一章说："此老子悯时救世之心也。"所谓的"救世"，就是第三章说的"遂以太古之治，矫末世之弊"。

从这些话里可以看出，魏源认为，老子之所以要写出此书，不是为了别的，而是要用他的思想主张来救世。即是因为世道已经变得充满弊端，所以老子就要阐明真常不变之道，目的是要向世人说明这种"真道"，让人懂得如何按照这种真道做人，让统治者懂得如何按照这种真道进行统治。

在魏源看来，最初的社会是太古之世，那时的政治叫作太古之治，是最为理想的政治状态。但社会却不能永远保持那种美好的社会政治，必然要向不好的社会政治转变，而且是越变越不好。老子生活的时代已经不再是太古之世了，他已经看不到太古之治了，就连次一等的唐虞三代，他也只能通过历史的记载来加以了解，老子

---

① 魏源：《老子本义序》，见《老子本义》，清光绪甲午（1894）避舍盖公堂刊本。

实际面临的乃是"弊极"的"后世"。如果没有太古及唐虞三代的美好政治加以对比，也许人们对于面临的恶劣政治和社会还不会那么反感和厌恶。而老子作为一个史官，对于现实社会的恶劣就有比常人更深切的感受。因此，对现实的政治状况的不满就促成了老子的深刻思索。老子还著书向世人阐述有关太古之治的"真常之道"，企图以此来救世。而他的思想，即关于太古之治的主张，也正是由于其身为史官才获得的丰富历史知识而形成的。

从另一方面讲，老子只不过是一个小小的史官而已，他并不能掌握多大的政治力量来推行他的政治主张。但他具有正直的政治观，在现实政治不能令人满意的情况下，所能做的也只有著书立说，为世人阐述一种道理，希望能用自己的思想主张对现实社会产生一点切实的影响。魏源从这样的角度出发来分析老子著书立说的动机，故在《论老子二》中说出如下的话：

> 吏隐静观，深疾末世用礼之失。疾之甚则思古益笃，思之笃则求之益深。怀德抱道，白首而后著书，其意不返斯世于太古淳朴不止也。

老子"怀德抱道，白首而后著书"，反映了老子对于现实社会的关心，这是他在经过"静观""深疾""笃思""深求"后才能形成的结果，其中深蕴着"不返斯世于太古淳朴不止"的强烈意愿。魏源对老子著书背景的这种发微，正好反映了魏源自己的同类心情和思考经历。

魏源通过如此分析，阐明了老子著书是为救世的意愿，这就把历来人们关于老子之书的普遍看法完全否定了。老子之书，在魏源看来，根本不是什么为个人的退隐避世而作，正好相反，这部玄妙的著作恰恰是一个具有强烈现实关怀精神的老知识分子的深思之作，它的中心思想是对现实社会的不满，是要对现实社会的改变，是要对尚朦胧不觉的世人的挽救，是对圣人式政治家出现而改变世界的期望。

明白了老子的这种心态，再来理解他所说的"无为无不为"，就会产生完全不同于过去的认识。世道总是要变的，从太古之治变到唐虞三代之治，变到成周的比户可封之治，再到弊极的末世。这种变不会到此为止，还要继续地变下去。老子的思想和希望，正是寄托于这种继续不止的变化之上的。老子总结了事物变化的规律，就是"反者道之动"，物极必反。同理，社会的发展变化也是如此，"弊极则将复返其初"。既然如此，从太古的良治向末世的恶治之变，可以说已经到了一端之极，它下一步的变化，将会转到相反的方向。老子对此是确信不疑的，他的著书就是要为这一转变增添一点推力。也就是说，既然世道之变是可以预料的，尽管它暂时还没有到来，但毕竟需要有人为变迁而从理论上进行说明。这种理论的先期准备，对于其后现实之实现，其间存在着一定联系。魏源称之为"启先机"：

> 孔子宁俭毋奢，为礼之本，欲以忠质救文胜。是老子淳朴忠信之教，不可谓非其时，而启西汉先机也。[①]

他认为孔子的思想也是想以"忠质救文胜"，这与老子的"淳朴忠信之教"在实质上是一样的。既然孔子的思想得到人们的推崇，老子的思想也不能说不合时宜，而且老子的思想对于西汉的无为而治正是起到"启先机"的作用。魏源正是基于这一点，而对老子的"无为无不为"产生了新的看法，敢于肯定老子思想不是教人退隐而不问世事的哲学。总之，老子之书不是像人们所解释的那样，魏源用充分的证据说明了这是一部"救世之书"。

魏源之所以说老子之书是一部"救世之书"，关键在于他对老子思想中的太古之治内容的阐发。这包括了三个方面：太古之治是老子理想的社会，是最好的政治；太古之治的要点是以无知无欲无为来治理天下国家与社会，而末世则正好与之背道而驰；要救末世之

---

① 魏源：《老子本义》，见《老子集成》第十一卷，宗教文化出版社 2011 年版，第 3 页。

弊而恢复太古之治，其根本办法就是教人懂得无知无欲无为的道理，西汉是运用这一思想的成功范例，事实证明老子救世思想和太古之治理想具有现实可行性，不是空谈。

魏源说："老子道，太古道。书，太古书也。"① 意思是说老子的思想就是关于太古之治的道理，《老子》就是说明这一道理的书。老子为什么要阐述太古之道？因为太古之道在老子看来是国家政治的根本原则。魏源在批评了后人对老子思想的歪曲后说：

> 盍返其本矣？本何也？即所谓宗与君也。于万物为母，于人为婴儿，于天下为百谷王，于世为太古，于用为雌、为下、为玄。②

无论什么事物都有一个根本，在治世方面，其根本就是"太古"，这也就是说，太古之世就是其他世道的根本，或曰理想。世道不如太古，就不是合乎理想的世道。要理解老子的思想，就要抓住关于太古之治的根本，要治理天下国家与社会，同样不能偏离这个根本。老子之道之书，都是围绕这一问题而展开，故称其道为"太古道"，其书为"太古书"。老子就是想把太古社会这一政治理想保存下来，并让它重新实现于现实社会之中。

在魏源看来，老子相信太古之治即是太上之治，所谓太上，就是最上、极上，表明老子把太古之治看作最好的世道。魏源又说："太上未尝自谓有知，未尝见有可欲，故其治世也亦然。"③ 可以看出，魏源说的太古之治的根本特点，就是无知无欲。魏源对这一问题还有更明确的说明，如说："反本则无欲，无欲则致柔，故无为而无不为，以是读太古书，庶几哉，庶几哉。"④ 这是说只有懂得无欲无为而无不为的道理，才能读懂老子之书。而与太古之治相反的末

---

① 魏源：《老子本义》，见《老子集成》第十一卷，宗教文化出版社 2011 年版，第 2 页。
② 魏源：《老子本义》，见《老子集成》第十一卷，宗教文化出版社 2011 年版，第 2 页。
③ 魏源：《老子本义》，见《老子集成》第十一卷，宗教文化出版社 2011 年版，第 8 页。
④ 魏源：《老子本义》，见《老子集成》第十一卷，宗教文化出版社 2011 年版，第 2 页。

世之乱，就是由有为造成的："夫世之不治，以有为乱之也。"① 有为的根源在于有欲有知，导致争强争胜，这就是世之不治的原因，就是世道坏乱的根源。

魏源运用老子的思想来分析太古之治与末世之弊，看出末世之弊的根本毛病在于人欲横流，从而引起无数的争战，对社会及人民造成莫大的破坏和痛苦。所以要用老子所说的太古之治的无为之道来救末世的争夺之弊。老子之书就是说这种道理，所以魏源称其上可明道，中可治身，下可治人，无论怎样用都是有效的。

魏源认为，老子相信"无为"就是太古之治的关键：

> 岂自然不可治身，无为不可治天下哉？老之自然，从虚极静笃中得其体之至严至密者以为本，欲静不欲燥，欲重不欲轻，欲啬不欲丰，容胜苛，畏胜肆，要胜烦。故于事恒因而不倡，迫而后动，不先事而为，夫是之谓自然也。……其无为治天下，非治之而不治，乃不治以治之也。②

魏源又提出老子的太古之治即以"无为治天下"的具体方法主要为：

> 功惟不居故不去，名惟不争故莫争。图难于易，故终无难。不贵难得之货，而非弃有用于地也。兵不得已用之，未尝不用兵也。去甚、去奢、去泰，非并常事去之也。治大国若烹小鲜，但不伤之，即所保全之也。以退为进，以胜为不美，以无用为用，孰谓无为不足治天下乎？③

---

① 魏源：《老子本义》，见《老子集成》第十一卷，宗教文化出版社 2011 年版，第 8 页。
② 魏源：《老子本义》，见《老子集成》第十一卷，宗教文化出版社 2011 年版，第 3 页。
③ 魏源：《老子本义》，见《老子集成》第十一卷，宗教文化出版社 2011 年版，第 2—3 页。

但魏源也看到了老子无为的思想不易为人接受，故他特意说明老子著书阐明此道的重要性：

> 老子著书，明道救时……今将救其弊，而返以慈俭谦退，则天下必以为不适于用，故即其所明者以喻之。言吾之道无施而不可，虽用之以战守，亦无不胜且固者。盖慈则必俭，慈则必不敢为先，是即兵家以退为进、以弱为强之道。①

他还举了西汉运用黄老之学取得文景之治事实来加以论证：

> 夫治始黄帝，成于尧，备于三代，歼于秦，迨汉气运再造，民脱水火，登衽席，亦不啻太古矣。则曹参、文、景，斫雕为朴，网漏吞舟，而天下化之。盖毒痛乎秦，酷剂峻攻乎项，一旦清凉和解之，渐进饮食而勿药自愈。盖病因药发者，则不药亦得中医，与至人无病之说，势易而道同也，孰谓末世与太古如梦觉不相入乎?②

西汉的文景之治，证明即使到了末世，只要运用老子的太古之道也能改变坏乱的世道。此外他还把"无为之治"分为上、中、下三等："上焉者，羲皇、关尹治之以明道；中焉者，良、参、文、景治之以济世；下焉者，明太祖诵民不畏死而心减，宋太祖闻佳兵不祥之戒而动色是也。"③

魏源也知道世道既然已经不是太古之世，也就不能完全恢复太古之治，但在这种情况下，再来讲太古之道仍然是有其现实意义的，他说：

---

① 魏源：《老子本义》，见《老子集成》第十一卷，宗教文化出版社 2011 年版，第52—53 页。

② 魏源：《老子本义》，见《老子集成》第十一卷，宗教文化出版社 2011 年版，第 3 页。

③ 魏源：《老子本义》，见《老子集成》第十一卷，宗教文化出版社 2011 年版，第 3 页。

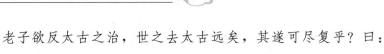

老子欲反太古之治，世之去太古远矣，其遂可尽复乎？曰：未可也。未可而言之，何也？夫衰周文弊，淳质亡丧尽矣，非大道不足使人反性命之情。言道而不及其世，不足以知大道之已试。此其所以必反太古之治也。①

这种"知其不可而为之"的态度，实际上是想通过百分之百的努力来争取百分之六七十的效果。人不可不尽其力，但效果如何则只能听其自然，所谓"尽人力而听天命"是也。所以在不能百分之百达到太古之治的情况下讲太古之道，乃是矫正末世的不得已之举。

魏源认为，在历史上运用老子所谓太古之道而取得成功者，并非绝不可能，西汉的人士如文帝、景帝、曹参、盖公、汲黯、张良等人，即是这种成功者。他在《论老子三》中说：

> 汉人学黄老者，盖公、曹参、汲黯为用世之学，疏广、刘德为知足之学，四皓为隐退之学，子房犹龙，出入三者，体用从容。汉宣始承黄老，济以申韩，其谓王伯杂用，亦谓黄老王而申韩伯也。惟孔明澹泊宁静，法制严平，似黄老非黄老，手写申韩教后主，而实非申韩。呜呼！甘酸辛苦味不同，蕲于适口，药无偏胜，对症为功，在人用之而已。

魏源认为，运用老子的太古之道于自身时，则可使自我达到羲皇境地，若把它推广到社会和天下，则能取得如同太古之治的效果，这是那些歪曲老子思想者不可相比的：

> 如盖公、黄石之徒，敛之一身，而微妙浑然，则在我之身已羲皇矣。即推之世而去甚去奢，化嬴秦酷烈为文景刑措，亦不窬后世羲皇矣。岂若刑名清谈长生之小用而小弊，大用而大

---

① 魏源：《老子本义》，见《老子集成》第十一卷，宗教文化出版社 2011 年版，第 60 页。

弊邪？①

魏源总结西汉人运用老子太古之道而成功的方法，认为其中的关键在于：

> 黄老静观万物之变，而得其阖辟之枢，惟逆而忍之，静胜动，牝制牡，柔胜刚，欲上先下，知雄守雌，外其身而身存，无私故能成其私，所谓反者道之动，弱者道之用也。②

又说：

> 文、景、曹参之学，岂深化于嵇、阮、王、何乎？而西汉、西晋燕越焉。则晋人以庄为老，而汉人以老为老也。③

此言能真正用老子之道则可治世，不能真正用老子之道则要乱世。表明老子之学完全是有益于政治的学术思想，而不是一种单纯的哲学体系。如果只从学术或哲学的层次上看，西汉的文、景、曹参绝对比不过西晋的嵇、阮、王、何，但文、景、曹参运用黄老之学就把西汉的政治搞得很好，而嵇、阮、王、何的老子之学则是空头的学术，对于西晋的政治根本没有起到什么作用。由此可见，同样是学习研究老子之学，却有截然不同的效果。魏源说晋人是以庄为老，汉人是以老为老，这就是说双方研究老子之学的思路不同。以庄为老，是歪曲了老子的思想。以老为老，才是正确理解老子的思想。只有能够正确地理解老子的思想，才能正确运用老子的思想。而若对老子思想有所歪曲，则必不能充分发挥老子思想于现实之中，不能体现老子思想对于现实政治的指导作用。老学如果走上以庄为老

---

① 魏源：《老子本义》，见《老子集成》第十一卷，宗教文化出版社 2011 年版，第 2 页。
② 魏源：《老子本义》，见《老子集成》第十一卷，宗教文化出版社 2011 年版，第 4 页。
③ 魏源：《老子本义》，见《老子集成》第十一卷，宗教文化出版社 2011 年版，第 2 页。

的歧路，也就是只讲个人的清高，不问现实政治，就是老学研究中的歧路。魏晋玄学，虽然也高谈老子之学，但那完全是与老子思想原意背道而驰的清谈，所以魏晋的玄学家或清流名士，是没有真正得到老子思想的真谛的。

历史上不少的人，都对老子思想做过类似的歪曲，表面上是在标榜老子，实际上则是曲解老子，不能把老子思想中的政治意味正确揭示出来。对此魏源也有严厉批评。如他认为诸子也都不能真正掌握老子的无为，而各有偏差：

> 无为之道必自无欲始也。诸子不能无欲，而第慕其无为，于是阴静坚忍，适以深其机而济其欲。庄周无欲矣，而不知其用之柔也。列子致柔矣，而不知无之不离乎有也。故庄、列离用以为体，而体非其体。申、韩、鬼谷、范蠡离体以为用，而用非其用。①

老子的思想可以用"无为"来概括，可是诸子却不能正确理解老子的无为之道。这是因为他们不能无欲，所以歪曲了老子的无为之道，走向阴静坚忍、深其机以济其欲的歧途。庄子虽然能够无欲，但却不知运用无为的诀窍，所以走向超脱现实的道路。列子虽然能知运用老子之道的"柔"，但又不能明白有、无的关系，所以走向清虚的道路。此二者都不能对现实政治产生作用，故与老子的能对现实政治发挥作用的无为之道不可同日而语。庄子与列子的弊病是在于把老子之道的体与用分割开来，不能统一理解和掌握。至于其后的申、韩、鬼谷、范蠡等人，其根本的弊病则正好与庄子、列子相反，脱离了老子无为之道的根本，而只能运用老子思想的一些皮毛于现实政治。

魏源认为不能无欲则不能正确掌握老子的无为之道，他又进一步分析了人们为什么不能无欲：

---

① 魏源：《老子本义》，见《老子集成》第十一卷，宗教文化出版社 2011 年版，第 2 页。

以急功利之心，求无欲之体不可得，而徒得其相反之机，以乘其心之过不及，欲不偏不弊，得乎？老子兢兢乎不敢先人，不忍伤人，而学者徒得其过高过激，乐其易简直捷，而内实决裂以从己，则所见之乖谬使然也。《庄子·天下篇》自命天人，而处真人、至人之上，《韩非·解老》而又斥恬澹之学、恍惚之言为无用之教，岂斤斤守老氏学者哉？①

不能无欲，根本的问题是有"急功利之心"。要去追求功利，就要有所作为，这都靠一种欲望在背后支撑着。所以求功利之心越急，其求无欲则越不可得。在这样基础上，还想得到老子的"无为"之道，怎么可能？有功利之心，就要与人争，就要先于别人，就要伤害别人，不如此就不能求得功利。这一切正与老子的无为之道背道而驰。

另一个弊病，则是只看到老子思想的过高过激之处，一味地求清高孤寂和反世俗，去追求个人的修身养性，这也不符合老子思想之原意。有的人之所以产生偏差，走上过高过激的歧路，就在于不能全面掌握老子思想，只见其一，不知其余。如庄子的论调不可谓不高，但那是他"所见之乖谬使然"，而非老子思想使然。又如《韩非子》对《老子》的解释，则对《老子》的无为之道批评为"无用之教"，这同样是由功利之心使然，也非准确遵守老子思想之原意的解释。

老子的太古之治，在魏源看来，本来就能对天下社会产生很大作用，但除了西汉前期有所运用外，在整个中国历史上，却未能发挥应有的作用。对这一现象，魏源认为应归罪于后之解释者的误解。即是说，由于后人对老子思想有所误解，才造成老子思想"无用于世"的结果，故他在《论老子三》中说：

老子言绝仁弃义，而不忍不敢，意未尝不行其间。庄周乃以徜徉玩世，薄势利遂诃帝王，厌礼法则盗圣人。至于魏晋之

---

① 魏源：《老子本义》，见《老子集成》第十一卷，宗教文化出版社 2011 年版，第 4 页。

士，其无欲又不及周，且不知无为治天下者果如何也。意糠秕
一切，拱手不事事而治乎？卒之王纲解纽，而万事瓦裂。刑名
者流，因欲督责行之，万物一付诸法，而己得清静而治，于是
不禁己欲而禁人之欲，不勇于不敢而勇于敢，不忍于不忍而忍
于忍，煦煦孑孑之仁义退，而凉薄之道德进，岂尽老子道乎？
岂尽非老子道乎？①

后之解释《老子》者，多只就《老子》的字面意思加以理解，如谓
老子提出"绝仁弃义"，便谓老子之道不关心社会，于是人们便由此
引申开去，走上庄子那种"倘佯玩世，薄势利遂诃帝王，厌礼法则
盗圣人"的道路，或产生魏晋名士那种"糠秕一切，拱手不事事"
的偏向，或导致申、韩刑名家"万物一付诸法"的极端。这些都是
误解老子所谓的"绝仁弃义"，所以魏源特地说明老子对待仁义礼乐
的态度。他认为老子并非反对仁义礼乐，与讲究仁义礼乐的孔子思
想不矛盾，并用老子的"三宝"来对应孔子的仁义礼乐，借此以证
明。当然，老子思想与孔子思想并不完全相合，魏源对此也有分析：

> 老子与儒合乎？曰：否否。天地之道，一阳一阴，而圣人
> 之道，恒以扶阳抑阴为事。其学无欲则刚，是以乾道纯阳，刚
> 健中正，而后足以纲维三才，主张皇极。老子主柔宾刚，而取
> 牝、取雌、取母，取水之善下，其体用皆出于阴。阴之道虽柔，
> 而其机则杀，故学之而善者则清静慈祥，不善者则深刻坚忍，
> 而兵谋权术宗之。虽非其本真，而亦势所必至也。②

在魏源看来，儒家与道家正好是一阴一阳，配合而成，皆不可缺少。
因为天地之道就是一阴一阳，少了任何一方都将使天地之道不能正
常发挥作用。儒家与道家学说有主阳、主阴的不同偏向，但对于人

---

① 魏源：《老子本义》，见《老子集成》第十一卷，宗教文化出版社 2011 年版，第 4 页。
② 魏源：《老子本义》，见《老子集成》第十一卷，宗教文化出版社 2011 年版，第 4 页。

类社会，此二家思想都是有用的。魏源也指出，对老子思想学得不善，则有可能产生如庄子、魏晋名士、申、韩之流，更有甚者，导致兵谋权术。虽然这都不是老子思想的本来内容，但由老子思想而产生出这些东西，也是势所必至。对于这一现象，人们也不可完全忽视。之所以要说这个问题，正是因为在现实中大多数都是对老子思想有误解，而真正能够理解老子思想之本义者，则少之又少。这也是不可否认的事实，既然如此，魏源就有必要指出这一点。若不承认这一点，也就不能很好地解释老子思想与这些似是而非的思想之间的关系。

魏源说明老子思想与儒家思想的不同，还有一个原因，那就是有不少人把老子思想解释成了儒家思想。这会使人不能认识老子思想的真正面目，即不懂得老子的太古之道。此外魏源又特别提出："内圣外王之学，暗而不明，百家又往而不返，五谷荑稗，同归无成。悲夫！知以不忍不敢为学，则仁义之实行其间焉可也。"① 儒家思想即所谓的"内圣外王"之学，在现实中已不能发扬光大，诸子百家却又不能找到一条正路，反而造成思想领域的一片混乱，使人无法分清真伪。在这种情况下，老子思想提倡不忍不敢之道，阴以济阳，其中暗含儒家思想的仁义礼乐，以此来实现所谓的太古之治，不也是可以的吗？所以虽然老子思想与儒家思想不尽相同，但仍有其存在的合理性。故研究老子思想中的太古之道，不也就很有意义了吗？

魏源也说明了老子思想与佛家思想的异同：

老子与佛合乎？曰：否否。窈冥恍惚中有精有物，即所谓雌与母，在佛家谓之玩弄光景，不离识神，未得归于真寂海。何则？老明生而释明死也，老用世而佛出世也。老，中国上古之道；而佛，六合以外之教也。故近禅者惟列御寇氏，而老子

---

① 魏源：《老子本义》，见《老子集成》第十一卷，宗教文化出版社 2011 年版，第 4 页。

固与禅不相入也。①

在老子思想的解释者中，也有一些从佛家角度进行解说的。魏源认为，老子思想与佛家思想的根本差别，在于"老明生而释明死，老用世而佛出世"。明生用世，都是在讲人类生存的意义及其活动的原则，而以关心天下社会之治为中心。明死出世，则正与之相反，不关心人类社会的事务，不研究人生的意义及原则。如此截然相反的思想怎能硬性捏合到一块呢？此外，老子讲恍惚之中有精有物，这是说道之本体的特有本质，而这种思想在佛教看来，则是不离识神，未能达到真空的境地。所以二家在本体论上也是根本合不来的。再一点，老子思想是中国本土产生的，而佛教则是从六合之外传到中国的宗教，二者的来源不一，所以也是不能合二而一的。老子思想统系中，只有列子与佛教的禅宗相近，而老子思想本身则与禅宗毫无关系。由此说来，用佛家思想解释老子思想的人，都可说是误解老子者，他们的解释也就是不可相信的了。

魏源在《论老子》中之所以要区分老子与儒佛二家的不同，归根结底，还是要为自己的老子之学为太古之道说提供论据，以加强自己见解的可信程度。这种区分还是非常重要的，因为佛学思想与《老子》思想确实不可能一样，也许其中有些内容有相通之处，但整体来看，绝不可能一样，后人所以借助儒学、佛学思想解释《老子》，只能看作理解《老子》时的一种参考，不能认为这是获得《老子》本义的正道。在这一点上，魏源是非常清醒的。

三、杨增新《补过斋读老子日记》

杨增新（1864—1928），字鼎臣，云南蒙自人。光绪十五年（1889）进士。光绪三十四年任新疆阿克苏兵备道。中华民国成立后任新疆督军。1928年，通电拥护南京国民政府，易帜归附。著有《补过斋文牍》《补过斋日记》《读易学记》等。

---

① 魏源：《老子本义》，见《老子集成》第十一卷，宗教文化出版社2011年版，第4页。

　　杨增新著有《补过斋读老子日记》。书前有王树枏序，称《老子》书是治世之经，学者研究此书"约之可以治一身，扩之至于范围天下，曲成万物……非遗人事而空言天道者之所能为"。杨增新"既于《易》之道反复而著明之矣，兹复以《老子》一书与《易》道相为表里……于持身涉世之方，治国安民之道，莫不参合会通发挥之以尽其致。……其尤要者，则拳拳于《老子》所谓治人、事天、用兵、理财、法令诸大端，以及伎巧、盗夸、知足、好还之说之足为法戒者"。王树枏还在序中称赞杨增新"至己之所建止设施以成一方之治者，则又本其说躬行而实践之，故言之有其理而行之得其道，宜乎治功之卓绝，为一世冠也"。①

　　杨氏于《老子》思想特别注意"无为"，在第八十一章的注释中说：

　　　　老子之道在于无为，然又恐人蹈于虚寂，而于无为之旨不无误会也，故于篇末特揭一语以示人曰："为而不争。"既曰"为"，则非一事不为也，亦非端拱无为也。为所当为，为所得为，行其所无事，则无为而无不为矣。不争则为之而无以为，争则为之而有以为。天道无为，故利物而不害于物；圣道为而不为，故利人而不害于人。利人则公，利己则私，私则争，公则不争，天下治乱，视乎此矣。②

据此说来，他对老子思想的理解是与他人不一样的，强调"为"的一面，这是符合老子思想的。因为老子说"无为而无不为"，重点还是落在"为"字上。但"为"的必要条件是"不争"，这就是老子与其他思想家的根本不同之处。杨氏这样解释老子的为，目的是要破除人们对于老子的无为的误解，即不是"一事不为"，也不是"端拱

①　王树枏：《序》，见《老子集成》第十二卷，宗教文化出版社 2011 年版，第 1—2 页。
②　杨增新：《补过斋读老子日记》，见《老子集成》第十二卷，宗教文化出版社 2011年版，第 183 页。

无为"，如果是这样的无为，就没有任何实际意义。在正确理解无为与为的基础上，提出"为所当为，为所得为"，但要有"无事"的态度为之，这才是老子所说的"无为而无不为"。

杨氏作为治理新疆的大臣，应付内政外交，不可能"一事不为"，必须是"为所当为，为所得为"，他就是在具体的政治实践中理解了老子的"无为而无不为"的思想，并进而指导自己的实践，这是他在老子研究上的特别之处。在他看来，老子的这种"无为而无不为"，最终的目的是"利物而不害于物，利人而不害于人"，秉承这一宗旨，实行不争之为的"为所当为，为所得为"，是老子思想的真正可贵之处。

对于老子所说的"圣人处无为之事，行不言之教"，他认为：

> 处无为之事，行不言之教，《老子》八十一章其宗旨不过如此。如曰：为无为则无不为。又曰：道常无为而无不为。又曰：上德无为而无以为。又曰：损之又损，以至于无为，无为而无不为。又曰：我无为而民自化。又曰：圣人无为故无败。此皆所谓处无为之事也。如曰：多言数穷，不如守中。又曰：大辨若讷。又曰：知者不言，言者不知。又曰：善者不辨，辨者不善。此皆所谓行不言之教也。处无为之事，则有事如无事，行不言之教，则有言如无言。金人之诫曰：无多事，无多言。老子之道亦同此旨。[①]

他把《老子》中分散的论述集中起来以阐明"圣人处无为之事"和"行不言之教"的思想内涵，这是今人研究老子思想时必须尊重的一种方法，这样集中来看，就能充分理解"圣人处无为之事，行不言之教"的完整思想内涵。最后又加上自己的新理解：处无为之事，就是"有事如无事"，行不言之教，就是"有言如无言"，简单地说，

---

① 杨增新：《补过斋读老子日记》，见《老子集成》第十二卷，宗教文化出版社 2011 年版，第 6 页。

就是"无多事，无多言"。这样的阐释说明了不能把老子所说的"圣人处无为之事，行不言之教"误解为不为和不言，而是有为和有言，只是这种有为与有言要达到如无事、如无言和无多事、无多言的境地，而这个分寸是很难把握的。其中的微妙，可能只有杨氏这种亲身治理过新疆的具有丰富实际经验的官员兼学者才能体会出来。但这也正是杨氏这种具备特定身份的人物在《老子》理解上超过一般只在理论上讨论老子思想的学者之处。我们对此绝不能小看，应该更为深入地探讨其中的哲理。

对于"万物作焉而不辞"，杨氏认为：

> 万物作焉而不辞，便见得有圣人之才，天下无不可为之事；有圣人之量，天下无不可容之物。泰山不辞土壤，河海不辞细流，圣人不辞万物，真能以万物为一体，而后能尽人性、尽物性，以赞天地之化育。明乎此，然后知道之为用，非可与万物相离而侈谈空虚。时可作，机可作，势可作，万物作而圣人与之俱作。不辞者，谓虽不敢为天下先，亦未尝不自任以天下之重也。……物犹事也，天下之事纷然陈乎吾前，顺以应之，不喜事，亦不厌事。……圣人之心无事，而不能使天下无事，圣人处有事如无事，而不能使天下终于无事。万物并作，圣人亦与之俱作，故作而不辞。①

这一理解又与常人不同，"万物作焉而不辞"，这是道对万物所起作用的体现，但老子进而又转到圣人治天下的层面上，杨氏于此看出了作为政治家的圣人是如何按照道与万物的关系来实施其政治实践的。即圣人要有相应的才能和度量，这样才能做到"天下无不可为之事"和"天下无不可容之物"。中国俗话说的"宰相肚里能撑船"，就非常形象地说明了圣人的度量必须极大的道理，能大容才能做到

---

① 杨增新：《补过斋读老子日记》，见《老子集成》第十二卷，宗教文化出版社 2011 年版，第 7 页。

无不可为之事的境地。他说物就是事，道与万物相对而言，圣人与万事相对而言，万物就是万事，所以伟大的政治家——圣人必须具备"天下无不可为之事"和"天下无不可容之物"的境地，这才是老子所说的"万物作焉而不辞"的真解。所谓的"不辞"，就是不推卸责任，予以关心与处理，否则就称不上治国治天下的圣人，只能是只求自己清闲的隐士。这样的思想在庄子中有浓厚的表现，但杨氏理解的老子绝不是这样的思想。在他看来，圣人对于万物万事是全都不辞的，他要"尽人性""尽物性"，以此来赞助天地的化育，这就是圣人按照道对于万物的态度来治国治天下。这里的"尽人性""尽物性"，不是后来理学家或佛学家所讲的性，而是指人与物的全部本能与作用，圣人的不辞万物万事，就是要让所有的人与物都能按照自己的本性、本能去发挥自己应有的作用，所以说圣人是通过对万物万事的"不辞"而使万物万事完成自己的化育之功能与使命的。

"尽人性，尽物性，以赞天地之化育"，出自儒家经典《中庸》："唯天下至诚，为能尽其性；能尽其性，则能尽人之性；能尽人之性，则能尽物之性；能尽物之性，则可以赞天地之化育；可以赞天地之化育，则可以与天地参矣。"杨氏把这些话语与老子的思想结合起来了，而且丝毫不显得违碍，反而显得那样贴切。这里面就包含着极为重要的哲理，而且是符合思想逻辑的。关键是圣人对万物万事的不辞，这是其伟大而不可推卸的责任，也是完全符合道对万物的关系与责任的。既然有不辞的责任，就要让万物万事按照各自的本性本能去运作，这也符合万物作焉的客观现实，所以在圣人的角度上，天下无不可为之事，无不可容之物，使万物万事按照符合各自本性本能地去完成和实现自己各自的使命与功能。这不就是尽人、物之性而赞天地之化育吗？所以杨氏说："明乎此，然后知道之为用，非可与万物相离而侈谈空虚。"这就是说圣人对于道，是不能离开事物而空谈虚静的。不辞，就是"未尝不自任以天下之重也"。这样的圣人，面对陈乎面前的天下万事万物，以不辞的态度"顺以应之"，全都包容，全都赞育，这就是"万物作焉而不辞"的真正含意。在杨氏看来，圣人"不能使天下无事"，"不能使天下终于无事"，[1] 他只能面对"万物并作"的客观世界，而"不辞"地与之俱作，并使它们全都尽自己的本性本能完成自己的功能与使命。老子的这种思想，谁能说是消极的呢？谁能说是没有现实价值的呢？

在杨氏看来，道使万物的自然运行和完成，与圣人使人间万事的自然运行和完成，都不过是使万物万事各遂其性以成其功，这也就是他所理解的天下无不可为之事和无不容之物："日月之运行，寒暑之往来，风雷之鼓荡，雨露之涵濡，此天地之为也。然天地虽为而莫之为，其所以施之万类者，因物性之自然，非天地有心于为之也。政教之修明，礼乐之美备，法令之精密，制作之堂皇，此圣人之为也。然圣人虽为而无以为，其所以措之万事者，无非顺民性之自然，非圣人私意之所为也。故曰为而不恃。"[2]

这就从不辞万物的"并作"合乎逻辑地发展到"为而不恃"。道与圣人都要为，所谓的为是顺民性之自然，而不是圣人按照自己的私意而命民众来为。道的"自然"，与圣人的"自然"，是同一个原理，而圣人的不辞、无为而无不为、为而不恃就都归根于这个"自然"原理。尽人、物之性，赞天地之化育，也无非就是这种顺乎自然的"赞"与"为"；无为而无不为，也是基于这种"自然"之原理的。若是全无作为，不论是物是人还是道，都是不合乎"自然"原理的。这就是理解老子思想的根本所在。

他又进一步阐释圣人的这种为："天下之为，非一人所独为也，圣人以众人之为为为，而不自为，故为而不恃。天下之功，非一人能成功也，圣人以众人之功为功，而不自功，故功成而弗居。"[3] 可知圣人的为，是按照道的原理使天下万民各自自为的为，不是一个

人孤立的为。这也是从"万物作焉而不辞"发展过来的符合逻辑的解释。圣人不辞万物之各自之作，让它们全都尽其本性本能自为，而不是圣人出于一己之意的自为，所以能让万事万物顺乎其自然本性本能而自为，圣人的为之所以不是一个人孤立的为，其本质就是如此。在此基础上，所以能说圣人"为而不恃，功成而不居"，因为他让万物万事自为，不是圣人自为，这样的"为"当然是圣人所不恃的，这样的"功成"当然不是圣人所可"居"的。这样解释，可使人懂得圣人的"不恃"与"弗居"，不是圣人主观的谦虚之态度，而是他秉承道之根本原理必须这样做，且只能这样做。所以，把"为而不恃"和"功成而弗居"解释为圣人主观上的态度或精神，都是不合乎老子思想本意的。而能这样理解老子的思想，在政治实践上就能有自信把天下国家与社会治理好，不用担心会出现什么问题。因为这样的政治家是让所治理的天下的所有成员各自按照自己的自然本性本能来运作的，政治家并没有出自私意来指挥与部署安排，也不会按照自己的私意来干涉天下国家社会的所有成员的自然之作为，所以皆能自然而为，各获成功，所以圣人之治是"无为而无不为"。他的无为是按道的原理让万物万事自为，所以这是一种极高明的为，也就能达到无不为的目的。可知所谓的无不为，是指万物万事的自然之为、运作及其成功。"无为而无不为"的辩证关系，只能这样理解。

圣人的"不辞"和"为而不恃"，本身都是顺乎自然的为，而不是不为，于是又出现了老子所说的"不尚贤"的问题。杨氏认同王弼的注："唯能是任，尚也曷为。"杨氏以为："圣人之于贤，非不用也，特不尚耳。……以不尚为尚，而不以尚为尚，则用人而非用于人，此全在方寸隐微处做工夫，不存私心，不设成见，何尚之有，何争之有？"[①]

让万物万事按其本性本能各自运作和自为，这就是圣人的为，

---

① 杨增新：《补过斋读老子日记》，见《老子集成》第十二卷，宗教文化出版社 2011 年版，第 8 页。

因此能收到无不为的效果。在这个过程中，必然会遇到"贤"的问题。也就是说，人的运作与自为，会有能力与功效上的差别，能力高和功效大的人，可称为"贤"，反之就是"不贤"。但圣人的原则是让万物万事按其本性自为运作，不是按自己的私意来指导或干涉它们的自为，因此出现贤与不贤的差别，也就是非常自然的结果。对此，圣人应该怎样做？这就是"不尚贤"的问题。杨氏特别指出不尚贤不是不用贤，只是"不尚"而已。用贤是顺乎事物的"自然"，尚贤则不是顺乎事物的"自然"，所以老子思想里的"无为而无不为"，是要用贤而非尚贤。用贤是顺乎"自然"的用，谁贤谁不贤，不是由圣人来认定的，而是通过事物的自然运作与结果来验证的。所以这样呈现出来的贤，当然就可以用之，而不是人为地拔高或认定。这样就避免了尚贤的各种弊端。所以，按照事物的自然规律的用贤是合乎道与圣人之原则的。

这样再来看王弼的注，就能理解他所说的"唯能是任，尚也曷为"也是强调通过事物的实践来验证贤与不贤而加以任用，不是用"尚"的方法来找到和发现贤而任用之。这样看来，王弼也是能够理解老子思想的原意的。而杨氏在此基础上引申发挥为用贤而不尚贤的内涵，也是符合老子思想原意的。而且这也与上面所说的圣人对"万物作焉而不辞，为而不恃，功成而不居"是一脉相通的。即在面对万物万事作焉的情况下不辞自己的责任，使万物万事自为而不干涉。圣人这样的为而不恃为己功，于是就会出现真正的贤能，这一切都合乎自然法则。让贤能来为，而圣人的为只是让贤能者各任其事以为之，而不是全由圣人自己来为，这就是"无为而无不为"。可以说贤人之为，也是"万物作焉"的内容之一，对贤者的任用，则是圣人的"不辞"。贤而为之能成功，圣人并不以为己功，而不恃之。可知这些思想本身就是一个整体，不可分开，但其中有内在的逻辑，这样才能准确理解老子的思想。

老子之所以"不尚贤"，是因为所谓的"尚"，就是不自然的为，必将引起不自然的结果，而不会发现和任用真正的贤人。杨氏说：

以策论为贤而尚之，则人争以策论进，以诗赋为贤而尚之，则人争以诗赋进，以八股试帖小楷为贤而尚之，则人争以八股试帖小楷进。……有所尚即有所争，争而得之，斯谓之贤；争而不得，斯谓之不贤。不知贤不贤之不系乎此也。老子所谓不尚贤者，非弃贤而不用，乃立贤而无方，不拘于一格以求贤，既可息天下竞争之心，又可广人才登进之路。①

这说明政治家的尚贤，都是不自然的提倡，必然引导着人们做不自然的表现以争夺所谓的贤之名及其功利。这样肯定不会发现和得到并任用真正的贤才。用事物自然验证以发现和任用贤才的方法来找到贤，才是符合道的正确方法。从圣人"无为而无不为"的角度看，"尚"就不是无为，而是出自私意的为，其必然结果是不会无不为的，只会出现诸多乱为之恶果。所以杨氏说以不尚贤的方法发现和任用贤，才是正确的人才登进之路。圣人这样的为，才是符合道之原则的为。尚贤是不好的为，不尚贤而使贤自然出现和形成，才是好的为，才是真正的"万物作焉而不辞"。所以，杨氏感叹道："'不尚贤'三字竟以'不用贤'为解释，失《老子》之意矣。"②

老子又提出："圣人之治，虚其心，实其腹，弱其志，强其骨。"整体来说，虚、实、弱、强，都是圣人的为，是合乎道之准则的为，是"万物作焉而不辞"的为，是无为之为，是"为而不恃"的为。但这要正确解释"虚其心，实其腹，弱其志，强其骨"才行。杨氏从经世致用的角度对此四语加以解释："实其腹者，即富国之策，制其田里，教之树畜。一人实其腹则一人富，人人实其腹则一国富。强其骨者，即强国之术，普及教育，扩张武备。一人强其骨则一人强，人人强其骨则一国强。然又曰虚其心，弱其志，何也？虚其心则不见异而迁，惟求足以自养而腹乃实；弱其志则无非分之想，惟

---

① 杨增新：《补过斋读老子日记》，见《老子集成》第十二卷，宗教文化出版社 2011 年版，第 8 页。

② 杨增新：《补过斋读老子日记》，见《老子集成》第十二卷，宗教文化出版社 2011 年版，第 9 页。

求有以自立而骨乃强。"①

可以说，杨氏这一套解释完全是从实际的政治治理层面来发挥的。"实其腹"，不仅仅是让人吃饱肚子，更是提升到富国之策的高度，这要配合一整套经济政策与措施，并有切实的目标，即人人实其腹，而使一国富。"强其骨"，也不仅仅是让一个人身体强健，而是要让整个国家强壮起来，包括国民身体强壮和国家武备强大，所以这就上升到强国之术的层面了。同时还要做到"虚其心"和"弱其志"，从国家治理的角度看，这就是让国民不见异而迁，不要抱有非分之想，在此基础上来追求自养和自立。可知"虚其心"与"弱其志"，是"实其腹"和"强其骨"的必备条件。这是一个整体的治国思想，杨氏特别说到是让人民自养而腹实，自立而骨强，这就说明这都是圣人的为，是"万物作焉而不辞"的为，是"为而不恃"的为，是"功成不居"的为，是让万物万事自然运作而实现其本性本能的为，而不是通过"尚"等出自私意的为，所以这仍是圣人"无为而无不为"的思想。这样的解释，整体上仍然是符合老子思想本意的。

杨氏又认为"使民无知无欲"，就是"虚其心"。因为"心虚则无可尚，无可贵，无可欲，而能不争、不盗、不乱矣。……有知则有欲，无知则无欲；有欲则争，无欲则无争；有欲则乱，无欲则不乱。不能无知，未有能无欲者也。不能无欲，未有不争不乱者也"②。这一解释，使我们得以理解老子在说了"虚其心""弱其志"后为什么又说"常使民无知无欲"。为此杨氏进一步引用儒家的经典来说明这些道理，如《尚书》说："天生蒸民，有欲无主，乃乱。"《荀子》说："人生而有欲，欲而不得，则不能无求，求而无度量分界，则不能不争。争则乱，乱则穷。"因此杨氏认为："有欲者，争之源，乱之根也。有欲由于有知，故必无知而后能无欲。《诗》云：不识不

①　杨增新：《补过斋读老子日记》，见《老子集成》第十二卷，宗教文化出版社 2011年版，第 13 页。

②　杨增新：《补过斋读老子日记》，见《老子集成》第十二卷，宗教文化出版社 2011年版，第 13 页。

知，顺帝之则。"①

从"虚其心"到"无知无欲"，探讨的是如何防止国家社会出现动乱的问题。看来"虚其心"就是"无知无欲"，无知才能无欲，这二者又是密不可分的，而这一切都是为了防止出现恶性竞争，引起无法控制的动乱，这对于一个国家和社会来说，是最大的问题，不能不慎重思考其产生的根源与防止的办法。这样的问题，儒家看到了，道家也看到了，所提出的解决办法却又不谋而合，谁可说道家是不关心社会政治的消极思想呢？此外，这里所出现的《诗经》中的说法，所谓"顺帝之则"，"帝"也应该是自然之道，不是有意志的天帝，或以上帝为名的统治者。在这一点上，儒家的"帝"与道家的"道"，应该是同一的概念。

从"无知无欲"，又进一步探讨到"知"与"欲"的问题，杨氏说："知所当知，是谓无为之知，知以天不以人，虽有知如无知矣。欲所当欲，是谓无为之欲，欲以公不以私，虽有欲如无欲矣。"又说："无知非冥顽不灵也，知所当知而已；无欲非断绝思虑也，欲所当欲而已。良知炯然，何能无知？从欲以治，何能无欲？"② 他把"无知无欲"解释为"知所当知，欲所当欲"，也就是把"无知无欲"解释为不当知的不知，不当欲的不欲。"当知当欲"和"不当知不当欲"，分别的标准是天与人、公与私。以天以公，就当知当欲，否则就不当知不当欲。这就把"无知无欲"解释得比较合乎实际情况了。所以杨氏说"无知"不是冥顽不灵，"无欲"也不是绝对的不思虑。因此从治国治天下的角度讲，"使民无知无欲"，就是使民知所当知，欲所当欲，知与欲的原则是以天与以公。这样的解释是经世致用角度的解释，是能用之于实际情况的解释，而不再是玄谈空论，这就使老子思想不再是纯哲学的思辨，而成为能用于实际政治的思想。杨氏的这种解释，是对老子研究的一个贡献。

---

① 杨增新：《补过斋读老子日记》，见《老子集成》第十二卷，宗教文化出版社 2011年版，第 13 页。

② 杨增新：《补过斋读老子日记》，见《老子集成》第十二卷，宗教文化出版社 2011年版，第 13—14 页。

上面说到的圣人对"万物作焉而不辞"的"为而不恃"和"功成不居"，是老子"无为而无不为"思想的一个内容，而老子又说"为无为，则无不治"，则直接把"为"与"治"放在一起来论述。对此，杨氏引用河上公的注"不造作，动因循"，并加以解释，认为："造作者，造由人造，作由人作，自无而之有，故曰有为。因循者，因物之性，循天之理，无成见，无私心，故曰无为。今人以怠缓为因循，则成为不美之名词，非古义矣。"[1]

按他的理解，不主张人为的造作，而主张遵循自然的有为。换言之，老子说的为是不出自人的私意的作为，是遵循自然规则的作为，可知老子不是主张绝对的无为，只是不主张人为的为，而主张合乎自然规则的为。这样的为就是"无为"，就能"无不治"。如果是绝对的无为，则一无作为，如何能治？河上公说的"动"就是"为"，"造作"也是"为"，但是是两种不同的"为"，老子的"为无为"，也是一种"为"，是因物之性、循天之理的"为"，这样的为，无成见，无私心，故曰"无为"。所以他认为一般人误解了老子所说的无为和因循，就不能从老子思想中获得有益的教诲了。

从"常使民无知无欲"，进一步说到"使夫智者不敢有为"的问题，这也是现实政治中的大问题，必须重视，而且要用老子的思想加以解释。杨氏认为，老子所说的"常使民无知无欲"，以及"虚其心""弱其志"，最终的目的之一就是"使智者不敢有为"：

> 无知则无欲，无欲则无为，无知无欲，虽有智者亦不敢为争盗之事矣。天下争盗之事出于愚者恒少，出于智者恒多。使夫智者不敢为，则知所当知，不知其所不当知，欲所当欲，不欲其所不当欲，虽智而不害其为智矣，虽为而实无为矣，故大智若愚。[2]

[1]　杨增新：《补过斋读老子日记》，见《老子集成》第十二卷，宗教文化出版社 2011 年版，第 14 页。
[2]　杨增新：《补过斋读老子日记》，见《老子集成》第十二卷，宗教文化出版社 2011 年版，第 14 页。

按他的理解，所谓的"智者"是知所不当知，欲所不当欲，是会让国家社会出现动乱的知、欲、智。"使民无知无欲"，就是使民没有这样的知与欲，如果是所当知、所当欲者，还是允许人民知与欲的。可知，杨氏根据自己政治实践的经验，把知、欲、智都能做出分别，而不是一概而论，这样的理解，还是有参考意义的。

对于《老子》第八十章说的"小国寡民"，杨氏也有自己的理解。他认为"小国寡民"，即"闭关主义"，因为国小民寡，所以能够实行"闭关而治"。什伯之器，是指器之大者。不用什伯之器，是因为："人人自食其力，不必由一二工厂以垄断利权，故虽有什伯之器而不用也。"①

对于"民重死而不远徙"，杨氏认为这是让民"无外慕"。其理由是：

> 一国之地足养一国之民，不侵略他人之土地以殖吾民也。虽有舟舆，无所乘之者，即重死而不远徙也。虽有甲兵，无所陈之者，无争也。虽然勇夫重闭，其所以防人者，亦不容或疏矣。②

作为治国者，必须懂得这一点，不能对老子所说的话做机械的理解，那样就成了书呆子，没有掌握老子思想的精髓。

对于"甘其食，美其服，安其居"，他认为就是要"厚民之生"。"乐其俗"，就是为了"正民之德"。"邻国相望，鸡犬之声相闻，民至老死不相往来"，就是"国与国相安于无事"，保持国家之间的和平与安全。但他也有不太现实的理解："有往来即有竞争，无外交即无外患，所谓'塞其兑，闭其门，终身不勤；开其兑，济其事，终身不救'是也。此皆求所以自治，而不欲妨害他人之自治。一国如

---

① 杨增新：《补过斋读老子日记》，见《老子集成》第十二卷，宗教文化出版社 2011 年版，第 179 页。

② 杨增新：《补过斋读老子日记》，见《老子集成》第十二卷，宗教文化出版社 2011 年版，第 179 页。

此则一国安，万国如此，则万国太平矣。"① 虽其目的是要追求世界的和平，但国与国不可能不往来、无外交，杨氏的理解还是有局限的。他之所以如此理解，可能是因为他在治理新疆时，不时有外国势力的侵略与破坏，为了保全新疆的安全，就主张不与这些国家往来，不与之外交，以求自治而不妨害他人的自治。从这样的目标来说，其理解还是有合理性的。

杨氏认为第八十章是"言国大民众则难治，国小民寡则易治"，并且以历史上的"春秋乱于五霸，战国乱于七雄"为例，认为"能使大国皆化为小国，则太平可立而待也"。他并引用西汉贾谊"欲分七国之地以封诸侯王之子弟，使其国小民寡，则乱自息"，认为"欲天下之治安，莫如众建诸侯而少其力，力少则易使以义，国小则无邪心。秦废封建而为郡县者，以此"。② 这也许是一种政治设想，但历史不会如此发展，所以分而多国的局面成为天下一统的局面。但在统一之下，仍有各省之分，他认为：

> 今中国之一省，较之古时之一国亦云大矣。督军辖一省，则以此一省之兵攻彼一省者有之矣。巡阅使辖数省，则以此数省之兵攻彼数省者有之矣。夫天下有道，礼乐征伐自天子出，帝制之时已然。今号为共和，而征伐之命令乃出于强藩，是动天下之兵也。巡阅使不裁，则五霸七雄将复见于今日，人第知督军宜裁，而不知巡阅使更宜亟裁。巡阅使裁，督军裁，而后中国可言统一，不然，乱靡有定也。③

这一段分析，是他对当时中国现实政治提出的一种主张，是从

---

① 杨增新：《补过斋读老子日记》，见《老子集成》第十二卷，宗教文化出版社 2011 年版，第 179 页。

② 杨增新：《补过斋读老子日记》，见《老子集成》第十二卷，宗教文化出版社 2011 年版，第 179 页。

③ 杨增新：《补过斋读老子日记》，见《老子集成》第十二卷，宗教文化出版社 2011 年版，第 179—180 页。

老子小国寡民思想引申出来的看法，是出于经世致用的言论。对于这样的政治局面，如何消除其中的兵乱动乱，他认为只有裁督军和巡阅使，不让有这种权力的人物存在，也就不会有"动天下之兵"的问题。但这也只是权宜之计，并不能从根本上解决问题，所以他对小国寡民的理解，还是不够严密而合理的。

他也说明了为什么要实行小国寡民的理由："国大则用亦大，民多则用亦多。……小家之用俭，故常有余。大家之用奢，故常不足。然则国大之难治，不如国小之易治。民多之难治，不如民寡之易治也。明矣！"又说："什伯之器，即今日工厂所用之大机器也。工厂之利尽为大资本家所垄断，而贫富阶级遂相悬殊，此工人之所以罢工，劳动家之所以革命，皆由于此。机器之利人皆知之，机器之害人皆不知，故虽有之而不欲用之也。今欲求补救之法，惟有少制多数人共用之大机器，而多制少数人独用之小机器。一人操一器，便可养一身；一家操一器，便可养一家，如此则贫富阶级可以渐渐化除，即社会主义之传播亦可预为之防而消患于未萌矣。"①

杨氏的理论虽然出于老子的小国寡民思想，但所设想的治理方案，则显得与时代发展的规律不太合拍。统一是历史发展的自然趋势，小国寡民的政治形态，只能存在于历史的某一阶段，随着人类社会的发展，它必然消失，社会的发展带来越来越多的社会问题，也是自然趋势，老子的政治设想，对此还是无能为力的。

但杨氏抱有美好的期望，认为老子的思想是有道理的："甘其食，美其服，安其居，则衣食住三者皆遂其所欲矣。老者衣帛食肉，黎民不饥不寒，然而不王者，未之有也。他日有大圣人出，能统一全球，将五洲大国变置为无数之小国，则全球可望太平，虽有甲兵，无所用之矣。老子所云小国寡民，意虽在于复古，而亦正所以救今。吾知千百世后，必有能行之者。"②

---

① 杨增新：《补过斋读老子日记》，见《老子集成》第十二卷，宗教文化出版社 2011 年版，第 180 页。

② 杨增新：《补过斋读老子日记》，见《老子集成》第十二卷，宗教文化出版社 2011 年版，第 180 页。

这是希望能将老子思想践行于全球，由大圣人出现而实现之，但也是非常矛盾的，因为既然说统一全球，又说把五洲大国变置为无数小国，这不又成了不统一的局面吗？如果世界又都变为无数小国，岂不是又要重新经过众多小国间出现强权者来吞并其他小国而成为少数大国的过程吗？所以希望由此而获得全球的太平，也是不现实、不可能的。但无论如何，杨氏对于老子思想的阐释，完全是出于经世致治的意旨，不少解释还是有道理的，但也无法避免空想的不足。

四、徐绍桢《道德经述义》

徐绍桢（1861—1936），字固卿，广东番禺人。光绪二十年（1894）举人，曾任两江总督衙门兵备处总办，负责编练新军。辛亥革命后任南京卫戍总督、广东军政府卫戍总司令、广东省省长等。著有《说文部首述义》《四书质疑》《三国志质疑》《道德经述义》《勾股通义》《六书辩》《学寿堂文集》等。

《道德经述义》前有徐氏自序，述此书撰作缘起，谓光绪乙未（1895）客居桂林，因圣学会"以《老子》罪案课会中士子"，因取《老子》为弟子述其义而成此书。徐氏认为，欲治当世，舍老子之学不为功。后出而治兵，亦以老子思想教诲部下，以为老子主张"兵为不祥之器，乐杀人者不可得志于天下"，尤以"果而勿矜，果而勿伐，果而勿骄"为戒。辛亥革命时攻取南京，所部将校无有以杀人为乐者，此皆得力于《老子》。民国成立后，他觉得自己不能以老子治天下之学献诸当局，遂自解兵柄以去。但当时的社会，"人人有以为，人人尚贤，人人贵难得之货，人人以兵强天下，而天下百姓乃尽失其自然。世变之亟，盖视前清尤甚"。"欲取老子之学以救之，而余之所著《道德经述义》，则随辛亥湖楼之火而亡"。"后归广州故里，门人尚有藏旧稿者，因取而修订之，将出以问世"。

徐氏注释《老子》的宗旨，是就原文更互演绎，求使学者一览而知老子宗旨之所在。他认为老子之学，实足为平治天下之本，故他欲举近代中西政治大家之学说为之证明。历代注《老子》者，莫非文人学者，少有真正的军人如此重视《老子》并为之作注，徐绍桢此书在《老子》注释史上有其特殊的意义。

书前有徐绍桢之弟徐棠所作三篇序言。第一篇称徐绍桢认为《老子》之书是言治天下之道之书，但后人往往附会为神仙诞异之说或金丹炉火之书，自唐至宋，"上而公卿，下逮士女，莫不自托玄门以为名高，而老子之真，卒未见于世也"。如唐代陆希声谓杨朱宗老氏之体而失于不及，庄周述老氏之用而失于太过，申、韩失老氏之名而弊于苛缴刻急，王、何失老氏之道而流于玄虚放诞。严君平、河上公明理国之道，陶隐居、顾欢明事身之道，罗什、梁武帝皆明事理因果之道，何晏、钟会、杜元凯、王辅嗣、羊祜、刘仁会辈，则皆明虚极无为理家理国之道。"因知魏晋以来说《老子》者，大抵不离于人事，不远于治功"。[①]

这都是对老子之学的歪曲理解，只有汉文帝能用老子之学，致刑措之治，但在徐氏看来，文帝也只是得《老子》之糟粕，未得《老子》之精神。

徐棠认为，此书钩深阐微，而确然征之于实理，豁然达之于实用。《老子》书中意旨窈晦奥阻，言下不易释者，其兄靡不曲折往返以尽其意，前人传注有不能尽及者，则补苴罅漏，发其所未发，必使一字一句均得解释。

徐棠在第二序中指出，其兄不仅在书中加以解释，又能实际中加以运用。徐绍桢在江西任职，三月之间，了结教案二千余起，若行所无事，向以外交才能称著的人，全都惊服。其实这不过是用曹参相齐以相天下，用老子之术为治的方法，只须清静不扰，不必治烦理剧，无为而无不为，才能收到这样的效果。之后徐绍桢又练兵讲武，由观察使逐渐升至江北提督，带兵越来越多，但对于部下，总是用"佳兵者不祥"，"乐杀人者不可以得志于天下"等《老子》之言教之，遂使所率的第九镇新军屹然为东南重镇。辛亥革命中，徐绍桢任江南联军总司令，督师攻克金陵，除了作战歼敌之外不乱

---

① 徐棠：《序一》，见《老子集成》第十二卷，宗教文化出版社2011年版，第367页。

杀一人，这正是服膺《老子》的结果。

徐棨认为，徐绍桢理解老子与孔子思想相通。如老子说："圣人处无为之事，行不言之教，万物作焉而不辞，生而不有，为而不恃，功成而不居。"孔子则说："大道之行也，天下为公，人不独亲其亲，不独子其子，货恶其弃于地也，不必藏于己，力恶其不出于身也，不必为己，是谓大同。"在徐绍桢看来，老子之言治，即孔子之言治，二者的目标一致，都是要让天下大治，达到天下大同的境界。

徐棨在此序中还进一步分析其兄对老子思想的理解："乱后之民，与夫所以乱之者，非无业则无度。无业无度则必使之有所守，而后可以无所争。无所争，则人各有其所事，人各有其所事，而天下因以无事矣。老子无为之治，其庶几去人不远乎？其亦即孔子所谓大同之世乎？"[1] 这是说只有用《老子》所主张的无为之治，才能达到孔子所希望的大同之世，徐氏是在这个意义上把道家与儒家贯通起来的。

徐棨又说明其兄所理解的老子"无为之治"并非空谈，而是有其必然的方法与途径："无为者必先无不为，而又能为其所不为，而后可以至于无为。大同者必先容其所不同，而又渐同其所不同，而后可以至于大同。化成天下之先，盖有治术存焉，非高语空虚而无道以致之也。"[2] 无为之治要有自己的治术，不能像一些学者理解的那样，只是高语空论而无道以致之，这样就把老子的思想价值大大降低了。

在第三篇序中，徐棨说其兄认为世界上有三大圣人，老子是其中之一："东周之季，世界生三圣人，孔子者寄师统于君统者也，释迦者寄君统于师统者也，若老子者，无君统，无师统，而直寄斯民于道统者也。故老子之述圣人也曰：我无为而民自化，我好静而民自正，我无事而民自富，我无欲而民自朴。故又曰：圣人无常心，以百姓之心为心。当是之时，道体浑沦，民心沕穆，无贫富，无贵贱，无善恶，无是非，无恩怨，无取与，乃至无仁义贼虐，无彼此

---

① 徐棨：《序二》，见《老子集成》第十二卷，宗教文化出版社2011年版，第368页。
② 徐棨：《序二》，见《老子集成》第十二卷，宗教文化出版社2011年版，第368页。

尔我，熙熙如春登台，而浑然游于大道之中者也。"① 三大圣人实际上就是一般而言的儒、释、道三家，三者各有特点，孔子是以师统引导君统，佛祖是使君统合乎师统，老子则为道统，希望把斯民都纳入道统之中，由此实现无为之治，天下大同。

徐绍桢关于三大圣人之间关系也有认识："救世之道，由孔子以进于释迦，由释迦以进于老子……诚欲以老子之道施之于今之世，为问今之拥重兵执大政者，孰能无事无欲，无为而好静者乎？老子之治效，其待诸五百年以后乎？"② 孔子立师统，释迦立君统，老子立道统，三者为层层递进关系，先有师统，再有君统，最后则要统一于道统，可知在徐氏看来道统才是最根本的。但道统又要君统来实现，所以现实中的执政掌权者能不能用这种道统就成了关键问题。如果他们不能无事无欲而好静，则老子所立的道统也无法实现。《孟子·公孙丑》中说："五百年必有王者兴"，所以徐绍桢认为只有王者才能实行老子的道统，实现孔子大同的理想，最终把师统、君统和道统统一起来，加以实现。

徐棨这篇序又分析了其兄所理解的三家之学的特点："孔子之学颠扑不破，有人有我者也。释迦之学虚空粉碎，无人无我者也。而老子之学则浑浑噩噩，熙熙攘攘，而相忘于人我者也。至于相忘于人我，而至道弥纶，蟠际天地，君统师统无所复用于其世矣。夫由君而师，以至无复用君师者，推政权而化于道力也。由有而无，以至相忘于有无者，尽人事以进于天游也，非所谓自然之阶级者耶？"③ 有人、有我，所以要讲仁义伦理，无人、无我，实际上就只有自己，所以只讲个人的成佛。忘于人、我，是承认有人、有我，但不计较人、我，所以君统师统无所复用。无所复用，所以无为而任自然天游。据这里所说，三家之学的递进关系也就可以看出来了，所以说这是一种自然的递进，不是人为地强行推进。所谓的阶级是指阶段。

---

① 徐棨：《序三》，见《老子集成》第十二卷，宗教文化出版社 2011 年版，第 369 页。

② 徐棨：《序三》，见《老子集成》第十二卷，宗教文化出版社 2011 年版，第 369 页。

③ 徐棨：《序三》，见《老子集成》第十二卷，宗教文化出版社 2011 年版，第 369 页。

下面据《道德经述义》来看徐绍桢对老子思想的认识。

其第一章注中说："老子生当周季，目击夏、商以来家天下之流毒，著此《道德经》，思欲纳一世于有道之天下，与孔子想望大同之世，其旨一也。"① 徐氏响应武昌起义，率部积极参与辛亥革命，一个原因就在于他痛恨"家天下"制度。他推崇孔子的"大同之世"，而认为老子的"无为之治"是实现"天下大同"的唯一途径。徐氏把儒家道家如此统一起来，是他理解《老子》的特点所在。

徐氏论老子的"无为之治"的要点：

> 其论治天下之要也，以为"我无为而民自化，我无事而民自富，我无欲而民自朴"，是以"无为故无败，无执故无失，无私故能成其私，不争故无尤"，此其效也。其致力之所在，则使民无知而吾无身，并无名无誉焉。……综八十一章之旨，不离一无字，无即道也。②

又在注第五十七章中说：

> 圣人有云："我无为而民自化，我好静而民自正，我无事而民自富，我无欲而民自朴"，此治天下之道也。③

无即道，治天下者以无为宗旨，实行无为，具体而言就是无为、无事、无欲、无执、无私等，由此而使民无知、无身、无名、无誉，摆脱这些对人性的束缚，才能使政治变好，天下大同。这是徐氏的理想所在。

---

① 徐绍桢：《道德经述义》，见《老子集成》第十二卷，宗教文化出版社 2011 年版，第 370 页。

② 徐绍桢：《道德经述义》，见《老子集成》第十二卷，宗教文化出版社 2011 年版，第 370—371 页。

③ 徐绍桢：《道德经述义》，见《老子集成》第十二卷，宗教文化出版社 2011 年版，第 389 页。

对第三章的"不尚贤"，徐氏注释说：

> 贤如《礼运》选贤与能之贤，古之时贤者必在位，不尚贤，无位之可争也。①

这一解释也很有启发性，一般认为"贤"指贤能之人，但徐氏特地对其加上了规定，不再是指一般的贤能之人，而是指在位的贤人，这意味着在位者必须贤，同时要选贤人使之在位。老子主张"不尚贤"，目的是无位可争，从而杜绝人们的争攘，这也是无为之治的内容之一。

徐氏作为军人，对《老子》中的用兵之事非常注意，他在第三十章注中说：

> 有道之世，无兵可言，以兵强天下，皆无道之世也。故以道佐人主者，必不以兵强天下，用兵之事，无不有还报者。②

在第三十一章注中说：

> （夫佳兵者）佳当作隹，与唯同。此阮氏元说。……此承上文"不以兵强天下"言之，兵为不祥之器，物咸恶之，故有道者不留之而以去兵为主也。……古之君子对于兵事，未尝以为乐如此，世之强兵渎武者，可不引为深戒哉？③

他把社会状况分为"有道"和"无道"两种，这是借鉴孔子的说法，徐氏又进一步论及有道之世、无道之世与战争的关系：有道

---

① 徐绍桢：《道德经述义》，见《老子集成》第十二卷，宗教文化出版社 2011 年版，第 371—372 页。
② 徐绍桢：《道德经述义》，见《老子集成》第十二卷，宗教文化出版社 2011 年版，第 380 页。
③ 徐绍桢：《道德经述义》，见《老子集成》第十二卷，宗教文化出版社 2011 年版，第 381 页。

之世不会发生战争，而有战争且人们争相以兵强天下时，就是无道之世。作为一个军人而能这样说，表明徐氏对战争是深恶痛绝的。他自己本来是一个儒生，以治学为主，不得已而成为军人，带兵打仗，其实这并不是他所喜欢的事情，是迫不得已的，这一点正与老子所说的"不得已而用之"相符。正因为如此，他才认为战争都是无道之世才有的现象，作为政治家应该不以兵强天下，不要寄希望于战争。这也是他的政治理念之一。所以革命成功后他就不再带兵而返乡治学，这与职业军人以战争为业者大不相同。

徐绍桢认识到，有道之人不以兵事为乐，不以战胜为乐，而以兵为不祥之器，所以用兵作战者必然没有好报。他又把"佳兵"解释为"唯兵"，于是《老子》原文就成为"夫唯兵者不祥之器"，又把下一句"物或恶之"改为"物咸恶之"，于是接下来的"故有道者不处"，也就顺理成章了。原来作"佳兵"，则文意不顺，这样一改，三句的意思就非常明了通顺。如果作"佳兵"，则与"不祥之器"的意思不太一致，而"物或恶之"也不如"物咸恶之"的意思更为确定，正因为是"夫唯兵者"为不祥之器，所以才有"物咸恶之"的情况，既然"物咸恶之"，所以就会是"用兵而无不有还报"，这样一步一步推理下来，最后得出结论就是"故有道者不处"。这样的改动和理解，使《老子》第三十一章的文句和内容更为通顺，也更合乎《老子》的思想。

总之，徐氏借《老子》第三十一章说明好的社会是不应该有战争的，而喜欢发动战争的人最终一定会遭到应有的报应，如他在第七十六章注中所说：

> 《老子》此章盖专以戒世之强兵渎武者。自周秦以后二千余年，用兵以强而败者，不可以数。楚之败于汉，王莽之败于光武，曹操之败于周瑜，刘备之败于陆逊，其最彰明较著者矣。[1]

---

[1] 徐绍桢：《道德经述义》，见《老子集成》第十二卷，宗教文化出版社 2011 年版，第 395 页。

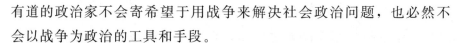

有道的政治家不会寄希望于用战争来解决社会政治问题，也必然不会以战争为政治的工具和手段。

徐氏注第三十七章云：

> 道以无为为主，天下皆无为，则天下定矣。是无为而为之效，乃大不可言也，故曰无不为也。侯王若能守此无为之道，则万物将自化，而与我皆无为矣。①

注第三十八章云：

> 老子治天下之要，在无为而万物自化，无欲而天下自定，一出于自然，所谓道也。②

注第四十九章云：

> 圣人之治天下，不自用也，唯以百姓之心为心而已。百姓以为善者，吾从百姓之所善，百姓以为不善者，吾亦从百姓之所不善，则善得矣。百姓之所信者，吾从百姓之心而信之，百姓之所不信者，吾亦从百姓之心而不信之，则信亦得矣。③

这几处都是在说明老子"无为之治"的思想，归纳起来，首先是强调"无为"是道的本质，所以治天下者也应该按照道的原则治国，实行无为之治，如果这样做，其效果一定会好于其他的治国之道。这一番道理主要是说给侯王们听的，而这也正是《老子》思想

---

① 徐绍桢：《道德经述义》，见《老子集成》第十二卷，宗教文化出版社 2011 年版，第 382 页。
② 徐绍桢：《道德经述义》，见《老子集成》第十二卷，宗教文化出版社 2011 年版，第 383 页。
③ 徐绍桢：《道德经述义》，见《老子集成》第十二卷，宗教文化出版社 2011 年版，第 386—387 页。

的主旨所在。徐氏对此非常清楚。其次，道的无为，就是自然的本义。把"无为"解释为"自然"，也很有意义。这意味着君主侯王实行无为之治，并不是难事，不需要强迫自己的意志，只要顺应自然就是。这一点，也是《老子》思想的精华所在。第三，圣人之治天下，就是君主侯王的榜样所在。其无为、自然的一个要素在于，不要私心自用，而要以百姓心为心，也就是后来人们常说的想人民之所想，急人民之所急。无为之治的简易易行，也由此而定。如果一切以自己的私心为心，则不可能实行无为之治。这说明实行无为之治要靠君主侯王，但君主侯王要成为圣人，以百姓心为心，抛弃私心而不自用，这是侯王实行无为之治的关键所在。以上三方面，可以说是老子无为之治思想的整体内容，缺一不可。尤其是最后一条，如果不能做到，前面两点也都会流于空谈，让人民再等五百年也是枉然。

正因为如此，徐氏特别痛恨家天下的专制制度，因为这是以帝王私心为出发点的。他在第五十四章注中说：

> 自夏启后，中国成家天下之制，帝王思为其子孙建万年不拔之基，卿士大夫思为其子孙常保富贵，永久无脱。人人知有子孙而不知有百姓，德之不修久矣，岂知世未有建而不拔，抱而不脱者？惟善建者以不建为建，不抱为抱，乃永无拔与脱之时，传之无穷。而其子孙之祭祀亦因以不辍，此非修德者不能也。……有德如此，天下后世无不宗之，又岂独其子孙哉！①

历史证明，家天下必定灭亡，因为一家之天下，不能永久长存，必会被另一个家天下所代替，如此替代不已，而于人民没有任何改进。而且在家天下的替代过程中又充满战争杀戮，对人民造成极大伤害与痛苦。所以家天下之制度实为一切罪恶祸乱之根源，这就是徐氏痛恨家天下的原因所在。家天下的根本坏处在于都只为自己的子孙

---

① 徐绍桢：《道德经述义》，见《老子集成》第十二卷，宗教文化出版社 2011 年版，第 388 页。

考虑，而不以百姓心为心，不符合老子无为、无欲的自然之道。徐氏认为如果按照老子的自然之道治理天下，破除自我私心私欲，才能使天下大同和平，天下后世无不宗之，自己的子孙也因此得福，不亦对己有利吗？这比只知自己的子孙而不顾别人的子孙，最后却造成相互之间的屠杀，而自己的子孙也是性命不保，不是好上千万倍吗？以一己之心之欲出发，结果对己不利，不以一己之心之欲出发，反而对自己有利，这也正是老子无为、无欲、自然之道的合理之处。

徐氏特别批评现实中的执政者不知老子之道而以"有为"为能事，由此干出许多自以为聪明实际非常愚蠢的事来，他在第六十三章注中说："天下之乱起于有为。"[1] 第六十五章注云："后之时君乃有燔《诗》《书》、愚黔首之举，将欲使天下之人皆愚，俾其一人独擅天下之权利，是诚国之贼也。后儒或有讥《老子》立言不慎者，然岂老子之初意哉？"[2] 有为必多事，多事必扰民，扰民则社会不安，天下不太平。又怕民起而反抗，于是燔《诗》《书》以愚黔首，还有其他多种有为扰民和愚民之举，无不是违反无为无欲自然之治的做法，统治者自以为聪明，不知民不可愚，民不可欺，其愚民扰民的程度有多重，则相应的反报就有多强。秦始皇燔《诗》《书》以愚民，修长城以扰民，则其亡国于转瞬之间。西汉统治者吸取这些历史教训，能按老子思想实行一定程度的"无为之治"，收到良好效果，这就完全可以反驳后儒对《老子》之讥评。

同时又说明"无为"不是"无事"，在第六十三章注中说：

> 是以古之圣人尚无为之治，凡所为皆无为也，所事皆无事也，所味皆无味也。然亦非无为也，非无事也，非无味也，以其不自我专之，故谓之无也。[3]

---

[1] 徐绍桢：《道德经述义》，见《老子集成》第十二卷，宗教文化出版社 2011 年版，第 391 页。

[2] 徐绍桢：《道德经述义》，见《老子集成》第十二卷，宗教文化出版社 2011 年版，第 392 页。

[3] 徐绍桢：《道德经述义》，见《老子集成》第十二卷，宗教文化出版社 2011 年版，第 391 页。

徐氏认为："无为"是顺应自然，不以自己的私心为心，而以百姓之心为心，不让自己的私心私欲膨胀而扰民害民，而正常的治国之事还是不可免的，只要不是出于满足私心私欲，不自我专之，则正常的事务仍须进行，只有这样，其所为才是"无为"，其所事才是"无事"。文、景实行无为之治时，也没有完全废除国家政府，只是轻徭薄赋，与民休息，让民在不受国家政府的干扰下从事自己的事务。史载汉文帝二年（前178）、十二年两次采取"除田租税之半"的措施，使租率减为三十税一，至文帝十三年则更全免田租。对周边国家不轻易出兵，以免耗费国力。帝王及官员贵族的生活则十分节俭，使国家的开支大大降低，以期减轻人民的负担。另一方面，多次下令劝课农桑，鼓励农民生产。这样，就使生产得到恢复且迅速发展，出现了多年未有的稳定富裕。如《汉书·食货志》所说："京师之钱累巨万，贯朽而不可校。太仓之粟陈陈相因，充溢露积于外。"这是对无为之治的最好说明，根本不是无所事事，无所作为。《老子》说"无为而无不为"，其中的奥妙也正在于此。若是无所事事，无所作为，这样的"无为"是不可能做到"无不为"的，而这也不是《老子》的"无为"。徐氏对此理解得非常到位，强于许多文人学者。

第二节　近代老学与疑古思潮

一、疑古思潮中的老子其人其书及其年代争论[①]

在近现代老子研究中，20世纪20至30年代的疑古思潮对它形成了极大的影响，由此出现了围绕着老子其人其书及其年代的学术争论。关于这个问题的争论，起源于《史记》及其他先秦典籍中有

---

① 本小节内容参考熊铁基等著《二十世纪中国老学》（福建人民出版社2002年版）第三章。

关老子的记载。《史记》记载老子与孔子同时，年长于孔子，孔子曾向老子问学，《老子》是老子所著，但老子究为何人，《史记》也无法下定论，只能把几种说法都记录下来。

唐代的韩愈站在儒家正统的立场上，对孔子向老子问学的事不能接受，宋代的叶适进一步提出质疑，但都提不出坚实的证据以否定此记载。清代的毕沅、汪中、崔述等人也就老子其人其书的年代问题做了考证，提出不同意见。但他们对古代典籍的记载都不敢轻易否认，只是想用考证学的方法来解决这一历史疑难问题。

晚清的章太炎、王国维等人受西方学术理论与方法的影响，不再受传统思想的束缚，在老子问题上，逐渐提出与前人不同的看法。章太炎在《论诸子学》中，肯定老子是孔子同时代的人，老子作为史官，目睹了春秋末年以来的历史巨变，而形成了无为而无不为、柔弱不争的思想。章太炎认同孔子曾受学于老子的相关记载，认为老子思想是儒家思想的先导。

王国维认为老子"不可得而详"，但他接受了汪中的说法，以为《史记》所说的太史儋、老莱子即老子一人。他认为老子是周时的太史，年长于孔子，孔子曾问礼于老子。至于《老子》一书，王国维认为其成书时间在战国初年，并从语言文字上找出三条证据，如书中多叶韵，以"仁义"并称，但不能判定作于孟子以后，因为《大戴礼记》《左传》中都已说"仁义"。他认为《老子》的文体简单纯一，后人插入的文字甚少。

民国初年，江瑔作《读子卮言》，认为百家之学俱源于史，百家之学的产生有先后，但其初起之源统一于道家，道家上接史官之传，下开百家之学，六经为道家所旧有，孔子曾问礼于老聃，儒学脱胎于道家。

1919年胡适出版《中国哲学史大纲》，其中对于老子的考论，影响较大。这主要是由于胡适此作用全新的观念与方法来系统地研究诸子的思想及其源流。

在《中国哲学史大纲》中，胡适抛弃了传统的儒学正统观，对孔、墨、老、庄一视同仁，按年代顺序将老子作为中国哲学史上第一位哲学家，放在孔子前面。他认为，老子比孔子年长不过 20 岁，出生于公元前 570 年左右，去世时间不可考。孔子至周问礼于老子的记载是可信的，当在公元前 518 年至 511 年间。老子姓李名耳字聃，至于老子之称，"生而皓首，故称老子"以及"以其年老，故号其书为《老子》"的旧说不足信，应有其他来源：一是"老"或是字，春秋时人往往把字用在名前，并在字下加"子"字；二是"老"或为姓，古代有氏有姓，百姓只有姓，贵族于姓之外还有氏。他也说这两种说法，都没有凭据，所以也不能下肯定的结论。

1922 年北京大学哲学社请梁启超与胡适作演讲，梁启超批评胡适《中国哲学史大纲》从老子讲起。他认为将老子放在孔子之前，有六点可疑。第一，根据《史记》的记载推算，作为前辈的老子八代孙，与作为后辈的孔子十三代孙同时，不合情理。第二，孔子乐道人善，但除了《史记》记载他称"老子犹龙"外，其他地方不见此类称赞，而极好批评的墨子、孟子也都不提老子。第三，据《礼记·曾子问》记孔子问礼于老子时的谈话，老子是拘谨守礼的人，和《老子》书中的精神相反。第四，《史记》关于老子的记载大部分取材于《庄子》，而《庄子》大部分是寓言，不能作信史看。第五，老子的话太自由、太激烈，不像是春秋时人的语言。第六，《老子》中用"侯王""王侯""王公""取天下""万乘之君"等语，也不是春秋时人所有的，"仁义"连用是孟子的专用语。所以梁启超认为《老子》这部书很晚，在庄周之前或在其后，还有商量的余地。

梁氏的演讲发表后，张煦发表《梁任公提讼老子时代一案判决书》予以反驳：第一，从孔子生年算起，至汉景帝末年共 410 年，老子高寿百岁左右，子孙也当有高寿者，因而，八代历时 400 余年是可能的。孔子二十岁生伯鱼，其后十三代皆不永年，定皆早年得子，所以老子八代孙与孔子十三代孙同时不足为奇。第二，《论语》中说老子的地方分别见于《述而》《宪问》。《述而》"窃比于我老彭"，老即老子；《宪问》"或曰以德报怨"，此文也见于《老子》。第三，以尼采为例，《曾子问》中的老聃拘谨守礼无问题。第四，《庄子》确有寓言，否认这些神话，不以之为据，故不必说它。第五，春秋时代的人并非都涵泳太平，歌颂功臣，所以说《老子》过于激烈，可以不置驳。第六，《老子》书中有后人窜改的文字，在被窜改文字考订过来以前，不能以个别后人窜入的文字否定全书的时代。"仁义""王侯"等词在春秋末年的文献中早已出现。因此张氏认为梁启超所提的疑问，都不能成立。

之后，疑古派的主将顾颉刚在 1923 年 2 月 25 日与钱玄同的信中，支持梁氏的观点，并又提出两个证据：一，《老子》是经体，同于《墨经》《荀子》所引的如《韩非子》之《内外》《储说》之经，战国前期不会有此类著作。二、老子痛恨圣智，战国后期才有这种呼声，而在春秋末年及战国初期是不会有的。

马叙伦 1924 年出版《老子覈诂》，也对老子其人其书的问题进行考证，认为《论语·述而》中"信而好古，窃比于我老彭"的老彭即老聃，彭、聃二字声通相借，孔子称"老彭"而加"我"字，则是因为孔、老都是宋人，同为子姓，故加"我"字。

1927 年 11 月，张寿林《老子〈道德经〉出于儒后考》在《晨报副刊》登出，张氏考证孔子适周见老子不是实事，又从史事、文字、思想等方面考证《道德经》出于孔子之后，约在孟子前后。但其考证史实多援引自司马贞、梁玉绳、崔适、崔述、汪中等人之说，考证文字则吸取了卫聚贤、杨树达关于"于""於"二字的成果（卫氏《春秋研究》以为此二字至战国之后作介词用才相互假借；杨氏《老子古义》对《老子》中所用此二字有统计），论思想则采用日本学者斋藤拙堂的《老子辨》之说，自己并无新见。其后刘泽民作《周秦诸子考》，重申老子为孔子师，认为老子虽有许多格言传世，但没有书行世。至战国时一个姓李名耳的人编辑老子格言成书，所以其书带有战国时代的色彩。这一说法，在考证上并不精审，也未被学者认可。

1929 年，唐兰在《天津商报》和《文学周刊》撰文《老聃的姓名和时代考》。唐氏辨老子不姓李，提出三条证据：古书上老子不姓李；《史记·老子传》经过后人的窜改；汉人如郑康成不用李耳一说。关于老子的时代，唐氏根据《礼记·曾子问》《庄子》《韩非子》，认为记载孔子问礼老子的史书主要有《庄子》和《礼记·曾子问》，唐氏列五条证据证明《曾子问》所记靠得住。《庄子》与《曾子问》在记老子对孔子说话的语气相合，都直呼孔子之名，可知他是年长于孔子的。唐氏又从《庄子》搜得 16 条证据，从《韩非子》中搜得 2 条证据，证明两书所引老聃的话都见于《道德经》，因此他断定"老子就是老聃，即《道德经》的著者。"

在确定了老子其人其书的年代后，唐氏又分析了如下的问题：第一，《史记》关于老子的世系的记载是假的，至少也是有错误的。第二，《老子》书中言论激烈，而《曾子问》中的老子又是循循守礼的长者，其间存在矛盾。唐氏认为，《曾子问》中的老子尚在中年，《老子》著成在晚年，晚年的老子思想已有变化。第三，《墨子》《孟子》等书没有提到老子，大约是老子属南方学派，墨子之时，和老子时代很接近，两派都不很盛，所以没有接触。孟子时，老子弟子杨朱的学派盛行，反把老子掩住了。第四，有学者认为《老子》文辞不类春秋时代的文字。唐氏认为，如果说春秋时代不应有这样长的文章，则《论语》比《老子》多四倍；若说文体和孔子、墨子所著书不同，则因为所属南北学派不同。《老子》中有些名词如"偏将军""上将军"，是后人掺入的，不能据此认为《老子》后出。

又有黄方刚《〈老子〉年代之考证》发表在 1930 年的《哲学评论》上。该文 1927 年写成于英国剑桥。黄文先论古书引《老子》者众，如《孔子家语》《列子》《战国策》《吕氏春秋》《淮南子》《韩非子》《庄子》，而《论语》虽不明引，也似暗射之。据此，可知《老子》至迟当于庄子生时已传于世。黄氏考定庄子生年在公元前 360年左右，而庄子前之传老子学者不闻于世，故不能上溯其流而定《老子》书的年代。至于《老子》书的作者，黄氏定为老聃，《战国策》《韩非子》《吕氏春秋》《淮南子》及贾谊《新书》引《老子》时，都明确说是老子或老聃言，可证其作者是老聃。老聃的年代，《史记》司马迁所记老子的材料采用了神仙家言，故其于老子的世系记载令人怀疑，不应以为据。黄氏认为，能否考明老子的年代，《庄子》的可信与否至关重要。他对该书进行仔细研究，将书中所列人

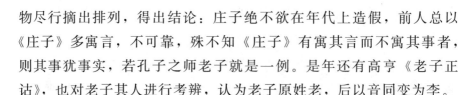

物尽行摘出排列，得出结论：庄子绝不欲在年代上造假，前人总以《庄子》多寓言，不可靠，殊不知《庄子》有寓其言而不寓其事者，则其事犹事实，若孔子之师老子就是一例。是年还有高亨《老子正诂》，也对老子其人进行考辨，认为老子原姓老，后以音同变为李。

主张老子晚出的学者，如钱穆《关于〈老子〉成书年代之一种考察》，1923年夏秋间完稿，1930年发表在《燕京学报》，后收入《古史辨》第四册。钱氏以《老子》的"道"与"名"两个范畴的发展演变为线索，论证《老子》后于《庄子》。钱氏认为《论语》言道，仅言人事，墨子言义不言道，《庄子》论道，与老子有同样见解。但《庄子》的道与《论语》素朴之义近，与《老子》深远之旨远。因此，庄子论道，是由孔、墨向《老子》过渡的中间环节。从"名"来看，钱氏认为孔子首言正名，然所指是君臣父子间的名分，墨子论名，指名实之名，庄子则谓名字言说均不足以言真理，其意是为儒、墨两家作调解。至老子则不急于息争，重点是论道，故曰"道隐无名"。据此，钱氏认为《老子》在《庄子》之后。

罗根泽也认为老子在孔子后。他于1931年发表《战国前无私家著作说》（写于1927年）和《老子及老子书的问题》，认为老聃是战国时人，孔子师老聃之说始见于《庄子》，是道家推崇本师，排诋儒家，而造出孔子师老聃之说，以此证明儒家之祖为道家。此说也见于日本学者津田左右吉，他所著《儒道两家关系论》认为《老子》书并老子其人所写，都是庄子所造，以壮大道家门户，而与儒家对抗。

冯友兰于1931年出版《中国哲学史》上册，得到陈寅恪等人的高度评价，故其说颇受人们重视。冯友兰将孔子摆在中国哲学史的首位，老子则从胡适所定的开端位置落到孟子之后。冯氏根据春秋战国时代的社会形势，得出孔子先于老子的论断。他认为孔子之前，无私人著述之事，故《老子》不能早于《论语》；《老子》的文体，非问答体，故应在《论语》《孟子》之后；《老子》之文，为简明的经体，综合这三点来看，表明其当是战国时的作品。

对于冯氏的观点，不久就有人以"素痴"为名发表文章《〈老子〉的年代问题》（后收在《古史辨》第四册内），将《老子》写定的时代定在《淮南子》之后，认为是由汉人凑集而成。作者又认为老学产生于庄子、孟子之前，老学的创始者其人其事已不可考，他曾以老聃之名著过《道德经》，但其书在秦火中亡佚或残缺。《史记》中的李耳只是汉初一李姓人攀附老聃作祖宗，著入家谱，而被司马迁误用。但该文作者所说几乎没有证据，他自己也说这大都是假说。

胡适于 1931 年 6 月在《大公报》文学副刊上发表《致冯友兰书》（后收入《古史辨》第四册），对冯氏提出的三项证据加以反驳：第一，孔子以前无私人著述之事，有何根据？孔子生三岁时，叔孙豹已有三不朽之论，其中"立言"为三不朽之一。第二，《老子》非问答体，故应在《论语》《孟子》后。又有什么根据？《老子》之书韵语居多，若依韵语出现于散文之前的世界通则言之，则《老子》正应在《论语》之前。第三，《老子》之文为简明之经体，可见其为战国时之作品。但什么样子的文字才是简明之经体？是不是格言式的文体？孔子自己的话是不是往往如此？《论语》是不是简明之经体？

胡适又就之前梁启超对自己观点的说法提出反驳：一，说孔子十三代孙不能与老子的八代孙同时。胡适认为古代中国的一族之内，大房与小房的人相差五六辈是很常见的，何况《史记》所记的两个世系的可靠性还有疑问。二，说孔子不称道老子。胡适认为《论语》中"以德报怨"章是批评老子，此外"无为而治"说也似受老子的影响。三，说《曾子问》记老子的话与《老子》五千言精神相反，但老子主张不争，主张柔道，正是拘谨的人。四，说《史记》中有神话，但主张老子先出者并不以《史记》为据。五，说《老子》的话太激烈，不像是春秋人说的，但言论激烈的邓析，《诗经》中的《伐檀》《硕鼠》的作者都是春秋时人。六，说《老子》中所用"侯王""王公""王侯""万乘之君""取天下"等词，都不是春秋时人所有，但《易经》有"王侯""王公"，孔子有"千乘之国"。因此，胡适认为尚未有把老子挪后的充分理由。

冯友兰对胡适的质疑做出回答（也收在《古史辨》第四册内），

他认为现在所有的以为《老子》书是晚出的诸证据，若只举其一，则不免有逻辑上的所谓"丐词"之嫌，但合而观之，则《老子》一书的文体、学说及各方面的旁证，皆可以说《老子》是晚出的。同时，冯氏也对胡适驳梁氏的说法逐条批驳。

张季同在《大公报》发表《关于老子年代的一假定》（后收入《古史辨》第四册），认为《老子》其书像是战国初期的作品，老子的思想在孔、墨之后，孟、庄之前，老子其人原在孔子之后，因与老彭混淆而排在孔子之前。罗根泽在张文后写附跋，将张氏引为同道，并且补充了重要的证据，认为"儒"本是泛指读书讲学的人，是所有读书讲学者的共名，后之所以变为专指一部分读书讲学的人，是因为这一派人以读书讲学为业最早。所以"只就孔子一派的名为'儒家'，已是证明这一派的始祖孔子之在各家之前"。罗氏又写了《老子及〈老子〉书的问题》，主张老子即太史儋，《老子》是一本专著，而不是纂集，其年代不在孔子之前，而在孔、墨之后，孟、庄之前。

1932年，顾颉刚在《史学年报》上发表《从〈吕氏春秋〉推测〈老子〉之成书年代》（后收入《古史辨》第四册）。该文认为《吕氏春秋》所引的书目常常标出书名或人名，但该书"把五千言的三分之二都吸收进去了，但始终不曾吐出这是取材于《老子》的"。所以顾氏认为"在《吕氏春秋》著作时代，还没有今本《老子》"，"至《淮南子》中，则老聃的独尊地位已确立。《老子》成书的时代必在此二书之间"。顾氏考证老子其人，认为老聃本人是战国中叶杨朱、宋钘以后的人，"他以学徒的宣传，使孔子为其弟子，而他的生年遂移前，又使黄帝与之同道，而他的学术地位遂益高"。

针对这些说法，胡适撰《评论近人考据老子年代的方法》一文，发表在1933年《哲学论丛》第一集（后收入《古史辨》第六册），指出冯友兰、梁启超、钱穆、顾颉刚等人的说法都没有提出充分的证据。

对冯氏所说的"丐词"，他指出，"在论理学上，往往有人把尚待证明的结论预先包含在前提之中，只要你承认了那前提，你自然不能不承认那结论：这种论证叫做丐辞"。冯友兰说他提出的证据"若只举其一，则皆不免有逻辑上所谓'丐词'之嫌"，但合而观之，皆可以说老子是晚出。胡适认为，证据若免不了丐词之嫌，即便合在一起仍不能逃丐词之嫌。聚蚊可以成雷，但究竟是蚊不是雷。冯友兰提出的三个证据：孔子以前无私人著述之事，所以《老子》书是孔子以后的作品；《老子》非问答体，故应在《论语》《孟子》后；《老子》之文为简明之经体，可见其为战国时之作品，都是待证的预设，如果不先证明《老子》确是出于孔子之后，怎能得出"孔子以前无私人著述"的结论？不证明"凡一切非问答体的书都应在《论语》《孟子》之后"，如何可以说非问答体的《老子》应在《论语》《孟子》之后？如果不证明简明之经体为战国时的作品，如何可以说简明之经体的《老子》就是战国时的作品？

　　胡适将梁、钱、顾、冯的证据分为两类，一是从"思想系统"或"思想线索"上证明《老子》之书不能出于春秋时代，应该移在战国晚期。胡适认为"这个方法是很有危险的，是不能免除主观的成见的，是一把两面锋的剑，可以两边割"，研究"思想系统""思想线索"的人往往带有主观先见，缺乏客观的依据。以《论语》有颂赞"无为而治"的话为例，既可得出孔子受了老子的影响，老子及《老子》书在孔子之前的结论，也可以得出《老子》的作者承袭了孔子的见解，其人其书在孔子之后的结论。二是用文字、术语、文体等来证明《老子》是战国晚期的作品，这个方法虽然很有用，但也有危险性。因为不容易确定某种文体或术语起于何时，而一种文体往往经过长期的发展，我们也许只知道其中的一部分，文体的评判往往夹有主观的成见，容易错误。

　　胡适又专门讨论了顾文的考据方法。认为顾氏归纳出的《吕氏春秋》的引书例，并不符合实际。顾氏说《吕氏春秋》把《老子》内容的三分之二吸收进去了，这种结论是不能成立的。胡适经过逐条辨析，认为顾氏所引的五十多条中，只有三条可算是与《老子》很相同，此外四十多条，至多不过有一两个字眼近似《老子》的文辞，不能作为证据。顾氏的所谓"义合"，断章取义，不免牵强。最后，胡适说："至今还不曾寻得老子这个人或《老子》这部书有必须移到战国或战国后期的充分证据。在寻得这种证据之前，我们只能延长侦查的时期，展缓判决的日子。"

次年，胡适完成《说儒》，从"儒"的起源论证了老在儒前。他认为，在孔子之前，儒已存在，他们是被周征服了的殷民族内部主持宗教的教士。由于是亡国之民，所以以谦恭、礼让为美德，因而被称为"儒"。儒者，柔也。殷商遗民通过这些儒，保存了他们的宗教和文化整体。老子也是儒，《老子》书中的教义正是宽柔以教，不报无道的柔道。老子的教义正代表儒的本义。古代传说记载孔子问礼于老子，并不可怪可疑。到孔子时，孔子将周文化引入殷文化中，将宽容、忍让、柔顺以取容的儒改革为弘毅进取的儒，使儒教成为全中国人的宗教文化。

冯友兰在《读〈评论近人考据老子年代的方法〉答胡适之先生》中（后收入《古史辨》第六册），反驳胡适，认为"一件一件不充分的证据，合起来也未尝不能成为一个很充分的证据"。如一个人有了病，并有甲乙丙等现象，如果仅就甲现象而判断病人得了某病，证据不足，但将甲乙丙各方面病状合而观之，都是得了某病的症状，则此必非偶然。这些证据，分开看虽各不充分，但合起来就构成一个系统，有左右逢源、豁然贯通之概。一件一件不充分的证据，合起来成了一个系统，就成一个很强有力的证据。他这是强调自己的方法是可以成立的，但这种比喻也不能证明这种方法是科学的方法。

1933年的《哲学论丛》第一集还有马叙伦《辨〈老子〉非战国后期之作品》（后收入《古史辨》第六册），认为关尹子即老子，是《老子》的著者。马氏从三个方面论证《老子》非战国后期作品：据《庄子》记载，列子问于关尹子，列子与子产同时，则老子绝不生于战国后期。据《庄子》《战国策》等书所引《老子》之文或学说，则《老子》必不作于战国后期。以文体言，战国之书如《墨子》《庄子》《荀子》等虽不尽相同，而大体方式一致，即《孟子》亦未离其宗，而《老子》独不然，类于《易》之爻辞、《诗》之雅颂以及《论语》。而春秋时私人著述已多，则老子作品不必后于孔子。

这一集中还有钱穆和熊伟的文章，坚持老子后出。钱穆在《再论〈老子〉成书年代》中（后收入《古史辨》第六册）称梁任公"所举诸证，皆属坚强，尤足以资定论"。钱穆则"补梁氏诸人未竟之绪"，先从《老子》书中"对政治社会所发种种理论而推测其当时之背景，则其书颇似战国晚年之作品"。《老子》中有"不尚贤"的主张，"春秋之际，列国行政，本不以尚贤为体，老子何乃遽倡不尚贤之理论？"书中凡言及从政者，均不似春秋时的贵族世袭制。春秋贵族世袭制"既不俟功立而始进，亦不以功成而许退"，而《老子》中有"功遂身退"等语，皆出自战国中晚期游士升沉之际。春秋时期"政治对象之中心，则仍在贵族阶级之内部自身，与全民无预"，《老子》一书"乃多言治天下，少言治国。言治天下又以民事为归"，"此固非天子诸侯大夫封建制未破，贵族世袭制未坏，礼乐征伐，惟祀与戎之际所能与知"。又从学术思想之系统言，"先秦显学，惟儒与墨"，"儒墨初期，其议论归于反抗贵族阶级之骄僭而思加以改革。儒家缓和，可称右派。墨家激进，则为左派。墨主兼爱，其底里则反对贵族阶级之特权"。"墨子兼爱之说，一变而为惠施之万物一体论。惠施之万物一体论复转化而为庄周之物化论，及公孙龙之惟名论，庄周与公孙龙之说合并而成老子之虚无论"。有"人心欲寡不欲多"之说的宋钘，是墨学晚起的一大师，而老子言人生涉世之道，大抵从宋钘来。故钱穆"疑《老子》书出宋钘、公孙龙同时或稍后之说"。又按文学进化的顺序，是诗、史、论三阶段，《老子》的文体属论，而结句成章又间之以韵，是韵化的论文，其体颇见于《庄子》，而《荀子》益多有。而且《老子》文字文句时袭《庄子》，则其书之晚可知。因此钱氏仍坚持《老子》在《庄子》后的观点。

熊伟《从先秦学术思想变迁大势观测〈老子〉的年代》据钱穆的讲演写成，观点与钱氏相同。

张福庆与熊伟同在北京大学听钱氏讲课，同样依据课堂笔记对钱氏的观点发表意见，颇不以为钱说为然，称："目前主张《老子》晚出者所提出的证据中，还找不到一件是十分可靠的证据。"他在《对钱穆先生"从文章的体裁和修辞上考察〈老子〉成书年代"的意见》（后收入《古史辨》第六册）中认为钱文前两点已有胡适等人作了评判，他专就第三点加以分析，认为文体演进的阶段的区分在时间上参差不齐，界限上模糊不清，用这种方法考察某种著作的时代，只是一种约略的估计，不会得到精确的结论。文体演进的历史过程是先有记事体，而后有记言体，而后有歌颂体，而后有议论体。《论语》是记言体，《老子》亦应看作格言式的记言体，所以《老子》成书的年代当在《论语》成书年代的或先或后。

1934 年，高亨《〈史记·老子传〉笺证》（后收入《古史辨》第六册）以笺证形式对《史记·老子传》进行仔细翔实的梳理。他认为《史记·老子传》所记老子生平措辞犹豫，颇有不确定的说法，主张老子晚出者，认为《史记》所记"迷离惝恍"，不能以为据；坚持旧说者，以《史记》有神仙家言，而不以为据。高亨通过笺疏，使原被老子研究者们弃而不用的《史记·老子传》重现史料价值。高氏征引众书，与《史记·老子传》所记相印证，认为周秦间北方学派与南方学派已有畛界，孔子为北方学派的宗师，老子为南方学派的宗师。他引用《礼记》《庄子》《吕氏春秋》，力证孔子问礼老聃，必有其事。又据《庄子》《吕氏春秋》证明列子、关尹同时，又据古籍证列子与子产同时，子产卒于孔子前，关尹强求老子著书，其时代正同。至"老子之子名宗"，乃是太史儋之子，而"太史儋者，老聃之后"。"老聃为周史，老而免官，去周适秦。古者官以世及，其子赓为周史，一传或再三传，历百许年，至儋为周太史，又去周适秦。因其为一家人，姓同，官同，行踪又同，聃、儋音又相近，故后世传为一人"。

同年，唐兰《老子时代新考》发表在《学文月刊》（后收入《古史辨》第六册）。该文较旧作《老聃的姓名和时代考》有了更多证据论证老聃和孔子见过面，年辈比孔子长，在坚持《道德经》是老聃遗言的基础上，对该书的撰成年代作了辨析。认为老聃虽与孔子同时，《道德经》确是老聃的遗言，但其书的撰集却在老聃身后的战国时期，当《墨子》《孟子》撰成之时。《道德经》有"万乘之主"，又"仁义"连用，与《墨子》《孟子》相类似，表明三书年代相近。以

《论语》为证，《论语》记孔子遗言，但书中已记曾子的死，显然是战国初期曾子子思学派盛行时撰集。

1934 年，罗根泽主编的《古史辨》第四册问世，收录了十多篇1932 年以前关于老子年代讨论的文章，将近十年的老子年代讨论从头说起，极有助于人们了解讨论的来龙去脉、争论的焦点。

吕思勉是较早用唯物史观研究老子的学者。他于 1924 年写成《经子解题》，以唯物史观的社会发展规律学说解释老子年代问题。他认为"《老子》书，文体甚古。又全书之义，女权皆优于男权。（……《老子》全书皆称颂女权，可见其学必始于殷以前。托诸黄帝，固未必可信。然据《礼记·祭法》，严父配天，实始于禹，则夏时男权已盛，老子之学必始五帝时矣。盖旧有此说，口耳相传，至老子乃诵出其文也。）书中无男女字，但称牝牡，亦可征其时代之早"。

较老子年代争论中的寻章摘句式的考证，吕氏的看法颇有新意，许啸天《老子概论》中引吕氏说，认为吕氏"把老子的时代愈说愈远了。但他能从母系制度，看出道家思想创立的最古时代，真见人所不见的地方"。但吕氏此说没有受到广泛注意，以后无人提及。

1935 年，有一些用唯物史观研究历史的学者加入讨论，如叶青的《从方法上评老子考》（发表在《文化建设月刊》，后收入《古史辨》第六册）、郭沫若的《老聃·关尹·环渊》（发表在《文学》，后收入《青铜时代》）。叶青用了不少唯物主义的术语，在理论上有开新的地方，但理论与实证的结合未免稚嫩。叶青试图用唯物辩证法的范畴来说明老子的年代问题，他用一般与特殊、偶然与必然来说明老子的年寿、世系等问题。《史记》说老子可能活了百六十岁或二百余岁，老子生年和世系一直是主张老子后出的重要证据，也是新考据派难以自圆其说的难题，司马迁的说法被梁启超、冯友兰等批评为神话，主张科学精神的胡适也否认不得，只好说主张老子先出"不以《史记》为依据"。叶氏说这是囿于一般的常态情形，不知道一般之中有特殊。他举了许多长寿者的例证，说明老子活到一百六十余岁或二百岁是有可能的。他认为一般以外有特殊，不仅年岁、生殖、世系为然，一切皆然。叶氏又认为一切有时代性的东西不是突然出现的，执其中端的发展而否认其前后的发生和衰落的过程，是没有发展观点的物质论。整齐与参差是统一的，以时代术语、文学体裁言，明显具有参差性，如仁义对举是孟子的特殊术语，然也不能说他以前就绝对没人使用。又用形式与本质的关系，批评钱穆从形式上的贵族制度时代谈春秋时的社会情形，是离开本质谈形式，无视春秋时已经存在的政治割据、战争频仍、社会混乱的现象，而将老子对社会的批判认定为只是战国时才出现的情形。又用片面与整体的观点，批评胡适将一般原则视为成见而主张纯实证的考据方法，叶氏主张正确把握方法的一般原则，在一般原则指导下研究个别，以整体来推知部分。所以他推崇辩证法，认为这优于只用考证法的研究。但他在一般与特殊的问题上用了许多异于常态的事例，作为实证则难为人认同。罗根泽对叶青以特殊二字来解决老子年代问题不以为然，说叶青一边用辩证法，一边用报纸上高寿与奇怪现象的记载，假使老子的年龄真是活了二百余岁，则他的前半世是春秋人，后半世也是战国时代的人了，这使叶青有口莫辩。

相对叶青，郭沫若的文章更为平实，更注重实证。郭文关于老子其人其书的看法基本与唐兰相同，只是更进一步将《老子》的集成者考定为环渊也即关尹。他认为老子确是孔子之师老聃，孔子是老子的弟子之一。《老子》书也是老聃的语录，就和《论语》是孔子的语录一样。而集成这部语录的是楚人环渊。环渊集成这部语录时，用自己的文笔加以润色，故饱和着他的时代色彩。郭文认定环渊是《老子》的集录者，其依据是《史记·老子传》有"老子乃著书《上下篇》"，而《孟荀传》又说"环渊……学黄老道德之术，因发明序其旨意……著《上下篇》"。这个环渊就是关尹，即《荀子·非十二子》的它嚣。关、环与渊、尹均一声之转。据郭氏考证，环渊的异名还有蜎渊、便蠉、便蜎、玄渊等十种以上。它嚣是由传伪而误的一种，《韩诗外传》作"范雎"，据知《荀子》原文必作"范睘"或"范蜎"，便是环渊，因字坏，录书者误成"它嚣"。郭文仅据关、环与渊、尹一声之转，便肯定环渊就是关尹，证据不足。环渊名字既多，生卒年代也是异说纷纭，郭文认定最可靠的还是《史记》所记，环渊与田骈、慎到同为齐国的稷下先生，大约与孟子同时，当是老聃的再传或三传弟子。

孙次舟也主张老子后出，他否认历史上有老子这个人的存在，认为老子本无其人，乃庄周之徒捏造，借以压制孔子。孙氏的文章发表在1935年的《图书评论》上，题为《跋古史辨第四册并论老子之有无》。文中所列证据是：《论语》《墨子》《孟子》都没有称及老子，至《庄子》始有老子；《庄子》中无趾、老子对语，称孔子学于老聃，其中无趾即无足，老聃即大耳也，都是虚构的人物；《史记·老子传》妄诞不可信。说老聃是庄子虚构的，这是孙氏的独见，但缺乏实证。

谭戒甫也发表了《二老研究》《〈史记老子传〉考正》，登在1935年和1936年的《文哲季刊》上（后都收入《古史辨》第六册）。谭氏认为老聃后出，对老莱子、老彭、老聃、太史儋等人名进行辨析，认为老莱子和老彭为一人，老聃和太史儋为一人。《二老研究》专门讨论老彭与老莱，因为莱从艸来声，来、釐古音通用，老莱之莱当读作釐。《说文》："釐，家福也。"彭为禁之省借，《说文》："禁，门内祭。先祖所旁皇也。"门内祭先祖，神来歆飨，报以介福，正与釐字解为家福相应。老彭、老莱子同为宋人，史书记老莱子为楚人，经谭氏考证，老莱子生在宋都睢阳，长于相地，后来还耕于蒙山之阳，其地在沛，又迁于苦地濑乡。谭氏又从老聃曾为周守藏室之史这一点，证老聃与老儋同为一人。认为守藏室之史即征藏史，《周礼·春官》有大史之职，"凡邦国、都鄙及万民之有约剂者藏焉，以贰六官，六官之所登。若约剂乱则辟灋，不信者刑之"。郑玄注："约剂，要盟之载辞及券书也。贰犹副也，藏法与约剂之书以为六官之副。"谭氏认为，此守藏之藏当即约剂之藏，守藏室之史即征藏史，又称大史，掌刑书以赞治，为大理之官，老聃以官为姓，故姓李。聃、儋字通，老聃、太史儋又同为大史，所以周太史儋即是周守藏室的征藏史老聃了。

罗根泽也认为老子是太史儋，年代在孔、墨之后，孟、庄之前。

《老子书》是太史儋即老子所著，同样在墨、孟之间。罗氏在 1925 年 10 月至 12 月间发表《由老子籍贯考老子年代》《由老子子孙考老子年代》《由尚贤政治考老子年代》《由礼教观念考老子年代》《由诸书引老考老子年代》等文，后皆收入《古史辨》第六册。在这些文章中，他提出：（1）就老子的籍贯看，他应当是战国人，不是春秋人。（2）就他的子孙看，也应当是战国人，不是春秋时人，其年代与太史儋相当。（3）就他的反尚贤看，应当在孔、墨之后。（4）就他的反礼教看，应当在儒家拥护礼教之后。（5）《庄子》以前的书籍，止引孔子，未引老子。（6）庄子始站在道家的立场以寓言、重言、卮言载老子教训孔子，而得到孔子崇拜的故事。（7）就《庄子》所载，老聃既是杨朱的老师，不能也是孔子的老师。（8）就《庄子》所载，老聃的弟子多，孔子的老师多，显系有意抬高老子，压抑孔子。（9）《庄子》以后，儒书及其他书中，也有孔子请教老子的故事，显然系受了《庄子》的影响。（10）《庄子》及其他先秦书中所引老子语，大半见于《老子》，知其著作年代在庄子之前，和老子是庄子以前的战国时人相合。（11）《史记·老子传》透露了老子后人或史家认为老子即太史儋的消息，可知老子就是太史儋，后孔子百余年。

就老子后出的说法，罗氏综合各家，补充证据，是此派观点的总结。1936 年底，罗根泽编辑《古史辨》第六册，将自 1932 年以来讨论老子年代的文章收在一起，他的文章则放在最后，表示此问题的探讨告一段落。他认为从 1919 年到 1936 年，持续了十多年的老子年代问题的论争，有点小题大做，以致旁观者望而却走，当事者也见而生畏。尽管众说纷纭，但老子年代问题仍未取得共识。大概而言，可分为三种意见：一是老子年岁略长于孔子，曾为孔子师，《老子》的作者是老子，但不排除后人加工和增添内容，以胡适为代表。二是老子在孔子后，老子曾为孔子师是庄子的杜撰，以冯友兰、钱穆等为代表。三是将老子与《老子》书分开，老子与孔子同时，并曾为孔子师，《老子》书是老子的遗言，由百年之后的老学学者集撰而成（如太史儋、环渊、杨朱等），以唐兰、郭沫若为代表。

50 年代后，大陆以胡适为代表的主张受到冷落。侯外庐主编的《中国思想通史》，认为老子思想产生于战国中期，后于孔、墨。所以在他的书中，老子排在孔、墨之后。任继愈同意郭沫若，认为老子在孔子以前，今存《老子》并非老子亲手所著，但主要思想是老聃的基本思想。由于郭沫若在当时大陆学界的泰斗地位，其观点对学术界产生了极大影响，被相当多的学者接受。

二三十年代关于老子年代问题的讨论，是高水平的学术争鸣。但最终没有取得共识，一个重要的原因就是材料不足。胡适已经意识到这个问题，故提出在寻得确证之前，要延缓下断语。

二、对二三十年代老子问题争论的回顾

1973 年长沙马王堆汉墓出土帛书《老子》，1993 年湖北荆门郭店一号楚墓出土竹简《老子》，提供了更接近古本原貌的《老子》版本。重新回顾当年有关老子的讨论，可有相对清楚的认识。

郭店出土的竹简本《老子》是迄今为止发现的最早的《老子》版本，其年代大体可以定在战国前期。据专家推断，该墓年代为战国中期偏晚，郭店竹简的年代下限略早于墓葬年代，应在战国前期。将二三十年代学者所依据王弼本《老子》和新出土的帛书《老子》、郭店竹简《老子》比较，帛书本与王弼本体例编排不同，《德经》在前，《道经》在后，但内容、文字与规模接近，帛书本假借字较多，没有王弼本规范，可以肯定帛书本较王弼本早，可能是战国中期或稍后的本子。竹简本的内容、文字、编排次序、规模，都与帛书本、王弼本有很大差异，比帛书本、王弼本更早。

根据郭店竹简本《老子》的年代，可以断定老子其人当如司马迁所记，在春秋末年，与孔子同时。至于竹简本《老子》到底是原始的完整本，还是传抄本；竹简本与流传本（王弼本）的关系如何，是否应定竹简本为老子所撰，流传本为太史儋或其他人所撰，这还是未有定论的问题。

关于二三十年代老子问题的争论，已有学者做了专门回顾，并

进而总结其中的种种问题。以下根据徐洪兴的有关研究①进行概述。

从一般的文献资料看，《老子》至迟在战国后期就已经有了相当的传播。正因为如此，韩非子才有《解老》《喻老》的注解，这是目前所知最早的《老子》的注释。今本《老子》，是经过西汉刘向校订过的，以后《汉书·艺文志》《隋书·经籍志》及其他公私目录均有著录。今通行本的《老子》，以西汉河上公《老子章句》本、三国魏王弼《老子注》本和唐傅奕《道德经古本编》本最普遍。

就《老子》的成书年代及真伪问题而言，北魏的崔浩曾有疑问，但至宋代以前无甚大争论，一般学者仍维持旧说。自宋代开始，疑古风气稍开，陈师道、叶适、黄震等提出《老子》或成于战国中期以后，杨时、罗从彦不同意此论，坚持《老子》成书于春秋。清代毕沅、汪中、崔述等主晚出说，明代焦竑及清代王夫之、阎若璩、宋翔凤等主早出说。20 世纪初至二三十年代因古史辨派的疑古思潮风行，也推动了相关的争论。参与争论的学者如梁启超、胡适、钱穆、顾颉刚、罗根泽、冯友兰、唐兰、马叙伦、张西堂、孙次舟、张煦、叶青、高亨、张季同（张岱年）、熊伟、谭戒甫、杨荣国、金景芳等，从《老子》书的文献征引、思想系统、语言风格、文体特征、韵律特点等各个方面展开了激烈的论辩，形成两种意见，即以梁启超、冯友兰为代表的晚出论和以胡适、张煦为代表的早出论。

早出论的意见坚持传统的观点，认为《老子》成书于孔子之前，是老聃的著作。晚出论向传统说法挑战，但意见不尽统一。有人认为《老子》成书于战国中期，有人认为成书在战国后期，极端的意见认为成书在西汉初期的文景之世。其一致处都认为《老子》成书远在孔子之后。

这场讨论没有形成一致结论。以后，学者们论及先秦的老子之学时，往往都是据自己的判断，或主早出论，或主晚出论，以主晚出论者为多。大致说来，大陆的晚出论者多偏向于战国中期说，港

---

① 徐洪兴：《疑古与信古——从郭店竹简本〈老子〉出土回顾本世纪关于老子其人其书的争论》，《复旦学报（社会科学版）》1999 年第 1 期。

台及海外学界的晚出论者多主战国晚期说。

清代乾嘉学派从事审订文献、辨别真伪、校勘谬误、注释文字及典章制度和考证历史地理沿革等工作，为后来的研究提供了许多可靠的历史文献材料。但乾嘉学派的考据学有其不足的一面，就是偏重于对已有文献的归纳整理。随着考古学的兴起，地下遗物相继出土，为研究古代历史文化提供了宝贵资料，为二重证据法的研究提供了可能。就《老子》而言，马王堆帛书《老子》的发现，对澄清二三十年代关于《老子》一书的争论，提供了不少有力的证据，而证据又明显偏向于早出论。这体现在：一，帛书《老子》甲乙二种均是《德经》在前，《道经》在后，与韩非子的《解老》《喻老》相吻合，说明今本与古本确有不同。二，帛书的出土进一步证明墨子所说"书于竹帛"的事实，也证明了战国时期不仅有竹简，而且有帛书，书写工具并不如以前想象的那么困难。换言之，孔子以前有私人著作并非不可能，章学诚提出的孔子以前无私人著述一说，未必有可靠的根据。三，《老子》书中"夫佳兵者不祥之器"一章，在帛书中亦有。晚出论者多强调此章为晚出，早出论者只能以王弼本无注，可能为后来所加予以回答，在帛书面前，这都成了无根之谈。四，帛书《老子》甲本中有二十二处"邦"字，而乙本全易为"国"字，说明甲本抄写于刘邦称帝之前，故没有避刘邦的名讳，乙本抄于刘邦称帝之后，故避讳而改"邦"为"国"。这使得晚出论中《老子》成书于西汉文景之世的说法不攻自破。五，帛书《老子》甲本中凡提到国家时，"邦"字占绝对多数，"国"字仅二见，"莫知其极，可以有国。有国之母，可以长久"。其余二十二处皆以"邦"称"国"，这一点十分重要。因为古代用"邦"称"国"始于分封诸侯，西周多用"邦"称"国"，一直延续到春秋末期，这一现象还很普遍。《论语》中"邦"字四十八处，四十七处为"国家"之义，一处与"封"字通假，"国"字仅十处。"邦"字至战国时期，随着封邦诸侯的逐渐消亡渐渐少用了，取而代之的是"国"字，看《孟子》《荀子》《韩非子》等战国时期的子书就可知道。所以，帛书《老子》甲本与《论语》的用字法接近，从一个侧面证明《老子》的成书年代与《论语》相近。

帛书《老子》虽然澄清了一些问题，但还不足以完全动摇晚出论，尤其是成书于战国中期说，有不少学者继续坚持此观点。但郭店竹简的出土对进一步澄清《老子》成书年代提供了更有力的证据。

首先，它使晚出论的所谓《老子》成书于战国中期说难以成立了。尽管还无法断定《老子》一书确切的成书年代，也无法断定郭店竹简本《老子》之前是否还有更原始的本子，但根据常识即可断定，竹简本《老子》的书写时间肯定早于墓主下葬的年代，书的著作年代应更早一些，此书成于战国前期应不成问题。

其次，从竹简本的内容看，绝大部分文句与今本《老子》相近或相同，但没有《德经》《道经》之分，且章次与今本也不对应。说明该本早于帛书本，也早于韩非子解读的本子。因此，这是迄今为止年代最早的《老子》传抄本，也证明《老子》经历过多次改造变化，今本与古本之间的差异甚大，以今本来推断《老子》的成书年代是不可靠的。

第三，竹简本《老子》的具体内容，提供了不少有力证据，证明晚出论者的观点仅是主观推测之辞，不足为据。如晚出论者曾以"仁义"对举是孟子的"专卖品"为由，证明《老子》当出于孟子之后，竹简本《老子》丙本中明明有"仁义"连用的情况，说明孟子以前有"仁义"连用，《墨子》中的也有许多"仁义"连用的地方，可作为旁证，证明"仁义"连用现象早于孟子。又如晚出论者提出《礼记》记载老子拘谨守礼与《老子》激烈的反礼精神相左，《老子》的话太激烈，不像春秋时人说的话。但那些话多是出现在今本《老子》的，而非《老子》古本即如此。如竹简本《老子》丙本："故大道废，安有仁义？六亲不和，安有孝慈？邦家昏□，安有正臣？"今本作："大道废，有仁义，智慧出，有大伪，六亲不和，有孝慈，国家昏乱，有忠臣。"两者截然不同。帛书《老子》和今本《老子》中都有"绝圣弃智，民利百倍；绝仁弃义，民复孝慈；绝巧弃利，盗贼无有"，竹简本则作："绝智弃辩，民利百倍；绝巧弃利，盗贼亡有；绝伪弃诈，民复孝慈"，并没有出现"绝圣""绝仁弃义"这类激烈言论，说明早期的老学一派并不是激烈的反礼乐仁义者。同时也证明了，至迟从帛书本起，这段话就让后来的老学派改动过了。可见，从帛书本到竹简本《老子》，已经把晚出论的立论基础都抽去了。

到郭店竹简本《老子》出土为止，可以说 20 世纪二三十年代关于《老子》成书年代及其真伪问题的争论，基本已经尘埃落定，有了比较明确的结论，传统的说法大致是正确的，而晚出论的观点不能成立。由此亦可推论，司马迁所记是有根据的。所以，老子应是老聃，稍早于孔子，孔子曾向他问礼，老子是《老子》的撰写者也是可信的。

当然，晚出论观点并非一无是处，晚出论者许多考证，可以帮助说明今天流传的《老子》已经过数度演变，掺杂了不少后来的内容。回顾 20 世纪以来关于老子的争论，在研究方法上有一些值得反思的教训。

首先，研究古代历史和文化，盲目信古固不足取，但疑古太甚同样不可取。古史辨派和疑古思潮能使学者打破中国长期的唯古是信的观念，主张用历史演进的观点和疑古的精神，吸收西方近代考古学、社会学等方法，对上古历史和典籍进行重新研究整理，这是可取的，也是应该的。古史辨派的许多研究成果，至今在研究中国古代历史和文化典籍时颇有价值。但古史辨派在研究中也存在矫枉过正的地方，往往是大胆怀疑有余，小心求证不足，武断片面的地方颇多。老子其人其书的问题仅是其中一个，其他如《孙子兵法》《晏子春秋》《尉缭子》《文子》等古籍，一度被判为伪书。可是后来在山东银雀山、湖南马王堆、河北定县等地汉墓中出土的残简或帛书，证明了这些古籍不伪，古史辨派的许多观点不攻自破。其次，在对哲学史、思想史研究中，不能为了构建自己的解释体系而牺牲历史事实。哲学史、思想史的研究并非是建构或阐发个人的哲学思想，而研究历史上的思想观念及其演变过程，尽管研究者可以根据自己的理解对历史上的思想观念作出不同的解释，但它们并不会因研究者的特殊需要而发生改变。

1958 年胡适在台北商务印书馆重印《中国哲学史》时作《自记》，其中说：老子年代的问题原来不是考证方法的问题，只是一个宗教信仰的问题。像冯友兰先生一类的学者，他们诚心相信，中国哲学史要认孔子是开山老祖，要认孔子是万世师表，在这个诚心的宗教信仰里，孔子之前不应该有个老子。在这个诚心的宗教信仰里，不能承认一个跟着老聃学礼的孔子。试看冯友兰的说法："在中国哲学史中，孔子实占开山之地位。后世尊为惟一师表，虽不对而亦非无由也。以此之故，哲学史自孔子讲起。"① 这说明仅仅根据自己的理解来解释哲学的历史或思想的历史，尽管可把自己的解释体系说圆说通，但其代价却是把历史说错了。

徐氏这一文章回顾和总结了 20 世纪在疑古思潮影响下出现的对老子其人其书及其时代的争论中的主观观点及分歧所在，也指出了根据后来出土的帛书《老子》和竹简《老子》对这场争论中的种种说法的是非之判断。从中可以看出，尽管当时许多著名的学者参与这场争论，但或许出于某种特定的心结而硬不承认对方的分析与结论，总是抱着一种我是彼非的态度来强辩，也就使得问题总也得不到彻底地解决。而且在资料和证据不够充分的条件下，争论一些问题也往往形不成公论与共识，这也是争论古代历史与文化时所需要注意的一个普遍现象。也有一些重视《老子》思想研究的学者，对这种纠缠于老子其人其书及其时代的考证与争论，则认为没有什么学术价值，如牟宗三在《老子〈道德经〉讲演录》中所表达的那种观点。这也可以说明，为什么在当年的大争论中，有许多学者并没有发表意见，参与讨论。即使在帛书和竹简《老子》出现之后，仍然有不少学者不对这种版本上的考证加以重视，他们认为研究《老子》中的思想更为重要。而从思想的角度看，帛书本、竹简本、传世本《老子》并没有根本的不同，只是一些字句有差异，或在章节上有全与不全之分。但若仔细考究其中的思想，在整体上并没有根

---

① 胡适：《〈中国古代哲学史〉台北版自记》，见《胡适全集》第五卷，安徽教育出版社 2003 年版，第 540—541 页。

本性的不同。这种情况也说明，一味纠缠于《老子》书的版本与文字的考证其实对研究《老子》的思想没有决定性的意义。这个问题，我们在本书关于简帛《老子》研究的相关章节，会用具体情况加以说明，此处就不赘述了。

第三节　马克思主义唯物史观对老学的影响

20 世纪前期，除古史辨思潮引起的关于老子其人其书及其时代的争论外，还有一批学者运用马克思主义的唯物史观研究《老子》的思想内容，是当时不可忽视的另一思潮。这里以郭沫若、侯外庐和吕振羽三人的相关研究为例，来说明此派《老子》研究的内容与特点。

一、郭沫若对老子的研究

郭沫若（1892—1978），原名开贞，字鼎堂，号尚武，四川乐山人。1914 年留学日本，在九州帝国大学学医，回国后从事文学创作活动。1926 年参加北伐战争，担任国民革命军政治部副主任。1927 年参加南昌起义，加入中国共产党。1928 年旅居日本，研究中国古代史和古文字学。抗日战争爆发后回国，任国民政府军事委员会政治部第三厅厅长等。1949 年担任首届全国文联主席，后历任中央人民政府委员、政务院副总理兼文化教育委员会主任、中国科学院院长、中国科学技术大学校长等。著作颇多，后被汇集为《郭沫若全集》，分文学、历史学、考古学三编。

郭沫若于 1934 年发表《老聃·关尹·环渊》一文，后收入其《青铜时代》。对于老子其人的问题，郭沫若的看法与唐兰接近，他说："我的见解是以唐说为近是。老子确是孔子之师老聃，《老子》书也确是老聃的语录，就和《论语》是孔子的语录，《墨子》是墨翟的语录一样。"他与唐氏不一样的地方，在于他认为《老子》书成于老子的弟子环渊之手："集成《老子》这部语录的是楚人环渊。环渊集成这部语录时，没有孔门弟子那样质实，他用自己的文笔来润色了先师的遗说，故饱和着他自己的时代色彩。"① 郭氏又考证了环渊的多个异名，认为有十个以下，如关尹、它嚣等都是环渊的异称。环渊生于楚而游于齐，跟孟子同时代，是老聃的再传或三传弟子。

郭氏又于1944年作《稷下黄老学派的批判》，后收入其《十批判书》。该文认为道家是儒墨的先辈，但在老聃、杨朱以至杨朱弟子的时代，还未成为学术界的潮流，到稷下先生的时代，道家三派并驾齐驱，使先秦思想多样化、深邃化，儒、墨都受了他们的影响，阴阳、名、法诸家是在道家的直接感召下派生出来的。

郭沫若认为《道德经》是关尹（环渊）为了发明老子的旨意而写的，即《道德经》成于后人之手，其中保存着老聃的学说，但多是发明旨意式的发挥，不像《论语》那样比较质实地记述孔子的话。所以不能认为《道德经》是老聃作的书，其中的文句也不都是出于老子，但也不能说根本没有老子这个人，或这个人的时代甚晚。

郭氏对《道德经》思想的评判，重视人民本位，如批判《道德经》露骨地主张愚民政策，把人民当玩具，是对新时代的统治者效忠。不以人民为本位的个人主义必然要发展成这样，更进一步就否认一切文化的效用而大开倒车。

他对《道德经》思想的研究，从齐稷下学宫以及稷下学士的情况入手，认为稷下学士是多种学派的汇集，有儒家的孟子、荀子，阴阳家的驺衍、驺奭，道家的田骈、慎到、环渊、接子、宋钘、尹文，还有学无所主的淳于髡，属于名家的田巴。

他据《庄子·天下》所说，认为这些道家学者也分成不同的派别，如宋钘、尹文为一派，田骈、慎到为一派，关尹为一派，庄子虽然不是稷下先生，但是继承了老聃、关尹的学说。关尹的年代与田骈、慎到相当。

---

① 郭沫若：《青铜时代》，见《郭沫若全集·历史编》第一卷，人民出版社1982年版，第538—539页。

　　对于老子其人其书，郭氏认为老子其人是一个问题，老子其书又是一个问题。《道德经》晚出，是关尹所著的《上下篇》。道家诸派都以道为宇宙万物的本体，此一学说的倡导者应该是老聃，这个人在历史上真实存在过，不可否认。老聃是周室的守藏史，这种居闲官而又有书可看的人，超现实的本体观和隐退生活的理论由他倡导出来，没有什么不合理的理由。庄周去古未远，对于老聃的陈述，比二千年后的人的推测，要可靠得多。老聃其人，先秦诸子凡是提到他的，都不曾怀疑过，这是因为当时老子其人与其书并没有混淆。人在前，书在后，书中保存有一部分老聃的微言大义。

　　老聃学派的产生有社会史的根源。在春秋末年，一部分有产者或士，饱食暖衣，不愿案牍劳形，苦于寿命有限，就想长生久视，故采取避世的方法以全性葆真。他们的宇宙万物一体观和"卫生之经"，就是为这种生活找理论根据的。但这种理论没有大众的基础，能满足于这种生活态度的人在很少的时候，其理论就无从发展，故在初期没有孔、墨那样的影响。后来经过稷下制度的培植，就兴盛起来了，达到"天下之言，不归杨则归墨"的程度。齐国之所以要扶植道家，是一种高级的文化政策。即齐国的统治者，如齐威王、齐宣王，因为存在着窃国者为诸侯的心病，要养士来为自己的统治服务，另一方面也是防止在齐国产生出新的窃国者，要预为之防，化除这种异志。为此，杨、老学说是最为适用的武器。于是在他们的培植下，道家学派兴盛起来了。

　　对《道德经》一书，他认为是关尹根据老聃的遗说整理出来的，凡是《道德经》所说的圣人，应该都是指老聃。根据韩非的《解老》，可以知道，"道"这个观念是老聃倡导出来的。

　　对于《道德经》第三十六章："将欲歙之，必固张之；将欲弱之，必固强之；将欲废之，必固兴之；将欲夺之，必固与之，是谓微明。柔弱胜刚强。鱼不可脱于渊，国之利器不可以示人。"郭沫若认为是最为人所诟病的文字，因为完全讲的是诈术。这在道家本身原是应有的理论，因为它根本是站在个人主义的立场的。但个人主义者也不能完全脱离国家社会而生存，故论到国家社会的理则时，就很容易流露出个人主义的本色。为要保全自己或使自己所得之利更大，当然要把自己立于不败之地，而以权术待人。老聃的这一方面，由关尹发展了，这是关尹一派的特色。

通过以上的叙述，可以看出郭沫若对老子的研究，基本是说实有老聃其人，而《道德经》一书则不是老聃自己写成的，是他的传人关尹修饰整理而完成的。其中的思想也没有多少正面价值，有愚民政策，又有权谋诈术，加上后来学者的辩护与开脱，竟使道家的道术成了两千年来垄断学术界的大魔王。这一观点，不免过于诉诸个人的感情。

二、侯外庐《中国古代社会与老子》等

侯外庐（1903—1987），原名兆麟，又名玉枢，自号外庐，山西平遥人。1927年赴法国巴黎大学留学，在巴黎加入中国共产党。回国后在哈尔滨法政大学、北平大学、北京师范大学等校任教。新中国成立后任北京师范大学历史系主任、北京大学教授、西北大学校长、中国科学院历史研究所所长、中国科学院哲学社会科学部委员等。著有《中国古代社会与老子》《中国古代思想学说史》，主编《中国思想通史》《宋明理学史》等。

《中国古代社会与老子》，1934年出版。此书从战国时期的物质生产状况出发，分析老子思想的产生、形成和体系，对老子的经济思想、国家学说、意识形态理论、老子思想的出发点、自然秩序观、方法论等做了分析论述。

侯外庐在此书的序言中说这是他研究中国经济思想史的一章，方法是研究方法，不是叙述方法，所运用的知识是近代的，书中没有抄袭古人的陈套，也没有附会解释。全书每章开始，都要引用一段前人的知识，作为每章的认识基础。

侯氏在此书的《绪论》中说明了对老子时代和《老子》真伪的认识，认为老子是战国时代的人，《老子》书虽有后人的改纂和增添，但大体上是一个人的思想，出于一人之手。至于老子其人，不管是老聃、老莱子、李耳的哪一个，都不能怀疑没有其人，没有

其书。

《中国古代思想学说史》1943 年出版。从整体上看，侯氏把老、庄学派称为反孔、墨显学的智者学说，放在孔子、墨子之后。

侯氏对思想的分析，都从社会的时代特点入手，这是基于马克思主义的经济基础决定上层建筑的观点出发的研究思路。他既认为老子是战国时代的人，于是在论述老、庄学派的历史路线时，就重视分析这个时代的特点，认为战国中期的新社会没有达到孔子所希望的"老者安之，少者怀之，朋友信之"的状况，也没有达到墨子所希望的"兼相爱，交相利"的理想状态，却像希腊罗马的第三世纪危机，人们对现实感到悲观绝望，想跳到现实之外。于是出现了对于孔、墨显学的反向批判思想，这就是老、庄学派的思想。孔、墨的思想为人类与社会造成了一种规定与局限，老、庄学派则要把这些规定解除掉。老、庄思想保持了一种优良的精神，不同于其他学者的庸俗化和袭古化，是人类思维史上的一次创见。具体而言，就是对先王观念的消除，即孔、墨所称道的尧、舜等先王。"老子时代氏族贵族已到末路，所以'天道无亲'。他敢于否定了'先王'，则是人类思想的一大解放"[1]。

他这样分析老、庄思想出现时的时代特点，显示出他对老、庄思想的高度评价。他认为老、庄思想是对孔、墨显学的批判，于是就从这个角度来看老子的思想。他说，孔、墨都责实正名，老子则反对正名的名理，所以说"名可名，非常名。无名，天地之始；有名，万物之母"。孔子尊贤，墨子尚贤，老子则曰"不尚贤，使民不争"。孔子学"文"，墨子贵义，孔子依仁，墨子兼爱，老子则说："失道而后德，失德而后仁，失仁而后义，失义而后礼。夫礼者，忠信之薄而乱之首。前识者，道之华而愚之始。"所说的前识、愚等，都是有所指的。并进而反对师、礼、学、知、辩、博等，这也都是针对孔子重博学、墨子重辩而言的。

对于孔子的天命、墨子的天鬼，侯氏认为这是中国古典社会氏

---

① 侯外庐：《中国古代思想学说史》，文风书局 1944 年版，第 159 页。

族制度的反映，而老子是自然天道观以及宇宙道德的形而上学，他提出"道法自然""天地不仁""绝圣弃智"，就是对孔、墨秉承的天道观的反对，在思想史是批判性的发展。侯氏认为，在《老子》中可以举出很多这样的思想线索，以上所说只是其大要，而庄子则承老子之余绪，对儒、墨的批判更为直接和激烈。

侯氏强调："研究思想史要注意'史'的线索，若以地理因素而说明思想的起源，乃机械观。我们研究孔墨主要看其显然的历史，而并不否认'邹鲁人士'之文化影响，同样地研究老子，亦不否认其为楚民族的传统，然若以'楚人精神'代表了历史源流，则为错误。"① 他的这种观点，实际上是批评当时人们按南北思想的不同来分析孔子与老子的先后关系，认为那是没有抓住思想发展的脉络。

他认为中国古代思想史的历史发展，是先有儒、墨，后有老子。他说："孔墨显学，用抽象的名词讲来，是在争黑白之孰白，虚实之孰实，先后之孰先，荣辱之孰荣，雌雄之孰雄，则老子便一反其道，孔墨之不取者已反取之，老子之前若没有正面理论，不会有他的反面理论。"② 他认为《庄子・天下》说明了这种情况："知其雄，守其雌为天下谿；知其白，守其辱为天下谷。人皆取先，己独取后。人皆取实，己独取虚。……人皆求福，己独曲全。坚则毁矣，锐则拙矣。"他的这一分析，有力地说明了老子思想是在孔、墨之后的反面批判，由此可以看出中国古代思想史上的发展演变线索。这比一味考证老子其人其书的年代更能说明问题，因为那些考证都是老子思想之外的记载，而从思想内涵上找出思想先后发展的轨迹，就更有说服力。

老子学说的体系，是他专门探讨的重点问题之一，侯外庐将之分成社会论和形而上学两个部分，这说明他更看重老子思想中的这些内容。

他对老子的社会论，也是从时代的社会状况出发来分析的。老

---

① 侯外庐：《中国古代思想学说史》，文风书局 1944 年版，第 162 页。
② 侯外庐：《中国古代思想学说史》，文风书局 1944 年版，第 162 页。

子生当战国中叶的社会，此时的社会是旧死与新活并存，但旧的死的还在抑制新的活的，活的也不是孔墨的理想境地。见于《老子》书中的社会现象，颇有这种新旧为苦的语句。新的活动的国民，如："大道甚夷，而民好径。朝甚除，田甚芜，仓甚虚，服文彩，带利剑，厌饮食，财货有余，是谓盗夸。"《韩非子·解老》对此句的解答为："饰智故以至于伤国者，其私家必富，私家必富，故曰财货有余。""夸"字，韩非作"竽"，竽是五声之长，众乐为和，故曰："大奸唱，则小盗和。……今大奸作则俗之民唱，俗之民唱，则小盗必和。"据此，他认为当时的社会是私家富而国受伤，大奸、国民、小盗并存，都对国家造成伤害。

他还认为老子说的下述情况，也是当时社会的实况之一："出生入死，生之徒十有三，死之徒十有三，人之生，动之死地亦十有三。夫何故？以其生产之厚。"根据韩非的解释，徒谓属，十有三指四肢九窍，求生之厚，正是战国国民的新追求，而老子对此种追求表示怀疑，说："动不止，而损不止，损而不止则生尽。"自孔子讲求富贵为人欲以来，墨子则定为众之耳目之情，战国时人欲横行，新现象同时又是新乱源。所以老子以"损"立论，自有依据。

老子又说："天下多忌讳而民弥贫。民多利器，国家滋昏。人多伎巧，奇物滋起。法令滋彰，盗贼多有。"侯氏认为其中的利器是不是铁器，不必猜度，而伎巧就是墨子说的百工从事者，奇物是带有神秘性的东西。奇物滋起，是商品大量出现而进入市场。法令滋彰，表明"礼别贵贱之序，代之以一般的法令（法令二字为战国后起者）"[①]。这样的思想分析，都与历史上的社会发展变化的情况相关联，故更有说服力。

其他如"天下有道，却走马以粪。天下无道，戎马生于郊"，"欲不欲，不贵难得之货。不贵难得之货，使民不为盗"，"多藏，必厚亡……绝巧弃利，盗贼无有"，"金玉满堂，莫之能守。富贵而骄，自遗其咎"，"民之饥，以其上食税之多，是以饥……民之轻死，以

---

① 侯外庐：《中国古代思想学说史》，文风书局1944年版，第163页。

其求生之厚，是以轻死"，"民不畏死，奈何以死惧之？若使民常畏死，而为奇者，吾得执而杀之，孰敢"，侯氏认为这都是指战国新发生的现象。孔、墨的思想主要是批评当时旧贵族的失政及社会的旧矛盾，而老子则集中在"民""民欲""民求生之厚""民之难治"等，这是思想发展变化的重要区别。在春秋以前没有一般的民，如果没有与民相关的社会现象普遍出现，则不会出现相应的思想著作。老子所说的情况，是战国时才出现的社会的普遍现象。老子提出自己形而上学的历史观，是针对特定的学说的，即此前已有的孔子和墨子的学说，相比之下，老子的学说是更为高级的意识形态。

他分析老子的社会观，主要依据老子说的"太上，不知有之。其次，亲而誉之。其次，畏之。其次，侮之。信不足（焉）有不信焉，悠兮其贵言"。他认为其中的"有之"，就是"有之以为利"的"有之"，是指私有，"不知有之"是说古者不知道有私有的东西。其次，社会分化出贵贱以及以亲族相分的社会成员关系，私有就成为获得美誉的东西。再其次，礼堕而以法畏，即孔子说的"民免而无耻"。到战国时代，就以一般的富贵私有相侵侮了。"信"就是"民无信不立"的"信"，在矛盾不一的社会，才以信为贵。

他这样解释老子的话，是按社会发展的眼光来理解的。即社会的早期阶段没有私有财产，之后有了私有财产，就使占有私有财产的相关亲族得到称誉，再往后就是礼乐破坏而出现了法令，使人们畏惧法令，再往后则有了信不足的情况，称之为信不足，是认为信对于社会特别宝贵。由此他看出了老子的社会发展观。这正是按照马克思主义的经济基础决定上层建筑的思想来分析的。

此外，他认为老子反对战争和用兵，认为老子希望旧贵族政权从消极方面认识"守道"；认为老子不赞成奇货、奇物、民巧、民欲等，而希望贵族君子守道、守势、卑下、曲全、柔弱，这是没落贵族的"败北主义"。

他认为老子的社会理想，是"执古之道，以御今之有"。其中的"古之道"，他采纳了冯振的说法，即古之"无"，将"古之无"与"今之有"对立起来。于是他认为老子说的"三十辐共一毂，当其无，有车之用。埏埴以为器，当其无，有器之用。凿户牖以为室，当其无，有室之用。故有之以为利，无之以为用"，就是说明这种意义上的有与无的相对关系，即这一段的三个"当其无"，是指时代，即"无之"的社会，这种社会的劳动生产物，是当作使用物，没有附加的拜物性。到"有之"的社会，生产物作为利而有了交换价值，有了商品性，"无之"的社会，生产物只有使用性，没有商品性。由此他认为"当其无"即"古之无"，"当其有"即"今之有"。这里他把"古之道"解释为"古之无"来与"今之有"相比较，仍按马克思主义社会发展观用有没有私有财产来阐释其中的思想内涵，得出了老子的社会理想观。

在分析老子的社会观时，他认为老子反对厚生，故说"祸莫大于不知足，咎莫大于欲利"。前面所说的"有之"与"欲利"相当，"无之"即无私。如"吾所以有大患者，为吾有身，及吾无身，吾有何患"，"有身"即私身。又"圣人后其身而身先，外其身而身存，非以其无私邪？故能成其私"，"无私"即"无之"。这种解释，都是依据马克思主义的理论，认为社会是从原始的公有社会发展到私有社会，所以认为老子主张实现公有社会。

侯外庐认为老子的理想社会是"两不相伤"的古代社会，是大家都"唯啬"的"早服"社会，是贵"食母"的原始组织。老子憧憬的社会状况是"其政闷闷，其民淳淳，其政察察，其民缺缺。……是以圣人方而不割，廉而不刿"，"功成不名有，衣被万物而不为主"，"生而不有，为而不恃，长而不宰"。侯外庐说："这是原始公社的理想，那里没有分裂，没有私产，没有宰治，只有生产与劳动，'长'是一种和氏族成员共同生活的被选举者。所以说：'圣人处上而民不重，处前而民不害，是以天下乐推而不厌。'"①

这样的社会观有相应的历史观，即从"无"而"有"，但老子的理想是"复归于朴"，所以说："天下有始，以为天下母；既得其母，以知其子；既知其子，复守其母。"母子就是说因果，得因知果，知

---

① 侯外庐：《中国古代思想学说史》，文风书局 1944 年版，第 167 页。

果再回守因。孔子旧瓶装新酒，墨子新瓶装新酒，老子说这全是
"子"，子是逆子，母是慈母，子是不常，母是"复常"而"大顺"。
孔与墨不论怎样装酒，都是损不足而奉有余，都有贵贱之分，老子
则要找到瓶与酒的"母亲"，即"元（玄）德"所在。那里是："不
可得而亲，不可得而疏。不可得而利，不可得而害。不可得而贵，
不可得而贱。""天之道，损有余而补不足……孰能有余以奉天下？
唯有道者。是以圣人为而不恃，功成而不处，其不欲见贤。"这样的
社会没有大怨，所以不用孔子的"和为贵"，这样的社会之图案就是
《老子》"小国寡民"章所说的那样，这样的社会理想证明孔子、墨
子的"酒"都是苦的。侯氏说，《老子》书中没有一个先王，"黄老"
是后人的名词，因为先王正是"有之"的政治家，所以老子的理想
人格仅名为"圣人"。

对于老子的形而上学，侯氏认为老子之前的孔、墨是讲意志之
天，主宰之天，老子则舍其宗教观，择其义理观，还原为自然之天。
天论到老子是一次解放，老子继承了天道思想而发展为宇宙史的异
变。孔、墨的天道思想都是拟人化，或拟社会化，故天之异变以人
与社会的异变为其模型，老子则把这种人类思想放大，提倡形而上
学的天论。这种天论的解放，是战国思想的特色。

侯氏认为道德思想在孔、墨是现实社会的问题，老子则反是，
他的道德观是宇宙的，同时又是历史的，为超现实社会的一种形而
上的合法则运动。为此老子论述了宇宙的本源，在天地万物之前，
然后由无而有，成为天地万物的始与母，而且是"道生一，一生二，
二生三，三生万物，万物负阴而抱阳，冲气以为和"的过程，并且
是"大曰逝，逝曰远，远曰反"，"反者道之动"。

"这个发展概念是表面上向对立的转化，然而在物质世界则是损
益性的循环形态，不是由低级向高级的移行"[1]。这就导出了老子的
循环异变论，在人类社会的发展概念上则导出了相对的无差别观，
正反对立而无斗争的"和"合论。他认为老子把事实中的差别与对

---

[1]　侯外庐：《中国古代思想学说史》，文风书局 1944 年版，第 169 页。

立都在观念上还原为无差别性，它们中间的运动——矛盾，被取消于同一性。在形而下的物质运动上老子又导出了久暂观念，而以万物不常在，否定了运动，而在人生观上则得出了消极的结论，这又为庄子所引申发挥。

他还指出，老子由宇宙生成万物变化，到变化的终结，论至无穷而得出有穷的结论，根据"反之动"而倒车以行，由历史出发而否定了历史，即所谓的"复常"，回到宇宙原来的生成处。这就是老子宇宙史的形而上学，是一个大环状的由本体到现象，再由现象回归本体的"袭明"。而老子在宇宙观"复常"于"道"，和在社会观上"复常"于"无之"，是一脉相承的思想体系。

对于老子的形而上学的道德观，侯外庐认为与老子的贵因论，都是西周思想的解放。道德中的"德"与"孝"是先出的，"仁义"后出，"礼信"更后出，这是历史发展造成的。道在孔子、墨子都是学说的根据，老子则与之相反，穷源求因，还之于自然生成的历史，仁、义、礼、信等道德都是后天的，老子的道德则是绝对的，先天的，是超乎感知的"根""元""静""常"，是物质界以外的东西，是人类知识接触不到的，是"玄之又玄"，"先天地生"的，这就是老子所说的"与物反"。

老子的"道"就是"无"，是绝对真理，但不是"神"，而是"自然"法。他认为："老子的形而上学没有完全否定了物质，但也仅于没有彻头彻尾否定而已，如果因此而说他是唯物论者则大错。"[①]对于万物（物质运动），他称为"德"，德就是道之万理："道生之，德畜之，物形之，势成之"，"孔德之母，惟道是从"。德就是万物成理之文。德既然是万物之母理，故曰"德畜之"。

他认为老子不主张"创造"，因为这是改易自然，不是"全德"，和"天地所以长久，以其不自生，故生"的母理有违；也不主张"有为"，因为这是与人性与天地"无为而无不为"之母理有违，也不是"全德"。老子主张归母理之根，这是由德复近于道，"是谓复

---

① 侯外庐：《中国古代思想学说史》，文风书局 1944 年版，第 173 页。

命，复命曰常，知常曰明"。

侯氏还认为老子的道德形而上学是由绝对到相对，再从相对回到绝对；由绝对生相对，而以相对非常命，而后否定了相对。道为绝对，德为相对。由道到德，再由德返回道。老子的历史观是反发展，道德论是反创造。

总体看来，侯氏对老子思想的理解，从历史发展的角度出发，整体上与孔、墨的思想主张相对照，以证明老子的思想是战国时代的产物。对老子思想内涵的阐释，则完全从马克思主义的经济决定意识的理论出发，从马克思主义的历史发展观出发，从马克思主义的唯物主义的本体论出发，把老子所说的种种观点都用马克思主义的理论加以评判。这样的理解与阐释，在不少地方颇有启发意义，但也有些地方显得勉强，因为他为了使自己对老子思想的阐释合乎马克思主义的理论，对老子原话的解释有时就难免不太符合老子思想的原意。

三、吕振羽论老子思想

吕振羽（1900—1980），字行仁，湖南邵阳人。1926 年湖南大学电机工程专业毕业。1936 年加入中国共产党。后在重庆从事历史研究和统战工作。1942 年赴延安。新中国成立后，任东北人民政府文教委员会副主任、东北人民大学（后为吉林大学）校长、中国科学院哲学社会科学部委员等。著有《史前期中国社会研究》《殷周时代的中国社会》《中国政治思想史》《中国民族简史》《简明中国通史》《中国社会史诸问题》等。

吕振羽对老子思想的研究，主要反映在 1937 年出版的《中国政治思想史》中。此书第四编第一章是对老子思想的分析，标题为"没落封主集团的政治哲学——老聃的复古主义"，带有浓厚的阶级批判色彩。

关于老子其书的时代问题，吕振羽称梁启超提出的六大理由，已被张煦等人否决了，疑古派学者也提不出新的理由。可知他不赞成老子晚出说，而《老子》中的社会情况，无论是经济、政治还是意识形态，所表现的阶级性，恰合于春秋末期封建兼并的时代背景，也合于春秋末期没落贵族的身份言论。他认为，人类思想不能离开社会而孤立存在，因此就可断定老子的时代是在春秋末期。而疑古派学者是把人类的思想意识和其实践生活隔离起来，自不能有正确的结果。他也不赞成郭沫若提出的老子即关尹的观点，因为这种分辨尤无必要，只要说明某一时代有某种思想就足够了。他赞成唐兰的一个观点，即老聃和老子是一人，老聃在孔子之前。但他不同意唐兰说的《老子》是老聃手著的观点，认为《老子》是老聃的遗言，但也有后人掺入和错乱的情况。

吕振羽提出，要弄清楚老聃的阶级性，否则就无由说明其思想体系。他不赞成如下的说法：一，老聃是西周没落的奴隶主贵族。因为不管西周是不是奴隶制社会，《老子》都不能说明这种社会性。二，老聃是战国末具有士身份的小农。老聃不是战国末人，何况小农和士的身份的统一，在当时也很难有这样的事实。三，胡适说老子是春秋时代的极端破坏者，梁启超说老子是战国末平民阶级，这类说法在阶级的概念上是滑稽可笑的。他认为，据历史记载，老子是周室的守藏吏或征藏史，在孔子之前，求知识是封建贵族的专利，平民没有这种权利。到孔子时，也仅把受教育的范围扩大到士阶层和部分新兴地主——商人的子弟。"然而《老子》的意识上，又是完全和新兴地主—商人相反的。因而老聃便无疑是属于统治层中之一分子，不过他由楚跑到周去作'守藏吏'，必已失去其自有的领地。……在春秋数百年间，由于强大领主的兼并，会引起若干中小领主的没落，这种没落者的呼声和其愤懑情绪，在老聃的全部著作中能充分表现出来"[1]。因此他认为老子是春秋末期没落领主阶级。

当时也有人主张老聃思想体系中有辩证的观点，因此认为老聃属于被统治阶级。但黑格尔不是被统治阶级，也能发现辩证法，所以这一主张也不能成立。又有人从认识论上来找其阶级的根源，认为唯心与唯物是治人者与治于人者的根本分野，所以认为老聃是相

---

① 吕振羽：《中国政治思想史》，黎明书局 1937 年版，第 46 页。

互的辩证唯物主义者。吕氏认为，老聃的哲学体系中具有第一义决定的东西并不是名和朴，而是玄之又玄的道，问题的关键是老聃的道的实质是什么。而且老聃的政治主张没有代表被统治阶级的地方，也不能说他是被统治者的代言人。如果说他代表没落小封建主，又说他有辩证唯物主义或原始辩证唯物主义的思想，那就是自相矛盾的，所以这一说法也不能成立。

吕氏认为老聃是初期没落封建贵族且附属于不劳而食的封建统治者队伍中的人。根据老聃的阶级性，他不可能如某些学者所说，发明辩证唯物主义和社会主义。从老子的整个思想体系去考察，老子属于有辩证观的唯心主义，即老聃的思想体系中应用了辩证的观点，把事物的现象从对立的范畴去说明，如刚柔、牝牡、雌雄、恶善、美丑、祸福、利害、强弱、兴废、夺与、厚薄、进退、得亡、贵贱等，这表明老聃发现了现象之间的对立和矛盾性，企图从矛盾的对立性去说明这些现象。但老子同时也把一般人认为绝对的"是非"也都否定了，如说"唯之与阿，相去几何？善之与恶，相去何若"。另一方面，他又认识到事物否定其自身的现象，如说"正复为奇，善复为妖"，"祸兮福之所倚，福兮祸之所伏"。这些说法表明"肯定"的"祸"之自身的"否定"是"福"，"福"又有其自身的"否定"而转化为"祸"。这说明老聃企图由此说明事物的发展法则，同时又从外在的关联上去说明由"量"到"质"的变化，如说"天下皆知美之为美，斯恶矣；皆知善之为善，斯不善矣。故有无相生，难易相成，长短相形，高下相倾，音声相和，前后相随"。吕氏认为这是比较伟大的进步的观念，但又指出老聃从辩证的观点向相对论转变，却止于此而不再前进了。可见老聃只了解事物的外在的矛盾对立，不了解事物的内在矛盾斗争的统一，因而无法了解事物运动的根本规律，即由量到质的变化以及由新质而引入新量的发展。吕氏认为这样的思想观念只会使之走向循环论，并最终回到"自然主义"和"复古主义"。之所以如此，是由于在老聃的没落封建贵族的生活实践中，"一方面感到其自身阶级地位的没落，与新兴地主——商人的代起（他也不了解这种在渐变过程中所引起之部分突变的法则）给予他对社会变动现象的认识；另一方面，在历史上，没落的封建贵族，并不能扮演革命阶级而登场，便很自然的只肯从愤恨现状中去留恋过去，不肯而且不能彻底地去否定现状，作更积极的了解。因此，老聃虽曾把握了辩证法之反正对立的观点，但不能深入到反正对立之斗争的统一的理解"[①]。这就仍然是形而上学的，而不能发展到唯物主义，仍然是对辩证法的首尾倒置。

吕氏这样的分析完全是照搬马克思对黑格尔哲学的批判，即认为黑格尔的哲学中具有辩证法因素，但整个哲学是唯心主义的，故说黑格尔的辩证法是首尾倒置。

吕氏又说老聃在物质和精神的依存关系上，虽然还承认本体（"朴"）是先于概念（"名"）而存在的，但在研究本体的究极问题时，就又回到唯心主义。

老聃所理解的本体是"天地万物生于有，有生于无"。"无"是在宇宙产生之前就存在，即"有物混成，先天地生，寂兮寥兮，独立而不改，周行而不殆，可以为天下母。吾不知其名，字之曰道，强为之名曰大"，"无名天地之始，有名万物之母"。"先天地生"的"无名之朴"由不知所以名之的"道"发生作用。对于道的本质，则说"道者，万物之奥"，"道之为物，惟恍惟惚，惚兮恍兮，其中有象，恍兮惚兮，其中有物，窈兮冥兮，其中有精，其精甚真，其中有信"，"视之不见名曰夷，听之不闻名曰希，抟之不得名曰微。此三者，不可致诘，故混而为一。其上不皦，其下不昧，绳绳不可名，复归于无物"。

根据这些说法，吕氏认为，老聃的道，可以解作星云气体中的各种物质元素，把存在于星云气体的混沌状态中的宇宙解作"无"，从星云气体的凝结以至万物的发生解作"有"。可是老聃又说"吾所以有大患者，为吾有身，及吾无身，吾有何患"，"善摄生者……以其无死地"，是把精神的"我"和物质的"我"对立，离开物质的"我"，还有一个"真我"。又云"致虚极，守静笃，万物并作，吾以

[①]　吕振羽：《中国政治思想史》，黎明书局 1937 年版，第 48 页。

观其复。夫物芸芸，各复归其根，归根曰静，是谓复命，复命曰常"，"命"是精神，所以道不是物质的东西，而是神化的东西。同时，在本源的道的地方，一切斗争是完全没有的，只是一个"虚"而"静"的"无为"的本体。而且道的作用，是人间世界不能知晓的"玄之又玄"的东西，是造化的主宰（众妙之门），所以说"道可道，非常道；名可名，非常名。无名，天地之始；有名，万物之母。故常无，欲以观其妙；常有，欲以观其徼。此两者同出而异名，同谓之玄，玄之又玄，众妙之门"，"大道泛兮，其可左右，万物恃之而生"，"天之道，不争而善胜，不言而善应，不召而自来，繟然而善谋"，"道常无为，而无不为"，"玄牝之门，是谓天地根"。

从这些说法，可知老聃的道是"常无为，而无不为"的，是自身存在着的（"道法自然"），而且天和道是有意识地主宰万物。所以在老聃思想的体系中，道是第一义的，名和朴是第二义的东西。道是创造、统制宇宙的最高主宰（"道冲而用之……渊兮似万物之宗"）。"强为之名"又可称为"大"的道又是"万物归焉而不为主"的，因为道虽然"无不为"却又"无为"。吕氏认为，这样看来，老聃是一个不可知论者，而且倾向于有神论，如说"天得一以清，地得一以宁，神得一以灵……万物得一以生，侯王得一以为天下贞"，因而老聃最终是唯心主义的。

吕氏之所以把老聃的道论解释为唯心主义的，是因为他理解老聃的道是"有意识地主宰万物"。他把老聃所说的由道而生成天地万物理解为是道的有意地创造和统制，甚至认为"神得一以灵"就是有神论。但这种理解是不合乎《老子》书的本意的。因为《老子》所说的道之生成天地万物，一再强调是"自然"的，这就不是"有意识地"，而且"神得一以灵"的"神"，也不能简单地解释为神灵的"神"。《老子》所说的神与天、地、万物、侯王并列，天、地、万物、侯王都是实在的物，如按吕氏的说法，这正是唯物主义的。与这些物并列的神，可以说是物之神及灵，不是超越物的神，不是如上帝那样的神，所以吕氏这样解释《老子》的道之本体的属性为唯心主义，是不能服人的。可以把道解释为宇宙万物的规律，而不是有意识主宰万物的神，即宇宙天地万物的产生及运动，都按道的规则而生而动，这都是客观的物，不是主观的心或客观的神。把《老子》的道定性为唯心主义和有神论，会对《老子》中各种说法产生错误解读。

吕氏又认为老聃正反对立的辩证观最终回到了循环论，如说"复归于无极……复归于朴"，"各复归其根"，"其事好还"，"复归于婴儿"等。据这些说法，吕氏认为老聃的哲学是要取消事物发展变化，是一种追求复古的主观期望，并进而有了否认人类现实的自生、生长、存在的斗争为必要的思想，如"夫唯无以生为者，是贤于贵生"，"天地所以能长且久者，以其不自生"，"善摄生者……以其无死地"。吕氏认为这在最终是要达到和佛家同样的出世的人生观，《老子》后来演为庄周的出世主义，演为葛洪的宗教论，不是偶然的。

吕氏又分析了老聃的政治学说。吕氏认为老聃是要把他的认识论应用到实践上，便提出了一个原则："人法地，地法天，天法道。"把他所认识的自然和社会的主宰排成一个纵的联系。从而他认为最高主宰的道既是"无为而无不为"的，道所派生的人类社会也应该"无为而无不为"。这样他把自然和社会在"无为"即无斗争的原则下统一起来，因而他说"处无为之事，行不言之教，万物作焉而不辞，生而不有，为而不恃"，"我无为而民自化，我好静而民自正，我无事而民自富，我无欲而民自朴"，"其政闷闷，其民醇醇，其政察察，其民缺缺"，"道常无为而无不为，侯王若能守，万物将自化"，"民之难治，以其上之有为，是以难治"，"上德无为而无以为，下德为之而有以为"。

吕氏又说老聃不知如何把握变动的法则，反而设想消灭变动因子，最后归结为停止一切斗争、冲突的"无为"。吕氏根据他对老聃"无为"的这种定义，分析了《老子》中与"无为""有为"相关的其他问题，最后指出：老聃虽然从唯心主义的观点出发，看到了事物的矛盾斗争，但他在政治上却主张和缓矛盾，取消斗争，即主张调和统治阶级内部的冲突，麻痹农民的阶级觉悟。

　　吕氏也认为老聃的理想社会是"小国寡民"章所说的情况，但他认为，在老聃的小国寡民社会里，仍然有圣人和侯王"处无为之事，行不言之教"，说明老聃不否认"我无为而民自化"的"化"者和"无为而无不为"的"治"者的存在。同时在小国寡民的社会中，仍然有贵贱等级制度的存在，在小国寡民的"小国"之上，还有"大国"的存在，不过治大国也当无为。因此，老聃的理想政治是封建社会开创时期的构想图。也就是说，他要求永恒不变的西周型封建制。

　　吕氏这一结论，似乎难以成立。因为尽管小国寡民的社会里存在着圣人、侯王、贵贱等级制度、小国之外还有大国，但这样的理想社会，不能直接证明就是西周封建制。既然是老聃的理想社会，就是他的理想，不一定是现实。也许这种理想来自于现实，但已有了理想性，即在理论上有了范型的意义，所以不能简单地与历史上存在过的某种社会等同起来。因此，把老聃的政治理想说成是希望历史后退或倒退，都缺乏说服力。因为那是把思想家的理想与历史的现实情况等同起来了，作为对思想的分析，是不够严谨的。

四、对唯物史观老子研究的反思

　　以上叙述了郭沫若、侯外庐和吕振羽对老聃其人的时代以及著作中的思想研究的情况，他们的研究都有应用马克思主义理论的特点，故归为一类。这种研究以及 20 世纪五六十年代任继愈等人的老子研究，都属于马克思主义的研究学派。

　　在那个时代，用马克思主义的理论进行研究，对阶级问题非常重视，这是现代的学者难以理解的。在现在看来，一个哲学家或思想家属于什么阶级，或为哪个阶级代言，这样的问题似乎没有现实性，也缺乏科学性。因为哲学思想有超越阶级的特点，不能机械地把哲学家的出身与某个特定的阶级固定地联系起来。而且社会层面的阶级概念也不一定有非常清晰的界定，即使两个哲学家出身完全一样，也完全有可能会形成完全不同的哲学思想观念，这证明哲学家的思想与他的出身或所属的社会阶级或社会阶层不会是必然的固定的相关性。就《老子》的哲学思想的研究而言，其哲学思想的内容如何，不能用其作者的社会地位或社会阶级等方面的情况来加以限定。如果说老聃是没落贵族，孔子不也是没落贵族吗？但两人的哲学思想却有很明显的不同，这说明不能机械地把哲学思想家与他所处的社会阶级或阶层的情况固定化与必然化。

在当时，对社会的各种问题进行哲学的思考或政治学、道德伦理学的思考，大体上都是由贵族中的人士进行和完成的。因为只有属于贵族阶层的人才能学习与掌握文字、文献，进而对各种问题进行思考与论述。也就是说，那个时代出现的哲学家或思想家，他们的出身或所属的社会阶层应该说大体上是相同的。如果不是贵族，则不会具备相应的文化素质上的必备条件；如果不是没落的贵族，而是正处于上升或得势的贵族，他们不会对许多社会问题进行思考与研究。只有特定的贵族中的人士，才既有条件又有需要对当时所存在的社会问题进行思考与研究，而形成自己的思想主张或学说体系。所以，对古代哲学或思想的研究，不能按思想家的社会地位与社会阶层的属性来定性，并以此为基础来分析研究他们的思想。马克思主义也不是用这样机械的、教条主义的思维方式来研究历史上的哲学与思想问题的，而应深入哲学家或思想家的论著的思想内涵之中进行分析与研究。所以，以一个人的阶级或阶层的属性来研究其思想与学说的研究方法，不能成为普遍性的学术研究方法与唯一的、必须依据的条件。但作为后来的研究者，对于前辈的这些研究，也不能完全弃之不顾，也应对他们的成果加以掌握和认识，吸收其合理的观点，并看到其中的不足之处，在自己的研究中注意不要重复同样的不足，从而形成更为科学的研究方法，这才是最重要的。

另外，还要注意，不管用什么样的哲学理论和思想方法研究古代的哲学思想，最根本的方法是必须对相关的文本文献的内容进行合乎历史本来面貌的解读与理解，在此基础上再来进行思想的阐释，这样才能使哲学史的研究更具学术性。不要机械地应用某种理论学说或从中拿一些概念生硬套用在古代思想家的主张与学说上，那样的研究往往是既失所用理论学说的本意又不合乎所要阐释的思想的本意的。也就是说，用来套用的理论与概念既不能得到正确的理解，所阐释的思想学说也得不到正确的诠释，两头都不合乎本意，则最后形成的解释必定是牛头不对马嘴的。不管是应用马克思主义的理论，还是应用西方的其他什么理论学说，本质上都是一样的，都要注意避免这类主观性太强的套用。这不是说不能借鉴或参考外国的理论与学说来研究中国古代的哲学思想，而是说在这种借鉴或参考时一定先要把外国的理论与学说真正做到系统而深入的准确理解，再把所要研究和分析的中国古代的哲学思想的内容真正做到系统而深入且全面的准确理解，才能将这二者有机地结合起来，使这种借鉴与参考达到最佳的效果。

不仅 20 世纪不少学者重视应用马克思主义和西方各种哲学理论来研究老子哲学思想，现在仍然存在着借鉴和参考外国哲学理论与学说以研究中国古代思想的情况，故上述所论，在今天也是适用的。刘笑敢在《老子古今》中，对这个问题也有论述，虽然他所说的问题不是与此处完全一样，但问题的本质则是没有不同的。刘笑敢所论述的是古代哲学思想的历史意涵和现代意义的差别与关系的问题，笔者此处所论述的是古代哲学思想文献中所包含的本来意旨，和现代研究者用来分析诠释古代哲学思想时所形成的理解与评价的差别及关系问题。无论从哪一个角度来看，都是如何使古与今的思想达到一致的问题。对于古人的思想，要根据古代的文献及文本来做出符合历史实际情况的理解与解读，而今人对这些古代思想的理解与阐释，则必定会有出自现代思想观念与价值判断的特定认识。这二者本来并不等同，但在一个现代研究者手里，此二者又必然结合为一，不可分割，所以，如何使二者各自达到完善，进而使二者的结合达到完美，就是学术研究上不可忽视和必须认真对待的问题。

第六章　近现代老学的儒学诠释

在近现代，人们在研究老子思想时，不一定都按照西方哲学或政治学、社会学的模式来研究，也会沿用传统的思想方法及其观念来探讨老子中的思想内容。传统的思想观念，主要分为儒、释、道三家。这三家的关系在历史发展过程中，也在不断发生变化，这就影响了人们研究老子思想时的观念与眼光。儒、释二家与道家的区别较明显，但也可以从融会贯通的角度来研究老子的思想。老子本属道家，但道家后来发展出道教，与道家最初的思想家如老子、庄子的思想有了很大不同，所以后世学者从道教角度来阐释老子思想时，也就会与老子思想的本来意旨有所不同。这些从不同思想流派出发的老子研究，因为出发点和角度不同，都能对老子思想的理解提出一些具有参考价值的看法与见解，在老学研究史上，也是不可忽视的成果。以下分章论述近现代学者从儒家、佛教和道教的角度阐释老子思想的著作及其观点。这样可使近现代老学研究的整体状况得到比较完整的观察，也可从不同思想流派的阐释中受到某些启发，促进关于老子思想的研究。

第一节　马其昶、徐昂、黄元炳的解读

一、马其昶《老子故》

马其昶（1855—1930），字通伯，晚号抱润翁，安徽桐城人。曾

任学部主事、京师大学堂教习。入民国，历任安徽高等学堂校长、参政院参政、清史馆总纂。为清代桐城派末期代表人物。著有《毛诗学》《屈赋微》《抱润轩文集》《桐城耆旧传》等。

《老子故》二卷，前有陈宝琛的序文，称马氏"注《周易》成，意孔、老同出于《易》，述《中庸》篇义，复以读《中庸》之法读《老子》，寻其意绪语脉，皆有前后错注之所以然，为订正章句，撷注家之精，而匡其失"①，以合《老子》无为自化、清静自正之旨，说明了马氏此书的基本特点与见解。马氏自序也称自己先治《周易》，然后旁及诸子百家之学，认为儒家《中庸》和道家《老子》都继承了《周易》学说，《老子》所言道德皆原于《易》。如"道生一，一生二"与《易》"太极生两仪"之说相合，"得一"即《易》所谓"天下之动，贞夫一"，"三宝"即《周易》乾坤易简之旨。《汉书·艺文志》以"道家出于史官，历记成败存亡祸福古今之道，秉要执本，清虚以自守，谦弱以自持，此君人南面之术也。合于尧之克让，《易》之嗛嗛"，此说诚为笃论。马氏从而道出"《老子》书喜言治，非忘世者"②，诚如颜师古所谓《老子》宗旨就是理国理身。

《老子故》采撷书目极多，上至先秦诸子，下至马氏同时代之说。是书按通行的《道经》《德经》二篇分为二卷，而分章与通行本不同，卷一上篇分十一章，卷二下篇分十九章，共三十章。按马氏解释，分为三十章是因为："《易》曰：地数三十，车以行地，故车辐之数取于三十。《老子》曰：人法地。又曰：三十辐共一毂。今分其书上篇十一章，下篇十九章，共三十章，以法地。天数始于一，终于九，藏天数于地数之中，天地之间则备矣。"③

此书的体例，是先引用前人注释阐明《老子》每句之意，再加

<hr>

① 陈宝琛：《老子故序》，见《老子集成》第十二卷，宗教文化出版社2011年版，第432页。
② 马其昶：《老子故》，见《老子集成》第十二卷，宗教文化出版社2011年版，第433页。
③ 马其昶：《老子故》，见《老子集成》第十二卷，宗教文化出版社2011年版，第455页。

上自己的按语，并于每章之末阐明章旨。所引诸家，并不一概罗列，而是根据自己的理解，择善而从，便于读者理解《老子》原文，从而为更深入地理解老子的思想打下基础。另外，虽说他认为老子思想源出于《周易》，但也不是每句都用《周易》来解释。

以《老子》第一章为例。对"道可道"，引用范应元"可道谓可言也"①。对"非常道"，引李嘉谋"常者，不变之谓。物有变而道无变"②。对"名可名，非常名"，引《文子》之《精诚》和《上义》所论。对"无名天地之始，有名万物之母"，引苏辙"自其无名，形而为天地，播而为万物。天地位而名始立矣，万物育而名不胜载矣。故无名者道之体，有名者道之用"③。对"常无欲以观其妙"二句，马氏案云："下云：常无欲可名于小矣，妙即小也。朱子亦谓常有欲、常无欲，皆当读为句。"这是采用了朱熹的句读法。"徼"，据各家说，解释为终归之尽处，以为"惟天生民有欲，有欲则落边际，故谓之徼"。④ 对"同出而异名，同谓之玄"，解释为"同出于道，而有无异名。同者即有即无，即无即有，斯乃玄也。以后单言，或曰玄，或曰同，连文则曰玄同。"⑤ 又引魏源："凡书中言道体者，皆观其妙也。言应事者，皆观其徼也。"⑥ 用传统的注说，把第一章各句及全章之意都解释出来，没有使用当时流行的西方名词，也能说明老子思想的内容，且此处还没有显示出儒家思想的痕迹，仅是根据《老子》原书加以阐释。

---

① 马其昶：《老子故》，见《老子集成》第十二卷，宗教文化出版社 2011 年版，第 434 页。
② 马其昶：《老子故》，见《老子集成》第十二卷，宗教文化出版社 2011 年版，第 434 页。
③ 马其昶：《老子故》，见《老子集成》第十二卷，宗教文化出版社 2011 年版，第 434 页。
④ 马其昶：《老子故》，见《老子集成》第十二卷，宗教文化出版社 2011 年版，第 434 页。
⑤ 马其昶：《老子故》，见《老子集成》第十二卷，宗教文化出版社 2011 年版，第 434 页。
⑥ 马其昶：《老子故》，见《老子集成》第十二卷，宗教文化出版社 2011 年版，第 434 页。

对"不尚贤，使民不争"，马氏认为贤即美、善，不尚贤就是"不自以为美善"。而这种思想在儒家经典中也有表述，如《尚书》中说："汝惟不矜，天下莫与汝争能。汝惟不伐，天下莫与汝争功。"并引高诱注《淮南子》"不尚贤"语"物各因其宜"，说明不尚贤亦即道家因顺自然之意。① 在解释同一句时，既引用儒家经典，又引用道家文献，说明他认为儒家与老子的思想可以统一，并不对立。对"虚其心，实其腹"，他认为是"不自矜贤知则心虚，不荒弃本业则腹实"，并引《尚书》"不贵异物，贱用物，民乃足"的说法。② 这与前面解释"不尚贤"一致，而"不荒弃本业"，就是儒家思想，同样说明儒家与老子思想一致。

对"专气致柔，能如婴儿乎"，他引朱熹的解释："专是专一无间断，致柔是柔到极处，若有一毫计较思虑之心，其气便粗。"③ 证明儒家也是赞成这一观念的。对"大道废，有仁义""绝仁弃义"等语句，马氏引用前人的解释，认为这不是反对仁义，而是强调仁、义、礼、智所引起的弊端。如引李允的解释："绝仁弃义，家复孝慈，岂仁义之道绝，然后孝慈乃生哉？盖患乎情仁义者少而利仁义者众也。道德丧而仁义章，仁义章而名利作，礼教之弊直在兹也。先王以道德不行，故以仁义化之，仁义之不笃，故以礼律检之，检之弥繁而伪亦愈广，老、庄是以明无为之益，塞争欲之门。"④ 可见他是认为仁义礼教不能达到儒家先王预定的目的，故强调用无为之治来挽救之，把人心作为根本，从根本处找到解决社会问题的办法。这说明他认为道家是对儒家的补救，不是与儒家对立。又引用高延第的解释："大道废有仁义，即失道而后德，失德而后仁之意。六亲

---

① 马其昶：《老子故》，见《老子集成》第十二卷，宗教文化出版社 2011 年版，第435 页。
② 马其昶：《老子故》，见《老子集成》第十二卷，宗教文化出版社 2011 年版，第435 页。
③ 马其昶：《老子故》，见《老子集成》第十二卷，宗教文化出版社 2011 年版，第436 页。
④ 马其昶：《老子故》，见《老子集成》第十二卷，宗教文化出版社 2011 年版，第438 页。

咸和，孝慈之行不显。国家郅治，忠臣之节不彰。今不治其本原，而争其末流，虽有至美之名，无救于乱亡。老、庄贵本而退仁义礼教，意皆如此。"① 老子思想之所以与儒家的说法不同，只是从问题的根本处进行思考，寻找解决办法，并非儒道二家思想对立。

对"古之善为道者，非以明民，将以愚之"几句，他引高延第的注："愚之谓反朴还纯，与秦人燔《诗》《书》、愚黔首不同。"② 说明他赞同高延第的解释，反对有些学者认为老子有愚民政策之思想的看法。

对"小国寡民"章，他认为：此章所说，是老子意中想望之世，是无为之治象。表明他不否定这种思想，虽以太古之世为想望的理想，但不是倒退。儒家也崇尚先王，也不是倒退。这是中国古代思想的共同特点，即从已有的社会历史和思想资源中寻找理想社会的模式。这是思想家为解决社会问题进行思考后的探索，并不是主张社会历史倒退和复古。不少人把思想家的思考与探索等同于他们的社会历史观，这是把两个不同的问题混淆起来的表现。关于社会问题如何解决的思考，是政治学的问题。关于社会如何发展，是社会历史观的问题。从政治学角度思考解决社会问题而探求某种解决方案，不是关于社会历史经什么阶段而发展的问题。把这两个不同的问题混淆为一，就会判断老子的思想是倒退的，是复古的。对于儒家强调先王的理想，也应理解为儒家思想家探索社会问题的解决之道，也不能用这种混淆的思维加以评判。中国古代有法先王与法后王的思想分歧，本质上都是探索社会问题的解决之道的问题，不是关于社会历史发展阶段的先后问题。如果儒家与道家所说的社会理想得以实现，解决了社会问题，难道还要否定这种思考的社会价值吗？对于从来没有出现和存在过的社会状况，人们只能玄想或空想，对于历史上存在过的社会状况，人们对它理想化，作为解决现实社

---

① 马其昶：《老子故》，见《老子集成》第十二卷，宗教文化出版社 2011 年版，第436 页。

② 马其昶：《老子故》，见《老子集成》第十二卷，宗教文化出版社 2011 年版，第450 页。

会问题的目标，就有一定的现实性，可以避免空想的空洞性。至于社会历史应该怎样发展，谁先谁后，那是历史学上的历史观的问题。而社会问题的解决应达到怎样的状况，这是政治学上的社会理想问题，二者不能混淆。学者们对此应该进行严密的思考，不能简单地下判断。

总之，马氏用传统的注释方法，采纳前人注说的可取之处，加以自己的理解，平实地解说《老子》的句意及章旨，并与儒家思想关联起来，相互参考，体现出二家的共通性和互补性，说明老子思想与儒家一样，都具有深刻的现实关怀。二家所思考的中心，本质上属于社会理想这一问题，并不是从历史观角度来对社会历史发展的不同阶段加以评定。只有这样理解马氏对于老子思想的这种解释，才能看出批评老子思想是消极避世，或是复古倒退的看法，是不符合古代思想的真实情况的。

二、徐昂《道德经儒诠》

徐昂（1877—1953），字亦轩，又字益修，号逸休，江苏南通人。曾在通州师范学院、无锡国专、浙江大学等校任教。著有《易林勘复》《京氏易传笺》《楚辞音》《诗经形释》等。

徐氏用传统的儒学观点解读《老子》的思想内容，故将其书命名为《道德经儒诠》。他对老子其人的时代，也是根据《史记》的记载，并没有受古史辨争论的影响。他在开篇即提出儒家和道家立说有不同，也有相同。不同处如孔子言"君子和而不同"，老子言"和其光，同其尘"。子贡谓"君子恶居下流"，老子言"水善利万物而不争，处众人之所恶，故几于道"。孔子言"以直报怨，以德报德"，老子言"报怨以德"。孔子勤俭并崇："礼与其奢也宁俭"，"劳而不怨"。老子主俭不主勤，言去奢，言"治人事天莫若啬"，"俭故能广"，言"用之不勤"，"终身不勤"。或谓《礼运》篇"大同小康"之说近于老子，但《礼运》又言"选贤与能"，老子言"不尚贤，使民不争"。《礼运》言"礼义以为纪"，"刑仁讲让"，老子言"礼者忠信之薄而乱之首"，言"绝仁弃义"。这是二家不同处。但也有相同处，如二家都"重积德"。《老子》第五十九章言"重积德"。《易·升卦·象传》说"君子以顺德"，"积小以高大"。《小畜》上九《象传》言"德积载也"。《尚书·说命》说"道积于厥躬"。《荀子》以积土、积水、积跬步、积小流以比况积善成德。故徐氏认为"儒家积德之旨，固未尝与道家异也"。所以他认为《史记》所说的"世之学老子者则绌儒学，儒学亦绌老子"，并非如此。他总结说："昂读老氏书，觉儒道合一之处往往而见。孔子五十而知天命，即老子所谓知常也。六十而耳顺，即老子所谓以神听也（神听，详《文子·道德》篇述老子说）。七十而从心所欲，即老子所谓知足之足常足也。《易·系辞传》云：崇效天，卑法地，以天地平列。老子言人法地，地法天，以天地纵列，其义相发。"因此他认为二家"本原固同也"。①

基于这种认识，徐氏在儒家文献中找出可为证据的资料，来解释《老子》中的话。如他把《老子》中关于"常"的话语集中起来，再加上自己的按语，以诠释相关的思想：

圣人无常心，以百姓心为心。心乎百姓之心，即是圣人之常。常之中无常，无常之中有常。《易·乾卦·文言传》云：上下无常。《坤卦·文言传》云：后得主而有常。以无常为常，即是常道。坤之得主有常，由于初爻出震成复。《道德经》十六章、二十八章、五十二章言常皆言复，与《易》理通。常即是庸。《乾卦·文言传》云：庸言之信，庸行之谨。庸者常也。《庄子·齐物论》云：唯达者知通为一，为是不用而寓诸庸。《庄子》之所谓庸者，即老子之所谓常也。《屯卦》在剥复消息中，六二《象》曰：反常也。反常即复常，老子言复命曰常是也。《需卦》初九《象传》，《师卦》六四《象传》释爻辞无咎，皆云未失常也。盖《需卦》初爻阳居阳位，《师卦》第四爻阴居

① 徐昂：《道德经儒诠》，见《老子集成》第十五卷，宗教文化出版社 2011 年版，第625 页。

阴位，皆能得正而守常，故无咎。若不知常而妄作，则凶矣。《礼·中庸》云：极高明而道中庸。庸者常也，明由庸常而生。知常曰明，袭明即袭常。①

　　他在这里指出了儒道一些说法的相似之处，但没有分析同中还有异。如老子所说的"常"都以自然的"道"为准，而儒家虽然也有"道"的说法，但与老子的"道"是不一样的，所以二家所说的"常"在本质上是不一样的。还有一些在比较时也没有注意到语义上的不同。如"圣人无常心"的"无常"，与《周易》的"上下无常"，就不是一个概念，所指不是一回事。《中庸》所说的"极高明而道中庸"，"明"由"庸常"而生，这与老子所说的"知常曰明"的"明"也不是一回事，《中庸》说的"庸常"的"常"，也与老子说的"知常"的"常"不同。《屯卦》《需卦》《师卦》的"守常"的"常"，也与老子说的"不知常"的"常"不是一回事。老子所说的"常"，都是"常道"的"常"，意味着"道"的永不变化的根本原理，《易》各卦所说的"常"，则是"正常"。所以徐氏所说的儒道二家的"本原固同"，不能根据这种例子来证明。

　　对于老子说的"圣人处无为之事，行不言之教"，他列举了《易·系辞传》"易无思也，无为也"和"不言而信"，《礼记·礼运》"王中心无为也"，《论语·阳货》"予欲无言"等，认为"是皆无为无言之证"。②但仔细对照起来看，还是不一样的。如"不言而信""予欲无言"，与"行不言之教"的"不言"不同。至于《列子》的"孔子曰"，是不能当作实际情况来看的，只不过是借用孔子之名来说明道家的思想，所以《列子》说的"至言去言，至为无为"与老子思想相同，并不等于孔子就有这样的思想。对于老子的"常使民无知无欲，使夫知者不敢为也，为无为则无不为"，也引了《列子》所述的

---

①　徐昂：《道德经儒诠》，见《老子集成》第十五卷，宗教文化出版社 2011 年版，第 625—626 页。

②　徐昂：《道德经儒诠》，见《老子集成》第十五卷，宗教文化出版社 2011 年版，第 626 页。

孔子言，与此是同一种情况，不能认为《列子》中所说的孔子及其言论，就是真正的孔子及其言论。所以《列子》中的思想与老子相同，是无足怪的，因为都是道家，而《列子》中的孔子，就不是真正的孔子。

对于老子说的"专气致柔，能婴儿乎"，"常德不离，复归于婴儿"，他引《孟子》"大人者，不失其赤子之心者也"，认为此"即婴儿之道"。[①] 其实《孟子》所说的"赤子之心"，是真诚之心，老子所说的"婴儿"，是合乎道的"自然无为"状态，二者也不是一样的。

但儒家与老子相对照，确实也有相同的思想。如老子说："不自伐，故有功。不自矜，故长。夫唯不争，故天下莫能与之争。自伐者无功，自矜者不长。以其不争，故天下莫能与之争。圣人之道，为而不争。"儒家经典《尚书·大禹谟》说："汝惟不矜，天下莫与汝争能。汝惟不伐，天下莫与汝争功。"《尚书·说命》也说："有其善，丧厥善。矜其能，丧厥功。"《周易·系辞》："子曰：劳而不伐，有功而不德，厚之至也。"《礼记·礼运》："尚慈让，去争夺。"[②]

其他如"圣人去甚、去奢、去泰"，"不以兵强天下，兵者不祥之器，有道者不处"，"乐杀人者不可得志于天下"，"知人，自胜，知足"，"安平泰"等，在儒家文献中也能找到类似的说法，在这些问题上，二家也是有相通之处的。

总体上看，儒与道二家都属于中国传统文化大范畴内的思想流派，所以具有一些共同的观念，这是客观事实，但二家存在着根本的不同，也是不能置之不顾的。在说到二家有相同之处时，更应把二者的根本不同作为前提，由此来具体分析那些相似的说法，各自在不同的学说体系中，还是具有明显的不同之处的。徐氏的这部著作，在文献整理上也有价值，他能把儒道多种文献中的相关的资料

---

① 徐昂：《道德经儒诠》，见《老子集成》第十五卷，宗教文化出版社 2011 年版，第628 页。

② 徐昂：《道德经儒诠》，见《老子集成》第十五卷，宗教文化出版社 2011 年版，第630 页。

汇集起来，方便学者研究二家相关说法的关联性与异同性，为深入研究二家的思想提供重要参考。

三、黄元炳《老子玄玄解》

黄元炳（1879—?），字星若，江苏无锡人。著有《学易随笔》《易学探源经传解》《阴符经真诠》《老子玄玄解》等。

黄氏以为"老子之学，出于易教"，故撰《老子玄玄解》一书，全以《易》学之理诠释老子思想。

此书前有黄氏的《自叙》，其中称吾侪读书，应深长思考一些问题，如国家在天地之间，必有兴立，不然早亡矣。与此相关的问题有：兵强不强、法令密不密、实业昌不昌、智慧开不开、奇巧之物多不多、杀人之器精不精、君权重不重、民权重不重、宗教当不当推行等，但这对于个人来说，都不是重要的问题，就个人处世的问题来说，最重要的问题是福是不是自求的，身是不是自修的，命是不是自立的。思考这些问题，才能使人之成为人。他认为人之为人，不能好动恶静，好慢恶敬，好怠恶动，好奢靡恶朴诚。古昔圣人教人耕凿、教以人伦，都是要人"归之于静"。如果不以静为事，则"天下岂有不大乱相寻者乎?"故伏羲画八卦，作十言之教，以启后觉，故有此道德之说。老子承继于此，亲历时艰，"欲反之太古，以救其民，故多述前言，用谂当世，使民知修身以求福，主静以立极"，"戒佳兵，去名利，泯是非，尚朴素，归诸玄同"。① 此书名为"玄玄解"，也正是申发老子"玄之又玄"出于"伏羲氏先天大象重乾之旨"之意。这就把老子道德学说的源头归之于儒家《易》学上去了。

又说司马迁不知道德之义，把老子、庄子与申不害、韩非列为同传，使后之盲从之流以为杨朱、申、韩之刻酷，乃是老子开其端。又谓迷信家以为老子在黄帝时为广成子，尧时为赤精子，秦时为黄

---

① 黄元炳：《老子玄玄解》，见《老子集成》第十三卷，宗教文化出版社 2011 年版，第 115 页。

石公，以致把老子称为太上老君，道士更奉之为教主，均是无稽之谈，不可相信。

黄氏在具体阐释《老子》中的思想内涵时，努力消弭儒道二家的对立，甚至直接用儒家的思想来诠释老子。如对《老子》第一章的解释说："道可道，非常道，此言庸行之不可道也。名可名，非常名，此言庸言之不可名也。"① "庸"就是平常，老子所说的就是平常之意，人如是，己亦如是。这是"大公无我，而与天下同行之，同言之"的道与名。而"以无为天地之始，以有为万物之母者，皆非常名。凡此之类，存而不论可也"。即对不平常的"道"和不平常的"名""不可以有无拟之"，而是以"常无之"和"常有之"来"观其妙""观其徼"，"观其妙"是观其体，"观其徼"是观其用。他认为"同谓之玄"的"玄"是天德，是乾之象，这是就"道"而言的。"玄之又玄"，就是重乾，说乾和重乾，这就用上了《周易》的说法。他并没有说明为什么老子的"玄"和"玄之又玄"就是《周易》的乾之象和重乾。可知他用儒家的《易》学来阐释老子，还是不够充分的，没有把其中的道理与逻辑完全阐释出来。

对于老子的"不尚贤"，黄氏说："父父子子、兄兄弟弟、夫夫妇妇同由焉，君君臣臣同事焉，当而已，何贤之可尚也?"② 同由、同事，就是大家共同由之、事之，于是就不必再分贤与不肖。如果分出不肖，就要"正容以悟之"，而这样做会"使人意消"，所以他认为老子说的"不尚贤"，就是让所有的人遵守共同的规则，不用区分谁贤谁不肖，希望用这样的办法来使全体社会成员达到一致。这样的解释，也可以说是一种独特的逻辑，但很难说就是老子所说"不尚贤"的本来意旨。

黄氏认为"载营魄抱一"章是标出修己治人之六种功夫。第一种功夫，是人的身躯与天所赋予的命，要合一而不能分离。常人追

---

① 黄元炳：《老子玄玄解》，见《老子集成》第十三卷，宗教文化出版社 2011 年版，第 116 页。

② 黄元炳：《老子玄玄解》，见《老子集成》第十三卷，宗教文化出版社 2011 年版，第 116 页。

逐外在的物利，而不顾生命的根本，就会造成这种分离，所以要做这种修养功夫。第二种功夫是养气，"气易散，诚笃以制之，气易刚，致柔以和之"，修养到"无伪而柔顺，不散不暴，如婴儿然，一片天真"，才是最佳状态。第三种功夫是通过洗涤和省察扫除心灵精神中的病疵。这三种功夫是基础，然后"求之于动中之用"，"爱民治国"能"无为"，"天门开阖"能"无雌"，"明白四达"能"无知"。做到了这六种功夫，整体上就达到了"玄德"的境界。于己是"生之畜之"，于人是"生而不有，为而不恃，长而不宰"。人己统一，"同谓之玄"，能得之于己，故称为"玄德"。① 这是用儒家修己治人的观念把老子所说的这一段的内容统一起来了。

黄氏解释"宠辱若惊"章称："天下之事，与天下之能治其事者同理之，无所谓私爱也。世人愿以君之私恩为荣幸，而不知适为受辱也。其受辱之见象如何？若惊者即是也。"② 这一解释说明了老子"宠辱若惊"的辩证关系，也说明了君臣关系的本质，即"天下之事，与天下之能治其事者同理之，无所谓私爱"。如果能这样认识君臣关系，就不会有宠辱的问题，也就不会有惊不惊的问题。他希望人们能正确理解儒家所重视的君臣关系，不要站在私人的立场上来看待，而要以天下之事的角度来认识。所以他说君臣关系的根本原则是"公而忘身"，这样就"可以此身寄于天下"，"可以此身托于天下，无受宠之惊矣。上下大公，则熙熙皞皞之治世也"。③ 这样的解释，就把老子的"宠辱若惊"的问题，从个人的安危提升到天下与大公的层次上来了。这种解释可以说是对老子思想的新阐发，有启示意义。

黄氏指出："大道不废，智慧不出，六亲本和，国家本不昏乱，

---

① 黄元炳：《老子玄玄解》，见《老子集成》第十三卷，宗教文化出版社 2011 年版，第 118 页。

② 黄元炳：《老子玄玄解》，见《老子集成》第十三卷，宗教文化出版社 2011 年版，第 118 页。

③ 黄元炳：《老子玄玄解》，见《老子集成》第十三卷，宗教文化出版社 2011 年版，第 119 页。

又岂有仁义等可见乎?"① 意即仁义、孝慈、忠臣、智慧出现之后，就表明六亲已经不和，国家已经昏乱，大道已经废坏了。所以应该让天下维持"大道不废"的状态，仁义、孝慈、忠臣、智慧都只是用来挽救国家与社会已处于坏乱状态时的手段而已。这样的解释，比那些一看到老子反对仁义、孝慈、忠臣、智慧等说法，就认为这是与儒家唱对台戏的理解要好得多，更合乎儒家和老子思想的本来意旨，更能说明二家在思想上的相通之处，而不是对立关系。

对"绝圣弃智"一章的解释，也是同样，他认为圣、智、仁、义都不过是名，与其崇尚这些虚名，不如严察其实际情况如何。他说："今颂美残贼之人曰圣、曰智、曰仁、曰义，则亦圣、智、仁、义而已矣，于真际则何增何损？且圣、智本以利民，今既有此美才，反以害民殃民，何如绝弃而有其真也？既无害民殃民之人，民乃各得利其利，故曰民利百倍也。"② 可知他认为儒家所提倡的圣、智、仁、义等观念，也是要以达到于民有利为目的的，并不是只求名义上的圣、智、仁、义。他能从思想内涵上寻找老子与儒家的共同之处，难能可贵。

从哲学和政治思想上，黄元炳也把儒、道的思想统一起来了。如他认为，老子说的"执大象"的"大象"，就是"大道"，"亦即八卦经纬之先天大象也。总持大道，把握先天，则后天之在天下者，不能出乎先天之外。乾道变化，各正性命，故云天下往也。安，无害也。平，常然矣。泰，无不如意矣。到于道象之世界中，离脱人间世之苦难，故云也"③。把老子的"大道""大象"与《周易》的"先天大象"统一起来，就把儒、道的政治理想统一起来了，即都是为了寻求使天下国家社会达到安、平、泰的境地，使人民无害、无

---

① 黄元炳:《老子玄玄解》，见《老子集成》第十三卷，宗教文化出版社 2011 年版，第 120 页。

② 黄元炳:《老子玄玄解》，见《老子集成》第十三卷，宗教文化出版社 2011 年版，第 120 页。

③ 黄元炳:《老子玄玄解》，见《老子集成》第十三卷，宗教文化出版社 2011 年版，第 125 页。

不如意，离脱苦难。这说明儒家与老子的政治理想是一致的，不能只看字面的说法就理解为儒、道不同。

黄氏也注意到老子与孔子即使所用的名词相同，其含义也有不同。如"天地不仁"一章，他认为，"老子去孔子为先，而又老寿，其所言之仁义，尚与孔子所言之仁义训解不同。孔子之仁，是克己复礼之谓，老子之仁，是指煦煦之仁。天地不仁，言天地至公"①。他的意思，老子此言并不是反对孔子所说的"克己复礼"之"仁"，所以这不表示老子与孔子的思想是对立的。这一理解，有参考意义。即古代思想家可能会用同样的名词，但所赋予的含义则不尽相同，后人研究古人的思想，不能只看词语相同就认为内涵相同。这种情况，在古代思想家的文献中，是常见的现象，确实值得注意。

很多人都批评老子思想中有权谋诈术，即"将欲翕之"一章所说的那些内容。但黄氏不这样理解，他认为老子此章所说，不过是说明了"物势自然之微明也"②。他认为老子所说的必固之者（张、强、兴、与），是无形之柔弱，将欲之者（翕、弱、废、夺），是有形之刚强。事物的变化，是存在于无形和有形两方面的，人们只看到有形的一面，而看不到无形的一面，所以老子要把事物变化的有形与无形的方面的情况都点明出来。而"微明"，是"人所易忽而昭然在目者"。盖谓物势自然之现象就是如此，只是人们没能看出事物变化的这种规律而已。"微明"的"明"，是说这种物势的自然规则是非常明显的。"微"，是说人们看不到它们，所以就成了不明。这样说来，老子这段所论，只是向人们揭示这种物势的自然规则而已，并不是权谋欺诈之术。

总体上看，黄氏注意将老子思想与儒家思想联系起来，注意二者的会通，由此揭示出老子思想中为天下公的内容，具有积极意义的一面，这对于理解老子思想以及儒家思想，都是有益的。

---

① 黄元炳：《老子玄玄解》，见《老子集成》第十三卷，宗教文化出版社 2011 年版，第 117 页。

② 黄元炳：《老子玄玄解》，见《老子集成》第十三卷，宗教文化出版社 2011 年版，第 125 页。

第二节 胡远濬、冯友兰的诠解

一、胡远濬《老子述义》

胡远濬（1869—1933），字渊如，别号天放散人，安徽怀宁人。光绪十九年（1893）乡试中举，任怀宁县教谕。后在安徽全省师范学堂、国立中央大学任教，著有《老子述义》《庄子诠诂》《劳谦室文集》等。

《老子述义》以其在国立中央大学的讲稿为基础修订而成。该书在对《老子》的思想进行分析时，亦颇注意《老子》的文法与用韵问题。

书前《叙言》说明了胡氏撰作此书的用意与特点。称研究一部书，必须寻找此书的归宿所在，即一书之要。老子的宗旨是归宿于"自然"，他认为老子的"自然"，乃不得不然，就如同人饥而欲食、渴而欲饮，在人是天生的本能，在世界则是天生的本然。但这种"自然"，人们却不能深究其所以然，而它又不得不然。所以他说："凡为于不得已之曰自然，既曰自然，无可究诘，则不得不归之天。"[1] 可知古人所说的"自然"与"天"，往往就是一个意思。

在此基础上，他认为自然、天又是与人密不可分的。正如孟子所说："顺天者存，逆天者亡。"故"古人言天，犹云自然之理"。孟子又说："天视自我民视，天听自我民听。"可见"天之不离人，而人之不可离天"。[2] 这就是中国古代思想中的天人关系之基本思想。这说明，中国古代思想中的自然、天、人事等本身就是一个整体，而不像西方那样，把自然宇宙之理与人事之理分为二端。当然，西

---

[1] 胡远濬：《老子述义》，见《老子集成》第十三卷，宗教文化出版社2011年版，第336页。

[2] 胡远濬：《老子述义》，见《老子集成》第十三卷，宗教文化出版社2011年版，第336页。

方哲学也把本体论作为最根本的问题，所谓本体也是宇宙万物与人类万事的根本之本体，所以西方思想也没有把天与人截然分开。

但西方哲学把宇宙万物与人类万事分得非常清楚，并不混合来论述。中国古代思想则是把天与人混合起来进行思考与论述。这就是中西哲学的根本差别。研究中国古代的思想，必须先把中西哲学的根本不同了解清楚，才能比较准确地掌握中国古代思想的内容的本来意旨，而不致用西方哲学的术语概念把中国古代思想阐释成不中不西的东西。

在说明了这个问题后，才能理解胡氏的说法："自人之不离天言之，则仁义礼智，于人为德，于天为道，二者一而已矣。自人之离天言之，则世风衰微，从天递降，由道而德而仁而义而礼智，其厚薄之差，实华之离，皆人之为也。人为之为伪，离天故也。"[1] 由此可知，胡氏认为人与天的关系要分两层，人之德与天之道为一，这是一层，但人之为不合于天之道者，这是另一层。而老子的思想就是要让人为不合于天的这一层得以消除，而回到人之德与天道相合的一层。

老子为什么这样思考？他认为这是因为"老子为周柱下史，深窥周初以礼让治国，自后相竞以名，相饰以情，虚文胜而私智用，争夺既兴，而残杀于是乎相寻无已，是在得道者守之以静，镇之以朴，使夫智者不敢为，而祸乱庶乎其可息也。故示以三宝：曰慈，曰俭，曰不敢为天下先。凡以息争救文，俾勿予智自雄而已"[2]。这说明老子思考的起点就是为了解决当时的社会问题，而不是进行哲学和历史的研究，是属于政治学研究的范畴。认清这一点，才好掌握老子思想的本质与特点。

据胡氏所说，老子认为社会的问题根源在于统治者不能遵守周初的礼让治国的精神，使社会上充满了争夺残杀和虚文私智，而解决的办法就是让得道的统治者守静用朴，从而平息社会中的祸乱。

---

[1] 胡远濬：《老子述义》，见《老子集成》第十三卷，宗教文化出版社 2011 年版，第336 页。

[2] 胡远濬：《老子述义》，见《老子集成》第十三卷，宗教文化出版社 2011 年版，第336—337 页。

据胡氏看来，这就是老子思想的归宿或称曰"要"。离此则不免违离了老子思想的本来意旨。

按照这一思路来看老子的思想，就会发现其中最重要的观点是"三宝"：慈、俭、不敢为天下先，而这三宝的目的不过是"以息争救文，俾勿予智自雄而已"。这一思想的要旨仍是天与人的关系问题，他说："夫人为之不离乎天之谓得道……明此，则天，天也，人之不离天，则亦人亦天也。无为，无为也，无不为之不离无为，则无不为亦无为也。"① 人要合乎天，所以天道是自然，人道就是无为，人的无为实际也是一种"为"，如能做到这种无为之为，则无不为亦是无为。这就把"无为而无不为"的辩证关系说清楚了，由此可以知道，人们把"为"与"无为"从字面上作了机械式理解，分一为二，并使之对立起来，于是就把老子的思想给歪曲了。

根据这一理解，老子所说的"有"与"无"，也可以辩证地加以解释了："凡以明有之不离无也，且由此可推老子之言无，非无有也，老子之言柔，非无刚也。"② 可知老子所说的有与无、柔与刚等，都不是分割的和对立的，而是统一的和辩证的。他又说："《易传》曰：坤，至柔而动也刚。夫地之终日动而人不知，是不自见其动，不自见其刚，故人相安于其静其柔而已。"③ 即柔与刚、静与动的辩证关系，在儒家经典中就已说得非常清楚了，老子的思维与之相通。人不能只相信眼睛所看到的，更要通过脑子的思考而看到事物表面没有显现出来的道理，这就是思想的价值。儒家的《周易》与道家的《老子》都是这种深刻思考的成果，二者对万物万事的思考，都能深入到本质之中，而使人们对于万物万事的理解更为深刻。在此基础上，再来看《老子》中的话，就不会陷于表面和片面的理解，

---

① 胡远濬：《老子述义》，见《老子集成》第十三卷，宗教文化出版社 2011 年版，第 337 页。
② 胡远濬：《老子述义》，见《老子集成》第十三卷，宗教文化出版社 2011 年版，第 337 页。
③ 胡远濬：《老子述义》，见《老子集成》第十三卷，宗教文化出版社 2011 年版，第 337 页。

而能得其深意与本旨了。

对于老子的"自然"之义，他认为有二：一是"民文，吾治从之而文，民野，吾治从之而野，故曰圣人无常心，以百姓心为心"。即民心如何，有其自然之理，为治的圣人遵循自然之理，就要顺从当时的民心，而不能偏执地认为民心只能怎样，这就不合乎自然之义。二是指事物发展的自然结果，如"上以忠信施，下即以忠信报，上不以忠信施，下即不以中信报，故曰太上，不知有之，其次，亲之誉之，其次，畏之，其次，侮之，信不足，有不信"。[①] 用这样的方法理解老子的"自然"，也就容易理解《老子》各章的意旨。

胡氏指出："老子言道，忠信而已。"他引《礼记》"忠信之人，可以学礼"，澄清老子所说"礼者，忠信之薄"，并"非恶礼"，而是"斥世之自名礼者之非礼耳"。由此说明老子与儒家思想并不对立。他又对司马谈"道家以虚无为本，因循为用"的说法进行阐释："虚心载理，己无不尽，忠也。因时与地，循物无违，信也。以是知仁、义、礼、智不离于信之谓道。其曰大道废，有仁义，指世之自名仁义者言也。其曰失德而后仁，失仁而后义，失义而后礼，正见人失忠信，愈趋愈甚，故云智慧出，有大伪。"由此可知，他所理解的老子与儒家思想的宗旨是相通的，儒家讲求忠信，老子的虚无因循也是忠信，老子对当时社会上不良现象的批判，也是为了坚持忠信。老子是以忠信为标准来衡量人们的社会行为及其善恶的。如自名为"礼"而非礼，这样的礼就是"忠信之薄"，并不是说礼都是"忠信之薄"。能不失道、不失德的都是忠信，而失之者都是不忠信，不管失之者用了什么名义来掩饰。

正因为如此，所以他说"老子精于礼"，所谓"精于礼"，就是指老子深刻理解了礼之本来意旨，而不是只看到礼的表面形式。忠信就是礼的本来意旨，所以不忠信者，就是非礼，就是老子所要批判的。而就老子主张的自然之道来说，礼的本质也是符合自然之道的。

---

① 胡远濬：《老子述义》，见《老子集成》第十三卷，宗教文化出版社 2011 年版，第338—339 页。

所以老子所批判的一切，都是非礼的，也是不合乎自然之道的。①

胡氏又认为老子的常道，即《中庸》的不可离之道。《中庸》说"天命之谓性，率性之谓道"，老子说"复命曰常"，"常"即"道"，曰"复"曰"率"是一个意思；《中庸》说"致中和"，老子则说："不如守中""知和曰常"；老子所说的"见小曰明""慎终如始"，即《中庸》"莫见乎隐，莫显乎微，故君子必慎其独之义"。② 他认为，"忠信"与"中和"，"语似异，而其实相同"。这是因为"忠从理之自尽言，中则从理之善处言。信从物之能顺言，和则从物之适得言。……忠信与中和，一属己言，一属物言。在己为体，对物为用，体以贯用，是为一以贯之，此所谓道欤？"③ 从他对"忠信"与"中和"的分析看，老子与儒家思想确实能够沟通，所以以后出现三家融合，也不是偶然的，是有其内在原因的。

对于老子的"无为"，胡氏认为就是《中庸》的"诚"，而不是"不为"。他论证说，《易传》称"汤武革命，顺天而应人"，"革命"，是"无不为"，顺应，就是"无为"，"无为者，依乎天理，不以私智自用"。如非如此，则心难定于一，不一就不足以言诚。所以老子说"天得一以清，地得一以宁"，庄子的解释是"天无为以之清，地无为以之宁"。因此可知断定"一"就是"无为"。而在《中庸》里则说："一者诚也。"他就是这样论证了老子的"无为"就是"一"，就是《中庸》的"诚"。并引证周敦颐《通书》"诚无为"的说法，认为这是符合老子之本旨的。④

对于老子所谓"将欲""必固"的那套说法，他认为："将者，将然之词。固者，已然之词。张、强、兴、与，皆不道早已之物，

---

① 胡远濬：《老子述义》，见《老子集成》第十三卷，宗教文化出版社2011年版，第339页。

② 胡远濬：《老子述义》，见《老子集成》第十三卷，宗教文化出版社2011年版，第339页。

③ 胡远濬：《老子述义》，见《老子集成》第十三卷，宗教文化出版社2011年版，第339页。

④ 胡远濬：《老子述义》，见《老子集成》第十三卷，宗教文化出版社2011年版，第339页。

此必至之势，自然之符也。故曰微明，言其理微而显也。"① 他认为
老子所以要说这些事情，不是要处事以求功用，而是要说明一种道
理。就是说这些不是什么权谋诈术，而是事物的一种道理。即从已
然到将然，本身就是这样一种情况。又用老子本身的说法来证明之，
即圣人"欲上民""欲先民"的"欲"，就是"将欲"的"欲"，也是
说明这样一种道理："圣人将要为民所上，为民所先，必其心早善自
处下，不急身之图也。"② 他认为不少学者都未能正确理解老子这些
说法的本意。还有一种误解，如老子说"报怨以德"，人们理解为孔
子说的"以直报怨，以德报德"。这也不对，因为孔子是就处事之则
言，老子是就存心之理言，也不是完全一样的。

胡氏又认为："《老子》一部书，不出《论语》所云为政以德，
譬如北辰，居其所而众星拱之数语。"③ 因为老子主张天地万物与我
为一，我动得其所，则天地万物自得其所，所以老子说"万物芸芸，
吾以观其复"。此种道理用来观察为政者与万众的关系，就是为政者
因万众而为，不矜其能，唯曲是守，万众自全而归之，此即如众星
之拱北辰也。关键是为政者之所为，都是顺应自然之势，因万众之
所为而成其功，所以"不自矜"，"不居功"，这就是不自有其雄与
刚，而自守雌与柔。按他的这种理解，也把孔子"为政以德"的道
理说得更为深刻了。从而使人们认识到儒与老的思想本旨是一致的。

此外胡氏也指出了《老子》书的语言文法上的特点。一是"《老
子》全书皆韵文"。按照这样的认识，才能深刻理解《老子》话语的
丰富内涵。如云"不贵难得之货"，"货"与"利"义同，不单指财
物。"名与身孰亲，身与货孰多"，应"以上下句合观，身、货二字
倒，皆是便文谐韵，非别有异义"。《老子》中也有难以测知的用韵，

---

① 胡远濬：《老子述义》，见《老子集成》第十三卷，宗教文化出版社 2011 年版，第
　340 页。
② 胡远濬：《老子述义》，见《老子集成》第十三卷，宗教文化出版社 2011 年版，第
　340 页。
③ 胡远濬：《老子述义》，见《老子集成》第十三卷，宗教文化出版社 2011 年版，第
　340 页。

如以"名"韵"玄"，以"争"韵"贤"，由此书韵文例之，庚、先二韵当亦可通。还能通过用韵的分析而弄清楚如何断句，如第一章的"无名""有名"四句，"名"与"名"韵，"欲"与"欲"韵，这表明在此处读断，而"始"与"母"韵，"妙"与"徼"韵，则"妙"与"徼"为断句处。由此可知此处的断句应是"无名，天地之始。有名，万物之母。常无欲，以观其妙。常有欲，以观其徼"。《老子》一书在韵法上，又有读句相韵，或读与读韵、句与句韵，或上下韵而中间一句不韵，或一章只一韵且皆同字等。所以胡氏特意提醒读者当观其通，不必刻意求之。

二是他认为《老子》通篇只是一章，一章只是一句，其词纯以下语申上语，又连环递申以尽其意。如第一章开始，"揭出可、非、常，已括通篇之义，次语申首语，名承可道言，无名申常道，天地之始申无名，有名又申天地，故下即接曰万物之母。而天地万物之名起于欲，故复就无欲、有欲，说明其所以常之故在于观，皆递申语也"。且由此可悟句法，如云"利万物而不争"，正申言"水之善"；"无为而无不为"，正申言"道之常"。[①] 这样的分析，可以帮助人们正确地理解《老子》的文句。

至于老子其人的问题，他认为只宜据依《史记》。对引起争论的问题，他引用方灵皋的说法：世传老子的事迹多为幻奇荒怪，这是因为老子隐去后莫知所终，所以不能确切记载他的年龄，只能记载他的国邑、乡里、名字、官守、谥号以及子孙封爵、里居等事，而《史记》肯定地说"老子，隐君子也"，并且说"李耳无为自化，清静自正"，这已表明著《老子》之书者就是李耳，他就是老子。至于老莱子，则是能言道家思想的人，之后百余年又有太史儋，明显是与老子李耳为不同的人。仔细体会《史记》的相关叙述，就能明白这些情况，不会引起疑义。这样的分析，也是有一定道理的，在老子其人的问题上值得参考。

---

① 胡远濬：《老子述义》，见《老子集成》第十三卷，宗教文化出版社 2011 年版，第338 页。

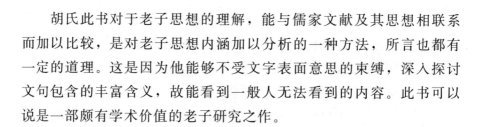

胡氏此书对于老子思想的理解，能与儒家文献及其思想相联系而加以比较，是对老子思想内涵加以分析的一种方法，所言也都有一定的道理。这是因为他能够不受文字表面意思的束缚，深入探讨文句包含的丰富含义，故能看到一般人无法看到的内容。此书可以说是一部颇有学术价值的老子研究之作。

二、冯友兰"贞元六书"论老子与道家思想

冯友兰对中国哲学史的研究贯穿一生，对于老子的认识与分析也在不断变化。从儒学角度来研究老子的思想学说，主要反映在他撰写的"贞元六书"中。"贞元六书"主要是阐述他的新理学和新儒学，但对老子及道家的思想也不能不有所提及，从中可以看出他站在新理学的立场上对老子及道家的认识。

"贞元六书"中的《新理学》，是各书的总纲，其中第二章中的"道家所说之道"，阐述了冯氏站在新儒家的立场上对老子及道家的道的认识。在这里，他非常明确地表示出自己的思想立场，并用"我们"和"他们"来分别称呼新儒家和道家。用如此明确的分别来论述思想，还是很少见的，由此可知冯氏的学术立场是非常明确的，不容别人怀疑的。这也使得他对老子及道家的认识，与胡远濬等人的以儒释老是大为不同的。

但他对道家的思想，只重视几个与哲学有关的概念，如名、常、有、无，尤其是以"名"作为分析道家思想的起点，表明了他对先秦诸子各家思想在发展源流上的定位。在《新原道》中，他说道家是承名家之说而说的，名家与道家都是"专决于名而失人情"（司马谈语）。这一判断是有问题的，司马谈所说的名家具有那样的特点，但老子与道家则绝不是这样的。也就是说，名家是专门探讨名的问题，不关心各种名的内涵，所以会有"失人情"的特点。这说明名家论名是非常抽象的，如果把人情的内容也涵盖进去，他们也不能称为名家了。但名是中国古代思想家都会注意到的问题，如儒家道家的思想都会说到名的问题，但他们不会像名家那样"专决于名而失人情"，否则他们也就无法与名家相区别了。名只是儒家道家所要

讨论的问题的一个辅助成分。应该是先有一般性的名的认识，之后才会有专门研究名的问题的学派，这才是思想发展的一般规律，而不会是先出现专门研究名的名家，之后才有一般性使用名之概念的学派。冯氏在《新原道》中说是先有名家，才有道家，道家所说的名是接着名家所说的名继续说的，这一判断是不能成立的。这一问题详见后面关于《新原道》中论述老子及道家的部分。

而且冯氏论道家思想，只关注与道相关的名、有、无、常等几个概念，而不顾及老子及道家思想中的其他内容，这也是他出于自己的主观认识而人为地把老子及道家的丰富思想内容加以割裂并有意取舍的结果。这样分析道家与老子的思想，是不完整的，必然会影响他对道家及老子思想的整体认识。

他从自己的新儒家的立场来看道家，也往往产生误解。如他说道家所说之"道"，颇有似于"我们"（冯氏用"我们"表示他所说的新儒家）所说的"真元之气"。他强调这只是相似，而不是相同。"因为道家所说之道，靠其自身，即能生万物，而我们所说真元之气，若无可依照之理，则不能成实际底事物"①。这是说新儒家的真元之气还要依照一个"理"，才能成为实际的事物。而道家所说的道，是靠自身就能生万物，它是"自身无性"而能"使物有性"。

照他这样说，道家的道就与新儒家的真元之气根本不是同一个层次上的概念。道家的道是其最根本的本体，新儒家的真元之气还不是这样的本体。他下面又说："在我们的系统中，太极是极端的清晰，真元之气是极端的混沌。"② 由此可知，他说的真元之气所依照的理，就是太极。太极才是可与道家的道相比拟的同一层次的本体。

但他又引何晏《道论》对道的分析："道之而无语，名之而无名，视之而无形，听之而无声，则道之全焉。故能昭音响而出气物，色形神而彰光影。玄以之黑，素以之白，矩以之方，规以之圆。圆方得形而此无形，白黑得名而此无名也。"他说"此所说完全可以说

---

① 冯友兰：《新理学》，见《三松堂全集》第四卷，河南人民出版社 2000 年版，第 46 页。
② 冯友兰：《新理学》，见《三松堂全集》第四卷，河南人民出版社 2000 年版，第 47 页。

我们所谓真元之气"①。"我们所谓真元之气"，那就是新儒家的真元之气，但这是何晏所阐释的道家之道，按照冯氏前面所说，此二者不是真的相同，怎能又成了"完全可以说我们所谓真元之气"了呢？难道二者又是完全相同的了吗？他认为何晏所说的"玄以之黑"云云，"照我们的说法，可以说真元之气依照'玄'之理而实际中即有实际底黑底物，依照'素'之理而实际中即有实际底白底物。真元之气，其本身不依照任何理，惟其不依照任何理，故可以依照任何理；其本身无任何名，惟其无任何名，故可为任何物，有任何名"。即何晏《无名论》所说："夫惟无名，故可得遍以天下之名名之，然岂其名也哉？"②

他这一段与前面所说对比，就显得不够圆融。前面说新儒家的真元之气要有可依照之理，否则就不能成实际的事物，而道家的道自身无性，但能使物有性。儒家与道家的区别是一个要有可依照的理，一个不必有可依照的理，只其自身就能使物有性。而何晏所说的"玄之以黑"就是真元之气依照"玄"之理或"素"之理而在实际中有实际的"黑"或"素"之物。这就与前面所说的道家之道不依照某种理，只靠自身就能生万物完全相反，而为他所谓"我们"的真元之气了。难道照何晏的说法，道家的道就成了新儒家的真元之气，那么，道家的道究竟是哪种真元之气呢？前后有两种不同的说法，让人难以理解。

此外他还说，道家也说"气"，如《庄子》所说的"人之生也，气之聚也"，"通天下一气"等等，但这种气是道所生者，不是道本身，而是一种实际的物，所以不是新儒家所谓真元之气。这说明道家学说里本来就有"气"的问题，但他却把道家的道与新儒家的真元之气混合起来说，故而显得有些混乱。因为道家的道根本上是与儒家所说的气或真元之气不是一回事，不能拿来混合论之。

他把新儒家的太极与真元之气清楚地分成两截，却把道家的道

① 冯友兰：《新理学》，见《三松堂全集》第四卷，河南人民出版社2000年版，第46页。
② 冯友兰：《新理学》，见《三松堂全集》第四卷，河南人民出版社2000年版，第47页。

与新儒家的真元之气放在一个层次上来论，这是有意压低道家的道在哲学上的层次与价值。为什么不把道家的道与新儒家的太极放在一个层次上来分析呢？他似乎也说明了其理由。他说在新儒家的系统中，太极是极端清晰的，真元之气是极端混沌的，而道家崇尚混沌，老子喜欢说"朴"，朴就是混沌或近乎混沌者，所以他就根据这一解释而把道家的道与新儒家的真元之气放在同一个层次上来比较了。

但所谓的"混沌"是庄子的说法，老子并没有说。老子的"朴"也不是混沌，而是"无为"或"无人为"的状态，反朴、归朴，都是要人从人为回归无为。这里与混沌没有关系，不能拿庄子的思想来讲老子的思想，其间是有差别的。也许按新儒家的说法，真元之气是一种混沌，是儒家宇宙生成论中的一个必要的阶段或层次。但在老子思想中，并没有这种观念。道就是最根本的本体，与儒家所说的最根本的本体之太极是同一类概念。老子的生成论，从道开始，之后逐步生成宇宙天地万物，这个过程中没有混沌的问题，到庄子才说到混沌的问题，不能把庄子的思想与老子的思想混淆起来。

冯氏也注意道家的道与新儒家的太极的关系问题。他引《韩非子·解老》说："万物各异理，而道尽稽万物之理。"他认为若照字面讲，《老子》所谓"道"正是"我们"所谓"太极"，但这不是可以照字面讲者。《韩非子》所谓"理"，并非"我们"所说之"理"。这当然是很肯定的，因为《韩非子》所说的是万物自身的理，所以说"万物各异理"，这表明此理不是万物根本性的总的理。按《韩非子》的说法，道才是尽稽万物之理的根本性之理。可知韩非并没有混淆事物各自之理与道之尽稽之理这两种层次上的理。所以冯氏说的照字面讲，也是说不通的。因为照字面讲，韩非就是把道与万物各自之理分得非常清楚的，也没有把万物各自之理提到与道同等的层次上。所以冯氏这里所说，也并不能证明道家的道不能与儒家的太极相提并论。

他又说道家的道近乎一种逻辑的观念，所说的有、无等，都是逻辑的观念。道家哲学中，逻辑的观念较多，所以在先秦哲学中，除名家外，道家哲学是最哲学的。照他这一说法，儒家的哲学性还

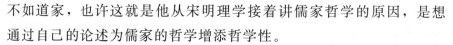

不如道家，也许这就是他从宋明理学接着讲儒家哲学的原因，是想通过自己的论述为儒家的哲学增添哲学性。

但老子所说的有、无，是不是逻辑的观念呢？似不能下此论断。因为在老子思想中，有不少说法都是逻辑推演，但这只是运用逻辑的方法，而不能说其中的概念就是逻辑的观念。儒家的学说中也会用到逻辑的推论方法，难道其中的概念也都是逻辑的观念吗？如果真是这样，则先秦诸子的思想中，都有不少逻辑的观念，那不是也可以说诸子各家都是最哲学的吗？由此可知，冯氏的论述尚存在不严密之处。

冯氏在论述道家的道的时候，用了"真元之气"的说法，但没有给予清晰的定义。在《新理学》第三章中则清楚地说："我们所谓真元之气是无极，一切理之全体是太极，自无极至太极中间之程序，即我们的实际底世界。"① 据此说法，他把道家的道与新儒家的无极放在一个层次上，而低于儒家的太极。在先秦，《周易》讲太极，道家讲道，本来就是同一个层次的概念，他却用宋人提出来的无极来比拟道家的道，明显是把道家哲学放在儒家哲学之下。由此可以看出冯氏对道家老子思想的评价与定位。但这只能是他一个人的看法，不能成为学术界的公论。

在这一段中，他说明了新儒家的"道"："无极、太极，及无极而太极，换言之，即真元之气，一切理，及由气至理之一切程序，总而言之，统而言之，我们名之曰道。"② 结合他在前面所说的，就可知道他所说的新儒家的"道"，与道家老子的"道"完全不是一个概念。在他的理解里，道家老子的道，只不过是新儒家哲学中的真元之气层次的东西，根本就没有达到他所说的新儒家的那种"道"。

他在这一章又专门说明了"道"的六义：第一义是路，引申而为人在道德方面的应行之路。第二义为真理，或最高真理，或真理全体之义。第三义即道家所谓的道，类似于新儒家所说的真元之气。第四义是所谓动的宇宙。第五义是"无极而太极"的"而"（他在另

---

① 冯友兰：《新理学》，见《三松堂全集》第四卷，河南人民出版社 2000 年版，第 63 页。
② 冯友兰：《新理学》，见《三松堂全集》第四卷，河南人民出版社 2000 年版，第 63 页。

一处说太极是体，"而"是用，一切的用，皆在此"用"中，所以此"用"是"全体大用"）。第六义即天道之道。这很明显地把道家的道放在新儒家的太极之下。他不认为道家所说的道是道家所认识的真理或最高真理，这是不合乎老子思想的。

冯氏在此章还论述了反、复、日新思想。他认为《周易·系辞》中说"无往不复"，即有来，有往，有复。《老子》与《易传》有一共同意思，即所谓"物极则反"。用《老子》的说法，就是一事物本身发展变化过程的正向阶段。他用《周易》十二辟卦之圆图来表示，从乾到姤、遁、否、观、剥、坤、复、临、泰、大壮、夬为十二位，从乾到剥，为正，从坤到夬为反，由正而反，由反又为正，即为复，这都是《老子》中提到的思想。所以说这是《老子》与《易传》共有的"物极则反"思想，且是由正而反而复不断循环。而这种反、复中就包括"日新"的思想，他认为道家对于道体之日新，有深切的认识。但道家只说变而不说不变，《易传》以为事物之变化，有规律可循，是承认变之中有不变者。然而老子的"常"就是不变，所以冯氏认为道家不说不变，是不确切的。

《新理学》第五章中论及《老子》所说的仁义。他认为"绝仁弃义，民复孝慈"中的"仁义"，并非专指仁及义，而是泛指一切道德。这一理解也不合乎《老子》的本意。因为《老子》此句上言"仁义"，下言"孝慈"，可知不是泛指一切道德。《老子》书本来就是讲道与德的，怎么能说老子反对一切道德呢？

《新理学》第六章有一节论无为。他说："先秦道家，如老庄，主张顺自然；此自然是对人为说者。我们所说之自然，亦包括人为在内。"[①] 这一理解也有问题。表面上看，老子所说的自然是以"无为无不为"为宗旨的，"人为"作为"有为"，是老子所反对的，但无为还是人的一种"为"，所以不能说老庄的自然不包括人为，而与新儒家所说的自然不同。

---

① 冯友兰：《新理学》，见《三松堂全集》第四卷，河南人民出版社 2000 年版，第131 页。

他既如此理解老子所说的自然，所以他又说："道家从人之观点，将宇宙划为两大部分，一是属于人为者，一是属于天然者。……以为我们必须放弃人为，纯依天然，则于事实不可行，理论上说不通。……如《老子》所说小国寡民之境界，其中有许多事物仍是人为底。"① 此处认为老子把宇宙划分为人为与天然两大部分，也不合乎老子所说。老子的自然，不单纯是天然，所以"小国寡民"章中有许多事物是人为的。冯氏既这样说，又怎能说老子把宇宙划为人为与天然两大部分呢？老子所说的自然，是包括人事在内的，不然他就不会论及圣人治国治民的事情了。可知冯氏这里所说的老子，并不是本来意义上的老子。

由此他又说到老子所想象的理想的社会，在先秦之时，久已过去，所以老庄对于社会的主张是开倒车的，是逆势的。这样评定老子的社会理想，也不合乎老子原意。老子以小国寡民为理想社会的模式，只是一种理想，并不是说要回到过去的某种社会。理想是思想性的东西，不是实际的历史，不少人对古代思想家的社会理想都按现实社会历史来理解，这是一种转换概念，是对思想家的本来思想的歪曲，所以往往形成错误的判断与批评。

他对老子的无为做了自己的解释："无为者，不是无人为之，亦不是说无人努力为之；若事是人之事，必须人为之。所谓无为者，即谓此等人为，并不是矫揉造作，而是顺乎自然。"所以，"一种社会制度，若其所因而成之势已去，而一社会仍欲维持之，则即是矫效，即是有为。若一社会因一种新势而变成为另一种社会，此变即是顺自然，即是无为。以上所说之无为，是就势说，顺势之行为是无为，逆势之行为是有为"。②

这样解释的"无为"，不会是老子的"无为"，只是冯氏自己所想象的"无为"。所以他说："宋儒亦说无为，其中心学家之说无为，

---

① 冯友兰：《新理学》，见《三松堂全集》第四卷，河南人民出版社 2000 年版，第131 页。

② 冯友兰：《新理学》，见《三松堂全集》第四卷，河南人民出版社 2000 年版，第132 页。

是就心说。其中理学家之说无为，是就理说。"① 可知冯氏所说的
"无为"，是从宋明理学、心学承续下来的，与老子说的不同。

《新理学》第十章也说到"道家之浑沌"。这里他再次提到道家
的道与儒家所说的气相似，并说明之所以这样比拟，是因为儒家说
的气是无分别的，不可思议，不可言说，道家所说的道，也是无分
别的，不可思议，不可言说。但这样的理由也不太充分。因为道家
的道，要放在老子整体思想中来考究，不能只就道的一个方面的特
点来定性。道家的道无分别，不可思议，不可言说，但道又是宇宙
万物的本原及其总道理，儒家的气就不能这样理解。而且儒家的太
极也是无分别的，不可思议，不可言说，因为凡是根本本体性的东
西，都有这样的特点，为什么就不能比拟为太极呢？他在此书"太
极"一节中说："所有之理之全体，我们亦可以之为一全而思之，此
全即是太极。所有众理之全，即是所有众极之全，总括众极，故曰
太极。朱子说：……'总天地万物之理，便是太极。"② 这样的太极，
也只能是无分别的，若有分别，就是某物之理，而不是总天地万物
之理。这样的太极，也是不可思议，不可言说的，不然也就成了某
物之理，而不是总天地万物之理。所以道家的道与儒家的太极，本
质上是一样的，都是天地万物的总全的根本之道、根本之理。因此，
把道家的道与儒家的气视为相似，而不讲道与太极的关系，就是对
道家的道的偏执之议，不合乎其本来意旨。

他认为道家认识道的方法是反"知"，即排除掉关于一切具体之
事的知识，消除一切分别，而达到一种浑然一体之大全，也就是
"玄同""浑沌"，才能认识道。老子有"弃智"的说法，但没有消除
一切分别的意思，这是庄子的思想，浑沌也是庄子的思想。就老子
而言，他所反对的知或智等，并不是要消除事物的分别而达到浑沌
的境界，而是认为世俗的知与智使人认识不到事物发展变化的辩证

---

① 冯友兰：《新理学》，见《三松堂全集》第四卷，河南人民出版社 2000 年版，第
132 页。

② 冯友兰：《新理学》，见《三松堂全集》第四卷，河南人民出版社 2000 年版，第 36 页。

关系，而形成一种偏执。庄子反对知，是为了消除事物的分别，想用一种对事物不加分辨的思想来达到不受事物分别的局限，由此而形成了浑沌的思想。老子的思想是引人走向对事物的辩证认识，庄子的思想是引人走向对事物的浑沌统括。二者的思路与目标是不一样的。冯氏把老、庄统视为道家，也就不区别老子与庄子的差别，因此他所说的道家之"道"，就难免有含糊之处，不能准确地解释老子的思想。

他认为《庄子·天下》说的"与天地精神往来"，是要达到一种超过自己的境界，这是圣人的境界，而《老子》第二十章说的"众人熙熙，如享太牢，如登春台，我独泊兮其未兆"等，也是一种圣人境界。道家的圣人，是用不分别的方法以得到一个浑沌的境界，他即这样来定义道家的圣人。但《庄子》所说与《老子》所说的圣人还是不一样的，就以此处所引的话来看，《老子》的圣人是"我独泊兮其未兆。沌沌兮，如婴儿之未孩；傫傫兮，若无所归……我独闷闷。淡兮其若海，飂兮若无止，众人皆有以，而我独顽似鄙"。仔细读解《老子》的这些话，可以看出这是强调圣人采取与世俗众人不同的价值观，不是要脱离人类社会而与天地精神往来。

而且关于《老子》中的圣人，也不能只据这一章所说来认识，《老子》中还有不少地方说到圣人，如第二章："圣人处无为之事，行不言之教。万物作焉而不辞。生而不有，为而不恃，功成而弗居。夫唯弗居，是以不去。"第三章："圣人之治，虚其心，实其腹，弱其志，强其骨。常使民无知无欲，使夫智者不敢为也。为无为，则无不治。"第七章："圣人后其身而身先，外其身而身存。非以其无私邪！故能成其私。"第十二章："圣人为腹不为目，故去彼取此。"第二十二章："圣人抱一为天下式。不自见故明，不自是故彰，不自伐故有功，不自矜故长。夫唯不争，故天下莫能与之争。"第二十七章："圣人常善救人，故无弃人。常善救物，故无弃物。是谓袭明。"第二十九章："圣人去甚、去奢、去泰。"第四十九章："圣人无常心，以百姓心为心。善者吾善之，不善者吾亦善之，德善。信者吾信之，不信者吾亦信之，德信。圣人在天下歙歙，为天下浑其心，百姓皆注其耳目，圣人皆孩之。"第五十七章："圣人云：我无为而民自化，我好静而民自正，我无事而民自富，我无欲而民自朴。"第六十三章："是以圣人终不为大，故能成其大。"第六十四章："是以圣人无为故无败，无执故无失。慎终如始则无败事。是以圣人欲不欲，不贵难得之货。学不学，复众人之所过，以辅万物之自然而不敢为。"第六十六章："是以圣人欲上民，必以言下之。欲先民，必以身后之。是以圣人处上而民不重，处前而民不害。是以天下乐推而不厌。以其不争，故天下莫能与之争。"第七十二章："是以圣人自知不自见，自爱不自贵。故去彼取此。"第七十七章："是以圣人为而不恃，功成而不处。其不欲见贤。"第七十八章："是以圣人云：受国之垢，是谓社稷主；受国不祥，是为天下王。正言若反。"第八十一章："圣人不积，既以为人己愈有，既以与人己愈多。天之道，利而不害；圣人之道，为而不争。"

把《老子》中这些论圣人的话语综合起来看，不能说是"与天地精神往来"的那种舍离社会的思想，而是体现出时刻把世俗社会问题放在心上，所以不能断定"道家之圣人，本系用不作分别之方法，以得一浑沌底境界，故其活动亦只能如此"①。可知冯氏把老、庄混为一谈，没有对《老子》所说的圣人进行完整的解读，从而所得出的道家圣人的定义就是不完整和不确切的。所以他说"道家之圣人……不能有用于社会"②，也是不符合《老子》所说的圣人之本意的。看上面所引，《老子》中的圣人，哪里是不能有用于社会的呢？

在他的《新原道》第四章中，他说："道家是经过名家的思想而又超过之底。……道家经过名家对于形象世界底批评，于有名之外，又说无名。无名是对着有名说底。他们对着有名说，可见他们是经过名家底。"③

---

① 冯友兰：《新理学》，见《三松堂全集》第四卷，河南人民出版社 2000 年版，第191 页。

② 冯友兰：《新理学》，见《三松堂全集》第四卷，河南人民出版社 2000 年版，第191 页。

③ 冯友兰：《新原道》，见《三松堂全集》第五卷，河南人民出版社 2000 年版，第 45 页。

其实在道家系统中，与名有关的问题都不是从名家延伸而来的。老子所说的有与无是对立的，有名与无名是对立的，但这两个对立，实则是一个对立。有与无，就是有名与无名的简称。在道家的系统中，道可称为"无"，天地万物可称为"有"。道可称为"无"，就是说道是"无名之朴"，"道隐无名"；天地万物可称为"有"，就是说天地万物都是有名的，此所谓"始制有名"。道是无名，但是是有名之所由以生成者，所以说"无名，天地之始，有名，万物之母"。这都说明老子所说的"名"，自有他的内在逻辑，而与名家的"名"无关。

冯氏认为道家是经过名家而出现的或形成的。对于名家，他引司马谈的说法："名家苛察缴绕，使人不得反其意，专决于名而失人情。"对于道家，他认为也可以说是"专决于名而失人情"。所以他再次肯定，道家受名家的影响，是很显然的。但他的这一说法并不能成立。因为名的问题，也可以说由老子提出，只是他没有专门探讨，后来才有名家来专门而深入地论名的问题。思想史的逻辑与顺序，应该是先比较简单，后逐渐深入，从而发展为专门之学。其次，说道家"专决于名而失人情"，也不符合事实，因为道家（无论老、庄）都是最关心人事人情的，这种情况只要老老实实地读老、庄的书就能看到，是不能置之不顾而予以否认的。

他又认为："常与变是相对底。事物是变底，道是不变底。所以道可称为常道。事物的变化所遵循底规律也是不变底。所以《老子》说到事物的变化所遵循底规律时，亦以常称之。"[①] 常是不变的，是所谓自然的法律，所以称之为"常"。就这一点来看，也不能说老子是"专决于名而失人情"的。因为老子所说的常，不是抽象的哲学名词，而是与人事密切相关的。如第七章："天长地久。天地所以能长且久者，以其不自生，故能长生。是以圣人后其身而身先，外其身而身存。非以其无私邪！故能成其私。"第八章："上善若水。水善利万物而不争，处众人之所恶，故几于道。居善地，心善渊，与善仁，言善信，正善治，事善能，动善时。夫唯不争，故无尤。"第

---

① 冯友兰：《新原道》，见《三松堂全集》第五卷，河南人民出版社2000年版，第47页。

九章："持而盈之，不如其已。揣而锐之，不可长保。金玉满堂，莫之能守。富贵而骄，自遗其咎。功遂身退，天之道。"第十章："载营魄抱一，能无离乎？专气致柔，能婴儿乎？涤除玄览，能无疵乎？爱国治民，能无为乎？天门开阖，能为雌乎？明白四达，能无知乎？"第十一章："三十辐共一毂，当其无，有车之用。埏埴以为器，当其无，有器之用。凿户牖以为室，当其无，有室之用。故有之以为利，无之以为用。"第十二章："五色令人目盲，五音令人耳聋，五味令人口爽，驰骋田猎，令人心发狂，难得之货，令人行妨。是以圣人为腹不为目，故去彼取此。"这些论述，都不是"专决于名而失人情"的。如果名家与道家是一样的，司马谈不会对名家这样评价，而对道家做另一种评价。这本身就说明名家与道家不一样，名家是"专决于名而失人情"的，道家则不是。所以虽然二家都谈到了名，而在各自的思想中，名的含义与阐释是完全不同的，更不能说道家是接着名家来论名的。

冯氏认为道家的思想中，自然界最根本的法律是"反者道之动"，这是说一事物的某性质发展到极点，则必变为其反面，此名曰"反"。理解了《老子》这个意思，就容易了解《老子》中许多不容易了解的话，即都要根据"反者道之动"这个根本规律来理解。所以他认为"反者道之动"是事物变化所遵循的通则。于是有了"知常曰明，不知常，妄作，凶"的问题，因此《老子》提出"知其雄，守其雌，知其荣，守其辱"，这是为了求雄和避辱，是《老子》所发现的全生避害的方法。就这样的说法看，也证明老子所说就正是"人情"的问题，而不是"专决于名而失人情"。

总之，冯氏所论老子也只是就名、常、道等几个抽象概念来分析，没有全面分析《老子》中的其他思想。也许他仅仅侧重与哲学概念有关的内容，其他的则有所忽视，因而没有完整认识老子的思想。故就冯氏"贞元六书"的新儒家立场上的老子阐释而言，不能给人们更为深刻的认识，这不能不说是他偏于创建新的儒家思想体系的一个遗憾。

第七章　近现代老学的道教诠释

由于老子与道教有密切的关系，所以道教学者从道教角度来阐释《老子》的思想，是老学史上的重要内容，在近现代也是如此，且有相应的成果。

第一节　张其淦、黄裳等道教学者的诠释

一、张其淦《老子约》

张其淦（1859—1946），字汝襄，号邵村、豫道人等，广东东莞人。光绪十八年（1892 年）进士。曾任山西黎城知县、广东石龙龙溪书院山长、安徽提学使等职。辛亥革命后，弃官隐居上海。著述有《邵村学易》《洪范微》《老子约》《左传礼说》等。

《老子约》书前有张其淦的自序，以为言道之书莫古于伏羲、神农、黄帝，《老子》书独与《易》合，然后知《老子》之言即三皇相传之言，即三皇相传之道。黄帝《易》为《归藏》，以坤为首，以阴为主，以静为道，以柔为用，"老子之言道，即本于此"。"老子之言道，宗法自然，自然者，即无为之谓"。这是他对《老子》学说宗旨的理解。①

---

① 张其淦：《老子约》，见《老子集成》第十二卷，宗教文化出版社 2011 年版，第311 页。

又谓《老子》书"多譬喻之言，引伸比例之语"①，不可将这些话语作字面理解，而要寻求其言外之意。又谓道家与儒家没有不同，但六朝人谈老庄则国乱，而汉文景时宗黄老则国治，可知道家与儒家一样，其主张都是治国之具，关键是治国者能对病用药，善于应用而已。

凡例中阐明此书字句、分篇皆从王弼注本。明言老子为道教之主，以儒理、禅理解之皆非，但由于儒、道其源皆出于《易》，道教之说也有近禅理者，所以在采择诸家时，也不完全排除儒理禅说，且会加按语以明之。此书取名《老子约》，乃博览诸注，由博返约之意。谓近人注释或以《老子》为中国最高之哲学乃是新学家言，未敢附和，只知发明黄老之学，得其微言，会其要旨耳。又称其所著《读老随笔》《读老小言》可与此书并观，则《老子》之要旨微言，可以了然于心。

二、黄裳《道德经讲义》

黄裳，字元吉，江西丰城人。于道光咸丰间在四川富顺乐育堂传道讲学十余载，弟子数千人。著有《道德经讲义》《乐育堂语录》《道门语要》等。

《道德经讲义》，有光绪十年（1884）刊本、光绪间和乐堂刊本、洪雅泽存堂刊本、上海锦江书局石印本、上海新学会社 1920 年江起鲲排印本、台湾萧天石主编《道藏精华》本（改名《道德经精义》）等。

《道德经讲义》本名《道德经注释》，江起鲲 1920 年校刊时改名。原书卷前有《道德经总旨》一篇，未有署名，江起鲲以为亦是黄裳自作，刊刻时移于卷末，以示总括全经之意。

《道德经总旨》称："太上修身治世之道，原是一贯，不分两事。若不推开说明，只云修身即以治世，治世厥惟修身……亦属一偏之

---

① 张其淦：《老子约》，见《老子集成》第十二卷，宗教文化出版社 2011 年版，第 312 页。

学，不足以见圣道之宏，体用兼赅，本末并进者也。"① 又说："太上所说修身治世，不分两事，不是板执修己，全不理治民事，亦不是理治民事，不从内修己来。识得此旨，以作诸己者即以治诸人，则内无损于己，外无损于人，即《中庸》云成己仁也，成物知也，性之德也，合内外之道也。处为圣功，出为王道，谁谓老子之学，寂灭无为也哉？"② 再三着意修身治世合二为一之旨，以明老子之学非寂灭无亡，而是如《中庸》所言成己成仁成物，《庄子》所言内圣外王之道，可见此书旨趣所在。对于老子之道用于修身治世的根本宗旨，作者也加以说明，认为"不外一敬而已"，"天有真天体，圣有真圣心，总皆主之以敬，一任天下事变万端，纷纭来前，无一不得其当"。③ 而敬正是儒家思想的要素之一。可知黄氏并非专以道教思想阐释老子思想，亦能与儒家思想融会贯通。

书前有黄裳光绪十年（1884）写的自序，阐述他对《老子》的理解以及解说《老子》的用意。他说三教之道都是圣道，儒家以至诚为主，佛家以真空为主，道家以金丹为主。这是以道教来释老子。他认为圣人能对此种圣道探其源而造其极，与天之虚圆无二，是以成为圣人。这种圣人能刚能柔，可圆可方，无形状可拟，无声臭可拘。能神灵变化，其妙无穷，有不可得而窥测者。而圣人的这些功能，"皆自然天然本来物事，处圣不增，处凡不减"。万物与圣人皆同此一气，同此一理。但世风日下，民俗益偷，人们皆视大道为诡怪离奇，而使儒非儒，释非释，道非道。因此必须为人们指出根源，抉破窍妙，以救世救人。

此书从常道、丹道、人道三个角度阐释老子思想，每章的第一部分以儒学为本，辅以丹道理法讲解老子，第二部分纯以丹法诠释

---

① 黄裳：《道德经讲义》，见《老子集成》第十一卷，宗教文化出版社 2011 年版，第182 页。
② 黄裳：《道德经讲义》，见《老子集成》第十一卷，宗教文化出版社 2011 年版，第68 页。
③ 黄裳：《道德经讲义》，见《老子集成》第十一卷，宗教文化出版社 2011 年版，第182 页。

老子。以儒学讲解者，以"仁"字一以贯之，认为仁修之于己就是忠，施之于人即是恕，忠以成己，恕以成人，己立立人，己达达人，正己以正人，而重在"诚"字和"感"字。

如对第一章的阐释，首先说明"道"的意旨："生天生地生人生物，公共之理，故谓之道。"对于"道"的理解，则说："先天地而长存，后天地而不敝，生于天地之先，混于虚无之内，无可见，亦无可闻。"[①] 为此并引儒家的《诗经》之言："上天之载，无声无臭。"这是用儒家的说法描述道家的道的特点。

之后又用内丹学加以解释："学人下手之初，别无他术，惟一心端坐，万念胥捐，垂帘观照。心之下，肾之上，仿佛有个虚无窟子，神神相照，息息常归，任其一往一来，但以神气两者凝注中宫为主，不顷刻间，神气打成一片矣。于是听其混混沌沌，不起一明觉心，久之恍恍惚惚，入于无何有之乡焉。斯时也，不知神之入气，气之归神，浑然一无人无我，何地何天景象。而又非昏聩也，若使昏聩，适成槁木死灰。修士于此，当灭动心，莫灭照心，惟是智而若愚，慧而不用，于无知无觉之际，忽然一觉而动，即太极开基。"[②] 此外还有许多具体修炼的方法与过程，可以说是把《老子》第一章应用到道教的内丹修炼中去，而形成了非常详尽的解释。

黄氏总结出道教修炼的要诀就在"玄关一窍"，内丹修炼的"始基"就是从静时致养，"要之，念头起处为玄牝，实为开天辟地、生人育物之端，自古神仙，无不由此一觉而动之机造成"。[③]

在解释老子思想的治世方面，其注释中也有阐发，如对第三章的注释中说："圣人之治天下也，与其有为，不如无为，尤不如有为而无为。其化民成俗也，与其能感，不如能化，尤不如相安于无事

[①] 黄裳：《道德经讲义》，见《老子集成》第十一卷，宗教文化出版社 2011 年版，第 68 页。

[②] 黄裳：《道德经讲义》，见《老子集成》第十一卷，宗教文化出版社 2011 年版，第 68 页。

[③] 黄裳：《道德经讲义》，见《老子集成》第十一卷，宗教文化出版社 2011 年版，第 69 页。

之为得。是以尧舜恭己垂裳，而四方悉昭风动，此何如之化理哉？不过上无心而民自静，上无好而民自正，上无欲而民自定耳。否则纷纷扰扰，自以为与民兴利除弊，而不知其扰民也实甚。故曰：民本无争也，而上争夺之。民本无贪也，而上贪婪之。民本无私无欲也，而上以奇技淫巧、鲜衣美食先导之，欲其不争不贪、无嗜无好也得乎？苟能修其身，正其心，恬然淡然，毫无事事，不以贤能相尚，则民自安靖而不争矣。"强调以圣人无心、无好、无欲治天下，以化民成俗。表现在修炼工夫上，"圣人屏除耳目，斩断邪私，抱一以空其心。心空则炼丹有本，由是而采天地灵阳之气以化阴精，日积月累，自然阴精消灭，而阳气滋长，则实腹以全其形"。[①] 修身要心空，治世则无为，这正是《道德经总旨》所再三强调的"修身治世之道，原是一贯"的主旨所在。

这样也就把统治者的自我修身与天下的治理有机地结合起来了。而所说所论，都以在上者为对象，这就抓住了老子思想的要点，阐明了修身与治世的统一关系。这样理解老子，也可以说是"得其要"的了。且一般人可以不管其中的内丹修炼的内容，只注意其中关于在上者修己与治世的内容，由此亦可以掌握老子思想的要点，不致像那些专讲哲学的人把老子的某些概念无限扩大而形成的空洞论说，更有益于人们对老子思想的理解。

他对老子思想的解释，又能引入儒家的思想，如第五章"天地不仁"一段，他在注释中说："天地间生生化化，变动不居者，全凭此一元真气主持其间。……理气合一，曰仁。故先儒云：仁者人欲尽静，天理流行，无一毫人为之伪。又曰：生生之谓仁。要之，仁者如木果之有仁，其间生理生气，无不完具。天地生万物，圣人养万民，无非此理此气为之贯通，夫岂区区于事为见耶？"[②] 此即用儒家思想阐释老子思想，而使二者融合为一，毫无乖碍。亦能说明儒

---

① 黄裳：《道德经讲义》，见《老子集成》第十一卷，宗教文化出版社 2011 年版，第 71 页。

② 黄裳：《道德经讲义》，见《老子集成》第十一卷，宗教文化出版社 2011 年版，第 73 页。

道二家，意旨可通，不可为字句表面之异，而视二家为对立者也。

三、成上道《老子心印》

成上道，自署"五灵山西派后裔成上道"，民国时期道教人士。

成上道著有《老子心印》二卷，附载有简明图说。书前有作者自序，以为《老子》书是"古圣传授天道之专书，而特假治国用兵种种譬喻以立言者也"。他所谓的天道，乃是人、地、天仙三关九节的全部法程。全书命名为"心印"，意谓"以心印心，期契合圣心"。[①]

此书先列"读法五大纲"，说明作者对《老子》的理解和阅读《老子》的方法。然后附简明图说，包括无极图、太极图、阳仪式等。之后是分章解说《老子》，对《老子》虽分八十一章，但自定章名，如"玄玄"章、"美恶"章、"圣治"章等，与其他注《老》者不同。

成上道认为，阅读《老子》书有五大纲领：一是认定宗旨。《老子》宗旨在言天道，与平常言人道者不同。二是醒豁譬喻。指出譬喻为老子谈道之手段。三是分清法程。法程即修炼过程，包括初关（修成人仙以法地）、中关（修成地仙以法天）、上关（修成天仙以法道）。四是考察根据。指出《老子》此书根据即伏羲、文王的六十四卦。五是审明关系。所谓关系包括四项，即保全国粹、改良社会、统一宗教、复真古道。他认为中外之道皆是首先修人道，学圣人以培功养性，其次修天道，由圣人以长生了命。可知他的解释最终是返回到宗教层面。

四、德园子《道德经证》

德园子，生平事迹不详。其所撰《道德经证》，采用唐易州龙兴观《道德经碑》本，分上、下二卷，上卷分二十九章，下卷分三十五章，共六十四章，与通行八十一章不同。他在《自序》中主张儒

---

① 成上道：《老子心印》，见《老子集成》第十五卷，宗教文化出版社 2011 年版，第66 页。

释道三教融合，反对三教分立，说："先天者道，尽心者圣，具道者心，人同此心，心同此理，先圣后圣，其揆一也。而昧焉者未会三家之合，徒争三教之分，故不可不证其同也。"① 通过阐明唐虞之心法，以证儒道之同源。

书后有秋根居士所作《后语》，谈到德园子对基督教的看法。德园子认为基督教所言耶苏之事，辞虽荒远不经之，其意则与中国古代神话传说相类，不能拘牵文义。又提到《大秦景教流行中国碑》，碑中有三一妙身无元真主阿罗诃判十字以定四方，鼓元风而生二气，七时礼赞，大庇存亡，七日一荐，洗心返素等语，德园子认为正合十字架安息期诸说，可知景教即基督教无疑。此碑建于唐建中二年（781 年），而阿罗本入中国在贞观九年（635 年），是时诸州各置景寺，景教流行亦久且广矣。然两《唐书》及《唐会要》俱不载其事，即泰西想亦未有传书，倘无此碑，竟不知中西之通已在一千余年之上。这一考证，与陈垣的研究不谋而合，亦可知德圆子之学。

德园子又进一步思考认为，中西之通或不必自唐始。古书中有和仲分宅西之命，少师联入海之踪，梨轩停汉使之车，算学记东来之法，又焉知三五之世大地之中非本属一家哉？这种思考也很有意义，值得进一步研究。

德园子又据景教论及景教宗旨契于儒释道三教，曰："常然真寂，先先而无元者，性之旨也。育然灵虚，后后而妙有者，命之旨也。三一妙身者，涵三为一之旨也。判十字以定四方，鼓元风而生二气者，太极两仪之旨也。七日洗心者，天心来复，大道见前，妙中之妙，旨中之旨也。"②

此书对《老子》的解释也有独到者，如解第一章的"常道""常名"谓："常道谓性，常名谓命，万古不易，千圣不二，故曰常。"③

---

① 德园子：《道德经证》，见《老子集成》第十一卷，宗教文化出版社 2011 年版，第348 页。
② 德园子：《道德经证》，见《老子集成》第十一卷，宗教文化出版社 2011 年版，第378—379 页。
③ 德园子：《道德经证》，见《老子集成》第十一卷，宗教文化出版社 2011 年版，第349 页。

把常道、常名解释为性、命，是少见的。由此也可知此书解释《老子》都以性、命为核心。又如解"无，名天地始。有，名万物母"曰："无者何？性是也。元黄未造，十方空虚，此性混然中处，杳杳难窥，是始天地者也。有者何？命是也。庶类未形，两仪肇造，此命动静互根，生生不息，是母万物者也。"①

对"可道""可名"，曰："可道之道，犹言说也。可名之名，犹指示也。言性命之事，必行得，乃知得，虽藉师傅，却不从言说得，不从指示得。"② 这也是较为独特的解释，值得注意。

德园子释《老子》，掺杂道教与佛教思想。如解第二章"有无相生，难易相成"等语，说："《金刚》四句偈云：一切有为法，如梦幻泡影，如露亦如电，应作如是观。是盖即有为之法，而拟其形容，与经所言有无相生，难易相成等语，非有二义，不得以世法解之。……后世学佛者，每蹈顽空，学道者，大都执着，两圣人为之防其弊，救其偏，其示人深造自得之意亦同也。"此言佛陀与老子之意相同。接下来的"夫有无相生者，以铅汞相生言也"，这是用道教内丹说解释；"难易相成者，以渐顿相成言也"，这是用佛教渐、顿两种途径来解释；"有无、难易、长短、高下、音声、前后，总一真阴阳，真父母而已"，这又是用内丹说解释；"至梦幻、泡影、露电，乃是西来大意"，这又是用佛教说法解释。③ 对第四章"湛常存，吾不知谁子，象帝之先"，注中引《楞严经》："妙湛总持不动尊，道楞严王世希有。"④ 又是用佛教经典解释《老子》。

作为道教学者，此书多引《悟真篇》《参同契》等道教经典来阐释《老子》思想。如对第三章"虚其心、实其腹"，注中引《参同

---

① 德园子：《道德经证》，见《老子集成》第十一卷，宗教文化出版社 2011 年版，第349 页。

② 德园子：《道德经证》，见《老子集成》第十一卷，宗教文化出版社 2011 年版，第349 页。

③ 德园子：《道德经证》，见《老子集成》第十一卷，宗教文化出版社 2011 年版，第349—350 页。

④ 德园子：《道德经证》，见《老子集成》第十一卷，宗教文化出版社 2011 年版，第351 页。

契》证之："内以养己，安静虚无，虚心也。三光陆沈，温养子珠，实腹也。其在《易》也，艮之行庭，虚心也。坤之黄中，实腹也。"①对第四章"和其光"，注云："《悟真篇》诗云：佛性非同异，千灯共一光。增之宁解益，减却且无伤。取舍俱为过，焚漂总不妨。见闻知觉法，无一可猜量。"② 对"同其尘"，注中引《悟真篇》诗云："见物更见心，无物心不见。十方通塞中，真心无不遍。若生知识解，却成颠倒见。睹境能无心，始见菩提面。"③ 全书注释中，引用《悟真篇》与《参同契》者多见，可知整体是以道教内丹学来释《老子》思想的。

德园子认为，宋儒推崇的十六字心传，亦可在《老子》中寻得其意。如第十一章"故贵身于天下，若可托天下，爱以身为天下者，若可寄天下"，注云："上章与此章言多欲之累，寓人心惟危之旨，以下二章，寓道心惟微、惟精惟一之旨。十四章寓允执厥中之旨。然则所谓托天下、寄天下者，其指十六字传心之尧、舜、禹乎？贵身于天下者，言举天下之贵，不足以易吾道也，孟子所谓舜视弃天下犹弃敝蓰是也。爱以身为天下者，言圣人之道存则覆育群生，没则周流万古，孔子所谓惟天为大，惟尧则之是也。"④ 这是全用儒家之说以释老子思想。

总之，此书能用儒、释、道三教之言释《老子》，为三教融通之学，值得参考。

---

① 德园子：《道德经证》，见《老子集成》第十一卷，宗教文化出版社 2011 年版，第 350 页。

② 德园子：《道德经证》，见《老子集成》第十一卷，宗教文化出版社 2011 年版，第 350 页。

③ 德园子：《道德经证》，见《老子集成》第十一卷，宗教文化出版社 2011 年版，第 350 页。

④ 德园子：《道德经证》，见《老子集成》第十一卷，宗教文化出版社 2011 年版，第 354 页。

第二节 陈撄宁关于老子思想的理解

陈撄宁（1880—1969），原名元善、志祥，后改名撄宁，字子修，号撄宁子，安徽怀宁人。1905 年入安徽高等政法学堂，因病退学，遍游名山，深究仙道之学。后居上海，主办《仙学月刊》《扬善半月刊》。1957 年中国道教协会成立，当选为副会长兼秘书长，后为会长。著有《黄庭经讲义》《道教起源》等。

陈撄宁所著《道教与养生》书中，收有《史记老子传考证》一文。他认为老子与老莱子所著书不同，一是著书上下篇，言道德之意，一是著书十五篇，言道家之用，可知书非一种，人非一人，显然有区别。老子与太史儋则在司马迁时就已弄不清楚了，无法下结论，所以说"世莫知其然否"。对于老子与孔子是否同时，他认为根据各种文献的记载，老子肯定与孔子同时，无法否认。他还认为，可以断定著《道德经》者确是春秋时代的老聃。这是他对老子其人其书及其时代的基本看法。

书中还收有《老子第五十章研究》一文，可见其解《老》旨趣。该文首列此章原文，然后对文字进行校订。他根据《韩非子·解老》及傅奕本、河上公本、王弼本等不同版本，认为其中的"人之生生而动，动皆之死地亦十有三"，比作"人之生，动之死地"更为合理。从句法上看，前者意思更为明确，又与下文"生生之厚"有联系。其中的"人"或作"民"，他认为民是统治者对被统治者的称呼，人是泛指一切人类，而本章是说人类的生死问题，与国家政治无关，故应作"人"。对于"入军不备甲兵"，他认为当从《韩非子》所引作"不备"，不从其他版本作"不被"。

再接下来是释义。对于"出生入死"，他认为旧注的说法符合原文旨意，即："出谓自无而见于有，入谓自有而归于无，出为生，入为死。"①

对于"生之徒，死之徒"，他引徐铉《说文》笺云"徒行有相从者"，指出可引申为"党类"之称。河上公注"生死之类，各十有三"，韩非把"徒"字解作"属"，都与此意同。第七十六章的"坚强者死之徒，柔弱者生之徒"，也当作"徒党"或"属类"解。

对于"十有三"，他认为即"十又三"，古书中此种用法甚多。对于"生生"，他认为，前一个"生"是动词，后一个"生"是名词。"生生"即俗话说的谋生活。"生生"并无过失，而"生生之厚"则是不应该的。《老子》第七十五章："人之轻死，以其生生（或作'求生'）之厚，是以轻死。夫唯无以生为者，是贤于贵生。"第五十五章："益生曰祥。"所说的"贵生""益生"即是"生生之厚"。"益生曰祥"的"祥"，是灾祥的意思。

对于"摄生"，他认为河上公解为养生，恐怕不对。因为释"摄"为"养"，于古书无证，且老子不用常见的"养"字，而用"摄"字，其中必有深意。他认为，"摄"字有四种作用："一，摄持自己身心，勿使妄动；二，收摄自己精力，勿使耗散；三，摄取外界物质，修补体内亏损；四，摄引天地生气，延长人的寿命。这四种作用完全无缺，才可以称得起一个善摄生者，本章意旨更着重在第一种作用。"②

陈氏认为，"入军"指敌国之军，进入这种军队，总是有危险的。"不备"的"备"即有备无患的备，不备即自己相信无死地，不需要设备以防患。"死地"，不是兵家所说的死地，而是一个抽象名词，意思是说，如果"生生之厚"，虽在安全地方也难保安全，等于自寻死地。若是"善摄生者"，虽到危险地方，也没有危险，所以说"无死地"。

之后是演讲，即演说此章大旨。其中谈到，人的身体，上七窍，下二窍，再加四肢，共有十三件东西。人活着的时候，要靠它们发

---

① 陈撄宁：《道教与养生》，华文出版社1989年版，第14页。
② 陈撄宁：《道教与养生》，华文出版社1989年版，第16页。

挥作用，所以说"生之徒十有三"。死了之后，这些东西就都不能起作用了，所以说"死之徒十有三"。人的生命所禀赋者是有限度的，如果"生生之厚"，贪图生活享受太过分，就会超过人本身禀赋的限度，不能终其天年，减少了自己的寿命。而善于摄生的人，他能避免这个问题，能保证自己的安全，所以他"无死地"，即无自取灭亡之道。为了证实这个理解，他又引证了《韩非子·解老》和《庄子》的《大宗师》《知北游》《秋水》等篇中的说法，表明自己的理解是正确的，他用了实证的方法，还是有一定道理的，可以参考。

《道教与养生》中还收有《道教知识类编》，是陈氏为道教徒进修班编写的一部教材。在"教理教义"一节，陈氏首先说到道教与《道德经》的关系问题。他认为《道德经》是道教的圣典，道教最高的信仰是"道"，第一部讲"道"的书，即老子《道德经》。后来道家和道教中许多名人著作都根据老子这部书而加以发挥或是象征性地演化。如没有《道德经》，就不可能凭空创造出道教。他认为道教的本质，是有它自己独立的精神，两千多年来未尝断绝。

又说道家和道教是分不开的，因为二者有一个共同的信仰，即老子之道。道教的《太平经》，是继承老子遗教的著作。撰《周易参同契》的魏伯阳是老子的信徒，葛玄、葛洪都属于老子系统。道教中人把老子尊奉为"太上老君"，"太上"表示至高无上，而且《道德经》中也使用了"太上"一词。不少道教名人都信仰老子之教。《悟真篇》是巧妙运用《道德经》的作品，张三丰是用老子哲学讲玄关的。从这些情况看，道教与老子《道德经》有密切关系，道教又对《道德经》的思想做了发挥与发展。

陈氏认为，老子的哲学理论从整体宇宙观出发，将自然之道、治国之道、修身之道都归纳于一个共同的自然规律中。能够懂得他说的道理，就可以"达则兼济天下，穷则独善其身"，这就是道家的处世哲学精神和道教超世的修炼方术结合在一起而互相为用的优越性，也就是道教的优良传统。

"达则兼济天下"二句是儒家的教义，也可以用来讲道教。"达则兼济天下"指身在朝廷，凡有措施，泽惠能普及百姓。"穷则独善其身"不是说生活困难，是说没有际遇，不能大行其道，只好隐居山林，将治国之道变为修身之道。可知《道德经》里有许多话都可以"吾道一以贯之"，不管是讲自然之道或讲治国之道，都可以当作修身之道去体会。如魏伯阳的《参同契》、张平叔的《悟真篇》、张三丰的《道要秘诀歌》，都是这样去理解《道德经》的。宋元以降至于清代的许多道书，常喜欢把老子哲学与修养方术联系起来，讲得头头是道，教外的研究家不同意那种说法，以为尽属牵强附会，失却老子本义。我们今日钻研道教中全部学术，不宜先有成见，而且这类书籍也确实不少，在道教中早已算得一个学派，他们的书上理论和身体力行是分不开的，后人未曾这样做过，对那些书恐难轻下批判。

陈氏的这一论述，说明了道教中人对于《道德经》及道教实践的关系。教外的学者也应认真对待他们的实践与经验。这也说明《道德经》本来就可以从多方面加以理解与阐释，不能一概而论。

他又说明道教为什么以"道"名教。这是因为他们对于老子之道，一要研究，二要信仰，三要继承，四要发扬，所以《道典论》中说，道士要"以道为事"。

陈氏认为，老子所说的"道"不同于一般的"道理"的意思，老子说："为学日益，为道日损，损之又损，以至于无为，无为而无不为矣"，"反者道之动，弱者道之用"，"保此道者不欲盈"，"物壮则老，是谓不道"。概括来说，老子的道是以清静为宗、虚无为体、柔弱为用的一种道。

道是老子的宇宙观，在老子哲学中，道是天地万物的本源，又是宇宙的原动力，也是大自然的规律。同时，道在老子这里也是方法论，老子将道运用在许多方面，体现在社会思想上是无为而治；在人生观上是清虚自守、卑弱自持；在修养方法上是要深根固蒂、长生久视。以道为准则，通过一定的修炼，人就可以返本还原，和大自然之道同一体性，而处于永恒不变的境地，这也就是老子说的"谷神不死"。后来的仙学就是在这一思想基础上发展起来。

道教的根本信仰就是老子的道，修道就是修这个道，所以在道教中，"道"还当"导"或"通"讲。如河上公注"道"有"导执令忘，引凡入圣"之意。《自然经》中说"道"是"导末归本"，皆训"道"为"导"。《消魔经》说"道"能"通生万法，变通无壅"，则训"道"为"通"。陈氏指出这些解释目的都是为了"令忘""入圣""归本""生法"，即希望取得同老子一样的和道同一体性的结果。

在道教中，老子的道既是道教的理论基础，也是他们的根本信仰，他们将道人格化，变成了老君，后来又变成道教中的三清尊神，即元始天尊、灵宝天尊、道德天尊，成为他们信仰中的最高尊神。

陈撄宁又说明道教把"道""德"并称的意义，这是以道和德作为一个事物的两个不同方面，两者是整体和局部、一般和特殊的关系。如《道教义枢·道德义》中说："道德一体，而具二义，一而不二，二而不一。"所以在《道经》中，德有时作"道的本体"讲，有时作"道的特性"讲，有时作"道的总体表现"讲。《道德经》中说的"上德""玄德""常德""道尊而德贵"的"德"，都指这个"德"。老子解释"上德"时说："上德不德，是以有德……上德无为而无以为。"解释"玄德"说："长之畜之，成之熟之，养之复之，生而不有，为而不恃，长而不宰。"解释"常德"说："常德不忒，复归于无极……常德乃足，复归于朴。"又说："道生之，德畜之。"即或以"道""德"并称，或以"德"解释成为"道"的某一方面。道教中以道、德作为信仰、行动的总准则，要修道还要积德，所以道和德同为道教的教理教义的基本原则。老子哲学中的其他观点，如清静、无为、抱一、知足等，也都是从道、德的基本原则中引申和发挥出来的。

"德"字又被解释为"优点"或"特点"，如儒家以孝、悌、忠、信、礼、义、廉、耻归于德的概念中。道教有时也采用这样的解释，如"下德不失德"，此处所谓"德"即指的是社会上做人的优点。后世道书中的"积功累德"，都是老子"下德不失德"，只就人类社会相互间的关系而言，并非指道教中最高的教义。最高教义为何？那就是老子所谓"上德不德""上德无为而无不为"。如果达到这样的境界，道和德就没有什么分别了。

他还解释"无为而无不为"在道教中的意义，认为《道德经》第三十七章"道常无为而无不为"，第四十八章"为学日益，为道日损，损之又损，以至于无为，无为而无不为"，都是肯定"无为而无不为"就是道，它既是道的本性，也是道的现象，又是道的作用。在道教中，首先以"无为而无不为"作为社会政治思想的最高准则，同时道教还以"无为而无不为"作为处世哲学的主要原则。

在道教的个人修养方面，"无为而无不为"更是清静功夫的标准。老子解释"道常无为而不无为"时说："侯王若能守之，万物将自化，化而欲作，吾将镇之以无名之朴。无名之朴，夫亦将无欲，无欲以静，天下将自定。"意思是说清静功夫做到了"无为而无不为"的境界，即有万象将萌的动机，为了遏止这一动机，则应镇之以"无名之朴"。无名之朴就是无欲，无欲即是清静。这里说的"天下"，是指人身中的小天地。道教进一步发挥了老子的这一原理，所以就道教修养方法说，无为而无不为，是他们取得长生久视之道的一种手段。

他认为老子所说的清静，是个人修养的功夫的重要标准。在《道德经》中，"清静"和"无为"是两个类似的概念，同时和"寡欲"也有一定的联系，都是道的部分表现。后来道教中常以它和"无为"或和"寡欲"联用，即道书中常说的"清静无为""清心寡欲"。

在《道德经》中，"清静"和"浊"也是相对的名词，并且还有相生相化的关系，老子说："浑兮其若浊，孰能浊以静之徐清。"这是指道家清静功夫，静功做到混然一气的境界时，继续静下去，即会生出光明。在老子的宇宙观中，清静是大自然最早的形态；在他的社会政治思想中，清静是理想领导人物的政治风格；在修养方面，清静又指修养过程中的一种境界。在最后的一方面，道教作了更多发挥。

他认为，"抱一"也是道教最基本的修养功夫，就是在静坐时要做到"神气混然"的境地，就是"混然一气"的意思。

道教中解释"一"为"形变之始"，就是所谓"元气"，是把

"一"当作物质来解释的。认为由"一"的存在和变化产生了"物"，从"物"生成的生理而有了"形"。道教对"一"的解释主要根据庄子和列子的说法，进一步肯定了"一"是"气"，这是对老子的"一"的发挥，所以"抱一"在道教中是指道家修养法的基本功夫。

"一"在《道德经》中不仅指修养功夫，也是老子政治思想的一个重要概念，如"侯王得一以为天下贞"，"圣人抱一为天下式"，这两个"一"字不能作"元气"解。

从"抱一"又有了"抱朴"，如"见素抱朴，少私寡欲"，"朴"就是"朴素"。在《道德经》中"朴"字有时作"敦厚"解，如第十五章"敦兮其若朴"，有时作"道"解，如第三十二章"朴虽小，天下不敢臣，侯王若能守之，万物将自宾"。

朴在《道德经》中有时用在修养方面，是做静功时所要求到的一种境界，如第三十七章"化而欲作……吾将镇之以无名之朴"，这一章是讲治国之道，把它作修身之道讲，更切合于实际。朴又作为政治领导最理想的标准，如第五十七章"我无欲而民自朴"，政治的作用是上行下效，在上者如果能做到无欲，民间风俗就变为淳厚了。老子这个教训是对侯王们而言的，因为他们都犯了多欲的毛病，老子这种归真返朴的思想，后来发展为道教的人生观。

在道教的修养方面，他说老子特别强调对"人欲"的节制，如第四十六章说："罪莫大于可欲，祸莫大于不知足，咎莫大于欲得。"这是老子从道中体会出来的。第三十四章说："大道泛兮，其可左右。万物恃之以生而不辞，功成不名有，衣养万物而不为主。故常无欲，可名于小矣，万物归焉而不为主，可名于大矣。是以圣人终不为大，故能成其大。"这表示道的作用从大的方面说，是万物归焉而不辞，从小的方面说，是无欲，圣人务小不务大，结果能成其大。这说明道的本来面目就是无欲，无欲的后果是成就了道的伟大，所以老子主张寡欲。道教对老子寡欲精神的遵循，主要表现在戒律中。

他认为老子提倡柔弱，也是非常重要的思想。老子说："弱者道之用"，认为柔弱是道的作用。在谈修养方法时说："专气致柔，能如婴儿乎？"谈物理时说："天下柔弱莫过于水，而攻坚强者莫之能胜，其无以易之！"谈人的生理现象时说："人之生也柔弱，死也坚强。"老子还指出，"柔胜刚，弱胜强"，"天下之至柔，驰骋天下之至坚"；相反，"物壮则老"，"强梁者不得其死"，"勇于敢则杀"。可见老子明确指出了柔弱的功用和刚强的弊害。在道教中，"柔弱"主要是用于气功修养。道教文献中细致地说明了"柔弱"和"气"的关系，成为修养中的重要因素。道教戒律中也以柔弱为主要条例，要认真奉行，而以刚强为戒。这是道教在立身处世方面发挥了老子的柔弱思想。

陈氏认为，不争也是老子处世哲学的一个重要准则，是从道的某一特征而体会出来的。老子说："圣人之道，为而不争。""为而不争"就是一切作为都要顺乎自然，"不敢进寸而退尺"便是这个意思。这也是老子论证自然现象而获得的认识。又如说："天之道，不争而善胜。""上善若水，水善利万物而不争。""夫唯不争，故无尤矣。""夫唯不争，故天下莫能与之争。"可见是以"不争"为手段，以"善胜""无尤"和"莫能与之争"为目的，要达到这样的目的，就必须用这种手段。如第十八章说："善为士者不武，善战者不怒，善胜敌者不与，善用人者为之下，是谓不争之德。"这都是高人一着的作用。

不争的精神又表现为知足、知止、不有、不恃、不自见、不自是、不自伐、不自矜，这都是从不争引申出来的。"不敢为天下先"列为"三宝"之一，虽然换了说法，并未改变不争的原则。不争思想，成为道教人生观中的重要特征，和抱朴、寡欲相关联。在道教戒律中，也是最基本的条科。

从重视修养的立场看，陈氏又特别重视精、气、神。他说，道书中讲修养方法，不能离开精、气、神，并且认为这三件事有一连串的作用，如"虚化神，神化气，气化精，是顺则生人。炼精化气，炼气化神，炼神还虚，是逆则成仙"。内丹家都是主张这一说法的，口诀上或有繁简巧拙不同，在理论上并无差别。《老子》亦有"精""气""神"三个字，但每个字是独立的，不与其他两个字发生关系。如第二十一章"窈兮冥兮，其中有精，其精甚真，其中有信"，只讲精，未提到神、气。第十章"专气致柔，能如婴儿乎"，第四十二章"万物负阴而抱阳，冲气以为和"，只讲气，未提精、神。第六章"谷神不死，是谓玄牝"，第三十九章"神得一以灵"，只讲神，未提精、气。陈氏指出，《老子》中有些地方确与修养功夫有关系，无可否认，但古代修养法讲的是原则，不像后人那样具体说明，如果把唐宋以来炼内丹之说解释《老子》，未必能名实相符。

另外，《老子》虽有"精""气""神"三名词，但未指出三者的产生孰先孰后，这在道教文献中才加以说明。如《太平经·圣君秘旨》云："夫人生本混沌之气，气生精，精生神，神生明。""气转为精，精转为神，神转为明。"照这个次序看，是先有气，后有精，再后有神。这三者的相互关系，《圣君秘旨》也有说明，认为气、精、神三义一源。道教文献中对此三者的内涵不断加以发挥，成为道教的重要教义之一，其来源则都是《老子》，这说明了道教的思想与《老子》的内在关系。

陈氏作为道教中人，在身心修炼方面有丰富的实践经验，同时能将《老子》书及道教文献中的相关内容联系起来加以思考，这对于教外学者研究《老子》或道教思想，都有非常重要的参考与启示价值。

第三节　任法融、吴诚真对《老子》的阐释

一、任法融《道德经释义》

任法融（1936—2021），甘肃天水人。曾任陕西省道教协会会长、中国道教协会会长、中国道教学院院长等职，是第十一届、十二届全国政协常委。著有《道德经释义》《周易参同契释义》《黄帝阴符经·黄石公素书释义》等。

《道德经释义》1988 年出版，2012 年修订。任法融在该书《总

论》中用无极图和太极图对《道德经》思想作了高度概括，对老子的自然观、人生观、社会观、宇宙论、养生论和政治论作了深入浅出的解释。他认为"众妙之门"的道是宇宙之根，"道生一，一生二，二生三，三生万物"。"自然而然"便是道化生万物的根本法则。这一法则又指导着世道与人道，成为宇宙人生之终极根据。对于世道，他认为天道朴素无为，"不言""不争""不召"。依据天道，世人应"不自见""不自是""不自伐""不自矜"，从而做到"为无为，事无事，味无味"，"常无为而无不为"。关于人道，他认为天道和世道最终指向人道，即作为个人存在的人遵循道而获得生命之永恒。

他认为老子是我国古代伟大的自然主义哲学家，不朽著作《道德经》是一部博大精深、词意锤炼的哲理诗。不仅包含着宏奥的哲理，而且蕴藏着自然科学、社会科学、人体科学、思维科学、系统科学诸多方面的基本素材，犹如汪洋大海，内容包罗万象。但在现代，人们对《道德经》的理解千差万别，有人认为此书是养生学著作，有人认为此书是哲学著作，有人认为是政治著作，有人认为是兵法，有人认为是科学著作。任氏认为，这些理解既有片面性，又有合理性。因为道是"众妙之门"，若只从某一侧面来理解，把它当成某一局部的东西，是盲人摸象，是片面的。但道生成万物，又内涵于万物之中，道在物中，物在道中，万事万物殊途而同归，都通向了道，因此从不同方面来理解《道德经》的思想，也各有合理性。

他认为现代人根据西方哲学概念，把道解释成物质、精神或规律。这都不符合《道德经》的本义。道既不是有形的物质，也不是思虑的精神，更不是理性的规律，而是造成这一切的无形无象、至虚至灵的宇宙本根。物质、精神、规律皆是道的派生物。道是先天一气，混元无极，是宇宙中的能量，是太空的气场，是其大无外、其小无内、至简至易、至精至微、至玄至妙的自然始祖、万殊大宗，是造成宇宙万物的原始材料。"可道""德""下德"都是道的派生物。只有正确理解了道，才能正确理解德，从而正确理解《道德经》全书。

因此，他认为从常人的立场、观点和方法，用通常的经验和知识，顺着常规的思路，不可能对道的妙谛有真正的彻悟。一般学者，未能从万有中超脱出来，从各个侧面理解道，从常识的观点说明道，偏离了老子的本来意义。

关于道教与老子及《道德经》的关系，他认为道教把老子奉为始祖，《道德经》是道教的基本经典。"道"是道教的基本信仰。道教对自己的基本经典《道德经》有传统的理解。这种理解和一般人的理解大相径庭。道教对此书的秘机是师传口授，代代相传的，对玄理奥义是在修真养性的长期实践中理解、顿悟的。老子阐述的大宇宙的基本原理，只有在人身的长期修炼及直觉沉思中才能彻悟。道在天，亦在人、在身、在心。

他说自己研究道学三十余载，对"三玄"研究了二十余年，对"道"尤为殚精竭虑，悉心研探，在长时间的修持中悟解。为《道德经》作注，是多年研讨、静悟的结果。在中西文化融合的今天，用道家的方法和观点对《道德经》的本来意义进行阐释，把其中的精华挖掘出来，使之弘扬于世。

他的解释最大特点是认为"道"和"德"是无极图，"可道"与"下德"是太极图。八十一章的全部内容，可以由这两个图囊括无遗。只要理解了这两个图，就抓住了全书的根本。

所谓无极图，是从《道德经》"天下万物生于有，有生于无"构思出来的。无，无形无象，杳杳冥冥，至虚至空，故称"无"。无本来无名，老子勉强把它称为"道"。无即道。

他又参考宋儒"无极生太极，太极生两仪，两仪生四象，四象生八卦"的说法，认为所谓的"无极"即"无"、即"道"，道家用无极图"○"表示。他认为："'○'似无非无，此虚无之体只是相对于有色有相事物而言的一种状态，一种形式，是假无真有，假虚真实，假空真物，它是含藏一切的最大的'有'。"[1]

此无在《道德经》中论述颇多，如第一章："无，名天地之始。"

---

① 任法融：《道德经释义》，东方出版社 2012 年版，第 5 页。

第六章："谷神不死，是谓玄牝。玄牝之门，是谓天地根，绵绵若存，用之不勤。"第十四章："视之不见，名曰夷；听之不闻，名曰希；搏之不得，名曰微。此三者，不可致诘，故混而为一。其上不皦，其下不昧，绳绳不可名，复归于无物。是谓无状之状，无物之象。是谓恍惚。迎之不见其首，随之不见其后。"第二十一章："道之为物，唯恍唯惚。惚兮恍，其中有象，恍兮惚，其中有物；杳兮冥，其中有精。其精甚真，其中有信。"第二十五章："有物混成，先天地生。寂兮寥兮，独立而不改，周行而不殆。可以为天下母。吾不知其名，字之曰道。"

这些论述，都是对无、无极即道的描绘。说明道是纯粹、素朴的物质，但不是普通的常见之物，而是虚无之体，是先天一气。说它无，却能化生万物，说它有，却视而不见，听而不闻，搏而不得。道就是这样一种无形而又真实存在的东西。道的这些体性，被后来的道家人物归纳为虚无、自然、纯粹、素朴、恬淡、平易、清静、无为、柔弱、不争十大特征。

道的这些体性、特征在人身上体现出来，就是"上德"。上德是道的人格化、伦理化，道体现于人即谓之德。所以说"上德不德，是以有德"，"孔德之容，唯道是从"。这是说最高尚的"德"是自然的、无形的，而不是人为的、炫露的，它的特性、功用与道相似。道是什么特征，上德就是什么特征，二者一脉相承。

道的十大特征，上德全部具备。上德的特征，就是道的特征。道和上德的特征是无，用图表示即是"○"。"○"无所不在，无所不含，无限圆满，至善至美，是至高无上的本体。

之后他又用太极图来阐释《道德经》的思想。《周易》说"一阴一阳之谓道"，对照《道德经》所说"万物负阴而抱阳，冲气以为和"，这是说道涵阴阳，是阴阳二气的中和、平衡与统一。道分而为阴阳，阴阳合而为道。阴阳冲和之气，生成万物。道是无极，阴阳则是太极。道是无，阴阳则是有。道用无极图"○"来表示，阴阳用太极图"☯"来表示。太极图所表示的阴阳二气，互相吸引，相互凝聚，必然生出一层一层的自然万物。自然万物皆分阴阳，植物动物皆分雌雄，人则分男女。气、物、人皆分阴阳。阴阳并立，则为太极。因而，太极是相反的，对立的矛盾体。

太极之阴阳是对立的、矛盾的，同时是统一的、互补的。《道德经》对这种对立统一的辩证关系的阐述也有很多，如第二章："有无之相生，难易之相成，长短之相形，高下之相倾，音声之相和，前后之相随。"第二十六章："将欲歙之，必固张之；将欲弱之，必固强之；将欲废之，必固兴之；将欲夺之，必固与之。"任氏说："宇宙万物由阴阳二气合和而成，阴阳是一对矛盾体，因而，由阴阳二气组成的万物无不包含着阴阳。没有阴阳就没有万物，没有矛盾就没有世界。阴阳即矛盾。太极图是对阴阳矛盾的总括。"[①]

关于阴阳的关系及作用，他认为，阴阳二气，阳动阴静，阳刚阴柔，阳热阴寒，阳生阴杀，有形有象，有色有声，有臭有味，有聚有散，由此生成的万物，有生有死，有强有弱，可变可化，千姿百态，千变万化，此谓"可道"。因盛衰兴亡变动不居，不能永恒存在，又称"非常道"。

道是无形的、永恒的。由道生出的有形有象、可生可灭的万事万物，乃是可道、非常道，亦即太极。道体现于人身上即为上德，可道体现于人身上则为下德。这种德只是外在的、形式上的、片面的东西。上德无为而无以为，下德有为而有以为。

因此，他认为太极图囊括了《道德经》中关于对立的、运动的、变化的观点，总括了宇宙万物的基本体性和规律。

对于无极图与太极图的关系，他认为无极即无，太极即有，即《道德经》所说的"有生于无"，"有无相生"。这就说无极生太极，太极归无极。二者是纵向的派生关系。无极是本，太极是末，无极是母，太极是子，无极是源，太极是流，无极是总，太极是分，无极是全，太极是偏，无极是定，太极是变。无极顺而生太极，太极逆而归无极，无极动而生太极，太极静而归无极。一本散为万殊，万殊归于一本。太极中的阴和阳的关系，是横向的对待关系。可以

---

① 任法融：《道德经释义》，东方出版社 2012 年版，第 8 页。

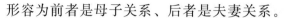

形容为前者是母子关系、后者是夫妻关系。

关于前一种关系，《道德经》中说"复归于无极"，万物"复归其根"，人"复归于婴儿"，社会"复归于朴"，一切复归于本。"见素抱朴，少私寡欲""绝圣弃智""绝学无忧""致虚极，守静笃""抱一为天下式"等，都是要崇本息末，守母存子，以道为本。这样，必能由一统万，以寡治众，"为无为而无不为"，"为无为而无不治"，永远立于主动、不败之地。道是全在全备全息全能的，抱守此道，必可使人自身得到升华，发生质的根本的变化，得道成真，成为全新的人。《道德经》说的圣人，是道的人格化，是具有道的体性、特征、气质、品格的人，是真正的得道者。

他又说明《道德经》中关于如何实现这一理想的方法，如"知其雄，守其雌""知其白，守其黑""知其荣，守其辱"，皆是指从负面走向正面，达到伸展之目的。"去甚、去奢、去泰""守柔""处下"亦是此意，目的在于得道。如果反之而守雄、守白、守荣、守刚、居上、图荣华、享富贵、争名逐利、恣情纵欲、胡作妄为，就是失道失德。失道失德，不但百事无成，而且自身会遭到凶祸与毁坠。他认为《道德经》全书主要是阐述无极图和太极图及其相互关系，讲了天道和人道的关系，目的是使人道取法于天道，由太极返回无极，使人回归先天纯粹的本性，使人的自然潜能得到全面开发和利用，成为道德高尚的人，从而使社会稳定、国邦振兴、天下太平，自己也能延年益寿。

基于这一认识，他认为《道德经》五千文，最终要归到人。旨在从人的生理、心理、智能、道德诸方面，从根本上解决人的问题。所以说，《道德经》发现了"道"，也发现了"人"。"人"是"道"的代表。"人"得了"道"，并与"道"合一，才能成为一个有益于自然，有益于社会，有益于他人，有益于自身的人。

任氏的《道德经释义》能从整体上把握老子的思想本质与丰富内容。他把《道德经》的基本概念统一起来加以阐释，使《道德经》中分散的论述能够形成一个有机的整体，既有哲学，又有社会政治，还有人生及修养，也有具体的方法与准则，使人对于老子的思想能有一个较为完整深入的理解。

二、吴诚真《道德经阐微》

吴诚真（1957—　），女，原名吴元真，湖北武汉新洲人。1984年在武汉长春观出家，为全真道龙门派第二十四代弟子，赐号诚真。现任中国道教协会副会长、湖北省道教协会会长、长春观方丈等职。著有《道德经阐微》。

《道德经阐微》出版于2016年。吴氏对《道德经》的阐释，是站在道教人士的立场上展开的。但作者并不是只讲道教的个人修炼，而能把《道德经》中有关社会政治与人生处世的内容都加以揭示，由此可以反映道教人士对于社会和人生的关心。

吴氏首先根据《道德经》第一章对"道"做了比较全面的解说，认为道本无形无象，无所不在。"它不受任何意志与力量左右，却又不断地、自然地运动着，无形地推动着宇宙世界的形成，天地万物的生发，万法万事的变化。道，是宇宙之起源，天地之本始，造化之枢机，支配着物质世界的变化"[①]。可知，吴氏把道理解为万物的总体规律和本源本体，说明了道与万物的关系。

吴氏又从修行人的角度说明道与人的关系。她认为第一章"常无欲，以观其妙"到"众妙之门"，指的是动静的过程，或是一种精神境界。"常无"，象征天地未始，万物宁静。在常无的境界时，就能回归到最原始、最质朴、最真实的状态，就能接近道的本源，观察事物的本来面目。只有常无私无欲，才会体悟道的玄妙，达到观其妙之境，无中方能生妙有。"常有欲，以观其徼"，指人有了自己的主观意识，就能观察到万事万物生长变化之道，这称为"徼"。按她的说法，这里不仅是说道对天地万物的关系，也是说人的修道的问题。因为这里有"观"字，就反映了这是人的主观意识，人在无欲的状态下观察道的玄妙，在有欲（人的主观意识）的状态下观察万事万物的生长变化之道。她的这一解释能出人之外，揭示了道与

---

①　吴诚真：《道德经阐微》，东方出版社2016年版，第2页。

人的双向关系，道既决定万物的生成与发展变化，人即包括在内，但人有主观意识，能反过来观察道的微妙以及万事万物的生长变化之道。

为此她又专门解释了观、妙、徼三字，认为同样是表示看，有观、察、窥、看、视、睹等不同的字，这里独取观字而不用其他，是大有深意的。她认为，观除了普通察看的意思外，更有两层意思是其特有的：总览和内观。总览为观，与之相对的是察，察是细察。内观是往里看，与之对应的是视，视是指往外看。内观不是看物，而是看心，也叫观照内心。视和察在《道德经》也有应用，如"视之不见名曰夷"，这个视即一般察看。"俗人察察，我独闷闷"，这个察就有看得细致的意思。因此，这里的"观其妙"与"观其徼"，有用心观照事物本质与总览把握事物全局的意思，而非一般观察。而妙指精妙、精微，喻事物未生发、未行动、即将萌发的状态。徼指交接，也有边界的意思，喻事物已发生、已行动、正在发展的状态。所以，"无"对应着"妙"，"有"对应着"徼"。

解释了这几个字的深层意义后，她说这在个人的修道上，是要修行人在体悟道的存在时应当明白有无（即阴阳）共存而相生的道理，应当掌握两种方法，去体悟道在一切事物中的应用：一是常在事物引而不发的初始阶段，透过无名无象，去用心观照事物的初始萌发动机；二是常在事物显而易见的发展阶段，通过有名有象，去用心观照事物的未来发展趋势。这就叫作"常无欲，以观其妙；常有欲，以观其徼"，掌握了无中观妙有、有中观未有的方法，就能体悟到万事万物生长造化之道。在此基础上理解有与无，她认为一个是道的本体，一个是道的功用，二者都叫作玄。玄是道的另一个名，指有无相生的造化。永无止境的造化，就叫作"玄之又玄"，乃是天下万事万物的"众妙之门"。她的这一解释独出新意，言之成理。这是把《道德经》道的理论与道教个人修炼结合起来的理解，但她也不是只注意道教的个人修炼，也能讲出《道德经》对于社会、国家问题的关心与思考。

对于第二章"圣人处无为之事"至"是以不去"句，她认为，圣人在处理事情的时候，不会以自我为中心，也不会突出表现自己，而是顺从于道的自然法则，教化民众，以身教代言教，做到以身作则，身先行之，这就是圣人处无为之事，行不言之教的道理。无为是无我之为，不是消极的无作为，无为是依道的法则行事，不妄为。另外，在圣人看来，万物生发、生长、兴起是一个自然过程。圣人所为，也当效法于道，不用对万物刻意追求。如同天地之德从不发出言辞，仍不辞劳作地培育万物生长，听任万物壮大而不横加干涉，促成万物长成而不居功。所谓处无为之事，就是以道的法则行事，以不己有、不干涉、不居功、不自傲的态度去处事，以达到无所不为。这样的功德如同天地之德，永不磨灭。

这一解释说明《道德经》中的圣人是关心社会政治的，但所遵循的原则是道的自然无为之理，道与万物是这样，圣人与社会国家的治理也是这样。由此可以看出她对《道德经》的理解是比较全面的，是切合《道德经》的本来意旨的。

她对《道德经》中关于社会政治问题的思考，也能充分加以阐释。如对"不尚贤"章，她认为是说圣人安民不要许以高官厚禄，不要标榜贤德的名号，人们就不会为之争斗。不去珍重稀有的物品，大家就不会因贪生盗。不去表现让人产生欲望的事情，则民心淳厚，不生杂乱。但作为道教的修行者，则要运用这种思想，在现实生活中时刻观照并警醒自己，不要为虚妄的标榜而做无谓的争斗，那样很容易丢失本真，得不偿失。她的这种解释，就把社会政治中的道理与个人的修行贯通起来，结合起来了。

对于"圣人之治，虚其心，实其腹"句，她认为圣人之治，虚其心，弱其志，强其骨，就是无为的体现，是让人回归淳朴净化的社会。同时，道教的修行者也要从中把握相关的道理，即这可理解为圣人所说的修行的过程：修是返回到先天境界，要做到心无其心，物无其物，心勿妄动，就能使精神满足，真气储存丹田，自然实腹充盈，坚持这样修行，就能心灵空明，血脉畅通无阻。在社会政治上，民众吃饱肚子，保持健康的身体、柔弱的意志、强壮的体格，则民众无忧无虑，生活在远离心机与欲望的环境里，并且习以为常。

这样，就会让那些足智多谋的人也不敢妄自弄巧以达到目的。如果这些人也不再去做他个人的作为了，都能遵道而行，自自然然地休养生息，这样就天下大治了。可见，她总是从社会政治与个人修行两个方面来理解《道德经》中的深刻思想。

对于"大道废，有仁义，智慧出，有大伪"，她认为《道德经》所说的意思是：当人们对道的认识出现缺失的时候，才彰显仁义。对社会而言，如果人人都有道德，就不用大讲仁义。就修道的人而言，清虚内观，静极而无知无言，反之，如果心不守道，则废道乱性，就有了情感、好恶、仁义、执着，心有贪欲，心不在道，迷失本性。为了满足假我的欲望，用后天的聪明智慧去巧取豪夺，诸魔丛生，永失真道。修道人要去伪存真，不要被烦恼扰心，以失本真。这也是把社会政治问题与个人修道结合起来，贯穿着一个同样的道理。

对于"六亲不和，有孝慈；国家昏乱，有忠臣"，她也是先从社会层面看，说明如果在幼不尊老、下不敬上时，家庭失去了道德，这样才显衬出孝慈。在个人修道方面看，如果六神内观内守，顺性爱灵，出玄入牝，炼己忘形，自然百脉和畅，气藏于神，母抱于子，自然有慈有爱。

她还对国家的概念做了专门的分析，认为国家除了社会学意义上的国家以外，修行的问题上也有它独特的意义，修行者的身心也是一国一家。元灵、元神、元气就是国家，性命亦是。昏乱是指心神不定、六神无主、神昏意乱。身心定，魂魄安，虚中静，性命应，元神定，金乌玉兔，相吸相守，坎离相交，水火既济，神复于内，情投祖气，不依外药，求法内丹。这就如同国家，天下太平日，上行下效、子孝母慈，都是自自然然的事情。自然和谐之国，没有所谓忠臣的用武之地，当国家有难之时，才显出忠臣良将。可知她的理解总是把个人的修道与社会国家的道理融合起来讲，并不分成互不相干的事。这是其独特之处。

对于"将欲""必固"这类说法，她的理解也是正面的，认为事物是不断转化的，阴极生阳，阳极生阴，当事物发展到极限，就会向反方向转化。事物将要收拢时，必须先要伸张，事物将要衰弱，必然先会强大，事物将要废弛，必然要经历兴盛，想要夺取，必须付出。这都是事物的微妙规律与变化，叫作微明。微，即事物不易察觉的变化，明，即事物变化的必然性。微明，即事物发展过程中必然而又不易被察觉的变化规律。

吴氏又把这个道理与个人的修道结合起来阐释：修行者应当明白事物发展中那个不易被察觉而又必然的趋向，因为结局发生在动机之后，起因决定后续的机缘，所以根据动机、起因，就可以知道事物的结局，这叫作洞明了因缘际会，达到了微明境界。

对于"柔弱胜刚强，鱼不可脱于渊，国之利器不可以示人"，她认为是说柔能克刚，弱能胜强的道理。如同鱼离不开水，离开了水，就无法活下去，同样，国家的利器应该隐藏起来，不可随便彰显，否则就是妄为。当今世界，争端不休，局部地区战争不断，都是彰显利器的结果。人心惶恐不安，又怎能叫有道的天下？为了各自利益而逞强显能，都是无道的表现。她把国之利器解释为国家的各种先进工具，不能随便应用，不然就是妄为，只能造成天下的动乱，是无道的表现。这种解释很有道理，是可以成立的。

对于"治大国，若烹小鲜"，她认为治理一国如同烹饪一条小鱼，最忌胡乱翻腾，不可朝令夕改，一会儿一个主意，要有整体和长期的规划，按步骤实施。这说明吴道长作为道教中人，仍然极为关心现实政治，为人民着想。

对于"以道莅天下，其鬼不神，非其鬼不神，其神不伤人"，她认为这是说以道治理天下，鬼怪不能显现。不但鬼怪不能显现，神明也不会伤人。所谓鬼神，就是《周易》所说的"归"与"伸"，指大自然中伏藏与伸张的力量，比如把莫名的自然灾害力量视之为鬼，唯恐避之不及，而对有利于人类生产活动的自然力量，则奉为神明加以祭祀。在早期的人类生产活动中，先民常把由自然力量所产生的自然现象与社会现象及人事更替相关联，比如出现重大天灾时，就认为灾害是社会动荡的征兆，或者是上天惩罚君主不敬天事民的手段。现在看来，人类如若不尊重自然法则办事，确实会引起大自

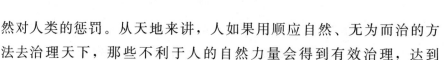

然对人类的惩罚。从天地来讲，人如果用顺应自然、无为而治的方法去治理天下，那些不利于人的自然力量会得到有效治理，达到"其鬼不神"的功效。从社会人事而言，"我无为而民自化"，那些歪风邪气的事情也就自然"其鬼不神"，成不了气候，害不了人。

接着她又解释"非其神不伤人，圣人亦不伤人。夫两不相伤，故德交归焉"，认为神明、圣人都不伤害人，这是德的集中体现，也就是遵从道的法则以行事。行事过程中的方法与结果都叫德，也都被视为德的体现。鬼神之事，犹如祸福，都是人心决定的。在修行上，则要心中有道，神必不求而佑，心中无道，求神亦无所佑。鬼神生于天地阴阳，道于天地阴阳之先而生，岂有求母不验求于子反灵的道理？所以，有道的人不求于神，神必佑之。圣人是道的实践者，常怀救人之心，他们是不会伤人的。执政的圣人与被祀奉的神明都不去伤害百姓，他们与百姓之间自然就能相互信任。人、鬼、神自然和谐，这就是修行大道的圣人无为治天下的必然结果。

她的这一篇解释，破除了人们对于鬼神的错误理解，阐释了圣人遵循自然之道以治国和修行的道理，并与德的内涵结合起来，使之前后贯通，互不矛盾。

对于"古之善为道者"章的理解，她认为这是说古代善于践行道的人，不教百姓心机智巧，而是要使百姓淳朴自然。百姓之所以难以治理，是因为他们智巧心机过多了。所以，用心机智巧去治国，是国家的灾殃，不用心机智巧去治国，才是国家的幸福。可知她认为不以智巧治国，是老子的治国理念。智巧生狡诈，民多狡诈则天下人心不归大道，非国之福。这个道理在前面的章里反复讲过。在这一章里，老子把这个道理作为一个法则确定下来，并称之为"玄德"。与这里的"玄德"相对应的，是第五十一章的"玄德"："故道生之，德畜之，长之育之，亭之毒之，养之覆之。生而不有，为而不恃，长而不宰，是谓玄德。"第五十一章的"玄德"，是天道之于万物的"玄德"，这里的"玄德"，是王道之于百姓的"玄德"，两者的道理相同，王道治理天下，就如同天道治理万物一样，要以无为来教化民众，勿使民众生巧取豪夺之心，使民众保持自然质朴。这种德行与天道之于万物的德行一样，深远而伟大，永不磨灭，故而称之为"玄德"。

王道的"玄德"虽然深远伟大，为什么与万物反其道而行之？与万物反其道而行之，为什么能达到顺应自然的大顺？她认为有两层义旨，其一，是因为万事万物的演进过程，都是一个物壮则老的过程，而为王道者却要向天道学习，施王道而使百姓停留在无知无欲的自然质朴状态，这本身是一种逆转造化的做法。其二，这种逆转造化的做法并不容易实现，在知道规律存在的前提下，尽量使百姓返回到自然质朴的状态，但也无法阻止一般事物发展规律对人类社会发展的影响，人类终将走向以智治国的不归路，这不过是王道的一种人为努力。所以，王道终不及天地之道，天地之道终不及自然之道。这也是修行者需要不断修行，不断接近自然无为大道的缘由和动力所在。

她对这一章的解释，本着老子的道与德的深刻含义来展开，从而说明了老子治国思想的特点。这一理解，也说明不能像一些人所理解的那样，认为老子思想是反智、反文明、反进步的，这种解释是只看到字面上的含义，而不能深刻体会老子思想的内在逻辑，不能从整体上把握老子思想的根本意旨，从而形成一种似是而非的解释。

老子的治国理政的理念是希望统治者无为而治，让民众以既有的饮食为甘甜，以现有的衣服为美丽，以其居往为安宁，以其形成的风俗为欢乐，过着清心寡欲、知足常乐、清静恬淡的生活。因此，对于"小国寡民"章，吴氏认为该章阐明道的自然无为境界，也是对生活与生命的热爱与珍重。道教继承了这一精神，所以有《西升经》中"我命在我不在天"的生命观，有重视生死、贵生乐死的积极人生观，有好生恶死的重生思想。修真要远离喧嚣，潜心参悟人生的真谛，达到返朴归真合乎大道。

综观吴道长对《道德经》的解释，体现了她能从社会政治与个人修道两个层面完整思考的特点。对《道德经》中某些历来被人们诟病的说法，都能做出正面的阐释，表明那些诟病，根本原因是只从字面上做望文生义的理解，只就个别字句加以评判，而不能完整理解《道德经》思想的深刻道理。所以吴道长此书的阐释，对于纠正这类误解误读，是有非常重要的参考价值的。这也说明，人们研究老子思想，应该从整体上把握，梳理出其中的内在逻辑，严格地从文本出发，以探求其中的本来意旨为原则，不能随意贴标签，扣帽子。凡提出一个说法，必须要看是否能与《道德经》全篇的观点对得上，这才是严谨的学术研究的态度，可以避免许多无谓的误解。

第八章　近现代老学的佛教诠释

近代以来，随着佛教复兴运动的出现与佛学研究的深入，佛教不仅通过救世与救心的教义转向参与到社会改造中去，而且在思想学术领域也产生了重大影响。就佛、老关系而论，一批学者如章太炎、梁启超、张纯一、马一浮等纷纷疏解《老子》，援佛证道，佛道激扬，由此形成了一个以佛学诠释《老子》的新局面。

第一节　马一浮、杨文会的老子研究

一、马一浮的老子研究

马一浮（1883—1967），原名马浮，字一佛，后字一浮，号湛翁，浙江绍兴人。16 岁赴县试，名列榜首。1903 年起赴美日留学。1907 年，在杭州读文澜阁《四库全书》。1939 年在四川乐山主办复性书院。建国后任浙江文史研究馆馆长、中央文史研究馆副馆长等。著有《泰和会语》《宜山会语》《复性书院讲录》《濠上杂著》等。

马一浮撰有《老子注》，没有完成，只注了《老子》前 32 章，但以佛教思想诠释《老子》的倾向十分明显，他自己也说："以老子义印合般若、方等，于禅则与洞山为近，触言玄会，亦似通途寥廓，无有塞碍。"[①] 如《老子》第一章"道可道，非常道；名可名，非常

---

① 马一浮：《马一浮集》第一册，浙江古籍出版社、浙江教育出版社 1996 年版，第 769 页。

名"句的解释："诸法实相，缘生无性。以缘生，故可道；无性，故非常道。一切言教，假名无实，以假名，故可名；无实，故非常名。真常之体，不可名邈。可者，许其暂立，实无可立。非常者，责其终遣，亦无可遣。"① 佛教认为，宇宙间的万事万物都出于缘起，从本体上则是没有自性的，马一浮以这一认识与老子的可道常道、可名常名相互印证。又如"常无，欲以观其妙；常有，欲以观其徼"句的解释："常无者，会极之深谈；常有者，随流之幻用。色不异空，故常无，真空不碍幻有，故言妙；空不异色，故常有，幻有不碍真空，故言徼。妙即空观，徼即假观。"② 这里用大乘佛教之空观来诠释老子思想，颇为圆融贴切。再如《老子》第六章"玄牝之门，是谓天地根"一句的注解："三界虚伪，唯心所作，本来无有，世界众生但依阿赖耶识变现而起，了相无妄，当体即是妙明真心。故天地出于玄牝，玄牝即是谷神。但就随缘出生义边说名似别，究竟唯一真如，不可变异。"③ 认为佛教的真如与老子之道同义，在本体论上佛老也是可以相互发明的。

马一浮《泰和会语》中还附录了《论老子流失》一文，论述他对老子思想的看法。认为周秦诸子，以道家为最高，道家之中，又以老子为最高。而其流失，亦以老子为最大。认为老子思想出于儒家的《易》，因为《易》道阴阳，长于变，关于爱恶相攻而吉凶生、远近相取而悔吝生、情伪相感而利害生的道理，老子观之最熟。故常欲以静制动，以弱胜强，提出"重为轻根，静为躁君。反者道之动，弱者道之用"，其宗旨为退处无为，自立于无过之地，以待物之自变，绝不肯伤锋犯手，是全身远害第一法门，任何运动绝不参加，然人们任何伎俩，他全都明白。佛家禅师有一则机语，问："二龙争

---

① 马一浮：《马一浮集》第一册，浙江古籍出版社、浙江教育出版社1996年版，第769页。

② 马一浮：《马一浮集》第一册，浙江古籍出版社、浙江教育出版社1996年版，第770页。

③ 马一浮：《马一浮集》第一册，浙江古籍出版社、浙江教育出版社1996年版，第775页。

珠，谁是得者？"曰："老僧只管看。"马一浮引之说明老子态度亦如此，这就是老子所讲的"微妙玄通，深不可识"。

他认为，老子之所以如此，是因为老子看世间一切有为，只是妄作，自取其咎，浅陋可笑，故曰"不知常，妄作，凶"。故老子的态度只是燕处超然，看世间人的颠扑，他自安然不动，令人们捉不到他的弱点，而对他无可奈何。马氏又用佛教的话说，便是有智而无悲，无悲，就是儒家的不仁。老子也明确说"失道而后德，失德而后仁，失仁而后义"，把仁义看得甚低，可知老子没有佛家的慈悲，也没有儒家的仁爱。

他认为老子主张"天法道，道法自然"。道是自然之徒，天是道之徒，把自然推得很高。这是说明自然、道、天的相互关系。自然为最高，其次是道，其次是天。按他的理解，自然是一种根性，道是对自然这种根性的归纳，天则是世界万物。也就是说，世界万物都按道的自然根性生存运动和变化。可知马氏对于老子的基本概念的思考是有内在逻辑的。

再从老子如何处世的角度看，自然之道作为人的行为的指导准则，就是自处卑弱，从根端上收敛，自处卑下，故曰："上善若水。水善利万物而不争，处众人之所恶。"又说："吾有三宝：曰慈，曰俭，曰不敢为天下先。慈故能勇，俭故能广，不敢为天下先，故能成器长。"可知这也是老子遵循自然之道所采取的人生准则，但慈、俭、不敢为天下先的意思还要解释。马氏认为老子的慈，与儒家仁慈之慈不同，是取其不怒之意，故又曰："善为士者不武，善战者不怒。"按他所说，老子的慈是指不怒，这就可以理解为不恨，故慈仅限于此，不像儒家还要仁者爱人，看来老子的思想是只为自己考虑的。

对于俭，马氏认为与"治人事天莫若啬"的"啬"意同，是收敛藏密之意，不是俭约。这种意义的俭，后来为道教的生命修炼所继承和发挥。马氏的这一解释，也说明了老子与儒家、佛教的不同。虽然用的字词一样，但内涵的意思不同。

他认为，不敢为天下先，即"欲上民必以言下之，欲先民必以身后之"之意。因为老子相信后其身而身先，外其身而身存的道理，所以不敢为天下先的根本意旨就是让自己取下于人的姿态，这样就能使人莫能上之；取后于人的姿态，这样就使人莫能先之。可知，这还是只为自己考虑的立场。他的意思是说采取不为天下先的办法，就能成器长。器长，是为器之长。器即是物，"朴散则为器"，"朴虽小，天下莫能臣，故谓之长"。这是说道之朴为万物（器）之长，表明这是老子的根本目的，也就是最终达到上民、先民的目的。这与老子说的"天下神器，不可为也，为者败之，执者失之，唯其下物，乃可长物"是同一种意思。"不可为"的"为"，就是与慈、俭、不敢为天下先相反的人为，但按照慈、俭、不敢为天下先，也是一种为，这是无为之为，直接为不可为之为，是达不到为器长的目的的，而采取无为之为（即"三宝"式的为），才能达到目的。所以以慈、俭、不敢为天下先为"三宝"，其背后的逻辑就是如此。

他认为老子所说的朴，是绝于形名的，其义是深秘的，所以又说："侯王若能守之，万物将自宾。"即守"三宝"、守朴、守自我卑弱，就能成器长，使万物宾服于己。按马氏所说，老子的这些说法，都能连贯起来，看出其中的主旨。

他说："朴字最难下注脚，王弼以'无心无名'释之，愚谓不若以佛氏实相无相之义当之为差近。惟无相，故不测一切法，无相即是诸法实相。佛言一切法，犹老子所谓器；言实相，犹老子所谓朴。'为者败之，执者失之'，犹生心取相也。相即无相，故曰神器。诸法实相，故名朴也。"[1]

这一解释引入了佛教的说法，实相即真实相，又是无相的，这说明实相无相是超绝一切法（物）之相的根本之相。它不是具体的一切法之相，故称无相，但它又是存在于一切法的具相之中，所以无相也是相，只是与一切法的具相不同，是一种超绝实物之相的无上之相。他认为老子的朴就可以用这种无相之义释之。按他的理解，佛教所说的无相，涵盖了诸法之相，佛教所说的一切法，就是老子

---

① 马一浮：《马一浮集》第一册，浙江古籍出版社、浙江教育出版社1996年版，第45—46页。

所说的器，也就是儒家所说的万物。万物都有具体的相，实相无相没有具体的相，故相当于老子的朴。之所以说为者败之，执者失之，就是因为为者执者都是在一切法的具相层面，没有上升到实相无相层次上来，所以是只见物而为之执之，没有看到超越一切法的根本之相，用老子的话说，就是没有看到根本的自然之道。故其所执所为，就免不了会出现错误与偏差，而导致败或失。他说这就是佛教的生心取相。生心取相，就是指人们只看到具体的物之相，并由此生出种种想法（心）而执着之，则所导致的种种做法也不会与实相无相符合，必然是败而失之。他认为用佛教的这种说法来解释老子的朴，才比较接近老子的本来意旨。这说明他认为老子的朴作为自然之道的别名，就相当于佛教所说的实相无相。他并总结一句："此皆言弱者道之用"，从自取卑弱到主张"三宝"，到朴能成器长，这是他所认识的老子思想的第一个主题的内容。

马氏认为老子思想的第二个主题是"反者道之动"。如"曲则全，枉则直，洼则盈，敝则新"，"明道若昧，进道若退，夷道若颣"。此皆言"反者道之动"。他认为老子这一思想是深得于《易·象》所说的"消息盈虚"，"无平不陂，无往不复"之理。他对这种思想定性为是一切权谋术数产生的根源，所以老子说："古之善为道者，非以明民将以愚之"，"取天下常以无事，及其有事，不足以取天下"，"将欲翕之，必固张之。将欲取之，必固与之"。

他又分析老子这些思想与后世权谋家的区别。他说这是权谋术数所从出，这就说明老子的这些说法只是被后来的权谋术数家加以应用而发展了，还不能把老子与后来的权谋家混为一谈。所以他说，老子"较后世权谋家为深远"。他认为后世权谋家"以任术用智自喜"，是浅薄的，不能与老子的深远相比。而"老子则深知智数之卑"，并不会像后世权谋家那样"以任术用智自喜"，两者有源流关系，只是"不期而与之近"而已，所以是不能把老子与后世的权谋家混为一谈的。他的这一分析说明，不能只从字面上来论老子的思想，而要从"反者道之用"这一思想来理解老子所说的"非以明民将以愚之"以及"将欲必固"等说法。这是把握思想大意的理解，比只看字面就望文生义的解释更能符合老子思想的本意。

在老子所说的那些话之外，他还说："以智治国，国之贼。不以智治国，国之福"，"知其两者，亦稽式①。常知稽式，是谓玄德。玄德深矣，远矣，与物反矣，然后乃至大顺。惟其与物反，所以大顺"。这都是"反者道之动"的不同说法，可用两句话来说明这个道理，即"君向潇湘我向秦，你要东，他便西"。所以老子又说："俗人昭昭，我独昏昏"，"俗人察察，我独闷闷"，"众人皆有以，而我独顽似鄙"。

对老子"反者道之动"的思想，马氏用非常通俗的话来解释：

> 他总与你反一调，到临了你总得走上他的路。因为你若认定一条路走，他便知你决定（按，即肯定，下同）走不通。故他取的路与你自别。他亦不作主张。只因你要东，他便西，及至你要西时，他又东了。他总比你高一着，你不能出他掌心。其为术之巧妙如此。②

如他所说，老子的"反者道之动"就是自己与众人全取相反的方向或路数，这就会使自己比众人高明。之所以如此，乃是"反者道之动"是符合事物发展变化到终极就会向反面转变的根本之理的，所以老子要如此运用这种极则反的道理。

这一套做法，一般人会认为是一种高明的术数权谋，但马氏不这样认为，他说："然他之高处，惟其不用术，不任智，所以能如此。世间好弄智数、用权谋者，往往失败。你不及他深远。若要学他，决定上当。"③ 这里再次说明了老子与后世的权谋家的根本不同，

---

① 对于"稽式"，他采纳了王弼的注释，稽训同，犹今天所说的公式，盖谓已往之迹，皆如此也。

② 马一浮：《马一浮集》第一册，浙江古籍出版社、浙江教育出版社1996年版，第46页。

③ 马一浮：《马一浮集》第一册，浙江古籍出版社、浙江教育出版社1996年版，第46—47页。

由此说明不能把老子思想理解为权谋术数。

马氏又继续分析，认为正因为如此，所以老子对众人不会有仁爱之情："他看众人太低了，故不甚爱惜。'天地不仁，以万物为刍狗。圣人不仁，以百姓为刍狗'。刍狗者，缚刍为狗，不是真狗，极言其无知而可贱也。"[1] 因为老子的人生准则是与众人正相反的，所以他不会对与自己事事相反的众人有仁爱之意，表明他认为众人是"无知而可贱"的。如按这一解释，则更表明老子是极端自我的，一切全为自己考虑。

由于马氏认为老子把众人看作无知而可贱的，所以马氏指出：

> "知我者希，则我者贵"，他虽常下人、常后人，而实自贵而贱人，但人不觉耳。法家如商鞅、韩非、李斯之流，窃取其意，抬出一个法来压倒群众，想用法来树立一个至高无上的权威，使人人皆入他彀中。其实他所谓法，明明是他私意撰造出来的，不同儒家之天秩、天讨，而彼方自托于道，亦以众人太愚而可欺了，故至惨刻寡恩，丝毫没有恻隐。苏子瞻说其父报仇，其子杀人行劫，法家之不仁，不能不说老子有以启之。合阴谋家与法家之弊观之，不是"其失也贼"么？[2]

据他这样说，是认为老子思想的根本是自贵而贱众人，由此发展出法家，对众人更是惨刻寡恩，丝毫没有恻隐。但他前面把老子所说与后世权谋家相区分，这里为什么不把老子所说与后来的法家相区分呢？这样来说老子之失，还是不够确切合乎老子思想之本意的。

但马氏从"反者道之动，弱者道之用"二点分析了老子思想，并从中看出了老子思想的弊病所在：

---

[1]　马一浮：《马一浮集》第一册，浙江古籍出版社、浙江教育出版社 1996 年版，第 47 页。

[2]　马一浮：《马一浮集》第一册，浙江古籍出版社、浙江教育出版社 1996 年版，第 47 页。

看来老子病根所在只是外物，他真是个纯客观、大客观的哲学，自己常立在万物之表。若孔子之道则不然，物我一体，乃是将万物摄归到自己性分内，成物即是成己。故某常说："圣人之道，己外无物。"其视万物犹自身也。肇法师云："圣人无己，靡所不己。"此言深为得之。老子则言：圣人"无私，故能成其私"。明明说"成其私"，是己与物终成对待，此其所以失之也。再举一例，更易明了。如老子之言曰："万物并作，吾以观其复。夫物芸芸，各复归其根。"孔子则曰："圣人感人心而天下和平，观其所感而天地万物之情可见矣。""圣人久于其道而天下化成，观其所恒而天地万物之情可见矣。"作、复是以物言，恒、感是以心言。老子连下两"其"字，是在物一边看。孔子亦连下两"其"字，是在自己身上看。其言"天地万物之情"可见，是即在自己恒、感之理上见的，不是离了自心恒、感之外，别有一个天地万物。老子说吾以观其作、复，是万物作、复之外，别有一个能观之我，这不是明明不同么？

今讲老子流失，是要学者知道心术发源处，合下便当有择。若趋向外物一边，直饶汝聪明睿知到老子地位，其流弊不可胜言。何况如今代唯物史观一流之理论，其浅薄处去老子简直不能以霄壤为喻。而持彼论者往往自矜，以为天下莫能过，岂不哀哉！①

根据马氏分析老子的"反者道之动，弱者道之用"思想的论述中，可以看出老子思想的一大特点是全从自己立场来思考的，所以会自贵而贱众人，但由此而说老子思想是"外物"的，还不够合乎逻辑。因为老子思想并不是自己立于万物之表的，外物思想是庄子的，不是老子的。如《大宗师》中说："参日而后能外天下；已外天下矣，吾又守之，七日而后能外物；已外物矣，吾又守之，九日而

① 马一浮：《马一浮集》第一册，浙江古籍出版社、浙江教育出版社 1996 年版，第47—48 页。

后能外生；已外生矣，而后能朝彻；朝彻而后能见独；见独而后能无古今；无古今而后能入于不死不生。"从外天下到外物再到外生，所以主张不要为己身之外的事操心。《逍遥游》说："乘天地之正，而御六气之辩，以游无穷者，彼且恶乎待哉。"又说："予无所用天下为"，"孰弊弊焉以天下为事！""孰肯以物为事！"这都是外物思想的表面。

但在老子思想中则没有这种观念，他对国对民都是关心的，如说："圣人云：我无为而民自化。我好静而民自正。我无事而民自富。我无欲而民自朴。""侯王若能守之，万物将自化。""使民不争……使民不为盗……使民心不乱。是以圣人之治，虚其心，实其腹，弱其志，强其骨；常使民无知无欲，使夫智者不敢为也。为无为，则无不治。""爱国治民，能无为乎？""功成事遂，百姓皆谓我自然。""绝圣弃智，民利百倍；绝仁弃义，民复孝慈；绝巧弃利，盗贼无有。""圣人常善救人，故无弃人。常善救物，故无弃物。""执大象，天下往。往而不害安平太。""圣人无常心。以百姓心为心。""修之于身其德乃真。修之于家其德乃余。修之于乡其德乃长。修之于邦其德乃丰。修之于天下其德乃普。""圣人处上而民不重，处前而民不害。是以天下乐推而不厌。""若使民常畏死，而为奇者，吾得执而杀之。""民之饥，以其上食税之多，是以饥。民之难治，以其上之有为，是以难治。""天之道，损有余而补不足。人之道，则不然，损不足以奉有余。孰能有余以奉天下，唯有道者。""甘其食，美其服，安其居，乐其俗。""故贵以贱为本，高以下为基。"看了这些说法，难道还能说老子是让自己与物对立起来，常立于物之外的吗？"贵以贱为本，高以下为基"，也证明老子没有马氏所说的那种自贵而贱人观念，也不是"纯客观、大客观的哲学"，所以他最后从外物引申到唯物主义而加以批判，也是没有道理的。难道儒家以心感物，不是以己感物吗？老子观万物，儒家感万物，己以及己之心或己之眼都不是客观之物，都以主观看客观，儒道二家在这一点上是没有区别的。唯有佛教才是外物的，要抛弃客观世界，否定一切物的实在性，马氏却不言及，说明他对老子的认识还是有偏差的。

二、杨文会《道德经发隐》

杨文会（1837—1911），号仁山，安徽石埭人（今安徽石台）。少时博学能文，兼通老庄之学。1864年他因病初涉《大乘起信论》《楞严经》等书，遂属意佛学。1866年创办金陵刻经处，募款重刻佛经。1907年，创立了佛教学堂祗洹精舍，培养佛学人才。1910年任佛学研究会会长，定期讲经。他的弟子有太虚、欧阳竟无、夏曾佑、陈三立、谭嗣同、章太炎等人。著有《大宗地玄文本论略注》《佛教初学课本》《十宗略说》《等不等观杂录》等。

中国历来有三教融通的传统，三教中的高人大德，对于其他家的一些重要典籍，都会积极主动地加以研习，从中汲取智慧。这种融通的传统，使得人们对于各家的重要典籍的理解和认识不断深化，其中内在的意涵不断得到新的认识与呈现。对于后之学者来说，这些都是丰富的思想遗产，值得重视和解读。到晚清时，杨文会作为佛学界的著名人物，也对儒家和道家的重要典籍有所研究和阐发，撰成了《论语发隐》《孟子发隐》《道德经发隐》《南华经发隐》等，表明他继承了中国三教融通的优良传统，在对中国传统思想体系中的三大组成部分的研究上做出了自己应有的贡献。

《道德经发隐》作于光绪癸卯（1903）。杨氏认为《老子》虽经历代学者反复注解，但各家注解无一合者，遂以佛教义释之，主要阐释了"出生入死""道可道""谷神不死"三章。他认为《道德经》不异于《论语》，二者可融通，都能有裨于世道人心。

他对《道德经》最重要的发隐是就"出生入死"章阐释生死这一问题。认为佛家所说生者诸根新起，死者诸根坏没，无不从此法界流，无不还归此法界，即老子所谓出生入死。又用华严宗的十世说解释"生之徒"三句。所谓十世，即过去世之三世：过去过去、过去现在、过去未来；现在世之三世：现在过去、现在现在、现在未来；未来世之三世：未来过去、未来现在、未来未来。合为九世，再加上摄归一念则为十世。所谓一念，非现前刹那不停之念，乃是无念之念，以此念不生不灭，元清净体，所以能摄九世而为十。

老子所说"生之徒十有三"，即上面所说三世的未来；"死之徒十有三"，即三世的过去；"人之生动之死地者亦十有三"，即三世的现在。"以其生生之厚"，则是说人心起妄，性本无生，而人求生生不已，是使业识恒趋于生，而背于无生。既厚于生生，则于九世之间流转无极，为永远不可摆脱之危害。而善摄生者，是在生起之始即制其妄动，心不妄起，则生相全无，所以谓之善摄生。"兕虎甲兵"数句乃其实效，并非譬喻。归纳起来就是：开一念即为九世，摄九世归为一念，故总称十世。作三三区分而为九，并不是重点，重点在于那种摄九世的无念之念，有此一念，便可超脱生死。此即杨氏用佛学解释《道德经》中的生死之说，然此解只就一章而立言，仍非《道德经》全体之思想，故杨氏之说只能算是一家之言，不足成为定论。

杨文会对老子的基本理解为孔与老并没有什么不同，是把儒家与道家打通的达人看法。杨氏的《道德经发隐》阐明了这一见解，如书名所显示的，杨文会研究《道德经》的目的，是要说出其中为人所不知的隐义。《道德经发隐叙》说：《道德经》既经历代学者的反复注解，"经中奥义发挥殆尽矣"，似乎没有新义可说了，但当他读到"出生入死"一章，才"见各家注解无一合者"，"遂以佛教义释之，似觉出人意表"。只对《道德经》中的一章有所解释，似乎不足以表达对于其思想的见解，于是又加上"道可道"章和"谷神不死"章，一起来谈对于《道德经》的理解，即成此《道德经发隐》一篇。

这样看来，杨文会《道德经发隐》，不是对《道德经》的专门而全面的研究，只是他在读此书时所产生的一些感想而已。既是感想，其中的思想便不能称为精密或科学，这正是许多中国学者对于古代思想的理解与承续上的特征所在。

杨氏的基本看法是"老不异于孔"。他说："或问孔子既称老子为犹龙，何以其书不入塾课耶？答曰：汉唐以来，人皆以道家目之，不知其真俗圆融，实有裨于世道人心。若与《论语》并行，家弦户诵，则士民之风当为之一变也。"①

意谓道与儒是真俗圆融的，都能"有裨于世道人心"。只不过老子《道德经》未曾如孔子的《论语》一样，得到充分的普及，不然也会使民风为之一变。从这里也可看出，杨文会认为《道德经》一书本来也是可以像孔子的《论语》一样，普及到中国老百姓的生活中去的，这一思路即使今天看来也不无启示。

杨文会所强调的《道德经》与《论语》都能有助于世道人心，能使人心为之一变，这是从宗教的社会作用角度来理解《道德经》，此与上面所说的在《道德经发隐》中表露的那种感想式评论一样，正反映了一位中国式佛教学者特有的思考特色。杨氏对于《道德经》的评价，当然是超出了儒道分别的观点，不以异端视道家，这种态度比那些墨守儒、道、佛门户之见而互相攻击的学者为高阔。而这就是杨文会对待古代思想资源的可贵态度。

关于生、死和"动之死地"的新解释，杨氏说他看到《道德经》的"出生入死"章才发现前人的解释有不到之处，于是用佛学的观点来做新的解释，且自以为这样的解释有"出人意表"之处。然则他所谓的"出人意表"者又是怎样的呢？先来看看《道德经》"出生入死"章的原文：

> 出生入死。生之徒十有三，死之徒十有三，人之生动之死地者亦十有三。夫何故？以其生生之厚。盖闻善摄生者，陆行不遇兕虎，入军不避甲兵。兕无所投其角，虎无所措其爪，兵无所容其刃。夫何故？以其无死地。

通观此章文义，是说生与死的问题，这正是佛教教义中最为重视的一大问题，也是世人最为关心的一大问题。而此二者也正是杨氏研究佛学时最为关注的问题，所以他由此入手来谈对于《道德经》的

---

① 杨文会：《道德经发隐叙》，见《老子集成》第十一卷，宗教文化出版社 2011 年版，第 527 页。

看法，也就可以理解其中的思想契机了。

杨氏是利用佛学的说法解释《道德经》中的生死问题，他说："释典云：生者诸根新起，死者诸根坏没。又云：无不从此法界流，无不还归此法界，所以谓之出生入死也。"①

这是对老子所说的"出生入死"一句的新解释。按他的理解，人之生为出，而死为入，从出到入，由生到死，正是人的一生的不可违抗的根本性质。老子说人之生动之死地，似乎不完全是以死为归宿，杨氏的解释带有浓厚的佛教色彩，只能算是杨氏的一家之言。

他又说："生之徒三句，最难发明，须用华严十世法门释之，则句句有着落矣。"② 历来人们对于"生之徒十有三，死之徒十有三，人之生动之死地者亦十有三"这三句有非常不同的解释，且似乎没有形成比较一致的意见。杨氏独辟蹊径，用佛教华严宗的十世说来解释，认为找到了关键，可以使老子这三句"句句有着落"。他说："一切释典皆论三世，独华严论十世，于过去世中说三世，所谓过去过去，过去现在，过去未来。于现在世中说三世，所谓现在过去，现在现在，现在未来。于未来世中说三世，所谓未来过去，未来现在，未来未来。共成九世，摄归一念，则为十世。"③

因为老子用"三"来分述生、死和"动之死地"，所以人们一般都按十分法来理解这三者在十份之中各占三份。但三者各三只为九，还不能与十分之十完全一致，所以杨氏说"诸家注解无一合者"。于是杨文会想到了佛教华严宗的十世法门，即在过去、现在、未来这三世中再各自三分之，此为九世，再加上"一念"，于是就成了十世，凑足了十的份数。"一念"是什么含义？杨氏解释说："此之一

---

① 杨文会：《道德经发隐》，见《老子集成》第十一卷，宗教文化出版社 2011 年版，第 528 页。

② 杨文会：《道德经发隐》，见《老子集成》第十一卷，宗教文化出版社 2011 年版，第 528 页。

③ 杨文会：《道德经发隐》，见《老子集成》第十一卷，宗教文化出版社 2011 年版，第 528 页。

念，非现前刹那不停之念，乃是无念之念。"①

"现前刹那不停之念"，是人们生命中不停生出的各种念头，这种念不能彻底解决生死问题，却是因生死而产生各种烦恼的根源。十世法门居其一的念是"无念之念"，这种念才是"不生不灭"的"元清净体"，"所以能摄九世而为十"。他把十之数凑足之后，又解释生、死、"动之死地"与十的关系："此中生之徒十有三，即是三世未来，死之徒十有三，即是三世过去，人之生动之死地者亦十有三，即是三世现在。"② 这一理解的重点是把"动之死地"与生和死并列起来看，这是强调从生到死的中间过程，这一理解是有新意的。

杨文会认为要把生、死和"动之死地"各占三份解释得合理，就要训释此章中的"徒"字。杨氏说："徒者，类也。"这在训诂上是讲得通的，这样一来，生之徒、死之徒，就理解为生之类、死之类。在十分中理解成三分，所以就是分为三类。"动之死地"没有说"徒"，但中国古文确有省文的习惯，前面已经说了"徒"，后面就可以省略了，这也是说得通的。

在杨文会看来，如果不把"徒"字解释为类，就会对老子此章的理解造成混乱："若如前人所释，则动之死地一句与死之徒一句互相混滥。且三股均分，不曰三之一，而曰十之三，是以十为总汇。旧注虽用摄生一语足成十数，而三个三字反觉浮泛，故不能谓之确解也。"③

前人理解时就是因为没有把"动之死地"视为与生、死并列，而把"动之死地"和"死之徒"合为一类，因此就在理解上造成混乱，使人不能正确理解"动之死地"这一说法的确切含义了。杨文会通过借用华严宗的十世说，注重三分，因此把"动之死地"与生

① 杨文会：《道德经发隐》，见《老子集成》第十一卷，宗教文化出版社 2011 年版，第 528 页。

② 杨文会：《道德经发隐》，见《老子集成》第十一卷，宗教文化出版社 2011 年版，第 528 页。

③ 杨文会：《道德经发隐》，见《老子集成》第十一卷，宗教文化出版社 2011 年版，第 528 页。

和死并列起来，理解为从生到死的中间过程，这个理解应该说是有新意和启发性的。而前人因为不能凑足十，把"摄生"加上以足成十数，但"摄生"明显不能与生、死并列，而且又因为没有把"动之死地"并列起来也算做一个三，所以前人凑的十数，总觉着是"浮泛"的，不能让人视为"确解"。而按杨氏的理解就能解决这一问题。这就是我们所说的新意和启发性。

确立了这一理解，就能对老子此章后面所说的话做出正确的解释了，即老子所说的"以其生生之厚"，这是"言起妄之由"。人们都想使自己生生而不动之死地，但这是不可能的，由生而出到入于死，这是不可违背的过程，若想对抗这个必然，当然是妄念了。杨氏认为，在佛家看来，"性本无生，而生生不已者，以业识恒趋于生，而背于无生也"。想"生生不已"的念头，违背于"无生"之性，这是业识，是妄念，因此也是不可能实现的。由此造成了"既厚于生生，则九世相仍，流转无极，其害可胜言哉！"[1]

所以杨氏主张应该按照佛家的逻辑来考虑生死问题，即从根本上消除以上的妄念："善摄生者，于生起之元，制其妄动也。心不妄起，则生相全无，所以谓之善摄生也。……破生相无明者，内外一如，自他不二，即此幻化空身，便是清净法身，尚何死地之有哉？"[2]消除了关于生、死和"动之死地"的种种业识和妄念，就能得到"无念之念"，即"不生不灭"的"元清净体"，所以说这样的"一念""能摄九世而为十"。十世之中，这个"一念"才是关键，对于生死以及生死之间的过程，只能用这种"无念之念"来对待，这样的话，就算达到"清净法身"而无"死地"了。至于此章所说的"兕虎甲兵"数语，杨氏认为这是按照以上思想对待生死问题后所生的"实效"，"不可作譬喻解"。

为了更易懂起见，杨氏还制成"十世图"以明其说，根据此图，

---

① 杨文会：《道德经发隐》，见《老子集成》第十一卷，宗教文化出版社 2011 年版，第 528 页。

② 杨文会：《道德经发隐》，见《老子集成》第十一卷，宗教文化出版社 2011 年版，第 528 页。

这一解释的要点为：一念为始端，分出过去、现在、未来三者，此即三世。三世之中各有过去、现在、未来之三世，于是为九世。九世之中的"现在"，都是老子说的"人之生动之死地"，九世中的"过去"，都是"死之徒"，九世中的"未来"都属于"生之徒"，最后则由"人之生动之死地""死之徒""生之徒"三者回归到一念。

这个过程归纳起来就是："开一念为九世，摄九世为一念，总名十世。"要理解杨氏以一念与九世并列而为十的思想，一定注意不能理解为世俗的"念"，这在前面已经说明了。

杨氏用佛教思想解释老子，在历史上不是创新，但他对"出生入死"章的理解则比前人更有启发性，也可以说是用老子来反证佛教关于生死问题的思想，从这个意义上看，三教互通，有时候确实有它的可能性。杨文会对老子"出生入死"章的解释为我们提供了一个典型的案例。当然，佛教既是一种宗教，就与原来不是宗教的老子的思想不可能完全一致，我们还要注意其中本来就存在的差异和不同，不能简单地认同杨文会这种解释。但我们在研究历史上关于老子思想的各种阐释时，对于各种出自不同思想渊源的解释都要加以注意，对其中的有益成分则要充分予以理解和认识，这样才可以加深我们对老子阐释的发展演变。

第二节　张纯一、大同法师以佛解《老》

一、张纯一《老子通释》

张纯一（1871—1955），字仲如，湖北汉阳人。曾在中华大学、文华大学、南开大学、燕京大学、上海法政大学、西北联合大学、中央政治学校任教。新中国建立后，任中南文史馆馆员。著有《晏子春秋校注》《墨子集解》《老子通释》等。

《老子通释》1946 年出版。该书用大乘佛教学说，以破除执着、遣除名相为方法，用真如缘起释道、以真常之道论生死、以妙明真心释圣人之道。张氏站在佛教立场上，把孔子、墨子、基督教、佛教思想与《老子》思想相贯通。对《老子》的道、有无、无为、自然等重要范畴，用佛教观念进行解读。认为老子、庄子、孔子、墨子虽可与佛教会通，但诸家思想必须用佛教学说加以解释，方能圆满无缺和融通无滞。这是张氏此书以佛释《老》的基本特点。

在此书的《自序》中，张氏提出，道是各家思想的根本性问题，本质是一致的，相通的："吾国道、墨、儒三家，老、庄、孔、墨四圣，遥承黄帝、尧、舜、禹、文之心传，见道真谛，卓绝终古……其于道也几乎无不通。"但对于道，需要由"等觉因圆、妙觉果满之诸佛"，才能予以"言正遍知"的解释，若非如此，则所得出的解释只能是"多偏而未遍"的。所以，对于中国三家四圣的道论，必须"通于释氏之唯一真心"，才能"至周洽也"。也就是说，三家四圣之说，"究未若释氏以唯一真心，摄尽三千大千世界，又网天微尘而无间，总无量无边有情无情于一心，无内无外为通之至也。故知老、庄、孔、墨，皆大通乎道，而犹有未能尽通者也，得毋待于内典以圆通之乎？"他的这一说法，就是强调中国固有的老、庄、孔、墨不如佛教的思想精深圆通，所以要用佛教的思想来诠释老子，这就是撰写此书的根本原因。他认为佛教中的许多观念与说法，在道、墨、儒三家中都是看不到的，这正说明三家"于穷理尽性以至于命之道"，还有许多未通者。他认为三家所缺乏的就是寿世的思想："施教者不知尽性以寿世，则道德不透宗。从政者不能尽性以寿世，则治平无定准。"对于老子，他认为"其学之本通于佛、儒、墨、耶，而先哲未为之通者而尽通之"，他的书名为《老子通释》，就是要使老子学说与佛、儒、墨、耶贯通起来。他举了几个例子来说明这种贯通，如老子主张不言之教、无为之益，他认为"此与释氏语言道断，世尊说法四十九年，尚谓未尝道着一字者通"。他相信，如果能做到这种贯通，"纵有工于茅塞自心之孟子、荀子再世，亦塞之无可塞也"。更大作用是使"未来学者，知不聋盲，性光无夜。朗慧日于昏衢，登群生于觉路。妙湛一心源，寿贞十法界，福乐永无疆矣"。[1]

他认为古代学派，互立门户，不相沟通，危害甚大：

> 儒者诋毁墨子，则一切内明精妙性理，无由得知，决不勇于救世。并一切考证学，远离文字学、名学、光学、声学、力学、物理学、物质不灭说、几何学、算学、微积分、测量学、地圆说、地心不动说、望远镜、射远仪、飞机原理、经济学、货币论、价值论、民约论、政治学，种种微妙哲理物理，足以正德利用厚生者，无人赓续昌明，可为痛心。

> 排斥佛、老，无由明见真常自性，生时热恼多而年不永，死后贪瞋痴暗感应途多，出苦无期，奈何奈何。[2]

对于西方的耶教，他认为：

> 间有胜义，堪与老、庄、孔、墨四圣并驾，亦稍有上追及佛者。惜其义多半而未满，又混杂荒谬处多，适成天魔外道，破坏世出世法，摧残东亚文化，戕贼信众性灵，误尽天下苍生。[3]

对于近代研究哲学的人，他也有批评：

> 近人治哲学者，竞尚欧风，往往以凡夫似比量之眼光，读往圣真现量书，移东就西，牵扯附会，未免毁胜为劣。如胡适之《中国哲学史大纲》，谓"老子创为一种革命的政治哲学，他

---

① 张纯一：《老子通释》，见《老子集成》第十五卷，宗教文化出版社 2011 年版，第 518—519 页。

② 张纯一：《老子通释》，见《老子集成》第十五卷，宗教文化出版社 2011 年版，第 519 页。

③ 张纯一：《老子通释》，见《老子集成》第十五卷，宗教文化出版社 2011 年版，第 520 页。

说大道废，有仁义，智慧出，有大伪，六亲不和，有孝慈，国家昏乱，在忠臣，所以他主张绝圣弃智，民利百倍，绝仁弃义，民复孝慈，绝巧弃利，盗贼无有。这是极端的破坏主义，是毁坏一切文物制度"。不知老子破矫揉造作之伪，所以显清静无为之真，正是复古的高尚建设。胡君又谓"老子无为，是主张极端放任无为的政策，如十八世纪英法经济学者，又如斯宾塞的政策学说，都以为既有了无为又无不为的天道，又何必要政府来干涉人民的举动"。不知老子之无为，是纯正哲学，摄世间法于出世法，融出世法于世间法，不得专以世间粗浅放任政治论。无为正义，是妙湛真心，周遍法界，如如不动。①

这又是用佛家说法解释老子学说，批驳用西方学说解释老子思想的说法。

他还把中国古代的各家说法综合起来解释老子的思想："《易·系》上云：无思无为，寂然不动，感而遂通天下之故。《阴符经》云：天之无恩而大恩生。《墨子·法仪》篇云：天之行广而无私，其施厚而不德，皆可为无为之义，无为无不为之确诂。"根据这种会通的方法，他认为可以看出老子无为无不为的多层含义，是"无我见之为，无私意之为，无不平等之为，毫无伪饰之为，无敢扰民之为"，是"非常庄严、清静为天下正"，是"生而不有，长而不宰，功成而不居，执大象天下往，往而不害，安平泰"的。这与儒家所说的舜有臣五人而天下治，孔子称其无为而治也是一脉相通的。为此他还总结出一个道理："注书人之识，必优于著书人。……注者识劣于著者，著者受害多矣。"这是向研究老子者提出的警告，是要他们小心从事，不要轻易评判古人思想。②

关于佛学与老子思想，他认为："佛理优胜于老，故必精通佛学

---

① 张纯一：《老子通释》，见《老子集成》第十五卷，宗教文化出版社 2011 年版，第520页。

② 张纯一：《老子通释》，见《老子集成》第十五卷，宗教文化出版社 2011 年版，第520页。

者，尽知老子之玄妙，亦知其有欠圆了处。"如："（老子）曰天地万物生于有，有生于无，堕于无因。曰天法道，道法自然，自然须作法尔解，不变随缘，随缘不变为得。曰无死地，未若明言本无生为了义。"所以他要撰写《老子通释》，来说明"老子玄理在在与佛法通，开拓学子万古心胸，俾不拘守一家一先生之言，以自缚于生死，志趣自尔高超，知见自尔真切远到，然后可读老子之书，通老子之志。"①

他认为《老子》学理精辟，但与佛学相比，还有逊色，因为佛学有"生死无众生之异同，因果无三世之转易"，而老子之学则"起惑之缘不具，证真之境不详，玄德未尽摄于一心，无为未妙满于等觉"，所以他要用佛学来通释老子思想。②

在《自序》的最后，他感叹道："二千年来学者心灵，桎梏于儒，世丧道，道丧世，世与道交相丧，人不人矣。今且江河日下，求为儒者而不得……窃愿读《老子》者，上求佛化以完其神理，自觉觉他，普度尽未来际无尽众生，尽复于自心本真无量寿光之初……窃愿与精通老、庄、墨学者，一言佛法以为归。"③

书前还有一篇《绪论》，包括老子之略历、周秦诸子道儒墨三家居重要地位、道儒墨三家南北俱异派、老学之渊源等问题，这是从整个先秦学术的背景来为老子思想定位。以下选取几章，来看他如何用佛法释老子思想。

在对《老子》第一章的解释中，他认为此章所言，是以道体真常，如如不动，随缘赴感，无不周遍，不可思议，不可名言。恐人执着名相，不能会通而害道，故将言立，先破执着，故曰"道可道，非常道。名可名，非常名"。这与佛学所谓语言道断，义正相同。但

---

① 张纯一：《老子通释》，见《老子集成》第十五卷，宗教文化出版社 2011 年版，第520 页。

② 张纯一：《老子通释》，见《老子集成》第十五卷，宗教文化出版社 2011 年版，第521 页。

③ 张纯一：《老子通释》，见《老子集成》第十五卷，宗教文化出版社 2011 年版，第521 页。

又不能不用观照般若、文字般若来显实相般若。由此可知，学者可通过观照般若与文字般若来体会实相般若，却不能把观照般若与文字般若认同于实相般若。对老子思想而言，就是可用非常道与非常名来体会常道常名，但不能把前者与后者混为一谈。

他对于《老子》中经常引起分歧的地方，也会提出自己独到的见解。如第一章的"常无欲以观其妙，常有欲以观其徼"，他认为两"欲"字属上读或属下读，均嫌赘，直是衍文，删去，则义畅适，文亦整练。这样他再来解释此二句之意，认为无是凡夫肉眼不能见之妙有，周遍法界，无始无终，真空法性也。有是依真妄现一切境界。无为有之总体，有为无之别相。无为有之精神，有为无之糟粕。文虽有无对等，义实无重于有。又以《老子》称无名先于有名，无名领域亦大于有名，显然是有名不能诠表此常，故当常之无时，全能见其微妙谛理。及当常之现而为有时，仅能见其眇小边际。他这样把常无与常有区分开，也就说明了观其妙与观其徼的含意。换言之，常无就是常道，对于它，只能观其微妙谛理。常有就是非常道，对于它，只能观其相互的边际，即界线所在，由此分清常有的万物之类别与差别。这样的解释，确能帮助人们理解老子此二语之意。

对常有的世界，他用佛家的说法，分为微尘以内和三千大千世界以外两个方面，这样才能进一步阐释老子所说的常无与常有的更多含意。他说："微尘以内，决无无'无'之'有'，三千大千世界以外，尚有无量无边无'有'之'无'，从知'无'可以无'有'而自'无'，'有'不可以无'无'而自'有'。"[1] 这里必须理解为无论极小还是极大的世界，都是没有无"无"之"有"，而有无"有"之"无"，因此可以说"无"是可无"有"而自"无"的，而"有"是不可以无"无"而自"有"的。简单地说，"无"可不凭借于"有"而自"无"，"有"则不可不据"无"而自"有"，也就是说，"无"是自无的，"有"是不能自有的，它取决于"无"。这样的说法，用

---

[1]　张纯一：《老子通释》，见《老子集成》第十五卷，宗教文化出版社 2011 年版，第529 页。

佛家的说法来说就显得非常烦琐，其实可以不用佛家的说法也能把"有"与"无"的关系说得清楚。

他又认为老子言道，颇与佛教的法相宗同，法相宗妙谛，以剖析名相始，使人了知本体，尤以遣除名相终，使人亲证本体。而第一章所说，都是因名遣名，见得此道之名以及天地万物有无异同等等之名，均非常名，于是恒无变易相续不断的真常，便显而易见矣。这是说老子一再说明不要拘束于各种事物的名，而要通过这些名而认识无名之道，而这个无名之道对于万物来说，就是恒无变易而且相续不断的，是永恒的本体。

他的这种解释，其实是用佛家的一些概念来说明老子思想的含义，并不能证明佛家所说的本体或真常就是与老子所说的常道是一样的。在本体论上，这二者是同一层次的概念，但在本质内涵上，二者则不能证明是完全一样的。这一点，是张氏没有专门说明清楚的。所以他有时会把佛家的思想与老子的意旨混淆起来。如"善破偏空之执着，而立非有非无之法性中道，宛然色即是空，空即是色"，这就是佛教的思想，而在老子思想中是没有这种观念的。又如"常无即是不生灭，常有即是生灭，生灭必始终于不生灭"，用生灭解释常有常无，也是不符合老子思想之本来意旨的。又如他解释第二章"天下皆知美之为美，斯恶已，皆知善之为善，斯不善已"，认为此即《维摩诘经》的"善能分别诸法相，于第一义而不动"。这也是对老子思想的误解。"天下皆知美之为美"几句，是说美与恶、善与不善本身是相对而互相转化的，不可拘泥于美与恶、善与不善的暂时之义，而应看到它们的相互转变。这里并没有通过分别诸法相而认识到第一义的问题。

总起来看，张氏能用佛家的一些观念和方法来解释老子思想，这是有一定启发意义的。但佛教思想与老子思想毕竟不是完全相同的，所以不能简单地套用，否则就与生搬硬套西方哲学的概念与方法而陷于许多误解一样，不能真正弄清楚老子思想的真谛。这在老子思想研究史上，确是一个非常重要的问题，人们当认真思考之。

二、大同法师《老子哲学》

大同法师，生平事迹不详。其所著《老子哲学》出版于 1947 年，于右任题写书名，又有蒋维乔、薛清平、黄庆澜为之作序。

在该书自序中，作者提出，学者不可持门户之见，释道儒墨，各有所长，真学者应以真理为目的，要取彼之长，补我之短，这样才能成一家之言，这样的学术才是有益的。所以他在研求佛学之余，兼治老子。又广泛收集《老子》注解一百多种，道家学说数十种，再用佛学及科学哲学作为参考，写成《老子佛学白话句解》一部，又撰成《老子哲学》一部。

《老子哲学》分为老子之主义、老子之思想、老子之宇宙观、老子之人生观、老子之观物方法、老子之处世方法、老子哲学与佛家之相通点等部分，后面又有释疑，回答了人们对于老子常有的十六个误解或疑问，如老子哲学不近人情、老子学说为求长生不老、老子消极厌世、老子反对知识、老子为何欲废仁义礼智、老子为何主张无为与不言、老子哲学与佛家道理是否相通等。全书的附录是对佛、道、儒、墨四家的异同进行会通比较。可知此书不仅是用佛家学说来与老子学说进行比较，更是把儒、墨也作为参照进行整体比较，所回答的十六个疑问，能使人们对于老子思想的理解更为全面和深入。

作者认为，"老子之思想，与佛学有极端之类似点"[1]。佛学的基本思想就是去除烦恼和求证菩提。在去除烦恼方面，要求不贪五欲，不染六尘，这与老子所说的"五色令人目盲，五音令人耳聋，五味令人口爽，驰骋田猎令人心发狂"是同样的意思。在求证菩提方面，要求证真如理，具足六通。真如有多名，如法界、法性、一心、实相等，都是同体而异名。老子言道，也有不同之名，如大象、自然、无、虚，也是同体而异名。老子的道，有本体论、名相论、功用论，这与佛学所说的真如之具体、相、用是类似的。老子论本体，说

---

[1]　大同法师：《老子哲学》，大法轮书局 1947 年版，第 13 页。

"其上不皦，其下不昧"，这与佛学所说的真如"在圣不增，在凡不减"相似；老子说"道可道，非常道，名可名，非常名"，这与佛学所说的"离言说相，离名字相"意同。在名相方面，老子说"道之出口，淡乎其无味，视之不足见，听之不足闻，用之不足既"，这与佛学所说的真如之相"不可见，不可闻"意思相同；老子说"夫道之相，若日之光，若月之明"，这与佛学所说的真如之相"有大光明义，遍照法界义"相同。在功用方面，老子说"天得一以清，地得一以宁，神得一以灵，谷得一以盈，万物得一以生"，一就是道，为万物之所依，佛学则说真如为一切法之实体，意思相同；老子说"大道泛兮其左右，万物得之而生而不辞，功成而不名有，衣养万物而不为主"，这与佛学所说的真如具足无量功德，能生世出世间善果，诸佛由斯成正觉，意思亦同；老子又说"道生一，一生二，二生三，三生万物"，这与佛学所说真如为一法界大总相法门体，众生由不觉故，而三细，而六粗，而为万法，意思亦同。他认为老子思想中类似佛学者颇多，以上不过举其数端而已。所以他赞成憨山所说的"老子即佛之化身"的说法。

作者在书中又专门比较了老子哲学与佛家之相通点，从道与真如、寡欲与去贪、无身与无我、玄同与应机四个方面进行说明。例如玄同与应机，他认为："老子所谓玄同者何？乃为无人我之相，与物齐同之意。佛教所谓应机者何？乃随类化身，应机说法之意。老子与佛教，伟大之处，在同以人物两类，平等看待，故无'人为万物之灵'之论调，更不以个人为中心，故亦无'亲亲而仁民，仁民而爱物'之论调。二人悉抱与万物玄同，以百姓之心为心、普度众生之宗旨，其伟大之精神，为儒家所少有。"[①]

如老子说"同于道者道亦乐得之，同于德者德亦乐得之，同于失者失亦乐得之"，这等于佛教的随类化身，"彼为猫犬，吾亦为猫犬，彼为婴儿，吾亦为婴儿"。老子之"常善救人""常善救物"，这等于佛教的"尽虚空，遍法界，我皆令入无余涅槃；胎卵湿化，无

---

① 　大同法师：《老子哲学》，大法轮书局1947年版，第73页。

量众生，我皆救之，共成佛道"。老子说"善者吾善之，不善者吾亦善之"，这等于佛教的不分怨亲，平等普济之意。因此可以说老子的玄同，就是以人与我乃至人类与万物，一律平等看待，而佛教应机化身，亦不限于人类，四生九有，人物禽兽，无有不度者。他又说明了二家为什么要齐人我的理由，是因为老子认为天地万物皆以道为本体，佛教也主张天地万物皆以真如为本体，既同为一道，同一真如，所以无贵贱高下之分。

他又分析了佛家以出世为入世的思想，与老子以无为为有为的思想之异同。佛家的以出世为入世，一是说分而实不分，二是说以出世为体，为入世之用。而老子以无为为有为，一是从政治实用方面说，无为即有为，如欲治世而不为，世即太平，这就是无为作有为之效。一是从修道证理方面说，以无为为有为，犹如佛家以出世之体作入世之用。因为老子主自然，自然即无为之道，所以此道之体离言说相，离名字相，这就犹如佛家所说的真如之体要离言说相，离名字相，离心缘相等义。

总之，他认为佛家明哲理，老子也明哲理，佛家言无我，老子也言无我，佛家言平等，老子也重平等，所以老子以无为为有为，确似佛家以出世为入世。

第九章　20世纪50至70年代的老子研究

　　新中国建立后，学者的思想观念与学术理论在马克思主义的指导下有了新的变化。对老子研究来说，20世纪50至70年代研究的重点集中在老子思想的哲学性质以及老子思想所代表的阶级问题上。主要学者有冯友兰、侯外庐、任继愈、关锋、车载、汤一介、胡曲园、詹剑锋、杨荣国、周建人等，并呈现出分歧较大的两派观点。同时，仍有学者从文献考证与校理的角度对《老子》文本进行研究整理，代表人物如朱谦之。以下分别来看这时期的学者在上述两个重大问题上是如何进行研究与分析的，以及人们如何继续考证整理《老子》文本的。

第一节　老子思想研究

一、冯友兰《中国哲学史新编试稿》

　　冯友兰的老子研究前后延续了数十年，20世纪60年代可以说进入了他对老子研究的第二个阶段。这一时期，他参加了关于老子哲学的大讨论，对自己以前的老子研究做了自我批判，并出版了《中国哲学史新编试稿》。虽然材料是以不同的形式出现的，但时间则是集中在50年代末到60年代初，反映了他在老子研究的第二个阶段的主要看法。

　　冯氏1934年出版有《中国哲学史》，后多次修订。1961年，中华书局据1947年修订版重印此书。为此，他写了一篇《新序》，对自己这部《中国哲学史》做了新的评价，他说："这部书是完全从资产阶级的阶级立场，以资产阶级哲学观点，用资产阶级历史学方法所写的"，到此时，只能作为反面教材来使用了。"既然是作为反面教材，其中的错误，也就不必改了"。其中的错误"是立场、观点和方法上的根本错误，枝枝节节地改，不解决问题。要改就须从根本上全盘地改。这就等于重新写一部中国哲学史，我是准备这样作的"。① 这就说明了他要写新的中国哲学史，后来他也完成了这一任务。其中关于老子哲学的研究，本书放在相关章节进行论述。

此书在《新序》后还有一篇冯氏写的《关于〈中国哲学史〉的自我批判》，从历史观、哲学观、党性、阶级性四个方面更详细说明了为什么这部《中国哲学史》是错误的。

在历史观方面，他说这部《中国哲学史》的错误是秉持不可知论的历史观，即历史学家对历史的记述不可能完全与历史相合，历史的真相是不可知的。他撰写这部书的时候，马克思主义史学家已用历史唯物主义研究中国的历史，资产阶级的历史学家如胡适则主张历史好像一个百依百顺的女孩子，可由历史家随意装扮。他的历史观正是站在资产阶级立场上的，所以是错误的。

在哲学观方面，他认为分析哲学思想要从社会方面找原因，这部《中国哲学史》也想用这样的方法来研究历史上的哲学，但没有彻底解决这个问题，即没有分析论述"在同一个转变的时代，哲学家们都在同一的'新环境、新时势'之中，为什么他们会有不同的意见呢？为什么这些不同的意见要展开激烈的斗争呢？当然这是由于他们有不同的阶级立场，代表不同的阶级利益。他们的思想斗争，就是当时阶级斗争的反映，这正是问题的本质所在，正是哲学史所要说明的"。② 但这部哲学史对这些问题都没有分析探讨，所以这是

① 冯友兰：《中国哲学史·新序》，见《毛泽东读书集成》第十三卷，中央文献出版社2013年版，第8785页。

② 冯友兰：《中国哲学史·关于〈中国哲学史〉的自我批判》，见《毛泽东读书集成》第十三卷，中央文献出版社2013年版，第8787页。

哲学观上的错误。

在党性的问题上，他认为当时对哲学史上的派别是一种"超然态度"，哲学史家在讲一家哲学的时候，就要站在这一家的立场上，把他的思想用同情的态度重想一遍，然后不增不减地加以叙述。但他说这是欺人之谈，对唯心主义哲学是有同情的了解，但这样所论述的唯心主义哲学却不是它的真实面貌，所描写的只是唯心主义的哲学所戴的假面具。这样就是用荒谬的理论歪曲真理，所以这也是错误的。

在阶级性方面，他认为这部书是颂古非今，赞扬封建的毒素，对于人民群众和青年学生，不是引导他们向前看，而是引导他们向后看，是五四运动的一个对立面，和当时的国粹派、国故派在本质上是一样的，所以这也是错误的。

1962 年至 1964 年，人民出版社出版冯氏撰写的《中国哲学史新编》。80 年代冯氏重写《中国哲学史新编》，就把 60 年代的这部书改名为《中国哲学史新编试稿》。

在《中国哲学史新编试稿》中，他仍把孔子、墨子放在道家之前，而且在道家系统中，又分出早期道家，如杨朱、彭蒙、田骈、慎到等人。到孟子之后，才是老子，认为到这里，道家哲学体系才建立起来。由此可以看出他所认定的老子其人其书的时代是比较晚的，不在孔子之前，他也不同意老子在庄子之后的看法，对于《老子》的成书，他认为当在孟子之后、庄子之前。《老子》的中心思想和基本原则，是战国时代的产物。

《中国哲学史新编试稿》中对老子哲学的分析，分成自然观、辩证法思想、认识论、社会政治思想四个方面，没有 80 年代出版的《中国哲学史新编》的分类多，说明他对老子思想的认识在不断发展变化。

关于老子的自然观，他拿西方的希腊哲学来与老子哲学相比较，认为二者所处的时代背景相差不多，前者是发展于奴隶制的历史阶段，后者是发展于奴隶制向封建制过渡的历史阶段。于是他用古希腊哲学家的无限概念来分析老子的道、无极、无名、无等概念，认为它们都是无限的，是对一切有限东西的否定。

但他引入的无限概念，与老子思想并不合拍。老子的道以及无、无名等，并不表示无限的意思，只是表明道是天地万物的本源。要说无限，时空宇宙也是无限的，但这些东西在老子思想中则是属于有的范畴。所以用古希腊哲学中的无限来解释老子的道，是不适当的。

对老子的哲学，应该按照老子所说的话来理解，不能用另一个文化系统中的哲学概念来比附。因为老子所说的话里，就已经说明了他的道是什么意思，有什么特性。难道用老子说的话就不能解释老子的道，而非要用古希腊哲学家的概念才能说明老子的道等思想观念吗？冯氏并没有证明不能用老子自己的话语来解释他的思想，也没有证明必须要有古希腊的哲学概念才能说明老子的哲学思想，这在方法上是一大欠缺。

他又认为老子哲学的自然观，是他所代表的阶级的情况在思想上的反映。冯氏认为老子所代表的阶级就是没落贵族。但把老子的哲学与没落贵族阶级挂上钩以后，他也没有证明为什么没落贵族必然会有老子这样的自然观。他说贵族没有没落之前，是幻想上帝来保佑他们的，但没落之后，这种幻想破灭了，于是就有老子说的天地不仁，以万物为刍狗的思想，认为上帝不再珍视看重他们了，而要找一个别的东西来代替上帝。但他的这一说法是不合乎老子思想之意的。老子所说的天地不仁，以万物为刍狗，并不是只对某种人或某种物的态度，而是对于万物的态度，即对所有人或物的态度，这怎么能证明是上帝抛弃贵族而不仁爱他们了呢？按老子的说法，天地不仁，是对所有的人或物都不仁的，不是只对贵族不仁。所以根据老子这个说法，不能得出上帝不再珍爱贵族的结论。

他又说没落贵族在没落过程中，憎恨差别和对立，幻想一个没有矛盾、对立的社会，于是他引用老子的话："始制有名，名亦既有，夫亦将知止，知止可以不殆"，"故大制不割"，并分析说："代表没落贵族的思想家认为，世界的始基应该是无差别、无对立的，尚未分化的无形、无名的混沌。由于他们过去是统治阶级，相信精神力量统治世界，现在没落了，对精神的支配能力发生了怀疑，甚至诅咒知识。由于他们在斗争中失败了，不能掌握自己的命运，对于人的主观能动性又失去了信心，从而强调顺应外物，因循自然。"①

但从所引用的老子的话来看，并没有冯氏这样发挥一番的思想内容。老子说的始制有名，有名而将知止，知止可以不殆，并不是希望世界的始基应该是无差别、无对立的，而是尚无分化的未形、无名的混沌，也没有对精神、知识的怀疑与诅咒，亦看不出由此就能达到顺应外物和因循自然的结论。就老子所说的始制有名以及知止不殆的话来看，这是说有名之后应该知道物是有限的，因而人就要根据这种有限的物来约束自己的行动，不能行动的事就要知止，以免招致灾祸。这样的思想本来是非常简单的，不知为何可以与没落贵族的所谓憎恨差别和对立以及幻想没有矛盾和对立的社会挂上钩。

冯氏认为就没落贵族而言，他们是失败的一类人。在这类人中间，可能会有不服者而采取更为激烈勇猛的思想和行动，也可能会有认命而为之无可奈何的一类人，主张面对现实以适应之，但不能绝对地说就必然会出现老子这样的思想。这中间没有什么必然联系，从没落贵族到老子的思想，看不出历史与思想的必然性。所以把老子思想划归没落贵族阶级，是很难成立的说法。

冯氏认为在老子的辩证法思想方面，不能简单地把辩证法思想放在老子思想的头上。老子确实说过许多事物的相对性及相互转化的话，但这是不是辩证法，还有待严密的证明。所谓辩证法，是对所有事物发展变化的一个总规律性的哲学思维。但老子所说的那些事物的相对性及相互转化的情况，只是说明事物中有这类现象，他并没有从哲学高度建立起辩证法思想。而且中国古代关于事物的相对性及其相互转化的现象的认识，是古代人们普遍的认识，这只是中国人对事物现象的一种概括，但这还缺乏哲学的论证与提升。

---

① 冯友兰：《中国哲学史新编试稿》，见《三松堂全集》第七卷，河南人民出版社
2000 年版，第 258 页。

对此，有必要对什么是辩证法做一个基本的阐述，按照哲学对辩证法的阐释，辩证法是指思辨与实证相统一的方法，而思辨性与实证性相统一的辩证法的发展有一个过程。第一阶段是通过辩论达到真理，是辩证法发展的思辨阶段。第二阶段是揭示宇宙发展的普遍规律，是辩证法发展的实证阶段。第三阶段是前面两个阶段的综合，即思辨性与实证性相统一的阶段。第一阶段是认识论的辩证法，第二阶段是本体论的辩证法，第三阶段是本体论和认识论相统一的对称辩证法，是辩证法发展的最高阶段。

辩证法还有三大规律，即对立统一规律、量变质变规律、否定之否定规律。这是黑格尔在《逻辑学》中首先阐述出来的，恩格斯将其总结和提炼出来，使辩证法的规律变得更加清晰。辩证法规律是抽象程度最高的产物。

根据这些说法，可以看出老子所说的事物的相对而相互转变的现象，还远远说不上是辩证法，因为那些说法中根本没有这些内容，更没有相关的论证。而黑格尔强调的科学的学术研究的基本规则是必须有系统证明和推论，不能随意提出概念与结论，这在老子的思想中都是看不到的。只能说明那是古代的不严谨的思想表述，还谈不上近代哲学中才现出的辩证法。所以直接套用辩证法的概念来阐释老子的思想，本身就是不严谨的，不符合科学的学术研究的基本规定的。

所以冯氏也说："老子还没有把客观辩证法作为自然界和社会中的最一般的规律提出来。……有些只认识到一些有关的现象，有些认识到其为规律，但没有认识到其为最一般的规律。"① 这是最简单的事实，所以不得不承认。但更重要的是辩证法的三大规律以及相关过程，也是在老子思想中根本不存在的，所以充其量只能说老子思想中有一些说法类似辩证的观念，但远没有达到辩证法的高度。

在老子的认识论方面，冯氏认为老子思想中有两种方法，一是

① 冯友兰：《中国哲学史新编试稿》，见《三松堂全集》第七卷，河南人民出版社2000年版，第262页。

为学，一是为道，日益与日损就是两个相反的方向。他综合老子所说，认为老子的认识论是静观的认识论。他把老子所说的与观有关的内容都归为认识论的问题上来。但认识论在哲学上是指人类认识世界及其规律的一般性的抽象理论，而老子所说的观，都是对一些具体事物的观，还不是一般性的人类认识世界及其规律的理论。而老子所说的观以及为学、为道等，都只是说明人如何通过观察而掌握对于道的理解。道是世界万物的根本性规律，对它的观察与体会，属于认识论的范畴，但还没有上升到哲学的认识论高度，也就是老子的相关说法，还没有达到哲学所说的认识的高度，严格地说，这还不是认识论，只是一些关于观察事物及其道理的方法。

所以冯氏说，老子的静观，"并不是建立在尊重感觉经验的感性认识的基础之上的，也不是建立在尊重理性作用的基础之上的，而是一种神秘主义的直观"①。否认了感觉经验的认识作用，由旁观转入内心观照，是一种神秘主义。

在老子的社会政治思想方面，冯氏认为老子作为没落贵族的代表，对当时的社会政治发出了许多批判，但又说这些批判和抗议也是当时的劳动人民所要说的。那么，他究竟是哪个阶级的代表呢？我们知道，对于现实社会中的种种不合理现象的批评，是各种阶级或阶层的人都会提出来的，也就是说会有出自种种不同立场的批判与抗议，但不能说这些批判抗议就是某个阶级或阶层所独有的，这要看人们的批判究竟是什么内容，所提出的解决办法又是怎样的，也就是说一定要具体分析这些批判的具体内容，才能与特定的阶级与阶层的利益诉求联系起来，从而判定这种批判的阶级属性。所以，就老子的社会批判而言，是不能简单地认定那是没落贵族阶级的声音或诉求。

如老子说："我无为而民自化，我好静而民自正，我无事而民自富，我无欲而民自朴。"冯氏认为这些"我"都是对"民"而言的，

---

① 冯友兰：《中国哲学史新编试稿》，见《三松堂全集》第七卷，河南人民出版社2000年版，第268页。

没落贵族虽然没落了，他的意识还是贵族统治者的意识，另一方面，他们也变成了"民"的一分子了，所以也求新兴的统治者不要干涉人民的活动。照此说来，老子究竟是统治者还是民呢？因为这些说法里，既有贵族统治者的意识，又有人民的诉求，那么他究竟是代表谁在发声呢？对于这样的问题，简单地把老子判定为一个阶级的代言人，是不能给予圆满回答的。

老子上面那段话的前面是冠以"圣人"的，圣人是站在统治者的立场上说话的，这表明老子的思想是为统治者所倡言的，而不是什么没落贵族的声音。因为无为、好静、无事、无欲都是与统治者治民相关的问题，而与没落贵族毫无关系。老子还有许多与治民和得天下、治天下有关的说法，都是统治者的问题，不是没落贵族所能参与的。在《中国哲学史新编试稿》中，冯氏试图用马克思主义的理论来分析老子的思想，但还不能充分理解与掌握马克思主义的理论，所以在具体的分析之中难免会出现生硬与不合拍的情况。这也说明要使用中国之外的某种哲学和政治理论，第一是要把这种哲学和政治理论彻底理解与系统掌握，不是只用其中几个概念就能达到正确应用的境界的。冯氏本来就不是马克思主义者，对于马克思主义的理论，也是在建国后才开始学习和了解的，所以在这部书中，此类马克思主义的应用，常常表现出一种硬性结合的现象，因此也就会显示出许多不尽如人意的说法。

二、李泰棻《老庄研究》

李泰棻（1896—1972），字革痴，号痴庵，张家口阳原人。1916年，尚读大学三年级的李泰棻即出版了《西洋大历史》一书，受到章士钊、李大钊、陈独秀等人的推崇，皆为其作序，轰动了京城各高校。22岁时即被破格聘为北京大学教授。新中国成立后，在张家口宣化中学、宣化师范等校任教，后到天津历史研究所、长春东北文史研究所等处工作。著有《西洋大历史》《中国史纲》《西周史征》《方志学》《今文尚书证伪》《老庄研究》《痴藏金集》等。

《老庄研究》出版于1958年。在此书正文之前的《绪言》中，李氏分析了《老子》及道家的主要思想，认为儒、道、墨三家主旨虽有不同，而其用世之心则固无异。孔子、墨子行径殊途，求于行道则一。道家主张清净无为，遂目为消极，甚至谓为出世。因而自汉以来，神仙家依附它，佛家拉拢它，从而在一定程度上也歪曲了它。道教所说已失道家本意，玄理派亦无甚发展。李氏并引魏源《论老子一》的话，称："解《老》自韩非以下千百家，皆执其一言而阁诸五千言，泥其一而诬其全，则五千言如耳目口鼻之不能相通。"李氏指出，老聃生当春秋季世，目观周室衰微，而他出身没落领主，曾仕为周朝史官，明知周统将坠，岂能无动于衷？而大势所趋，王纲很难再振。老子认识症结所在，即为多方面的矛盾，因而想出缓和矛盾的方法，欲延长统治者的寿命，就是逆而忍之之道：以静胜动，以牝制牡，以柔克刚，欲进先退，欲张先翕，知雄守雌，知荣受辱。洞悉了"反者道之动"，所以主"弱者道之用"。《老子》全书，意在斯乎。无为旨在有为，消极意即积极，岂得以出世视之乎？他又认为《老》《庄》两书，始终未得应有的估价。虽然"近年来，马克思列宁主义的著作，陆续移译，使我们理解或批判《老》《庄》两书，有所依据；这是一种有力帮助。而国内外的学者们，亦著书造论，极意研究，唯物唯心，看法不同。然在纵的（如思想的先导和道家的体系等）和横的（如时代多方面的影响等）方面，都少结合，甚至断章取义，任便释辞，对全书理论，缺乏有机联系"[①]。他引列宁的话："如果只选采个别的、随便的事实，使它和整体分离开来，失去联系，那末，这只是游戏，或者甚至更糟。"就是说，《老》《庄》作品，正如其他事物一样，是客观存在的东西，只有在不背离作者的时代背景和他们的思想体系的原则下，加以阐发和批判。让作品符合我们的愿望，是不可也不能的。

此书的《老子研究》部分，首先探讨老子其人的情况，分为《老聃事略》和《老子考订》两章。《老子事略》考察姓名、籍贯、官职、年代等事。《老子考订》中分为如下问题：《老子》是一人写

---

① 李素菜：《老庄研究·绪言》，人民出版社1958年版，第3页。

的、《老子》不是老聃的亲笔、《老子》成书的时代、《老子》是杨朱写的、杨朱和《老子》写定的时代、《老子》书名篇章注本考、黄老考辨。第三章《作者的时代背景》则分析《老子》书的作者的时代背景问题，分为作者的出身、天子诸侯的矛盾、大小领主的矛盾、贵族商人的矛盾、统治者与被统治者的矛盾等问题。第四章《作者的先行思想》则分析《老子》书的作者的先行思想问题，分为哲学的趋势、辨证的思想两个方面。第五章至第十章分析《老子》书的思想，分为矛盾及对立面转化问题、与道相关的问题、道的本质、对有国者的告诫、对有国者的条陈、对有国者的极言。最后的第十一章是对老子的批判。

关于老子其人的问题，李氏认同《史记》的记载，老子姓李名耳字聃，楚苦县厉乡曲仁里人。曾为周室史，五十岁左右罢官。孔子曾经问礼于聃。又认为老子的弟子可考者有关尹、杨朱，其本人约卒于周贞定王九年（前 460）至十九年之间。李氏受郭沫若影响，认为《老子》书不是老聃所写，而是他的弟子杨朱所写。

关于《老子》是一人所写还是成于多人之手的问题，李氏不赞同日本学者武内义雄的看法。例如武内义雄认为《老子》书中有不少是同一意思的语句，其文有用韵齐整而文辞简约的，也有词意畅明而不用韵的，文体既不一律，则必不是一人一时之作。李氏指出，同一意思的语句，"在各章中，有上下前后照应的关系；孤立地看意似重复，若与上下文连读，则又非它不能贯串。但这种句子究竟不多，除'故去彼取此'外，尚难觅得。而且这一句子，虽会重用，但'彼''此'二词所代的辞句不同，内容各异，也不能算作重见叠出。至于用韵与否，或韵散杂出，那是内容决定形式的问题，说理文字，不能像诗歌那样整齐，《易》的卦爻辞就是例证。而且《老子》的韵，是《诗经》的韵，与后来古诗或乐府用韵的规律不同，它的协韵方法很多"[①]。故武内义雄此说在李氏看来是不能成立的。

武内义雄又认为《老子》用韵之处，有同一字而读音不同的，

---

① 李泰棻：《老庄研究》，人民出版社 1958 年版，第 16 页。

如"万物作焉而不为始，生而不有，为而不恃，功成而不居，夫唯不居，是以不去"，上"居"字读"姬"音，与上"始""有""恃"成韵，下"居"字从古音，与下"去"字为韵。是作前四句者一人，加入后二句而引申者又一人。李氏认为这种说法更属幼稚。其实武内义雄所举的例子本属隔协，在《诗经》里有很多例子，可以参见胡朴安的《诗经学》，不胜枚举。这就是说"始"与"恃"协，"有""居""去"协。怎能认为前后两截，误为两人所作呢？就令如他所云，前后易韵，《诗经》《楚辞》中的例子特多，难道也是换了作者吗？因此他认为武内义雄此说也不能成立。

武内义雄还认为《老子》中的虚词，如乎、兴、夫、其、如、若、乃、则、焉等，用法无定，较为随意。李氏阐释说这是中国古代文字的特点，它不同于印欧语系的拼音文字，词的形态不甚显明，因而运用更较灵活。不但《老子》一书如是，任何古籍都不例外。一个"其"字，在《经传释词》里，就可举出几十种用法，如何能有一定呢？"信不足焉，有不信焉"，在一句中，两"焉"字的用法就不同，遑论其他。且《老子》书中用词，还算较有规律，如"于"字用作介词的五十一次中，只有四处待考。这能算是任意吗？

此外，武内义雄指出，《老子》书中不纯粹是道家的话，有类乎法家、纵横家、神仙家的。李氏认为这是倒果为因，法家、纵横家、神仙家的思想，各从《老子》得来一部分，绝不能说《老子》受它们的影响，因为《老子》的思想体系非常严密，根据自己在后面的分析，读者即可知道。最后李氏又引熊十力在《原儒·原学统》中的话："余曾闻后生疑老子书多窜杂，只是不学之过耳。"认为熊十力这样说，是有深意的。

李氏此书中仍然相信古史辨时的说法，认为《老子》不是老聃的亲笔，此即郭沫若在《青铜时代》里表达的看法："老子的时代，本来没有著书的风气的，就是他的后辈孔子、墨子所有的书，也不是他们自己所作"，"老聃没有著书"。关于这一问题，陈鼓应后来做了分析，认为这是不合乎历史事实的，所以不能作为《老子》非老聃所作的理由。详见本书第十一章中有关部分。

在对《老子》思想的论述上，李氏首先分析《老子》思想中的辩证思想，主要是矛盾及其对立面转化的问题。他认为《老子》中提揭出一些辩证的思想，如"有无相生，难易相成，长短相形，高下相倾，音声相和，前后相随"。《老子》中还有此类矛盾对立的事物的说法，李氏认为它们都是相互依存，不能孤立存在的，用毛泽东《矛盾论》中的说法，就是："假如没有和它作对的矛盾的一方，它自己这一方，就失去存在的条件。……没有生，死就不见；没有死，生亦不见。……没有祸，无所谓福；没有福，也无所谓祸。……一切对立的成分都是这样，因一定的条件，一面互相对立，一面又互相联结，互相贯通，互相依赖。这种性质，叫做同一性。"其次则是对立面的发展与转化的问题，他仍然引用《矛盾论》里的说法："事情不是矛盾双方互相依存就完了，更重要的，还在于矛盾着的事物的互相转化。这就是说，事物内部矛盾着的两方面，因为一定的条件而各向着自己相反的方面转化了去，向着它的对立方面所处的地位转化了去。"他认为《老子》对于这道理，也认识到了，如："唯之与阿，相去几何？美之与恶，相去何若"，"轻为重根，静为躁君"，"贵以贱为本，高以下为基"等。再次就是防止对立面转化的思想，他认为："《老子》对于对立面转化和败坏的、衰颓的，一定要灭亡这一辩证发展的必然性，认识得比较深刻。不过它不作为自然和社会发展过程的必然性来理解。其所以如此，是和老聃的阶级出身与他所感受的社会现实分不开的。"① 他是一个由没落贵族领主出身，由式微周室史官退职的人。他主观上认为领主之所以没落，东周之所以式微，战争之所以频繁，人民之所以痛苦，皆由于时代的向前发展：诸侯强大，商人富有，是这时代的最现实的产儿。诸侯强大，因而侵夺了周王的权力；商人富有，因而吞并了贵族的领土。再加以兼弱攻小，战争不已，杀人越货，百姓不宁。假如不加防止，坐视矛盾发展下去，周室必然崩溃，贵族必然灭亡，自己出身的阶级，必然向对立面转化下去，这是老聃所最不甘心的。因

① 李泰棻：《老庄研究》，人民出版社 1958 年版，第 75 页。

而本着那种"其安易持，其未兆易谋，其脆易泮，其微易散，为之于未有，治之于未乱"的想法，发出了去盈去泰等妄图防止对立面的一面向自己矛盾的一面转化下去的议论。

在李氏看来，《老子》承认事物的对立同一的性质，但出于现实的考虑，又主张防止向对立面转化，如此说来，《老子》思想岂不是自相矛盾吗？其实老子看到了事物的对立而转化的现象，基于此，提出了先居于弱以待向强的转化，这就是他所说的"反者道之动，弱者道之用"的思想。由此看来，老子并不是要防止事物向对立的转化，而是顺着这种转化来决定自己的位置。他不想且知道不能防止这种转化，只是根据道的自然无为精神，顺从事物向对立面转化的态势，而使自己处于比较有利的位置。看来李氏的分析还不能顾及《老子》全文的整体思想之关系，受到当时流行的出身阶级以决定其思想的观念的影响，而得出了这种分析与结论。

在对《老子》的"道"的思想进行分析时，李氏认为由以上防止向对立面转化的论点看来，老子是愿意大国、强国、侯王、富有等情况，在现实的基础上，对小国、弱国、百姓、贫穷尽量让步，以便使各方面的矛盾缓和下来，不至于各向它的对立面转化。这就是老子对侯王们苦口婆心谆谆说教的本旨。但老子的思想在那个时代并不受侯王及其臣仆的重视，所以他借"道"来增强自己思想的力量与权威。但现实中有许多具体事物之道，并不能达到这种目的，于是老子"独出心裁，要创一种大之足以弥纶天地、小之足以无间身心，博大精深，不可方物的'常道'，使它替他说话。这样，就会说服一切，至少部分侯王，读之可以受其感染"[1]。李氏认为这是老子真正的用意。这种对《老子》的道寻找现实基础的阐释，还是显得牵强。因为即使《老子》中提出了这样的道，也没有使《老子》书受到侯王们的青睐，这又如何解释呢？所以对于一种思想的分析，不应直接与现实的某种考虑挂钩。

李氏认为《老子》的道的主要思想，一是关于道的玄妙的论述，

---

[1]　李泰棻：《老庄研究》，人民出版社 1958 年版，第 80 页。

二是有关道的假名的问题，三是关于道的功能的论述，四是关于道统的问题。根据这些内容，李氏论定老子不可能是唯物论者。

关于道的玄妙，主要是如何解释道是什么的问题。但常道是不能用语言来说明的，所以人们的各种解释都有不足之处，都似乎只抓住了一个方面，而不能把《老子》的道说得完整和确切，这是《老子》的道的解释史上最大的难题。在李氏看来，因此就有了道的假名的问题，即道是从无到有的，是子虚的，不能以"零"（即空无）喻的，但它又可用"本隐之显"的手法再向下讲，所以采用了假名的方法来说什么是道。故《老子》中对道有多种名称，这都是假名。所谓假名，可以理解为暂定的借用之名，不是道的本来的真实之名，因为老子认为道是无名和不可名的，所以只能用假名来称呼它，来说明它。基于这样的理解，所以李氏断定老子的道"只是一种观念而已"①，这就为他最后判断老子不是唯物论者埋下了伏笔。

说到道的功能，他认为《老子》的道是万能的，是"其大无外，其小无内"的，是"放之则弥六合，卷之则退藏于秘"的。他根据对道的功能的分析，最后认为：在黑格尔的唯心论体系中，"绝对观念"是派生自然界的一种东西，但也是在人的意识之外独立存在着的，并先行于人的意识的，列宁认为黑格尔的"绝对观念"是客观的绝对的唯心论，《老子》的道与"绝对观念"一样，也是在人的意识之外独立存在着的，所以老子也是客观唯心论者。

分析了《老子》的道之后，李氏的结论是"老子不可能是唯物论者"②，并以杨兴顺所主张的"老子道的学说的唯物主义的本质"为对象，与之商榷，以确立自己的老子是客观唯心论者的观点。关于道的本质，他认为主要有两点，一是自然，一是无为，这与人们普遍的看法没有不同。

之后，他重点分析《老子》中对"有国者"所说的话，分为三个方面，一是告诫，二是条陈，三是极言。其中涉及有国者的修养，

---

① 李泰棻：《老庄研究》，人民出版社1958年版，第90页。
② 李泰棻：《老庄研究》，人民出版社1958年版，第99页。

即个人素质的问题，这又与道的自然无为等基本思想密切相关。而所谓的条陈，即是对有国者的建议，实际上也是告诫，主要强调寡欲、绝学、贵言（即不言或少言）、去争、反战等问题。这也说明《老子》书的主要内容就是对有国者即侯王们进谏劝诫，道是所有内容的根本、理据和源头，而对有国者的告诫进言，则是著书立论的落脚之处，是最终的目的所在。在告诫与条陈之后，更为重要的是"极言"，李氏说：对有国者的告诫与条陈，已经是无微不至的关怀了，但仍恐有国者虽无为，而民如有知，难保其不犯上作乱，统治者仍感危险，不如防患于未然，早作准备，所以又把"愚民之说"作为极言提供给有国者。这样看来，所谓极言，就是《老子》书为有国者提供的最要紧的进言了。他认为，"在《老子》书中，原非常作如斯论调，此乃极而言之，故曰'极言'"①。许多人都批评老子主张愚民政策，也有人为之辩护，而在李氏看来，这是用不着辩解的，老子本来就是主张有国者采取愚民政策的，因为他的根本目的是要维护有国者的统治，不让民起而反对和摧毁它。但这种话不能轻易说出，只有说到极端处，才能这样说，所以称之为极言。所以可以从另一个角度理解之，此即老子为有国者提供的最要紧的话。

之后，他又分析了老子的政治理想，就是小国寡民的部落国家。认为由于无为思想及愚民之说而导致了这种政治观念，其本质是想把人类社会、进步国家，重返到部落割据的荒古时代。按他的这一说法，可以看出《老子》思想中的一个逻辑，从自然无为出发，就只能使社会或国家成为小国寡民，虽然这不一定是荒古时代的部落割据状态，也不一定是要让人类社会和进步国家后退，但之所以以此为政治理想，只能是自然无为思想的必然逻辑结果。

最后，他对老子的思想进行了评价，认为虽是客观唯心论，但其中仍有进步性，这表现在以下几点，一是平等待民，二是平等睦邻，即有国者对内对外，都要平等，以求和平（睦），这可以说是政治上的最基本的要求。按李氏的理解，老子的政治目标并不高，从

---

① 李泰棻：《老庄研究》，人民出版社 1958 年版，第 127 页。

自然无为的理论出发，只要求社会与国家和平与稳定，并不要求向发达国家进步发展。在对老子思想的评价上，他又根据史实进行了分析，认为老子的社会政治主张，并非徒托空言，而是在历史上有证验的，即是说是有可行性，且有实际例证的。如西汉的休养生息，与民休息，以及宋太祖闻佳兵不祥之戒而动色，明太祖诵民不畏死而心减，说明历代帝王将相，受老子思想的感召而加以实践者，是大有人在的，这都是老子理论的影响之例证，可以说属于正面的证验。但也有人说魏晋崇尚清谈而误国，其祸即源于《老子》。

李氏认为这是不成立的说法，因为在他看来，晋代何尝能学《老子》？为此他引用了宋代程大昌的说法："师老子而得者为汉文帝，盖其为治，大抵清心寡欲，而渊默朴厚以涵养天下，其非不事事之谓也。则汉以大治，而基业绵固者，得其要，用其长故也。至于西晋，则闻其言常以无为为治本，而不知无为者，如何其无为也。意谓解纵法度，拱手无营，可以坐治。无何，纪纲大坏，而天下因以大乱，故王通论之曰：清虚长而晋室乱，非老子之罪也。盖不得其要而昧其所长也。"李氏认为此说公允。而且自太康以后，迄于江左之亡，士之尚清谈，嗜放达，犹其小焉者耳，更有甚者，他们大抵务名高，溺宴安，急权利，好声伎，贪鄙偷薄，达于极点。晋室之乱，原以此也。《老子》之书，何曾有是？《老子》说："大白若辱"，是不务名高也；"强行有志"，是不溺宴安也；"少私寡欲"，是不急权利也；"不见可欲"，是不好声伎也；"若畏四邻"，是不嗜放达也；"多言数穷"，是不尚清谈也。所以，"晋人之行，其与《老子》，不啻方圆黑白，适得其反，《老子》有何责任可言哉？"[①] 李氏的这一分析非常有道理，可以为《老子》学说为魏晋清谈误国背黑锅之历史悬案下一判决，而令人无可置喙也。这说明，凡事必须具体情况具体分析，绝不泛泛而论，模糊事实。

总之，李氏此书对于《老子》思想的分析，有其独到之处，虽不能免20世纪50年代唯物唯心之争的影响，但多有自己的独立思

---

① 李泰棻：《老庄研究》，人民出版社1958年版，第135页。

考，而关于老子其人及其书作者的问题，虽受古史辨以来的影响，但也能根据基本史料做出大致判断，没有跟从老子晚于孔子的说法的风向，而是坚持自己的认识，这在50年代，都是难能可贵的。因为在那个时代，正如陈鼓应所说，冯友兰的老子晚于孔子之说，不仅有学术上的问题，更有政治上的因素在起作用，所以李氏在那时能坚持自己的见解，是非常不容易的。

三、侯外庐《中国思想通史》论老子

20世纪50年代，侯外庐等将解放前写的《中国思想通史》和《中国古代思想学说史》的一部分增订修改，重新出版了《中国思想通史》。有关老子的论述集中在第一卷的《老子思想》这一章中。

关于老子思想的时代，侯外庐仍然是把孔、墨放在春秋时期，而把老子放在其后的战国百家争鸣一段，说明他认为老子晚于孔、墨。

关于老子思想的产生年代及社会根源，他认为问题不在于《老子》的成书年代，而在于老子思想的发生的时代。他在《中国古代思想学说史》中已提出许多证据论证老子思想为孔、墨显学的批判的发展，认为老子思想后于孔、墨。

他是从思想发展的规律来说明这一点的，认为孔、墨是"以其私学代替了官学，迎接他们所憧憬的新世界，即所谓国民显族的社会"①，为此他们用批判精神斥责了旧现实，而向往于新世界，这是孔、墨的共同特点。到了战国中叶，社会已是相对的显族社会，但不是孔、墨希望的那样，于是出现了老子这样的怀疑现实世界的思想家，提出了老子的思想，表现出对孔、墨的批判的发展。

侯氏这一说法，是预先设定一个社会模式的形成与发展，再把思想家的思想与这个预设的社会模式相对应，来看不同思想家之间的承接关系。但所预设的社会模式不一定符合历史事实，故在这样

---

① 侯外庐等：《中国思想通史》第一卷（上），见《侯外庐著作与思想研究》第九卷，长春出版社2016年版，第243页。

的前提下分析思想的发展演变，就很难成立。如把老子思想出现在战国中叶以后的推断，用后来发现的竹简《老子》的时代来对照，就可知是不够确切的。在本书第五章中对二三十年代老子问题争论的回顾一节中，已经说明根据郭店楚简本《老子》的年代，可以断定老子其人当如司马迁所记在春秋末年，与孔子同时。可知侯氏当年通过社会模式发展演变的方法来论断老子思想的形成年代，由于所设社会模式不够准确，而使他关于老子思想形成年代的说法也难以成立。这说明对于古代社会的历史的发展演变阶段的研究，还没有达到能够为思想史的发展演变提供确凿证据的程度。

按照侯氏的逻辑，必须先有某种思想，后来才会有对先有思想的批判，而形成后来的思想。但老子批判孔、墨思想的那些问题，并不一定就是孔、墨所特有的，而是自西周建立以来就已存在的思想观念，如侯氏所列举的"不贵其师""学不学，复众人之所过""辩者不善""博者不知"，不能肯定是老子对孔、墨思想的批判，因为这类说法不是到孔、墨才会有的，也没有确凿的证据证明这是孔、墨所特有的思想。所以这种思想分析的方法，还是存在着漏洞的。

他强调了老子思想对社会现实的不合理现象的批评，如"大道废，有仁义；智慧出，有大伪；六亲不和，有孝慈；国家昏乱，有忠臣"，"天下多忌讳，而民弥贫；民多利器，国家滋昏……法令滋彰，盗贼多有"，"民之饥，以其上食税之多，是以饥。民之难治，以其上之有为，是以难治"等。并分析了老子提出的解决这些社会问题的方法，如"不尚贤，使民不争；不贵难得之货，使民不为盗；不见可欲，使民心不乱。……常使民无知无欲，使夫智者不敢为也。为无为则无不治"，"绝圣弃智，民利百倍；绝仁弃义，民复孝慈；绝巧弃利，盗贼无有"等。这些梳理是有价值的。

在老子所属的阶级上，他同意苏联学者杨兴顺的看法，即认为老子代表了没落的公社农民。但这与冯友兰认为老子属于没落贵族阶级的代表一样，缺乏历史根据。侯氏的理由是因为老子提倡小国寡民，而这就是氏族公社的农民的幻想。但小国寡民只是老子的一种理想，不是某个具体的历史上的社会阶段，如果这样机械地理解，就不能掌握思想家的社会政治思想的普遍意义。况且小国寡民是不是氏族公社的社会形态，也是不能肯定的。总之，他把老子思想与一个他所认定的社会形态联系起来加以认识，而这个所认定的社会形态其实并不能在历史上加以确认，那么，这就决定了这种思想分析的方法有着缺陷，而不能真正把握老子思想的本来意旨。

关于老子的自然哲学，他认为战国以来，韩非、司马迁和王充从《老子》中的自然之义即从其天地"万物"和道德的"德"这一形而下的方面，吸取了唯物主义因素。汉代黄老之学从《老子》中的道德之义，即其伦理道德方面吸取了无为而治的因素。魏晋玄学如王弼、葛洪等，是吸取了《老子》中万物以上的形而上学的唯心主义因素。唐宋以来的道学，是从《老子》中吸取了道的唯心主义因素。明清之际的王船山是从《老子》中批判地吸取了自然之义。"可知对于《老子》一书，古人的处理是有极大的出入的。唯物主义者总是捉住老子的足，唯心主义者总是捉住老子的头"①。

侯氏过去写过有关老子思想的研究，如《中国古代社会与老子》等，强调老子在自然天道观方面的进步因素，分析了《老子》中道和德二元论的思想，即德以下的半截是和物质关联着的，德以上的半截（道）是脱离了物质实体的，就其思想体系而言，基本是唯心主义的。此书也没有改变这种认识，只是说得更为详尽。

关于《老子》中的唯物主义因素，他认为应该肯定《老子》"的确发展了春秋时代史墨诸人的朴素唯物主义的思想，洞察到自然界的一些大的规律性；同时否定了孔、墨的先王观点（把自然拟人化），而得出自然史根源的结论，敢于说'万物之自然''其鬼不神''其神不伤人'，给有神论以重大打击"②。《老子》在某些地方讲万物、讲物，是有唯物主义因素的，如"天下万物生于有"，"有，名万物之母"，"三生万物，万物负阴而抱阳"，"物形之，势成之"，这

---

① 侯外庐等：《中国思想通史》第一卷（上），见《侯外庐著作与思想研究》第九卷，长春出版社 2016 年版，第 249 页。

② 侯外庐等：《中国思想通史》第一卷（上），见《侯外庐著作与思想研究》第九卷，长春出版社 2016 年版，第 249—250 页。

些万物或物都是指物质实体，也指物质属性，包含着唯物主义的
因素。

而对于《老子》中的道，他认为："在其义理性方面而言，是有
一定的规律性的，而在反乎自然万物的性质上而言，是背离于规律
性的，而且其中并不含有物质的实体。"① 为此他分析了《老子》中
的"道"的用法。

第一类用法的"道"不是道的本身，也就是说不是"常道"，而
是"非常道"。第二类用法的"道"是与万物的性质相反。这类的道
不是物质的实体，而是与物质的实体相反，因此，道的规律性与万
物的规律性不相统一。但他这里所列举的《老子》中的说法，不能
这样解释，如"其在道也，曰余食赘行，物或恶之，故有道者不
处"，"天下万物生于有，有生于无（道）"，"玄德深矣远矣，与物
反矣"等。首先，"物或恶之""与物反矣"的"物"与万物不是同
样的意思。其次，万物与道是流与源的关系，道生万物，万物的规
律性要服从道的规律性，而不是万物的规律性与道的规律性不相统
一，只能说万物的本质属性与道的本质属性不相统一。但这不能证
明道不是唯物的，而是唯心的。第三类的"道"，用于物质生成之先
而和物质背向而行。如"道……似万物之宗"，"有物混成，先天地
生……字之曰道"，"道生一，一生二，二生三，三生万物"。这种道
是万物的本源、本体，但不能说这种道和万物背向而行，更不能说
是"和万物背向而反动，这显然是上帝的别名，也即所谓神秘力在
最初的一击"。这种理解明显是不符合《老子》的本意的。因为《老
子》的说法里，根本没有道和万物背向而反动、反行的意思，更没
有上帝的意思。上帝创造世界万物，是有意识的神，《老子》的道不
是有意识的神。可知侯氏这一论断是对老子思想的误解。

他又说，《老子》书中的"道"之陷于唯心主义，不但是因为其
义理性类似泛神论的神，而且是超越人类认识的彼岸的东西。凡是

① 侯外庐等：《中国思想通史》第一卷（上），见《侯外庐著作与思想研究》第九卷，
长春出版社 2016 年版，第 250 页。

否定了现实世界的可认识性，就不可避免地走向唯心主义。

关于老子的知识论，侯氏认为是唯心主义的，但又具有朴素的辩证法的观点。如"名可名，非常名"，是含有辩证法的因素的。"然而老子的名理，是基于相对与绝对的不可逾越性"，即对立物的斗争是相对的，"大象"或"道"是绝对的，二者之间不可逾越。也就是说，"大象"或"道""是不能从有名的认识方面知道，而是从超乎主观和客观的对立物，用玄想直观的方法得之。所冥想而得之者，是无形无迹的所谓'无状之状，无物之象'的'恍惚'"。①

关于老子的经济思想，他在这个问题上的认识仍与以前一样，把《老子》的"三十辐共一毂"章中"有之以为利，无之以为用"的"有"与"无"解释为两种社会属性。"当其有"是一种时代，"当其无"是另一个时代，是从"有"的时代发展而来的。为此他解释"无之以为用"的"无"是"非有"，指不私有。"当其无"，是指当车、器、室在非私有财产的特定阶段。总之，此章是说器物的使用问题，"有"指器物的形体，是器物所以能够成其为器物的基本条件，器物若是没有其形体，就意味着根本没有这种器物。这就是老子说的"有之以为利"。而"无之以为用"，则是说有形体的器物之功能、功用，则是通过器物的空缺部分（无）来实现和完成的，如车、器、室，都是需要其中有空缺部分，才能用车、器、室的功用。

另外，他认为老子说的"为无为，事无事"的社会中，不会有大小或多少的价值观念。这意味着，他认为这样的社会在经济上还没有商品意识。他还认为"我无事而民自富"的"富"，与一切经济思想中所规定的"富"皆相反，是消极意义的富，实际上是贫，或无富之富。在老子理想的社会中，富与贫没有物质的基础，在社会经济中没有价值关系存在，富与贫实在是同一物。

关于老子的国家学说，他认为小国寡民是氏族公社的社会，没有代表经济利益的阶级制度，虽有长者制，却是全体成员推选出公

---

① 侯外庐等：《中国思想通史》第一卷（上），见《侯外庐著作与思想研究》第九卷，长春出版社 2016 年版，第 259 页。

仆，没有统治阶级，也没有调和阶级冲突的国家力量。这仍是以氏族社会的预定为前提的，但他又引老子说的"朴散则为器，圣人用之，则为官长，故大制不割"，认为："'朴散则为器'，指无名之制转入有名之制；大制即'始制有名'之始制。这原始的制度根本没有阶级的割裂和对立。所以虽有长者，然'长而不宰'，即是说长而不统治。"①

他说老子的理想社会是小国寡民，其中没有阶级，没有统治者，没有国家机器。但老子又明确说治国的问题，还说国之利器，还说其上食税之多而使民饥，还说法令滋彰，盗贼多有，还说治之于未乱等，这都表明是有国家机器，有统治者，有阶级差别，有经济制度与法律制度的。当然这与老子理想的小国寡民有所不同，但小国寡民并不是说不要国家机器以及国家制度和统治者等，而是说国家的统治者要实行一种与现实社会政治不同的统治与政治，使国家与社会不产生那些问题，而成为一个良好的社会与国家。

关于老子的人性论和社会思想，侯氏认为这与他所预设的"有之"与"无之"的社会的情况是相应的，"有之"是私有的社会，"无之"是无私有的社会，因此两个社会的人性就不一样。他认为老子希望回到"无之"的社会中的人性上去，即"见素抱朴，少私寡欲"，有私就是伪，无私就是真，崇尚无私的常德。因此老子主张圣人之治要常使民无知无欲，圣人要无私、无身。

侯氏又分析了老子的社会法则论。侯氏指出，"一切形而上学的学说，大都想证明万古适应的社会法则，大都想拿自然秩序和自然运动的法则，和社会法则做合适的比况"②。老子确实有这种思想倾向，即把自然法则与社会法则统一起来。在中国古代，人们所见到的社会形态只有那些情况，他们不可能会想到人类社会在全世界范围内和长期的历史发展过程中会有许多形态出现，所以他们用自然

---

① 侯外庐等：《中国思想通史》第一卷（上），见《侯外庐著作与思想研究》第九卷，长春出版社2016年版，第272页。

② 侯外庐等：《中国思想通史》第一卷（上），见《侯外庐著作与思想研究》第九卷，长春出版社2016年版，第282页。

法则来规范社会法则，这在当时也是可以理解的。

四、任继愈对老子思想的阐释

任继愈（1916—2009），字又之，山东平原人。1934 年考入北京大学哲学系，1942 年起在北京大学哲学系任教。1956 年兼任中国科学院哲学研究所研究员。1964 年筹建中国科学院世界宗教研究所，任所长。1987 年至 2005 年，任国家图书馆馆长。著有《汉唐佛教思想论集》《中国哲学史论》等，主编《中国佛教史》《中国道教史》《宗教大辞典》《中国哲学史》等，主持编纂《中华大藏经》《中华大典》。

任继愈对老子的研究，在 20 世纪五六十年代，是第一个阶段。1956 年，他出版了《老子今译》。60 年代，其主编的《中国哲学史》出版，此书后来多次修订，不同版本之间对于老子思想的评价不尽相同。1973 年他又出版了《中国哲学史简编》。这里面都反映了任氏当时对老子思想的认识。

关于这一阶段的回顾，参考林可济的文章①，以及胡道静主编的《十家论老》一书中程新国的综述文章《任继愈与老子研究》，可以简述如下。

50 年代，中国学术界深受苏联的影响，认为哲学史就是研究唯物主义世界观及其规律的胚胎、发生与发展的历史，唯物主义是从唯心主义派别斗争中生长和发展起来的，因此哲学史也就是唯物主义与唯心主义斗争并战胜唯心主义的历史。所以在研究中，中国历史上的哲学思想，往往被不加分析地贴上唯物主义和唯心主义的标签，使丰富多彩的中国哲学史变得越来越贫乏，而且被判定为唯心主义的哲学家，不管在哲学的发展中有过什么样的重大影响与作用，都要与反动或落后挂钩，备受批判。

在这种时代背景下，要研究老子，首先要解决的重要问题，就是老子哲学究竟是唯物主义，还是唯心主义。任氏也是由此来分析

---

① 林可济：《任继愈〈老子〉研究中的方法论探索》，《福建论坛》2010 年第 1 期。

老子哲学的。在《中国哲学史》中，他认为老子是中国第一个唯物主义者，但在1973年出版的《中国哲学史简编》中，他改变了看法，认为老子属于唯心主义。

任继愈在《中国哲学史》中，根据"存在决定意识"的唯物主义的原则，从老子的身世及所处的社会地位、社会背景考察其思想的起源和形成，认为小官吏出身的老子代表农民小私有者利益，故产生了相对进步的思想。

任氏认为，春秋末期的哲学，主要问题是对"天"的看法，唯心论认为"天"是有人格意志的"神"或"上帝"，老子提出了"自然无为的天道观"和无神论思想，故他将老子思想界定为"朴素唯物主义"。

他根据《老子》中关于道的说法，认为老子的道是视之不见、听之不闻、搏之不得、恍恍惚惚的东西，无形无状，混而有一。道是宇宙唯一的存在，"先天地生"，为万物的根源。它是整体性的，在本质上既不可界定，也不可言说，不能以任何对象来限定，也不能将其特性有限地表达出来。所以"道"有时也叫做"无""朴""一"，是一种不受局限的、无终止的、一切事物的源泉与原始浑朴的总体。

老子还说"道常无名，朴虽小，天下莫能臣也"，又说"器"（万物）是由精气产生的，并把"道"和"器"作为同一的概念，指出"道"是无所不在的，它"与天地相似，故不违，知周乎万物而道济天下，故不过"，天下万物莫能违，它具有"范围天地之化而不过，曲成万物而不遗，通乎昼夜之道而知"。可知老子用"道"代替了"神"和"上帝"，"道"是老子唯物主义思想核心。

任氏还认为，老子学说中包含着朴素的辩证法思想。在老子看来，道不是静止不变的实体，而是永远不停息地流转与变迁的过程。道是整体与过程的统一。道具有否定性和潜在性，它创造和维持了每一特定的和实在的事物。在这个过程中，潜在变为现实，否定变为肯定，空无变为实有，一变为多，同时又伴随着相反的运动过程。相反相成的辩证公式决定了变迁的过程。

任氏指出，老子的道中包含着"静观""玄览"的认识论，如事物的发展，被老子视作阴阳、刚柔等两相对峙的力量、事物、原理之动态统合。在人生论上，老子强调"不盈""不争""致虚极，守静笃""柔弱胜刚强"，老子将这叫做"无为而无不为"，即不特意去作某些事情，依事物的自然性，顺其自然地去做。老子主张"为学日益，为道日损"，而学习知识要积累，用加法，一步步肯定，而把握或领悟道，则要用减法，一步步否定。老子认为，真正的哲学智慧，必须从否定入手，一层层除去表面的偏见、执着、错误，进入玄奥的深层。也就是说，面对一现象，要视之为表象，得到一真理，要视之为相对真理，再进而层层追寻真理之内在本质。

他还肯定了老子"小国寡民"的社会思想，认为反映了农民小私有者利益。老子认为社会从原始的"公天下"到后来的"私天下"的变化过程中，打破了原先保持平衡的道，于是，"失道而后德，失德而后仁，失仁而后义，失义而后礼。失礼者，忠信之薄而乱之首"。这是说，由于道的旁落，而后才需要强调人之内在的德，内在德性的削弱，才勉力保留起码的怜悯心、同情心与推己及人的仁。总体的道德原则仁沦丧后，才需要强调部分的道德原则和合宜、适宜的义行。义行丧失，则只有靠外在的秩序、规范等礼乐制度来约束人的行为，并维系社会，包括使财产与权力的分配秩序化。但这些都解决不了问题，故而只有回到原来的和谐社会中，人民才能安康，实现"我无为而民自化，我好静而民自正，我无事而民自富，我无欲而民自朴"的社会。

任继愈对老子哲学的研究，还反映在他对《老子》的注释上。1956年，他为在北大读书的外国留学生讲授老子哲学。在讲义的基础上，参照历代注释，整理出版了《老子今译》。后来根据湖南长沙出土的帛书《老子》，对此书进行修订，改名《老子新译》出版。几年后，他把《老子》重译一次，出版《老子全译》。湖北荆门楚墓出土竹简本《老子》后，他第四次翻译《老子》，即《老子绎读》。"绎读"的"绎"有阐发、注释、引申的含义，由此可以看出他对老子思想的理解。

在《老子绎读》的附录中，有题为《我对〈老子〉认识的转变》一文，其中说自己在《老子》研究上存在着方法的问题：在认为老子是中国第一个唯物主义者时，"没有充分的证据把老子属于唯心主义者的观点驳倒"；在认为老子属于唯心主义时，"也没有充分的证据把主张老子属于唯物主义者的观点驳倒"。"这迫使我停下来考虑这个方法对不对。……如果说方法不对，问题出在哪里？我重新检查了关于老子辩论的文章，实际上是检查自己，如果双方的论点都错了，首先是我自己的方法错了"。

所谓方法，就是简单地套用从苏联传来的用唯物主义和唯心主义两大阵营来划分古代哲学家及其思想的方法。他后来意识到这种方法的错误，即在《中国哲学发展史·先秦》中说的："思维与存在的关系问题，古代已经存在，但古人没有明显意识到这一点，不像后来那么清楚，古代的先进思想家只是朦胧地探索着前进的途径。思维与存在谁是第一性的问题，到近代才明确起来。"这说明古代的中国思想家并没有以这样的问题为中心来阐述自己的思想。他又回顾了20世纪五六十年代关于老子哲学的争论中的不足之处，认为唯物主义和唯心主义两派都有一定的根据，但根据不充分。双方都把老子的思想说过了头，超出了老子时代（春秋）的人们的认识水平。唯心主义派方法有错误，错在把老子的唯心主义体系与近代唯心主义哲学相类比，把老子的道比做黑格尔的"绝对精神"。唯物主义派同样把老子的道解释为"物质一般"，这个概念是近代科学以前不可能有的。两派犯了把古人现代化的错误，所以，才硬要给老子戴上唯心或唯物的帽子。

他还专门撰写了《老子研究的方法问题》发表在《中国哲学史研究》1981年第1期，对五六十年代关于老子争论中的研究方法问题进行分析，虽然，他主要是反思自己的方法，但此文中的观点，可以说不仅是对任氏自己，也是对那个时期中国学者研究老子哲学的整体方法的反思。

他认为，解放后，哲学史工作者学习用马克思主义的观点、方法研究哲学史，认为全部哲学史是唯物主义与唯心主义的斗争。为了阐明哲学的发展状况及其规律，就必须把每一派哲学家的性质搞清楚，不属于唯心主义，即属于唯物主义，没有中立地带。解放后集中探讨老子的哲学是唯心主义还是唯物主义，写了不少文章，结果没有争出个分晓，任何一方都没有把对方说服。十年动乱以后，学术界又提出了这个问题，第二次开展关于老子哲学的讨论。

他说自己在 1963 年出版的《中国哲学史》中认为老子是中国第一个唯物主义者，在 1973 年出版的《中国哲学史简编》中则认为老子属于唯心主义。主张前说和后说时，都没有充分证据把对方的观点驳倒。其中的原因是对老子的哲学体系没有讲清楚，或者说自认为讲得很清楚，但没有很好地解决反对者的质难，等于没有讲清楚。实事求是地讲，过去的两种主张，都有问题。

他认为研究老子，要坚持历史唯物主义，要"知人论世"。但当时对老子所处的时代的社会历史特点的认识一般化，关于老子思想和他的阶级地位，没有拿出充足的根据来，还疏忽了文化发展的地域差别。在古代，经济、文化交流的机会远不及近代各民族国家频繁，由地域带给哲学家的烙印是深刻的。以春秋战国为例，当时在中国范围内，至少有四个地区的文化各具特色：有邹鲁文化（孔孟学派），它保持周代的传统最多；有三晋文化（申、韩），是法家思想的策源地；有燕齐文化（管子、稷下，五行学说），为后来黄老、方士的故乡；有荆楚文化（老子、庄子、屈原等思想家）。若不具体分析，只笼统地讲奴隶主阶级与地主阶级，不足以说明各家各派的个性。

50 年代以来关于老子的研究文章、著作，没有讲透的地方不少，但更多的失误，不是没有讲透，而是讲得太"透"，以至超出了《老子》本书及其时代可能达到的认识水平。因而讲得越清楚，离开《老子》本来面目越远。

主张老子是唯物主义的人们，把道解释为"物质实体"，就不对，至少不确切。春秋时期，不可能有近代哲学的"物质实体"的观念，老子不可能有这样明确的唯物主义观点。主张老子是唯心主义的人们，把道说成"绝对观念"或"超时空"的观念。"物质实体"或"绝对观念"不仅老子本人没有，先秦任何一个哲学家都没有。哲学史工作者的任务在于把古代哲学思想用现代语言讲清楚，既不增加也不减少。替古人讲了他们还没有认识到的观念，就造成了方法上的失误。

历史唯物主义者要把古人不大清楚的观念、范畴，如实地、准确地讲出来。过去往往失去了分寸，替古人讲清楚，反而造成了混乱，主观上要求有科学性，客观上造成不科学的结果。

讲哲学史必须牢牢抓住发展观，缺少发展观，往往只看见哲学家的部分言论，忽略了哲学家所起的作用。三十年来，用唯物主义与唯心主义的斗争作为哲学史发展的主要线索，但没有真正理解马克思主义的哲学史的精神实质。唯心主义与唯物主义清楚地分成两大阵营，是近代哲学的特点。在古代，有唯物主义与唯心主义的阵营，但不像近代哲学这样壁垒森严。这两大阵营各有各的体系，如自然观、认识论、方法论、逻辑学，在各自的体系内占有一定的位置，它们之间基本上是协调的，不协调的是例外。而在古代，更多是不协调，比如认识论和自然观有时不一致；这方面是唯物主义的，另一方面则是唯心主义的。同一个哲学家的思想体系里，自我矛盾的情形也是有的，这就是常说的"不彻底性"。不彻底的哲学家，随处都是，这就要求哲学史工作者慎重地划分阵营，

老子研究容易犯"一刀切"的毛病，这也是双方争论不得解决的一个原因。有的句子，老子自己没讲清楚，更多的情况下，连老子自己没有想到过，我们一定要把它分类、归档，就难免生硬处理。《老子》书中有些话，一望就知是唯心主义或唯物主义的，这个好办，但确有一些话，可以这样理解，也可以那样理解，而这一类的话在《老子》中占有相当数量。如果这类的话恰恰是关键性的、结论性的，那就更增加了研究中的麻烦。过去是看它的基本倾向性来定唯物主义或唯心主义，这不失为一个办法，也能言之成理，但用来说服对方，往往无效，因为基本倾向性不能代替确凿的结论。

如果把哲学史看作人类认识发展史，衡量某哲学家或某学派的作用、地位，主要看其在认识发展中所起的作用，提出了什么新的

范畴，解决了什么新问题，在人类认识世界的过程中有没有贡献，贡献是大是小，那么，即使遇到像老子这样难以划分唯物主义或唯心主义的哲学家，也不难安排一个适当的历史地位。在认识史上有贡献，该肯定就大胆肯定，不必因为他有唯心主义的观点，就缩手缩脚。没有贡献，只是重复前人的结论，又不能推动认识的前进，即使是唯物主义者，也不能在哲学史上把他摆在重要的地位。

从哲学史的发展来衡量老子，看他提出的命题，如无神论的天道观、强调自然规律必然性、第一次提出"无"作为万物之本的负概念，都是人类认识前进的重要里程碑，这就用不着被唯物主义和唯心主义的长期纷争困扰而不能前进。

当然，老子的哲学是唯心或唯物，还可继续探讨，可以在自然观、认识论等方面分别定性，也可以根据它的总倾向概括定性。但不要再像过去那样，替古人说他还没有可能想到的话，不拔高古人来为今人论证。

任氏的这一反思，在今天看来，还是不彻底的，因为他说对老子的哲学是唯心或唯物，还可继续探讨。但当今的学者，应彻底地从这个框中跳出来，老老实实地从解读《老子》的全部文本的全部含义出发，不套用老子之外的哲学概念，不论是唯物的或唯心的，还是其他西方哲学流派中的概念，都不先入为主地套到老子哲学思想的头上身上，再来按照这些外来概念解释老子的思想。况且，人们对这些老子之外的哲学概念的理解也不一定完全符合提出这些哲学概念的哲学家的定义与理解，以及这类概念在那些哲学家的思想体系中真正的含义，直接拿来套用，肯定又会造成研究老子哲学的困扰与新的错误。另外，关于从历史背景出发研究老子哲学的方法，总体上可取，但亦存在不周之处。如地域文化与老子思想的关系，时代特点与老子思想的关系，思想史发展源流与老子思想的关系，阶级划分与老子思想的关系，这一类的方法不是不能用，但必须把地域文化、时代特点、思想史发展过程、阶级划分等问题实实在在地具体地研究清楚，才能把它们与老子思想的研究结合起来。如果学者对这些相关因素本身还是混沌不清的，匆忙把它们与老子思想的研究结合起来，也同样会造成新的错误。任氏在 80 年代初对五六十年代老子研究中的问题的反思与检讨，还不能摆脱时代观念的影响，所以也还是不够彻底的。

五、关锋对《老子》的认识

关锋（1919—2005），本姓周，名玉峰，字秀山，笔名古棣等，山东庆云人。"关锋"是抗日战争时期用的化名，一直沿用。建国后，曾任中央政治研究室哲学组组长、《红旗》杂志常务副总编。"文化大革命"开始后，任中央文化革命小组成员、中央军委文革小组副组长。1967 年被隔离审查。1982 年出狱。著有《王充哲学思想研究》《孙子军事哲学研究》《庄子内篇译解与批判》《法和法学发生学》《惠施思想及先秦名学》《老子通》等。

关锋对老子的研究分为 20 世纪 50 年代到 60 年代前期和 1982年以后两个时期。以下关于关锋前期老子研究情况的论述，参考李毅强的《关锋及其老子研究》[①] 一文。

50 年代，关锋开始研究老子思想，1963 年由人民出版社出版的《春秋哲学史论集》中收有其六篇关于老子哲学的文章。在这些文章中，关锋认为，老子的思想属于客观唯心主义，是春秋时代的社会实际于没落奴隶主在野知识分子头脑中的反映。

在 1959 年 5 月中国哲学学会召开的会议上，关锋有题为《论老子哲学体系的唯心主义本质》的发言，从三方面论证了老子的思想实质：第一，从老子对道的叙述中证明老子的道是绝对精神，而不属于物质范畴，不是原子、混沌、精气、客观规律等，这是从老子的宇宙观（本体论）证明老子哲学为唯心主义。第二，从老子的方法论和宇宙观的逻辑关系，证明他的辩证法是建立在唯心主义基础上的。第三，从老子的认识论和宇宙观的逻辑联系，证明他的宇宙观是唯心主义的。在五六十年代，他对老子思想的认识就是以这三个观点为主的。

---

① 见胡道静：《十家论老》，上海人民出版社 2006 年版。

他被隔离审查后，仍有研究老子思想，出狱后不久，写出了《老子通》。在该书总序中，他说："在六十年代前后，我认为老子哲学是客观唯心主义的……过去，对他的辩证法的唯心主义性质……注意得多……对老子的认识论也是着重它的从内到外的唯心主义认识路线……"① 这就可以基本上掌握他在五六十年代的研究概貌。关于他在 80 年代的老子研究，在本书第十章中加以论述。

第二节　五六十年代关于老子研究的争论

五六十年代，中国学术界掀起了讨论老子的热潮。各报刊发表了近百篇论文，对老子、《老子》书及老子哲学的性质等问题展开了广泛而深入的讨论。

这场讨论是由冯友兰和任继愈的文章引发的。冯友兰在《新建设》1951 年第 4 卷第 4 期发表《老子是古代中国具有唯物论概念的哲学家吗？道家哲学在认识论方面是属于唯心论吗？》，认为老子在认识论上是唯心主义者，但在宇宙观上，在道的学说方面，则是唯物主义者。任继愈于 1954 年 7 月 28 日和 8 月 25 日在《光明日报》发表《老子的哲学》（上、下），认为老子在孔子之前，《老子》书虽非老聃所著，但其中主要思想是老子的思想。并认为老子是没落贵族出身的隐士，他的思想反映了自耕农民小私有者的要求，但其学说还是为统治阶级服务的，并论述了老子哲学是朴素唯物论和自发辩证法的统一。

之后陆续有介人、《光明日报》编者、杨柳桥、胡瑞昌、杨超、苏联学者杨兴顺、金景芳、高亨、张岱年、詹剑峰、车载、杨向奎、周继仁、陈孟麟、冯憬远、关锋、林聿时、汤一介、周建人、杨荣

---

① 古棣：《〈老子通〉总序》，见《老子通》上部《老子校诂》，吉林人民出版社 1984 年版，第 4 页。

国、庞朴等发表文章参与讨论，冯、任也继续撰文阐释观点。

1959年5月，中国哲学学会为纪念五四运动四十周年举行了中国哲学史讨论会，会上人们继续对老子哲学问题展开论争，焦点集中在《老子》书是什么时代的作品，与老子的关系如何，老子哲学属于唯物主义还是唯心主义。之后，中华书局出版了《老子哲学讨论集》，收入关于老子哲学的论文16篇，前9篇主张是唯物主义，后7篇主张是唯心主义。其中冯友兰、任继愈、汤一介、詹剑锋、胡曲园等人持前一种观点，关锋、林聿时、车载、杨国荣、周建人持后一种观点。大家争论分歧颇大，一直持续到60年代上半叶，仍不能形成一致看法。但对中国思想史和老子思想素有研究的侯外庐却没有参与这场争论。

在这个时期，也出版了几种研究老子的著作，如苏联杨兴顺的《中国古代哲学家老子及其学说》（科学出版社1957年版）、车载的《论老子》（上海人民出版社1959年版）、罗根泽的《诸子考索》（人民出版社1958年版），还有对《老子》的注释和今译著作，如任继愈的《老子今译》（古籍出版社1956年版）、杨柳桥的《老子译话》（古籍出版社1958年版）、朱谦之的《老子校释》（上海龙门联合书局1958年版），马叙伦的《老子校诂》（古籍出版社1956年版）和高亨的《老子正诂》（中华书局1959年版）也重新出版。

对于老子其人，多数意见认为，在春秋末期比孔子稍早或同时，有老子这个人，因为先秦的许多典籍如《荀子》《韩非子》《吕氏春秋》及《墨子》佚文中，都描绘了思想面貌大致相同的老子。因而，老聃的存在是不应该怀疑的，但老子其人和《老子》书应该区别开来。也有人对《史记》的记载提出异议，但也未能形成公认的结论，只是推论与怀疑。

关于老子和《老子》书的关系，一种观点认为，《老子》书虽非老子亲手所写，但书中的思想是老子所固有的，《老子》的成书有一个过程，先秦的典籍很少由个人执笔写成的，而是由门徒不断发展、补充，经过若干年才成为定本，不能因为《老子》书中有战国时代思想的一些迹象，就否定老子是《老子》书的基本思想的奠基人。

另一种观点认为先秦的学术发展有一条规律，即章学诚所谓孔子之前"无私人著作之事"，《老子》书是一部私人著作，说它出现在孔子以前，不符合这一规律。从思想发展的角度看，先有人主张一种思想，之后才会有与之不同的思想，因此孔子与墨子在老子之前，老子的思想是对孔子墨子的后起的批判。再从人们认识世界的发展规律看，应该是从具体到一般、从特殊到概括的过程。《老子》中一些主要的概念范畴如道、常、无、有等都是很概括的，应该是在相当长期的互相批判、互相提高的过程中，逐渐达到的。所以，《老子》书的哲学体系应该确立于战国。

另外，郭沫若则坚持他在《稷下黄老学派的批判》中的观点，认为《道德经》是环渊所著的《上下篇》，环渊就是关尹，后经传说而演化为老聃为关门令尹著《上下篇》。总之，在这个问题上，由于史料有限，大家的争论是各方都不能说服对方，最终不了了之。

在《老子》书代表哪个阶级的利益问题上，也有较大分歧。一种观点认为，《老子》书代表没落贵族的思想。另一种观点认为，《老子》书的思想反映了当时小奴隶主的要求。第三种观点认为，《老子》书代表没落公社农民的思想。还有一种观点认为，《老子》书部分反映了自由农民和小生产者的要求。对于这些说法，笔者在分析一些学者的相关论述时，已经说明了这种套用马克思主义阶级分类及斗争的思想来为古代思想家定性定位的方法，是缺乏科学精神的。

在老子哲学是唯物主义还是唯心主义的这个问题上，唯物论者中，有以下几种不同的具体看法：

第一种意见认为，老子的朴素唯物论中，渗透了深刻的自然辩证法思想，但又含有唯心主义的因素。第二种意见认为，老子从直观的角度推测自然，从无限的、无形的物质中去寻求万物的本源，但他不理解对立面的斗争，一味地主张从消极的方面来消解对立，陷入唯心主义窠臼。第三种意见认为，老子哲学充满了怀疑和批判的精神，提出并试图解决孔子已经意识到但却无法解决的问题——万有实体及其规律性问题，但由于其"道"的概念的模糊性，所以仍属于自发的唯物主义。第四种意见认为，老子属于古代静观和直观的唯物主义，有不正确的理性主义倾向。

认为老子哲学属唯心主义的人中，概括起来，也有几种不同的意见：

第一种意见认为，老子虽然给了道以客观的形式，但道的本质却是精神性的，观念的，因此其本质是唯心主义的。第二种意见认为，在老子哲学体系中，既包含了丰富的唯物主义因素，又极大地充实了唯物主义内容的唯心主义体系，是客观唯心主义哲学。第三种意见认为，老子的道是生于"物""象"之先，说明老子哲学的前半截是唯心主义的，而后半截才具有唯物主义的因素，但基本上应该归之于唯心主义。第四种意见认为，与孔子、墨子哲学体系中的人格神比较起来，老子的道是较为客观、较为远离、较为一般的，而且在老子论到"德"的时候，就向唯物主义动摇过去。老子唯心主义的哲学体系，又含有唯物主义的因素。①

但是，把一种哲学归为唯物主义还是唯心主义，这一分类法实际上是苏联学者在不能系统与正确掌握恩格斯相关说法基础上形成的一种机械式的哲学史研究观念，它不能如实反映哲学史的实际情况。在任继愈的反思中，也提到了这一点。这就说明这种分类的定性方法，不太适合于老子的研究，因此，在改革开放后，人们就逐渐抛弃了这种研究方法。所以，今天回顾当时的争论，就能从其中找到许多不能自圆其说的例子。而对这种研究所形成的论著的内容，也就没有必要再做详细的分析与论述了。

在这场争论中，人们也注意到研究方法的问题。如冯友兰认为不能将老子哲学现代化，要承认古代哲学思想是简单的，朴素的，远没有现代哲学的复杂和细致，所以他反对直接套用西方近现代哲学的概念来分析老子的思想。这一说法是有道理的，但冯氏在具体的分析当中，实际上也不能坚持这一点。他反对人们直接套用西方近现代的哲学概念，而他则套用西方古代的哲学概念，性质是一样的。即不能把西方的哲学概念直接套在老子的思想头上身上，不论

---

① 参见熊铁基等：《二十世纪中国老学》，福建人民出版社 2002 年版，第 236—238 页。

那些哲学概念是古代的还是现代的。

　　冯友兰还提出一个观点，认为必须认真地以《老子》书为依据而又不局限于《老子》书，即必须把从先秦至汉代的所有的道家思想资料收集在一起，进行分析比较，确定他们所用术语的意义，才能不犯望文生义的错误。为此，他在《北京大学学报》1959年第4期发表了《先秦道家这些主要名词通释》，但他的解释，还是用西方的抽象解析方法，故虽然收集了很多的思想资料，也不能保证做到解释完全契合《老子》及先秦道家的本意。如将老子之道解析成"无""常""其大无外，其小无内""周行""无和有的统一"五大特点，这种方法最终还是把名词概念与全部文本的语境割裂开来加以解释，故仍然不能做出符合老子思想本意的解释。这说明这种方法还有深入思考的必要，并不是能够简单就做到完善地步的。

　　还有些学者在阐述自己的观点时，非常注意论述的逻辑性。如关锋、林聿时在《论老子哲学体系的唯心主义本质》[1] 一文中，从老子的道、方法论、认识论、天道观四方面论述老子哲学的唯心主义本质。在论老子的道时，首先论证道的基本规定性，认为道是常无、常有的统一，是虚无，是超时空的绝对，是产生宇宙万物的总根源。由此否定了道是唯物主义的物质属性。又论证道不是原子、精气、混沌，不是唯物主义的物质范畴或客观规律。最后形成结论：道是绝对精神，老子宇宙观属客观唯心主义。

　　但这样的方法还是不够严谨精密，如通过论证道不是原子、精气等，而认为道不是唯物主义的物质范畴或客观规律，这一结论就不够严谨。认为老子宇宙观属客观唯心主义的，就承认道是客观的，而道对万物有着本体和总规律的作用，这是根据《老子》书中的说法所能看得出来的，所以说道不是原子、精气、混沌，并不能证明道不是客观规律。而把道说成是绝对精神，则没有实实在在的证明，因为道是虚无也好，是超时空的绝对也好，这都不能说就是绝对精神。绝对精神是黑格尔哲学里的概念，直接套用到老子的道的解释

---

① 　见《哲学研究》1959年第6期。

上，是不严谨的。所以虽然注意了逻辑推论的方法，也注意了对概念和范畴的规定，但在实际的界定上，还是不能坚持到底，存在着疏漏之处。最主要的原因就是人们喜欢用一些从其他哲学里拿来的概念解释老子的概念，而对原来的概念则没有严格的界定，所以这样移用或套用，就会产生概念与概念的不对等。这是不符合逻辑学的方法和规则的。然而这是当时的学者普遍存在的问题，虽然他们也很注意在方法上争取科学性和严谨性，但由于对西方哲学的学习与理解存在着先天的不足，而在自己的思维上形成了自己觉察不到的疏漏之处，从而影响了学术研究方法，无法使相关的研究达到严谨精密的科学程度。

第三节　70 年代的老子研究

这一时期基本处于"文化大革命"之中，真正的学术研究不能正常开展，但由于新发现了帛书《老子》，而使老子研究在 70 年代这样的特殊时代中，也有了特有的发展。

1973 年 12 月，在湖南长沙马王堆三号汉墓中，出土了大批帛书，内容涉及先秦多种著作。其中有两种写本的《老子》，经整理后称为甲本和乙本。甲本抄写的年代在汉高祖时期，乙本抄写的年代在汉文帝时期。这两种写本是当时所能见到的《老子》的最古版本。

帛书《老子》出土后，相关研究随之出现，到"文化大革命"结束前，出现了一批研究成果，主要有翟青的《〈老子〉是一部兵书》[①]、高亨和池曦朝的《试谈马王堆汉墓中的帛书〈老子〉》[②]、龙晦的《马王堆出土〈老子〉乙本卷前古佚书探源》[③]、上钢五厂第二

---

① 见《学习与批判》1974 年第 10 期。
② 见《文物》1974 年第 11 期。
③ 见《考古学报》1975 年第 2 期。

中心试验室工人理论组和复旦大学延风的《韩非对〈老子〉思想的批判改造》①、砺冰的《"法令滋彰"还是"法物滋彰"？——读帛书本〈老子〉札记》② 等论文，还有 1976 年 3 月由文物出版社出版的《马王堆汉墓帛书老子》，这是帛书《老子》的整理本，包括甲本释文、乙本释文、甲本乙本傅奕本对照表以及上述翟青、高亨等的论文。但对帛书《老子》的研究，并没有深入老子哲学思想的研究层面，也没有将通行本《老子》与帛书《老子》进行比较研究。

随着"文化大革命"的结束，在 70 年代末，老子研究成果有所增加，成为改革开放以后的研究的铺垫。如张松如的《〈老子〉校读》③、周采泉的《马王堆汉墓帛书〈老子〉甲本为秦楚间写本说》④、高亨的《关于老子的几个问题》⑤、朱贻庭的《论〈老子〉的朴素辩证法思想》⑥、刘毓璜的《论老子其人和〈老子〉其书》⑦、钱念文等的《〈老子〉是一部兵书吗?》⑧、张磐石的《论"道"的物质性和老子哲学体系的唯物主义性质》⑨、张志哲的《老子哲学思想新探》⑩、王哲仁的《谈老子的辩证法》⑪、张岱年的《老子哲学辨微》⑫、张立文的《略论老子》⑬、张吉良的《论老子哲学思想》⑭、孔庆明的《略论〈老子〉的治国之道》⑮ 等。

这些文章，基本上还是沿着六七十年代研究的固有思路，但已

---

① 见《历史研究》1975 年第 3 期。
② 见《历史研究》1976 年第 2 期。
③ 见《社会科学战线》1978 年创刊号及第 2 期。
④ 见《社会科学战线》1978 年第 2 期。
⑤ 见《社会科学战线》1979 年第 1 期。
⑥ 见《辽宁大学学报》1979 年第 1 期。
⑦ 见《历史学》1979 年第 2 期。
⑧ 见《宁波师范专科学校学报》1979 年第 2 期。
⑨ 见《学术研究》1979 年第 2 期。
⑩ 见《杭州大学学报》1979 年第 3 期。
⑪ 见《北方论丛》1979 年第 4 期。
⑫ 见《中国哲学史论文集》第一辑，山东人民出版社 1979 年版。
⑬ 见《中国哲学史论文集》，吉林人民出版社 1979 年版。
⑭ 见《中国哲学史论文集》第一辑，山东人民出版社 1979 年版。
⑮ 见《吉林大学学报》1979 年第 6 期。

能结合新出土的帛书《老子》进行研究，体现出一定的新气象。如刘毓璜在《论老子其人和〈老子〉其书》一文中，将帛书《老子》与通行本《老子》结合研究，认为通行本《老子》与帛书《老子》有许多不同，这种不同是经过有目的的篡改而造成的。这种篡改，泯灭了老子道德论的灵魂，阉割了其内在的活力，将以退求进、志存伏枥的老子改扮成了彻底避世厌世的老子。因此主张通过对比今本《老子》和帛书《老子》存在的分歧，进行《老子》的校订工作。也有人对老子其人进行新的考证，如高亨在《关于老子的几个问题》一文，根据《史记·老庄申韩列传》，对照《左传》，提出老聃是《左传》所记载的东周的老阳子。还有人重新探讨老子和孔子是否同时代的问题。如张岱年在《老子哲学辨微》中提出，过去人们认为老子与孔子同时代的一个重要理由，就是《论语》中没有关于老聃或《老子》思想的评论。但这种说法并不准确，在《论语》中有关于老子学说的反映，如"以德报怨""以直报怨，以德报德""报怨以德""无为而治"等，而且从《中庸》看，也有老子学说的反映。因此认为孔、老同时的说法不是虚构的，老聃其人生存在春秋末年是可信的。

对于老子的思想也进行了新的探讨，如孔庆明的《略论〈老子〉的治国之道》①一文，根据黄老思想在西汉的作用，结合帛书《老子》，研究《老子》治国之道的原本含义。认为《老子》的中心思想是"惟道是从"，"道"是支配天地万事万物产生变化的力量，"道"无所不包，无所不在，圣人君上只要遵守"道"，万事皆可"功成事遂"。《老子》的社会政治思想就是"顺乎自然"地治理国家，让社会在自然的规律中，自由自在地、自发地去发展。因此《老子》中的许多说法都可以与这样的治国之道联系起来，如"不尚贤，使民不争""不见可欲，使民不乱。圣人之治，虚其心，实其腹，弱其志，强其骨，恒使民无知无欲，使夫知者不敢为也""绝仁弃义""治大国，若烹小鲜""夫兵者，不祥之器也""不得已而用之""民

---

① 见《吉林大学学报》1979年第6期。

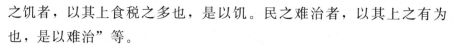

之饥者，以其上食税之多也，是以饥。民之难治者，以其上之有为也，是以难治"等。

也有学者对《老子》与用兵之道的关联进行了研究，如朱贻庭的《论〈老子〉的朴素辩证法思想》中认为《老子》中确有一些兵家之言、用兵之道，反映了一些朴素的辩证法思想。老子反对用兵，反对战争，却又重视用兵之道，他认为其目的不是用兵，而是为了政治，要使原本具有朴素辩证法的用兵之道，转化为政治之术。

对于老子哲学的性质，这个时期仍然存在唯物主义和唯心主义的对立观点，没有摆脱原来的研究思路。

在 70 年代末期的老子及其思想的研究中，不少论著开始打破"唯物唯心两军对垒"的研究模式，不再根据唯物主义还是唯心主义的标准来评定老子思想，而把老子思想与时代思潮及其他思想联系起来加以研究，如考察老子思想与庄子思想的关系、老子与稷下道家的关系、老子与秦汉新道家的关系、老子与魏晋玄学的关系、老子与道家的关系等，这表明人们逐步把老子思想的研究纳入整个古代思想史的整体语境中加以认识，而不再使用某种外来的固定的概念来认识老子的思想及其在中国思想史上的影响与地位问题。

第四节　帛书《老子》及《老子》的文献学整理

一、帛书《老子》的整理

长沙马王堆帛书《老子》出土之后，文物出版社于 1976 年 3 月出版了《马王堆汉墓帛书老子》，由马王堆汉墓帛书整理小组作了释文、标点和注释。为了保存帛书的真实性，该书释文未按通行本分章，仅在篇前补加"德经""道经"作为篇题。为了便于阅读，释文不严格按照帛书字体，对于古体难以辨别的字，一般多用通行字排印。帛书中的异体字、假借字，在释文中随文注明，或在注释中说明。帛书中抹去及未写全的废字，原有夺字和衍字，释文不作增删，在注中加以说明。帛书中的错字，随文注出正字。帛书残缺部分，按所缺字数据它本补足，首先用甲乙两本互补，两本俱残或彼此字数有出入之时，选用传世诸本补入。该书附有《老子甲本乙本傅奕本对照表》，表中的分章，以唐代傅奕校订的《道德经古本篇》（明正统《道藏》本）为准，对帛书甲本、乙本力求保持原样，衍字、错字、异体字、假借字的某些古字以及重文符号等照排，残缺字空出。甲本、乙本、傅奕本对照，各本的特点一目了然，为进一步研究提供了极大的便利。

此书还附录了高亨、池曦朝《试谈马王堆汉墓中的帛书〈老子〉》一文，此文考辨了帛书《老子》的时间、《德经》与《道经》的编次、帛书《老子》的分章、帛书《老子》的传本以及帛书《老子》的文字等问题。

关于帛书《老子》的抄写年代，该文根据帛书的字体以及用字中的避讳情况等，判定甲本是刘邦称帝以前抄写的，乙本是刘邦称帝以后、刘盈刘恒为帝以前抄写的。

帛书《老子》甲乙两本都是《德经》在前，《道经》在后，《德经》是上篇，《道经》是下篇，这是否是《老子》原书的编次，作者没有强行定论，只是推论《老子》传本在战国期间，可能就已有两种：一种是《道经》在前，《德经》在后，这当是道家传本；另一种是《德经》在前，《道经》在后，这当是法家传本。

现存《老子》传世本大部分都分八十一章，而帛书甲乙两本都不分章，该文认为不分章是《老子》书的原样。

甲乙两本存在着许多歧异，该文认为，乙本不是抄自甲本，两本是根据不同的传本抄写的。《老子》在战国时代已流传很广，不仅道家引用《老子》，墨家、法家也引用《老子》，出现了多种传本。甲乙两本文字多歧异，正是《老子》不同流传系统的一个反映。

该文还认为《老子》传本很多，书中的文字问题尚未完全解决，因甲乙本时代古，手迹真，可以订正后来传世本中的文字及章次的一些错误。先秦古籍文字多用借字，后人传抄过程中，做了许多改

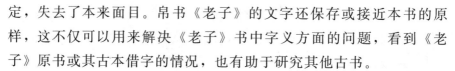

定，失去了本来面目。帛书《老子》的文字还保存或接近本书的原样，这不仅可以用来解决《老子》书中字义方面的问题，看到《老子》原书或其古本借字的情况，也有助于研究其他古书。

此文的这些分析与判断，对于研究帛书《老子》以及传世本《老子》，都有重要的参考价值。

二、朱谦之《老子校释》

朱谦之（1899—1972），福建福州人。17岁考取北京高等师范学校，后进入北京大学哲学系学习。1929年留学日本。回国后在暨南大学、中山大学等校任教。1950年到北京大学哲学系任教，1964年调中国科学院哲学社会科学部世界宗教研究所任研究员。著有《周易哲学》《老子校释》《中国哲学史史料学》《日本的朱子学》《中国哲学于欧洲之影响》等。

《老子校释》写成于1954年，但不断修改到1957年，作了许多补充，使之更为完善。

朱氏在《后记》中说明了自己在选本、校勘、训诂、音韵等方面的情况。选本"以唐易州龙兴观《道德经》碑本为主，次取敦煌写本与遂州碑本参订。石本于《御注》、广明、景福以外，更参考楼正、邢玄、庆阳、磻溪、高翿、赵孟𫖳诸本。钞本参考奈卷及室町时代钞本。刻本王本除用明和宇惠本外，更参考《道藏》本、范应元引王本，与《道藏》宋张太守汇刻四家注本。河上本除用宋刊本外，更参考《道藏》李道纯《道德会元》所用章句白本。又如傅、范古本，夏𫗧《古文四声韵》所引《古老子》，及托名王羲之帖本等"①，均加以选用。后又作了补遗，增加了敦煌残卷中的道士索洞《玄经》写本、敦煌六朝写本张道陵《老子想尔注》残卷。一共收集了各种版本105种，参考书则有146种，可以说是当时所能收集最完备者。

在校勘方面，"以严可均《铁桥金石跋》中《老子唐本考异》所

---

① 朱谦之：《老子校释》，中华书局1984年版，第333页。

校三百四十九条为主，魏稼孙《绩语堂碑录》，或正严误，或补严阙，共四十三条，次之。余如纪昀、毕沅、王昶、吴云之校《老子》，乃至罗振玉之《道德经考异》，何士骥之《古本道德经校刊》，凡与碑本校勘有关者，无不尽力搜罗"①，务使《老子》文字得以接近于本来面目。

在训诂方面，"所采旧注有王念孙、孙诒让、俞樾、洪颐煊、刘师培、易顺鼎、马叙伦、陶鸿庆、奚侗、蒋锡昌、劳健、高亨、于省吾诸家，间亦采取日本大田晴轩、武内义雄之说。案语则随文声叙，或出己见，其中有特重声训之处，说本朱骏声《说文通训定声》"②。还注意楚方言与《老子》的关系，如第四十五章"躁胜寒"，据《诗·汝坟》的《释文》中所说"楚人名火曰燥"；第五十五章"终日号而不嗄"，据《庄子·庚桑楚》司马彪注"楚人谓唬极无声曰嗄"等。

在音韵方面，"以江晋三《老子韵读》为主……姚文田之《古音谐》、邓廷桢之《双砚斋笔记》、李赓芸之《炳烛编》补之。若刘师培之《老子韵表》，高本汉之《老子韵考》，及奚侗、陈柱之说《老子》古音……合者取之，不合者弃之"③。

朱谦之还总结了《老子》书中 24 种用韵情况，包括一句一转韵、一章数韵、二句间韵、两韵互协、叠字韵、助字韵等，认为"《老子》五千言，其疾徐长短，用韵体制各殊：有通篇用韵者；有章首用韵，而中间或尾声不拘者；有间句助语自为唱叹，不在韵例者。此盖哲学诗之体裁有所谓自由押韵式"④。

他又进一步指出：

> 有前人所认为无韵者，而实皆自然叶韵。如以叠字为韵，《老子》之例甚多，而在《诗》《易》中亦有旁证。……由此知

---

① 朱谦之：《老子校释》，中华书局 1984 年版，第 333 页。
② 朱谦之：《老子校释》，中华书局 1984 年版，第 333—334 页。
③ 朱谦之：《老子校释》，中华书局 1984 年版，第 334 页。
④ 朱谦之：《老子校释》，中华书局 1984 年版，第 324 页。

五千言以道、道为韵，名、名为韵，以仁、仁为韵，狗、狗为韵者，又何足异？又以助字韵为例，《易·革·象传》之、志韵，《鼎·象传》之、尤韵。即谓《诗经》不叶语助，实亦不然。《抑》十章、《韩奕》四章皆以二"之"字为韵，《载驰》四章尤、思、之韵，《小戎》二章期、之韵，《园有桃》一、二章哉、其、之、之、思、哉、其、之、之、思韵。再以《楚辞》证之，《离骚》"心犹豫而狐疑，怀椒糈而要之"，"命灵氛为余占之，孰信修而慕之"，《天问》之、谋、之韵，尤、之、期之韵，《九章·惜诵》之、尤、之韵，《哀郢》持、之韵，时、丘、之韵，《思美人》之、岂、期韵，《惜往日》之、疑、辞、之韵，《九辩》二"之"字、四"之"字韵。由此知五千言二"之"字韵（七十四章）、三"之"字韵（二十三章、六十六章、八十章）、四"之"字韵（十七章）、五"之"字韵（四十九章），又何足异？惟《老子》为哲学诗，其用韵较《诗经》为自由，则诚有之，若谓其手笔差异，文不拘韵，则不但不达五千言铿锵之妙，且不足以语诸子之文。①

在这些文献学的研究基础上，朱氏对《老子》原文的意旨做出简明的阐释，帮助人们确切理解《老子》话语的本来意旨，不致望文生义地阐释其中的思想，故此书虽以文献整理的校勘训诂音韵等方式出现，但在《老子》思想研究上也有重要价值。以下以第一章的校勘、训释等情况为例，说明此书的学术价值。

他先根据前人的研究说明《老子》分章的情况。如洪颐煊《读老子丛录》认为：《老子》王弼本有分章，有的本虽不记章数，然每章皆空一格以别之，且其中亦有与王本不同者。陆德明《老子音义》已为后人改变分章。这说明《老子》传世本在分章情况上各本差别很大，不能简单地认为就是八十一章。

对"道，可道，非常道；名，可名，非常名"，他引俞正燮的说

---

① 朱谦之：《老子校释》，中华书局 1984 年版，第 331—332 页。

法，此言"道"者言词也，"名"者文字也，并进一步加以阐释：

> 盖"道"者，变化之总名。与时迁移，应物变化，虽有变易，而有不易者在，此之谓常。自昔解《老》者流，以道为不可言。……实则《老子》一书，无之以为用，有之以为利，非不可言说也。曰"美言"，曰"言有君"，曰"正言若反"，曰"吾言甚易知，甚易行"，皆言也，皆可道可名也。自解《老》者偏于一面，以"常"为不变不易之谓，可道可名则有变有易，不可道不可名则无变无易（林希逸），于是可言之道，为不可言矣；可名之名，为不可名矣。不知老聃所谓道，乃变动不居，周流六虚，既无永久不变之道，亦无永久不变之名。故以此处世，则无常心，"以百姓之心为心"（四十九章），以此应物，则"建之以常无有"（《庄子·天下篇》），言能常无、常有，不主故常也。不主故常，故曰非常。常有常无，故曰"复命曰常"（十六章），"知和曰常"（五十五章），常即非常也。夫旦明夜闇，死往生来，安时处顺，与时俱往，《庄子》所云："死生命也，其有夜旦之'常'，天也。"天地之道，恒久而不已，四时变化，而能久成。若不可变、不可易，则安有所谓常者？故曰"道可道，非常道"也；"名可名，非常名"也。①

这一解释试图打破前人固有的理解，但个别地方仍可商榷。他说老子的道"虽有变易，而有不易者在"，这就是说道既有变易，又有不易，不易就称为"常"。老子之道分为可道和不可道两种，可道的道不是常道，是有变易的，不可道的道是常道，是不易的。这两种道首先就要分清楚。不过他说老聃所谓道既无永久不变之道，亦无永久不变之名，这似不符合老子思想原意。老子之所以强调道的常，就是强调道的永久不变的性质，如果道不是永久不变的，它就不成其为常道了。

---

① 朱谦之：《老子校释》，中华书局1984年版，第4页。

　　对"无名，天地始；有名，万物母"，他根据严可均等人的校
勘，认为句中不应有"之"字，"无"或作"無"。又因王弼注说
"未形无名之时，则为万物之始"，似乎两句皆作"万物"，他认为这
是错的。因为"始"与"母"的字义不同。《说文》称始为女之初
也，母像怀子形，《老子》以始、母来分别有名与无名两种境界有深
刻的意味。天地未生之时，浑浑沌沌，正如少女之初，纯朴天真。
《老子》中说"有物混成，先天地生"，"有生于无"，正是指无名天
地始。又说"天下万物生于有"，"道生一，一生二，二生三，三生
万物"，指有名万物之母。所以无先生出天地，再由天地生出万物，
因此不能说"万物始"与"万物母"。

　　对"常无，欲观其妙；常有，欲观其徼"，朱氏列举有的版本
"常无"上有"故"字，有的版本"观"字上有"以"字，而在
"无""有"字下断句，是从王安石开始的。"徼"，有的版本作
"曒"，他认为徼有遮训，在此无义。曒有明、光之义，后世借为皎，
亦是光明义，所以他认为此处应作"曒"。常无观其妙，妙指微眇，
常有观其曒，曒指光明，与妙对文，意谓理显谓之曒。这样理解，
则断句从王安石，也是可取的。

　　对于"此两者同出而异名"，前人有主张在"同"字下断句的，
他认为"同出"与"异名"为对文，不当在"同"字断句。对于
"此两者"，他认为四十章说"天下万物生于有，有生于无"，因此
"此两者"是指"有""无"而言。"有""无"异名，而"道"通为
一，所以说异名而同出。

　　对于"同谓之玄，玄之又玄，众妙之门"，朱氏解释说："华夏
先哲之论宇宙，一气而已，言其变化不测，则谓之玄。变化不测之
极，故能造成天地，化育万物，而为天地万物之所由出。鸢飞鱼跃，
山峙川流，故曰'众妙之门'。"他认为，张衡与扬雄也受《老子》
此说的影响，而有新的说法："张衡曰：'玄者无形之类，自然之根；
作于太始，莫之能先；包含道德，构掩乾坤；囊篚元气，禀受无
形。'（《御览》引《玄图》）扬雄曰：'玄者，幽摊万类而不见形者

也.'(《太玄经·玄摛图》）义皆出此。"① 由此可以看出《老子》思想对后来思想家的影响，以及相关说法的意义关联。

《老子》第一章原文解说完之后，朱谦之又对此章的用韵情况做了分析。他认为前人已经指出了《老子》用韵的问题，故根据江有诰《老子韵读》、吴棫《韵补》、顾炎武《唐韵正》、江永《古韵标准》、姚文田《古音谐》、邓廷桢《双砚斋笔记》、李赓芸《炳烛编》，推求《老子》中的古韵，句求字索。对于刘师培、奚侗、陈柱及高本汉等人所说的《老子》文中之韵，他认为虽有颇多臆说，亦有可取者。为此，他说："知五千文率谐声律，斐然成章。韵理既明，则其哲学诗之为美者可知矣。"② 朱氏此书特别重视《老子》的用韵，是一大特色，值得研究者注意。因为通过用韵情况，可以帮助判断《老子》文本的用字情况，在此基础上才好进一步训释字义，进而阐释思想内容。

三、王孝鱼《老子衍疏证》

王孝鱼（1900—1981），原名永祥，字孝鱼，以字行，山西榆次人。南开大学毕业后，先后在东北大学、南京中山文化教育馆、北京蒙藏学院工作或任教。新中国成立后，先后任中共中央马恩列斯著作编译局编审、北京中华书局哲学组编审，1979年被山西省社会科学院哲学所聘为研究员。著有《船山学谱》《焦学三种》《老子衍疏证》《庄子通疏证》等。

《老子衍疏证》始作于1966年，1975年完成，是对王夫之《老子衍》一书进行疏通以说明王夫之对老子思想的分析与评价。由于王夫之的《老子衍》非常难懂，所以对它进行疏证是非常有必要的。疏证是中国古代对已有的典籍文献的内容进行梳理解说的方法，属于注疏一类的研究成果。如《十三经注疏》，先有前人的注，后人觉得注还不能充分说明所注的书的内容，所以又对注加以补充，疏解

---

① 朱谦之：《老子校释》，中华书局1984年版，第7页。
② 朱谦之：《老子校释》，中华书局1984年版，第8页。

注的更多内涵。王孝鱼的《老子衍疏证》，正是沿用这一传统的方法，对王夫之的《老子衍》进行深度整理与加工的重要成果。

对于《老子》第一章"道可道，非常道"句，王夫之说："可者不常，常者无可。"①。王孝鱼认为：

> "可"指相对和特殊，"常"指绝对和普遍。船山认为，老子的本意是："可"与"常"乃相反相违，不能同时兼具的两种性质：凡可以遵而行之，为人利用的各种具体的道，就算不得永恒不变、统摄一切的道；反过来也可以说，永恒不变、统摄一切的道，就不可能具体地被人遵行，奉为行动的指南。显然，老子把绝对性和相对性、普遍性和特殊性，死硬地对立起来，从而把他所谓的"常道"，孤立于一切具体事物之上，悬挂于渺渺茫茫的虚空之中，同人生实际，毫无关系。老子的这一基本缺点，船山一眼看穿，因在《老子》一书开宗明义的第一章，特为提出。②

但王孝鱼在这里的疏解，是不是王夫之的意思呢？因为王夫之只说了"可者不常，常者不可"，似只能理解为他是在解释"道可道，非常道；名可名，非常名"中的"可"与"常"的关系问题。

王夫之接着说："然据常，则常一可也。是故不废常，而无所可。不废常，则人机通；无所可，则天和一。"③

这是围绕着"常"与"可"二字进行论述的。照王夫之的说法，常与可是相对的，也是不同的，所以可者不常，常者不可，即可道、可名不是常道、常名。《老子》的意思也是把可道、可名与常道、常名分清楚，不能混为一谈。若没有常道、常名与非常道、非常名之分，也就没有必要谈论常道、常名了。老子的意思就是要向人们揭

① 王夫之：《老子衍》，见《船山全书》第十三册，岳麓书社1996年版，第17页。

② 王孝鱼：《老子衍疏证》，中华书局2014年版，第1页。

③ 王夫之：《老子衍》，见《船山全书》第十三册，岳麓书社1996年版，第17页。

示不可道、不可名的常道、常名。这里关键是如何理解"可道"的"道"字。王孝鱼说：

> 历来注《老》诸家，都把"道可道"的末一道字，解为称道的道。船山……以为作名词用，道乃道路的道；作动词用，与遵道而行的行字相通。根据这一意义，所以写出了衍文的首两句，表面在概括原文，言外则透露底里。①

为此还要看王夫之对《老子》这几句的注释：

> 道可道，非常道（常道无道——王注，下同）；名可名，非常名（常名无名）。无名，天地之始（众名所出，不可以一名名）；有名，万物之母（名因物立，名还生物）。故常无欲，以观其妙；常有欲，以观其徼（边际也）。此两者，同出而异名（异观同常，则有欲无欲，非分心以应，居中执常，自致妙徼之观）。

根据王夫之对"道可道"二句的注释，不能说是把"可道"的"道"解释为与"行"相通的"道"，因为他把"常道"作为一个词，这表示"可道"是与"常道"相对而言的。如果"可道"的"道"是"行"的意思，他在注里应该专门指出这一种解释，但在实际上没有这样的专门解释。所以王孝鱼的那种说法，就不知有何根据了。再看王夫之注"名可名"二句为"常名无名"，"无名"正是"不可名"的意思，因此可知"常道无道"的"无道"也就是"不可道"的意思。这些说法中看不出有把"可道"的"道"解释为与"行"相通的意思。所说作动词如何，但历来也没有人把"可道"的"道"解释为名词，都是解释为动词的。这说明王孝鱼的解释不符合王夫之的原意。而且《老子》中的常道是可以为人们所遵行的，相关的

---

① 王孝鱼：《老子衍疏证》，中华书局2014年版，第1—2页。

说法非常多，此不赘列。若常道不能为人所遵行，则这种常道是没有任何意义的。所以，前引王孝鱼对"可者不常，常者无可"的疏证，不是王夫之所要表述的意思，也不是《老子》所要表达的意思。因此可以说，王夫之说的"可者不常，常者无可"，是指可道之道不是常道，常道是无可道的。王夫之并没有把历来学者所理解的"可道"的"道"的言说之义予以否认，而另外解释为可遵行之意。如果王夫之明确地注释说可道之道为遵行之行，则王孝鱼的说法就有根据了，但王夫之没有这样说，所以王孝鱼的解释似缺乏根据。

王夫之接下来对此二句的解释是："然据常，则常一可也。是故不废常，而无所可。不废常则人机通，无所可则天和一。"所谓"据常，则常一可"，是说不管是可言还是可行，"常"也是一种"可"。这也说明按王夫之的理解，"常"并不是与"可"绝对对立而不可行（或不可言）的。但"常"也是一种"可"，是据"常"而来的。这也说明"常"是不可废的，不可不讲的，不可与"可"分开来认识的，而又是与"可"相统一的。可知这不是王孝鱼所说的"可"与"常"乃相反相违、不能同时兼具的两种性质。对于"不废常，而无所可"，仍是说明"常"与"可"不能看作同一的东西。

由于王孝鱼对王夫之衍义的理解从一开始就有了不确切之处，用自己的想象添加了许多王夫之本来没有的意思，故他对王夫之后面各句的解释就都失去了可靠的基础，或产生更多的混乱。如他对"然据常，则常一可也"这句解释："所谓的'常'，乃是难以捉摸的一种无形之物，只存在于人们的幻想冥思之中，不能够具体地被人掌握……老子自认为，他的思想玄妙，就玄妙在这一点上，因而他应付人世的方法，也就植根于此。"① 但这里所说是有矛盾的，既然"常"不能具体地被人掌握，那就是不能付诸实用的，所以又怎能说是用来作为应对人世的方法呢？

他还引了《老子》的几句话："用其光，复归其明，无遗身殃，是谓袭常"，"复命曰常，知常曰明"，"是谓袭明"。但这些话都说明

---

① 王孝鱼：《老子衍疏证》，中华书局2014年版，第2页。

《老子》的常道是可以被人们掌握的，只是不是通过言语来掌握的，而是通过观察万物的运动变化而总结出来的。

对于王夫之说的"是故不废常，而无所可"，他认为这有两层意思，一是说常不可据，却不能废，因为它是统摄一切，永恒不变的，正可以利用它的不变来应对人世的万变。二是可以被人利用的各种具体之道，虽然能够依据，却不可依据，以免丧失了常道的万灵性能。但按照王夫之衍义上下文的逻辑，他这两句实际是说"常"与"可"是要分开的，不能混为一谈的，若都是常道、常名，那就看不到可道、可名了。按王孝鱼的解释，则是"常"与"可"是矛盾的而不可并存的，"常"不可据又不能废，"可"可据又不可据。令人无所适从。而王夫之的意思是说"常"是需要的，这是根本性的道，"可"也是需要的，但它要与"常"分开来理解，不能与"常"混淆为同一种东西。所谓的"废"，是在说到"可"的时候，要暂时地不讲"常"，而在具体事物的层面上讲"可"。但同时不要忘了，"可"是统属于"常"的。只是要把二者区分开，所以要暂时废"常"而讲"可"，但不是完全不讲"常"而只讲"可"，若是这样，就不是老子的道了。

最后王夫之说："不废常则人机通，无所可则天和一"。通过不废"常"而使人与机相通，即人与万物相通。通过无所"可"，而使人达到与天和一的境界。不废"常"是为了让人面对和了解"可"的万物，无所"可"是为了让人明白"可"之上还有"常"。"常"也需要，"可"也需要，但二者不相同，却又有着统一的关系。对"常"与"可"都能正确认识，才能既做到人机通，又能做到天和一。人机通，是说人不能抛弃现实世界与万物。天和一是指人与常道达到统一，不仅要面对现实世界的万物，更要认识和掌握超出现实世界与万物的常然之大道。所以"常"与"可"是统一的，各有其存在的必要性，又有相互的不同性，既要分之，又要合之，才能既得大道，又能适应现实世界之万物。这样才是完善的，不欠缺的。若只知"常"不知"可"，那是虚无缥缈的玄谈空论，只知"可"不知"常"，那是目光短浅，眼界低下。

王夫之对《老子》思想的衍释，实际上是在深入揭示其中所包含的丰富义涵，使人们更深刻地理解老子的思想。所谓的"衍"就是衍伸性的诠释，是发展性的阐释。而这又正是为了破除人们对老子思想的误解。他在此书的《自序》中说：

> 昔之注《老子》者，代有殊宗，家传异说，逮王辅嗣、何平叔合之于乾坤易简，鸠摩罗什、梁武帝滥之于事理因果，则支补牵会，其诬久矣；迄陆希声、苏子由、董思靖及近代焦竑、李贽之流，益引禅宗，互为缀合，取彼所谓教外别传者以相糅杂，是犹闽人见霜而疑雪，洛人闻食蟹而剥蜈蚣也。①

他认为在《老子》书中自有对其思想的解释，这是"老之自释"，在《庄子》中也有对老子的解释，是"庄之为老释"，这是必须依据的，而用儒或佛的思想来解释，则是错误的。王夫之说自己对历史上的这些错误解释"察其悖者久之，乃废诸家，以衍其意。盖入其垒，袭其辎，暴其恃，而见其瑕矣，见其瑕而后道可使复也"②。有人认为这里所说的"见其瑕"是指老子思想中的"瑕"，但王夫之的《自序》从头到尾都是说历史上注释《老子》者的种种谬误，并没有说老子思想有什么不对，而且"入其垒"这几句之上是说"察其悖者"和"诸家"，就更证明"入其垒"云云是指那些历代的注家，所以这里的"瑕"是历代诸家对《老子》注释中的瑕，而不是老子思想中的瑕。

他在下面又说："夫其所谓瑕者何也？天下之言道者，激俗而故反之，则不公；偶见而乐持之，则不经；凿慧而数扬之，则不祥。三者之失，老子兼之矣。"③ 于是有人根据这几句而说是老子思想中的"瑕"。但要注意他在这里所说的是"天下之言道者"，不是说老

---

① 王夫之：《老子衍》，见《船山全书》第十三册，岳麓书社 1996 年版，第 15 页。
② 王夫之：《老子衍》，见《船山全书》第十三册，岳麓书社 1996 年版，第 15 页。
③ 王夫之：《老子衍》，见《船山全书》第十三册，岳麓书社 1996 年版，第 15 页。

子。"天下之言道"者，就是前面所提到的那些为《老子》做注释者，这些注释者都借注释而"言道"，所说总体上有三失。"老子兼之"，是指老子的各种说法中，都有让人产生误说谬解的地方，也就是注者之瑕之失，都来自于老子的各种说法。而之所以会让人据老子说法而生出误解谬说，这只是注释者自己的错误，不是老子本身的错误。注者之所以产生错误，是因为他们不能严格按照"老之自释"和"庄之为老释"来注释老子的思想，他们的方法是错的，解释也就是错的。而且其根源又全在《老子》书中，这更说明对《老子》需要正确的解释，所以王夫之才觉得要由自己来"废诸家，以衍其意"，即通过自己的衍伸性的诠释揭示老子思想的本来意旨，纠正历史上的种种误解。也可以说，是想通过自己的衍释，而把老子没有说清楚的地方说清楚，使人们不再误读《老子》书中的话语，由此达到"而后道可使复"的目的。他并不是想否定老子的道，只是想复原老子的道。下面他又说了一句话："故于圣道所谓文之以礼乐以建中和之极者，未足以与其深也。"这是指用儒家的思想来解释老子的道，是不能探到老子大道的深刻思想的，这正与前面他反对人们用儒家思想解释老子是相呼应的。

王孝鱼对王夫之的《老子衍》进行疏证式的进一步整理与研究，是用文献学的方式对《老子》中的思想进行研究的一个范例，这说明对《老子》思想的研究不仅可以用哲学的方式加以研究，也可以用文献整理的方式进行研究，而且文献学的方式是对《老子》书的全文解释，不像哲学式研究只从《老子》中选取某些语句来分析其中的思想。从这一点上看，文献学的研究方法，更能具体细致地深入到《老子》思想的内部，并通过这种具体细致的诠释，从中发现许多往往为人所忽略的思想。如上面所说的王夫之对《老子》"道可道，非常道；名可名，非常名"的衍释和王孝鱼在此基础上更为深入的疏证，就能在深入与细致方面超过哲学式研究。文献学的研究方法，实质上是一种语言学的研究方法，无论是校勘、训诂、音韵都属于语言学的范畴。而对古代思想家的思想的阐释，必须从语言学的分析与考证开始，只有通过语言学的文本考释，才能使哲学的诠释立于坚实的文献学基础之上，从而尽可能避免望文生义的理解。而且文献学及语言学的研究方式，最重视的是"言必有据"的规则，不能随意添加原著所没有的思想与含义，也不能避开原著文本的每个字词以及句意等，研究者所有的说法，都必须有坚实的根据，不能随意按照自己的想法来阐释其中的思想。以上通过对王孝鱼的《老子衍疏证》的分析，就能看出这种规则的重要性，也可以看出文献学乃至语言学研究的重要性。

前面分析了朱谦之的《老子校释》，与王孝鱼的《老子衍疏证》相比，《老子校释》的价值在于整理《老子》书的文本，目的是尽量复原《老子》书的原貌，《老子衍疏证》则是要通过疏理前人对于《老子》的注释而更为深入地探讨其中的思想。二者都是文献学的研究方法，但各有偏重，这说明对于《老子》思想的研究，是有多种方法与角度的，其成果都可以为研究者提供重要的参考。

四、黄焯《老子音义》的校勘

黄焯（1902—1984），字耀先，一字迪之，湖北蕲春人。曾任教于国立中央大学、武汉大学。著有《经典释文汇校》《诗说》《古今声类通转表》《毛诗郑笺平议》等。

黄氏的《老子》整理研究，是对《经典释文》中的《老子音义》进行校勘。《经典释文》，唐陆德明撰，对十四部古代重要文献《周易》《尚书》《毛诗》《周礼》《仪礼》《礼记》《春秋左传》《公羊传》《穀梁传》《孝经》《论语》《老子》《庄子》《尔雅》的字义字音进行注释，不仅为经典本文注音，还为注文注音，共收录汉魏六朝二百三十余家的各种音切和诸家训诂。因绝大多数原书都已失传，故保存的资料弥足珍贵。成书以来，历代传承过程中形成诸多版本，各本之间颇多文字上的异文。黄氏从1931年起，用数十年时间搜集《经典释文》的资料，以宋本对勘徐乾学的通志堂本，旁及唐石经、敦煌写本、影宋本等，并吸取惠栋、段玉裁、咸庸堂、阮元、王筠、卢文绍、孙星衍诸家的研究成果，以及其堂叔黄侃与吴承仕之说，间下己意，至1977年完成《经典释文汇校》一书。书中有《老子音义》一卷，可用来帮助人们校勘与整理《老子》书的文本。

黄氏在《经典释文汇校》的《前言》中说："陆氏对于诸经都是采摘单字来注音，只有《孝经》《老子》特钞全句。"这一处理，对于研究《老子》具有重要意义，因为摘抄全句，就意味着保存了《老子》在唐代的版本面貌，这本身就是用于《老子》校勘的宝贵资料。

通过仔细阅读黄氏对《老子音义》的汇校，可以从中发现许多有价值的资料，能够帮助我们加深对于《老子》书以及历代注释者的了解和认识。如《道经》下第一条"河上注，为章句四卷"，黄氏指出："'注'，宋本同，卢本改作'公'。"① 这说明传世的"河上公注"，本来应该是"河上注"，没有"公"字。又如"使夫知者"，"石刻及景龙写本皆无'夫'字。石刻'知'作'智'"②。"夫"作为虚字，唐代版本中经常删去，而"知"与"智"在古时也是经常互相通用的，不像后世那样严格区分。后面还有"知慧"二字或作"智惠"的情况，也可证明这一点。

"较"字，黄氏说：

> 易县唐景龙石刻，"较"作"形"，唐景龙写本同。案：《释文》据王弼注作音，石刻及写本俱用河上公注本，又马王堆汉墓中帛书《老子》甲乙二本并作"刑"。③

这一校勘也有意义，因为"较"与"形"是不同的两个字，不可能有假借关系，但二字在意义上可以互通，"较"指二物相比较，"形"也是指二物相比较。《汉语大字典》"形"字有对照、比较的义项，如成语"相形见绌"；在古籍中，如《淮南子·齐俗》"故高下之相倾也，短脩之相形也，亦明矣"，都是典型的用例。所以作"较"与

---

① 黄焯：《经典释文汇校》，中华书局 1980 年版，第 219 页。
② 黄焯：《经典释文汇校》，中华书局 1980 年版，第 219 页。
③ 黄焯：《经典释文汇校》，中华书局 1980 年版，第 219 页。

作"形"，都不影响《老子》文句的意思。而作"刑"，则与"形"字的字音与字形都相近，是可以通用的。

"解其纷"，黄氏说：

> 石刻及景龙写本，又英伦藏敦煌残写本"纷"并作"忿"，汉墓甲乙本作"纷"。案：英伦残写本多与景龙本同，后凡同者不著，异者则出之。①

此条校勘，反映一个问题，即作"纷"的版本较多，而作"忿"的版本较少。因为二字的意义不同，所以一般都按"纷"字解释《老子》的语意，若换成"忿"字，则语意就有不同了。

"掘"，《释文》："河上本云作'屈'，屈，竭也。顾作'掘'，云犹竭也。"黄氏曰：

> 河上作"屈"，石刻及景龙写本"掘"作"屈"，今本同，汉墓甲乙本作"淈"，空白处宋本同，卢本补"求"字本字。②

这条校勘，发现有三个异文："掘""屈""淈"，但按前人的注释，应当是"屈"字。"掘""淈"则是"屈"字的假借字。

"多言数穷"，《释文》："王云：理数也。顾云：势□也。"黄氏曰：

> 景龙写本"言"作"闻"，汉墓甲乙本同。卢本于空缺处补"数"字。③

该条校勘，"言"与"闻"字意义不一样，当以作"言"为是，若作

---

① 黄焯：《经典释文汇校》，中华书局 1980 年版，第 219 页。
② 黄焯：《经典释文汇校》，中华书局 1980 年版，第 219 页。
③ 黄焯：《经典释文汇校》，中华书局 1980 年版，第 219 页。

"闻"，语意就全变了。卢为顾注空缺处补上"数"字，不知何据，与王注都是解释"数"字的，但一为"理数"，一为"势数"，意义也不同。

"谷"，《释文》："河上本作'浴'，惠云：谷本音育。"黄氏曰：

> 谷在屋部，育在萧部，可以相转，而非其本音也。黄云：河上本"谷"作"浴"，是"谷"与"浴"通。焯云：汉墓二本并作"浴"。①

这一条校勘，说明古代"谷"与"浴"通用，应该是音同而可通假的字，这种通假时代很早，在马王堆汉墓的帛书中就已以"浴"为"谷"了。

"能无离"，黄氏曰：

> 石刻及景龙写本"無"作"无"，汉墓二本作"毋"。②

这条校勘说明，古代的"無""无""毋"三字是可以通假的，在意义上没有差别。

"不昌"，黄氏曰：

> 卢云：王弼注"雌应而不倡"，不作"昌"字。③

这条校勘说明当作"倡"字，不能作"昌"，二字虽音同可通假，但意义不同。

"以知乎"，《释文》："音智，河上本又直作'智'。"黄氏曰：

---

① 黄焯：《经典释文汇校》，中华书局1980年版，第219页。
② 黄焯：《经典释文汇校》，中华书局1980年版，第219页。
③ 黄焯：《经典释文汇校》，中华书局1980年版，第219页。

卢云：今文云"明白四达，能无为乎"，注作"能无以为乎"，河上本正文作"能无以知乎"，此所音河上本也。焯案：陆氏依王注本作音，不应此条独音河上本，且陆氏明云河上本又直作"智"，则非音河上本明矣。窃疑此为前文"能无以知乎"（范应元本有"以"字）句作音，而错在"不昌"条下也。汉墓二本皆作"能无以知乎"。①

本条校勘说明"能无为"或"能无以为"与"能无以知"在不同版本下可能会混淆，若不分清楚，则会引起理解上的不同。

"挻"，《释文》："河上云：和也。宋衷注本云：经同。《声类》云：柔也。《字林》云：长也，君连反。又一曰柔挻，《方言》云：取也，如淳作'擊'。"黄氏曰：

石刻及景龙写本"挻"作"埏"，卢云：诸家本并作"埏"，古无"埏"字。吴云：各本并作"《字林》君连反"，任大椿《字林考逸》引作"丑连反"，案：丑连反是也。《类篇》《集韵》"挻"字有抽延切，是其证。又《释文》有"宋衷注本云经同"七字，语不可通，应作"宋衷注《太玄经》同"。《汉书·叙传》："凶德相挻"，萧该《音义》引《太玄经》曰："与阴阳挻其化"，宋忠曰：挻，和。《释文》谓宋衷注与河上注同耳，"太玄"二字形近讹作"本云"，遂不可通。又案：《释文》云：如淳作"擊"，"擊"字为"擊"字之形讹，《文选·长笛赋》"丸挻彫琢"，李善引《汉书音义》：如淳曰：挻，擊也。（李引如淳当即《叙传》注语也），此即德明所本。《荀子》"陶人挻埴而为器"，杨倞注："擊也"，与如说同。此作"擊"不作"擊"之证。黄云：此言如淳引《方言》"取"作"擊"，非谓《老子》有作"擊"之本也。②

---

① 黄焯：《经典释文汇校》，中华书局 1980 年版，第 219 页。

② 黄焯：《经典释文汇校》，中华书局 1980 年版，第 219—220 页。

这是一条较长的校勘，牵涉的问题较多。首先是"挺"与"埏"二字的问题，经过黄氏校勘论证，认为应当以"挺"字为准，不当作"埏"字。"挺"字的意思为和，"挺埴以为器"，就是和土做成器皿的意思。若作"埏"，则其意不明。其次是如淳注文中的字为"繄"还是为"擊"的问题。经过校勘考证，确定当作"擊"，不是"繄"，二字的意义也有不同，所以确定当作何字，是有参考价值的。再次，对于《释文》所引宋衷的话，经过校勘考证，认为其中的"本云"二字当是"太玄"二字之误，这一校勘结果也非常重要。因为若作"本云"，则句不成意，而校定为"太玄"二字，则知是宋衷引用《太玄》一书来证实其字本来是作"挺"的。因为在《太玄》书中也有类似的句子，其中用的就是"挺"字，而不是"埏"字。这一校勘不仅对于确认《老子》书的文本有重要作用，而且对于西汉时的著作《太玄》的文本的认定，也有重要参考价值。

"不曒"，《释文》："明式云，胡老反。"黄氏曰：

> "曒"当作"皦"。卢云：明式不知何人，不见《叙录》。吴云："明式云"三字，为"明也又"三字之误。①

此条校勘以吴氏意见为正确，卢氏没有解决的问题，被吴氏解决了，而且吴氏说得非常对，可成为定案。这样就可确认《释文》是把"皦"字解释为"明"，若按错误的版本，则不知所云。而且把"曒"确定为"皦"，也非常重要，因为《老子》书中多次出现此字，如果通过校勘确定下来，并且确认此字的字义，则对于理解《老子》的文句就有重要价值。

"廓"，《释文》："河上本作'泊'。"黄氏《汇校》：

> 石刻及景龙写本"廓"作"魄"，汉墓甲本作"泊"，乙本作"薄"。"泊"，宋本作"怕"，《道藏》本同。《说文》："怕，

---

① 黄焯：《经典释文汇校》，中华书局 1980 年版，第 220 页。

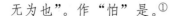

无为也"。作"怕"是。①

这条校勘也很重要，因为这里出现的几个异文："廓""泊""魄""薄""怕"，在字形上有很大不同，可能在字音上有相通之处，但仅从字形上看，不容易找到它们的关系。黄氏最后认为当作"怕"，是"无为"的意思，而作"廓""魄""泊""薄"，则不容易解释为"无为"。所以这一校勘对于理解《老子》的文义，也有重要价值。

"道者同于道"（《释文》原有"同"字，黄氏《汇校》无"同"字），《释文》："河上于'道者'绝句。"黄氏曰：

> 卢云：今文云"故从事"作"从事于道者同于道"，河上本当作"故从事于道者于道"，不重"道者"字，又无"同"字。焯案：今本自"故从事于道者"至"失亦乐得之"，凡四十八字，石刻作"故从事而道者道德之，同于德者德德之，同于失者道失之"，止二十三字。景龙写本只"道德之"，"德德之"皆作"得之"，余同。汉墓本作"故从事而道者同于道，德者同于德，失者同于失，同于德者道亦德之，同于失者道亦失之"，凡三十五字。②

这条校勘非常重要，因为经过校勘，可以知道不同的版本在文字上有很大的差别，最多的为48字，最少的为23字，相差25字，不能不说是严重的版本差异。而且由于文字差别太多，对于文意的理解也造成很大的困难。如今本作"从事于道者同于道"，河上本作"从事于道者于道"，河上本就很难理解，明显当有一个"同"字才能解释得通。而石刻本作"故从事而道者道德之，同于德者德德之，同于失者道失之"，第一句当是"从事于道者道德之"，这样就与后二句意思相应。汉墓本作"故从事而道者"，其中的"而"字当作

① 黄焯：《经典释文汇校》，中华书局1980年版，第220页。
② 黄焯：《经典释文汇校》，中华书局1980年版，第221页。

"于"。但汉墓本后几句都与传世本不同，且较石刻多出 12 字，这可证明石刻本脱字较多，应当用汉墓本与今本对校，以确定其中的是非。

总之，黄氏通过对《经典释文》中的《老子音义》进行汇校，收集了比较丰富的资料，可以由此看出不同的《老子》版本之间的种种差异，这对于分辨各种版本的错误之处，从而校定一个比较完善的《老子》版本，是有重要参考价值的。

五、楼宇烈《老子道德经校释》

楼宇烈（1934—　），浙江嵊县（今浙江嵊州）人。1955 年入北京大学哲学系学习，毕业后一直在北京大学哲学系任教。著有《中国文化的根本精神》《王弼集校释》等。

《老子道德经校释》，原为《王弼集校释》的一部分。《王弼集校释》完成于 1964 年，1980 年由中华书局出版。2008 年楼氏将其对王弼《老子》注的校释抽出，单独出版，但没有修改。故此书仍属于改革开放前的研究成果。

楼氏在此书的《校释说明》中指出，王弼注是《老子》最重要的注释之一，但在流传过程中出现了许多错误。如王弼注现存较为完整的最早版本是清末浙江书局翻刻的明华亭张之象本，但这个本子已据清武英殿本作了部分校订，已非真正的张之象本。

楼氏又指出，他在初次校勘王弼注本时，就发现好几处王弼注文与《老子》原文不一致，对照了好几种通行的《老子》版本，仍有与王弼注对不上的地方。1973 年长沙马王堆汉墓帛书《老子》甲乙本出土后，发现王弼注与《老子》原文对不上的地方，都可以在帛书《老子》甲乙本中找到对应的原文。这说明历代通行的王弼注本的《老子》原文是已被后人按通行本《老子》文本改过的。这也说明王弼注所依据的《老子》版本，是一个古老的版本，参照王弼注中保存的某些老子古意，可帮助人们从别的视角理解老子的思想。

如《老子》第一章"无名天地之始，有名万物之母"，王弼注说："凡有皆始于无，故未形无名之时，则为万物之始。"又说："言道以无形无名始成万物。"这使《老子》中的"天地"变成了"万物"。而帛书《老子》甲乙本正作"无名万物之始，有名万物之母"，可知王弼注所用的《老子》原文当与帛书本一样。而且从义理上看，《老子》中的"始"与"母"在含义上是相通的，"无名"与"有名"是对万物生和长状态的描述。但以往的研究者都强调老子思想中"有生于无"的观点，于是把"无名""有名""天地""万物""始""母"都看成不同的生与被生的关系，以至于把这句话读成"无，名天地之始，有，名万物之母"，可见对《老子》这两句话的理解是可以再深入思考的。①

又如第十三章的"故贵以身为天下，若可寄天下，爱以身为天下，若可托天下"，王弼注文则是颠倒的，前一句释"托天下"，后一句释"寄天下"，这与帛书《老子》甲乙本同。第二十八章最后一句"故大制不割"，王弼注作"故无割也"，与帛书甲乙本同。第三十二章"始制有名……知止可以不殆"句，王弼注文引原文作"故知止所以不殆"，与帛书甲乙本同。第三十五章"道之出口，淡乎其无味"句，王弼注作"道之出言，淡然无味"，与帛书甲乙本同。第四十九章有"圣人皆孩之"，王弼注在此文之上尚有"百姓各皆注其耳目焉"一句，这一句在帛书甲乙本中也都有。

这些不同之处，对于《老子》一些文句的理解还是很有帮助的。

此书不但校勘各本异文，也对王弼注进行解释。如"道可道，非常道；名可名，非常名"，王弼注："可道之道，可名之名，指事造形，非其常也。故不可道，不可名也。"楼氏对"指事造形"进行了解释：

> "指事"，许慎《说文解字·论六书》篇说："指事者，视而可识，察而见意，上下是也。""造"，为。"形"，《周易·系辞上》："在天成象，在地成形"，韩康伯注："象况日月星辰，形况山川草木也。""指事造形"，此处借以指可识可见有形象之具

---

① 楼宇烈：《老子道德经校释·校释说明》，中华书局 2008 年版，第 2 页。

体事物。①

对王弼注中的"指事造形"解释清楚了，就能比较准确地理解《老子》这几句话的意思。

"无名天地之始，有名万物之母"，王弼注："凡有皆始于无，故未形无名之时，则为万物之始。及其有形有名之时，则长之育之亭之毒之，为其母也。言道以无形无名始成万物，（万物）以始以成而不知其所以（然），玄之又玄也。"括号内的字是楼氏补上去的，他对这段注中"凡有皆始于无"的解释是：

> "有"，万有，指可识可见有形象之具体事物。"无"，指道。四十章："天下万物生于有，有生于无。"王弼注："天下之物，皆以有为生。有之所始，以无为本。将欲全有，必反于无。"②

通过王弼的注就可以理解《老子》所说的"有始于无"的意思，且对"有"与"无"的含义也解释得比较准确。

对王弼注中所说的"未形无名"，楼氏解释说：

> "未形无名"，指没有具体形象、不可名状之无，也就是道。二十五章："有物混成……吾不知其名"。王弼注："名以定形，混成无形，不可得而定，故曰不知其名也。"又三十二章："道常无名。"王弼注："道，无形不系，常不可名。以无名为常，故曰道常无名也。"③

楼氏的解释能引《老子》中其他处的说法与此处的说法互证，再用王弼注的说法加以阐释，就使人们比较清楚地理解了王弼所说的未

---

① 楼宇烈：《老子道德经校释》，中华书局 2008 年版，第 2 页。
② 楼宇烈：《老子道德经校释》，中华书局 2008 年版，第 2 页。
③ 楼宇烈：《老子道德经校释》，中华书局 2008 年版，第 2—3 页。

形无名的含义，从而加深了对《老子》原文的理解。

对王弼注中引用《老子》第五十一章所说的"长之育之亭之毒之"，楼氏又引王弼在第五十一章的注释："（亭谓品其形，毒）谓成其质，各得其庇荫，不伤其体矣。"由此再来说明此句意为："当已成为具体事物后，又得到道的生长、养育，所以道是万物之母。"①这样的解释，从《老子》原文到王弼注，再到《老子》相关章中的说法及王弼注，充分说明了"有名万物之母"的含义，而且非常清楚明白，不会产生歧义。

通过这几个例子，可以看出楼氏对王弼注的校勘与解释，都是非常实在的，不靠高深的哲学名词，就能把《老子》的话与王弼的注解释得一清二楚，这对于人们阅读《老子》书以及理解其中的思想，有非常重要的帮助。可以说，楼氏此书，是研究《老子》及王弼注的代表性成果之一。还可以说，要阅读《老子》，应该从这部校释开始，由此做到对《老子》思想的完整与准确理解，然后再来谈更深层的阐释与研究。

《老子道德经校释》以浙江书局刻明华亭张之象本为底本，此外又参考了中外的《老子》版本与相关著作 30 多种。此校释虽是 60 年代完成的，但之后学界少有专门就王弼《老子》注而做的新的整理校释，所以这个校释，到目前来说还是颇有学术价值的。

楼氏提到，自己在写作时，所参考的日本学者波多野太郎的《老子王注校正》，是登载在日本《横滨市立大学纪要》第八、十五、二十七期上（但楼氏没有说明这是哪一年的）。其实波多野太郎的《老子王注校正》，已有完整的出版物，笔者已从日本复印回来了。该书也是一个对王弼《老子》注的整理成果，其方法是首列通行本《老子》王弼注，再对照各种版本的王弼《老子》注之文，使学者可以非常方便地看清楚现存于世的《老子》王弼注各种版本之间的异同。中国学者整理研究《老子》王弼注时有必要加以参考。有关波多野太郎的这一研究，详见本书第十四章相关部分。

---

① 　楼宇烈：《老子道德经校释》，中华书局 2008 年版，第 3 页。

国家社科基金重大项目成果

"十三五"国家重点图书出版规划项目

国家出版基金项目

NATIONAL PUBLICATION FOUNDATION

中国老学通史

刘固盛 主编

近现代卷（下）

刘韶军 著

海峡出版发行集团
THE STRAITS PUBLISHING & DISTRIBUTING GROUP

福建人民出版社
FUJIAN PEOPLE'S PUBLISHING HOUSE

目 录

第十章 改革开放后老子哲学的研究

十一届三中全会后，我国进入了以改革开放和社会主义现代化建设为主要任务的历史新时期。政治上的这一次伟大转变，在学术界也产生了深刻的影响，人们对社会学科的研究，开始转变观念和方法，逐步纠正了以往那种教条主义的僵化思维，而老子研究也在这种背景下出现了全新的生机和局面，进入了新时期。

对于老子的哲学思想的研究，仍然是这一时期研究的重点与主流，但学者们在对老子哲学思想的分析与论证上出现了与以往不同的情况。

第一节 冯友兰、任继愈对《老子》的继续研究

一、《中国哲学史新编》中的老子论说

这一时期，冯友兰中国哲学史的研究成果是 1982 年出版的《中国哲学史新编》，可以说这是他一生研究的总结性著作。

该书第一、二册的主要内容为：商周时期的宗教天道观与古代唯物主义的萌芽、孔子的思想、邓析与子产以及名家的起源、春秋末期的军事思想和经济思想中的唯物主义和辩证法、墨翟和前期墨家的哲学思想、晋法家的思想发展、道家的发生与发展和前期道家杨朱的思想、道家哲学体系的形成和发展暨《老子》的客观唯心主义哲学体系、孟轲的儒家思想向唯心主义发展、墨家的支与流裔宋

钘和尹文以及农民的思想家许行、庄周的主观唯心主义体系和道家哲学向唯心主义的发展、惠施和公孙龙及其他辩者和后期名家的发展、慎到和稷下黄老之学、稷下黄老之学的精气说和道家向唯物主义的发展、屈原的思想以及稷下精气说的传播、墨辩即后期墨家向唯物主义的发展、阴阳五行家具有唯物主义因素的世界图式、《易传》具有辩证法因素的世界图式、荀况的儒家思想向唯物主义的发展、战国最后的理论家韩非的哲学思想。通过这样的顺序，冯氏把先秦的思想家各自定位，形成他对先秦思想的整体认识。

关于老子思想，冯氏分为老子其人和《老子》其书、《老子》哲学思想的阶级根源、《老子》对于地主阶级政权的攻击及其应付的策略、《老子》的兵法、《老子》的素朴的辩证法思想、《老子》中的宇宙观、《老子》论为道和为学、《老子》的历史哲学及其理想社会，共八个问题。总起来看，还存在着以阶级来分析思想的问题，可以说是历史转折时期的现象。对于《老子》与兵法的重视，也是受当时马王堆帛书《老子》研究重视此方面问题的影响。

关于老子其人其书的问题，冯氏的结论是："后来所谓《老子》一派的思想有许多部分，有些是出于老莱子，有些是出于太史儋，这些思想都以韵文的形式流传于世。李耳把它们收集起来，再加上自己的创作，编辑成这部书，题名为《老子》。其所以这样地题名，或许因为书中的材料开始于老莱子，《老子》的这个'老'，就是老莱子的那个'老'。"[①] 至于《老子》书中的材料，有些比较早，有些比较晚，但最早的不能早于孔子，因为据说老莱子与孔子同时，最晚不能晚于李耳，这是从他的子孙谱系推出来的。他认为，《老子》思想的时间上限与下限，就是这样。《老子》中可能保存有春秋末期一些隐者的思想，但《老子》中的中心思想和基本原则，是战国时代的产物。

关于《老子》的素朴的辩证法思想，冯氏认为是比较丰富的，

---

① 冯友兰：《中国哲学史新编》第二册，见《三松堂全集》第八卷，河南人民出版社2000年版，第273页。

如认为具体的事物是在运动或变化中的，又认为事物有它的对立面，而对立是经常互相转化的。但《老子》又认为这些道理与一般人的常识相反，故强调"反"，且认为这些道理不易为一般人接受。他认为《老子》的这些思想，"是辩证法的根本规律，即对立统一规律的'统一'这一方面。但是这个规律的更重要方面是矛盾着的对立面的斗争。对立统一规律的这一方面《老子》完全不认识"①。所以它的思想还是形而上学，不是辩证法。因为按照辩证法，对立面必须在一定的条件下才互相转化，而且按照对立统一规律，矛盾着的对立面要经过斗争，才起了转化。但《老子》害怕斗争，不讲斗争，它所认识的转化是循环，不是上升的。所以只能说《老子》对客观辩证法有一定的认识，但这些认识不是作为新兴阶级的战斗的工具，而是没落阶级用以对付新兴势力和聊以自慰的手段。这样，他还是按照阶级和斗争的观点对《老子》中的辩证法思想做了判断，这都是五六十年代思想的影响，他还没有完全摆脱出来。

关于《老子》的宇宙观，有三个主要范畴，即道、有、无，但因为道就是无，所以实际上只有两个重要范畴：有、无。但《老子》中对有、无有三种不同的理解与解释，形成三种说法。一是带有原始宗教性的说法，如"谷神不死，是谓玄牝，玄牝之门，是谓天地根"，他认为这是原始宗教性的说法。二是说有生于无，比玄牝说精致得多了。因为第一种说法还没有有、无的概念。三是把无理解为无名，无就是无名。这是因为不能说道是什么，只能说它不是什么，这就是无名。有些描述，如无物之物，无象之象，惟恍惟惚，玄之又玄等，这在客观世界中，究竟相当于什么，还是一个问题。他认为以上三种说法，就是要回答这个问题，即道或无是万物的共相，是一切物的共相，是一切象的共相。

他认为《老子》中关于道的三种说法，第一种太低了，第三种太高了，所以《老子》中讲得多的，还是第二种说法。"韩非和淮南

---

① 冯友兰：《中国哲学史新编》第二册，见《三松堂全集》第八卷，河南人民出版社 2000年版，第281页。

王都是用第二种说法。王弼开始用第三种说法，所以他的《老子注》能别开生面"①。其实这三种说法，第一种是一种比喻，第二种与第三种说的不是同一个问题，即第二种的有生于无，是说有与无的关系，第一种也是说有生于无的问题，只是借用了一种比喻的说法而已。第三种说无是无名，则是关于对道或无应如何阐释的问题。所以要把这三种说法综合起来，用来理解《老子》的道的不同方面或特点。

他还认为《老子》的思想基本上是和《庄子·天下》所讲的老聃思想相合的，即"建之以常无有，主之以太一"，"不濡弱谦下为表，以空虚不毁万物为实"。"常无有"，就是第一章说的"常无""常有"，"太一"就是第一章说的"常道"，常无、常有、常道是《老子》哲学体系的三个基本范畴，所以说"建之""主之"。用《庄子》的说法来解释《老子》的思想，还是有参考价值的。但如何解释《庄子》的说法，也可以有不同的理解，如"常无有"，可以解释为并列的三项：常、无、有，也可以解释为常无、常有。如果说常无、常有、常道是《老子》的三个基本范畴，则应该把常、无、有三者并列起来。常是一个独立的概念，有与无也是分别独立的概念，所以常、无、有应该是三项并列的概念。

根据《老子》中关于道的三种说法，他认为可以认定《老子》的哲学体系是客观唯心主义。因为第一种说法是原始宗教迷信的残余，自不必说。第二种说法没有说明道、有、无究竟相当于客观世界中的什么东西，那它们也即是一种主观的虚构。以一种主观的虚构作为天地万物的来源，这也是一种客观唯心主义。第三种说法把共相和殊相、一般和特殊说成是母子关系，这也是客观唯心主义。所以他说："总之，《老子》所建立的道家哲学体系是客观唯心主义的体系，这似乎是无可争辩的了。"② 当然，这一说法也未免太过于

---

① 冯友兰：《中国哲学史新编》第二册，见《三松堂全集》第八卷，河南人民出版社2000年版，第289页。

② 冯友兰：《中国哲学史新编》第二册，《三松堂全集》第八卷，河南人民出版社2000年版，第292页。

自信了。任继愈总结关于《老子》思想是唯物主义还是唯心主义的争论时说，双方都不能充分地说服对方，可知冯氏的这种说法，只能代表他本人的观点。

关于《老子》的历史哲学和理想社会，也是《老子》思想中的重要问题。冯氏认为，《老子》认为历史过程是一个从无为倒退到有为的过程，时时刻刻都在退化，在这个过程中，善的美的东西，一步一步地失去，代之以恶的、丑的东西。如第三十八章所说："上德不德，是以有德。下德不失德，是以无德。上德无为而无以为。下德为之而有以为。上仁为之而无以为。上义为之而有以为。上礼为之而莫之应，则攘臂而扔之。故失道而后德，失德而后仁，失仁而后义，失义而后礼。夫礼者，忠信之薄而乱之首。前识者，道之华而愚之始。是以大丈夫处其厚不居其薄，处其实不居其华。故去彼取此。"他认为这一章叙述了社会逐步退化的过程，即从上德的不德而有德、无为，到下德的无德而为之，然后是上仁、上义、上礼，一个不如一个。这一看法似可讨论。该章最后说："大丈夫处其厚不居其薄，处其实不居其华。"这说明有道的人对这种情况是可以选择的。如果是社会的退化，则退化之后就不会再有退化以前的社会，那么，有道的大丈夫又怎样选择呢？既然是可以选择的，就说明不是一种退化的过程，而是社会如何治理的不同方法。可以用上德不德而无为的方法进行治理，也可以用下德无德而为之的方法进行治理，还可以用上仁、上义、上礼的方法进行治理。这样才能让得道的大丈夫可以选择采取哪一种方法处或居，去与取。所以，把这一章完整地理解下来，就不是逐步退化的过程。如果是逐步退化，就意味着社会在不断变化，而变化之后就只能是一种情况，而变化以前的情况就是不可得到的了。这样的话，就无法有所去取，只能无奈地面对之。所以根据《老子》这一章，还不能说是社会的退化过程，而只能是社会的不同治理方式。

冯友兰又对《老子》第八十章加以分析，认为那是老子理想社会的情况。第八十章所说，"从表面上看起来，这好像是一个很原始的社会，其实也不尽然"。那种社会中并不是没有舟舆、甲兵、文字，只是不用这些东西，这样才是至治之极。"用《老子》的表达方式，应该说是知其文明，守其素朴。《老子》认为，对于一般所谓文明，它的理想社会并不是为之而不能，而是能之而不为"。可以说，第八十章所讲并不是一个社会，而是一种人的精神境界，《老子》所要求的就是这种精神境界。而这种精神境界，就是后来陶渊明的诗所表现的："结庐在人境，而无车马喧。问君何能尔，心远地自偏。采菊东篱下，悠然见南山。山气日夕佳，飞鸟相与还。此中有真意，欲辨已忘言。"冯氏说，这首诗并未提到老聃，也未提到《老子》，可是讲的完全是老意。"懂得了'欲辨已忘言'，对于《老子》的批判或赞赏都成为多余的了"。①

第八十章是一种社会状态，即无为而治的社会之理想。无为，可以说是一种精神境界，但还是要落实到现实之中，不能仅仅是一种精神境界。陶渊明的诗表达了这种精神境界，但也描述了他的生活现实。也就是说精神境界与现实生活要统一起来，所以第八十章既是《老子》的社会理想，也寄托了他的无为思想的精神。

看冯氏对《老子》思想的分析论述，到了最后，竟然变成一种非常赞赏的态度。虽然他说批判或赞赏都是多余的，但赞赏之意仍不可掩。这也说明《老子》思想的高妙之意，虽经两千多年，仍为人们欣赏，而这就是《老子》思想的魅力所在。冯氏在这里为我们表达了一种哲学的诗意，是值得肯定的。

二、任继愈对老子思想解释的变化

任继愈在改革开放之后的《老子》研究成果有好几种，如《中国哲学史》修订版和《中国哲学发展史·先秦》，都是以哲学史的方式来论述老子思想的；《老子新译》修订本、《老子全译》、《老子绎读》都是对《老子》原文注译及在此基础上做出简要论述，可以从中看出他对《老子》的文本和思想的理解。

---

① 冯友兰：《中国哲学史新编》第二册，见《三松堂全集》第八卷，河南人民出版社2000年版，第299—300页。

　　《中国哲学发展史·先秦》是 1983 年出版的，《中国哲学史》修订版完成于 1997 年，2003 年出版，最能反映改革开放以来任氏对老子思想研究的新看法。因此这里主要根据《中国哲学史》修订版来看任氏的老子研究之观点。

　　此书对先秦思想家的排序，与冯友兰有同有异。任氏也是从商代开始叙述，认为商到春秋是奴隶社会，其中分述了商周时期的进步思想的萌芽、春秋时代社会思想的进步以及新旧思想倾向的斗争。之后就是老子的思想，核心是以道为最高范畴的哲学体系和朴素的辩证法思想，包括自然无为的天道观和无神论思想、哲学最高范畴的道、朴素的辩证法思想、轻视实践的认识论、小国寡民的社会思想。在老子思想之后，才是孔子思想。这都属于春秋时期的思想。任氏将战国时代定性为封建社会确立时期，这一时期包括墨子、宋钘、尹文、《孙子兵法》和《孙膑兵法》、孟子、庄子、惠施、公孙龙、后期墨家、《易传》、荀子、韩非等的思想。这一体系与冯友兰大为不同，二者可以加以比较。

　　关于老子其人，任氏认为即老聃，约生活于公元前 580 年至前 500 年，即周简王六年到周敬王二十年。孔子曾向他请教礼的问题，老子晚年因周王朝日趋没落，而回到故乡楚国苦县厉乡曲仁里隐居。《老子》书没有引用西周以来的官方典籍资料，其中吸收了不少民间谣谚，其中有些章句是战国时人的注释，后来混入了正文，但全书大体上是老子的思想。总体上看，老子以道为最高范畴的哲学体系和朴素的辩证法思想是春秋末期产生的，老子出身史官，在当时看透了统治集团的腐朽没落以及他们带给民众的灾难，所以他反对统治者所采用的礼乐文化与典章制度。但任氏还用阶级定位方法来确定老子思想的阶级属性，认为其思想反映农民小私有者的利益，反对奴隶主阶级，客观上有利于新兴地主阶级的成长。这表示他仍然不能摆脱五六十年代的阶级斗争思想和阶级分析的方法。

　　任氏认为中国哲学在先秦时期主要是通过"天道观"来表现其思想的。天道观不同于今天所说的世界观，它的范围比世界观小，主要讲天地万物生成变化的原理。在春秋末期，哲学的主要问题是

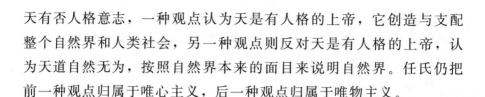

天有否人格意志，一种观点认为天是有人格的上帝，它创造与支配整个自然界和人类社会，另一种观点则反对天是有人格的上帝，认为天道自然无为，按照自然界本来的面目来说明自然界。任氏仍把前一种观点归属于唯心主义，后一种观点归属于唯物主义。

老子提出了天道无为的思想，天只是与地相对的天空。上帝是古代相传最高的天神，天道与人事的决定者。但老子认为道比上帝更根本，故说道是象帝之先的，出现在上帝之先。世界的产生、变化是由道决定的，不是由有意志的上帝决定的。

道对万物的产生是无意的，这就是无为，但又是由道生成了万物，这就是无不为。社会的统治者应该遵循道的无为无不为的精神来统治社会，这样的人就称为圣人。这就是老子的道论及其社会历史观。任氏认为，"老子只能提出认识自然规律，服从它，而不能进一步根据自然规律提出改造自然的主张"①，又有主张柔弱谦下的思想，这是老子思想中的消极因素。

但老子的思想是要人遵守道的无为而无不为的原则，无不为就表示不是消极谦退，而是要对社会尽到责任的，是有为的思想。人们往往只看到老子所说的无为，而忽视了老子所说的无不为，这就是对于老子思想的片面理解。所谓自然无为，其中包含着无不为的思想，所谓柔弱胜刚强以及知雄守雌，则是根据事物物极则反的规则来做事，最终还是要有为，要有所成功的，只是在成功之后要不居功等。这样看来，老子思想中的柔弱谦下，只是一种手段，或只是一种暂时的姿态，而不是根本的目标或主张，所以不能片面理解之，而说成是消极因素。

关于老子的道，他认为是老子哲学的最高范畴，老子吸取了道字的道路之义和天道的含义，而提升为事物存在和变化的最普遍的原则，故成为老子哲学的最高范畴。这一分析是符合老子思想本意的，但道在老子哲学中究竟有哪些含义，则是需要进一步解析的。

根据《老子》第二十五章所说，道是一个混然一体的东西，比

---

① 任继愈主编：《中国哲学史》（一），人民出版社 2003 年版，第 56 页。

天地更在先，听不见，看不见，不靠外力而存在，永远循环往复地运行着，是天下万物的根源，勉强命名为道，无所不在，故又称之为大。道与天、地、人相比，它是最根本的，"道以自己本来的样子（自然）为根据。道的内在的原因决定了它的存在、运动，而不靠另外的原因"①。

道的第二个特性，是道不能通过人的耳目见闻来直接感受到，如果把老子说的"其中有精"理解为它（道）包含着细小的粒子状的东西（精），则不够确切。老子说"其中有象""其中有物""其中有精"，象、物、精都是指道而言，而不是指道之中包含着什么而言的。道不是一种具体的物，所以不能如一般的具体的物那样为人所感知，这就是道的第二个特性。

道具有"有"和"无"两种性质。"老子所说的'无'是指'无名'（'道常无名''道隐无名'）、'无形'（'大象无形'），而不是一无所有的'零'或空无"。在道"中间本来就是'有象''有物''有精'的。就这方面说，老子的'道'又是有"。② 老子从道有有和无两种性质，得出"天下万物生于有，有生于无"的结论。有和无的相互依存的关系，是"有之以为利，无之以为用"，任氏认为老子在这里把两种无的意义弄混了。一种无是构成宇宙万物的最后根源的无，是无形无象无限无名，而不是空虚的虚无。"有之以为利，无之以为用"的无是具体之物的空无的部分，是具体之物的空虚的虚无部分，这种无不是构成宇宙万物的最后根源的无。这个分辨是正确的，这也说明《老子》中的有和无，是有多种含义的，不能混为一谈，一定要放在具体语境中做具体的理解。

老子哲学提出了道，就是给世界的生成、变化找寻共同的物质总根源，而且道有更广泛、更概括、更具有普遍规律的意义，这是老子哲学高于过去一切哲学的地方，而提出道，就否定了过去以上帝为最高地位的思想观念。在这个认识的基础上，他提出老子的道

---

① 任继愈主编：《中国哲学史》（一），人民出版社 2003 年版，第 58 页。
② 任继愈主编：《中国哲学史》（一），人民出版社 2003 年版，第 58—59 页。

有五个特点，第一，道是混沌未分的原始物质，由这种原始物质剖判为万物。第二，道是最原始的、永恒运动着的物质实体。第三，道不同于任何具体事物，故又叫它为无名，不同于一般物体的形象，故叫作大象。第四，道不是肉眼或身体直接所能感触得到的。第五，道是物质，又是物质运动的规律。

这里，任氏使用"物质"的概念来定义老子的道。其实他自己也说过，古代思想不能用近现代哲学的概念来定义或解释，因为古代还没有近现代哲学的那种概念。所以用物质来定义老子的道，也是不太合适的。只能说道是万物生成及运动的总根源，它本身不是物质，只是一种无法言说、无法感知的根本之理，万物都被此根本之理所决定，人是通过万物的生成及运动变化的整体现象而感悟出这个根本之理的。这里没有物质的问题，不能用近现代的唯物或唯心的概念来定义和理解。

任氏认为老子具有朴素的辩证法思想，但又指出，老子这类思想与辩证法存在不相符合的地方，如他说，老子还不能认识量和质的关系，只是模糊地初步接触到事物的量的积累可以引起性质变化的一些观点。任氏还认为老子的辩证法思想的缺点是注重柔弱，反对进取，忽视矛盾对立面的斗争性一面，有走向相对主义的可能，这都是消极因素。

他又认为老子的认识论是轻视实践的，只强调"涤除玄览"和"为道日损"，这说明老子认为认识总规律和认识个别的事物的方法是不同的，要有更高的理性概括，所以不能用感觉经验认识一般事物的方法来认识世界的总根源和总规律。由此任氏认为"老子是中国哲学史上第一个唯物主义的唯理论的哲学家。但是他夸大了理性的作用，错误地把理性思维和感觉经验对立起来"①。

任氏对老子认识论的分析是很深刻的，承认认识世界的总根源和总规律要用理性思维的方法，不能用经验论的思维方法，这一点非常重要。对于道的认识，确实要用这种理性思维方法，但不能说

---

① 任继愈主编：《中国哲学史》（一），人民出版社 2003 年版，第 68 页。

老子就把理性思维和感觉经验对立起来了，因为老子所说的只是认识道的问题，不是认识所有事物的认识论，所以老子强调理性思维。老子没有讨论对于一般事物的认识论问题，所以他不会看重这种认识论中的感觉经验问题。也就是说，老子的认识论是一种特殊的认识论，只针对道这种根本性原理的认识，不是近现代哲学中所说的对一切事物进行认识的那种普遍意义的认识论。如老子说的"不出户，知天下，不窥牖，见天道，其出弥远，其知弥少"，就是在说认识事物的根本性道理，不是说认识千差万别的具体事物，不能因此就说老子的认识论是排挤感觉经验，是轻视实践的。

他又认为老子的认识论重视神秘的直观（玄览），但把这一说法拿来与老子的原话对照，就能看出在理解上有问题。《老子》原文是"涤除玄览，能无疵乎"，既然要"涤除玄览"使之"无疵"，那就不是用"玄览"来认识事物，如果是用"玄览"的方法来认识事物，就不是这样说，这在文意上是能够非常容易做出理解的。而且根据马王堆汉墓帛书本《老子》，"玄览"的文字是错误的，应该作"玄鉴"①。"玄鉴"可以理解为动词，"玄览"就只能理解为名词，因为"鉴"的古义是镜子，"涤除玄鉴"，犹言擦拭干净玄镜。玄镜形容心，心能观照外物，故称玄镜（鉴），擦拭干净玄镜（鉴），是说扫除心中的杂念，这正与老子说的"致虚极，守静笃"相一致。从这个意义上说，"涤除玄鉴"，就是让心灵静而净，这样才能准确深刻

---

① 帛书《老子》甲本："脩除玄蓝，能毋疵乎"，乙本："脩除玄监，能毋有疵乎"。高亨、池曦朝在《试谈马王堆汉墓中的帛书〈老子〉》中说："'涤除玄览'四字，讲不圆通。'览'字当读为'鉴'，'鉴'与'鑑'同，即镜子。'玄鉴'指内心的光明，是形而上的玄妙的镜子。《淮南子·修务》：'执玄鉴于心，照物明白。'《太玄·童首》：'修其玄鉴'，都是此义。老子是说：洗去内心的尘垢，即清除内心的私欲等，则观察事物就能没有错误了吧？现在我们一查帛书，'览'字甲本作'蓝'，乙本作'监'，'监'字即古'鉴'字。……'监'字像人张目以临水盆之上。《尚书》记周公姬旦引古人的话：'人无于水监，当于民监。'即古人用水盆做镜子的明证。……乙本作'玄监'，自是《老子》原文。后人不懂'监'字本义，改作'览'字，是错误的。甲本作'蓝'，则以同声借用。"见马王堆汉墓帛书整理小组编：《马王堆汉墓帛书老子》，文物出版社1976年版，第123页。

地观察事物及其道理。这样认识外在事物，不能说是神秘的直观，因为用静而净的心灵观察事物时，不是只用心灵，还在借助许多有关事物的资料与信息，如老子对历史、社会复杂现象的认识和议论，他能完全不掌握相关史实与现象而形成自己的认识吗？仔细读《老子》，其中说到许多有关人事、历史、社会、国家、天下等方面的事情，这都是他在用静而净的心灵认识这些事物时不能不凭借的资料与信息，因此，不能只凭"玄览"这个词（且是有文字错误）就下结论说老子的认识论是神秘的直观，况且这也不符合老子原话的本来语义。

老子的社会思想是主张小国寡民。任氏仍然沿用老子思想"反映了农民小私有者阶层的利益"① 的观点来解释小国寡民的问题。解释小国寡民，不能先拿来一个《老子》中本来不存在的概念作基础，而应认真考察《老子》的原文。他认为老子反对统治者对人民过分剥削、自己过着奢侈的生活、不断发动战争、社会分配造成贫富不均等，这是对的，但这些情况，不是只有农民小私有者阶层才会反对的，可以说统治者及既得利益者之外的人们都会加以反对，因此老子的思想代表了一切受压迫、受剥削的人民和阶层。他进一步指出，小国寡民的社会中，统治者应物无为之治，不要过多干涉老百姓，少发号施令，事情自然而然就办好了，这样的统治者，人民拥护他而不感到是负担。这样解释，可以说把握了老子思想的主要意旨，是正确的。

但他认为老子因此而反对文化，觉得文化是社会混乱的根源，这一看法似欠妥。老子所说的"绝圣弃智"以及"非以明民，将以愚之"等，不能简单地理解为反对文化，弃除文化，其主要意旨是强调统治者的无为，不要期望过多地使用礼乐制度与文化观念来统治国家和社会。对《老子》中的种种说法，必须时时与他所主张的无为之治、无为而无不为的思想主旨联系起来加以理解，才不会产生误解。

---

① 任继愈主编：《中国哲学史》（一），人民出版社 2003 年版，第 70 页。

从 20 世纪五六十年代以来，中国学术界对古代思想家的分析，一直受着哲学基本问题是思维与存在的关系问题的观点的影响。这一观点是由于苏联学者对恩格斯关于哲学基本问题观点的简单化、教条化理解而形成的。改革开放以后，人们逐渐意识到这一观点不能覆盖中国、西方哲学发展的全过程和全部内容，用唯物主义与唯心主义两军对战的模式，不能概括中国哲学史的丰富内容。其实早在 1957 年 1 月，在北京大学哲学系举行的中国哲学史座谈会上，就有人委婉地发出了疑问：如果完全按照恩格斯关于哲学基本问题的论述和苏联日丹诺夫关于哲学史的定义来研究中国哲学史，会有削足适履之虞，难以反映哲学史发展和哲学家思想的全貌。根据恩格斯的具体说法，在不同的时代里，哲学的基本问题有不同的、具体的表现形式，理应从不同方面加以研究。恩格斯对哲学基本问题的论述，是对西方哲学，特别是以认识论为中心的近代哲学的概括，应该更全面地研究哲学发展的阶段性和民族文化中的哲学思想差异。

党的十一届三中全会以后，一些学者对恩格斯关于哲学基本问题的论述发表了自己的看法。如张岱年 1983 年在《中国哲学史方法论发凡》中提出："恩格斯所讲哲学基本问题是从西方哲学史中总结出来的，是否也适用于中国哲学史呢？这个问题需要深入地考察。中国古代哲学所用的概念范畴与西方的不同，没有人像黑格尔一样采用'思维与存在'这个表达方式。但是中国古代哲学确实也有自己的基本问题或最高问题。"① 张世英在《新哲学讲演录》中提出："思维对存在、主体对客体的关系问题，就其充分明确的形式而言，只是西方近代哲学的问题。"如果"硬用唯心论与唯物论来套中国传统哲学和古希腊哲学以及西方现当代哲学的一切思想流派，也是显然不合适的"。②

更多的学者认为，老子对道的论述，不是为了解决思维与存在

---

① 张岱年：《中国哲学史方法论发凡》，见《张岱年全集》第四卷，河北人民出版社 1996 年版，第 119 页。

② 张世英：《新哲学讲演录》，广西师范大学出版社 2004 年版，第 37 页。

的关系。因此，没有必要、也不应该对老子哲学的属性，作出唯物还是唯心的强制性的判定。这说明中国学者对从苏联传来的这一观念，进行了长期而认真的思考，可以说以后人们就不再受这种观念的影响来研究中国古代哲学史以及老子的思想了，这是改革开放之后在老子思想研究上的最大进步。但在80年代初的著作中，还不时能看到受此观念影响的说法，体现出当时人们的思想解放程度还不够。今天应该说明其中的不合理之处，才好让人们懂得为什么不能套用这种不合乎中国古代思想实际情况的观念，这也是我们在回顾这一历史时期内的老子思想研究状况时所应注重进行分析的问题。

任继愈的《老子绎读》，是他一生研究《老子》思想的最后成果，出版于2006年。20世纪50年代，任氏就撰有《老子今译》，后又有《老子新译》及修订本、《老子全译》，最后才是这部《老子绎读》。此书是对《老子》原书全文的释读，不仅解说《老子》中的每句原话，还对各章大意进行简要的解说，这样的研究方式，比用中国哲学史的方法写成的老子思想的论述，更加全面完整与深入，由此可以确切了解任氏对《老子》全书的具体理解。

例如，对第一章，他在注与译之前，先写了一段关于老子的道的认识：

> 老子重点在于说出"道"的不同于任何具体事物，因为它是最先提出的，所以正面表述它，遇到困难。没有和"道"相对应的恰当的名词来表示它的特性、本质。他希望人们从无形象处体认它的变化，从有形象处体认它的终极。有形或无形都不足以表达"道"的性质，它深远而微妙。
>
> "道"这个范畴是老子首先提出的。老子并没有把它的内容讲得十分清楚。后来的唯物主义者和唯心主义者对"道"作出的解释都是从老子的体系中阐发出来的。从这一章只能看出老子提出了"道"的重要性，而不能断定"道"是"绝对精神"还是"物质一般"。因为老子的时代，还不可能有这些观念。
>
> 老子提出了万物的本源，追问万物的开始，是他深刻的地

方。他提出探求世界开始，还处在"起源论"的阶段，比起"神造说"有质的飞跃，比起五行说有更高的抽象思维水平。这是一个了不起的发现，它标志着古代人类认识世界时达到的最高水准。①

任氏对《老子》原文做了明快的译读。如第一章：

道，可道，非常道——"道"，说得出的，它就不是永恒的"道"；

名，可名，非常名——名，叫得出的，它就不是永恒的名。

无名，天地之始——"无名"是天地的原始；

有名，万物之母——"有名"是万物的根本。

故——所以，

常无，欲以观其妙——经常从无形象处认识"道"（无名）的微妙，

常有，欲以观其徼——经常从有形象处来认识万物（有名）的终极。

此两者同出而异名——这两者（有形和无形）讲的是一回事，而有不同的名称。

同谓之玄——它们都可以说是深远的，

玄之又玄，众妙之门——极远极深，它是一切微妙的总门。②

又如第十一章的"有之以为利"，译为"'有'所给人的便利"；"无之以为用"，译为"完全靠'无'的作用"。③ 他的翻译非常简洁，也没有故意与众不同的新奇说法。这是非常朴实认真的态度，是完全按照《老子》原文的语意来译读的，可以与其他学者的一些与众

---

① 任继愈：《老子绎读》，北京图书馆出版社 2006 年版，第 1 页。

② 任继愈：《老子绎读》，北京图书馆出版社 2006 年版，第 1—3 页。

③ 任继愈：《老子绎读》，北京图书馆出版社 2006 年版，第 24 页。

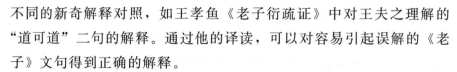

不同的新奇解释对照，如王孝鱼《老子衍疏证》中对王夫之理解的"道可道"二句的解释。通过他的译读，可以对容易引起误解的《老子》文句得到正确的解释。

任氏也注意参照出土的简帛《老子》校对传世本的《老子》原文，如他在《后记》中说："西汉版本的《老子》和战国时期的《老子》，字句以至段落与今流行本有差别。这些差别，是研究老子必须关注的。比如《老子》的'大器晚成'，马王堆本作'免'成。按《老子》原义及上下文'大音希声，大象无形'联系起来看，应作'免成'更符合《老子》原义。"[1] 经过这类校勘，可以对《老子》的思想做出与以前不同的解释，这也是此书的价值所在。

第二节　詹剑峰、古棣的老子研究

一、詹剑峰《老子其人其书及其道论》

詹剑峰（1902—1982），安徽婺源（今江西婺源）人。毕业于北京法政大学，后到法国巴黎大学留学，回国后任教于安徽大学、暨南大学等校。1952 年起在华中师范学院（今华中师范大学）任教。著有《哲学概论》《逻辑》《西洋古代哲学史》《逻辑与科学方法》《墨家的形式逻辑》《老子其人其书及其道论》等。

《老子其人其书及其道论》，1957 年写成，1963 年三次稿写成，1966 年修正为定稿，1980 年重校一遍，1982 年出版，可知这是詹剑峰数十年对于老子其人其书及其思想研究的结晶。此书出版后，金春峰发表《对老子研究的新推动——读詹剑峰著〈老子其人其书及其道论〉》[2] 一文，认为全书细致地展开了老子思想的逻辑的体系

---

① 任继愈：《老子绎读》，北京图书馆出版社 2006 年版，第 262 页。
② 见《人民日报》1983 年 3 月 2 日。

与分析，总结了老子时代的哲学发展史、老子学派及思想的演变史、《老子》研究注释史以及近人研究老子的丰富成果，给予高度评价。

此书有三个主题，一是老子其人的问题，一是《老子》其书的问题，一是老子思想的核心概念"道"的问题。这三个问题的争论从 20 世纪二三十年代起，绵延了数十年。前后有不少学者参与，但意见最终也没有得到解决，分歧一直存在。詹氏的写作的时间从 50 年代中期到 80 年代初，说明他在不断调整自己的看法，最后才得出自己的结论。

此书第一章研究老子其人的问题，分成四项加以考证，即老子在孔墨之后的由来、从《史记》检证老子其人、从《庄子》检证老子其人、从儒家经籍检证老子其人。在论述中，他针对二三十年代以来学者们的主要意见，在史料中仔细梳理，对老子其人的问题得出了自己的结论。

詹氏指出，关于老子其人其书及其道论，解放前，争论集中在老子及其书是出现于春秋还是出现于战国；解放后，争论集中在老子的道是属于唯心主义还是属于唯物主义。他说："我自始至终参与这一论战，对于老子其人、其书，始亦疑古，继则疑'疑古'。对于老子的'道论'，始则认为唯心主义，继则认为自然主义，最后乃断定为唯物主义。这样的认识曾经过漫长的曲折过程。兹编所述，乃穷年累月探索的结果。"①

詹氏认为要研究老子的道论，首先要考定老子其人及其书的时代。而先秦的思想家，除了孔子，其他人的生卒年月，历史上都无记载，故后世学者不得不依据古代文献考定每个思想家生活的时代，如孙诒让依据《墨子》涉及当时的国家和政治人物，考定墨子生于公元前 468 年，卒于公元前 378 年。但这一方法不适用于老子，因为《老子》书中没有提到一个人的姓名，《庄子》记载老聃的事迹虽有十多处，也没有涉及一个王公大人，《史记》虽为老子作传，对老子生活的年代反而引起许多疑难问题，因此只能根据先秦及两汉留

---

① 詹剑峰：《老子其人其书及其道论》，华中师范大学出版社 2006 年版，第 315 页。

存的古籍。从中可以看到，涉及老子与孔子的关系的地方，都一致肯定老子是孔子之师，连孔门的弟子曾子、子夏亦承认"仲尼学于老聃"，后世不执己见的儒家，如张载和朱熹"始亦疑有两个老聃"，终悟是一而非二。根据孔子学于老子这一说法，可以考证老子其人其书及其道论的时代。

詹氏根据《史记》《庄子》及儒家典籍中的相关记载，最终考定认为老聃约生于公元前 576 年前后（公元前 581 年—公元前 571 年），当鲁成公之世，是陈国人，仕于周，为征藏史，谙于掌故，熟于礼制。公元前 522 年，孔子适周观光，闻老子之名，往见老子。公元前 520 年，周室发生争夺王位的内战达五年之久，公元前 516 年，王子朝失败，带着周之典籍逃奔楚国，老子掌管的图书当被带走，老子遂被罢免而归居。老子经这一事变，思想有大转变，由守礼转向反礼。老子既然反对礼制，自必受到统治者的迫害，老子不得不"自隐无名"，栖留各国以免祸。可见《老子》书所载"知我者希，则（害）① 我者贵，是以圣人被褐怀玉"，其即老子自道其身世遭遇之言。据《春秋》，鲁定公"五年春，王三月，辛亥朔，日有食之"，据《礼记》，"孔子曰，昔者吾从老聃助葬于巷党，及垣，日有食之"，可见老子这时是留居鲁国，孔子得"经常复学于老聃"。证以《曾子问》所记，孔子闻诸老聃者，涉及礼的方面颇广，而且是一些在特殊事变中应行之礼，这说明孔子不是一两次闻于老聃之言，而是较长时间向老聃问学的结果。据《庄子》所记，公元前 501 年间，老子居于沛，"孔子行年五十有一，南之沛，见老聃"。在这个时期，老子游过秦国，"阳子居南之沛，老聃西游于秦。邀于郊，至于梁，而遇老子"。又据《史记》，孔子居陈之日颇久（公元前 492 年前后）；据《列子》，老子亦归老于陈；据《庄子》，老子与孔子时相过从，谈道论德；据《孔子家语》，孔子闻到老子的本体论，闻到

---

① 此处詹氏把"则"解释为"害"，不确。"则"指效法，意为能知我且效法我的人，稀少而珍贵。这是说世人很少理解老子的思想，所以老子只能被褐怀玉，自我韬光，不向世人宣扬自己的思想。不能说因为有人要害我，所以我要隐居。故他说老子因为反礼而受统治者的迫害而不得不自隐其名，是不合乎此语的原意。

老子的宇宙起源论，闻到老子的生物演化论。总之，老子与孔子不仅在周相见，并在鲁、在沛、在陈相会。孔子不仅问礼于老聃，并闻"道论"于老聃。公元前 478 年，楚灭陈，老子遭亡国之痛，可能逃奔异国，不久客死他乡，"老聃死，秦失吊之"。

依据先秦及两汉的文献，虽不能考定老子生卒的年月，但老子生活于春秋末叶，六十岁之前，身为王官，六十岁以后，乃"蓬累而行"的隐君子。此则任何人都不能视作假的而加以否定的历史实事。

但詹氏所引用的古籍文献，其中有不少说法都不能看作确切的史实，所以这种考证，文献基础尚显不够，故其结论在年月上如此确切，也难令人完全信从。对于老子其人的问题，到现在为止，并没有非常确切无疑的历史记载，所以根据其他古籍文献的一些说法来推断老子其人及其在当时的活动，还是缺乏坚实基础的。

关于《老子》书的问题，他主要反驳人们提出的几个疑问，如《老子》书中哪些思想必是战国时才产生的，战国以前有没有私人著作，由此推论《老子》书成于何时及《老子》书的作者是谁。

詹氏以自己所推论的老聃生于春秋末叶为根据，认为老聃之书当成于春秋之际。对于一些学者提出的《老子》书必非道家老聃所作，或《老子》书纯由后人窜乱及杂袭而成，他引用熊十力的说法，认为这都是"愚妄固不足道"的。近人有依据"思想体系""时代术语""文章体裁"等来论证《老子》书是战国时代的作品，但他们援引的论据，用张煦的说法是"或则不明旧相，或则不察故书，或则不知训诂，或则不通史例，纰缪横生"。还有人认为"古人不著书"，"孔子以前，无私人著述之事"，詹氏指出提出这些说法的人又一致肯定孔子在春秋之际已著书立说，这是自相矛盾。为此他从三方面来论证之。

从时代方面看，古人谓"春秋是大乱之世"，但以现代眼光来看，春秋是生产力跃进时代，是生产关系大转变时代，对于反映转变时代各阶级斗争的哲学思想来说也是一个飞跃时期。春秋是百家并起时代，战国是百家争鸣时期。战国时主要学派道、儒、名、法、阴阳，皆兴起于春秋末叶。法家先驱有管仲、子产，阴阳家先驱者有鲁梓慎、郑裨灶、周苌弘，郑人邓析创名家，齐人孙武创兵家，鲁人孔丘创儒家，陈人老聃创道家。各家的开创者都有著作，如兵家孙武有《兵法》十三篇，名家邓析有《竹刑》《邓析》，儒家孔丘作《春秋》，赞《周易》，阴阳家有《宋司星子书》三篇，法家《管子》至少有部分是管仲遗言。"准此，道家老聃在春秋之世'著道德五千余言'，真是应运而兴，历史发展必然的产物"①。

詹氏这一分析从整体时代大势说明春秋时出现《老子》书是没有疑问的，有些学者固守春秋前无私人著作一说，看来是不能成立的。但其中说孔子作《春秋》，这是不确切的，《春秋》是鲁国史书，不是孔子作的，孔子只是整理了《春秋》。赞《周易》当是指《易传》，但这只是传说，还不能确定《易传》是孔子所作。孔子说自己述而不作，似乎自己不会有所创作。述而不作，只是孔子的信条，其他各家不会遵守这一条，所以其他各家会有著作问世，是可以肯定的。这都是非常清楚的史实，不知为什么有些学者视而不见，而一味强调春秋之前无私人著作。

第二个方面是从春秋时人引用老子之言来看。年岁大于孔子的叔向曾引用老聃的话"天下之至柔，驰骋天下之至坚"，"人之生也柔弱，其死也刚强"，以对韩平子之问。由于"仲尼学于老聃"，所以孔子的言论时常流露老子思想影响的痕迹，如《论语》里"无为而治"和"予欲无言"之论，这是老子所说的"处无为之事，行不言之教"；"子在川上曰：逝者如斯夫，不舍昼夜"，此是老子所说"水几于道"；"子谓颜渊曰：用之则行，舍之则藏"，这是老子赠孔子"君子得其时则驾，不得其时则蓬累而行"之言。《易·系辞》里"变动不居，周流六虚"，就是老子所说的"周行而不殆"。《礼运》载"大道之行，天下为公"，就是老子"太上，不知有之"之意；"今大道既隐，天下为家"，就是老子"大道废，有仁义"之意。老子的言论思想既出现于春秋时人之口和儒家的经典著作中，则老子

---

① 詹剑峰：《老子其人其书及其道论》，华中师范大学出版社 2006 年版，第 317 页。

把他的思想做成记录，传给后世，是很自然的事。

詹氏这条证据，说明《老子》中的某些思想在春秋时就为人们所熟知，不一定都是来自《老子》，但作为人们共知的思想，则是完全可能的。有些说法作为知识，为一个时代的人们所熟知，这是非常常见的现象。仅从这一点而言，如果某些话为一个时代的人经常提到，且《老子》中有类似的话，就可证明《老子》是这个时代的产物。

第三个方面是从《老子》书本身看，亦可得到确凿证据以证明它成于春秋之际。詹氏指出，春秋乃是小国林立、大国争霸时期，大国欲拉拢小国以壮声势，小国欲依靠大国借以自保，故老子曰："大国不过欲兼畜人，小国不过欲入事人。夫两者各得其所欲，大者宜为下。"这是老子对春秋各国的形势而发出的议论。

詹氏这一证据，也很有力。其实《老子》书中还有许多对统治者和社会现象的批评，这都不能说只有在战国时代才会出现，春秋时也是存在的，所以可以据以推断《老子》产生于春秋时代，是没有问题的。

根据以上三条证据，可断定《老子》成于春秋。当然，詹氏也不否认《老子》书有后代窜杂的部分，这是任何先秦留存至现在的古籍都不可避免的。如果根据一点窜伪就否定《老子》书成于春秋，那任何古籍都可视为伪书或退后几世纪。

詹氏认为反对封建剥削和同情劳动人民，是老子思想的社会根源。他又探讨了老子哲学的思想渊源，认为老子一些哲学范畴也是来源于古代先哲的，并不都是他首先提出来的。之后他专门分析了《老子》的道，从道与名、道法自然、道"象帝之先"、道物不二等几个问题展开分析。整体认为老子的道论属于唯物主义的哲学，其产生是反对宗教的。"老子是我国第一个力图从自然本身解释世界，而不求助于超自然的主宰——天帝；所以老子是中国唯物主义的始祖，老子的'道论'是中国哲学第一枝鲜艳的花朵"[1]。老子道论的中

---

[1] 詹剑峰：《老子其人其书及其道论》，华中师范大学出版社 2006 年版，第 318 页。

心思想是：道即自然，自然即道。老子把自然当作一个整体来观察，认为自然世界是有秩序、有条理的，故用"道"的范畴反映整个自然及其运动变化的规律。老子的哲学就是"道自然"，这就是说，道之为物，莫能使之然，亦莫能使之不然，故称为"道自然"。道只能是一，所以道唯一，因此道的运行是自由的、必然的，即按其自身规律而运行。自在、自因、无待、无限、唯一而自由运行之物，即道，即自然。

另一方面，道是本又是末，是体又是用，是无又是有，是变又是常，说明道是包罗万象的无限宇宙，道是整个自然的统一。大自然能生能化而且常生常化。道是天地万物的大本原，天地万物是道按照自然规律变化的结果，所以道是本又是末。道是万有之根源，又是从道而出的万有的总体。同时，道是物质性与规律性的统一，"道统有无"。

这里，只能说"道统有无"，不能说"道既是无，又是有"。无是道，而有是道的产物，所以不能说道又是有。詹氏在这里的有些说法，还没有把这一点分辨清楚。另外，詹氏又用气的概念来说明《老子》的道，也是不确切的。《老子》并不讲气，气的概念是老子思想之外的。

他又认为老子的道是"赅变常"的，不变是常，变也是常。故老子认为道是变又是常，宇宙万有无不在有规律地变化之中，除了变化之外，没有不变的东西。唯有永远变化是不变，是永常，故道兼变常。

就道与变和常的关系言，老子强调常与非常的区别。常是不变，指道的本体而言。非常不是常而不变的，是指万物的相互区别而言，又指事物的相对而相互转化的关系。因此老子所说的常和变是不同层次的概念，而詹氏这里所说的变化是永常的，所以道兼变与常，这一思想其实是《易传》中的，表面上看与老子的常与非常相类似，但所阐释的道理不是同一个，应该加以区别。

关于老子的道是唯物论还是唯心论，这是学者们争论不休的问题。詹氏认为要弄清这一问题，一方面要剔除后人对老子道论的误解，另一方面要根据庄周、韩非等人的解释。詹氏认为后世人们不断用自己的思想来解释老子思想：如东汉末年的张天师给老子穿上八卦衣，变老子的无神论为有神论；魏晋崇尚玄虚，王弼把老子的道说成超越时间的理体；佛教的道安把道释为超言诠、不可思议的真如；五四运动以来，有人说老子的道是柏拉图的理念，有人说老子的道是康德的物自身，有人说老子的道是黑格尔的绝对精神，这些说法都让人们觉得老子的哲学是唯心论。

詹氏从分析第一章的"道"开始，说明道乃大道，大道是指整个自然及其变化的规律，老子道论的中心思想是：道即自然，自然即道。道反映整个自然及其运动变化的规律，因此老子的道包含如下的含义：

> 道既然是自然的，可见道的存在由于自己——自因；道既然是自因，可见道之存在无待于他因，亦无待于他物，很显然是无待而然，而无待而然者就是绝对；道既然是绝对的，可见道不隶属于别物，亦不为别物所限制，所以道是无限；而无限的东西又只能是一；如果是二，则此一与彼一互相限制，那就不能是无限的了；道既然是自然、自因、无待、无限、唯一，那末它的运行一定是自由的，亦即必依其内在原因而动，按其本身的规律而行。试问什么东西能够自然、自因、绝对、无限、唯一而自由运行呢？毫无疑问，只有整个大自然才能如是。①

由此，老子之道乃指自然界、指自然的本质、自然的现象，由此可知老子的道的性质是唯物的。

詹氏曾说自己最初认为老子的道论是唯心主义的，后来认为是自然主义的，再后来才认为是唯物主义的。其实按照他的分析，说老子的道论是自然主义的才更符合他的分析。因为唯物主义并不是说以自然为本体根源就是唯物的，唯物主义另有更为严格的定义：

---

① 詹剑峰：《老子其人其书及其道论》，华中师范大学出版社 2006 年版，第 140 页。

在哲学基本问题上主张物质为第一性、精神为第二性，世界的本源是物质，精神是物质的投影和反映，这是唯物主义。唯物论，肯定世界的基本组成为物质，物质形式与过程是认识世界的主要途径。该理论的基础，所有的实体（和概念）都是物质的一种构成或表达，因此，物质是唯一事实存在的实体。

由此可知唯物主义是近现代的哲学概念，并不适合用来定义中国古代的哲学思想。如老子的思想中并没有谁是第一性、谁是第二性的概念，也没有世界的本源是物质而精神是物质的投影和反映这样的思想观念。因为老子的思想中根本没有物质与精神的对立之观念。老子思想中也没有所有的实体（和概念）都是物质的构成或表达等思想。所以用近现代才出现的唯物主义的概念来定义老子的思想，是完全不相符合的，因此关于老子的道论是唯物主义的还是唯心主义的问题，本身就是一个伪问题，并不存在于老子思想中。

詹氏还引用了后代学者才提出的气的思想，认为老子的道论是"理气一元"。他在此基础上又提出老子的思想是"道物不二"。但他的解释却借用了古人注释《老子》的话："所以言物者，欲明道不离物，物不离道，道外无物，物外无道。"①

这样来证明老子的道论里有道物不二思想，也是不合老子原意的。这种道物不二论，实际上是从佛教中来的，在老子时，还不会有这样的思维与逻辑。在老子那里，道就是道，物就是物，一定要分清楚，不能合一而有不二之说。詹氏认为道物不二的要点有四：一，道为物质性；二，道涵万物；三，道在万物；四，道运自由。而这四点也不尽合乎老子的思想，老子并没有道为物质性的思想，也没有道涵万物的思想，只说道是万物的生成之母，这不等于道涵万物。道在万物，是庄子的思想，老子没有这种思想。道运自由，也是庄子以后的思想，老子虽然说道周行而不殆，但只是强调道永远周行，并没有道的运行是自由的思想。在《庄子·逍遥游》中，才开始有运行自由的意识，在老子时还不存在这种思想。

---

① 旧题顾欢：《道德真经注疏》卷三。

詹氏对《老子》中的"道纪"做了重点的阐释，他认为：

> 大道就是一个万物往复变化无穷的宇宙大全，而不断运动、不断变化、不断发展就是道纪（道的总规律）。[①]

道纪是什么意思，一定要完整地解读《老子》的原文：

> 视之不见名曰夷，听之不闻名曰希，抟之不得名曰微。此三者不可致诘，故混而为一。其上不皦，其下不昧，绳绳不可名，复归于无物。是谓无状之状，无物之象，是谓惚恍。迎之不见其首，随之不见其后。执古之道，以御今之有，能知古始，是谓道纪。

这一章先说道是不可视、听、抟的，是不可致诘、不可名的，是无物、无状、无象的，是不见首和后的，这都是说明道不是一般的物，不能用人的感知来了解它。最后说"执古之道，以御今之有"，这说明道无论古今都是存在而发挥着作用的，其结论是"能知古始，是谓道纪"。"能知古始"，是说能知自古及今的道的存在及作用。"是谓道纪"，是说自古及今的道的存在及作用是道纪。纪可以解释为纲，古人常说纪纲，所谓纪纲，就是事物的根本规则，不可违背，不可破坏，也是不可改变的。所有的违背和破坏都是改变。这就是纪的意思。因此，道纪是指道永远存在并发挥作用，不受时间和时代的限制，是永恒的。对于老子的话语的解释，一定要先把其原文意旨解读清楚且无遗漏，然后才能进一步分析其中的深意。

从《老子》的原文看，詹氏是根据《老子》书中的其他说法加以增释。根据这一情况，来看詹氏接下去对道纪的解释，他认为：

> 从这个总规律可以推出下列各点：（一）一切在变，则此变

---

① 詹剑峰：《老子其人其书及其道论》，华中师范大学出版社 2006 年版，第 320 页。

为彼，彼变为此，故"变必有偶"。变既有偶，故彼此之间互相制约、互相联系，环环相扣，整个自然遂成为一个大连锁；（二）一切在变，变必有因。道之所以变化，在于"反"。盖"道始于一，一而不生，分为阴阳"。这就是说，大道本身蕴涵着内在矛盾，统一体遂分为两个对立面，由于对立，便有斗争，运动变化由之而起，故曰"反者道之动"；（三）但相反相成，便有统一，万物由之以成，故曰，"阴阳和而万物生"；（四）然而天下事物，无成不毁，无往不复，所以任何有限事物必然走到它的反面，故曰，"物极必反"。从物极则反，可知对立面在一定条件下互相转化，故曰"祸兮福之所倚，福兮祸之所伏"；（五）宇宙既然是一股相反、相争、相成、相转的大流，而其向前发展，则在柔弱。柔弱是新生，然"其力不可量"，"其用不可胜"，故曰，"弱者道之用"。这就是老子的自然辩证观。①

这里的五点，詹氏首先说明这是他的推论，所以也就可以说是他自己的理解，并不一定是老子自己的思想。

詹氏又分析了老子道论的缺点：

一，老子未能完全摆脱宗教的影响，如老子的道是自然的，没有意志，没有智慧，没有目的，但他又说天道无亲，常与善人，则天之道是有意志、目的的，就与道矛盾了。就这一点而言，还是要分清老子的道、天之道、人之道是不同层次的道，可以说天之道、人之道是第一章所说的"非常道"，与不可道的"常道"是不一样的，因此相互之间就没有矛盾了。

二，老子的哲学术语有毛病，如无有三义：气、虚空、无形象的规律。这就为唯心主义开了方便之门，后来的魏晋玄谈利用来崇尚虚无，佛教利用来讲空无寂静，近代有人把它当作精神实体。詹氏强调老子是理气一元论，但老子所说的气，不是他所理解的气。老子说："专气致柔，能如婴儿乎"，"心使气则强"，这是说人身中

① 詹剑峰：《老子其人其书及其道论》，华中师范大学出版社 2006 年版，第 320 页。

的气；"万物负阴而抱阳，冲气以为和"，这是说万物阴阳之中的气，都不是道，所以老子的道不能解释为气，也不能说是理气一元论。后世所谈的气，与老子的气不是一回事，不能归咎于《老子》的术语。至于虚、无，后人另加解释后进行发挥，也不能全都归咎于《老子》，因为先秦其他文献中也有不少讲虚、无的思想，后人是将这些综合起来再加上自己的理解而发挥，与《老子》思想的本意就相差很远了。老子并没有直接讲空，后人讲的空，都是从无发挥出来的。中国古代思想家对自己所使用的概念，都是不加定义和规定的，任何人都可以利用来大讲自己的思想，这种利用，谁都没办法避免。就像不少人讲马克思主义，其实根本不是马克思主义，只是他歪曲了的所谓"马克思主义"。这种现象，哪一种理论学说都不能避免。

三，老子认为自然按本身固有的规律运行，但老子因此轻视人工，这是片面的。詹氏这里的话，用的是现代哲学的观念，要求老子思想也要有这样的思想，是忘记了时代对人的思想的限制。另外，老子反对人工，只是反对那些不合乎大道规则的过度的人工，是为了保证他的道不受人为破坏与干扰，如果人工合乎大道，老子是不会反对的。这说明对人工要做具体分析，不能简单地认为人工都是一回事，合乎大道的人工，与大道本身是可以统一的。

四，老子的自然决定论，使人完全听命于自然。后代的哲学家把它发展为定命论，为害很大。詹氏此说也不太确切，老子不是让人完全听命于自然，而是要人在认识和掌握道的基础上，按照道的规则来人为，这就不是完全听命于自然，人本身一无作为。老子说无为而无不为，无为是遵从大道的规则，无不为是人要做各种事，这就表明人不是完全听命于自然。如《史记》中的《论六家要指》说：

> 道家无为，又曰无不为……其术以虚无为本，以因循为用。无成势，无常形，故能究万物之情。不为物先，不为物后，故能为万物主。有法无法，因时为业，有度无度，因物与合。……其实中其声者谓之端，实不中其声者谓之窾。窾言不听，奸乃不生，贤不肖自分，白黑乃形。在所欲用耳，何事不成？

这说明道家（老子）的无为而无不为，是要有为的，但要通过无为来无不为的，只要遵照道的原理与规则，就能究万物之情，能为万物主，因时为业，因物与合，在所欲用，何事不成？可知老子是要无事不成的，是要成其事"业"的，且能究万物之情、为万物主，这就不是完全听命于自然。

五，老子的辩证观缺乏不可调和的斗争精神。他认识到矛盾是发展的根源，但他不强调争，主张不争，没有坚决斗争到底的思想。不过老子的不争，也不是逃避斗争，"夫唯不争，故天下莫能与之争"，可见不争是斗争的特殊形式。詹氏这一说法一方面批评老子不斗争，另一方面又说不争是斗争的特殊形式，这意味着老子还是要斗争的，只是斗争的形式不一样。因此，就不能说老子缺乏斗争精神。而且所谓斗争，也是五六十年代的观念，用此观念来分析老子思想，也是有着时代局限的。老子既主张无为而无不为，只要能达到无不为的目的，无为就是最好的办法与手段，斗争这种方式与无为相比，是太简单的手段与方式。其实无为也是斗争的方式，且是很高明的方式。对老子的思想应该整体上来考察和分析。

詹氏还分析了老子的人生哲学与政治哲学，指出老子认为人生的总原理是顺自然的法则而无容私焉，老子的政治思想有民主和社会主义的意味，政治目的是使民富、使民乐、使民自治。总之，为政者要顺自然而无私，让人民自为而不扰，则人民自会富裕而康乐。但用阶级分析法来为这种政治理解来定性，则还是时代的局限。应该意识到，老子的政治理想，并不是代表某个特定阶级而言的，而是为整个社会立言的，既为统治者考虑了，也为社会成员考虑了。因此不能说是代表或反映哪个阶级的特定利益。

二、古棣《老子通》

关锋在 20 世纪五六十年代关于老子的争论中发表了不少文章。1984 年，他完成了《老子通》，1987 年修订，1991 年出版，署名为古棣、周英。此书分为上下部，上部为《老子校诂》，下部为《老子通论》。

本书题名为《老子通》，"通"字非王夫之《庄子通》之"通"。《庄子通》是王夫之利用《庄子》思想资料以发挥自己的思想之著作。本书的"通"为"通校、通诂和通论之义"①，其中当然也反映了作者的哲学思想。

关氏在全书的总序中，先引了王力对于现代的人们应该怎样去解释《老子》思想的一段话："古人已经死了，我们只能通过他的书面语言去了解他的思想，我们不能反过来，先主观地认为他必然有这种思想，从而引出结论说，他既然有这种思想，他这一句话也只能作这种解释了。……这样，即使把古书讲通了，也不过是现代学者自己的意思罢了。"

关氏认为王力所论非常正确，对于 20 世纪 60 年代来说，是切中时弊的，对于 80 年代来说，仍然是切中时弊的。就《老子》来说，50 年代，杨柳桥的《老子译话》把《老子》译成唯心主义的，杨兴顺《中国古代哲学家老子及其学说》一书中附录的《老子今译》，把《老子》译成唯物主义的，任继愈的《老子今译》把《老子》也译成唯物主义的。70 年代，任继愈的《老子新译》又把《老子》译成唯心主义的。80 年代仍然没有摆脱这种状况，研究者根据自己对《老子》的理解，有的把老子分析成唯物主义者，是农民的代表，是革命的、进步的；有的把老子分析成唯心主义者，是奴隶主的代表，是保守的、反动的。两者都似乎言之成理，持之有故。看来，要把对老子思想的研究真正向前推进一步，必须奠定科学的校勘、训诂基础。

20 世纪 60 年代前后，关氏和林聿时共同研究老子，发表过八篇文章，收在他的《春秋哲学史论集》中。他说，自己当时对《老子》的校勘和训诂，功夫下得不够，对老子思想的分析和评论，基本上依据前人的校勘、训诂，这是一大缺点。在 80 年代重新研究老子时，他鉴于自己过去研究中的缺点和学术界的现状，特别致力于

---

① 古棣：《〈老子通〉总序》，见《老子通》上部《老子校诂》，吉林人民出版社 1984 年版，第 1 页。

《老子》的校勘和训诂，于是有《老子校诂》之作。

在此次重新研究《老子》的过程中，他越来越深切地感到校勘训诂的重要性，认为自乾嘉学派以来，对《老子》的校勘、训诂虽然获得了很大成绩，但有争议的尚未解决的问题还很多，并且还有一些前人未曾接触到的问题。"在校勘方面，其中有的，仅是几字之异，就可以成为老子哲学是唯物主义、无神论的证据，或者成为它是唯心主义和有神论的证据；就可以成为《老子》书是战国时代作品的证据，或者成为它是春秋末年老子本人著作的证据。训诂方面，也是这样，一章甚至一句、两句的不同解释，就可以引出老子是革命家，是农民代表的结论，或者引出老子是奴隶主阶级的哲学家，是保守派的结论。如果不在校勘、训诂上下苦功夫，校理出一个《老子》的定本、善本，对那些有争议的章句作出确切无疑的解释，那么对于《老子》书的时代性、对老子哲学的本质及其阶级性的论定，就不可能避免主观主义，尽管分析得头头是道，也还可能是分析者自己头脑里想象出来的老子"①。

他认为，对于古典著作的校勘、训诂，就大多数情况说来是硬碰硬的，有无可争议的客观标准的。于是，他集中精力进行《老子》的校勘、训诂工作。除了对搜集到的《老子》各种版本、各家注解进行比较和分析，还结合古文字学、古音韵学以及先秦的政治、经济、战争、风俗人情等进行研究。在校勘方面，在前人基础上，运用书校、理校、语校、韵校、文校、字校六种互相结合的方法，反复进行，自认为校理出了一个最接近《老子》原貌的善本。在训诂方面，除了运用传统的训诂方法并着重分析语言环境外，特别注意了同历史相结合，因为有些章句仅仅是在文字上搞通了，不同它的历史背景结合起来也还不能做出揭示其底蕴的解释。他认为自己在前人训诂的基础上，对《老子》本义作出了可靠的解释。

在校诂完成之后，他又着手《老子通论》的工作，即在校诂的

---

① 古棣：《〈老子通〉总序》，见《老子通》上部《老子校诂》，吉林人民出版社 1984 年版，第 3 页。

基础上进行分析和评论，也包括对老子其人、其书的考证。他说自己重新研究老子哲学的基础是校诂，其得失大都导源于此。他特别强调，以校诂为基础，这是马克思主义的方法论所要求的，就《老子》说来，没有科学的校勘、训诂作基础，所谓马克思主义分析，必定是要落空的。

此书上下两部分工而相成，但在校诂中也有一定的分析和评论，不如此则有些地方往往难以训释清楚。所以他说这是他所提出的新训诂学应有的特色之一。

关于对老子思想的理解，他认为老子哲学是客观唯心主义的，老子是奴隶主阶级的思想家，老子属于其中的开明派。《老子》书是春秋末年老子本人的作品。但他过去的考证，"破《老子》成书于战国的论据较多，立《老子》成书于春秋末年的论据较少"①，而且他自认为当时的破也不彻底、不完全。后来的研究中，他对所有《老子》成书于战国的论据都一一进行辨正。从音韵、文体、用字用词、思想内容的时代性等方面并结合出土文物的资料，提出了积极的证据，因而他更加相信《老子》书是春秋末年老子本人的著作。

关氏的校勘，利用了《韩非子》的《解老》和《喻老》，以及傅奕本、马王堆汉墓帛书本、河上公古本、伪河上公注本、王弼本、张道陵《老子想尔注》六朝写本残卷等。还在版本对校的基础上进行理校、语校、韵校、文校和字校。

所谓理校，就是遇到各本歧异之处，从全章乃至全书的义理进行分析，以断定何者为是，何者为非。关氏认为，"只要不抱主观成见，客观地合乎逻辑地进行推理，理校是可靠的"②。如第六十五章"古之善属道者，非以明民，将以愚之"，各本如此。只有晚出的《道德真经次解》本第三句作"将以娱之"。有人据此，认为应作"将以娱之"，即娱乐民众，而不是实行愚民政策。如果说多数版本

---

① 古棣：《〈老子通〉总序》，见《老子通》上部《老子校诂》，吉林人民出版社1984年版，第5页。

② 古棣：《〈老子校诂〉序》，见《老子通》上部《老子校诂》，吉林人民出版社1984年版，第1页。

作"愚之"，让少数服从多数，或者说古本皆作"愚之"，唯古本是从，不是科学的态度，也不能服人之心，而要从义理上进行分析。"非以明民，将以愚之"，"明民"和"愚之"相对为文，如是"娱之"，则应作"不仅明民，且将娱之"，不应是"非以……将以……"的句法。下文"民之难治，以其知之"，是说民之所以难治，是因为他们有了知识，即不愚。下文"以智治国，国之贼，不以智治国，国之福"，是主张实行愚民政策。因此从全章的义理看，必作"愚之"，不可能作"娱之"。再从第三章"不见可欲，使民心不乱。是以圣人之治：虚其心，实其腹，弱其志，强其骨，常使民无知无欲"看，其内容也是主张愚民政策，与"非以明民，将以愚之"吻合。所以可以断定当作"将以愚之"。

所谓语校，是遇到各本歧异之处，从语词、语法角度进行分析，提供何者为是、何者为非的证据。如第七十五章，各本作"民之难治，以其上之有为也"，帛书甲本"民"作"百姓"，乙本作"百生"。究竟是"民"还是"百姓"，这要从语词的历史发展来考察。在上古"百姓"是一百个氏族的贵族（一百言其多），是贵族的称谓，大约到战国末年，"百姓"这个词才成了官吏以外的人的通称。再以与此句排比对偶的上下句皆作"民"参证，可以断定当作"民之难治"，不作"百姓之难治"。

关氏认为从语词角度校勘还要注意到方言的问题。如第三十章，各本作"荆棘生焉"，帛书甲乙本均作"楚棘生焉"。楚人不称自己为"荆"，"荆"是北方人对他们的称呼，可知"楚棘"是楚人用语。老子是楚人，可以断定当作"楚棘生焉"，后来因为"楚棘"不通行了，被淘汰了，所以传抄者改成了通语"荆棘"。第五十章各本皆作"陆行不遇兕虎"，帛书甲乙本均作"陵行不遇兕虎"。按上下文义分析应该是陆行，不应是山陵之行。但翻检《伍子胥水战兵法内经》以"船军"与"陵军"对举，船军即水军，陵军即陆军。可知春秋时期，楚人、吴人称"陆"为"陵"，应作"陵行"。又如第十六章，王弼本作"万物并作，吾以观复"，傅奕本、河上公本、帛书甲乙本及《淮南子·道应训》《文子·道原》皆作"吾以观其复"。从语法角度考虑，"其"指代上句的"万物"，作为"复"的主语，"其"字不可少，再同下句"夫物芸芸，各复归其根"相印证。可知当作"吾以观其复"。但要注意不要以今日的语法去修改古语。如第七十七章"孰能有余以奉天下"，此为"以"字后置例，古代语法就是如此，不能根据前后文义和今日语法把原文改作"孰能以有余奉天下"。再如第七十章"不我知"，这是倒字为句，古语恒有之，不能根据前后文义和今日语法改成"不知我"。

所谓韵校，就是遇到各本歧异，以是否押韵为判定是非的重要证据。关氏认为《老子》除第四十二章外都有韵。大抵用韵严格而又灵活，所以韵校特别重要。如第二章，傅奕本、范应元本作："故有无之相生，难易之相成，长短之相形，高下之相倾，音声之相和，前后之相随"，河上公本、王弼本无六"之"字。"长短之相形"，王弼本作"长短相较"，帛书甲本作"难易之相成也，长短之相刑也，高下之相盈也，意（乙本作'音'）声之相和也，先后之相随，恒也"。这一段的上文押韵，下文押韵，本段也应押韵，前四句"生""成""形""倾"为韵，入耕部，后两句"和""随"为韵，入歌部，帛书加"恒也"两字，不合韵，各句句尾都加"也"字，破坏了诗韵和节奏。王本"长短相较"也不合韵，《老子》故书必不如此。又此处六"之"字皆训"则"，"难易之相成"即"难易则相成"，此承上文而来，有"则"（之）字合理。如将"之"训为"的"，作"难易的相成"，则句子不完整，到"先后之相随"不能句断。"之"训"则"较罕见，传抄中有些人把"之"字理解为"的"，而感到句子不完整，有的删"之"字，有的加"恒也"。帛书"高下之相盈"，有的研究者从帛书作"盈"，解为互相包含。此解于文献无征，作"盈虚"之"盈"解，"高下之相盈"则不通，故应以"高下之相倾"为是。其意亦即"高下相较"。又《老子》全书，皆称"先后"，不称"前后"，此处应取一律，故应从帛书作"先后之相随"。于此，可以断定应以傅奕本为准而改一个"前"字。这是以韵校为主结合理校、语校。又如第四十七章"其出弥远，其知弥少"，帛书和传世的大多数本皆如此，其义易解，但不合韵。傅奕本、范应元本"少"

作"尟"，范应元注曰："尟，韩非、王弼同古本。""尟"读鲜，甚少、极少之意。《论语》"知德者鲜矣"，王符《潜夫论·交际》引作"知德者尟矣"，是"尟"与"鲜"音同、义同之证。据此，作"尟"与上句"其出弥远"的"远"字谐韵，于义较胜。

所谓文校，即遇到各本有歧异之处，要从文理特别是《老子》的文学风格角度进行分析，提供何者为是，何者为非的证据。如第十一章，多作"三十辐共一毂，当其无，有车之用。埏埴以为器，当其无，有器之用。凿户牖以为室，当其无，有室之用"。帛书作"卅福同一毂，当亓无，有车之用也。撚埴而为器，当亓无，有埴器之用也。凿户牖，当亓无，有室之用也"。《老子》经常用排比对偶，前后照应，上引三句多数本是整齐一律的排比对偶文字：第一句"三十辐共一毂"与第二句"埏埴以为器"、第三句"凿户牖以为室"对应，三句的三个"当其无"对应，第一句"有车之用"与第二句"有器之用"、第三句"有室之用"对应，帛书则破坏了这种文学美，参差错落，不成对偶。第三句缺"以为室"三字，不仅与上两句不相应，而且义理也不通了。"埏埴"的"埴"是黏土，"埏"是"搏"的异体字，"埏埴以为器"意为用手团黏土做成器具。帛书乙本作"撚"、甲本作"然"，是别字。帛书"有埴器之用"，于义不通，"埴"字当是衍文。这是以文校为主结合理校的例子。

所谓字校，即对各本义可通但字体结构不同的字，运用有关的知识进行分析，判定何者为异体字，与义无关，可以不究；何者很重要，对于把握《老子》时代面貌或证明《老子》的成书年代很有价值。关氏所举的例子，其中多有生僻字，此略，但根据字形来断定成书的时代，也不太可靠。因为先秦时代文字没有统一，很难说什么字是春秋时代用的，什么字是战国时代用的。《论语》等古书中都有这种字形差异的情况，但在汉代就基本上用字比较统一了，许多先秦的文字都不再使用，所以后人读先秦古书，多用通假的办法来读出本字，再对古书原文进行训释，这种方法也不妨碍后人理解古书的思想内容。

此外他还讨论了衍文和错简的校勘问题，这在先秦古书的流传过程中也是非常常见的现象，对此应该根据众多的版本进行考察，并根据文意进行判断。

关氏认为，诂是用今语解释古代词汇，训是串讲，训诂就是用现代的通行语言讲解古书，说明它的本来意义。前人对《老子》的训诂受时代条件的限制，未解开的问题尚多，而且他们使用的语言也和现代有很大不同，对其中的一部分还要再训诂，再加上老子哲学的晦涩难懂，所以对《老子》原文进行训诂是一件难事。关氏综合汲取了前人的研究成果，也有一些自己的探索，在方法上，除了用传统的训诂方法，还使用了他所谓的新方法，即注重从狭义的语言环境和广义的语言环境两个方面对字义进行训诂。狭义的语言环境，就是词或句子的上下文；广义的语言环境，就是说话时的社会环境。

以《老子》中的"无""有"为例，此二字在文中多次出现，但并不都是一样的意思。"过去无论是训诂学家，还是以马克思主义为指导研究《老子》的哲学史家，都没有从各章的'无''有'的各自特定的语言环境进行分析，或者径直把它们看作同等的。而这是解开老子哲学体系的一个关键"[1]。所以有必要仔细分析《老子》中的"无""有"在不同语言环境中的不同意思。

最典型的有三章，即第一章、第二章、第四十章，在这三章里，"无""有"的语言环境大不相同，因而它们的意义是大不相同的，它们表达了几个不同的概念。

如第一章"道可道，非常道；名可名，非常名。无，名万物之始；有，名万物之母。故常无，欲以观其杪；常有，欲以观其徼。此两者同，出而异名，同谓之玄"。把全章作为一个整体进行分析，可以看出：（1）"无""有"所指的并不是两个对象，"无"，名万物之始，"有"，名万物之母，万物之始、万物之母是一回事，"无""有"就是万物之始、万物之母不同的名字。老子在后面也明白指出，"此两者同，出而异名"。（2）在"道可道，非常道；名可名，

---

[1] 古棣：《〈老子校诂〉序》，见《老子通》上部《老子校诂》，吉林人民出版社1984年版，第12页。

非常名"之后说"无，名万物之始；有，名万物之母"，表明老子要讲的道是"常道"，给道起的名字是"常名"，因此作为万物之始、万物之母的"无""有"也就是"常无""常有"，而且下句出现了"常无""常有"的概念。（3）"常无""常有"是常道的两个名字，这不但受"常无""常有"句的上文制约，而且还受它的下文制约。（4）说常道是"常无""常有"，因为作为常道的两个名字，是指示它的本质的。这一点在全章的分析中是可以把握的。用"无""有"来名万物之始、万物之母，就是说万物是有开始的、有产生它的母亲的，换句话说，也就是不常的，非常有的，即有开始、有终结。与万物相区别、相对的常道是没有开始，也没有终结，即"常有"。万物为有，与它相对待的、产生它的道便是"无"，即没有形体。它也永远不会变成有形体的东西，所以它是"常无"。用"常有""常无"作规定性的道，只能是观念。①

　　这是结合第一章语言环境进行的分析，其他章"有""无"的意思，也要结合各自的语言环境，不能生搬硬套。如第四十章"反者道之动，弱者道之用。天下之物生于有，有生于无"。第一句对第二句起着制约作用，它表明第二句是讲"道"。通行本作"天下万物"，帛书乙本作"天下之物"，"天下之物"，是指包括所有之物，亦即物质世界。"万物"也是所有之物。显然，"天下之物生于有"之"有"不是"常有"，因为"有生于无"，它是由"无"派生出来的。派生"有"，经过"有"而派生出天下之物的"无"，就是"常无"，亦即"常道"，也就是第一章讲的"万物之始""万物之母"。

---

① 道作为常无、常有，虽不是有形的物，但也不能因此断定说是观念。这种思维是把世界理解为只有物质与精神两种东西的结果。但这是不确切的认识。如人们常说的"规律"，它不是物质，但也不是观念，道也是这样的概念。这类概念是对事物及其种种本质性的东西的高度概括与抽象，它所表示的对象，不是物质，但也绝不是观念。所以只用物质与观念二分思维来看待世界的思想，是不够严谨的。另外，第一章的"常无"与"常有"，也不是同一的概念，二者有着根本差别，关氏这里也把它们同一起来，认为是道的规定性，也是不能服人的。因为"常无"与"常有"是从上文的"无"与"有"来的，"无"和"有"是有区别的，则"常无"和"常有"也是有区别的。关氏这里并没有把它们区分开来。

　　《老子》的"无为"是什么意思，也是学术界长期争论不决的问题。关氏认为从《老子》全书看，老子只承认一种"为"，就是"为无为"，如第三章说："使夫智者不敢为也，为无为，则无不治矣。""为无为"，就是阻止智者有为，而要他们无为。老子主张的无为，就是不干预事变的进程而任其自然。有些研究者说，老子的无为是说不要违背自然规律妄为，并非一概不为，似乎也言之成理。但是"无为"没有"不妄"的意思，这是"增字解经"，是训诂学不允许的。作这种解释，好像也能从《老子》书中找到根据，《老子》第二十九章的"以辅万物之自然，而不敢为"，难道不是说只是辅助万物，而不敢妄为吗？其实这种理解有校勘、训诂上的问题。通行本及帛书甲乙本此句"以"下作"辅"，但《韩非子·喻老》作"以恃万物之自然，而不敢为"，从狭义语言环境分析，此处应作"恃"，作"辅"而解作"助"的话，于理不通。古语的"自然"不是自然界，而是自成、自己如此的意思。照古义训解"自然"，它和"辅助"不能结合在一个句子里。因为加上别种力量的推动或辅助就不是"自然"。如作"恃"，则在本句、本章通，在全书也通。"恃"训"待"，依靠、依赖之意，这句话可译为依靠万物自己成长而不敢干预事变的进程。这种解释在本章在全书都若合符节，这不是偶然的。老子的这种无为精神和韩非的思想如同水火，《韩非子·显学》中说"夫恃自直之箭，百世无矢；恃自圆之木，千世无轮"，所以不可能是韩非将"辅"字改成"恃"。

　　关氏认为，即使作"辅"，这里也不能解作辅助。辅的本义是车厢板，从本义派生出的第一义项是互相依赖，如"辅车相依，唇亡齿寒"。《左传》"惟德是依"，《周书》作"惟德是辅"，"辅"训"依"。如果《老子》作"辅"，放在这个的语言环境里也只能是依靠、依赖之义。这样的话，"以辅万物之自然，而不敢为"，和"以恃万物之自然，而不敢为"，在意义上是一样的。

　　关氏提出：

　　　　从广义的语言环境来分析，亦可证明老子的"无为"只能解作不要有所作为，不要干预事变的进程，任其自然。哲学社会科学的概念，是特定的社会存在，在特定的阶级的代表人物头脑中的反映，而不可能是凭空产生的。老子的不干预事变进程的"无为"概念，正是东周以来周天子和各国国君的"有为"、干预事变的进程，而一步步地遭到失败的反映。……老子的"无为而治"，正是他站在奴隶主立场上总结这一历史发展的经验教训而得出来的思想。①

在研究中，如果离开广义语言环境，只就狭义语言环境进行分析，往往就难以搞清楚。如第二十九章"夫天下，神器也，不可为也"，有人认为"神器即神妙之器"，有人认为"天下神器也"是"天下这个东西"，这等于不说。第三十六章"鱼不可脱于渊，国之利器，不可以示人"。对"国之利器，不可以示人"，有人译为"国家的有效武器，不能随便拿出来让人看"，有人译为"国家的利器，不可随便耀示于人"。这样的解译，不能跟上面的"鱼不可脱于渊"连接起来。而且，这样解译也不符合主要词汇的故训，如武器，古人称"兵"，不称"利器"。结合广义语言环境分析，并遵循故训，完全可以解释得丝丝入扣。"器"即器具之器，"神器"即祭神之器，这是神器的第一义项。古代神权和政权密不可分，神权即政权，所以神器是国家政权的象征，如古人说"窥伺神器"，就是企图夺取中央政权，这是神器的第二义项。"国之利器，不可以示人"之"利器"即神器，亦即政权。"示"是"施"的假借。意思是国家政权不可给予别人。这才与"鱼不可脱于渊"衔接。"鱼不可脱于渊"本是比兴，以启下文，是说国君失掉权势，就如同鱼离开深渊。这正是春秋以来周王、各国国君大权旁落的反映，如鲁昭公大权旁落于季

---

① 古棣：《〈老子校诂〉序》，见《老子通》上部《老子校诂》，吉林人民出版社1984年版，第18—19页。老子反对统治者的有为，是在普遍意义上说的，不是只指某个时代的统治者而言的，所以这样的思想不能简单地归结为某个特定阶级的人物之思想。非要用阶级分析方法来为老子思想定位，是那个时代的普遍意识，关氏受时代的限制，自不能免。

氏，被驱逐出国，宋君大权旁落于子罕，结果被劫持，齐简公大权旁落于陈恒，结果被弑，此类事件在当时非常多。据《左传》记载，孔子也说过"唯名与器，不可假人"，即名分和权力，不可借给别人。可见这是当时的普遍观念，甚至可以说这是宗法社会的固有观念，不是老子所独有的。

关氏说自己在训诂上注重对狭义语言环境和广义语言环境的分析，是他在训话方法上的主要特点，也是新训诂学应有的特点。

通过运用这些校勘训诂的方法来解释老子的思想，关氏认为对于研究古代哲学文献具有重要价值。他说："如果没有科学的训诂作基础，哲学分析（如判定其为唯心还是唯物，是形而上学还是辩证法，其阶级性等等）那就只能是望文生义的乱发议论。必须先弄清古人说的是什么意思，然后才可能正确地加以分析。"[1] 同时，他也强调，对古人的哲学概念，如果不作哲学分析，光靠训释也是讲不清楚的。他认为这里存在着有无哲学语言的问题。西方当代语言哲学有一派认为哲学语言不同于日常语言，另一派即日常语言学派认为根本没有哲学语言。这两种观点都有片面性。哲学家著作的哲学概念是不同于日常语言的哲学语言，解释其哲学概念的语言则是日常语言。一概否认哲学语言，也就否认了哲学，用否认哲学语言的观点阅读哲学著作，就无法理解哲学著作。一概否认哲学著作中的日常语言，哲学著作只能给同行看，甚至同行也看不懂。没有哲学语言的哲学著作、没有日常语言的哲学著作，是没有的。任何一部哲学著作，表达哲学概念的哲学语言是少量的，解释哲学概念的日常语言是大量的。从大量的日常语言进行分析，就不难把握哲学语言或哲学语言所表达的哲学概念。如老子的"道"，是哲学概念，既不能用日常语言训释它，把它等同于日常语言，也不能用其他哲学流派的道解释老子的道。

他认为清代的乾嘉学派对古代文献的训诂创获了巨大成绩，但

---

[1]　古棣：《〈老子校诂〉序》，见《老子通》上部《老子校诂》，吉林人民出版社1984年版，第22页。

他们不是哲学家，所以对古人的哲学概念，都没有解释清楚。近代使用的哲学名词大都从西方传入，而在中国古代哲学史上，没有西方近现代的哲学名词，如唯物主义和唯心主义、客观唯心主义和主观唯心主义、辩证法和形而上学等。因此，对古代哲学文献，如果只作一般的训诂，还是弄不清它的意义。用马克思主义哲学对老子哲学进行分析，在训释中，就不能不用客观唯心主义、绝对精神之类的名词。经过一般的文字语言的训诂，可知老子的道是无始无终的、是无形体的、是产生"天下之物"的最原始的老祖母。用马克思主义哲学分析这种思想，对它作一个简明概括：老子的道即是绝对精神。这不能叫作把老子黑格尔化。黑格尔的绝对精神，有他的时代、民族、阶级的内容和形式。老子的绝对精神，也有他的时代、阶级、民族的内容和形式。为此，就要说明什么是绝对精神。简单地说，就是在人们头脑之外独立存在的、并创造物质世界的精神。所有的客观唯心主义都肯定这种绝对精神，并以它作为自己体系的出发点和核心。当然，不同时代、阶级、民族的绝对精神，各有自己的特定内容和形式。对老子的其他哲学概念、原理的训释也一样，如果不用马克思主义哲学予以分析，不用近现代哲学名词，就讲不清楚。

关氏最后阐述的使用哲学概念或语言来分析古代思想家的哲学思想的观点，其实还是值得商榷的。为什么非要用近现代西方传来的哲学概念或名词来解释古代的老子思想呢？中国古代思想家论述哲学问题时，自有他们的一套固有术语或概念。直接套用近现代西方哲学里的概念加在古代中国思想家的特有术语之上，再来进行阐释，这并不是一个好方法。因为西方的哲学概念不仅背后有着特定的时代、民族、阶级的内容和形式，还有其特定的概念定义。从逻辑学上看，一个概念，无论是哲学概念还是其他学科的概念，都是需要严格进行定义的，要把这个概念的内涵与外延都确定清楚，以免人们在理解和使用上产生误解与误用。这是非常重要的事情，需要中国学者在使用西方哲学里的概念时首先把这个问题搞清楚，不能拿来就用，因为你的理解可能不是这个西方哲学概念的固有定义，只是片面的理解，这就会造成误解与误用。如果确实把相关的西方哲学概念的定义搞清楚了，就会发现它们都不能直接用在中国古代思想概念的身上，因为二者之间存在着极大的根本性不同。所以在分析研究中国古代哲学思想中的概念时，第一要整体把握这个思想家的全部著作中的用法，通过校勘和训诂先把前提性的基础建立好。这一点，作者予以重视是正确的。第二，需要建立中国古代哲学固有的概念与话语体系与系统，对相关的概念要予以一一的定义，这是使用这些概念进行哲学思想分析与研究时的必要前提。不做好这个工作，就会造成对中国古代哲学思想阐释上的种种不确切和不正确的后果。所以，作者所说的需要哲学语言也是正确的，但不是用西方哲学的哲学语言，而是用中国古代哲学固有的哲学语言，且必须对这些哲学语言中的基本概念进行逻辑上的定义与规定。然后再辅以日常语言的解释与说明，才能准确无误地阐释中国古代哲学的思想内容。

在 20 世纪 80 年代初，关氏即提出要重视中国古代学术中固有的校勘与训诂的方法，是非常重要的见解，可惜到目前为止，在这方面还存在着许多不足与漏洞，需要更多的不同学科的学者参与进来，使之不断得到加强与深化。

第三节　张松如、孙以楷的老子研究

一、张松如《老子说解》等

张松如（1910—1998），原名张永年，笔名公木，河北束鹿（今河北辛集）人。1938 年参加共产党。新中国成立后，任东北师范大学、吉林大学教授。著有《中国诗歌史论》《老子校读》《先秦寓言概论》等。

张氏著有《老子说解》，是以其《老子校读》为基础写成的。

《老子校读》在 1979 年写成，1981 年出版。《老子说解》完成于
1985 年，1987 年出版。该书的体例是先列出《老子》的原文，之下
进行语译、校释、说解，相比《老子校读》前两部分变动不大，校
释与说解增改较多。

在《老子说解》中张氏修正了《老子校读》中的一些文字错误，
如第二十四章"自见者不明"，《老子校读》"见"作"视"，这是因
为粗读帛书"自是"而讹作"自视"。在《老子说解》中做了改正。
又如第八十章由河、王改依傅、范，增补"至治之极"句，并在
"甘其食"句上冠以"民各"二字，这是根据《史记·货殖列传》的
引文而决定的。在该书中，张氏对经文与语译也是花了不少工夫的。
如《道经》第一章，到底以"无""有"字为句，还是以"无名"
"有名"为句，到底是以"恒无""恒有"为句，还是以"恒无欲"
"恒有欲"为句；第十一章中的三个"当其无有"，到底当以"无"
字断句，还是当以"有"字断句，即使"无有"连读，到底是平列
二名，还是偏正结构，凡此种种，虽有帛书，注家仍异说纷纭。因
此不能不反复思考，再作详细辩证。又如第二十五章，李约《新注》
"王法地地，法天天，法道道，法自然"的句读，虽为多数人不容，
但旧解辞胜而理悖，新注语拗而义长，故不忍割爱，意图两存。这
都属于经文与语译范围，但必须在校释与说解上多费唇舌。

张氏的《老子校读》与《老子说解》，以马王堆汉墓帛书《老
子》甲乙本为标准，校读后世诸本。关于分章，则依通行本，与帛
书本不同处，另加说明。现从中选取一二章来看张氏的校释与说解
的情况。

对第一章，张氏的语译与断句，都是准确的。如："无名，万物
之始；有名，万物之母。故恒无欲，以观其妙；恒有欲，以观其徼。
此两者，同出而异名，同谓之玄。玄之又玄，众妙之门。"译为：
"无名，是万物的原始；有名，是万物的根本。所以经常没有欲求，
以观察无名自在的微妙；经常有欲求，以观察有名为我的运行。无
名和有名这两方面，是同一来源而称谓不同，都可以说是极幽深的。

从有名的幽深到达无名的幽深，便是通向一切奥秘的门径。"① 这比把"无名""有名"的"名"断在下半句以及把"此两者同"的"同"断在上半句，都显得自然通顺。

在文字校勘上，"无名，万物之始"，与通行本作"无名，天地之始"不同。这一方面是据帛书本，又参考了马叙伦《老子校诂》的意见："《史记·日者列传》引用'无名者，万物之始也'"，以及王弼的注："凡有皆始于无，故未形无名之时，则为万物之始"，可知此处当是"万物"，而不是"天地"。蒋锡昌的《老子校诂》中又根据《老子》第四十章、第五十二章，及《道藏》本《老子》第五十二章的顾欢注疏所引成玄英的疏和第二十一章的王弼注，找到四条证据，就更证明古本就是作"万物"而不作"天地"的。

笔者认为，从第一章的上下文义看，也能证明这一点。第一章先说常道、常名与非常道、非常名的区别，然后说无名与有名的问题。"无名"承上所言，就是"常道"与"常名"，"有名"则应该是"非常道"与"非常名"。老子并在此二句中说明无名、有名与万物的关系。在这个意义上，"天地"与"万物"是同一层次的概念，因为它们都是与无名、有名相对而言的。无名与有名既不同，则二者与万物的关系也不同。所以一个说是"万物之始"，一个说是"万物之母"。这里要分清"始"与"母"的不同。有人曾考证说"始"应读为"胎"，与"母"同义，这是不能区分始与母的差别而形成的误解。始与母的差别是什么呢？始指原始，即起源。母指产生或生成。从原始到生成，是一个过程，有前后的区别，在这个过程中不是同一点，这就是二者的差别。所以无名比有名更为根源，而有名在无名之后。如果道是无名，则有名是道的产生，万物则是有名的产物。所以老子又说"道生一，一生二，二生三，三生万物"，这表明从道到万物，是一个过程，其中要分几个阶段，不是混为一谈。如果说道是无、无名，一就是有、有名，在无、无名的时候，不能说成一，一就是有。但从最初的有一，之后还要逐步生成或分化，于是有了

---

① 张松如：《老子说解》，齐鲁书社 1998 年版，第 3 页。

二、三、万物。在未到一之前，是始，而到二、三、万物时，二与三就是万物之母。老子对这些概念分得非常清楚，不然他就不会用这些不同的概念。可以说，从道的无到万物的有，这是一个复杂的过程，不是一蹴而就的。

有人把"名"字断句属下，这是不合乎第一章整体文义的。第一章先说道与名，二者是相关联的，可知"有名""无名"都是与道有关系的。如果把"名"字断句属下，"名"就变成了单纯的称作或名为的意思，就与道没有关系了。可知那种断句是不合乎《老子》第一章原意的。张氏说，从司马光、王安石、苏辙到梁启超、高亨都是这种断句法，蒋锡昌认为这是不对的："'有名''无名'为老子特有名词，不容分析。三十二章'道常无名……始制有名'，三十七章'吾将镇之以无名之朴'，四十一章'道隐无名'，是岂可以'无'与'有'为读乎？"他又引了《庄子》《文子》《史记》的相关引文，断定："古人皆以'有名''无名'为读也。"张氏认为当从蒋说，这一取舍是正确的。

在"恒有欲"二句的断句上，河上公、王弼都以"欲"字断句，司马光、王安石、苏辙、范应元都以"欲"字属下，近人马叙伦、劳健、高亨都以司马光等人的意见为准。张氏则依据帛书本作"恒无欲也""恒有欲也"为根据，认为"欲"字不当属下。并进一步指出："无欲、有欲，亦如无名、有名，皆老子常用之特定名词，不可分割。"① 第三章、三十四章、五十七章都有"无欲"的说法，可证明"欲"字与"有""无"不可分割。有人认为《庄子·天下》说过"建之以常无有"，以此证明"欲"字当属下。蒋锡昌认为《庄子》那句话的意思是《老子》第八十一章"圣人不积"之义，常无有言常不积，张氏认为此说极是，因为《庄子》在此句之前已说"以有积为不足"，所以后面说的"建之以常无有"，是与之相对应的，不能分读为"常无"和"常有"。这些分析是有道理的。

"此两者同出而异名"，"同"字或属上，或属下，人们的意见也

---

① 张松如：《老子说解》，齐鲁书社1998年版，第5页。

不统一。这还是要根据第一章的整体文意来分析。下面说"同谓之玄，玄之又玄，众妙之门"，则"同"者是指道，"两者同出而异名"，是说两者同出于道，而有不同的名称。不管两者解释为什么，既然称为两者，它们就是不一样的，不然也不会分为两者。所以此句应该是以"同"字属下，谓此两者同出于一个来源，但在出现之后有了不同的名称。这里，"同出"与"异名"，是相对的，不能理解为两者相同，那是违背语意的。帛书本作"两者同出异名同谓"，如果断句为"两者同出，异名同谓"，"两者同出"还可以说得通，但"异名同谓"就说不通了。既是"异名"，就不是"同谓"，因为"同谓"就是"同名"，所以"异名同谓"是说不通的。可知帛书本这里可能有脱文，但没有确切的证据，也只能疑者存疑。

对于"玄之又玄"，张氏认为"之"是动词，表示至、到之意。但这个理解是不准确的。"玄之又玄"，相当于"玄而又玄"，是形容极玄，不可能先有一个"玄"，又有一个"又玄"。他的这一理解，在历来的注释中都找不到旁证，只能说明其理解有问题。

以上是他对《老子》原文的分析与解释，在此基础上他又阐释此章的思想，认为：道一是指物质世界的实体，即宇宙本体；二是指支配物质世界或现实事物运动变化的普遍规律。这样的解释，还是套用近现代的哲学概念，如物质世界、实体、本体、规律等，还是不能确切说明老子的道究竟是什么含义，无法从中看出老子的道的内涵。因为实体、本体与规律是不同的概念，二者不能混同。就第一章所言，老子并没有说什么本体、实体、规律等问题，这都是近现代哲学中的问题。第一章所说，只表达了如下的意思：一，道是常，是无、无名的，是不可道的，这样的说法只有常、无、无名是可以确切理解的，而不可道，就使道究竟是怎么回事显得神秘了。但这可借助于常、无、无名等概念加以限定，使道不至于成为纯粹的神秘概念。二，道与万物有源与流的关系，有生成的关系。三，道及其相关的问题，是玄妙的，这又与不可道不可名相关联。对于第一章所说的道及相关问题，就《老子》原文来看，就这几层意思。再往下说，就是增字解经，就是以今解古，就是以西解中了，那样的话，就必然会产生许多《老子》原文中本来没有的意思。我们对于老子的思想，不可能像近现代西方哲学那样，给予确切的解释，否则的话，它就不是中国古代的思想，而变成近现代西方的哲学了。这是一个必须严格遵守的分寸，在不超过这个分寸的前提下，来理解老子的思想，才是比较合乎其本意的。如果要说老子的道是唯物主义、唯心主义、本体、实体、规律、物质、精神的，就要进行系统而完整的证明，在没有完成这种证明之前，不能随意使用此类概念，套在老子话语的头上。

黑格尔在他的《小逻辑》的第一版序言中曾说过什么是科学的研究："本书因限于纲要的性质，不仅未能依照理念的内容予以详尽发挥，而且又特别紧缩了关于理念的系统推演的发挥。而系统的推演必定包含有我们在别的科学里所了解的证明，而且这种证明是一个够得上称为科学的哲学所必不可缺少的。"[1] 这说明能称得上科学的研究，不可缺少的几个要素是系统性、完备的推演、充分的证明。我们在借用近现代西方哲学概念来解释老子的思想时，要考虑相关的研究是不是具备了这些要素。

对于使用一些概念，系统性是指这些概念在它本来的哲学体系中的完整性，而不是一两处的不完备的解释。推演则要配合系统性来完成，就是要把这些概念在它所在的哲学系统中的定义与使用情况都能完整推论和演绎出来。证明，则是系统性和推演的基础，对于这个哲学的整个系统和全部推演所涉及的每一个概念及推论和演绎，都要有充分的证明。完成这三点以后，才能准确与完整地使用其中的概念，否则就是不科学的，用来分析别的哲学思想的概念时，也会出现许多漏洞与差错。我们在运用近现代西方哲学中的相关概念来分析老子的思想时，对此必须有足够的注意和训练，否则就要慎用。

张氏另与他人合著《道家哲学智慧》，1997 年出版。此书分政治哲学、自然哲学、认识哲学等七个方面，分析以老庄为代表的道家哲学思想。

---

[1] （德）黑格尔：《小逻辑·第一版序言》，商务印书馆 2017 年版，第 1 页。

关于老子的政治哲学，张氏认为，老子从来没有离开政治、离开社会人生孤立地谈玄，他有自己鲜明的政治立场和政治态度，有关于社会人生的明确意见和主张，也有自己的政治理想，即小国寡民的社会。老子的政治哲学是从他的自然哲学中推演出来的，故他的"政治哲学和自然哲学有逻辑的一贯性"①。但老子并没有论述说明从道的思想到政治理想的内在逻辑，这表明老子的政治思想虽有可以称为政治价值观的说法，但都还处于初级层次，缺乏应有的论证与阐述。而这就要由后来的学者们加以补充与阐释，但所补充和阐释的是不是完全合乎老子的本意，则需要具体分析。

无为而治是道家政治哲学的中心命题，有其内在的理论基础和现实基础。理论基础就是道论在社会政治领域的推广和延伸，现实基础就是针对当时社会奉行的有为政治而提出的，是对有为政治的否定。张氏认为，老子的道作为总的原理和法则在两个基本领域发生作用，即物的世界（自然世界）和人的世界（人类社会），而道的运行规律和作用方式就是自然和无为，因此把无为"视为道的原则和人事（包括政治）的原则"②。这是无为而治的政治哲学的内在理论基础。

在社会现实方面也有其基础，这就是老子所处时代和社会的有为政治。关于有为政治，老子认为它有四个特征，一是以德治国，二是以智治国，三是以法治国，四是以力治国。总之，有为政治是强调人事人为，是人治，无为政治是强调"处无为之事，行不言之教"，是天治。

张氏又说明无为政治的要义在于无为不是绝对的不为，而是一种"至上的为、绝对的为、纯粹的为"③。如果说无为是不为，则"道常无为而无不为"就不能成立。老子所说的无为，是指道没有人格意志，对万物并不进行主宰和左右，它只是顺物之性、自然而行、生而不有、为而弗恃、长而弗宰。所以无为貌似无为，实质效果上

---

① 张松如、邵汉明：《道家哲学智慧》，吉林人民出版社 2010 年版，第 30 页。
② 张松如、邵汉明：《道家哲学智慧》，吉林人民出版社 2010 年版，第 31 页。
③ 张松如、邵汉明：《道家哲学智慧》，吉林人民出版社 2010 年版，第 33 页。

却是无所不为，道不仅生养化育了万物，且使万物自宾自化，使天下自定，这正是无不为。他还认为老子说的"人法地，地法天，天法道，道法自然"可以省去中间的环节，简化为人法自然，无为政治就是自然政治。自然本指客观的外部自然界，老子则把它引申为事物的自然运作方式，所以老子主张去除一切背离自然的主观妄为，主张凡事因任自然，这样才能达到无为而治的政治理想。

而要做到无为政治，就要遵守几个原则，一是守柔处弱，二是处后不争，三是为无为、事无事，而这一条正是老子无为政治、自然政治的总纲和总原则。

他评价这种无为政治的价值，认为这表现了老子对规律的一定认识和尊重，因此人们只能因任自然，顺应和遵循规律，不背离必然的法则，才能达到无不为和无不治的目的。如果相反，违离自然法则，超出规律之外去作去为，或是通过破坏和改变规律的方式来达到自己的目的，都只能是一事无成，使社会永远处于无序状态。但这种政治哲学完全忽略了人自身的能动作用，这是一个致命弱点。

就这一点而言，还不能简单地说老子的无为政治哲学是忽略人的主观能动作用。因为强调人要遵循客观规律，本身就是发挥人的主观能动作用的前提条件。所谓顺应和遵循规律，就包括人对规律的充分认识，而使自己的思想与行为不致违背规律。在此基础上"无不为"，这里就包含着发挥人的主观能动作用的因素在内，否则无不为就成了一句空话。五六十年代过分强调发挥人的主观能动作用，实际上造成了许多违背规律的行为，这表明还没有充分认识到遵循规律与发挥主观能动作用的辩证关系。应该说，发挥人的主观能动作用，是在遵循自然规律的前提下和约束下来发挥的，而不是要超出自然规律。只要遵循自然规律，人的主观能动作用才会是得当的，才不会与自然规律相违背，也就是说不会有妄为的思想与行动。所以对于老子的无为而无不为的政治哲学价值观，既要看到无为的一面，又不要忘记了无不为的一面，人的为必须在自然的无为之下，不能超过它，更不能与之相违背或相对抗。

政治哲学还有一个重要任务，就是提出政治理想，张氏认为老子的政治理想是小国寡民，而庄子的理想政治是至德之世，这里只论老子的小国寡民之政治理想。

对于小国寡民，人们的阐释很不相同，关键问题是把老子所说的小国寡民理解得过于具体，纠缠于所谓什伯之器、不远徙、不用舟车、不用甲兵、结绳、老死不相往来这些具体的描述上。张氏对此也分析了各家的相关解释，一一加以辨析与说明。其实可以不必纠缠于这些细节问题，应抓住老子小国寡民政治理想的根本之义。

老子的小国寡民政治理想，就是他的无为自然之治。前面张氏对老子的无为自然之治的要义把握得非常到位，只要运用这些理解来看小国寡民的政治理想，就会看出小国寡民的政治理想就是实现了无为而治的景象。有关的所有说法，无非是说明这是自然无为之治，没有现实政治中那种人为与妄为，人民自然而然地进行生产与生活，这样就能甘其食、美其服、安其居、乐其俗，整个国家没有外来侵略的危险，也不需要相关的官员、器物等。生活既然美满，又何必到处迁徙？为什么非要说小国寡民？这是因为所谓小国寡民就是中国古代自然村落的最正常不过的生活景象，说到这种情况，谁都可以想见那种政治理想的状况。则小国寡民并不是这种政治理想的必要条件，只是用来说明这种政治理想的一个例子而已。推而广之，大国众民也能实行自然无为之治，达到像小国寡民一样的理想政治景象。所以，不要纠缠于那些枝节的描述，把握这种自然无为之治的根本旨义就足够了。

二、孙以楷《老子通论》

孙以楷（1938—2007），安徽寿县人。1962 年毕业于复旦大学哲学系，同年考取中山大学中国哲学专业研究生。毕业后任职于中华书局。1978 年起任教于安徽大学哲学系。著有《老子通论》《庄子通论》，主编《道家与中国哲学》等。

《老子通论》出版于 2004 年，其内容分为前后二编，前编又分老子考、《老子》辨、老子论三个部分，探讨老子与《老子》的问题。认为老子先于孔子，老子晚出论在考证上有错误，太史儋不是老子，并据《论语》《墨子》《文子》等文献考证老子的时代。认为《老子》晚出说的证据都不可靠，又据《文子》《黄帝四经》和叔向引《老子》名言等证明《老子》早出和《老子》的作者是老聃，并对郭店楚简《老子》做了考辨，认为郭店简本是节选本，郭店墓主对《老子》做了重大改动，简本《老子》与今本《老子》并无本质区别，太史儋与《老子》无关等。考辨完《老子》书后，作者又探讨了老子与他的时代、老子思想的来源、老子的哲学思想等问题。此书下篇为《老子》争议问题的专门考察，对《老子》各章的争论进行全面的梳理。

这里主要看孙氏对老子的哲学思想是如何分析的，以及他在梳理《老子》争议问题上有什么样的见解。

关于老子的哲学思想，孙氏分为三个问题来论述：道论、知论、玄同论。在道论方面，他认为道是老子哲学的最高范畴，是最基本、最核心的概念，德是道在具体事物中的体现，是各类事物的质的规定性，是客观事物得自于道的，故称为德。老子哲学的其他范畴，如无、有、无为、不争、虚静都是对道的本质、特性、功能的表述，老子的哲学可以称为"唯道主义"。[①]

关于道的含义，他认为老子把作为规律、法则意义的道发展成万物本原之道、本体之道，把道的控制支配功能提升为化生功能和本体质性。老子的道的本质，是真实存在的，是无与有的统一。道的功能是生，化生天地万物，是天地万物之母。道之动，是老子的道的另一个重要含义，即道是万物运动的规律。

关于老子思想中的知论，孙氏认为老子承认为学日益，即承认知识是通过学习而得来的。但老子又强调为道日损，因为道更根本，更重要，所以与为学的方法不能一样，而要采取损的方法。这包括绝圣弃智，绝圣是达到与道合一的因而无为无不为境界的圣。他认为为学与为道并不矛盾，为学为基础，为道为最终的目标与境界。为道的日

---

① 孙以楷：《老子通论》，安徽大学出版社 2004 年版，第 246 页。

损，又包括无知无欲，他认为这是老子的知识论中的消极成分。

他认为《老子》的内容有二，一是道论，二是玄同论。所谓玄同论，是指"论述人类社会在演化过程中的异化，寻求如何清除价值差别，超越斗争纷乱的现实以达到从整体上回归于道的精神境界"①。他所说的玄同境界，就是道的境界，就是与道合一的境界。在玄同论上，他认为老子有三个重要思想，一是超越现实的社会政治制度，寻求人与人之间的和谐；二是超越世俗价值观，寻求人自身的和谐；三是超越世俗的有为，寻求人与自然的和谐。

关于《老子》各章的争议，以第一章为例，孙氏认为这一章的难点与歧义之点有三个，一是"道可道，非常道"，究竟是什么意思；二是"无名天地之始，有名万物之母"，是在"无""有"处断，还是在"无名""有名"处断；三是"常无欲以观其妙，常有欲以观其徼"，是在"常无""常有"处断，还是在"常无欲""常有欲"处断。

对第一个问题，大多解释为"凡可说的道，就不是常道"或是"常道是不可说的"。但这会让人产生疑问：既然常道不可说，可说的不是常道，那么《老子》所说是什么道？孙氏认为这句话可以译为"道是可以认识并表述的，但对客体道的认识并非等同于客体道本身"②。按他的意思，是说常道是可以说的，但所说的常道不是常道本身。即把"道可道"的前一个"道"也理解为"常道"，但它是"可道"的"常道"，不是"常道"本身。

对第二个问题，孙氏认为，两种断法各有各的理由，卢育三的以"无""有"为断的解释较好。但无论是哪种断法，想以此证明老子学说是唯心主义性质的，都是徒劳的。因为"无，名天地之始"，无非是说，天地之初始是无形的，无即无形，有什么唯心主义可言？"无名，天地之始"，无非是说天地初始是无形的，因而也就无名，又有什么唯心主义可言？

对第三个分歧，他认为以"常无欲""常有欲"为读，于义未

---

① 孙以楷：《老子通论》，安徽大学出版社 2004 年版，第 261 页。

② 孙以楷：《老子通论》，安徽大学出版社 2004 年版，第 277 页。

安。他赞同陈鼓应的解释：第一章讲形而上的道体，而老子认为"有欲"妨碍认识，则"常有欲"是不能观照道的边际的。所以不当为"常无欲""常有欲"，而应承上以"无""有"为读。

在分析了对此章各句的不同理解后，孙氏又整体阐释了此章的思想，即：一，道是客观存在的、无限的、永恒的，因此是常道或恒道。人们可以认识道，但道是无限的，因此人不可穷尽对它的认识。人对道的认识是有限的，人表述出来的道更是有限的，因此不是"常道"。人不断地认识道，可以无限地接近"常道"。二，道不是某一具体存在，而是存在于一切具体物中的最一般的本质。人们看不见它，听不到它，摸不到它，因为它是无形的。从这个意义上说它是"无"。但是"无"不是没有，不是零，相反，它是有，是最大的有，是无限的有（存在）。从这个意义上说，道是"有"。一切具体的存在，大如有形之天地，都由无形之混沌而来，所以无（形）是"天地之始"。一切具体物都从混沌的"有"形成，所以有形是"万物之母"。三，自然界是无与有的统一，人们要认识自然界的本质，就必须超越具体的有形，从一般中去把握。要认识具体物的特征，又必须从具体的有形入手，不能主观臆测。老子把物质本原本体与规律高度统一起来，这就叫"同出"。这种统一的道理是深奥的，可以说是很"玄"。

第四节　李泽厚、黄钊、刘笑敢的老子研究

一、《中国古代思想史论》对老子的论述

李泽厚（1930—2021），湖南宁乡人。1950年考入北京大学哲学系，毕业后分配到中国社会科学院哲学社会科学学部工作。著有《美学论集》《批判哲学的批判》《中国近代思想史论》《美的历程》等。

　　李氏的《中国古代思想史论》出版于 1985 年，中有《孙、老、韩合说》一篇，论及老子时所定的题目是"《老子》三层"，所谓三层，是指哲学层、政治层和社会层。他认为《老子》是非常复杂和异义极多的书，要细致鉴别其中的种种不同的内容及它们之间的繁复关系，将是一个艰难而重要的任务，是一篇文章不能论及的，所以主要从中国古代辩证思维特征角度分析《老子》的思想，而将其分成哲学、政治、社会三层。

　　李氏把孙子、老子、韩非子放在一起分析，所以探讨老子的辩证思维问题时，是接着孙子的思想来展开的。他认为《老子》中有多处讲兵，"有些话好像就是《孙子兵法》的直接延伸"，如"将欲弱之，必固强之。将欲废之，必固兴之。将欲夺之，必固与之"，"故善为士者不武，善战者不怒，善胜敌者不与"，"用兵有言曰：吾不敢为主而为客，不敢进寸而退尺"。但这不是说《老子》就是兵书，因为《汉书·艺文志》说："道家者流，盖出于史官，历记成败、存亡、祸福、古今之道，然后知秉要执本，清虚自守，卑弱以自持，此君人南面之术也。"但"《老子》的辩证法保存、吸取和发展了兵家的许多观念"。《老子》所思考的问题是政治，是对"大量氏族邦国灭亡倾覆的历史经验的思考和概括"。①

　　这是他对《老子》一书主要内容的基本认识。对于《老子》的辩证法，他认为是由孙子的军事辩证法变成了政治辩证法。如孙子说，"凡战者，以正合，以奇胜"，《老子》则说，"以正治国，以奇用兵"。《老子》是把用兵的"奇"化为治国的"正"，把军事辩证法提升为"君人南面之术"——统治、管理国家的根本原则和方略。由于这一提升，《老子》对兵家的辩证法就有保存、变化、发展，但基本上保存了兵家辩证法的特征，即仍然是在主体活动和具体运用中的二分法直观思维。人们强调《老子》的消极无为，其实《老子》一再讲"圣人""侯王"，是一种"以无事取天下"的积极的政治理论。所以它的辩证法在实质上并没有失去主体的积极活动性。

① 李泽厚：《中国古代思想史论》，人民出版社 1985 年版，第 84—85 页。

李氏指出，《老子》把《孙子兵法》列举的军事活动中的许多对立项（矛盾）进一步扩展到自然现象和人事经验，如明昧、高下、长短、先后、直曲、美恶、宠辱、成缺、损益、巧拙、辩讷等，使矛盾成为贯串事事物物的普遍性共同原理。由于观察总结历史经验，由于冷眼旁观的静观气质，使兵家的冷静理智不动情感的特色更为突出，而提升为"天地不仁，以万物为刍狗，圣人不仁，以百姓为刍狗"，"失德而后仁"的基本哲学原理。这就使《老子》与以仁学为基础的孔学儒家区别开来，这说明《老子》认为天地的运行变化没有也不需要情感，圣人的统治亦然，重要的是遵循客观的法则规律——德、道。

他认为"德"的原义并非道德，而是各氏族的习惯法规。有人论证"德"原指拘执、捆缚奴隶以及征伐掠夺、占有财富，以后演化为等级秩序和天命伦理。商代的"帝"在意识形态的地位，在周初被结合天意与人事的"德"取代。据古文字专家容庚说，"德"字在甲骨文与"循"字近，闻一多则解释为"示行而视之之意"，《庄子·大宗师》里说"以德为循"，因此他以为"德"由循行、遵循的功能、规范之义，逐步转化为实体性能义，最终具有了心性要求义。"德"在《老子》中主要是统治方术之义，并"把这种统治方术提升到哲学的空前高度"[1]，如说"上德不德""上德无为而无不为"。《老子》与兵家的不同和发展，是提出了"无为"。"无为"就是"上德"，这是说德已不是远古以来的习惯规范，对此也不必刻意讲求，只要任社会、生活、人事、统治自自然然地存在，就是"无为""上德"，就是"道"。

关于无为之道，他认为"《老子》把兵家的军事斗争学上升为政治层次的'君人南面术'，以为统治者的侯王'圣人'服务"[2]。无为是一种君道，君主必须无为才能"无不为"，如果不是无为而是"有以为"，统治者不是处"无"，而是占"有"，那就会被局限，就不可

---

① 李泽厚：《中国古代思想史论》，人民出版社1985年版，第88页。
② 李泽厚：《中国古代思想史论》，人民出版社1985年版，第88页。

能总揽全局。因为任何有，不管如何广大，都是有限定的、能穷尽的和暂时的，它只能是局部。只有无、道能优胜于、超越于任何有。因为它是全体、根源、真理。这就是君主所应采的统治方略，这也是与《孙子兵法》的"能而示之不能，用而示之不用"的"诡道"一脉相承的。《老子》把军事斗争中的对立项抽象化和普遍化了，又未失去其具体的可应用性，而且把它们在社会生活的实用性和适应范围都空前地扩大了。

他又认为《老子》辩证法的另一个突出特点是"在对立项的列举中，特别重视'柔''弱''贱'的一方。这就是著名的'守柔曰强'的思想"①。这种思想除了教导统治者要谦虚谨慎、重视基础外，还要人们注意只有处于柔、弱的一方才永远不会被战胜，因此不要过分暴露自己的才能、力量和优势，要善于隐藏优势或强大，不要去竞赛或争夺那种强大，要守雌、贵柔、知足，才能保持住自己，才能持久而有韧性，就能战胜对方而不会被转化掉。这属于中国的智慧，仍与不动情、清醒冷静的理智态度和不失主体活动的特征密切相关。李氏认为这不是明晰思辨的概念辩证法，而是维护生存的生活辩证法。对这种保持生存避免转化的政治辩证法和生活艺术，他认为有其社会根基即通过总结历史上的成败、存亡、祸福、古今之道而来，因此追求一种理想社会，是比孔、墨理想更为古远的小国寡民的原始时期，在这种社会里，一切任其自然，人像动物式地生存和生活，浑浑噩噩，无知无欲，没有任何追求向往，"罪莫大于可欲"，"祸莫大于不知足"。一切人为的进步，从文字技艺到各种文明都要废弃。这是处于危亡阶段的氏族贵族把往古回忆作为理想来救命的表现。

他指出，近年有些论著完全否认这一方面，强调《老子》只是君人南面术，强调"无为"为"无违"，从而在社会论上是积极的，这就把《老子》的思想简单化了。他认为《老子》的无为、守雌是积极的政治哲学，即君主统治方术，但这种积极的政治含义是以消

---

① 李泽厚：《中国古代思想史论》，人民出版社 1985 年版，第 89 页。

极的社会含义为基础和根源的。很难承认大开历史倒车、主张连文字和任何技术都完全取消的社会理想是积极的和进步的。他进而提醒，要注意《老子》中政治论和社会论有不同层次的差异、区分和矛盾以及它们之间的联系与渗透。《老子》的特点在于把社会论和政治论提升为具有形而上性质的思辨哲学，这表现在道的范畴上。德—无为是《老子》的政治社会理论，道—无名是《老子》的哲学本体。有关天道的观念在中国古代由来久远，但在《老子》这里得到了哲学性质的净化或纯粹化。"道可道，非常道"，是玄妙的哲理。鄙视东方文化的黑格尔也得承认它属于哲学。

他认为"反者道之动"概括了《老子》的道的主要内容，这是指在运动中相反相成的对立项相互转化。这是兵家本就有之的辩证法观念，但在《老子》这里净化为道的总规律。道是总规律，是最高的真理，也是最真实的存在。这三者（规律、真理、存在）在《老子》中混为一体，不可区分。不能用任何有限的概念、语言界定道、表达道、说明道，但这不是强调道是超感知、超认识的实体。在古代思想家那里，经常可以看到规律、功能与实体、存在两个方面尚未明确分开的现象，这两者（功能与实体、规律与存在）对他们来说，是统一整体的直观把握。"正因为实体与功能、存在与规律混为一体，于是就显出种种泛神论、物活论等超经验超感性的神秘色彩。今日关于《老子》是唯物主义唯心主义的多余争论，原因之一恐怕是对古代哲学这一特征注意不够"①。

他还强调，《老子》的道并不是现代哲学史所说的对自然现象的观察、概括。《老子》中"飘风不终朝，骤雨不终日"，"天地尚不能久"等，是借自然以明人事，并非对自然知识的真正研究或总结。"有物混成，先天地生"，"惚兮恍兮，其中有象，恍兮惚兮，其中有物"等，也只是强调道对象、物、天地的优先地位。这种优先，不是时间性的，《老子》并未有意讲宇宙发生论。如果把《老子》辩证法看作是对自然、宇宙规律的探讨和概括，就忽视了它的立足点和

---

① 李泽厚：《中国古代思想史论》，人民出版社 1985 年版，第 92 页。

根源是社会斗争和人事经验。正是这种根源和立足点使先秦哲学不同于希腊哲学。希腊各派哲学对自然的探究是非常突出的，中国的辩证法和宇宙论都不离开人的活动，"常无欲以观其妙，常有欲以观其徼"，是排除目的性以认识道的本身，保持目的性以观察道的作用，这两者实际是同一的，不过暂时的名称有异。这把这种辩证法的体用一源、不离人事的特征概括得很清楚。《老子》哲学层的辩证法只是他的政治层、社会层的军事政治历史社会思想的提升。

他认为中国古代辩证思想中所列举的对立项都是具体经验的，《老子》虽然已进行了高度抽象，也仍保留着这一特征。《老子》尽管把矛盾转化的普遍性提升为"道"，也仍然强调"守雌""贵柔""致虚极，守静笃"才能得道，这表明老子的思想里，矛盾始终没有完全脱开具体经验性质，不是纯逻辑的形式抽象。这种辩证思维是与特定的社会生活、秩序、规范、要求密切联系结合的，作为治国平天下即进行政治统治的普遍性规律。可知，《老子》的辩证法仍然是在具体人事活动和经验运用中。"后世人们从《老子》辩证法里获得的，也并非对自然的认识，或思维的精确，或神意的会通，而主要仍是生活的智慧。只是在这种生活智慧的领悟中，由于它本身具有的多义性、不确定性和极为宽泛的概括性和包容性，似乎又能感受到某种超越性的哲理而得到精神的极大满足"①。他认为中国古代的辩证思维就是有着这种特点的思想，还不是纯粹的哲学思维。

从整体上看，《老子》的道虽有一种不可捉摸的神秘感，但不含有变为宗教神学的逻辑的必然性。因为这种神秘主要来源于道的不确定性，而道的不确定性的来源之一，主要是具体运用中的多样性和灵活性造成的。因此"象帝之先"和"独立而不改，周行而不殆"就并非一定是宗教的神或永恒的自然界或绝对不变的理念，而只是强调主观掌握的总规律具有实体式的客观存在。"迎之不见其首，随之不见其后"，"祸兮福之所倚，福兮祸之所伏，孰知其极？其无正。正复为奇，善复为妖"之类，是描述这种规律的变易性、灵活性和

---

① 李泽厚：《中国古代思想史论》，人民出版社 1985 年版，第 94 页。

不可确定性。

整体上看，李氏对《老子》思想的分析虽然从辩证法角度入手，从《老子》思想与《孙子》军事思想的辩证法的联系性入手，但还是把《老子》思想的哲学、政治、社会三个层面的内容都涉及了。他没有像当时绝大多数学者一样，机械地套用唯物主义或唯心主义的概念来解释《老子》的思想，也许他认为用这类概念来分析论断《老子》的思想是不可取的方法。所以我们看到他对《老子》思想的分析是把重点放在探讨《老子》的辩证法思想上，再由此逐步阐述《老子》以道、无为为中心的整体思想。并且在对《老子》思想中的若干重要概念的分析中，他始终强调要把《老子》思想的哲学、政治、社会三层综合为一，不能分割，也不能遗忘其一，这样就可避免片面性或某种武断的论定。同时，注意根据《老子》思想的实际情况来进行论说，不硬性套用《老子》思想之外的概念或思想来解释《老子》思想。这都是李氏研究《老子》思想的突出特点。尽管如此，他还是不可能完全摆脱当时许多政治概念，如阶级观念和关于社会发展的定性概念，而且他所使用的辩证思维或辩证法的概念，也是外在于《老子》本身思想的。或许这正是现代学者研究和论证《老子》思想的困境。然而，是不是非要用这些外来的、后来的概念与术语，现代学者才能分析论述古代思想家的思想？这个问题，其实也不仅是中国思想史研究的难题，西方哲学在进入 20 世纪之后，也面临同样的问题，所以他们从逻辑、语言、语义等方面重新反思应该如何进行哲学思考与论述。这一点，又是中国现代学者所极为缺乏的，可以说根本没有引起中国现代学者的注意，除了少数研究西方 20 世纪不同哲学流派的专家之外，中国其他的学者几乎都没有思考这里面的问题。李氏的《老子》思想的分析，已经能与同时代的学者保持明显的距离与不同了，但他或许也没有意识到这是一个问题。我们今天重读当年学者的著作，对其中的概念与术语，都感到并不能得到清晰的定义与说明，所以虽然当时的学者都使用表面上看起来同样的概念与术语，但每个人对所使用的概念与术语的理解又是有着极大不同的。然而没有人把这个问题提出来并进行专门的研究。如果现在的中国学者还不把这个问题彻底论证清楚，则以后的研究还是会在含糊的没有证明的概念与术语的基础上不断延续。因此，我们需要在研究与论述古代哲学思想的时候，必须首先把自己要使用的概念与术语都一一做出符合逻辑学的定义与说明，然后在研究中严格遵守这些定义与说明，再按照黑格尔所说的科学性学术研究的三个要素的要求，进行系统地推演和证明。每一项都不能少，每一步都不能缺，也许有些人会认为这是烦琐哲学，但我们现在最缺乏的就是这种烦琐地推演与证明。只有在经过了这种被人讥为烦琐地推演和证明之后，才能到达简明而清晰的程度，那时的研究，也许就会减少许多不必要的混乱与分歧。

二、黄钊《道家思想史纲》论《老子》

黄钊（1939—2022），湖北黄梅人。1966 年毕业于武汉大学哲学系。任教于湘潭大学、武汉大学等校。著有《中国道德文化》《帛书老子校注析》《中国古代德育思想史论》等，主编《道家思想史纲》等。

黄氏主编的《道家思想史纲》出版于 1991 年。该书第三章论《老子》的学术思想，分为哲学思想、政治思想、伦理思想、养生之道四个方面。

关于《老子》的"道"，黄氏认为不同于平常说的道理、方法、原则等概念，也不同于天道、地道、人道等范畴，它是《老子》哲学的最高范畴。"人法地，地法天，天法道，道法自然"。道则是自己如此，自然而然。因此，道在《老子》哲学体系中高于一切、决定一切、推动一切。道含有两层意思，一是作为生育万物的本体，二是作为事物运动变化的规律。《老子》哲学就是围绕这两重属性展开，并构成自己完整的体系。

黄氏认为《老子》的道被看作是生育天地万物的本原，这个道是物质的还是精神的，牵涉《老子》哲学属于唯物主义还是唯心主义的问题。而学者在这个问题上不能达成一致的看法，是因为《老子》对道的描述带有极大的模糊性，人们根据这种描述来探讨这个问题，从整体上看，总是陷于自相矛盾的境地。如果不能发现新的资料，这样的探讨不会有新的突破，因此也不必再在这个问题上纠缠下去了。

关于《老子》的辩证思维观念，他认为《老子》的"有无相生"，是对立统一观念的流露，"反者道之动"，是否定之否定观念的流露，"大小多少"（即大生于小，多起于少），是量变质变观念的流露，但《老子》的辩证法是不彻底的，包含着形而上学的杂质，如"归根曰静，是谓复命""重为轻根，静为躁君""周行而不殆"等命题，都含有形而上学的因素。而且《老子》只讲柔弱胜刚强，不讲刚强胜柔弱，也是片面的。

黄氏认为《老子》的认识原则，是以静观、玄鉴为特征的直觉主义的认识论。这种认识论割裂了感性认识和理性认识的辩证关系，丢掉了感性认识，夸大了理性直觉。

在《老子》的政治思想方面，他认为包括如下的内容：一是无为而治的政治策略，即按照无为的原则去实现天下大治。但无为而治是一种策略思想，是献给人君的南面之术，即《老子》所说的无为，是君主无为，而不是一般人的无为。而无为有无所作为和因任自然两方面的含义。二是小国寡民式的理想社会。这是无为而治思想的必然归宿，但这是桃花源式的乌托邦，永远无法实现。三是"不得已"而用兵的战争原则。这是与无为而治和小国寡民相一致的，其中也包括了"将欲歙之，必固张之"一类的以退为进、以柔克刚的思想。

《老子》中的"德"既指由道赋予事物的自然本性，又是指人的品性、德行，故《老子》的伦理思想包括如下内容，一是提倡朴实无华的道德，二是主张废弃儒家道德，实现返朴归真，三是主张与世无争，为此要少私寡欲、知荣守辱、处虚守静。但与世无争，不是不要功利，而是把功利寄寓于不争之中，认为不争是最好的争。

《老子》还明确提出"摄生""自爱""无遗身殃"，希望由此实现"长生久视"。而养生的方法则有保养精气、寡情少欲、不自益其生。

对于《老子》的"绝圣弃智""绝仁弃义""绝巧弃利"，他也提出了自己的理解，认为这是对尔虞我诈的社会现实的无情鞭挞。老子向往的法自然，听任万物自然而然地生长发展，不用人为改变自然物，而儒家用伦理道德约束人们的自然本性。儒家是人文主义，而老子是自然主义，二者都有自身的价值和合理成分。老子提倡纯朴，反对虚华，希望人们的道德返朴归真，因此批判儒家仁义道德的虚伪性，还是有必要的。

黄氏此书把《老子》思想放在整个道家思想史的角度上来加以分析，能够将其主要思想的要旨都讲出来，对这些思想的分析也都能根据《老子》中的原文进行解读，说明能够深入把握《老子》的思想。

三、刘笑敢《老子古今》

刘笑敢（1947— ），河南人。1978 年考入北京大学哲学系。1988 年赴美国，先后在密西根大学、哈佛大学、普林斯顿大学等校从事研究工作。1993 年赴新加坡国立大学中文系任高级讲师、副教授，2001 年起担任香港中文大学哲学系教授。著有《庄子哲学及其演变》《两极化与分寸感》《庄子与沙特》《老子古今》等。

《老子古今》出版于 2006 年。刘氏用竹简本、帛书本、傅奕本、河上本、王弼本五种《老子》版本为基础，此外还参校了严遵本、《想尔注》本、其他敦煌本及范应元本等，对《老子》逐章进行原文对照、对勘举要、析评引论。从表现上看，这应当是比较完善的，但所利用的五种版本，还是《老子》的基本版本，没有包括专家们对这些不同版本的专门研究。当然刘氏参考了诸家之说，但也是从中取其部分，并没有就形成分歧的地方彻底考证。①

---

① 此书说明竹简本以荆门市博物馆编辑的《郭店楚墓竹简》（文物出版社 1998 年版）的《老子》释文为底本，帛书本以国家文物局古文献研究室的《马王堆汉墓帛书（壹）》（文物出版社 1980 年版）为底本，傅奕本以明刊正统《道藏》本为底本，河上本以王卡点校《老子道德经河上公章句》（中华书局 1993 年版）为底本，王弼本以楼宇烈《王弼集校释》为底本（中华书局 1980 年版）。他也说河上本各个刻本之间、王弼本不同版本之间都有差异，但已经有专门的校注，不是本书的重点内容。这一点，不应加以忽视，而要充分吸收这些专门的校注的成果，对其中还存有分歧的地方，则还要进一步深入考证探讨。

对于第一章"道可道"至"非常名"的对勘，刘氏说王弼本、河上本、傅奕本相同，帛书乙本有残缺，与甲本无明显不同。帛书本较通行本句下多"也"字，"常"作"恒"，没有大的校勘问题。对此章"无名，万物之始"到"有名，万物之母"，采纳了帛书本，在"始"与"母"下都加上了"也"字，重点探讨的是此处的断句问题以及天地与万物的异文问题。

古时都以"无名""有名"断句，宋代司马光、王安石等人开始在"无""有"下断句，近现代有些学者赞同这种断句，如梁启超、高亨、严灵峰、陈鼓应等。刘氏认为这种断句"更有哲学思辨意味，作为哲学创造自有其高妙之处，但说古人本来如此，或古本原来如此，则不合事实，明显拔高古人"①。刘氏认为两种读法在《老子》原文中都能找到证据，也各有道理。两种读法的争论涉及如何标点没有句读和注释的傅奕本以及帛书本的问题，刘氏采用了传统的断句法，以"无名""有名"断句，其理由是古代读法并无不妥，且与上句的"可道""不可道""可名""不可名"之辩有直接的联系。上句的"可道"和"可名"不仅指言说和命名，更指认识问题。所谓"不可道""不可名"，不仅是因为某人语言表达能力或词汇的运用能力不够，而是指人类整体的基本认识能力的局限。因此，有名、无名并非仅指有没有一个名称。凡是可以认识的事物一定可以命名，而无名或无法命名的事物往往是因为人们对它还没有足够的认识，或不能充分认识。因此可以说，无名即宇宙起源的"不可道""不可名"，亦即不可认识的一面或无法回溯的初始阶段，有名即万物之宗之"可道""可名"，亦即可以认识的一面或万物生发之后的阶段。老子认为宇宙之本根及万物之演变既有可以认识描述的一面和阶段，又有超越常规认知能力，因而不可认识、不可描述的一面或阶段，或许可以进一步说，无名表现了宇宙之无限的特征，而有名则表现了无限中所含之有限。

他还认为老子并没有把"无"当作一个具有普遍的、抽象的专

---

① 刘笑敢：《老子古今》上卷，中国社会科学出版社2006年版，第93页。

门概念来使用，到王弼才把"无"作为明确的专门性的哲学概念，所以不能在"有""无"下断句。

刘氏在此处如何断句的问题上，考虑到把上文的"可道""不可道""可名""不可名"联系起来加以思考，这是非常重要的方法。对于古代思想家的著作中的话语的理解，都必须遵循这一基本的方法。即一个字词在思想家的著作中不是孤立的，都有特定的含义和使用方法。所以要解释一个字词，必须把这个著作中的相关部分都联系起来进行的整体对比和解释。

如"无名""有名"二句，就要与上文和下文都合起来进行整体思考。上文是"可道""不可道""可名""不可名"的问题，但其中还有"常"与"非常"的问题，也不应忽略。下文则是"常无欲也""常有欲也"① 以及"观其妙"和"观其徼"的问题，还有"此两者同出而异名"和"玄之又玄，众妙之门"的问题。可以说，第一章的每一句都要与其他句放在一起作为整体来思考。

就"无名""有名"而言，三种传世本中的"有""无"分指"天地"和"万物"，但帛书本"天地"也作"万物"，刘氏认为都作"万物"是接近古本之旧的。因此他说"有名"与"无名"是"一事之相续，一体之两面"②，这一章不是从宇宙生成论角度讲万物的"始"与"母"，而是从认知的角度强调万物的本根乃有名与无名之"一体两面"。他认为有名与无名的主体同是万物，所以说万物的本根是有名与无名的"一体两面"。

如果说"一体"是指万物而言，"两面"是指无名与有名而言，则这个"一体"为什么会有无名与有名的两面？这个问题没有说清楚。其实这一章所讲万物的始与母，正是造成无名与有名为万物之"两面"的关键所在。如果没有始与母的区别，就不会有万物这一体的两面。换言之，因为万物有始和母的不同，所以有无名和有名的不同。如果"万物之始"与"万物之母"没有意义上的差别，就不

---

① 二"也"字，帛书本有，其他本无。
② 刘笑敢：《老子古今》上卷，中国社会科学出版社 2006 年版，第 94 页。

会有无名与有名的差别。所以，他说这一章不是讲万物的始与母，而是讲万物之本根乃无名与有名的"一体两面"，就无法把这一章的此二句说通。如果二句都是说万物，不是一说天地，一说万物，则分出无名与有名，是靠什么来分的呢？如果不重视始与母的区别，又怎能在万物之一体上分出无名与有名之两面呢？可知《老子》此章所说的始与母，是决定无名与有名的关键因素。

也许人们认为始与母没有什么区别，但这种理解是不准确的。今天的学者对于古人书中的用字一定要精细分析。古人所以要用不同的字，一定是要表达不同的意。这是必须肯定的。如果说两个不同的字在意义上没有区别，那是说不通的。始与母在这里有什么不同的意义呢？

"始"指始源，"母"指生出。这是两个不同的意思。无名指始源而言，有名指生出而言，故一用"始"字，一用"母"字。始源与生出的区别在于，始源是指根源所在，但它不一定就已生出。生出当自始源而来，生出不代表始源。如果说始源为一个起点，则生出则是一个过程。在始源时，万物可能还没有生出，所以称之为"无名"。有了母之生出，所以称之为"有名"。所以刘氏说无名与有名二者的关系是"一事之相续"，这是正确的，但既是相续，就是有前有后，在前者为起点，在后者为后续。是相续而有前后，这就是其中的差别，所以用"无名"与"有名"来分别称之。这样看来，此一章所说，既有生成的问题，又有在前之根源与在后之续流的问题，它们是一事（生成）之相续，一体（万物）之两面。此两面即未成之前与既生之后之两面，都与相续相关，而用"无名"与"有名"分别称之。无名指未生之前，尚未有物，故称"无名"。有名指既生之后，已有万物，故称"有名"。在他的析评中也说到这一点："'无名'即宇宙起源之不可道、不可名，亦即不可认识的一面或无法回溯的初始阶段；'有名'即万物之宗之可道、可名，亦即可以认识的一面或万物生发之后的阶段。"[1]

---

[1] 刘笑敢：《老子古今》上卷，中国社会科学出版社 2006 年版，第 98—99 页。

对"常无欲""常有欲"二句，刘氏把二"欲"字上属而不是下属，因为帛书在二"欲"字下都有"也"字，可知以"欲"字下属是不对的。他还认为，没有足够的证据说明帛书本的断句是错误的，或说帛书本误解了最早的《老子》，应该相信帛书抄写者、河上公、王弼比王安石、司马光更接近、更能理解《老子》成书时代的语言规则和语言习惯。这一说法表示要遵从更为可信的证据，而不要对此视而不见。现在的学者能看到帛书本，宋代的学者至少能看到河上公本与王弼本，这些已知的资料都证明"欲"字不能下属，非要另行新的断句法，只能说是王安石等人的新的思想。为此刘氏分析说：

> 王安石的读法的确更有哲学思辨深度，更能体现哲学讨论以抽象概念为基本结构的特点，这可以作为哲学的创造性诠释或发展，却不能说这是对老子古本的复原。……如果我们要借《老子》发挥我们喜欢的思想观念，当然可以用"六经注我"的方式重新解释《老子》，但是，如果我们希望了解古代《老子》可能有的思想观念，则应该尽可能按照古本原貌去贴近古代可能有的思想。当然，这并不是反对深入分析与发掘老子思想可能有的深刻内容，而是主张明确自己的努力方向：是以建立新思想体系为主，还是以解释古人思想为主，这二者虽然可以结合起来，但不自觉地混淆，则可能引起许多不必要的误解和争论。①

这一观点非常正确。后人研究古人的思想，第一要把古人思想的原貌清理出来，先把古人的意谓说清楚，然后第二步才能进一步由此加以发挥，甚至可以由此论述出古人没有意识到的问题。但二者有先后关系，不可分割，也不可混淆。一般情况下，第一步往往做得不够，而第二步往往做得过度。

这是今人研究和阐释古代思想时的通常情况，这就使得每个人对古代思想的解释出现很大的不同，而又无法沟通与论辩，于是成

---

① 刘笑敢：《老子古今》上卷，中国社会科学出版社 2006 年版，第 99 页。

为各说各话的局面，使相关的研究千差万别，分歧层出。所以应该把第一步的工作做深做透，不能留下漏洞，所有的解释都必须有详尽的推演与证明。第二步则要把自己所要使用的概念一一定义清楚，并把自己的概念与古人思想中的概念完善地对应起来，如要有所发挥与发展，则要进行必要的论证，使之符合逻辑与相关的学科规则。

第一章的"此两者"，帛书本又与传世本出现了很大的不同。传世本为"此两者同出而异名，同谓之玄"，帛书本为"两者同出，异名同谓"。表面上看，二者相差很大，但从语意上分析，二者并没有什么不同。"此两者同出"与"两者同出"，没有不同。"而异名"与"异名"，帛书本少了一个虚词"而"字，不影响句意。"同谓之玄"与"同谓"，没有根本的不同。帛书本省了"之玄"二字，故使"异名同谓"合为一句。因为下面说"玄之又玄"，可知"同谓"的就是"玄"。帛书本字少而断句不同，但整体意思不变，可知与传世本字不少者没有根本的不同。

刘氏认为问题在于"此两者"何所指。历来有不同的解释，如说指有欲与无欲，或说指始与母，或说指有与无，或说指常有与常无，或说指其妙与其徼，或说指道与名，或说指常道与可道，或说指无名与有名。他认为"此"紧承上句，而上句是"常无欲""常有欲""观其妙""观其徼"。刘氏说，"这里更是直接讨论对宇宙本原的认识问题"[1]，以常无欲之心观万物本根无名之妙，以常有欲之心观万物本根有名之所归（徼）。"无名"与"有名"，是"异名同谓"，是"玄之又玄"，"两者同出"所指就是"无名"与"有名"。他进而认为第一章的重点不是道，道只是这一章的起兴，重点是言说或认知的问题，即名、无名、有名的问题。这一说法似可商榷。因为名的问题来自于道与常，无与有也来自于道与常，所以道是决定着名、有、无、常、有名、无名以及万物的始和母的根本性问题，不能说是起兴而不是本章的重点。由道引出了一系列的概念与问题，最后仍要回到道的问题上来，这时就有了认知和言说的问题，但认知与

---

① 刘笑敢：《老子古今》上卷，中国社会科学出版社 2006 年版，第 100 页。

言说是从属性的问题，与道相比，还不是根本性的重点问题。

对于《老子》"小国寡民"章的分析，也是刘氏非常重视的。他指出，学者们对于小国寡民指什么社会，意见分歧甚大，由此引出对老子社会历史思想及其阶级属性的评价也极为分歧。

刘氏认为蒋锡昌的看法比较平实。蒋氏指出这是老子自言其理想国的治绩，老子的治国理想方案是无为而治，目的是让人们能甘食美服安居乐俗，政策虽是消极的，但目的则是积极的。无论古今中外，政治家所追求的目标，不外乎甘食美服安居乐俗四者。但刘氏不同意蒋氏所说的"理想国"三字，因为"国"字如果是与柏拉图的"理想国"类似的政治概念，则很不恰当，老子这里并不是讨论国家形式和制度问题。

"小国寡民"帛书甲本写作"小邦寡民"，所以刘氏进一步提出一个问题：小邦寡民，是概念还是术语？他理解的概念，就是柏拉图"理想国"这一类的概念；他理解的"术语"，就是当时人们常用的语汇。他认为当据帛书甲本改"国"为"邦"，因为"邦"与"国"字义不同。他引用赵伯雄《周代国家形态研究》中的说法：邦指分封的家族和地域相结合的政治实体，一个邦往往是以一个大邑为中心，包有一定范围的田土，一个邑就是一个居民的聚落。所以即使在西周时期，邻邦之间鸡犬之声相闻也是不可能的。因此不能把小邦寡民当作历史时代的回忆或具体设计。另一方面，"小邦寡民只是《老子》中偶尔提到的一种说法，并非一个重要概念或理论术语"[①]。刘氏认为，小邦寡民，就是老子的社会理想，而且是一个含糊的理想，并不是一套完整的国家和社会的制度模型。老子根本没有思考这类问题，他用小邦寡民的描述，只是用来说明无为而治的大致情形，强调的是这种社会理想的自然无为状态，可使其中的人民过上甘食美服安居乐俗的生活，这就是老子此章的主要意思。至于为什么要用小邦寡民来描述这种自然无为之治的效果，则是为了说明小邦寡民容易实现这种无为之治的理想。大国繁民，必定会有

---

① 刘笑敢：《老子古今》上卷，中国社会科学出版社 2006 年版，第 751 页。

过多的制度、机构、赋税、法律等不合乎无为而治的东西，所以用小邦寡民来描述此理想社会，最为简单明了，令人一下子理解这种理想的要义。

对于此书，学术界评价颇高，如余英时在为此书写的序中说本书最有价值的部分是每章的析评引论，"八十一篇'析评引论'事实上即是八十一篇关于哲学或哲学史的精练论辩"①，这是对八十一章的义理的阐释。余氏认为在解决了《老子》文本问题后进入哲学领域，表示作者尊重清代以来的朴学传统，并称这是一种现代精神，与清儒"训诂明而后义理明"的提法大不相同。因为清人的提法是默认文本考证可直接通向义理的掌握，中间更无曲折。而本书作者则是以前者为后者提供深入思考的契机，这表明思想史和哲学史的研究是自为独立的专门学科。中国传统学术虽有相当于哲学史的著作，如《宋元学案》《明儒学案》，但"哲学"和"哲学史"作为独立学科是到 20 世纪初叶才在中国出现的，是受西方和日本学术的影响而出现的结果。哲学史研究必须具备哲学的一般素养和技术训练，不是仅靠文本考证便能胜任的。余氏此说是在强调哲学史研究一方面需要清代学者那种文本考证作为基础，另一方面也需要哲学的基本训练，二者必须结合为一，不可偏废。

余氏认为此书的析评引论有一个共同的宗旨，即"回归历史与面对现实"②。回归历史是哲学史研究的基本任务，以《老子》为例，就是必须根据最接近原始状态的《老子》文本，通过训诂以尽量找出文本字句的古义，阐明其中的基本概念和思想的本义。虽然本义的确定没有绝对把握，但专家之间可以取得大致的共识。这种本义的追求绝对不能放弃，否则就没有哲学史研究可言。面对现实，就是在对古代思想的可靠解释之上，将古代思想与现实问题相结合，进行进一步深入思考，即要超出古人的思想，借鉴古人的思想，用来作为思考现实问题的参考与资源。

---

① 余英时序，见《老子古今》上卷，中国社会科学出版社 2006 年版，第 3 页。
② 余英时序，见《老子古今》上卷，中国社会科学出版社 2006 年版，第 3 页。

余氏认为此书的最大价值是考究论证《老子》文本的可靠性，在此基础上才能进一步阐释其中的哲学思想。这与关锋后期老子研究时的认识是一致的，可以说是中国学者在经过了自 20 世纪 50 年代至 70 年代的曲折之后，形成的一个共识。所以在这个基础上，如果比较关锋和刘氏对《老子》古本的考证认定，肯定是一个非常有意义的课题。据笔者的比较，二者虽然在方法上有着一致性，但具体到《老子》文本的考定上，则还存在着不少分歧。这说明只靠方法论，是不能最终解决问题的。但至少可以提供继续讨论和研究的基础，人们可以用这种方法不断深化这种研究。另外，也有专门就帛书《老子》、竹简《老子》进行校勘研究的著作，应该把这一类著作综合起来进行整体的再考察。因为分别的研究总有忽略的地方，进行整体的综合比较性研究，才能把分别研究的不足看出来，再利用其他的专门研究加以补充，并对其中的分歧之处彻底分析，才能将这类研究推向深入。

对于刘氏在这部书中的研究，余英时还提出了一个重要的问题，即在研究古代思想家思想内容时，要注意两个层次的问题，一是意含，一是意义。意含是指立足于历史与文本的解读，力求贴近文本的历史和时代，探求词语和语法所提供的可靠的基本意含，尽可能避免曲解古典。意义则是指研究者自觉不自觉地立足于现代观念而做出的解读，这样的诠释必然渗透着诠释者对相关问题的思考，所提出的观念则是古代经典在现代社会的可能意义。

余英时提出，现代的研究者在研究古代著作或思想时，可以有自己的理解，但不意味着学者对古代著作及其思想的解释没有客观性，可以由着研究者随意乱说。所以研究者必须首先把古典的原意研究清楚，即使"诗无达诂"，也不允许望文生义，这就是意含层次的问题。而意义层次的内容，近似于中国古代经学中说的"微言大义"，它涵蕴着文献原意和外在事物的关系，而不在文献原意之内。因此可以说经典文献的意含历久不变，而解释者对它阐发出来的意义则是与时俱进的。当然，两者分不开，一般而言，要先通过训诂考证来确定其内在的意含，再进而阐发外在的意义。

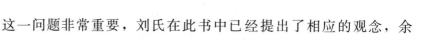

这一问题非常重要，刘氏在此书中已经提出了相应的观念，余氏则进一步加以强调，值得现代研究者们注意。

刘氏此书也回顾了 20 世纪五六十年代以来关于老子之道的争论与分歧。他认为当时的学者囿于唯物与唯心的概念而来研究老子的道，不能不出现反复不定的结果。如任继愈先认为老子之道是原初物质，后称是绝对精神，后又说老子自己没有讲清楚道是物质还是精神。这说明以物质与精神、唯物与唯心的理论定义老子之道是困难的。冯友兰在 20 世纪 30 年代说老子之道为物之所以生之总原理，似乎可以将老子归入客观唯心主义。60 年代说老子之道与阿那克西曼德所说的"无限"是一类的，是未分化的物质，又似乎可以将老子划入唯物主义。80 年代又说老子没有说明道、有、无究竟相当于客观世界中的什么东西，所以是一种主观的虚构，因而是一种客观唯心主义。张岱年早年说道是理，中年说道是"混然一气"，晚年又回到早年的立场，冯、张、任三位都是中国哲学研究领域的权威，他们看法的犹疑和转变说明以物质和精神、唯物和唯心的对立二元观解释老子之道是难有确解的。

绝大多数学者采取客观实有或综合解说的方式来定义或诠释老之道，承认老子之道有客观的、形而上的意义，又有价值的、社会人生的意义。牟宗三独倡老子之道的主观境界之义，于是与客观实有的观点形成对立。但用西方式的形上与形下、实然与应然、存有与价值的对立二分概念解释老子之道，亦是圆凿方枘，难以对应。

刘氏认为，这是因为西方笛卡尔以来的对立二分式的概念结构，与中国哲学思想中的概念系统不合。中国也有很多成对的概念，但这些成对的概念之间是成对的关系，不是对立分离的关系。因此，用西方近代的哲学概念来解释中国古代思想总是不能契合的。所以他尝试不用现成的现代或西方的概念定义老子之道，而用对道之功能进行描述的方法来界定道的性质，称为"功能性、描述性定义"。①并且认为道是一个广泛的不属于任何具体领域的概念。道的概念和

---

① 刘笑敢：《老子古今》上卷，中国社会科学出版社 2006 年版，第 85 页。

道的作用贯穿了宇宙、世界、社会与人生各个方面，所以也不能略去老子之道的宇宙论或本体论意义。另外，老子特别关注人生问题，突出这一点是为了避免把老子哲学简化为一个方面，强调从宇宙、世界、社会到人生，是为了突出道的概念本身的贯通性和特性，但为了行文简洁，也可以用世界或万物代表这四个方面。

最终刘氏认为：

> 老子之道可以概括为关于世界之统一性的概念，是贯通于宇宙、世界、社会和人生的统一的根源、性质、规范、规律或趋势的概念。概括起来，则包括统一的根源和统一的根据两个方面。也就是说，道的概念针对的问题是宇宙万物一切存在有没有总根源、有没有总根据的问题。总根源和总根据是似乎形而上的，但也一直贯通到形而下乃至人生之中，或者说是从存有界贯通于价值界。①

另外，他还认为道已经具有哲学概念的属性，但道并非一般的哲学概念，不是西方哲学式的清晰理论概念或逻辑概念。因此不能说道是什么，只能说道是不知其为何物的总根源和总根据。

他的这些论述，对于研究老子的道及其丰富的思想，有着重要的启发性，值得学者们关注与参考。

第五节　王中江、郑开、曹峰的老子研究

一、王中江对老子的论述

王中江，北京大学哲学系教授。其《道家形而上学》一书出版

---

① 刘笑敢：《老子古今》上卷，中国社会科学出版社 2006 年版，第 86 页。

于 2001 年。此书是把道家形而上学作为一个整体来加以研究的著作，并不是专门针对老子的形而上学进行研究，但他把老子思想放在整个道家形而上学的背景下加以观察，便于与道家其他思想家的相关思想进行比较，这对于理解老子的思想，是有参考意义的。

此书对道家形而上学的历史做了梳理，如它如何诞生和推演，有什么突破，以及其中的推演大势是什么，都做了分析，这样就可使《老子》的思想与一个宏大的思想发展背景相衬托，就更能看出《老子》思想在其中的位置。

此书又分析了道家对本体与语言关系的认识，认为道家在这方面的基本观点是：本体不可言说，语言有它的界限，同时分析了对不可说的本体又该如何说的问题。这是世界哲学发展史上的一个重大问题，就连西方哲学发展到 20 世纪以后，也在重新思考这些问题，但中国的道家在一开始时就提出了这个问题，并提出了关于这个问题的领悟。

此书又研究了道家形而上学的方法问题、道在道家形而上学中的发展演变的过程，并对道家形而上学中的重要范畴如有无之辨，德，自然、无为的范式与理想，天、命和人的关系，化的观念，生死关怀等进行了分梳，使王氏关于道家形而上学的研究具有了相当的深度与广度。

以下简述王氏对"老子之道的突破性"的论述。他认为，经过演变，人类的不同文明都跳出了有限的具体事物，走到了无限，开始与抽象的普遍照面。在世界几大文明圈中，公元前一千年之内都先后出现了"哲学的突破"，即对构成人类处境的宇宙本质都发生了理性的认识，这种认识具有前所未有的高度。中国哲学的突破，是诸子的兴起，而在形而上学上的突破，老子最为重要，"他开创了以'道'为最高范畴的'宇宙论'和'本体论'哲学"[1]，他使道获得了先在于帝的最高位置。道又超越于德之上，成为高于德的范畴。而老子所论的道之意义，更能说明老子之道的突破性。王氏的方法是

---

[1]　王中江：《道家形而上学》，上海文化出版社 2001 年版，第 107 页。

对老子本人关于道的说法进行梳理，由此来看道的主要意义。

他认为老子对道有某种规定，并对其特性做了描述和形容。如把道看作物，道是万物的根本，即道作为物而不是万物中之一物，而是万物能成为万物的最高之物。因此可以说老子形上之"道"是物，但不是一般之物，而是本根之物。

他又认为道作为物有许多特性：第一，道大；第二，道不可道；第三，道是无名和朴；第四，道是无为、不争和弱；第五，道是反，即返和复归；第六，道效法自然。此外还有间接的说法，即有、无、母、气、一等，都与道有重要关系。

通过上述内容，王氏认为老子的道在形而上学上实现了突破，但仍有很大的局限性：第一，它不是一个观念系统；第二，老子的道带有强烈的复归论色彩，所谓的反者道之动，强调道的动态过程性，但这种动态和过程是向后的，而且是要回到至静状态中。

王氏把老子的道放在整个道家形而上学背景下加以剖析，对老子的道的特性与含义做出了简明扼要的阐释，重点是说明老子的道对于中国古代哲学的突破性意义，并且又处于整个道家形而上学发展过程中的一个重要环节上，这都可以帮助人们从更高的角度来理解老子的道论。

二、曹峰老子研究新解

曹峰，中国人民大学哲学系教授。所著《老子永远不老——〈老子〉研究新解》出版于 2018 年。

此书在《老子》研究上提出了新方法，对一些老问题做了新思考，如"玄之又玄之"与"损之又损之"、《老子》首章与"名"相关的问题、《老子》第三十六章和第三十九章的新研究、《老子》的"天之道"、《老子》生成论的序列、无名与有名、玄德与幸福观、黄帝与《老子》的法天则地的关系、《老子》的政治哲学等，还就近代日本社会中的《老子》之影响进行了分析，并探讨了道家与贤能、道家与谦逊的关系问题。这些问题都是他在专门的论文中进行分析过的，汇成一书而出版。

在此书的《前言》中，他对书中探讨的问题做了简要的说明。如关于《老子》的首章，郭店楚简《老子》没有可以和今本《道经》对照的首章，也没有可以和今本《德经》对照的首章，曹氏认为这不是一个偶然现象。《老子》首章产生的时间、结构的形成、文句的定型，都是非常值得研究的问题。如《老子》首句是"道可道，非常道，名可名，非常名"。为什么《老子》竭力要"无"的"名"，且可以和"道"并驾齐驱？结合北大汉简《老子》把"名可名"写作"名可命"，他认为"道可道，非常道，名可名，非常名"一句乃至整个《老子》首章，"可能形成于'名'的话题非常流行的特定历史时期"。在北大汉简《老子》中，"玄之又玄"作"玄之又玄之"，大多数学者认为多一个"之"不影响文义，但曹氏认为"玄之又玄之"这种文本的出现，不是偶然现象，因为这种句式和"损之又损之"形成对照。因此认为"'玄之又玄之'中的'玄'是不是也可以当动词读，'玄'是不是也应该理解为减损或否定，就是说'之'是'玄'所要减损或否定的对象，这样一来，《老子》首章就有了工夫论的内容"。[①]

他还提出了对《老子》其他章节的一些不同理解。如第三十六章，一般的解释把重心放在"将欲……必固……"这一段上，认为这反映老子的辩证思维。但是仔细研读第三十六章，就可以发现，此章明显可以分作上中下三段，上下两段都是老子采用的民间谚语，只有中间的"是谓微明，柔弱胜刚强"是老子的话。因此，第三十六章的重点不在于辩证性上，而在于通过"无形"把握"有形"的高级智慧，即"微明"。上段谚语的引用旨在说明通过"微明"可以导致积极的结果，下段谚语的引用旨在说明通过"微明"可以避免消极的结果，这都是"柔弱"胜于"刚强"的体现。因此曹氏对第三十六章的诠释史，包括谚语的使用、权谋论的标签是否合适等问题，做了全面梳理和辨析，试图还原其早期面貌。《老子》第三十九章也可分作上

---

① 曹峰：《老子永远不老——〈老子〉研究新解·前言》，中国人民大学出版社 2018 版，第 2 页。

中下三段，但此章很难将其理解为一个整体，不如将其与第四十、四十二章对应起来思考。也就是说，很难将第三十九章中段"故贵以贱为本……非乎？"看作上段"天得一以清……"的自然延伸，却很可能是对第四十章"反者道之动，弱者道之用"的回应或印证。把下段"故致数舆无舆。不欲琭琭如玉，珞珞如石"的"舆"读为"誉"，把下段用与中段同样的方向去解释，也都是后起的事。整个下段，应该是大小、本末之论，强调要把握道的整体，而不要被狭隘、琐碎的外物牵累、蒙蔽。从这样的角度看，就完全不可能是谦下不争、忍辱负重的工夫论，因此无法将其看作是中段的自然延伸。

曹氏认为今人很容易把《老子》各章内部及各章之间看作是文义前后通贯、思想明白无缺的文本，其实这是拿今人的眼光看待古人，但这不意味着《老子》是杂乱无章的，对《老子》了解越深，就越能感受到《老子》形散而神不散，蕴含着非常深刻的哲理以及多样诠释的可能性。例如老子既然提出了"道"这个最高的哲学概念，为什么同时又强调"天道""天之道"？"天道""天之道"究竟是道的子概念，还是道的作用之变现？老子既然提出了"道生之"的生成论，为什么还要强调"德畜之"的重要性？老子及道家为什么既强调"无名"是"天地之始"，又突出"有名"是"万物之母"？老庄道家强烈地否定贤能，黄老道家为何又特别肯定贤能、任用贤能？此书中的相关章节就对这些问题进行了探讨。

他认为老子高扬形而上层面的道，最终是为了解决形而下层面的万物的问题，然而，道具有的虚无缥缈的特性，使其很难被人认识、被人效法。就是说，如果没有一种媒介、阶梯，形而上的道就很难下落为形而下的物。"《老子》中那么多的'天之道'，正是起了媒介和阶梯的作用，'天之道'是'道'之作用的体现，它使'道'变得直观、形象，使'道'可效法、可把握，防止'道'走向彻底的虚无"①。"天之道"也为连接老子思想与黄老道家提供了方便，黄

---

① 曹峰：《老子永远不老——〈老子〉研究新解·前言》，中国人民大学出版社 2018 版，第 4 页。

老道家尤其重视准则与秩序，"天之道"为之提供了天然的、绝对的法则。

他又认为老子思想由道和德两个侧面共同构成，然而过去在总结《老子》的宇宙生成论时，往往把道视为生成的唯一起点，把道生万物视为生成的唯一线索，并不考虑德的作用与影响。其实老子的生成论既关心发生的问题，也关心成长的问题。这种生成理论在《老子》第五十一章中得到集中体现，即在万物生成过程中，道和德担任了不同的角色，发挥着不同的职能，可以将其称为老子的生成论的两条序列，没有德的参与，老子的生成论是不完整的。只有从这种独特的生成论出发，才能把握老子强调"玄德"和"无为"的重要性，才能明白道家突出"自然"和"自生"的必要性。

关于老子及先秦道家对"名"的态度，他认为常常呈现出截然相反的姿态，一种是"无名"，一种是"有名"。老庄道家侧重道的无名，黄老道家侧重物的有名。因此，无论是无名还是有名，对道家而言都具有重要意义。同样，老子及先秦道家关于贤能的态度也呈现截然相反的姿态，老庄道家对于能救世的观点表示出警惕和嘲讽，竭力论证贤能是不可靠的、不可信的。这和老庄道家强调人的智慧与能力是有限的甚至是渺小的思想有关。而黄老道家非常重视贤能，如《鹖冠子》中有大量篇幅论述如何选拔、利用贤能。希望解决现实政治问题、力图维护君主权威的黄老道家，最高政治理想是通过最高领导者的无为与尊贤，来充分调动各种层次贤能之士的技术与能力，因此，重视贤能就是必然之事。他认为"由道家对于名和贤能两种相反的态度就可以推出在《老子》中已经开始萌芽的两种基本政治立场"[①]。在《老子》中可以看出两种政治理念，第一种是由道、物二分理论推导出来的主宰与被主宰、本与末、一与多、统一与分散、整体与个体的关系，这种关系平移到政治领域，可以为一君万民式的中央集权政治体制提供理论基础，即"得道"者以

---

① 曹峰：《老子永远不老——〈老子〉研究新解·前言》，中国人民大学出版社 2018 版，第 5 页。

所获道的万能之力为基础，登上帝王天子的地位，而天下臣民则必须无条件地接受其支配，从而形成一种稳定的政治结构。黄老道家的政治理论以此为基础。第二种是老子所认为理想的政治，不在于给予百姓所需要的一切，而在于给予百姓自由伸展的足够空间。前提是圣人无为，因为圣人的无为终将导致百姓的自然，即圣人的无意识、无目的、不干预、不强制，必将导致百姓的自发性、主动性、积极性、创造性。这两种政治理念看似矛盾，却都隐伏在《老子》中，后世道家从不同角度加以发扬，发展成不同倾向的政治哲学，这才有或轻名或重名，或轻贤能或重贤能的现象出现。很多看似矛盾的思想由其开出，老子思想的开放性与深刻性由此可见一斑。

此外，此书还讨论了老子及道家的幸福观和谦逊观。从"天地不仁，以万物为刍狗。圣人不仁，以百姓为刍狗"看，老子是绝情的人。但老子冷酷的面貌下藏着对芸芸众生的大爱之心。由"圣人无为—百姓自然"的政治理念以及由此导出的"玄德"学说可以看出，老子从整体上关注百姓幸福。如果在玄德的作用下，百姓的主动性、积极性得到充分开发，幸福感将随之而来。圣人将因为百姓的满足而获得满足，因为百姓的快乐而获得快乐，这也是"无为而无不为"的体现。如果说老子及其道家思想是一种生活之道，用"谦逊"二字来概括或形容这种生活之道，最为合适。《老子》中没有"谦"字，但无处不在讲"谦"。在中国古代，从理论上全面论述谦逊的重要性、必要性，就深度、广度、高度而言，可能没有一家可与道家相比。

关于老子和黄帝的关系，曹氏是从天道角度切入。他认为司马迁用"法天则地"四个字来形容黄帝，不是偶然的。在老子之前，存在着以天地之道为最高法则来指导人事活动的思想传统，这个传统后来以"黄帝"的名义加以统称，通过"黄帝之言"所传布的知识和技能，所规定的禁忌和律条，天道才能真正落到人事之实处，使之具体化为可遵循的一般原理。黄老思想依赖"黄帝之言"建立起现实而有效的政治权威与可操作体系。以"法天则地"为代表的黄帝天道论，在后来形成的黄老道家中具有重要的地位和实际的价值。老子的"人法地，地法天"肯定了"法天则地"的重要性，但老子的最终目的是强调道以及自然的重要性，所以，老子利用和提升了"法天则地"的思想。只有同时重视道与天道两个方面，才能完整领会老子的思想。

《老子》中的许多说法，都会被人们视为愚民之策，"小国寡民"章所说的理想国，明显反映了老子反对知识、反对文化、反对制度尤其反对智巧的态度，力图将人的社会性降到最低限度，只突出人的生物性。曹氏认为，老子生活的时代战争频仍，人民痛苦，种种"有为"的政治纲领，不能从根本上解决矛盾，反而使社会矛盾更加深化。而老子用"无名之朴"强行将人"复归于婴儿""复归于无极""复归于朴"的社会改造计划，"是一剂猛药，一种不得已的、极端的解决方式，目的在于用最直接、最快速的方式消除导致社会弊病的根本原因"①。老子不是不知道智巧能给人带来方便和幸福，但他认为智慧不是根本的拯救之道，所以宁可要充满爱心的愚者，不要充满机心的智者。这样理解老子的意图，就不会为老子的反智行为感到奇怪。不能因为看似荒唐的愚民之策而否定他对人类命运、对合理政治格局及其运作方式的整体思考。同时，老子对智巧可能导致的人类危害以及人性异化保持高度的警惕，也应该视为其政治哲学中最精辟、最有魅力的内容。

曹氏在书中还论及了日本的老学研究情况，包括近代以来学界如何重新研究、认识老子其人其书，并就当时的社会人士如政治家、文学家如何评价《老子》、如何从《老子》思想汲取智慧等问题，加以分析。

总之，曹峰的老子研究兼顾文本分析和思想阐述，确实是很有新意的。

---

① 曹峰：《老子永远不老——〈老子〉研究新解》，中国人民大学出版社 2018 版，第 177 页。

三、郑开的老子研究

郑开，北京大学哲学系教授，著有《德礼之间——前诸子时期的思想史》《道家形而上学研究》等。

《道家形而上学研究》出版于 2003 年。与王中江有所不同，郑氏是从物理学到形而上学的发展变化开始道家形而上学这一问题的探讨。所以他先来讨论道家的物理学，包括知识论语境中的"物理"、对因果规律（"故"）的深刻质疑、否弃原子论模式和理性判断（"推"）的倾向。然后分析道、物的分际问题，包括有无之间的问题。再来为道家形而上学正名，包括"无"的哲学意味、什么是形而上学、道与物的无际。

第二章探讨知识论语境中的形而上学问题，包括以形名思想为中心的道家伦理学、道家知识论的外部特征、道家形而上学的内在特征、道的真理的阐释学。第三章论道德形而上学，包括道德是什么理性、道家人性论中的自然和无为、以逍遥为理想的自由境界、道德的绪余在政治社会和伦理方面的应用、道德的系谱等。第四章论审美形而上学，包括审美形而上学的特征、审美创造的特征、指向人性自由和实践智慧的审美形而上学等方面的问题。第五章讨论境界形而上学，包括道家心性论、精神哲学两个方面。

从此书的整个结构看，郑氏首先把道作为本体来分析，其次把知识论作为道家形而上学的重点问题，再次把伦理层面的道德作为重要的附属问题来讨论，最后审视道家形而上学在审美和心性境界上的问题。可知，他的道家形而上学包括本体论、知识论、伦理学、美学、人生境界等方面。在这些问题的分析上，他并不专以老子的思想作为对象，而是广泛包括列入道家的多个思想家，如庄子、管子、杨朱、黄老学者等。可以说他是把道家思想都纳入形而上学的范畴内，并对相关思想分别定位，再分析其中的内涵，从而说明道家形而上学的体系与思想内涵。

其中关于老子的道的分析最为重要，因为道论是其他一切问题的前提与基础，只有说明了老子的道是怎么回事，才能进而说明道家形而上学的全部思想内容。

在郑氏看来，道家有物理学，也有形而上学。其物理学是探讨现象世界的"物理"，虽然其归宿是道并以道为中心，但道与物不同，物是"有"，道是"无"，无不仅意味着无物，也意味着不能由认识物理的理性来把握，因此要"迈过道家物理学的门槛或台阶而进入其形上学。如果说'有'（万物）是物理学的主题的话，'无'（道）则是形上学的主题"①。

他认为老子的道之为物，是恍惚的，因此道之为物的物是无物（无物之物），而老子又以无（无形）来说道，所谓的恍惚，就是介于有无之间的状态，是无形而有实的状态。而且他根据《老子》中的相关说法，认为老子说道的时候，又引入了精神、心性的因素，如说挫锐解纷、和光同尘，即把心性境界与道联系在一起。因此他指出，"'道'不仅是本体论意义上的，同时也是心性论意义上的"②。换言之，他认为老子所说的无为，既表示宇宙初始状态的混沌和寂静，也表示虚极静笃的体道状态，因为它与道相映发。而且这一点被庄子所发展，建构为基于心性论的境界形而上学。

在形而上学方面，郑氏分析了古希腊形而上学的特点，由此比较中国古代的形而上学，认为道家不仅思考了"是什么"的自然哲学（物理学）问题，也以独特的方式思考了"什么也不是"的"是"（形而上学）问题。因此道家形而上学更具形而上学的意味，即道家理论更清楚地辨明了物理学（论自然）和形而上学（论道）的区别，更明确了道与物之间的分野。所以中国的形而上学是"形而上者谓之道"的形而上学，是一种探究无（无形或无形之上）的哲学理论。这也说明形而上学就是道家形而上学的理论特征和重要标志。

他认为道家形而上学的核心问题是道物无际，即道物关系的无间性。对这一问题，他主要通过庄子的道无所不在或道在屎溺的说法来阐释，与老子的思想有所不同，但与老子的思想有关。如他所说，

---

① 郑开：《道家形而上学》，宗教文化出版社2003年版，第37页。
② 郑开：《道家形而上学》，宗教文化出版社2003年版，第42页。

推敲道家（老庄）在有无问题脉络中如何表述形上的道，可知"道家总是以一种恍惚其辞的叙说方式表述道和道相（象），'恍惚'确是它的特点，这是因为：一方面，'道'是无（无形）；另一方面，'道'又是有（being，或直接取其'起作用'的意思）"①。所以老子说它"湛兮似或存"，"绵绵若存，用之不勤"，"虚而不屈，动而愈出"。这说明道家形而上学的理论特点是陆机所说的"课虚无以责有"。

这就是道家形而上学中的道物关系，道物无际，意谓道家形而上学的道与物不是绝对分开的，而是有着不可分的联系，道通过物来展现自己的作用，人通过物来体得道的存在及其作用，并把握道与物的关系、道与人的关系。可以说，这不是一种纯粹的形而上学，而是以人为主眼的形而上学，最终要回到人，回到物上来。而这正是中国道家形而上学的根本特点。所以他的书中才会把认识论的、伦理学的、美学的和心性学的种种与道的形而上学并不相同而有着关系的问题都归拢到道家形而上学的体系当中来。

郑开还撰有《玄德论——老子政治哲学和伦理学的解读》② 一文，从玄德的角度解读了老子的政治哲学与伦理学。

郑氏认为"玄德"是老子哲学的重要概念，又是诸子时期"哲学突破"的重要标尺。《老子》中的"玄德"涉及政治和伦理两方面的内容，是老子政治哲学和伦理学的基础概念，从思想史发展的角度看，玄德概念及其理论的提出，改变且丰富了中国古代思想世界。玄德是道家无为政治思想的理论基础之一，也是道家伦理学中超道德论的思想依据。

郑氏发现儒家绝口不言"玄德"，道家几乎只字不提"明德"。他在所著《德礼之间——前诸子时期的思想史》③ 中认为"德"是前诸子时期的主题，是诸子哲学由以突破与开展的背景和基础。诸子对德的阐发，形成了各自的不同旨趣或路向，儒家的明德与道家的

---

① 郑开：《道家形而上学》，宗教文化出版社 2003 年版，第 55 页。
② 见《商丘师范学院学报》2013 年第 1 期。
③ 三联书店 2009 年版。

玄德一个表示明照，一个表示幽隐，老子对玄德的阐发，形成了道家德论、政治哲学、伦理学最有特色的部分，是道家区别于儒家的地方。

他根据司马迁所说，认为老子思想就是说"道德之意"，可知"道德""道德之意"是老子思想的枢要。老子通过玄德深化了对德的理解，玄德是对德的理论的创造性阐释。老子德的理论，核心的内容是玄德，玄德思想贯穿于《老子》全书。他认为老子说的玄指幽昧、深远，引申为难以捉摸、把握，与常识观念（如明德）相反，玄德旨在表明它是比明德更深远、更深邃、更基本且更有意味的德。《老子》中多次提到"玄德"，如"生之，畜之，生而不有，为而不恃，长而不宰，是谓玄德"，"道生之，德畜之。长之育之，亭之毒之，养之覆之。生而不有，为而不恃，长而不宰。是谓玄德"，"常知稽式，是谓玄德。玄德深矣、远矣，与物反矣。然后乃至大顺"。其他如"万物作焉而不辞，生而不有，功成而不居"，"功成名遂身退，天之道"，"大道泛兮，其可左右。万物恃之以生而不辞，功成而不名有。衣养万物而不为主，常无欲可名于小。万物归焉而不为主，可名为大。以其终不自为大，故能成其大"，"天之道，利而不害；圣人之道，为而弗争"，也都是围绕着玄德所进行的阐释，由此可知，玄德之论主要出现于政治哲学的语境中。

郑氏分析了老子对德的不同说法，如分上德下德，并与仁义礼等相关联："上德不德，是以有德；下德不失德，是以无德。上德无为而无以为，下德为之而有以为。上仁为之而无以为，上义为之而有以为。上礼为之而莫之应，则攘臂而仍之。故失道而后德，失德而后仁，失仁而后义，失义而后礼。"还有与上德并列的广德等："上德若谷，广德若不足，建德若偷，质德若渝。大白若辱，大方无隅，大器晚成，大音希声，大象无形。道隐无名。"上德或玄德不是一般的德，而是最高意义的德或深远的德。一般意义的德老子称"下德"，指德性、道德，就是仁义礼智忠孝文美之类的德，上德指自然、无为、素朴、虚静、恬淡、守雌、不争、处下之类的德。对于老子的上德、玄德，《文子》又有专门的阐释，可以参见。

《老子》第三十八章在论德的时候，反复出现"为之"（即有为，和无为相反）和"以为"（即执着、刻意为之，换言之，它出于各种目的和动机）。"上德无为而无以为，下德为之而有以为"两句，傅奕古本及《韩非子·解老》中两处"以为"皆作"不为"，这表明应该在"（有）为"和"无为"的关系上把握上德与一般意义的德的差别。可见，玄德的核心是无为。"故失道而后德……失义而后礼"数语，表明道在不断失落之后才有德、仁、义、礼等一般意义的德。可知玄德就是上德，就是道的另一种表述，是最高、最深刻的德，是道的最根本的体现。仁、义、礼代表西周以来的明德传统，老子推崇的上德、玄德是比明德更深远、更具价值的德。

他认为明德有复杂的含义，包括宗教、政治、道德、哲学多方面内容。而老子的玄德与明德相对，故可从明德的反面来理解玄德，这表明玄德的"微言"中含有政治、伦理两方面的内容。

郑氏指出，玄德概念直接与道家无为政治哲学和伦理学的自然主义相关。道家的无为政治哲学集中体现于"治大国若烹小鲜""道常无为而无不为"诸命题中。根据《老子》第三十八、六十五章所说，可以确证玄德就是无为政治（包括伦理）的原则。老子批评"以智治国"，就是反对"德礼体系"，而这是封建宗法政治社会结构（礼）以及建筑于其上的意识形态。作为政治理念与政治模式，老子的"玄德"不同于儒家的"德教"，有别于法家的"刑法"。老子说的"以智治国"，包括通过礼法和仁义两个方面控驭社会与人心的政治思想，而老子所推崇的"不以智治国"，就是无为政治。

他认为，根据《老子》所说，玄德以"为而不恃，长而不宰，功成弗居""利而不害""为而不争"为政治哲学的原则，因此玄德蕴含了某种特殊的政治哲学（包括政治理念、模式和施政纲领）。玄德理论中隐含有权力的自我限制思想，王博曾提出，节制或对权力的自我限制是老子思想的核心内容。如《老子》第三十九章说："贵以贱为本，高以下为基。是以侯王自称孤、寡、不穀。此非以贱为本邪？"按照王博的说法，这就是权力的自我节制。也只有在自我节制中，权力才发现了自己真正的道德。由此可知老子的玄德论有着强烈的政治学色彩。

他又分析玄德论与性善论的关系，认为玄德作为重要的政治哲学概念，意味着一种政治模式（或理念），是一种"超道德论"，且隐含着"绝对的性善论"。他认为老子伦理学的基础是自然主义人性论，自然主义人性论的主要概念是"常德"（即玄德）。玄德涵盖《老子》所说的各种"德目"，包括"柔弱""守雌""处下""不争""不见可欲"等，因此，老子激烈地反对仁义礼，如说："大道废，有仁义；慧智出，有大伪；六亲不和，有孝慈；国家昏乱，有忠臣。"又说："绝圣弃智，民利百倍；绝仁弃义，民复孝慈；绝巧弃利，盗贼无有；此三者，以为文不足，故令有所属，见素抱朴，少私寡欲。"由此，他认为老子质疑、批判仁义礼乐制度，批判了一切扭曲和掩盖素朴人性的"文"与"伪"，反对仁义（意识形态）和文化（制度设施），怀疑任何道德、文化和大多数制度的价值。老子经常以"大仁不仁""至仁无亲""上德不德""广德若不足"的说法阐明德超越于仁义忠信，因此，老子关于人性与政治的论点都具有自然主义的倾向，如说："天道无亲，常与善人。"老子说的"天道"倾向于"自然"，所以说："天地不仁，以万物为刍狗。圣人不仁，以百姓为刍狗。"

他认为老子的政治理念是典型的乌托邦，但老子无为政治的真谛不在于能否建构超脱于封建宗法的政治社会结构，而在于反思、批判、质疑封建宗法政治社会结构及与之匹配的意识形态和文化制度的合理性。后来的道家如庄子、文子也都诠释了玄德，如庄子"至德之世"的论述，发挥了老子"小国寡民"的乌托邦理想。至德之世的特征在于"天下之德始玄同矣"的"玄同"。老子的理想人格——圣人，体现了玄德的特征：柔弱、守雌、处下、不争、慈、俭、不敢为天下先等。总之，老子的玄德论是"超道德论"，即对儒家仁义道德的超越与批判，从而建构了不同凡响的社会政治理论和伦理学。

第十一章 《老子》的多学科阐释

改革开放后的老学，除了对老子哲学思想诠释取得了新成就，学者们的研究还从政治、宗教、养生、美学、文学、艺术、生态、管理、军事、科学、文化学、文献学、老学史等多个角度展开，解释的多元化是该时期老学发展的主要特点之一。

第一节 《老子》文本含义疏解

一、徐梵澄《老子臆解》之新解

徐梵澄（1909—2000），原名琥，谱名诗荃，字季海，湖南长沙人。曾先后就读于国立武昌中山大学、复旦大学、德国海德堡大学。1945 年，赴印度任泰戈尔国际大学教授。1951 年起讲学于南印度室利阿罗频多学院。1979 年回国，入中国社会科学院世界宗教研究所任研究员。译、著有《苏鲁支语录》《朝霞》《尼采自传》《安慧〈三十唯识〉疏释》《薄伽梵歌》《五十奥义书》《神圣人生论》《综合瑜伽论》《孔学古微》《周子通书》《肇论》《陆王学述》等。

《老子臆解》出版于 1988 年。此书所依经文，据《道藏》"慕"字函中两种题名为唐太史令傅奕校定的《老子》（一为《道德真经》，一为《道经古本》和《德经古本》），将其与帛书甲乙本、通行本进行校勘，并参考杨树达的《增补老子古义》。

徐氏此书的特点是以《老子》书的校勘为基础的思想阐释。由

707

于徐氏通晓多国语言，对外国文献比较熟悉，这使他在《老子》的校勘上有了比他人更为特殊的优势，由此也可看出利用外国的文献资料对于《老子》的校勘和理解有着怎样的意义。

徐氏在书中对《老子》各章撮其大意进行解说，有疑难的地方则加以阐释，明白易晓处则不加解释。所参考者除了《增补老子古义》之外，又多据《周易》、先秦古说为主，其中有与西洋哲学相近者，则标出之，意在用时代精神点染《老子》的思想，重点不是论述《老子》的哲学，只是要把《老子》书的意思弄清楚。在校勘考证中，他对其中文字的音义多据《尔雅》《诗序》《说文》等古代文献，认为以古字义解古文义，时有涣然冰释、怡然理顺者。同时注意用简洁浅显的文字解明书中的义理，只求恰如其分，适可而止，不做过多的发挥。

对于《老子》的原文，多据帛书本，再以他本进行校定和解释。如第一章，"道可道""名可名"各句，增四"也"字；宋儒多在"无"字断句，而帛书甲乙本"欲"下都有"也"字，故不从宋儒的断句，而使"欲也"字属上；帛书本作"以观其所噭"，与通行本作"徼"或"曒"不同，又多出"所"字，他据通行本删去"所"字，用"噭"字；通行本作"此两者，同出而异名，同，谓之玄，玄之又玄"，他据帛书本删去"此""而""之玄"四字等。且其标点也与众不同，如前几句，全用问号。这样标点，意思也不一样了。最后将该章写定为：

> 道，可道也？非恒道也？名，可名也？非恒名也？无名，万物之始也。有名，万物之母也。故恒无欲也，以观其妙。恒有欲也，以观其噭。两者同出，异名同谓。玄之又玄，众眇之门。①

在确定了文本的用字之后，他对文句的意思进行解释，并说明

① 徐梵澄：《老子臆解》，中华书局 1988 年版，第 1 页。

为何采取如上的定字。

如对于"道可道",通常释为"道可言",这种解释在文献中能找到不少例证。但他仍然提出自己的新说:

> 帛书甲、乙两本,此句皆有"也"字。"也"为疑问语则同"邪",即"耶"。——《礼记·曲礼》:"奈何去社稷也?"《论语·为政》:"子张问十世可知也?""也"皆同"邪"。——第二字"可"则"何"之省文。——《石鼓文》"其鱼维何"作"其鱼佳可"。《云梦秦简》"购几可"即"购几何","可殴"即"何也"。"盗封啬夫可论"即"盗封啬夫何论"。
>
> 然则此第一句当作:"道,何道耶?"
>
> 更进而问一句:"非常道耶?"
>
> 其次仍为两问句:"名,何名耶? 非常名耶?"
>
> 以"道"与"名"并说,就文字而论,则作连续之两问句,声调振起。其所以第三句仍当作疑问语者,乃就全书之大义勘得之。《老子》全书中所说之道,乃恒常者。①

又如:

> "眇"通"妙",皆训"微细",与妙丽之义无关。
>
> "嗷""微""窈",皆同音通假,训"空"。有空斯有可通。喻道至极微细,亦又遍漫通达,故下文有"可名于小""可名于大"之说。
>
> "观",谛视也。
>
> 《十大经·成法篇》:"万物之多,皆阅一空。"注者引《文子·道原篇》:"老子曰:'万物之总,皆阅一孔;百事之根,皆出一门。'"——"孔"即"窈"也。
>
> 玄,《说文》:"幽远也。"原字义为"黑而有赤色者"。凡染

---

① 徐梵澄:《老子臆解》,中华书局 1988 年版,第 1—2 页。

（谓丝、帛、羽等染以红色），"一染谓之縓，再染谓之赪，三染谓之纁"（见《尔雅·释器》）。"三入为纁，五入为緅，七入为緇"（见《周礼·冬官·考工记·画缋》）。郑注《周礼》："玄色者，在緅、緇之间，其六入者欤！"——是则为深赤近黑之色，由是而义转为"幽远"。《易·坤》："天玄而地黄。"亦言天之幽远。①

在校勘说解之后，就是徐氏的"臆解"，即对全章意思的通说。如对第一章，他认为：

> 道，本无可名言者，然不得不藉名言以说道。此《老子》一书之所为作也。始以问曰："此道也，何道耶？非恒常之道耶？"又问曰："此名也，何名耶？非恒常之名耶？"——是谓非于恒常之道外别立一道；非于恒常之名外别立一名。
>
> 说万物之始，有道存焉，即所谓"先天地生"者。然此非创化论而是道论。说有其物，无以名之。及名之为道矣，可曰"万物之母"。
>
> 老氏之道，用世道也。将以说侯王，化天下。欲者，侯王之志欲、愿欲也。有欲、无欲异其度，于微、于窍观其通，将以通此道之精微也。
>
> "玄之又玄"者，言此道之高、深、幽、远也。——同一物也，自上俯而观之谓之深，自下仰而望之谓之高。极视窥其幽，平眺谓之远。皆况道也。以此而摄万类，谓为"众眇之门"，即从入之途，此书是也。②

徐氏认为通行本第十章中的"涤除玄览"，当依帛书乙本作"修除玄鉴"。帛书整理者认为"監"为"鑑"的省文，指镜子，并引了

---

① 徐梵澄：《老子臆解》，中华书局1988年版，第2页。
② 徐梵澄：《老子臆解》，中华书局1988年版，第2—3页。

《淮南子·修务训》的"执玄鉴于心"及《太玄·童》之次八的"修其玄鉴，渝"为证。徐氏认为这一考证十分正确，"鑑""鉴"同字，应当作"监"而不能据通行本作"览"。但很多人对此并不关注，仍然用通行本的误字，并引用来说明老子的认识论，认为老子的认识论就是"玄览"，这是没有认真掌握出土帛书的考证成果，是非常不应该的。徐氏在依从帛书及相关考证的基础上，将此章的"玄览"定为"玄鉴"，并对这句话的思想内容作了专门的论述：

> "修除玄鉴"者：自来人之知觉性清明，所谓"清明在躬，志气如神"，则可说其心如明镜，此境界不可常保。常人二六时中，有其心极清明之时，有其心极昏暗之时；即上智亦有下愚之时。故当勤加修治之，如镜，使之"无疵"瑕，则能明照。——此属深邃之心理学，取譬之说曰"玄鉴"。①

他的这一解释是很有道理的。

对第十一章的"有之以为利，无之以为用"，他认为利、用分言，有、无对举，这里的无，皆所谓空处，但必借有以为用。这里的无表示虚，但虚是有限的，无是无际的。在哲学上，绝对的无不可有。徐氏还称，自来人们误解老氏的"无"，又误解释氏的"空"，于是思想成混沌之局，贻害于社会甚多。他的这些解释，说明了无在思维上的作用，为了说明无，必须借助于有，所以老子拿有与无来说利与用，说明有与无相互辅助为用，缺一不可，又不可互相替代。由此可知，对于这一章的有与无，不能按侯外庐的解释来理解。

对于第十四章的"执古之道，以御今之有，能知古始，是谓道纪"，他根据帛书改定为"执今之道，以御今之有。以知古始，是谓道纪"，并阐明这样做的道理所在："以御今之有"，"有"，古亦读如"以"，当与下文"始""纪"为韵，万有也。若作"执古之道"，则下文"以知古始"为赘文。

---

① 徐梵澄：《老子臆解》，中华书局1988年版，第14页。

这一理解不太妥当，如果把"有"读如"以"，而与"始""纪"为韵，则"以御今之以"是什么意思？改作"执今之道"也不太合理，如果有今之道，则必有古之道，二者是什么关系？是不是"常道"？老子所说的常道，是贯穿古今的，没有时间限制的，若分出古今之道，则不是常道。不是常道，则不能御古与今。能御古今的，应该是常道。执古之道，所以能知古始，这并不累赘，反而说明道自古已存。能据古之道而知古始，能知古始，所以才能御今之有。今之有，盖谓如今之社会情况。贯穿古今的常道，能御古今之有，所以才称为道纪。道纪盖谓道之纪纲，指道对社会的纪纲作用。而这种纪纲作用是不分古今的，任何时代的社会，都不能不以道为纪纲。而改作"执今之道"，就不再是贯穿古今的常道。而"以御今之以"，则不知是什么意思。虽然帛书作"执今之道"，但帛书也不是万无一失的绝对正确之本，所以也不能全按帛书来修改。

徐氏解释"执今之道，以御今之有"，意即以今世之理，治今世之事。但既说"今世之理"，则必有往世或古世之理，难道"理（即道）"还分古今吗？若分古今，它还是具有普遍意义的常道吗？他理解执古之道是儒家的法先王，而道家与儒家不一样，不法先王，所以要改成"执今之道"。这一理解也有问题，因为执古之道或执今之道，重点是"执道"，执道来御今之有，而老子的道是不分古今的，不能按儒家所说的那样分什么先王与后王。老子只有以道为纲纪的思想，没有分先王后王的思想。所以不能根据儒家要法先王而说老子要法后王。在《老子》书中，根本找不到什么法后王或法先王的意思，而只有以道为准则以治世的问题。所以徐氏此处的理解不够严谨，造成了解释上的不妥。

第十八章，徐氏将《道德经古本篇》此章中的"焉"和"忠"改成"安"和"贞"，写成"故大道废，安有仁义。智慧出，安有大伪。六亲不和，安有孝慈。国家昏乱，安有贞臣"。一般通行本没有"焉"或"安"，"焉"与"安"可相通，"贞"与"忠"义亦近。他又根据《经传释词》，把"安"解释为"则""于是"，"大道废，安有仁义"即是说大道废，于是有仁义，其他几句都是这种语气，这与传世本没有"焉"或"安"的意思一样。根据这样的理解，他认为这一段表达了如下的意思：

> 老子盖由洞明历史而成其超上哲学者，旷观乎百世之变，而自立于九霄之上，下视人伦物理，如当世之哓哓者，若屑屑不介意，独申其还淳返朴之道，此在其理论亦无可非难。其意以谓倘使大道不废，则仁义不彰。人皆行乎仁义，则亦无所论于仁义，此同于孟子所谓性之者也。犹如家庭和睦，老老幼幼各得其所，一顺乎天属之亲，则亦无庸表其子孝、父慈，当其为仁、为义、为孝、为慈，亦不自谓且不自知其为仁、为义、为孝、为慈，是返其本于不立仁义之境，为淳朴之高境，于理论至卓，然后世必不能见诸实事者也。①

这一番论述，说明他不像一般读者那样对《老子》此段的思想持批评态度。因为按照一般读者的理解，会认为老子是反对仁义孝慈和忠贞的，但这是只看字面而不能深入理解其意。徐氏的阐释说明，老子此段是说如果在大道不废而得实行的时候，人们所提倡的仁义孝慈忠贞一类的伦理道德，都是多余的，都是不必要的，只是在大道已废而不得实行的时候，人们才提倡这类伦理道德。老子的意思绝不是反对仁义孝慈忠贞的，所以徐氏说老子这一思想于理论至卓，是要社会返其本而不用再讲什么仁义孝慈忠贞，因为那样的社会是不需要这些的。《老子》下一章就说："绝圣弃智，而民利百倍，绝仁弃义，而民复孝慈，绝巧弃利，盗贼无有。"与此章的意思是一样的，也不能理解为老子反对圣智仁义孝慈等，因为这些东西都是在大道废了之后才需要提倡的，而且过度提倡也不能达到应有的效果，只会使社会更加混乱。也就是当统治者大力提倡宣扬某些东西的时候，实际上往往正是社会极度缺乏这些东西的反向表现。

对于"人法地，地法天，天法道，道法自然"，他也有很好的

---

① 徐梵澄：《老子臆解》，中华书局 1988 年版，第 26 页。

解释：

> 《老子》言法地、法天云云者，皆取法之谓，今古此字义无异。实际相对者，人与自然而已。而人也、地也、天也、道也，皆自然也。——言法地者，取其卑；言法天者，取其高；言法道者，取其大；言自然者，返而取其为一体也。①

一般认为这几句是递进的，如果这样理解，人只是法地，而不法天、法道、法自然了，这是不符合老子思想本意的。徐氏的解释说明，这几句应该理解为并列句，即人所效法者有地、天、道、自然，自然是最根本者，也就是说人最终是要效法自然的。而道的本质就是自然，不能把道与自然分成二截。人们在读古代文章时，绝对不能按照现代汉语的表达方式，应该熟悉古代汉语的表达方式。就这里的几句而言，本来应该说成：人法地、法天、法道、法自然，但在古代汉语里，这样表达就显得没有文采，显得死板，所以要改换表达方式，说成人法地，地法天，天法道，道法自然。对于这样的表达，现代的读者应该理解其意为人所效法者，从地至自然。《老子》全书都是为人讲道，不是为人讲地讲天，所以重点在道，而道的重点是自然，理解《老子》中的每一句时，都要记着这个重点，才能把握住《老子》话语的真正含义。因此，可以说徐氏对这几句的理解，是正确的。

对于第三十六章的"将欲翕之，必固张之，将欲弱之，必固强之。将欲去之，必固与之。将欲夺之，必固予之。是谓微明"，徐氏批评了人们常见的理解错误。他说：

> 老氏"欲翕固张"之术，为儒林所诟病久矣。恶其机之深也。老氏此言，初未尝教人用此机以陷人，则亦不任其咎。医言堇可以杀人，非教人以饮堇也，教人免于其祸也。观于人类

---

① 　徐梵澄：《老子臆解》，中华书局 1988 年版，第 37 页。

之相贼，操此术者多矣，亦不待老氏之教。教会之收信徒，敌
国之使间谍，其术多有同此者。王阳明尝讯大盗，闻其结党之
术，叹曰：此与吾侪讲学家之聚徒相类。然则教人以居安思危，
见得思义，以免于刑戮，乃其言之主旨。虽然，此亦有可异者，
天常逞暴君之心使百战百克而后灭之，富淫人使积恶盈贯而后
戮之。使废国年谷数数丰熟而后亡之，使病者诸恙皆已然后死
之，则又似此乃自然之常道。吁！其可慎也！①

不少人以为《老子》这一段所说，是教人用权谋，这是表面的认
识，不能深入理解老子的本来意旨。如徐氏所说，则揭明了老子
的本意，乃是提醒人们世上有此类权谋机诈之术，不能只看到眼
前的利益，而不思及后来的灾祸。此意既明，又何有老子提供权
谋之说乎？

对第三十九章，徐氏非常明确地指出："老氏书，为侯王而作者
也。"这一观点他在此书中多次言及，如对"不尚贤"章，他
说："'不贵难得之货'，此亦为国君言之。"对"五色使人目盲"
章，他说："此章论治道，为统治阶级说。"对"古之善为道者"章，
他说："此章非指'为士'当何如，而说'为道'者治国为奚若也。"
对"太上下知有之"章，他说："此章亦为统治者而言。"对"曲则
全"章，他说："老子理想中治国之人，必'圣人'，与古希腊哲学
言圣王也同。"对"重为轻根"章，他说："此为封建社会君主说
也。"对"夫兵者不祥之器也"章，他说："此殆为侯王言者，欲得
志于天下也。"对"执大象"章，他说："汉儒言'天下所归往'者，
谓之'王'——老子此言，盖为王侯说者。"对"圣人恒无心"章，
他说："'圣人'，谓治国者。而曰'无心'，岂无心于治国哉？无为
也。"对"治大国若烹小鲜"章，他说："老氏之道，入世道也。'圣
人'于此，谓治国之侯王而明圣者也，亦不问其国之为大为小。"对
"信言不美"章，他说："'圣人'，依老氏之义，为侯王而明圣者。"

---

① 徐梵澄：《老子臆解》，中华书局 1988 年版，第 51—52 页。

对"天之道其犹张弓欤"章，他说："圣人可若是乎？治国而无为者也。"①

这些地方，他都明言《老子》书为侯王者言，侯王又指圣明的侯王，这一观点非常重要。研究哲学的人，只看到《老子》书中与哲学有关的话语，而对老子为侯王立言的内容不太关注，这就有意无意忽略了《老子》书的思想主旨。老子讲道，不是为讲道而讲道，而是为侯王能成圣人而讲道。知道得道行道，这是他对侯王的期望，希望侯王都能成为这样的圣人，于是社会就能治理好，这才是老子思想的根本意旨。如果只就《老子》书的道来论哲学，只是见其一偏，故徐氏多次点明《老子》书为侯王者言，这种观点，对于当今的研究者来说，有着重要的启示价值。

对第四十章的"天下之物生于有，有生于无"，他认为人们多有误解，即把老子所说的无理解为佛教的虚无寂灭，而且把有生于无理解为无能生有。他认为由于古文字之简及文法之疏，乃误会这里的"有生于无"四字，谓"无"生"有"。在有之外别立一无，而"无极"之说起。他说，"有生于无"的"无"与前面所说的"无之以为用"之"无"相同，虚也。盖谓万物皆生于时间、空间之内而已。老子在这里所说，不是讲宇宙如何形成，也不能理解为原始物质乃无所生。原始物质究竟何自而起，老子未说，即今穷神尽虑研究至极，尚不能明其"如何"，更不答其"为何"。

徐氏之意，盖谓现今研究者把老子的无说成原始物质，是不对的，老子根本没有说这个问题。把有生于无理解为宇宙生成论，也不是老子的本来意旨。这都是现代的研究者套用现代的概念来解释老子思想。若把老子的无说成佛教的空无与寂灭，就更不对。他认为《易经》里才说到宇宙生成或创化的问题，而老子没有这种思想，不能移彼就此。这里还牵涉老子所说的"道生一"，徐氏认为道生一只是说道为一而已，非别有一个与道不同的一，或说这个一由道而

---

① 徐梵澄：《老子臆解》，中华书局 1988 年版，第 59、5、16、21、24、33、38、45、50、70、88、101、115 页。

生出。所以，对于老子的道生一，不是由道生出一之意，而是说作为数，一是开始，道就是开始，所以称之为一。开始之后又有其他事物，这就是从一到二，一之外的事物与一相比较就是二。这就是一生二。换言之，道不是物，它只是一，有了物，也就从一有了二。物再分化就为多，就是由二到了三。三代表多，到了万物之多的程度，由多到无穷，这就是三生万物。所以本章中的"生"，都不是从某物生出某物的意思，只是指数由最开始的一，逐步到二、到三、到万。这好比数字作为序列，从一开始，之后有二、三……万。但二不是由一生出的，三也不是由二生出的，万也不是由三生出的。换言之，老子所说的道生一至三生万物，可以说成道为一，由一逐渐增多，就有了二、三……万。所以徐氏说有生于无，就是说万物皆生于时间、空间之内而已。万物为有，万物所从生的地方为无。这与第一章的"无名，万物之始，有名，万物之母"的意思是相通的。无名就是道生一的一，道与一都是无，也是无名。这代表着万物之始，所以说道生一，即万物由道这个一开始。有名就是一之后的二、三乃至万物，二、三、万物各有其名，已不是无，也不是始，而是始之后的东西。这些东西都由无名的无或一而来，所以说无是万物之母。笔者在前面曾说过，始与母的意思不同，这里更可看出始仅代表起点、始点，母则代表所从来之处。这个所从来之处，就是道、一、无、无名。之后就是二、三直至万物，它们都属于有、有名。这样分析下来，再看老子所说的"天下万物生于有，有生于无"："天下万物"即是第一章所说的"万物"；"生于有"，"于"这个助词表示在某处出现，在道、一、无之处是没有"有"的，之后万物出现于时间空间之内，这就是生于有；"有生于无"，表示有出现于无这个地方。道、一、无，本身不是物，也就没有生出某物的功能。换言之，道、一、无不是生出万物的母亲，不然的话，道、一、无也与万物一样，是一个具体的物了。所以"有生于无"的"无"，确实应像徐氏这样理解才比较贴合老子的意思。若按一般的理解，把"生"理解为"生出"，就不对了。而且也与"于"字搭配不起来。换言之，若是道、一、无生出"有"，就不会说"有生于无"，而是说"无生有"。所以这里的"生"字，应该理解为出现，加上"于"字，就是出现在某个地方（时空）。

具体的物生出另一个具体的物，这就是生出。但道、一、无不是与万物同类的物，所以它不会生出什么物，因此不能把"天下万物生于有，有生于无"的"生"理解为由某生出某。对下面的"道生一、一生二、二生三、三生万物"中的"生"，也只能这样理解。

对第六十四章，他说：

> 《老子》为一家之言，固矣。然此一家之言，实集自古华夏智慧之菁华，自黄帝始，故世称黄、老之学。观于此章而信。
>
> "涓涓不塞，将成江河"，——'星星之火，可以燎原'，——'毋使滋蔓，蔓难图也'。——若此之类，皆积千百年之经验，成为格言，流布民间，传统不灭。老氏于是资取以成其说，说法不同，意义无异。①

第六十四章中有"合抱之木，生于毫末。九成之台，作于累土。百仞之高，始于足下"等句，这都是徐氏所说的自古华夏智慧之格言，老子集取此类，用于其书之中，可知老子思想本来就是中国古代思想精华之集成，并非他一人的创造。

第六十五章的"古之为道者，非以明民也，将以愚之"，徐氏认为这是自古为人所厚非的愚民之说，并对愚民政策加以批评：

> 人民愚，则统治阶级易肆其剥削而弗叛，纳诸陷阱而死无怨言。愚之久，久之智力皆劣，则统治者亦不能不愚。上下同归于一愚，则亡国之道也。此乃至浅之理……老氏必非不明乎此至浅之理者……保合太和、返朴还淳之道，必一反时俗之所为，不以智为国，而天下庶可休息于小康。犹若为治本之方，在其文明未甚发达之世，似舍此亦无他道也。……文明已盛，

---

① 徐梵澄：《老子臆解》，中华书局1988年版，第94页。

民智已启，譬如混沌之窍已凿矣，欲其不死必不可得。然则如之何？曰：仍守老氏无为之教可也。将以明民，明之而又明之，使其大智。大智非难治也，使其自治。民皆明而自治，则国之德也。于是为上者亦毋劳于治，斯亦无为之道矣。①

　　徐氏此说乃是他自己的一种理想，并不与老子"非以明民，将以愚之"之意一致。老子思想中没有使其明而又明之大智而使自治之意，而是明说"民之难治，以其知也，故以知治国，国之贼。不以知治国，国之富"。可知老子是不主张以知（智）治国的，侯王与民都不要知，这样治国才能使国得福而无祸。他所强调的是不以知治国，在上与在下者都不要用知，不提倡用知，这就是无为之治的根本原则，所以他在此章又说："常知此两者，亦稽式。常知稽式，是谓玄德。玄德深矣，远矣，与物反矣，乃至大顺。"老子是以不以知治国为稽式的，不以知治国的基础就是不以明民而以愚之，这个愚并不等于愚民政策的愚，而是使人不玩弄智巧机诈不相互钩心斗角的素朴，所以这是治国的稽式，是可以使国大顺的稽式。能知这一点，就是能知玄德。玄德，就是道之德。能知玄德，就是按照道之自然无为原则来治国，所以说这是治国的稽式。而这种道的自然无为的玄德，是非常深远的，不是一般众俗所理解的那种以智巧为高明的治国之道，所以说这种按道的自然无为来治国的玄德是"与物反"的，而能照此来治国，才能"至大顺"。而这正是"反者道之动"的具体应用。这样理解，才不至被字面上的"愚"字所迷惑。甚至可以这样说，老子所用的词语，都不能按照人们正常理解的意思来解释，必须"反"过来理解，才能使其中的道理"大顺"。

　　对于"太上下知有之"章，徐氏说：

　　　　为政者，"下知有之"而已。此理想境界也。康衢之谣曰："日出而作，日入而息，凿井而饮，耕田而食，帝力何有于我

---

①　徐梵澄：《老子臆解》，中华书局 1988 年版，第 96—97 页。

哉！"农业社会，人皆自食其力，距统治者远，则其生愈遂。上不扰其下，则下亦仅知有其上而已。①

因此，对第八十章的小国寡民之说，徐氏认为是由于老子之时的"天下之势，由大趋小，若川决山颓而不可挽，故老氏著其小国寡民之理想如此"。他又用世界历史来证明此说的有理：

> 人而有睹于历代兴亡之迹者，必知此非人力之所可为。读罗马帝国史者，知当其全盛，直以地中海为园庭中之池沼，北欧、北非、西亚，几于皆此园庭中之台榭轩楼别馆。及其衰，则罗马街市中贵族各树其堡垒以自防。愈读而愈苍凉，知虞渊之沈，无可挽救。然则存此为一理想；默观时世之变迁而处之以无为，亦老氏之教也。②

这是用世界历史及老子当时所处的时势来说明由大国变为小国，为历史上人力所不可挽回的趋势，所以老子把它归结为小国寡民之理想。但这还是没有说到重点，因为老子的小国寡民理想，是以道的自然无为之治的社会政治理想，重点并不是小和寡，而是自然无为的治理思想。这种理想，容易在小国寡民的情况下得以实现，故老子以小国寡民的情况来说明这一理想。

另外《老子》所说的小国寡民的"国"，也不是后来意义上的国家，而是古代民众聚居的邑落。在古汉语中，"国"指城，与"野"相对，所以在古籍中有"国人"与"野人"的说法。③"野"是国之外的乡野，"国"是有城墙的城镇，如后来中国农村中的圩子，圩子也称堡，即修有土垒的村堡。这个意义上的"国"，绝不是后来意义上的国家。小国寡民的"国"，就是指这样的民众聚居之邑落。在这

---

① 徐梵澄：《老子臆解》，中华书局 1988 年版，第 24 页。
② 徐梵澄：《老子臆解》，中华书局 1988 年版，第 99—100 页。
③ 见《左传》《国语》等先秦古籍。

样的居民点内，是很容易实现《老子》所说的小国寡民那种景象的。其重点就是自然无为之治，如是和平年代，当然不会要什么什伯之器、舟舆、甲兵等，其民也是重死而不远徙的，民众在这样的居住点中，生活也是可以做到甘食美服安居乐俗的，而且相邻之邑落也是鸡犬之声相闻，民至老死而不相往来的。这在历史悠久的中国农村，一直都是这样，并没有什么难以实现的问题。《老子》的理想就是天下都能如此，自然无为而得到最好的治理，这也不是大国衰落而变为小国的问题。对于这种理想，在"人之饥也"章，徐氏说是要"恢其小国寡民之理想，率天下以无为而治"，这样解释就符合老子的思想了。

二、钱锺书《管锥编》中的考证

钱锺书（1910—1998），江苏无锡人，原名仰先，字哲良，后改名锺书，字默存，号槐聚。1933 年清华大学外文系毕业，1935 年赴英国牛津大学留学。回国后曾任西南联大、暨南大学教授，中央图书馆外文部总编纂。解放后任清华大学教授、中国科学院哲学社会科学部委员、中国社会科学院文学研究所研究员等。著有《谈艺录》《宋诗选注》《管锥编》等。

《管锥编》中有《老子王弼注》，是据王弼注本考证《老子》的字义及相关问题。与那些从中国哲学史角度论述老子思想的研究不同，钱氏是据大量的中国古代典籍以及外国典籍的相关内容来对王弼注《老子》中的种种问题进行考辨论证。这种考证旁征博引，能够深入解释《老子》中的思想内容，加深人们对于《老子》的理解，有着非常重要的学术价值。

钱氏首先指出了被清代学者推崇的唐易州龙兴观碑本中存在的问题。他认为，王弼注本《老子》"文理最胜，行世亦最广"，晋唐注家注释《老子》时"各逞私意，阴为笔削"，致使原文本相变得含糊不清，所以王弼注本更有价值。① 但到清代，钱大昕、严可均等人

---

① 钱锺书：《管锥编》第二册，中华书局 1979 年版，第 401 页。

盛推唐易州龙兴观碑本《老子》。钱大昕《潜研堂金石文跋尾续》卷二称龙兴观碑本多"从古字"，又称第十五章的"能弊复成"，"远胜他本"的"故能蔽不新成"。钱锺书认为这些所谓古字，不过是《参同契》《真诰》以来的道教人士杜撰的字体，就好像佛教人士把"归"写作"皈"，把"静虑"写作"青心"一样，都是标新立异以求与俗人书写不同。而且以字之"从古"来定版本近不近古，也并不妥当。版本的价值，是要根据文义而不是根据字体的。虽然龙兴观碑本有"能弊复成"，"远胜他本"，但其中也有不少不如他本的文字，如第二十六章的"轻则失臣"、第四十三章的"无有入于无闻"、第四十五章的"躁胜塞"、第五十章的"揩其爪"、第六十一章的"牝常以静胜牡"、第七十七章的"斯不见贤"等，或义不可通，或义可通而理大谬，因此不能说此本远胜于他本。

钱氏又指出，龙兴观碑本最可笑的地方是把《老子》中的虚词尽行删除。对此，早有人加以批评，如谭献《复堂类集·日记》卷五中说："易州石刻语助最少，论者以为近古"，"阅《史记》，知后世之节字省句以为古者，皆可笑也！"这正是《老子》第十一章所说的"当其无，有器之用，无之以为用"的道理。又引冯景《解春集文钞·补遗》卷二的《与高云客论魏序书》，其中说："《论语》首章凡三十字。曩估客言，曾见海外盲儒发狂疾，删去虚字十六，训其徒曰：'学时习，说。朋远来，乐。不知，不愠，君子。'简则简矣，是尚为通文义者乎？"这都说明中国古代文章中必须使用虚词，否则不成句子，严重影响人们对文意的理解。所以钱氏说，自己读龙兴观碑本《老子》，"时有海外盲儒为《论语》削繁或吝惜小费人拍发电报之感"[1]。如第十章："载营魄抱一，能无离？专气致柔，能婴儿？涤除玄览，能无疵？爱人治国，能无为？天门开阖，能为雌？明白四达，能无知？"但依文意，各句皆为陈述语气，不应为诘问语气，只有王弼本的这六句末皆有"乎"字为诘质语，可知这种删去虚词的版本是貌从碑本而实据王本，暗取王本之文以成碑本之义。

---

[1] 钱锺书：《管锥编》第二册，中华书局 1979 年版，第 403 页。

这就证明了《老子》中的虚词不能随意删去，更不能以此为"近古"而赞叹之。钱氏的这一看法，对于人们研究《老子》版本时重视"近古"的思想，是有警醒作用的。

他又对第一章的"道"与"名"做了专门的论辩，有重要价值。对于第一章的"道可道，非常道。名可名，非常名"，王弼注："可道之道、可名之名，指事造形，非其常也；故不可道、不可名也。"根据《韩非子·解老》，把首二句解释为物之存亡、死生、盛衰者"不可谓常"，常者是指"无攸易，无定理，足以不可道"，王弼注也是这种意思。

但对"名"的解释，前人有不同的看法，如清代学者俞正燮《癸巳存稿》卷十二中说：

> 《老子》此二语"道""名"，与他语"道""名"异。此云"道"者，言词也，"名"者，文字也。《文子·道原》云："书者，言之所生也。名可名，非藏书者也。"《精诚》云："名可名，非常名，著于竹帛，镂于金石，皆其粗也。"《上义》云："诵先王之书，不若闻其言，闻其言，不若得其所以言，故名可名，非常名也。"《上礼》云："王之法度有变易，故曰名可名，非常名也。"《淮南子·本经训》云："至人钳口寝说，天下莫知贵其不言也。故道可道，非常道，名可名，非常名。著于竹帛，镂于金石，可传于人者，其粗也。晚世学者博学多闻，而不免于惑。"《缪称训》云："道之有篇章形埒者，非其至者也。"《道应训》云："桓公读书堂上，轮人曰：独其糟粕也。故老子曰：道可道，非常道，名可名，非常名。"皆以《老子》"道"为言词，"名"为文字。《周官》："外史掌达书名于四方。"注云："古曰名，今曰字。""大行人谕书名。"注云："书名，书之字也，古曰名。"《聘礼》："百名以上书于策。"注云："名，书文也，今之字。"《论语》："必也正名乎。"义疏引郑注云："谓正书字，古者曰名，今世曰字。"古谓文字为"名"。

俞氏的考证，是说"名可名"的"名"是指文字。钱氏认为此说不对，因为清代学者虽擅长对子书中的文字进行通训解诂，但往往以为子书中的义理思辨内容可用文字训诂就能阐释清楚。这种观念是错误的，俞氏的问题就出在这里，虽然他引证了很多文献，但并不能说明问题。王弼注中以"指事造形"说"名"，是借用了文字学中的"六书"所说的"指事""象形"，俞氏以"名"为"文字"，似乎在发挥王注，其实并不尽然。因为他说"名"为"字"，援引了很多文献，却对"道"为"言"的说法，未举佐证，甚至说："此二语'道''名'，与他语'道''名'异"，这一说法，也是持之无故。因此钱氏就俞氏所侈陈的"古谓文字为'名'"的说法进行深入的考证。

钱氏指出："名皆字也，而字非皆名也，亦非即名也。"① 这是严格区别名与字的异同，说明不能混淆。他引《春秋繁露·深察名号》的说法"鸣而施命谓之名；名之为言，鸣与命也"，认为俞氏把"名"等同于"字"，是只见"名"有"鸣"之义而不见还有"命"之义。"字"，指声出于唇吻、形著于简牍。"名"，指字之指事称物，这就是"命"之义。譬如"之""乎""焉""哉"等，为语助词，是虚词而不是实词，就是因为它们没有所拟的实，所以不足为名，但它们仍不失为字。《道德经》称"老子"，白叟亦称"老子"，名之所指大为不同，但作为字则是完全一样的。呼老子曰"李耳"，或曰"犹龙氏"，或曰"太上道德真君"，名之所指是一样的，但所用的文字则三者迥异。"上"与"下"，许慎认为这是文字中的指事，但不是名的指事。如果拿老子的话语，冠履倒置，以"不失德"为"上德"，以"不德"为"下德"，则人们就会斥之为所用的名不正而所拟的实失当。这都是名在使用上的问题，不是字的问题，所以许慎用"上""下"作为文字学六书中的指事，是没有问题的。

钱氏又进一步分析"名"与"字"在更深意义上的不同。他认为：

---

① 钱锺书：《管锥编》第二册，中华书局 1979 年版，第 404 页。

　　字取有意，名求傅实；意义可了（meaningful），字之职志也；真实不虚（truthful），名之祈向也。因字会意，文从理顺，而控名责实，又无征不信，"虚名""华词""空文""浪语"之目，所由起也。 "名"之与"字"，殊功异趣，岂可混为一谈耶？①

　　这是说"字"的功能是表示一种意思，而"名"的功能是指认一种事实。由此可用"字"来表示某种意义，而用"名"来指称某种事实。所以人们可用"字"来领会某种意义，又可用"名"来理解某种事实。如果"名"不能指定某种事实，那就是虚名、华词、空文、浪语，即皆不能指明某种事实的空洞之名，说明"名"没有起到应有的作用。因此可以断言，"名"与"字"有着不同的功能，不能混为一谈。

　　钱氏举《太平广记》卷一七三引《小说》载东方朔的话说："大为马，小为驹；长为鸡，小为雏；大为牛，小为犊；人生为儿，长为老。岂有定名哉？"这就是《韩非子·解老》中所说的"初盛而后衰"，初名旧名无当后实新实，故易字而另名之。这也就是王弼说的"可名非常名"。易字以为新名，正因旧名之字"常"保本意而不符新实。故名之变易不"常"，固因实之多方无方，而亦因字之守"常"难变其意。

　　这是说用某字表示某名，不能永久用这个字来表示，因为名所指称的事实在变化，所以必须改用新的字来作为指称这些新的事实的名。王弼注所说的"可名非常名"，就是这个意思，即能用某字来指称事物或事实的名，这是"可名"，但这样又是不可常不可久的，所以它们"非常名"。

　　钱氏批评清代学者只知文字的训诂，而不明"名"的丰富含义，以为只要把文字的训诂搞清楚了，就能说明"名"的含义与内容。如清代有人把《论语·述而》中的两处"好古"之"古"，解为"训

---

① 　钱锺书：《管锥编》第二册，中华书局1979年版，第405页。

诂"，就是一例。钱氏说，如果按照这种理解，"孔子之道不过塾师训蒙之莫写破体、常翻字典而已"①，在这类人的心目中，治国、平天下、博文、约礼皆不外乎正字体、究字义，只要对文字进行训诂，学究就成了哲人智士，先秦诸子的要言妙道就都是字典剩义了。还有人据《周礼》《礼记》的注，说《老子》第五章"不如守中"的"中"为图籍，照此理解，岂不是凡属图籍的竹帛、篇章虽为糟粕也必要保"守"而勿失？这哪里是《老子》所说的"守中"呢？按照这种说法，"好古"的孔子也就成了训蒙师。

通行的话语，可称为常语，而某思想家采用常语而赋予新的含义，就构成他的专用之术语。但术语流行后，人们对于术语的含义的理解并不完整，这又会变成常语，如此不断循环，思想家专用的术语及其丰富含义，就会被人们所忽视，则人们对于思想家用术语所表达的思想内容就得不到正确的理解和全面的把握。如果只就术语所用的文字进行训诂，就更会忽视其中的专门含义，这样的做法，也就成了知常而不通变，只知常语的意义而不知术语的特殊含义了，这样是不能真正理解思想家的深刻思想的。所以钱氏极为反对清代学者那种只知对文字进行训诂而不知分辨字与名之别，忽略挖掘先秦思想家著作中丰富思想的作法。

他进一步论述说，语言文字是人生日用所必需的工具，学者或思想家著书立说时更是需要用语言文字寓托他的独特思想，所以语言文字是学者和思想家所不得须臾离的。但是，立言之人句斟字酌、慎择精研以表达他的思想，而读其书的人却往往不获尽解，且易曲解而滋生误解，所以唐代刘禹锡有"常恨言语浅，不如人意深"的诗句，感叹这种读者不能深知作者之意的现象。因此学者与思想家著书立说常有"解人难索""余欲无言"的叹息，确实是有其原因的。这又说明"语文之于心志，为之役而亦为之累"②，有其利又有其弊。

---

① 钱锺书：《管锥编》第二册，中华书局 1979 年版，第 406 页。
② 钱锺书：《管锥编》第二册，中华书局 1979 年版，第 406 页。

钱氏认为这是普遍现象，中国有，外国也有，西方的哲学家如黑格尔、尼采等人，也认为语文宣示心蕴既过犹不及，或认为语文乃为可落言诠之凡庸事物而设，故开口便俗，亦有舍而不用之意。因此，有些玄妙的思想，是无法用言语来彻底表述的。所以《老子》第一章，开宗明义，就是说明这个道理。

对于"道可道，非常道"，钱氏认为"第一、三两'道'字为道理之'道'，第二'道'字为道白之'道'"①，如《诗·墙有茨》"不可道也"的"道"，即文字语言。这种用法，在中国古代典籍是常见的，如《礼记·礼器》"盖道求而未之得也。……则礼不虚道"，据郑玄注，前一个"道""犹言也"，后一个"道""犹由也、从也"。"道可道"中的前一个"道"，即郑注的后一个"道"，后一个"道"即郑注的前一个"道"。钱氏又说，《庄子·知北游》"道不可言也，言而非也。……道不当名"，以及《五灯会元》卷一六"僧问：如何是道？师曰：不道。曰：为甚么不道？师曰：道是闲名字"，这都可以说明"道可道，非常道"。古希腊文的"道"兼"理"与"言"两义，也可以相参。

对"名可名，非常名"，他认为"名"如《尚书·大禹谟》中的"名言兹在兹"之"名"，"名可名，非常名"是申说"可道"。第二十五章"吾不知其名，字之曰道"，第三十二章"道常无名"，第四十一章"道隐无名"，都可以拿来解释第一章的"名"，因此可以说"名"即名道，"非常名"是指不能常以某名名之。其下的"无名，天地之始"，是说天地万物之初，道体浑然而莫可名，故称"无名"。"有名，万物之母"，是说万物显迹赋形，则道之用粲然显现而各具其名。

钱氏认为《老子》第一章，"首以道理之'道'，双关而起道白之'道'，继转而以'名'释道白之'道'，道理之见于道白者，即'名'也，遂以'有名''无名'双承之。由道白之'道'引入'名'，如波之折，由'名'分为'有名''无名'，如云之展，而始

---

① 钱锺书：《管锥编》第二册，中华书局 1979 年版，第 408 页。

终贯注者，道理之'道'"①。这是说第一章所言各句，都以道理之"道"为中心，而展开论说。

第一章的两个道字所指各别，道理之"道"与语言之"道"判为两事，故有彼此之分。若依俞正燮之说，两个"道"字均指言词，没有区别，则"道可道"即"言可言"，"言可言，非常言"，于义不通明甚，可知其误。第十四章"视之不见名曰夷，听之不闻名曰希，搏之不得名曰微"，第二十五章"强为之名曰大，大曰逝，逝曰远，远曰反"，这都是"非常名"的示例。道之全体大用，非片词只语所能名言，多方拟议，只得梗概之略，迹象之粗，不足为其定名，亦即"非常名"，故"常无名"。这都说明道理之"道"是不能用语言之"道"彻底表述的，前者是"常道"，后者为"非常道"，二者有根本的不同。

不可道，即不可名，所以它没有一个确定的"名"，可拟为多个名。《周易·系辞》也说"无名"即"多名"，与此同。用多名来论说无名的道，这是没有办法的办法，但人们不可认为所用的多名就是无名之道的本身。《老子》第一章就提出这个问题，目的正在于此。钱氏的这一分析，说明了《老子》的"道"与"名"的实质内涵以及它们的相互关系，这对于人们正确理解《老子》的"道"，是有重要意义的。

《老子》第五章的"天地不仁"与"圣人不仁"，很多人把这里的"仁"，都按儒家的"仁"来理解，因此对《老子》此说提出批评。

此章说："天地不仁，以万物为刍狗；圣人不仁，以百姓为刍狗。"钱氏认为，"刍狗"即《庄子·天运》所说的"已陈刍狗"，喻已用之则无所爱惜。后人称天地仁而爱人，万物之生，皆为供人利便，这种看法可入笑林。古罗马哲人视天之生物都是为人所用的观点为庸俗陋见，并举五官四肢为例而断言："有体可资用，非为用而生体。"要言不烦，名论不刊。培根也说格物而持目的论，直是无理取闹，徒乱人意。斯宾诺莎讥此种目的论是强以人欲之私为物理之

---

① 钱锺书：《管锥编》第二册，中华书局1979年版，第409页。

正。这些都说明不能用目的论来理解天地的生物是为人服务的。

钱氏认为"不仁"有两种含义，一如《论语·阳货》之"予之不仁"或《孟子·离娄》之"不仁暴其民"，指凉薄或凶残。二如《素问·痹论》第四三之"不痛不仁"或《广韵·三十五祃》之"傻愀，不仁也"，指麻木或痴顽。前者为忍心，后者为无知。《老子》所说的"天地不仁"当属后一义，如虚舟之触，飘瓦之堕，虽灭顶破额，而行所无事，出非有意。杜甫《新安吏》"眼枯即见骨，天地终无情"，正可用来解释《老子》此语。《荀子·天论》谓"天行有常，不为尧存，不为桀亡"，《论衡》之《感类》《雷虚》都言天无"喜怒"，都是此意。所以《老子》所说的刍狗万物，是表示天地无心而对万物"不相关""不省记"，而不是天地忍心而不悯惜。所以王弼注曰："天地任自然，无为无造，万物自相治理，故不仁也。"严复认为此处王注就是西方达尔文的自然进化之理，即约翰·穆勒《宗教三论》中所说的自然行乎其素，不屑于人世所谓慈悲与公道，也可用作上述"不仁"的第二义之参考。总之，《老子》此处所说的"不仁"，就是自然无意，不是儒家的"不仁"。

他又认为，圣人与天地的不仁还有不同，天地的不仁是自然无心，而圣人虽为圣，终归是人而有心，所以圣人的不仁，或由麻木，或出于残贼。《老子》所说的圣人不仁，是要圣人克去有心以成无心，消除有情而至无情。这与斯多噶哲学家说的"无感受"和基督教神秘宗说的"圣漠然"，有些类似。

这一说法并不合乎《老子》的本意。《老子》所说的圣人不仁，也是要圣人像天地一样自然无意于万物，即对万物不加干涉，让它们自然生存、生长与发展。老子之意为此，不能解释为圣人的"不仁"是"麻木"或是"消除有情，而至无情"，更不是西方的"无感受"和"圣漠然"。因为钱氏是如此理解的，所以他又说圣人的"不仁"，是一种反向的克去自我之心，故"在天地为自然，在人为极不自然"。于是他把老子的"圣"，理解为"尽人之能事以效天地之行所无事"，而这样一来，圣人求"合"乎天地"不仁"，强梁者必至惨酷而无慈悯，柔巽者必至脂韦而无羞耻，所以《史记·韩非传》

说法家的"极惨礉少恩，皆原于道德之意"。这表明他对《老子》所说圣人不仁的理解竟与后来的法家一致了。法家是出自于道家，但法家毕竟对道家原有的思想做了修改，已非道道本来的意旨。所以不能因为法家有这种惨礉少恩，就说《老子》中就有这种思想。法家对道家的修改，不能让道家的老子为其负责。

对于第十一章，他认为王弼的注正确而河上公的注有误。二者的差异在于王弼以"当其无"断句，河上公以"当其无有"断句。清代学者毕沅《道德经考异》认为河上公注的断句为正，并引《周礼·考工记》郑玄注"以无有为用"佐证。钱氏认为，这与俞正燮解释"名可名"是同一种错误。因为"无有"即"无"，如果"无有"连读，则三者皆不成句，就不能再把"有"与"无"对照起来，说"有之以为利，无之以为用"。《淮南子·说山训》"鼻之所以息，耳之所以听，终以其无用者为用矣。物莫不因其所有，用其所无"，正可解释《老子》此处所说。

王安石《临川集》卷六十八论此章云："工之琢削，未尝及于无者，盖无出于自然之力，可以无与也。今之治车者，知治其毂辐而未尝及于无也。然而车以成者，盖毂辐具，则无必为用也。如其知无为用而不治毂辐，则为车之术固已疏矣。故无之所以为用也，以有毂辐也；无之所以为天下用者，以有礼乐刑政也。如废毂辐于车，废礼乐刑政于天下，坐求其无之为用，则亦近于愚矣！"钱氏认为王安石这里的说理非常明彻，但还没有说明老子之意。因为老子这里只是"戒人毋'实诸所无'，非教人尽'空诸所有'。当其无，方有'有'之用；亦即当其有，始有'无'之用。'有无相生'而相需为用；《淮南子》所谓必'因其所有'，乃'用其所无'耳"[1]。

对照钱氏所说与王安石所说，二者是有不同的。王安石是说必须有"有"，如车的毂辐以及国家的礼乐刑政，才能有"无"之用。也就是说，"有"是"无之用"的前提条件，没有这个前提，"无之以为用"就不成立。钱氏认为老子之意是让人不要"实诸所无"，不

---

[1] 钱锺书：《管锥编》第二册，中华书局1979年版，第425页。

是教人尽"空诸所有",但这并不是王安石的意思。王安石的意思是说必须有"有",才能让"无"发挥作用,并没有"空诸所有"的意思。总之,"有"与"无"必须相互配合,才能发挥作用,而"有"与"无"则各有各的作用,不可替代,也不可混淆。其实这里还有一点必须指明,即没有"有",也就没有"无",二者必须同时存在,配合为用。而"利"与"用"又是不可分的,是由"有"与"无"共同使之有"利"和有"用"的。但老子的意思是强调无之以为用,因为人们能看到"有"之"利",而忽视了"无"之"用",所以要点明二者的统一与作用。

洪迈在《容斋续笔》卷十二中认为庄子"无用之用"来自于《老子》此章所说,钱氏认为洪氏此说善于解《老》,但又指出庄子论"无用之用"有二义,洪氏未察。他认为郭象注释庄子"无用之用"时所说"有用则与彼为功,无用则自全其生"这是"无用之用"的第一义,即偷活苟全之用。《庄子·外物》中,惠子谓庄子曰:"子言无用。"庄子曰:"知无用而始可与言用矣。天地非不广且大也,人之所用容足耳,然则厕足而垫之致黄泉,人尚有用乎?"惠子曰:"无用。"庄子曰:"然则无用之为用也亦明矣。"这是"无用之用"的另一义,即洪氏所说之义。

不过这里所分的二义,其实还是一义。第一义不过是把"无用之用"用来保全其生,这是"无用之用"的一种用法而已。后一义的"无用之用",才是此说的根本意旨。能明此"无用之用",当然也就可用于保全其生,也可用于其他方面,但在本质意义上并无二致。另外,更重要的一点,是庄子所说的"无用之用"与老子所说的"有之以为利,无之以为用"的"无"之"为用",并不是一个意思。庄子是说"无用之用",老子所说是"无之为用"。"无用"与"无",不是一回事。所以庄子说的"无用之用"与老子所说的"无之以为用",不能混为一谈。

钱氏饱读各国典籍,知识广博,对于《老子》中的字义句意的理解,颇有自己的独到见解,这是研究老子思想的人们所应重视的。对于老子思想的解释与研究,必须以准确解读《老子》书的字、句、段的含义为基础，所有的思想阐释，都应与对《老子》原文的解读相符合，不能超出这种文本的解读，也不能忽略文本固有的意旨，由此再来进行思想的阐释，才会有坚实的基础，才会不至于套用外来的概念而把老子的思想阐释得过度。回顾 20 世纪以来的老子思想的研究，这一点是现在必须特别加以注意的。

三、王继如等对《老子》的疏解

1. 王继如"为学日益，为道日损"考

王继如（1943— ），苏州大学教授，著有《敦煌问学丛稿》《训诂问学丛稿》等，这里介绍其发表于《光明日报》的文章《"为学日益，为道日损"是什么含义》①。

今本《老子》第四十八章："为学日益，为道日损。损之又损，以至于无为，无为而无不为。"对"为学日益，为道日损"，不少人理解为治学越多，离道越远，这是把二句理解为因果关系，认为学问做得越多，道术就越受损害。王氏认为这种理解是不对的，要从此章的文脉来理解，老子之意是说为道的途径与为学不同，为学要日有增益，为道要日有减损，一直减损到无为，这时就可无不为了。为道日损是哲学上的命题，不是说道受到损害。

王氏从河上公注入手，河上公曰："学谓政教礼乐之学也。日益者，情欲文饰日以益多。道谓自然之道也。日损者，情欲文饰日以消损。"他理解河上公所说的益、损，并不是学与道本身，而是人的"情欲文饰"。对此，他考察了一些学者的相关解释，如徐大椿《道德经注》认为："为学必日有所取益……为道必日有所裁损。"朱谦之《老子校释》引《庄子·知北游》的说法："礼者，道之华而乱之首也。故曰为道者日损。"陈鼓应《老子注释及评介》认为："为学是指探求外物的知识活动。这里的'为学'……仅指对仁义圣智礼法的追求。这些学问能增加人的知见与智巧的。'为道'是通过冥想

---

① 见《光明日报》2008 年 5 月 12 日。

或体验以领悟事物未分化状态的'道'。这里的'道'指自然之'道',无为之'道'。"张如松《老子说解》认为:"(河上公)这个注释……揭示了'学'与'道'的实质。"高明《帛书老子校注》认为河上公的说解"诚是。'为学'指钻研学问,因年积月累,知识日益渊博。'闻道'(王氏自注:帛书乙本'为道'作'闻道',然郭店楚简《老子》乙篇仍作'为道',似以作'为道'为安)靠自我修养,要求静观玄览,虚静无为,无知无欲,故以情欲自损,复返纯朴。"许抗生《帛书老子注译与研究》将"学"理解为"具体的知识(主要指学仁学义学礼与学文化等)"。王氏认为这些解释的主旨是一样的。

王弼《老子注》将"为学日益"解释为"务欲进其所能,益其所习"。将"为道日损"解释为"务欲反虚无",更明确学与道是两种范畴,为学者的途径是要日有进益,为道者的途径是日有减损。这就是任继愈说的"(老子)指出认识总规律和认识个别的东西的方法应有所不同"。这都没有说读书读多了,道术就损减了。任继愈《老子新译》把这两句话翻译为:"从事于学问,(知识)一天比一天增加,从事于道,(知识)一天比一天减少。"

他根据以上学者的解释,认为"为学日益,为道日损"不是因果关系,并不是"为学日益"导致"为道日损",二者是并出而对立的关系,是说为学者与为道者的途径相反。根据这样的训释,他认为现在一些学者研究老子的思想时,前期准备不足,因此对《老子》的话语常有奇异的解说。如尹振环《楚简老子辨析——楚简与帛书〈老子〉的比较研究》说郭店楚简乙篇"学者日损"上没有脱一"为"字,而将这一段译为:"学者一天天增多,[功名欲望与伪行伪善也会随之增大与漫延],因而遵行大道的人会一天天减少,减少再减少,总要回到无私心无私为上来,无私心无私为,则无所不为。"王氏认为这样的解释非常离谱,对照上文即可明白,毋庸赘言。还有张吉良《老聃〈老子〉太史儋〈道德经〉》中认为"学者,指学习为道者",又把"为道"句解释成"寻求事理天天分析",把该段译成"从事学习的人,知识天天增益,寻求事理的人,材料天天分析。分析再分析，以至于没有一点主观的成分。没有一点主观的成分，就没有事情做不成的。"王氏质问："损"字何来分析之义？"无为"是"没有一点主观的成分"吗？这种理解，完全脱离了语言文字。如今一些推翻古典、别出心裁的解释，有不少与此类似，实不足为法。

王氏这个考证，主要是批评现在一些著书立说的人，不遵守训诂学的基本规则，对古代文献如《老子》中的字句，做随意的解释，于是形成一些奇怪的说法，既不符合《老子》书的本意，也不符合学术研究的规范，因此需要人们对此种现象予以关注，不要再犯类似的毛病。不过要把此二句解释得清楚，还要注意全章的上下文义，此章的内容为："为学日益，为道日损。损之又损，以至于无为。无为而无不为。取天下常以无事，及其有事，不足以取天下。"也就是说，在"为学日益，为道日损"之后，还有"损之又损，以至于无为。无为而无不为"。可知此章主要是说"为道日损，以至于无为"的问题，"为学日益"，只是拿来与"为道日损"相比较，这二句当然不是因果关系。为道的方法是不断地损减，最终损减到无为的程度，这样才能达到无为而无不为的境地，这才是求道得道的目的。日损和损之又损，就是为了无为，而无为就是道的根本精神。但日损究竟是损什么，《老子》本身并没有说。按河上公的注，就是损"情欲文饰"，但这并不能揭示老子无为的根本意旨。为此要根据《老子》全书关于道和无为的说法来思考。老子的道，强调无名，即它不是具体的事物；又强调自然，即它不是人为。由此可知，"为道日损"的"损"，是要损具体事物之知识与一切人为之思想与行为，把这些东西都减损干净了，也就能认识到自然无为的"道"了。可知所减损者也不是河上公所说的"情欲文饰"，而是一切与道的自然无为相违背的思虑与知识。对此章这二句，应该考证到这个程度，才算对二句究竟是指什么的问题说清楚了。

2. 陈徽《老子新校释译——以新近出土诸简、帛本为基础》

关于《老子》文本的疏解，同济大学陈徽教授 2017 年出版的

《老子新校释译——以新近出土诸简、帛本为基础》也是一部比较有代表性的著作。此书以王弼本为底本，结合郭店楚简、马王堆帛书、北大藏西汉竹书等出土文献，再根据俞樾、易顺鼎等前人研究予以订正，并以《说文》和其他典籍来辨查其字、疏通其义、演绎其理，进行今译。作者在综合与参考前人的理解之基础上，对《老子》文本的理解，多有自己的独特见解，下以其对《老子》第一章解说为例，略作介绍。

"道可道，非常道"，陈氏认为以前诸说皆未安。首先，"首'道'与第三个'道'不当分看，二者所指为一，皆谓《老子》思想中'最高'或'根本'的范畴"①。曰"最高"，是因为没有其他事物高乎其上，一切事物皆为道所统摄或规定。曰"根本"，是因为一切其他事物皆基于道而产生与存在。道的内涵需结合道的本义看，道的原始义为"行"，"路"之义属第二层。道作为"行"，就人类社会而言，此"行"表现为人伦日用、充满生机的生存实践；对其他事物而言，此"行"表现为生生流行之状。合言之，道是大化流行、天地万物生生不息的总体存在。作为《老子》思想根本范畴的道，亦可作如是观。故道即生生之体，或曰道即生生。对于道的这种寓运化和生生为一体的独特内涵，《老子》曰："有物混成，先天地生。寂兮寥兮，独立而不改，周行而不殆，可以为天下母。吾不知其名，字之曰道，强为之名曰大。""先天地生"谓大化流行先于任何具体事物的存在，天地万物皆基于道而产生；"周行而不殆"谓道之化生遍及诸物、无有止息；"名曰大"谓天地万物既以道为存在前提，它们皆小于或低于道。作为对生生之体的概括，道被赋予了价值、意义和信仰的内涵，成为《老子》思想中的根本范畴。

其次，道的运行具有条理性，是为道之"理"或"道理"，即今所谓事物法则或宇宙规律。然理不等同于道，且无道则无理。在《老子》中，与道理相对应的概念曰"常"。理或常具体表现为"反

---

① 陈徽：《老子新校释译——以新近出土诸简、帛本为基础》，上海古籍出版社2017年版，第4页。

复"或"复归"，故《老子》曰："反者道之动。"对具体事物而言，反复或复归意味着事物的存在具有返回原初状态的趋势。

另外，具体事物有形、色、声、味等属性表现，道则不可以用形、色、声、味等进行描述，可谓无形无色、无声无味。但这并不是说道是纯粹的空无或不存在。

相应于生生之道，语言亦为一"物"，是道之"凝聚"。任何言说或思议只有以道为基础方得可能，它们皆低于道。故道不可言说，亦不可思议。且一般而言，言说皆须假以概念（"名"），而任何概念皆有限定性或指向性。当有限性的言说面对无限性的生生之道时，自然"无话可说"。可"道（言说）"之"道"，乃非恒久之道。

对于"名可名，非常名"，他认为："首'名'与第三个'名'皆作名词，谓恒久之'名'；次'名'为动词，谓命名。"① 命名是对事物的界定，界定就是基于某种标准、角度或立场来概括、展现所命名对象的相应属性、功能或特点等。界定即限制，它对于对象既有所揭示又有所遮蔽。而且，越是具体或精确的命名，对于对象的遮蔽就越严重。越是浑然的或让人"看不清"的事物也就越难命名。"名可名，非常名"，是承上文"道可道，非常道"之义而发。对于"先天地生"的"混成之体"（生生之体），无可命名或言说。因为，此"体"是任何事物包括言说与思议展开的前提，任何言说或思议皆跳不出此"体"之外而展开。这意味着"混成之体"之于语言或思议，始终是晦暗不明的。但"混成之体"毕竟深切于天地万物的存在，人们必须"面对"它、体悟它，并据此而"演绎"自己的生存实践。尽管"不知其名"，也要勉强而为，"字之曰道"，"名之曰大"。"道"或"大"均是对晦暗的生生之体的命名。虽然有此命名，"道"或"大"的内涵却显得空洞而含混，缺乏寻常之名的充实性与指向性。不过，也正是由于这种空洞性与含混性，才使得"道"之名不会因为流俗之变而过时，从而成为"常名"。相反，越是"言之

---

① 陈徽：《老子新校释译——以新近出土诸简、帛本为基础》，上海古籍出版社 2017年版，第 5 页。

有物"的命名，就越不能呈现对象的丰富内容，也就越容易随着流俗之变而过时。

"无名万物之始"句，"无名"，谓没有名字或未得命名，喻事物如其所是；"万物"，王本作"天地"，据西汉简、帛书本及王注订正；"始"，谓事物的本来面目或本来状态。此句义为："万物因其'无名'，故未为名所遮蔽，如其所是。"① 今人喜以"宇宙论"或"本体论"之说演绎经义，均不确。

北宋以前，学者皆以"无名"连读，后句"有名万物之母"亦然。自王安石起，少数学者以"无""有"为读。近世以来，从此读者颇众。细审文脉，当以前一读法为是。若以"无""有"为读，则删去句中二"名"字，作"无，万物之始；有，万物之母"，不伤其义。如此，此二"名"便成赘言。《老子》书不当若是。其次，结合上文"名可名"看，"无名""有名"之说正形成了命名前后的对应关系。复次，就义理而言，学者之所以以"无""有"为读，是便于从宇宙论角度解经。此解义嫌浅薄，远不如"无名""有名"之读为胜。又，"始"与后句"母"对言。历来学者喜从宇宙演化论的角度解"始""母"，于义未安。《说文》以"始"与"初"互训，引申为事物的本来状态或本来面目。

"有名万物之母"句，"母"喻养育或抚养，此句义为："制名立教，是为了抚育万物。"② 《说文》："母，牧也"，引申之，凡能生之以启后者皆曰"母"。是"母"不仅指生产者，亦有养育之义。同样，名之所立，不只是为了方便与事物打交道，亦是为了抚育万物。此种"名"，即属名教。礼、乐、刑、政，皆名教。名教之设，意味着人以自己的实践参与到生生大化中，影响甚至决定着事物的存在。因此，名教的设立是为了"赞助"万物的化育，其界限是不遮蔽、障碍事物的存在。《老子》曰"无为""道法自

然"，皆是为此目的与界限而发。不过，"有名"并不与《老子》无为之说矛盾，"无为"不是说绝对的无所作为，而是指顺应事物本性的有所作为。"圣人处无为之事，行不言之教"，"无为之事"属事，"不言之教"也是教。

"无欲"，既可谓"清空"欲望的涵养工夫，亦可曰"无欲"的境界（即虚无之境）。人生在世，欲不可少，且自然而然地生成与变化。欲望的满足和再生构成了人生在世的基本状态。任何欲望皆有其指向性，并因而于相应之物有所遮蔽。为了消除此遮蔽性，需做无欲的功夫。"无"既有"虚"义，亦有"亡"即逃跑或丧失之义。作为修道功夫，"无欲"是指清空内心的欲望，将其放在一边。唯有如此，方能静心观物，以达其本来面目。待到功夫至乎其极，亦可曰"无欲"。此时，心与物一，尽睹物眇，而达道妙。由此而行，自然能因物所是、助其所成，尽彰化育之功。

关于"故常无欲以观其妙，常有欲以观其所徼"的断句，北宋以前学者皆以"无欲""有欲"为读。自王安石于"无""有"处断句，其后学者多从之。帛书本作"故恒无欲也……恒有欲也……"，汉简本作"故恒无欲……恒有欲……"，帛书本显然以"无欲""有欲"连读。细审文义，当以"无欲""有欲"之读为胜。一方面，两句"以观"之"以"已有"欲"义，即表达了某种意向性。若此二句以"无""有"为读，则"欲""以"二字义嫌重复。换言之，若删此二"欲"，两句后文分别作"以观其妙""以观其所徼"，其义与"欲以观其妙""欲以观其所徼"并无区别。如此，二"欲"字岂非多余？另一方面，若以"无欲""有欲"为读，此二"欲"可释为欲望或情欲，其与"欲以观"之"欲"内涵有别。而且，"无欲，以观其妙""有欲，以观其所徼"的说法，其文既浃洽，其义亦深远。又，注家"凡以'常无''常有'为读者，其对于'无''有'之解亦常入于玄虚"①，知其读非是。

---

① 陈徽：《老子新校释译——以新近出土诸简、帛本为基础》，上海古籍出版社 2017 年版，第 8 页。

"以观其妙"句，"观"，观照、体察；"其"谓"无欲"；"妙"，本作"眇"，微眇、精微。"以观其妙"，义为"以观无欲之眇"，即观照、体察无欲之境的微眇、精微之处。王本作"妙"，西汉简本、帛书本作"眇"。学者多以"眇"通作"妙"，即以"妙"为本字，此说不确。世传本中有四处言"妙"，在西汉简本、帛书本中，上述"妙"均作"眇"。"妙"为后起字。在古籍中，"眇"训"小"，人于细小微小之物，常难辨其情，有模糊或晦暗之感。故"眇"又引申有隐晦、暗昧义，以喻对象的不可言说、不可思议之状。本章的"妙"，王注："妙者，微之极也。"是以"眇"之小和隐晦之义训"妙"。然不少学者解以奇妙或神妙之义，则未安。"故常无欲以观其妙，常有欲以观其所徼"，以"故"字总领全文，表明其义与上文"无名万物之始，有名万物之母"之间有因果关系，命名也是欲的表现或结果，故"无名"属于"无欲"，"有名"属于"有欲"。无欲、无名可谓以虚、无之心视物，无意无必；有欲、有名谓于物有意欲期待和选择取舍。因此，相应于"无名"指万物未被命名时的如其所是的状态，"观无欲之妙"亦可说是以虚、无之心如其所是地观照万物，领会其隐晦而不可名之状（"妙"）。相应于"有名"指制名立教以抚育万物，"观有欲之所徼"则谓用心体察人生在世之欲的种种表现（即"徼求"和"归趣"等），这是创设适宜名教的基本前提。前句（"常无欲"）是说虚心观物、静心体道，后句（"常有欲"）是说因应万物、以察其验。

"以观其所徼"句，"其"谓"欲"；"所徼"，王本无"所"，据西汉简本、帛书本及经义补，谓意欲的指向。关于"徼"之义，注家训解纷纷，有"小道""边际""境界""归""归终""归趣""孔窍"之"窍"等，今学者解释也有很多歧义。结合上下文，"徼"当训为"徼求"或"归趣"。

"此两者同出，异名同谓"，王本作"此两者同出而异名同谓之玄"，据西汉简本、帛书本及文义订正。"此两者"谓"无欲""有欲"，"同出"谓同出于人心，"同谓"谓共同指向着道。关于"此两者"之所指，学者看法不一，陈氏据西汉简本、帛书本与上下文义，认为"两者"当取河上公的"有欲""无欲"之说。其原因如下：首先，"此两者"之"此"，当是承接上文"常无欲"和"常有欲"之说而来。否则"此"字在此便显得突兀。其次，"此两者同出，异名同谓"，表明"无欲"和"有欲"同出于人心。[1] 两者虽有分别（"异名"），然皆是生生之道的展开，故可说共同指向着生生之道（即"同谓"，"谓"在此义为指谓，即指向）。如果"两者"不解作"无欲"和"有欲"，而取旧注其他之说，则皆文义不达。

"玄之又玄，众妙之门"句，"玄"，暗昧、深远；"众妙"，众物存在之眇，喻天地万物的暗昧之状。其中又自有其存在之妙。此二句义为尽管"常无欲""常有欲"微眇难言，却又是通达生生之眇与存在之妙的基本门径。

王本等世传本为"玄之又玄"，帛书本同，汉简本作"玄之又玄之"。在此说中，"玄"为动词，二"之"字作宾语。则"玄"当有对应的行为主体。无论此主体为前文"此两者"（"无欲""有欲"），或是道，于文于义皆有不达。且如作此读，二"之"字又将何指？若经文作"玄之又玄"，"之"为助词，"玄"为形容词，表示程度或状态，"玄之又玄"即谓"玄又玄"。此说文义皆治，益证汉简本后一"之"字为衍文。玄谓幽远，幽谓暗昧，远谓辽阔。故作为幽远之玄，乃是暗昧而深远义。

"无欲""有欲"何以谓之"玄"？因为作为功夫或境界，"无欲"固然让人感到微眇难言，即便是对于"生生之欲"，同样也难以看清，以致觉得它玄眇或暗昧，不易"把捉"。

《说文》："门，闻也。"段注："闻者，谓外可闻于内，内可闻于外也。"《玉篇》："门，人所出入也。"故门是连接、沟通内外的基本通道。无论是领会此"妙"，或是通过自己的实践"赞育万物"，皆须以"达欲"为基本门径。

---

① 陈氏认为，学者解"同出"，多从王注"同出者，同出于玄也"，此取河上公说"同出者同出人心也"。"同"本谓聚集，相同乃是引申义。这里当取其本义，即"无欲""有欲"皆"会合"于人心，也即共同生于人心。

陈氏此书对于《老子》书的本文先据出土文献加以订正，再据自己的理解对其中的字词一一疏释，然后综合贯通来阐释其中的思想含义，这种方法是可取的。但在疏释与阐释中，添加了许多自己的意思，并不能严格切合《老子》书的本来意旨。如谓"道可道，非常道"的第一个"道"和第三个"道"不当分看，二者所指为一，这种疏释就不符合《老子》原话的本来意旨。因为第一个"道"是"可道"之"道"，第三个"道"是不"可道"的"常道"，此二"道"怎么是所指为一呢？如果这二"道"所指为一，又为什么要说"可道"与"常道"呢？又如，释道初义为行，引申有道路之义，这是不错的，但接下来的阐释就不合乎这种基本字义的理解了。他说道之作为"行"，就人类社会而言，此"行"表现为人伦日用、充满生机的生存实践。这是把道解释为"行"，而《老子》所说的"常道"，是"常行"吗？他说一切事物皆为道所统摄或规定，一切事物皆基于道而产生与存在。这里面也没有"行"的问题。所以不能从"行"的角度来解释《老子》的"常道"，而他这样解释道，就把《老子》的道说成"大化流行、天地万物生生不息的总体存在"了。他所描述的这种样态，不是道，而是宇宙，道可以说是宇宙的总规定、总根源、总原则，但道不是宇宙本身，道与宇宙不能等同视之。他对道的理解既是这样，则下面对其他《老子》文句的解释也都随之而走了样。如把"无欲"说成清空欲望的涵养功夫，即无欲的境界，那么"有欲"照此理就应该是没有清空欲望的境界了。如果无欲可以观其妙，那么有欲又怎能观其所徼呢？于是他就把"徼"解释为徼求或归趣，把"所徼"解释为意欲的归向，把"观其"的"其"认为是指"无欲"和"欲"。这就完全把《老子》所说的道及对道的"观"说成是对"无欲"或"欲"的"观"了，可能这是不太合乎《老子》第一章的全体文义的。

3. 黄克剑《老子疏解》

在《老子》文本研究上，中国人民大学黄克剑教授 2017 年出版的《老子疏解》也是一部有成就的著作。此书对《老子》全书的文句进行疏解，包括根据各种版本对全书文字的简单订正。下面以其对《老子》第一章的疏解为例，观察作者对《老子》书的文义及思想是如何理解的。

对"道，可道也，非恒道也"，黄氏认为，第一个"道"为名词，"喻示人生而天地万物的终极性理趣"；第二个"道"为动词，意为言说；"恒道"，恒常不移之"道"，道为形而上者，"不会像时空中的'形而下'之'器'那样委从于兴衰、生灭之运"。这句是说"'道'不落言诠，一旦诉诸言语，那表之于言说的道就不再是有着恒常不移之品格的'道'了"。①

对"名，可名也，非恒名也"，他认为，第一个"名"为名词，指名称或名谓，第二个"名"为动词，意为命名或称说，"恒名"，恒常不易之"名"，"恒名"相应于"恒道"。这句是说与"恒道"相称的"恒名"是无从命名的，倘如命名形而下之器那样命名道，则由命名而有的名即不再是相应于恒常不移之道的恒常不易的名了。

"无名，万物之始也；有名，万物之母也"，从帛书乙本写定。此句司马光、王安石读为"无，名天地之始；有，名万物之母"。但《老子》书中说"道恒无名""始制有名""吾将镇之以无名之朴""道褎无名"，以及《史记・日者列传》引《老子》"无名者，万物之始也"，知"无名""有名"为老子专用术语，不可破读。他认为"无名""有名"皆喻道之称，其相系与相异可由"万物之始""万物之母"之"始"与"母"之蕴意辨其大略。"始"，据《说文》为"女之初"，"母"据《说文》为怀子之女或乳子之女。以"女之初"与"怀子"或"乳子"之女，隐喻道的朴壹与生生之德的微妙关联，就此晓示道由"无名"而"有名"所称举的"无""有"两种性状。

"故恒无欲也，以观其眇；恒有欲也，以观其所噭"。此据帛书写定。河上公、王弼以"常无欲""常有欲"为句，司马光、王安石等断句于"常无""常有"。帛书甲乙本"无欲""有欲"后皆

---

① 黄克剑：《老子疏解》，中华书局 2017 年版，第 48 页。

有"也"字，可印证河上公、王弼判断不误。"欲"有多种含义，此处意为愿望、欲求，"无欲"指无所欲求，"有欲"为有所趋就。"妙"，据帛书甲乙本作"眇"，"妙"乃汉代人用隶书后由"眇"所改。"眇"义为微小、微茫、眇默，此处以"眇"形容道之微茫、眇默，与《老子》二十一章"道之为物，惟恍惟惚"等意相通。"眇"与"徼"对举，"眇"为眇茫、眇默，则"徼"当作"曒"。"徼""曒""曒"皆本之"敫"而孳生。《说文》："敫，光景流也。"段注："谓光景（影）流行，煜耀昭著。""敫"之"光景流"喻示昭著、显著、彰显。可知"恒无欲也，以观其眇；恒有欲也，以观其所曒（曒）"意谓以其恒常无所欲求，体察道的幽微与眇默；以其恒常有所趋就，观览道的运作与呈现。

"两者同出，异名同谓，玄之又玄，众眇之门"。此据帛书乙本写定。"两者"指何，争议颇多。以"常无""常有"为读者，如司马光、王安石等，都以"两者"为"无"与"有"或"常无"与"常有"；以"常无欲""常有欲"为读者，谓"两者"为"有欲""无欲"，或为"始"与"母"。黄氏认为，"细审全章，'恒无欲''恒有欲'何尝不通于'无名''有名'，'恒无欲'而'无名'，'恒有欲'而'有名'又何尝不可以'无''有'概而言之"[1]。

"同出"亦有不同诠注。黄氏从王弼注："同出者，同出于玄也。"同出于玄谓同出于道。"无欲""有欲"可对人而言，也可对道而言，谓道之"无欲""有欲"是拟人以言道。如此，"两者"既可以说是"无名"（"始"）和"有名"（"母"），也可以说是"恒无欲"和"恒有欲"，因而"同出"既可以说"无名""有名"同出于道，也可以说"恒无欲""恒有欲"同出于道。"无名"与"恒无欲"相贯，"有名"与"恒有欲"相贯，全章主旨是讲道，一以贯之的致思线索是"无"（"无名"而"恒无欲"）与"有"（"有名"而"恒有欲"）两者相即不离而同一于道。

"无"（"无名"而"恒无欲"）与"有"（"有名"而"恒有

---

[1] 黄克剑：《老子疏解》，中华书局 2017 年版，第 54 页。

欲"）相即不离而同一于"道"的理致，是玄微而又玄微的，懂得了如此玄微而又玄微的理致，也就找到了领悟道的门径。此谓"玄之又玄，众眇之门"。

黄氏的疏解有自己的理解，但在"欲"字的断句上还是与前述的陈徽一样，把"有欲"和"无欲"连读，而把重点放在"欲"字上了。他们之所以如此断句，都是因为帛书在"欲"字下多了一个"也"字，因此不把"欲"字断在下句，只能断在上句。而以"无""有"为读的理解，认为这句的重点并不是在"欲"字上，而是在"观"字上，所"观"的对象是"其"所指代的事物。"欲"是对"观"的辅助性说明，即"要"的意思，表示要"观其妙"和要"观其所噭"，而与欲求没有关系。两个"欲"本身是同一个意思，即都是要观某种事物，只是所观的事物不同，一个是"妙"，一个是"所噭"。如按黄氏的理解，这里的两个"欲"就是两种含义了，一是无所欲求，一是有所趋就。这是把"常无欲"和"常有欲"的重点都放在"欲"字上，而把"常无"和"常有"的重要性完全忽略了。总之，在这两句中，"欲"字的问题还可以继续深入探讨。

第二节　不同视角的老子思想阐释

进入改革开放时期以来，中国的学者研究老子及其思想，已不像五六十年代那样只是围绕着老子哲学是唯物主义还唯心主义这种单一的问题而研究了。大家的思路变得开阔了，对老子思想内容理解的视野更加宽广，也更注意依据《老子》文本及更多的文献资料来进行解释与分析了。以往的研究，在思想层面主要是探讨老子的哲学，而在改革开放时期，人们不再局限于哲学一个角度，而是从更多学科的角度来审视老子思想的内容，把老子思想阐释得更为丰富多彩。

一、张岱年关于老子哲学的新阐释

张岱年（1909—2004），字季同，河北献县人。1933 年毕业于北京师范大学教育系，后在清华大学、中国大学、北京大学任教，并任清华大学思想文化所所长、中国社会科学院哲学研究所兼职研究员等。著有《中国哲学大纲》《中国唯物主义思想简史》《中国哲学发微》《中国伦理思想研究》《中国古典哲学概念范畴要论》等。

张氏对老子思想的看法，早在他的《中国哲学大纲》等著作中就已有专门的论述。20 世纪 90 年代以后，他也连续发表有关老子哲学的论文。陈鼓应认为张岱年在这一时期关于老子哲学的观点有如下几点：首先是认为老子是中国古代哲学本体论和宇宙论的创始者，其次是认为老子的道论是中国"哲学的突破"，再次是认为老子道论为中国哲学的缩影。张氏的观点主要反映在《论老子的本体论》① 一文中，以下就此文来看张氏对老子本体论的认识。

此文中张氏提出老子是中国古代哲学本体论的创始者。在老子之前的殷周时代，人们都认为天是最高最大的，万物都是天所生的。如《左传·襄公二十七年》记载，宋国子罕说："天生五材，民并用之。"《左传·襄公二十九年》记载，吴国季札说："大矣！如天之无不帱也。"《论语·泰伯》记载，孔子也说："唯天为大，唯尧则之。"这都是认为天是万物的本原。老子第一次提出了天地起源的问题，认为天不是最根本的，天地还有其"始"，即《老子》第五十二章所说"天下有始，以为天下母"。老子提出天地起源问题，是理论思维的一次空前提高。在此基础上老子提出道的学说，认为天地万物的最高本原是道。在春秋时，有所谓"天道"的说法，如"天道远，人道迩"。但天道还是从属于天，老子认为在天道之上，还有最根本的道，天从属于道。老子提出这样的道的范畴，开创了本体论。

张氏又分析为什么说老子的道是本体论。因为讲天地起源，肯定天地有始，还不一定是本体论。天地的起源是天地由以生成的原

---

① 见《社会科学战线》1994 年第 1 期。

始状态，在天地形成之后，原始状态可能消失了，这就不是本体。本体指天地万物的内在基础，在天地形成后，作为天地基础的本体，并不消失，继续作为天地万物的内在依据永恒存在着。这才是所谓本体。在老子的学说中，道在生成天地万物之后依然是天地万物的深藏的内在依据，道是万物的普遍的永恒的内在根基。所以老子的道论是本体论。

西方哲学讲本体，有一个流行的观点，认为本体与现象对立，现象现而不实，本体实而不现，本体是现象背后的唯一实在。这种否认事物现象的实在性的观点，是中国先秦哲学家所不同意的。佛教传入中国以后，才有这种以客观世界为虚幻的见解，但受到儒家学者的批判。如宋代胡宏在其《知言》卷二中说："释氏……于一天之中分别幻华真实、不能合一，与道不相似也。"于"一天"之中分别幻华真实，就是将世界区分为虚幻的现象与真实的本体，多数中国哲学家不同意这种看法，可知中国哲学的本体论与西方哲学唯心主义的本体论不同，但都可称为本体论。有人因此认为中国哲学没有本体论，实乃误解，应该纠正。本体，先秦哲学称之为本根。本根与万物的关系，类似根柢与枝叶的关系。树根生出枝叶，在枝叶生成之后，枝叶仍依靠根柢而存在，树根是枝叶的依据。

张氏此文对于老子的道，主要强调道的超越性与绝对性。老子论道，极力形容道的微妙，如说"道之为物，惟恍惟惚；惚兮恍兮，其中有象；恍兮惚兮，其中有物；窈兮冥兮，其中有精；其精甚真，其中有信"。这是说道无形无状，而又有象有物，有精有信。老子所说的道，不同于一般可感觉的事物，超越了感觉经验，但又是客观存在的。如说"视之不见名曰夷，听之不闻名曰希，抟之不得名曰微，此三者不可致诘，故混而为一。其上不曒，其下不昧，绳绳不可名，复归于无物。是谓无状之状，无物之象，是谓惚恍"。道是任何感觉所不能达到的，因此可以说道没有物质性。道的另一个特点是无为，如说"道常无为而无不为"，"道生之，德畜之……生而不有，为而不恃，长而不宰"。这都表明道没有意志，没有情感，也就是没有精神性。可知老子的道，是超越一切相对的绝对。老子提出相对之上有绝对，是一个伟大的创见。但绝对是在相对之中，老子却认为绝对在相对之先，如说"有物混成，先天地生"。道不但在天地之先，而且在天地未分的统一体之先。如说"道生一，一生二，二生三，三生万物。万物负阴而抱阳，冲气以为和"。"一"是原始的统一体，却是道之所生。这在一切相对事物之先的道，类似于西方哲学的绝对观念。这样看，老子的本体论可以说是客观观念论。但张氏又强调说，黑格尔所谓绝对观念亦称绝对精神，老子的道却不能称为绝对精神。

关于道与一（朴）的关系，张氏认为《老子》第四十二章说"道生一，一生二"，明明是说"道生一"，有人却认为道即是一，这是误释。道与一的关系，古代思想有一个演变过程。老子讲"道生一"，《淮南子》改为"道始于一"。《天文训》中说："道始于一，一而不生，故分而为阴阳，阴阳合和，而万物生。故曰一生二，二生三，三生万物。"这里省略了"道生一"一句，是对老子思想的改变。《诠言训》中说："无为则得于一也。一也者，万物之本也，无敌之道也。"这是认为一即是道，与老子不同。《说文》说："惟初太始，道立于一，造分天地，化成万物。""道立于一"，是说只有道一个而无其他，将"一"作为道的摹述语，这也是对老子原意的更改。老子明说"道生一"，可知老子的思想中，道与一有层次的不同。第三十九章说："昔之得一者，天得一以清，地得一以宁，神得一以灵，谷得一以盈，万物得一以生，侯王得一以为天下贞。"不少人理解这里的"一"即是道。其实这里的"一"是"道生一"的"一"，指原始的统一体。这个"一"又称为"朴"，如"道常无名，朴，虽小，天下莫能臣"，又如"吾将镇之以无名之朴"，"朴散则为器"。不少人认为朴即是道，其实朴指原始的素材，即"道生一"之"一"，如"载营魄抱一"，"是以圣人抱一为天下式"，"见素抱朴"，"抱一"与"抱朴"同义，一即是朴。"朴散则为器"，对朴而言，天地万物都是器。"天得一以清"几句表明朴散为器的情况。以往的注释者认为道即是一，亦即是朴，其实在老子的思想中，道与一、朴属于两个层次。

张氏又略述了老子本体论的深远影响。如《庄子·大宗师》说："夫道有情有信，无为无形，可传而不可受，可得而不可见，自本自根，未有天地自古以固存，神鬼神帝，生天生地。"这是老子道论的发挥。《管子·心术上》说："虚而无形谓之道。……道在天地之间也，其大无外，其小无内。"《内业》说："凡道无根无茎，无叶无荣，万物以生，万物以成，命之曰道。"这也是受了老子影响的说法，而有所改变。《韩非子·解老》说："夫物之一存一亡，乍死乍生、初盛而后衰者，不可谓常。唯夫与天地之剖判也俱生，至天地之消散也不死不衰者谓常。……圣人观其玄虚，用其周行，强字之曰道，然而可论，故曰道之可道，非常道也。"老子讲"先天地生"，韩非讲"与天地之剖判也俱生，至天地之消散也不死不衰"，以此解释"常道"，比老子更精湛，表现了理论思维的发展。

他认为儒家的经典如《周易大传》也受了老子思想的影响。《周易大传》区别道与器，"形而上者谓之道，形而下者谓之器"。"器"的观念与老子"朴散则为器"有关。"形而上者谓之道"也与老子以道为无形无状有关。但《周易大传》改造了道的观念，提出"一阴一阳之谓道"，认为道不是"先天地生"的，而是天地生成之后阴阳变化的基本规律。这是一个重要转变。《周易大传》还扬弃了老子的"贵柔"观念，强调"刚健""自强"，主张"大哉乾乎！刚健中正，纯粹精也"，"天行健，君子以自强不息"。可见老子的本体论与《周易大传》的本体论是先秦哲学本体论的两个不同类型，但《周易大传》的确曾受了老子的影响。

张氏还认为，老子与孔子同时，孔子"述而不作"，"祖述尧舜，宪章文武"，总结了夏商周三代的历史文化，重点讲人生之道，很少谈论天道。老子既讲人之道，也讲天之道，并探寻天道的根源，因此提出以道为中心的本体论。《老子》书中多处提到天道，天道是天之道，从属于天，而道比天道更根本。总之，老子开创了本体论，在中国哲学史上具有崇高的地位。

张氏这一篇文章对老子的道的内涵、价值与历史影响和地位，都做了简明扼要的解释，是改革开放时期关于老子哲学的本体论的新分析，比以往只从唯物主义和唯心主义角度来分析老子的道，有了重大的进步与发展。

二、张舜徽《周秦道论发微》对君道的论证

张舜徽（1911—1992），湖南沅江人。早年在湖南长沙各高级中学任教，后在国立师范学院、兰州大学等校任教。新中国成立后，任教于中原大学、华中师范学院（华中师范大学前身）。著有《广校雠略》《积石丛稿》《中国历史要籍介绍》《顾亭林学记》《周秦道论发微》《中国文献学》等。

《周秦道论发微》出版于 1982 年。此书以解释老子的思想为主，并就更多的历史文献中关于老子及道家所论的思想加以考证，认为按照西汉人的理解，老子的思想就是"君人南面术"。这一理解，张氏在其他著作中也时有提及。如在《清人笔记条辩》中，他对钱大昕在《十驾斋养新录》中说的"易简而天下之理得矣"一段话，认为很有道理，并在钱说的基础上进一步阐释易简之理的内涵：

> 盖易简之理，通于道德之要，乃人君南面之术耳。仲尼赞《易》，惟以乾坤易简为言；虞廷赓歌，但取元首丛脞垂戒，与道家清虚自守之旨，无勿同者。故仲尼之论政也，曰："为政以德。譬如北辰，居其所而众星拱之。"（郑玄注："德者无为也。"）又曰："无为而治者，其舜也与！夫何为哉？恭己正南面而已矣。"叹尧之民无能名，唯能则天；称仲弓居敬行简，可使南面。然则孔子之言易简，实无以远于道德也。《诗·桧风·匪风》篇："谁能亨鱼，溉之釜鬵。"毛《传》云："亨鱼烦则碎，治民烦则散。知亨鱼，则知治民矣。"此即老子所云"治大国若烹小鲜"之说也。孰谓儒家之言主术，与道家有不同乎！①

---

① 张舜徽：《清人笔记条辩》，中华书局 1986 年版，第 85 页。

这是说老子的治国思想就是要君主自然无为，这是易简之治，也是君人南面之术。易简，是《周易》的要义之一，而《周易》的易简，就是《尚书》所反对的"元首丛脞"。这就使儒家的经典《易》与《尚书》贯通起来了。张氏又进一步联系孔子的《论语》与道家的《老子》，认为他们思想中的治国之术也是完全一致的，为此并以《诗经》及毛《传》来做佐证。这都可以作为理解老子政治思想的重要参考。

《周秦道论发微》全书分六个部分：《叙录》说明全书的主要观点。《道论通说》是根据周秦多种文献中的论述，阐明当时人们对于道、一、道德等的认识及人心道心等在君主南面术中的实际应用的情况。《道论足征记》则据周秦各种文献中所记当时人们关于道的论说及认识，阐明老子的道究竟是在说什么。张氏认为，在周秦至西汉时期，人们对老子及道家思想的理解主要是君人南面之术，这一点《汉书·艺文志》虽明确说过，但没有详细论证。《道论足征记》则对此做了详尽的论证。《老子疏证》和《管子四篇疏证》分别就《老子》和《管子》中的《心术》上下篇、《白心》、《内业》四篇进行疏证。《太史公论六家要指述义》对《论六家要指》中关于道家思想的评述加以阐释，作为前面几部分所论观点的佐证。

这样的研究，不是从某一学科的固有概念出发来阐释老子的思想，而是根据古代文献中的记载与说法来理解道家的道论，可以避免用现代概念套在古人思想上而做出生硬与机械的片面解释。

张氏认为，"无为之旨"，"本为人君南面术而发，初无涉于臣下万民也"。这一看法，正可与徐梵澄在《老子臆解》中主张的老子所说是为侯王而发的治国之论相印证。张氏接着说："近人治哲学者，乃谓《老子》之言无为，实欲返诸太古之无事。使果如此，必致耕稼陶渔、百工技艺，皆清静无所事事，则乾坤或几乎息矣，乌睹所谓后世之文明乎？故其说必不可通。"[1] 这说明不能只是根据《老子》话语的表面意思而立论，应该从整体上考察老子的道论是在什么背

---

① 张舜徽：《周秦道论发微·前言》，中华书局1982年版，第1页。

景下、为了什么问题而发。

张氏在《叙录》中分析了太史公《论六家要指》中关于道家的评论，认为：

> 这样的推崇道家，并且从而加以发挥，分明是从最高统治者南面术的角度来看问题的。他认为只有道家所提供的"南面术"为最全面，是人君临驭天下的最原则的东西。其他各家所提供的，仅是一些片面的具体办法而已。徒有一些具体办法而没有总的原则，那就使得人君劳于治事而收效不大。甚至会伤损人君的形体精神，连生命都不可长保。司马谈所以赞叹道家，便因为道家明确地指出了这里面的道理，劝人君不要亲理庶务，要做到垂拱而治。此中关键在人君能够虚静其心，收敛聪明，尽量利用臣下的才智，而不现露自己的才智，以达到"无为而无不为"的境地。[1]

张氏还全面分析了君人南面之术的主要内容，认为这一学说包括五点：君臣各有其道、人君须韬光匿迹、人君须善于用人、人君须自处卑弱、人君须清虚寡欲。[2] 通过这一分析，使人加深了对老子无为之治思想的理解，这在老子研究上具有重要意义。

张氏关于道家君人南面之术的论说，简洁地说明了当时道家在政治思想上的高明，远远超出其他各家，也说明了当时各家的共同问题是为统治者提供政治方案，而道家的方案最为高明。这也说明要理解当时诸子百家的思想之重点，不要限于哲学上的问题，而应从现实政治的角度来观察他们的思想之不同。对于道家的这种政治思想，并不是张氏第一个提出来的，而是汉代人的共同认识，对此说得最清楚的是《淮南子》。《淮南子·泛论训》说："圣人所由曰道，所为曰事。道犹金石，一调不更，事犹琴瑟，每弦改调。故法

---

[1] 张舜徽：《周秦道论发微》，中华书局1982年版，第6—7页。

[2] 刘固盛：《论张舜徽先生老子研究》，见《张舜徽研究论集》，崇文书局2006年版。

制礼义者，治人之具也，而非所以为治也。"

张氏据此而论述说：

> 根据这一理论，来分析《论六家要指》，那末道家所提供的那一套，在西汉学者心目中，便是一调不更的"道"，是最根本的东西。其余五家所提供的，只是每弦改调的"事"，是比较枝叶的东西。……由此可见，司马谈《论六家要指》，实是一篇政治论文，而不纯是学术论文。汉初，道家之说盛行，司马谈曾亲从黄子学习了那一套理论，所以他谈起来颇能深入。后人研究道家学说，也必由此入门，才能窥其闾奥。①

这样的分析，抓住了以老子为中心的道家思想的根本之处。那不是什么哲学，而是政治学，而诸子之所以兴起，也不是为了哲学，还是为了政治学，即为现实政治提供改造的方案与办法。这就是老子以及先秦诸子思想的根本点。后人只重视哲学，由此来研究先秦诸子以及老子的思想，似乎偏离了主题。所以张氏告诫人们："后人研究道家学说，也必由此入门，才能窥其闾奥。"之所以这样说，就是因为张氏忠实于文献的文本，而不是借助外来的概念，因此能对中国古代诸子的思想的理解正中其肯綮，窥其闾奥。

对此《汉书·艺文志》中也有非常明确的论述："道家者流，盖出于史官，历记成败存亡祸福古今之道，然后知秉要执本，清虚以自守，卑弱以自持，此君人南面之术也。"

《汉书·艺文志》是以西汉刘向父子所撰成的《七略》为底本而改编的，所以班固所述其实是西汉人的看法，也即与司马谈的观点几乎相同。而且《汉书·艺文志》所说的道家，也是以老子为中心的。因为老子是史官，他能总结历史成败得失的经验教训，从而认识贯穿整个历史的"古今之道"，并把这个"道"作为"要"与"本"来秉持遵守，以此形成了"人君南面之术"。《老子》中说到

---

① 张舜徽：《周秦道论发微·叙录》，中华书局1982年版，第7页。

"执古之道，以御今之有"，正可以说是《汉书》这几句话的意思。有人以为"执古之道"当作"执今之道"，以此来"御今之有"，而看到《汉书》所说的"古今之道"，就可明白《老子》所说的"执古之道"，就是执古今之道，以用于今之现实政治而已。

如果老子与道家的思想不是以君人南面之术为中心的政治思想，西汉人也不会这样来论述道家思想的根本特点。而且西汉早期实行无为之治，正是实际应用了道家的这种政治思想。可以说历史与逻辑都证明了老子与道家思想的根本特点就是如此，如果只看到老子思想中的哲学问题，怎么说也是不完整的。张氏对此有着清醒认识，他说：

> 这里所提出的"此君人南面之术"，一语道破了道家学说的全体大用。给予后世研究道家学说的人以莫大的启发和指示，应该算得是一句探本穷源的话。我们没有理由不重视它。①

这样说，其实是提醒现代的研究者注意不要只注意哲学的问题，更应重视古代思想家的政治思想。这说明中国古代思想家所思考的问题，虽然有哲学的成分在里面，但那不是重点，重点是如何治理现实社会，即以政治问题为他们的思想之重点的。如果不落实到社会政治问题上来，那些与哲学有关的内容就成了无根之木，无源之水，就成了高悬云中的空谈。

张氏认为司马谈以及刘向、刘歆、班固等人关于道家思想为人君南面之术的说法，并不是他们专凭主观臆造出来的，而是西汉学者们的共识。刘歆既把它写入《七略》，保存了这句极其宝贵的名言，应该被后人看成研究道家学说的指针。张氏一再强调这一点，无疑是对现代学者不关心道家学说的这个重点而只顾谈论哲学的一种提醒与警示。

《周秦道论发微》中的《老子疏证》，是张氏根据众多的《老子》古代传本及当时新出土的帛书本《老子》而完成的校勘与疏释之作。

---

① 张舜徽：《周秦道论发微·叙录》，中华书局1982年版，第8页。

张氏利用这些版本，校定传世本及帛书本中的存在的问题，而并不迷信帛书本为完全正确的版本。如前所述，有的版本删去《老子》中的虚词，为后人所讥笑。张氏在《老子疏证》中，也注意根据南宋范应元《老子道德经古本集注》中的意见，并根据帛书本，补充这些被前人删掉的虚词。如第二章"有无相生"一段，通行本将各句中的"之""也"等字删掉，张氏则据范应元本与帛书本等，把这一段写定为："有无之相生也，难易之相成也，长短之相形也，高下之相盈也，音声之相和也，先后之相随，恒也。"尤其是最后"恒也"二字，今本俱无，但此二字为总结上六句之辞，必不可少，据帛书本补上，是有道理的。又如第四十一章"反之道之动"一段，重新写定为："反也者，道之动也；弱也者，道之用也。"补足四个"也"，语意更为完善。根据帛书《老子》修定通行本中的不少错误，这是《老子疏证》的重要贡献之一，同时张氏也对帛书本的错讹之处加以订正。如第二十四章"企者不立"，帛书乙本"企"作"炊"，乃由"企"或作"歧"，又以形近而伪"歧"为"炊"。第四十一章"明道若昧"，帛书乙本"昧"误作"费"；"大象无形"，帛书乙本"大"作"天"，都是传写之讹。第五十章"善摄生者陆行不遇兕虎"，帛书甲乙本"摄生"作"执生"，"陆行"作"陵行"，皆为形误，有的学者却认为"陆行"当据帛书本作"陵行"，则是迷信帛书本太过。

张氏是著名的文献学家，他研究老子及道家学说，不是根据某种外来的哲学及其概念，而是依据记载这些学说的历史文献本身，所以他的研究方法中充分体现了文献学的特色，这在《老子疏证》中表现得特别突出。张氏在世时并没有看到后来出土的郭店竹简《老子》，但他在《老子疏证》中提出的看法，用后来的竹简本《老子》来对照，就可看出多与竹简本相合。这证明用文献学方法考证研究古代诸子的著作文本，确有其特胜之处。

在张氏的《老子疏证》中，陈垣提出的校勘学四种方法——对

---

① 范应元说："古本每句下多有'也'字，文意雍容，世本并无'也'字，则文意不足。"

校、本校、他校、理校——都用到了，① 故能取得《老子》校勘上的重要成就。如"夫兵者，不祥之器也"一句，"夫兵者"，各本都作"夫佳兵者"，清代学者王念孙、阮元认为"佳"当作"佳（唯）"，但帛书甲、乙本仅以"夫"为句首，没有"佳"或"唯"字，张氏认为仅以"夫"字起句，意思就足够了，所以要删去"佳"或"唯"。而且下文有"故兵者，非君子之器也"，与"夫兵者，不祥之器也"句式相合。合起来看，二句的语气都很畅达，而王、阮的考证虽然也很精到，但所说终是胡适所说的"推理"，没有版本可为据，故不尽可据。而张氏根据帛书本进行对校，就更能说明问题。

对"道恒无为而无不为，侯王若能守之，万物将自化"句，帛书甲、乙本作"道恒无名"，张氏怀疑帛书此处可能是因下文的"化而欲作，吾将镇之以无名之朴"中的"无名"而误为"道恒无名"，且"无为"的"为"，与后面"自化"的"化"合韵，通行本不误。因此张氏认为这里还是应该如通行本那样作"道恒无为"，不能作"道恒无名"。张氏去世后出土的郭店楚简《老子》也是"道恒无为"，可证张氏的判断是正确的。这是用对校法看出帛书本的错误。

再来看本校的例子。"自见者不明，自是者不彰，自伐者无功，自矜者不长"，首二句，帛书甲、乙本互倒，"是"作"视"。张氏以为这是传写者的错误造成的。帛书本与今本的下文皆有"不自见故明，不自是故彰，不自伐故有功，不自矜故长"，与此处对照，可知帛书本之误。这就是用本书来校勘的例子。

"和曰常，知常曰明，益生曰祥"，"和曰常"各本皆作"知和曰常"，帛书甲本无"知"字。张氏认为"和曰常"上句有"和之至也"，下句又说"知常曰明"，把三句连贯起来看，是先说"和"，再说"常"，"和曰常"，是对"和"之意义的加强，之后再说"知常"，才提出"知"的问题，这样来看逻辑是前后一致的，可以说是文理自顺。通行本"和曰常"上衍了一个"知"字，这大概是因为写者

---

① 参见田君：《张舜徽先生的文献校勘实践——以〈老子疏证〉为例》，《历史文献研究》2015 年第 2 期。

要让句式整齐，都要四个字，所以根据下句的"知常曰明"，而把上句"和曰常"改为"知和曰常"。所以不能机械地认为《老子》书全是整齐的句式，而是字数不一，存在多种句式。如下文"心使气曰强"，是五字句，与四字句也不一样。这说明《老子》的句式不是那么整齐的。再来看竹简甲本，正是作"和曰常"，可知张先生的判断是正确的。

张氏用他校法，也有创获。如"受国之垢，是谓社稷主"，"受国之垢"，帛书甲本作"受国之诟"，帛书乙本作"受国之詢"。张氏根据《庄子·天下》所引及郭象注、《左传·宣公十五年》所言及杜预注，认为古之善为君者有受垢含垢之道，故可证"诟""詢"都是"垢"字的讹文。《说文》："诟，謑诟，耻也。从言，后声。詬，或从句。"可知"詢"是"诟"的异体。帛书甲本作"受国之诟"与帛乙本作"受国之詢"，意义没有什么不同。但张氏根据《庄子》和《左传》来校《老子》，使用了他校法，为确定当为何字建立了坚实的基础，由此可知他校法的重要。尤其是《左传》的说法"川泽纳污，山薮藏疾，瑾瑜匿瑕，国君含垢，天之道也"，可知古时用垢、诟、詢，都能表示耻辱之意，用他校法才能证明三字可以通用。

理校的使用必须谨慎，须有广博而深入的知识作为基础，才能使用得当。在《老子疏证》中，也用到了理校。如"小邦寡民，使有十百人之器而勿用，使民重死而远徙"，此段文字，众本多异。张氏用理校法来分析其中的正误是非，认为今本"什佰"是误连"十百人"而致，"十百人之器"，即群众持以自卫之器。"人"、"十"误为"什"，"人"、"百"误为"佰"，"十百人"误为"什佰"。这一判断，虽没有罗列旁证，但能根据古书致误之例，直指致误之由。

又如"挫其锐，解其纷，和其光，同其尘"四句，《老子》前已有此句，谭献、马叙伦都认为这里是重复的衍文，但帛书甲、乙本皆有此四句。张氏认为周秦时期的古书，为阐明一理，数语不嫌重见，文句相同者常前后迭出，不必疑为衍文。这是张氏用理校法驳前人的理校。谭、马之说，以为同语不当重出，而疑为复出的衍文。谭、马所据的理，不一定必是如此，而张氏所据的理，则是先秦古书中常见现象，故可据此理而定此处是非。

另外，张氏在疏证中也对《老子》容易引起后人误解的地方，专门加以解释。第六十五章所说的"古之善为道者，非以明民，将以愚之"，张氏分析说：

> 古之精于君道者，大智内明，无幽不照，外若愚昧，不耀于人，闭智塞聪，使人莫由窥其端倪而绝欺蔽之原也。"非以明民"，谓不以己之聪明才智显露于外，使群下得洞察其浅深也。"将以愚之"，则谓自处于无知无能以愚惑群下，而群下竞效其智能以为己用也。《管子·心术上篇》云："有道之君，其处也若无知，其应物也若偶之，静因之道也。"《吕氏春秋·君守篇》云："善为君者无识，其次无事。有识，则有不备矣；有事，则有不恢矣。"《淮南子·原道篇》云："圣人内修其本而不外饰其末。保其精神，偃其智故。"皆足以发明斯旨。古之言君道者，必主于去健羡，黜聪明，所以养其神也。《韩非子·扬权篇》云："主上不神，下将有因。"又云："主失其神，虎随其后；主上不知，虎将为狗。"神者，不测之谓也。"非以明民，将以愚之"，即人君韬光晦迹之术，实道论之精英，乃无为而无不为之根柢。自来解《老子》者，昧于斯旨，乃谓为古代愚民政策所自出，而以秦世燔诗书、愚黔首比傅之，惑矣。顾历代人君，上托斯语而行愚民之政者，固比比皆是，然非《老子》原意所在也。①

这说明老子此语所说的"愚"，并非指"愚民"，而是君主自指，是"人君韬光晦迹之术"，是道家道论的精华，是无为而无不为的根本。这一解释，有助于人们更深入地理解老子思想的本来意旨，值得参考。

总之，张氏对于老子与道家思想的阐释，能够立足于文献本身，

---

① 张舜徽：《周秦道论发微》，中华书局 1982 年版，第 146 页。

而不是只就《老子》书个别字词展开思想分析，这是忠实于原著的思想研究方法，值得肯定。其又对《老子》及《管子》书中相关内容加以文献学的疏证研究，使"君人南面之术"的说法有坚实的文献基础，这种研究方法，也是非常重要的，不可忽视。

三、唐明邦对《老子》思想的理解

唐明邦（1925—2018），四川忠县（今重庆忠县）人。1954年入北京大学哲学系学习。1958年起在武汉大学任教。著有《当代易学与时代精神》《邵雍评传》等。

《论道崇真集》出版于2006年。书中对于《老子》及相关文献，提出不少值得参考的看法。如论《老子想尔注》，认为这是道教的思想要领，说明了《想尔注》与道教思想的重要关系。《想尔注》是道教创建初期的珍贵文献，是道教祖师张陵、张衡、张鲁共同撰述的道教经典，"对老子《道德经》进行别开生面的诠释，全面、系统地阐述早期道教的教义和道诫的内容"[1]。唐氏指出，《想尔注》对《老子》的诠释和对道教基本宗旨的论述，在道教思想发展史上有重要意义。对于此书的思想，唐氏认为主要有如下内容：一是提出了"太上老君"概念，把《老子》关于道、一、自然、气的概念综合而成为神圣的形象，既指老子，又不简单地称"老子"，而是尊为"太上老君"。这一思想升华，充分表现了道教创始人的创造性思维，这在道教发展史上具有极其重要的意义。它不只神化老子其人，也神化《老子》其书，树立了道教的无上权威，对巩固道教的思想和组织，有着不可代替的作用。另外，张天师在《想尔注》中第一次把自己创立的宗教命名为"道教"，认为他创立的道教是神圣的"真道"，不容许任何人妄自冒充，并主张道教的根本宗旨在于导人敬道。二是阐述道人当清静为本、敬道守戒的思想，即对道人提出种种基本要求，定为"道戒"，让道人普遍信守实行，用道家思想教化道人，引导他们按照道教的基本宗旨进行修炼，成为完美的道人。

---

① 唐明邦：《论道崇真集》，华中师范大学出版社2006年版，第31页。

并要求道人要尽力教化人民，令人为善积德。三是关于仙士当法自然，行忠孝，结精成神的思想，把仙士列为道人中修养至更高层次的人，但仙士还不是神仙，是沿着成仙道路前进的人。对仙士提出三个追求目标：守道反俗、法自然，成全明之士；守中和之道，竞行忠孝；调和五行，结精成神。四是指出道君当治国法道，勿劳民。即对道君提出的若干道戒，希望道君畏天尊道，务修道德，多行仁义；切勿贪图享受，疲劳民众；更不可拥兵好战，为祸人民，要广开道心，治理国家，保持天下太平，使人民安乐，以体现爱民之心。《想尔注》关于道君的论述，具有历史进步意义。唐氏认为："《想尔注》关于道教、道人、仙士、道君的论述，言简意赅，内容丰富，它继承并发展了《道德经》《太平经》的思想……为道教的发展奠定了可靠的思想基础，引导广大道徒认真研习《道德经》打开了广阔的思路，反映了早期天师道的基本思想纲领。"[1]

　　此书还对郭店竹简《老子》的思想与学术价值做了分析。与其他学者不同的是，唐氏强调了简本《老子》的思想局限。首先，通行本《老子》关于道作了多方面描述，既抽象，又深刻，反映了老子的精深智慧，代表了中华民族智慧发展的高度水平，但简本《老子》对道的论述很不充分，极欠深刻。如果仅以简本《老子》代表老子思想的全貌，就使老子思想大为逊色。其次，通行本《老子》中有关于"反者道之动"的辩证法思想。老子之所以受到千古崇敬，不仅在于他提出了玄之又玄的道，更在于他富有辩证法思想，将中国古代哲学推进到一个新的高度，奠定了中国传统哲学辩证思维方法的理论基石，但这些思想都不见于简本《老子》，大大降低了老子哲学的精深度，令人十分遗憾。再次，老子有"不见而名"的直觉思维，这是与儒家、法家、墨家最大的不同点。老子和尔后道家强调的直觉思维，在中国哲学史上有着无可取代的历史贡献。而竹简《老子》甲本，尽管也有通行本中的词句，如"至虚，恒也；守中，笃也。万物旁作，居以须复也"，但从这段话看不出所蕴含的直觉思

---

① 　唐明邦：《论道崇真集》，华中师范大学出版社 2006 年版，第 44 页。

维的意境。略去关于直觉的著名论述，不可避免会有损老子思想的光辉。此外，通行本《老子》中的民本思想和爱民治国的政治思想、哀兵必胜的军事思想，都有重要的价值，不少还有一定现实意义，但这些精辟见解，均不见于简本《老子》。唐氏还认为，有人把简本《老子》看成《老子》原本，通行本《老子》比它多出的内容，都是后人增加的，这种说法有两点欠妥："一是与《史记》关于《老子》'五千余言'的记载显然不合；二是有抬高后代改作者，贬抑老子本人之嫌，于理颇欠公允，难以令人信服。"[①]

《论道崇真集》更重要的地方，是论述了《老子》思想的现代价值。唐氏认为儒家文化和道家文化均融摄诸家而别开生面，共同构成中国文化的主流。儒家以其长于经世务实精神而显扬于世，道家则以其玄虚旷达而为人钟爱，形成了中国传统文化中儒道对立互补的特殊结构。但道家文化的合理层面及其现代意义的研究，长期得不到应有的重视，故须专门揭示之。他认为《老子》思想的现代价值首先是"道法自然"的思想，把自然之道作为思想体系的核心。这与儒家仅重视社会人伦不同，"道家注重通观人物、玄思宇宙、洞见本根。这一致思倾向，对于锻炼和提高中华民族的理论思维能力，卓有成效。无论是先秦道家、两汉黄老、魏晋玄学或是唐宋以来道教理论诸流派，都堪与世界各民族的思辨哲学相媲美"[②]。在今天，弘扬道家哲学思维传统，更有利于吸收、消化各种高度理论化的世界哲学思潮，构建足以体现中国理论智慧的当代中国哲学。其次是"反者道之动"的思想，即宇宙间一切事物的存在、变化和发展，无不以对立面的存在、变化和发展为前提，矛盾双方所处的地位从来不是固定不变的，总是相互转化、相互促进。由此，"特别强调与'正'的肯定方面相对应的'反'的否定方面的重要性，把它看作推动事物向前发展的重要力量"[③]，这就深刻揭示了事物发展的客观辩

---

① 唐明邦：《论道崇真集》，华中师范大学出版社 2006 年版，第 183 页。
② 唐明邦：《论道崇真集》，华中师范大学出版社 2006 年版，第 130 页。
③ 唐明邦：《论道崇真集》，华中师范大学出版社 2006 年版，第 131 页。

证法则，体现了高度的辩证智慧。再次是"道常无为而无不为"的思想，这是老子的政治原则，是"道法自然"思想的逻辑引申。"法自然"，就是任其自然，顺其自然，反对矫揉造作和为所欲为。提倡"道常无为而无不为"，就是要统治者无为而国治、国家无为而太平和人类无为而长存。无为而治还有人与自然的关系的一面。与儒家自强不息的阳性品格不同，老子以柔顺和谐的阴性品格，要求无为而顺应自然，复归于自然，与自然合一。把宇宙自然与人类自身视为和谐的有机统一体，主张人类应当无为而顺应自然，不可侵害自然，破坏人类自身的生存环境。人类愈能自觉地"以辅万物之自然而不敢为"，就愈能保持良好的生态环境，获得持久的生存。又次是"含德之厚，比于赤子"的思想，这是老子的道德价值观，与儒家的伦理本位主义迥然相异。老子主张"含德之厚，比于赤子"，有道之人当不失其"赤子之心"，否定儒家伦理对人的异化。这种恢宏的气象和对个体人格尊严与自由个性的高扬，体现了老子对人伦社会的批判精神和对人生价值的独特理解。今天，当"否定一切"的民族虚无主义，全盘西化的空想主义甚嚣尘上之时，老子这种"不追求虚幻的未来，不沉湎于已往的过去，立足现世，放眼环宇"①的批判现实主义精神，值得批判地继承。最后是"深根固柢，长生久视"的思想，老子对自然的热爱，集中表现在对人的生命的重视，高度肯定生命的价值，把生命的存在与延续，看作是对人的自然本性理所当然的维护，坚决否定儒家宣扬的"死生有命"的唯心主义宿命论。老子的理想主义生命观，激发人们锲而不舍地探索生命的奥秘和养生妙术，促进了中国独具特色的道术科学的产生和发展。同时，唐氏也指出了《老子》思想的不足之处，主要是提倡非功利主义的道德价值观，片面追求长生久视，幻想个体精神的绝对自由和隐居避世，以及"不敢为天下先"的退守心理，不信任理性与逻辑等。今天应该对这些不合理的、消极的层面，坚决扬弃。

在此基础上，唐氏又提出"弘扬道家文化，应对全球化"的问

---

① 唐明邦：《论道崇真集》，华中师范大学出版社 2006 年版，第 134 页。

题。经济全球化影响世界每个角落的国计民生，它的积极作用是刺激市场经济发展，促进科学、技术、文化交流，推动社会前进，改进人类生活质量，消极作用表现在少数发达国家挟其经济技术优势，对发展中国家进行经济掠夺、文化侵略，推行霸权主义，造成世界紧张局势，破坏人类和平、发展的共同理想，激发人与人之间、国与国之间、人类与自然之间的种种冲突矛盾。若不及早有效抑制，势必加剧人类的生存危机。唐氏认为老子思想能帮助现代人克服极端个人主义，懂得尊道贵德，少私寡欲，不贵难得之货，自由平等，甘其食，美其服，安其居，乐其俗，戒残贵慈，戒奢崇俭，对人慈爱，自律节俭，抛弃享乐主义等；又能用来反对世界霸权主义，引导世界人民，国与国，民族与民族之间，和平共处，友好合作，远离战争，远离恐怖，共享安全幸福的生活；还能用来抛弃人类中心主义的错误思想，克服唯科学主义的片面主张，将抑制生态环境恶化，加强环境保护作为全世界人民的共同任务，将改善人类生活环境，克服人类生存危机作为世界人民共同的当务之急，树立"天人合一"的观念，遵循"人法地，地法天，天法道，道法自然"的基本原则，遵守老子"为无为，事无事"，"以辅万物之自然而不敢为"的教导。

此书还阐发了《老子》的和谐观，认为人们应该谨守心性和谐，在此基础上促进社会和谐，维护自然和谐，追求世界和谐。认为增强个人的心性和谐，构建和谐社会，促成人与自然和谐相处，是《老子》的思想精华，应该大力弘扬，使之深入人心。

唐氏此书从多个角度论述了他对《老子》及相关文献的理解，并能结合道教史、现代世界形势与社会问题进行思考，把《老子》思想与现实联系起来，拓宽了人们理解《老子》思想的视野。

四、陈鼓应"道家主干说"

陈鼓应（1935—　），福建长汀人。台湾大学哲学系毕业。曾执教于台湾中国文化学院、台湾大学等校。后任美国加州大学伯克利分校研究员。1984年到北京大学任教。1997年回到台湾大学任教。

著有《道家的人文精神》《悲剧哲学家尼采》《存在主义》《尼采新论》《庄子哲学》《老子注译及评介》《黄帝四经今注今译》《老庄新论》等，主编《道家文化研究》学刊。

这里仅介绍陈氏提出的道家为中国哲学史的主干之说，他对老子的其他研究成果，将在其他相关章节中加以论述。

1990 年，陈氏在《哲学研究》1990 年第 1 期发表《道家在中国哲学史上的主干地位》一文，文中提出两个观点：一，道家是哲学，儒家是伦理学（特别是社会伦理学）。中国哲学的主体是宇宙论和人生哲学，道家是形上学的主干，在人生哲学上尤推《庄子》。中国的哲学突破始于道家。二，中国哲学的原创性思想是道家创发的，系统性理论也以道家最完备。许多人认为儒家是积极的，道家是消极的，这种看法十分错误。

1994 年 12 月，陈氏在一次学术会议上发表了《道家在先秦哲学中的主干地位》[①] 论文，回答了自他提出"道家主干说"以来引起的争论。他指出，有些争论不完全是看法的不同，而是由对哲学学科的理解不同引起的。

陈氏说，他是从专业哲学的角度考察中国哲学史的主线及主体思想的，因而提出了道家为中国哲学史的主干，可是不少人把他提出的"哲学主干说"说成了"文化主干说"。中国哲学与中国文化研究的对象、性质有所不同，文化的概念过于广泛，举凡生活方式、风俗习惯都可纳入它的范围。在中国古籍中，文化主要指文治教化。若从文治教化的观点看文化的主要内涵，则中国文化史当以儒学为首要地位。20 世纪文化人类学着重在各民族间考察艺术风格、神话及礼仪类型、亲属关系等文化因素，艺术风格与神话的文化因素近于道家，礼仪类型、亲属关系近于儒家文化。然而，中国文化与世界其他各国文化最大的不同，在于它的礼制文化——从殷周之际开始建构的相当完整的礼制体系及其文化。中国儒学从孔子到朱熹以后，无不维护礼学的正统性，以维护礼制文化这一重要特点言，儒

---

① 此文后发表在《中国文化研究》1995 年第 2、3 期。

家是中国文化的主导者。儒家不仅在中国文化史上居于主导地位，在伦理学史上更居于主干地位。伦理学正如逻辑学、美学、宗教学等，是哲学的分支，它研究什么是道德上的善与恶、是与非。它的任务是分析、评价并发展规范的道德标准，以处理各种道德问题。伦理问题，有时成为哲学的重要关注对象，有时处于哲学的边缘部位。它在哲学中，并非主体。从西方哲学看，形上学（宇宙论和本体论）是主体，从中国传统哲学看，宇宙论和人生哲学为主体。就宇宙论和辩证思维方法而论，"道家主干说"当无疑义，至于人生哲学则孔孟思想远逊于老庄。中国哲学固以道家为主体，至于文学史、美学史、艺术史，则道家思想更具灵魂性的重要地位。

为此，他分析了哲学与中国哲学的特质。"哲学"是近代从西方翻译过来的名词，在中国古代并无这门学科的名称和特定的研究范围。德国哲学史家文德尔班称："哲学是对宇宙观、人生观一般问题的科学论述"，"哲学史，作为体现人类对宇宙的观点和对人生的判断的基本概念的总和"。上述定义也适用于中国哲学。中国哲学之所以能被称为哲学，就在于它与西方哲学有共同之处。这表现在它们研究的问题、对象及在诸学术中的位置等。从哲学对宇宙人生作整体性思考和根源性探究这一角度看，先秦哲学唯独道家能担当这一重要角色。哲学不等同于伦理学，将中国哲学视为"伦理型"，把中国哲学的原貌狭义化了。

但中国哲学与西方哲学有显著差异。西方哲学一般从科学的洞见中提供宇宙观、人生观的理论基础，并在形上学中探索哲学的核心。中国哲学则把宇宙看成人生的背景，通过对现实人生的系统反思，建立人生哲学。从形态上看，中国哲学以天人之学为主，包含形上学的内容。西方哲学自始与科学紧密结合，而中国哲学自先秦诸子始，无不与人类的处境为终极关怀，因此中西哲学有着十分不同的进路，最显著的莫过于西方主流哲学的两个世界之说及主客体的二分对立。李约瑟对中国古代的科技与道家有专门的研究，他认为在中国占主导地位的哲学是道家哲学。当代中国学人如方东美对中国先哲视人与自然、整个宇宙为一相依互涵的有机系统极尽赞赏。

熊十力亦认为："若西学唯心唯物之分，直将心物割裂，如一刀两断，不可融通，在中国哲学界中，确无是事。中国人发明辩证法最早，而毕竟归本圆融。"所谓"发明辩证法最早……归本圆融"，正是以老子为代表的道家。总之，西方哲学是"超自然形上学"，中国哲学为"自然宇宙观"。在宇宙观上突出自然特性，是道家特色。中国的宇宙观创始于老子，为庄学与黄老之学等道家各派所发展，而孔孟思想在宇宙观方面一无建树。

在先秦哲学史上，还有许多更为根源性的问题也由道家提出并试图解答。如表象与实在的问题，《庄子》就以"迹"和"所以迹"来讨论。儒家之被视为文化的表层结构，而道家被视为深层结构，就在于前者仅着眼于世象（"迹"），而后者深入探讨其"所以迹"，儒家关注政治伦理问题，止于"迹"，道家关注哲学问题，着意于"所以迹"。所以陈氏认为自人生哲学而言，在生命究竟意义的探讨或人生境界的展现、提升上，老庄思想远非政论之作的《论》《孟》所能望其项背。至于中国的形上学，道家居于主体地位则少有争议，宇宙论和本体论皆为先秦道家所开创并完成体系建构，其后又不断地影响历代儒家。历代儒家在哲学思想上可谓无尽地取之于道家。

陈氏又从以下几个方面具体阐述了"道家主干说"的内容：第一个方面是道家的思维方式成为历代中国哲学的主要思维方式。由老子开创的道家思维方式，可归纳为四种：一是对反的思维方式，二是循环往复的思维方式，三是天道推衍人事的思维方式，四是天地人整体性思考的思维方式。这四种又可归约为两个原则，一是推天道而明人事及天地人一体观，一是对立及循环观。老子最早系统地提出来的上述思维方式，后来广泛影响其他各家各派，从而成为先秦哲学史上主要的思维方式。它对后代哲学体系的影响，更是至深且巨，乃至成为中国思维方式的象征。

第二个方面是从道论看哲学的主干地位。中国哲学的特色就思维内容言，莫过于道家老子提出的道论。冯友兰认为中国传统哲学最重要的问题是"为道"，以求提升心灵境界。为道是对道的实践，是道论的一个部分。道论即关于道以及道和万物关系的理论。老子认为道是万物之本原及依据，道是无形的，但其运动可以表现出一些法则，为万物所效法。道论中有关道体的论述及万物生成论等部分相当于西方哲学中的形上学（本体论及宇宙论）。因此可以说，老子开创了中国哲学中的形上学传统。老子是中国哲学的开创者，他在中国哲学史上第一个提出道论的主张，并为道家各派所发展，自战国中后期为稷下各学派普遍接受，成为其后千年来中国哲学最核心的部分。

陈氏认为，道家的道论也包括对社会及人生的思考，包括社会政治哲学、养生理论、精神境界理论。社会政治哲学是老子思想的中心，是整个道家思想的重心。它是关于统治方法的探索。老子从道论出发，提出了无名、无欲、无为等原则，后来黄老学派进一步发展，提出君无为而臣有为、综合刑名等原则，对法家发生影响。养生理论是道家思想的一个部分，肇始于老子，后被黄老学派发展，强调形神、魂魄的和谐配合，以保持生命之长久。一些养生原则如虚心、寡欲等，也是治国的原则。精神境界理论是中国哲学的一个特色内容，它涉及人心对世界的态度及由此而达到的心理状态。在先秦，精神境界的问题最早由道家提出。老子多处讲得道者的状态，用混、沌来形容，庄子概括为"天地与我并生，万物与我为一"的境界。

第三个方面是关于先秦道家各派的内圣外王之道。陈氏认为道家的道论不仅开创了中国形上学传统，也开启了中国的人生哲学。人生哲学的一个内容，是成就"内圣外王"的理想，首先提出内圣外王理想的是道家。在道家人物派别之中，彼此的思想颇为分歧，但都共同推崇作为万物本原的道以及主张自然无为之说。先秦道家三大派别老子、庄子及稷下黄老道家，在内圣外王的理想上，有着不同方向的发展：老子偏重在外王之学，即所谓"人君南面之术"，也略及内圣之道；庄子偏重于内圣之学；黄老在外王上有较大的发展，也兼及内圣之学。

陈氏认为《老子》第十章的"载营魄抱一，能无离乎？专气致柔，能如婴儿乎？涤除玄鉴，能无疵乎？爱民治国，能无为乎"说的正是内圣外王的基本内涵。第五十四章则表述了内圣外王的架构："修之于身，其德乃真；修之于家，其德乃余；修之于乡，其德乃长；修之于邦，其德乃丰；修之于天下，其德乃普。故以身观身，以家观家，以乡观乡，以邦观邦，以天下观天下。"这是由身开始，而从家、乡、邦以至天下，一层层推展，是由内圣到外王的发展途径。老子关于外王有许多说法，如："治大国，若烹小鲜"，"其政闷闷，其民淳淳，其政察察，其民缺缺"，"大者宜为下"，"清静为天下正"，"以正治国，以奇用兵"，"飘风不终朝，骤雨不终日"，"柔弱胜刚强"，"功遂身退"，"功成而不有，衣养万物而不为主"等。在"爱民治国"的课题上，老子提出"无为"的原则，目的是消解治者的专权与滥权，给予人民有较多的活动空间。由道的无为落实到人生政治层面，老子提出"我无为而民自化"，用无为、无事、无欲来限制统治者的权力欲望，同时主张人民的自化、自正、自富、自朴，给人民较为宽松的生存空间。

之后陈氏分析了黄老之学的内圣外王之道、庄子的内圣外王之道等，说明了自老子发端的道论及内圣外王之道，在后来道家学派中得到不断深入与发展。另外，他还从典籍文献论证了"道家主干说"：《庄子·天下》为先秦最早的"道家主干说"作品，其中把道家的学说奉为最高。司马谈《论六家要指》，是两汉最早的"道家主干说"之作，其中也把道家学说视为最全面的。另外，属于百家争鸣总汇的《管子》及先秦时代总结的《吕氏春秋》，也都以道家思想为主体。又如《汉书·艺文志》列举各家各派的著作书目，道家文献著录37家共993篇，为诸子之冠。陈氏还认为中国古代的哲学经典"三玄"（《易》《老》《庄》）属道家系统之作，为此他还专门撰写了《易传与道家思想》一书，进行专门的论证。再从出土文献看，道家思想也居于主导地位。他在《黄帝四经今注今译》中指出，沿着《黄帝四经》—《管子》四篇—《尹文子》—《慎子》—《鹖冠子》及《文子》的线索，可以清楚地看到黄老之学发展的脉络及其在战国中后期之为显学的地位。因此他总结自己的看法，有如下几点：

一，作为中国哲学之父的老子是本体论、宇宙论的第一位建构者，老子所提出的道论不仅仅是道家各派的最高哲学范畴，也成为整个中国哲学史各家最主要的范畴。由老子系统性建立的辩证法思想体系成为中国传统哲学的基本思考模式，由人事以鉴天道以及托天道以明人事的一隐一显的双回向的思考方式也是由老子开创的。老子还提出了一系列的重要哲学概念，如：道、德、无、有、虚、实、动、静、常、变、损、益、自然、无为、阴阳、无极、抱一、混朴、恍惚微明、玄、妙、一、同、象、精、观、复、明、隐、和、冲，都成为中国形上学、自然哲学的重要范畴。

二，庄子将老聃的形上之道赋予无限性、自由性与整全性，并融入其人生哲学的系统中。庄子所开创的内圣之学决定了整个中国哲学的主要性质和方向，成为中国哲学的主要内涵。

三，由先秦至魏晋，道家在哲学上的主导地位是明显的，其影响一直延伸到宋明，宋明理学中随处可见老庄思想的投影。宋明的理学（或道学），从理论系统的建构到哲学思想的内核，都未脱老庄的窠臼。理学之"理"或道学之"道"正是作为万物本原的老庄之"道"。理学讨论的重要范畴如道、无极、太极、阴阳、动静、性命、主静、顺化等，都与道家、道教密不可分。

陈氏以老子思想的研究为基点，旁涉先秦诸子各家各派以及整个中国古代哲学史的演变过程，在整体对照中研究道家哲学在中国古代哲学发展史上的地位与影响。他所提出的"道家主干说"具有重要的意义，对于研究老子思想的学者，确能拓宽视野，以观察老子思想的深度、厚度和广度。

五、郭齐勇论老子之道

郭齐勇（1947—　），湖北武汉人。武汉大学教授。著有《中国哲学史》《中国儒学之精神》《现当代新儒学思潮研究》《中国哲学智慧的探索》《中华人文精神的重建》《儒学与现代化的新探讨》《熊十力哲学研究》等。

刘笑敢撰有《老子之道：关于世界之统一性的解释》[①]一文，把哲学界关于老子的道的认识归纳为四类：一为本体或原理类，如胡适认为老子之道是天地万物的本原，冯友兰认为道是天地万物之所生的总原理。二为综合解说类，如方东美从道体、道用、道相、道征四个方面阐述了道的意蕴。三为主观境界类，以牟宗三为代表。四为贯通解释类，认为老子之道贯通了存有与价值。在此基础上，郭氏撰《试说老子"道"论的生态观》[②]，重点阐释了他对老子的道论的理解。

文章先从两个方面来论证老子的道是什么概念。

第一，郭氏认为道是天地万物的终极本原，同时又内在于万物之中。因为老子首倡道的生生之功，强调道作为万物之母的地位，体现了道的宇宙本根含义。如说："有物混成，先天地生。寂兮寥兮，独立不改，可以为天下母。吾不知其名，字之曰道，强为之名曰大。大曰逝，逝曰远，远曰反。"其中所说的"物"只是一个抽象指代，表示有那么一个真实的存在，而非指具体的形象或形状，这个物的特征是"混""先""独""无名"。"混"意味着没有分化，没有任何具体的形状，超越人的感觉经验，因而本不可名，道作为天地万物之本根，是老子的形上设定，这个本原非感觉经验可以描述，他所使用的词汇都是不可表达具象，如"寂""寥""冲""渊""湛""恍惚""冥"等。"独"则意味着无对，是自本自根的存在。这个混成之物又可勉强名之曰"大"，"大"即"太"，亦即初始之义。这个万物之本根，通过分化而生生不息，永不匮竭，绵绵不断地产生了现实经验之物，作为万物本根的道，确实不是现实的实体性存在物，而是基于天地万物终极本原的一种推求，故曰"逝"曰"远"，即本根是终极的存在，而非经验物的存在。但经验之物不管如何演化，始终都是本根之道的现实分化结果，而本根之道又以一种"反"的方式在当下之物中呈现。

[①] 见《道家文化研究》第十五辑，三联书店 1999 年版。

[②] 见《道家道教与生态文明》，华中师范大学出版社 2015 年版。

综此可知，道首先是天地万物之本根，是一种终极本原，但道同时又内在关联着当下存在物，贯穿古今始终，没有时空的限制。故老子曰"执古之道，以御今之有，能知古始，是谓道纪"，意即把握古代的"道"，驾驭当下的现象世界，能推知万物的本原，这就可以体认道的规则了。

为阐明道生万物的方式，老子用各种比喻来说明之，如"道冲，而用之或不盈。渊兮，似万物之宗……湛兮，似或存。吾不知谁之子，象帝之先"，"谷神不死，是谓玄牝。玄牝之门，是谓天地根，绵绵若存，用之不勤"，"天地之间，其犹橐籥欤？虚而不屈，动而愈出"。"冲""谷""橐籥"，都有中空之意，可知道以空虚的方式生成万物，唯其虚，所以不竭，因而才能永远存在并具有神妙莫测的功能。

而关于道生万物的过程，老子也有说明，如"道生一，一生二，二生三，三生万物，万物负阴而抱阳，冲气以为和"，"天下之物生于有，生于无"。郭氏认为这里的说法体现了道生万物的两个不同的层次，一是宇宙生成论层面的生，一是存在论层面的生。生成论方面的生，表示道产生原始混沌的气体，原始混沌的气体又产生阴阳两气，阴阳两气产生中和之气，中和之气产生万物。万物各自具有阴阳二气，阴气阳气相互摇荡就成为和气。"和"是气的流通状态。道在展开、实现过程中，生成长养万物。从宇宙生成论的角度看，个体事物的成立有一个过程，如气化、凝聚的过程。在这个生成过程中，万物以气为本质内容，其形成过程由简而繁，前后相续的几个"生"字表明了万物的共同起源。存在论方面，老子借助"有"和"无"，从更抽象的层次阐述了道生万物的关系。通行本作"天下万物生于有，有生于无"，楚简本作"天下之物生于有，生于无"，两本的文字之差，在哲学解释上差别甚大。

他认为从生成过程论的角度看，道是万物之本根，而道统有无的说法则是一种存在论。老子之道是生成万物的超越根据，它涵括了"无"与"有"之两界、两层，就道体言，道是无限的真实存在实体，就道用言，道周溥万物，遍在一切之用。这就是方东美说的

"道之全体大用，在'无'界中即用显体，在'有'界中即体显用"。有界是相对的现象世界，无界是超越的精神世界、绝对的价值世界，相对的有与绝对的无相互贯通。由此，生表明了万物存在的根据，这种根据正是通过有与无在道与物之间建立的。

因此，郭氏认为，道对万物的生，不能简单地理解为经验世界中的生育或生成，道与万物不是母子关系，所以老子说"吾不知谁之子"。老子对天地万物之本原不断推求，而提出了道的观念，表达了道作为天地万物之根源的认识。

第二，郭氏分析了道如何成为天地万物的现实存在根据的问题。他认为老子用各种形象进行比喻，可知道不是独立于物的实体性存在。老子以各种经验物象来比拟道，如水、母、朴、婴儿、赤子、根等，但老子也明确指出道是"无状之状，无物之象"，不能具象化。因此要理解老子的道，必须对经验物象进行提升，不能以老子借用的象来框住道。

道作为天地万物的现实存在根据，是因为道与万物一体相融。老子认为道作为天地万物之本根，其自身是完满的、永恒的、永不匮竭的，故曰："道冲，而用之或不盈。"道既是天地万物之根源，同时又内在于天地万物之中，老子曰："大道泛兮，其可左右。万物恃之而生而不辞，功成不名有。衣养万物而不为主，常无欲，可名于小。万物归焉而不为主，可名于大。以其终不为大，故能成其大。"又曰："譬道之在天下，犹川谷之于江海。"

"泛"字表明道如水一样，周流六虚，无所不盈，万物恃之而生，却不能脱离它而独存，道存在于天下，就好比川谷最终与江海贯通。道既是天地万物之母，又在现实天地万物之中，这是道的一体融贯性。

通常认为有一个先在的作为宇宙本根的实体之道，然后才有天地万物，或道生天地万物，又屹然独存，这是误将老子之道独立化，将道与物割裂为两截。这种解读，与老子的言说方式有关，因为老子常言"有物混成，先天地生"，"独立而不改"，"道生一"，另一方面则与人们的经验思维有关，将老子说的母子之喻具象化。

他认为老子推求天地万物之终极本原，设置道为天地万物之本根，因而发展了宇宙生成演化的思想。又通过静观万物演变，老子发现宇宙间事物之变化的背后有着一以贯之的根据与通则，此一根据就是终极本根之道在当下存在物中的呈现，是事物存在的根据。所以，道的宇宙生成论与存在论共存于老子的思想中，终极本原同时又是现实根据，终极本根之道又是人类安身立命的价值原则。

道在本质上不可界定、不可言说，但道不是一个抽象的共相，而是一个流转与变迁的过程。大道周流于万物之中，在循环往复、不断返回本根的运行中，实现有形有象的器物世界，即"有名"的世界。道是有名与无名、流变与不变、整体与过程的统一。因此可以说老子之道是有与无、神虚与形实的整合，有指有形、有限的东西，指的是现实性、相对性、多样性，而无则指无形、无限的东西，指的是理想性、绝对性、统一性、超越性。

这样，他把老子的道理解为万物的终极本原和现实根据，道与万物有密不可分的关系，既有生成的关系，又有存在的关系，是有界与无界的统一性本根，涵盖万物的现实性、相对性、多样性和理想性、绝对性、统一性。此外道又是万物（包括人）的价值原则。总之道不是一种抽象的共相，而是万物的根本之源与终极之根据。

之后郭氏又解释了老子所说的天道。他认为老子论道，既有形上的探求，亦有形下的考察，既然本根之道内在于经验之物中，则道就是天地万物自身存在演变之道，因而老子常用"天道"或"天之道"的说法。"天道"一词出现得很晚，直到周人才开始使用，如《左传》中说的"天道远，人道迩"，但这种天道指天象运行规律或人生吉凶祸福规律，受原始宗教和占星术的影响很深，所说的"天"还带有主宰性、神秘性。老子说的天道，"天"指代天地万物，是一个总括名词，代表一种自然的存在物。老子的这种天道观，取消了天之道德意义，也取消了唯心的意义，他的"天道"表明此"道"是天地万物自身之道，即自然之道，将天地万物自身的生存演变之道尊奉为宇宙的最高规范，同时蕴含了作为万物之一的人有充分的主体性与自由。

老子以"天"来修饰道，仍然有超越的、至上的意蕴，表达了对自然界内在规范与秩序的尊重。而且老子已将"道"提升为抽象的哲学概念，再加上"天"的观念，"天道"就成了天地万物具体存在状态所呈现的各种规则与秩序的抽象概括，这是老子预设的完美的应然秩序，是最高的原则。

他又指出，道在天地万物中的本然呈现效果，与在人类社会中的现实状况相差甚远，前者体现得完美无缺，后者则大道废弃，秩序失衡，所以老子常将"天道"与"人道"对照，这表明圣人之道与天道秩序保持了一致，又以天道原则批判人类社会中践踏天道、秩序失衡的现象，可见老子的天道不仅是一个规范性概念，又是一个价值概念，是人类行为的最高价值原则。这一价值原则体现在天道是至善的、公正无私的、不容违背的。"天地不仁，以万物为刍狗"，这是说天地万物只是按其本性生存发展，并没有人的道德情感在其中，这就是"天道无亲"，公正无私，不偏不袒。作为自觉的存在者，人类只有通晓天道并在现实中遵循天道秩序，能"容"能"大"能"公"，才能实现天人之间的和谐共处，人类才能真正地安身立命，长生久视，相反，违背天道，则亡生失性，"不道早已"。老子之天道观根源于整体的世界观，笼括天地，范围万物，可知，天道作为宇宙生存的法则，是一切存在者的共同价值原则。

郭氏对道的论证，是放在道与万物（包括人）的关系上来展开的，所以他把老子的道视为生成论、存在论和价值论的三者合一，而且最终在落实到万物与人的事务上面，不是没有根的空头哲学。这样的论证，对于理解老子的道，是有重要启示意义的。

六、王博对老子哲学的解读

王博，北京大学哲学系教授。著有《无奈与逍遥——庄子的心灵世界》《老子思想的史官特色》《易传通论》《庄子哲学》等。

王博《权力的自我节制——对老子哲学的一种解读》① 一文是对

---

① 见《哲学研究》2010 年第 6 期。

老子哲学进行政治哲学的解读，主要探讨节制权力的问题。王氏强调，以老子为代表的道家从整体上被汉代学者概括为"君人南面之术"，这是符合思想史的事实。所谓"君人南面之术"并不是适用于君主和臣子之间的权术，而是君主治理国家的根本原则、态度和方法，其中包含了政治哲学要处理的许多内容，如权力的使用及节制等问题。西方哲学史学家罗素在其所著的《权力论》中提出，节制权力的问题很早就已存在，道家认为这个问题是无法解决的，因而主张无为；儒家相信通过某种伦理的和政治的训练，可以使掌权者成为温和仁爱的贤人。

王氏认为，罗素所谓道家无法解决权力节制问题的说法是不对的，因为道家无为的真谛正是对于权力的节制，不过是采取了自我节制的方式。权力问题一直是思想家所关心的重要问题，他们的思考让我们懂得，权力的不可或缺并不意味着权力可以随心所欲地行使，与权力的出现同时，有关驯服或节制权力的思考就在展开。在中国古代，最早的限制因素是天，象征权力的王在天面前必须保持谦卑，是这一思想的要点。《尚书·洪范》记载了中国古代的政治原则，即"天—人共治"的权力结构，但已将庶民列为其中的一项，使之成为节制权力的因素之一。这是非常重要的，因为人类政治的权力关系主要体现在君主和庶民之间。老子的史官身份以及相关的特殊经验，使他对于政治及权力的问题给予更多的关注。老子说话的对象不是普通的庶民，而是拥有权力的天子或侯王。《老子》中处处体现着侯王中心的思考方式，"圣人"或"侯王"出现在很多章中，但这不是说老子眼中只有侯王，其书中也大量出现"民"或"百姓"。这意味着，侯王必须在与民或百姓的关系中确立自己的存在形态。换句话说，侯王不是绝对的存在，在他之外，还有作为他者的百姓。王氏认为，意识到对方的存在，就意识到了自身的边界。他者就是限制，关系就是限制。因此，权力节制的问题包含在《老子》的思想之中。现实世界是侯王和百姓分享的世界，二者必须保持一种相对的平衡，以维持权力的稳定要求。既有这样的深层内容，就使老子的哲学成为关于权力的哲学，包括关于权力的根源、使用、节制等方面的问题。因此《老子》中一系列重要概念都可以也必须在与权力的关系中加以理解，如无为、自然、柔弱、刚强、道、德等。这样理解，其实正合乎汉代人以老子及道家为"君人南面之术"的概括，并能够突出老子对政治问题的强烈关注。

在现实世界中，权力借助于人间的王得到体现，老子对此有充分了解，故说："道大、天大、地大、王亦大。域中有四大，而王居其一焉。人法地，地法天，天法道，道法自然。"王为四大之一，另外三大是道、天和地，因此这段话中包含着对权力的肯定和限制。就后者而言，王必须仰视地、天和道，并效法它们。因此，《老子》中经常将道、天地与圣人或侯王加以对照，这说明老子关注的是侯王、圣人拥有的权力及权力如何使用。权力的使用不能是任意的，必须遵守某些原则，老子是要把权力纳到道的规范之下，道扮演了权力驯服者的角色。王氏认为，老子有这种思想的理由是因为老子认为天地万物产生于道，因此道对于万物足以成为一切权力的模范。根据第五十一章所说，可以看出：道对万物是生之畜之长之育之的，道并不随意对万物发号施令，而是让万物各自自然活动，道也没有因创造或生养万物而有主宰它们的主观意志，万物因此对道尊而贵之。

王氏指出，这就是老子规定的有关权力道德的范本，即权力首先是生畜长养万物或百姓，而不仅仅面向自身和服务自身。这表示权力的第一原则是施与，所以第四十一章中说："夫唯道，善贷且成。""贷"就是施与，"成"便是成就。在施与和成就之中，道显示出它对世界的价值和意义。在施与的基础上，权力的合法性才能建立起来。由此出发，在权力的施与外，节制成了另一个核心内容，因为只有节制才能够保证施与。在老子的思想中，侯王与百姓是同时并存的，这就导出了权力节制的问题。施与和节制原则的结合，就是老子的"玄德"，其内容就是"生而不有，为而不恃，长而不宰"，这意味着创造而不是占有，成功而不居功，引导而不主宰。这是《老子》给权力规定的"道"和"德"，而权力的施与和节制最终是有利于君主的。

王氏认为，老子所谓的道德就是王的道德、权力的道与德，而权力只有合乎道德才是正当的。王氏又分析说，老子思想中，与权力节制有关的是无为和自然。这两个词汇必须放在有关权力的思想中，才可获得清楚地理解。而无为是道和圣人或侯王的性质，自然的主语则是万物或者百姓，这是二者的差别所在。道因其无为之德而保证了万物的自然和主体性。这种道和万物关系的思想，是要让万物的自然转变为百姓的自然，道的无为转变为君主的无为。无为在这个背景下成了权力最重要的道德，可知无为就是权力的自我节制。因此，老子提倡的无为政治就是君主无心的政治，就与百姓的关系言，它是某种不干涉主义。

王氏在论述老子思想中的权力问题时，还涉及自知与自胜、爱与宽容（包括玄同、慈）等问题，其实这都是老子自然无为思想的内在内容。王氏把老子思想中的某些不为人们注意的问题加以揭示，是对于老子思想研究的新启示，值得注意。

王氏还撰有《老子思维方式的史官特色》[①]，是他的博士论文。上篇为老子思想探源，分为如下的问题：一是老子与史官的关系，二是太史之职掌对老子思想的影响，三是史官思维的一般特征及其在老子思想中的体现，四是老子思想的民族背景，五是老子思想的神话渊源，然后根据老子哲学分析中西哲学的差异。下篇是老子思想研究，包括如下内容：一是老子的道的意义，二是老子关于道与物的关系，三是作为君人南面之术的老子治国思想，四是老子的治身思想。附录部分探讨了马王堆《老子》乙本卷前古佚书的相关问题，如古佚书的书名、成书年代、产生地域等，又考察了《黄帝四经》的思想及其与老子思想的关系。王氏在文中重点论述了老子思想的道与史官背景的关系，以及老子思想中的史官思维方式。史官思维方式的问题较少有人关注，值得重视。

王氏认为从思维方式角度看，史官由于其职掌的关系，在工作中形成了一些稳定的思维特征，比较明显的有：推天道以明人事、

---

① 见《道家文化研究》第四辑，上海古籍出版社 1994 年版。

辩证思维、以侯王为中心的思考方式，这些思维特征在老子哲学中都有体现。关于推天道以明人事的思维方式，他认为这种思维模式特征与史官的职掌有关。古代史官观察天道，并不是纯粹的自然科学，而是和人事紧密联系在一起的。一方面是为了制定历法，敬授民时，为人们的农业生产和日常生活服务，另一方面，是为了占卜人事的吉凶、国家的兴亡，是占星术的内容。这两个方面的共同点是人事必须顺从天道。这种工作性质使史官形成了把天道和人事结合起来进行思考、并从天道推明人事的习惯。这种习惯，在《易经》卦爻辞中已有表现，而根据各时期的史官活动的相关记载，也可看出这种思维习惯，如《国语》《左传》中都有此类记载。这种思维特点也被老子继承，体现在老子的思想中，所以在《老子》书中，经常可以发现从自然现象推论人事的例子。老子又把这种思维特点建立在一个系统理论之上，即以道为整个世界——包括自然界和人类社会——的本原和依据，为自然现象和社会现象的统一奠定了理论基础。

关于辩证思维，他认为史官在长期观察自然现象和社会现象的基础上，对事物内部的矛盾及矛盾运动推动事物变化，都有一定认识，从而使其思维呈现出辩证性的特点。史官思维的辩证性，在老子这里得到了进一步的发展与系统化。在《老子》中，随处可见关于对对立统一现象的说明。在老子看来，世界上对立以及对立面之间的相互依存、转化是永恒的，人们应善于从一个事物的对立的一面来把握该事物，来寻找它的根源。老子不仅承认天下万物中矛盾的普遍性与必然性，而且把这种思想引入对万物本原——道的理解中。在老子看来，道也包含两个对立的方面：无名和有名，而且这两个方面也是互相转化的，它们的转化就构成了道的运动，故说"反者道之动"。在对矛盾现象的揭露和运用方面，老子是先秦的大师，这也和他做过史官有关。他又提出，史官的辩证思维，还有一个重要特点，即强调对立面之间的平衡与和谐，而不是冲突和斗争。如伯阳父重视阴阳有序，老子说"万物负阴而抱阳，冲气以为和"，史伯的"和同之辩"，都强调不同事物的结合，结合的结果也是

"和"，即"和乐如一"，"和之至也"。老子也很推崇"和"，除"冲气以为和"外，还说"和之至也。知和曰常，知常曰明"等。

关于以侯王为中心的思考方式，也是理解老子思想时特别重要的问题。王氏认为史官之职为天子及诸侯所设，其重要任务是当好王公诸侯的参谋顾问，从《左传》《国语》所记的史官事迹看，基本上都和周王、各国诸侯或重要的卿大夫有关。史官能成为王公大人的参谋和顾问，与其懂得阴阳天时礼法以及丰富的历史知识有关。这种工作特点，再加上历史条件的限制，使史官们形成了以侯王为中心的思考方式，一方面，他们思考和服务的对象主要是侯王，另一方面，他们认为侯王是国家治乱与否的关键，这是史官们的共同信念。史官思考问题以侯王为中心，但他们并不是侯王的代言人。史官由进谏渐渐发展出社会政治批判意识，这表现在对弑君之类问题的看法上，也表现在以民为本以及关心民之疾苦的问题上。史官的这一特点在老子思想中也有体现。《老子》书基本上就是为侯王提出长生久视、长治久安之道。高亨在《老子正诂》中指出：老子之言皆为侯王而发，其书言"圣人"三十许处，皆有位之圣人。言"我"言"吾"者十许处，皆侯王之自称，而非平民之自称。"上善、上德、下德、上仁、上义、上礼、善道者"等，皆侯王之别称，而非平民之别称。所谓"为天下谿，为天下谷，为天下贞"等，皆侯王之口吻，而非平民之口吻。故《老子》书实为侯王之宝典，《老子》哲学实为侯王之哲学。王氏认为高亨的这种看法非常正确，而包括老学在内的道家在汉代被概括为"君人南面之术"，也非偶然，因为老子的思想确是以侯王为中心，为之提供治道的。不过，老子同样不是侯王的代言人，他继承了史官的谏议传统及由此发展出来的社会批判意识，批判侯王们的享乐生活，表现出对民生疾苦的关注。

总之，王博对老子思想的史官特色的研究很有意义，有助于更全面且深化地理解老子思想，值得人们关注。

第三节　其他学科多元阐释

在进入改革开放时期以后，人们关于老子思想的阐释与研究从多个学科积极展开，不再局限于哲学的阐释，因此呈现出丰富多彩的多元化的兴盛局面。这表示学术界对于老子思想的研究进入到新的阶段，而这些由不同学科角度所进行的老子思想的研究，也使人们对其的理解更广更深。

一、老子思想与生态问题

随着中国改革开放的不断进展，中国的经济得到了极快极大的发展，但也对环境造成了一定的破坏与影响，于是人们开始注意生态的问题，并在研究老子思想时与生态问题结合起来，从而形成了老子生态思想的研究。以下根据近年来人们发表的相关论文以及若干著作中的论述，来看人们如何从解释老子的相关思想入手，来分析这一问题的。

1. 郭齐勇《试说老子"道"论的生态观》

此文的第三部分，阐释了老子的生态观与环境伦理思想是其道论及天道观的题中应有之义。

郭氏认为老子的道是完满的、至善的，且与天地万物是一体融合的，老子的天道也是至善的、公正的，是人的行为的最高价值原则，这样，老子道论的生态观就有了依据。郭氏引蒙培元在《人与自然——中国哲学生态观》中的看法，指出："在老子看来，人的目的应当与道的自然目的性完全合一，这才是'法自然'。'道法自然'的根本意旨是'人法自然'，但人与'自然'绝不是外在的关系，而是'自然'内在于人而成为人的生命法则………人与'自然'完全合一，这就是老子的'天人合一'之学。因此，老子的崇尚'自然'，并不是主张回到自然本能，也不是提倡完全的自发状态，而是反对人的主观目的性。"蒙培元又指出："'自然'是人的最本真的存在，也是人性的基础；同时，'自然'又是人生的最高目的，也是'天人合一'境界的最高体现……人性之自然……最重要的两点：一是素朴性，二是无私性。"因此，蒙氏认为老子道论是主张"善待万物，和谐相处"和"知足寡欲的生活态度"，这都是与生态观有关的思想。郭氏又引王泽应《道家生态伦理的现代价值》中的看法，认为道家物我为一的整体观念、知常知和的平衡思想、知足知止的开发原则以及热爱自然的伦理情趣，都具有生态意义。还引了叶海烟《老子的环境伦理观》对老子环境伦理思想的看法："老子的环境伦理以其机体主义为轴心，向等同于生活世界的天地作兼具'开放''回归'及'超越'的行动。而所谓'返本复初'并不是无意义的循环运动，也不是对社会进化予以否定或作任何的撤退。生而是，是而有，有而在，此一历程全在自然与自化的广大意义中，于是老子之照应环境即以尊生重德为准则，其慈俭之道与今日之环境主义者或生态论者所提倡的反人类中心之思维，同样具有公道原则与正义精神，而这对偏狭的人文发展及所有以实用取向为唯一关切的自利主义者，自是当头一棒。"

郭氏根据蒙培元等学者的论述，认为老子的生态观与环境伦理思想有四方面的要义：一，道法自然，天地一体。二，尊道贵德，朴散为器。三，我有三宝，知足寡欲。四，以天下观天下。

所谓道法自然，天地一体，是因为老子强调宇宙的整体观与生命观。道是超越的、绝对的，又是宇宙万物的生成原理与实现原理，可知老子认为天地万物与人都是道的生命的展现，又与道同体。自然是无为之本，无为是自然之末，自然是人类生命的源泉与生存发展的依据。人只是天地万物之一种，人与天地万物的生命是流动的整体。人的目的与自然的目的不相对立，人要师法、学习自然，并终要回到自然，复归初始的道，即回到人的本真状态，而不是孤悬在道与自然之外、之上，也不是征服、占有、掠夺、榨取自然。天地作为人类生存的整体环境，有超出一般宇宙论的意涵。在道的统帅下，人与自然的内在关联具有神圣性，其背后有"玄之又玄"的形上超越层面与"和其光，同其尘"的生命智慧。

为说明这一思想，他引用了成中英在《中国哲学的四个特性》中的说法："中国哲学大部分认为自然是一种不断活动的历程，各部分成为一种有生机的整体形式，彼此动态地关连在一起……由于中国哲学自然主义的此种生机性质，因而在了解自然和实在一事上，就常常应用到生命一词……虽然有许多哲学家允许在主体和客体、物体和精神之间有一分辨，中国哲学家却认为其中的关系是一种自然的相应，互为依藉和补充，在互为依藉和补充以及自然的相应中，就成就和保存了生命与理解。"这表明人类不能外在于这一生机洪流，而恰恰是生存于其中，因此，背离老子智慧的近代西方科技文明形成的人类中心主义是极为荒谬的，它给人类与中国带来的灾难日益显露出来。

关于尊道贵德，朴散为器，郭氏认为老子虽然强调各物自身的价值，但从道的视域看，各物都包含在道中，是道的显现，各物的价值随着道的运行而彰显。从这个角度，就可以肯定万物自身内在的价值与存在的意义。老子所说的德就是得，道即是朴，朴散而为具体存在的器。万物都是道之所生，德之所畜。德即内在德性，或曰万物之性。在这个意义上，万物中的各物不是只有被人所用的取用价值，还有自身价值，与人类中个人一样，不只是工具，还是目的。所以《老子》中强调"自均""自化""自正""自富""自朴"，都是有深意的。老子的无为之治，不仅是社会人事治理的自治智慧，而且是天地万物的和谐之道，含有各物类共生的有差别的统一的和而不同之意。肯定万类万物之自性、自身价值，这是今天生态思想与环境伦理的重要内容之一。

关于我有三宝，知足寡欲，他认为老子强调人对自我的反思与约束。因为人类欲望的膨胀，给万类万物的生存造成极大的危害，所以老子提倡慈、俭、不敢为天下先，不仅是人的道德，也有生态学的意义。而且老子讲求长生久视，所以人的生命的长久，人在社会生活中的长久，及与万类共生的长久之道，都要求个体、群体与类的人应自省、收敛，不能沉溺于声色犬马等物欲的追逐之中。同时，老子还警惕、批判知识、知性的膨胀。因为人类逞知识、知性加上穷奢极欲，破坏了生态平衡，给今人及子孙万代的栖息带来严重的负面影响。所以在今天思考老子的智慧，就可看出这是对人性反思的智慧，这也是今天生态科学与环境伦理特别强调的一点。

从以天下观天下的角度看，他认为老子的智慧是开放的、无私的。老子有对天地万物的整体的维护与关怀，这是一种生命体验，来自于对宇宙的"观法"。《老子》第五十四章说："修之于身，其德乃真；修之于身，其德乃余；修之于乡，其德乃长；修之于国，其德乃丰；修之于天下，其德乃普。故以身观身，以家观家，以乡观乡，以国观国，以天下观天下。"郭氏认为这说明老子超越了主体性，肯定各类各物的生命与人的生命的共存共生，而人则应当修德，通过修德和谐身、家、乡、国、天下。人应有平常心与平等心，将心比心，以己度人，从看待自己个人到体悟、观照、对待别人，如此类推，以对待自己的家、乡、国、天下去体悟、观照别人的家、乡、国、天下，这是中国式的沟通理性与沟通智慧，由此而走出自我，走向他者，最后走向道。这就是老子提供给今天生态学与环境伦理的重要智慧之一。

总之，郭氏认为老子的生命智慧、道论，大大超过了生态学与环境伦理的范畴，是老子博大精深的道的智慧，其中强调人与天地合一、道法自然、以天下观天下的思想等都是人类的最高智慧，可以为现代人对己、对人、对物、对宇宙的反思提供超越于习见的二元对立的新的视域与方法。

郭氏从老子的道论分析到当前生态问题及环境伦理层面的重大问题，认为老子思想为现代人类提供了高级智慧，这充分证明老子的思想并不过时，而可由现代人类面对生存与发展的问题时加以参考与深化提升。从这个意义上看，研究老子思想时注意与生态、与环境伦理相结合，确实有着重要意义。

2. 刘笑敢《人文自然与天地自然》①

此文提出了"人文自然"的概念，并分析老子的"自然"的三个层次，即"道法自然"，"百姓皆谓我自然"，"辅万物之自然"，由此说明老子的自然原则在现代社会中有三个层面的意义，即最高价值与理想原则、处理社会群体关系，以及个体生存发展，而"无为"是实现人文自然之方法，并论述人文自然与天地自然的衔接，以及由人文自然走向天地自然的途径。他这样阐释老子思想中的自然，对生态问题做出了深层次的回答。

刘氏承认老子没用"人文自然"四个字，他只讲"自然"，但只讲"自然"，现在会引起各种误解，人们平时说的自然而然、自然灾害等，不是老子所说的自然。《老子》说"道法自然"，把自然推到最高的程度。道是万物的总根源和总根据，这个总根源和总根据要效法自然、崇尚自然，所以自然是最重要的，可以把自然叫作中心价值或终极关切。

他认为"道法自然"的"自然"是人的生存状态，人要效法的不是自然界，而是人自然而然的、和谐的状态。道是宇宙的总根源、总根据。道是人们关怀的、关切的最高形象的代表。道是一个象征符号，说明整个世界、宇宙自然万物、人生社会之所以有相对和谐及稳定的秩序，是因为有一个总根源和总根据，就是道。道施行的原则就是自然、自己如此的原则。"道法自然"讲的是最高层次的自然，是自然的第一个层次的意义。

自然的第二个层次，是人类社会的层次。在人类社会的管治上，老子的理想是无为而治的圣人，圣人不是现实中的统治者，而是统治者的榜样或标准。老子认为这种圣人管治社会的效果是"功成事遂，百姓皆谓我自然"。

第三层次是最低层次的自然，即个体的自然，即老子说的"圣人能辅万物之自然而不能为"。竹简本比通行本多一个"能"字，这

---

① 见《南京师范大学文学院学报》2004 年第 3 期。

是说圣人的工作原则是辅助万物，万物包括老百姓个人。"而不能为"就是无为，但不是什么也不做，而是依据"能辅万物之自然"的原则做事。圣人只辅助社会万物的自然发展，而不干涉万物的自然发展。

老子说的自然就是这三个层次，最高层次是"道法自然"，中间层次是"百姓皆谓我自然"，是对社会的管理，最低的层次是"能辅万物之自然"。

之后他分析老子在两千年前说的自然在现代社会是否仍有意义。老子讲的自然，从高、中、低三个层次看，都是强调人类的社会秩序是否自然而然、是否和谐，这个精神在现代社会仍然需要，而且更需要、更迫切。因为现代社会国与国之间、种族之间、地区之间如果发生冲突，则会更剧烈，危险更大。人类的生存能否实行和保持自然而然的秩序、自然的和谐，就更重要。刘氏之所以提出人文自然，就是为了突出老子的自然是对人类生存的关切。

要把老子所讲的人文自然的基本精神用到现代社会，也分三个层次。"道法自然"还是最高的层次，是价值、希望、理想、追求、原则。人法地、法天、法道、法自然，"人"是个体的人，也是全人类的人。这个自然是全人类的最高理想，也是个人终极关切的内容。所以这一个层次的自然，是最高价值、是理想目标。第二层次是处理众多个体之间的关系，这个层次的自然强调群体状态的自然。第三层次是个体的自然。个体，可以是一个人，但不限于一个人，可以是一个生存或发展的个体、主体或生存单元。最高层次的自然，是最高价值的追求；中间层次的自然，是很多生存个体之间的和谐的问题；第三层次的自然，是个体存在跟发展是否和谐的问题。

关于如何实现人文自然，刘氏认为方法就是无为。老子说"自然无为"，自然是价值、原则、目标，无为是方法、手段。无为否定的是通常人们认为正当的行为，特别是干涉性的行为。无为是为了"辅万物之自然"，具体一点，就是"实有似无"的社会管理原则。就是说，它起了管理者的指导作用，但大家感受不到它的控制。

刘氏又说明，人文自然、自然无为的原则，在现代社会要与法治、法律、竞争等现实协调。即把道家的人文自然作为精神、价值、原则，在现代社会去贯彻实行。自然的和谐、自然的秩序要有好的法律去维持、实行、保护。法律不好，会造成社会动乱、老百姓的压抑和不满，这种法律不利人文自然的秩序。好的法律照顾多数人的利益，保护多数人，就是"辅万物之自然"。所以法律可以促成、保护、改善自然的和谐、自然的秩序。可知法律与道家的自然原则并不矛盾。自然无为的原则要与竞争协调，即自然和谐的状态，会有更好的自由竞争的环境。还要与道德协调，即人们遵从自然的原则，自发遵守道德，社会就是道德的社会。如果是强制的道德，会使人对这种道德反感，造成压抑，社会缺乏活力。总之，道家自然的原则，可以软化道德、法律、竞争给人的压力，所以，它是润滑剂，会使政治、经济、法律等各种对社会的整合不是强制的整合，而是在人文自然的原则指引下的融合。因此，刘氏认为人文自然在现代社会具有工具意义与价值意义，而不能盲目地提出征服自然口号，那样是违反人文自然原则的，也违反天地自然的正常运行与存在，这就涉及发展经济不能不顾天地自然的条件与后果，只求为了满足人类的欲望，从而造成天地自然的生态的平衡破坏与失衡。所以这就出现了人文自然到天地自然的兼容与衔接的问题。

他认为，现代社会中人们推广生态保护的过程中，道家人文自然的概念和价值原则仍然有意义，因为人文自然与天地天然有密切关系。从人文自然的角度出发，法地、法天、法道、法自然，人类会从自身的生存状态延伸到对宇宙万物的关怀。而天地自然的概念也包含着大自然与人类生存的发展的关系。人文自然强调人的生存状态，天地自然与人的生存有关，所以两者有密切联系，是可以衔接起来的。人文自然的概念，对人们关心、保护、改善天地自然的生存条件有积极作用。总的来看，天地自然的问题是由人文自然的失落、破坏引起的。要解决这个问题，还是要从价值观念入手。因为造成自然生态破坏的根本原因是人的欲望。个人的欲望汇成整体的欲望，整体的欲望可以神圣化为民族国家的利益。一旦神圣化为民族国家的利益，就会不择手段、不计后果，完全不考虑大自然的保护。在这种情况下，自然生态破坏是难以克服的。所以，要实现人文自然，就要改变一些原有的价值观念和行为原则。刘氏认为可以通过人文自然的提倡与实践，而通向天地自然的和谐。

总体来看，刘氏从对老子思想的解释出发的，提出了人文自然与天地自然的概念及其相互关系，形成了现代社会如何应用老子的自然原则的问题，并将现代社会发展造成的天地自然遭到破坏的生态问题涵盖在其中，进而做出了从根本原则到具体方法层面的一些思考。刘氏的思考对于人们在当今社会条件下理解老子的自然无为思想及其与生态环境保护的问题，有着重要的参考价值。

3. 罗传芳《老子生存论哲学辩证发微》①

罗氏认为，老子的哲学思想是从人在宇宙中的位置、人与宇宙万物的关系来审视人类社会生存问题，揭示了存在于宇宙之中而又约制宇宙万物的恒常规律——道，发现了人类与宇宙万物对立统一、相辅相成的同一性和整体性，以及有无相生相待、阴阳流转变化的客观必然性，并指出人类不能违背这一规律、超然于宇宙法则之外。因此，这可以说是一种大宇宙观、宏观的生态理论，其特点是将人、社会放在宇宙大背景中寻找共同根据，以此作为终极关怀，以建立人与自然良性互动、协调统一的依存关系。因此，她认为老子的思想在方法论以及价值取向上都与现代生态伦理学、生态哲学有着奇妙的暗合。

她归纳现代生态学说的主要思想，是以人与自然的关系为基本出发点，主张人与自然具有同一性，强调对自然价值特别是生命价值的尊重；人类文化价值应与自然价值相统一，摒弃过度追求物质财富数量而忽视人类生活环境质量的传统文化价值观；社会经济发展应与自然生态环境协调一致，建设可持续发展的社会等。老子的思想虽不是独立自觉的生态学理论，却有着非常重要的可与现代生态学说协洽贯通的哲学旨趣，包含了人与自然和谐共生的现代生态

---

① 见《哲学研究》2005 年第 2 期。

学的基本精神。因此可以说，老子哲学本质上是一种生态哲学、生存论哲学，它是从宇宙本原的高度思考人类社会的存在状态与生存方式的。

她指出，老子的生存论哲学包含两层含义：一是将自然、社会、人生放在一个统一的系统中，通过考察它们的共同特点、属性来确立整个宇宙万物而不是某一部分的生存状态和变化规律，因而本质上是一个大生态观，二是从宇宙本原、本体上探讨和确认人以及社会的生存状态和方式，其理论特点是现实超越性、是整体合观、是合规律性。老子哲学具有这种抽象思辨的理论品格，蕴含了极大的方法论意义。

为此她从三个方面阐述了老子思想与生态问题相关的内容。一是宇宙论，亦可谓本体论，二是人生论，即修身论，三是治国论，亦即社会观。老子思想的最大特色是在一个统一的宇宙法则（道/自然无为）的指导下，贯穿起一个相互联系协调的体系。在道法自然的宇宙观方面，她认为道家沿着《周易》从哲学探讨天人关系的理路发展，考辨了宇宙中在自然法则支配下的人与社会的生存状态和根据。她认为《庄子·田子方》中描写的老子沉于理论之思的情状，说明老子的哲学境界绝非一般治国理乱的时策谋略，而是反朴归真，追溯到宇宙的终极本原，然后反观现实，这是宇宙同源、万物一体的整体论思想，主要包括道为本原、道法自然、万物齐一三个方面。尤其是其中的道法自然，与如何理解"自然"有直接关系。她认为自然在道家思想中，多指宇宙万物的自然之理，"自然"这一概念是老子提出来的。在老子哲学中，道是最高的哲学范畴，老子用它概括天地万物的总根源。天地万物都是由道产生的，它们从道那里获取自己的形态和性能，所以本性和道是一致的，其行为也以道的法则为法则。道的法则就是自然。老子的自然是事物自生自发、自然而然的本然状态，存在于一切经验现象之中。道法自然即"道性自然"。道性自然，在最后根据上杜绝了超越性的道的人格神属性，使道家学说始保持高远的哲学意趣。同时，老子将人、社会与外部物质世界统一纳入道的原则精神下，建立了一个高度抽象完整的宇宙生态观。在这种整体宇宙观之下，系统的各个部分只有在相互依存和相互对待的前提下才具有存在的意义和根据。这种整体互动的宇宙观与现代人追求的人与自然和谐共生的科学的生态和环境保护理论，具有很大的融通性和理论的一致性。正是在这一意义上，老子的哲学方法论对于现代生态学的理论和实践有着积极的借鉴和启示作用。

在这样一个整体的宇宙观与生态观之中包含着尊道贵德的人生、社会观。因为老子的哲学里，道与德紧密相连，包括一系列人生修养与社会政治见解。"道论"是老子对整个宇宙生态系统的认识与论述，"德论"则是他对这一生态系统中人与社会生存发展的思考。根据老子所说，德指德性，即事物的本性。道的本性是自然，道又是统摄万物的总根源，故其德亦为天下之"玄德"。其次，德是得道成物的意思，指道作用于万物、万物得道的过程、结果、现象及其功能，亦即道本性的显现和外化。在这个基础上，老子认为人类与万物一样，"莫不尊道而贵德"，效法道自然无为，才能解决社会和人自身的一切问题，可见，老子关于社会人生的思考实际是其宇宙观的延伸与推衍，本质上仍然属于生存论哲学范畴。

总之，罗氏认为老子的人生社会观直接从属于他对宇宙根本规律和特性的认识，是道之玄德——自然无为在现实生活中的贯彻和运用。这是道广大无垠、无所偏私德性的体现，反映了老子整体论宇宙观自身的协洽融通和完整性。基于这样的理解，她认为，在老子的整体宇宙观中，人类及其社会组织只是宇宙生态系统中的一部分，在宇宙生态系统面前是服从的、被动的，其生存方式与状态只能与宇宙生态系统的根本规律与方式保持一致。人类只有认识到并做到这一点，才能从根本上保证其生存的可靠性、稳定性和连续性。

根据罗氏的分析，可以看出她对老子哲学思想是从整体上加以理解的，把宇宙与人类的问题看作一个整体，不可分割，并有着一个统一的原理或规则在其中起着决定性作用，这样也就说明了老子的哲学思想与现代生态问题之间的内在逻辑关系，避免了种种片面的理解，这样才能把老子思想中的宝贵精神资源妥当地应用于现代社会及日益严重的生态问题上。

4. 许建良《"和"——老子生态伦理的指针》①

许氏认为，作为老子生态伦理指针的"和"，它依归"常"来行为。宇宙的"常"即真正的宇宙法则。宇宙和万物应该共处和谐，这是第一自然中无名无欲的表征，而客观现实的危机，使原有的和谐成为向往的对象，人的价值和责任，只能在重建与第二自然相协调的和谐生活的实践中得到体现和落实。远离战争、弱化自我意识、尽快找到养成宇宙万物成为个人价值和生命营养理念的途径，让人在依归万物、接受万物样态的实践中得到自身价值的享受和人生的开发，这是作为老子生态伦理思想指针的"和"给予我们的启发。此外，许氏又与曹兴江合作，发表了《论〈老子〉"自然"本位的生态伦理智慧》②一文，认为《老子》在理论上提出"道法自然"的本根论命题，实践上沿循"辅万物之自然"的方法论路径，其中蕴涵着丰富而深邃的生态智慧，其具体运思主要表现在三个方面："归根"—"复命"—"知常"的生态伦理意识链，"天之道，损有余而补不足"的生态平衡观，"知足不辱"与"知止不殆"的资源可持续利用观。把这一理解放在生态环境持续恶化的现实背景下，梳理和诠释了《老子》与儒、释不同的生态伦理思想。许氏在他《先秦道家的道德世界》③一书中提出了"自然"概念的四个层面：本根论、生成论、存在论、方法论，此文即在此基础上专门探讨老子"道法自然"思想在生态问题上的含义。

二、老子与养生

老子思想中有不少与养生有关，所以人们也非常重视研究老子的养生思想。

---

① 见《武陵学刊》2018 年第 1 期。
② 见《东南大学学报（哲学社会科学版）》2012 年第 5 期。
③ 中国社会科学出版社 2006 年版。

1. 高秀昌、龚力《哲人的智慧——〈老子〉与中国文化》

此书出版社于 1995 年。其中有一章专论《老子》与养生文化，分为四个部分：《老子》奠定了传统养生文化的思想基础，"道法自然"与四时养生法，元气论与气功养生，牝牡之合与房中养生。这里只就其第一部分来看此书如何论述《老子》中的养生思想的。

作者认为《老子》奠定了传统养生文化的思想基础。其主要内容首先是"道法自然"的养生原则。《老子》说："人法地，地法天，天法道，道法自然。"从人的角度看，这段话有两层意思："一是人应当取法天地之自然，这里体现的是'天人合一'的观念；二是人应当取法人性之自然，这里体现的是人的本性自然的观念。"① 老子认为"道法自然"是宇宙万物遵循的根本法则，也是人必须遵循的根本法则。人要"长生久视"即健康长寿，就应当修道进德取法自然。老子"道法自然"的思想成为后世养生家的根本指导思想，并在中国古代医学中得到不断发展。

其次是"冲气以为和"的养生目标。《老子》说："道生一，一生二，二生三，三生万物。万物负阴而抱阳，冲气以为和。"从根源上说，世界万物由原始的混沌之气化生；就具体而言，万物都是由阴阳二气和合而成。"冲气以为和"既指万物的生命由"和气"所生，又指万物的生命在阴阳二气的和合状态中存在和发展。所以在老子看来，修养生之道应当以"冲气以为和"为目标。老子以婴儿为例，说："含德之厚，比于赤子……骨弱筋柔而握固，未知牝牡之合而脧作，精之至也；终日号而不嗄，和之至也。"在老子看来，婴儿身体柔弱，无知无欲，之所以能够保持旺盛的生命力，就在于拥有充盈的精气、淳和的元气。所以，老子主张修养生之道的人，只有像婴儿一般始终保持"精之至""和之至"的境界，才能够精神饱满，健康长寿。老子的养生之道不仅重养气，也强调养形、养神，

---

① 高秀昌、龚力：《哲人的智慧——〈老子〉与中国文化》，河南大学出版社 1995 年版，第 239 页。

这三个层面的养生均以"冲和"为目标。如养气当"负阴而抱阳，冲气以为和"，"专气致柔"，像婴儿那样保持淳和的元气。养神、养形，老子则主张"载营魄抱一"。"载"即抱持，"营魄"即魂魄，"载营魄抱一"即抱持形神合一。老子认为人的生命是精神（魂）和形体（魄）的统一体，人如果能使形神保持和谐统一，便可以延年益寿。

在养生方法上，老子根据"道法自然"的养生原则，提出了修身养性以达到健康长寿的养生方法，如抱一养生、以啬养生、以静养生、守柔养生等。

《老子》中的"一"常常指道。如"道生一，一生二，二生三，三生万物"，"万物得一以生"，"圣人抱一为天下式"。道是万物的元始，生命的根本，因此，人和万物得道则生，失道则亡。"一"，王弼注谓"人之真也"，河上公注谓"一者，道始所生，太和之精气也"。从养生的角度看，这里的"一"可理解为元气。只有抱一，守住元气，才能健康长寿。

《老子》第五十九章提出了以啬养生的方法："治人事天莫若啬。夫唯啬，是谓早服。早服谓之重积德。重积德则无不克，无不克，则莫知其极。莫知其极，可以有国。有国之母，可以长久。是谓深根固柢、长生久视之道。""啬"非吝啬，是指爱惜、积蓄、节约，老子善于将治国之道与养生之道融为一体，治理国家要多藏俭用，养生亦应培蓄能量，厚藏根基，充实生命力，而不要浪费精神。养生以啬，就可以使生命的根基厚实，精神充沛，从而达到健康长寿的目的。

老子以俭啬为"深根固柢、长生久视之道"的养生方法，被后世养生学家奉为养生的圭臬。他们吸收了老子以啬为本的思想，讲求从根本上修身养性，形成了以气为本、以神为本、以精为本、以形为本和以精气神或形气神综合为本的诸种观点，产生了以养气、养神、养精、养形及以精气神或形气神综合保养为主旨的诸种养生学派。

《老子》第十六章提出了养静的原则："致虚极，守静笃。万物并作，吾以观复。夫物芸芸，各复归其根。归根曰静，是谓复命。复命曰常，知常曰明。不知常，妄作凶。"在老子看来，万物的生命始于虚静而又归于虚静。生命以静态为根基，所以修身养性应当恢复到生命的静根才合于常道。为此，老子提出了以静养生的方法，即虚极静笃的摄生养神的妙方。以静养生也成为后世养生学家共同强调的养生方法。

《老子》第十章说："专气致柔，能婴儿乎？""专气"即"抟气"，是一种炼气法，"抟气致柔"指炼气的功夫。老子说明了修养生之道应当抟聚精气，使生命体如婴儿般柔和。婴儿是人之初生，虽然柔弱，但却生气勃勃，生机无限。因此，保持婴儿的柔和状态而不自恃刚强，这是老子守柔养生的原则和方法。

从养生的角度看，老子主张"守柔曰强""柔弱胜刚强"，是说修养生之道应守住柔弱，才能保持旺盛的生命力，这才是真正的刚强。如果不懂得这些道理，恃强好胜，就违背自然之道，因此会早早衰老死亡。这就是老子所说的"坚强者死之徒"，"物壮则老，谓之不道，不道早已"。后世养生学家在精神修养、体育锻炼、药食护身、房中卫生、气功练养等方面提倡柔和、适中，反对强硬、过分，体现的就是守柔的思想。

总之，《老子》中蕴涵着丰富的养生内容，老子提出的"道法自然"的养生原则，"冲气以为和"的养生目标，以及一系列养生方法，形成了比较系统的养生论。这些均为后世养生学家所遵循，成为他们建构养生理论和方法的依据。所以说《老子》奠定了传统养生文化的思想基础。

2. 张文《试论老子的养生思想》[①]

张氏认为《老子》对后世养生思想产生巨大的影响。效法自然，不违天地之道，是老子养生思想的基本原则。后世医家和养生学家沿着这一线索构建理论和方法。和于天地，应于四时，是对生理方

---

① 见《老子思想的现代价值》，陕西旅游出版社 1994 年版。

面的要求，也是对人心理活动的要求，是养生的一条总纲，其源头来自于《老子》的"道法自然"。天人相应观有丰富的内涵，老子讲的道和自然，都是有着内在秩序的概念，用现代科学概念说，是一个自组织系统。人和天地一样，也是一个自组织系统，是有着自我调控、利用外界因素提高本身自组织能力的系统。因此养生学家才能把人身看作个小宇宙，创造出周天功之类的强身健体的方法。而人体作为自组织系统不是孤立的，它和天地之间不断进行着物质、能量和信息的交换，这是天人相应观的又一内涵。人与天地交通是主动的，顺四时，适寒暑，和喜怒，安居处，节阴阳，调刚柔，都要依靠人的能动性才能实现。法自然要靠人去法，是养生中坚持无为原则的真谛。无为不是消极被动、毫无作为，而是顺应客观规律、顺应道去办事，是不要胡乱作为，不要为实现白日梦焦思苦虑和耗费精神。此外，要看到人与天地相应的根本原因在于它们都体现着道，都服从道的运行。建立在道的基础上的天人相应观，使人能从把握规律的基础上实现无为。养生要趋利避害，知养生者能约束自己，不为急功近利所动，不去做那些损伤身心的事，才合乎保全之道。

协调阴阳是养生的总纲。《老子》指出："万物负阴而抱阳，冲气以为和。""冲气"就是不停运动着的阴阳之气，阴阳之气交融和谐，是生命保持完美状态的先决条件。调和阴阳，既是养生的目的，又是养生具体方法建立的基础。一年四季的气候变化，一日的昼夜变化，都存在着阴阳消息变化的规律。顺应这些变化，及时调整自己的活动，身体健康就能保持，违背了它，就会对身体不利。

守一是养生的总方法。抱一是《老子》提出的对后世养生学发展影响至深的概念，几乎所有养生学家都分析过这一概念。"一"可以理解为元气，也可以理解为道，道生一而道并没有消失，存在于一中。守一是非常重要的概念，只有守一，保持元气，才能保持健康。养生学家还把守一与守朴联系起来，《老子》说"见素抱朴"，指保持得比较纯真，未受私欲污染的东西。总之，守一就是守住元气，使它不受外界各种不利因素的损伤，做到这一点，才能维持旺盛的生命力，才能延年益寿。从守一可引申出守柔、守雌。守柔，就是保持婴儿状态，不要持强。养生学家要求人要保持赤子之心，有三层意思，一是心理始终要年轻，充满对生活的情趣，不汲汲于钩心斗角，消耗精力，二是为无为，保持纯真朴实的状态，不受外界的干扰，三是生理上保持活力，尽量延缓衰老的到来。《老子》说"守柔曰强"，又说"柔弱胜刚强"，道破了养生的奥秘，把握着柔，不把弓拉满，不自我摧残，自然会保持心平气和状态。柔能克刚，是化解矛盾的重要方法，老子以水为喻，说明这个道理。养生学家在饮食起居、语言行为、待人处事中提倡柔和、流利、畅通、适中，反对僵硬、枯槁、闭塞、过分，都体现了守柔思想。从守柔出发，就要重视养神、守静。静则神清心明，不为外物所蔽，才能以静制动。动静合理，正是神的妙用。养神就要"少私寡欲"，把养生与道德修养结合起来。在这方面，《老子》有许多论述，一是倡导"生而不有，为而不恃，功成弗居"，二是提倡不自矜，三是强调勿妄作，四是提倡去私去欲。为了养性，使精气神得到充分的养护，还必须提倡"啬"。"治人事天莫若啬"，啬指所入不轻出，所用不多耗，实是惜精、惜气、惜神之术。气太用则竭，神太用则疲，啬就是为了避免过度损害。养精养气养神又是渐进过程，总会有顺境，有逆境，在顺境时要想到困难，在逆境中要看到光明，才能坚持下去。总之，《老子》博大精深的思想，为养生学的理论建构提供了坚实框架和方法论的基础，是养生学从中汲取营养的无限源泉。

该文从后世养生学的方法与思想入手，来看《老子》中的有关说法，对中国传统养生学的形成与发展做了比较深入的论述，便于人们更好了解《老子》中的养生思想和中国传统的养生学及其方法。

三、老子思想中的美学、文学、艺术观

1. 高华平《老子》

高华平 2009 年出版的《老子》一书，其中一章专门分析了老子思想中的美学内涵。高氏认为美学就是关于美的学问，主要研究什

么是美，人如何进行审美创造和审美鉴赏等一系列理论问题。老子没有对上述美学问题进行过专门的理论探讨，甚至老子美学思想中最重要的范畴也不是"美"，但《老子》中却涉及什么是美、人应该如何审美等重要的美学问题，并提出一些重要的美学范畴和命题。"老子是中国历史上第一位哲学思想家，也是中国历史上第一位美学家"①。

《老子》第二章说："天下皆知美之为美，斯恶已；皆知善之为善，斯不善也。故有无相生，难易相成，长短相形，高下相倾，音声相和，前后相随。"这段话中的"美"是"好"的意思，指人的相貌美、漂亮，"恶"是"丑"的意思。高氏认为在这段话中，老子虽然没有明确说什么是美，但的确谈到了美，并且谈到了怎样看待美。老子认为美与善是不同的。恶的本义是丑、难看。美与恶相对，恶既指人的长相丑、难看，美自然就是指人的长相好看、漂亮。《说文解字》解释"善"的意思是吉，即好、吉利。老子着眼于人的感官来论美、丑。这就把美与着眼于道德价值的善完全区别开来了。

在老子之前，美的概念已经开始与善的概念分离，但还没有被人明确加以区别，老子是明确区别美与善的第一人。《老子》书中使用"善"的地方很多，但都是在道德价值评判的层面使用的，而美的概念，一是与恶（即丑）相对的意义上使用，二是在与"言"组合为"美言"一词时使用，三是在形容人的服饰所引起的心理反应时，作为动词使用，即"美其服"。这三种情况，或着眼于人的长相好看，或着眼于人的言辞漂亮、动听，或着眼于人穿着美丽、鲜艳的服饰时心里的美感或精神的愉悦，都说明老子是从人的感官上来考察美的性质的。在他的眼中，美应该是能给人的视觉、听觉等感官带来快感与舒适的东西，而善是一种抽象的品德，是基于理性的判断。

老子论美的另一个特点是，"总是把'美'放在与'丑'的相对

---

① 高华平：《先秦的文献、文学与文化——高华平自选集》，华中师范大学出版社2012年版，第153页。

之中，在'美'与'丑'的对立统一之中来明美是什么"①。美与丑、善与恶、有与无、难与易、长与短、高与下、音与声、前与后，这些矛盾的对立面，既是互相对立和排斥的，又是互相依存、互相统一的。这是相反相成的道理。离开了恶，无所谓善，离开了无，就无所谓有。离开了丑，也就无所谓美。这说明，美与恶（丑）不是一成不变的。美可以变得不美，甚至丑；丑可以变得不丑，甚至美。这时"美"和"恶"（丑）的界限，变得模糊了。老子认为，二者之间没有绝对的界限，在一定的条件下，二者都会走向自己的反面。那么，在老子那里，有没有什么东西是真正的美呢？或者说，在老子的思想中，真正的、绝对的美是什么样的呢？一般说来，美应该是那些能给人的视觉、听觉等感官带来快感的东西，如鲜艳华丽的色彩、悦耳动听的声音等，是一些有形象、有色泽、有器物可感受的东西。但根据《老子》中俯拾皆是的辩证法思想，如"大成若缺，大盈若冲"，"大直若屈，大巧若拙，大辩若讷"，可知老子美学思想中至大至妙的形象——绝对美的标本，就是无形无名的、作为世界万物的总根源和最高本体的道。

《老子》第四十一章说："大方无隅，大器晚成，大音希声，大象无道，道隐无名。"从这个意义上讲，老子的道就是后来庄子所谓"天地有大美而不言"中的"大美"。平常人们认为美的东西，如五声、五色、美言等，在老子眼中都是"失道而后德，失德而后仁，失仁而后义，失义而后礼"的产物，人们津津乐道的美，是"小美"或"下美"。故老子对之一概加以否定，发出了"五色令人目盲，五音令人耳聋，五味令人口爽，驰骋畋猎令人心发狂，难得之货令人行妨"的尖锐批判。正是将美或美的艺术品（如"美言""辩"），区别为"大美"与"小美"，所以老子又说出了许多被人误解为反对美与真、善统一的话来，如"信言不美，美言不信；善者不辩，辩者不善；知者不博，博者不知"。老子认为"大美"就是道。道虽无

---

① 高华平：《先秦的文献、文学与文化——高华平自选集》，华中师范大学出版社2012年版，第154页。

形无名，却有恍恍惚惚的形象，故它是美的，可以作为人们审美的对象，而且道是真实而不虚妄的，也就是说，道这个"大美"是真、善、美统一的，不存在美而不真、不善，或真、善而不美的现象。老子的这句话就是指出现实生活中美与真、善互相背离、对立，而不相统一的事实，这只能说明老子此处所说的"美"是俗世间的"小美""下美"，而和与道玄同的"大美"是根本不同的。

老子不仅说了什么是美，同时也说了应该如何进行审美创造和审美鉴赏。"老子超出了同时代的其他思想家的地方，首先在于他在中国美学史上第一次明确地区别了学术与审美的不同"①。《老子》第四十八章说："为学日益，为道日损。损之又损，以至于无为，无为而无不为。""为学"，可以理解为学习知识和做学问，"为道"则是与从事学术活动相对的领悟和把握"大道"的活动。因为道就是"大美"，"大美"就是道。所以，"为道"就是对"大美"的创造与鉴赏，是一种审美活动。"为道日损"是老子的审美活动的基本原则和方法。老子认为，学习具体知识和从事学术研究，目的是追求形而下的具体知识，这种知识依靠感觉经验获得。人们通过不断积累感觉经验，对众多的经验材料进行归纳分析，然后去粗取精，去伪存真，由此及彼，由表及里，不断获得对事物客观规律的认识。人类的知识是一代代人日积月累、积少成多形成的，所以说"为学日益"。审美活动要体悟、把握的是道，即"大美"。"大美"是"视之不足见，听之不足闻，用之不足既"的，是超越感觉经验的，所以不能用处理经验材料的归纳分析方法来获得关于它的知识。因为道是效法自然的，是虚静无为的，因此，人类要体悟它、把握它，就必须效法它的样子，也要自然无为。但人类从童年到成年，已经积累了很多的知识和成见，要做到自然无为并不容易，只能逐渐地排除，一直到把你的聪明、知识忘得干干净净，那时，就可以体悟到道或"大美"。老子把这种方法称为"损"。损就是排除、减少。"为

---

① 高华平：《先秦的文献、文学与文化——高华平自选集》，华中师范大学出版社2012年版，第157页。

道日损，损之又损，以至于无为"，就是要人们在体悟、把握道或"大美"的时候，把自己的私欲、智巧、成见和逻辑的知识，减少再减少，一天天减少，减少到不能再减少的地步，这时候就与道或"大美"的自然无为相吻合了，人就真正获得了自由和解放。人从自己的成见、私欲、智巧和逻辑知识中解放出来了，完全自由了，自然就可以"无不为"了。"损之又损，以至于无为"，只是一种审美的总的原则和方法，老子又进一步将这一原则方法具体化和明确化，这就是"涤除玄鉴"。

《老子》第十章说："载营魄抱一，能无离乎？专气致柔，能婴儿乎？涤除玄览，能无疵乎？""玄览"，帛书《老子》乙本作"玄监"，高亨等人认为"监"与"鉴"同，即镜子，"玄览"应作"玄鉴"。老子在此提出了更具体明确的审美方法，即审美首先不是直接观照审美对象，而是先从审美的主体开始，造就一个洁净透明的审美心胸。为什么要"涤除玄鉴"？这与下句"能无疵乎"密切相关。《说文解字》解释"疵"为"病"，清澈明净的镜面染上尘垢叫做"疵"。所以涤除玄鉴就是指扫除心灵染上的"尘垢"，使它恢复清洁。老子认为，这是人审美创造活动要做的第一件事。从《老子》全书看，妨碍人把握道或体悟"大美"的瑕疵，包括外在的和内在的两个方面，外在的就是刺激人的欲望的各种外物及由此引起的贪欲，内在的包括智巧、诈伪、成见和经过理性思维而形成的学问与知识等。所以老子提出绝圣弃智、绝巧弃利、绝学无忧，还说"塞其兑，闭其门，挫其锐，解其纷，和其光，同其尘，是谓玄同"，"玄同"就是同于"大道"，这都是要人们清静其内心，由此才能真正把握道、体悟"大美"。所以"涤除玄鉴"就是老子审美的根本方法。

一个美学思想体系是否建立，重要标志是看它是否已经形成了一套概念和术语系统。高氏认为老子是中国美学的真正开山者，中国美学的重要概念、范畴，如有、无、虚、实、美、恶（丑）、妙、味、象等，都是由老子确立的，特别是无、妙、味、象等概念，对此后中国数千年的美学产生了重大影响。

老子之前，中国的学术也使用无、虚、恶、味、象等概念，但只是在常识层面上使用。如无只是表明某个外物或存在物不存在于某一具体的时空之中；虚也只是表示事物没有实物可以验证；味则是人吃东西时在口里的感觉；象是指大象这种动物，后来发展到表示各种具体的物象。这都只是根据日常生活的经验或常识而使用的概念，与美学关系不大。老子美学思想中无的概念，始终和有相反相成，如"有无相生"，"有之以为利，无之以为用无"，老子又进一步将无引入到美学，将它和状、象、味联系起来，使它具有了浓厚的美学意义，还使它在后来的中国美学史上发展形成了在无中求有的美学路向。味也是老子将它首先引入美学领域的。所谓"道之出口，淡乎无味"，"为无为，事无事，味无味"，这个味不是吃东西的味道，而是体味、品味的味，是审美的体悟。中国人把对道、对"大美"的体悟称作"味象""味道"，把"淡乎无味"当作最高的审美标准之一，形成了"平淡"的审美风格，这在世界上是独一无二的。妙，也是老子首先建立起来的美学范畴。妙本指好，指女子长得美丽。但老子用以指道、"大美"形象的微妙。妙是一种有，但是一种很深微的有。经老子改造后的美学范畴妙，不仅指女人的美，也不指一般意义上的美，而是特指一种有意味的形式。此后，中国美学领域凡有意蕴、值得人们反复品鉴、回味的美，就用"妙"字形容。象，也是老子首先引入美学领域的概念。老子说："道之为物，惟恍惟惚。惚兮恍兮，其中有象，恍兮惚兮，其中有物。"这个象，惟恍惟惚，虽无形却可以感触，可以"执"。这就把道描绘成了美的艺术品。更重要的是，老子美学思想中的象，并不是具体的形象，也不是现成的艺术品，而是人们审美想象或再创造的产物。老子的象已是一个美学范畴，是艺术加工、想象的产物。此后中国美学中的味象、取象、意象、气象等概念，也都是由老子美学中的象进一步发展而来的。

高氏指出，老子所有美学概念、范畴、命题的提出，整个美学思想体系的建立，并不是为了建构一个理论系统，而是"为了建立一种完美的人格理想，为了实现与'道'合一或'天人合一'的精神境界"，"那才是人生最大的快乐和审美的最终目的"。 老子的美学思想与他的人生理想是统一的，也是不能分开的。

高氏关于老子美学思想的分析，能从《老子》文本的字义与句意出发，并据《老子》全书的整体思想来说明老子美学的特定内涵与概念，且说明了老子在中国美学史上的地位和他对后世中国传统美学的深远影响，使人们可以深刻了解老子美学思想的丰富内容与历史地位。可以说他的这一论述是有学术史的高度和美学史的深度的。

2. 高秀昌、龚力论《老子》与文学艺术

高秀昌、龚力在所著《哲人的智慧——〈老子〉与中国文化》的第七章中，也专门论述了《老子》与文学艺术的关系，指出《老子》的艺术特色是语言表达具有诗的风格、把哲理著作文学化、汇集了警句和格言，认为《老子》美学思想是道法自然主旨之下的对艺术的自然美之追求，用大音希声表达了美学上的文学意境，用有无相生表达了艺术表现的问题。

他们认为《老子》书文句整齐，错落有致，自然成韵，气势磅礴，具有诗的风格。《老子》书中的三字句、五字句、七字句、八字句，读起来都流畅顺口，自由奔放。这些文句，有些是句句押韵，流畅上口；有些是两读两韵，隔句换韵，读之颇有起伏；有些文句长短不一，却有规律地押韵，错落重叠，更显磅礴之势。

《老子》书善用比喻，形象生动，寓哲理于具体的物象之中。如"有"与"无"是老子哲学的一对范畴，直接论述起来十分晦涩抽象，《老子》用一系列生动形象的比喻，深入浅出地讲出二者的辩证统一关系："三十辐共一毂，当其无，有车之用。埏埴以为器，当其无，有器之用。凿户牖以为室，当其无，有室之用。故有之以为利，无之以为用。"用三个人人都看得见、体会得到的实际例子，生动地

---

① 高华平：《先秦的文献、文学与文化——高华平自选集》，华中师范大学出版社 2012 年版，第 161 页。

讲明了有与无的关系：实体中的"有"为人们提供便利，实体中的"无"使实体产生了作用。又如《老子》讲治国之道，强调无为而治，这样一个大道理，《老子》只用了一句简单生动的比喻："治大国若烹小鲜。"治理大国就如同煎小鱼一样，翻多了则鱼烂，政烦则民伤。

他们还认为《老子》书中汇集了不少警句格言，语言精练简洁，寓意深邃，这是《老子》又一个重要艺术特色。《老子》中的格言有许多至今活跃在人们的日常生活中，如"功遂身退""少私寡欲""自知之明""祸兮福所倚，福兮祸所伏""千里之行始于足下""慎终如始"等，在丰富中华语言方面做出了很大的贡献。

作者认为老子美学思想是"道法自然"主旨下对艺术自然美的追求，这反映在老子所论自然美的话语中。《老子》中与"自然"含义相近的概念是"朴"，老子把"道"称为"无名之朴"，强调"道常无名，朴"。道性自然，物性自然，人性也是自然的。老子认为，赤子、婴儿的状态便是人性的自然状态，反对人为的"五色""五音""五味"戕害人的自然纯朴之性。自然之道则是大美、真美，是自然之美。这一思想在《庄子》中得到了发展，说得更为详尽。如《天道》篇说"素朴而天下莫能与之争美"，《刻意》篇说"淡然无极，而众美从之"，淡然无极之美，就是自然素朴之美。这都可以帮助人们深刻理解老子的素朴自然之美的思想。之后中国的艺术形成了"清水出芙蓉，天然去雕饰"的、追求自然天真淡雅之美的传统。

作者又论述了老子所说"大音希声，大象无形"与文学的关系。"大音希声，大象无形"是老子讲明事物辩证发展特性的两句话，"大音希声"是说最大最完美的声音等于没有声音，"大象无形"是说最大最完美的形象则不可具体观感，无形可见。此二句又蕴含了艺术的辩证法，如至大至美至淳的乐曲，虽然是由一个个音符组成，人们欣赏乐曲也是按照时间顺序去接受乐曲中的一个个音响，然而至美的乐曲给予人的美的享受，却不是一个个音符，而是乐曲将人们引入的至美至淳的意境。同样道理，绘画给予人们的精神陶冶，也不在于所描绘的具体物像，而是画家在画像之外着力追求的审美意境。"大音希声，大象无形"文学方面的影响，首先表现在诗学理论中，如在咏物言景之中追求一种超越具体物象的神韵和意境，强调情景交融，以景见情。把以景寓情作为诗歌美的追求，即是"大音希声"在诗歌理论中的表现。滋味、神韵、意境三个重要概念，都是受"大音希声，大象无形"艺术美学理论的启发而产生。滋味、神韵、意境结合得好，就能达到"大音希声，大象无形"的完美境界，可以说中国古典诗学理论是与《老子》哲学有着十分鲜明的承袭关系的。

在老子哲学中，创生万物的道是有和无的统一。就道的不可视、听、言诸特性说，它是恍惚不定的虚无，即无；就道作为混成物又具有精、真、信的特点看，它又是有。因此，无不是真正的虚无，而是创生天地万物的实在，它是一切生命的总源泉、总生机。所以老子说"天下万物生于有，有生于无"，还说"有无相生"。这种以无为根本，充满着生命的"有无相生"的辩证法对中国艺术表现的影响极为深刻，形成了实中有虚、虚实结合的重要美学特点，是老子"有无相生""虚而不屈、动而愈出"的哲学观在美学艺术领域的生动体现。

总之，此书对老子美学思想的分析，能从几个具体的侧面入手，讲出其中的美学意味，使人们对于老子的思想的理解和视野得到了拓展，由此更可看出老子思想的博大精深与富有艺术气息，因此也就更有吸引力和生命力。

3. 张智彦《老子与中国文化》

张智彦在所著《老子与中国文化》书中，专门分析了老子与中国古典美学的审美意识的问题。[①] 他首先论述了儒道两家审美意识的差异，认为儒家的审美意识是功利主义的，即强调艺术的政教作用和治国安邦的功能，重视艺术对人的情操的陶冶作用，为社会秩序及其制度的稳定服务。老子则是反功利主义的审美意识，否定了一

---

① 详见《老子与中国文化》（贵州人民出版社 1996 年版）第六章第五节。

般性的五色五音五味等享乐和娱乐性的美，认为它们会使人目盲耳聋心发狂等，并在社会层面形成感性放纵的不利后果，如"民多利器，国家滋昏。人多伎巧，奇物滋起。法令滋章，盗贼多有"。老子的道论是向道的回归，追求天地境界之美，这是深层次的美。老子还希望解决审美的心境问题，所以提出为无为、见素抱朴、少私寡欲、绝学无忧、弃知绝圣、涤除玄览、复归于婴儿的主张。而在审美方式，则主张超越现实的存在而去领悟天地之大美，即所谓的体道，体道就是一种审美方式。

张氏认为老子美学思想的基础是他的道论。从美学的角度看，老子的道也是天下万物之美的共同根据，因为事物具体的美是有名、有形、有限的，所以不能产生万物之美。只有道具有无为特性，才能成为万物之美的共同根据。"道法自然"就是说道按照它本来的样子（自然）而存在，从而成为万物的根据。所以说，道表征的是一种自然之美。老子自然之美的思想，体现了道所派生的特征，如"道冲，而用之或不盈。渊兮，似万物之宗"。同时这一思想也体现了美的本质。综观《老子》书，无论间接或直接地论述美，如顺物自然、返朴归真等，都是以道为根据，高扬自然之美。可以说，老子对自然界、社会、艺术，都以崇尚自然（天然）之美为指归，把自然看作美的本质。所谓自然之美，就是反对雕琢造作，反对卖弄和做作。

老子以道作为美学的出发点和归宿，意义十分重大。在老子之前，中国古典美学只是从对待人事、社会关系和诗歌中反映出一些美学的基本观点，老子的道论则表明中国古典美学已经有了关于美学起源的系统理论。老子的道论，从美学的意义上说，是用哲学谈美学，已经涉及美学的本质和最一般的规律。这对中国古典美学的发展起着很大的推动作用。

张氏又分析了老子的美丑观与中国古典审美意识的关系问题。认为老子对美与丑关系的辩证认识，是他的审美观的重要内容。老子说："天下皆知美之为美，斯恶已；天下皆知善之为善，斯不善已。故有无相生，难易相成，长短相形，高下相盈，音声相和，前后相随。"这是说，美作为一种社会现象，是在与丑（恶）的对立统一中显示其自身的性质和特点。老子关于美与丑的辩证思想中包含着如下内容：一是对人为之美、人为之善的否定；二是强调美与丑、善与丑的相互依存关系；三是美与丑、善与恶的相互转化。这三者相互联系，不可分割。这里贯穿了一个重要精神，即强调美感的差异、矛盾和对立，由此强调审美的差异性、相对性，对于提高人们对美丑、善恶的辨别力和审美水平，具有启发的意义。

关于老子的虚实观与中国古典审美意识的关系，张氏认为虚与实是中国古典美学的重要的审美范畴，而这是由老子提出的。老子的道是万物的本体，它是虚（无）与实（有）的统一，所以说"有之以为利，无之以为用"。老子又有"有无相生"的思想，把无放在首要位置，这对中国古典审美意识也有重大影响。

张氏最后分析了老子的言意观、形神观与中国古典审美意识的关系。老子的言意观本来是就如何把握道而提出的。因为道不能用言与意去表达和把握，所以他提出了静观和玄览的方法来把握。静观和玄览近乎直觉的默悟和心领神会，不是用普通的言、意来表述，这引人进入了一个深远的世界，启示人们去求解言外的审美趣味。这一思想被庄子加以发展，认为"可以言论者，物之粗也。可以意致者，物之精也。"即言和意都是有形的领域，只有进入了道，才是无，才是无言无意的妙境。从审美角度说，无言无意的妙境，是审美的最高境界。在形神观方面，张氏认为老子思想中的道与物的关系，在某种意义上就是形与神的关系。庄子也把这种思想加以发挥了，他重神而不重形，认为形神可以分离，提出了形残而神全的观点。这启发人们用形神兼备的观点进行审美活动。从美学的角度看，老子强调的是形与神的统一，这对后世中国思想家和艺术家产生了不同的影响，有人强调形神统一，有人强调形或神的某一方面。

四、老子思想中的管理之道

1. 潘乃樾《老子与现代管理》

此书出版于 1996 年，结合现代管理的案例，深入而全面地阐述了老子的管理思想。

潘氏指出，《老子》既是哲学著作，又不是纯哲学著作。书中大量的篇幅是讲人生、治国的，涉及广泛的管理领域。《汉书·艺文志》说："道家者流……此君人南面之术也。""南面术"是君王统治术、治国之术，实是管理之术。从这个意义上来说，把《老子》说成是一部管理书，也不过分。《老子》仅有 5000 多字，"提到'民'，即有关百姓的，有 30 次之多；讲到'侯王''人主''天下王'应当如何治国安邦的，有 12 次；讲到圣人处世、治天下的，有 26 次之多；讲到'我'（老子）对社会的看法的，多达 33 次。这些数字是证明老子是入世之人的最有说服力的证据"。①

老子管理思想的基础是道。老子说"道法自然"，道以自然为归，道的本性就是自然。"自然"不是大自然的自然，不是自然科学的自然，而是一种状态。自然就是自然而然，也就是客观规律。因此道法自然说的是道的本质就是客观规律。"人法地、地法天，天法道，道法自然"，最根本的是"人法自然"，也就是一切顺其自然，一切按客观规律办事。在以客观规律为其内涵的道的基础上，老子管理思想的核心，是"自然无为"。自然无为是道法自然在管理领域的集中体现，是道法自然在管理领域的必然产物。因此，自然无为并非无所作为，而是管理活动必须顺应自然，必须按客观规律办事，而不能逆自然而行，无知妄为。自然无为这个老子管理思想的核心，是超越时空、放之四海而皆准的真理。其结果必然使管理活动"无为而无不为"，因为自然无为的管理，使万物各得其所，各逐其生，万事迎刃而解，这就是无所不为。

老子管理思想的另一个重要基础是辩证管理。《老子》书中充满辩证哲理，这类哲理在管理领域的运用，就成为辩证管理。老子的自然无为和辩证管理思想的结合，派生出了一系列带有老子特色的具体管理思想和管理艺术，最关键的是"反者道之动，弱者道之用"。老子把事物向相反方向转化作为道的运动规律；将守弱用柔，

① 潘乃樾：《老子与现代管理》，中国经济出版社 1996 年版，第 13 页。

以柔克刚，以弱胜强，作为道的作用所在。在这里，反者、弱者，既是道，也就是客观规律，又是辩证管理思想中矛盾对立面相互转化规律的体现。围绕着"反者道之动，弱者道之用"，老子引申出一系列值得当代管理者深思的管理思想和艺术，如：居上谦下、见微知著、知盈处虚、祸福相倚、损益互换、欲取先予、以曲其全、静观玄览、藏而不露等。这些管理思想用之于实践，将使管理者受益匪浅，使管理成为一种完美的艺术。

此书专门分析了老子管理思想中的人本问题。20 世纪 80 年代以来，企业管理应以人为本的指导思想日趋明朗，而中华文化数千年来一直主张管理以人为本。老子非常重视人在管理中的作用，突出人在管理中的地位，反复抨击逆人本而行的各种错误的管理思潮。老子说："道大，天大，地大，人亦大。域中有四大，而人居其一焉。"在无穷无尽的宇宙之中（域中），有四种最主要、最关键的东西，就是道、天、地、人。人是宇宙间最重要的因素之一。老子的这一观点完全吻合当今管理的潮流。管理，说到底是管理人的问题，必须以人为本。老子认为作为管理者要无私无我，要以满足民之利作为管理的出发点和归宿。从管理的人本思想出发，老子反对专制极权，反对严刑酷法，主张不可蓄怨于民，又从积极的方面指出管理者要以德化民。"重积德，则无不克"。

以老子为代表的道家，提出各种主张的目的是治国，从这个意义上说，道家又是管理的一个学派。老子管理思想的中心概念是"无为"，"老子学说的最终目的是建构'无为'的思想体系、管理体系"[1]。无为来自道法自然的思想。在《老子》书中，多数场合，自然是指道的内在本性。老子认为，对任何事情，都应按客观规律办事，而不可逆客观规律行事；对任何事物都应任它自身的情状去发展，而不必参与外界的意志去强制它，制约它，任其自由伸展，这就是自然无为，而不是人为地添加不必要的作为，或逆客观规律的强作妄为。要顺应自然，顺应客观规律，按客观规律办事，这才是

---

① 潘乃樾：《老子与现代管理》，中国经济出版社 1996 年版，第 23 页。

无为的本义。无为之治，最佳的效果是"太上，下知有之"，在管理学上，要消除领导者独断意志和行为，让下属在管理活动中享有最大的自主性，允许他们各自的特殊性、差异性得到发展，允许个人人格和个人愿望的充分发展。这样的话，就能达到功成事遂，下属皆谓"我自然"的管理境界。无为之治的管理思想，还要注意管理者必须实行不言之教。不言之教式管理，表面看没有多少管理，没有多少政绩，好像是失职。然而，由于这种特殊的"闷闷"式管理，使被管理者获得了宽松、安定、自由、自主的环境，组织的风气反而日趋淳厚、纯朴。相反，规章制度层出不穷，且不断变更，奖惩"二柄"频繁使用，繁苛严刻，重奖重罚。这种管理，从表面看，管理工作忙得不亦乐乎，"政绩"甚多，好像管理者确在那里尽心尽职。然而，被管理者不堪束缚，组织的风气反而"刁钻狡诈"。再次是身教，即管理者在管理过程中要以表率行为，为下属作出榜样，以自身的模范行为去教育、感化下属。又次是"天道无亲"，即管理者要认识、掌握、顺应客观规律，前提条件是"无私"，排除私心杂念。无私才能无为，这是老子无为管理思想中又一个正确的、有现实意义的命题。

老子的管理思想中也提到了管理重心的问题。老子认为事物的发展，依赖于事物的主要矛盾的转化。管理众多矛盾，构成复杂的管理矛盾系统。在这个系统中，必有一个或若干个矛盾是主要的。它的存在和发展，规定或影响着其他矛盾的存在和发展。这个矛盾，就是管理的主要矛盾。

老子基于对客观世界的观察，首次把矛盾对立双方的相互转化作为事物运动变化的客观规律提出来，即"反者道之动"，说明事物向相反方向变化、发展、运动，是道的作用方式，是变化的普遍法则。老子也指出了矛盾转化的具体条件，还指出人们要创造条件，使矛盾向有利于自己的方向转化。"反者道之动"这一哲理，对现代管理是极为有用的。作为现代管理者，在这个问题上，有两点是必须具备的："第一，要认识管理矛盾对立面相互转化的规律，并在实践中努力地掌握这一规律；第二，要善于运用'反者道之动'这一规律，创造必要的条件，促使矛盾向有利于实现管理目标的方向转化。"① 如果说管理是一种艺术，艺术的精髓就体现在这里。

在矛盾相互转化的问题上，潘氏认为老子提出的祸福相倚的思想具有重要意义。祸福相倚的事例，在现实生活中到处可见。这一思想运用到管理之中，有着非常重要的现实意义与启示价值。在管理上，注意事物的相互转化，还要注意老子所说的"损益"的辩证法。任何事物，表面上看来受损，而实际上却是得益；表面上看来得益，而实际上却是受损。此书亦分析了老子思想中的处柔守弱在管理上的内涵。在刚柔、强弱、雄雌等矛盾对立中，老子赞柔、弱、雌，忌刚、强、雄。老子反复强调贵柔、处弱、守雌的思想。贵柔守弱，是老子"反者道之动"这一哲理必然派生出来的倾向。老子又将处柔守弱作为规律，作为"自然无为"的主要内容。因此，处柔守弱，在老子思想体系中就占据极为重要的地位。处柔守弱，又是一种特殊的斗争方法、处事方式，实质是以柔克刚，以弱胜强，以守为攻，以屈求伸。书中最后论及老子的管理思维问题，包括如下内容，一是静观玄览、二是自知者明、三是知足知止、四是深根固柢与大制不割。

从整体上看，此书所论述的老子的管理思想是较全面而深入的，作者运用跨学科的方法，把《老子》中有关内容整合到管理思想这一主题之下，从管理学的角度加以阐释，这样的研究与论证就显得有根有据，又使老子思想的研究得到了深化与拓展。

2. 许抗生《老子道家的管理思想及其现代价值》②

许氏认为，老子学派重在治国，亦讲治生；黄老之学主要讲帝王统治术，讲治国道理。从这一意义上讲，道家有管理学的思想。因此，研究古代道家的管理思想，对于指导当代的管理工作，会有所启迪。

---

① 潘乃樾：《老子与现代管理》，中国经济出版社 1996 年版，第 107 页。
② 见《老子思想与现代管理》，社会科学文献出版社 2013 版。

　　许氏对老子道家管理思想的分析，首先阐明其哲学基础。他认为老子道家的管理思想，有一个重要特点，即是从老子道家的哲学宇宙观推演而来的。道家的思维方式是"由天道而推人事"，即国家的管理、人事的管理原则，是从宇宙的法则推演而出，人道是由效法天道而来。老子道家认为，人是宇宙自然演化中的产物，整个宇宙天地万物（包括人类）皆是由宇宙的本原"道"产生的。既然道产生了天地万物，天地万物产生之后亦不能离开道，人是天地万物中一个重要成员，因此人（指圣人，国家最高的领导者、管理者）的思想和行为就不能违背道的法则，而应法道而行。可见，老子道家的"君人南面之术"就是效法道的法则而建立起来的领导术或管理术。

　　老子道家哲学的最高概念道，包含的思想内容主要有：一，道是宇宙的本原，"道生天地万物"。二，道性自然，道是无名、无欲、无为的自然存在物，道的根本性质就是自然无为。三，道的作用是柔弱的，"弱者道之用"，由于它最柔弱所以能战胜天下最坚强的东西。四，"反者道之动"，向相反方面的转化，是道的运动的表现。由无转化成有，由柔转化成刚等，皆是道运动的结果。总体说，老子道家哲学的基本思想就是"道法自然"。

　　其次许氏分析了老子道家无为而治的管理思想。他认为自然无为是道的根本法则，国家最高的管理者应该法道而行，实行无为而治的管理。老子的"无为"，指不加干扰而顺应自然，按照自然本来的面目、本有的性质和法则去做，而不用主观妄为。为什么统治者实行无为而治就能达到天下安宁、人民富足呢？老子认为老百姓所以贫穷，人民所以难治，原因在于统治者违背了"无为而治"，不能"辅万物之自然"而强作"智巧"而治。老百姓之难管理，在于在上好"有为"，违背了顺应自然实行无为的原则。老子也提倡为，这个为要不违背自然，并且要少花力气就能办成大事。无为而治的管理思想，被之后黄老之学发展成"君无为，臣有为"的国家管理学说。这在《管子·心术》中讲得尤为明显，《淮南子》进一步发展了老子道家的无为思想，对无为、有为作了明确界定：无为不是什么事都不做，而是指"循理而举事"，遵循自然之理来办理事情。无为与有为的差别在于一个是"循理"，一个是"违理"。这把老子道家的无为思想讲得再透彻不过。

许氏又认为老子的谋略思想，是无为而治管理学说中的重要组成部分。老子主张"无为而无不为"，要用少为甚至不为就达到办成大事的目的，这就要靠智慧、智谋。老子反对做硬碰硬的斗争，提倡法道之无为、无争、柔弱，达到柔弱胜刚强的目的。老子在治国之术中尤重对谋略、策略思想的研究。老子的总的策略思想是以少胜多，以柔克刚。为达此目的，他提出了"不敢为天下先，故能成其先"，"将欲取之，必固与之"，"曲则全"等。

许氏还分析了老子道家论管理者的素质与品德的问题。管理是对人的管理，因此作为管理者首先应当管理好自己，以身作则，起示范表率的作用，所以老子十分重视管理者的素质和品德的培养。老子认为国家的最高管理者的素质和品德，应当体现宇宙的最高本质道的德性。老子特别强调作为圣王应该具有道的品行，具体说：一是敦厚朴实，反对浮华轻薄；二是谦虚处下，反对骄傲自大；三是少私寡欲，反对自私多欲。

许氏认为老子的无为而治思想是古代道家治理国家的学说，并不是现代的管理学，但与现代管理学还是有一些相似或相近的地方，能给市场经济下的现代管理学一些启迪。无为而治管理思想的启示包括：一，现代的管理者应按照经济自然发展的规律办事，决不能主观妄为。国家政府不应过多干涉经济法则的运行，不能过多过死地管制经济，束缚企业的经济发展，要敢于放开手脚，让经济按照自己的规律自然地发展，不能违背经济发展的法则。二，现代经济管理者要以人为本，以广大消费者为出发点，以社会需求为导向，顺应广大消费者的需求，不能脱离广大消费者去从事企业的活动。三，现代的高级管理者、领导者应当学习无为而治的领导术，放手让下属去干，而不得事事处处、大事小事都自己一个人做。

另外，在当代经济竞争中，有两种战略思想：一为进攻战略，一为防御战略。主张进攻战略的代表作是《孙子兵法》，讲防御战略的代表作是（老子》，主张"不敢为天下先"才能"成其先"的后发制人的防御战略思想。在一定条件下，为了巩固自己，调整自己内部的力量，或自己处于劣势的情况下，往往可以采取防御战略。老子后发制人的防御思想，在现代亦有借鉴的作用。

再者，作为现代管理者自身的素质品德的培养是十分重要的。老子提出的谦虚、处下、朴实、仁慈、节俭、信用等，对管理者来说都十分需要。这些品德也是中华民族传统的美德，应当大力继承和发扬。

许氏此文把老子与道家放在一起来说，但以老子为主，也涉及道家中其他思想家的相关内容，这样可以扩展人们对于老子思想的理解视野，从而加深对老子思想的理解。

3. 陈静《自然和无为观念的现代意义——老子哲学对于现代管理的启示》①

此文主题是分析老子思想中的"自然"和"无为"两大概念，认为此二者是中国哲学史上的一对重要概念。

"自然"是"自己如此""本来如此"的意思，是表示状态的语词。中国古代哲人相信，自然的状态是最美好的状态，在这种状态下，每个存在个体都根据自己的本性，按照自己的方式，处于自己最恰当的存在状态。从自然的观念出发，中国古代思想还有系列相关的观念，如自生、自化、自得、自由、自在等。这些观念的共同点是采取"自然"之"自"组成不同的词组，从不同方面发挥和扩展了自然的观念。对自然及其衍生观念的论说和阐述，是中国古代哲学的重要组成部分。

"无为"的观念是关于最佳行为方式的观念。无为，不是什么都不做，而是以自然为前提，承认在自己之外，还有一个他者，这个他者有他的自然，他者的自然是行为发出者即自己必须关注和尊重的。自己承认他者的存在，重视他者所提示的客观世界，尊重客观

———————————

① 见《老子思想与现代管理》，社会科学文献出版社 2013 版。

世界的规律和他者的存在方式，而不是以个人的意志对之强加干涉，这就是无为，即不刻意地改造他者。刻意作为的干涉性行为方式被称为"有为"。无为与之相对，以不干涉为特点，让他者各自自然。中国古代哲人认为，在与他者的关系中，无为的方式是最恰当的方式，因为无为不干涉他者的自然，所以他者有可能按照自己的方式各得其所。中国古代哲人说，只有让他者自然，自己才能自在，否则就会与他者对抗，形成彼此纠结和相互干扰的状态。所以，无为作为最佳的行为方式，不仅保障了他者的自然，也保持了自己的自然，我与他皆得自然，才能够共同达到美好的状态。这说明自然提示着最美好的存在方式，无为意味着最恰当的行为方式，一个指向理想，一个提示方法。自然和无为这一对重要的概念，就出自《老子》。

此文对自然与无为分别进行专门而深入的阐释。关于自然，在《老子》中的具体含义见第十七章："太上，下知有之，其次亲之誉之，其次畏之，其次侮之。信不足焉有不信。犹（悠）兮其贵言。功成事遂，百姓皆谓我自然。"如果把这句话理解为递进的效法关系，自然就成为高于道的更上一层的实在。而在《老子》中，道是最根本的观念，不可能有在其之上的东西。并且其他言说"自然"之处，"自然"的含义是表示状态，并不是表达实在的观念。这是说最高妙的治理是无关系的关系，成就了一切而百姓认为就是这样，一切都各得其所，实现了自己。"自然"在这里表达了一种状态，这种状态涉及上下的治理关系，却又以消解这种关系至无关系之关系为理想。第二十三章在首句"希言自然"后，用天地的飘风骤雨不能持久，来说明"人为"的不可持续，然后引出道、德、失的不同行为方式以及它们的对应后果，最后总结说"信不足，有不信"。第十七章的"信不足焉有不信，犹兮其贵言"，与第二十三章的首末两句表达了同样的意思。"希"和"贵言"相同，"信不足，有不信"只比"信不足焉有不信"少了一个"焉"字，因此可以说，它们表达的思想是《老子》的一贯思想。

"希言"和"贵言"都要求少说话，"信不足，有不信"显然意识到了取信他人的困难，少说话和取信他人之间又是相关的：语言作为"说出"，其根本作用在于表达自己。表达不是自言自语，而是对"他人"进行说服，取信于他人，但是任何"说"都是有限的，都不可能充分取信于他人。因此，与其用语言去说服他人，却又不可能充分取信于他人，不如让他人"自然"。这就是"希言自然"的基本含义。进一步看，"言"或"语言"作为言说，提示着一个言说的对象，老子对于对象性的关系特别注重对象之间的相互制约。由于言说是有对象的，所以，言说所提示的"他"，与言说者构成了彼此限制的关系，这也是道、德、失的不同行为方式只能获得与自身相对应之后果的原因。按照老子的逻辑，即使取消言说是不可能的，也应当把言说降低到最小的程度，以便最大限度地消解言说所形成的对象性制约关系。所以，第二章说"行不言之教"，第五十六章说"知者不言，言者不知"和否定性的"多言数穷"等，对言说加以否定。

关于自然，《老子》中又说："人法地，地法天，天法道，道法自然。"如果把这句话理解为递进的效法关系，自然就成为高于道的更上一层的实在。而在《老子》中，道是最根本的观念，不可能有在其之上的东西。并且其他言说"自然"之处，"自然"的含义是表示状态，并不是表达实在的观念。"道法自然"与前三句不是顺承关系，而是独立的一句，这句话解释前面三句的理由：道并不强制，而是让一切自然，可以说，老子把自然确定为道的法则。道（德）对于一切存在，都是生成它们而不拥有它们，帮助它们而不把持它们，养护它们而不宰制它们。道的德性就是这种"生而不有，为而不恃，长而不宰"的"玄德"。让一切存在保持自己的"自然"，这被推举到道之玄德的位置，由此可以看到"自然"的观念在《老子》中的重要性。

《老子》第六十四章说"辅万物之自然而不敢为"，"辅万物之自然"不是无所作为，而是"辅助"。辅助是发挥万物固有的特性，保持它们本来的状态。为了避免有为具有的强制性结果，老子强调对万物的辅助，而不是有所作为。可以看出，无为的观念与自然的观念是密切相关并隐含在后者之中的，或者说，无为以自然的观念为前提，而自然的观念内在地要求着无为。

必须注意，"无为"的主语往往是"圣人""侯王"，或者是进行"爱民治国"的统治者。联系第十七章的"功成事遂，百姓皆谓我自然"，则"无为"之所指与"自然"之所指形成了对应关系：自然是普通人想要保持的状态，无为是统治者应该具有的行为方式。站在普通人的立场上来看自然和无为，则是"我"需要保持自己的自然，而"你"应当无为，因为只有"你"采取了无为的方式，"我"的自然才可能不被干扰。而站在统治者的立场，则是"我"应当无为，以此来保护他者的自然。自然和无为所关涉的对象是不同的。

自然和无为密切关联，是中国古代思想中最重要的一对观念，虽然这对观念出自《老子》，却被普遍接受，表征着中国古代思想的一个基本特质。在今天，自然和无为的观念还有什么意义呢？这对观念对于管理具有什么意义呢？这对古老的观念与现代的管理能够如何发生联系呢？自然和无为不是宪法，不能作为制定管理条例的根据，但是，自然和无为作为一种观念取向，对于现代的管理仍有意义。因为任何管理都涉及管理者和被管理者的关系，如何保持二者的良性互动，是一切管理需要考虑的问题，而自然和无为的观念恰好提示着管理者和被管理者要保持良性关系应当遵循的基本原则。但是，就保持二者的良好关系而言，自然和无为这一对密切相关的观念所针对的对象却是不同的。

从管理角度看上下关系，自然是在下者的需求，无为是对在上者的要求。把上下关系看作动作的发出者和受动者，自然是受动者的需求，无为是对主动者提出的要求。从现代管理的角度看管理者和被管理者的关系，自然是针对被管理者而言的："百姓皆谓我自然"，无为是针对管理者而言的："我无为而民自富"。被管理者需要自然，管理者应当无为，管理者的无为是被管理者得以自然的前提。无为管理的反面是有为，可能会成为强势的压制性管理，压制性管理的极致就是奴役，处于被奴役、被压制下的人最没有创造性，最消极，最容易心生愤恨。压制性管理的极端结果，是极端的无效率，是反抗和对立。如果管理者以这种态度制定管理条例和进行管理，对被管理者就形成了压制，于是就会降低被管理者的工作热情，而与管理者形成对抗。所以在管理上需要无为而使被管理者处于自然状态，以收到管理所追求的最大目标和效益。

老子强调无为，并不是袖手不做任何事，而是强调管理者应该少做，目的是让被管理者自愿地多做。所以，尽管古老的"自然"和"无为"不是现代企业管理的宪法，却是一切管理包括现代管理的内在精神。

古老的中国正在实现现代化，现代化是在接续传统的前提下展开的，是以旧邦实现新命，中华民族的自然和无为观念的现代意义有着深厚的精神传承和文化积累，在新的时代条件下把这些古老的智慧用于现实管理，是一个重大的课题。

陈静此文从管理学角度来分析自然与无为在处理人际关系上的深层含义，使我们得以深化关于老子的自然与无为概念的理解，从而也对管理学层面的自然与无为的应用有了新的认识。

4. 白奚《应区分老子思想的本义和引申义——以"不争"和"柔弱胜刚强"为例》①

从此文的标题可以看出，作者希望人们在引用老子的话语时，首先要正确理解老子话语的本来意旨。这是学术研究上必须注意的一个问题。

此文认为老子思想中并不直接存在"管理智慧"，老子思想只是一种"哲学智慧"，作为普遍的价值观和方法论，可以对包括管理在内的各种社会实践提供思想指导。人们可以对这些哲学智慧加以灵活地、创造性地发挥和应用，但是哲学思想本身同对哲学思想的发挥运用不是一回事。对某种思想的发挥运用是基于此种哲学思想的内在理路上的引申，却不是此种哲学思想本身。哲学思想的"本义"

---

① 见《老子思想与现代管理》，社会科学文献出版社 2013 年版。

和"引申义"不应该混为一谈，作为专业的研究人员，要将老子思想的本义和引申义区别对待。对此应该承认《老子》具有相当高的形上思辨水平，其思想更容易对其本义予以引申和发挥而运用于社会实践。此种本义和引申义之间存在着由前者转化为后者的可能性，但不意味着前者可以自动转化为后者，更不意味着前者可以与后者混而为一。在引申出后者之后，前者的意义仍然独立存在。

此文以"不争"和"柔弱胜刚强"为例，说明其在《老子》文本中的本来意义，以及与后来出现的"以不争为争"和"以柔克刚"的引申义之间的区别。哲学命题、哲学思想的本义和引申义不可混为一谈，前者属于价值观的范畴，后者属于社会实践或工具理性的范畴。

在老子思想中，"不争"和"柔弱胜刚强"这两个命题引发的批评最突出、最激烈，这同人们对这两个命题的误解有很大关系。过去常有人批评老子的不争是"不敢斗争""害怕斗争""消灭人的斗志"等，在崇尚斗争哲学的时代，老子的不争被全盘否定。鲁迅在分析国人的劣根性时，一句"哀其不幸，怒其不争"深深刺痛了国人的内心，很多人自然把账算在了老子头上，认为老子倡导的不争培植了国民的这一劣根性。

对于老子的不争，还有一种更深的、更不容易认识到的误解，就是把老子的不争说成是"以不争为争"。之所以说这是误解，是因为如果老子是"以不争为争"，不争就成了迂回的争、深藏不露的争，如此一来，"不争"就只是字面上的意义，实质是一种与人相争的特殊方式。这种看法朱熹就曾说过："老子心最毒，不与人争者，乃所以深争。"所以有人说老子是阴谋家。但这是后人按照己意理解老子思想，无意间已对老子思想进行了引申、转化及发挥，偏离了老子思想的本义。事实上，老子从来没有把不争当作取胜的手段，从来没有说过"以不争为争"，也没有表达过类似的意思。在老子那里，不争不是手段而是目的，老子崇尚"不争之德"，把不争视为一种美德。老子主张"圣人之道，为而不争"，遇到冲突时主动退让，不争先，不争强。老子说"上善若水"，主张人应学习水的品质，像水那样"善利万物而不争"，不是把不争作为获胜、获利的策略和手段。之所以不争，是因为消减物欲、顺任自然、不勉强从事、不与人争强，这样做可以缓解自身承受的生存压力，可以避免与他人发生冲突，有利于化解社会矛盾，使人际关系变得宽松和谐。"以不争为争"，是后人对老子话语的转化、发挥和应用。同这种后起之义相比，老子的不争属于"道"，"以不争为争"则属于"术"，前者属于价值，后者属于工具；前者属于目的，后者属于手段；前者属于价值理性，后者属于工具理性，属于"心机"。心机是老子最为反对的。把后来才有的解释和发挥应用于老子本人，显然不妥，是对老子思想的曲解。

再看"柔弱胜刚强"，过去常有人把老子的贵柔、尚弱理解为胆怯、胆小，这与说老子不敢斗争、害怕斗争同出于崇尚斗争哲学的年代。如今很少有人再如此看待老子的"柔弱"，却出现了另一个更深的、不易认识到的误解，就是把这个"胜"字理解为战胜，或是"克敌制胜"的"克"字，把"柔弱胜刚强"等同于"以柔克刚"。如此一来，老子的柔弱就成了战胜刚强的手段。其实，"柔弱胜刚强"的"胜"字在老子这里是优于、胜过，而不是战胜、克服。柔弱是老子十分推崇的品质和价值，在老子看来，任何事物的存在与发展都不可避免地要经历一个从柔弱到刚强的过程，柔弱标志着新生、生命力和发展的前途，而刚强则是衰退、走下坡路、败亡的征兆。正是由于观察到柔弱的优势，老子才概括出"柔弱胜刚强"的名言，希望人们"守柔"，即保持柔弱，推迟乃至避免走向刚强，使自己尽可能长久地立于不败之地。柔弱亦具有缓解个人生存压力和有利于人们和谐相处的意义和社会功用。"以柔克刚"则是后起之义，是后人对柔弱胜刚强的发挥和应用，用作克敌制胜的策略和方法或曰谋略。由于这样的误解，现在很多人在研究"谋略"时都十分重视老子，把老子看成是"谋略大师"。虽然以柔克刚策略在生活中屡试不爽，成为人们经常运用的策略和方法，但这不是老子的本意，只能证明道家思想具有普遍的价值、极高的智慧和广大的发挥空间。

当"不争"变成了"以不争为争"，当"柔弱胜刚强"变成了"以柔克刚"，就实现了对老子思想的引申和转化，进入到应用面，由价值变成了工具，由哲学变成了谋略，由"道"变成了"术"。作者表示，虽然乐于看到道家智慧被古往今来的人们广泛应用，并不断进行创造性地转化、发挥和应用，但仍然应该在学术研究的层面上把老子思想的本义同后起的引申义、应用义区分开。这种区分，在学术研究上是有意义的，同时也不妨碍对老子思想的现代应用。

白奚此文对老子所说的"不争"和"柔弱胜刚强"的本义进行了贴合《老子》原文的说解，在此基础上，分析了人们为什么会对此二语产生误解，这就提醒人们在研究老子的思想和用老子的话语来面对现实问题时，应该保持清醒的头脑，不要把本义与引申义混为一谈，这样才能保持学术的严谨性。

五、文化人类学角度看老子思想

萧兵、叶舒宪1994年出版的《老子的文化解读——性与神话学之研究》较有代表性。该书上篇《老子与神话》具有导论性质，从《老子》的某些譬喻推理出发，逐步切入其思维形式的核心，揭示道家思想系脱胎于古老的神话和民俗观念，还通过跨文化的比较以揭示"道"的特性与神话原型的联系，并且根据"永恒回归"等神话模式阐释老子哲学的某些主题，发掘《老子》的某些判断跟所谓"祭司王"牺牲、"大母神"膜拜的潜在关系。

此书认为，一般的哲学史、思想史著作，就理论而言，可以说都是一种"向上"的省察，力求从思辨的高度概括其逻辑发展的规律，评述作家、作品的历史地位，功过是非或价值，这可以说是顺向的研究。该书的尝试却是一种"向下"的讨溯，力求从概念范畴的深层或背后，发掘其原型意象或象征系统的背景，把握作家、作品与本体文化、与群体心态的潜在联系，这是一种逆向的追寻。

本书中篇《道的原型意象》就是在这样的意图和上篇的理论基础上，通过跨文化比较和各家学说的评述，专论道跟一些民俗神话性的意象观念的联系，从而挖掘道的博喻性、多义性及模糊性、涵盖性的原始文化根源，再从道及其原型的阐述与展开，研讨《老子》某些"悖论"的真意或根由。余篇《从人类学看老子生平与心态》试图从人类学和文化史的立场讨论老子的名称、生平、著作时代，特别是《老子》书跟农业民族的原始性民俗观念、文化心理的关系。

此书包含的问题颇多，也非常庞杂，这里仅对其中叶舒宪所著上篇《老子与神话》中，关于老子思想的理解与众人不同之处略加论述。

叶氏强调要从神话思维看《老子》的类比推理。作者认为神话思维是一种象征思维，其基本的逻辑规则是类比，而神话思维的类比与科学思维的类比不同，是只着眼于事物表面的相似性，《老子》中有那种与神话逻辑十分相似的类比推理方式。老子的宇宙论本身直接导源于神话宇宙观，作为他类比推理的基础和出发点。而作为老子进行类比论证的总依据和总根源的道，其实质是作为神话思维时代意识形态基础的创世神话的主题的抽象和引申。由此来看《老子》第一章，就可以看出"是用抽象语汇重申创世神话的本体论主题，其作用正是为全书展开的哲学系统确立基准和坐标。在以后的许多篇章里，同一主题又以各种方式重现，使类比推理的神圣依据得到反复强调"[1]。《老子》许多章都对道的创生功能进行了回顾和描绘，并且存在着从自然到人类的类比推理，成为一个类比公式：因为天地自然如何如何，所以人也应当如何如何。如在自然现象的"无有"与人的行为准则"无为"之间，本来并不存在任何实质性的关联，但老子利用类比逻辑使二者成为同类事物，这表明他的思维方式尚未完全脱离具有自我中心倾向的神话思维。根据现代心理学的研究，这种自我中心性的类比认同现象是普遍的，即在某种顿悟中，把两件事拉到一起而合为一体，靠建立在相似性的同一而重新给失去秩序的世界带来秩序。但老子的类比推理总是朝向同一种价值指向，即总是为了说明人事方面的道理而在自然方面求得类比根据，换言之，总是以天道为基础去类推人道。而且老子的类比推理

---

[1]　叶舒宪：《老子与神话》，陕西人民 2005 年版，第 28—29 页。

已不局限于具体的事物，而是延展到抽象概念的层次了，这意味着就思维的抽象化程度而言，老子比一般的神话思维又高出一筹了。这说明类比推理遵循的是一种语义转换模式，所以语言学家认为类比也是语言使用中创新的原则。这说明"老子的类比思维虽然脱胎于神话思维，但已经充分显示出向新的更为抽象的逻辑思维转化的迹象，只是尚未达到亚里士多德第一次系统阐明的那种普通形式逻辑的规则水准，因而最能代表中国式的神话哲学的思维特征"①。

叶氏还认为，神话思维的类比是自我中心性的，因此它并不遵守亚里士多德规定的矛盾律，即：A 不能同时即是 A 又不是 A。在老子的类比推理中，违反矛盾律的现象不如神话中那样普遍，但也不乏实例。这说明老子的话语中有些说法在不同地方是相互矛盾的。这是因为老子出于论证的需要而随意取用自然现象作为类比根据，并不考虑矛盾律的规则，这意味着研究老子思想时，不能完全用严格意义上的逻辑思维去分析和推导，而只能从神话思维的角度去做灵活的把握。正如西方学者所说的：进入诗里的普遍概念是具体的，并且是根本含蓄在诗里的，普遍概念和表现它的文字分不开，也不能用逻辑来解释，否则就会歪曲它的意义，因为它的普遍性只通过具体的比拟而存在，不是通过界说和定义。这说明《老子》正是一种哲理诗，其中的文字与相关的普遍概念还是有所不同的，理解时不能按照逻辑的定义。而且这种情况不限于老子，因为中国古代哲学一直未能像西方哲学那样同神话思维彻底告别，通过比拟、比喻和寓言故事进行的说理，不同于通过概念的逻辑推演所进行的说理。换言之，不能用亚里士多德的逻辑规则要求老子或庄子，不能用西方哲学和美学的规范去强解中国的哲学、美学概念和理论体系。所以，人们一定要懂得：中国古代哲学中的许多概念是建立在神话思维的类比基础上的，没有经过严格的逻辑界说和定义，因而具有多义性和含混性，更需要进行溯源性的考察，才能真正把握其本义。

关于道的特性与神话，叶氏认为道在儒家和道家思想体系中与

---

① 叶舒宪：《老子与神话》，陕西人民 2005 年版，第 34 页。

神话有不同的关系。儒家排斥神话，只强调现实的人世问题，道家更突出宇宙自然本身对人类的典范和启示意义，信仰道法自然。因此在道家的话语系统中，就更充分地保留了道范畴与神话原型的密切相关的诸特性。老子的道有两层含义，一是作为本体、始基的道，一是作为宇宙法则、规律的道。作为宇宙本原的道，在抽象程度上低于作为宇宙法则的道，后者的意义是从前者引申转化而来的。

《老子》开始处所说的"常道"，是本体论概念，有形而上的意义，但老子的整个思想体系是以混沌创世神话为基础的理论抽象，所以在《老子》中，作为宇宙本源的道可以混同于混沌，是一种阴性的本体，可与玄牝相互认同，而作为宇宙法则、规律的道，则是阴与阳的辩证统一，可以与水类比认同。叶氏认为作为法则、规律的道有一个突出特征，即"周行而不殆"，这表明道的原型"可以追溯到神话意识中规则变化或周期性变化的物象"，这"无疑就是太阳"，所以"把太阳视为原生形态的'道'"。①从这一理解出发，许多关于道的疑点与难点就可以解决。如《周易·系辞》中所说的"一阴一阳之谓道"，就是太阳的周期运行与变化的象征，而这正是神话宇宙观的二元对立结构：昼与夜、暗与明、阴与阳。从阴与阳的相互变化中，古人悟出了道的根本奥妙，这就是现代哲学所说的对立面转化规律。而老子就是最早阐发这一规律且赋予道为本体论意义的哲学家。可以认为老子所说的"有无相生，难易相成，长短相形，高下相倾，音声相和，前后相随"就是从阴与阳这组元语言出发而对各种对立转化现象的描述。所以他们认为"一阴一阳之谓道"的思想的基础，就是直接得自太阳运行法则的宇宙神话图式。

此外，这种对立转化规律还有一层意思，即事物发展到某种极限程度，就会改变方向或性质，这被老子称为"反者道之动，弱者道之用"。而这也是从经验中的太阳运行现象中推论出来的。

与反相应的就是复，二者合起来就是道即宇宙变化的规律过程。

---

① 叶舒宪：《老子与神话》，陕西人民 2005 年版，第 71 页。

所谓反复，就是事物在一方向上演变，达到极度，无可再进，则必一变而为其反面，如是不已。而能形成这一认识，其原型就是四季模式或类似的自然现象。《老子》里讲反复，《周易》里也讲反复，总之，反复原理，是从太阳和月亮的循环运行现象中概括出来的规则，并提升到道的高度，而具有普遍适应性，在老子看来，这是适用于一切现象的。老子发现了纷纭万变的世界中有一个不变的规律，即"常"，其内容就是反复或曰"复命"，其来源就是神话原型的循环。神话无意识地表现出循环主题，哲学则有意识地概括出复命的常理。

老子说："人法地，地法天，天法道，道法自然。"其中的疑点在于"自然"二字。张岱年认为"自然"是"自己如尔"之意，不是一个专名，不得视为一个名词。其意谓道更无所取法，道之法是其自己如此。可知"道法自然"是说"独立而不改，周行而不殆"。这也是说道的运行为不断地返回自身，终而复始，终点与起点相交错，所以又称为"圆道"，圆道的原型就是太阳运行之道。从道是圆的这一认识出发，就可以理解亚里士多德所说的"第一性"的问题："最初都从其中产生，最后又都复归为它。"这种圆道是一个过程，在其发展中并无所谓起点和终点，古希腊哲学家称之为"圆圈"，王夫之称为"天无首"。把道理解为圆，就能找到它的原型，即太阳的运动，再把这种圆道推广到月亮、星辰、生物、云、水等自然现象的运动，再推衍到人体、国家的治理和社会的安危等运动变化中，因此道就成了普遍规则与规律，但其来源是太阳神话。

《老子》中的不少说法，都能在神话中找到原型。如"道生一，一生二，二生三，三生万物"，"道生之，德畜之，物形之，势成之"，这就表明了道的又一特别功能——创生，这也是玄牝或万物之母的独特禀赋。叶氏又认为，道的创生功能提出之后，成为中国古代哲学中的重要主题之一，把哲学的创生论视为创世神话的抽象发展，则不同学派中的创生论，也都可从创世神话的不同类型来找到源头。如"儒家创生论以天地为起点，这显然是天父地母型创世神话的逻辑引申；而道家的创生论强调天地开辟之前的'道'，这乃是象征着太阳初升的宇宙蛋形创世神话的必然发展"①。

总之，萧、叶二人认为道的概念有其神话原型，是对相关神话的抽象发展，表明哲学源于神话而又超越和扬弃了神话。老子哲学最高范畴的道既然是以神话中体现的自然秩序为原型的一种抽象，那它所概括的事物运动法则也必然与大自然循环往得的变易相关，因此他们就要探讨道的运动法则与永恒的回归神话的关系。

他们从古代的神话思维出发，寻找老子思想中的神话源头，并用神话以及与神话相关的民俗学、民族学的资料来论证他们所理解的《老子》书中的重要概念的含义，这就超出了一般只从哲学角度解释老子思想的研究范畴，故而有着新颖的见解。

另一方面，虽然他们引用了许多资料与观点，也能体现出对《老子》重要概念的理解，但更多的是围绕着一些概念来做文章，还未能把《老子》全文的思路做整体的分析论证。也就是说，他们分析了老子思想中一些概念与神话的关系，但《老子》书并不是全是讲此类的与神话有关的概念，那么，《老子》书中与神话有关的概念与那些并不与神话相关的概念和论述之间又是什么关系，老子究竟在其全书中是用怎样的逻辑阐述他的思想观点，还是需要进行完整的整体分析的。而且文化是传承的，一些在老子思想中所应用的概念会与更古老的神话思维或其他方面的文化传统有关，但它们也已不再是神话形态了，而被老子提升到哲学层面，这种源头与提升之间的关系，也是需要阐述和论证的。也就是说，一方面不能用现代的哲学或其他学科的概念来解释老子的思想，另一方面，也不宜用更为古老的神话一类的概念来解释老子的思想。如何恰当地对老子思想进行时代与概念的定位，并将其书全部的思想逻辑与论述理路完整地论证下来，以阐明其思想的全部内容，还是一个任重道远的学术任务。

---

① 叶舒宪：《老子与神话》，陕西人民 2005 年版，第 84 页。

六、老子与兵学的关系

1. 姜国柱《道家与兵家》

1998 年出版的姜国柱所著《道家与兵家》，一个重要的内容就是论老子与兵家的问题。该书认为《老子》是伟大的哲学著作，性质上不是兵书，但因《老子》的道论可以应用于兵法上，故与兵法有很深的关系。

姜氏指出，老子兵学思想首先一点是"不以兵强天下"。"天下无道"而"有甲兵"，造成社会的极大灾难，所以老子对战争持否定态度，主张"不以兵强天下"。战争的起因是统治者的欲望、欲得、不知足。老子看到战争的残酷现实，认识到战争的危害，故极力反对侵略战争和无道用兵，应"以无事取天下"。"无事"，就是不害民扰民，不穷兵黩武，不侵略他国，而要清静"无为"，崇尚"自然"，使人民好静自化、安居乐业，国家和平安宁。这是老子"不战而胜的谋略之策"①。老子是从"自然无为"出发，追求一种没有战争征伐、不动干戈杀戮而只有和平的自然理想的原始社会。

老子兵学思想的第二点是"以弱胜强"。老子并非一概反对战争，只是反对无道的战争，有时候在不得已的情况下，也不能避战，不仅要战，而且要胜。要取胜，就要研究战略、策略，讲究指挥作战的艺术。为此他提出了以柔克刚，以弱胜强，不战而胜的战略策略。在"柔弱胜刚强"这个总的谋略思想指导下，老子总结了古代战争的经验，对战争中的主与客、进与退、攻与守、奇与正、强与弱、利与害、福与祸、取与予、歙与张等，作了精辟论述，主张用兵要采取守势，伺机而动，不要为主而要为客，不招引敌人，不要轻敌等。老子的守、柔、客、退、予等示弱的策略思想，不是单纯的、片面的消极防守，而是为了转化为攻、刚、主、进、取的"实强"。"老子的以守为攻，以弱胜强，以退为进，以予为取的策略思

---

① 姜国柱：《道家与兵家》，西苑出版社 1998 年版，第 10 页。

想，在军事上是行之有效的克敌制胜的战争谋略"①。

老子兵学思想的第三点是"以奇用兵"。在"以弱胜强"的军事谋略思想指导下，老子对在策略、战术上如何战胜强敌作了深入研究，提出了"以奇用兵"的策略思想。老子提出"以正治国，以奇用兵"，就是说治国要用正道，不可用邪术，而在军事上则要机动灵活，变无常形，出其不意，袭其不备，声东击西，避实击虚，调动敌人，出奇制胜。在战争中，要使诸因素向着有利于自己一方转化，就要采取"以奇用兵"的策略，善于掌握转化之机，因敌而胜。这就是"祸兮，福之所倚；福兮，祸之所伏。孰知其极？其无正，正复为奇，善复为妖"的用兵变化之道。所以又说："善为士者，不武；善战者，不怒；善胜敌者，不与；善用人者，为之下。是谓不争之德，是谓用人之力，是谓配天古之极。"这些属于不争范畴的做法，在用兵上都是出奇用奇的策略谋略，能做到"以战则胜，以守则固"。这就要求"知人者智，自知者明。胜人者有力，自胜者强"，这是用奇的基础。

老子兵学思想的第四点是"胜而不美"。老子既然主张不以兵强天下，不得已而作战，因此把作战视为不祥之事，打了胜仗也不要夸耀战功，炫耀武力，更不能穷兵黩武，所以提出"胜而不美"的主张。这里面包含着丰富的内容，首先，不以用兵杀人为美乐之事："胜而不美，而美之者，是乐杀人，夫乐杀人者，则不可以得志于天下矣。"其次，战争取胜，也要以丧礼处之。因为战争为凶险之事，即使取胜仗，己方也要死伤许多人，所以要以丧礼处之，不应当以杀人取胜而庆功。第三，主张"善战有果"，"穷寇勿追"，即不能因为取胜而争胜斗强，炫耀武力，追求战功，以兵逞强，穷追不舍，杀人无止，这样做必将走向反面。

总之，老子的用兵之道，是在"柔弱胜刚强"总策略指导下，阐发出"不以兵强天下""以弱胜强""以奇用兵""胜而不美"等一系列谋略思想、战术原则，蕴涵着深刻的辩证法思想，为历代军事家称

---

① 姜国柱：《道家与兵家》，西苑出版社1998年版，第13页。

道、发挥、运用，这对于现代的军事家来说，也有重要的价值。

2. 邹丽燕《〈老子〉与〈孙子兵法〉的关系》①

此文价值在于比较了《老子》与《孙子兵法》二书的文本，以此来探讨二书的关系。

《老子》虽不是兵书专著，但其中包含丰富的军事辩证法思想。如"道法自然"的战争规律论中强调"有道""法道""闻道""在道""介然有知行于大道"，反对"无道""非道""不道""失道"，这些观点运用在战争上就是要人们认识和服从战争的客观规律。"明道""贵此道""从事于道"以取得胜利，否则"不道早已"，即离开了道会很快灭亡。又提出"柔弱胜刚强"的矛盾转化论。"有无相生""两者同出而异名"是道的两个方面，而自然和社会的各种矛盾现象达七八十对之多，其中和军事联系密切的有刚柔、强弱、生死、胜败、进退、夺予、奇正等。"柔弱胜刚强"的矛盾转化论可以看作老子对战争之道的概括，他把以弱胜强和作为根本规律的道联系起来。又认为"反也者道之动，弱也者道之用"，指出物极必反，对立面向相反方面转化，这是事物发展的客观规律，而以弱胜强正是这一客观规律在战争领域中的体现和运用。老子还提出了"进道若退"的战略防御思想，这是"柔弱胜刚强"的战争之道在战争指导问题上的体现；"将欲必固"的思想，是先让一步而后发制人的战略原则；"吾不敢为主而为客，吾不进寸而退尺"，则是消极防御的思想。

《孙子兵法》有许多言论思想与《老子》相似。其中的第一个方面，是由正复为奇至奇正之变的运用与发挥。《老子》中奇正相生的矛盾转化论，被《孙子兵法》吸收、运用与发挥。正、奇两种不同的方式，适用于不同的情况，故《孙子兵法》云："故兵以诈立，以利动，以分合为变者也"，"兵者，诡道也"，"凡战者，以正合，以奇胜，故善出奇者，无穷如天地，不竭如江河……战势不过奇正，奇正之变，不可胜穷也。奇正相生，如循环之无端，孰能穷之？"可

---

① 见《老子与中华文明》，陕西人民教育出版社 1993 年版。

见善出奇是制胜的关键所在。正奇相生、正奇之变，是依客观情势的变化而两相交替，变换互用，是高明的作战之法。可知《孙子兵法》主张的正奇相生、正奇之变的作战方式，是《老子》兵学思想的进一步发挥。李泽厚认为《老子》是接着《孙子兵法》而说的，意为《老子》在《孙子兵法》之后，与此文所说不同，可参见。

第二个方面，是由水无常形至兵无常势的观察与领悟。《老子》说："上善若水。"《孙子兵法》说："夫兵形象水，水之形避高而趋下，兵之形避实而击虚。水因地而制流，兵因敌而制胜。故兵无常势，水无常形，能因敌变化而取胜者，谓之神。"水具有无形、顺势等特质，而"天下莫柔弱于水，而攻坚强者莫之能先，以其无以易之也"，这说明水有无穷的制胜之力，虽表象为柔弱，却能发挥"胜强"的实际作用，这是水的诡道。以柔弱示人，则易避人耳目，不为人嫉与人防，因而可暗藏实力，这又足以说明"兵强则不胜"的道理。又因水之行符合"善行者无辙迹"的特点，《孙子兵法》云："微乎微乎，至于无形。神乎神乎，至于无声。故能为敌之司命。"由于无形无声，战场的主控权便可永远操之在我，这是高明的战术运用，令敌方无法准备。正如《孙子兵法》所说："故形兵之极，至于无形，无形则深间不能窥，智者不能谋。"这就是"形人而我无形"战略技巧的运用，可见《孙子兵法》兵无常势的思想取法于《老子》水无常形的道体特质。

第三个方面，是由权谋思想至战略技巧的发挥。《老子》所说的"善为士者不武，善战者不怒，善胜敌者不与"，蕴含了权谋思想，在韬光沉潜的构思谋划过程中，外在展现的是不武、不怒、不与的静态，而内在却是动态的谋画和构想，所以说权谋思想是一种高明的作战方法。这种权谋方法论为《孙子兵法》吸收，成为用兵之法。如"计议已定，战具已集，然后可以智谋攻"，以智谋攻是最高层次的交锋。又如《谋攻篇》中说："上兵伐谋，其次伐交，其次伐兵，其下攻城，攻城之法为不得已"，这说明用谋取胜是最高明的作战方式。

第四个方面是辩证法思想在军事上的运用与实践。《老子》中的辩证法思想俯拾皆是，揭示了事物不仅相互依存，而且在矛盾运动中向对立面转化。如"祸兮福之所倚，福兮祸之所伏"，又如"将欲翕之，必固张之，将欲弱之，必固强之，将欲去之，必固与之，将欲夺之，必固予之"，这些辩证思想都为《孙子兵法》汲取，用来剖析战争问题。孙子对战役战术提出"五行无常胜，四时无常位，日有短长，月有死生"的思想。又对敌我强弱、众寡、生死、存亡、虚实、动静、治乱、攻守、奇正、胜败等对立矛盾，进行深入分析，得知矛盾双方互相转化，辩证发展，故说："乱生于治，怯生于勇，弱生于强。"另一方面，这些对立面在一定条件下可以互相转变，由此应发挥我之特长，分散敌之兵力，集中我之兵力，以十对一，弱则变强，相反则强变为弱。这都是《孙子兵法》在战争实践中对老子辩证思想的发挥与应用。

总之，《老子》思想充满了方法论色彩，故能对《孙子兵法》起到启示作用，而使兵家把《老子》思想应用于战争之中，促进了中国古代兵学思想的发展。

此文通过对照《老子》与《孙子兵法》二书中的相关字句，找出二者之间的思想联系，说明兵家思想从《老子》出发，而在战争实践中得到应用与发挥，构成中国古代兵家的丰富思想成果。

七、老子思想中的科技观

1. 张智彦《老子与中国文化》

张智彦在 1996 年出版的《老子与中国文化》第七章第二节中专门论述了"老子的直觉思维与科学创造"的问题。其中第一部分是论述"中国哲学与老子直觉思维的特色"。张氏认为"直觉"是西文的译名，中国哲学中本来没有这个词。据张岱年的看法，中国哲学中与"直觉"同义的词是"体认"，但现在用"直觉"，更容易为人理解。但中国哲学家的直觉方法与西洋哲学的直觉法并不完全相同，中国哲学的直觉重悟而不重论证，即不注重形式上的细密论证，亦无形式上的条理系统，而是把经验上的贯通与实践上的契合合为一体，认为只要能解释生活经验，并在实践上得到一种受用，便已足够，不必更作文字的细微推敲。这就是说，中国哲学家在认识论或方法论上，大多采取直觉顿悟方式，"老子的直觉思维方法更具有代表性"[①]。

"道"是老子哲学的中心观念，其哲学系统由道开展而成。道看不见、听不着、摸不到，其特点之一是人们无法用感官感觉它，但它是人们可以认知的真实存在；特点之二，道在逻辑上先于个别事物而存在，"先天地生""象帝之先"等，是从逻辑的意义说的；特点之三，道是对物的本质的概括和抽象，比物更根本，道在物先。老子对自然和社会关系作了高度抽象，概括成"道"的范畴，就把握了自然和社会的本质，就认识了自然和社会存在的根据。不能用概念、定义的方法把握道，因为"道常无名"，也不能用判断、推理的方法去认识，因为道无形、不确定。真正能够把握道、认识道的方法是直觉或直观的方法。如果舍弃这种直觉方法，用别的方法就不能摸到道的门径。而要使直觉的体道方法发挥作用，最重要的是要保持思维的明性、纯净性，这就是老子说的"涤除玄览，能无疵乎"。"涤除玄览"以保持思维纯净，就是要排除人的经验认识。人如果有经验认识，就会有先入为主的偏见，这样去体认道，就会歪曲道。老子又说"为学日益，为道日损，损之又损，以至于无为，无为而无不为"。"为学"是经验认识，要一步步地抛弃经验认识，再抛弃理性对外物所做的判定，最后使理性在纯净的本然状态中升华和飞跃，才能把握整体性的道。

张氏认为老子直觉思维在科学创造中有其特定的价值。老子的直觉思维不仅具有一般直觉思维的共性，这就是突发性、直观性、全体性、深刻性和猜测性等，而且具有一定的神秘性，是属于理性直觉的高层次性。现代思维科学认为，直觉思维往往在抽象思维无能为力的情况下突然发生，并直视事物的全体和本质。所以在认识功能上有优于抽象思维的方面。在科学创造活动中已经证实了直觉

---

① 张智彦：《老子与中国文化》，贵州人民出版社 1996 年版，第 280 页。

思维的作用，如俄国生理学家巴甫洛夫在分析自己出于直觉而找到了对实验的正确解释时说："开始我自己并不清楚，我的推测的正确性从何而来。如果换一种说法，直觉出现了，本身被领悟了，但不明白是为什么……我正确地理解并得出了结果，但是，所有更早些的思维途径本身全忘记了，这就是为什么说这是直觉的缘故。"波普尔也说过直觉思维与科学发现的关系："并没有什么得出新思想的逻辑方法，或这个过程的逻辑再现。……每一个科学发现都包含'非理性因素'，或者柏格森的'创造性直觉'。爱因斯坦也说过类似的话：'探求高度普遍性的定律……达到这些定律，并没有逻辑的途径，只有通过基于对经验对象的理解的直觉，才能得到这些定律。'"这说明直觉思维在科学发现中是有作用的，即科学发现经常含有直觉的因素。

老子直觉思维与一般直觉思维的一个不同之点是在直觉思维的过程中排斥直接经验和以往的知识。在直觉思维产生的过程中，直觉者顿觉自己以往的知识和经验一步步地减少削弱，这有利于进入新的领域，有利于认识事物的本质。在某些科学发明中，可以借鉴这种方法。老子的直觉思维还具有逆时的特点。老子哲学的直觉思维把宇宙的本体道，规定为循环往复的运动，所以直觉思维主要表现为一种逆时的考察，即通过追溯宇宙万物的本原，来调整人的认识能力。老子直觉思维的这一特点，在宗教界和养生界一直为修持者所遵守。

张氏上述论述，对于人们深入认识老子的直觉认识及其与道等思想的关系，有重要的参考价值。

张氏在该书第七章中，还探讨了老子思想的模糊性与近代物理学的某些相合之处。如在老子那里，道有两种，一种是可道之道，一种是不可言说之道。张氏引物理学家李政道的话指出，道的不可言说与物理学"测不准定律"存在着某种暗合。"常道"难以用言语讲说，是不可言说之道。物理学发展到 20 世纪，牛顿力学已被量子力学代替，量子力学中有条基本的重要定律叫"测不准定律"。这条定律是说我们永远不能测准一切，任何物件，假如能完全测定它在任何时间的位置，那在同一时间，它的动量就无法固定。对普通一般物件而论，动量不固定，就是速度不固定，既然速度不能固定，就无法完全预定这物件将来的路线。物理学家认为物理学的"测不准定律"和中国老子所说的"道可道，非常道，名可名，非常名"颇有符合之处。但这二者之间的关系，用物理学或哲学都还说不清楚的，只能说是一个神秘的现象有待于人类来认识。

道与物理学中的真空有一定的关系。老子的道本身是无形的，所以他用"无"来指称，道又是万物生成的根源，因而又要用"有"来指称。可以看出，老子的无并非空无所有，而是指道的质朴性。老子的有，并非现实的有，而指道的潜在性。无和有在现象界和经验界而言，无即空间，有是现实的存在物，所以说"有之以为利，无之以为用"。这是说有同无结合时才能产生作用。人们最初认为真空是没有任何东西的空虚的空间，现代物理学则认为真空是类似于老子的道的基态量子场。真实是不是就是虚空？在爱因斯坦以前，还没有人对真空即是虚空的问题提出挑战，爱因斯坦提出了真空不过是引力场的一种特殊状态的看法。狄拉克在实验中证实：电子波动方程中所有的负能态都按照泡利不相容原理被电子占据，在负能态的粒子不产生外场，因而对系统的电荷、能量、动量和自旋不做贡献。所谓完全真空就是所有负能态都被占据，而所有正能态都未被占据的区域。从此真空概念不再是虚空，为理解老子的无提供了现代物理学的新视角。现代场论中的真空是处于基态的量子场。无与有的关系在量子场中，就是粒子和真空的关系，基态和激发态的关系。一方面粒子是由基态（真空）激发产生的，另一方面被产生的粒子同基态中的虚粒子云和凝物发生相互作用。粒子和真空同属于量子场，犹如无与有两者"同出而异名"。

物理学家汤川秀树在研究基本粒子问题时，曾想到了《庄子·应帝王》中的中央之帝浑沌被南北二帝凿死的寓言，他说自己研究基本粒子多年，已发现三十多种不同的基本粒子，每种基本粒子都带来某种谜一样的问题。当发生这种事情的时候，我们不得不考虑在这些粒子的背后到底有什么东西。我们想达到最基本的物质形式，但是，如果证明物质有三十多种基本形式，那是很尴尬的，更加可能的是万物中最基本的东西并没有固定的形式，而且和我们所知的任何基本粒子都不对应。它可能有着分化为一切种类基本粒子的可能性，但事实上还未分化为的某种东西。用所习用的话来说，这种东西也就是一种浑沌。他所说的浑沌，正是《老子》所说的道的无。

张氏还认为老子的宇宙生成论也有现代科学的价值。老子是最早对万物本原和规律进行探讨的哲学家。"本原"是指一切存在物最初由它生成或构成，前一种含义叫"生成论"，后一种称之为"构成论"。科学思想是起源于对万物本原和宇宙秩序的探讨。老子的本体论是生成论，西方主要是构成论，认为宇宙的变化是不变的要素的结合和分离。构成论的方法曾使科学取得了许多重要成果，但现在，构成论认为事物变化是基本粒子的结合与分离的观点，却面临着挑战。因为把一个东西不断地分割以便得出一切问题的答案，这在思维方法上是很困难的。于是科学家们用东方古代哲学中的生成论为现代科学服务，如德国物理学家海森伯，从粒子物理学的研究中悟到生成或转化的概念比构成的概念更有用，他认为，在基本粒子相互碰撞中，基本粒子确实也会分裂，而且往往分裂成许多部分。但这些分裂部分不比被分裂的基本粒子要小或轻。因此这里真正发生的实际上不是基本粒子的分裂，而是从相互碰撞的粒子的动能中产生新的基本粒子。现代物理学中的基本粒子，像柏拉图哲学中的基本粒子一样，能够相互转化。它们本身不是由物质所组成，却是物质的唯一可能形式。能量在它处于基本粒子形式时，在它以这种形式出现时，便变成了物质。可见，基本粒子物理学碰撞实验的许多结果，无法用构成论的观点得到理解。从已有的物理学成果看，生成论的宇宙观对现代科学的发展有适合之处。这种适合对未来科学发展的意义也许现在还不能说清楚，要随着科学的发展继续观察。

总之，张氏认为老子思想中的某些内容，从思维的角度看，对现代科学有着某些启发作用，可以用来为今天的科学研究服务。

2. 王力平、邹争征《现代计算机程序设计学的哲学整合——兼论老子思想在高科技中的现实意义》①

此文认为，现代高科技的发展，从根本上说是一场哲学整合的过程，而老子思想为软件技术整合提供了新的可能途径。

现代计算机程序设计学的基础，就是形式化方法的思想，这个思想贯穿了迄今为止的软件技术涉足的各个领域。按现代哲学的语义划分，从认识论、本体论、方法论三种观点去探讨形式化方法的本源，人们便会发现在现代高科技中为大部分领域证明的事实，即西方几千年来的传统思维模式的展现，是物我分离的认识路线、个体分解的模型本体论、形式逻辑的推理方法论。总之，是外向的、个体的、分解的、形式的思维路线。虽然也有很多成就，但近年来西方在学术领域中出现的"混沌"说、"耗散"风等，表明了世界整体的复杂性对西方传统思维方式的冲击。

软件工作者一直面对着三个最基本的问题：人机关系问题，软件两难问题，知识问题。在形式化思维方法指导下，人、软件、知识均物化而与"我"分离，始终走着将事物分析、分解的路线。即使形式化思想带来软件技术的长足进步，但是自上而下、面向设计的、将事物分解成对象进而映射到软件中的思想路线，不能从根本上解决程序设计学的三个基本问题，也不能超越目前软件的编译系统、代码生成以及模块集成的设计模式。可以说，现代计算机程序设计学已走入形而下学的境地。人们对人机关系、软件两难、知识的种种困惑，已开始超越传统，走上哲学之途。

形式化思想的特点是执着于有为之法，有形之物，有名之势，有序之态，自上而下地构造事物。作者认为，在软件领域提倡老子思想，引入无为、无序之说，并非要引入混乱，也不是否定有为、有序的传统方法。这将是一种超越。传统方法执迷于"有"而不知"有"。因此，要先讲"无"，再讲"无"和"有"的"混成"，而不

---

① 见《老子与中华文明》，陕西人民教育出版社 1993 年版。

偏执于"集成"。两千多年前老子已对现代意义上的哲学做了集中的、经典的、精辟的论述，展现了一条中国式的直观的整体的把握事物的思维路线。老子运用这种整体观看待事物，发人所未明，觉人所未知，就是对"无"的理解，是有无相生的无，而不是西方那种有无对立的无。老子之道是"混成"的，无名、无形、无为、自在自为的；道是整体的，经验的又超验的；道是"我自然"。这正是老子处理事物的最彻底的手段和工具。面向对象思想和集成环境的发展寻求的支持，实质上是寻求整体上把握事物的能力。老子的认识里不存在认识论、本体论、方法论的概念，更没有"人机关系""软件两难""知识"的字样。在他那里，这些东西混而为一，浑然一体，此即对道的理解，道之精神、特征的诠释。所以，软件设计学的三个基本问题，虽然各有特点，但是用混成的观点看，应该是统一的、合一的东西。程序设计学是从人机关系开始的，但若只看见人和计算机的关系，却是不够的，应跳出人去效法计算机的界限，应效法自然。软件将不仅是为他人设计的产品，不仅是面向机器、面向设计的产物。

用老子思想指导的软件开发过程，要强调一种新型的设计方法，即面向人的设计方法，或称作面向思维的、面向知识的程序设计方法。人是出发点，但面对的不仅仅是机器和外部环境，更重要的是人面对着人自身。人将设计的是人自身，软件代码的生成只是人的思维的副产品，而且软件的形式也将改观，但是，软件的整合过程要取决于中西方哲学的整合。重要的在于思维路线，只要沿着老子思维路线走下去，一定会找到正确的实现方法。

人们总是愿意接受集成、有为、为学日益的说法，而难以理解混成、无为、为道日损能同整体地把握事物有关。这根源于人们日常的外向型的思维定向，将世界划分成具有各种层次结构的类别。世界的整体性一直是中外古今的哲人、思想家、科学家终身探求之物。现代科学已经认识到世界的整体性不仅表现为有序，更表现为无序，二者互相包含。出现了混沌学说、分形论、超循环论、耗散结构论、非线性动力学等探索性学科，广泛使用混沌、无序、非线性、尺度变换、负熵流超循环、自组织、超越过程等概念。这些新潮流，也为软件技术领域的整合运动提供了现代科技的背景。用老子思想结合现代高科技，便会在各自的领域里发现一个崭新的天地。

此文试图探索用老子整体性思维以及道与有无的思想等，来为计算机程序设计找到开拓之路。这是一种有益的思考，但还需要更为深入而具体论证与阐释，但既然已把问题提出来了，这本身就有重要的价值。

3. 黄麟雏《老子思想对现代科学思维的启示》[①]

此文探讨当代世界重新发现老子的哲学背景，并把老子思想与当代系统思维相比较。关于世界重新认识《老子》的背景，此文认为从文艺复兴以后到牛顿时代形成的机械自然观，对近代科学技术的发展起了关键作用，同时使人们认为科学是征服自然的强大力量，技术是征服自然的工具和手段。但现代科学每一个新进展和新突破，都导致与西方机械决定论为背景的哲学思维方式的冲突不断发生。19 世纪进化论、细胞学和能量守恒与转化定律三大发现，奠定了辩证唯物主义的自然科学基础。电子、放射性元素的发现，带来了现代科学的一次重大革命，是自然科学对形而上学自然观的一次突破，是自然科学向辩证思维的复归。随着相对论和量子力学的创立，运筹学、信息论和控制论的发展和系统工程的兴起，以及生物科学领域机械论与活力论之争而诞生的一般系统论，形成了对科学技术有重大影响的系统科学，并产生了适应现代科学思维的系统方法论。这是科学对机械决定论的又一次突破，也是自然科学向辩证思维的第二次复归。同时，科学思维方式也面临一系列超越，科学正在发生整体性的深刻变化，而这些变化主要来自于对复杂现象的揭示，来自科学技术发展面临着从封闭宇宙的认识向开放宇宙认识的过渡。归纳起来，科学思维方式的转变主要是：科学研究的对象，已从实体中心向系统中心转变，从实体研究向场的研究转变；科学技术研

[①] 见《老子与中华文明》，陕西人民教育出版社 1993 年版。

究的目标追求，从人的自我中心观念向全球均衡发展为中心的观念转变；科学探索模式从可逆性、直线性、简单性的机械决定论模式，向不可逆性、非线性、复杂性的辩证决定论模式转变；科学研究方法从抽象、定量、分析为主，向注重整体、综合以及系统自组织、透视论、相干性、微观分析与长程关联结合的研究方法转变；在科学技术与生产的关系上，也从两者的相分离，向整体化、一体化方向转变。

这些转变表明现代科学正面临全新的研究领域，新的科学思潮孕育的是科学的整体性的新定向，孕育着即将发生的划时代的突破和创新。因此，科学家都力求找到能指导和支撑未来科学技术发展的哲学根据。正是基于这一背景，现在西方科学前沿的许多学者都把眼光转向东方。以老子思想为代表的中国古代人天观，无论对待宇宙创生与演化、人与自然的关系还是社会问题，思维模式较西方的机械决定论、实证论合理得多，深刻得多。老子人天观的思维模式，与现代非线性、混沌科学显示的深邃哲理完全相合，这就是老子思想被现代科学家高度重视的原因所在，也是当代世界科学发展重新发现老子的哲学背景。

关于老子思想与当代系统思维的比较，作者认为老子以道来阐发宇宙万事万物无限变化的多样性和统一性。道包含着系统整体观，"系统"及"整体"是系统论的核心概念，系统与环境，整体与部分，均是对事物形式化、抽象化的表述。在《老子》中，核心概念是"道"，道也表述为"一""大"或"小"，这种对道的表述，类似于系统论"整体"概念对"系统"的表述，都属于同义的形式化的表述。但老子对道的表述远不止此，他还通过"无"表达道的本体，通过"有"表达道的外现，通过"德"来体现和保持道的本性。这样道的内涵就非基于形式化的"系统"与"整体"概念可比。道的内涵和品格大于、高于万事万物，包含着万事万物的根本法则，"一"绝不是简单的一，而是包含着无限事物的同一性和全息。所以道包含着内在的无与外现的有的统一，包含着事物之间既区别又互相渗透的统一。老子已透视了任何事物都包含着对立物，看到对立物之间的一致，并把这一命题贯彻到认识论中去，作为实践行为准则。老子没有像现代系统论那样，对客观系统进行各种分类，但也涉及结构层次问题。道是最高层次，任何欲凌驾于道之上的事物无不受到惩罚。系统哲学家拉兹洛认为高层次系统的结构不一定复杂，但起着中心控制作用，而低层次系统的结构可能复杂，却要受控于高层系统。老子在讲到道时，强调它是"一"、是"朴"、是"小"，表现了最简单性，但道又是"大"，创生万物，包容万物，万物无不"负阴而抱阳"，这又说明道在总体上体现着最高的复杂性，又是最高层次的总结构。这些思想与现代系统哲学是完全相通的。

老子还从认识论高度对道的中心作用作了概括："执古之道，以御今之有，能知古始，是谓道纪。"指出了只有掌握了最原始、最基本的道的实存本体规律性，才能驾驭万物，才能说认识了道的原则。这说明老子的道的思想，既对具体事物从简单到复杂、高层到低层作了一定的系统分层的分类和抽象的简化，又不停留于分类、分层和简化，而更强调层次之间、事物之间的综合和协调，强调研究事物变化之"妙"，强调体现于事物中的"道的纲纪"。这是着重于复杂性与简单性相通的思路，为现代科学前沿的学者们所共鸣。在这一意义上，又高于系统哲学的结构层次观。

作者认为道包含系统动态发展观，但思路更富于概括性。道的无似乎很玄，但正如矛盾的普遍性不能离开特殊性一样，道的作用总体现在具体事物的动态发展之中。老子讲的无，不是绝对的"虚无"，是要人们从具体事物的有去悟出存在于所有事物中最普遍的"道"，再反过来指导人们的行为，成为行为的准则。道体现于具体事物之中，老子称为"德"。如果把老子的无、静绝对化地理解，就会玄之又玄，如果与"独立而不改，周行而不殆"联系起来理解，则又不玄，老子强调的是悟出道在无限周行中的不变性，即动中之静和有中之无，所以是极深刻、极富于辩证法的动态发展观。

道包含创生进化观，但比系统进化论更合乎理性。老子多处论述宇宙的创生、运行和进化的规律性。如说"道生一，一生二，二生三，三生万物"，概述了创生进化的总趋势。而道所创生具体事物，也有一个一般的趋势，就是"道生之，德蓄之，物形之，势成之"，"生之，蓄之，长之，育之，成之，熟之，养之，覆之"，这是道在具体事物中运行转化系列的具体表现方式。"道生一，一生二，二生三，三生万物"是抽象的创生进化规律，"生之，蓄之"一段则是具体的创生进化规律的论述，都是"周行而不殆"的表现方式，又包含着发展进化的思想内容。

道还包含着系统突变观念，是现代突变论的重要思想源泉。20世纪下半叶来，系统科学及数学的发展，获得了关于系统突变的许多研究成果。耗散结构论、协同论和超循环论都从不同角度探索了从无生命到生命、从生物大分子到原细胞进化与突变过程的自组织机制。概括地说，一种系统变成另一种系统，完成由无序到有序或由有序到混沌的转变，就是系统进化中突变问题。系统科学研究的成果表明，系统进化中的突变，实际上是在一定环境条件下，系统内部各因素及其不同倾向的竞争，结果发生了临界点的涨落，出现对称性破缺，导致系统基质结构性失稳而引起系统相变的过程。

从科学和数学角度，《老子》无法与现代突变论相提并论。但关于系统突变的哲理论述，《老子》则极富于启发性。如"合抱之木，生于毫末，九层之台，起于累土，千里之行，始于足下"，这是事物由量的积累到质的飞跃的规律性概括。又如"图难于其易，为大于其细"，"其安易持，其脆易破，其微易散。为之于未有，治之于未乱"，从方法论的角度，指出了如何促使事物完成由量到质积极转变的途径。突变论创始人托姆说："在老子的理论中，有很大部分是关于突变理论的启蒙论述。我相信今天中国许多喜欢这个学说的科学天才，会了解突变理论是如何证实这些发源于中国的古老学说的。"

道又包含系统自组织观念，含义深刻。老子说："道常无为而无不为。侯王若能守之，万物将自化……天下将自正。"强调通过无为实现自化和自正，包含没有外加的作用，实现系统的优化组合和优化发展的内容，这是一种没有系统论名词的系统自组织思想。

老子说："为无为，则无不治"，"为者败之，执者失之，是以圣人无为故无败，无执故无失"。无为是为了不违背于道，凌驾于道，强加于道。用系统论语言说，就是强调尊重系统的自适应、自调节等自组织行为，则能达到无不为的最佳效应。《老子》中论及了无为、自化的自组织机制和原则："天之道，其犹张弓乎，高者抑之，下者举之，有余者损之，不足者补之。天之道，损有余而补不足。"这是关于自然之道自调节机制的生动描述。可见自然的"无为"不是简单的无为，实质上是自适应、自调节的自组织过程，不附加外来的成分。老子还提出了无为调节的规律曰"常"："知和曰常"，"知常曰明"。常意味着均衡、协同、一致、和谐。了解了常才能称为"明"，这是人们进行系统调节的机理和原则，是按客观规律办事的原则，也是系统自稳定自保持的重要规律。至于如何实现常，老子提出守柔的方法，从不同角度体现守柔、含藏的原则，在毫无觉察中去实现常，这就是道的无为而达到无不为的体现。可见老子道的框架中，包含着丰富的系统自组织的思想内容，值得现代系统自组织理论借鉴。现代系统自组织理论，着重于从无生命到生命到人的自组织机理研究，老子着重于从哲学高度来揭示自组织的规律性和提出适应自然自组织之道的思想行为原则，这与现代系统自组织理论起到互补的作用。

黄氏从现代系统自组织理论的角度来与老子的道的思想进行比较，发现其中有不少可以沟通之处，虽然《老子》中没有现代科学的术语，但思想中则含有非常丰富的观念可与现代科学思想相沟通，这是研究老子思想的一个重要方面，值得人们不断深入探索，把相关问题阐释得更加深入具体。

八、《老子》与易学

1. 王博《略论〈老子〉与〈尚书〉〈诗经〉〈易经〉之关系》①

王氏主要从文献角度对比《老子》与《尚书》《诗经》《易经》的关系。老子之前，我国图书最重要者是《尚书》《诗经》《易经》，

---

① 见《老子与中华文明》，陕西人民教育出版社 1993 年版。

故作为史官，老子对这几部书应比较熟悉。老子所著《老子》与《尚书》《诗经》及《易经》的关系，需要考察。首先看《老子》与《尚书》的关系。《尚书》有今文和古文的问题，此文主要探讨《老子》与《今文尚书》的关系。通过对比，王氏认为《尚书》和《老子》之间有些语句或想法相近，说明老子在著书时可能受到了《尚书》的影响。如《尧典》："允恭克让，光被四表，格于上下。""允恭克让"是诚信谦恭而又能够退让不争之义，这样，才达到"光被四表，格于上下"的效果。老子有类似思想，如主张"信"，认为："不自见，故明；不自是，故彰；不自伐，故有功；不自矜，故长，夫唯不争，是以天下莫能与之争。"《皋陶谟》："宽而栗，柔而立，愿而恭，乱而敬，扰而毅，直而温，简而廉，刚而塞，疆而义。"此中"宽""柔"二项，义近《洪范》所说"柔克"。《洪范》云："一曰正直，二曰刚克，三曰柔克。"刚柔对言，于文献中始于此。老子言柔刚，或即承此而来。《尚书》认为须针对不同情形来运用刚德或柔德，如"沉潜刚克，高明柔克"，老子发挥了"高明柔克"的方面，故言柔弱之为用，主弱能胜强，柔能胜刚。《盘庚》曰："邦之藏，惟汝众；邦之不藏，惟予一人有佚罚。"《国语·周语上》记内史过引《汤誓》："余一人有罪，无以万夫；万夫有罪，在余一人。"《老子》说："是以圣人云：受国之垢，是谓社稷主；受国不祥，是谓天下王。"与之意近。《盘庚》曰："各恭尔事，齐乃位，度乃口，罚及尔身，弗可悔。""度乃口"即"闭塞其口"，《老子》也说："塞其兑，闭其门，终身不勤。开其兑，济其事，终身不救。"与之意近。王氏一共找出十余条来说明《老子》思想与《尚书》一些内容相近，于是说或许可以承认《老子》在写作时可能受到了《尚书》的影响。

此外，王氏还认为有些词语只出现在《尚书·盘庚》及《老子》中，却在其他文献中看不到，这应该是《老子》受《尚书》影响的确证。如果把范围扩大到《古文尚书》，与《老子》相似的内容就更多，约有六条。

其次则考察《老子》与《诗经》的关系。前代学者已指出《老子》用韵的特点，有与《诗经》相同之处，有和《楚辞》近似的地方，可知《老子》写作文体或受《诗经》影响。《诗经》中有很多富于哲学性的格言，如《小雅·十月之交》："高岸为谷，深谷为陵。"《老子》"高下相盈"与之义近，且老子的概括更具普遍性。《大雅·荡》："天生蒸民，其命匪谌，靡不有初，鲜克有终。"《老子》曰："民之从事，常于几成而败之，慎终如始，则无败事。"值得重视的还有"无为"，《尚书》《易经》《左传》《国语》均不见此词，只《论语》一见，可能是受到了《老子》的影响，但这个词在《诗经》中出现了好多次，如《王风·兔爰》《陈风·泽陂》中都有"无为"。值得注意的是"无为"仅出现于《陈风》《王风》中，而老子正是陈国人，并在周王室做官，这或许不是一个巧合。当然，"无为"在《老子》中作为哲学范畴，与在《诗经》中的意义不同，但其间的联系是显而易见的。《诗经》有很多篇章对现实生活给予深刻揭露，《老子》的一些章也描述了统治阶级的荒淫无度和平民百姓的悲惨生活。另外，因对现实不满，《诗经》的作者们开始了对帝、天及天命的怀疑、怨恨和攻击，表现出进步的天道思想，这为老子以道来取代帝和天奠定了基础。

再看《老子》与《易经》。二者关系密切，以往不少学者看到这一点，如桓谭《新论·闵文》中说："伏羲氏谓之易，老子谓之道"，谓道与易相通。前人没有分经与传，今天只能从《易经》而不能从《易传》来探讨老子思想的渊源。已有不少学者认为《易经》是由史官编纂并掌管的卜筮之书，老子作为周之太史，熟悉《周易》当为无可疑之事。但这只是外在的关系，而二者的文本则是内在的关系。此文从词句、思想两个方面比较二书的近似之处。在词句方面台湾学者杜而未曾做过探讨，认为《易经》中许多卦名如《兑》《丰》《损》《益》《复》《泰》《观》《随》《涣》等都在《老子》中出现过，而且许多词的用法相同。另外，有些短句也很相似。在思想方面，《易经》有些思想和《老子》非常接近，很可能正是其来源。如《汉书·艺文志》说道家思想合于《易》之谦谦，《老子》中虽未直接出现"谦"字，但推崇谦虚、认为谦虚可得吉利的想法体现于全书的许多章中。此外，《易经》赞美节俭，《老子》把俭列为"三宝"之一，《易经》认为一个一直坚强的事物不会维持很久，因而有坚强之物而不敢持之终日的想法，《老子》也有这样的思想。《易经》对循环原则已经有一定程度的认识，这与《老子》的主张一致。《易经》对于自然和社会中的对立现象以及对立之间的互相转化有了一定的认识，这种思想为《老子》对对立统一规律的初步把握提供了基础。

此文通过《尚书》《诗经》《易经》的原文来与《老子》的文本进行比较，认为《老子》受此三书的影响很多。这一现象在古代文化的传承与变迁中是非常普遍的，不仅《老子》书是这样，任何一部古人的著作，都会如此，说明这是普遍现象。所以只对比一些语句，还不能充分说明《老子》与这些书的思想关联，还要深入分析与这些语句相关的思想内容，来与《老子》的思想相比较，才能找出它们之间的深层关联。

2. 方光华、勤鉴《试论道家思想与〈易传〉的形成》[①]

文章先说明了《易经》与《易传》是两部书，学术界已证实《易经》是周朝初年的作品，《易传》的成书要比《易经》晚得多。有学者提出《易传》受到了道家思想的影响，认为《易传》是以道家思想为主导，在释《易经》过程中逐渐形成的道家典籍，但这一观点没有得到学界的认可。此文认为《易经》是老庄思想的来源之一，老庄思想又促进了《易传》的形成，但《易传》仍然是儒家的典籍，它发挥的天道、人道观，与道家思想有明显差别。

《易经》本是一部卜筮之书，其中的部分卦爻辞需要人们进一步理解，这说明《易经》虽然认识到了自然现象与人的生存状况有密切关系，人的行为方式和命运状况有密切关系，人的行为方式和命运可以通过与自然现象的互参而体现出来，但没有对此进行理论上的证明，因此，关于易象的研究，是诠释《周易》的一个重要方面。而这方面的思想，引导人们通过对自然景象内在原则的研究而寻求人们生存的依据和寄托，老子的自然哲学就是基于这一背景，并受

---

① 见《老子思想的现代价值》，陕西旅游出版社 1994 年版。

到了易象学说的影响。已有不少学者看到了《老子》与《易经》在句法上的相近，有人看到了《老子》尚谦、尚俭、守柔等思想与《易经》人生智慧的相通。但《易经》给老子自然哲学最大启发的应是西周初年以来不断发展的易象学说。

原因一是因为老子之道是对易象反映的自然界的内在原则的高度抽象。西周初年以来的易象虽对自然界各种现象作了初步规范和归类，但没有从中总结出一般原则，老子则概括出自然景象的一个本质特征是"周行而不殆"，又概括出自然景象的另一个本质特征是"物壮则老"。老子把这种规则性的认识称之为"道"。道是老子对易象内在规则的抽象，它不像易象那么有具体现象可感知，故老子把它名之为"大象"，也就是对易象的统括。老子还结合春秋时期人们对自然界认识的成果，对自然界的生化过程作了描述："道生一，一生二，二生三，三生万物"，"天下万物生于有，有生于无"，表明老子试图在易象内在原则的抽象和概括之下，对整个易象借以存在的宇宙生化过程进行概括归纳，这是对易象的更高层次的把握，是易象学说得以继续发展的重要理论基础。

原因之二是老子之道继承了易象与人的生存原则密切联系的特征，阐发了道论前提下的人生政治伦理原则。老子之道落实到人生叫做"德"，老子认为这是从自然哲学引发出的，不可与儒家伦理规范混同，故又称之为"玄德"，主要体现为自然无为、致虚守静、生而不有、为而不恃、长而不宰、柔弱不争、居下取后、慈、俭、朴等原则。有的学者认为这些原则有一些是直接由《易经》而来，有一些则是老子对自然哲学的独特体悟。总之，老子由自然哲学引发的人道观，一方面是易象人道观的继承，另一方面是易象人道观的发展。可见，《周易》对老子的影响主要是易象学说及易象的思维方式，而老子不是照搬照抄，他提出的道论，既有继承，又把易象学说提高到新的高度。

关于《老子》与《易经》《易传》的关系，还是学术界正在争论的问题，在它们之间找到相似处或找到不同处，都是有材料可证明的。这时，应该从整体上来把握《易经》《易传》的思想内容，再来与《老子》的思想相比较，不能只据某些语句或用词就断定其间的相互关系。此外还要看到，古代典籍之间存在着或多或少的相互关系，这是普遍现象。因为古代的学术流派、学者以及学术著作，都有综合性，在综合性中有所偏重，而使后人为之分派定性，但在古人那里，他们并没有后人这种划分的意识，所以大量参考借鉴前人的著作或思想或语句，乃是非常正常的现象。所以后人如果只就一些词句用语的相似或相同，而判断其性质，则会显得过于武断，这是在此类争论时必须注意的问题。

3. 陈鼓应《易传与道家思想》

陈氏《易传与道家思想》一书，撰写于大陆，1996 年由三联书店在北京出版，故不归在港台学者的老学研究一类中。陈氏此书一方面欲论证《易传》受道家思想的影响，为道家著作，另一方面则是阐释"道家主干说"。以下介绍他在此书中提出的主要观点及其由来，并讨论这些观点所涉及的一些重要问题。

他在此书的序中提出《易传》的哲学思想属于道家，而非儒家。并认为人们对此观点难以接受，主要是因为安于习见，另外则由于学人未留意稷下道家的作品和马王堆出土的帛书《黄帝四经》与帛书《系辞》。学界一般提起道家，就想起老庄，而未想到稷下道家和盛传于齐楚的黄老学派，"因此就不曾注意《象传》尚刚与稷下道家尚阳思想的内在联系，以及《系辞》的'天尊地卑，贵贱位矣'源于黄老学派"[1]。不少学者都强调《易传》在先秦哲学史的地位，认为它是整个先秦哲学发展的高峰，也有人认为它和《老子》分别代表儒道两家的辩证法体系。陈氏认为，"就思想系统的原创性和完整性而言，《易传》都不如老庄"[2]。老子创建了中国历史上第一个哲学系统，他使用的许多概念、范畴后来成了中国哲学史的主要概念、范畴。从思想内容上看，老子哲学核心的道论，天地人一体的思想

---

① 陈鼓应：《易传与道家思想·序》，三联书店 1996 年版，第 1 页。
② 陈鼓应：《易传与道家思想·序》，三联书店 1996 年版，第 1 页。

结构，构成了非常完整的哲学系统。庄子将老子客观之道内化为人的心灵境界，其天人合一的境界哲学，思想意境的高远深邃，是老子比不上的，而《易传》更难以望其项背。至于学界普遍认为中国两大辩证法体系：道家主柔，儒家主刚，陈氏也予以怀疑。他指出一是先秦儒家并没有建立一个自觉性体系，二是先秦辩证法体系只有一个，即从老子（包括庄子）至《易传》，它们的思维模式是同一的。尚柔、尚刚只是此一体系内的不同侧重面。就道家来说，老子尚柔，庄子则不然，他从对待关系中超脱出来。儒家也从未有尚刚之说，先秦儒家典籍从未有刚柔对举之例，更未有于刚柔对立中尚刚的主张。在先秦文献中，若有崇阳尚刚之说，就只有稷下道家的作品——《管子》的《枢言》等篇。因此，主柔、主刚乃是道家体系两个侧重面。

陈氏又认为《系辞》中儒家影响的成分远不如想象的那么多，而是与老庄在思想、语意方面的关联更为突出，于是撰文列举《系辞》中十三个重要概念、观点都渊源于原始道家，这是从天道观方面论证《系辞》为近于道家系统的著作。之后他又研究《象传》，发现其中对《乾卦》的解释中有许多语词概念，如"性命""太和""云行雨施""品物流形""大明终始""乘龙御天"等都与《庄子》相关。尤其《象传》反复出现之特殊用语"消息盈虚""终则有始"等亦多见于《庄子》中，却不见于同时代其他诸子书中。于是他又撰文阐述《象传》与老庄的关系。把道家的范围扩大到稷下道家和黄老学派，陈氏认为稷下道家是战国中后期哲学发展的主流，其影响除法家外，也涉及儒家的孟子、荀子，而《管子》书为稷下学宫作品的总汇，其中稷下道家的作品不限于《心术上》《心术下》《白心》及《内业》四篇，还包括《水地》《宙合》《枢言》《形势》《势》《正》《九守》《四时》《五行》等，它们多以道、虚、静、自然、无为等为思想主体，老子的重要思想的影响见于各篇。于是陈氏论证了《易传》与稷下道家的关系，其中主要说明齐文化、楚文化与易学、道家学说的关系，而齐文化的开放性、尚功思想及精气说，与《易传》特别是《系辞》的倾向一致。他又认为马王堆汉墓帛书《黄帝四经》与《易传》有密切关系，即《黄帝四经》中推天道而明人事的思维方式、阴阳刚柔说、尚功及贵贱有位的思想，与《系辞》一脉相承。《系辞》有多处特殊用语与《黄帝四经》非常接近。由《系辞》再上溯至《象传》《文言》，它们也同样受到《黄帝四经》等的影响。

陈氏认为，考察一部作品的学派倾向，应着重于它的主体思想，而战国中后期的思想都有融合性的特点，如稷下道家以老子哲学为主，吸收了法家、儒家、阴阳家等的思想。就《易传》而言，以《象传》《系辞》的思想性最强。《象传》出现于孟子之后，却不提儒家的仁和义，对孔孟都不讲的宇宙观（天道观）却感兴趣，可见其思维方式、哲学概念与道家思想相应，而与儒家无涉。《系辞》形成比《象传》晚，其思想的涵容性更强，但主要部分是形上学与宇宙论，从概念上说，就是太极、道、阴阳、精气等，都与道家有密切关系。根据司马谈《论六家要指》所论述的"道家"，能更清楚地看出道家（黄老道家）为《系辞》的主体思想。

马王堆汉墓帛书《系辞》具有更明显的道家倾向，为此他撰文论述帛书《系辞》为现存最早的道家传本，又比较了帛书《系辞》和帛书《黄帝四经》，以及帛书《缪和》和《昭力》中的老学与黄老思想之关系，并论述了帛书《系传》为道家之传本等。

此书涉及的问题很多，许多是以"道家"范畴来进行探讨论证的，这里只看看其中与老子直接有关的部分内容，以知陈氏是如何论证《易传》与老子的思想是一致的或相通的。

他在论《象传》与老子思想的关系时，引用了冯友兰与李镜池的看法。冯友兰认为《易传》中的天，是义理之天，属于自然主义的哲学。李镜池认为《象传》作者并不是纯粹的儒家，迹近无为主义的道家，《象传》是以天道来说明人道的，《象传》中《乾》《坤》二卦的理解是来自老子的，而且要从老子所说的来理解《象传》，才能明白这些话的意思。可以说他们已认为《易传》中最早的《象传》就已深受老子思想的影响。但李镜池还认为《易传》是儒家对《易经》研究的论文集，且认为《象传》中有儒家思想。陈氏认为《象传》在宇宙观和辩证法思想方面，主要是受老子和庄子为代表的道家思想的深刻影响。而《象传》思想与道家的关系，陈氏说冯友兰已有论述，冯友兰认为："复卦象辞说：'复其见天地之心乎。'……老子亦说：'万物并作，吾以观复'……在这一点，《易传》与老子最接近。"李镜池也说，《象传》里面既有自然主义的哲学，也有无为主义的道家思想，其作者多多少少受过道家影响。陈氏认为他们所说还不够充分，他认为要从天道观和辩证法思想方面来考察，就不得不承认《象传》是一部以道家思想为主的著作。于是他从万物起源说、自然循环论、阴阳气化论、刚柔相济说、天地人一体观等方面分析了《象传》与《老子》（某些地方包括《庄子》）的说法之相似处，由此证明他所说的《象传》是以道家思想为主的著作。此书又用同样的方法对《易传》的其他内容与道家思想进行了比较，认为总体上《易传》是以道家思想为主的著作。

但陈氏也还不能说《易传》就是像《老子》《庄子》或稷下学派中的某些文献和黄老道家的著作那样，是纯粹的道家著作，只能说是其中有道家思想的影响，而且其中还有儒家思想，所以怎样判断一部古代典籍属于哪个学派的问题，还需要更全面深入和细致具体论证。这里其实存在着一个共通的现象，即陈氏也说过的，在当时学派的著作中存在着融合性的现象，每家的学者与著作，都会融合其他学派的思想与概念或观念，因此会在各家的著作中都能找到相似或类似的语句与说法。但要判断各家著作的思想主旨与根本性质，还不能仅凭一些语句的相似来做出判断。可以说，那时的诸子各家的著作中都存在我中有你，你中有我的现象。这在后来的中国学术史上，也是普遍的现象，没有截然分别、绝对不同的思想流派。这是人们研究老子、道家以及中国古代思想史时所应承认的现象。

第四节　老学史的研究

一、熊铁基等《中国老学史》

　　熊铁基（1933—　　），湖南常德人。1952 年考入华中师范学院（华中师范大学前身）历史系，1956 年入华东师范大学中国通史研究生班。毕业后任教于华中师范学院。出版有《秦汉新道家略论稿》《中国老学史》《中国庄学史》等，主编《老子集成》等。

　　《中国老学史》由熊铁基、马良怀、刘韶军合著，1995 年出版。熊氏在《前言》中指出，自改革开放以来，有关道家道教思想文化的研究发展得比较兴盛，道教史有了好几种，专门的道家思想史也有了，但没有一本老学发展史。而历来为《老子》作注者甚多，大家都强调要讲《老子》本义，但做不到真正讲本义，而是注释者本人所理解之义。正如宋元之际的杜道坚所说："道与世降，时有不同，注者多随时代所尚，各自其成心而师之。故汉人注者为'汉老子'，晋人注者为'晋老子'，唐人、宋人注者为'唐老子''宋老子'。"以后自然也是"明老子""清老子"。有的重考证，有的重义理，有的主观意识更强一点，有的稍微客观一点，有的有独特创见，有的则采各家之说。今日的研究则是今日之"老子"。但今天人们的思想方法不同，技术手段不同，见到的《老子》更多更全面。如出土的汉代帛书《老子》版本，魏晋、隋唐的人也许见过，宋元明清的人就不一定见到。以往的人很难见到《老子集成》这样多的资料，现代则容易见到了。资料多，有利于比较参照，可能使人得到更深刻的认识。当然如果不详细占有和分析资料，先入为主的观念太强，采取的方法不对，那也不可能认识得深刻。朱伯崑曾在 1993 年撰文呼吁编写老学史，以提高老学的研究水平，于是熊氏产生了写中国老学发展史的想法，遂与马良怀、刘韶军商量此事，分工合作，完成了这部《中国老学史》。

关于什么是老学，熊氏认为是指对老子思想研究的学问，如同对孔子学说的研究称为儒学、对儒家经典的研究称为经学一样。《老子》不过五千字，但它有一个博大精深的思想体系，涉及自然、社会、人事、政治、经济、文化等各个方面，影响巨大。对老子思想学说的理解也有诸多不同，在先秦时期就开始了黄老和老庄的区别，就有韩非《解老》《喻老》的不同，因此，老学史就是研究老子思想学说的历史，就是老学发展史。

而不同时代的学者对《老子》的注解、阐发和论述，都脱离不了时代的面貌，所阐发和论述的思想，和《老子》原书相比，既有联系，又有区别。历代学者解释《老子》的一个字、一个词、一句话、一个观念或思想，各有各的说法，各有各的引申和发展。后世的一切道家思想，也都是在《老子》书的基础上发展起来的，都是对《老子》书研究的结果。因而广义地说，老学史与道家思想史有密切关系。但既然以"老学"为书名，就与道家思想史不同，更与道教史不同。简单地说，凡属直接注释、发挥老子思想的人和书就要写，受老子思想影响的人和书而未表明其与老子关系者则少写或不写。总之，处处不脱离《老子》本书，实际就是对历代解《老》的著述进行一番清理和总结。总结的目的是什么？朱伯崑说，一是提示老学历史的和逻辑的发展进程，从而了解老学的历史地位及其对中国文化的影响；二是有助于理解《老子》思想的本来面貌，清洗后人对老子的种种解释，正本而清源。熊氏认为主要的目的和意义还在于第一点，特别是其对中国文化的影响。论述各个不同时期、不同历史人物对老子的理解，对于深入理解道家思想的发展尤为重要，主要还是讲老学发展的连续性。

熊氏指出，此书的撰写对时代条件、发展过程多有留意，所谓汉唐老子、宋元明清老子，就是说各有特点，而这些特点与时代的特点分不开。老学发展的过程，与社会历史的发展过程紧密相连。在此基础上写各个时期的老学概况，有利于人们对老学发展深入了解，也可能给人多方面的启发。再一点就是对非道家人物甚至反对道家的人物对《老子》的理解和研究，也要加以论述，以便从不同角度来看待《老子》。此外，宋元明清时期老学著作的数量比之往代大大增加，研究者的身份和研究思路及方法均呈现出多样化的倾向。这在以宋明理学为代表的儒家思想占统治地位的情况下，是一股不可忽视的思想潮流。而学术界对这一时期的老学发展，研究不够，故其书对这一部分的内容给予较大的篇幅加以论述。①

严灵峰《无求备斋老子集成初编》收有明以前的著作 140 多种，《续编》收有清代、民国时期以及日本、韩国的有关著作 196 种，加上《道藏》和《藏外道书》中所收诸种《老子》注本，历代直接注释和阐述《老子》的著作数量相当宏富。将这些材料加以系统地整理和研究，是一个很大的工程。熊氏等人在撰写时除了对这些材料进行系统研究，还广泛参考和利用已有的研究成果。由于此书能从资料上下手，奠定了其研究的坚实基础。

二、熊铁基等《二十世纪中国老学》

《二十世纪中国老学》由熊铁基、刘韶军、刘筱红、吴琦、刘固盛撰写，2002 年出版。

在编写此书之前，熊氏作有《20 世纪中国老学概论》② 一文，对 20 世纪中国老学研究做了概括与回顾，为此书奠定了基调。在文中，熊氏认为，《老子道德经评点》是 20 世纪新老学最初的代表之作，是严复探求救国思想的作品，可以算作新世纪新老学开始的标志，最明显的特点就是用西方观念解释《老子》的思想，体现出了用西方学术的观点方法研究中国传统学术、文化的趋势。发展到二三十年代，形成了新局面，有了新成就，即用西方近代分科的方法研究《老子》。不再仅仅注释、评议《老子》，也不像严复那样，只指出《老子》哪些思想与西方思想相同、相通，而是用西方哲学、伦理学、政治学等学科和方法来研究《老子》。出现了各种哲学史方

---

① 熊铁基等：《中国老学史·前言》，福建人民出版社 1995 年版，第 2 页。
② 后改名为《20 世纪中国老学述要》，发表于《华中师范大学学报》1999 的第 5 期。

式的《老子》思想研究，但在哲学中如何论列孔子与老子，从胡适和冯友兰开始就出现分歧，以至引起了古史辨的大讨论、大争论，吸引了众多的学者参与其中。用西方新学科及其方法分析研究《老子》，除了哲学史外，还有伦理学史、政治思想史、教育思想史等，均有对《老子》的述评。如蔡元培《中国伦理学史》，其中第七章专述《老子》。同时，用传统考据释义方法研究《老子》也继续发展，从俞樾、陶鸿庆、黄裳、易顺鼎、杨文会到罗振玉、马叙伦、奚侗、陈柱、丁福保、王重民、高亨、杨树达、蒋锡昌、于省吾等，涉及版本、校勘、训诂、音韵各个方面。除外还有以"学案""研究"为名的专书，如《老子学案》有郎擎霄和刘其宣的两种。钱基博《老子道德经解题及其读法》，是另一种形式和方法的老学研究。

以马克思主义为指导的老子研究，有郭沫若、吕振羽、侯外庐等人。新中国成立后，进一步展开了关于老子思想的讨论，任继愈、杨超、胡瑞昌、冯友兰、张岱年、车载、关锋、詹剑锋、胡曲园、冯一介、杨荣国等人积极参与讨论，发表了观点不同的研究论文，主要探讨的是老子其人及其时代和《老子》书的问题，再就是老子思想是唯物还是唯心的问题。这场争论一直延续到60年代初。用马列主义观点方法研究老子是一种探索，总结这一探索，是20世纪老学研究的一个课题，对于老学的发展是有意义的。而且在当时的意义还不止于老学，关锋、林聿时就指出，通过讨论老子，可以在哲学史方法论上有所收获，能够进一步用马克思主义哲学武器去解剖历史上的哲学体系，从解剖老子哲学体系中探讨理论思维的经验教训。

在这个时期，港台地区的老学研究与大陆不同，受到西方哲学的影响较深。如牟宗三等人的哲学史研究中都有浓厚的西方哲学的色彩，他们对《老子》思想的分析就与传统的和大陆的老子研究明显不同。另外，台湾严灵峰编印的《无求备斋老子集成》及其《续编》，香港饶宗颐所著的《老子想尔注校笺》《索纨写本道德经残卷考证》等，都是重要的研究成果。此外陈鼓应在老子庄子及道家思想和文化的研究上，著作颇多，也是必须关注的老学研究者。

总体上看，20 世纪的老学完全应该用多元化来概括，老学研究的领域涉及众多的学科，除了传统的哲学、政治、教育、伦理的研究外，又出现了文学、美学、史学、宗教、文化学、管理学、自然科学、医学、养生、环保、建筑、人类学等方面的研究，各方面都有突出的代表性成果。但哲学研究仍占主要地位，不论向哪一个领域展开，都要从哲学的理解出发。

在《二十世纪中国老学》一书的《前言》，熊氏指出，老学的发展与社会历史的发展有密切的关系。如何面对和学习西方文化的问题，是 20 世纪中国思想文化领域的一个主要问题，或者说中心问题，在撰写 20 世纪中国老学时，对此要有足够的认识。19 世纪末开始，西方文化大规模影响中国，当时，先进的中国人为了救国、强国、振兴中华而向西方寻找真理，从而学习和吸收西方思想文化。这是 20 世纪中国思想文化发展的历史前提。而对于西方思想文化，中国接受的还包括马克思主义思想和理论，其对我国思想文化的影响是很大的。再一个问题就是中西学的关系，中西学之争，整个世纪都存在。世纪之初到五四运动，中西文化的比较研究，新学与旧学、中学与西学的争论形成了高潮；二三十年代的文化论战，始终没有离开东西方文化问题；50 年代以后，海外及港台地区的学者继续深入比较研究中西文化的长短，大陆地区则大力学习和研究马克思主义；80 年代以后，大陆地区新的文化热兴起，传统文化与现代化的关系成为热点，人们反思文化的近代转型、五四精神等问题，重新省视过往的中西学之争，可见，整个 20 世纪都存在着中西文化关系问题。由冲突到融合是逐步发展的，没有简单的重复，人们的认识越来越深刻、全面，东西互补最后走向互相融合，也许是必然的发展趋势。还要看到文化的发展与国家命运、社会政治的发展紧密相连。中国人主动学习西方文化，是为了救国、强国，整个 20 世纪文化思想的发展，文化的研究、论战，无不与社会政治发展息息相关。

熊氏认为，研究《老子》的目的以及对《老子》思想的发挥，不同时代不同的人各不相同，但不外乎两大方面，"或者借题发挥自己的社会政治见解和主张，或者重在寻求精神慰藉，解决个人的心性修养"①。在 20 世纪老学中，这两方面表现得更明确更自觉。20 世纪初，严复评点《老子》，目的是主张像西方一样实行民主政治，因而处处指示《老子》学说与西方哲人思想之相通、相符。20 世纪几次《老子》大讨论，都与如何对待传统文化有关，而对待传统文化问题，实际上又关系治国指导思想问题。《老子》书中丰富而深刻的思想内容，确实能给人启发、借鉴、参考，这个时代还非常需要《老子》，老学必然还会有更大发展。

　　20 世纪老学发展在很大程度上得力于新思想方法。严复在评点《老子》时仅仅是与西方思想简单比较，不久就有了用西方哲学概念、方法来研究《老子》的著作。如谢无量的《中国哲学史》，在"老子"一节中，列出老子的宇宙论、修养论、实践道德论、人生观、政治论、战争论等问题，完全采用新名词。之后胡适、冯友兰等人虽未运用新的名词分列，但用西方哲学的方法分析老子哲学的根本观念、政治和人生哲学等，使《老子》研究突破了解经、注经的传统方法。有人则以西学为参证来认识和解释《老子》，如熊十力对老子的认识，既从传统哲学中吸取智慧源泉，也观照了西方哲学思想。在二三十年代的老子年代讨论中，专门出现了方法论的讨论，如胡适《评论近人考据老子年代的方法》、冯友兰对胡文的答辩，以及叶青《从方法上评老子考》等，明确用逻辑、辨证等方法具体讨论老子年代问题。20 世纪初期的事实证明，西方思想方法对老学的影响巨大，根本上改变了老学的面貌。另外，50 年代以后，在《老子》思想是唯物的还是唯心的讨论中，有些论述变得很不辩证，但能给后来的反思提供很好的借鉴，使人们在方法上更科学更全面。

　　除了新方法，还有新材料，如 1972 年长沙马王堆出土的帛书《老子》，1993 年荆门郭店出土的竹简《老子》等，这些新的《老子》版本的出现，有力推进了《老子》的研究，今后还要更为注意和总结。

---

① 　熊铁基等：《二十世纪中国老学史·前言》，福建人民出版社 2002 年版，第 4 页。

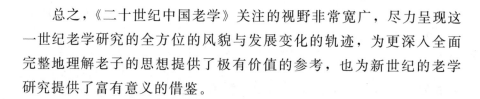

总之，《二十世纪中国老学》关注的视野非常宽广，尽力呈现这一世纪老学研究的全方位的风貌与发展变化的轨迹，为更深入全面完整地理解老子的思想提供了极有价值的参考，也为新世纪的老学研究提供了富有意义的借鉴。

三、刘固盛研究老学史的三部著作

华中师范大学教授刘固盛撰有三部与老学有关的著作：《宋元老学研究》《宋元时期的老学与理学》《道教老学史》。

《宋元老学研究》出版于 2001 年，为刘氏的博士论文。在该书的《引言》中，刘氏认为宋元时期是老学发展的一个高峰，不但解《老》著作众多，而且学术观点各异。他对这一时期诸家解《老》思想的分析，是以深入研究历史文献为基础，从哲学、解释学的理路分析老学在宋元时期的新创，既考察此一时期的老学与宋代以前各时期特别是唐代老学的联系和区别，也注意此一时期老学内部本身的演变与发展，还注意探讨宋元老学与该时期儒、释、道三教之间的互相影响与贯通，从而揭示出宋元老学发展的主要特点：一是老学对道教神学的偏离。宋元时期的老学研究者一般都反对再用神仙方术注解《老子》，这一普遍认识是宋元老学继续深入发展的重要前提。二是老子哲学思想解释的突破。宋元时期的老学研究者在阐发老子的哲学思想时，重心已由宋代以前的宇宙本体论研究转为对心性问题的探讨。"在老学发展史上，王弼注《老》阐发玄学宗旨，是对《老子》哲学思想解释的第一次重要发展；唐代成玄英、李荣等人借《老子》以明重玄之趣，则可以看作对《老子》哲学思想解释的第二次突破；而从唐代的重玄本体到宋元时期心性理论的演进，乃为《老子》哲学思想解释的第三次重要转变"[1]。三是儒、释、道三教思想在老学中的融摄与统一。在宋元老学中，儒、释、道三教思想不再是彼此孤立的，它们在老学领域中互为融摄、互为渗透、互为影响，因而从根本上反映了宋元时期三教合流、万殊归一这种

---

[1] 刘固盛：《宋元老学研究》，巴蜀书社 2001 年版，第 10 页。

思想文化发展的历史总趋势。

在此基础上，此书分成六章对相关问题进行专门的探讨。第一、二章介绍了宋元老学发展的思想文化背景及其基本情况。第三章分析了以儒家政治道德学说解《老》的特点，包括王安石学派将老子的自然之道与儒家的经世之学结合起来，而为政治改革寻找理论上的依据，到宋徽宗君臣、程大昌阐述孔老为一的思想，再到杜道坚把《老子》解释为一套"皇道帝德"之术，反映了宋元老学不断与儒学和现实政治靠拢、合流的历史趋势。第四章讨论宋元老学与理学的交融互摄问题。因为北宋时理学处于形成与发展阶段，故这一时期老学与理学的关系，主要表现为老学作为一种思想资源对二程理学的建构发挥了重要作用。一方面，道教学者陈景元等人的老学理论中有关于道气本体论的阐释、把仁义道德上升到道的高度、用禀气之清浊不同来说明人性善恶有别等，这些内容与二程理学已具有一种内在的亲缘关系。另一方面，与二程同时的一批儒家学者如司马光、王安石、苏辙等人，其老学思想都强调儒家的某一概念，如司马光的"诚"、王安石的"理"、苏辙的"性"，这些范畴都是十分重要的理学因子。二程理学的思想来源是多方面的，但受到这批人物的老学思想的影响，则是没有疑义的。到南宋金元时期，理学成熟并大盛，理学反过来对老学产生了深刻的影响，老学中出现了以理释《老》的特点。这在南宋董思靖、范应元、白玉蟾等人的《老子》注中已有所体现，到元代则更加明显，出现了完全站在理学的立场上注《老》的作品。如天师道第三十九代天师张嗣成的《道德真经章句训颂》和理学家吴澄的《道德真经注》，表现出了"道理合一"的共同主题，这是理学对老学发展产生广泛而深入影响的真实反映。宋元老学与理学交融互摄的关系，充分反映了当时三教合一的思想发展趋势。

此书第五章论述宋元时期的以佛解《老》的问题。自佛教在汉代传入中国，其宗教理论最初便依托于黄老之学。以后佛学的影响逐渐加大，最终与中国本土文化完全融合在一起，因此，宋代的苏辙、邵若愚、李道纯等人以佛禅解《老》，乃渊源有自。邵若愚援引佛教的中观现论阐发老子思想，尤具特色。他解《老》的落脚点是"心"字，认为老子玄妙之道即心上无欲。这一发挥不仅使老子哲学思想更具思辨色彩，也显示出老学发展的时代特征。邵若愚与唐代重玄学派一样，以"双非双遣"的方法阐释《老子》，其理论武器和致思路线彼此相同，却显示出迥异的思想旨趣。重玄学派重在追索抽象虚通的重玄本体，邵若愚则将老学宗趣归结为无欲开心，把老子之道释成真心，老子的道论变成了心性论，求道与个体的心灵解脱等同了起来，以"重玄"到"无欲"这一旨趣的转变，反映了时代思潮对老学发展的重大影响。

此书第六章探讨宋元老学与道教内丹心性论之间的关系，这也是宋元时期老学的重要问题。宋代以后，道教修炼由外转内，已成为一种不可逆转的必然趋势，受此影响，宋元老学也发生了重大变化，以内丹心性释《老》，或借《老子》而谈论道教性命之学，成为此一时期老学发展的一个重要特点。而且，道教内丹心性论的成熟与炽盛，在南宋金元新道派崛起之际，老学中论及心性之学的圆备程度亦与之相表里。在当时南北两大道派中，金丹南宗老学又比全真道更具活力和创造性。南宗创始人白玉蟾在《道德宝章》中以心释道，把心提高到天地万物之本原与本体的高度，以至于无所不及，无所不包，成了世界之终极目的、宇宙的本体。他还把道教理论中最重要的"神"也解释成"心"，主张无为自然，一切皆忘，心与道冥，万缘俱息，从而达到"无心之心""心中无心"的精神境界，复归生命的真正本源。这表明宋元老学的心性论已趋于成熟。而从道教的角度看，其演变的轨迹更是历历可寻：从张伯端的明心见性与邵若愚的心上无欲，再到范应元的自然本心，最后是白玉蟾之心性超越理论。这表明宋元老学的心性论已趋于成熟。宋元老学史上心性论的不断发展，反映了道教内丹心性学及道教哲学的不断完善。

此书最后的《结语》中指出，宋元老学的发展显示出了老学具有极为巨大的生命力和渗透力，《老子》能对中国古代的思想传统、民族文化、民族心理、价值取向、思维方式、审美情趣诸多方面都产生深刻影响，实有赖于老学史的发展演变及其影响，即各个历史时期学者对《老子》的阐释与发挥，从而在中国文化的各个层面产生了持之以恒的深远影响。因此深入理解这一问题，对于研究整个中国传统文化与历史思想都有借鉴价值。

此书对宋元老学的研究能从整个老学史发展的角度加以观察，并对其中的代表人物的释《老》思想进行专门的分析，从而确立了作者对宋元老学特点与价值的整体见解，是研究宋史、宋代思想文化史、宋代学术史都要加以参考的重要著作。此后作者又把其中最重要的一个问题，即宋元老学与理学的关系问题单独研究，完成了《宋元时期的老学与理学》一书，把对这一问题的探讨推进得更为深入。

《宋元时期的老学与理学》出版于 2002 年。此书的基本内容在于研讨老学在理学建构过程中所发挥的重要作用以及理学反过来对老学所产生的深刻影响。刘氏指出了研究宋元老学与理学关系的重要意义，认为第一可为宋代理学发生过程的研究提供一条新的途径，第二有助于揭示儒与道之间的深层关系，第三可以看出老学有着巨大的生命力和渗透力。

在这种认识的基础上，全书分八章研究了相关的问题。第一章先从分析唐代老学中的理学因子入手，认为唐代老学中的重玄之境、道为虚通妙理、心性原则、孔子与老子思想不相悖等重要观念，都可以说是宋代理学的重要因子，这就说明了宋代理学的起因要溯源于唐代老学，这一见解对中国古代思想史上出现宋代理学的问题给予了重要阐释，说明了宋代理学的思想渊源问题。接着又在第二章中论述北宋道教学者解《老》的时代精神，如陈抟学派与重玄余绪的关系问题，《道德真经藏室纂微篇》中对老子思想的阐释，张伯端老学思想的特点等，这是就道教学者阐释《老子》思想进行的专门研究。后来作者又撰成《道教老学史》，可以说其源头就在于此。在第三章，则分析了北宋儒家学派的《老子》诠释与性命之学，主要根据王安石学派的老子研究、司马光论《老子》、苏辙以"复性"解《老》以及"穷理尽性以至于命"的老学主题等，展现了儒家思想学说与老子思想的结合与融合，说明老学在宋元的重大发展与儒家思想有着密切关系，也与此书的主题即老学与理学的关系密切相关。在第四章，探讨北宋老学与二程理学的关系。因为二程理学关注的主要是心性问题，而心性问题又与道或理的根本哲学有密切关系，所以从此入手，来分析当时老学与二程理学的关系，可谓能抓住根本与要领。在第五章则分析南宋金元老学的流变，认为当时已是理学繁兴的时代，在此背景下，老学也有了新发展，由此要弄清楚老学在这一阶段有哪些变化。在第六章则分析朱熹、林希逸、吴澄等理学家的老子研究，说明当时的理学家也对老子思想予以特别关注，也说明了老学对当时理学的深刻影响。第七、八两章分析了道教老学中的性理旨趣问题，说明宋元时期的道教学者对于老子思想的独特理解，这既是老学史上的重要问题，又是道教思想史上的重要问题，通过老子的阐释，而使二者贯通起来了。

此书是把宋元的老学与当时更大的学术背景理学联系在一起进行研究的成果。使人们可以看清二者之间的关系，从而加深对宋元老学的认识。此书的研究具备宏观微观双向结合的特点，故能给读者较大的启示。在此书的《余论》中，作者特意指出："老学不仅与宋元理学密切相关，而且涉及中国思想文化发展方方面面的问题，儒、道、释三教都与老学有着错综复杂的联系，因此，如何进一步从老学的角度梳理其发展线索，并确定老学在中国思想文化史上的历史地位，仍然是今后需要继续努力的研究课题。"[1]

在以上二书的研究基础上，刘氏又完成了《道教老学史》的撰写，于2008年出版。此书首先考察了从汉魏到明清历代著录的道教老学文献，并对现存主要道教老学文献进行简要叙述，然后按时代论述不同历史时期的道教老学的情况。

对汉魏六朝时期的道教老学，刘氏从道家的老子到道教的老君的演变情况开始，之后则论述道教老学的基本情况，又对《老子河上公章句》的老学旨趣、《老子想尔注》的主要思想、《老子节解》

---

[1] 刘固盛：《宋元时期的老学与理学》，陕西人民出版社2002年版，第279页。

的诠释特色、顾欢的老学思想进行分析。①

第三章论隋唐时期的道教老学。首先说明这一时期的道教繁荣及哲学上的突破，以及这一时期的道教老学概况。然后分别论述成玄英、李荣、杜光庭的老学思想，认为成玄英的老学思想重点是重玄之域、至道虚通、众生正性三方面的思想；李荣的老学思想主要为道体重玄、虚极之理等；杜光庭在《老子》思想的阐释上，则是对重玄学的总结。

第四、五章论述宋元时期的道教老学。道教思想发展到此时进入了新阶段，是道教鼎盛的时期，道教义理出现了变化。刘氏归纳了这一时期道教老学的特点，并认为研究该时期的道教老学，应注意它和理学的关系。刘氏指出，陈抟学派以重玄为宗阐发《老》《庄》，使宋代道教获得了新的生命活力；全真道注重返归老庄之真，以老子的哲学精神作为修道指南；陈景元对道的认识重在心性和治国问题上；白玉蟾老学思想重点是天下无二道和道家本色；李道纯《道德会元》的特点是对《老子》文本进行了考证，而在思想上则为性命双修思想，具有儒、道、释会通的特点；邓锜《老子》诠释的特色在于真常立宗、性命之学、以丹解《老》；邵若愚解《老》的主旨在于道德阶梯、众妙之门、从重玄到心性三方面；吕知常对道的理解显示出道教的特色，而且重视修身和治国的问题；范应元《老子道德经古本集注》具有重要的老学文献价值，其论道亦有自己的特点，且重视修道的方法问题；杜道坚是以道教信仰解《老》、以史解《老》、以君术解《老》、以理解《老》；张嗣成《老子》研究的特点是理气性命之说和修炼金丹。

关于明清时期的道教老学，刘氏首先分析了明清道教思想的特点以及明清道教的中兴与衰微的问题，指出这一时期的思想背景是三教思想进一步融合。这一时期道教老学的主旨在借解《老》以宣扬内丹性命之学。《老子》与儒佛思想的关系和仙解《老子》也是这一时期道教人士的论述重点。然后对陆西星等人的老学思想进行专

① 见《道教老学史》（华中师范大学出版社 2008 年版）第二章。

门的分析，认为陆西星的老学思想重在阐真常之道、发性命之微；程以宁《老子》研究是阐释本体之道和入道功夫；李西月是把《老子》与丹道相结合，思想上则重视治身与治国统一；宋常星《道德经讲义》的特色是以真常解《老》、重视无为之德和炼养思想；黄裳对《老子》的诠释重点是对道的诠释和关于修炼金丹的正途，还有应世之学的问题。①

此书对中国历史上道教学者关于《老子》思想的阐释进行了专门的研究，是老学史研究上的一个突破。道教人士对于《老子》的理解与教外人士有明显不同，他们既要阐明其中的道论，又要指出道在治国方面的应用，还要结合修身修炼等问题来理解道的精神与内涵，这些理解又与道教教义和道教的发展密切相关，从而构成了道教老学的独特之处。此书通过对不同历史时期的道教人士在《老子》思想阐释上具体内容的分析与评价，使人们对于道教史、道教思想史以及《老子》思想的理解史都有了全新的认识，因此可称为中国老学史研究上的一个重要成果，并能促进与道教史和老学史相关的研究不断深入。

四、其他断代、专题的老学史研究

1. 陆建华《先秦诸子〈老子〉注研究——兼及先秦老学思想研究》

安徽大学哲学系教授陆建华所撰《先秦诸子〈老子〉注研究——兼及先秦老学思想研究》出版于 2018 年，是一部有特色的著作。从该书的副标题可见其由文本到义理的研究思路。

陆氏指出，先秦并没有一部完整的注解《老子》的著作，韩非的《解老》《喻老》也不完整，所注仅涉及《老子》21 章的内容，其用意只是借注解《老子》以表达自己的思想。同时，除韩非外，先秦诸子主观上没有注解《老子》的愿望，所论及《老子》者，大

---

① 见《道教老学史》第六章。

都是对某一章部分文字或几章相近内容的解读，故学界对先秦《老子》注不够重视。为此，陆氏提出，先秦诸子为建构自己的哲学思想而解读《老子》，其文字不管是否系统，其态度不管是否客观，都应该被看作是先秦诸子的《老子》注。通过研究先秦诸子的《老子》注，会发现尽管先秦诸子各自的解读"表面上看较零散，其实相对完整，老子的主要思想道论、无为论等均被注解；先秦诸子注解《老子》，思想一贯，有其内在理路"①。

该书总结了先秦诸子注解《老子》的方法，一种方法是先引《老子》文字，然后予以注解，一种是不引《老子》文字，直接注解，多数情况则是两种方法同时使用。通过分析先秦诸子引用《老子》的文字，可见先秦诸子使用的《老子》版本各不相同，且不同于我们今天所见的王弼本和郭店本、帛书本、北大汉简本等出土本，由此说明从《老子》问世以来，其版本就是多样的。这一方面说明老子其人其书在先秦时期影响巨大，另一方面也说明《老子》书一开始并非如今天之定本，在流传过程中经历了一个较长的修改润色过程，故当时文字有异的各种《老子》版本实属不同时期的《老子》稿本。但各种版本文字差别不大，思想上没有质的区别，不影响后人对老子思想的解读。而且，从先秦诸子引用《老子》还可以大致推测，"庄子和韩非所引《老子》的版本差异明显，韩非和《吕氏春秋》的作者所引《老子》的版本较为接近"②。这是本书的重要见解，为了解《老子》的成书情况提供了一条新的思路。

该书内容分为道家人物的《老子》注和其他学派的《老子》注，前者包括庄子学派以及《黄帝四经》作者、《管子》四篇作者、慎到、尹文子、鹖冠子等黄老学派的《老子》注，后者以韩非和《吕氏春秋》为代表。对每家的分析，都尽量征引与《老子》相关的原文，再结合《老子》经文及思想进行比较、分析。全书从先秦《老

---

① 陆建华：《先秦诸子〈老子〉注研究——兼及先秦老学思想研究》，黄山书社 2018 年版，第 2 页。

② 陆建华：《先秦诸子〈老子〉注研究——兼及先秦老学思想研究》，黄山书社 2018 年版，第 188 页。

子》注为切入点，进入先秦老学研究领域，并对先秦诸子的老学进行思想性的阐释。此外，还研究了先秦儒家、名家、墨子、商鞅等思想中的老学因素，以彰显老子思想在先秦的广泛影响。该书指出，总体来说，先秦诸子注解《老子》都是从老子的主要思想出发，利用《老子》为建构自己的思想体系服务。其中庄子、黄老学派、《吕氏春秋》作者对《老子》的解读都较为准确，韩非的注解则出于法家需要，不时偏离老子原意。但不管怎样，在老子之后，道家的发展始终离不开老子思想的基调，道家的发展在此意义上就是对老子思想的发挥，老子思想在先秦的影响十分广泛而深远。

由于学界对先秦老学史的研究，往往仅及韩非的《解老》《喻老》，对其他诸子解读《老子》的情况重视不够，故陆建华此书的研究具有新意，拓宽了先秦老学研究的学术视野。

2. 刘玲娣《汉魏六朝老学研究》

汉魏六朝时期的老子研究情况，因存留在世的文献资料不够完整，而成为研究的难题，同时也成为必须深入研究的重要课题。刘玲娣此书出版于 2012 年。全书分为上下篇，共七章，上篇讨论汉魏六朝时期的老子观，主要探讨这一历史时期人们心目中的老子其人及其形象，下篇研究汉魏六朝时期的《老子》注，主要分析这一时期《老子》注释的几个特色。

关于汉魏六朝时期老子观的发展变化，此书认为在汉武帝之前，朝廷上下崇尚黄老，儒家五经尚未独尊，汉景帝时将《老子》由普通子书上升为"不易"之经的地位。班固《汉书·艺文志》中的《诸子略》所著录的道家类著作三十七篇，唯有与《老子》相关的三部著作冠以"经"的名称。而在魏晋之后，道家思想复兴，道教兴盛，《老子》作为道教经典和一般子书所不能比拟的"不易"之经的地位进一步确立。汉魏六朝时期的道家和道教之学呈现繁荣局面，远超先秦，也为六朝以后所不及。"最突出的表现是，以《老子》

《庄子》为代表的道家经典成为社会各阶层广泛关注的对象"①，当时的儒者、僧人、道士、官吏、士族、文人、隐士都以习老学庄为入流之举，并以自己的认识解读《老》《庄》，相关著作纷纷问世，故梁启超在总结中国古代学术史时，就以"老学时代"归纳汉魏六朝的学术大势，可谓一言准的。

刘氏认为汉魏六朝时期的老学注释有两种倾向，严遵的《老子指归》和王弼的《老子注》注意探讨《老子》的原意精神，而《河上公章句》《老子想尔注》则较多阐释自己的理解，距《老子》的原意精神较远。通过梳理汉魏六朝时期的《老子》注，刘氏指出其具有四个特点，即《老子》解释的黄老化、道教化、玄学化和重玄化。黄老化指注释者以战国以来盛行的黄老思想注解《老子》，如《老子指归》和《河上公章句》；道教化是指注释者用道教的宗教观念来注解《老子》，如《老子想尔注》；玄学化指注释者用玄学的方法和思想注解《老子》，如王弼的《老子注》；重玄化指注释者用重玄学的思辨方法注解《老子》。

刘氏还特别重视这一历史时代老学文献的整理和研究情况，并认为《中国敦煌学百年文库·文献卷》中收录了不少研究成果，如《王弼集校释》《老子指略》《辑葛玄老子》《辑严遵老子注》《辑严遵道德指归论》《辑钟会老子注》《老子想尔注校笺》《老子道德经河上公章句》《老子指归》《老子河上公注疏证》《道书辑校十种》等。此外还特别强调了老学著作目录类著作的重要性，认为王重民1927年出版的《老子考》和严灵峰1975年出版的《周秦汉魏诸子知见书目》第一卷中的《中国老子书目录》，这两种老子书目，基本囊括了中国历史上绝大部分与《老子》相关的著作，其中对隋唐以前史籍所见书目收罗甚广，著录十分全面。此两书著录的《老子》书目，不仅包括后人的《老子》注，也包括其他形式的老子《研究》作品，甚至包括《老子》经文和《老子》经文的抄写本等，故对研究老学史特别重要。根据这些著作目录，可以了解汉魏六朝时期老学发展

---

① 刘玲娣：《汉魏六朝老学研究》，华中师范大学出版社2012年版，第3页。

的一些特点：一，作品数量大。见之于文献记载的老学作品共有一百多种，这个数字可以和研究儒家五经的作品数量相媲美。二，研究形式多样化。汉魏六朝的《老子》研究作品有注、训、说、传、论、义、述、音、要义、要略、例略、注训、解释、章句、集解、解释、义疏、义纲等。其中既有章句之学，也有义理之学，从这些名目可看出当时对《老子》的研究是非常全面的。三，注解和研究《老子》的阶层十分广泛，老子其人其书的影响空前扩大。从注释者的身份来看，既有帝王也有寻常百姓，既有道士，也有僧侣和儒者，其中道士居多。值得注意的是，汉末魏晋时期不少注《老》之人，大多同时又注释儒家经典，如马融、刘陶、董遇、虞翻、贺玚、周弘正、何晏、王弼、钟会、王肃等，这反映了汉末魏晋时期的儒家学者在学术上力图摆脱经学的烦琐，另辟蹊径，会通儒道。还要注意这时期佛教徒注释《老子》，如佛图澄、鸠摩罗什、慧观、释慧琳、释慧严等，这反映了玄学发展到东晋以后与佛学合流的趋势。帝王对《老子》感兴趣者，在南朝特别突出，如萧梁的梁武帝、梁简文帝、梁元帝，北周的周文帝等。这都说明当时老子其人其书广泛受到重视与研究。

作者还考察了这一时期存有争议的《老子》注释作品。一是《老子想尔注》。据王重民《老子考》，有"想余《老子注》二卷"和"张陵《老子注》"。王重民认为这是两种《老子》注，今人多不加分别，看作一种《老子》注。为此，刘氏对此问题专门做了考证以求其真。根据她的考察，似乎存在三种与五斗米道有关的《老子》注，即张鲁或刘表的想余《老子注》二卷、张道陵的《想尔》注二卷和张道陵的《老子注》。饶宗颐认为当是陵之说而鲁述之，或鲁所作而托始于陵，但总体上是天师道一家之言。但对于法琳所言张陵注五千文之事，学术界很少论及，多把它看作天师道《想尔》注的别称。饶宗颐认为是道陵注《老》，题为"张陵注云"。刘氏认为这是将法琳所言张陵注五千文和陆德明所言《想余》老子注、杜光庭所言《想尔》注当成同一本书。她又考察了更多的资料，最终认为法琳所引注文指种种有实际操作可能的养生方术，这和敦煌写卷

《老子想尔注》有明显差距，而《想尔注》虽然重视养生，但没有出现如法琳引文那样把《老子》文句解释为人体器官的现象，可知法琳引文与《想尔注》残卷很不一致，这就使人产生疑问：法琳所引张陵注《老》之文为什么和在敦煌发现的六朝写本老子《想尔注》存在这么大的差别？对此只有一种回答，即"除了《想尔》外，还存在一种托名张陵的《老子注》，唐初尚存世，法琳所引就出自这本书，而不是出自老子《想尔注》"①。

二是僧肇的《老子注》。汤用彤《汉魏两晋南北朝佛教史》认为此注乃后人取当时流行的禅宗及道教理论凑成，托名僧肇。这一问题后又经汤一介专门考证，可以确定僧肇未尝注《老子》。刘氏认为僧肇熟悉老、庄，对老子思想也多有阐释之语，故有可能是后人把僧肇佛学论著中解释《老子》的句子摘抄出来，或加以发挥而成《老子注》。此外她还对僧肇之师鸠摩罗什的《老子注》的真伪问题做了考察，认为鸠摩罗什是否真有《老子注》问世，仍不是十分确定的。这是研究汉魏六朝老学时遇到的两难处境，或取或弃，令人为难。并由此引出一个问题：遍检六朝以后特别是唐宋元三朝《道德经》集注本，常能看到有魏晋南北朝时期人们的《老子》注语，通过对僧肇是否有《老子注》之类老学著作的考察，发现这些看似珍贵的注《老》佚文，必须逐条认真辨析，在使用时必须谨慎对待，与其乱用，毋宁存疑。

对汉魏六朝时期的老学的特点，刘氏认为除了杜道坚所言不同时代有不同时代的老子外，还有与后世老学不同的显著特点：第一，老子其人其书受到广泛关注，包括对老子角色的新体认、对老子品位的新评价以及对《老子》的褒贬等。这都可以归为"老子观"的问题，主要涵盖两方面的内容，一是老子由人到神的转变历程，几乎贯穿汉魏六朝八百年历史的始终。在道教产生后，这种神化运动主要由道教徒推动着向前发展。二是不同阶层和不同时代的人对老子的认识存在很大差异。这种认识并不局限于老子是人还是神的分

---

① 刘玲娣：《汉魏六朝老学研究》，华中师范大学出版社 2012 年版，第 20 页。

歧，老子角色的种种变化和人们对老子的不同评价，体现了汉魏时期人们观念和思想上的变化和差异。如在道教创立之前的两汉时期，老子总是以"黄老"和"黄老道"的面目出现，但从后汉开始，老子受到各方面的广泛关注，这主要是由老子和道教的特殊关系决定的，从而使老子其人与道教的关系越来越密切。而此期也是佛教传入中国的时期，故佛教对老子其人及其思想的描述也使人们关于老子其人及其思想的看法发生变化，造成了这一时代的老子观的重大变化。与此同时，儒家学者也关注老子，一是在魏晋玄学盛行的时期，玄学家把《老子》《庄子》等道家典籍引入其理论体系，出现了如何评价孔、老的问题。二是南北朝夷夏之争的时期，又出现了化胡的问题，道教与佛教间的宗教之争，成为这一时期的老学的又一特色。第二，是汉魏六朝的《老子》注呈现多种注释方向，不仅为后代《老子》注释奠定了基础，而且也深刻影响了汉魏六朝学术思想的发展。杜光庭《道德真经广圣义》列举历代注老大家，29 人中除了 8 人是隋唐人之外，汉魏六朝有 21 人。这 21 人的《老子》注，除了河上公、严君平的注是"明理国之道"外，此外还有明"理身之道""事理因果之道""重玄之道""理家理国之道"的不同，可以看出，汉魏六朝的黄老学、道教、佛教、玄学、重玄学的发展都与老学密切相关，为此刘氏专门分析了老学与它们的关系。在此基础上，刘氏认为："整个汉魏六朝时期，在正统的儒家经学之外，始终存在一条以道家思想为线索的学术脉络，这个脉络始终是以老子其人其书为中心在延续和发展着，老子其人其书自始至终处于学术、宗教、文化思想的前沿。"[①] 老学是中国古代思想文化发展的一面镜子，这个特点在汉魏六朝时期表现得特别明显。

从以上这些论断中，可以看出此书关于汉魏六朝老学研究的成果与收获，对于人们了解这一历史时期的老学状况及其对于时代的影响，都有较大的学术价值。

---

① 刘玲娣：《汉魏六朝老学研究》，华中师范大学出版社 2012 年版，第 342—343 页。

3. 董恩林唐代老学研究的两种著作

董恩林《唐代老学——重玄思辨中的理身理国之道》出版于2002年。此书的研究分为道论、修身论、治国论及诠释宗旨与方法论四个部分。道论部分概括了唐代人关于《老子》的道的整体理解与诠释，由此进行分析，并通过与唐代前后的《老子》理解相比较，从而看出唐代《老子》理解的特点与深度。修身论部分让人们完整了解唐代人把《老子》思想与个人的修身治性相联系的情况，说明在唐代人们已把《老子》的思想在个人修身方面做了广泛而深入的发展。这可以说是唐代《老子》思想对于当时人们的心理状态的一种影响，是唐代老学的一个重大特点。治国论部分阐述唐代人是如何把《老子》思想应用到治国上，从一个侧面反映了唐代人对《老子》思想的理解与应用是有其显著特点的。诠释宗旨与方法论部分总结了唐代老学的基本特点，对人们了解唐代老学具有启示意义。

作者认为在魏晋南北朝玄学与佛学思潮的影响下，唐代老学思想在前代基础上有了很大发展。首先在道论方面，唐代老学家们沿着魏晋玄学家的重玄思路，对老子之道的丰富内涵作了艰苦的理论思辨，其重要成果是成玄英、李荣、杜光庭等学者对重玄之道的全面总结与归纳，并由此提出了重玄理论"遣有无、遣其遣""不滞于不滞"的经典性表述，将重玄妙理的深奥莫测的特性全面展示出来，并将重玄思想作为一种方法论运用于对《老子》修身论、治国论的诠释之中，从而充分揭示了老子修身与治国思想中的辩证哲学。另外，唐玄宗、李约、陆希声等人在重玄理论之外开始了新的理论探索，对"妙本""全真"等新理念进行了深入研究，并在政治与人文实践层面上赋予了新的含义，将老子自然之道与君主之道、人文之道结合起来加以考察，更加深化了对老子之道的理解与诠释。这一成果对宋代理学和全真教的出现产生了一定影响。

其次，唐代老学在修身论方面突出和强调了两种理念：一是倡导三教兼修。这在唐代前期表现为佛道兼修，以蔡子晃、成玄英等人为代表，在后期则表现为儒道兼修，以唐玄宗、陆希声等人为代表。通常学者所谓隋唐时期三教合一、三教会通、三教融摄等论断主要表现在这方面。二是摒弃道教肉体不死之说，提倡精神解脱，强调心性修养。成玄英等唐代老学家们否定了河上公"养神不死"的观点，提出生死如一、不生不死的见解，认为肉体并不能长生不死，但人们可以通过修心养性，达到视生死如一、致精神不死的境界。这不仅为道教的普及开了方便之门，而且为宋明理学提倡全民性的心性修养提供了一定的理论依据。

第三，老子的治国思想在唐代初期的老学中，因受魏晋玄学的影响而呈现出不受重视，被道教化的倾向，这在成玄英那里表现最为明显。但从李荣开始，老子的治国思想逐渐受到关注，至唐玄宗则集其成，将《老子》中包含的政治思想详为阐释，充分突出了理身为理国、理国在理身的思想。而王真更将《老子》视为论述治国政治与军事思想的著作，将每一章都与君主政治联系起来，后来陆希声、杜光庭延续这一趋势。综观之下，唐代老学的治国论中最突出的成就是树立起"以道治国"的理念，并把《老子》的修身思想引入到帝王的道德修养中，对帝王的政治修养进行了深入探讨，提出了"有道则国存，无德则民散"的论断。这就对《老子》无为思想作了实践层面的深入诠释，为当时统治者的政治运作提供了有力的思想武器，从而对唐代政治产生了不可小视的影响。张舜徽曾指出："唐太宗所以大过人者，在能以道家清静之旨施之政理耳！"唐玄宗更是"高居无为"，"朝事付之宰相，边事付之诸将"，可知当时的最高统治者在各方面都能切切实实地推行无为之治，其后唐代诸帝也能对老子的无为之治思想身体力行。因此，唐代老学治国论并不仅仅是老学家们书面上的理论诠释。

第四，唐代对《老子》的诠释，其宗旨在前期是重视重玄思想以及归宗道教修炼，在后期则突出理身理国、回归政治。其诠释方法以衍释大义为主，对具体字词句的语义训诂不太注意，极少深入考究。这与魏晋南北朝老学相比，在诠释方法上的最大创新是引史证论，即用历史事实论证《老子》思想。这本是韩非的发明，他在《喻老》中即用战国以前的历史事例论证老子的论断，此后运用这种方法诠释《老子》思想的人不多，而杜光庭能重用此方法，可谓韩非千年后的知音。①

董氏这部著作对唐代的《老子》思想的阐释情况做了全方位的梳理，能够深入当时具有代表性的《老子》研究论著中揭示这一时期的《老子》思想理解的种种内容，故可称为老学断代史研究的重要成果。之后他又撰写了《唐代〈老子〉诠释文献研究》，于2003年出版。此书是唐代《老子》注的文献学研究，以与前书专注于分析唐代几种《老子》注中的思想相区别。

该书分成四章，分别对成玄英、李荣、唐玄宗、杜光庭的《老子》注疏进行研究。此书总体认为成玄英的老学思想是南北朝以来重玄学思潮和佛道融合趋势的结集；李荣则开始向汉魏传统回归；唐玄宗回到《老子》理身理国的立场上；杜光庭名曰"广圣义"，实则远出"圣义"之外，广及儒、道、佛三家，是想融合三家归于一"道"。全书没有涉及更多的唐代《老子》注，董氏认为这是以个案方式研究唐代老学的主要内容及其特点，并强调此研究是以文献学研究方法为基础的，"既注重诠释文献的文本源流考证，也专注于分析和综合归纳诠释文献所体现出来的作者的思想与理论体系，同时也对作者的诠释方法略作揭示"。由于这是一种定量分析，董氏"无意脱离原著去演绎或补充成一个完整的老学思想体系"，因此这是一种特殊的研究方法与角度，与思想史的研究有很大不同。为此需要对《老子》的诠释文献进行逐章解读、分析与归纳，提炼出《老子》注者的独特思想与理念，因此引证方式也是整段引用，而不是整句或概念、单词引用的方式。他认为这种方式"有利于体现唐代《老子》诠释文献作者的整体理念与思想，也有利于读者寻绎原注疏者的思路"。②

董氏对唐代具有代表性且有重大影响的四种《老子》注疏的研

---

① 董恩林：《唐代老学——重玄思辨中的理身理国之道》，中国社会科学出版社2002年版，第299—301页。

② 董恩林：《唐代〈老子〉诠释文献研究》，齐鲁书社2003年版，第23—24页。

究，注重文献学的解读方法，注意它们各自在老学诠释史上的特点与发展变化，从而揭示唐代《老子》诠释上的发展及特点。这一研究有着独特的学术价值，能够让人充分理解唐代注释《老子》时的思路与观念，比较完整地描述出当时人们对于《老子》的理解的全貌。

4. 尹志华《北宋〈老子〉注研究》

《北宋〈老子〉注研究》2004 年出版。此书关于北宋《老子》注的研究，首先进行概况分析，然后按照哲学思想的主题分章分析这些北宋《老子》注的思想内容，涉及道论、有无论、性命论、无为论等。在此基础上作者论述了北宋《老子》注中的三教融通论以及诠释方法问题，并进一步探讨了西方诠释学与北宋《老子》注的关系。

此书在文献疏理方面，能够全面掌握北宋时期的《老子》注的存佚情况，对现存的《老子》注进行整体的融通性研究，从道、有无、性命、无为四个方面，把分散在各部《老子》注中的当时人们对于《老子》的认识相对地整合，概括了当时对于《老子》思想的理解与阐释，还从整体上分析了当时《老子》注中所包含的三教关系、诠释方法的问题，又从西方诠释学的理论与概念出发，分析北宋《老子》注中的诠释问题，深入探讨现代学者如何诠释古代思想的问题。

北宋儒家士大夫大多重视《老子》，当时出现的北宋《老子》注，绝大多数是儒家学者的著作，对此尹氏从社会政治和思想学术两个方面考察了这些《老子》注的宗趣转变。从社会政治方面说，《老子》关于清静无为以治天下的主张，在宋初的政治形势下，受到了相当多的儒家士大夫的赞同，而宋初统治者重视黄老思想，促进了经济恢复、发展和社会安定，但也形成了因循守旧的政治风气。之后围绕着变法，人们的政治观点产生分歧，这也影响了当时人们对于《老子》的理解。以王安石为首的新学派，不仅重新诠释儒家经典，颁布《三经新义》，而且对《老子》思想也进行了深入研究，或直接批判《老子》的消极无为，或对《老子》思想进行创造性诠释，从《老子》中阐释出"因时乘理，唯变所适"的变法理论。反对变法的司马光也注释了《老子》，专取《老子》的无为、因任思想，而王安石对"无为"的理解与司马光大不相同。从思想学术上看，自隋唐以来，主张儒、释、道三教融合的人逐渐增多，到北宋时期形成了三教融合的时代思潮，当时虽有张载、程颐等人激烈批判佛、老，但主流是主张三教融合。北宋儒家学者大多认为《老子》与儒家有许多相通之处，可以互补，这都反映在他们的《老子》注中。与此同时，尹氏注意到北宋道士较少注解《老子》，他认为主要有两个方面的原因："一是唐代道教《老子》注以重玄为宗趣，在理论思辨上已达到难以逾越的高度。二是唐末五代内丹术渐次兴起，道士们的主要兴趣已从理论思辨复归养生修炼，他们着重探讨内丹学的理论与方法，故较少注解《老子》。"① 但他们阐发内丹学，始终以《老子》的"归根复命"为理论依据。

尹氏又提出了北宋主要《老子》注本各自的特征。就现存的北宋《老子》注而言，只有十多家，其中比较重要的是王安石、王雱、司马光、吕惠卿、苏辙、陈景元和宋徽宗等人的《老子》注。在整体比较下，尹氏认为王安石的《老子注》具有较多的理论创见。如以元气释道，对《老子》的道作了唯物主义的阐释，以"穷理"解"为学"，以"尽性"解"为道"，引起了以性命之理解释《老子》的时代潮流，他还主张有无并重，并对无为与有为作了辩证的阐释，超越了魏晋玄学贵无崇有之争以及道家纯任自然无为的弊端。他又用先王有用贤之迹而无尚贤之心的说法，试图调和儒、道在尚贤问题上的不同主张，还提出圣人无我的说法，意在约束帝王的个人意志。在阐述"天地不仁""圣人不仁"时，提出了"与时推移，与物运转"的思想，这样的阐释有强烈的现实政治关怀，用意是要人们斩断对前代政治的感情依恋，以与时俱进的精神对前代政治进行改革。王安石的儿子王雱在《老子训传》中也对变法主张作了理论

---

① 尹志华：《北宋〈老子〉注研究》，巴蜀书社 2004 年版，第 9 页。

论证。

司马光《道德真经论》则对无为、因任思想作了较多阐释，与王安石父子的《老子》注强调"变"形成了鲜明对比。另一特点是站在儒家的立场对老子之道的内涵进行改造，认为道以仁义为体、以礼乐刑政为用，注解《老子》的"既得其母，以知其子"，是要"因道以立礼乐刑政"。但他又指出，圣人以礼乐刑政作为治理天下的手段，但不以礼乐刑政本身为目的，而是以契合无形之道为最高境界。

吕惠卿则认为老子为救世而作《道德经》，其书"祖述于典坟"，即继承了先王之道。在他看来，神农、黄帝、唐尧等古代圣王的治国之道，都反映在《道德经》中，由此为《道德经》确立了如儒家经书一样的正统性。还认为"使民复性"是老子的根本目的，其中与儒家相异的言论，都是因为着眼于复性的缘故。

苏辙的《老子》注有两个显著特点，一是吸取佛教"性真物妄"说，倡导"去妄复性"，认为"道之大，复性而足"，二是致力贯通老子之道与儒家的仁义礼智，认为老子之道与儒家的仁义礼智是形上与形下、常道与可道、体与用的关系。

陈景元作为道士，他的《老子》注在阐述"自然之理"即宇宙生成论和宇宙本体论方面着墨颇多，又受三教融合思潮的影响，认为道与仁义礼智信是常道与可道、体与用的关系。苏辙是站在儒家立场融合儒道不同，陈景元则以道家为主，继承了道教"道本需末"的观点。他还对人性之本源与现实表现作了区分，认为人性的本源相同，而现实表现则有上、中、下三等。

宋徽宗《老子》注继承了王雱的孔、老相为终始的看法，认为"先王之道若循环"，文极则弊生，救弊须用质，故老子主张攘弃仁义、绝灭礼学、摈除圣智，以使人们反本复朴。老子的用意不是反对仁义礼智本身，而是要消除它们产生的弊端。宋徽宗注的另一特点是以《庄》解《老》。他以庄子的适性逍遥作为价值理想，以庄子的"帝王无为而天下功"来唱高调，认为有为就会有过错，只有无为才能免过，有为最多只能利益一世，无为则能利益万世。而为宋徽宗《御解道德真经》作疏释的章安和江澂则强调无为与有为的结合，认为无为乃道之体，无不为乃道之用，治理天下应该既要无为又要有为。

对于北宋《老子》注的整体特征，尹氏认为有如下几点：一是儒道融通，二是突出心性，三是有无并重，四是重视"理"，五是对无为与有为进行辩证理解。尹氏最后还评价了北宋《老子》注的历史意义。一是从老学发展史的角度考察。北宋《老子》注家，对《老子》中的一些基本概念和理论问题的阐释，总结了历史上的各种见解，并有所深化，如对"道不可道"的理由，对道的内涵，对道与德、理、气、物的关系，对有无之关系、对无为内涵、对无为与有为的关系，都能从多角度和多层次加以考察和阐释，其中也提出了许多新的观点和新的理论问题。如以性解道、以复性和尽性之说作为《老子》的主旨、以理解《老》、主张有无并重、强调因时适变等。总体上看，北宋《老子》注的基本精神，是"对三教的融合、对心性的重视、对有无的辩证理解"①，这都为后世老学加以继承，可知北宋《老子》注对推动老学的发展做出了重要贡献，是中国老学发展史上的重要一环。二是从北宋学术思潮的角度来考察。阐发天道、性命及其关系是北宋儒家学者的时代课题。在北宋学者的《老子》注中，可以看到新儒学的一些主要理论问题，如性与天道的贯通、天道与人伦的贯通、人性善恶之来源、穷理与尽性之关系等，都已经被凸显出来并做了深入的探讨。因此，北宋《老子》注在儒学复兴过程中起到了重要作用。而以朱熹为代表的理学家对北宋最有影响的两种《老子》注，即王安石和苏辙的《老子》注，都进行了激烈的批判。这一批判凸显了宋儒的两种学术取向，主张三教融合，或是坚持儒学本位。可见，北宋《老子》注"激发了理学家的问题意识"，"促使了新儒学的自我完善"。②

总之，此书对北宋《老子》注的研究，以文献梳理为基础，以

---

① 尹志华：《北宋〈老子〉注研究》，巴蜀书社 2004 年版，第 32 页。
② 尹志华：《北宋〈老子〉注研究》，巴蜀书社 2004 年版，第 35 页。

思想史和老学史的发展变化为背景，既对个案的《老子》注进行具体分析，又对整体的思想观念及其特点加以归纳，可以说很好把握了北宋《老子》研究的内容重点与阐释特点，是研究整个老学史不可忽略的成果。

5. 江淑君的老学史研究①

江氏在老学史的研究上有两部著作，一是《宋代老子学诠解的义理向度》，二是《明代老子学诠解的义理向度》，二书由台湾学生书局分别出版于 2010 年和 2018 年。二书的研究构架与方法基本相似，即对两个时代的老子诠解的内容进行义理层面的剖析与论述，指出两个时代的老学研究在义理层面的内容与特点，并重视当时人们诠解《老子》时的思辨方法，在此基础上进一步思考古代思想诠解与现代诠释学的理论关系，故既有历史的观察审视，又有理论的思辨与挖掘，在老学史的研究上具有独到的价值。

在《宋代老学诠解的义理向度》中，江氏认为宋代以儒者身份和知识背景诠解《老子》是当时的重要特点，而在诸多援引儒家文献诠解《老子》的情况之中，《易传》出现的次数最多，因此当时注解家援引《易传》诠释《老子》是一种集体共识。在《易传》各传中，哲学意味最浓厚的《系辞传》引用得最为频繁，而引《易经》经文训解《老子》的情形较为少见，因为经文的义理思维深度远不如《易传》深密。《易传》将《易经》哲理化后，对于天道思想多所发挥，故最易与《老子》的形上理路相发明。根据这一点，此书发现当时的司马光、王安石、苏辙、王雱、叶梦得、程大昌、吕惠卿、宋徽宗、江澂等人的《老子》诠解中皆可见此思维向度。而又以程大昌《易老通言》最有代表性。另一方面，《易传》也是宋代理学家平时立论的重要依据之一，彼等时有《易》《老》互通的见解，反映出当时学者的"易老会通"已成共识，因此此书专门考察分析当时

---

① 江氏为台湾学者，她的研究作为老学史研究的成果放在此处。本书后面还有专门论述港台学者研究《老子》的章节，可与此处所论江氏的老学史研究对照来看。

人们用《易传》诠释《老子》的情况，认为这是因为《易传》与《老子》都有重视形上思维的共性，故构成了这种诠释风气。

江氏认为，宋代释《老》在诠解的义理脉络方面，重点是抉发《老子》思想中的性命哲理，以道性合一为理论前提，进而以天道性命相贯通的理路来思考。其方法主要是通过《说卦传》的"穷理尽性以至于命"的命题来进行诠释的义理转化，将老子学说中的道德性命之学彰显出来。而《系辞传》中最常援引的是"形而上者谓之道，形而下者谓之器""一阴一阳之谓道，继之者善也，成之者性也""易，无思也，无为也，寂然不动，感而遂通天下之故"等观点。另外，《易传》中本来就有天道易体"体用""动静"的关系以及形上之道与形下之器的相关论述，在注《老》解《老》中皆被援引运用，以加强阐释老子思想的内在底蕴。这也是当时理学家议论的主题，不仅丰富了老子思想的内容，也回应了儒道融摄的时代课题。这说明宋代老学以《易传》诠解《老子》的风尚，与理学家由《易传》建立儒家形上学的义理规模有着深密的关系。除了援引《易传》诠解《老子》之外，也有引《老子》训释《易传》的风气，如苏轼《东坡易传》和张载的《横渠易说》，因此《易》《老》彼此互释，是宋代易学史和老学史都值得关注的课题。在此背景下，来看注《老》者援引《易传》就有特别的意义。

此书特别注意宋代学者诠释《老子》时反映出来的"《老子》注我"与"我注《老子》"的现象，江氏认为这是宋代老子学中义理诠释中的两个取向："我注《老子》"，重点在《老子》一书，属于客观诠解的取向；"《老子》注我"，重点在"我"，亦即诠释者，属于主观诠解的取向。前者力求回归《老子》文本的可能意义，即作者原意或本意，后者的诠解重心是通过诠注《老子》，来建立或构建自己的思想体系。这两个诠解的取向，在宋代每一部诠释《老子》的作品中都存在着不同比例的交互作用。此书也引用了刘笑敢在《老子古今》中所阐释的观点，即一方面努力阐释《老子》思想的本来意旨，另一方面也由阐释者在老子思想的基础上加以引申发挥，而讲出在现代背景下的更多思想内涵。江氏认为刘笑敢所说，就是此书所重视的诠解的两个取向，一个是走近原典的核心，客观解释经典的原意，也就是"我注六经"的解读方向，另一个则是与原典初衷渐行渐远，主观建立诠释者自身的哲学体系与想法，也就是"六经注我"的解读方向。表面上看，这两个解释的方向似乎存在着矛盾与冲突，但就中国传统经典的注释而言，在实际操作过程当中，又是难以剥离的。根据刘笑敢的说法，这两个解读的方向，一方面是文本及其作者历史性的探索与追寻，另一方面又是诠释者对当下、现实的甚至是未来课题的思考和回答；一方面是文字的、语法的、文本的解读，另一方面又是玄想的、理论的、哲学的建构；一方面是对他者——文本及其作者——的对谈、推敲与叩问，另一方面又是诠释者个人的精神创造和思想抒发。就理想的诠释活动而言，或许对文本的历史回溯，尽可能抉发、释放出经典文本的原始精神与意义，才算是比较成功完满的诠释，然而，这样的期许，也有可能造成经典在历代所有的诠释活动中，只是一个如出一辙、不断复制、照说一次的单调过程。因此，在更多的情况之下，将诠释者个人的许多见解，添加、填进文本之中，即"六经注我"或许会比"我注六经"更"回归原意"，更能代表"中国诠释学"的特色。事实上，也正因为这两个诠解取向的异度走向，才能凝结出每个时代、各个诠注者特有的风格与特色。从开新的角度立论，亦可谓造就出多元化样貌的经典图像，而非只是一而再、再而三的刻板沿袭。以老学的发展而言，几乎每个时代都有不同身份的众多学者与《老子》对话，诠注者虽然多半力主回归《老子》原意，在实际的操作中，却又难以避免凭借诠释以发挥个人哲学见解的意图。因此，就诠解的两个方向而言，"《老子》注我"实较"我注《老子》"更能引发研究者的注意与青睐。可惜历代注者无人自觉地讨论这两个方向之间的问题。关于这一问题，笔者曾撰专文加以论述。① 文中的观点是强调诸子学深入研究的一个必备条件是对诸子书的文本进行深入细致

---

① 刘韶军：《诸子学研究的一个重要问题：从解读到阐释——论诸子学研究的深化与提升》，见《诸子学刊》第十九辑，上海古籍出版社 2019 年版。

解读与阐释。为完成好这个任务，首先必须按历史主义的精神做到忠实于文本原意，同时还要有现代主义的意识，能据时代的要求对诸子原书的文本之中包含的丰富思想内涵进行现代性的阐释。其次则要在阐释学的理论指导下，对诸子书的文本做到从本然到应然的深入阐释，以求完整地探寻其中的思想义理。再次则要在对诸子思想学说中提出的主张和观点进行阐释与解读时，充分注意其中具有的理据，以求证实这些主张与观点的可靠性。最后则要把分散的各家诸子的研究整合为一个整体来进行研究，不再分割这个思想整体，这样才能看出不同的诸子之间的关系与差异，由此更为深入地认识诸子的思想。笔者所说的历史主义的精神，就是回归古代思想家的本来意旨上去；所说的现代主义的意识，就是要求现代的诠释者或解读者要不拘束于古人的思想内涵，而应在古人思想的基础上，根据现代的问题进行阐发性延伸与深化。这与刘笑敢所论及此书作者所说的"我注《老子》"和"《老子》注我"，有相似之处。但在具体含义上，还是有所不同的。

就此处所说的刘笑敢之意，认为追求作者本意是一种重复与沿袭，似不确切。因为后来的阐释者是否都能把古代思想家的思想本意阐释出来或阐释到位，那是大可怀疑的问题。笔者认为这是从来没有人能做到的，所以不存在重复与沿袭的问题，还是要在前人解读的基础上，更深入细致地重新解读古代思想家的著作及其中的原意。另外，人们只是把两个向度提出来了，但还没有深入论述二者之间的关系，因为这不是两个截然分开的向度，而是内在有着非常复杂而密切关系的两个方面，所以不能分两件事来说，应统合起来进行整体的思考与分析。

江氏对于宋代老子学的整体图像，也有自己的看法，即承认宋代《老子》注解相较于其他时代，呈现出更为丰富多元的面貌，在质量上自有其殊胜之处，而其间儒、释、道三家思想与《老子》一书汇合融通的诠解特征，可谓达到巅峰状态。其根据是宋代《老子》注家除了援引《老》《列》《庄》等道家的典籍文献、哲学概念与《老子》交相证解外，还能以儒解《老》、以心性思想解《老》、以佛解《老》，更有君臣解《老》的诠解路向，这种不拘格套、独抒胸臆的现象，可以举出不少实例。如以儒解《老》，多数学者喜欢用孟子"养气"说与老子"专气致柔"合观，并进一步予以理论上的调融会通，在王安石、王雱、叶梦得、宋徽宗、江澂等人的解《老》之作中，都能看出这种思路。江氏也注意到二者的差别，认为老子的"专气致柔"，是专注凝聚人的生理血气至最柔和平顺，"气柔"即是生命力极其宁静安定，仿若婴儿赤子一般，是保养回复到人初生时血气柔和、不妄作的状态，如此便能精充气和。而孟子的"养气"是强调"以志帅气"，以志来决定气的方向，志是本，气是末，本末相互交养，所以当一而持其志，一而毋暴其气。就孟子而言，志是"心之所之"，其不仅在心上确立道德创造的方向，更在气上开出道德实践的力量，即其所谓"浩然之气"。而浩然之气的"至大至刚""直养无害""配义与道""集义所生"，则宣示此生命之气的发动，并非盲目无根的蠢动，而是以志为决定的方向，此志是道德的志向，是天地的正理，因此，孟子的"气刚"与老子的"气柔"在义理脉络上存在着根本殊异，将两者比附合观，不尽恰当。此可谓消融了孟子"养气"说的道德意涵而对老子学说进行新诠，其间自我发挥的意图相当分明。

以心性思想诠解《老子》，同样是在《老子》文本中添加、填入一些原先所无的概念思维。老子思想的建构原非以人性问题为首出，此亦是其与儒家学说重点不同之所在，而儒者王雱在注《老子》时，却大量讨论性理学说，以构设自己的心性思想。五千言中原无"性"字，这样的诠解趋向，使得老子学说中的形上思想、政治思想，皆归属于人性安立的问题，并且扣合王雱所谓"道性合一"的理论前提。《老子》鲜少谈心论性，但王雱《老子训传》中却对此大加发挥，此当是主观注解的结果，与其时理学新儒的心性观点交相应而产生的义理转化。以佛解《老》时，注解者借题发挥的例子更是不胜枚举，道士邵若愚的《道德真经直解》最具代表性，葛长庚的《道德宝章》亦是这样。就君臣解《老》的整体而言，宋徽宗、江澂因必须治国理国的特殊身份，不时借《老》以自抒胸臆，两人皆主

"孔老相为终始"的政治理念，解《老》时儒家意识非常明显。对于君臣二人而言，从现实的政治条件、处境出发的新视域，对于《老子》文本的解读，或能得到一番新的发挥与应用，个人诠解的特色由此凸显。可知"《老子》注我"诠解方向，在宋代老学中确实居于主流的地位。

而在"我注《老子》"方面，注解者多能够忠于老子原意，这主要表现在以《庄》解《老》、以《老》解《老》的诠解范型中。此书根据西方的诠释学，认为以经典自身为一封闭系统，并就其文本之间彼此交相训释以进行了解，亦是趋近文本原意的方便捷径，此即是以《老》解《老》的向度，同样也是回归客观原意比较安全有效的方式。以《老子》阅读《老子》，各章句之间文理脉络的训释解读，是经典内部由整体到部分再由部分回到整体的循环理论，这是方法论诠释学所谓的"诠释学循环"，亦即中国传统的"以经解经"之意，深信文本前后呼应，整体贯穿一致，各章句之间可以互相辅助解释。可以相信，在众多的诠解路向中，此种解读取向最能避免过度诠释或粗暴诠释的发生。以《老子》一书中相类的章句一并合观训释，确实能互相发明或深化原意，而达到以部分建构全体，以全体确立部分的有效论证。

此书又据西方诠释学，把其中的"前见"观念引入到《老子》的解释之中。所谓前见，即诠释者由于先行具有、先行见到的知识与见解以及他的身份、经历、主观目的等各种因素，使其在诠释古代哲学思想之前就先已具有了自己的认识。这一问题，其实并不是什么新鲜的事情，因为在所有时代的所有人的诠释之中，就已存在，而且是不可避免的。西方的历史主义，就是希望最大限度地消除这类前见对于诠释者的主观影响，而形成最为客观的诠释。但也有许多人没有注意这个问题，只是凭借自己的前见来诠释古人的思想。这不仅在宋代《老子》诠释中是如此，在任何一个时代的思想诠释中都是如此。尤其是在现代，人们总要先行接受某种思想学说或理论，使之成为自己的前见，再来研究或诠释古代思想家的著作及其中的思想，而且这还被认为是学习和掌握及研究哲学史的必要前提。

如牟宗三在他的《老子〈道德经〉讲演录》中就明确地告诉学生：不学习西方哲学，就无法分析中国古代的哲学。在20世纪五六十年代，人们的潜意识中也存在着这种前见必要观，即不先学好马克思主义理论，就不能研究或分析好中国古代哲学。所以人们都在这种潜意识的支配下，积极学习马克思主义理论，再应用来分析与研究《老子》思想等。但凭借以这种观念与方式建立起来的前见，在分析研究《老子》思想时，却形成了意见分歧甚大的局面，这又是过分相信前见的人们所无法预料的，后来竟至完全抛弃这种前见，而把另外的西方理论学说等纳入自己的前见，但在根本上并没有解决这种前见对于研究古代哲学思想史时造成的不利影响。换言之，不管人们有没有清醒的认识，前见都是无法消除的，唯一能做的就是要有足够的自觉，不把前见当作唯一正确的东西，而奉之若神明，从而丧失了自己的独立思考。

尹志华的《北宋〈老子〉注研究》中，就已把前见问题做为一个重要的问题加以分析和论述了。江氏吸收了尹志华的成果，并在这方面做了更多的努力，而使问题的探讨和分析更为细致具体。因为一般的老学史研究者没怎么关注这个问题，可以说他们的探讨，使以往的老学史有了更新的内容。

江氏另有《明代老子学诠解的义理向度》一书，其《绪论》介绍了问题的形成、研究方法的说明、研究概况的回顾。问题的形成和研究方法与江氏宋代老子学研究的情况一样，说明这两个研究的思维方式是相同的。研究概况的回顾，则是学术史的内容，江氏在这方面做了充分的搜集与分析，可作为人们研究明代老子学的重要参考。

该书的研究内容分为两个部分，一是澄清前人对于老子思想的误解，二是阐释儒家学说与老子学说的交融互摄。在第一部分，通过对薛蕙的《老子集解》的分析以及对明人诠解《老子》第三十六章和第六十五章的详细分梳，说明了明代人对《老子》思想的理解。就薛蕙的《老子集解》而言，首先分析了薛氏澄清程朱对老子思想的误解，这包括三个问题：一是老子非窃弄阖辟之术，二是杨朱之学不尽合于老子，三是申、韩少恩非源于道德之意。接着分析了薛蕙关于"独任虚无"的思想，认为根据薛蕙的解释，老子之学非弃人事而独任虚无，而是通过任虚无以应事，使二者达到圆融理境。对于明人关于《老子》第三十六与六十五章的解说，江氏认为明人的理解有独到之处，一如以第三十六章为权谋机诡的应事策略，二或说明物盛则衰的自然之理；而关于第六十五章，则指出明人驳斥了"秦愚黔首本于老子"的说法，认为"愚"是《老子》"故用险语"，非"役智以愚弄其民"，"愚"又有"使之淳朴""若昏闷闷""浑朴相忘"之意。江氏这些分析，都能使人们深入了解明代学者关于《老子》思想的理解有纠正前人误说的作用，理应予以重视。

在第二部分，江氏分析了儒家学说与老子学说交融互摄的问题。对薛蕙《老子集解》中的性命之论，江氏认为薛蕙提出了一生死为性命精微之理、虚静为性命的本然样貌、性命之学实即心性之学的思想。对王道《老子亿》中的形上之论江氏分析了王道对《老子》第一章义理内蕴的阐释，又解析了王道对《老子》第四十二章中的宇宙生成图式的论说。江氏还分析了朱得之《老子通义》和张位《道德经注解》中的儒道融摄的问题，这些论述具体而翔实地说明了在明代的老子学中，人们是如何把对《老子》思想的理解推向深入，从而使人们对明代老学有了全新的认识。

此书最后提到明代老子学还有许多重要的课题需要进一步研究。如明太祖朱元璋所注《老子》、陆西星《老子道德经玄览》、李贽《老子解》、焦竑《老子翼》、释德清《老子道德经解》、王一清《道德经释辞》等，江氏认为这些明人的《老子》研究著作思想价值颇高，其中多有精到的见解。江氏也说明自己已对宋明之外的《老子》研究著作有一定的研究，如成玄英《道德经开题序诀义疏》、王真《道德经论兵要义疏》、陆希声《道德真经传》，以及唐代道士、将军、儒者三种身份学者《老子》诠释中的义理内蕴的特色与风格等。看来江氏下一个研究目标已上推到唐代的老子学，这也是非常值得期待的研究。江氏在全书最后还提出自己研究老子学的真实感受，就是经典存在的目的并不是为了让人理解，而是为了让人去诠释，为了激励读者继续思考而存在。《老子》正是具备如此魅力与活力的古籍，其思想灵光所释放出来的力与美，在时间之流中不断形塑千万读者的灵魂，让人们能够成为更真实美好的自己，而此正是经典之所以成为经典的意义所在。这一说法，在老学研究中，确实是一个意义重大的问题，任何一个《老子》思想的解读者，其实都是要在理解的基础上进行诠释，理解与诠释并不是对立而可截然分开的。没有理解，就不会有真正的诠释。历代学者的《老子》注释研究著作，其中都是既有理解，又有诠释，理解是基础，诠释是提升，二者都有重要意义。笔者在撰写这部近现代老学的书稿时，也深刻体会到对《老子》思想的理解与诠释的深度与难度，且又是非常多元而难以聚一的。通过阅读，可以理解与诠释《老子》，也可以理解与诠释对《老子》进行研究的历代学者。

6. 王闰、刘思禾的清代老学史研究

王闰《清代老学研究》出版于 2016 年。此书从清代老学的思想学术背景、清代老学文献及其论释特点、清代老学在不同历史时期展现的不同风貌等问题入手，揭示清代老学的传承和演变情况，并阐明清代老学在中国老学史上的地位。

王氏认为清代老学的传承和演变分为三个时期，即清代初期、中期和晚期。清初的老学，由于受明清易代历史巨变的深刻影响，顺治君臣对《老子》作注，从中寻求治国安邦的良策。而在易代之际学者们的不同的人生经历，也使他们对《老子》的解读不尽相同，从而使此一时期的老学呈现丰富多彩的面貌。到了康熙时期，社会经济得到恢复，国家完成统一，理学成为官方统治思想，以理学注解《老子》的现象增多。在清代中期，考据学大盛，出现了大量考订《老子》版本、文字、音韵的著作，同时还有十分丰富的义理解读。此一时期，程朱理学继续受清朝统治者的提倡而占据统治地位，一些理学的信奉者有着强烈的辟异端倾向，他们试图廓清异端对《老子》的误读，从而弘扬儒家正学。但理学家的举动在不同思想倾向的人士中引发了回应，一部分人向儒家靠拢，积极阐发《老子》

入世的一面，另一部分则依然坚持道教的学术传统，将《老子》作为蕴含内丹天机的修炼秘籍。到清代晚期，外侮频频，社会动荡，许多学者重视发掘《老子》政治思想的价值，期望从中获得挽救时局的良方妙策，从而在《老子》阐释上出现了向黄老学复归的趋势。与此同时，随着西方文化的大量传入，有的学者将黄老学与西方政治思想相融合，使老学研究出现了前所未有的崭新局面。而晚清时的道教徒对《老子》的注疏也表现出较强的救世情怀，将内丹之法与经世之道紧密结合，或将《老子》当作神道设教的工具，依靠民间盛行的吕祖崇拜，劝人为善，以达到改变社会的目的。

此书分析了清代老学的学术特点，认为清代老学在继承宋代心性学说解《老》的学术倾向之外，也呈现出新的特点，一是出现了大量考据性的老学著作，二是有强烈的经世致用倾向，并与晚清的经世风潮汇为一体，三是老学与西学的交融互释，为《老子》研究开启了新的学术方向。总之，清代老学的传承和演变与时代的变迁关系密切，既有对以往学术传统的继承和坚守，也为老学的发展开启了新的可能性，预示了新的方向，故在中国老学史上占据重要位置。[1]

此书的结构首先是论述清代老学的思想学术背景，从作为统治思想的理学、考据学到诸子学的转变、道教的曲折命运、世界历史背景下的中西文化等方面阐明了清代老学的整体时代背景，这是分析清代老学的根本前提。然后分析清代老学文献及其诠释特点，从文献学角度清理了清代老学文献目录和清代老学文献提要，而对清代老学的诠释特点，则归结为二点，一是宋代解《老》方法的延续，二是与心性学说的疏离趋势。在把时代背景与文献情况做了梳理之后，则来分析清代老学在不同时期的代表性著作。清初的老学以顺治君臣对《老子》的重视和发挥为重点，分三个问题加以分析。作者还选择了四种不同类型的老学著作加以分析，由此展现明清鼎革之际老学的多元面貌：一是王夫之在亡国剧痛下对《老子》的反思，

---

[1]　王闰：《清代老学研究》，华中师范大学出版社 2016 年版，第 337 页。

二是张尔岐不离学者本色的《老子》解读，三是"赞勷王化，回杀运以慈祥"的官吏对《老子》中的治国之道的追寻，四是明心见性与性命双修的宗教徒眼中的老子之道。对康熙朝的老学，将之放在与理学相互关系的角度下加以审视。对于乾嘉时期的老学，则从考据与义理的双重面向角度进行分析。

此书能注意清初顺治君臣的《老子》理解以及清朝统治者用《老子》思想巩固统治的倾向，也注意了非正统思想的人士在《老子》注释上的特点及其与正统观的关系，还注意到晚清时代的巨变所引起的《老子》理解上的重大变化，认为由此将走向全新的《老子》阐释的道路。这就比较全面地把握了清代老学的发展演变的基本情况，使人们得以整体了解清代老学的概貌与特点。

此书还注意到官吏在《老子》研究上对治国之道的追寻，以及民间宗教对《老子》的解读的影响，这都是一般老学史所常常忽略的地方。在官吏的解读上，以顾如华的《道德经参补注释》的解《老》方法及思想取向为中心，指出他之所以认为儒道两家在治国理念上有一致之处，特别强调《老子》在治国上的重要作用，这与顾如华身为长期在职的官员有重要关系，说明清代官吏常有用《老子》思想以治国的愿望。这与顺治君臣解《老子》有异曲同工之意，从一个侧面反映了清代老学的经世致用特点。在民间宗教的解读上，此书认为晚清道教徒开始有经世之志，将《老子》作为神道设教的工具，直接面向普通大众的信仰世界，用信仰的方式影响信众的行为，达到社会安定的目的。如成书于光绪年间，署名"纯阳吕仙"所作的《道德经注释》就是这种意图的代表。吕仙就是在民间拥有广泛信众的吕洞宾。为了提高对于信众的影响力，此书还在卷前列有不少咒语，都具有浓厚的民间宗教的色彩。除了这些外在形式上的特点之外，《道德经注释》的中心思想就是劝人行善而禁恶，而且行善包括民与官两方面，即民要行善事，官要行善政，两者结合，以求国治民安天下太平。在这样的主旨之下，此书对《老子》的解释就很有特点，如把第三十八章的"上德""上仁""上义""上礼"的"上"字，全都解释为"在上者"，把此章的内容阐释为告诫统治者应当行德政、施仁政、好礼义的思想，可谓《老子》解释史上的全新之意。

刘思禾《清代老学史稿》2017年出版，是较新的老学史研究成果，故能比较详尽地总结已有的老学史研究成果，并对很多问题的思考也能有自己的独立见解。

书前有较长的《导言》，对清代老学研究的相关问题进行总体性的思考。首先论述清代老学史的研究现状，然后从清代老学著作著录与结集、清代老学著作类型、清代老学作者概况、清代老学的分类、清代老学发展综述、对清代老学的评价、研究方法等方面对清代老学史的研究进行比较全面而深入的总结与分析。作者提出清代老学史的时间上限为1664年清世祖即位，下限为1912年中华民国成立，实际为1919年前，并认为"清代老学的结束也是传统老学的结束，1919年的五四运动标志着传统老学的终结"①。在这一看法之下，此书不认为有近代老学之分，只应分为传统老学和现代老学两大阶段。②

此书对清代老学分成几个阶段来分析论述，第一个阶段是清初的老学，对此先做出概说，再来分析有代表性的老学著作，如题名顺治的《御注道德经》、张尔岐的《老子说略》等，并对王夫之的老学重点进行分析论述，全面而深入地剖析了王夫之的老学思想。

刘氏对清代的老学成果分成五类加以论述分析，即主流派老学、考证派老学、晚清政治老学、道教老学、现代老学。每一类还有细分，如主流派老学又分成早期、成熟期、晚期三段，考证派老学则分为传世本校勘类、碑本校勘类、训诂考订类、音韵研究类等。对晚清政治老学，以魏源《老子本义》、丁杰《道德经直解》、高延第《老子证义》等为代表，一一加以分析评价。对魏源的老学的剖析也是此书的重点之一。刘氏在书中对清代道教老学也做了分析研究，有专章予以论述。

---

① 刘思禾：《清代老学史稿》，学苑出版社2017年版，第1页。

② 刘思禾：《清代老学史稿》，学苑出版社2017年版，第37页。

作者采取了非常谦虚的态度，仅把此书命名为《清代老学史稿》，表示这仅是清代老学发展的历史性叙述，任务是描述清代老学的发展脉络。全书以发展脉络为纵线，类型分析为横线，这两条线索交叉使用，基本勾勒了清代老学史的面貌。

刘氏也认识到，清代老学是清代思想和学术中重要的一个环节，从最初的《中国老学史》到今天数种清代老学史著作，清代老学的轮廓渐次清晰。不同的研究成果相互补充，可以看到主流清代学术史叙述所遮蔽的底层历史。对清代老学史研究者而言，清代老学史不仅是清代学术史的一个补充，而且应该是一种修正。通过借助老学史研究，清代思想学术的整体变迁能够得到更清晰更合理的叙述，如明清之际学术的转型，重建理学对于思想界的影响，考证学与清子学兴起的内在联系，今文经学和老学的同步演进，西学引进与传统学术脉络的重构等等。① 这就清楚地说明研究清代老学的学术意义所在。

刘氏也专门评价了清代老学在中国学术史上的地位，认为"清代老学没有为时代提供独特的富有生命力的思想资源，更多是在主流思想下的被动应对，这是清代老学的基本情况"②。但现代老学的开端已在清代老学中出现，其代表人物就是严复，转折点是甲午战争溃败，之后知识界产生了巨大的革新意识。严复之前的老学都是传统老学，严复之后的老学是现代老学。此书认为严复在中国学术史和中国老学史上具有重要意义，一是以西方学说为背景看待老子，二是引入了现代意识来改造《老子》。刘氏还论述了老学在清代的命运问题，认为清代是思想衰微的时代，也是正统意识特别浓厚也特别危险的时代。老子在这一时代是孤独的，也是委屈的。

总之，此书注意从学术史的角度来把握清代老学研究的具体情况，并能从传统到现代的转变节点处观察这些老学研究者及其成果，提出不少颇有新意的问题与看法，可以说是老学史研究的一部有价值之作。

---

① 刘思禾：《清代老学史稿》，学苑出版社 2017 年版，第 6 页。
② 刘思禾：《清代老学史稿》，学苑出版社 2017 年版，第 36—37 页。

第五节　老子研究的方法问题

一、陈鼓应等的反思

陈鼓应《论〈老子〉晚出说在考证方法上的谬误——兼论〈列子〉非伪书》①指出，古史辨运动时，学者们竞相把许多先秦诸子的著作如《孙子兵法》《晏子春秋》《文子》《列子》等认定为伪书，但随着山东银雀山、湖南马王堆及河北定县等地的汉墓出土了上述著作的残简，那些当时言之凿凿的论点就不攻自破了。可是，在《老子》及《列子》成书年代的问题上，学术界还有不少人囿于古史辨以来的看法，认为《老子》成书于战国时期，而《列子》为魏晋时期的作品。陈氏针对这个问题，多次细心阅读《古史辨》中有关《老子》问题的数十篇文章，看出当时有关《老子》的论战主要有两种相互对立的意见，一种以梁启超、冯友兰等人为代表，另一种以胡适、张煦等人为代表，前者主张把《老子》成书的时间推到孔子之后，还有人置于孟子、庄子之后，后者则对主张把《老子》挪后的各种理由逐条进行反驳。

虽然怀疑派提出的论据几乎都被批驳而不能成立，但这种观点的影响至今尚未消除。这除了学术上的原因，也与1949年以后，胡适没有留在大陆，而冯友兰的影响却十分广泛有关。1958年，胡适在《〈中国古代哲学史〉台北版自记》中说，冯友兰认为《老子》书是战国时人所作，"举出的证据实在都不合逻辑，都不成证据"。"有一天，我忽然大觉大悟了！我忽然明白：这个老子年代的问题原来不是一个考证方法的问题，原来只是一个宗教信仰的问题！像冯友兰先生一类的学者，他们诚心相信，中国哲学史当然要认孔子是开

① 见《老子与中华文明》，陕西人民教育出版社1993年版。

山老祖……在这个诚心的宗教信仰里，孔子之前当然不应该有一个老子。"① 因为冯友兰基于一种信仰，而且影响很大，几十年来的哲学史、思想史，极少不把老、孔的顺序错误倒置。

陈氏曾发表《老学先于孔学——先秦学术发展顺序倒置之检讨》② 一文，之后又研究《黄帝四经》和《尹文子》《慎子》《管子》等稷下学派文献，发现老子思想在战国中期的影响非常深广，绝对不可能凭空而来，至少需要经过上百年时间的传播和酝酿。从出土的战国中期以前的作品《黄帝四经》看，它与《管子》都同时并相当多地直接引用了《国语·越语》中的范蠡的思想，而范蠡的思想明显受到老子的直接影响，因此，把老子挪后，在思想史上无论如何也说不通。而且，从学术思想史的角度看，有意将老子及其书挪到战国，就产生了一系列的问题：

第一，是老、孔关系（包括《老子》与《论语》关系）的问题，学界迄今无人对此作深入讨论。第二，是《老子》对《孙子兵法》的影响的问题，学界也不敢讨论。第三，范蠡是老子思想发展史上源于战国初而盛行于战国中期的黄老学的重要一环，可能是黄老之学的创始者，也可能是老学到黄老之学的重要中间环节，可是，如此重要的老子与范蠡的关系问题，学界却根本无人探讨。《老子》成书时代的问题，是一个旧的话题，但一方面由于把《老子》时间挪后，带来了学术发展史研究中的一系列问题；另一方面由于新的文献资料的出土，产生了许多有待解决的问题，所以不能不旧话重提，并从一个新角度来探讨这个问题。

为此，陈氏重新分析了梁启超等人关于《老子》书的看法，认为由于梁启超的影响大，故他的观点有很强的影响力。但对老子其人的问题，回到历史记载中去，就会发现梁启超的不少误解。一是把老子与老莱子、太史儋混淆起来，认为老子到底是谁，《史记》的

① 胡适：《〈中国古代哲学史〉台北版自记》，见《胡适全集》第五卷，安徽教育出版社 2003 年版，第 540 页。
② 见《哲学研究》1988 年第 9 期。

记载不清楚。这一观点有很大的影响，现在的学界和国外的《老子》英译本都说老子其人在《史记》上已模糊不清。陈氏认为这完全是读《史记》原文过于粗心造成的。《史记》明确提到老子、老莱子、太史儋是三个人，可知司马迁对老子和老莱子有明确分别，而老子百年后的太史儋，《史记》对他的记述也与老子有区别。如果老子确有其人，则孔子问礼于老子，史书的记载也就是可信的。而且庄子学派、《吕氏春秋》学派和儒家学派（《礼记·曾子问》）都记载了孔子问礼老子的史实，因此，冯友兰对老子确系春秋时人这一点没有否定，但他还是循着梁启超的思路，认为老子虽是春秋末期的人，但他没有留下著作，《老子》是战国时一个讲老学的人的讲义。这一说法同样令人不可理解，因为司马迁《史记》中明确指出老子原为史官，到晚年从史官退隐，写了《老子》上下篇，言道德之意五千言，这与通行的《老子》完全一致，也与马王堆出土的《老子》甲乙本相符。另外春秋末的老子在当时是学界泰斗，关于他的博学深思，先秦典籍多有记载，孔子也曾学于老子。这样的学界巨擘，凭什么说不可以有著述，或凭什么理由说他没有著述的心情与能力，而一定要编造一个在战国时代讲老学的人才有这个能力来写作这个伟大的著作？况且这位讲解老学并著述了《老子》书的人，却在任何典籍上找不出丝毫痕迹。因此，这种说法令人不可思议。持有这种说法的人还提出一个论据，说战国前没有私家著书，冯友兰、罗根泽都持此说。现在看来，罗根泽的考证，错误太多，而且他定出的这一界限，也令人不解。一般认为公元前 481 年是战国的开始，凭什么说之前没有私家著书，以后就有了？事实上，战国前有私家著书的例子很多，如春秋末邓析的《竹刑》、伍员的《伍子胥》、范蠡的《范子》以及《孙子兵法》，古史辨时期有学者怀疑没有孙武这个人，说十三篇是孙膑的著作。在 1972 年山东银雀山出土的大批竹简中，就有《孙子兵法》和《孙膑兵法》，因此学者们认为这是恢复了孙武对《孙子兵法》十三篇的著作权。这明确表明战国前无私家著述的说法，根本站不住脚。

古史辨时期人们对《老子》成书时代提出怀疑的依据之一，是认为《老子》中的"王侯""仁义""尚贤""万乘"是战国时才出现的。但这些论点在提出之时，就被张煦等人驳倒了，如"王侯"，早在老子之前几百年的《易经》中就已使用；"万乘"，据《吕氏春秋·召类》《荀子·王道》的记载，孔子及其弟子就已使用；至于"仁义""尚贤"，也在老子之前几百年的周代就已使用。因此，这种怀疑不能成立。

陈氏认为更严重的是人们在考证的思想方法上犯了严重错误，即抓住一些片言只语或一些孤证，便对整本书进行论断，也就是以特称命题扩展而为对全称命题的论断，这在形式逻辑上犯了"急速推广的谬误"，这种错误是古史辨时辨伪者经常犯的。1949 年以后，又有受意识形态因素的影响而犯的错误，突出的一点就是囿于黑格尔提出的概念系统的发展必经正、反、合三个阶段的思想。事实上，思想史的发展不一定按照黑格尔提出的这一思想模式。就《老子》成书时代的讨论而言，仁义的问题，早在老、孔前几百年，就是礼治文化下的重要德目，老子评论仁义只是对此提出异议，如果有所谓反命题，老子反对的是那个时代以及几百年来产生了种种弊端的礼治文化的德行。而且老子不是反道德主义者，因为他非常重视信、慈俭、谦下等德行，他反对的是僵化的、违反人性的德行。至于尚贤，这一论题在老、孔之前几百年就已存在，尤其是老子前一百年，尚贤之风盛行于贵族集团。如果说老子提出了"不尚贤"的反命题，也不是针对孔、墨而言，老子绝不是看了《论语》《墨子》之后再提出他的主张，他是针对百年来的时弊而发。而且，老子说的"不尚贤"，从上下文意看，既不是针对孔子，也不是针对墨子而发。"不尚贤，使民不争"，原意是劝谕在上位者，不要自矜其能。总之，这些错误就在于没有了解《老子》原文的意思，因而不理解老子批评的种种现象，是春秋时代盛行的社会现象，而且是春秋时期已淤积了几百年的社会弊端，最严重的错误是抓住一些孤证，便作全称命题的否定。

总之，陈氏对古史辨时期的怀疑《老子》的种种说法，又进行了一一批驳，既有史实依据，又有逻辑理据，完全可以否定以前否认老子其人其书晚于孔子的看法，这是中国古代哲学史或思想史上的重大问题。时至今日，应该对相关的种种问题，如更多的道家著作的时代及其内容进行专门而深入的研究，使整个道家思想的形成发展过程与阶段清晰起来，不能仅据片言只语或个别事情就对整个问题做出判断。可知最重要的是方法的问题，其次才是资料及资料解读的问题。这些问题在以往近百年的老学研究中，一直存在着，而且现在也未能完全消除掉，所以关于《老子》及其思想的研究方法，仍是一个极为重要的问题，需要专门的研究和论证。而陈鼓应的文章，可以说在今天仍有启示意义。

林光华《〈老子〉之道及其当代诠释》一书出版于 2015 年，中心是分析现代学者对《老子》的道在诠释上存在的问题，即讨论对《老子》的道如何诠释才符合《老子》的本旨，现代学者的诠释中有哪些不够准确或存有疑问的地方。林氏大量引用了中国学者借用的西方学者的概念、观点、方法来论《老子》的道的内容，对问题的追究非常深入，能够结合《老子》的文本与现代学者的诠释进行对照和比较，以求得当代的诠释更为合理与接近《老子》的道之本质属性。

以冯友兰对道的诠释为例。林氏对冯友兰在诠释《老子》的道所使用的许多概念与说法，能够深入其论说过程之中，找到其来源，并分析来源处的这些说法的本来含义，以此发现冯氏用这些借来的概念所诠释的《老子》的道在不同之处的说法之间存在的不能自洽的地方。冯友兰把《老子》的道诠释为"总原理"和"共相""境界"三种说法。"总原理"一说是其中最重要的解释，虽然冯友兰自己对此说有比较周到的诠释，但林氏对此进行了质疑。她在深入地追问和与《老子》文本的对照下，看出冯友兰的"总原理"说基于韩非子的解说，但不完全符合韩非子之意，对韩非子认识到的老子之道的特点，冯友兰也没有给予同样的关注。"总原理"的说法也不能合理地解释《老子》第四十二章的创生问题，即便从形式概念的角度去讲，仍然无法讲出创生的意思。林氏又分析了冯友兰用"共相说"与"本体论"来诠释《老子》的道的问题，同样发现了许多问题，说明冯友兰的诠释不够严谨，其说法中存在着不少矛盾的地方。①

这样严谨而深入细致的分析与追问，就能逼出现代学者在诠释《老子》的道的时候所存在且没有被人指出和追问的问题，这是一种非常深入而认真的探讨与分析，仔细读起来，确实能受到不少启发。这也说明了一个重要的问题，即解读《老子》的全部文本的本来含义，不能只靠《老子》之外的说法来诠释，根本的方法是根据《老子》全书的自身文本及其含义来诠释；不能只就一处的语句来诠释，而是要根据《老子》全书所有的相关文本来诠释；不能只就一句两句来诠释，而是要根据完整的一段文意来诠释。要诠释得符合一字一句，还要符合一段文章，更要符合《老子》全书的整体意旨，这样的诠释才有坚实的基础，不至于走到所用概念与《老子》全书本文不相符合的境地，也就可以减少出现彼此脱节而无法自圆其说的境地。纵观整个老子思想诠释史，人们提出非常多的诠释，用了非常多的概念，但都不能令人满意，根本原因就在于此。从这个意义上说，林氏此书所提出和分析的问题，不是针对几个人的诠释，而是有着普遍意义的诠释问题，应该引起人们的足够注意。书中所提到的问题，都值得人们深入阅读和理解。

另外，由林氏所关注和分析的问题出发，还可启示人们注意《老子》思想研究中的一个根本难题，即《老子》的道本来是不能用语言来诠释的，所以现代学者无论借用什么概念与语词，都无法确切地对其做出令人满意的诠释。最大的困窘是借用来的概念与语词都只能说明道的一个侧面的属性，而无法涵盖全部属性和本质属性。从这个意义上说，冯友兰等人的诠释不能令人满意，林氏的质疑与追究，也无法根本解决问题。老子本人没有说或没有说清楚的问题，现代人不可能替他说出来或说清楚。对于《老子》的道，现代学者只能根据《老子》所说，给予有限的诠释，不可能

---

① 参见《〈老子〉之道及其当代诠释》（中国人民大学出版社 2015 年版）第二章第一节。

做出彻底的诠释。

二、西方思想与老子思想的比较

改革开放以来，国内的学者普遍接受西方的各类学术的理论与学说，用以促进自己的研究。有些学者即在研究老子思想的基础上，将这些外来的理论学说拿来与老子的思想进行比较，这方面的成果，也是在考察整个近现代老学史时所应关注的。

郑开《与老子不期而遇在现代—后现代的世界里——关于〈老子〉现代诠释的几个片段》[①]一文认为，《老子》不但对古代思想世界及古代哲人以强烈而持续的深刻影响，而且也引起了现代思想的兴味与共鸣。此文借取几个现代思想的片段，讨论《老子》可能生发出来的若干问题。

例如有人说，以前的计划经济是儒家的，市场经济是道家的。这当然是肤浅和不确切的说法。然而，从计划经济制度到市场经济体系，不仅仅是制度设置的转变，同时也是思维模式、思想趣向的转折，概言之，计划经济制度在逻辑上包含了控制与强迫——与玄德理念相反——的概念，例如行政命令（由此滋生了官僚主义或官本位）、专家治国、政治挂帅和意识形态壁垒。计划经济显然是老氏所说的"以智治国"的一种，而市场经济却诉诸"看不见的手"，构建和谐社会亦应该焕发社会自发自组机制的固有功能。老子说："大道废，有仁义。"又说："上德不德，是以有德。"这从反、正两个方面阐述了解构人文理性支配下的政治、社会与文化观念的理论倾向。比较起来，还是道家思想比其他诸家思想更适合市场经济的逻辑。老子所说的"小国寡民"曾遭到长期诟病，可舒尔兹却说"小是好的"。这个看起来微不足道的命题竟然成了我们今天因时而动，构建小政府、大社会的思想资源之一。

莱布尼兹说，大自然是以最省力、最经济、最巧妙的方式工作着。但他没有解释大自然究竟以怎样的方式工作着，因为他无法解

---

① 见《老子思想与现代管理》，社会科学文献出版社 2013 年版。

释。道家以"道法自然"的命题来描述"实然的"自然过程，并且以之作为"应然的"社会过程的理想状态。在道家看来，大自然的工作奥秘（自然过程）是"玄之又玄"的。然而，"玄之又玄"的"道"或"玄德"绝非不可理解、无从把握，只不过它们不能诉诸感性和理性得以理解。

哈耶克在《自由秩序原理》里讨论了自生自发秩序的基本含义是自然自足的状态，和亚当·斯密说的"看不见的手"异曲同工，都是计划经济逻辑的反面。他还提出了"无知"概念，这一概念所指的，是古希腊理性精神的反面。因为老子的道与玄德也是在一般意义的知识论之外，所以亦具有某种"无知"的特征。这种"无知"的确切含义，就是玄德超越了感觉认识和理性所能把握的真理—知识之外。

自亚当·斯密提出"看不见的手"来比喻自生自发秩序以来，经过迈克·博兰尼"自由的逻辑"和哈耶克"自由秩序理论"，人们认识到个人自由与社会组织的密切关系以及自由与法治的密切关系。哈耶克注重经济学理论与知识理论间的内在联系，其社会以及经济学和法学理论的重要基础就是他的知识观念，哈耶克所谓"知"主要是指"经济人"的理性能力，而"无知"是指形成自生自发的市场秩序过程中不可控、不可知的因素或力量，他认为这对任何人来说都是未知的东西。这就是超越了感觉认识和理性所能把握的真理—知识之外。亚当·斯密以来，经济学家热衷以"看不见的手"说明市场的作用，仿佛它具有"视之不见、听之不闻"的性质，哈耶克又以"无知"揭示个人自由与整体的社会秩序之间的关系，这似乎是老子思想的翻版。古代中国的老子和现代欧洲的哈耶克，竟然在复杂性、反思性的知识观念——"无知"的理论上，有了异曲同工之处，这不能简单地看作一种巧合。

哈耶克认为自生自发秩序是其社会理论的核心观念，他的理论就是要重构现实世界中的自生自发秩序。而在中国哲学的历史脉络里讨论"自由"，就不能不追溯到老子说的"自然""自化"和庄子说的"独立""无待"，这启发我们要进一步思考古代思想世界和现代观念之间的某种关系。

郑氏此文将西方学者亚当·斯密以及哈耶克等人社会与经济学理论中的某些观点，拿来与老子思想相比较，可以引起人们对老子思想与西方某些现代理论之间的关系形成关注之心，促进相关研究。这对老子思想的研究，是有价值的。

石元康《自发秩序与无为而治》① 一文，对哈耶克的"自发秩序"与老子的"无为而治"进行比较，认为二者有相似之处，但哲学基础完全不同。

他认为哈耶克所说的自发秩序是指在一个完美的自发秩序中，每个元素所占的地位，不是由外在或内在力量的安排而造成的结果，而是由各个元素本身的行动产生的秩序。这个秩序，不是秩序中任何一个成员刻意造成的，而是各成员的行动与互动之间造成的一个非有意的结果。亚当·斯密的无形之手，就是自发秩序的最好例子。与自发秩序相反的秩序，是由某个外在或内在于该秩序中的分子进行安排所造成的结果，如军队这种组织就是非自发秩序的最好例子。

老子思想产生于春秋战国时代，当时战乱纷争，根据周文建立起来的社会、道德、政治秩序正在崩溃。以维持这个秩序的周文，成了徒有架子的形式。儒家想借仁、义来充实这个外在的架子，老子则认为文、礼、仁、义都是外在的形式，即使它们能够成就社会秩序，这个秩序也不是理想的秩序。

老子不是无政府主义者，他提出了自己的理想的政治秩序，即"无为而治"。其论旨就是让人顺应自然、顺性而行。所以老子说："生而不有，为而不恃，长而不宰，是为玄德。"又说："道法自然。"他认为老子的无为而治是将"无为"与"无执"并举的："为者欲之，执者失之，是以圣人无为故无欲，无执故无失。"无为与无执指修道之人不执着、不陷溺的明觉境界。陷溺、执着指陷溺与执着于不真实的东西，就是没有体悟到道。经验世界中的万物万象都是变动不居的，如果对其中任何一个事件或任何一个对象拘执不放，以为它是真实，则无法把握道的真谛。道所体现的是无为，它的一切

---

① 见《当代西方自由主义理论》，上海三联书店 2000 年版。

都是顺乎自然。因此，有为与执着，不能使我们体悟及体现道。

在政治上的无为，常常有人解释为君主南面之术。这种解释把无为当做君王统御臣下的技巧，君王不显示出自己的好恶，使臣下对他莫测高深，因而也不知道如何迎合他。石氏认为这不是道家无为的主要意思，如果无为是这个意思，则"无为而治"的"治"字就很难讲通。他认为老子的无为，是要执政者清静，对人民不做干预，让人民自己发挥创造性。执政者因为有权在手，常常很难不使用权力去干预人民的生活。中国历史上最有名的无为而治的时代，在西汉初年，曹参与陈平是这种政策的执行者。他们的故事说明，无为政治中的要义并不是为政者终日无所事事，乃是为政者对百姓采取不干预的政策，让人民自由发挥自己的能力。另外，无为政治的另一要义是分层负责的政治，每人做自己分内的事，最忌讳的就是诸葛亮式的事必躬亲。

石氏又分析相关的一个问题，即在无为而治的理论中，怎样才能算是治的境界。他认为治，就是老子所说的"民自化，民自正，民自富，民自朴"。自化、自正、自富、自朴，都是个体在其中能充分发挥自己才情的世界。政治领袖无为，不进行干涉，人民才能自化、自正、自富、自朴，这并不是靠统治者的命令达成的，而是靠人民自己的作为才达到的。因此老子一再强调"生而不有，为而不恃"。石氏认为这与西方思想家弥尔在《论自由》中的想法也是吻合的。弥尔认为自由是发现真理及自我发展不可或缺的条件，人类在文化上的各种成就，都依赖自由才能充分发展，老子的自化所指也正是这种人的创造性的充分发展。在无为政治的理论中，"无不为"是极重要的观念，唯有在上者无为，才能有无不为的效果。因此，无为政治的最终目标是无不为。无不为就是"生育万物"。

他又进一步探讨无为政治的理据是什么，以及为什么根据无为而治建立起来的秩序是理想的。无为而治与自发秩序在效果上相仿，但自发秩序的理据是康德提出的"人乃是目的，而不是手段"，无为而治的理论基础则是道本身。道是无为的，宇宙间一切万物皆由道所生，因此，政治如果要合乎道，就必须无为，道之所以能生化万物，正是由于它无为，同样，为政者如果要使人民能发展创造生机，也唯有施行无为政治。由于行无为才能不禁各物之性，使万物生长化育，因此，说万物由道所生时，生的意思并不是像神从无创造万物那样。道之生万物乃是一种"不生之生"，指万物能顺其自然而自生自长，不受外力的干扰。如果受到外力干扰，万物就无法顺利地自然生长。道之所以伟大也就在于它能容物自生，不对它们干扰。无为政治的根据就在于道本身是无为的。它主张政治领袖们行道，效法道这种让万物自生的气度，唯有这种政治，才能使政治做到不生之生。

石氏认为老子的无为而治离不开内圣外王，侯王必须内在地成为得道顺道行道的圣人，才能完美地按照道的精神治国治天下，实行无为之治。但这在现实是一个很难实现的问题，因为圣王是不世出的，要有权者无为是天大的难事，所以学者们都认为中国传统政治理论的最大难题就在这里。

石氏此文从西方自发的秩序理论出发，比较了老子无为而治的政治理念的内涵、效果、理据以及所面临的难题，是一个比较全面而深入的分析，通过对照西方的有关思想与理论，可以帮助我们更为深刻地理解老子的思想。

根据石氏的文章，可以知道有学者把老子的无为而治与西方学者主张的自发秩序进行比较，认为二者有相似之处，甚至有人提出了中国经济应以"市场道家"的方式实行市场经济。笔者认为，二者虽然可以找到某些表面的相似，但实质上它们属于截然不同的文化传统，故在追求的目标、实行的条件、理论的基础、取得的效果、论证的思路等方面，有着根本性差异。

石氏的文章也说到了二者的哲学基础不同，而且老子的无为而治理论中，也没有西方学者那些概念与理论，所以也只能在效果上找到一些相似之处。另外，邓正来在《中国的前景——市场社会主义还是市场道家?》① 一文中，以为市场经济的思想不是西方独有的，而"是老子及其门徒所发展的道家无为思想的题中应有之义"。在他

① 原载 *Cato Journal*，Vol. 18，No. 1（Spring/ Summer 1998）。

看来，"西方的市场秩序……也包含在中国古代道家的自我调节秩序中"，对这种秩序，他称之为"市场道家"。在此文中邓氏表达了他对《老子》的理解，认为："《老子》的哲学并不是讲给隐士的，而是讲给圣人—统治者的，他们没有放弃这个世界，而是用无为的方法进行统治"。"老子教导圣人（统治者）说，无为而治的原则是实现先富起来和繁荣的最佳途径：'天下多忌讳，而民弥贫……法令滋彰，盗贼多有。故圣人云：我无为而民自化，我好静而民自正，我无事而民自富'"。

石、邓二氏对无为而治的理解，有值得肯定之处，如邓氏说老子的哲学是讲给统治者听的，要他们用无为的方法进行统治，石氏说无为是要执政者清静，对人民不做干预，让民自化、自正、自富、自朴，这都是对的。但他们受西方思想的影响甚深，故在理解无为而治时，常常不自觉地采用西方的说法，因而不能完全符合老子的本来意思。

其实，将西方的思想与老子思想作比附的解释，并非始于现在，近代的严复已阐述过此种看法。如他在《老子道德经评点》中谓："老子言作用，辄称侯王，故知《道德经》是言治之书"。"故今日之治，莫贵乎崇尚自由。自由，则物各得其所自致，而天择之用存其最宜，太平之盛可不期而自至"。[1] 在评点《庄子·应帝王》时称："此篇言治国宜听民之自由、自化……郭注云，夫无心而任自化者，应为帝王也。此解与挽近欧西言治者所主张合。凡国无论其为君主，为民主，其主治行政者，即帝王也。为帝王者，其主治行政，凡可以听民自为自由者，应一切听其自为自由，而后国民得各尽其天职，各自奋于义务，而民生始有进化之可期"。"此段亦言治国宜顺自然，听其自由，不可多所干涉之意"。[2]

严复用当时的西方学说解释老庄，与百年后的学者用西方学说解释老子，没有根本的不同，都是只看到了表面的相似，而缺乏深

---

①　王栻主编：《严复集》第四册，中华书局 1986 年版，第 1091、1082 页。

②　王栻主编：《严复集》第四册，中华书局 1986 年版，第 1118 页。

入的分析。

老子的无为而治与哈耶克的自发秩序之间有太多的不同。首先，两种理论所要追求的目标，就有明显的不同。每一种理论或思想，都要阐述一个基本主题，这个主题所要论证的问题，就是此理论所要达到的目标。老子的无为而治，是他的全部思想的中心主题，意谓圣人式的侯王应该采取无为而治的方式来统治天下，这是老子为统治一国或天下的侯或王所设计的最佳统治方式。根据老子的论述，实行无为而治之所以是最佳统治方式，是因为只有这种统治方式可以帮助侯王在天下实现"安平太"的理想境况。在"安平太"的境况中，侯王作为统治者应当是无为的，因此作为被统治者的民才能自富、自朴、自正、自化、不争、不为盗、心不乱、无知无欲，这就叫"为无为，则无不治"。因此可以认定，使侯王统治的天下实现"安平太"，就是老子无为而治思想的根本目标。

而哈耶克的自发秩序理论，所要追求的目标，则是以个人利益为基础的社会发展。如他在《自由秩序原理》中说自由激发起了文明的发展与社会的进步："自由理想激发起了现代西方文明的发展，而且这一理想的部分实现，亦使得现代西方文明取得了当下的成就"。"这种对自由的信奉，使西方世界得以完全充分地利用了那些能够导致文明之发展的力量，并使西方文明获得了史无前例的迅速发展"。"如果缺乏自由进化的必要条件（即个人主动创新的精神）……没有这种精神支援，就绝不可能生成发展出任何有生命的文明"。① 这种文明还要不断进步下去："昔日进步的结果……在很大程度上已把我们置于了一种毫无选择的境地，只能继续高速的进步"。"世界和平以及伴随世界和平而存在的文明本身，就必须依赖于持续的且高速率的进步"。②

这种理论把西方的发展完全归因于所谓的自由，而把历史上的西方国家在全世界范围内进行的殖民战争和经济掠夺等许多根本不

---

① （英）哈耶克：《自由秩序原理·导论》，三联书店 1997 年版，第 2、3 页。

② （英）哈耶克：《自由秩序原理》，三联书店 1997 年版，第 58、60 页。

属于自由的行为都忽略不计了，当然，他也可以说这就是西方人的自由，而不顾这种自由是不是危害了其他国家地区人民的自由。所以他这种理论，本身还存在着严重的漏洞，甚至可以说无法自圆其说。哈耶克之所以强调自由对于文明发展的作用，也是要让西方国家继续按照这种自由理论在世界范围内维护并扩大他们的利益，而不顾及其他国家民族的自由与利益。所以，从本质上看，西方人所说的自由与文明，是有条件的，是相对的，根本不可能适用于所有国家与民族。

总之，两种理论有着截然不同的目标，以侯王为统治者，用无为使民获得自富、自正等的无为而治思想，不可能具有哈耶克自发秩序理论所强调的个人意识与个人自由及其目标的理念。老子的无为之治思想，主张的是一种通过最高统治者的无为之治而使统治下的民众获得自然生存的思想，它追求的是最高统治者长治久安的根本利益，它更注重的民众的自正、自朴、自化等，这些最终都是为了最高统治者的天下永远保持"安平太"状态。而哈耶克的自发的秩序理论，则是以西方国家的自我发展为中心为目标的理论，根本没有世界观念，可以说是只为少数发达的西方国家服务的政治理论。实际上，老子的无为而治的政治理论，是中国古代思想家的为侯王考虑的治国方案，在哲学基础上以及实现方法与条件上都没有具体的论证，所以还是一种理想国模式的思想，还不能称之为完全意义上的政治学理论。而哈耶克等人的自发秩序的理论，是以西方数百年发展起来的国家政治以及相应的经济、军事、文化、法律、逻辑等一整套思想理论与实践效果为基础的理论，背后有着极强烈的使西方发达国家的利益最大化、长久化的用心，而这是不会对非西方、非发达国家的人们明说的。所以，在不分清二者根本差异的情况下，笼统地把西方的某些政治理论与中国古代的老子思想说成是相似的，甚至要中国按此种解释决定国家的经济政策，则是欠严谨的，也是需要认真加以剖析的。

第十二章 《老子》相关古籍与简帛 《老子》的整理研究

文本的研究是一切思想研究的基础与前提，所以必须重视对于《老子》及其相关古籍文献的整理成果。在本书其他章节，已有一些内容涉及于此，这里则主要就专门对此所做的整理成果加以评述。本章分四个方面加以介绍：一是传统的《老子》相关古籍的整理成果，二是马王堆帛书《老子》的整理研究成果，三是郭店楚简《老子》的整理研究成果，四是北京大学藏西汉竹书《老子》的整理研究成果。

第一节 对《老子》相关古籍的整理

一、王德有点校《老子指归》

王德有（1944—　），河北人。撰有《道旨论》《老子演义》《老庄意境与现代人生》等。

王德有点校的《老子指归》出版于 1983 年，后收入中华书局《道教典籍选刊》丛书内。此丛书中属于《老子》古注的还有如张陵的《老子想尔注》、河上公的《老子道德经河上公章句》、王真的《道德真经论兵要义述》、范应元的《老子道德经古本集注》、彭耜的《道德真经集注》、李德纯的《道德会元》等。

据《汉书·王贡两龚鲍传》，严遵在成都市场上为人卜筮，每日得百钱即在家授《老子》，依老庄之旨，著书十余万言，但《汉书·

901

艺文志》中没有著录他的书，到《隋书·经籍志》才著录"《老子指归》十一卷，严遵注"，现存有《道藏》本，但残缺不全，唐代《老子》注中有人引用的《指归》，多有在《道藏》本以外的，可知在唐代和宋初还有《指归》的完本。《四库全书总目》认为现存《指归》是伪作，而张岱年在为王德有点校的《老子指归》作的序中，肯定此书是严遵所作。张岱年还说，清初以来，许多学者认为此书是伪书，不加重视，现代的哲学史著作中也很少论及此书，但此书确有特点，值得整理。王德有是据《道藏》本、《津逮秘书》本、《怡兰堂丛书》本，对《老子指归》进行校勘，并从唐宋若干《老子》注中整理辑录了《老子指归》的佚文。

据王氏在《自序》中的介绍，《老子指归》一书原有十三卷，前七卷注《老子德经》，后六卷注《老子道经》，宋以后只存前七卷，但在唐宋诸家《老子》注中引用《指归》百余处，可以补充进来。现存的《指归》有两种版本，一是六卷本，题为《道德指归论》，列"卷一之六"，收在《秘册汇函》《津逮秘书》《丛书集成初编》中，一种是七卷本，题为《道德真经指归》，列"卷七至十三"，收在《道藏》《怡兰堂丛书》中。六卷本不引《老子》原文，每篇前以所注《老子》章首几字为题，如《上德不德篇》等，比七卷本多缺一卷。七卷本每篇前引所注《老子》原文，不列篇题。《指归》所据《老子》的版本，与诸本不同，《德经》四十，《道经》三十二，共七十二章。王氏为校勘此书，查阅了五十多种历代《老子》注本，从中发现《指归》的引文二百余处，其中引前七卷的近百处，与明代以后留存的《指归》对照，大同小异。这些注本都是唐宋时的著作，足证后来的《指归》本不是伪托。

关于《指归》的思想，王氏认为其所提出的由无生有的宇宙演化论、以无为本的本体论、万物自生自化的思想对后世影响颇大，如魏晋时期的何晏、王弼的贵无论，就受了《指归》的影响。王氏又说此书的整理，受到了张岱年、朱伯崑、艾力农、王利器、汤一介等先生的指教，辑佚部分参考了蒙文通的《严君平道德指归论佚文》，这说明这一整理成果，凝聚了不少学者的心血。

此书的整理，除了依据多种版本之外，又整理了佚文，收录八十则，还附录了西汉迄今有关严君平生平事迹、《指归》书目著录及序跋提要等资料，使得与严君平及《指归》有关的资料都汇集于一处，故颇有学术价值。

王氏对《指归》的整理，包括了其中某些字句和专名的解释，如《君平说二经目》第一句"庄子曰"，即加了注释："庄子，即严君平，谷神子注：'严君平者，蜀郡成都人也，姓庄氏，故称庄子。东汉章和之间班固作《汉书》，避明帝讳，更之为"严"，"严""庄"亦古今之通语。'"① 这就避免了读者把此处所说的"庄子"理解为庄周的错误。

他还对《指归》的某些说法进行注释，以说明文义。如"上经配天，下经配地"至"故下经三十有二而终矣"一段，注曰："《指归》以《周易》解说《老子》篇目。《周易·系辞上》说：'天一，地二，天三，地四，天五，地六，天七，地八，天九，地十。'又说：'天尊地卑，乾坤定矣。'地为八，天为九，地为坤，天为乾，故八为阴，九为阳，《指归》谓之'阴道八，阳道九'。'以阴行阳'，即以阴为行，以阳为列，编为行列。《指归》认为，《老子》全书共七十二章，分上下两经，上经四十章，下经三十二章，皆由阴阳之数编排行列而得：以阴八为行，以阳九为列，八九得七十二，故曰'以阴行阳，故七十有二首'。纵云行，横为列，以阳九为行不可中分，只可以五、四相分，别为上下，故曰'以阳行阴，故分为上下'，即分为上下二经：上经众，以五为行，以八为列，'故上经四十而更始'；下经寡，以四为行，以八为列，'故下经三十有二而终矣'。"② 这一段注释说明《指归》与《周易》的关系，又说明《指归》为什么把《老子》分为七十二章的原因所在，不仅注释了《指归》的文意，而且点明了《指归》的思想特点。

王氏的整理本保留了《老子》的原文，这对于校勘《老子》书

① 王德有点校：《老子指归》，中华书局1983年版，第1页。
② 王德有点校：《老子指归》，中华书局1983年版，第2页。

也有重要价值。如卷一自"上德无为而无不为"到"上义为之而有以为"，各种《老子》版本存在着较多的异文，主要是"无不为""有以为""无以为"在各本中多有不同，这就影响了对此处文义的理解。《指归》所保留的《老子》原文，在校勘上起到了重要的参考作用。

另外，从《指归》的内容上看，明显不同于一般的注释，而是根据《老子》原文发挥自己的思想，所以书名称为《道德指归论》，比较符合其书的实际情况，这对于如何确定此书的本来名称，有着重要的参考价值。

仔细阅读《指归》的原文，发现其文中多有合韵之处，不是单纯的散文，这对于通过文中的合韵情况判断成书的时代，也有重要关系。如《上德不德篇》的《指归》原文："各慎其情性，任其聪明。道其所长，归其归安。趋务舛驰，或否或然。变化殊方，建号万差。德有优劣，世有盛衰，风离俗异，民命不同。故或有溟涬玄寥而无名，或濛澒芒芒而称皇，或汪然漭泛而称帝，或廓然昭昭而称王，或远通参差而称伯。"其中的"性"与"明"、"安"与"然"、"差"与"衰"、"皇"与"王"，都是合韵的。当然，《指归》原文用韵并不严格，可韵则韵，并不强求一律，这是需要认真辨认的。

由于留存下来的严遵《老子指归》已非原书之完本，王氏能下功夫收集辑佚和校勘注释，对于研究《老子》以及严氏《指归》的学者而言，都有莫大的帮助，值得重视。

二、王卡点校《老子道德经河上公章句》

本书出版于 1993 年，也为中华书局《道教典籍选刊》丛书之一。王氏在该书《前言》中，首先根据有关文献说明了有关河上公其人其书的各种记载与著录，就《河上公章句》的作者及年代的争论情况加以介绍。之后对此书的主要思想内容做了归纳，认为此书作为东汉黄老学者的著作，主要内容就是以汉代流行的黄老学派无为治国、清静养生的观点解释《老子》原文，主张天道与人事相通，治国与治身之道相同，二者都以清虚无为的自然之道为本。陆德明的《经典释文》就已总结此书的思想主旨就是"言治国治身之要"。

为了整理此书，王氏梳理了《河上公章句》的传世版本，主要有唐代钞本及引述文献、日本旧钞本和刻本、宋刻本、纂图互助本、《道藏》诸本、明清刻本等六类。自清末以来，人们也多次整理此书，如清道光间王用之刊刻的《重校老子河上公注》、光绪二十年（1894）湖南学库山房元记书局校刻的《河上公章句》，后有民国年间蒙文通用《道藏》诸本、《四部丛刊》影宋本、《天禄琳琅丛书》影宋本及明世德堂本合校本，还有台湾1971年出版的郑成海《老子河上公斟理》本等。王氏此次点校，则是在这些已有的版本与成果基础上的进一步点校整理，吸收了以往的整理成果，利用了新发现的《老子》版本资料，汇集了前人关于《河上公章句》的校、跋语等，还收集了《河上公章句》的佚文和《老子道德经序诀》等资料，并对《河上公章句》的各版本撰写了提要，从而达到了更好的整理效果。

通过王氏的点校整理，我们再来阅读《河上公章句》，就会有不少新的理解。如第一章章题"体道第一"，一般认为这是河上公为全书各章标上的题目，似乎没有什么疑问，但王氏通过校勘，发现："《河上章句》各章之前，影宋本、《天禄》本、《道藏》本并有章名，敦煌各本及唐代其他版本均无章名，日本钞本如天文本亦无章名，但有钞写者的眉批'道可道第一，体道第一'云云。"因此王氏认为："章名当系后人所加，唐以前无此。今姑且保存宋本原貌。"① 这就澄清了一个事实，即《河上公章句》本来是没有各章章名的，宋以后才出现章名。所以介绍《河上公章句》时常说此注于各章均标有章名的说法，是不符合历史事实的。人们对此情形，应予以足够的重视。

还有一个情况，是中国学者往往没有予以足够的注意的。日本学者楠山春树曾对《河上公章句》进行过专门的研究。② 他根据六朝

---

① 王卡点校：《老子道德经河上公章句》，中华书局1993年版，第3页。
② 可参见刘韶军著《日本现代老子研究》（福建人民出版社2006年版）第九章。

至唐初的文献资料中对河上公注的引用情况，认为现行本河上公注成于六朝末，又据《道藏》中属于六朝时期的资料，认为到六朝末年为止的河上公注，是具有道教圣典意义的《老子》注本，并认为《隋书·经籍志》所引《梁录》中的"河上丈人注"，就是原本河上公注。对于河上公注的内容，他则认为河上公注对《老子》正文的训释，是本着原字进行训释的，而中间出现的"国身同也"之类的训释，则不符合这种训释的风格，因此以此种训释为基础的治身治国并记的大部分注文，不是河上公注的原文，而是后来的人附加进来的。他还考证认为后来附加者为茅山派的道士。这是他关于现行本河上公注的看法。至于原本河上公注，他认为注中的养生思想与《想尔注》的养生思想并不一样。唐以来的学者都认为河上公注的作者是神仙道或道教徒，在现行本的《河上公章句》第六章到第五十九章的注文中确实有与神仙道和道教相关的内容，但具有此种倾向的注文实际上并没有太多，这与道教徒所作的《老子》注如《想尔注》《老子节解》中的思想是完全不同的。他认为河上公注的宗旨是说寡欲、抑制官能、心的安静、戒奢侈等问题，这是道家本来应有的教义，这类教义主要是说帝王君主应实行无为之治，同时又说君主的修身养生。这与神仙道和道教里的养生思想是不一样的，因为后者的养生思想是要追求长生不死，而君主的养生是指心性上的养生。这样，他认为河上公注的思想不是神仙道或道教的养生，其作者应该是一位道家思想发展之后的人物。现行本河上公注，也不是一次性完成的，而是分了两个阶段。第一个阶段，形成的是原本河上公注，主要内容是以注解的形式，阐说道家关于君主的理论，即应如何做一个理想的君主，但形成的年代不能考察清楚，大致是在东汉时期。在原本河上公注形成之后，道教徒附加上了他们的养生思想，最后变成了现行本河上公注。根据各种资料，他认为这种附加修改，完成于六朝末期。因此现行本的河上公注中实际上存在着两种不同的思想内容。

他的这一研究，中国学者很少言及，更不要说赞同或反对了。不管怎样，楠山春树的研究毕竟对现行本《河上公章句》的内容提出了与真伪有关的质疑，因此我们在读王氏这个点校本时，就应对相关的注文之处予以特别的关注。

如第一章第一句"道可道"，现行本河上公注是"谓经术政教之道也"；第二句"非常道"，现行本河上公注是"非自然长生之道也，常道当以无为养神，无事安民，含光藏晖，灭迹匿端，不可称道"；第三句"名可名"，现行本河上公注是"谓富贵尊荣，高世之名也"；第四句"非常名"，现行本河上公注是"非自然常在之名也，常名当如婴儿之未言，鸡子之未分，明珠在蚌中，美玉处石间，内虽昭昭，外如愚顽"。楠山春树认为，在这几句的注文中，只有第二句注文中的"长生"是与道教的长生不死思想相关的，而其他语句中都看不出有这种道教长生不死思想的痕迹。第二句与第四句的注是释"常道""常名"的，在释"常名"时说"自然常在之名"，这与原文的"常名"正对应，而释"常道"时则说"自然长生之道"，对照"自然常在之名"的说法，此句应该说"自然常在之道"，才与"常道"相应，也才与后面的"自然常在之名"相应，由此看来，这里的"长生"，很有可能被改换过。这里的重点是"常"，不是"长生"，如果换了"长生"，就等于没有解释"常道"的"常"字，而这种解释，如果看后面对"常名"的解释，就能看出注释的关注点何在。再看"非常道"句的其他注文，其中出现了"养神"，这也不是以长生为目的的养生，而应属于君主自然无为的养神。而且从整体上看"非常道"句的全部解释，也都与长生不死的养生无关，而只与君主的"无为""无事"有关，且里面有着必然的逻辑，即"无为"才要"养神"，"无事"才能"安民"，下面的"含光"等句，都是对"无为""无事"的进一步说明，也都与长生不死的养生无关。"名可名"和"非常名"注释中所说，也都是解释"无为""无事"，而不是解释长生之事，这说明原来的河上公注前后思想是一致的，但后来有些字句被人改换过，仔细分析起来，就能看出其中的不协调之处。总之，这样的问题，一般是不会被发现的。而我们可以参考楠山春树的研究与见解，重新解读现行本《河上公章句》的注释与思想。

三、朱大星《敦煌本〈老子〉研究》

此书出版于 2007 年，是对多种敦煌本《老子》资料进行的整体整理与研究。书中探讨了敦煌本《老子》的白文本、注疏本及其他相关写卷等，分析了敦煌本《老子》的文本特征、传本系统、流传情况等，研究了敦煌本《老子河上公注》《老子想尔注》、李荣《老子注》、其他《老子》注疏，最后论述了从敦煌写卷看《老子》的成书问题，并附以敦煌五千文本《老子》甲本、BD14677、BD14738写卷录文等重要的文献资料。此书可以说是对整个敦煌卷子中的《老子》资料进行整体整理与研究，为人们进一步深入打下了基础，因而具有较高的学术价值。

此书前的《绪论》，简要地论述了敦煌文书中的《老子》的相关情况，认为自 20 世纪 80 年代以来，在各方努力下，出版了不少敦煌文本的资料，因此对其中的《老子》写本及相关资料的系统性汇辑和整理研究的时机已经成熟，故能完成此书的撰写。为此作者还追溯了 20 世纪人们关于敦煌中的《老子》的研究史。从此书的综述看，朱氏对已有的研究成果的收集与吸收是完整而全面的，这就说明其研究具有坚实的文献基础，保证了此书的质量与价值。

在第一章《敦煌本〈老子〉叙录》中，朱氏对敦煌本《老子》进行分类与综述。他将全部敦煌本《老子》写卷分为白文本、注疏本等类型。关于白文本，他认为此类《老子》写卷共 53 个单件，缀合后为 35 件。这些白文本又可分为甲乙两种文本，区别是甲种的尾题，写明了是《道经》还是《德经》、相应的章数和字数，以及全书的章数与字数，乙种在每章末不标明章节字数，也没有甲种的尾题。在白文本中，有的还在卷末写有题记，是非常重要的资料。一般而言，这类卷末题记比较长，记录了书写的时间、相关信徒的情况、书写《老子》的原因与他们的祈愿等，反映了《老子》与当时宗教信仰的关系以及相关活动的情况，其中有些内容还可以与其他的道教文献相对照，具有重要的文献价值。

关于注疏本，朱氏认为敦煌本《老子》中有河上公注、《想尔

注》、成玄英义疏、李荣注、唐玄宗注疏以及其他无名的注疏，其中
《想尔注》、李荣注和部分无名者注疏，不见于传世本，有重要的文
献价值；而见于传世本的注疏，往往与传世本多有不同，也有不容
忽视的文献价值。据此书统计，敦煌本《老子》的注疏本共有 23 个
单件，缀合后共 15 件，除了上面提到的几种注疏外，还有顾欢的
注、《老子节解》。不少敦煌文书虽非《老子》的注疏，但与《老子》
有密切关系，除原题葛玄的《老子道德经序诀》、颜师古的《玄言新
记明老部》之外，另有《无上金玄上妙道德玄经》《大道通玄要》
《王玄览道德经义论难》《宋文明道德义渊》《老子道德经开题序诀义
疏》等。敦煌类书中也有征引的《老子》材料。类书中的征引，又
分为单引《老子》原文、单引《老子》注文和《老子》原文及注文
一并引用、全引注文又加按语等几种情况。

关于敦煌文书中的《老子》，此书分析了它们在书写上的文本特
征，其中关于抄写符号的问题，值得注意。这些符号包括删除符号、
乙倒符号、重文符号、章节符号、点读符号等，这类资料对于人们
了解古时中国人书写格式有着重要的参考价值，因为这与现代的标
点符号是有内在关系的。

关于敦煌《老子》的传本问题，包括《老子》的分篇和分章、
章名章次、全书字数（根据字数分为五千文本与非五千文本两类）、
传本系统等，而在传本系统问题上，其中的五千文本可分为四种，
非五千文本分为两种，这些情况对于研究《老子》流传及演变，都
有重要的参考价值。

此书重点分析了注疏本问题。如对河上公注本，朱氏总结了前
人的相关研究，除了中国学者的研究成果外，也注意到日本、韩国
学者的相关研究。他又比较了敦煌本《河上公老子注》与传世本的
差别，看出其中有些河上公注的写卷与帛书本《老子》有不少契合
之处，因此认为敦煌本《河上公老子注》所据底本相当古老，似乎
和帛书本有不同寻常的关系，或许它们根据的就是同一个系统，但
这仅是推测，并没有深入考证分析，不过至少提出了问题，值得研
究者们关注。

对于《想尔注》，朱氏分析了"想尔"的释义、此注的作者及成书时代、与《老子》五千文和河上公注的关系等问题，并论述了《想尔注》的思想特色，认为一是对道加以神化，二是主张信道守诚，三是融摄儒道，反对伪伎邪文，四是追求长生成仙。

对于李荣的《老子》注，朱氏考察了其源流和抄写时代、此注的流传缀合，以及与相关文献如《白雀歌》《金山国史》的关系，并论及敦煌佛道关系。

朱氏还就一种佚名的《老子道德经义疏》做了分析，认为此义疏的《老子》原文与传世本和其他敦煌写本《老子》多有不同，因而具有重要的校勘价值。而此义疏的抄写情况，可为研究敦煌本《老子》的行款特点研究提供宝贵的资料。

此书还考察了敦煌本《老子》的流传问题，分为敦煌写卷的来源和流传、流传形式与途径、流传的原因等，还分析了敦煌本《老子》与《十戒经》的关系。最后根据敦煌写卷探讨了《老子》的成书，并结合其他学者的研究，提出了一个《老子》成书的流变路线图：由老子思想的原始形态，形成简本《老子》和推测性的其他简本《老子》两类。五千文本和帛书本是在它们的基础上形成的，分属两种不同的《老子》传本，并在一定时期内并存。二者之间没有必然的继承关系。传世本是在五千文本基础上进一步改造的结果，但也有可能吸收了帛书本的部分内容。[①]

第二节　帛书《老子》研究

一、《马王堆汉墓帛书老子》

此书为马王堆汉墓帛书整理小组编，1976年出版。书前有《出

[①] 朱大星：《敦煌本〈老子〉研究》，中华书局2007年版，第337—338页。

版说明》，介绍了马王堆汉墓帛书出土的情况。1973 年 12 月，从湖南长沙马王堆三号汉墓中出土了大批帛书，有十多万字，包括先秦著作多种，其中的《老子》有两种写本，分别称为甲本、乙本。甲本字体介于篆书和隶书之间，抄写年代可能在汉高帝时期；乙本字体是隶书，抄写年代可能在汉文帝时期。这两种写本，是当时所能见到的《老子》书的最古本子。当时对《老子》书的性质，认为《老子》是一部兵书，是一部有着广泛影响的先秦著作，一直被认为是道家的经典。这部书流传至今，有许多种本子，内容文字互有出入，历代关于《老子》的诠诂论证专著文章不可胜数，对它的看法存在着很大的歧异。在历史上，《老子》和道家所处的地位和所起的作用，呈现出一些引人注意的现象。这部书是春秋战国社会大变动的产物。它的思想体系是客观唯心主义的，代表着当时中小奴隶主的利益和需要。但它的某些思想资料，却受到法家的重视。如集先秦法家思想之大成的韩非，有《解老》《喻老》两篇精辟的论文；出土帛书《老子》的马王堆三号汉墓所当的文帝时期，推行的是法家路线，打的却是"黄老"旗号；东汉唯物主义思想家王充，自以为他的理论"虽违儒家之说，合黄老之义也"。至于《老子》中比较丰富的朴素辩证法，在先秦著作中，也占有相当突出的地位。另一方面，《礼记》《庄子》《史记》等，都有关于孔丘问礼于老子的记载；庄周的学说被认为"其要本归于老子之言"；魏晋流行的"玄学"，标榜其渊源于"老庄"；唐代的统治者，把老子捧为"太上玄元皇帝"；汉以来的道教，一直把老子派成它的祖师爷。对于诸如此类的现象，如何用马克思主义的立场、观点、方法分析说明清楚，还需要继续努力。马王堆三号汉墓出土的帛书，《老子》是其中的一种，由马王堆汉墓帛书整理小组作了释文、标点和注释。注释主要解说帛书本的特点，不注一般文义，也不是全面校勘。书后附有《老子甲本乙本傅奕本对照表》，还收入三篇有关文章，以供参考。

这样的说明，反映了当时的思想意识，但说明了基本的情况。至于如何对帛书《老子》进行整理的，此书的《凡例》中有详细说明。帛书《老子》皆分二篇，乙本篇尾标有《德》《道》篇题。甲本用圆点作分章符号，但已残缺，无法复原。为了保存帛书的真实性，释文不按通行本分章，仅在篇前补加《德经》《道经》篇题。又对释文加上标点，并作简要注释。释文不严格按帛书字体，多用通行字排印。帛书中的异体字、假借字，在释文中随文注明，外加（）标志，或在注释中说明。帛书中抹去及未写全的废字，释文用○代替。原有夺字和衍字，释文不作增删，在注中说明。帛书中的错字，随文注出正字，用〈〉表示。帛书残缺部分，按所缺字数据它本补足，首先用甲乙两本互补，两本俱残或彼此字数有出入时，选用传世诸本补入。这是为了阅读便利，不是恢复帛书原貌。补文以【】标出。所附《老子甲本乙本傅奕本对照表》，傅奕本即唐代傅奕校订的《道德经古本篇》（用明正统《道藏》本），表中的分章从傅奕本，篇次从帛书本。甲、乙本保持原样，衍字、错字、异体字、假借字和某些古字及重文符号等照排，残缺字用□表示。

此书先排《老子》甲本的释文，《德经》在前，《道经》在后。再排《老子》乙本，也是《德经》在前，《道经》在后。正文重点是说明帛书《老子》与传世本的文字差异以及帛书甲乙本的不同之处，通过比较这些不同之处，可以看出帛书《老子》的文本特点，并据以研究传世本《老子》以及其中的思想。

如甲本"【上德不德，是以有德。下德不失德，是以无】德。上德无【为而】无以为也"句，注释说："通行河上公注本、王弼注本此下有'下德为之而有以为'一句，帛书甲乙本皆无。《韩非子·解老》亦无。严遵《道德指归》本已有。"[1] 这一句的有无，非常重要，可以做不同的解释。如果有此一句，则是以"下德"与"上德"对比而言，如果没有这一句，则是"上德"与下面的"上仁""上义""上礼"对比而言。从全段看，无论"德""仁""义""礼"，都应该只说"上"，而不说"下"，所以应该没有"下德"这一句，否则下面的"上仁"就应该有"下仁"、"上义"就应该有"下义"、"上礼"

---

① 马王堆汉墓帛书整理小组编：《马王堆汉墓帛书老子》，文物出版社 1976 年版，第 13 页。

就应该有"下礼"以与对比。这是一种解释，也是根据此段文章的表达逻辑来推论的。但也可以说是以"上德"与"下德"对比，而下面的"上仁""上义""上礼"都与"下德"同列，而共同与"上德"对比，这也是说得通的。总之，这一段的原文及其理解，应该视为一个整体来思考，不能仅凭版本的差异来定夺。

对"浴（谷）得一以盈"句，注释："通行本下'有万物得一以生'一句，严遵本无，与帛书合。"① 这说明同属于汉代的帛书《老子》和严遵《老子指归》可能本来就没有这一句，后来才被人们加进去的。与此类似的还有"胃（谓）浴（谷）毋已盈将将恐渴（竭）"句的注释说："误重一'将'字。又通行本此下有'万物无以生将恐灭'一句，严遵本亦无。"② 这同样是帛书本与严遵本同，而与后来的通行本不同的例子。这两个例子所补都是"万物"如何如何的内容，合起来看，更应该肯定汉代的《老子》本没有这些句子，通行本多了这样的句子，是汉以后的人增补进去的。还有一例，"使我撵（挈）有知也"，注释说："撵，即挈之异体，各本皆作介。严遵《道德指归》释此句云：'负达抱通，提聪挈明'，注引经文作'挈然有知'，而经的正文已改作介。"③ 这又证明帛书本与严遵本相同，而与通行本不同。虽然现行的《指归》本的正文已作"介"，但那应当是后人对经文的改动，只是没有仔细改动相应的注文，才出现了《指归》注文与所释经文不同字的情况。但严遵本与帛书本相同，则是没有疑义的。

又如"亭之，□之"，注释说："乙本作'亭之毒之'，王弼本、傅奕本同，河上公本作'成之孰之'。此处残划不似毒或孰字，故缺而未补。"④

① 马王堆汉墓帛书整理小组编：《马王堆汉墓帛书老子》，文物出版社 1976 年版，第13 页。
② 马王堆汉墓帛书整理小组编：《马王堆汉墓帛书老子》，文物出版社 1976 年版，第13 页。
③ 马王堆汉墓帛书整理小组编：《马王堆汉墓帛书老子》，文物出版社 1976 年版，第14 页。
④ 马王堆汉墓帛书整理小组编：《马王堆汉墓帛书老子》，文物出版社 1976 年版，第14 页。

据此看来，汉以后的《老子》各本之间也存在着差异，这表明《老子》原文的写定还没有统一，也说明后世的河上公注本和王弼本可能出自不同的祖本，它们与帛书本并不属于一个版本系统。

还有一种情况，即帛书本保持了正确的用字，而后来的通行本则改成错字了，如"终日〈日〉号而不㤹"，注释说："㤹，当为憂之省，犹爵省为㸑。此读为嚘，严遵本作嚘。《玉篇·口部》：'嚘，《老子》曰："终日号而不嚘"，气逆也。'帛书憂字常写作夏，通行本《老子》此字多作嗄，《庄子·庚桑楚》引亦作嗄，司马彪注：'楚人谓啼极无声曰嗄。'"① "嚘"与"嗄"读音不同（此书注释中为二字标上了读音，前者为 yōu，后者为 shà），不能通假，故知"嗄"为"嚘"的错字，因为二字字形相近而产生这一错误。《玉篇》和司马彪的解释都应当是"嚘"字，而不是"嗄"字，所以其释义是相通的，但这一释义都是对"嚘"而发，不是对"嗄"而发，二者是不同的两个字，在《老子》此处，"嚘"为正字，"嗄"为错字，所以下句说"和之至也"，正与"嚘"字相应。这说明帛书的版本价值在有些地方高于后来的传世通行本。

还有类似的例子，说明应以帛书为准，对比之下可以看出后世通行本的错误。如"和曰常，知和〈常〉曰明"，注释说："此二句通行本作'知和曰常，知常曰明'。"② 因为此句上句是"和之至也"，所以此句的主语应该是"和"，所以才说"和曰常"，从"和"说到"常"，这证明此处不应说"知"的问题，后人看到后面说"知常曰明"，于是认为此句也应有一个"知"字，于是变成了"知和曰常，知常曰明"。这样就在本来所说的"知常曰明"的问题上多出来一个"知和曰常"的问题，既与"和曰常"的说法不一致，又显得多余。因此可知后来通行本加上的"知"是多余的。

还有一例，"使民重死而远送〈徙〉"，注释说："乙本同，通行

① 马王堆汉墓帛书整理小组编：《马王堆汉墓帛书老子》，文物出版社 1976 年版，第 15 页。
② 马王堆汉墓帛书整理小组编：《马王堆汉墓帛书老子》，文物出版社 1976 年版，第 15 页。

本'远'上有'不'字，按：帛书'远'与'重'对言，作动词用。'远徙'，犹言避免迁徙，不必加'不'字。"① 这也是帛书本保持了正确用字，而后世通行本改成错字的例子。

当然，帛书本《老子》也有写错字的情况，如"不贵难得之臒（货）"，注释说："臒，各本作货。《说文》贝部'賹，资也，或曰此古货字。此从肉，误。"② 可知这是帛书写错了字，因为"臒"与"賹"字形相近，故有此误。又如"禍（祸）莫于〈大〉于无适（敌），无适（敌）斤（近）亡吾吾葆（宝）矣"，注释说："此二句原写多误，上句'莫'下脱'大'字，衍一'于'字，下句衍一'吾'字，可据乙本校正。"③ 说明甲本有误，而乙本不误。

诸如此类的情况还有很多，足以见得根据帛书《老子》可以发现通行本的不少错误，这样可以帮助人们正确地理解《老子》的思想含义，避免被后世通行本误导。

二、马王堆帛书《老子》的研究

1. 高明《帛书老子校注》

高明（1926—2018），字诚之，天津人。1956 年毕业于北京大学历史系，并留校任教。著有《古文字类编》《中国古文字学通论》《帛书老子校注》等。

《帛书老子校注》1996 年出版。书前有张岱年的序，说明了帛书《老子》出现之前，《老子》书主要是王弼注本和河上公注本，此外则是唐初傅奕得到的汉初古本，但他们校定的《古本篇》是根据几个旧本参校，未能保留汉初古本的原貌。清代毕沅以来有不少学

---

① 马王堆汉墓帛书整理小组编：《马王堆汉墓帛书老子》，文物出版社 1976 年版，第 16 页。
② 马王堆汉墓帛书整理小组编：《马王堆汉墓帛书老子》，文物出版社 1976 年版，第 16 页。
③ 马王堆汉墓帛书整理小组编：《马王堆汉墓帛书老子》，文物出版社 1976 年版，第 17 页。

者校订《老子》，所据旧本，以唐碑唐卷为最古，尚未见到唐以前的写本。而马王堆汉墓发现的帛书《老子》甲乙本，是汉文帝以前的旧本，应是今存最早的古本了（张氏作此序时尚未出土郭店楚简《老子》），因此可知帛书《老子》的发现是多么重要。其重要性主要表现在据帛书《老子》"解决了许多章节中历来争论的问题"①。如通行本第三十八章"上德无为而无以为"句下有"下德为之而有以为"句，或作"下德为之而无以为"，与下文"上仁为之而无以为"或"上义为之而有以为"语意重叠。帛书甲乙本俱无"下德"句，证明"下德"句是衍文。又如第六十一章"故大国以下小国则取小国，小国以下大国则取大国"，"取小国"句与"取大国"句的句型无别。帛书甲本作"大邦〔以〕下小〔邦〕，则取小邦，小邦以下大邦，则取于大邦"。乙本作"故大国以下〔小〕国则取小国；小国以下大国，则取于大国"。"取小邦"与"取于大邦"，显然有别，证明通行本夺一"于"字。类此者尚多，表明帛书《老子》确胜于通行本。

张氏又对此书给予高度评价。他认为高明作为考古学专家，对古文字学有很深的研究，曾发表《帛书老子甲乙本与今本老子勘校札记》，提出许多精辟见解，则在此基础上所撰的《帛书老子校注》，对帛书《老子》作了更进一步的考释，对许多疑难问题提出了自己独到之见，是帛书《老子》研究的最新成就。

高明在自己所写的序中指出，《老子》传本虽多，多属魏晋以后，汉代的传本几乎绝迹。《汉书·艺文志》所载的《老子》注说都已亡佚，仅存的严遵《老子指归》也是残阙将半，虽并不是伪书，但其中经文多被后人窜改，原来面目已失，这也是古籍的流传过程中难以避免的现象。河上公本，最初见于《隋书·经籍志》的著录，但葛玄的序说河上公坐能升天，行动如神，故唐代刘知幾对此书提出怀疑，近人卢文弨、马叙伦都以刘说为准。今据帛书《老子》甲、乙本勘校，可知河上公注本中讹误尤多，不仅非汉人所为，而且晚

① 张岱年序，见《帛书老子校注》，中华书局1996年版，第1页。

于王弼。至于魏王弼的《老子道德经注》，最初也是由《隋书·经籍志》著录，唐代陆德明《经典释文》中有王弼注本的《音义》。但据宋代学者的记载，可知王弼所注《老子》，在宋时已不易得。今传王弼本，底本是明万历张子象刻本，参校《永乐大典》与《经典释文》而刊定。而其来源，即是宋代晁说之作跋，熊克镂以传之的翻刻本。还有唐傅奕校定的《古本老子》，所谓"古本"，是因此本为北齐年间彭城人开项羽妾冢所得。宋范应元著《老子道德经古本集注》、楼观台《道德经》碑，都以此本为准。今据帛书《老子》勘校，此书虽保存一些《老子》旧文，但已被后人改动甚多，讹误尤甚。另据宋代谢守灏《老君实录》，可知傅奕对《老子》的文字多有改动，书中的讹误，多半因傅奕改动所致，但经文多与王弼本相近。

高氏认为："《老子》传本数量虽多，但溯本求源，主要是由以上所述四种辗转流传，又以王弼、河上公二本为盛。"① 自唐玄宗开元御注本出，始创异本勘合之风，玄宗御注本即依违王弼、河上公之间。此后各家注释《老子》，无不选择"善本"，"善本"来源无非效法玄宗，即异本勘合，择善而取，美其名曰"校定"。傅奕校定的《古本老子》即是一例。唐宋以后，各种版本辗转传抄，彼此承讹袭谬，互相窜改，结果是经文内容皆大同小异，区别仅限于衍文脱句或虚词用字。阅读今本《老子》，虽明知其误，却无法核证。故仅依今本勘校，绝对找不出任何问题。这种情况在马王堆汉墓出土帛书《老子》甲、乙本后才有了根本性的改观。甲、乙两本不仅抄写时代不同，而且各有特点，在句型、虚词及所用古今字、假借字等均有差别。句型上的差异，如甲本"此之谓玄德"，乙本作"是谓玄德"；甲本"故曰为道者非以明民也"，乙本作"古之为道者非以明民也"。在虚词方面，甲本"为者败之，执者失之"，乙本作"为之者败之，执之者失之"。甲本多用古字，乙本用汉代的今文。此类差别不下二百多处，贯串全书的始末，足以说明二者的来源不同，代表汉初两种不同古本。

---

① 高明：《帛书老子校注·序》，中华书局 1996 年版，第 3 页。

　　高氏校注帛书《老子》，用王弼本为主校本。朱谦之曾比较王弼本和河上公本，认为王弼本劣于河上公本者有六点。但高氏同帛书《老子》甲、乙本校，发现并非如此，"朱氏认为王弼本之劣者，正是它的优点"①。如第五十一章，王弼本作"亭之毒之"，河上公本作"成之熟之"，朱氏认为"河上本于义为优"，但帛书《老子》甲、乙本均作"亭之毒之"，与王弼本相同，河上公本作"成之熟之"，当是后人所改。第九章王弼本作"功遂身退天之道"，河上公本作"功成名遂身退天之道"，朱氏认为王弼本有脱误，但帛书甲、乙本均与王弼本同，河上公本的"成名"二字当是后人增入的。第十三章王弼本作"何谓宠辱若惊，宠为下"，朱氏认为王弼本讹误，河上公本作"何谓宠辱，宠为上，辱为下"（今河上公本无"宠为上"三字，朱氏据景福碑），但帛书甲、乙本作"何谓宠辱若惊，宠为下"，与王弼本同。第五十五章王弼本经文作"蜂虿虺蛇不螫"，注文作"故毒虫螫之物，无犯于人也"，河上公本经文作"毒虫不螫"，注文作"蜂虿蛇虺不螫"，王弼本经文与河上公本注文相同。朱氏将此差异视为王弼本后于河上公本的铁证。但帛书《老子》经文即作"蜂虿虺蛇不螫"，与王弼本一致，河上公本则把王弼释"蜂虿虺蛇不螫"的注文"毒虫"二字窜入经文内，误作"毒虫不螫"，又将经文"蜂虿虺蛇不螫"误入注文中。这都证明事实与朱说相反，也成为河上公本后于王弼本的铁证。但王弼本也非尽善，与帛书勘校，也有不及河上公本的地方。如第十五章河上公本"俨兮其若客"，与帛书本同，而王弼本"客"误作"容"。第二章河上公本"长短相形"，与帛书本同，王弼本"形"误作"较"。此类皆因抄写致误，但与河上公本的讹误相比，犹如小巫见大巫。所以王氏除以王弼本作主校本外，另用敦煌写本、道观碑本及历代刊本共三十多种作参校。这说明高氏选择底本是经过认真考察与思考的。

　　对于帛书本，王氏认为"在当时只不过是一般的学习读本，皆非善本"，书中不仅有衍文脱字、误字误句，而且使用假借字也极不

---

① 　高明：《帛书老子校注·序》，中华书局1996年版，第4页。

慎重。出土时又因自然损坏，经文均有残缺。但帛书本的可贵之处在于"抄写的时间早。近古必存真，因而较多地保存了《老子》原本的面貌。尤其是同墓出土了两个来源不同的古本，不仅可以相互印证，而且同时用两个古本一起勘校今本，对订正今本讹误，更有价值"。①

高氏通过勘校，得知世传《老子》诸本的经文皆有讹误，后人改动之处甚多，往往因一字之讹而使经义全非。如今本"无为而无不为"句，世传各本中出现次数不同而皆有之，已成《老子》的名言。但在帛书甲、乙本中，均无此痕迹。帛书《老子》只有"无为而无以为"，而无"无为而无不为"。"无为而无不为"本不出于《老子》，它是汉初黄老学派的产物。由此可知，今本中类似这种统一性的共存讹误，如非汉代帛书甲、乙本，则根本无法发现。许抗生在校勘帛书"上德无为而无以为"时认为当作"上德无为而无不为"，其理由之一就是若作"无以为"，则与《老子》所说的"无为而无不为"不相符。若以此处高氏所说，则许氏所据不能成立。

高氏认为《老子》书是战国初年的作品，先秦时代的《庄》《列》《韩非》《吕览》等书皆有征引。因为《汉书·艺文志》所载的《邻氏老子经传》等都早已亡佚，帛书《老子》甲乙本又都是汉初遗物，可以称为目前所见《老子》最早的古本。对它进行勘校，就是要依据帛书甲乙本勘正今本的讹误，澄清其中的是非，以恢复《老子》经文的真貌。

高氏此书对《老子》正文，先排甲本，再排乙本，再排王弼本，各句三本并排列出，便于比较。又在各章前排上王弼本章的序号，便于人们引用时确定其位置。对甲、乙本正文，若有缺字，则用【】号标出，使人一看即知甲、乙本存何字，缺何字，就不必再在注释中加以说明了。这种处理方式也非常便于读者阅读。为便于比较，仍就"上德无为而无以为"几句为对象，分析高氏对帛书《老子》的校注情况。

---

① 高明：《帛书老子校注·序》，中华书局1996年版，第5页。

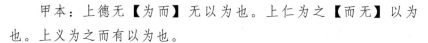

甲本：上德无【为而】无以为也。上仁为之【而无】以为
也。上义为之而有以为也。

乙本：上德无为而无以为也。上仁为之而无以为也。上德
（义）为之而有以为也。

王弼本：上德无为而无以为。下德为之而有以为。上仁为
之而无以为，上义为之而有以为。①

高氏称世传今本"上德""下德""上仁""上义"四句多与王本同，
唯严遵本作"上德无为而无不为，下德为之而有以为"，傅奕本、范
应元本、楼观台古本作"上德无为而无不为，下德为之而无以为"，
与之稍别。又认为乙本误将"上义"之"义"写成"德"，是抄写不
慎所致，可据甲本更正。与今本勘校，主要不同有两处：一是帛书
本无"下德"句，世传本皆有。他认为从经文分析，此章主要讲老
子以道观察德、仁、义、礼四者之不同层次，而以德为上，其次为
仁、义、礼，德、仁、义、礼不仅递相差次，每况愈下，而且相继
而生，如下文所说："失德而后仁，失仁而后义，失义而后礼。"德、
仁、义、礼四者的差距如何？老子用"无为"作为衡量四者的标准，
以"无为而无以为"最上，"为之而无以为"其次，"为之而有以为"
再次，"为之而莫之应"最次。据帛书本分析，德、仁、义、礼四者
的差别非常整齐，逻辑意义也很清楚。今本衍"下德"一句，不仅
词义重叠，造成内容混乱，而且各本衍文不一，众议纷纭。如王弼
诸本衍作"下德为之而有以为"，则同"上义为之而有以为"相重，
傅奕诸本衍作"下德为之而无以为"，则同"上仁为之而无以为"相
重。可见，"下德"一句在此纯属多余，绝非《老子》原文所有，当
为后人妄增。验之《韩非子·解老》，亦只言"上德""上仁""上
义""上礼"，而无"下德"，与帛书本相同，足证《老子》原本即应
如此，今本多有衍误。二是帛书本"上德无为而无以为"一句，王
弼本与其他传本多与帛书相同，只有严遵本、傅奕本、范应元本、

---

① 高明：《帛书老子校注》，中华书局 1996 年版，第 1 页。

楼观台古本与《韩非子·解老》作"上德无为而无不为"。"无以为"与"无不为"意义迥别（许抗生没有指出这里意义迥别的问题），分歧绝非偶然，二者必有一误。对此首先必须澄清《解老》引文有无讹误，如果解决了这一点，严、傅等传本经文的真伪就可解决。老子主张"无为"，尤以"虚者之无为"可成为道家最高标准"上德"。怎样才能达到这一境界？《韩非子·解老》有透彻的说明："所以贵无为无思为虚者，谓其意无所制也。夫无术者，故以无为无思为虚也。夫故以无为无思为虚者，其意常不忘虚，是制于为虚也。虚者，谓其意无所制也，今制于为虚，是不虚也。虚者之无为也，不以无为为有常。不以无为为有常则虚，虚则德盛，德盛之谓上德。"但在句末引《老子》语时，则谓"故曰上德无为而无不为也"。韩非所谓的"虚"，指无为无思，即在思想上不去为无为专下功夫而思虑。因此他说无术之人故意以无为无思为手段，常常为它绞脑筋，苦思虑，那是"其意常不忘虚，是制于为虚也"。"制于为虚"，实际是不虚。韩非的论述对《老子》的"无为"解释得很清楚。所谓"上德"，就是"虚者之无为"，同时说明"无为无思为虚者"。"无为无思"，指思想不受其制，即无所为的无为，思想不为无为而思虑的自然无为，也即老子所谓"无为而无以为"，如此才能真正达到虚境，则谓"上德"。从韩非这段论述中，毫无"无为而无不为"的意思，正是对"无为而无以为"之诠释。仔细阅读《解老》中这段文字，自然会觉察到它所论述的内容与引文"无为而无不为"互相抵牾，足证引文原非如此，当依帛书作"无为而无以为"，彼此才能吻合一致。这里的错误显然是后人传抄造成的。《解老》引文既然有误，而严、傅等本的此处文字，也一定是后人窜改的，不是《老子》原本之义。①

高氏这段辩证，说明《韩非子》引《老子》时已有错误，这错误是后人传抄时造成的，不是《韩非子》本身就错的，因此此处与帛书不同，就不能据《韩非子》来改帛书。前述许抗生就是据《韩非子》改帛书的，因为他的理由是相信《老子》中有"无为而无不

---

① 高明：《帛书老子校注》，中华书局1996年版，第2—4页。

为"之说，而高氏则不相信《老子》中有此说法，故高氏据《解老》所说来找理由。但《韩非子》的解释是不是合乎《老子》的本意也是问题，因为《解老》说"无为无思为虚"，而《老子》此处并没有说无思与虚的问题，显然这是《韩非子》对《老子》原文的引申发挥，所以不能直接根据《韩非子》的说法来确定《老子》的本来意思。

但高氏认为这一章是拿德、仁、义、礼四者来比较的，所以不应有"下德"一句，这个判断是正确的（但其上不论何本都有"下德不失德，是以无德"句，为什么到这里就没有"下德"了呢？这个问题还需要单独考察，这里暂不讨论）。德、仁、义、礼四者相比，第一个不同是德"无为"，而后三者"为之"，第二个不同是上德、上仁"无以为"，上义是"有以为"。但这里有两个"无以为"，一个"有以为"，则两个"无以为"如何区别？首先必须承认两个"无以为"是有所区别的，上德的"无以为"是"无为"的，上仁的"无以为"是"为之"的。为什么又都说是"无以为"呢？这个问题还是要从"无以为"与"有以为"的相比较来思考，即笔者在下文许抗生部分所说的，二者之区别在有无所据以为。有所据以为，就是有条件而为，据和条件是对"为"的限制，无所据而为，就是无条件而"为"，就是没有什么据或条件对"为"加以限制。上德是"无为"而且又无所据或条件来限制它，这就是"无为而无以为"。上仁比上德差了一等，是有"为"而无所据或条件来限制它的，这就是"为之而无以为"。上义比上仁又差了一等，是有"为"而有所据或条件来限制它的，这就是"为之而有以为"。到上礼就换了说法，不再用"有以为"或"无以为"的说法，而说"莫之应"，则前面几种都是"有之应"，所以这里"莫之应"与前面省略掉的"有之应"是相对而言。同样，上礼这里省略了"有以为"，它还是与前面的上仁、上义等相对而言的。根据上仁、上义的情况，上礼应该是"为之而有以为"的，这样这一章里就应该本来是有两个"无以为"，两个"有以为"，只是最后一个"有以为"由于换了说法而省略掉了。但这里与所谓"无为而无不为"不是一回事，也与"无为无思为虚"不是一回事，这都不是可以依据来改动此章文字的理由，理由只能在本章的前后文中找。如果是阐释思想，可以借助其他文献中的说法作为参考，但要是勘对文字，则只能据其他版本或其他文献中的引文作为参考，不能根据其他文献中的思想阐释作为参考和依据。

高氏此书对《老子》原文的勘校非常用心，对存有异文的地方，都是多方收集资料，然后根据资料进行深入分析，不是简单地根据某一资料就做判断而决定帛书《老子》正文的是非，这是认真研究的态度，故此书的校注在研究性上具有很高的价值，以后虽然也有不少对帛书及郭店竹简《老子》的勘校性成果，但都没有高氏此书深入和扎实。

2. 尹振环《帛书老子释析——论帛书老子将会取代今本老子》

尹振环（1934—　　），河北沧州人。贵州省委党校教授。著有《帛书老子释析——论帛书老子将会取代今本老子》《楚简老子辨析——楚简与帛书〈老子〉的比较研究》《帛书老子再疏义》等。

此书出版于1995年。从此书副标题来看，可知作者对帛书《老子》的评价极高。此书以帛书《老子》为研究基础，依据其他先秦文献和相关考古发现，对照帛书《老子》与今本《老子》的异同，论证今本《老子》篇名失真、篇次错乱、编写失序、章次混乱、文字多谬等情况，以求证实帛书《老子》胜于今本《老子》。

尹氏认为高亨在1974年见到帛书《老子》的照片与释文时，仅与今本《老子》略加对照，未能详校，即已断言《老子》帛书本多胜于今本。而随着帛书《老子》研究的不断深入，则显得高亨此论非常正确。尹氏还对高亨的观点加以补充，即帛书《老子》存在胜于和真于今本《老子》的种种条件，它会取今本《老子》而代之。为此他从几个方面做了专门的论证。如篇名的问题，他认为今本《老子》的篇名名不副实，而帛书《老子》无篇名，这才是古之原型。他的根据是《史记·老子列传》所说的"老子修道德"，"著书上下篇，言道德之意五千余言"。可知用"道德"二字命名《老子》

这部书是名实相符的，而用"道""德"或"道经""德经"来命名《老子》上下篇，则名实不符。因为《老子》并非通篇论道或通篇论德，这一点古人早就指出来了，认为《老子》是"道德混说，无上下篇"，或为"道德连体，不可偏举"，又说"道中有德，德中有道"。

尹氏又认为今本《老子》有四分之一的章是分章不妥当的，而帛书《老子》则提供了审定分章的充分证据。帛书甲本《老子》段落之间会有墨点或空格作为分隔符号，他认为这些段落就是分章，并提出早先可能对这种段落的分隔并没有固定的分法，因此在流传过程中出现了八十一、七十二、五十五、五十九、六十八等不同分法，并习惯上把分段称为章，到唐玄宗时才由官方统一定为八十一章的分法。对照帛书，则《老子》应有百章以上，应该根据帛书本的分章符号与今本比较其增减的字句，纠正今本分章的错误，为此他还提出若干个分章的依据。由此他又认为今本《老子》的章次也有错乱，当据帛书《老子》加以调整。

在字句问题上，更需要仔细分辨，因为这直接涉及对《老子》思想的理解。尹氏认为今本《老子》中多有后人篡改和发生谬误的文字，而帛书《老子》的文字则是古而可靠的。根据他的考察，今本《老子》篡改失真的字句超过一百句。帛书《老子》有不少文句胜过今本《老子》，但尹氏也认为帛书不是全部都正确，有些地方要汲取今本之长。

此书的释文部分的排列也有可取之处，如各段（或称各章）前都标出分段符号●，这是不少帛书校勘之作中所缺少的，保留这些符号，可以看出帛书《老子》的原貌。

此书释文部分的注释也有一定价值。如对于帛书《老子》把"上德不德，是以有德"作为首章，他也认为别有深意。首章对于全书是至关重要的，今本《老子》首章自然是第一章，而帛书《老子》的首章则是此章，即今本《老子》之三十八章。尹氏指出："韩非的《解老》《喻老》所据本以及严遵本，甚至还有王弼古本也是此章为首。它是老子的社会政治历史观。而老子的整个说教就是从政治历史出发的，独具匠心。《老子》上、下篇颠倒后，首章成了中间章，而'道可道，非常道……'成了首章，于是《老子》是从艰深的认识论开始的。这岂不有违老子原意？"① 他的这种看法，也有一定道理，不可忽视。重视研究哲学的人都重视"道可道"章，把道作为《老子》思想的重心、中心，而据尹氏的看法，道并不是《老子》的中心问题，如何治理国家以及如何做一个圣人式的侯王才是根本性的中心问题。笔者曾撰文分析《老子》的中心意旨就是为侯王说法（在本书关于郭店《老子》的思想分析中，笔者专门论证了这一问题，可以参考。其实不管是《老子》哪个版本，其中心思想都是不变的），道只是这一中心问题的一个根据，即圣人式侯王的理想治国是以道为最高准则的，但最高准则不是问题的全部，最终还是要回到实际的社会政治上来，这才是先秦思想家共同的致思重点。因此，尹氏此处提出的看法，是符合《老子》书的整体内容的，而不是只看到与道有关的哲学问题，因为《老子》并不是一部单纯探讨道等哲学问题的著作。

3. 许抗生《帛书老子注译与研究》

许抗生（1937—　），江苏武进人。北京大学哲学系教授。著有《帛书老子注译与研究》《老子与道家》《先秦名家研究》《魏晋南北朝哲学思想研究概论》等。

此书1982年出版，分为二篇，一为帛书《老子》注译，一为老子研究。老子研究部分，讨论了帛书《老子》、《老子》产生的年代、老子哲学思想的特点、老子策略思想的特点、老子在中国哲学史上的地位与影响等。

书前有张岱年的序，简要说明了《老子》在历史上的传本的情况，由此体现帛书《老子》的重要性。序写于1980年，故张氏序中说这是今日所能见到的《老子》的最古抄本。关于《老子》的考据

① 尹振环：《帛书老子释析——论帛书老子将会取代今本老子》，贵州人民出版社1995年版，第38页。

性研究，张氏提到清代以来毕沅、罗振玉、马叙伦、劳健、朱谦之等人据傅奕等古代传本所做的校勘考证，但这些校勘考订者都没有见到帛书《老子》，故许氏据帛书《老子》进行校勘写定，又有更新的意义。不过张氏也提到帛书《老子》也有很多明显的错字，而且由于埋在墓中两千年，出土后所见，又有不少烂脱之处，这又须用傅奕本、王弼本等加以订补。而许氏的校订，就是这样做的，故可以说在当时是比较完善的。张氏认为此书比较简明，校勘得其精要，注释也能力求准确，故对研究《老子》思想颇有参考价值，可称为《老子》校注工作的新成果。

在注释之前，许氏写有一篇《说明》，认为帛书《老子》与传世本有所不同，有的地方有比较大的差异，这些差异对于正确把握和研究老子的思想，提供了有益的根据，故以帛书《老子》为底本，参考前人的研究成果，作了注释和今译。原件是据河上公注本分章的，每章另起行，次序根据帛书。他的注释原则是：除了一般文字的注释之外，主要注意老子的思想体系，注意从哲学体系上来把握。注释力求思想准确，避免主观臆断。这是非常可贵的学术精神，值得阐释老子思想的人们重视。

对于帛书《老子》的原文，他认为错简脱误颇多，故将甲乙本互相对照，以帛书甲、乙本释文为基础，并依据傅奕本和其他版本，进行校补。校勘的原则是：帛书甲、乙本文字相同者，尽量保存帛书原文，帛书原文与整个老子思想相抵触者，则采用它本；甲、乙本有出入者，则采用它本校补。校勘参考的主要版本有傅奕本、河上公本、通行的王弼本、唐景龙碑本以及《道德指归》《韩非子》《淮南子》等书，也注意吸取近人马叙伦、高亨、劳健、朱谦之的校勘成果。在注释上，主要参考《韩非子》的《解老》和《喻老》，以及《淮南子》的《原道训》、河上公注、王弼注、《想尔注》、陈景元注、彭耜注、王安石注、吴澄注、王念孙的《读书杂志》、李翘的《老子古注》、刘师培的《老子斠补》、易顺鼎的《读书札记》、奚侗的《老子集解》、俞樾的《老子平议》、帛书释文等，还参考了马叙伦、高亨、朱谦之、任继愈的研究成果。可以说是采集众长。

许氏在帛书各章之后标明对应河上公本的章数，但在原文的排列格式上，没有像文物出版社出版的《马王堆汉墓帛书老子》那样，把帛书原有的文字与据他本补入的文字区分开来，而是在注释中加以说明，这样不利于读者看出哪是帛书原有的文字，哪是据他本补入的文字。

许氏在注译时，有的地方把帛书的原文改动了。如"上德不德"章中的一句，甲本作"上德无□□无以为也"，乙本作"上德无为而无以为也"，《韩非子·解老》作"上德无为而无不为也"，傅奕本同《解老》，许氏据《解老》改。他的理由是："'无为而无不为'亦符合老子思想，因为上德者是得道的人，道是无为而无不为的，所以上德的人，亦应是无为而无不为的。"① 从时间上说，《解老》早于帛书本，但现在所能看到的《解老》是后世通行本，不能保证与最初的《解老》完全一致，所以要据《解老》改帛书本，还是要慎重为好。且帛书甲、乙本此句都作"无以为"，不作"无不为"，所以也不能说因为《老子》有"无为而无不为"的思想就把此处改为"无不为"。应该保留帛书本的特点，这里的"无以为"不必改，可以在注释中说明《解老》此处作"无不为"，以供参考。

还有一点也须注意，即此章下面都是说"无以为"或"有以为"，可知此章是以"有以为"与"无以为"作为一组相对的说法来使用的，而为什么这里要用"无以为""有以为"的说法，它们与"无为而无不为"的说法又有什么关系，则要根据《老子》书的整体内容再做分析。笔者认为"无为而无不为"是说"无为"与"无不为"的相互对比的关系，即"无为"可达到"无不为"的效果，而此章所说的"有以为"与"无以为"，又是另一种对比关系。这里的"有以为"，即有所为，"无以为"即无所为，这就可以看出它们是与"无为"和"无不为"的意思是有所不同的。许氏的译文把这二句译成"上德的人无所为，而能无所不为"，是把"无为"译成"无所为"，把"无不为"译成"无所不为"，这样就看不出"无为""无不

---

① 许抗生：《帛书老子注译与研究》，浙江人民出版社1982年版，第6页。

为"和"有以为""无以为"的差别了。或会有疑问："无为"就是"无所为"，为什么又说"无以为"（"无所为"），这不是重复吗？这一疑问是在把"无为"译成"无所为"后才出现的，而原文"无为"与"无以为"在古汉语里是明显不同的说法，虽然译成今天的说法后二者的意思差不多，但在古汉语里其意思是明显不同的，所以不能简单地视为二者完全一样。

如果说根据老子的思想来判断，那也是不能简单地一概而论的。《老子》中多有类似而实有不同的相关说法，但都是在特定语境中对语言的灵活运用，不能只根据一处的说法来断定其他各处都是同样的意思。古人的说法有所不同，必定是要表达有所不同的意思，所以今人在理解古人的说法时，一定要注意其间的细微差别，不能简单地一概而论，混为一谈。

许氏没有把"有以为"与"无以为"对照起来加以理解，所以把"无以为"解释为"没有什么目的而为"。若按这种理解，则"有以为"就是"有什么目的而为"。但只就"有以为"与"无以为"的字面看，其中似没有与"目的"有关的含义，而是某种标准或原则，这样理解的话，才好解释句中的"以"字。因为古汉语中的"以"用现代汉语来说，就是"用"，"无以为"和"有以为"，就是说"用"什么或"以"什么来"为"，再具体一点，就是"根据"什么来"为"。这样就能把仁、义、礼与"为"联系起来了，就能更为确切地理解"有以为"和"无以为"的意思了。

回过头来再看"上德"的"无以为"，就与"上仁""上义"的"无以为""有以为"成了明显的对比。"有以为"是用（以）某种根据（原则）而"为"，"无以为"是不用（以）某种根据（原则）而"为"。"上仁"与"上义"都是"为之"，"上德"是"无为"，所以"上德"是不以（用）某种根据（原则）而"为"，这就是无条件的"无为"，而"上仁""上义"是"为之"的，即不是"无为"的。所以它们的"无以为"或"有以为"就是或以（用）某种根据（原则）而"为之"，或不以（用）某种根据（原则）而"为之"。不管怎样，都是与"上德无为"完全不同的"为之"，只是在"有以为"和"无以为"上有所不同。前面说"有以为"和"无以为"即有所为和无所为，而"所"与"以"古可通，因此有所为和无所为又可说是有所根据而为之和无所根据而为之，前后所说并不矛盾。这样分析起来，可知帛书与通行本在文字上的差异，实有重要的意义，应该认真深入探讨这些差异背后的含义。此书对帛书《老子》原文校注译，都以简明为原则，所以并没有如此细致深入地分析其中的差别与含义，这是可以理解的。许氏给自己提出的要求是力求思想准确，也就是说通过对帛书《老子》原文校注译而准确地把握其中的思想，这是值得肯定的，为此就需要仔细分辨不同文本的准确含义，以求对其中的思想达到准确理解的要求。简明而不烦琐，并以准确为根本准则。

以上仅以一例说明对帛书《老子》原文的校定和注释翻译实有许多问题值得深入探讨，不可以随意放过。

许氏在此书中，对于老子研究，只就几个问题作一些研讨。其中所说老子策略思想的特点，主要是针对朱熹对老子思想的批评而展开的。老子是以柔弱胜刚强为总的策略思想，具体则一是主张不敢为天下先，在政治和军事斗争中采取防御方针，二是主张将欲必固的思路，是与强敌作斗争时要采取迂回曲折的方针，三是主张以曲求全，以屈求伸。总之，不能把这类说法简单地批评为阴谋权术。因为这种批评在历史上普遍存在，所以许氏专门论述老子的策略思想，这是值得重视的看法。

此书又分析了老子在中国哲学史上的地位和影响，包括如下内容：老子在先秦哲学中的地位和影响、老子在两汉哲学中的地位和影响、老子在魏晋玄学中的地位和影响、老子在我国道教与佛教思想中的地位与影响、老子在宋元明清哲学思想中的地位与影响。这实际上就是老学史研究中的重要问题。《老子》书传世后，历代都有人研究阐释并加以应用和发挥，于是形成了《老子》思想阐释史，简称之就是老学史。而在不同的时代，人们对《老子》思想的阐释与理解，会影响他们的种种思想观念，由此而形成对《老子》及其思想的评价与重视程度的不同。这也是《老子》对后世人们的影响，但也决定了它在不同历史时期的地位。把这些不同历史时期的《老子》的影响与地位贯串起来，就是一部老学史，所以研究《老子》及其思想，不仅要研究《老子》本身的思想，更要研究后世人们在《老子》思想的基础上发展起来的更多的有关思想，由此形成老学史的研究，因此这是老子研究中极为重要的一个问题。许氏此书重视这一点，是非常值得肯定的，也是具有重要价值的。

4. 黄钊《帛书老子校注析》

《帛书老子校注析》台湾学生书局 1991 年出版。书前有王沐的序和萧萐父的"题辞"。萧萐父认为《老子》在流传过程中传本滋多，各家诠释歧解之繁，文字异同出入之众，在我国古籍中可称首屈一指。帛书本《老子》与傅奕曾见彭城项羽妾冢本时间相去不远，正可用来比勘傅奕校定本及其他诸本，以求得尽可能接近古本的原貌。萧萐父肯定了帛书《老子》出土后的研究成就，认为比较重要者有四个问题：

第一个问题，《老子》书中究竟有没有"无不为"的思想。在这个问题上，论者多以今本第三十七章"道常无为而无不为"及第三十八章"上德无为而无不为"为据，论断"无为而无不为"是老子帝王权谋思想的一个中心，但用帛书《老子》校勘，则甲乙本均无"道常无为而无不为"一句，而同作"道恒无名"，又第三十八章甲乙本都作"上德无为而无以为"，亦均无"下德为之而无以为"一句。"上德"句中的"无以为"三字，俞樾曾据韩非《解老》所引，校改为"无不为"，朱谦之则据各碑本认为应作"无以为"，如据帛书，则朱说是，俞说非。或足以说明老子并无"无不为"的权谋法术思想，韩非《解老》乃韩非对老学的一种诠释而已。此事虽尚可争论，但已表明帛书《老子》对老子思想的总体把握也会产生特定的影响。萧氏此说并没有断然肯定帛书本为是，只是将各方见解与相关资料列出，至于如何论定，还要继续研究。但萧氏说《解老》只是韩非对《老子》思想的一种解释，言外之意当指《解老》也不是《老子》原书，并不能直接据以论定此事。

第二个问题，通行本皆作"涤除玄览"，而帛书甲乙本均作"修除玄监"（甲本"监"误写作"蓝"）。"监"即古"鉴"字，据《淮南子·修务训》："执玄鉴于心，照物明白"，《太玄·童》："修其玄鉴"，可知今本"玄览"应据帛书校正。以"玄鉴"喻心之深邃明澈，乃道家通说，或皆源于《老子》此语。

第三个问题，今本第二章集中表达了《老子》的辩证矛盾观，畅论"故有无相生，难易相成，长短相形，高下相倾，音声相和，前后相随"，但语意未尽。今帛书每句均多一"之"字，前五句末均多"也"字，末句"前后之相随"后，还有"恒也"二字作结，表明矛盾着的对立面互相依存转化是永恒的规律，可知当据帛书校补"恒也"二字，乃哲学概括的重要结论，实不可夺。

第四个问题，今本因分章造成的段落错简，依帛书订正调整之后，文义自畅；今本文字因传写而出现的衍错讹倒等，不少处可据帛书校正；而历代校勘注释中异说纷纭，有些争论也可以因帛书出土而判明是非，得出定论。

萧氏论"玄览"当作"玄鑑"（"鑑"通"鉴"），这是正确的，也是重要的问题。这在帛书刚整理出来时，高亨就已撰文特加说明，当时还没有引起人们的注意，不少哲学史著作在论到老子的认识论时，还用"涤除玄览"的说法来论证之，或不少人认为"玄鑑"与"玄览"没有太大差别，所以不予区分。而萧氏在这里特别强调这是道家的通说，这一点非常重要，因为高亨当时也没有指出这一点。至于第二章多出"恒也"二字，也非常重要，说明《老子》非常强调这种相对而相辅的事物现象，认为这是一种恒常的现象，不可忽视。

总之，萧萐父认为帛书《老子》在考订文献、深研老学方面有非常可贵的价值，但也应看到帛书《老子》作为陪葬物，抄写者学术水平不高，书写中有不少错字夺字，而甲乙两本也互有出入，且墓藏两千多年，多处破损漫漶，因而帛书《老子》也只能作为古抄本之一，本身还有待校勘订正，只有通过认真校理，使之成为校读《老子》的可靠津梁，才能充分发挥它在文献学和史源学上的重要作用。

《帛书老子校注析》收有黄钊 1985 年所写《论帛书〈老子〉的资料价值》一文。黄氏在文中指出，对帛书《老子》应当从两方面分析评价，一方面充分肯定它的资料价值，另一方面也要指出它的不足之处，以便科学地利用这一历史文献。他认为帛书《老子》的珍贵之处有三点：一是有助于恢复原本《老子》的完全体系。这包括根据帛书《老子》可以纠正今本由于分章而造成的字句分割和段落错乱。二是有助于订正今本《老子》字句的讹误。这包括帛书有的字句如果今本没有，经过分析，有些可以作为订正今本的依据；今本有的字句帛书如果没有，经过分析，有些可以作为删去今本某些字句的依据。三是有助于全面评价《老子》的思想。因为帛书《老子》与今本《老子》相比虽然思想一致，但在某些问题上也有差异，认真研究这些殊意之处，有助于全面把握《老子》的思想。在这三个方面，此书都列举了一些实例，可让人深切感受到帛书《老子》的资料价值。关于帛书《老子》的不足之处，他认为有人说要用帛书本校勘今本，判别今本的正与误，审定旧注的是非，这实际上是要以帛书本之是为是，以帛书本之非为非，一切以帛书为依据，显然是不对的。因为帛书《老子》也不是《老子》原本，也只是一种手抄本，且有如下的不足，即脱烂之处需要校补，同音假借字需要训释，衍字漏字需要删增，错别字需要纠正。这些看法都是实事求是的，比一味捧高帛书《老子》为最完整最好的善本要科学得多。

由于黄氏能对帛书《老子》采取客观而全面的看法，因而能据帛书而对《老子》的思想进行深入理解。如第八章今本作"上善若水，水善利万物而不争"，而帛书乙本"不争"作"有争"，甲本作"有静"。有的论者认为"有争"是正确的，表现了《老子》"柔而有争"的思想。初看似乎有理，但据《老子》全文来看，就不正确了。黄氏分析《老子》的思想虽是"柔而有争"的，但是有争以不争为前提，有争寓于不争之中，不争是条件，有争是归宿。

这种思考问题的逻辑，在《老子》书中随处可见。如第七十八章"天下莫柔弱于水，而攻坚强者莫之能胜"。首句写的是不争，后句写的是有争，正是从不争中求有争的。第八十一章说"天之道，利而不害，圣人之道，为而不争"，虽然不争，却是有争的，因为"圣人无积，既以为人己愈有，既以与人己愈多"。此处的"为人"导致"己愈有"，"与人"造成"己愈多"，正是不争中包含着有争。第七十三章说"天之道，不争而善胜，不言而善应，不招而自来，绰然而善谋，天网恢恢，疏而不失"，天之道虽然不争不言，却能善胜善应，说明不争中包含有争。可见从不争中求有争，是《老子》一贯的思想，所以《老子》反复强调"夫惟不争，故莫能与之争"，"以其无争，故天下莫能与争"，"夫惟不争，故无尤"。可知不争是《老子》无为之道的重要内容，作"水善利万物而不争"才合《老子》本意。改为"有争"，则恰恰背离了《老子》的思想。从本章上下文看，问题也十分清楚，此章前言"水善利万物而不争"，后言"夫惟不争，故无尤"，前后呼应。如作"水善利万物而有争"，则后文"夫惟不争"，就是无的放矢了。可见帛书本作"有争"是错的，当据今本改正。

第十四章末句，今本多作"执古之道，以御今之有，能知古始，是谓道纪"，帛书本"执古之道"作"执今之道"，有人说"执今之道"表现老子讲道论德的立足点正在今而不在古。还有人认为这表现了老子坚持"治国不一道，便国不法古"的法家路线。黄氏指出，细读《老子》书不难发现，《老子》强调的是"古道"而非"今道"，书中多次赞扬"古之善为道者"，多次引证古圣人的格言就是例证。第三十八章说："失道而后德，失德而后仁，失仁而后义，失义而后礼。夫礼者，忠信之薄而乱之首也。"在老子看来，古道到了后来已经退化了，代之的是仁、义、礼这一套虚假的东西。因此，只有恢复"古之道"，才能治理今日的天下国家。孔子评价老子是"述而不作，信而好古"，也从侧面证明老子要执的是"古道"。所以，帛书本作"执今之道"是不对的，当据今本改正。

黄氏的分析是有道理的。本书在论及有些学者的《老子》研究时，也涉及此处的"执古之道"还是"执今之道"的问题，笔者的看法与黄氏一致，认为把帛书"执今之道"当作正确原文且进行发挥引申的说法，是站不住脚的，可以与黄氏此处的分析论证合看。

第三节　郭店楚简《老子》研究

一、湖北荆门市博物馆编《郭店楚墓竹简》

此书 1998 年出版。书中有《老子》甲乙丙三组的图版及释文、注释，是郭店一号楚墓出土的竹简古书中最重要的资料之一。

据此书的说法，这批楚简出土于 1993 年冬，此墓已数经盗扰，仍幸存 800 余枚竹简，有字者 730 枚，大部分完整，未拼合的小碎片不多。发掘者推断该墓年代为战国中期偏晚。楚简出土时已散乱残损，虽根据竹简形制、抄手的书体和简文文意进行了分篇、系联，但已无法完全恢复简册原状。各篇原来都无篇题，出土后整理者为之拟加篇题。楚简包括多种古书，其中就有竹简本《老子》甲乙丙三组，是迄今为止所见年代最早的《老子》传抄本，它的绝大部文句与今本《老子》相近或相同，但不分《德经》和《道经》，而且章次也与今本不相对应。竹简《老子》现存文字共 2046 字，约为今本的五分之二。由于墓葬多次被盗，竹简有缺失，简本《老子》也不例外，故无法精确估计简本原有的数量。

整理出来的释文，对于简文中残缺和不能辨识的字，可据旁简格式推定字数的，用□表示，不能确定字数的，用省略号表示。简文笔画残损，但可据文义辨识的，释文在其字外加方框表示。无法释出或隶定的字，释文按原形摹写。简文残缺之字，可据传本补入或以意推定者，在注释中说明。

释文不严格按照竹简原来的字体排印，古字形按现代字形排印，一些原本不是一字，而古籍或古文字中常常混用的，释文采用通行字排印。简文中的假借字、异体字在释文中随文注出本字、正字，用（）表示。简文中的错字，随文注出正字，用〈〉表示。简文原有夺字、衍字，释文不作增减，在注释中说明。竹简本《老子》甲乙丙三组的章序与今本有较大差异，文字也有不少出入。

总之，荆门市博物馆对郭店楚简《老子》做了分组、编排、缀联、释文和注释工作，使之可以阅读，且在注释中对不少文字做了字音字义字形的论证，使人们可以由此了解《老子》古本的样貌及其中的思想。这一出土竹简《老子》，有着极为重要的价值，由此形成了郭店竹简《老子》的研究工作，出现了许多成果，推进了《老子》的研究，也使《老子》研究成为国际学术界的热点之一。

二、郭店《老子》的初步研究

1. 崔仁义《荆门郭店楚简〈老子〉研究》

此书 1998 年出版，是较早研究郭店《老子》的成果。书中介绍了竹简《老子》的出土概况和竹简形制，对竹简《老子》三组之间及其与帛书《老子》、传世本《老子》的相互关系以及竹简《老子》和墓主的关系等问题，进行了初步研究。此书还有竹简《老子》的释文、考释及文字通检，并公布了全部竹简《老子》的照片，故对郭店竹简《老子》的研究具有重要的参考价值。

书前有楚史专家张正明的序，其中说明了郭店竹简《老子》的重要性和特点，介绍了崔仁义对竹简《老子》的基本看法。张正明认为竹简《老子》中的有些文字与传世本不同，这对理解《老子》思想有重要作用。如传世本的"大象无形"，帛书本都作"天象无形"，竹简本也是"天象无形"。传世本的"大道废，有仁义，慧智出，有大伪，六亲不和，有孝慈，国家昏乱，有忠臣"，帛书本在"有"字前面多出"安（案）"字，竹简本也有"安"字。这样就使语句的意思有了变化，并影响到对《老子》思想的解释。又有些句子，竹简《老子》与传世本、帛书本都不同，如传世本"致虚极，守静笃"，帛书甲本作"至虚，极也，守情，表也"，乙本作"至虚，极也，守静，督也"，竹简本则作"至虚，恒也，守中，笃也"。

张正明还提出一个看法，即"先秦的子书没有一部是一位学者的专著，惯例都由后学为先师记录、传抄、增饰、续作，门徒既多，版本必繁"①，因此最初的《老子》，其篇数或章数肯定是不多的，但到后来则时代越晚，部头越厚，大致的趋向是先同源异流，而后殊途同归。三组竹简《老子》的抄定的年代虽在公元前4世纪与前3世纪之交，但其成书的年代必定更早，其最初的源头可能是隐居并终老于荆门蒙山的老莱子亦未可知。这一看法，说明《老子》思想的定型，也一定与其初始之时有所不同，其中一定掺有后人的思想。因此，现在所看到的《老子》，其中的思想不尽一致，既有历史的原因，也是历史的必然，后人也不必硬性使之统一，否则反而会使解释牵强附会，不能说通。

崔氏在《前言》中说明此书的基本内容与要点，认为竹简本《老子》的出现，使以往关于老子其人其书及其时代的争论有了更为可靠的线索，可以使人们认清以往争论中的错误说法。他还指出，帛书《老子》的出现还不能解决老子研究中一些长期悬而未决的问题，而到竹简《老子》出现，虽仅两千余字，但今传《老子》全部吸收了这两千多字，并进行了改造和发挥，同时汇集了竹简《老子》以外的其他老子学说。"竹简《老子》、帛书《老子》、传世本《老子》依次构成由此及彼的演变系列，竹简《老子》是后二者形成前的原始形态"②。

根据竹简《老子》的竹简形制的不同，他认为甲乙丙三组不是同一原作者，或为续作者、改作者，而且成书的时代也不尽一致。竹简《老子》各组无题名，而传世本《老子》题名《老子》，包含了不同的"老子"个体。

在《老子》思想的研究上，他认为竹简《老子》可以提供极为重要的依据，即老子学说始于春秋晚期，根据竹简《老子》的抄定时间和内容，可知帛书《老子》和传世本《老子》包含了不同历史时期的老子学说，其编写的最早年代在战国晚期。其间的时间跨度之大，使不同时期的老子学说的原始面貌长期处于模糊状态，而竹

---

① 张正义序，见《荆门郭店楚简〈老子〉研究》，科学出版社1998年版，第2页。
② 崔仁义：《荆门郭店楚简〈老子〉研究·前言》，科学出版社1998年版，第2页。

简《老子》的三组竹简长度不等，形成时代有别，故成为探讨不同阶段的老子学说的珍贵资料。且其中的内容非常丰富，可使老子研究实现历史性的突破。

此书以上述问题为中心，在力求对竹简《老子》准确释文的基础上，对其加以探讨。全书分为四章，介绍、探讨了竹简《老子》的出土概况、竹简《老子》与墓主、竹简《老子》与其他《老子》之间的关系，并对竹简《老子》进行考释。其考释主要是考证竹简《老子》中的相关文字，还没有对其中的思想进行阐释。

2.《郭店楚简研究》

此书为《中国哲学》第二十辑，1999年出版。书中收录了郭店楚简的相关论文二十多篇，并综述了当时三次楚简学术研讨会的情况，即国际儒联首次楚简研讨会、美国郭店《老子》国际研讨会、《郭店楚墓竹简》学术研讨会。与郭店楚简《老子》相关的论文，主要有四篇：

（1）许抗生《初读郭店竹简〈老子〉》。

此文主要认为简本、帛书本、今本皆有所不同，简本与帛书本较相近，有更多共同的东西，而与今本距离相远。简本、帛书本、今本之间似有一个演变发展的过程。首先他比较了简本、帛书本、今本在篇次章次上的差异。之所以有这些差异，他认为竹简《老子》可能是《老子》的一种节选本，并不是《老子》的全抄本，或竹简本是《老子》最早的传本，尚未形成后来帛书本与今本那样完整的本子。在分章不同上，他认为可以看到今本分章有一些不合理的地方，这可能也是后人改动的结果。其次他分析了简本与帛书本、今本在思想内容上的异同，认为简本与帛书本有一些相同的地方，如简本甲组有"独立不改，可以为天下母"的文句，帛书本与之同，亦作"独立而不改，可以为天下母"。今本则作"独立不改，周行而不殆，可以为天下母"，多了"周行而不殆"句，与简本、帛书本有异。这一差异可能是今本对道的理解有误而造成的。其实从道本身来说是不可能作"周行"的，这是因为道既至大无外，又至小无内，

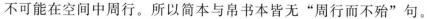

不可能在空间中周行。所以简本与帛书本皆无"周行而不殆"句。

而它们之间的异处较多。如简本甲组有"绝智弃辩，民利百倍；绝巧弃利，盗贼亡有；绝伪弃虑，民复孝慈"的文句，帛书本、今本这段文字作"绝圣弃智，民利百倍；绝仁弃义，民复孝慈；绝巧弃利，盗贼无有"。差别主要有两点：一是"绝智弃辩"不同于"绝圣弃智"，二是"绝伪弃虑"不同于"绝仁弃义"。第一点相差尚不大，第二点差别较大。今本的"绝仁弃义"思想，与今本"与善仁"思想有矛盾，所以较早的《老子》中可能没有"绝仁弃义"的思想。"绝仁弃义"有强烈的反儒倾向。从整个简本《老子》看，反儒思想并不明显，因此，他怀疑帛书本与今本"绝仁弃义"是庄子学派后来加进去的。

（2）王中江《郭店竹简老子略说》。

此文主要论述了两个问题，第一个是简本《老子》的年代与《老子》一书的年代问题。王氏认为，简本《老子》是关尹弟子所传，此本陪葬时，只是象征性地放进去一部分，而不是全书，故只有帛书本和通行本的五分之二。简本《老子》只是《老子》书的一种传本，而老子所著的《老子》原本，在时间上早于《孟子》《庄子》，肯定是在战国初还靠前，至少是在春秋后期，应该比《论语》和《墨子》还早。《老子》出现不同的传本，也需要一定的时间，在一次次传抄中，慢慢发生变化，后来成为不同的传抄本。故他认为简本《老子》可以证明《老子》为老子所著，而且出现的时间很早。第二个问题，是简本《老子》与帛书《老子》、王弼本的比较，如字数问题、分章问题、章序问题和虚词的使用问题等。总体上看，古本使用虚词较多，后来的传本则对虚词有较多删除。而从一些文句看，简本与帛书本、王弼本等也有一些不同。简本"不贵难得之货"，下为"教不教，复众之所过"，它本均为"学不学"。儒家的"教"和"学"，都是老子反对的。老子也有"行不言之教"的说法。由此而论，"教不教"与老子的思想并不矛盾。但它本均为"学不学"，益证简本为《老子》的另一传本。又如简本"道恒亡为也，侯王能守之"，帛书本作"道恒无名，侯王若（或'若能'）守之"，王弼本及傅奕本均作"道常无为而无不为，侯王若能守之"。高明认为"无为而无不为"本不出于《老子》，是汉初黄老学的产物。但是简本乙确有"亡为而亡不为"的说法，否定了高明所说。简本用"亡为"，帛书本用"无名"，联系上下文，用"亡为"于义为长。

在内容上，简本甲、乙、丙三部分也与帛书本及王弼本存在一些差别，有的还很重要。如《老子》他本均有"绝圣弃智"的说法，张岱年认为《老子》有后世道家附益的部分，因为老子的圣人是理想人格，推崇圣人，又要"绝圣"，这是矛盾的。但简本《老子》没有"绝圣"的说法，"绝圣弃智"，简本作"绝智弃辩"。此处的"辩"，宜解为"慧"，《老子》第十八章有"慧智出，有大伪"可证。原本《老子》不"绝圣"，而关尹派所传《老子》可能承继了原本。《老子》"绝智弃辩"，又主张"大智"和"大辩"。《庄子》对"圣"和"圣人"排击最厉害，其他《老子》传本也许受了《庄子》的影响。又如简本丙有"故大道废，安有仁义；六亲不和，安有孝慈；邦家昏□，安有贞臣"，对此有人主张应这样断句："大道废安（焉），有仁义；六亲不和安（焉），有孝慈"，并认为简本《老子》对"仁义""孝慈"并不拒斥。如果这样断句，意思就发生了实质变化，即"大道"与"仁义""六亲""孝慈"就没有根本对立了，而是相容的了。但这种断句比较牵强，在文字上就没有根据，亦不符合老子的本义。此句在帛书甲本中作"故大道废，案有仁义……六亲不和，案有孝慈；邦家昏乱，案有贞臣"。帛书乙本作"故大道废，安有仁义……六亲不和，安有孝慈；国家昏乱，安有贞臣"。句形完全一样，甲本用"案"，与"安"通，乙本用"安"，一般都是如此断句，很通顺，意思与王弼本（没有"安"字）也一致。傅奕本"安"作"焉"，二字也相通，作"于是"解。许抗生根据傅奕本用"焉"字，把帛书本"案"和"安"改为"焉"，意通。然简本亦作"安"，帛书本作"安"或"案"，不能改。"安有仁义""安有孝慈"，是"大道废"和"六亲不和"产生的结果，是非理想化的产物。这样，对"仁义""孝慈"的立场，简本就与帛书本和通行本一

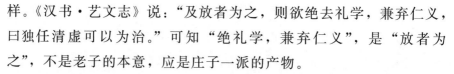

样。《汉书·艺文志》说："及放者为之，则欲绝去礼学，兼弃仁义，曰独任清虚可以为治。"可知"绝礼学，兼弃仁义"，是"放者为之"，不是老子的本意，应是庄子一派的产物。

此外他还举了若干个例子，比较简本同帛书本和王弼本在文字和内容上的差别。总起来看，简本的文字与帛书本接近，内容同帛书本和王弼本各有出入，有些出入比较大。这都证明，简本作为古本，仍是一种传抄本。王氏认为，简本作为古本，从时间久远来说，是一个善本，但从传抄的质量上说，也有错讹、衍文、脱字等，可知简本《老子》与帛书本一样，不是善本。

（3）郭沂《楚简〈老子〉与老子公案——兼及先秦哲学若干问题》。

此文总体看法是认为简本《老子》优于今本（指王弼本和帛书本），是一个原始的、完整的传本，出自春秋末期与孔子同时的老聃，今本《老子》则出自战国中期的太史儋。

关于简本优于今本，他通过简本同今本相比，看出在文字上有许多差异，就其中能够判别出优劣的情况看，一般是简本优于今本，为此举了十几个例子。关于章次，他认为今本章次相当杂乱，章与章之间缺乏内在联系。但在简本，排列在一起的若干章往往有共同的主题，这种主题就是简本安排章次的依据，这说明简本的章次亦优于今本。

郭氏认为简本是一个比今本更原始的传本。今本的难解粗陋之处往往由讹误所致，从分篇和章次看，简本更合理、更符合原作者的本意，而今本打破了这种原始联系，有明显的肢解之迹。简本与今本分章有所不同。简本分章标志墨点很少，上篇九个，中篇只有三个，下篇一个也没有。从仅有的墨点可看出它与今本分章的不同。如简本相当于今本第三十二章和第四十五章的部分，中间皆有墨点，说明它们在简本中分为两章。就第三十二章来说，论"道常无名"的上段与论"天地相合，以降甘露"的下段，既有不同，又有联系，所以合为一章或分为两章都有道理。但第四十五章"大成若缺"一段论某些超越的性质与其外在表现看起来好像相反，"燥胜沧"一段论如何使天下安定，完全是不同的话题。在简本中本为两章，非常合理，今本合而为一，实为不类。又如"绝学无忧"句，他认为本来为"为学者日益"章（今本第四十八章）的末句，但在王弼本中，此句为第二十章首句，可是王弼的注文却以第四十八章之义解，这说明王弼已经意识到绝学无忧与第四十八章的联系，只是拘于文本，未将它们合为一章。他用这些例子说明简本是一个原始传本，还进一步证实了简本的确优于今本。

虽然简本的字数只为今本的五分之二，但不能简单地认为这批《老子》竹简是一残本。据竹简整理者说，由于墓葬数次被盗，竹简有缺失，故无法精确估计简本原有的数量。但郭氏认为，竹简整理者没有提供确凿的、令人信服的证据，其说法仅是一种推测。郭氏称经自己反复推敲、揣摩这批《老子》竹简，觉得这已经是一部完整的书。其理由如下：第一，简本的语言、思想皆淳厚古朴，没有今本经常出现的玄奥而难以把握的字眼，而今本那些比较玄奥的章节、段落恰恰不见于简本。第二，在简本中不存在君人南面之术的问题。第三，简本没有与儒家观念针锋相对的文字，今本那些否定儒家观念的段落，在简本中皆有异文或文字上的增减。第四，先秦古籍的最终定型往往经历相当长的时期，并非出自一时一人，后来增补的部分常常放在原始部分之后。第五，如果简本《老子》部分竹简被盗，必然造成幸存部分文字残断，句义不完整，但现存《老子》竹简除少数残破外，完整的竹简之间文字句义都能衔接，即使残破的竹简，其缺失的文字也可以据他本补齐，这也不会是偶然的巧合。第六，同时出土的其他各种文献大多相当完整，没有被盗的迹象，除个别残破的竹简外，文字、句义大致完整，这也不是偶然的巧合。

郭氏认为简本《老子》出自老聃，今本《老子》出自太史儋。据此他又讨论了相关的先秦哲学中的若干问题，认为先秦道家从老聃到庄子之间发展演变的线索需要重新认识，道家和兵家、法家、儒家的关系，以及先秦哲学的特点及其演变也需要重新认识。

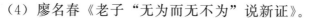

（4）廖名春《老子"无为而无不为"说新证》。

此文认为"无为而无不为"说，在老子思想体系中居于核心地位，在先秦思想史上，也是非常著名的命题。它出自以王弼本为代表的今本《老子》第三十七、四十八章。今本《老子》第三十七章"道常无为而无不为"，在帛书《老子》中，均作"道恒无名"，而第四十八章的"无为而无不为"，帛书本则全残。

高明认为，从甲乙本观察，老子只主张"无为而无以为"，并没有讲"无为而无不为"。"无为而无不为"的思想本不出于《老子》，是战国晚期或汉初黄老学派对"无为"思想的改造。甲、乙本保存了《老子》原本之旧，为研究道家思想的前后变化提供了可贵的资料。

郑良树也据帛书甲、乙本立论说，老子谈"无为"，谈"无以为"，不谈"无不为"。《韩非子》在解释《老子》、利用《老子》之际，于老子"无为"思想别有了解，乃创立"人君无为、臣下无不为"的政治法术。后人以此权谋法术加在老子的哲学上。帛书《老子》的出土，可以澄清后人对老子哲学的误会，并可以了解法家如何改变老子的思想。

高、郑二人之论影响较大，廖氏认为需要专门讨论。今本《老子》第三十七章"道常无为而无不为"，楚简作"衍，述亡为也"，"衍"同"道"。"述"帛书本作"恒"，王弼本作"常"。"亡为也"，帛书本作"无名"，王弼本作"无为而无不为"。郑良树、高明据帛书本认为王弼本"而无不为"四字系衍文，为后人窜改所致，其说是。但以王弼本"为"为非，以帛书本"名"为是，则误。楚简下文称"为亡为""居亡为之事"，足证此"亡为"不误。这说明王弼本虽有后人的窜改，但也有较帛书本更接近原本之处。廖氏又指出，今本《老子》第四十八章"损之又损，以至于无为，无为而无不为"，楚简作"晶之或晶，以至亡也。亡为而亡不为"。王弼本中的"损"，帛书乙本作"云"，楚简本此字的写法是"员"的古文，"损"字从手，员声，故"员""损"可通。"云"为"损"之借字。楚简中的"或"，帛书本作"有"，王弼本等作"又"。"有""又"古通。"或""又"音义皆近，可通。"亡为而亡不为"的两"亡"字，各本皆作"无"。"亡"为"无"的借字，故书当作"无"。"亡不为"，严遵本作"无以为"，高明认为可信，但廖氏认为非是。因此，不能因帛书本"无为而无不为"句有残损，就认定帛书本无"无为而无不为"说。从楚简看，今本《老子》第四十八章"无为而无不为"肯定是《老子》原本之旧，据帛书本和严遵《指归》本否定老子有"无为而无不为"说，是不能成立的。

他还根据《老子》书的思想体系和思维方式的特色来说明否定老子有"无为而无不为"说难以成立。今本《老子》第三章，王弼本作"为无为，则无不治"，帛书甲本残，乙本作"弗为而已，则无不治矣"，傅奕本、范应元本作"为无为，则无不为矣"。傅奕本虽不免有后人改动，但大体可据范应元《老子道德经古本集注》所引傅奕本订正。如以傅奕本为据，则《老子》有"无为而无不为"说又一证。此外第三十八章王弼本和帛书本作"上德无为而无以为"，傅奕本、范应元本、严遵本作"上德无为而无不为"。《韩非子·解老》："不以无为为有常，则虚；虚，则德盛；德盛之谓上德。故曰：'上德无为而无不为也。'"俞樾曰："《韩非子·解老》作'上德无为无不为也'，盖古本如此，今作'无以为'者，涉下'上仁'句而误。"如依傅奕本、范应元本、严遵本及《韩非子·解老》引，《老子》有"无为而无不为"说。依据王弼本和帛书乙本，固然能排除第三十八章之证，但第三章之证却无法排除。因为"为无为，则无不治"与"无为而无不为"文字虽有小别，其旨意却相同。"无不治"即"无不为"。《老子》本文既然有"为无为，则无不治"说，则当有"无为而无不为"说，无须战国晚期或汉初黄老学派来改造。

"无为而无不为"和"为无为，则无不治"，在思维方式上有显著特点，就是以退为进，以反为正。《老子》第三十六章说得非常清楚："将欲歙之，必固张之；将欲弱之，必固强之；将欲废之，必固与之；将欲夺之，必固予之。"《老子》中此类说法还有很多，都是"无为而无不为"的翻版和具体应用，与之一脉相承。所以，此说在《老子》中并非偶然之言，而是成体系的思想，是有特色的思维方式。否定《老子》有"无为而无不为"说，《老子》的相关说法就不好解释。

总之，廖氏认为根据楚简本《老子》，今本《老子》关于"无为而无不为"的几处记载虽在流传过程中不免间有错讹，但今本《老子》第四十八章的"无为而无不为"说肯定是《老子》原本之旧，否定老子有"无为而无不为"说，不论从楚简本《老子》，还是从帛书甲乙本、严遵《指归》本，乃至《老子》书的思想体系和思维方式来看，都是不能成立的。

廖氏此说能通过《老子》书的全体思想脉络进行分析，实际上是运用了以整体证明局部的方法，这说明对于《老子》各本之间的差异，欲判断是非，阐释思想，必须坚持这种以整体看局部的方法，不能把个别字句与整个《老子》书分割开来，孤立来看。而且还要注意不能出现一个新版本，就把它看得无比正确，以前各本的不同之处就都不可信了，这也是不太客观全面的态度。

3.《道家文化研究》第十七辑《"郭店楚简"专号》

该专号 1999 年出版，收录美国达慕思大学郭店《老子》国际学术讨论会的纪要及有关郭店竹简《老子》的二十多篇论文。这里选其若干加以论述，以见当时对于郭店竹简《老子》的研究情况。

（1）王博《张岱年先生谈荆门郭店竹简老子》。

张岱年在 20 世纪 20 年代就提出《老子》是一本专著，不是纂辑，因为它的系统性非常强，应该是出于一人之手。他到此时仍这样认为，因为此书前后理论一贯，层层推出，成一家之言。而且其中多有"吾"字，是作者的自称，但也有后人增益的内容，如激烈批评仁义的几段。而老子其人，则认为是春秋末年的老聃，与孔子同时，孔子向他问过礼。《老子》书是老聃所作。从年代上看，郭店《老子》比较早，"绝智弃辨"和"绝伪弃诈"，应该是《老子》原本的说法，"绝圣弃智""绝仁弃义"是后人改动的。竹简中有"大道废，有仁义"的说法，说明老子还是反对仁义的。张氏认为人们说老子的道是无形无象的，这不对，因为《老子》说"大象无形""执大象，天下往"，大象是指道而言的。郭店《老子》分为三组或三篇，各有自己的主题，如乙篇的主题是修道，丙篇的主题是治国，甲篇则两者都有，因此郭店《老子》更像是摘抄本。张氏同意这个看法，并认为由此就可证明《老子》书早出。因为竹简《老子》出现在战国中期，必须先有一定的流行，才会抄录它来学习，这说明《老子》在春秋末年就已有了。

(2) 裘锡圭《郭店〈老子〉简初探》。

此文分三个问题：郭店《老子》简与五千言的关系，郭店《老子》简所反映的《老子》分章和章次的情况，郭店《老子》简与《老子》各本在文字内容上的异同。第一个问题主要是弄清楚郭店《老子》简到底是一个全本还是部分内容的摘抄本，这涉及当时有没有一个五千言的完整本《老子》。裘氏认为郭店《老子》简的三组都在后来的五千言《老子》中，且三组只有很少重复，如果当时没有一部五千言的《老子》，就很难出现这种情况。裘氏同意王博的看法，认为当时已有五千言的《老子》，而郭店三组《老子》是按不同主题有意抄在一起的。他又引用唐兰在20世纪30年代的看法，认为在孔子卒后二百年左右，已有一部《老子》且其内容与后来的今本《老子》差不多，因此也可证明到战国中期已有《老子》五千言在流传了。而不可能是在老子死后还有多种内容不一样的老子语录在社会上流传，到战国晚期才有人把它们合编成一部五千言的《老子》。

第二个问题是关于郭店简本《老子》的分章和章次，裘氏根据竹简上的墨块、小横和钩的分布情况，认为墨块大都是抄写时加上的，小横大都是阅读时加上的；墨块主要表示一章的结束，有时也用来表示句的结束；小横多数加在句末，有时也加在两章之间；钩见于甲组三二、三九两简，钩号到简末尾留有较大的空白。这表明墨块和钩都可能是分章的符号。至于章序，他认为由于三组中各个段落原来的确切位置已无法知道，故不能作为讨论章序的根据。他认为既是摘抄，则所抄各章的次序不一定符合简本各章原来的先后次序。如果与今天对照，就可看出郭店竹简《老子》的章序都杂乱无章，与韩非的《解老》《喻老》比较，可知竹简本《老子》与《解老》《喻老》所据本的章序至少有一部分与今本相合，但所占分量很难判断。至于分篇，因为《史记》说老子"著书上下篇"，所以今本都分两篇，帛书本亦同，只是篇序与今本不同。简本是否分篇，无法判断。用郭店简《老子》与今本比较，可看出今本有些章在简本中可能是独立的两章或三章。如与《喻老》互证，可以断定当时读《老子》的人是把第六十四章的前后两半看作独立的两章的。又如第四十六、二十、四十五章在简本中似为两章，第五十二、五章在简本中似为三章。

关于郭店简《老子》与今本在内容上的差异，裴氏认为对研究《老子》有重要意义，对此还有大量工作要做，要做长期的研究。此文举了几个例子。如王弼本第十八章："大道废，有仁义，慧智出，有大伪。六亲不和，有孝慈。国家昏乱，有忠臣。"第十九章："绝圣弃智，民利百倍。绝仁弃义，民复孝慈。绝巧弃利，盗贼无有。"裴氏认为第十九章的说法是对儒墨提倡仁义、推崇圣贤的反动，如果老子的年辈比孔子略早，就不应有这种思想。而且第十八、十九章之间以及这两章与《老子》他章之间，存在着明显的矛盾。因为第十九章对孝慈是肯定的，第十八章则是被否定的。第十九章说绝圣弃智，而全书则经常以圣人指称道德最高的人。

但竹简本与王弼本的文字不同，可以解决这里的矛盾，即竹简本相当于今本第十八章的部分，没有与"慧智出，有大伪"相当的句子，此句应是在简本以后的时代添加进去的，并非《老子》原本所有，老子并未以仁义、孝慈与大伪相提并论。从简本与今本第十九章相当的内容也可看出，老子既不绝圣，又不绝仁弃义，他只反对智辩、巧利、伪诈。后来的人出于反对儒墨的要求，把"绝智弃辩""绝伪弃诈"分别改成"绝圣弃智""绝仁弃义"，而窜改过的本子，很快就把原来的本子排挤掉了。从《老子》全书看，老子也没有绝仁弃义的意思。

裴氏还分析了相当于今本第二十五、三十一、三十五、五十七、三十、四十五、四十八章的情况，包括第二十五章首句释成"有状混成"、第四十八章中的"无为而无不为"等。裴氏认为从先秦到汉代，《老子》的不同本子已经很多了，今本的异文有很多是汉代之后产生的，也有很多可能是从较早时代的不同本子传下来的，即使不见于竹简本和帛书本，也不能完全排除其他从先秦或汉初的本子传下来的可能性。总之，情况极为复杂，今天的学者校释《老子》，必须十分谨慎，切忌鲁莽下断语。

关于"无为而无不为"，高明帛书《老子》校注中认为当作"无为而无以为"，裴氏认为郭简本作"亡（无）为而亡（无）不为"，与今本全同，这种思想绝非战国晚期或汉初人所窜入。且以"说有易，说无难"结束了他的论文。

裴氏此文涉及不少由郭店竹简《老子》所显示出来的与后之《老子》本不同之处的文字与解释，这是非常重要的研究资料，值得重视。

（3）陈鼓应《从郭店简本看〈老子〉尚仁及守中思想》。

此文认为郭店竹简《老子》是《老子》的节抄本，以甲组为最早，是迄今可见的《老子》最古的抄本，以实物证据打破了学界以往所说的老子晚出说。然后根据甲组与通行本比较，对有无的关系和尚仁守中的概念进行了分析，认为老子并不必然反对法制或排斥仁义学说，根据郭店竹简《老子》，可以重新思考老子对周代德治思想的继承态度，重新认识老子对仁慈忠信义礼等德行的肯定立场，为老学伦理思想的重建奠定基础。

在老子晚出说的问题上，陈氏提及自己原来并没有注意老子其人其书的问题，在1984年回到大陆后，发现中国哲学史著作中都把老子置于孔孟或孔墨之后，这就引起了他的注意，于是撰写了《老子先于孔学》《老子与孔子思想比较研究》以阐述自己的观点，而竹简《老子》的出土，为这一论点更增添了实物证据。《老子》晚出说缘起于梁启超，梁说虽然当时被人批驳，但仍广泛传播而流行。为此陈氏遍查先秦诸书，将书中引用《老子》的重要概念或文句逐一摘录下来，由此发现先秦诸子的重要典籍几乎没有哪一家可以摆脱老子的影响。对于《老子》的传本，他认为楚墓中存在着不同的

《老子》抄本，说明楚地流行着不同的《老子》传本，而郭店《老子》为节抄本。

他又根据简本甲组"绝智弃辩"一段，认为这表明《老子》只反对伪与诈，崇尚朴质的主张，而通行本的"绝仁弃义"，是受庄子后学的影响所致。为此他论证了老子崇尚仁义，认为儒道同源，共同继承殷周以来的德治思想与人文精神，都力图重建人文道德世界，只是对人伦教化所持的方式有所不同。他认为老子注重忠信，忠信是礼的重要内涵，如果忠信不足，就会导致社会出现祸乱。《老子》所说的"失道而后德，失德而后仁，失仁而后义，失义而后礼"，不是只肯定道德而否定仁义礼，而是说仁义礼都蕴含在道之中。事物分离分化之后，才有了层次之分，若失离作为根源的母体（失道），就会产生连锁反应。他又指出，在伦理道德重建方面，老子提出"三宝"：慈、俭、不争（不敢为天下先），慈蕴含仁的内涵，老子尚慈，并倡导孝慈。通行本的"绝仁弃义"，是受庄子摒弃仁义的影响。

他认为郭店竹简《老子》中的甲组最接近祖本，从中可以看出道家的尚中思想，如通行本第十六章"致虚极，守静笃"，在简本中则为"致虚，恒也，守中，笃也"。通行本第五章也有"多言数穷，不如守中"的说法，因此可知老子有守中的思想。儒家的"中"为不偏不倚，不趋极端，道家则多指淳和心境。如简本《老子》"守中"与"致虚"对举，"中""虚"都指心境而言。之后《管子》《庄子》都有论述"中"的问题，"中"都指心境。而黄老学的一支，则将作为和谐心境的"中"，外化成重视平衡的"度"，这是老学的道论到黄老学的"道生法"之发展。

在有无问题上，他认为通行本的第一章和第四十章都是指称道体的，第二章和第四十章的有无，则是指现象界的事物，是一对相反而又相成的概念。就形而上道体的有无而言，今本第四十章作"天下万物生于有，有生于无"，简本作"天下之物生于有，生于无"，所反映的思想有重大差别。今本所说是生成论问题，简本所说则是本体论问题。从《老子》整体思想看，当以简本为是，今本

"有生于无"与第一章"无名天地之始，有名万物之母"无法对应。第一章的"有"和"无"，是"同出而异名"的道，"有生于无"多了"有"字，就使解释有了困扰。陈氏认为"有""无"是道体的一体两面，共同指称道体，所以说是"同出"，二者并无本末先后的问题，但今本"有生于无"，就导致了本末先后的问题。有学者把"无"等同于道，将"有"具象化为天地、阴阳，而陈氏认为第一章的"有"绝不是等同于天地。因此陈氏认为"无""有"是用来说明道由无形质落向有形质的活动过程。这还是认为"无"与"有"有先后的问题，是生成论的问题。现在根据简本，就解决了长久以来的困惑。

第一章是说"有名""无名"，这不等同于"有""无"，按照"可名非常名"的说法，"无名"可以说是道体，"有名"就不能说是道体，否则就无法与"名可名，非常名"的说法相应。因此可以说这里存在着的困扰，还没有完全解除。

（4）张立文《论简本〈老子〉与儒家思想的互补互济》。

此文通过对简本甲、丙组的比较，认为甲组早出。又指出老子与孔子一样，具有入世的关怀和担当意识，他以道莅天下，理世乱而求治，并提出四大中心价值，作为"以正治国"的标准。老子不否定儒家的仁义道德，还对儒家思想从负面进行补充。强调老子重"和"，"和曰常，知和曰明"，体现了先秦各家学术的"同归""一致"的和合之道。司马谈引《周易》所说，称各家是"同归而殊途，一致而百虑"，但以往学术界过度强调各家的"殊途"和"百虑"，忽视了其间的"同归"与"一致"方面，造成对先秦各家思想认知上的偏颇。

张氏指出以前学术界根据《老子》帛书本和今本的"绝仁弃义"，而认为老子批判和否定儒家的仁义思想，认为儒道两家的道德价值观念和价值取向针锋相对。但郭店竹简《老子》甲组作"绝智弃辩""绝巧弃利""绝伪弃诈"，这不是对儒家的批判和否定，而是对儒家思想从负面的补充。即儒家是说"应该这样"，《老子》则是说"不应该这样"才能"这样"。因此，二家不是对立，而是互补互济。可以说老子与孔子一样，具有入世的关怀和担当意识，而不是出世厌世和超世。他认为老子的思想是以道莅天下，理世乱而求治，即以道的原理治理天下，天下万物都会和谐，包括人与鬼互不相伤害，而取得和谐有序。道是治世的大本，以道的原理化解人与自然、社会、人际、心灵以及国与国、家与家之间的冲突，这就是老子所说的"以正治国"。老子的四大中心价值是"无事""亡为""好静""欲不欲"。这不仅可使"无事"——"自富"、"亡为"——"自化"、"好静"——"自正"、"欲不欲"——"自朴"之间的关系获得和谐，以便重建人和社会的秩序，而且可使天、地、人的无为与有为、出世与入世、自然与人文、好静与好动、无事与有事之间的冲突获得协调和化解。

他又根据简本甲组的语句解释老子的道的四大原理，即"无事"并不是什么事都不做，"亡为"并不是无所作为，"好静"也不是绝对的静，"不欲"不是去掉一切欲，而是指以"亡为"的原理去作为，以"亡事"的原理去做事，以"亡味"的原理去处理"有味"，也就是说"亡为"与为、"亡事"与事、"亡味"与味之间有一种融通而和合的关系。这样就对道的四大原理做到全面而合宜的理解。

他又认为老子道的理乱求治的四大原理中蕴含着"爱"的精神，即要爱惜精神，早作准备，不断积德，这是治理国家的根本原理，是长生久视之道。这是对人类自然生存和自然生命的关怀，是人类之爱的精神，与儒家的爱人有所不同，但又可以会通。老子要人们"自爱而不自贵"，可使整个社会实现爱。国家无为而治而无不治，就是爱民、爱人而治。

他认为"爱民治国"的首务是尊重人人的生存权利，人人自爱，就能爱泽人人，这是圣人的自爱爱人的精神，与老子无为而无不为、无我利而利我的精神相一致。

张氏又认为先秦各家思想学术，共同之道是一种和合之道。这种思想在《周易》、《尚书》、《左传》、《国语》、《晏子》、孔子、《管子》、墨子那里都有表述，而老子思想也体现了这种时代精神。如"万物负阴而抱阳，冲气以为和"，天下万物的一切存在和活动关系，都被融通而和合的关系所统摄。体认和是天地万物的本质，就可把握天地万物的恒常（一般的法则）。简本甲组中说"和曰常，知和曰明"，"和"就是恒常的原理，体认了"和"，才可称为"明"。

此文把老子思想与先秦诸家思想作为一个整体来观察，认为它们中间存在着同归与一致的关系，虽有一定的不同，但根本精神是一致的。他把这种一致点归结为和合精神，而且这是恒常，知之则为明，由此揭示出先秦中国思想的共同点和伟大之处。

（5）王博《关于郭店楚墓竹简〈老子〉的结构与性质——兼论其与通行本〈老子〉的关系》。

王氏认为从内容上来说，竹简《老子》的特点有三点：一是各本有自己相对统一的主题，如乙本的主题是修道，丙本的主题是治国等。二是甲本与丙本之间有重复的段落，即相当于今传本第六十四章下半段的文字。三是与通行本的差别主要集中在甲本中，典型者，如没有"绝仁弃义""绝圣弃智"等提法。

关于竹简《老子》在内容上的特点，荆门博物馆崔仁义主张竹简《老子》是《老子》的原始面貌，通行本是在竹简基础上形成的。在美国达慕思大学举行的郭店《老子》国际学术讨论会上，布朗大学罗浩教授主张竹简《老子》是通行本《老子》的一个来源。为此必须先了解竹简《老子》内容上的特点：一是三本《老子》各有自己相对统一的主题，二是甲本与丙本有重复的内容，三是从总体上看，竹简《老子》与通行本的差别不大，主要的差别集中在甲本，其次是乙本，丙本则差别最小。甲本与通行本的重要差别，就是"绝智弃辩""绝巧弃利""绝伪弃诈"，与通行本的"绝圣弃智""绝仁弃义""绝巧弃利"不同。此外还有"有状混成"与"有物混成"、"至虚恒也，守中笃也"与"致虚极，守静笃"的差别。

而三个不同的《老子》传本，各有自己的主题，这说明出于某些人的有意编纂。从甲本与丙本有大同小异的文字来看，编纂者并非一人。换言之，三本并不是一个整体，有不同的来源，依据的是不同的传本。而甲本包括了通行本《老子》的全部主题：道论、治国与修身。因此他认为甲、乙、丙三本应该被看作当时存在的三个不同的《老子》传本，甲本所依据的底本年代稍早于乙本和丙本。从文字上看，乙本特别是丙本与帛书本及通行本的差别极小。

王氏认为把三本视为一个整体，是不对的，三本的任何一本都不是《老子》的全本，因为每一本都不包括另外两本的内容。三本相加也不是全本，三本更像是出于不同目的的摘抄本。此外他又论述了郭店《老子》与通行本的关系，认为竹简《老子》所依据的几个传本在整体结构与面貌（如字数与顺序等）上与通行本的差别不是很大，主要的差别在文字与分章方面。由此可以看出《老子》在流传过程中发生的变化。王氏指出，比较郭店《老子》与帛书本和通行本相同部分的文字，存在三种情况：一是郭店《老子》与帛书本和通行本都不同，二是与帛书本同而与通行本异，三是与通行本同而与帛书本异。第三种情况的存在表明通行本很可能有另外的来源，也意味着郭店《老子》所依据的传本可能是通行本的来源，但不是唯一的来源。

王氏认为《庄子》与《韩非子》都是从自己的角度来解释《老子》，而郭店《老子》则是把相似的内容归在一起，由此显出《老子》思想的内在结构，即不同的主题，如治国、修道、道论。总起来看，政治是史官出身的老子关注的中心，郭店《老子》中涉及治国的内容最多，并有如下的特点：一是治道是以圣人、侯王为中心，主要的治国方法是无为、自然与不争。二是通行本论兵的内容不多，但大部分都包括在郭店《老子》中，说明编者重视用兵问题。三是更重视修道的问题，表明当时人们认为这是老子思想的一个重要方面。由此可知战国时人们把《老子》看作主要讨论治国和修道的书，而对道及天道的描述只是背景。

此文能从甲乙丙三组各自的特点入手，分析它们在《老子》流传过程中的地位与价值，特别是提出三组各有不同的主题，由此判断三组的性质与关系，这一思想是可取的。笔者也有一文分析三组文本的主题，方法与王氏有所不同，结论也不一致，收在本书后面，可以参见。

（6）魏启鹏《楚简〈老子〉柬释》。

此文是用王弼本、河上公本及帛书本《老子》与郭店竹简《老子》对校，并作考释。此处选取几段比较重要的文字进行论述。

如甲组中的"绝智弃辩"，魏氏认为"绝智"就是抛弃智慧，帛书本第六十五章有"民之难治，以其智多"之说，河上公认为"民之所以难治者，以其智多，故为巧伪"。《韩非子·扬榷》中也说"圣人之道，去智与巧，智巧不去，难以为常"。这都是对"绝智"的解释。但此章前后语句的逻辑不是说要民绝智，而是说要君主侯王绝智："绝智弃辩，民利百倍。"后面的绝弃巧利伪诈也是与民（盗贼也是指民）将会如何相对而言的（如"弃辩"的"辩"，也是指侯王的"辩"，不是民众的"辩"，如《老子》所说的"善者不辩，辩者不善"，就是指圣人或侯王而言的）。因为这里的主题是治国，所以是以侯王为主而言"绝智弃辩"等问题，因此河上公解释成绝弃民的智，就不合乎《老子》原意。《韩非子》所说是圣人之道的去智与巧，这是与《老子》思想原意相符的。引用时应该加以区分，不要混为一谈。

"至虚，恒也；守中，笃也"。魏氏释"至"为达到，"恒"为永久，以为此句言要达到虚静的境界，才是真正的恒久。帛书本作"至虚，极也"，今本作"致虚极"。"致"可训为至。帛书本作"极"，或许因为与"恒"字音近，可能通借，但在河上公注中称"至于虚极"，"极"谓极点，已完全没有恒久之义。因此他认为简文此句义胜，对理解早期道家语汇也很重要。对于"守中"，他认为今本第五章有"多言数穷，不如守中"的说法，严灵峰与陈鼓应认为应作"守冲"解，意为持守虚静，魏氏认为二家说是。但如前所述，张立文认为就是"中"，指心灵境界，不是虚静之意的"冲"。这里似乎存在着矛盾，其实也能说得通。因为虚静可以说是心中的虚静，仍是心中的境界，二说合为一，即中心的虚静，或虚静的心，即所谓心中无一物之意。对各家解释要能融会贯通，不要独立地说是某字某义，那样就显得太片面了。

"智之者弗言，言之者弗智"，帛书本与今本作"知者弗言，言者弗知"。这里的说法，正好可以解释前面"绝智弃辩"中的"辩"，辩即言，弃辩即弗言，而且这里把智与言放在一起来说，可知前面所说的绝智弃辩正是绝智弃言之意，都是对侯王所提的建议，不是对民所说的。而此段下面说"闭其兑"，"兑"也正是口，魏氏注释中引了《易·说卦》："兑为口"，则闭其口，正与"弗言"相应，也与"弃辩"相应。

乙组"亡为而亡不为"，魏氏的注释没有采纳高明帛书《老子》注的观点，而是引《文子·道原》加以佐证："天下之事不可为也……漠然无为而无不为，无治而无不治也。所谓无为者，不先物为也；无治者，不易自然也；无不治者，因物之相然也。"高明认为《老子》中没有"无为而无不为"的说法。魏氏与廖明春一样不同意高明的看法。

丙组"執大象"，魏氏引裘锡圭的解释，认为"執"实为"埶"，当读为"设"，各本作"執"，恐误。魏氏认为"埶"古有两读，一读"勢"，一读"藝"，读"勢"，就与"设"同音，可以通借。而"设大象"的意思是指周代制度的"设象"，即《国语·齐语》里说的"设象以为民纪"，韦注："设象，谓设教象之法于象魏也。《周礼》：'正月之吉，悬法于象魏，使万民观焉，挟日而敛之。'所以为民纪纲也。"《周礼·大宰》的原文是："正月之吉，始和布治于邦国都鄙，乃县治象之法于象魏，使万民观治象，挟日而敛之。"魏氏以为周代制度的设象，是陈列形之于文字的政教法令，以为万民所观所诵，而《老子》书中的大象，则升华为无形无声的大道之象。但这里还可以进一步解释，即老子要为民设大象，于是就可使天下往。这说明老子所说的大象（也可说是大道），要通过设立而使民知之，从而使民往而聚之。换言之，就是让民知老子的治国之大道而往而聚合并信服之，于是老子之道就可在治国上发挥其应有的作用了。他引河上公注："圣人守大道，则天下万民移心归往之也。""守"即是释"执"。而严遵《指归》的解释就更符合《老子》的原意："建无状之容，立无象之式，恐彼知我，藏于不测，故未动而天下应，未命而万民集，未战而素胜之，未攻而天下服。"这里的"建"与

"立"都可理解为对"设"的解释，不能理解为对"执"的解释，而"天下应""万民集"正是释"天下往"的。这也说明严遵所见也有可能就是"设"。

总之，魏氏对郭店竹简《老子》的解释，有很多可取之外，可以作为进一步深入考察《老子》思想的基础，值得参考。

（7）赵建伟《郭店竹简〈老子〉校释》。

此文是对郭店竹简《老子》的全部简文进行校释，并说明了作者对郭店竹简《老子》的基本看法。因为凡帛书本和今本作"無"者，甲组乙组皆作"亡"，而丙组同帛书本和今本作"無"，加上甲乙组无重复文句而丙组有与甲组重复文句这一现象，故丙组当为另一系统。而简本《老子》文字少于帛书本和今本，赵氏认为有两个原因：一是简本尽量删去五千言中章句之重复者，这可以举出很多证据加以证明；反之，帛书本系统附衍于后，增扩为五千言的可能性也极大。二是《老子》亦属经说体，简本可能有些章节略去了"说"的部分，但也可能帛书系统很多章节增出了"说"的部分。

赵氏对简本的校释，是与帛书本和王弼本对校的，并对简文做了考释。如第二章"先后之相随也"下帛书本都有"恒也"二字，今本与简本则没有此二字，他认为当以无此二字为是。理由是此段的"生""成""形""呈"为韵，"和""随"为韵，而"恒"于韵不协。由于不少学者认为帛书本多出"恒也"二字，而对《老子》思想的解释有重要意义，所以都赞同有此二字。赵氏能根据协韵的情况判断不当有此二字，是一种独到的看法。

又如"为而弗恃"句上今本有"生而不有"一句，简本帛书本均无此句。赵氏认为"生而不有"句是第五十一章文字错出于此，其理由是简文此处主语为圣人，圣人不能生物，生物者是道，而第五十一章说"道生之，德蓄之……生而不有，为而不恃"，可证此处不当有"生而不有"。这虽然是对文句的校勘，但也从一个侧面说明了《老子》的思想，即生物者是道，不是圣人。

第五章的"橐"，简本写成"嘖"，赵氏认为是同音字而假借。橐是革制大袋，用来鼓风吹冶，未鼓动时，内空无物，鼓动时，气随而生。赵氏又引《庄子》《管子》《周易·系辞上传》，以为都有用橐说理者，与《老子》所说相类、相关或相发挥，他还认为《老子》第四章"道冲而用之或不盈"与此文意思全同。又说第十五章"孰能安以动之徐生"，简本"安"作"庀"，疑当作"庀"，读为"橐"，训为"虚"，则二处所说又有关系。此类校释能帮助人们把《老子》中不同章的文本联系起来加以解读，对理解《老子》思想多有助益。

第五章"动而愈出"后，简本、今本尚有"多言（闻）数穷，不若守中"二句，赵氏认为"中"若读为"冲"或"盅"，则与"虚而不屈"相关，但此与"橐籥"之说似为二事，并且"多闻"已见于第四十八章，"守中"已见于第十六章，故简本不在此重出。他认为此种情况在简本中很普遍，似乎是简本的一个规则。因此简本文字少于帛书本和今本，其原因有两种可能，一是帛书本系统有所增益，二是简本尽量剔去五千言中重复者。但这仅是赵氏的推测，能不能定为简本成文的一个规则，还缺乏更有力的证据。也就是说，《老子》中是不是绝对不能有重复文句，还值得进一步考证。

赵氏对简本文字的考证释义，多有新见，如二十五章的"有状混成"，"状"字原来没有释出，赵氏根据自己的考证，独立地将此字释出，且与裘锡圭后来的释读不谋而合，说明他对文字的释读还是有很强能力的。但也有一些释读有些偏差，就像裘锡圭所说的，不能把古文字的假借无限地使用，否则一个字可以解释成任意另一个字。在考证古籍中文字的假借关系时，一定要与上下文义相结合，不能脱离具体的语境来说字。另外，也不能直接把他书的说法引来说明《老子》中的相关说法与思想内涵。因为不同的著作在其作者头脑中会有不同思路、逻辑与主张，并不是表面相近或相同的说法就一定有相同的思想内涵，而是在各自的特定语境中有自己独有的含义。这在引用其他古籍来证明《老子》的某个说法时，尤其需要注意。要慎重使用这个方法，仔细思考不同古籍中的某个说法的特定含义，不能简单地因其语句字词相近或相同，就直接引来说明《老子》的思想。

4.《郭店楚简国际学术研讨会论文集》

1999 年 10 月，武汉大学中国文化研究院和美国哈佛燕京学社、国际儒学联合会、中国哲学史学会、湖北省哲学史学会联合举办了郭店楚简国际学术研讨会，有 100 多位专家学者参加。此书即是与会学者论文的汇编，2000 年出版。

此书选收论文 80 多篇，此处只选择几篇与《老子》研究直接有关的文章，以见当时对郭店竹简《老子》的研究情况。

（1）裘锡圭《纠正我在郭店〈老子〉简释读中的一个错误——关于"绝伪弃诈"》。

此文对作者在郭店《老子》简"绝伪弃诈，民复季子"的释读中的错误进行纠正。"绝伪弃诈"，"伪"字在竹简中写作"愻"，"诈"在竹简中写作"慮"。经过多方面的考察，裘氏认为"慮"当释为"慮"或"慮"的误字，并说已有一些学者把此字释为"慮"了，如池田知久、高明、崔仁义、许抗生、韩禄伯等，以许抗生的解释为最好。许抗生的根据是《尚书·太甲》下有"弗慮胡获，弗为胡成"的说法，"慮"指思考、谋划，"为"指人为，"伪"即是指人为，老子主张无知、无为，所以提出"绝伪弃慮"的思想。

对于此句的"愻"这个字，裘氏认为是指"用己而背自然"的作为，指"道理通而人为灭"的人为，有些古书中也写成"人伪"，指不是出自天性的作为。裘氏认为"伪"字的上述意义和它的作假义、诈伪义，都是指一般作为的"为"字的引申义，在古书中有时就用"为"字来表示。尤其是道家著作，往往就用"为"字来表示背自然的人为。所以把这个"愻"字释为"伪"或"为"，都是可以的。但裘氏更倾向于释作"伪"，因为这个字毕竟比一般的"为"字多了个"心"旁。不管释"伪"还是"为"，都应该理解为背自然的人为，不能看作一般的"为"，也不能看作伪诈的"伪"。

裘氏又认为道家著作里经常可以看到主张无为、无慮的话，而且有时正是以二者并提的，如《庄子·天道》中说："故古之王天下者，知虽落天地，不自慮也；辩虽彫万物，不自说也；能虽穷海内，不自为也。"《淮南子·原道训》中说圣人"不虑而得，不为而成"，《本经训》中说体道者"心条达而不以思虑，委而弗为"，《精神训》中讲到真人境界时说"无为复朴"，"机械知巧弗载于心"，"清靖而无思虑"，都是无为与无虑同时提到，可与《老子》的"绝智弃辩""绝巧弃利""绝伪弃虑"相对照。

因此，他认为把此句释为"绝伪弃虑"，是十分合适的。下面的"民复季子"，原来释为"民复孝慈"，有些学者则认为"季子"就是《老子》的原文，不应改作"孝慈"。季子是指小儿的精神状态，与"比于赤子"相应，也就是《老子》中的婴儿，是指道德纯朴的本质。裴氏同意这种意见，改释为"季子"，与《老子》中的"复归于婴儿"义近。他还根据学者的意见，认为"绝为弃作"或"绝伪弃虑"与"民复孝慈"配合得不是很好，如果真能做到"绝伪弃虑"或"绝为弃诈"，后果一定远远超出"民复孝慈"，而"绝伪弃虑"就与"民复季子"配合得很好，意谓如果绝弃各种背自然的作为和思虑，人们当然就会浑朴得跟稚子一样。

裴氏此文引用了庞朴的说法。庞朴认为伪诈从无任何积极意义，从未有谁提倡过维护过，宣称要弃绝它，迹近无的放矢，所以，这种解释难以成立。但这种思考也不成立，因为伪诈是指人们的不善的行为，当然可以说要绝弃之。这里的问题是不能把老子的"绝弃"理解成一定是对某种既有的思想或主张（即所谓提倡维护）的绝弃，而应理解为对那些不合乎自然原则的不善的行为进行绝弃。这样的话，就不能说老子不可能提出绝弃伪诈的说法。还有一些人也与庞朴的思维一样，这表明人们习惯于把老子的思想主张理解为针对某种既有的学派进行反对或反向思考，但这种理解是不合乎老子思想本来意旨的。即老子的思想不是完全针对某种学派而唱反调的，他有自己的主张，又何必专为反驳别人的思想而论说？如"道可道，非常道"，这样的说法难道是因为儒家或他家先有"道可道，为常道"的思想主张而再来反驳他们的吗？所以老子要弃绝什么，不能全拿来与某种既有的思想主张挂钩。在绝弃仁义、智辩、伪诈、巧利这些问题上，也不全都是针对儒家思想而说的。如儒家提倡仁义，但他们不提倡智辩、巧利、伪诈等，难道老子就不能提倡绝弃它们吗？《老子》书中有很多正面的主张，不可能全是针对别家的思想的。所以不能拘泥于老子所说必为反对某种思想主张的思维模式。

（2）李零《郭店楚简研究中的两个问题——美国达慕思学院郭店楚简〈老子〉国际学术讨论会感想》。

其问题之一是郭店楚简墓主的身份是东宫之师还是东宫之杯的问题，此与《老子》的思想没有直接的关系，此处从略。问题之二是阅读简帛文献习惯的反省，这与理解《老子》的思想内容有关，故此处加以论述。李氏认为，简帛文献的通假字太多，错字太多，为了扫除阅读障碍，整理工作通常都要求用今字尽量准确转写原文，还要把按文义破读的字用圆括号注出，抄错的字用尖括弧加以改正，这种释文常常使人误以为注出或改正的字才是本来面貌，原本反而很糟糕，抄手文化水平太低，老是写"错白字"。这种方法在国内很少受到怀疑，但在达慕思学院的讨论会上，鲍则岳（William G. Boltz）教授却提出批评：第一，认为郭店楚简的释文不够准确，一会儿宽，一会儿严，极不统一。第二，认为我们的破读住往都是以今本或今人的习惯为标准，这点也不可取。他主张，理想的释文应尽量按原文隶定，宁严勿宽，不标点，不括注，一切理解另外出注。鲍则岳的想法恐怕难以实行，如宽严尺度，自古及今都是以考释水平而定，熟读无碍的字往往宽，新见初识的字往往严；读法，只是有把握者才改读，无把握者则仍旧；难以释出的字，也是该隶定的隶定，该摹写的摹写，从来就没有统一过。现在强求统一，光是印制上的麻烦就不得了。还有西方汉学家翻译简帛文献，住往喜欢按本字求解，译文不畅，或至荒诞，但他们反对迷信今本，反对迷信今天的阅读习惯，这还是值得考虑的。因为，我们的阅读习惯是从哪里来的，它和古代的阅读习惯有什么不一样，这确实是根本性的大问题。我们读古书，不可避免地要按今天的习惯去读，但古书是"本"，我们的习惯不是"本"，这一点现在要有清醒的认识。

王引之《经传释词》述校勘体例，有"经文假借"和"形讹"两条：

　　许氏《说文》论六书假借曰"本无其字，依声托事，令长是也"，盖无本字而后假借他字，此谓造作文字之始也。至于经典古字，声近而通，则有不限于无字之假者，往往本字见存而古本则不用本字，而用同声之字。学者改本字读之，则怡然理顺；依借字解之，则以文害词。是以汉世经师作注，有读为之例，有当作之条，皆由声同声近者，以意逆之，而得其本字。所谓好学深思心知其意也。然亦有改之不尽者，迄今考之文义，参之古音，犹得更而正之，以求一心之安，而补前人之阙。（"经文假借"条）

　　经典之字往往形近而讹，仍之则义不可通，改之则怡然理顺，寻文究理，皆各有其本字，不通篆隶之体，不可得而改正。（"形讹"条）

　　他在其中所说的"本字"，认真追究起来，其实是以许慎《说文解字》和东汉以来的阅读习惯为标准。其正字之法是以当时流行的篆隶字体为主体，来源是秦汉一系的文字教学，我们读的古书都是来源于汉代特别是东汉。东汉经本是糅合今古文的本子，但无论今古，写定还是用今文，即来自秦系文字的汉代隶书。那时的古本（战国文本）和整理者的习惯也有差距，但他们没有现代的"括注法"，无论原本如何，也不论合并了几种本子，传留到今天，都是直接合并和直接改定。这是我们习惯的来源。我们的阅读习惯现在已经定型，如果不用这种习惯读，已经办不到，至少是目前还办不到。但必须明白，这一习惯确实不能等同于古代的阅读习惯，现在我们对古代阅读习惯的了解还很不够。如王引之的体例，现在就有修正和补充的必要。在郭店楚简和其他楚简中，不难发现，它们的很多通假字并不是凭音同音近就可以任意选择的，而是要由楚地当时的书写习惯来限定范围和加以具体指认。它们的写法有些不太固定，可以有两三种选择。有些则相当固定，几乎处处都是同一种用法。这里就有习惯在起作用。在楚简中有些"错字"反复出现，其实是被当时的书写习惯和阅读习惯所认可，和一般的"错字"还不一样，可以称为"托近混用"。这种"形近混用",无代无之,在古书是非常多见。郭店楚简对提高识字能力有很大帮助,但更大意义在于在语境中的通读,在于人们对古代"书写习惯"和"阅读习惯"的认识。

此文提出的这个问题,非常重要。如何阅读古书,不仅是出土简帛文献的文字释读方面的问题,而且是研究古人思想时必须注意的重要问题。因为研究古人的思想,首先要阅读古人的著作,不论是通行本还是古文字书写的简帛本,都要完整地阅读,在此基础上才能谈到对其中思想内容的理解与阐释。所以不重视古人的阅读习惯,就无法完整理解其中的含义,从而对古人思想的理解就会有各种偏差而不自知。在对简帛本《老子》以及更多的先秦文献的研究中,都有阅读的问题。除对字的理解,更有对句和段落的理解,对全篇全书的理解,这都需要在阅读时给予足够的重视。

(3)唐明邦《竹简〈老子〉与通行本〈老子〉比较研究》。

唐氏认为竹简《老子》并非完本,既不是一个完整的抄本,也不是一种完善的思想著作,当属于《老子》五千言的三种节录本,与通行本《老子》相比,还存在着很大的缺陷,不足以定为《老子》原本。

唐氏指出《史记》明言老子著书上下篇,言道德之意五千余言,而竹简本《老子》之三种,共1807字,相当于通行本《老子》的五分之二弱。有人认为通行本多出的部分,是后人的增添。这种说法一与《史记》所记不相符合,二是抬高后代改作者,贬抑老子本人,于理颇欠公允,难以令人信服。从三种简本看,是为了一定的目的而从五千言的《老子》中分别节录出来的,帛书《老子》与通行本《老子》章目章次都基本一致,而竹简《老子》不但分不出《道经》与《德经》,在章目次序上也相当错杂,这说明抄录者是为了某种目的而只抄内容相近者,不顾章目先后次序。通行本第六十四章,在甲组和丙组中都有节录,但文字不尽相同,表明供节录用的底本,本身已不一致。可见《老子》五千言的确产生于春秋末年(公元前450年之前),经过近两百年的流传,到郭店楚墓入葬之前,已有多

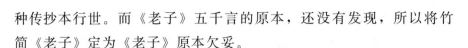

种传抄本行世。而《老子》五千言的原本，还没有发现，所以将竹简《老子》定为《老子》原本欠妥。

唐氏认为竹简《老子》三组各有其中心思想，内容都比较单一，思想比较浅显，缺乏精湛的抽象理论阐述。甲组的中心思想主要论述无为、无欲、居下、不争，可看出节录者旨在引导人们坚持清静无为、居下不争的处世哲学。乙组的中心思想主要是少私寡欲、长生久视之道，偏重个人思想修养。丙组的中心思想是在阐述道法自然的理论，比甲乙组富有思想深度。就三本的中心思想而言，与五千言相比，三本都是不完善的，五千言的不少重要内容都没有包括在内，如五千言关于道的论述、关于反者道之动的辩证法思想、关于不见而名的直觉思维、关于民本思想及爱民治国的政治思想、关于哀兵必胜的军事思想等。

（4）连劭名《郭店楚简〈老子〉中的"恒"》。

此文认为古文字中的"恒"字与天道观念有关。甲骨文已有"恒"字，有两种形体，一是从二、从月，一是从二、从月、从弓，二代表天地，月代表历数，弓代表天道，这反映了古文字中"恒"字的含义。

郭店竹简《老子》乙本有"莫知其恒"，传世本作"莫知其极"。"莫知其恒"当指"大恒"，即长生久视之道。"大恒"与"中"同义，因事制宜，以不变应万变。甲本有"至虚，恒也。兽中，管也"。此文认为"至虚"为道家文献中常见说法，如《淮南子》《文子》等都有。"虚"是去除私欲，《庄子》《管子》中都有相关的说法。"兽中"的"兽"读为"守"，"守中"是古语，金文中有人名为"守宫"，《白虎通·五行》中说"宫者，中也"。"守中"亦为顺应变化之意。古籍中有"守中""守情""守静"等说法，指守于内，与去除私欲之"虚"相同。故甲本此处的说法意为：持德守道，当恒定如一，去除私欲，因事制宜，能达于至虚，才可称为恒。

据此文所说，甲本"至虚，恒也，守中，笃也"，都是表示在内心去除私欲，达到极致（达于至虚），则能恒能笃，能因事制宜，以不变应万变。而这种至虚守中，又与持德守道相关，所以能去除私欲，顺应事迹，能恒能笃。这样恒就代表了道，又代表了人心的修养之极致。只是作者没有把这层意思说得如此明白。

（5）刘笑敢《从竹简本与帛书本看〈老子〉的演变——兼论古文献流传中的聚焦与趋同现象》。

此文提出，文献流传中有文字内容的变化，造成不同版本之间的歧异，这是文献流传中的趋异现象。但问题的另一方面，是古文献在流传中有趋同现象或同化现象，分为语言形式的趋同和思想观念的聚焦两种现象。

语言形式的趋同，指古文献在流传中，作品的语言出现同化的趋势，语言形式的主要倾向得到重复、突出和加强。如《老子》在演变中，四字句的比例增加，各章之间相同文句在增加，造成某种重复。思想的聚焦现象，指在《老子》流传的过程中，后来的抄写者或编者用较重要的概念代替原来较普通的概念，使《老子》最重要的哲学概念更为突出、鲜明。如从竹简本到帛书本到通行本，"无为"的使用次数明显增加，又如在竹简本中"无为而无不为"只出现一次，在通行本中则有两三次。中心概念使用次数的增加，使《老子》的哲学观点更为突出、集中，达到了思想聚焦的效果。思想的聚焦现象只限于重要的哲学概念或术语，文字或文献的趋同现象则表现为一般词语、句式的趋同，因此也可以说思想的聚焦现象是文字趋同现象的一个特殊表现，思想的聚焦可以使语言形式的趋同获得思想价值和活力。

聚焦对原有的思想没有重要改变，但思想聚焦是后来编者的自觉行为，自觉行为也可能产生误差。就《老子》来说，这种误差表现为沿着《老子》固有的思想倾向走得过远，造成某种程度的失真。如在第十九章，这章的竹简本原文是"绝智弃辩，民利百倍，绝巧弃利，盗贼亡有，绝伪弃虑，民复孝慈"。帛书本中"绝智弃辩"变为"绝圣弃智"，河上公、王弼、傅奕诸本大体与帛书本相同。竹简中的"绝伪弃虑"，帛书本作"绝仁弃义"，通行本也同帛书本。这一变化发生相当早，应在战国时期。推测这一变化发生的原因，可能是编者根据《老子》中原有的思想倾向推出《老子》有批评儒家思想或传统道德概念的倾向，因此将这一章的内容改为直接批评儒家伦理概念的内容。《老子》中原来的倾向是提高"道""德""自然""无为"等思想概念的地位，把传统的或儒家的道德概念排于道家概念之后，这虽然有批评或贬低的倾向，但不是直接、全面地否定儒家的基本观念。如第五章："天地不仁，以万物为刍狗。圣人不仁，以百姓为刍狗。"一般人容易把这样的词句理解为对仁义的贬低。又如第十八章："故大道废，安有仁义。六亲不和，安有孝慈。邦家昏乱，安有正臣。"这一段更像是对儒家的批评和贬低。又如第三十八章："故失道而后德，失德而后仁，失仁而后义，失义而后礼。"这是把道家的基本概念排在传统的或儒家的道德观念前面，认为自然无为的原则高于传统的具体的道德原则。这些虽然对儒家有所贬抑，但并不是直接的简单否定。但是，后来的编者从上述段落中读出了《老子》有批评儒家的意向，因而通过改变个别文句来突出这本来似乎已经有的思想倾向，于是，"绝智弃辩"变成了"绝圣弃智"，"绝伪弃虑"变成了"绝仁弃义"。

这种文本的变化，一般情况下，容易看作篡改或歧异，但联系思想聚焦现象看，不同版本之间的歧异正是《老子》思想内容在流传过程中同化聚焦现象的反映。"绝智弃辩"变成了"绝圣弃智"，"绝伪弃虑"变成了"绝仁弃义"，这是竹简本与通行本的最大不同，但这种不同还是同方向的，其变化可以看作量或程度的发展。因此，仍然可以看作思想的聚焦现象。但是，如果强调竹简本没有直接批评仁义的文字，而通行本把它改成直接的批评，这也可以看作是某种质的篡改，如果强调这是质的改变，那么就应该把它看作是思想聚焦现象的一个特例，是思想聚焦现象中聚焦过度反而失真的特殊情况。

此文认为思想的聚焦有利于认识《老子》及其他古文献演变的可能的过程或规律，有利于认识思想史上集体的创作和无意识的选择，也可以更好更有效地解释《老子》众多版本不同的原因，从众多歧异中看到带有规律性的现象。

而看到古文献流传过程中的歧异现象，在使用文献时就应该有更谨慎的态度，慎重地比校各种不同版本，避免一叶障目，立论偏颇。看到古文献流传中的趋同现象和聚焦现象，就应该看到今本《老子》是在古本《老子》的原有基础上发展起来的，其内容并没有根本性的篡改或歪曲，因而笼统的疑古是不对的。日本学者如岛邦男根据古人的推测，认为今本、河上公本和王弼本都是伪书，或非古本之旧，然而从帛书本和竹简本看，今本的内容仍是古本趋同和聚焦的结果，因此并不妨碍从整体上把握《老子》古本的基本思想。

这篇文章提出的问题，是古代文献流传过程中必然出现的问题，不论是文本趋异还是思想的聚焦，都会引起古代文献在现代人眼中的差异性，继而引起现代人对古代文献阅读和理解上的分歧与偏差。所以现代人阅读与理解古代人的著作及其中的思想内涵，都要首先寻求古人思想的本来意旨，可是其所阅读与理解的，已是在长期历史过程中流传下来并且出现许多变异（包括文本与思想的变化，不管是趋异还是聚焦）的文本。但有一点可以肯定，即不管怎样变异，基本的东西不会完全变得面目全非，这也是此文所承认的，即所谓不妨碍从整体上把握《老子》古本的基本思想。有了这个作为基础，则对于以古文献形式流传下来的古代思想家的著作及其思想的研究就能得到足够的保证。如果不承认这一点，则一切讨论也没有意义了。

（6）黄钊《竹简〈老子〉的版本归属及其文献价值探微》。

此文认为竹简《老子》应是一种摘抄本，不是三种不同的《老子》本，也不是完整的《老子》传本，而是同一种《老子》本的摘抄本。竹简《老子》可能出自稷下道家传本，即不可能是关尹一派传承之本，也不是一个原始传本，其理由是简本具有稷下道家和会众家的包容胸怀，具有黄老道家重术的思想倾向，与简本附在一起的《大一生水》可能是稷下道家的遗著。简本用字具有稷下道家积极求是的学术风格。

黄氏认为把简本视为稷下道家传本，不会贬低它的价值。因为简本价值的客观性，在于人们对它的本来面貌认识的程度。认识愈能接近它的真面目，则其价值就愈能清晰地显露出来。简本若真属稷下道家传本，那么，它对于人们认识《老子》乃至道家思想形成发展的演化进程，将提供极为珍贵的文献资料。一个学派的思想发展，往往要经历由一元到多元又由多元到一元的演变过程。儒家如此，法家如此，道家亦是如此。《老子》一书形成并流传后，必然随着学派的分化而产生不同的传本。到战国中期，《老子》至少有两种传本，一种是庄周学派奉行的传本，另一种是稷下道家学派奉行的传本。庄周学派和稷下道家学派是战国中期从道家分化出来的两大流派。庄周学派从消极方面发展了《老子》的思想，稷下道家则从积极方面将老子学说引向政治实践。这两大学派虽然都尊老，但在学术观点上分歧很大，他们传承《老子》，必然有各自不同的传本。从今存竹简本看，它将批儒以及处柔守弱的文字删了许多，而这些内容，恰是庄周学派突出强调的方面，表明该本同庄周学派的分歧。同时，从《庄子·天下》看，该篇记载的老子"知其雄，守其雌，为天下豀；知其白，守其黑，为天下谷"一段文字，不见于竹简本，这表明《庄子》同稷下道家对《老子》的基本精神看法不一致。此种情况从侧面证明当时庄周学派和稷下道家学派持有不同的《老子》传本。这两种传本经过战国末年的思想洗礼，可能最后又归于一统，帛书《老子》以及其他传世本的《老子》，可能是《老子》不同传本走向统一的产物。所以，通过竹简《老子》，可以看到《老子》乃至道家思想发展的历史进程，它的文献价值极其珍贵。

但对于竹简本的价值，应当实事求是地看待，既不能人为贬低，也不能人为拔高。帛书《老子》出土时，有人主张"以帛书本之是为是，以帛书本之非为非"，主张一切依照帛书《老子》来改正传世本的《老子》。这个意见过于偏激，因而理所当然地遭到多数学者的反对。今天，竹简《老子》出土后，似乎又有人想人为拔高它，说它一切优越于今本。这种看法还是缺乏分析的。应当说，竹简《老子》有优于今本之处，也有逊于今本之处。如它的内容严重缺失，远不及今本。有一种倾向，只要发掘出土古《老子》本，就出现贬低传世本的看法。其实，这是过于好古。如果中国古代没有传世本《老子》，而只有如竹简那么一点内容的《老子》，道家的发展演化就将是另一种情况。与此相一致，中国古代的文化发展史，也必将是另外一种面貌。所以，不能轻易贬低传世本《老子》。正是由于有了传世本的《老子》，才有了中国历代道家文化不断发展的丰富内容。

此文对于郭店竹简《老子》的性质与版本属性的分析，是很有道理的，并由此说明了老子之后的道家的不同发展演变方向及其思想特点，这对于理解《老子》思想及道家思想史，都是有着重要启示的。

这部论文集中，黄人二的论文《读郭简〈老子〉并论其为邹齐儒者之版本》，则对郭店竹简《老子》的版本性质提出了另一种截然不同的看法，可以与黄钊此文对照阅读。黄人二认为郭店竹简《老子》体现了对与儒家学派主流学说相抵触的部分加以改造或删削、对道或道家有所贬抑、思想上有尊德化和去武力的倾向，使用不少齐方言文字，属于邹齐儒家版本。在齐文化这一点上，与黄钊看法是有共通之处的，但认为与邹地的儒家有关，则是黄钊之文所没有的。张正明的论文《郭店楚简的几点启示》认为，从楚成王时起，楚人就重视研究北方的典籍了，此后直到战国晚期，仍然如此。这说明作为楚文化研究的专家，张正明也没有把郭店《老子》视为楚文化的产物，而视为北方典籍之一，这与黄钊和黄人二所认为的郭店《老子》与北方的齐文化有关，是可以互证的。张正明文章又说屈原的学术根柢有两个，一个是郢中的巫学，一个是稷下的道学，这又与黄钊所说的郭店《老子》为稷下道家的版本相一致。张正明此文还提出近半个世纪以来，中国大陆的学术界夸大了儒家与道家的相斥性，低估了它们的互补性，他认为儒道二家道虽不同而可相为谋，郭店《老子》可以说明这一点。而这又与黄人二所说的郭店《老子》为邹齐儒家的版本可相通。由此可见，不同的学者对于郭店《老子》的理解，虽不尽相同，但也有不少共通之处，这是值得注意的现象。

（7）程水金《郭店简书〈老子〉的性质及其学术定位》。

此文认为郭店《老子》是《老子》书的摘抄，而把简书《老子》看作《老子》思想的原创者老聃的原始传本，帛书本和通行本是太

967

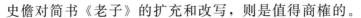

史儋对简书《老子》的扩充和改写，则是值得商榷的。

关于郭店竹简《老子》三组的情况，程氏认为不属于《老子》的三种原始版本，但在抄写时是有意的安排，而不是不经意的举措，这种推测也是合理的。既是有意的安排，则暗示着抄写时的不同分类，暗示着抄写者心目中思想内容的重要程度，因此，说郭店竹简《老子》为分类摘抄，大致是不错的。程氏又根据其他情况进行分析，进一步认为简书《老子》只能是一种摘抄本，而不是完整的《老子》传本。而简本《老子》的内容全部包含在帛书本《老子》中，说明二者属于同一本书，前者为摘抄本，后者为完整本，因此，简书《老子》只能表明摘抄者的思想，不能直接等同于《老子》原本的思想。

程氏又认为《老子》的基本思想虽在流传过程中有后人的附益，但这种附益不可能改变其思想的原创性，因为如果篡改失真，就不可能以《老子》之名而流传。因此帛书《老子》及通行本中的抽象道论，很难说是后来的发展与深化，而不是老子的思想所固有。这一看法很重要，因为认为《老子》书的内容由后人做了不少发展的观点，也是人们常常持有的看法之一，但据程氏看来，这种看法似乎忽视了《老子》思想的主要特点之事实，过分强调后人的附益或改动。

他最后说，研究老子的思想，当以帛书《老子》为主，参照楚墓简书本并不废汉魏以来的各种通行本，因为帛书《老子》是迄今为止所发现的最早的足本，而通行本则是《道》前《德》后编排最为合理的本子。总之，他并不迷信或过度抬高郭店楚简《老子》的价值，而能实事求是地分析《老子》各种版本的以及它们在研究《老子》思想上的价值与作用。

（8）刘泽亮《郭店〈老子〉所见儒道关系及其意义》。

此文认为原始的儒道，以至于原始儒道的传人及其弟子，不会是我们现在所说的这个样子，应该是各自独抒己见，而又相互包容涵化的。所谓的儒道互黜以至于冰炭不容的局势，当是后来的事情。

刘氏认为郭店楚简的出现，可以看出较以前更为客观、符合思想史实与情理的儒道关系：一是孔子、老聃时代的儒道关系并不紧张。孔子主张志于道，据于德，并曾适周问礼于老子；老子以道为本，以德为得道之所由，都表明了这一点。今本《老子》中的非儒化思想，与道家在早期时与原始儒家平等相处的状态相比照，恰好说明简本《老子》的原始性与今本《老子》的后出。二是直到简本《老子》出现并且流传的年代，老子道家的思想与孔子儒家的思想也不是势同水火，而是互有涵化，兼容并包的。三是儒道互黜最早可以追溯到今本《老子》成书的时代，其时已是战国中晚期，具体地说，是太史儋弃周王室而入秦并为秦出谋划策的时代。四是《史记》中的一段记载，竟酿成了一起千年论争的儒道学术公案。也就是说，在司马迁的时代，老聃与太史儋、简本和今本《老子》已经模糊不清。如今，楚简问世，老聃与太史儋、简本和今本《老子》的成书年代与作者问题，基本上可以得到解决，关于《老子》的一系列纷争，可以休矣。五是楚简中的儒家典籍共十四篇，大体上看，楚简的出现，为孔孟之间确实存在着一个孔子门弟子及其传承世系，提供了有力的佐证。儒学的发展变异以致与道家平等、和谐共处并相互吸取，成为一个不争的事实。

简书《老子》的出现，对人们重新审视先秦哲学相关问题有多方面的启发意义：一是简书《老子》与早期儒道互黜观念的更新。二是郭店儒道简册的同出与相互印证的现象，其意义已得到初步的揭示，但其深层的内涵有待于进一步研究。三是简书《老子》的改窜与哲学发展的内在机制需要深入研究。四是简书《老子》与儒道主旨的同中之异、异中之同，需要深入探索。五是简书《老子》与先秦相关哲学问题的争论，需要进一步思考。

总之，此文根据郭店楚墓竹简《老子》的内容，思考到早期儒道关系并非后来所描述的那样严重对立，而是处于相互包含的共处状态之中，后来儒道学者在这个问题上与早期儒道学者有了不同的态度，造成儒道关系的紧张与对立。因此，对早期的双方关系，似应重新认识与进一步研究。

三、郭店《老子》释读

对于郭店《老子》的研究，除了从思想层面进行阐释外，文本的释读成为研究的重点，并且出现了不少有价值的成果，下面大致加以介绍。

1. 彭浩《郭店楚简〈老子〉校读》

彭浩（1944—　），江西吉安人。1962 年就读于北京大学历史系。1972 年起在湖北省荆州市博物馆工作。出版有《郭店楚墓竹简》《郭店楚简〈老子〉校读》《张家山汉简〈算数书〉注释》等。

《郭店楚简〈老子〉校读》出版于 2000 年。在该书《前言》中，彭氏论及简本《老子》的年代和分组、断句和分章符号、分章和章序、简本与帛书本字句的比较、《老子》的早期传本等方面的问题。

彭氏认为通过比较字句的差异，可以解决一些存在已久的疑难。如"绝学无忧"句，在通行本第二十章之首，但帛书甲本此句残损不存；乙本此句在今本第十九章和第二十章之间，但乙本没有保留分章符号，所以无法判断此句当属哪一章。简本乙组此句位于第二十章之首，其前为通行本的第四十八章，故可判断此句属通行本第二十章。

又如通行本第三十章末有"物壮则老，是谓不道，不道早已"，帛书本同。但在简本中它们相当于通行本第五十五章中。通行本第五十五章也有与第三十章这段话相当的文字，故以前马叙伦和高亨都认为今本第五十五章中的这段为误抄，现证以简本，可知通行本第三十章中的这段文字是衍文。

又如通行本第四十六章有"罪莫大于可欲"句，简本作"辠（罪）莫厚乎甚欲"，帛书本同通行本，王弼本无此句。俞樾认为河上公本有"罪莫大于可欲"一句，又据《韩非子·喻老》"罪莫大于可欲"，认为此句当有。证以简本，知王弼本脱此句。简本这段句序是"罪莫厚乎甚欲，咎莫险乎欲得，祸莫大乎不知足"，帛书甲本把第二、三句互倒，王弼本脱第一句，河上公本句序同简本，就此而言河上公本优于他本。

用字方面，简本与帛书本和通行本相比，有若干差异，因用字不同，而产生歧义。如简本甲有"长古之善为士者"，帛书本及通行本无"长"字，简本的"士"，帛书乙本作"道"，傅奕本同乙本，王弼本、河上公本作"士"。现据简本可知作"士"是，但作"道"与作"士"的释义就有不同。又如简文"道恒亡为也，侯王能守之"中的"恒"字，帛书甲、乙本同，通行本作"常"，字异义同。帛书整理者曾疑通行本是，帛书两本误，对照简本，可知帛书本不误。通行本在"道常无为"后有"而无不为"，简本及帛书本皆无，可证通行本此句是后人所增。

简本有"道恒亡为也，侯王能守之"，其中的"亡为"，帛书两本作"无名"，传世各本作"无为"。"亡为"与"无名"含义不同，前者指因顺自然，后者指道是无名的，故可判断帛书两本"无名"是"无为"之误。简本另有"道恒亡名"，帛书本和通行本第三十二章作"名"，也可佐证帛书本前文的"无名"是"无为"之误，而导致重出。

另一方面，通过对照，可以发现简本的一些错讹，如简本甲"少私须欲"中的"须"字，帛书本和通行本皆作"寡"。简本作"须"无解。在简文中，"寡""须"两字形近，可知是抄写致误。简本也有衍文，如"不可得而贵，亦可不可得而贱"，其中的"可不可"，前一"可"是衍文。

关于《老子》的早期传本，彭氏提到简本甲与丙中各有一段文字与通行本第六十四章相似，但甲本与丙本的文字相差较大，最突出的不同在于甲本有"临事之纪"，丙本无；丙本的"人之败也，恒于其将成也败之"，甲本则无；甲本的"教不教"，丙本作"学不学"。另外甲本这段相当于通行本第十五章后，而丙本此段则是独立的。这说明甲本与丙本是各有所据，来自不同的传本。

另外与帛书本比较，可以看出帛书本在形成时对所据的《老子》传本作了调整和重新加工，不仅有许多用字和句子不同，有些章的结构也差别较大，在章序上几乎是面目全非。从内容看，简本缺帛书本和通行本中关于"道"的论说，偏重于实用，人君南面之术的色彩十分浓厚。帛书本《老子》还将东周或汉初对《老子》的解说有选择地吸纳，因而形成了与简本的许多差异。

而在简本内容的校读和校定上，作者有自己的独特看法。如甲本的"绝智弃支"，他对"支"这个字保持原字形，读作"諞"，没有像其他人那样释成"辩"字，但在校读中也提到朱德熙等人释支为《说文》中的"鞭"之古文。又说"绝智弃支，民利百怀"，《文子·道原》和《淮南子·道应训》作"绝圣弃智，民利百倍"，王弼本同，《庄子·在宥》作"绝圣弃知，而天下大治"，《庄子·胠箧》作"绝圣弃知，大盗乃止"。① 这些看法与资料，通过他的校释得以集中起来，有利于学者在研究中加以参考。

彭浩是荆门博物馆的研究人员，自郭店楚简出土以来，一直对竹简进行整理研究，他在此书《后记》中说，此书是在整理郭店楚简《老子》时所做的笔记的基础上修改而成的，侧重于简本与帛书本的校勘和比较，要为进一步研究提供一些方便。并说明他在写作时吸收了《郭店楚墓竹简》和《马王堆汉墓帛书》中的不少成果。这些情况都便于读者了解此书的作者及撰写的情况，从而更为深入地了解此书的学术价值。

2. 李零《郭店楚简校读记》

李零（1948—　　），山西武乡人。1985 年起任教于北京大学。著有《〈孙子〉古本研究》《郭店楚简校读记》《简帛古书与学术源流》等。

《郭店楚简校读记》2002 年出版。此书对郭店竹简进行校读，认为其中第一组简文为道家和道家阴谋派的文献，包括《老子》甲乙丙组、《太一生水》、《说之道》（原题《语丛四》）。此处只就其中关于郭店楚简《老子》的研究进行论述。

李氏对《老子》甲、乙、丙三组各简的文字分成段落进行校读，

---

① 彭浩：《郭店楚简〈老子〉校读》，湖北人民出版社 2000 年版，第 1—2 页。

各段落重新编号，先列所释各句，再述他对句中文字的校读。

"有状混成"句，"状"字，整理者读为"道"，李氏认为当从裴锡圭释读为"状"。他还指出与此字相同者也出现于《五行》简 36 中，而整理者一释为"庄"，一释为"道"，当释为同一个字，故他从裴锡圭所释。

"至虚，恒也"，对"恒"字，他说简文原无心旁，而帛书本和王弼本都作"极"，他认为战国秦汉文字中"恒"与"极"相近，常被混淆，如马王堆帛书《系辞》中的"太恒"，今本作"太极"，就是一例。但这种情况中，谁是本字，则有两种可能，一是字本作"恒"，后改为"极"，一是字本作"极"，后用"恒"代替。这种情况不同于同音换读的通假和通义换用的互训字，也有别于通常所说的异体字和偶尔发生的字形讹误，而是当时认可的混用。在简文误抄中，此类情况很多，且在各个时期都有，如唐人常把"段"写成"叚"，就是这种情况。因此他认为这是书写习惯的问题，会随着书写习惯的变化而变化。①

但"恒"与"極"的混用，与"段"写成"叚"的混淆，并不是一回事。"叚"可以说是"段"的异体字，是书写习惯造成的，但"恒"与"極"不是一个字的不同写法，所以这二者不能视为同一种情况。且简文"恒"没有心旁，则与"極"的字形相差更大，所以这不是字形的问题，而是牵涉到思想内容的理解的问题，不能只据文字字形的情况来加以解释。

"终日号而不嗄"，他说"嗄"原作"憂"，帛书《老子》甲本作"慐"，乙本作"嚘"，王弼本作"嗄"。他认为"夏""憂"二字在马王堆帛书中常常混用，古本此字多从"憂"，但恐怕是形近混用，《庄子·庚桑楚》有"见子终日号而不嗄"，司马彪注："楚人谓啼极无声曰嗄"，河上公本作"终日号而不哑"，文通字顺。如按"嚘"字解释，则义不可通，因为《说文》释为"语未定貌"，《玉篇》释为"气逆也"。故他从王弼本读"嗄"。

---

① 李零：《郭店楚简校读记》，中国人民大学出版社 2007 年版，第 8 页。

此说并不妥当。因为简本与帛书本都作"忧"或"嗳"，不可据后来的王弼本和司马彪《经典释文》注改为"嘠"。而《经典释文》又记载说："嘠，本作嗳，徐音忧"，则司马彪作"嘠"，也不是唯一的证据，所以俞樾认为当从《释文》作"嗳"。另外《集韵》怪韵中"嘠"也训为"气逆"，可知"嘠"与"嗳"古多混淆。俞樾认为《太玄·夷首》："柔，婴儿于号，三日不嗳。"此即西汉所见《老子》作"嗳"之证，《太玄》此处是以"嗳"与"柔"为韵的，知《太玄》本即作"嗳"。另外傅奕本作"歊"，段玉裁认为"歊"同"嗳"。这些资料都证明以作"忧"或"嗳"为正，作"嘠"当是"嗳"的形近之字而转写之误。司马彪所说"啼极无声为嘠"，此与"气逆"之意，也不矛盾。"三日号而不嗳"，可以解释为"啼极无声"，也可以解释为"气逆"，前者是已哭不出来声音，后者则是仍不气逆，这与下句的"和之至也"也是相应的。而《说文》"嗳"为"语未定貌"，这仅是"嗳"的一义，如段玉裁注《说文》引《东方朔传》曰："伊忧亚者，辞未定也。"这是"忧"或"嗳"的一种用法，用在此处当然不妥，但"嗳"释"气逆"，仍与"哭"有关，不能说义不可通。

"少私寡欲"，"寡"字原作"须"，整理者认为是"寡"的误写，李氏原先认为是抄写拥挤，略去右边两点，并非"须"字，后查简24"须"字写法与此相同，故认为字形仍是"须"字。问题是如果作"须"，于此不好解释。"少"当与"寡"或"须"相应，"私"与"欲"相应，这是古人句法的常见现象。释为"须"，则"须"与"少"不相应。所以作"须"也不太妥当，但作"寡"也仅是据后来通行本推测，没有有力的证据。故此字还应当存疑。

关于《老子》对仁义礼智圣的态度，他认为今本的"绝圣弃智，绝仁弃义"等与简本不同，因此人们纷纷认为这是郭店楚简的最大发现，证明老子并没有反对圣人和仁义的思想，甚至认为郭店楚简中儒道的书都有，说明墓主儒道兼修，道家和儒家原本没有思想冲突。人们也注意到《老子》还有贬损圣人和仁义的话，但说这是庄子或其他后学的修改。对这些看法，他认为还要注意一个前提，即老子与孔子谁先谁后的年代问题。如果认为老子在孔子之后，就要对孔子的话或反对或不反对，李氏认为这是一个有待证明的问题，如果事实不是如此，则相关的看法就不成立。另外还要意识到当时不是只有简本《老子》一种，应该还有其他的本子，因此不能只据简本《老子》就断定儒道思想的关系。他认为从整体上看，《老子》（李氏认为《老子》不等同于老子，所以这里用《老子》，不用老子）和孔子对待仁义礼智圣的态度是不一样的，"《老子》把这些儒家奉为准则的概念放在他说的'道德'之下，视为较低层次的概念"，就表明其态度与孔子不一样。①

他还认为郭店楚墓出土的竹简是包括儒道两家的著作，但不能因此而简单地说二家融洽相处，很有可能是墓主自己独特的选择，即他对两家有意调和折中。他既读儒书，也读道家的书，为了折中，他把《老子》中反对儒家的内容去掉了，没有抄录在简本中。这也是可能的。所以他认为对一种情况的解释，不能简单地只看到一种可能，还要看到更多的可能。

3. 彭裕商、吴毅强《郭店楚简老子集释》

此书 2011 年出版。作者认为《老子》书中虽也有哲理的阐述，但以治国思想为多，所以《汉书·艺文志》认为道家是"历记成败得失存亡祸福古今之道，然后知秉要执本，清虚以自守，卑弱以自持，此君人南面之术也"。也就是说老子是想用他所说的道来治理天下，所以《老子》一书实际上是一种政治学说。先秦各学派，大多都是想用自己所认定的方法来治理天下，故儒、墨、道、法各家，归根结底都是在阐明各自的治国理论与方法。战国至汉初盛行的黄老学派，也着重论治国之道，继承了老子的政治思想。

此书认为郭店竹简《老子》与传世本《老子》相比，能看出后人对《老子》书的改造，如今本第三十章："以道佐人主者，不以兵强天下，其事好还。师之所处，荆棘生焉，大军之后，必有凶年。

---

① 李零：《郭店楚简校读记》，中国人民大学出版社 2007 年版，第 20—21 页。

善者果而已，不敢以取强。"而竹简本此段的字句就要少很多："以道佐人主者，不欲以兵强于天下，善者果而已，不以取强。"今本多出的文句，此书认为是老子以后的道家后学对经文的注解，但后来被人误入正文。

这种情况还有不少，作者比较了此类情况，认为今本与竹简本反映思想意识有所不同的地方，可知是道家学说发展变化的结果。故书中对此类情况在集释的形式下加以汇集和分析，由此对竹简《老子》进行阐释和整理，考察道家思想的源流及《老子》文本流传演变的情况。书中凡是作者的看法，都以"今案"标示出来，简本中的古文字依其字形改写成现代汉字者，称之为"隶"，对于简文中的古文而见于现代汉字者，则称为"释"。对于各家大致相同的看法，只收一二种作为代表，以先发表者为准。对于不同说法，不论所说是否得当，都予收录，这也很有参考价值。

如甲本第一章"绝智弃辩"等句，此书先给出了根据简文隶定的字形，如"支"作"辩"，"愄"作"伪"，慮为"慮"，季"为"孝"，"子"为"慈"。然后对各字进行释读考论。如"智"，荆门博物馆整理者读为"知"；丁原植认为"智"指机智或谋略，不是一般意义的知识，而是治理人民的机智或谋略；廖名春、陈锡勇认为当作"智"；刘钊认为"智"为机智、谋略。"弃"，丁原植认为是古文"棄"；廖名春认为是"棄"之省文。"支"，荆门整理者释文作"卞"，读为"辩"；裘锡圭认为此字是"鞭"的古文，"鞭""辩"音近，可通用；崔仁义释作"鞭"；丁原植认为"辩"不是论辩之意，而是指治理，引申为治理人民的规范与约制。丁氏根据《说文》等资料证明"辩"有治义，故主此说；刘信芳则认为"鞭"当读为"便"，利也，与下文"民利百倍"联系起来看，读为"便"比读为"辩"义长；彭浩认为读作"諞"，辩说、巧言之意；廖名春认为"鞭"为"辩"之借，"辩"指心智高或口头表达能力强，可与"圣"互用，因为"圣"指听觉官能敏锐乃至无所不通；聂中庆认为假借为"辩"；刘钊认为读为"辩"，意为巧言善辩；陈锡勇认为"辩"是"辨"之借，意为分、判，认为是指为政者败德而失其素朴，则天下之民弥分，是以天下不治。

在集释完此句各字之后，作者收录了裘锡圭对此句的看法。裘氏认为将"绝智弃辩"读为"绝知弃辨"是毫无问题的。老子反对知、辨的原因，徐复观认为是为了反对"心知"，即反对以外物为活动条件的分别之知。由分别之知，而有是非、好恶。由是非、好恶而生与人对立、竞逐之心，这便与德日远，所以老子主张"愚人之心""沌沌兮""我独若昏""我独闷闷"，都是形容超脱分别之知，回归到德的精神状态。而且"绝智弃辩"不如"绝知弃辨"彻底，所以应该从美国学者韩禄伯读为"绝知弃辨"。

之后是本书作者的看法。他们认为"知"的范围甚广，有一般的知与分辨之知，一般的知是不能弃绝的，"老子所要弃的是分辨之知，分辨之知即是智慧，故'弃知'的说法不如'弃智'准确"[1]。《孟子》说"是非之心，智之端也"，可见古人认为分辨是非是智慧的表现，而不是一般的知，所以"智"应如字读，不能读为"知"。"攴"读为"辨"较好，辨别事物，正是智慧的表现，与"智"字相应。

不过这里所说的分辨之"智"或"知"，乃是《庄子·齐物论》中的思想，老子思想中并没有这样的问题，所以这样的推论，可能并不符合老子思想原本之意。所要弃绝的应该是智与辩，辨虽也是智与辩的一种，但这里不是专指分辨之智或知，而是泛指一般的智与辩。一般认为智与辩和民利有关，没有智与辩就会使民无利。这样的思想当然不是老子所赞成的，老子的思想就是要与这样的思想相反的，所以他要绝弃通常人们认为不能弃绝的智与辩，目的是使民返归朴素自然，不玩弄智辩巧利，以复季子（赤子婴儿），也正是为了说明这种朴素自然之状态。所以最后一句也不能释为"孝慈"，因为孝慈一类的道德，也是老子所反对的，所要弃绝的。或者说老子主张慈，但此慈非彼慈，孝慈的慈是指一般的爱，而老子主张的慈，是超越一般的爱慈的大爱大慈。

---

[1] 彭裕商、吴毅强：《郭店楚简老子集释》，巴蜀书社 2011 年版，第 6 页。

因此对于"绝伪弃虑"的"伪"，应该释为"伪"（有心机的为或有某种意图的虚假之为），不能释为"化"，因为伪是智辩的另一种表现，也是不自然、不素朴的。总起来看，"绝智弃辩"此段表达了所要弃绝的是智辩巧利伪虑，这些都是人用心智作出的虚假表象，不合乎老子主张的自然朴素，所以要弃绝这些东西。简单地说，凡是引导人民心思复杂而走向虚假、不自然的东西，老子都要反对，他所主张的是让人保持自然朴素的本来心态。而这一段中出现的智、辩、巧、利、伪、虑等字，不论怎样释读，都要从这一段的整体意思的角度来思考把握，还要从整个的《老子》思想的背景下来思考，只有这样，才能避免各种纷争，把《老子》思想的根本意旨理解清楚。

在集释完"民复孝慈"句后，作者又收录了二十多位学者关于"绝智弃辩"到"民复孝慈"这段话的看法与论述，有重要的学术参考价值。如其中引李学勤的论述：

> 简本《老子》有些与帛书本、今传本突出不同的文句，未必是《老子》的本来面目。具体讲来，我指的就是简本甲组的第一支简。这支简的文句，已经成为学者注意的焦点……大家知道，与之相当的今传本第十九章是：绝圣弃智，民利百倍；绝仁弃义，民复孝慈；绝巧弃利，盗贼亡有。除了句次前后有异以外，引人注目的差别在于简本没有绝弃圣智、仁义的字样。因此，不少论作认为这是《老子》本来不反对儒学的证据。其实，《老子》反对圣智、仁义一类概念，在这一章之外还见于好几章，其中有一章在简本中是有的，这便是今传本的第十八章：大道废，有仁义；智慧出，有大伪；六亲不和，有孝慈；国家昏乱，有忠臣。它同第十九章的联系是清楚的。这一章现见于简本丙组，只不过仅有三句而不是四句：故大道废，安有仁义；六亲不和，安有孝慈；邦家昏乱，安有贞臣。文中"安"字，有学者引王引之关于《管子》的研究，训为"则"，或者据傅奕本，改为"焉"，都是对的。郭店简中的虚词"安"，实际即读

为"焉",训为"则"。这样念,"大道废,焉有仁义"和今传本一般作"大道废,有仁义",尽管差了一个字,意思仍是一样的。有人主张,将"焉"字连上读,"大道废焉,有仁义",意思还是没有改变,就是说没有了大道才有仁义,仁义比大道低了一个层次。唯一不可采取的读法,是以"焉"字连下读而作为文句,即"大道废,焉有仁义?"等等。这样读,大道和仁义就在同一范畴里,《老子》此章便成了不需要讲的话了。特别是"六亲不和,焉有孝慈?"简直是同语反复,就看不出智慧所在。原来《老子》的话是一种哲理的机智(Wit)。大众无不认为仁义、孝慈、忠臣是好的、宝贵的,《老子》却指出,这些只是大道已废、六亲不和与国家昏乱的产物,从而不属于最高的境界。这明明是贬低或者说是反对儒学的思想。不管是由观点说,还是从语句说,与"绝圣弃智""绝仁弃义"都是相通的。……圣智、仁义以及巧利,在社会大众以及儒学的标准中,无不是好的、宝贵的,《老子》则下一转语,将它们讲成相反的,从而显示出不平凡的智能。如果讲的只是人们看不起的小智诡辩,甚至是遭到贬斥的诈伪之类,恐不能符合《老子》的本义。问题正在这里。按照帛书本、今传本,这章在思想上、语气上,均与其他诸章切合无间。而依照简本,则至少与丙组存在的前引一章显相矛盾。我认为,这只能表明,简本甲组的这种异文是当时有人窜改的。其所以要窜改,目的也不难猜想,就是要削弱或掩盖《老子》与儒学的冲突。这正像后来《老子想尔注》把"天大地大王亦大"改作"生亦大"一样,是出于学说的需要。"生亦大"的异文,在学术史上有特别价值,在文献学上只是一时的现象。郭店墓的墓主,思想无疑是倾向儒学的,我们虽不敢说窜改即他的行为,他支持这种改动却可以想见。尤其是,窜改正在甲组第一支简上。……《胠箧》有"绝圣弃知,大盗乃止",系袭自《老子》第十九章"绝圣弃智"以至"盗贼无有"一段。实际上,《胠箧》前面大半篇都是从《老子》这一章脱胎而来,对读两者,就不难看清楚。《胠箧》既然作于《语丛四》之前，当时《老子》该章本为"绝圣弃智"，是必然的。然而，正如大家所熟悉的，与《语丛四》同出的竹简《老子》甲本，一开头便是与传本第十九章对应的一章，其首句"绝圣弃智"却作"绝智弃支（辩）"，由之引生种种讨论，以至影响到对早期道家与儒家是否有思想分歧的问题。前些时候，我曾有小文，提到竹简这一章乃是当时窜改。现在由《胠箧》时代的判定，更进一步证实了这一点。①

李氏所说的根据《老子》全书思想主旨来看待具体各句的文字与思想，这是非常重要的方法，掌握了这个方法，无论文字上出现什么问题，都能从思想的角度把它讲通，而不至于出现牵强附会的说法。如李氏所说的老子的反说之哲理智慧，就是要从全书的思想来把握的。从而可知《老子》中的各种说法，都是在这种反世俗观念而说的哲理智慧下提出来的，也就是说不能按照世俗的观念来理解《老子》中的话。所以有些人只看文字的差异，而喜欢提出一些哗众取宠的说法，其实都是经不起推敲与反驳的。此书能原原本本载录各家的说法，这本身就是符合科学精神的做法，由此可使更多的研究者掌握比较完整而全面的资料，以便更为深入地推进相关的研究。

4. 刘信芳《荆门郭店竹简老子解诂》

此书台湾艺文印书馆 1999 年出版，是对郭店楚简《老子》全文的解读与训诂，因所出较早，故多为学者所引用。以下就其校释内容略加论述。

甲组第一章，"绝愿（偽）弃慮（慮）"，刘氏认为"偽"在简甲 13 也有，读如"化"，教化之意。"慮"，刘氏认为此即《说文》的"怚"字，骄也，《史记·王翦传》和《淮南子·谬称训》中都有这个字，训欺，故此句当为"绝化弃怚"。《荀子·性恶》："古者圣王以人之性恶，以为偏险而不正，悖乱而不治，是以为之起礼义，

---

① 彭裕商、吴毅强：《郭店楚简老子集释》，巴蜀书社 2011 年版，第 40—42 页。

制法度，以矫饰人之情性而正之。"所以"绝化弃悒"即弃绝教化与矫饰。

"民复季子"，刘氏认为"季子"即稚子，《说文》"季"字从稚省，稚亦声。

"三言以为叀不足"，刘氏以为"叀"字即楚系文字的"史"字，为袁国华释出。李零也认为是"史"字，这里可读为"使"，马王堆帛书甲乙本和王弼本作"文"，是"史"之误。廖明春认为释为"史"可从，但"史"不必读为"使"，"文"亦非"史"字之误。陈伟认为这个字确如李零所说，与35号简释为"史"、读为"使"的字完全一致。当依李零、刘信芳释为"吏"或"史"。

"或命（令）之或虘豆（属）"，"命"，刘氏从《郭店楚墓竹简》的释文为"令"的借字，认为"令"与下文"属"（豆）相对为文。《郭店楚墓竹简》释文"豆"读为"属"，帛书本、王弼本作"属"。刘氏认为"豆"读如"属"，托付也，古籍中多有此种用法。而这一章是说"三言"（"绝智"至"季子"三句）以之为吏，不足以作为律令，而足以作为付托。也就是说，"绝智弃辩"诸语是不可实际施行的，只能领会其精神实质。

甲组第二章，"江海所以为百浴王，以其能为百浴下，是以能为百浴王"，对于此处的"浴"字，帛书甲、乙本同，其他各本作"谷"。《郭店楚墓竹简》释文"浴"读为"谷"。崔仁义隶作"渦"。刘氏认为"渦"隶作"浴"，读如"谷"，非是。简甲20、乙11有"浴"字，字形绝不相类。《说文》："過，過水，从水，過声"，"過"或作"渦"，简文"渦"是河流的通称，渦是老子故地河流之名，老子自幼耳闻目睹，成语言之习惯，故著书行文，引以为水流通名，犹南方人称河流为江，北方人称河流为河，此乡音所系，不可更改者。《史记·老子列传》称老子为"楚苦县厉乡曲仁里人"，汉高祖时期立淮阳国，辖陈县、苦县，师古注引《晋太康地记》"城东有赖乡祠，老子所生地"。苦县在今河南鹿邑，而渦水即今流经鹿邑之渦河，则老子为苦县人，"浴"应是"渦"之误释。

第五章，"古之善为士者"，"士"字帛书乙本作"道"，王弼本作"士"，蒋锡昌认为当作"士"，以为"士亦君也"。刘氏认为作"道"者误，帛书本由于改"士"为"道"，对下文也作了相应的改动，直至改"堂呈"为"盈"，皆由改"士"为"道"引发其端。廖明春认为蒋、刘说近是。因为王弼本等今本作"士"，与楚简本合，说明故书当作"士"，怀疑"道"字是战国晚期人所改。

"必非溺玄达"，刘氏释"玄"为因，认为此字又见于简甲28。他引《吕氏春秋》和《管子》的相关训释，认为"因达"就是"顺达"。但廖明春认为"玄"与"因"字形迥然有别，刘氏释字有误。且"玄"与"微"（非）义近，若作"因"，则"因达"与"非（微）溺（妙）"不相称。

"深不可志"，其上下文为"古之善为士者，必非溺玄达，深不可志，是以为之颂"。按刘氏的断句，此章之前的"长"字当属此章，故为"长古之善为士者"。《郭店楚墓竹简》释文"志"读为"识"，刘氏认为以"志"为"识"之假，非是。王弼注"冬涉川"云："冬之涉川，豫然若欲渡，若不欲渡，其情不可得见之貌也。"是以"识"为识见。"不可志"者，不可以实录作记载之谓也。因其不可实录，故老子借助文学形象的表述方法，为之作"颂"，既已为"颂"，"长古之善为士者"，已跃然于目前，并非不可识见也。不可"志"而可"颂"，是老子已经认识到形象思维与逻辑思维的不同特点，若改"志"为"识"（识见），其认识水平较之老子，相差太远。但廖明春虽然也认为当作"志"，"志"有记之意，但"志""识"皆为标志、标记之意，"深不可志"，即深得不可以标志，也就是深不可测，故书当作"志"，"识"为异体字。他没有把"志"的记之意理解为"记载"，而理解为与"识"同样的意思，即标示、标识之意。故与刘氏的说法不同。

"涣虖（乎）其奴惮（释）"，"虖"帛书本作"呵"，王弼本等作"兮"，《郭店楚墓竹简》释文此字读为"乎"。"惮"字帛书本作"凌澤"，王弼本等作"冰之将释"。此处文字早就引起学者们的注意，刘师培认为《文子·上仁》有"涣兮其若冰之液"，疑《老子》古本作"液"，"将释"二字，后人旁记之词，校者用以代正文。马叙伦认为"将释"二字当依《文子》改。蒋锡昌认为"谊固以'释'为长,《文子》作'液'者,假字,《老子》作'释'者,本字也"。高亨认为"将"字疑衍,有"将"字其文不通。《文子·上仁》引作"涣兮其若冰之液",是《老子》古本原无"将"字之证。高明认为此当从帛书本作"其若凌释"为是。郑良树认为不当有"将"字,"之"字恐据《文子》而误增。《郭店楚墓竹简》注释"悍"读作"释",简文于"悍"字前脱"凌"字。刘氏认为"悍"同"释",解也,分别也。古籍中有其用例。帛书本该句作"涣呵其若凌泽",王弼本作"涣兮若冰之将释",或谓简本"远"读若"涣","悍"上脱"凌"字,非是。廖明春认为刘说是,"悍""泽""液""汋"等皆为"释"字的借字,从楚简上下文例看,"凌""冰之将""将汋"皆为衍文。此处经刘氏等众多学者前后考释,基本澄清其中的是非。

"竺能浊以束者","竺能",通行本多作"孰能",张舜徽认为此二字帛书甲乙本皆无,文句整齐,当从写正。高明也认为此二字为后人所增,非《老子》原有。《郭店楚墓竹简》释文"竺"读为"孰",刘氏认为"竺"为本字,不当读为"孰",他引《说文》:"竺,厚也",经典多用为"笃",笃可训为专一、诚信。廖明春认为"熟""竺"皆为"孰"的借字,刘说不可从。

刘氏又认为"束"应读如"湜",有人读"束"为"静",非是。《说文》:"湜,水清见底也。"从"束"从"是"之字古音相近,故可通。廖明春认为通行本如河上公本等多作"止静之""澂静之""澄靖之",其中的"止""澂""澄"都是衍文,由"静"而衍。当从范应元说,以"靖"为本字,训为安。"束"为"靖"的借字。以通行本"束"多作"静"字,帛书甲本作"情",故廖氏解释为"靖",其字形字音皆近。而刘氏以句中有"浊"字,故解释为"清"。"清"与"静""靖""情"字亦同声旁,但与"束"字字形字音较远,所以从"束"字来说,还是解释为"湜"训为"清"较为合乎句意。

从这些校释解诂的具体例子看,刘氏多能根据《说文》及其他古籍相关资料对楚简《老子》的文本中的难字提出自己的看法,虽然不能都被学者们接受，但仍有参考意义。

5. 廖名春《郭店楚简老子校释》

此书出版于 2003 年。据作者在《前言》中的说明，他搜集了新出的各家之说，按时间先后进行补充，并对自己的旧说进行修订，对其中的错误加以改正，又增加了译文，将按故书原貌写出的校定本改为按今通行文字写出的校定本，以便阅读。释文均按简文严格隶定，较文物出版社出版的《郭店楚墓竹简》，标准更为严格。释文之下列出帛书甲乙本以及王弼本、河上公本、傅奕本、范应元本、景龙碑本的文句，以资对照。并对释文逐句逐字进行考释，首先列出与简文相应的各种版本的字词，异文尽量列出，再按时间先后列出各家的说法，以"案"表示作者自己的看法。简文每一小段考释之后，以"可释作"的形式用通行文字写出简文的释文，与按简文严格隶定的释文对照。

作者在《前言》中还简要地列出了此书的四点新见：一是释出或隶定了一些新字，二是对简文提出了一些新的解释，三是对甲本的编连做了一些调整，四是根据考释的结果对《老子》故书的原貌做了一定的分析。以下选书中的部分校释加以介绍。

如"绝智弃辩"，廖氏对"智"字据简文的字形重新隶定，虽字形不同，但仍释为"智"。而在帛书以后的本子中此字都被改成了"圣"。"辩"，简文写作"支"，《郭店楚墓竹简》隶定为"卞"，读为"辩"；裘锡圭认为是"鞭"的古文，与"辩"音近，可以通用；崔仁义隶定此字，把上面的"卞"作"下"，仍读作"鞭"；刘信芳读"卞"为"便"，训为"利"。此字帛书以后的本子作"知"或"智"。廖氏以为郭店简本前已有"智"，后不得再为"智"，故为"卞"或"鞭"，读为"辩"。

廖氏考证"辩"之义，为心慧而善言辞，能谈说，"圣"的初义是指听觉官能敏锐乃至无所不通，故"辩"与"圣"义有相近，可互用。笔者认为廖氏此说不妥。因为此句是说绝弃智与辩，"智"与"辩"相当，而"圣"与"智"则不相当，因为此处不可能用"圣"

字的初义。要确定是用"圣"的初义，一定要看"圣"字在句中与什么搭配，若与"耳""口"等字搭配，可以说"圣"在此可用初义，若无此类相当的字词搭配，则不能笼统地说"圣"字在这里可用初义。所以此处此字还是释为"辩"为妥。

廖氏又引《荀子·性恶》所说"人虽有性质美而心辩知，必将求贤师而事之"，指出此处"辩""知"连言，"知"即"智"，故简文曰"绝智弃辩"，而且"圣"在郭店楚简和帛书《五行》篇中多与仁义礼智并称，可见其重要，故他认为此处应为"绝智弃辩"。但他这是说"绝智"不当作"绝圣"，不是说"弃辩"不当作"弃圣"。所以上面所说的"辩"与"圣"义有相近而可互用还是不太妥当的。

"绝伪弃虑"，简文"伪"的字形为"愙"，《郭店楚墓竹简》释文为"愙"，读为"伪"。对于此字，各家的看法不同。如高明认为此字不仅可假借为"伪"，还可读为"譌"和"化"，也可读作"义"。高氏以为释为"义"是顺理成章的，而且与帛书《老子》音义相近。但帛书的"义"是在"弃"之下，这里的"伪"是在"绝"之下，所以释为"义"不能说与帛书《老子》音义相近。庞朴认为"愙"字表示一种心态，为的心态或心态的为，不是行为而是心为。可知他是释作"为"的。刘信芳读此字为"化"，用教行之义。季旭升也认为是"为"的分化字，表示心之作为。裘锡圭认为此字读为"伪"或"为"都可以，但倾向于释作"伪"，因为此字比一般的"为"字多了心旁，但这个字不管释作"伪"还"为"，都是指背自然的人为，不是一般的为，更不是诈伪的伪。陈斯鹏说池田知久指出这个字形在帛书《老子》甲本中应该读为"化"，郭店竹简中此字也有读如"化"的，故此处此字也应读为"化"，是教化之义，这与刘信芳同。廖氏认为从下文的"虑"看，直接释作"愙"较好。表示此为是心理活动，指心思、心计。看来大部人都认为此字与心的活动有关，因此就与"虑"也有关了。

"虑"的字形为"慮"，最初裘锡圭认为此字释作"诈"，后改其说，认为当释作"慮"，这就与池田知久、崔仁义、袁国华、韩禄伯意见一致。高明据帛书《老子》疑此字当读为"仁"。庞朴和季旭升认为当读为"作"。许抗生认为此字很可能是"慮"，是"慮"字的形近之误。《尚书·太甲》的"弗慮胡获，弗为胡成"，是"慮"与"为"合用之例。"慮"即思考、谋划，"为"即人为，"伪"也是人为。而老子主张无知无为，所以这里说"绝伪弃慮"。刘信芳认为此字就是《说文》里的"怚"字，骄也。他释此句为"绝化弃怚"，意为弃绝教化与矫饰。陈伟认为此字与"慮"有明显差异，故他认为还是应释为"慇"，也就是字书中的"虘"字，《说文》释"虘"义为"虎不柔不信也"，段注："刚暴矫诈"，朱骏声《说文通训定声》："不柔者怚之训，不信者讉之训。曰虎不柔不信，似迂曲傅会。"因此"虘"义为粗暴欺诈的行为，这与释"诈"略同，但少了一层周折。廖氏认为此字当作"慮"，郭店楚简《缁衣》第33简有此字，今本《礼记·缁衣》作"慮"。作"义"是后人所改，以攻击儒家。又说，就像前引《荀子·性恶》中的"辩""知"并称一样，《荀子·正名》的"情然而心为之择谓之慮，心慮而能为之动谓之伪，慮积焉，能习焉，而后成谓之伪"，是"慮"与"伪"连言，可知简文此字只能释为"慮"。看来大多数人都赞成释为"慮"，与此句的"为"（伪）之表示心的活动属于同类，可以并言。再看前面的绝弃智与辩，智也与心的活动有关，辩则是心的活动的外向表述，其基础也来自于心的思谋等活动。由此可知竹简《老子》此处只是表示绝弃人们过度的心智思虑，以求保持人心的自然纯朴。

"民复季子"，最初"季子"被释为"孝慈"，这是受了帛书及传世本的影响，如荆门博物馆所释和崔仁义所释都是这样。而刘信芳提出"季子"即稚子，《说文》"季"字从"稚"省，稚亦声。廖氏开始时认为"孝"与"畜"音同义近，可通用，故此处"季子"可读为"孝慈"。但又觉得不妥，认为"季"可不改字为训，季指幼，与稚义同，季子就是小子、稚子，与赤子义同。此句意谓不用心计，百姓就会归朴返真，回复到朴素无为的自然状态。作"孝慈"，是后人的改动。

裘锡圭也认为"民复季子"与"复归于婴儿"义近。但丁四新则认为"季子"训为稚子，进而解释为赤子、婴儿，先秦故书并无其例。季子应当是排行最小的幼子，如延陵季子。廖氏认为丁氏囿于旧说，不可信。

最终廖氏认为"绝智弃辩"这几句应释为："绝智弃辩，民利百倍。绝巧弃利，盗贼无有。绝愿弃虑，民复季子。"意思是说："消除智谋，抛弃辩慧，人民会得到百倍的好处。消除机巧，抛弃私利，盗贼就会没有。不用心计，不钩心斗角，百姓就会归朴返真。"①

这一解释是可信的，而为使这一解释成立，廖氏搜集了各家的不同说法，再进行辨析，最后提出自己的看法。这就是此书对郭店竹简进行校释的基本方法，一方面提供了各家的不同解释，另一方面进行了梳理，最后形成了自己的见解，提出了完整的解释。此书对于郭店竹简《老子》中的字句，全部进行这样的考释，所做的研究是深入而具体的。在考释之后，作者还进行意思的串通解释，使人对《老子》书的字句有较可靠的理解，在此基础上再来分析《老子》中的思想内容，就会有坚实的基础了。故此书对于研究《老子》书的字句及其思想都有重要的意义。

6. 刘钊《郭店楚简校释》

此书出版于 2003 年，是对郭店全部出土竹简的校释。这里只看他对郭店竹简《老子》甲、乙、丙三本的校释情况。

对"绝智弃辩"，"辩"字字形为"攴"，释为"鞭"字的古文省形，以音近读为"辩"，意思为巧言善辩。此条各家分歧不大。下面的"绝偽弃虑，民复季子"，"偽"之字形为"憍"，"虑"的字形为"慮"，校释以为"憍"字为"爲"字的异体，指故意、做作，与心理有关，故作"憍"，后以"偽"字记录此字。"慮"，校释以为是"虑"字的异体，"虑"意为谋划。《荀子·正名》中说："情然而心为之择谓之虑，心虑而能为之动谓之伪，虑积焉、能习焉而后成谓之伪。"将"虑"与"伪"并提，指经过思虑的选择和故意的作为，与简文相同。或读"慮"字为"诈"。"季子"即"稚子"，犹言婴

---

① 廖名春：《郭店楚简老子校释》，清华大学出版社 2003 年版，第 13 页。

儿。《老子》今本第二十八章："为天下溪，常德不离，复归于婴儿。""复归于婴儿"与"民复季子"意同。简文说断绝故意的做作，抛弃有谋划的思虑，民众就会复归婴儿似的精神状态。今本此句作"绝仁弃义，民复孝慈"，从全文看，简本似应为较早的形态。①

此书这里的校释，一个是释为虑而不释为诈，一个是释为稚子婴儿而不释为孝慈，是现在有所分歧的两处的一种释读，其他学者也有采取这种释读的。联系上下文看，前面说绝弃智与辩，后面说绝弃伪与虑，中间一句说绝弃巧与利，所绝弃的六项：智、辩、巧、利、伪、虑，都是人们一般性的智巧性的活动或能力，与后来的传世本所要绝弃的六项：圣、智、巧、利、仁、义，不完全相同。如圣、仁、义三项是后来所改的，在简本中是辩、伪、虑。圣、仁、义已是抽象的道德观念，而辩、伪、虑还是一般性的智力活动，与巧、利、智三项合并起来看，还是简本的辩、伪、虑更与巧、利、智相合。这说明简本的思想更朴素，还没有上升到更为抽象的概念上来，应是《老子》书的早期的形态。而且《荀子》是把虑与伪放在一起来说的，说明先秦时人们是把这二者视为同类的。从整体上看，智、辩、巧、利、伪、虑，属于同一层次的行为，若是换成圣、仁、义，就不是同一层次了。智到虑六项，都属于智的范畴，换成圣、仁、义，这六项就不是一个范畴了。从这个意义上看，释为诈与释为虑，不会相差太多。而释为稚子婴儿与释为孝慈，相差就较大。孝慈这样的概念又与仁义相应，稚子婴儿则与伪虑（诈）相应。从这个意义上说，稚子婴儿就是指人的朴素单纯，而这又是与伪和虑（诈）相应，属于同等范畴的。

"少私寡欲"，"私"字形为"厶"，完全可通。"壴"此书释为"寡"字的简省的写法，不是"须"字之误。这与一般释为"须"字的看法，是不一样的。但这个所谓"寡"字的简省写法的"壴"字，是不是"须"字，或者是不是"寡"的简省写法，还缺少进一步的证明。若释为"须"，就与后来写成的"寡欲"的"寡"，意思相差

① 刘钊：《郭店楚简校释》，福建人民出版社 2003 年版，第 4—5 页。

太远，对此句就不好解释。若释为"寡"的简省写法，则还需要更多的证据。

"有物混成"，"有"在简本写成"又"，有与又古通。今本作"物"之字形后被释为"状"，已有一些学者认同这一释法，这与传世本作"物"的意思有所不同。但作"状"比作"物"对于道的理解更为有利，因为道不是物，如果作"物"，就容易与"万物"之"物"混淆，用"状"就可避免这种情况。而且《老子》中说到道的时候，也有类似的说法，如"视之不见名曰夷，听之不闻名曰希，抟之不得名曰微。此三者不可致诘，故混而为一。其上不皦，其下不昧，绳绳不可名，复归于无物。是谓无状之状，无物之象，是谓惚恍"。这里强调道是无物，但有状有象，而且恍惚，夷、希、微也是恍惚，所以此处的"有物"不如"有状"更为符合《老子》中关于道的描述，而且"混成"也与"混而为一"的说法可以互证。故此处释为"状"比释为"物"更为合乎《老子》的思想。

"终日呼而不嚘"，"呼"字简本作"虖"，"嚘"作"慐"。刘氏认为"慐"即"忧"字古文，读为"嚘"，意为气逆，不从今本作"嗄"。并引《太玄·夷》次三的"柔，婴儿于号，三日不嚘，中心和也"，这是与《老子》所说正相应的，这也是大多数人的意见。此书解说此句的意思：整天号哭却不气逆声哑，平和到了极点。用气逆声哑训"嚘"，似乎兼取"嚘"与"嗄"的字义，则又不必。

"损之又损，以至亡（无）为，亡（无）为而亡（无）不为"。此句非常重要，因为有人根据帛书说《老子》中没有"无为而无不为"的说法，但据简本此句，证明此说不成立。而且"无不为"又与今本第三十八章的"无以为"有关，故此句更显重要。

"故大道废，安（焉）有仁义。六亲不和，安（焉）有孝慈，邦家昏乱，安（焉）有正臣"。此句有人认为"安"当属上，笔者认为属上属下都不妨碍文义的理解，此处属下亦可，关键是如何解释"安"字。此书对此作了分析："'焉'字可有两种训释，一是用为疑问代词，意为'哪里''怎么会'；一是用于连词，意为'则''于是'。后一种训释与今本文意相合，但不排除本应按第一种训释的可能。"① 此书采取了后一种训释：所以大道被废弃，于是就有了仁义。

"埶（设）大象，天下往"。一般按今本作"执大象"，裘锡圭认为应释为"设"，看来也得到人们的认可。刘氏认为，"埶"读为"设"，古音"埶"在疑纽月部，但从"埶"为声的"勢"则在书纽月部，而"设"亦在书纽月部，所以"埶"可用为"设"。这是从字音上来做解释，但还需要更多的证据和实际的用例。他又把"设"训为施用，此句意为：施用道，天下都会向其归靠。但"设"实为立的意思，不是施用。按裘锡圭的解释，释为"设"，也是立的意思，因为大象并不训为道，而是古时礼法之象征物。"设"训为立，古时多有用例，而训为施用，则不够贴切。

此书对郭店简文的校释比较简单，没有过多的考证，这便于阅读，但有些字的校释因为简单而显得证据不足。

7. 丁四新《郭店楚竹书〈老子〉校注》

《郭店楚竹书〈老子〉校注》2010年出版。此书对楚简《老子》进行比勘校注。将甲、乙、丙三组改称为甲、乙、丙三编。甲编分上下两篇，二十一章，乙编分为八章，丙编分为四章，并据所定各章的首句写定各章的题目。作者不单重视简文字词及文义的讨论，亦注重引述和检讨简帛学者的相关看法，同时兼顾《老子》校注传统中存在的疑难问题。自己的看法以"案"字标出。基本上属于集注类型，再加以己见。

如甲编第一章"绝圣弃辩"中的"辩"字，原字形为"攴"。他引用了荆门博物馆的看法，读作"辩"；崔仁义读作"鞭"；季旭升认为作"辩"或"辨"都可以；彭浩读作"諞"，训为辩说、巧言；魏启鹏、廖名春、聂中庆读作"辩"，与辩说、巧言相同或相近；丁原植读作"辩"，认为不是论辩之意，而是指治理，引申为治理人民的规范与约制；刘信芳读为"便"，利也；韩禄伯读为"辨"，裘锡

---

① 刘钊：《郭店楚简校释》，福建人民出版社2003年版，第39页。

圭同意此读；陈锡勇认为是"辩"之借，读作"鞭""便"者误，读作"辩"而训为辩论、巧言亦误，并认为《老子》全文无作"辩"者，楚简、帛书作"辩"者乃"辨"之借，训为分。丁氏认为仍当读作"辩"，为巧言善说之义，不读作"辨"，第八十一章"善者不辩，辩者不善"即此意。陈锡勇说《老子》全文无作"辩"者，误。

对于此章的"绝伪（愚）弃诈（慮）"的"诈"，荆门博物馆和裘锡圭释为"诈"，李零同意。陈伟认为释为"慮"比释为"慮"更为可靠，此字即字书中的"虘"，义指粗暴欺诈的行为，与读为"诈"略同，但少了一番周折。庞朴、季旭升、陈锡勇读作"作"，陈锡勇并认为"绝为弃作"即"绝仁弃义"。刘信芳读为"绝化弃怚"，"怚"训骄。彭浩读"化"，与刘同，读"慮"为"袤"，训为邪恶。崔仁义释为"慮"。廖名春与高明同。许抗生认为此字是"慮"，"慮"与"慮"形似而误，聂中庆同。

裘锡圭后来改变了看法，认为"虖"旁和"虘"旁在郭店简中已有相混现象，不能排除"慮"是"慮"的可能性，也不能排除《老子》原文是"慮"但被抄成"慮"的可能性。李零不同意，认为不能读为"慮"，裘锡圭原来的读法正确。但李零对上博简《三德》篇的一个字隶作"虞"，读作"且"。陈伟认为应释作"慮"，当读作"慮"。裘锡圭又撰文说陈伟的说法正确，而不同意李零的看法。裘锡圭说："《三德》篇不但不能证明郭店《老子》的'慮'应该释读为'诈'，反而为释'慮'说增加了证据。总之'绝愚弃慮'应该读为'绝为弃慮'。"又说："以前我倾向于此句在'愚'字后括注表示'人爲'之义的'偽'（与诈偽的'偽'有别）。现在我认为还是括注'爲'字为妥。这主要是由于'绝爲'的'爲'跟屡见于《老子》的'無爲'的'爲'同义，而'無爲'是没有人写作'無偽'的。"

丁氏的看法是：裘锡圭此句释为"绝爲弃慮"是他的最新意见，上博《三德》的那个字，李零看错了，陈伟的解释正确。但"慮"字是不是当读作"慮"，还要再考证。通行本《老子》没有"慮"字，也看不到反对"慮"的思想，因此不能把"弃慮"直接看作老子的观点，而且老子也没有"弃作"的观念。而无为是《老子》思想的重要观念，主要是对君上政治行为活动（为）的制约和规范。老子是以"无为"作为"为"的根据和原理的，一切的"为"都应当以"无为"为前提和核心，而由"无为"发生的"为"是应该的，也是要鼓励的。通行本《老子》说："为无为，则无不治"，第三十七章"道常无为而无不为"，说明《老子》有"无为"的思想，不存在"绝为"的主张。作"人为"义理解的"伪"，是荀子发明的概念，前人注释读"伪"为"为"。但荀子没有让人去做违反自然事物和规律的行为。后人用于诠注《老子》的"人为"一语，与荀子"伪"的概念含义不同，是指违反自然特性的人为。此种人为观念，是老子所反对的。但是，就《老子》文本而言，是否有足够的理由将此竹简"伪"或"为"直接解释为具有特定含义的"人为"概念呢？有些学者在论证中将荀子之"伪"（为）与道家的"人为"混同起来，是偷换概念。据此，"不管是将竹简'憑'读作'爲'还是'僞（人爲）'，这都是不正确的。《老子》虽然具有无为的观念，然而并没有所谓'绝爲'的主张。否则，老氏'为无为而无不为'的命题如何可能成立？"①

竹简《老子》"绝憑弃慮"能否读为"绝伪弃诈"，也要审慎。王弼本《老子》第十八章："大道废，有仁义；智慧出，有大偽；六亲不和，有孝慈；国家昏乱，有忠臣。"这里的"伪"是"虚伪"之义。简本无"智慧出，有大伪"一句，故不足以据此作出判断。《庄子》批评虚伪的言论众多，可见道家主张"绝伪弃诈"，故这里当读作"诈"。"绝伪弃诈"，帛书本、王弼本等作"绝仁弃义"，与此不同。陈鼓应据此认为老、孔之间及其学说没有强烈对立，老子也崇尚仁慈之德。张立文认为竹简的思想不仅不是对儒家思想的批判和否定，而是对儒家思想从负面的补充。郭沂更进一步认为老子不但不反对传统，在对待传统的态度上，老子同后来的道家学者立场对立，与孔子无异，他们都主张重振业已败坏的仁义孝慈礼等传统道德。张岱年、许抗生、孙以楷等不赞成此种意见，认为竹简本有

① 丁四新：《郭店楚竹书〈老子〉校注》，武汉大学出版社2010年版，第11页。

"大道废，有仁义"，就是老子对仁义的贬损和反对，简本《老子》根本不是重振传统道德。丁氏认为张岱年等人的看法是谨慎的。从整体上来，无法由简本"绝伪弃诈"一句文本的改变，就轻易断言老子崇尚仁义，甚至说老、孔原本和合一家，因为竹简本在其他地方对仁义观念是进行批评的。

这一章的"民复孝慈"，也有较大分歧，帛书甲作"民复畜兹"，帛书乙作"民复孝兹"，王弼本作"民复孝慈"。"季子"，荆门博物馆整理者读作"孝慈"，以"季"为"孝"之形讹，"子"为"慈"之借。崔仁义认为"季子"当训为"孝慈"。但传世本、帛书本是对仁义而言，竹简是对偽慮而言，所以，"季子"当指小儿的精神状态，与"比于赤子"相应。季旭升以为"季子"照原文读就可以，犹言婴儿，指道德纯朴。刘信芳认为"季子"犹稚子。裘锡圭同意此说。廖名春认为"季子"指小子、稚子，与"赤子"义同。此句是说不用心计，不钩心斗角，百姓就会归朴返真，回复到朴素无为的自然状态。"孝慈"是后人的改造，故书当作"季子"。聂中庆从崔仁义说，陈锡勇从荆门博物馆整理者读。

丁氏认为"季子"犹稚子之说似是而非，因为"季子"训为稚子，进而解释为赤子婴儿，先秦古书无其例。季子指排行之少者，如延陵季子即其例，故赞成整理者的释读。郭沂认为这两个字应作"孝慈"，不应作"季子"。因为"季子"意为幼子，相对于年长的儿子而言，是指小儿子，与"赤子""婴儿"不是一个概念，古书中未见到以"季子"表示"赤子婴儿"之意者。另外，"孝慈"与"偽""慮"亦非不相应，在老子时代，礼崩乐坏，所谓"孝慈"流于人为造作，出自谋虑，非自然也，故老子发此高论。丁氏同意此说。

马王堆帛书《脉法》篇说"以脉法明教下"，结尾说"脉之县书而熟学之。季子忠謹，学……见于为人……言不可不察也"。所以裘锡圭认为"季子"应指初学脉法的幼童，跟《苍颉篇》"苍颉作书，以教后嗣。幼子承诏，谨慎敬戒"中以"幼子"指初学书的幼童，情况相似。故简文的"季子"应指尚未从学的幼童。丁氏认为《苍颉篇》的"幼子"可能指幼童，但马王堆帛书的"季子"是否"幼童"，先秦语境中的"季子"是否可解作"稚子"，还要有实实在在的根据。马王堆帛书整理者认为"季子"即"次子"。李学勤指出竹简《老子》"孝"字误作"季"，"慈"原作"子"，同样情形见于马王堆帛书医书《脉书》。丁氏认为"季子忠谨"应如李学勤所说，读作"孝慈忠谨"。"季子"在先秦文献中习见，其义并不难知，故他认为当从荆门博物馆整理者之读，不能解释为婴儿赤子之类。

据此例看，丁氏此书对郭店竹简《老子》的原文释读，收集了众多学者的看法，类似集注，在此基础上分析各家的是非，再提出自己的看法，研究得非常深入而具体，是一部颇有参考价值的郭店竹简《老子》的研究著作。

四、郭店《老子》的进一步研究

1. 尹振环《楚简老子辨析——楚简与帛书〈老子〉的比较研究》

此书 2001 年出版。书中分析了《老子》其书及其变形的问题，即《老子》的成书与后来的演变情况。尹氏在罗浩、李若晖分为四期的基础上加以调整，认为郭店楚简《老子》为形成期《老子》，战国末至西汉初的帛书《老子》为成型期《老子》，之后为定型期变形《老子》，又分为汉唐严遵《指归》本、河上公本、《想尔》本、王弼本、傅奕本，其后为流传期变形《老子》。他认为帛书《老子》已经证明其后诸今本《老子》已经变了形，楚简《老子》进一步证明这种变形：一是篇次颠倒，二是篇名不符实，三是约四分之一的分章不符古意，四是章序被调整、颠倒而使章序混乱，五是约有 140 句文句被篡改。而帛书本和竹简本《老子》可以对后来的变形加以矫正。在此基础上再对《老子》的文本内容进行释读训诂，解释更多的思想内容。

全书分比较研究和释析两部分。比较研究部分，由若干篇论文组成：一是论郭店楚墓竹简《老子》，主要分析简本《老子》与帛书本《老子》的异同，如分章、章序以及文句和思想的情况等。二是论楚简《老子》异于帛书本、今本《老子》的文句。三是论简本与帛书本《老子》的作者及时代问题。四是论楚简《老子》的分章与分篇。五是分析"利天下而弗利"之德，即对楚简和帛书《老子》中的"德"进行专门的研究。六是论楚简《老子》道论的主题，仍以楚简《老子》和帛书《老子》相比较。七是论楚简《老子》"绝智弃辩"的思想及其演变情况。八是论楚简《老子》释文中的问题，如误释和注释过简等。九是从同墓其他竹简看楚简《老子》。最后是几篇短文，讨论"政民不可使智之"，以及"恒称君之过"与"君恒称己之过"等问题。

其论郭店楚墓竹简《老子》一文认为，简本《老子》是迄今为止所见年代最早、手迹最真、最为原始的《老子》，与帛书《老子》、今本《老子》比，它有很大不同：一是简本《老子》现存两千多字，较帛书本少很多。不过大部分文句与帛书本相近相同，但也有数十句至关重要的文句的含义不同于帛书本。二是简本不分《德经》《道经》，而是分成长短不同、形制有别的三组竹简。三是简本的分章点比帛书本多，十之七八标得很清楚，这能证明今本的分章有对有错，也能核订、校证、补充帛书本的分章点，使《老子》分章臻于完善。四是简本的章序排列，完全不同于帛书本，更不同于今本。五是简本分别见于今本的 31 个章，据简本分章符号及文义，简本约有 40 章，有 19 章和帛书本、今本全章内容完全或基本相同，有 11 章只相同一部分，其他不相同部分显然是后来的发展与深化，有 10 章被大加改造。而不见于简本的数十个章，说明帛书本、今本《老子》在继承老子的思想基础上，丰富、发展、深化了老子的思想。

他又认为根据竹简本《老子》，认为可知今天见到的帛书类《老子》是太史儋在李耳著《老子》基础上的增扩与部分修改。流行最广的今本《老子》——严遵本、河上公本、王弼本、傅奕本等，又是经过从西汉刘向到唐玄宗，在帛书一类《老子》基础上的校订，包括统一篇章、统一定名、部分改造后的本子。总之，简、帛、今本是道家思想发展的几个里程碑，各有时代的特色。①

---

① 尹振环：《楚简老子辨析——楚简与帛书〈老子〉的比较研究》，中华书局 2001 年版，第 4 页。

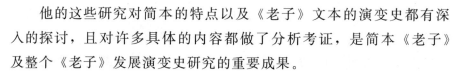

他的这些研究对简本的特点以及《老子》文本的演变史都有深入的探讨，且对许多具体的内容都做了分析考证，是简本《老子》及整个《老子》发展演变史研究的重要成果。

另外，尹氏在关于楚简《老子》辨析问题上，有五个观点：一是先秦《老子》出现文字讹误是必然的。认为帛书《老子》证明今本《老子》有不少文字讹误，楚简《老子》证明帛本也有惊人的讹误。这些讹误都是必然的。二是需要重写老子其人，根据楚简《老子》，认为老子其人有二，一是老聃，二是太史儋。二千言类《老子》出自前者，五千言类《老子》出自后者。三是用排、比、验的方法，可以准确释读假借字。四是审定《老子》分章，可以恢复《老子》的正形。五是需要重释《老子》其书。①

2. 王葆玹《老庄学新探》

王葆玹（1946—   ），北京人。中国社会科学院哲学研究所研究员。著有《正始玄学》《西汉经学源流》《玄学通论》等。

《老庄学新探》2002 年出版。作者在该书第二章对郭店《老子》及老子思想展开了进一步的研究。

关于郭店楚简有《老子》甲、乙、丙三本（即一般所说的三组）的问题，他认为这反映出古代私人藏书的一般情况，即古人藏书多无完帙，此墓主藏有三种《老子》，都是残本，故一同入葬。且都用楚文字抄写，字体接近，大概是专为随葬而抄的本子，三者的祖本未必是用同样的字体，所属的流派和地域也定有不同。当时道家有南北之分，有黄老和老庄之分，郭店《老子》三种的差异，正好与学派和地域的差异相印证。②

由于甲、乙、丙三本不是一个本子，来源不同，故丙本与马王堆本和王弼本较为接近，属于同一系统，甲本与马王堆本及王弼本出入较大，是与众本不同的、极为特殊的古本。这一古本与《老子》

---

① 《〈楚简老子辨析〉"五论"的创见》，《光明日报》2003 年 2 月 18 日。

② 王葆玹：《老庄学新探》，上海文化出版社 2002 年版，第 126—127 页。

的原始面貌极为接近，显示出《老子》作者和早期道家对儒学的温和态度，丙本则失去了《老子》的原貌，表现出对儒家名教的厌恶态度。也就是说，甲本与丙本对圣、智、仁、义、孝、慈的态度极为不同，这是它们的特点。这还涉及丙本"故大道废安有仁义"的断句，他认为当从庞朴的断句法，把"安"读为"焉"，属上读。其实"安"通"焉"，上属下属都能读得通，但意思不同。对此笔者已在前面有所论述，此略。

王氏认为应当把帛书本和通行本看成统一的传本系统，郭店丙本当为帛书本所代表的传本系统的祖本。根据丙本，他认为晚期的老子学派已构筑出一个概念的体系，在这体系当中，哲学方面的道德、仁、义、礼与政治上的帝、王、霸及危亡之君，有近乎对应的关系。

根据甲本，他认为可以对老子复归的学说作出进一步的解释。甲本有"至虚，恒也，守中，笃也。万物方作，居以须复也。天道员员，各复其堇"的说法，"至虚，恒也"不是说以虚极为宗旨或以至虚为极致，而是说"至虚"是永恒的，因为它是万物之中。由此，他又认为《老子》有圆道观，即甲本所说"天道员员"，诸本此句为"夫物芸芸"，将圆道观思想掩盖了。天道环行，环中为虚。万物不断运转，环中之至虚，却恒常不变，此即"至虚，恒也"的原意。

"万物方作，居以须复"是原貌，众本写为"万物并作，吾以观复"，为传抄者误改。"须复"即"待复"。"须"在《诗经》毛传、《释文》及《仪礼·士丧礼》郑注中均释为"待"，而"万物方作，居以待复"，是说万物循环变化迅速，刚刚产生，即归于死。马王堆帛书本写为"万物旁作"，"旁"即"方"的异体，今人多训为"并"，过于迁就通行本。

他认为"万物方作"与《庄子·齐物论》的"方生方死，方死方生"有关。伍非百解释说："方生方死，谓卒始无端也。《庄子·大宗师》云：且方将化，恶知不化哉？方将不化，恶知已化哉？即其义。盖卒始变化，循环无端。才说为生，便已是死。才说是死，却又是生。"参照这些说法，可知"万物方作，居以须复"这两句

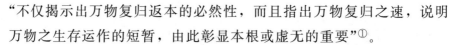

"不仅揭示出万物复归返本的必然性，而且指出万物复归之速，说明万物之生存运作的短暂，由此彰显本根或虚无的重要"①。

王氏又根据《吕氏春秋》所说"老耽贵柔、关尹贵清"的说法，认为《老子》中也说到清浊的问题。但他理解为老子重浊而不重清，因为老子贵柔，以柔为本，以刚为末，这在清浊问题上就体现为以浊为本，以清为末，与关尹的贵清正好相反。

王氏根据郭店竹简《老子》的不同内容，对《老子》的传本问题、儒道关系问题以及其中的某些思想主张，作了自己的解释。尤其是把道德、仁、义、礼与政治上的帝、王、霸及危亡之君的关系揭示出来，非常重要。而他对老子的复返观和贵浊观的强调，也有重要意义。

3. 刘韶军《郭店老子的主语与主旨》②

此文为笔者所撰，是对郭店竹简《老子》全文进行整体分析研究，重点是论证郭店竹简《老子》的思想主旨是讨论圣人式侯王如何得道并用道治国治身。笔者认为，不能因为有甲、乙、丙三组之分，就不把它们看作一个整体，从而把郭店竹简《老子》中的思想视为三个独立而互不相干的部分，忘记了《老子》是一部书而不是三种书的基本事实。根据对郭店竹简《老子》全部文本的意旨解读，完全能够证明它们具有一个相同的主旨，由此足以证明这是一部书，虽然在抄写时出于某种目的而做了不同的处理，但它们都是《老子》书的一部分，则是毫无疑问的。此文的方法是对郭店楚简《老子》全文进行仔细解读，把其中出现的不同用语的确切含义证明清楚，由此再来说明这些在文字上有所不同的文本之间的关系，最后证明出它们的共同主旨。

在湖北荆门郭店出土的竹简《老子》，因竹简外部形制的不同，

---

① 王葆玹：《老庄学新探》，上海文化出版社 2002 年版，第 144 页。

② 见《出土文献探赜》，崇文书局 2005 年版。笔者在撰写此书时，对其作了一定的修改。

而被整理者区分为甲、乙、丙三组。然而，外部形制差异，并不影响其思想内容的统一。毕竟甲、乙、丙三组文本中，重复者只有一章（按传世本八十一章的分法，其重复者即甲组与丙组中的第六十四章下半段），而不重复者则占了绝大部分，因此，可以将竹简《老子》合为一个本子来看待。也就是说，从内容上看，三组的文本可以合并为一个《老子》而看待。实际上，正是将其合为一个整体的《老子》来看待，才可由综合的文本中看出一个统一主旨。此文的写作，就是为了阐明这个存在于其全部文本中的统一主旨，以呈现《老子》之书本来所具有的思想特色。

文中引用的竹简《老子》文本，是据荆门市博物馆编《郭店楚墓竹简》（其中标点不尽依该书，有些字使用了释文中标明的通行字，用圆括号括起）。对竹简《老子》文本的分章，使用了传世本八十一章的分法。这样的分章，符合竹简《老子》文本当时的实际情况，也能很好地体现出内容上的特点。正是基于这样的分章，才能从对各章主语与主旨的分析和确认入手，进而看出全部文本的统一主旨。在对各章的主语及主旨进行分析和确认时，必须首先确认各章的主语为何者，以此为线索，可以比较容易地看出各章的主旨所在，进而综合各章的主语与主旨，以认识竹简《老子》全书的本来之所谓。

从竹简《老子》书的为文特点看，是其书的作者（也可以理解为编者，因为竹简《老子》之书的成书情况并不清楚，只是暂用"作者"来指代此书的作成者）作为言者站在听者的立场上来说其话，行其文的。作者很少以自己的口吻说话，即作者不是以自己为文中主语，而是将他所要向其告知的某种特定的听者作为文中主语的。所以，文中的主语，实际上就是那些特定的听者，但在文法上，这个本来是听者的作者，却表现为主语。具体而言，《老子》之文，不像《孟子》或《论语》那样，明白地指明言者为谁，如《孟子》中的"孟子曰""梁惠王曰"，《论语》中的"子曰""曾子曰""子贡曰"，而是将这个"曰者"全都隐去（或可说是省略）。假设《老子》各章的前面，都加上"老子曰"这个特定的言者，这样再来看其说的话即各章的文本，就可看出，这些简短的文章中的主语，不是这个作为"曰者"的言者（即其书的作者），而是这个标明为"曰者"的言者所要说给其听的听者，也就是《老子》书的作者在其思想中指定的那些对象。只有首先确认了《老子》文本中的主语与说话时特指的对象，才可以入手究明《老子》这部书的理论所适用的对象是何种人物。可以很容易地看出，这样的人物，绝不是普遍的任何人，而是具体特指的某种人。首先说明这一点，对于了解竹简《老子》全部文本的主语及主旨，是至关重要的。

竹简《老子》有明显主语的章共 17 章，具体列示如下：

第六十六章、六十四章（下段）、六十三章、二章、五十七章，此五章（都在甲组内）的主语都是"圣人"。

第三十七章、三十二章，此二章（都在甲组）的主语都是"侯王"。

第三十章，此章（甲组）的主语是"以道佐人主者"。

第十五章，此章（甲组）的主语是"古之善为士者"。

第五十五章，此章（甲组）的主语是"含德之厚者"。

第四十八章，此章（乙组）的主语是"为道者"。

第四十一章，此章（乙组）的主语是"上士"。

第五十四章、十三章（乙组）、二十五章（甲组），此三章的主语是"吾"。此外，第五十七章（甲组）中也有"吾"出现。

第十七章，此章（丙组）的主语是"我"。此外，第五十七章（甲组）中也有"我"出现。第五十七章出现了"圣人""吾""我"三个主语用语，其间的相互关系详说见后。

第三十一章，此章（丙组）的主语是"君子"。

就已有的主语而言，共有圣人、侯王、以道佐人主者、古之善为士者、含德之厚者、为道者、上士、吾、我、君子十类。根据各章的内容看，这十类主语之所指，并非互不相干的人，而是有统一关系的同一种人。之所以用了不同的词语来指称之，是为了表示这种人在不同的状况下有不同的特点，若是综合起来看这些不同的状态与特点，则完全可以将它们统一起来。以下即对此十类主语及其所指称的人物，分别考察其相关的内容。

其一，以"圣人"为主语。

第六十六章：江（海）所以为百（谷）王，以其能为百（谷）下，是以能为百（谷）王。圣人之（在）民前也，以身后之，其（在）民上也，以言下之，其（在）民上也，民弗厚也，其（在）民前也，民弗害也，天下乐进而弗（厌）。以其不（争）也，（故）天下莫能与之（争）。

此章主语就是圣人，"江海"只是谈到江海与百谷之事时的主语，不是全章的主语。而说江海与百谷之事，则是为了引出圣人与民之事的"兴"（即赋比兴的"兴"之意）。以上所列的各章的主语，都是这个意义上的主语。

此章所说的圣人是在民前及在民上者，按江海为百谷王的义例，圣人即是天下众民的王。圣人这样的王，其对民的态度是以身后之，以言下之，即所谓的不争，而民对他的态度是弗厚之（厚，重也，弗厚弗重，就是不以为厚，不以为重，此言民不感觉圣人是重厚的负担，即第十七章所说"太上，下知有之"而已，没有重厚负担的感觉），弗害之，乐进而弗厌。要之，圣人对于民的根本态度是不争，而天下的民对他又如此，故天下莫能与之争。

第六十四章：为之者败之，执之者远之，是以圣人亡为（故）亡败，亡执（故）亡（失）。临事之纪，（慎终如始），此亡败事矣。圣人（欲）不（欲），不贵难得之货，（教）不（教），复众之所（过），是（故）圣人能（辅）万（物）之自（然）而弗能为。

此章所说的圣人，是辅万物之自然而弗能为，所谓的亡为亡执、临事慎终、欲不欲不贵难得之货、教不教复众之所过等，都可以归结到这一点上来。而亡败、亡失、亡败事等，则是辅万物之自然而弗能为等行为的目的所在，他与第六十六章的"天下莫能与之争"，是同一性质的目的，这也就是第四十四章所说的"可以长久"，第五十九章所说的"可以长〔久〕①，长生久视"之意。

第六十三章：为亡为，事亡事，（味）亡（味），大（小）之，多（易）必多（难），是以圣人（犹）（难）之，（故）终亡（难）。

此章主语为圣人，乃是无疑的。此章以"是以"为分断处，可以看作"因为……所以（是以）……"的句式，"因为"已省略。第六十四章也是这样的句式，在这些文中所用的"是以""是故"等古汉语，都完全等于现代汉语的"所以"。而"因为……所以……"的句式，可以说是《老子》中最常用的句式之一，也是了解其行文中主语的主要线索之一。

此章对于圣人的规定，可以归结如下：圣人以"难之"的态度来临事，以求达到"终亡难"的目的。而所以要终亡难，则又是为了将所有的事都亡难地完成，或曰在亡难的状态下做成所要做的事，达成所要追求的目的。难之是为了亡难，亡难是为了前面所说的为、事、味，要之也就是"为"。圣人的为、事、味，就是亡为、亡事、亡味，也就是第六十四章的"辅万物之自然而弗能为"。第六十六章所说的"不争"或"以身后之""以言下之"，就是这样的亡为、亡事、亡味。

"大小之"，即大而小之，意谓将大事化小而为之。"多易必多难"，反过来说，就是"多难必多易"，意谓临事轻易之，则为之时必多难，故应临事重难之，则为之时其事必多易。将大事化小而为之，就是将难事化易而为之（大者难，小者易）。或可说，因为以其事为难（即所谓的"难之"），所以将大事化小而为之（即所谓的"小之"）。若是不以其事为难，必会将整件大事囫囵吞枣而为之，

_____

① 〔 〕中的字，据王弼本，下同，不一一注明。

此即非将大事化小而为之，也就不是"难之"的态度。

> 第二章：天下皆（知）（美）之为（美）也，（恶）已，皆（知）善，此其不善已。（有）亡之相生也，（难）（易）之相成也，长（短）之相（形）也，高下之相（盈）也，音（声）之相和也，先后之相（随）也，是以圣人居亡为之事，行不言之（教）。万（物）（作）而弗（始）也，为而弗（恃）也，成而弗居。（夫）唯弗居也，是以弗去也。

此章亦是"因为……所以……"的句式，以"是以"处分断之，其前的部分言"因为"，其后的部分言"所以"。这样来看全章之文，即可明白全章的主语是圣人。此章对于圣人的规定是"居亡为之事，行不言之教"。第六十三章所说"为亡为"云云，及第六十四章所说"教不教"，正可与此处所说者相参。其下又说"万物作而弗始也，为而弗恃也，成而弗居。夫唯弗居也，是以弗去也"，这是说因为万物如此，所以圣人也要如此，即第六十四章所说"辅万物之自然而弗能为"，"万物作而弗始"云云，正是所谓的"万物之自然"。圣人要"辅万物之自然而弗能为"，所以圣人应如万物一样地作而弗始，为而弗恃等，要之即是"居亡为之事，行不言之教"。

> 第五十七章：以正（治）邦，以（奇）（用）兵，以亡事取天下。（吾）（何）以（知）其（然）也，夫天多（忌）（讳）而民（弥）（叛），民多利器而邦（滋）昏，人多（知）（而）（奇）（物）（滋）（起），法（物）（滋）（章）（盗）（贼）多（有）。是以圣人之言曰：我无事而民自（富），我亡为而民自（化），我好（静）而民自正，我（欲）不（欲）而民自朴。

此章仍是"因为……所以……"的句式。按这个句式来看，此章的主语是圣人，但此章文中除了"圣人"之外，还有"吾""我"两个第一人称的主语性用语。关于"我"，容易理解就是圣人的自称，而

"吾"亦可理解为圣人之自称。所以圣人、吾、我三者可视为圣人一者。此章对于圣人的规定是无事、亡为、好静、欲不欲，目的是使民自富、自化、自正、自朴。若再追究更深一层的目的，无非就是使圣人对于天下之民的统治可得长久，因为民既自富、自化、自正、自朴了，也就会弗厚之，弗害之，乐进而弗厌，天下也就莫能与圣人争了（第六十六章）。

此外，由此章还可了解到，所谓的亡为、无事、好静、欲不欲（第六十四章也言欲不欲）以及不争，其具体内容包括：不要"多忌讳"，不要使"民多利器"，不要使"人多知"，不要"法物滋章"。而与民自富、自化、自正、自朴相反者，就是民弥叛，邦滋昏，奇物滋起，盗贼多有。第六十六章说民弗害，民弗厚，天下乐进而弗厌，就是此章所说民自富、自化、自正、自朴时对于圣人之王的态度，而民弥叛，邦滋昏，奇物滋起，盗贼多有，则是民害之，民厚之，天下不乐进而厌之时的状况。圣人取天下，治天下，必须亡为无事，好静不欲，这也就是第六十三章所说的亡为亡事亡味，小之难之。可知，此数章关于圣人之规定，虽在文本上是相互分开的，但在内容上则是相互贯通而一致的。其各章之所说，相互之间是有共通性的，是可以互相补充的。

将此数章中关于圣人的规定归结起来，则有如下数项：

（1）在民之上，是治民者，取天下，治天下。

（2）辅万物之自然，无事亡为。

（3）不争，好静，行不言之教，欲不欲，后之下之。

（4）临事要谨慎，多难之。

（5）追求亡败、亡失、亡败事，莫能与争，弗去。

（6）所治之民自富、自化、自正、自朴，民对圣人则弗厚、弗害、乐进弗厌。

由此可以看出在这些内容之中，实际包含着一个关于圣人的统一的主旨，约而言，即是：圣人实为天下之民之上的王，以圣人为主语的各章，其全部文本之所说，无非就是圣人应如何取天下治天下，治国治民，以求其为王之长久。

其二，以"侯王"为主语。

第三十七章：（道）（恒）亡为也，侯王能守之，而万（物）（将）自（化），（化）而（欲）（作），（将）（镇）之以亡名之（朴），夫亦（将）（知）足，（知）以（静），万（物）（将）自定。

第三十二章：道（恒）亡名，（朴）（虽）（微），天（地）弗敢臣。侯王（如）能（守）之，万（物）（将）自（宾）。天（地）相合也，以逾甘（露），民莫之（命）（而）自均安。（始）（制）（有）名，名亦既（有），夫亦（将）（知）止，（知）止所以不（殆），（譬）道之（在）天下也，（犹）（小）（谷）之与江（海）。

此二章的主语都是侯王，文中所说，都指明他要能守道，且守道不是用于个人的修身养性，而是遵循"道恒亡为"的精神，以亡为的方式治理万物。此处所说"万物"，"民"当然包括其中，乃可视为万物之一。侯王守道亡为，其效果就是使民及万物自化、自定、自宾，莫之命而自均安。"天地相合也，以逾甘露"，也是兴的手法，先说天地之事以引起人的事，即后面的句子："民莫之命而自均安"。意谓天地一相合，自然会降下甘露（"逾"，帛书作"俞"，与"雨"字声通，故可训为雨，后世王弼本作"降"，得其意）。与此相同，侯王若是实行自然无为之治，民即可在莫之命的状态下而自得均安。天地相合以雨甘露，与民莫之命而自均安，其共同点在于都是自然而然的结果。此与上面所说的侯王亡为而万物自宾，是相一致的。以下则说侯王还要"知止"，知止才能"不殆"，也是为了不殆。知止的前提是"名亦既有"，所谓"名亦既有"，就是"亦既有名"，意指已有侯王之名，即在成为侯王之后。此时才有亡为及万物自宾和民自均安的可能性。

归结以上所说，可知竹简《老子》关于侯王的规定有：
（1）守道，亡为。

（2）使万物及民自化、自定、自宾、自均安。

（3）知止而不殆。

（4）是在民之上的治民者。

关于侯王的规定与圣人的规定，其表述的用语不完全一样，然所述的意义完全一致。由此可归结为一点，即竹简《老子》所说的侯王与圣人，实际上是同一种人，或曰这两个不同的主语所指称的对象是完全相同的一种人，可以认为侯王就是圣人，圣人就是侯王。当然，这是竹简《老子》特指的侯王与圣人，不是普遍适用的侯王与圣人，也不是现实中实有的侯王，可以说是竹简《老子》所设想的侯王之理想典型。值得注意的是，第三十二章也使用了江海与谷的譬喻，此与第六十六章所用江海与百谷的譬喻完全一致，这一同样的譬喻，其所指者肯定是同一种人，由此亦可以了解圣人与侯王的关系。关于这样的侯王与圣人之定义，在述说了后面的数种主语之后，将可以看出更详细的内容。

其三，与道有关的主语。

据第三十七章所述，可知侯王应该守道，这表明了侯王（圣人）与道之关系。但守道之说，过于简单，不足以了解侯王与道的关系的其他内容，欲知侯王与道之关系的详细内容，可由以下数章得之。

第五十五章：（含）（德）之厚者，比于赤子，蜂虿（蛇）弗（螫），攫鸟（猛）兽弗扣，骨（弱）（筋）（柔）而捉固，未（知）牝（牡）之合然（怒），精之至也。终日（乎）而不（忧），和之至也。和曰（常），（知）和曰明，（益）生曰（祥），心（使）（气）曰（强），（物）（壮）则老，是（谓）不道。

第四十八章：学者日益，为道者日（损），（损）之或（损），以至亡为也，亡为而亡不为。

第十五章：古之善为士者，必（微）溺玄达，深不可志，是以为之（容）：（豫）（乎）（若）冬涉川，（犹）（乎）其（若）（畏）四（邻），（严）（乎）其（若）客，（涣）（乎）其（若）（释），屯（乎）其（若）朴，（坉）（乎）其（若）浊，（孰）能浊以（静）者，（将）（徐）清，（孰）能厇以〔动〕者，（将）（徐）生，保此（道）者，不（欲）（尚）（盈）。

　　第四十一章：上士（闻）道，（勤）能行于其中，中士（闻）道，若（闻）若亡，下士（闻）道，大（笑）之，弗大（笑）不足以为道矣。是以建言（有）之：明道（如）（孛），（夷）道□□，□道若退，上（德）（如）（谷），大白（如）辱，（广）（德）（如）不足，建（德）（如）□，□（真）（如）愉，大方亡（隅），大器曼成，大音祇（声），天象亡（形），道……

　　此数章的主语分别是"含德之厚者""为道者""善为士者""上士"，第四十八章的"学者"以及第四十一章的"中士""下士"，分别是与"为道者""上士"相对照者，不是其章的主语。此数章的主语有共通之处，即皆与道有关系，以下分说这几个主语的意义。先看含德之厚者。

　　第五十五章将含德之厚者比之于赤子，其对赤子的详细描写，都是为了说明含德之厚者。其章末尾的意思是说，若不能如含德之厚者即如赤子那样做，就是所谓的"不道"。由此可知含德之厚者就是"不道"的相反——"有道"，故可以说含德之厚者，就是"得道之深者"。德者得也，得到了身之外的道，于是道就成了德。这也可证说含德之厚者就是得道之深者不妄。

　　第四十八章的为道者，侧重是说如何为道，以及为道到何种程度。在未达到其所谓的终极程度时，就尚不是得道者或有道者，而是为道者。而在达到其所谓的终极程度时，也就可以说是得道者或有道者了。但第四十八章所说的为道者，是指为道已达到终极程度的为道者，所以能与一般的"学者"相对照。

　　第十五章的古之善为士者，就是其章最后所说的"保此道者"，既说保此道，可知是已得此道矣，否则就尚无保之的问题。至于为何要说"古"之善为士者，这是因为竹简《老子》之所说，是以现实中的人为其闻听之对象的，他要为现实中的听讲者树立榜样，就只能用古之人来立说。不只是《老子》，在中国所有的古典中，凡是

所推崇的理想人物，一概都是置之于古之时的。

第四十一章的上士是闻道者，但他的闻道与中士和下士不同，到达了该章中"建言"所列举的那些状态。而此章又说"弗大笑不足以为道"，可知为士者的闻道与为道有关。中士下士闻道之后，并不坚定相信之，可知他们是不能如上士一样去行之的，故不能称为"为道"，可以说绝非第十五章所说的"善为士者"，也不可能是第四十八章所说的"为道者"。上士闻道之后而能勤行之，例如第四十八章所说的"损之又损"，就是为道的一种"行"，上士的勤行能坚持到底，这是他与中士和下士所不同的，所以称之为"上士"，也可以说他就是第十五章所谓的"善为士者"，和第四十八章所说的"为道者"。又因为第十五章的善为士者即是保此道者，亦可理解为得此道者，所以可以断定第四十一章的上士就是保此道者，即得道者。

这样看来，第五十五章的含德之厚者等于得道之深者，而第四十八章的为道者，第十五章的善为士者、保此道者及第四十一章的上士又可相等同，于是第五十五章的含德之厚者也就可以与它们相等同了。也就是说，这几章使用了几种不同的称呼来作为各章的主语，但实际所说的，乃是同一种人，只是因其所说事情的侧重有所不同，所以才使用了与之相应的不同之称呼。不能想象，在同一部书里，会树立两种以上的不同的理想人格，一部书的作者所推崇的理想人格，只应是同一种人，虽然在不同的场合使用不同的称呼，但在其意念中实际只是指称同一种人而已。

这一种人具体是怎样的，在这几章中也有详细形容与说明，据这些说法，可以归结如下：

（1）对于人来说，是通过"为"而得道的，不是天生具有的，但也不是所有的人都能为而得之。

（2）在为道的时候，这样的人可以称为为士者、为道者、士等等。而已经得道的人，则可以称为含德之厚者、善为士者、上士、保此道者。

（3）为道方式有多种，如闻道后勤行之，损之又损，都是为道的方式。

（4）得道的人，是含德之厚者，如同赤子一样（第五十五章），是亡为而亡不为的（第四十八章），是微弱玄达、深不可志、不欲尚盈的（第十五章），是与一般的价值正相反的（第四十一章）。

关于其中一些特殊说法的含义。第五十五章的赤子，是指完满地保持着自然赋予的精与和的人，其精与和未有丝毫的丧失，所以称为"精之至""和之至"。其反面就是"心使气"的"强"。一旦出现了强，就会到达壮和老的状态，所以强、壮、老，都是不合乎道的，故曰"是谓不道"。第四十八章的"损"，可以理解对"为"的损，第五十五章的不以心使气，也可说是一种损。损之又损，是要把"为"损至极点，达到所谓的"亡为"。但这里的"亡为"，不是纯粹的亡为，而是能收到"亡不为"之效果的"亡为"，非同一般意义上的"亡为"。第十五章的微弱玄达，微与弱都是损的结果，就是不"强"，不欲尚盈。但是，善为士者的微弱，乃是得道者的微弱，不是一般人的微弱，因为与这样的微弱同时兼备的是玄达。何谓玄达？即在精神上通达了道。这样的通达只是精神中的，是不表现出来的，是不欲盈的，所以称之为"玄达"。正因为是微弱玄达的，所以深不可志。志，识也。如鱼在水中，深潜不出，外人对其所在不可判识。第十五章又用更多的语句来表述微弱玄达者的样子，如豫乎、犹乎、严乎、涣乎、屯乎、坉乎等，都是形容此种人的谨慎小心、纯朴自然、不显不露，总之可用"不欲尚盈"四字归纳之，所以此章用"保此道者，不欲尚盈"结之。第四十一章的建言云云，都是说明得道者与众不同的价值观之表现，与赤子、不强、损、微弱、不尚盈都是相通的。

此数章的主语，可视为同一种人，这种人据以上的特征，可以统称为"为道而得道者"。前面已经说明了圣人等同于侯王，而此数章所述的"为道得道者"，其特征包括：为道而得道含德、保此道、亡为亡不为、损之又损、微弱玄达、深不可志、不欲尚盈、不求强壮、保持自然之精和、谨慎小心、纯朴自然、具备与一般相反的价值观等项。对照双方的特征，可以得出如下的判断：

圣人侯王与此"为道而得道者"也是同一种人。所以这样说，是因为双方都是得道而守道保此道者，都是按照道的精神而实践的人。所谓道的精神，一是指亡为，其他诸如不争、好静、欲不欲、后之、下之、多难之、知止、不用强、微弱、深不可志、损、不尚盈、使民自化自富自安等，都可以归之于亡为；一是指自然，如辅万物之自然、如同赤子，都是顺乎自然的意思。

既是同一种人，为何还有不同的称呼？这是因为描述其人时的场合不同、角度不同所致。称为圣人，是说他的人格之高明；称为侯王，是说他所占据的社会地位；称为为道者、含德者、善为士者、上士等，则是说他与道的关系。既是圣人、侯王，又称之为士，此又何故？此可从其人的发展过程来理解，即为道时为士，得道后可成为圣人，得天下后为侯王。因为道既然必须经过"为"的阶段，之后才能到达"得"之"保"之"守"之，则知从为道到得道以及守道、保道，必然是一种在时间上有着前后之差的过程。若是天生的圣人侯王，就没有为道、守道的问题，也更不会有为士的问题。但在竹简《老子》中，并没有这样的圣人或侯王的天生论，而是从不同的角度来说明其设想的理想人格的不同情况，所以就有了圣人、侯王、为道者、为士者、上士诸种称呼。虽然竹简《老子》中，并没有明白地说明这些称呼所指称的人物的相互关系，但据竹简《老子》中关于诸种称呼所指称的人物的多样性的述说，完全可以理清他们之间的关系，最后得出如上的判断。

其四，其他名目的主语。

除了以上所说的各种主语之外，还有如下数章使用了不同的主语。即：

第十七章：太上，下（知）（有）之，其（次）（亲）誉之，其（次）（畏）之，其（次）（侮）之，信不足，安（有）不信，（犹）（乎）其贵言也，成事（遂）（功），而百（姓）曰我自（然）也。

第五十四章：善建者不拔，善（保）者不（脱），子孙以其祭祀不屯。（修）之身，其（德）乃（真），（修）之（家），其

（德）（有）（余）。（修）之（乡），其（德）乃长，（修）之邦，其（德）乃（丰），（修）之天下□□□□□□□（家）。以（乡）观（乡），以邦观邦，以天下观天下，（吾）（何）以（知）天□□□□□。

第十三章：（宠）辱若（惊），贵大患若身，（何）（谓）（宠）辱，（宠）为下也。得之若（惊），（失）之若（惊），是（谓）（宠）辱（惊）。□□□□□若身，（吾）所以（有）大患者，为（吾）（有）身，（及）（吾）亡身，或（何）□□□□□□为天下，若可以（托）天下矣，（爱）以身为天下，若（何）以〔寄〕天下矣。

第二十五章：（有）（物）〔混〕成，先天（地）生，〔寂〕（穆），（独）立不（改），可以为天下母。未（知）其名，（字）之曰道，（吾）（强）为之名曰大，大曰〔逝〕，〔逝〕曰（远），（远）曰（返）。天大，（地）大，道大，王亦大，国中（有）四大安，王（居）一安。人法（地），（地）法天，天法道，道法自（然）。

第三十一章：君子居则贵左，（用）兵则贵右。（故）曰兵者□□□□□，□得已而（用）之，（恬）（淡）为上，弗（美）也，（美）之是乐杀人。夫乐□□□以得志于天下，（故）吉事上左，丧事上右，是以（偏）（将）军居左，上（将）军居右，言以丧（礼）居之也，（故）杀□□则以（哀）悲（泣）之，战（胜）则以丧（礼）居之。

第三十章：以（道）（佐）人（主）者，不（欲）以兵强于天下，善者果而已，不以取强，果而弗（伐），果而弗（骄），果而弗（矜），是（谓）果而不强，其事好长。

第十七章的主语是"我"，这个"我"，可以说是圣人式侯王的自称。如同第五十七章"是以圣人之言曰：我无事而民自富"云云者，乃是《老子》之书的作者借用书中主人公的口吻来自称的，并不代表这部书的作者，只代表这部书的主人公。所以说这个"我"是圣人式侯王的自称，是因为此章的内容是说"太上"的治民者，正是圣人式侯王这样的治民者。他们的治民是亡为的，行不言之教的，是能使民自富、自化、自正、自朴、自化、自宾、自定、自均安的，而在下的民众对于在上的治民者，则是不厚、不害、不厌的，岂非正是此章所说的"下知有之"之状态？所以百姓即民称说这样的圣人式侯王之治是自然的，而竹简《老子》则说这就是太上的治民者，亦可知太上的治民者就等同于圣人式的侯王。

第五十四章的主语是"吾"，其中的缺字据王弼本作"其德乃普，故以身观身，以家观家""吾何以知天下之然哉，以此"，暂且借用这样的补文，以便理解本章的内容。此章的"吾"，与第五十七章的"吾"相同，第五十七章还有"我"：

第五十七章：以正（治）邦，以（奇）（用）兵，以亡事取天下。（吾）（何）以（知）其（然）也，夫天多（忌）（讳）而民（弥）（叛），民多利器而邦（滋）昏，人多（知）（而）（奇）（物）（滋）（起），法（物）（滋）（章）（盗）（贼）多（有）。是以圣人之言曰：我无事而民自（富），我亡为而民自（化），我好（静）而民自正，我（欲）不（欲）而民自朴。

看第五十七章之文，中有三个可视为主语的词：圣人、吾、我。其中"我"是圣人的自称，而"吾"则非圣人，乃是引用圣人之言的人，也就是《老子》之书的作者，是这个作者的自称。据此章的内容看，因为全是说圣人之事，所以可以肯定全章的主语仍是圣人，而不是以"吾"自称的作者。第五十四章的"吾"与此同例，从其行文的语气上看，这个"吾"可以理解为此书作者的自称，但这只是行文上的方便，就像第五十七章那样，虽然有了"吾"的出现，却不妨碍文章的真正主语为"圣人"。第五十四章与第五十七章的唯一不同之处是，后者在"吾"之外，还出现了"圣人"这一主语，而前者则没有出现之。第五十四章的内容，是强调善建善保者如何如何，最终是要说明善建善保的对象，不是身、家、乡、邦等，而是天下，因此可知这里所说的善建善保者应该就是取得并且治理天下的侯王。据前面所述，已知竹简《老子》中的"侯王"乃是圣人式的侯王，则第五十四章所隐指的侯王也不应例外。此外，此章中说到了"修之"如何，"其德"如何，"修之"可以理解为修道，也就是第四十一章和第四十八章的"为道"，"其德"可以理解为第五十五章的"含德"，由此可知此章所说的善建善保者，就是此数章的主语所指称的人物，亦即上一节所述的"为道而得道者"。而如前所述，为道而得道者就是圣人式侯王。

第十三章的缺字，若据帛书乙本补之，则为"〔何谓贵大患〕若身"，"或何〔患，故贵为身于〕为天下"。从此章的内容看，作为主语的"吾"，是与"为天下""托天下""寄天下"之事有关的人，这样的人肯定是侯王。此章所说，为了自己的无大患，而采用"亡身"的方法。这与第六十四章所说的"亡为故亡败，亡执故亡失"意思相通，从根本精神上看，也与圣人侯王的亡为、弗去、不殆相通，故此章的"吾"仍可视为与圣人侯王等同的人。而且，作为以"吾"为主语的两章，即第十三、五十四两章，所言之事都与天下相关。第五十四章希望善建者不拔，善保者不脱，这与第十三章所希望的无大患，亦可看作同一目的。故此两章的"吾"实为同一种人，即圣人式的侯王。

第二十五章先讲道如何如何（关于道，下文将详述），但一转而出现了"吾"，于是又说"吾"对道强为之名，其后也都是说人与道的关系，而根本是人的问题，即人应效法道以为王，所以此章的主语还是人，而不是道。此处出现的"吾"，可以说是竹简《老子》作者的自称，但是，这个作者所说的一切，都不是为自己而说，而是为王而说，亦即为从法地开始到法道、法自然的那种特殊的人而说，所以此章的主语，归根结底还是人，即王，亦即他章所说的圣人式侯王。

从字面上看，王与人似乎为二者，但据前后文意看，王与人，实际上是所指为一，而非所指为二的，亦即王与人实为同一的。接着，在其章的结语里说"人法地"，乃至于"道法自然"，从这样的句子中，可以看出，人之所法，绝不会仅仅停留于地，若以为人仅仅法地，其后的三个与人无关，那就是不得言外之意的理解，也与其他诸章的说法不能相合了。因为此章所说的人法地乃至法天、法道、法自然，正与其他章里所说的"守道"（第三十七章、三十二章）和"辅万物之自然"（第六十四章）相一致。所谓的守道和辅万物之自然，岂非法道、法自然乎？因此，必须这样理解：即人之所法，是顺着这里列出的数层效法关系，由法地而一直法到道及自然的。道与自然也是同一不二的，如第三十二章和三十七章所说的"道恒亡名""道恒亡为"，亡名、亡为即是自然，道恒如此，故道即自然。

第三十一章的主语是"君子"，此章的中缺文，若据帛书乙本补之，则为"兵者非君子之器[①]，不得已而用之"，"夫乐杀不可以得志于天下也"，"故杀人众"，此仅用为理解文意时的参考，不作为对其缺字的最终确认。

关于此章的君子，文中提到了居和用兵两事，但主要是说用兵之事，提出用兵的准则是不得已而用之，既已用兵也要以恬淡为上，不以用兵战胜为美事，而要以丧礼待之，否则即不可得志于天下。据这样的意思来看，这个用兵之人，应该是侯王之人。而称之为君子，如称之为圣人一样，是表示这样的侯王具有高尚的人格。此外，在第五十七章中也说"以正治邦，以奇用兵"，而该章的主语是圣人，此亦可证第三十一章的主语应等同于第五十七章的主语圣人。此章还说到偏将军与上将军的事，那只是用来说明居右高于居左，即上文所说的"丧事居右"，可知此二者都与该章的主语无关。

第三十章的主语是"以道佐人主者"，因为人主一般是指侯王，所以从字面上看，既是佐人主者，就不能是人主，也就是说不能是侯王。但是，从其内容上看，是说不欲用兵，不以取强，以及弗骄、

---

① 帛书其下还有"兵者不祥之器也"一句，但竹简《老子》此处只有六个缺字空格，其中五个空格属上，一个属下，故帛书乙本的"兵者非君子之器，兵者不祥之器也"二句，在竹简《老子》中只能有一句。因此章开头即说君子如何如何，所以认为原初只能是"兵者非君子之器"这一句。

弗矜、不强等，此与第十五章的弱和不欲盈，第四十八章的损，第五十五章的不强，第三十二章的知止，第六十三章的难之等，都是意思相通的。因此此章的主语所指称的人，应该是与圣人及为道者、得道者等相等同的人，虽然还称之为"以道佐人主者"，但不妨碍这样的人最终可以取天下、治天下，而成为圣人式的侯王。竹简《老子》中已认为得道的圣人不是天生的，这里的说法则表明，侯王也不是天生的。总之，圣人与侯王都不是天生的，是可以由非圣人非侯王而变成圣人和侯王的。此外"以道佐人主"，所行之事，仍可理解为治民治国，因此仍可与治民治国的侯王相关联。

据以上所述，此数章的主语，虽然有"我""吾""君子""以道佐人主者"之不同，但都能归结为圣人与侯王。这些主语，与圣人、侯王、为道者、得道者等主语所指称者，仍是同一种人。将此类主语的内容归纳之，则有如下数项特征（括号的数字，是各章的章数）：第一，是治民者且是最好的：为天下、托天下、寄天下（13），修之天下（54），王（25），太上（17）。第二，是按自然精神治民者：下知有之而已（17），法地、法天、法道、法自然者（25），以道佐人主者以治国治民（30）。第三，是修道者并能行道者：善建善保、修之天下（54），亡身（13），不欲强、弗骄、弗矜、弗伐（30），恬淡（31），贵言（17）。第四，修道行道的目的，是求无大患（13），能不拔不脱（54），求好长（30）。据此四项特征来看，是完全符合圣人式侯王之人的。

以上分析了竹简《老子》中以各种表现形式出现的主语，它们都可以归结为圣人式侯王，这种人是通过为道而得道的人，所作所为，都是以道的精神为准则的。但在其为道而得道之前，并不是圣人式侯王，只有在其为道而得道之后，才具备这样的人格和地位。

值得注意的是，竹简《老子》共有32章，具有明显主语的有17章，无明显主语的有15章。无明显主语的章，据其内容，可分为两类：与治民及保身有关的章，与道有关的章。与治民及保身有关的章，通过分析，可以认定这些章所隐含的主语，无一不是圣人式侯王，亦即得道之人、按照道的精神治民保身之人。与道有关的章共4

章，可以认为道即是其主语，但道在竹简《老子》中并不是根本的主题，只是为说明圣人式侯王而不得不说的一个背景性前提知识。所以这几章中即使未曾出现以人为对象的主语，也不会与竹简《老子》其他诸章相矛盾，或者可以说，正是通过对道的补充性说明，才使得其他诸章中以人为主语的内容更为完备了。尽管如此，在此数章内仍可看出与人有关的内容，并且是可以与其他章的人之主语关联起来。也就是说，虽然字面上没有出现人物性的主语，但仍可找出潜在的人物性主语，即得道之人，此种得道之人，亦即圣人式侯王，与他章的主语一致而无二。

据以上的分析，可以从主客两方面，即主体的人和客体的道来看竹简《老子》的全部内容。主体的人，是其全部所说的着眼点，所以处处都以这个主体的人为其行文的主语，而有关客体的道，只是为着说明人的问题而伴随其中的。要言之，竹简《老子》是以讲人事为其主眼的，而非以讲道为其主眼。也可以说，竹简《老子》不是专门来讲哲学之事的书，而是专门来讲治世之事的书。虽然道的问题从哲学家的眼光看来，乃是根本性的哲学问题，但在竹简《老子》中，则不是用这样的眼光来论道的，毋宁说竹简《老子》的作者或曰编者，是以关心世事的眼光来展开其全部述说的。这样的事情，正是中国古代思想的实际情况之反映。作为现代的人，若是实事求是，平心而论的话，这样来理解竹简《老子》之书，才可以说是合乎历史事实的。

就竹简《老子》中关于人的述说而言，其所说的要点，可以归结如下：

第一，人，在竹简《老子》中，不是泛指一般的人，而是特指的人，这也表明竹简《老子》之所说，是专以某种特指的人为其发论之对象的。而这种特指的人，在竹简《老子》的文章中，实际上也就是其全部行文的主语。

第二，按照竹简《老子》之所说，这种人在其做为为道者时，则称之为"士"，因其为道程度的不同，分为上士、中士、下士三类。其中的中士与下士因其为道态度的不专诚，故而结果是为道不成，不能成为竹简《老子》讨论的对象，而上士则为道成功，于是又可以称为"善为士者"。

第三，善为士者是为道成功的人，故可以称为"得道者"①。这样的得道者就是竹简《老子》所说的"圣人"。

第四，做为得道者的圣人，不是专以个人修身养性为重心，只求独善其身的人，而是以治国治民为重心，既使国家社会得到最好治理，民众咸得其利，又使自身可以长久无危的人。

第五，据竹简《老子》所说，这样的圣人，其在政治方面，有两种身份，一是"以道佐人主者"，一是"侯王"。从竹简《老子》的整体内容上看，以道佐人主者，虽然也是得道的人，即可称为"圣人"的人，但绝不是竹简《老子》全部述说中作为根本目的的理想之人，只有身为圣人的侯王，或作为侯王的圣人，这种人才是竹简《老子》的讨论对象，才是其行文中的主语之人。

第六，从作为为道者的善为士者开始，到最终的圣人式侯王，有一个共通点，即他们都是用道者（应用道的精神之人）。但其用道的侧重有所不同，善为士者，侧重用之于个人方面，尚未及于更广的方面，而侯王则侧重用之于国家与社会方面，但同时也没有放弃在个人方面的应用。

无论用之于个人还是用之于国家社会，所谓的用道，都是以道的根本精神为其处事之根本准则的。关于道的根本精神包括如下数项：

（1）自然无为（无事），亡名不可见闻（亡味，混成，朴）。

（2）虚静微弱。

（3）独立永久不改（先天地生，反复，逝，远）。

（4）为万物母（大，动）。

（5）可以修。

将这样的道与上述的人关联起来看，可以理出这样的头绪：

第一，因为道是可修得的，所以人能通过修道为道，而成为含

---

① 此名称非竹简《老子》原有之名，是笔者据竹简《老子》的"为道者"而取的相应之名，按竹简《老子》的说法，是"含德之厚者"。

德积德的得道之圣人。

第二，由于道是亡名而不可见闻和不可如具体之物一样予以接触的，所以对于道的修和为，不是一般意义上的学，所以提出了"绝学"（第二十章）而与"学者"相反的为道方法（第四十八章）。

第三，通过独特的为道而修得了道的圣人，是竹简《老子》所设想的最高的理想人格。这样的圣人，绝不只是个人道德或智慧上的高明者，他至少要具有"佐人主者"的政治地位，才能将已经修得于身的道的精神加以应用，即实行大道于天下的国家社会。而竹简《老子》所设想的理想状况，就是具有侯王地位的圣人，或具有圣人人格的侯王。也就是说，竹简《老子》所设想的理想状况包括两个方面，一是主体者要通过为道修道而得道成为圣人，一是要获得佐人主以上乃至侯王的政治地位。这样才算具备了应用大道的条件。

第四，竹简《老子》中并没有说明圣人为何必须应用这样的大道以治理国家社会，但从其关于道之精神的述说中可以找出如下的理由：一是因为道有独立永久不改变和为天下母的特性，因此这样的道可以作为治理国家与社会的根本原则。二是相信按照道的精神来治国治民治天下，可以收到最好的统治效果。三是相信按照道的精神来做律己，可以收到最好的保身效果。

第五，竹简《老子》的整个内容，就是要说明这样的圣人式侯王按照道的精神来治国治民可以取得最佳的效果，同时又可以保持自身的长久无祸，如果要简明地归纳出竹简《老子》全部内容之主旨的话，可以说就在于这一点而已。

在竹简《老子》中，为了说明这样的主旨，其内容要点，则可归约为如下诸项：

第一，所要实践的基本准则是：守道行道，效法大道，修之天下，执大象（大道）以治天下。

第二，所要遵循的道的基本精神是：自然亡为，亡事亡味，不言不教，顺辅自然。

第三，具体的做法包括：清静不欲，素朴寡欲，少忌讳，少利器，使民少知，少法物，居以须复，为之于未有，治之于未乱，闭兑塞门，和光同尘，挫锐解纷，功遂身退，治人事天，啬，大成若缺，大盈若中，大巧若拙，谨慎敬畏，多难多损，微弱深藏，后之下之，不争不居，知止知足，不盈，亡身，恬淡用兵，胜以丧礼居之，不强弗骄，弗伐弗矜，绝智弃辩，绝巧弃利，绝伪弃诈，等等。

第四，所期待并相信完全能取得的良好效果包括：可以有国，可为天下、取天下、托天下、寄天下，可使天下往，往而不害，使天下安平太，成为太上之治，民仅知之而已，民弗厚弗害，不可得而亲疏利害贵贱之，天下乐进弗厌，无人来争，使天下有仁义，六亲和，有孝慈，民复孝慈，盗贼亡有，邦家不昏，有正臣，使民自富、自化、自正、自朴、自均安，万物自宾、自化、自定，民利百倍，弗去不殆，终身不勤，无罪咎祸，长久亡极，长生久视，等等。

总之，竹简《老子》全部文章中的主语，是圣人式侯王之人，全部述说的主旨，是要说明圣人式侯王如何为道得道并用道治国治身以求最佳效果这一问题。从思想史的角度看，《老子》之所说，只是中国历史上曾经有过的一种思想之反映，不必在《老子》作者其人的问题上过分拘泥计较，而作为道家思想之流中的一个代表，只有先把《老子》其书的本来意旨究明，才能再去论及道家思想之流中的其他代表及其思想。

4. 聂中庆《郭店楚简〈老子〉研究》

此书 2004 年出版。书前有许抗生的序，认为 1993 年湖北荆门郭店楚墓出土的竹简《老子》传本，与 1973 年湖南长沙马王堆汉墓出土的帛书《老子》有较大不同。帛书《老子》与传世本流传的《老子》相差不大，竹简本《老子》与帛书本、今本《老子》有较大差别：一是竹简本只有两千言，不完整。二是帛书本与传世本皆由《道》《德》两篇组成，只是前后次序不一样，而竹简本没有《道》《德》两篇之分，且在章次上与帛书本、传世本有较大差异，并有甲、乙、丙三组不同的文字。帛书《老子》为汉初前的传钞本，竹简本《老子》据考古学研究，可确定在公元前 300 年左右，距老子生活的年代一二百年。可见竹简本《老子》比帛书本《老子》早一百年左右，是目前见到的最古老的《老子》版本。

许氏还认为，在思想内容上，竹简本《老子》与帛书本、传世本基本一致，但又有明显不同，帛书本与传世本《老子》都有抨击儒家仁义和礼的思想的相同文句，竹简本则没有这些文句。这说明早期儒道两家并不公开对立，不像庄子学派那样猛烈攻击儒家的思想。所以大多数学者认为帛书本与传世本中猛烈抨击儒家的文句，如"绝仁弃义""礼者忠信之薄而乱之首"等，皆出于庄子学派之手，是后人增篡的。他对聂氏此书作出评价，认为该书在前人研究的基础上做出了进一步的梳理和发挥，提出了不少新见，对推进郭店竹简《老子》研究有重要参考价值。

此书首先根据郭店楚简《老子》分析老子其人其书的问题，为此回顾了古史辨的争论与老学研究的关系，对老子其人其书的相关问题提出了自己的看法，还考证了传世本《老子》的作者是不是太史儋的问题。这些都是一直存在的老问题，仅靠郭店楚简《老子》的资料还无法得出最后的结论，只是作者对这些问题的进一步回顾与思考。

此书又分析了郭店楚简《老子》文本的构成，认为楚简《老子》甲、乙、丙本的形成及各本内部构成都存在历时性差异，并对楚简《老子》的标志符号做了自己的解读，对楚简《老子》文本构成做了文献学的阐释。之后聂氏对《老子》竹简本、帛书本和通行本做了比较研究，认为各本中的标志符号在使用上存在着不断变化的情况，在文本结构上也有传承关系，然后考释了竹简本、帛书本与通行本的异同，并对竹简本《老子》的异体字、古今字、通假字、同源字分别做了具体的考释。然后总结了郭店楚简《老子》研究的种种问题，如郭店一号楚墓的年代、墓主人的身份、早期儒道关系、老子哲学中有与无的关系、如何认识楚简《老子》甲、乙、丙本等。最后对郭店楚简《老子》的甲、乙、丙本全文进行校释，并给出了完整的点校本，还编了郭店楚简《老子》词典，这些工作成果对于人们进一步研究郭店竹简《老子》，都有重要的参考价值。

关于老子哲学中的有、无关系问题，聂氏根据竹简《老子》，作出了自己的分析。有无之辨，来自于《老子》所说的"有生于无"，但楚简甲本作"天下之物生于有，生于无"，聂氏认为传世本的"有生于无"多了一个"有"字，即承上文"天下之物生于有"的"有"字而衍。因此老子哲学中不存在"有生于无"的命题，有、无是统一于道的。道体之有、无不可分，"无"使"有"有起来，"有"使"无"有了存在根据，有、无乃一物。①

《郭店楚墓竹简》对此句注释："简文此句句首脱'有'字，即上句句末'又'字脱重文号，可据帛书乙本补。"整理者认为"生于亡"句句首脱"有"字，仍认为应据传世本作"有生于无"，很多人赞同这种说法，如李零、魏启鹏等。陈鼓应认为简本与今本虽一字之差，但在哲学解释上有重大差别。前者属于万物生成论问题，后者属于本体论范畴。从老子整体思想上看，以简本为是。今本"有生于无"之说，与第一章"无名天地之始，有名万物之母"无法对应。

聂氏赞同陈鼓应的说法，认为老子之所以有有、无不可分割的认识，与中国传统思维有关。与西方主客二分思维方式不同，老子哲学有辩证思维、形象思维、直觉思维和模糊思维等特点。此书把老子的有与无的关系说得比较深入，但其观点仍然可以商榷。

有与无既统一不可分，是一物，有即是无，无即是有，为什么老子又用"有"与"无"二名来说它们？老子说的夷、希、微可以理解为无，但象、物、精不是具体的象、物、精，所以也不能理解为有。且楚简作"天下之物生于有，生于无"，这里的"有"与"无"是完全一样、完全相同的，还是有所不同的？对此也应给出回答。第一章说有和无"同出而异名，同谓之玄"，"同出而异名"，则意味着二者是不同的，所以才说"同出"，才说"异名"。这也证明老子的有与无是不同的，否则他也不会提出"同出而异名"的问题。老子所说的"有无相生""有之以为利，无之以为用"，也只能证明有与无是不同的，不然就不会说"相生"，也不会分开说"利"与

---

① 聂中庆：《郭店楚简〈老子〉研究》，中华书局 2004 年版，第 152 页。

"用"，这些都说明有与无是不同的。陈鼓应说一个属于万物生成论问题，一个属于本体论范畴，但老子思想中这二者并没有清楚分开，而是统一的整体，如否定了"有生于无"，则老子就没有万物生成论的思想了，这也是不符合老子思想实情的。陈氏认为"有生于无"与"无名天地之始，有名万物之母"无法对应，但《老子》书中前后无法对应的情况很多，《老子》书中并不是所有的概念与论述都前后一致而没有相互矛盾的，这是因为老子的说法本身就是含糊的，有许多说法无法用今天的思想概念进行清楚解释。且第一章也应作"无名万物之始，有名万物之母"，因为"万物之始"与"万物之母"也有不同，所以才用"无名"与"有名"分别称之。如果都无差别，老子也没有必要用这样的说法自我混淆。总之，郭店楚简本只是《老子》的一个版本，且被认为是摘抄本或处于完成过程的本子，所以也不能说此本的文字就全部都是正确的，各种版本里都会有误字衍字脱字或错简等情况，所以在没有证明一个版本是绝对正确的情况下，也不能肯定地以此本为准，而否定其他版本。在这样的问题上，还是存疑待考为是。

5. 邓各泉《郭店楚简〈老子〉释读》

《郭店楚简〈老子〉释读》2005年出版。邓氏在此书中对郭店竹简《老子》进行释读，文字依据荆门博物馆整理的《郭店楚墓竹简》，对常见字和无争议的字隶写从宽，对有争议的字则隶写从严。释读的重点是对文字本字的认定与考证，在解读和训释上，只提出和论证自己的观点。在研究中，他参考了能检索到的郭店楚简《老子》研究方面的论文，在隶、释、读三方面提出不少新的观点看法和证据，对时人的研究也作了某些评述。

此书先用图形方式给出郭店竹简《老子》的原文，并在简文之下对应每个字给出隶定之字。各简用荆门博物馆所定的甲乙丙的编号，并标出对应的王弼本之章数。

在甲·一·一章，即王弼本第十九章，各家隶定与释读的分歧最多，而且牵涉到道家与儒家的思想关系的问题，所以是最引人关注的一章。此章的重点是"绝智弃辩""绝愆弃虑""民复季子"三句，第一句中的"智"字基本上没有分歧，"辩"字则因简文作"支"之形，应隶为何字，读为何字，意见分歧较多。第二句的重点是"愆"与"虑"的隶、释、读，第三句是"季子"的释读问题。

邓氏把这三句释为："继智弃鞭""继化弃诅""民复孝慈"。对"继"字，他引各家基本上都释为"绝"，如荆门博物馆的整理者、彭浩、裘锡圭、崔仁义、刘信芳、廖名春等。邹安华、邓球柏释为"继"，尹振环也认为当作"继"，以为知和智都不能绝弃，否则怎么可能造福于民，怎能民利百倍，故只能释为"继"，即继续、继承、发展。邓氏认为"继"和"绝"意义相反，必须辨析清楚。他根据多种资料证明"继"与"绝"在字形上一正一反，"鑾"为古文"继"，"鑾"为古文"绝"。竹简本《老子》此处，从下面所说的三言的形式看，三继三弃是有所继，有所弃，明显优于三绝三弃。从三言的思想内容分析，三继三弃优于三绝三弃。因此他认为此处当作"鑾"，即古文"继"，不应训释为"绝"，义为继承，"继智"即继知，继承知识。又因为楚简本、帛书本、传世本都有知和、知常、知子、自知等说法，"当认定老子不否定'知'，意味着作者主张'继知'的可能性很大，主张'绝知''弃知'的可能性很小"[1]。

对"支"，他认为是古文"鞭"，喻刑，或泛指刑。裘锡圭释为"辩"，崔仁义也认为是古文"鞭"，鞭打之义。李尔重认为鞭义为驱，是刑制之义，弃鞭即弃刑。彭浩认为此字读作"諞"，《说文》释为"便巧言也"，与辩说、巧言意同。邓氏认为此字上下下又，是"弇"字的字体演变，从李尔重弃鞭即弃刑之说，并引陈鼓应"老子强烈地反对这种刑治主义"的说法。竹简《老子》有民自富、民自化、民自正、民自朴之说，若如此，当然也用不着鞭，认定老子主张弃刑，是有充分内在根据的。而释作"辩"，因为帛书本、楚简本根本未涉及"辩"的问题，意味着通常认同的"弃辩"并无楚简本、帛书本的内在根据。

---

① 邓各泉：《郭店楚简〈老子〉释读》，湖南人民出版社 2005 年版，第 8 页。

　　对于"继懸弃慮"，他认为继懸即继承教化。对"懸"这个字，通常释作"为""伪""化"。但简文中的"为"字都没有心旁，如果"懸"这个字读作"为"或它是"为"字的繁化，其用法当是"为"字的一种，但主张释作"为"的学者又说这个字是"为"的分化字，表示心之作为，表示一种心态，是为的心态或心态的为，即不是行为而是心为。裘锡圭认为这种解释都有些玄，难以掌握。如果"为"是人为，则和"伪"字无别。"伪"有人为的语义，若"伪"释为人为，则绝伪是绝人为，而继伪是继人为，这都不合理。邹安华认为"伪"是诈，此处译为行为、作为。但行为、作为仍是人为。若绝伪是绝诈伪，则庞朴认为伪诈从未有谁提倡过或维护过，宣称要绝弃它，迹近无的放矢，所以这种解释难以成立。裘锡圭认为，这个字释作"伪"或"为"都可以，但倾向于释作"伪"，因为此字形中有心旁。不管是"伪"还是"为"，都应该是背自然的人为，不是一般的为，也不是诈伪的伪。而邓氏认为老子的三弃：弃鞭、弃利、弃诅，含有舍弃背自然的人为的意思，这意味着绝为、绝伪、继伪都不合理。所以有一些人如韩禄伯、刘信芳、孙以楷、崔仁义、李尔重、彭浩、陈斯鹏等认为此字当释为"化"。池田知久认为这个字形在帛书甲本中应该读为"化"。邓氏认为此字在郭店竹简中也有读如"化"的，如甲简第13"万物将自化，化而欲作"句中的二"化"字的字形即如此，《语丛》中也有例子，故此处的此字当读为"化"，指教化。而且此章的知、巧、化三者是相对独立但又互相联系的三个方面：知识、技艺、教化，如果是"绝化"，就与"行不言之教""教不教"矛盾，而作"继化"则无矛盾。

　　"慮"这个字，大多数人认为当释为"慮"，而高明认为此字有可能同"譇"字，周同科根据《说文》及段注和朱氏《通训定声》等认为"譇"同"诈"。此书认为"譇"有诈义，并引章太炎《新方言》为证，故认为此字与"譇"有语言的继承性。俞樾认为"譇"是"诅"的籀文，《集韵》中"诅"或作"譇"，《汉书》颜师古注中也说："譇，古诅字"。其义即《说文》所说的詶，古籍中又作"诅祝"。春秋时代，诅是常见的现象，一是由于信神，二是"信不足"，三是"大道废","六亲不和","国家昏乱",民有怨恨而无可奈何,只好诅祝。弃诅就意味着弃愚、弃神,守信、守道。

此书把季子释为孝慈,这是普遍的看法。刘信芳等认为季子即是稚子,尹振环认为有赤子、婴儿纯朴之意,廖明春亦此意。邓氏认为当释为孝慈,因为如果是季子,则是专名,如延陵季子即吴公子季札;如果是幼子,即相对于年长的儿子而言的小儿子,与赤子、婴儿也不是一个概念。丁四新也不同意把季子释为稚子并进而释为赤子、婴儿。郭沂认为,赤子、婴儿是常用的说法,没有必要再用季子、稚子的说法来表示赤子、婴儿。邓氏指出,"孝慈",竹简丙作"孝挚",下从"子",故此处的"子"可能与"挚"有关。再根据楚简本的思想逻辑来看,"六亲不和,安有孝慈",说明民复孝慈,则民和,所以这一章的内在逻辑是:"民富——'民利百倍';民安——'盗贼无有';民和——'民复孝慈'。民富则民安,民安则民和。文本作'民复孝慈',具有内在逻辑性。"①

此书对多有分歧的地方,都很用心地总结前人的研究成果与看法,进而说明自己的观点,或否定一些他人的看法。另外,作者不单纯从文字的字形等方面来论证问题,还特别注意简文的内在逻辑,这就使他所提出的看法有较多的根据。但也有不能自圆其说的地方,如说民和——民复孝慈,这是有内在逻辑性的,但释为季子即赤子婴儿,也有使民复纯朴和谐的意思,这与民和的思想逻辑也不矛盾。总之,这么多学者研究郭店竹简《老子》的文字字形及字义训释,出现许多不同的看法,是非常正常的。而对字形的把握和对字义的训释,还不能达到让别人无法置疑的地步,说明这种研究还要继续深入,也许还有待于更多的出土文献的出现,才能把目前存在的争议问题彻底解决。

6. 丁四新《郭店楚墓竹简思想研究》

《郭店楚墓竹简思想研究》2000 年出版。此书不只是研究郭店

---

① 邓各泉:《郭店楚简〈老子〉释读》,湖南人民出版社 2005 年版,第 18 页。

楚简中的《老子》，也对这批楚简中的其他内容一并加以研究，在此基础上分天命与天道、人性与人心、治道与伦理三个方面，再对这些简帛古籍中的思想加以研究。丁氏在此书的《引言》中说明郭店楚墓简书是战国中期偏晚以前制作或传抄的儒道著作，简本《老子》对《老子》原本的思想及原始儒道关系的理解具有重要意义。为此他首先考察简本《老子》的相关情况，探讨了竹简的形制与简本《老子》的关系，分析了简本《老子》的抄写时间及分组情况，并据世传文献考论简本《老子》其书及其作者，比较简本、帛书本与通行本《老子》的文本关系和思想区别。

丁氏对郭店竹简《老子》的看法如下：简本《老子》的甲、乙、丙三组，是三个不同时期产生的三种不同抄本，甲早于乙，乙早于丙。不能把三组简作为《老子》的一种抄本来处理。① 他也同意一些学者提出的以主题的不同作为简本《老子》分组的原因。关于简本《老子》其书及其作者，他据世传文献加以考察，认为在庄子时人们已知老子、老聃、《老子》一书的作者具有同一的关系。铁证有《庄子·天运》中以老子、老聃交互言之，多次、多处将老子、老聃视作一人，足证老聃即老子。而简本《老子》的出土，完全证明了公元前4世纪或之前已有成篇的《老子》书出现了，其书名当以《老子》为较恰当。根据各种文献，他认为在战国中期偏晚或整个战国中期，《老子》书的总体状况远较郭店简书完全，在分量上离五千言的本子相差不远，在结构上仍是松散的，但在内容上已被看成互相补充依赖的一个思想系统了。且《老子》书当不止于甲乙丙三组，当有更丰富的内容在当时流行着。即是说，大约在战国初期，一部五千言的《老子》书已经形成了，原始形态的《老子》当在春秋末、战国初为老子亲著，早于《论语》的制作。"总之，老子其人早于孔子，而寿命特长。《老子》一书从总体上看当遵从《史记》的传统看法，为老子的著作，是老子思想的集中反映。但也不反对今传本《老子》一书的形成是有一个发展过程的，不尽是老子一人一时之

---

① 丁四新：《郭店楚墓竹简思想研究》，东方出版社2000年版，第9页。

作，其中有上古与时贤的格言警句作为思想来源，亦有后来者的局部补充与修改，但在思想实质上则属于老子本人的创造"①。

他又分析了《老子》简本与帛书本、通行本的关系。认为帛书本、通行本对简本进行插接语句的补充或改造，在大多数情况下符合底本原意，是合乎逻辑的补充和发展，只在少数情况下出现失当而误导原意，属于失败的举措。帛书本对简本、通行本对帛书本进行了改造，但前者的重心是对语段重新编辑，对文意进行补充、完善，后者则是使文本变得更加精练、更加顺畅，包括对语言的多维锤炼，同时通行本亦有在帛书本基础上增减语句的情况。总体上看，简本《老子》的用字比较原始、正确，愈古愈存真，胜于帛书本及各传世本，通行本已距简本较远，讹字、变字较多，有时甚至因一字之讹而使整个句子的语意扭转或难以理解。但帛书本和通行本《老子》也不尽是仿古之抄录，而是在不断编辑文本中使其有所发展，以趋于更加完善，所以帛书本和通行本编者在有意整理故书的指导思想下，亦时有用字比简本更好更得当者。这说明简本《老子》与帛书本和通行本相比，在用字上是各有优劣的。

丁氏还谈到了简本《老子》在思想观念上的特点，认为它与帛书本和通行本的最大不同，是在原始儒道思想的发源期，老子与孔子，或说以六经为代表的上古传统文化的关系问题。这表现在简本《老子》并无直接反对仁义学说的明证，对照今传本的某些内容，可以认为道之道德与儒之仁义在老子那里是并存贯通的，但道德是根本，仁义是道德的内涵之一。这种关系的变化，他认为是在战国中期开始，到孟庄时代而使道家对儒家伦理说教的批判变得相当激烈，《庄子》就是这种时代精神的鲜明见证。

7. 李若晖《郭店竹书〈老子〉论考》

此书 2004 年出版。作者认为，并不存在一个绝对的《老子》原本，对《老子》一书，不能用二重证据法求索唯一的事实，也不能

---

① 丁四新：《郭店楚墓竹简思想研究》，东方出版社 2000 年版，第 39 页。

靠版本校勘追寻绝对的原本。因此就要引入一种新的方法。该方法类似考古标型学的方法，代替传统校勘学习惯采用的单纯堆积版本和考核字句异同的方法。该方法将每一种本子都依其系统、时代编排序列，从而使对古籍的校勘整理与流传研究合二为一，达到辨章学术、考镜源流，由此站到思想史的高度进行校勘。①

李氏将已知《老子》诸本按时代分期：先秦的郭店简本为形成期，战国末至汉初的马王堆帛书本、傅奕本为成型期，汉魏《指归》本、河上公本、《想尔注》本、王弼本为定型期，其后的诸本为流传期。

李氏指出，在对任何一个时期的本子进行校勘时，都不应随意根据其他时期的本子改动文字，要使每个本子都能说：我是我所是。尤其面对尚未定型的郭店简本时，更应审慎。不赞成动辄以"众本如此""今本更优"为由而改动郭店简本，特别是在文字可通的情况下。因此他在对郭店竹简《老子》进行校勘时，对其他三个时期本子的参考，仅限于四种情况：一，简序混乱，可以参照他本编次。二，简文残缺，可以参照他本补齐。三，文字不识，可以参照他本释读。四，书写显误，可以参照他本改正。

因为各本之间有血肉相连的关系，所以必须以"由字以通其词，由词以通其道"为原则，进行各本之间的文字对勘，而校勘方法便应成为思想自身显现的逻辑运演。当思想在客观世界中展开其逻辑之格时，其物质存在必将与自身相分离而形成差异，这就是异文。李氏将校勘前三期八本所得异文分为五类：一，形异字同异文，包括异体字、古今字等。二，字异义同异文，包括假借字、同义词等。三，义异思同异文，这类异文意义不同，但在哲学思想上没有分歧。四，句异异文，即句子结构和句中词语的多少有所不同。五，思异异文，即异文的意义表达的哲学思想不同。

《老子》各本异文以前三类为主，证明其为一整体；前三类异文的转换规则限于语言文字范围内，思异异文的转换规则显现了哲学思想的演变，各本最终内容皆同流合一，大同小异，又表现了《老

---

① 李若晖：《郭店竹书〈老子〉论考·内容提要》，齐鲁书社2004年版，第1页。

子》各本的自身调整性。校注郭店《老子》时，不但应当得到一个可读的、成为其自身的文本，而且还应该对各类异文的转换规则进行探究，从而做到"辨章学术，考镜源流"。因此应当保留各系统本子的差异，使之能够说：我是我所是。由是校勘学的任务就不是仅在思想之外收拾破烂，而是对思想自身的建筑，思想将由此显现。于是校勘学成为思想研究，而新的思想在异文与异说中建立自身的存在。

其实不能以否定传统的校勘学方法来如李氏所批评的那样标新立异，因为传统的校勘学并不是简单的"单纯堆积版本和考核字句异同"，而是尽量收集各种版本资料，以发现其中的字句异同，再根据原书的思想、语言的规则等各方面的情况进行综合考虑，以定是非，最终要达到消除古书在流传过程中产生的各种错误，使之尽量恢复到原初的状态，由此才能得到可靠的文本以解读其中的思想。而他后来的分期也好，各种异文的分类也好，追寻文本中的思想的本来面貌也好，实际上都仍是这种校勘学所要追求的目标。他所否定的校勘学与他所推崇的校勘方法或目的，实质上是一样的，人为地把它们分为两类，其实根本没有必要，也显得多此一举，因为所否与所立，本来就是一回事。

此书上篇建立作者所主张的"新校勘论"，为此首先总结了郭店《老子》的研究概况，包括简章组合、文字释读、书写勘误、词义考释、异文对校、思想研究等方面，其次反思二重证据法，分析其局限。之后提出应该如何校勘郭店《老子》，包括取消原本和分期别系两大方面。下篇是异文分析，具体阐述如何处理上述五类异文。

所谓新校勘论，重点是分期和存异，其中的逻辑应该是：既然有不同分期，则不同分期的《老子》就有它特定的文本，而与其他期的《老子》的文本不同，这样的异文就应保存，不应统一。这样的看法，实际就是校出不同时期的版本之异文，但不要追寻这部古籍的最初的原本面貌。这个问题，如果没有足够的版本资料，是可以不用勉强来做这件事的，但如果有足够的版本资料，能够根据其中的异文资料而做出是非判断，能够由此而恢复此书的原本面貌时，又为何不要去做这件事呢？换言之，对于《老子》这部书，目前所能见到的最早的版本就是郭店竹简《老子》，但凭借它还不能真正恢复出《老子》书的本来面貌，因此不要强求追寻《老子》书的本来面貌，这是对的，也是客观的态度。而且可以根据版本的不同时代性，来看《老子》在历史上的发展演变，不能强求把现存的各种《老子》版本统一为一种版本，这也是可以的。因为不同时期的《老子》版本，实际上正是不同历史时期的思想文化的具体反映，如果把这些差异全都抹去，也就无法看出《老子》在历史上是如何演变、如何传播了。这都是符合历史发展的看法，但绝不能因此而把传统的校勘学全盘否定。不用李氏所说的这种新校勘论，人们也能利用传统的校勘学方法进行考镜源流和辨章学术的研究，而不是要把传统的校勘学全部否定之后再用李氏新校勘论的方法才能做考镜源流和辨章学术的研究工作。

此书也做了不少具体的工作，如把各类异文排列出来，分为不同的类型，又做了《老子》异文对照表，这都是需要仔细耐心的态度来完成的。而且这类工作的成果，对于人们研究《老子》文本的异同，也实有重要的参考价值。这都是不可抹杀的。但正如其他学者所做的研究那样，他们也都重视《老子》各本的异文，并对异文情况进行分析论证，进而提出自己的看法。如果只列异文，不做分析论证，并提出看法，则对《老子》竹简本及其他各本的研究还只能说是处于开始的基本资料的整理阶段，还不能说已进入研究的核心阶段。

第四节　北大汉简《老子》研究

一、《北京大学藏西汉竹书（贰）》

此书 2012 年出版，为北京大学藏西汉竹书文献中的《老子》

专卷。

据该书《前言》介绍，北京大学藏西汉竹书，是北京大学 2009 年初接受捐赠，获得从海外抢救回归的 3300 多枚竹简。竹简的抄写年代大约在西汉中期，有近 20 种文献，内容全为古代书籍，基本涵盖了《汉书·艺文志》划分的六艺、诸子、诗赋、兵书、数术、方技六大门类，没有文书类文献，故统称为"西汉竹书"。其中《老子》一种，现存完整竹简 176 枚，残断竹简 105 枚，经过拼缀，共有完整及接近完整的竹简 211 枚，残简 10 枚，有 2 枚完整的竹简遗失。现存全书正文共 5200 字，另有重文 110 字，此外还有尾题及简背部篇题共 21 字，推测全书正文应有 5265 字，另外重文 114 字。残缺的文字有不少可据上下文补出，对理解文义有影响的阙文不超过全书的 1%，在目前所见出土简帛《老子》中，是保存最为完整的。

这一种《老子》分为上下两篇，在二号简的背面上端有"老子上经"四字，在一二四号简的背面上端有"老子下经"四字，书体与正文一样，应为抄写者所题。《上经》相当于传世本的《德经》，《下经》相当于传世本的《道经》。这是《老子》的书名在出土简帛中的首次发现，也印证了有关《老子》称"经"的文献记载。该种《老子》还保存了完整的篇章结构，全书共分 77 章，《上经》44 章，《下经》33 章，每章均另起一简抄写。章首有圆形黑点，作为分章的提示符号。北京大学藏西汉竹书首次发现简背划痕现象，划痕全部位于竹简背面上部，据推测这是竹简编联成册时为防止散乱而有意留下的标记。目前已确认包山楚简和上博楚简都存在类似的墨线和划痕，这对了解汉代简书制作很有价值。通过简背划痕的对照验证，确认《上经》《下经》之内的章序应与分为 81 章的传世本一致。

书中图版部分除了提供原大彩色图版、放大彩色图版之外，对字迹模糊的片段，还配有放大红外图版，《老子》全书简背的划痕亦有示意图，极为清晰地展示了竹简的原貌和简文，为释读和研究提供便利。

整理者在校勘时，以八种不同《老子》版本与汉简本《老子》

进行对照，包括郭店楚墓竹简《老子》、马王堆汉墓帛书《老子》甲本与乙本、敦煌本《老子想尔注》、王弼注本、河上公注本、严遵《老子指归》、傅奕《道德经古本篇》，此外还参校了唐景龙二年（708）河北易州龙兴观碑本、唐景福二年（893）河北易州龙兴观碑本、《道藏》中遂州《道德经》碑本、范应元《老子道德经古本集注》、《道藏》中司马光《道德真经论》，另外还参考了刘钊《郭店楚简校释》、丁四新《郭店楚竹书〈老子〉校注》、高明《帛书老子校注》。

整理者还将竹书《老子》全部竹简的编号和相关数据制成《西汉竹书〈老子〉竹简一览表》为研究者提供参考，又把竹书《老子》和上述八种主要校本的全文制成《〈老子〉主要版本全文对照表》，以方便比较。

北大汉简本《老子》的面世，为文献学和思想史相关研究注入了新的活力，此书的出版为研究工作的进一步开展提供了充足的资料。

以下根据北大整理本的有关部分，来看这一西汉竹书《老子》在文本上有哪些重要的参考价值。

此本《老子》上经第一章（王本第三十八章）言："上德无为而无以为，下德【为】之而无以为，上仁为之而无以为，上义为之而有以为，上礼为之而莫之应，则攘臂而乃（扔）之。"注释中说："'上德无为而无以为'，帛书、王本同，严本、傅本及《韩非子·解老》篇引文作'上德无为而无不为'。'下德为之而无以为'，傅本同，多数传世本作'下德为之而有以为'，帛书两本均无此句，或以为乃后人妄增，今由汉简本知西汉时已有这种说法。"[①]

可知"下德为之而无以为"的第一个"为"是据傅本等传世本补的。帛书两本都没有此句，而西汉竹书本则有此句，唯少一"为"字。有人根据帛书认为应该没有此句，传世本有此句，是后人的妄

---

① 北京大学出土文献研究所编：《北京大学藏西汉竹书（贰）》，上海古籍出版社2012年版，第123页。

增。西汉竹书有这一句，说明非后人妄增。这一章先说："上德不德，是以有德。下德不失德，是以无德。"可知是上德与下德并列对比，因此下面既然有"上德无为而无以为"，就应该有"下德为之而无以为"，以构成上德与下德并列对比。帛书没有这一句，可能是抄写时漏了这一句，而不能因为帛书没有这一句就怀疑这是后人增加的一句。

"下德为之而无以为"，傅本与西汉简本同，而多数传世本作"下德为之而有以为"，出现了"无以为"和"有以为"的不同说法，二者又当以何者为是呢？这里的关键是"有以为"与"无以为"是什么意思，由此才能确定下德应当是"无以为"还是"有以为"。

此章说到上德的时候，是说"上德不德，是以有德"，"上德无为而无以为"（或如韩非子作"无不为"），对照可知，上句中的"不德"就是下句中的"无为"，上句中的"有德"，就是下句中的"无以为"或"无不为"。说不德就是无为，是因为不德就是不以有为为"德"。而下德的"不失德"，就是上德之不德的相反，即以有为为"德"，所以下德就会"无德"。可知不德、不失德与有德、无德，都与"为"直接相关。无为，就是不德，不会有德。反之，有为，就是不失德，就会无德。这样根据上下文来推理，就可以理解"上德无为而无以为"，就是说"上德无为而无所为"。也可以参考《韩非子》的理解，因为从版本的时间上说，《韩非子》早于帛书《老子》与西汉竹简《老子》。虽然不能绝对地说时间越早就越正确，但时间更早总是不可忽视的一个因素，必须纳入参考的范围。

这样说来，"无以为"基本上就是"无所为"的意思，则"有以为"就是"有所为"的意思。据此再来看这两句：上德无为而无以为（无所为），下德为之而无以为（无所为）。这里就出现了矛盾：上德是"无以为"，下德也是"无以为"，这就与上德的"无为"和下德的"为之"矛盾，不能说无为也是"无以为"，有为也是"无以为"。所以传世本改为"下德为之而有以为"，就是认为如果下德也是"无以为"，就与上德分不清了。后面的上仁、上义、上礼，都是"为之"，也都应是"有以为"，而不能是"无以为"。现在只有上仁句是"无以为"，可知此句的"无以为"当作"有以为"。上礼不说"有以为"或"无以为"，而说"莫之应"，"莫之应"其实就是"有以为而莫之应"，这里省略了"有以为"三字，因为上仁、上义都说了"有以为"，所以上礼就可省去，而只说"莫之应"。反过来，上仁、上义的"有以为"也是"莫之应"的，即凡是"有以为"者，所"为"都是"莫之应"的，也就是其"为"都是没效果的。

这一段中的"无以为""有以为"，历来各种版本文字不一，但从内在逻辑上分析，还是可以做出判断的。对于古代文献的校勘，不能只据版本的文字异同，还应采用其他的方法，这就是陈垣提出的对校、本校、他校、理校四法。现在根据出土文献来校勘传世文献，人们多只注意文字上的异同，还没有注意应用其他的方法来校定其中的是非，所以还不是完善的校勘，还不能达到最佳效果。上面根据上下文义进行分析判断，就是理校法，所谓的理，就是文本的语言环境中的逻辑，这是仅靠文字的异同无法做出准确判断的。

北大竹书《老子》上经第三章（王本第四十章）："天下之物生于有，有生于无。"注释说："'天下'，严本作'天地'，'之物'，郭简、帛乙及严本、傅本同，王本、河本作'万物'。"[1]

这里的异文，有人认为所表达的含义差别很大，[2] 其实不然。"天下"与"天地"，都可理解为世界之中。"之物"与"万物"，只是在语义上有一点差别，但在思想内容上没有根本差别。之物，是说世界中的物；万物，是说世界中的万物，因此二者都可以理解为世界中的物，无论是万物还是亿物或是所有物，意思都是一样的。不可能把世界中的物与世界中的万物理解为不同的物，所以说这里的文字差异，在思想内容的理解上没有根本性的差别。

《老子》上经第四十三章（王本第八十章）："小国寡民，使有什佰人之气（器）而勿用，使民重死而远徙。"

---

[1]　北京大学出土文献研究所编：《北京大学藏西汉竹书（贰）》，上海古籍出版社2012年版，第145页。

[2]　郭齐勇：《试说老子"道"论的生态观》，见《道家道教与生态文明》，华中师范大学出版社2015年版。

注释："严本'有'上多'人'字，傅本'人'作'民'。'什佰'，帛书作'十百'，传世本作'什伯'，'伯'通'佰'。'人'字帛书及河本有，多数传世本无；然河本于'什伯'之下断句，注曰'使民各有部曲什伯'，显系误解。'气'假为'器'，'什佰人之器'，即十倍百倍于人力之器。……'远徙'，帛书同，传世本多作'不远徙'，遂州本作'不徙'，'远'在此义为'远离于'，后人误解而增'不'字。"①

前在论述张舜徽《老子疏证》对此段的校勘时曾说，张氏认为传世本作"什佰"是误连"十百人"而致，"人"与"十"误为"什"，"人"与"百"误为"佰"，"十百人"误为"什佰"。对照西汉竹简本，仍作"什佰人"，不作"十百人"。但帛书作"十百"，与此本不同。此处的"人"字，帛书与河上本有，其他传世本无，则"人"与"十"及"百"混为"什佰"的可能性还是有的。所以还是应按帛书本作"十百人"，文意更为明白。但古时十与什、百与佰可通假，所以不同版本写成"十百"或"什佰"，都不算错误。

此本下经第四十五章（王本第一章）："道可道，非恒道殹（也）；名可命，非恒名也。无名，万物之始也；有名，万物之母也。故恒无欲，以观其眇（妙），恒有欲，以观其所僥（徼）。此两者同出，异名同谓。玄之有（又）玄之，众眇（妙）之门。"

注释者认为："殹"，为秦系文字，帛书作"也"，汉简本中"殹"字仅此一见，其余皆作"也"，推测其祖本之中或有秦抄本，西汉传抄过程中将"殹"改为"也"，仅遗留此一处。"命"，帛书本、传世本皆作"名"。"万物之始"，传世本皆作"天地之始"。"欲"，帛书本下有"也"字，传世本无。一种意见认为传世本应于"无""有"下断句，释义因而不同，但由帛书本看来，古本恐未必如此。今从帛书本断句。"眇"，帛书本同，读为"妙"。"僥"，帛书本作"嗷"，传世本作"徼"，三字音近可通，读为"徼"是。传世

---

① 北京大学出土文献研究所编：《北京大学藏西汉竹书（贰）》，上海古籍出版社2012年版，第143页。

本"徼"上无"所"字，故常作名词讲，释为边际、归止，帛书两本及汉简本皆有"所"字，故"徼"显系动词，义为求取，较传世本义长。传世本作"此两者同出而异名，同谓之玄"，多"之玄"二字，句读亦异，帛书本除无"此"字外，皆同汉简本。①

这一章异文较多，"殹"与"也"，"命"与"名"，古都可通，不影响思想内容的理解。"万物之始"与"天地之始"，"万物"与"天地"可以互换，也不影响思想内容的理解。"无欲"和"有欲"下帛书本有"也"字，这说明当在"欲"下断句。汉简本"欲"下无"也"字，又与传世本同。从此章看，凡句后以"也"字结尾者，都是一句之终了处，上面有四处都是这样。根据这一情况，"无欲"和"有欲"下也不当有"也"字，因为这里不是一句的终了处，所以帛书本并不可据。于是也就不能绝对断定要在"欲"字下断句，在"无"和"有"下断句，也是可以的。更重要的是，这一章并没有涉及"欲"的问题，前面的道、名、常（恒）、无名、有名、始、母等都与"欲"无关，所以这里不应该突然出现"欲"的问题。所以"欲"字属下，作为"观"的修饰，可知"欲"仍不是要说的问题，"观"才是要说的问题，这样理解也是有理由的。"观其所徼"比"观其眇"多了一个"所"字，注释者认为有这个"所"字，"徼"或"徼"的词性就不同了，因而解释就不同。但"观其眇"也可说成"观其所眇"，并不影响所要表达的意思。"眇"与"徼"都是表示幽微不明之义，② 加上"所"字，仍然可以表示这种意思。这里的"其"，指上面的"无名""有名"之"始"与"母"，它们都是幽微不明的，所以要"观"。佛教里特别重视"所"的用法，如"指"与"所指"，意思是不同的，"指"是一个动作，"所指"是这个动作所指的对象，所以要严格分开。但这是动词加"所"字的用法，而"眇"和"徼"不是动词，所以不能因为有没有"所"字而

---

① 北京大学出土文献研究所编：《北京大学藏西汉竹书（贰）》，上海古籍出版社2012年版，第144页。

② 如汉简本下经第五十八章的"古之为士者，微眇玄达，深不可识"，"微"与"眇"联用，表示二字都是表示幽微不显之义，所以说深不可识。

严格分开。"观其眇"和"观其所侥"（"徼"或"曒"，"嗷"当是"曒"的误字，"曒"又可写作"皦"）都是说观察道与物的幽奥微妙之关系，释为边际、归止、求取都不妥当，因为这样释就与"其"字不太相合了。至于"此两者同出，异名同谓"与传世本"此两者同出而异名，同谓之玄"的差异，本书前面也曾有过分析，认为这些文字上的差异，并不影响其思想内容的理解。因为"两者同出"，是指"无名"与"有名"两者"同出"于道，"异名"是指二者名称不同，"同谓"是指所同出的那个道。可知文字上虽有差异，而思想内容上不会有差异。之所以会有这些文字上的差异，则是传抄者为了意思更为明确而加上了几个字，成为传世本的样子。

下经第五十三章（王本第十章）："脩（涤）除玄鑑，能毋有疵虖"，注释说："脩"，帛书同，当如传世本读为"涤"。"鑑"即镜，帛书甲本作"蓝"，乙本作"监"，传世本作"览"，皆音近借字。[①]

此说不确。帛书作"蓝"作"监"，与"鑑"字古音同，而与"览"字古音不同。高亨在帛书问世后已对这里的用字作了考证，认为应作"监"，即"鑑"字，义为镜。而作"览"，则与"监""鑑"音义差别大，也不能释为镜。故他认为此处应据帛书把"览"改正为"鑑"。现在西汉竹简本也正作"鑑"，就证明了高氏的考证是正确的。如果把览与监、鑑说成是音近借字，则似"览"字不误，这是不准确的。览与监、鑑、蓝只是形近而易混淆者，不是音近可以通假之字。

下经第五十七章（王本第十四章）："执古之道，以御今之有"，注释认为：传世本也作"执古之道"，帛书本作"执今之道"，有人以为帛书是而传世本误，今据汉简本，帛书本亦有讹误之可能。[②]

此说是。《老子》书中多称古人古言为准则，即"执古之道"的意思。而不以今之道为是，所以不可能作"执今之道"。古之道，意

---

①　北京大学出土文献研究所编：《北京大学藏西汉竹书（贰）》，上海古籍出版社2012年版，第148页。

②　北京大学出土文献研究所编：《北京大学藏西汉竹书（贰）》，上海古籍出版社2012年版，第150页。

谓大道自古以来不会改变，是常道，若以今之道与古之道相对立，则随时代变化之道必非常道，可知作"今之道"完全不合乎老子的思想。由此可知，帛书本不是完全正确的本子，其中也有讹误。

《老子》的传世各本本来就多有差异，而地下不断出土的简帛古本《老子》，则为校定《老子》书的文本提供了越来越多的资料，人们应该仔细认真地研究和利用这些资料，在此基础上把《老子》的思想研究得更为深入、具体而得当。这不仅仅是版本校勘的问题，其中还包括许多深入细致的文义考察与分析，校勘学所说的理校法，就不是仅凭对校就能做到的，所以要这些众多版本的校勘做得更好，也不是一件容易的事。但很多思想的研究，往往脱离文本与语境，只凭自己掌握的一些哲学术语与观念来分析《老子》的思想，高则高矣，却缺乏坚固的文本支持，则非孔子所说的"下学而上达"之意，无下学便无可靠的上达，研究《老子》思想时，尤须注意这个问题。

二、《道家文化研究》第二十七辑的相关论文

2013年出版的《道家文化研究》第二十七辑收有关于北大藏西汉竹简的数篇论文，包括韩巍《西汉竹书〈老子〉的文本特征和学术价值》、王博《西汉竹书〈老子〉与严遵〈老子指归〉》、王中江《北大藏汉简〈老子〉的某些特征》、曹峰《"玄之又玄之"和"损之又损之"——北大简〈老子〉研究的一个问题》、李锐和邵泽慧《北大汉简〈老子〉初研》等。以下就这几篇论文来看学者对北大藏西汉竹书中的《老子》的研究情况。

韩巍的文章主要就西汉竹书《老子》的整体情况和学术价值进行介绍，并提出以《老子》为标本，推动简帛古书研究由年代学向形态学发展的设想。韩氏在谈及分章和章序的情况时，认为古籍整理中没有直接版本依据而依靠理校时，在方法上存在很大缺陷。他以西汉竹书《老子》中的情况为例，传世本第二十章的首句"绝学无忧"，以往学者怀疑此句应属第十九章，与此章的末句连读为"见素抱朴，少私寡欲，绝学无忧"。从句式、文理上，这样处理都顺理成章。但在郭店竹简《老子》中，乙组的"绝学无忧"一句是相当

于传世本第二十章的首句，而甲组中"见素抱朴，少私寡欲"则相当于传世本第十九章末句，二者不仅不属一章，而且不属同一抄本。在帛书《老子》中，第十九章与二十章连抄，无分章标志，故持上述看法者只能说郭店本是早期雏形，汉代成熟的古本已非如此。而在汉简本《老子》中，"见素抱朴，少私寡欲"和"绝学无忧"两句分属上下两章，前者为第六十章（传世本的第十九章）末句，后者为第六十一章（传世本第二十章）的首句。这就证明它们本不属于一章，前人的怀疑属于理校，但没有版本依据，仍不可从。

此外，汉简本与传世本的不同之处有三种情况，一是汉简本将传世本数章合为一章，有三处是传世本两章合为一章，一处是传世本三章合为一章。二是汉简本将传世本一章分为两章。三是汉简本分章位置与传世本不同。这些不同共有七处，其中只有两处是传世本优于汉简本，其他五处都是汉简本优于传世本。

韩氏认为，整体上看，竹书的抄写者好于帛书，通篇基本不见衍文漏字，错字也屈指可数，因此可称汉简本为善本。另外汉简本删减了一些虚词，比帛书本更为精练。在用字习惯上，虽然也存在大量假借字，但总体上已接近传世本，也有少数具有显著时代特征的用字习惯，还有少数字形可能保存了战国写本的字形特征，即所谓隶古定。在文句的特点以及与其他《老子》版本的关系上，汉简本有与帛书本相同的地方，也有与帛书本不同却合于郭店本的地方，还有不同于帛书本而同于传世本的地方。如汉简本第一章（传世本第三十八章）有"下德为之而无以为"一句，这是帛书甲乙本都没有的，而传世本此句多作"下德为之而有以为"，只有傅奕本、范应元本、楼古碑本作"下德为之而无以为"。高明曾认为这一句是后人妄增，但据汉简本则此句已有，时在西汉中期，则出于什么原因而多出这一句，还值得研究。又如第五十七章（传世本第十四章）有"执古之道，以御今之有"一句，这与传世本同，但帛书本"执古之道"均作"执今之道"。高明认为当以帛书本为准，但汉简本证明传世本此句也有版本依据，不是后人妄改，帛书本未必正确。另外还发现汉简本与严遵《道德指归》本相合之处颇多，这说明严遵本保存了一些西汉古本的原始面貌。对照他本，发现王弼本有一些与古本相合之处，可知傅奕本在很大程度上保存了古本面貌。但汉简本还有一些与其他版本都不相同的独特之处，最重要的是第七十二章（传世本第三十一章）的"夫觟（畫）美不祥之器也"，"夫觟美"，帛书本皆作"夫兵者"，王弼本、河上公本、《想尔注》本作"夫佳兵者"，楼古碑本作"夫嘉兵者"，傅奕本作"夫美兵者"。学者们很早就认为"佳兵"或"美兵"于文义难通，王念孙认为"佳"是"佳（唯）"之误，卢文弨认为"佳""美"是动词，其下"之器"二字是衍文。帛书本出土后，学者多认为帛书作"夫兵者"是正确的，传世本"兵"上的"佳"或"美"是衍文。现据汉简本，有的学者认为"觟"应读为"佳"或"嬹"，"觟（佳）美"指有美丽装饰之物。《史记·扁鹊仓公列传》引《老子》曰："美好者，不祥之器。"所引《老子》与汉简本属同一版本系统。韩氏则认为"觟"在此当读为"畫"，有绘画和装饰之义，"觟美"在此可作动词解，"夫觟（畫）美不祥之器也"应该连读，是指装饰、美化不祥之器的行为。河上公注："佳，饰也。祥，善也。兵者惊精神，浊和气，不善之器，不当修饰之。"也是把"佳"理解为动词，义为修饰。此章下面的"物或恶之"，是说美化"不祥之器"的行为受到人们的厌弃；"有欲者弗居"，是说即使有贪欲之人也不会蓄积这样的不祥之器。这样理解，就与下文的"兵者不祥之器"及"恬偾为上"等句密切衔接起来了。这一例说明汉简本不仅为校订本章的文句提供了重要证据，也为认识郭店本、帛书本与传世本之间的演变关系提供了线索。

此文最后总结认为，竹书《老子》介于帛书甲乙本与传世本之间，从各个方面反映出它有过渡性的特点，所以不能简单地认为它是哪一种传世本的前身。此本的学术价值，还在于提供了一个处于定型阶段的完整而精善的《老子》古本，可在郭店本、帛书本与传世本之间架起一座桥梁，从而使这四个版本形成从战国中期到西汉中期、由萌芽到成熟的完整链条，这也为研究简帛古书的演变规律提供了很好的范例。

王博的文章认为从帛书甲乙本到汉简本《老子》再到严遵《老子指归》，是从秦汉之际到西汉后期的四个《老子》文本。王氏认为从结构上看，汉简本《老子》与严遵注本有同有异，相同之处是都分上下篇，并且都称《上经》和《下经》，所指涉的范围也相同。相异之处是严遵本为七十二章，具有自觉地用数位构造文献的特点。而汉简《老子》为七十七章，显示出某种继承以往的素朴性。

王中江的文章认为汉简本有不同于已有抄本的特征，为此从存有论、政治思维、价值观三个方面考察了此本《老子》在思想上带来的新尺度，特别是对一、有无、无名、遍行等观念和圣人"恒无心"、无为而无不为等论题，为人们带来认识上的变化。又据汉简本的书名和篇名，考察了《老子》一书从战国到西汉的经典化过程。还从汉代避讳和书体特征论对汉简本《老子》的抄写年代提出了新的看法。

曹峰的论文认为汉简本《老子》中的"玄之又玄之"和"损之又损之"是非常值得注意的思想史现象，两者有必然的关联。"玄之又玄之"是一种不断减损、否定的工夫论，是朝着道的方向不断接近的过程。"玄"是动词，"玄之又玄之"和"损之又损之"更容易解释后世的双遣说、重玄说产生的合理性。不过，曹氏此说还有值得商榷的地方，因为"损之又损之"，是为道的问题，而"玄之又玄之"，是对道的描述的问题，二者不可能是同一种事，所以把"玄之又玄之"理解为功夫论，就等于把描述道的"玄之又玄之"与为道的"损之又损之"混同起来了。这中间的差异如何消解，还需要进一步论证。

李锐、邵泽慧的论文通过汉简本与帛书甲乙本、郭店简本《老子》比较，讨论《老子》的形成问题，认为应该通过多元多流的"族本"，而非一源众流的"祖本"的思路来看待《老子》的形成。并分析了《老子》形成时期的思想背景，认为《老子》的思想重点是"德"而非"道"，因此《老子》的《德》篇在前，北大汉简称为"老子上经"，而《道》篇在后，北大汉简称为"老子下经"。后因秦的焚书，而使论道的书不多，故越来越重视《老子》中论道的内容，于是把《道》篇提前。作者又根据"族本"之间主题思想相近的思路，对北大汉简《老子》中的一些字词解释提出自己的看法。

三、《古简新知——西汉竹书〈老子〉与道家思想研究》

本书为 2013 年在北京大学举办的简帛《老子》与道家思想国际学术研讨会之论文集，2017 年出版。其中关于北大藏西汉竹书的论文有许抗生的《读西汉竹简〈老子〉札记》、陈剑的《汉简帛〈老子〉异文零札》、何晋的《读北大汉简〈老子〉札记》、白奚的《西汉竹简本〈老子〉首章"下德【为】之而无以为"释义》、李若晖和庄景晖的《〈老子〉"功遂身退"辨正》、王中江的《汉简〈老子〉中的"异文"和"义旨"示例及考辨》、刘笑敢的《简帛本〈老子〉的思想与学术价值——以北大汉简为契机的新考察》、丁四新的《从出土简帛本看早期〈老子〉篇章的演变及其成型与定型》、郑开的《试论〈老子〉中"无"的性质与特点》、柯鹤立的《"母"与"道"的具象》、陈丽桂的《道的异称及其义涵衍化——"一"与"亘"》、郭梨华的《从简帛〈老子〉概述战国道家佚籍之"道——法"论》，此外还有美国学者和日本学者的相关研究论文：金安平的《衡量改编者的角色——〈老子〉两章的解读》、汤浅邦弘的《北大简〈老子〉的性质——结构、文章及词汇》、福田哲之的《简帛〈老子〉诸本的系谱学考察》、谷中信一的《〈老子〉经典化过程的研究——从郭店〈老子〉到北大简〈老子〉》、池田知久的《〈老子〉的形而上学与"自然"思想——以北大简为中心》、竹田健二的《划线小考——以北京简〈老子〉与清华简〈系年〉为中心》、井上亘的《占毕考——北大简〈老子〉与古代讲学》。从这些论文看，人们对汉简本《老子》的研究已在各个方面展开，或考证其文本，或考察其在《老子》成书过程中的地位与作用，或分析其思想与文化概念，或探讨其结构等问题，总之呈现出对汉简本《老子》的多角度研究的态势，可以说是对汉简本《老子》研究的初期阶段，这些成果必将引起更多的相关研究，使之与其他出土简帛《老子》的研究结合为一个整体，从而推进对于《老子》的整体性研究的深入发展。这里只就中国学者的论文进行介绍，外国学者的文章则放在本书关于外国学者研究《老子》的一章里加以论述。

许抗生的论文《读西汉竹简〈老子〉札记》分析了汉简本《老子》中的几条语句的内容，包括"大器勉（免）成""终身不来""乃无适（敌）""有欲者弗居""予善天"等，侧重分析这些与其他版本《老子》中不同的语句的思想含义，由此深化对于《老子》思想的理解。

陈剑的文章《汉简帛〈老子〉异文零札》考察了"道褒无名"的"褒"、"廉而不刺"的"刺"、"道者万物之樀"以及另外两处特别的异文，是对汉简本《老子》与其他版本的《老子》不同的文字进行的考证，对相关的许多不同字形都做了关联性的分析，对于准确解读汉简本《老子》提供了重要的参考。

何晋的文章《读北大汉简〈老子〉札记》主要分析了汉简本《老子》第十四章（王弼本第五十一章）中的文字与思想，并对另外几章的文字与内容做了考察，对其中一些文字的释读提出了自己的看法，解读了其中的思想内容。认为汉简本与帛书本、敦煌本在一些字词上存在一致性，由此看出出土文献未经后人修订加工而保持了文本原貌的特征，并认为仅据一种出土文献来改订传世文本并不可靠。

白奚的文章《西汉竹简本〈老子〉首章"下德【为】之而无以为"释义》对汉简本《老子》中比较重要的一句文本"下德【为】之而无以为"进行了释义。这句在传世本中作"下德为之而有以为"，虽只是一字之差，但在思想意义上却有很大不同。他首先考证了此句不是衍文，并确认汉简本此句是可以信赖的文本，傅奕本把此句中的"无以为"写成"无不为"，是错误的，然后再来分析此句的思想含义，并进一步梳理《老子》此章的思想内容。为此先考证了"上德"与"下德"的含义和区别，然后分析了老子根据上德和下德的内涵而对当时社会流行的仁、义、礼等道德观念和规范的评论，由此确认了《老子》的德与儒家式的德的差异和差距，是从"德"的角度重申了"自然无为"的核心理念。这一研究非常重要，因为对于《老子》中有没有这一句，学者们还存在着不同的看法，这是由于不同的版本之间的差异而造成的一个重要问题。白氏此文对这一问题的解决提供很好的分析与论证，值得人们参考。

李若晖、庄景晴的文章《〈老子〉"功遂身退"辨正》分析了《老子》中的"功遂身退"的一句的理解问题。作者认为以往人们对此句理解为功业成就后即当急流勇退的人生智慧，这是因为大多数传世本中这句话是"功成名遂身退"，而在王弼本、帛书甲乙本和汉简本《老子》中此句只为"功遂身退"，没有"名"与"成"二字，由于多了"名"字，而使文意发生了重大转化。作者认为这种文意的转化，是黄老学者的重新解读，出现了"名"误导"功"的意味。"功遂"的"功"当解读为工作，"遂"为进，"功遂"与"身退"是一个统一进程之中反向进行的两个方面，在整个进程之中，功事在不断发展，而自身在退后，这是说在事情进展中不彰显人的意志与能力，而辅助事务自然地完成。

王中江的文章《汉简〈老子〉中的"异文"和"义旨"示例及考辨》旨在考察异文是否同时具有不同的意旨。他在文中举出的例子，有的异文是有新意的，有的则可能没有不同于以往所理解的意义，他将这些异文分为不同的主题来考察。一是宇宙观方面的异文，如"道恒无为"与"道恒无名"、"道襃无名"与"道隐无名"、"善贷且成"与"善始且成"、"玄之又玄"与"玄之又玄之"①、"万物之主"与"万物之奥"、"天象"与"大象"等。二是有关美德与治道方面的异文，如"上德"与"下德"、"有道者不处"和"有欲者弗居"、"执大象"和"设大象"、圣人"无常心"和"无心"、"执古之道"和"执今之道"等。王氏对这些异文及其思想内涵的分析都很深入，有助于人们准确理解《老子》的这些话语中的思想。

刘笑敢的文章《简帛本〈老子〉的思想与学术价值——北大简

---

① 在这个问题上，此文总结了池田知久、曹峰的观点，认为其说不可从，即"玄"与其他诸子中的"深""神""精"是一类，为形容词，而"损"与"思"是一类，为动词。"玄之又玄之"本意是说恒道的无限深远，它是万物奇妙变化的根源。

的新考察》论述汉简本《老子》的思想与学术价值。他以一些具体的例子说明简帛本对《老子》思想研究的贡献，如关于圣人之"辅"与"为"的关系、关于老子思想中"和"的重要性、关于"道可道，非常道"章的思想主题等，再次重申他的一个重要观点，即文本演变反映了思想聚焦现象的问题。此外还论述了文本演化中的律则，如删减虚词、增加四字句、加虚词凑成四字句、加强排比句式、增加重复的句子等，然后分析了关于文本演化中的动机和效果的问题。总体上他认为文本演变中出现的共同律则说明了对一部文本的理解是有某种程度的共同性的，也就是存在着某种程度的共同理解，理想的或合乎逻辑的字句不一定是古本的原貌，而文本歧变主要源于校勘中改善文本的愿望，对《老子》的加工过程长达两千年，是一个分散的、个别的群体活动，不等于集体创作，也不等于没有作者。

丁四新的文章《从出土简帛本看早期〈老子〉篇章的演变及其成型与定型》探讨早期《老子》篇章的演变和成型与定型问题，分为几个问题加以论述：一是从"成书"的层面看《老子》篇第的演变。二是从"成篇"的层面看《老子》章段的演变和章数的设定。三是汉简本、严遵本、刘向本（通行本）的章段分合与章界的确定。通过对这些具体问题的考证，丁氏认为把早期《老子》文本的"篇""章"如何演变及如何成型和定型的问题都予以澄清了，并由此确认出早期《老子》版本在不同时间的存在情况。这一研究有助于人们了解《老子》的不同版本之间的关系以及它们在整个《老子》文本演变史上的位置。

郑开的文章《试论〈老子〉中"无"的性质与特点》分析《老子》中"无"的性质与特点。郑氏认为，具体抽象性是《老子》讨论"无"的主要特点，也就是说，"无"既有抽象性，又有具体性，因为《老子》中的"无"或"无形""无名""无为""无物""无欲""无心"等，在《老子》的哲学语境中，多具某种具体意味，几乎没有例外，这种性质与特点值得注意。郑氏还指出，《老子》所谓"有""无"，首先应该理解为"（有）形、无形""（有）名、无名""（有）为、无为""（有）欲、无欲""（有）心、无心"等，其实就是"无形""无名""无为"等具体抽象性概念的略语，这样才能理解和把握《老子》所谓"无"的性质与特点。这种性质与特点表明《老子》的"无"不意味着"纯粹的无"或"什么也没有"，而是意味着哲学上的否定和解构，意味着从反面观照的思维方式，确切地说，"无"不"是""什么"（所谓物），而是那个"什么也不是的×"（所谓"物物者非物""生生者不生""形形者不形"），而这种"什么也不是的'是'（所谓存在）"又通过"无形""无名""无物""无为"具体而确切地呈现出来。此文对《老子》的"无"的分析非常有哲学性，可让人们深化对《老子》的"无"的理解。

柯鹤立的文章《母与道的具象》探讨《老子》中的女性角色的问题，即"母"的角色性质是怎样的，"道"是否真的是母性的，或"母"是否只因为具有能生产的特性而被用来作为喻体等。柯氏认为《老子》是有目的性地使用了母兽或雌鸟一类的词语，而没有使用表示人类女性的词语。这说明"母"应该只是简单的抽象概念，并不能理解为人类女性。这一观点，刘笑敢也在《老子古今》中加以阐述了，认为：老子的雌性比喻并不是直接的女性主义的先声，更不是女性崇拜或女性生殖器崇拜，不是直指男女之别。此文则据郭店楚简《老子》第二十五章中描述"母"这一形象时使用的是"状"而非"物"证明这一观点的可信，并从两个方面进一步梳理这个问题，一是对《老子》中所有涉及"母"的文句进行梳理，二是对当时的文本中与"状"这一词语有关的文句进行阐释，由此说明在《老子》中的"母"与"道"的关系。

陈丽桂的文章《道的异称及其义涵衍化——"一"与"亘"》认为"道"的异称有"一""气""术""常""恒"等，通过对这些词所含有的意义进行分析，由此来看它们与"道"的思想联系。陈氏指出，整体上这些由"道"所衍生出来的异称，都是围绕着《老子》生成与事物核心依据两义在发展。

郭梨华的文章《从简帛〈老子〉概述战国道家佚籍之"道——法"论》，首先梳理分析了《老子》中有关法的论述及"法"字的不同含义，进而讨论道家佚籍如《大一生水》《亘先》《黄帝四经》等中有关人文及人文之制的论述。作者认为，从简帛《老子》及传世本《老子》对于"法物""法令"的含义差异，与帛书《二三子问》中的"德业"与"法物"并举，可知"法物"与"法令""刑度"有关，表明《老子》不认可现实的法令。另外，对于新人文而言的"道纪"应如何为之立"制"，在黄老道家中已有论述，而在《老子》中还没有涉及这一问题。

以上简述了此部论文集中中国学者对于北大竹书《老子》的相关研究，涉及多方面的问题，学者们都提出了深刻的分析与论证，不仅是研究北大竹书《老子》的重要成果，也是研究《老子》文本及其思想的重要成果，值得人们给予高度关注。

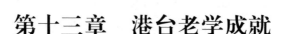

第十三章　港台老学成就

港台学者在 1949 年以后，因受到政治等因素的影响，而在学术上与大陆形成一定的隔阂，双方的研究理念、方法与习惯都有很大的不同，为此专立一章以作论述，是有必要的。

第一节　钱穆、饶宗颐、何炳棣的研究

一、钱穆《老子》晚于《庄子》说

钱穆（1895—1990），字宾四，江苏无锡人。1930 年被聘为燕京大学国文讲师，后历任北京大学、北平师范大学、西南联大、齐鲁大学、华西大学、江南大学等校教授。1949 年赴香港，创办新亚书院（香港中文大学前身）。1967 年迁居台北，任台湾中国文化学院（今台湾中国文化大学）史学教授。著述有 80 多种，如《先秦诸子系年》《中国近三百年学术史》《国史大纲》《中国文化史导论》《文化学大义》《中国历代政治得失》《中国历史精神》《中国思想史》《宋明理学概述》等。

他的《庄老通辨》中有《关于〈老子〉成书年代之一种考察》（1923）、《再论〈老子〉成书年代》（1932）、《三论〈老子〉成书年代》（1947）、《〈老子〉书晚出补证》（1957），又有《中国道家思想之开山大宗师庄周》（1953）、《中国古代传说中之博大真人老聃》（1953）等文，从中可以看出他关于《老子》年代问题的基本看法是

《庄子》在《老子》之前。

根据该书的钱氏《自序》，可知他《老子》晚于《庄子》的观点是从清人那里开始的。清代汪中已经开始怀疑《老子》为晚出书，但汪氏只怀疑《史记》所载老子其人其事，未能深探《老子》的内容。梁启超始疑及《老子》本书，钱氏认为梁氏所举例证殊为坚明。但梁氏还是局限于清儒的陈旧途辙，未能豁户牖而开新境。且《老子》书晚出于《论语》，其说易定，但著作年代究竟是什么时代，《庄》《老》谁先谁后，则难以论定。所以钱氏根据汪与梁的观点，进一步考证《老子》书当在庄子、惠施、公孙龙之后，这是他自己的独特观点。其方法是用训诂考据，但也有超出清儒旧有轨范之外的地方。

钱氏认为先秦诸子著书，必各有其特创专用的新字新语，此正为一家思想独特精神所寄托，只是中国文字的使用有它的局限，所以就只能用惯常习见的字词，虽然各家所用字词相同，但各有独特含义，所以不能用通常的含义来理解它。《老子》所说的道与名，就与《庄子·内篇》不同，这必须对《庄子》《老子》两书的全部义理熟参深通后才能得到确切的理解。

他以名为例，认为《庄子·内篇》常兼言名与实，且重实不重名，而《老子》则名实兼重，《老子》所说的"常名"，就是他的独特的新语。俞樾认为"常名"的"常"当读为"尚"，钱氏认为这是错的，因为他不知这是老子新创的用语，如说："不知常，妄作凶"，可知不能把常理解为尚。钱氏强调对诸子中的重要名词，必须用其书的内容来证验，所以《老子》所说的常，要靠《老子》书里的说法来证明。《老子》说"自古及今，其名不去"，这就是《老子》提出的常名。他认为常名已不是一实一名之名，《庄子》认为名不常而不足重，《老子》则与之不同，认为有一个常名，超越了万物具体之名，这就是"有物混成，先天地生。寂兮寥兮，独立而不改，周行而不殆，可以为天下母。吾不知其名，字之曰道，强为之名曰大。大曰逝，逝曰远，远曰反"。此处所说"先天地生"，即第一章"无名天地之始"。所说"可以为天下母"，即第一章"有名万物之母"。

称它混成，则无可分别，故曰"不可名"。谓之"不改"，则常在不去，乃终不可以无名，故又强而为之名。而道则终是不可名者，故既曰"大道无名"，又曰"吾不知其名，字之曰道"，则道为乃无可名而强为之字。字与名，在《老子》书中含义亦有别。若问何者始为可名？依老子意，似谓有状者乃始可名。状即一种形容，今若强为道作形容，则曰大、逝、远、反，此皆道之状。道既有状，故得强为之名。

因此钱氏指出："'名'字在《老子》书，其重要涵义，乃指一种物状之形容，因于有状而始立。'状'字在《老子》书，又特称曰'象'。"① 可知《老子》说的"名"当有两种，一为物体之名，一为象状之名。物之为物，终不可久，故其名不去者，实是一种象状之名，而非名实之名。所以《老》《庄》二书中名之含义大有差别。

钱氏又分析老子所说的道演化而生万物，其间有象，此亦其所创的新说，为《庄子》书所未及，可知"象"字，也是《老子》书所用的新名之一。他认为《老子》书中所说的有无曲全、大小高下、动静强弱、雌雄黑白、荣辱成败，种种对称并举之名，都属象名，非物名。以近代语释之，它们都是一种抽象名辞。可知老子认为天地万物生成，先有抽象之表现，乃有具体之演化。他还认为这种思想被《易·系传》继承，所以说："易有太极，是生两仪。两仪生四象，四象生八卦。"易即道体，仪即象。又曰："在天成象，在地成形。"天必先于地，故知象亦先于形。他认为，这样看来"老子是认为先有此较可常者，乃演化出一切不可常者"②。

钱氏指出，老子认为天地间有此较可常者，故人之知识乃有所凭以为知，故曰："不出户，知天下。不窥牖，见天道。"庄子认为天道不可知，而老子认为可知。如何可知？老子也已明言："执大象，天下往。"这是说天地万物一切演化都不能逃于此大象，故曰：

---

① 钱穆：《庄老通辩·自序》，见《钱宾四先生全集》第七册，台湾联经出版事业股份有限公司 1998 年版，第 10 页。
② 钱穆：《庄老通辩·自序》，见《钱宾四先生全集》第七册，台湾联经出版事业股份有限公司 1998 年版，第 11 页。

"吾何以知众甫之状哉，以此。"钱氏认为这就是《老子》中特别提出的一种新义，与《庄子》不同。这种方法，钱氏说来自宋儒，认为宋儒阐明一种思想，都从关键字词入手，字词之义勘定，才能进一步阐释其整体思想。

　　然后钱氏又阐述如何考察一书的著作年代，认为只有两种方法，"一曰求其书之时代背景，一曰论其书之思想线索"①。时代背景比较容易考察，因为可以根据其书中的用语来确定，而其书的思想线索较为复杂。他认为，就思想史已往成迹，而知当时之思想条贯有确然如此者。如先秦的孔子、墨子、孟子、庄周、惠施、公孙龙、荀子、韩非、吕不韦，可根据他们的世代先后序型，知其书中彼此先后思想之条贯。但先秦诸家著书中有不能确知其书之作者与著作年代的，如《易传》《中庸》《老子》及《庄子》外杂篇等。虽然其人不可知，而其世约略可推，因此可在探寻一书的时代背景外，考察书中的思想线索。所谓思想线索，是指每一家的思想，必前有承而后有继。其所承所继，即其思想线索。若使一思想在当时前无承而后无继，则是前无来历，后无影响，这样的思想绝不能显于世而共尊为一家言。故知凡成一家言者，必有思想线索可寻。探求一书的思想线索，必先有一已知之线索存在，然后可据以为推。所谓思想条贯，就是各家思想前承后继的线索。有确然已知者，如孔、墨、孟、庄、惠、公孙、荀、吕，综此诸家，会通而观，思想线索就不会乱。

　　思想线索的比定，有甚显见而易决者，如《论语》重言仁，老子曰："失道而后德，失德而后仁。"又曰："天地不仁。"此即老子思想晚出于《论语》之证。《墨子》有《尚贤》篇，老子曰："不尚贤，使民不争。"此又老子思想晚出于墨子之证。他认为世必先有一种说法与观念，之后才会有与之相反之说法与观念，这是显见而易定的。

---

① 钱穆：《庄老通辩·自序》，见《钱宾四先生全集》第七册，台湾联经出版事业股份有限公司 1998 年版，第 12 页。

庄子、惠施两人，都说万物一体，而《老子》书开宗明义，就以道与名兼举并重，可知老子思想当晚出于庄、惠二人。先秦道家，当始于庄周，名家始于惠施，不能说老子为道家和名家的共同始祖。老子只是综汇二家，别创一种新义。

也有更为深隐难知的思想，如《老子》说："视之不见，名曰夷；听之不闻，名曰希；抟之不得，名曰微。此三者不可致诘，故混而为一。"这是一种新说法，先秦诸家中很少有这种说法的。与之类似的，有公孙龙的"坚白论"，因为通常认为石是物体之名，坚、白是象状之辞，物体是实，象状是虚，石为实体，兼包坚、白二象状，故坚、白相盈而不相离，但公孙龙反驳此说，其意谓象状之名可以脱离于物之实体而独立存在。《老子》此说与之相似，也是说象状可分，各别存在，只是由于不可致诘，才混而为一。钱氏认为《老子》此说是主张天地最先，只有一物混成，此即所谓道。道的衍变，先有象状，再成具体。抽象之通名在先，个别之物名在后。《庄子》屡言物，而《老子》屡言名、象，不言物，是二者显著差别。这是因为《庄子》主张未始有物，所以《老子》承之而提出一切象状之可名者的问题。而名越是具体，就可析之愈小，越是抽象，就可综之而越大。惠施认为有大一小一，所以推论万物之一体。公孙龙认为坚、白、石相离不相盈，于是彼"彼"止于"彼"，此"此"止于"此"，天地间万名，各离而自止于其所指。而《老子》则说象名在先，物名在后，以证天地之原始于不可名状之道，因此钱氏认为《老子》的思想线索就是如此。

公孙龙又说："物莫非指，而指非指。"拿公孙龙书与《老子》书互参，则公孙龙用"指"字，犹《老子》书创用"象"字。就人言是"指"，就物言是"象"。天地一切物之抽象之名，这两家都认为可以离物而自在，这是因为人由名而知于物，并能以指名于物、象状于物。钱氏认为这就是思想线索，可知《老子》与公孙龙思想也相近。在他看来，坚白之说，惠施提倡，公孙龙承之，而成名家；庄子不喜此说，主张观化而言道，而成道家；《老子》书则承庄、惠、公孙之说而又有变化，兼揽道家名家的观念，融会其说，而不言坚白，改称夷、希、微，则更为抽象。所以他认为"必博综会通于先秦诸子思想先后之条贯而后始见其必如是，故曰：非通诸子，则不足以通一子也"①。

钱氏此说从 20 世纪 20 年代到 50 年代，一直坚持。他没有看到后来出土的帛书《老子》和郭店竹简《老子》，但他提出的分析思想线索的方法，还是有其道理的。只是他所分析的各关键概念，可能并不像他所理解的那样，因此他所推论的结果被后来的出土文献所打破。这又说明思想分析不仅要看关键概念，更要看各书的整体思想和相关观念。所以笔者主张对于先秦诸子必须进行整体的综合研究，即把诸子书中所有概念全都清理出来，放在一个整体系统中加以观察定位，并排定关系，而不是仅据几个字词或概念来做分析，这样才能尽可能地避免偏差。

二、饶宗颐《老子想尔注》研究

饶宗颐（1917—2018），广东潮安人，字固庵。先后任教于香港新亚书院、香港大学、新加坡大学、美国耶鲁大学研究院、台湾"中央研究院"历史语言研究所。著有《潮州艺文志》《楚辞书录》《敦煌六朝写本张天师道陵著〈老子想尔注〉校笺》《战国楚简笺证》《楚辞与词曲音乐》《长沙出土战国缯书新释》《殷代贞卜人物通考》《中国史学上之正统论》《甲骨文通检》等。

《想尔注》二卷，一名《老君道德经想尔训》，是东汉末年五斗米道用来宣讲《老子》的注释，据传为东汉天师张道陵撰，一说系师张鲁撰。原书四卷，收入《道藏》太玄部，已佚。现存敦煌写本《老子道经想尔注》残卷，藏大英博物馆。饶氏对此残卷进行研究，将敦煌残卷连写的经文与注释分别录出，按《老君道德经河上公章句》次第，分别章次，并作考证，于 1956 年出版《敦煌六朝写本张天师道陵著〈老子想尔注〉校笺》。后又增补相关内容，于 1991 年

---

① 钱穆：《庄老通辩·自序》，见《钱宾四先生全集》第七册，台湾联经出版事业股份有限公司 1998 年版，第 16 页。

由上海古籍出版社出版《老子想尔注校证》。下面通过《老子想尔注校证》来看其研究。

饶氏在书中的《解题》中说，此敦煌残卷末题"老子《道经》上"，下注"想尔"二字分行；起"则民不争"迄卷终，共五百八十行，大体上是老子《道经》的注释本。据唐玄宗《道德真经疏外传》、杜光庭《道德真经广圣义》所载，作者为东汉张陵。宋代谢守灏《老君实录》、彭耜《道德真经集注杂说》、董思靖《道德经集解》都承袭此说。唐陆德明《经典释文·序录》存《老子想尔》二卷，注称："不详何人，一云张鲁或云刘表。"《传授经戒仪注诀》称："张鲁得道，化道西蜀，蜀风浅末，未晓深言，托构《想尔》，以训初回。"也以《想尔》作者为张鲁。《云笈七签》卷三十三孙思邈《摄养枕中方》曾引《想尔》的话，注称："想尔盖仙人名。"《隋书·经籍志》《旧唐书·经籍志》《新唐书·艺文志》未著录。在《解题》中，饶氏还说明了敦煌莫高窟所出古写本典籍的情况、《老子想尔注》的历代著录情况，由此考察《老子想尔注》的流传及各家著录中的异同分歧。

在《录注》部分，他说明了原卷子的抄写是经文注文连写，不便阅读，故依河上公本的顺序，分注章数，并把经文与注文分开，还加以句逗，注明其中的别字等，未能弄清楚者，则一仍其旧。

在《校议》部分，他以与《想尔注》为同系统的如道士索洞玄经写本、罗振玉《道德经考异》及《补遗》中唐人写本的一部分、北平图书馆藏唐写本残卷和遂州龙兴观碑本为主，参考多种文献，对《想尔注》经文进行校勘。

《笺证》部分包括三十多个具体问题的笺证，如"道教"名称之始、道人与道士和仙士的区别、守一、自然、实髓爱精、孔德、注中韵语、老子书名等。其中对一些问题的考证，也很有价值，如饶氏认为《想尔注》中出现的"道教"之名，为"道教"名称见于载籍之始。并说世之言道教史者，皆认为张陵为道教之祖，而未审"道教"一名亦出于彼。在"生、学'生'"一条中，他认为《想尔注》改《老子》原文的"王大"和"公乃王"二处的"王"为

"生"，谓"生"为"道"之别体，表示对"生"的重视。"不如守中"句的注中说："不如学生守中和之道。"饶氏认为"学生"就是"学长生"，而"学生"二字在道教书中也是常见词语，说明这是道教中的重要思想之一。在"自然"一条中，饶氏认为道教对"自然"有自己的解释，即各顺其事，毋敢逆为，顺事而不逆天之义。这与司马谈所说的"道家因阴阳之大顺"可相证，而宋代张载所说的："存，吾顺事。"其实也来自道家。在《想尔注》中还有古代占星术的内容，如"日月运珥、客逆不曜"和"库楼、狼、狐、将军、骑官、房、锋星"二条所说诸名，都是古代占星术的专门名词。如"黄帝、玄女、容成之文""实髓爱精"等条则是房中术的内容。又有后世算命术中的专门术语，如"太阴""地官""天曹、算"等条即是。还有一些条目说明道教对于"心"有一些特别的术语，如"规""明堂"等条。还有关于道教助帝王治的内容，如"孔德"条中说，助帝王治，有十法：元气治、自然治、道治、德治、仁治、义治、礼治、文治、法治、武治，以元气治为最高明，武治为低下。这与《老子》中分上德、下德以及仁、义、礼为不同等级，有思想相通之处。关于老子所著书的书名，饶氏认为据《汉书·艺文志》以及《想尔注》等文献资料，应该是"老子"，后世以"道德经"为名，则非原来面貌。

在《〈想尔注〉之异解》部分，饶氏说明了《想尔注》对《老子》的一些不同解释，主要反映在《想尔注》改动《老子》的原文文字，如"阿"改为"何"，"谿"改为"奚"，"私"改为"尸"，"忒"改为"贷"，"王"改为"生"，"天门"改为"天地"，改读"安平太，乐与饵"为"大乐"，以"饵"为"珥"，把"无为"解释为"不为恶事"等，认为这是为了与《太平经》合，而不顾《老子》原有之哲理。

饶氏认为《想尔注》通过对《老子》注解，阐述对道的信仰，要求信徒信行真道，奉守道诫，积善与积精相结合，以达仙寿天福的境界。治国者亦须师道，以教化民，才能获致"太平符瑞"。并对道做了独特的阐释："道至尊，微而隐，无状貌形像"。"一散形为气，聚形为太上老君，常治昆仑，或言虚无，或言自然，或言无名"。太上老君由此和至尊之道合二为一，被尊为最高之神。道能够"设生以赏善，设死以威恶"，如果人们按道的训诫去做，就可以"积善成功，积精成神，神成仙寿"。特别强调一和守一，从精、气、神去讲修炼长生之道。《想尔注》指出：精结为神，修道者欲令神不死，就应该"结精自守"，以清静为本。精是"道之别气"，万物都含"道精"，当其"精复"时，都归其根，故人人都应宝慎其"根"。道散形为气，道气常上下，经营天地内外。其所以不见，乃"清微"之故，人若奉行道诫，则"微气归之"。可见神仙长生之道是《想尔注》所追求的终极目的。在社会政治思想方面，它和《太平经》一样，强调"太平"，认为治国之君务修道德，忠臣辅佐务在行道，道普德溢，太平就将到来。

他又指出，《想尔注》为了诠释的需要，在解《老子》时数处改易原文。如将第十六章"公乃王，王乃天"句中的"王"字改为"生"字，并解释为："能行道公政，故常生也；能致长生，则副天也；天能久生，法道故也；人法道意，便能长久也。"又如将第七章"非以其无私邪？故能成其私"句中的"私"字改为"尸"字，并解释为："不知长生之道，身皆尸行，非道所行，都是尸行。道人所以得仙寿者，不行尸行，不同于流俗，故能成其尸，得为仙士。"这样一改，就使《老子》更接近注者的神仙长生思想。隋唐以前，《想尔注》在道教中颇受重视。《传授经戒仪注诀》列举道士当诵习十卷经，第五、第六即是《想尔注》。唐以后《想尔注》逐渐不受重视。

饶氏此书对《想尔注》的整理研究，是现代老学史上的一件重要成就，后来有人专门研究敦煌本《老子》的问题，就是由饶氏此一研究发其端的，同时这也使道教史的研究深入了一步。《想尔注》中的不少内容属于后来人们从道教角度对《老子》进行解读而加以应用的实例，这说明道教以《老子》为源头之一，但也做了不少发展与改造的工作，使道教与《老子》变得不太一样。

三、何炳棣关于《孙子》与《老子》的三篇考证

何炳棣（1917—2012），浙江金华人。1934 年就读清华大学历史系，毕业后任教于西南联合大学，1945 年赴美入哥伦比亚大学留学。曾在加拿大英属哥伦比亚大学、美国芝加哥大学、美国加州大学鄂宛分校任教。著有 *Studies on the Population of China*，1368—1953、*The Ladder of Success in Imperial China：Aspects of Social Mobility*，1368—1911、*The Cradle of the East：An Inquiry into the Indigenous Origins of Techniques and Ideas of Neolithic and Early Historic China*，5000—1000 *B. C*、《黄土与中国农业的起源》、《中国古今土地数字的考释和评价》等。

何氏写有关于《孙子》和《老子》的三篇论文：《中国思想史上一项基本性的翻案——〈老子〉辩证思维源于〈孙子兵法〉的论证》《中国现存最古的私家著述——〈孙子兵法〉》《司马谈、迁与老子年代》，后汇为《有关〈孙子〉〈老子〉的三篇考证》一书，于 2002 年出版。

第一篇考证中，何氏指出，《易》虽原系卜筮之书，但内中蕴藏着矛盾对立而又互相依存、互相转化的辩证关系。如金景芳所说，六十四卦"乾坤居首，其余六十二卦两两比邻，不反则对，全是按此规律排列"。从《左传》中可以看出自春秋早期即有以德刑、刚柔等对立概念应用于政务人事之例。首度成系列的辩证词组出现于《左传·昭公二十年》晏婴对齐景公的谈话，《左传》同年还记有郑子产对子大叔的劝诫，其中强调有德者以宽服民，其次莫如猛，并记载了孔子的说法："宽以济猛，猛以济宽，政以是和。"而在吴王阖庐三年（公元前 512 年）由孙武撰就进呈的今本《孙子兵法》则出现了大批的有系统的不反则对的辩证词组，是春秋晚期新思辨潮流的反映。李泽厚认为先秦最先发展和应用辩证思维的是兵家，何氏接受了李泽厚的分析，于是把《孙子》和《老子》两书里的辩证词组进行对比。由此看出，《孙子》词组大多与军事有关，比较详细周密，《老子》对《孙子》词组有所损益，有关军事的比较简略，而

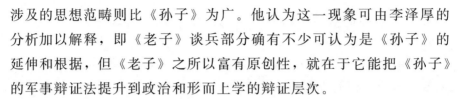

涉及的思想范畴则比《孙子》为广。他认为这一现象可由李泽厚的分析加以解释，即《老子》谈兵部分确有不少可认为是《孙子》的延伸和根据，但《老子》之所以富有原创性，就在于它能把《孙子》的军事辩证法提升到政治和形而上学的辩证层次。

根据何氏在第二篇文章中的考证，《孙子》十三篇撰就于吴王阖庐三年（前512）。在第三篇文章中，何氏认为《史记·老子列传》中的老子李耳（字聃）的后裔世系，必是司马谈在齐都讲业时亲获于李耳八世孙之胶西王卬的太傅李解，故李耳约生于前440年左右，约当孔子卒后、墨子诞生后四十年。即使最极端的学者也不能不承认《老子》成书于战国之世，故《老子》书中辩证词组及论辩方法至少部分衍生于《孙子》一事，是不争之论。但人们普遍认为《孙子》晚于《老子》，如王阳明和郭沫若都持这种看法。何氏为了证明《老子》吸取《孙子》，把《孙子》的《势》篇与《老子》全书中的相关文句进行比较。其中的"奇正"一词，不见于《论语》《墨子》《吴子》《司马法》《商君书》《孟子》《左传》《国语》《庄子》《荀子》，而仅见于《孙子》和《老子》，"即此一端已可见《孙》《老》关系之密切"[1]。《孙子》的奇正之论仅限于军事，而《老子》的奇正之论则从用兵扩展到治国，这说明李泽厚所说的《老子》将《孙子》奇正辩证法提升为政治辩证法是可信的。

何氏认为还要注意《汉书·艺文志》中对"兵权谋"家著作的排列情况，即先列举《吴孙子兵法》为首的"兵权谋十三家"，以明示《吴孙子》的时代早以及它在学派中的宗师地位。并以历时的方式对此类著作作精简的综述："权谋者，以正治国，以奇用兵，先计而后战，兼形势，包阴谋，用技巧者也。"何氏说这十三家中当然没有属于道家的《老子》，但《老子》论兵上承《孙子》，下启来者的枢纽地位，则在《汉书·艺文志》的综述中得到了确凿的诠证。

他还举《势》篇中"声不过五，五声之变，不可胜听也。色不

---

① 何炳棣：《有关〈孙子〉〈老子〉的三篇考证》，台湾"中央研究院"近代史研究所2002年版，第8页。

过五，五色之变，不可胜观也。味不过五，五味之变，不可胜尝也"，与《老子》"五色令人目盲，五音令人耳聋，五味令人口爽"进行比较，明显可以看出《老子》之文义袭取《孙子》而加以改造。他又引用现代学者的研究，认为以"五"为中心的系列观念，出现于春秋时代。这说明《孙子》中论及五行部分的文字产生于春秋时期，不是人们所能推翻的。他又考察了《孙子》与《老子》中相似的其他语句，如与循环有关的语句、与混成有关的语句等。他还指出《老子》中最被后人认为是兵书的名句，显然是源自《孙子》开首的《计》篇，如《老子》的"将欲歙之，必固张之，将欲弱之，必固强之，将欲废之，必固兴之，将欲取之，必固与之"，与《计》篇中的"能而示之以不能，用而示之以不用，近而示之以远，远而示之以近，利而诱之，乱而取之，实而备之，强而避之，怒而挠之，卑而骄之，佚而劳之，亲而离之，攻其无备，出其不意"，在词与义上最肖似。此外还有《孙子》中的"形"与"势"，其连用也仅出现于《老子》中（"物形之，势成之"），又说《势》篇每一段落的文句与意蕴都能在《老子》中找到被汲取改造的凭证。

何氏又据《老子》中直接言兵的文句查证袭用《孙子》之处。如《老子》说"善为士者不武，善战者不怒"，《孙子》中说"主不可以怒而兴师，将不可以愠而致战，故明君慎之，良将警之"，二者极为相似。何氏又找了许多证据说明《老子》晚于《孙子》，是对《孙子》的继承与改造。并将早期儒家与《老子》互证，将《孙子》《墨子》与《老子》互证，以支持他的看法。

他还分析了《老子》的内容与性质，认为张舜徽《周秦道论发微》研究先秦的道论，功力深至，张氏所论证的《老子》思想是君人南面之术的说法值得相信。张氏说《老子》书"中多采用旧说遗言，以明其恉，凡称'圣人云'，'建言有之'之类是也"。于是何氏统计了《老子》中的"圣人"共28次，并肯定"圣人"实即王、侯或天下、邦国的君主，至少亦指最高统治者，所以可以说此书所言尽为君人南面之术。《老子》未出现"圣人"的其他章，内容也多涉及治国牧民之道。他又引证了金春峰的《汉代思想史》，认为其中对河上公注与王弼注比较后得出的结论——王弼泛指一般人的地方，河上公注都解释为人君——是可信的。由此金氏总结说：王弼注为学术思想之《老子》，河上公注为养身与治国相结合之《老子》，河上注的诠释与西汉初年推广黄老治身之道以治国，即司马谈《论六家要指》所述者，完全相同。

最后他探讨了《孙子》与《老子》亲缘关系的问题，认为朱熹对《老子》的批评，无意中说出了《老子》与《孙子》中的权谋思想有着重要关系，这是对《孙子》与《老子》有亲缘关系的间接论证。何氏还认为："人类史上最先主张以'行为主义'心理学原则整兵治国者是《孙子》，柔化和缘饰《孙子》坦白冷酷愚民语句最微妙、最成功的是《老子》。"[①] 即《老子》一方面把《孙子》中专用于兵事的奇正之论提升、扩大到全部治国用兵领域，又把《孙子》愚兵的理论和实践提升、扩大到愚民。他认为，虽然孔子和现代西方民主国家的统治阶层也要用各种方法麻醉人民，但在愚民理论上，《孙子》和《老子》亲缘关系最为明显，因为它们都出自置道德是非于不顾的非常彻底的行为主义。如说二者在这个思想上有什么不同，何氏认为《孙子》所说是坦率无隐的，如同对心理学实验室的白鼠群而发，《老子》同样冷酷的心肠却是用清静、无为、玄德等清高的哲学语言来表达的。这种思想也被严遵说出来了："万民知主之所务，天下何以安？万民不知主之所务，故可安。"何氏认为只有像严遵那样睿哲遁世、卖卜为生、阅世极深、居心淳善之人，才能讲出古今中外治术中所不敢明讲的话。

他在第一篇考证的结论中说：孔子开始精研易理之时，孙武的军事辩证法体系已建立二十余年。《老子》与《孙子》、早期儒家、早期墨家多边互证的结果显示，传统看法——老子其人其书代表我国最早、最富有原创性的辩证法思想，影响了《孙子》——是根本错误的，相反，我国辩证思想谱系的辈分正确排列应该是：《孙子》

---

① 何炳棣：《有关〈孙子〉〈老子〉的三篇考证》，台湾"中央研究院"近代史研究所2002年版，第30页。

为《老子》之祖。而此书中的另外两篇考证，也有加强肯定此文结论的作用。

何氏此文引用了不少大陆学者关于《老子》、出土文献和《孙子》及更多文献的研究成果，从中吸取了不少重要的见解，作为他的这一考证的支撑材料，故能对他所提出的观点，提供比较坚实的基础。这也说明对于先秦诸子的研究，必须加强整体研究的意识，在具体方法与思考角度上，都还有不少课题需要开拓和深入研究。

第二节　方东美、徐复观、唐君毅、
牟宗三等的老子研究

一、方东美《原始儒家道家哲学》

方东美（1899—1977），名珣，字德怀，后改字东美。安徽枞阳人。1921年赴美留学。回国后先后在武昌高等师范学校、东南大学、中央大学、台湾大学等校任教。著有《中国人生哲学概要》《科学哲学与人生》《原始儒家道家哲学》《华严宗哲学》等。

《原始儒家道家哲学》是据方氏1973年至1976年在台湾辅仁大学讲授原始儒家与原始道家的录音笔记整理而成的著作，并参考了方氏1972年在台湾大学讲道家哲学时的录音，出版于1983年。方氏讲授原始儒家与道家哲学，是根据儒家的《尚书》《易经》和道家的《老子》与《庄子》四书。

方氏认为老子的道是"老子哲学系统中之无上范畴"①，可分为四方面来阐释：一是道体，指道为无限的真实存在实体，老子用不同的方式形容道体，如道为万物之宗；道为天地根；道元一，为天地万物一切之所同具；道为一切活动的唯一范型或法式；道为大象

---

① 方东美：《原始儒家道家哲学》，中华书局2012年版，第155页。

或玄牝；道为命运之最后归趋。二是道用，无限伟大的道，即是周溥万物，遍在一切的用（或功能），而取之不尽、用之不竭者。道之发用，呈双回向，顺之则道之本无，委生万有；逆之则当下万有，仰资于无，以各尽其用。三是道相，由此可使道之发生与涵德分为属于天然者和属于人为者两类。前者涵一切天德，属于道，就永恒而观之，是道之全体大用，在无界中即用显体，在有界中即体显用，又是无为而无不为的、为而不恃的、以无事取天下、长而不宰、生而不有、功成而弗居的。四是道征，即上述道的种种高明至德，显发之而为天德，原属道，而圣人是道之具体而微者，是具有内圣之精神修养功夫者。

方氏讲道家哲学，是以儒家哲学为前提的。他认为中国人哲学思想的出发点，是要把握一个整体生命，在生命的交叉点上把理想价值的世界（所谓精神领域）会归到生命中心里面来，然后对于物质世界上的一切条件、一切力量，也拿生命的进程来推进，以它来维系生命，变成生命的资粮。[1] 所以儒家的生命中心就是宇宙的生命中心。儒家的精神就是在表现这样一种气魄。在儒家衰退之后，能拯救儒家思想的是道家，所以要先讲儒家是怎么回事，才能看清道家是什么样的。

方氏指出道家的思想分为老子和庄子两支，皆为很高的哲学智慧。这是原始道家，与后来的道家不一样，这就是他之所以要用"原始道家"之名的原因。他认为到战国时期，原始道家受了神仙家的掺混，而且神仙家还与法家搅和起来，到秦汉之际，道家就不再是哲学的智慧，而变成黄老之术，汉代叫黄生之学，这就腐蚀了道家高尚的哲学智慧。

所以他强调一定要把原始道家与后来的道家区分清楚，前者有哲学智慧，后者则没有。对于原始道家，他认为一定要避免误解。误解之一，是对原始道家随意解释，任意发挥，如汉代张道陵对《老子》的解释，又如魏晋时期人们对《庄子》的误读，把《庄子》

---

[1] 方东美：《原始儒家道家哲学》，中华书局 2012 年版，第 163 页。

中很高的智慧讲成世俗的庸俗见解。误解之二，是人们根本不关注原始道家，如汉代人们不关注《庄子》。他认为，很高的哲学智慧，有时候在一个时代，变得一点影响也没有，人们对它毫不理会。误解之三，是不同的文化对原始道家的不同理解。如现代西方人对原始道家的种种误解。

这种情况在各个时代都层出不穷，这说明训练人才如果不从真实的学问来考究，不从真实的才气来发展，不从真实的见识来培养，就会走向邪路。即把学术不当作学术、糟蹋学术。在历史上，原始儒家与道家都遇到了这些情况。所以要讲原始道家的哲学智慧，就一定要把后来的这些误解剔除出去。尤其是西方学者对于中国古代哲学和文学的理解，都会出现很多问题。方氏认为西方人如果不能用中文思考，而是以他们的语言来思考，就往往会拿外国文字相关的表面意义来附会中国的典籍。反过来也一样，中国人如果不能用外国语言文字来思考问题，而用中文来思考，则会拿外国文字的表面意义来附会中国古代的思想。如现代哲学用大量的西方的词语概念来解释中国古代哲学思想那样，本质上就是用一些外国的名词概念来附会中国古代的思想，而不能真正从思想深处解释中国古代的思想。

他举了一个例子，即英国人威利（Arthur Waley）通过许多渠道对中国古代铜器、瓷器、绘画作品有实际的接触与了解，在这方面可以称为专家，曾著有《中国艺术导论》。但他翻译《老子》就大有问题，如他把"天下皆知美之为美，斯恶已"译成"天下人都认出美之为美的时候，就产生恶的观念了"。方氏说这种译法在逻辑上不通，在逻辑上，"美是美"（Beauty is beauty），怎么会变成"美是丑"（Beauty is ugliness）？可知威利对中国文字没有真正了解，也证明他没有受过哲学训练。尽管他有艺术训练，但在哲学上没有普通的逻辑训练，就导致思想及概念的混淆。而且方氏认为这也表现在现代教育上，使受中国现代教育的青年不能看中国的古书，又怎能研究中国古书里的哲学思想？

方氏以上所论，是为了说明要理解原始道家的哲学智慧，对现代人来说，对西方人来说，并非易事。把这个问题说明清楚了，才能开始讲原始道家的哲学智慧。可以说他是少有的能认真分析这个问题的学者。这也让人们反思，自己在开始研究《老子》的哲学思想以前，是否受过哲学的训练、逻辑的训练，是否具备了从事这一研究的基本条件。

对于原始道家，方氏首先讲道家的超脱精神。他认为要研究中国先哲的智慧，一定先要了解中国先哲的思维特点，即：中国人的宇宙观，不像西方哥白尼以后的天文学那样的宇宙观，把宇宙当作无穷的境界，再拿科学上的无穷的理论体系描绘它。中国人是站在生命的立场，从感觉器官，亦即见闻的知识里肯定这个世界，然后再把这个有限的系统设法点化了，成为无穷。儒道墨都是通过中国人共同的才情来点化宇宙，这个共同的才情就是艺术的才能，以艺术的才能，把有限的宇宙点化成无穷的境界。所以他认为中国人的才能，不是寄托在科学的理性思想里，也不在宗教情绪的热诚上，而是在这一种超脱解放的艺术精神。所以才能把形象上的有阻碍的东西统统铲除，然后展开一种开放的自由精神境界，可以把有限的境界点化成无穷。而道家就更是富有这种精神，在有限的境界里面，能破除有限，通达无穷。所以道家出发时，就是破有限，入无穷，然后在无穷空灵的境界里纵横驰骋。①

他认为道家所面对的是儒家的理想政治模式变得衰败之后的社会现实，这需要有一种精神上的监督力量来平衡政治中的君王的权与势，而道家在中国思想里面，就保留了人格上面精神的解放同精神的尊严，这是现实力量钳制不住的。儒家不容易做到的，是因为儒家太入世，难以超脱解放。

而在道家里面，因为有这种超脱解放的精神，能不受现实的拘束，如果据以投向现实政治，就可以从一个更高的精神权势来钳制现实的权势。如汉代的张良，他投到现实政治里，是用汉高祖来消灭秦王朝的政治力量，而不是汉高祖来用他。张良在功成之后的退

---

① 方东美：《原始儒家道家哲学》，中华书局2012年版，第170页。

隐，也表现了道家的超脱解放精神，他要在广大的宇宙里面找出自由的精神可以独来独往的地方，而不是沉没在现实的权势里。庄子也是这样的道家人物，他的宇宙的最高点是"寥天一"，然后要在这个精神的高超地位来看自己阅历的境界，向下看一层一层的下界，所以他能把这些都看透，这一种无穷的超脱精神，正是道家哲学的最大特色。

其次方氏论述了道家超越相对价值的思想。他认为中国古代哲学的共同点是形上学与价值学的联系，是以价值为中心的哲学。如老子，是要人们在"无之以为用""反者道之动"的过程里，从现象界超升到宇宙的本体、宇宙的永恒的本体（"常道""常名"），这是老子与先秦各家的不同之处。之后老子就提出了绝对的价值学："天下皆知美之为美，斯恶已。皆知善之为善，斯不善已。"这是指价值学上的两套系统。在经验世界或现实世界所谈的艺术、道德等各种价值，都是相对的价值。如提到美就有丑与之相对，提到善就有恶与之相对。它们都是离不了与它对立的负面价值的，这就是相对价值。而老子是要"从相对的价值领域里面，出离、越脱、解放，把相对的价值点化掉，成为绝对的最高价值"[1]。这个绝对的价值，不能与相对价值混淆，换言之，绝对的善，不是善恶相对的善，绝对的美，不是美丑相对的美。对于《老子》的思想，一定要从这种绝对价值上加以理解。

方氏认为古希腊的柏拉图提出在认识了绝对的真善美之后，还要把三者融会贯通起来，建立贯通真善美价值最后的价值学的统会。而且柏拉图由此找出了从相对价值向绝对价值超升发展的程序，这就形成了一种辩证的过程。即每当达到一种境界时，就发现原来所认为的绝对并不是绝对的，于是绝对又变成相对，最后他说自己穷于词矣。也就是说对他所要追求的价值学的统会，他最终并不能了解，他能想到，但不能表达出来。这是因为希腊人的思维是追求清晰，要把一切都能用逻辑和语言清楚地说出来，但这反而使他们不

---

[1] 方东美：《原始儒家道家哲学》，中华书局 2012 年版，第 174 页。

能把绝对的价值用逻辑和语言表达出来，最后只能变成不可思议。

　　而在老子看来，这种不可思议只是相对的名言上的不可思议，在分析的语言不能说明时，要有综合的语言可以体会，即虽然不能解，但要能悟。所以他要跳出一切相对世界的相对价值，归栖到至高无上的价值。而这要最高的智慧来把握，超越了一切相对价值，才能达到绝对价值。所以老子要辨别许多事物的相对性，如有与无，为与无为，玄与又玄等，所以老子认为哲学的智慧与寻常的知识是两回事，要超越后者而达到前者。对后者的超越，就是损，损并不是破坏，而是提炼，把一切知识的价值看作相对的，从相对的真善美提升到绝对的真善美，从相对的价值提升到绝对的价值。他说，这就是把真的里面相对的伪去掉，把美的里面相对的丑去掉，把善的里面相对的恶也去掉，这样才能产生哲学的智慧，它不是知识，不能靠益，而要靠损，一步步地损而提炼，最后提炼到最精粹的价值。所以他认为《老子》第二章就是从相对的价值超脱解放而得到一个至高无上的超越的价值系统。

　　之后便是体现绝对价值的问题，方氏认为这里产生一个问题：宇宙里面的最高的价值，是不是只是一个空洞的价值。从老子的眼光看来，不是。因为宇宙最高的价值是可以完成实现的。即要在一种最高的人格精神里完成实现出来，这就是圣人。道家所说的圣人，是代表宇宙里最高的价值理想。对相对价值的提升，不是对它们全都丧尽，如果这样那就是虚妄的价值。老子不是这样，他是要反求诸己，把自己的生命呈现出来，变成一个高尚的、活的榜样，让别人感受、欣赏、赞叹，然后在无形中受他精神的感召，也照他的样子取法。这就是上德，他并不说什么德不德，完全不受相对的德的拘束，这才是宇宙里最高价值的一个精神枢纽。圣人拿他最完满的精神品德，来救人救物，使颠倒离奇的世界众生，被圣人最高的价值理想感召了之后，都参与拯救精神世界的工作。这样所有的人都在精神上产生医疗的作用，然后维护全人类宝贵的生命的支柱，就可避免现代权力政治、权力经济、权力外交所要做的那些掠夺、侵略活动。所以他认为这种道德精神是真正自发的、自主的，真正认识了世界上和谐的秩序与完满的生命，把全世界汇集为一个精神的总流，使其充满欢欣鼓舞的生命。他说这就像贝多芬的第九交响乐，当大家把精神提高到最玄妙的境界里，然后在生活中体验健康、纯洁的生命情操时，最后就会显现出来成为一个大的欢乐颂，一起在那个地方欣赏和赞叹。

因此方氏认为《老子》里的这些精神，是老子哲学的纲领。先在相对世界或现象世界里建立一个本体论的系统，再在超越世界或精神解放的世界上建立一个超本体论，就是无，这是《老子》第一章的思想内容。然后再会通起来，从永恒性着眼，把相对的有与绝对的无合纳入一个共同的体系里。这是《老子》第二章的内容，是说明什么是最高的价值标准。这种哲学智慧是精神向上探索，追求解放，再用宇宙价值的无穷来弥补现实世界的种种罪恶、痛苦、丑陋等以拯救这个世界，使世界成为美满的世界。这是《老子》第三十八章的内容，是说明这种哲学智慧对于人类的价值之应用。①

之后方氏又论述了如何根据《老子》书来理解老子的哲学思想的问题。他认为对《老子》书的文本应该要按现代语言文字的写法来加上标示，如用大写小写、斜写正写再加上种种不同的符号，由此来把《老子》文本中的名辞在不同境界的相对意义做出适当的安排，使它们字义的差别显现出来，这样再来读《老子》，就会省去不少麻烦，而不至于产生许多误解。他认为《老子》中所用的名言，都有多重指意，不易掌握。有的名言有绝对的意义，如有、无，除非独立于一句中，否则仍有互相对等的相对意思。为了避免误解有与无，绝不可用西方的观念去了解。老子把"无"当做道的崇高性相，并且主张超本体论应该优于以"有"代表变化世界的动态本体论。这是掌握老子的思想智慧的重要条件，许多人并不注意，而在不经意间犯了这个错误，使得对老子思想的理解与研究走上歧路。

而且这一思想到现代仍然有价值，因为西方近代科学把近代理论科学变成了科技及应用科学，在应用科学里只强调利用价值。利

① 方东美：《原始儒家道家哲学》，中华书局 2012 年版，第 179 页。

用价值本来只是附属的价值，但现代人把它当成了唯一的价值，这样就把近代科学的理论性丧失了，其他的艺术价值、宗教价值、哲学价值都抹杀了，只保留了利用价值。利用价值在近代生活里变成商业价值，于是近代西方在生活上的根本危机，就显现出来了。环顾这个危机，就应当促使全世界的人觉悟到在文化形成尤其是文化价值的形成里面，主要的决定因素是哲学智慧。要拯救现在的危机，必须要靠哲学的智慧。这就是方氏对老子的哲学智慧所赋予的时代使命。为此方氏说明了学者和思想家用哲学智慧挽救社会的重要性，他从中国的历史事实来说明这一点。

中国过去都拿儒家当作思想主流，然而这个主流传到后来并没有进步。到北宋，稍微有些启发，但政治上还是沉沦下去，只是在哲学上，南宋超越了北宋。但宋以后继之以元、明、清，是灾难时代。明代，像民房都有一定尺寸，超过这个高度，国家不允许，要加重收税。这不能够产生宽阔的、高大的气象。宋代从太祖开始，曾悬禁律不许任何皇帝侮辱知识阶级。汉代没有这个优点，唐代也没有这个优点。宋代虽然国势不顶强，但政治理想还是尊敬文化理想、哲学理想。所以宋代还有相当的精神自由。宋代的程子学派、朱子学派，在思想上都想要成立一套哲学思想，为国家政治立下理想标准。从这一点看，宋人在精神上是想要把握哲学智慧，而对任何别的力量不屈服，这是宋代不朽的精神。从元代起，把程、朱哲学，变作政治的功用。因此，陈献章、王阳明直到东林学派，要讲学，建立精神上的支柱，来与这种政治上的功用抗衡。从这一方面看，明代东林派、复社的精神，犹之乎后汉的太学生，都是为了维护学术的尊严以及精神的自由，这种精神是极其可贵的。

此后方氏又分析了老子的道及道体、道用、道相、道征等问题。其根本思想是说对于老子的道，必须从他的根本动机和根本用意即救人救物救世上来把握。而且任何重要的哲学思想都是如此，中国与西方都是如此。如柏拉图说，哲学的功用就是"拯救世界的假象"，也就是说，现象界没有达到真象的最高标准，没有把宇宙里深藏的真象显露出来，真实的世界就变成假象的世界，所以真正的哲学家要把假象的世界救出来，使它变成真象的世界。老子所说的"言有宗，事有君"，就是这个意思。方氏正是从这个理解出发，深入分析了老子的道及其哲学智慧。

通过了解方氏对原始道家的分析论述，可以看出他的思维方式完全与众不同，是从超脱的高度来看道家思想之产生及其本质特点，不是从分析《老子》《庄子》的具体文本的字句开始来探讨其中的思想。这种思维方式，可以说是道家本来所具有的思维方式，被他用在分析道家的思想上来了。读他的分析论述，能使人受到极好的启发，从而获得对于道家及《老子》思想的全新认识与理解。他的研究可与牟宗三的《老子》思想分析相比，牟宗三是从文本字句向上提升，方氏则是从极高的境界向下分析。二家正好相辅相成，共同构成现代中国《老子》研究的最高成就。

二、徐复观对《老子》思想的阐释

徐复观（1903—1982），原名秉常，字佛观，后由熊十力更名为复观，湖北浠水人。1926 年参加国民革命军，七七事变后，投身抗战。1944 年拜熊十力为师。1949 年迁台，任省立农学院、东海大学教授。1969 年任教于香港新亚书院。著有《中国人性论史》《中国艺术精神》《公孙龙子讲疏》《两汉思想史》等。

《中国人性论史·先秦篇》1963 年出版。此书《文化新理念的开创——老子的道德思想之成立》一章专论老子思想。

徐氏通过探讨老子思想的时代背景，认为老子思想的最大贡献是对自然性的天的生成、创造提供了新的有系统的解释，由此把古代原始宗教的残渣涤荡得一干二净，中国才出现了由合理思维所构成的形而上学的宇宙论。[①] 但老子思想的目的并不是建立宇宙论，而是由人生的要求而向上推求到作为宇宙根源的处所，以作为人生安顿之地。故他的宇宙论是他的人生哲学的副产物。而老子的宇宙论

[①] 徐复观：《中国人性论史·先秦篇》，见《徐复观文集》第三卷，湖北人民出版社 2002 年版，第 292 页。

也就是老子的人性论，因为他把人之所以为人的本质，安放在宇宙根源的处所，而要求与其一致。最后再论《老子》中以道德为核心的政治论。

关于老子其人其书，他曾有专文进行探讨，认为《史记·老子列传》的"正传"是可信的，而所附的两个"或曰"是疑以传疑的附录。现行的《老子》的一部分是老子原始思想的记录，也有他的学徒对他的原始思想所作的疏释。《老子》在汉初成为宫廷中的官学，黄老学徒将各种大同小异的传抄本加以统一。当时为了应付儒家的攻势，迎合统治者的胃口，还加入了"域中有四大，王居其一焉"一类的说法，并将文字加以整理，这就是现行《老子》的定本。但就整体来说，仍是老子学徒传承疏释之旧。

他认为《老子》中有实质的人性论，但没有出现"性"字，这证明它是成立于战国初期或其以前的东西。这一看法得到了后来出土的简帛《老子》的证实。

他对老子思想的分释，主要有三个方面：一是道的创生过程，即宇宙论；一是人向道德的回归，即人生论；一是道德的政治论。

徐氏认为老子的道是创生宇宙万物的一种基本动力，并不称之为原理，因为原理是静态的，本身不能创生，要创生就要有一个指挥发动者。但这又不是神，道的本身就是唯一的创生者。[①] 这种动力，只能意想而不能闻见，所以用无来说道的特性，这个无是超现象界的，不是现象界的无（没有）。所以用无作为道的特性，是因为道本身是无限的存在，不是人的感官所能直接接触到的，但也不是没有。也就是说，道是由现象界进而追求其所以能成此现象的原因所推度出来的，老子的道是通过精密思辨所得出的结论。这种基本动力，无形无象，故无法加以名称，所以又称这为无名。而这里的名，与后来的名家无关。

对于道创生天地万物，老子又用玄牝来比喻。这种创生是绵绵

---

① 徐复观：《中国人性论史·先秦篇》，见《徐复观文集》第三卷，湖北人民出版社2002年版，第295页。

若存，用之不勤的，即不是一种刚性的势用，其生化并不费丝毫气力，所以用之而不勤劳。不勤劳，即是自然，即是无为，即可以作无穷的创造。

老子的道向下落，就有有、一、德三个观念。他还专门提到，近数十年人们研究《老子》，都喜欢用黑格尔的辩证法来解释老子的有与无。但这种方法并不妥帖。因为辩证法包括由矛盾而斗争、超克、发展，为正、反、合。老子的无含有无限的有，但这并不是矛盾，无生有，有生万物，都不是矛盾。"由无到有的创生，只是'自然'的创生，并非矛盾的破裂"①。创生是无为而无不为，也不是斗争。创生出来以后，各归其根，是向道的回归，也不是向高一层的发展。由道而来的人生态度，只是柔弱虚静的人生，不是带有强烈战斗意味的人生。所以这些都不能说是辩证法。

在人生论方面，老子是要求人回复到"德畜之"的"德"那里去，由德发而为人生的态度，这才是在大变动时期安全长久的态度。为了与一般的德相区别，老子用了玄德、常德、孔德、上德等说法。而且他还认为老子所要求的无知无欲，只是要求无知，不是对生理基本欲望的否定，而是各人得到自然的满足，与人无争，因而自己也不至受到由争而来的灾害。摒除心知作用，而专听任生理本能的自然生活，老子称为专气致柔。这种达到纯生理的混浑态度，被比之为婴儿、赤子或愚人。老子所反对的，是对一般事物进行分别的知，而要达到一种明白四达的超越心知的大智慧。所以，"老子的人生态度、境界，由其对人之所以生的德的回归而来，而其主要的工夫，是彻底把心知的作用消纳掉"②，所以要绝圣弃知、绝仁弃义。

在政治论方面，老子主张体虚无之道，以为人君之道。由人君向德的回归，促成人民向德的回归。徐氏认为这与儒家无异。所以老子重视体道，包括守朴、抱一、得一，就是无欲，由此才能无为，

① 徐复观：《中国人性论史·先秦篇》，见《徐复观文集》第三卷，湖北人民出版社2002年版，第301页。

② 徐复观：《中国人性论史·先秦篇》，见《徐复观文集》第三卷，湖北人民出版社2002年版，第314页。

最终使人民不受政治的干扰，而能自己解决自己的问题。民的自化自正自富自朴，即是自然，自然用在政治上，就是今天所说的自治。为此要求统治者无为好静无事无欲，以此辅万物之自然。老子自己以愚人为理想的生活境界，所以在政治上非以明民，将以愚之，也是要使人民回归这种理想的生活境界，是把修之于自身的德，推之于人民，故这不是愚民政策。因此徐氏认为老子与儒家，都是对人性的信赖而推及政治，而为对人民的信赖。所以两家的政治思想，都是以人民为主体的。儒道两家所以能将自己所信的性、德之善，推及于人民，乃因为两家都有真正的慈、仁，以为其动力。所以杨朱、韩非、黄老道家都与老子思想不相同。

在《人生》1957 年第一六九、一七〇期上，徐氏以《有关思想史的若干问题》为题，对钱穆《老子书晚出补证》的观点做了分析。此文前的小序中说，自己在读钱穆的《老子书晚出补证》后，颇少契合，觉前辈先生每于其学成名立之后常喜自抒胸臆，不落恒蹊，横说竖说皆无所谓，不必多所异同。及读严灵峰《读庄老通辨序书后》，谓以钱穆在学术上之地位，其言论之影响于后学者甚大，不觉怦然心动。由此可知他对钱氏提出此说颇不以为然。钱穆在其书中标榜治学要通汉宋之圉，而义理考据一以贯之，但徐氏认为钱氏实际上仍是强调要做训诂考据的功夫，以为由此即可通义理。实际上这仅是治思想史的起码的初步工作，而仅有这初步的工作并不能做出思想史。对此，他提醒人们参考文德尔班《一般哲学史》中所论述的观点。徐氏主张初步的训诂考据工作并不是义理的（道德的）直接的根源所在。他反问："清人的考据较宋、明人为精，是否清人讲的义理即比宋、明人为精？在考据学未成立以前，是否即无义理之学？"[①] 这说明钱穆所持的由训诂考据而通义理的观点是无法成立的。

徐氏又专门论述了只靠训诂和考据不能把握古人的思想的问题，在这之外还有许多重要工作。一方面要对古人书中的字句章节乃至

① 　徐复观：《中国思想史论集》，上海书店出版社 2004 年版，第 73 页。

全书之义都要解读清楚，这是从局部到全体，但要作进一步的了解，更须反转来，由全体来确定局部的意义，即由一句而确定一字之义，由一章而确定一句之义，由一书而确定一章之义，由一家的思想而确定一书之义。这种由全体以衡定局部的工作，是第二步。这一步工作，不是用训诂和考据就能概括的。"这两步工作转移的最大关键，是要由第一步的工作中归纳出若干可靠的概念……这便要有一种抽象的能力。但清人没有自觉到这种能力，于是他们的归纳工作，只能得出文字本身的若干综合性的结论，而不能建立概念。因此便限制了他们由第一步走向第二步的发展"①。而对概念的分析、推演，如果没有这种训练，是无法进行的。而概念一经成立，则概念本身必有其合理性、自律性，此二性之大小，是衡断一家思想的重要准则。在一部书若发现不出此种基本概念，这就是未成家的杂抄。有基本概念而其合理性和自律性薄弱，则说明此家思想的浅薄和未成熟。将某书、某家的概念由抽象的方法求得以后，再对其加以分析和推演，这是顺着某种概念的合理性和自律性去发展。愈是思想受有训练的人，愈感到这种合理性和自律性的精细、严密，其中不容许有任何主观的恣意。某种东西为一概念之所有或可能有，某种东西为一概念之所无或不可能有，概念与概念之间何为同中之异，何为异中之同，何为形异而实同，何为形似而实异，都必须精密剖析，其中有森严的铁律。在此种精密的概念衡断之下，才能对含有许多解释的字语断定它在句、章、节、书、家中是表现这些解释中的哪一种，确乎不可移。像这些工作，都不是训诂与考据所能完成的，而要对古人的思想进行思想史的研究，这又是不能不具备的基本能力。有了这种能力，才能展开对古代思想家的思想进行专门的研究，并能分析学者们的研究之成果。

徐氏在反驳钱穆等人主张老子晚出的观点时，指出他们的说法中常有不能成立之处。如《荀子》的《天论》和《解蔽》中已说到

---

① 徐复观：《中国思想史论集》，上海书店出版社 2004 年版，第 91 页。

"老子有见于诎，无见于信，庄子蔽于天而不知人"，说明荀子对老与庄的思想特点都说得非常清楚，但荀子竟能批评到较他晚出的老子，岂非异事？又如《庄子·天下》中也论及老子的思想，若《庄子》在老子之前，为何此篇会有关于老子思想的明确叙述？若老子是庄周思想的继承者，则不仅此篇的风格、意境与产生此篇的时代不合，且庄子分明是此篇中的主体，则写这篇文章的人对庄子而言，为什么要称老子为"古之博大真人"，而将其安放在庄子前面？冯友兰没有看懂"古之博大真人"这句话的"古"字，遂以为老聃是传说中人物，殊不知这句话与《左传》里的"仲尼曰：叔向古之遗真也"和"子产卒，仲尼出涕曰：古之遗爱也"的话，完全相同，只是对于前辈的称赞之辞。由"古之博大真人"这句话，可得两点结论：一是老聃乃写《天下》者的前辈，一是《天下》是站在庄子的立场上来写的。若庄子为道家的始祖，则这种对前辈的称呼，应加在庄子身上，而不应加在老子身上。且从思想发展的角度看，老子虽主张清静无为，但仍以如何解决政治问题为其思想的主要环节之一，庄子则把政治一脚踢开，直从人生、社会上求取精神的大解放，这分明是对老子以消极方法解决政治问题的更进一步的发展。且老子在思想上最大的贡献，是提出"无"的观念，这使老子思想有了最大的特色，而由老子的"无"，才能发展到庄子的"无无"和"无无无"。庄子还有许多说法也是由老子发展而来的。徐氏说，像这种思想发展的轨迹，是很难颠倒的。

徐氏还分析了钱穆用他的考据方法要达到的两个目的，一是要证明先秦道家以庄子为始祖，而老子则在庄、惠、公孙之后，一是要证明《易传》《大学》《中庸》的思想皆出于老庄，且其思想不属于儒家系统而属于老庄的系谱。第二点所涉及的问题，陈鼓应在他的《易传与道家思想》一书中也专门进行论述，主张《易传》的哲学思想属于道家，而非儒家。故这一问题的梳理，应把钱穆、徐复观与陈鼓应联系起来，而且这一问题，也不是仅有此几人所关注，还有不少学者先后论述过相关的问题。

三、唐君毅论《老子》的道

唐君毅（1909—1978），四川宜宾人。1925 年考入北京大学哲学系，后转南京中央大学哲学系。毕业后任华西协和大学、中央大学等校教授。1949 年赴香港，与钱穆、张丕介等创办新亚书院。后在香港中文大学、台湾大学任教。著有《人生之体验》《中华文化之精神价值》《中国哲学原论》《哲学概论》等。

在《中国哲学原论·导论篇》的第十一章，唐氏阐述了老子言道之六义：有通贯异理之用之道、形上道体、道相之道、同德之道、修德之道及其他生活之道、为事物及心境人格状态之道。说明了道之六义后，他又立一章，论老子言道之六义贯释，分八个问题：如何会通此六义之道；道体之存在之直觉的印证及要终以原始的道体观；辨道相之对照物而呈于人心，次于道体；道之生物及物之有得于道，以成其德；道之为自然律义及物之无常与道之常；道为生活之道义及自然律与生活律；道为心境及人格状态等之状辞义及"不道"一名所自立；老子论道之思想之外限。这样就把道之六义的深层意涵阐释出来了。

这里就其所说道之六义，略加介绍。唐氏认为，道之第一义是"通贯万物之普遍共同之理，或自然或宇宙之一般律则或根本原理"①。《韩非子·解老》说："道者，万物之所然也。……万物各异理，而道尽稽万物之理。"可知韩非子解《老》是别理于道。万物各有不同之理，而《老子》的道尽稽万物之理，即指道遍于万物之异理，有通贯一切异理之用者。将此义连于道为万物之所然以观，则此所然者即万物之所共是共然而共表现。道之第二义为形上道体，即指"一实有之存在者，或一形而上之存在的实体或实理者"②。此与上述第一义之道，分别在一虚而一实。虚者，谓其本身不能单独存在，非自有实作用、亦非自有实相者。实者，谓其非假法、非抽

① 唐君毅：《中国哲学原论·导论篇》，中国社会科学出版社 2005 年版，第 225 页。
② 唐君毅：《中国哲学原论·导论篇》，中国社会科学出版社 2005 年版，第 226 页。

象的有，而自有实作用及实相之真实存在之实体或实理。

道之第三义为道相之道，"乃以第二义之实体义之道之相为道"①。第二义之实体义之道，为物本始或本母之道体，此第三义之道，简名为道相。道相初即道体之相，故此第三义之道，可由第二义之道引申而出。第二义之道，自其自身之为形而上之存在者而独立不改之可言，亦非可说、可道、可名者。而所谓相者，皆对此而言，道体本身固无相可说。然道体既为生物，为物之本始或本母，则对其所生之物而言，彼固有异于所生之万物之相。其相可由其对照万物之相而见。如自此道体之对照万物之有形而异于万物之万形言，则可说是"大象无形""道冲而用之""虚而不屈"，而道呈"无"之相及"冲""虚"之相，而可以"无"或"冲""虚"说之。此皆暂定假借之名相，非道体之实有本相。如"玄之"一词，在老子初亦为指道相之词，且玄与妙为兼综有无二相之道相。由此亦可知状相之词，并非道体本身。

道之第四义为同德之道，"为同于德之义者"②。老子言德，或就人物之得于道名说，或就道之反物而生物、高物、顺物等处说，此皆为连道与人物之关系而说者，此即道德二名之别。谓物有得于道者为德，则此德之内容，亦只是其所得于道者，此其所得于道者，固亦只是道而已。而道之畜物生物，亦只是以其自身去畜物生物。彼虽畜物生物而有德，仍不失其为道，则有德亦同于有道。故道之一义，亦即可同于德，或同于物所得所有之德，或同于道之畜物生物之德。

道之第五义为修德之道及其他生活之道。"人欲求具有同于道之玄德，而求有德时，其修德积德之方，及其他生活上自处处人之术，政治军事上之治国用兵之道"③，皆属此第五义。此义之道，纯属于应用上之道，如今所谓修养方法、生活方式或处世应务之术之类，

---

① 唐君毅：《中国哲学原论·导论篇》，中国社会科学出版社 2005 年版，第 227 页。
② 唐君毅：《中国哲学原论·导论篇》，中国社会科学出版社 2005 年版，第 230 页。
③ 唐君毅：《中国哲学原论·导论篇》，中国社会科学出版社 2005 年版，第 231 页。

简言之，即人之生活之道。

道之第六义为事物及心境人格状态之道，"指一种事物之状态，或一种人之心境或人格状态，而以'道'之一名为此事物状态或心境、人格状态之辞"①。如《老子》说："上善若水，水善利万物而不争，处众人之所恶，故几于道。"此所谓"几于道"，犹近于道，此非空间上之接近，是指如能体现此道而近于道。此第六义作为人之心境或人格状态之状辞之"道"，即所以表状此得道或有德之心境与人格状态，对外所呈之相。此可名为人之道相。

唐氏对老子的道，分疏出六义，是非常认真的阐释方法，他在《中国哲学原论·原道篇》中也对老子的道有所论述，在该书第八、九章专门分析"《老子》之法地、法天、法道，更法自然之道"，分为如下问题：人法地，与地上之物势中之道；地法天，与人由法天以法道之义；天之道、道、人之直接法道义；修道者之安久于道、道之常，及道法自然义；老子言道、德、仁、义、礼之层面，与法道之四层面之对应关系；老子通贯四层面之言、正反相涵之四义、道之诸性相，老子之道是否为实体之问题与本文之宗趣。这样的分析，把《老子》中与道有关的问题都纳入了思考的范围，并全面分析了它们之间的相互关系，值得重视。

四、牟宗三《老子〈道德经〉讲演录》及《中国哲学十九讲》

牟宗三（1909—1995），字离中，山东栖霞人。1928年考入北京大学。毕业后任教于华西协和大学、中央大学、金陵大学、浙江大学，后在台北师范学院、香港中文大学、新亚研究所、台湾大学等校任教。著有《道德的理想主义》《政道与治道》《才性与玄理》《佛性与般若》等。

牟氏对《老子》的研究，既有对《老子》书的全部原文按照文献学的方法一字一句进行讲解的，也有按照西方哲学概念思维方式来阐释《老子》思想的。他认为这是两种不同的方法，对于研究

---

① 唐君毅：《中国哲学原论·导论篇》，中国社会科学出版社2005年版，第232页。

《老子》的思想都是需要的。但他不赞成去考证老子其人的时代问题和《老子》其书的成书问题，认为那都不是深入到《老子》书的思想内容中来研究问题的路数。以下从两个方面来看他如何理解和阐释《老子》思想的。

1986 年 8 月至 10 月，牟宗三在香港新亚研究所为学生讲授《老子》。后经整理校订，以《老子〈道德经〉讲演录》为题，全文刊登在《鹅湖月刊》第二十八卷第十期至第二十九卷第七期上。

牟氏首先指出，讲古典文献，就是要了解经文。要了解儒家道家，那几部基本的文献总要有所了解，读哲学的人喜欢凭空发议论，这是坏习气。是凭想象来发议论，但经常没有根据。讲文献就是把想象与文献拉上关系，加以约束，使其有根据。不过，研究哲学还要读逻辑，读西方哲学，这样才能提高理解力，理解力不提高，天天读文献也不懂。

但牟氏讲《老子》《庄子》，不讲考据的问题。如老子在庄子以前还是在庄子以后，老子这个人是谁，这部书是谁作的，是真的还是假的，牟氏认为这种问题对研究哲学思想来说，没有意义。他认为搞考据的人以为讨论这些问题才是真正有学问。从研究哲学思想的角度讲，这些考据没什么学问，都是废话，满天打雷，一个雨点也没有。这种考据与争论，用乡间的话说，就是闲磨牙，闲着没事，瞎说。研究老子的哲学思想，这一类的考据不代表学问。

牟氏主张要用问题引导解读，并强调要依照文句来了解，不要满天打雷，讲空话。如"道可道，非常道，名可名，非常名"，这一段讲什么，表示什么观念？不能说这是表示道体。这是废话，这是文句以外的话，老子也没有说"道体"，怎么可以随便加上"体"字呢？牟氏认为这就是智慧，就是哲学。所以，老子是了不起的哲学家。牟氏认为这一段中心观念就是把真理分成两种。它的语义就是如此，人类的智慧表现在眼前，可以接触到的，是可道之道，另一种是不可道的道。《道德经》说："为学日益，为道日损。"可道之道属于"为学"，"为学日益"。不可道之道属于"为道"，"为道日损"。不可说的，是说不可以用感性来直觉，感性达不到它，感性达不到就不可说。可以用某种一定的概念来论说的，那是科学界。不可说的道理正相反，"不可道"就是说某一种道理不可以用某种概念去论谓它，假如用一定的概念去论谓那个道理、那个道，那就不是常道。

"常"指恒常不变，但"恒常不变"有时可以道说，所以，"常"还有一种讲法：常者尚也。"常道"就是至高无尚的道理。可以用某种概念论谓的道理，一定不是恒常不变的至高的道理。

"无名天地之始，有名万物之母"，这一段进一步通过"有""无"两个观念来了解前面所说的"可道说""不可道说"。"无名天地之始"表示通过"无名"这个概念或"无"这个概念来了解这个"道"。从文句的习惯上讲，是"无名，天地之始；有名，万物之母"。"无名"是不可道说。"无名"表示这个东西根本不能用名来名它，因为根本不能名，所以它无形无状、无声无臭。就是那个至高无尚之道。

老子把"无"或把通过"无名"而显出来的那个"无"看作天地万物的开始。这就是"无名，天地之始"。通过有名有形有状、有声有臭而提出"有"这个观念，这个"有"的观念就叫作万物的母。这就是"有名，万物之母"。这两句话表示"有""无"与天地万物发生关系。说"始"是往后看，找它的底据。底据就是它那个根，说"母"是向前看，就着散开的万物说。这两句说话的方向不同。通过往后返的方式来表示"无"与万物的关联，通过向前看的方式来表示"有"与万物的关联。

为什么可以通过"无"了解天地之始？为什么"无"能形成天地之始？为什么可以通过"有"来了解万物之母？因为道家是通过消极的表示、负面的表示，找天地万物的总开始，一定要从有限定跳到无限定。无限定的东西才能够整个一把抓，作天地的总开端。所以，从"无"这个地方作天地的开始。"有"不能作为天地万物的总开始，可以作为天地的开始的那个东西一定是无限的，无限定就是无名无形无状，就是"无"。道家的这个"无"只能通过无名无形无状、无声无臭等，把这些都无掉，无掉以后，还不能正面决定它是什么，所以只能说："无名，天地之始。"不能正面给"无"一个特殊的决定。从这个意义上讲，道家最具有哲学性。所以，中国的哲学传统开始于道家、名家。中国的道家、名家决定中国的哲学传统。

"无"的概念建立以后不能停在"无"。还要往前看。"有名，万物之母"，就是从"无"往前看，往前看就是散开看，散开看就落在万物上，就有限定的个体讲。对应每一个个体讲，总要给它一个说明。要对每一个个体说明其形成的根据、积极的形式根据，就是说"有"。"有名"就是有形有状有声臭，简单说就是"有"。通过无形无状无声臭，简单说就是"无"。不能停在"无"，要向前看，就落在"有"上。每一个"有"是对每一个个体讲的，每一个个体是个体的限定物。这个"有"就是万物之母，"母"就是万物的一个形式的根据。

"有"的根源要看"故常无欲以观其妙，常有欲以观其徼"句，这是道的双重性，道有"无"性，也有"有"性。道的"有"性就是道的徼向性。由道的徼向性说明"万物之母"。万物有其母，则可成为现实的物，这个现实物就是可道说的世界，这才是有限定的。这个道的徼向性是限而不限、定而不定的。《道德经》第十四章说：

> 视之不见，名曰夷；听之不闻，名曰希；抟之不得，名曰微。此三者不可致诘，故混而为一。其上不皦，其下不昧；绳绳不可名，复归于无物。是谓无状之状，无物之象，是谓惚恍。迎之不见其首，随之不见其后。执古之道，以御今之有。能知古始，是谓道纪。

"视之不见""听之不闻""抟之不得"三句中"之"代表什么？"其上不皦""其下不昧"二句中"其"代表什么？"之""其"指什么？牟氏指出，直接说这就是道也不一定对。老子为什么不说"道"，而以"之"以"其"来代表呢？下一句"是谓无状之状，无物之象"，"是"就是呼应"之"字"其"字。是，此也。不能直接说"之""其""是"代表道，老子并没有说道。当然，他是暗指道，他是要说道。所以要从第一章了解。第一章是纲领。他在第十四章并没有直接说道，他用"之""其""是"烘托一个东西，烘托的这个境界、这个东西也看不到、听不见、摸不到，不可以致诘。混而为一。这种状态是什么状态呢？老子名之曰"无状之状，无物之象"。这种状态是一种什么样的境况呢？就是"惚恍"的境况。这种境况"迎之不见其首，随之不见其后。执古之道，以御今之有。能知古始，是谓道纪"。

一般人所说的恒常不变的道理有三种：逻辑法则，数学法则，道德法则，但这三种恒常不变的道理都是可道说的。《道德经》所想的恒常不变之道一定在这三种以外。所以，这个"常"字还要解释，光"恒常不变"不够，还要加"最高"二字。最高的常道，就是最高的真实。这个不可说的常道是最高的恒常不变的实在。《道德经》所言的道就是最高的真实。

第一章用"道"字，第十四章不用"道"字，它泛指有这么一种情况，有这么一种东西。这东西既看不见听不到，也摸不着，"夷""希""微"不是文字学的概念，是思想的问题。一些西方人说中国人的头脑都是具体的，没有抽象的思想。这是胡说八道。《道德经》这种词语抽象不抽象？玄得很。不是中国人没有抽象的思考，那是一般人不懂《道德经》，西方人根本不了解。中国的古人很有抽象思考。第十四章泛指有这么一种状况，就是说有看不见、听不到、摸不着的这么一个状况。这种境况是超感性的，再进一步说就是超经验的，经验不到的。这种最玄的道理是从最空洞的那个地方说起。什么是可道说、不可道说，这是很空洞的，但就从这个空洞的地方了解真实。既然要证成、说明这个最高，那么一定要把那依傍拉掉，就从无依傍这个地方了解。从最空洞这个地方了解最真实。这是现在的人不能懂的，因为他们太切实了，离开科学就不能思考，离开依傍就不能思考，说一句话一定要有根据，根据就是经验，就是实验，但这永远达不到最高的真实。

《道德经》头一句说的不可道的最高的真实，就是看不见听不到摸不着。"不可致诘"就是不能再问为什么。既然不可致诘，就代表浑沌。"混而为一"就代表浑沌。"混而为一"就是纯一，这个纯一不能杂多化。因为夷、希、微混而为一，不能致诘。不能致诘就不能再分，不能再分，里面就不能有多。所以这个"混一"就是道家向往的那个浑沌。道家所言"浑沌"是最高的境界，与下文所言"惚恍"一样，道家说"浑沌"是一个比喻，这个浑沌才是最高的真实。要懂得了解道家，不能把道家了解成自然科学。

牟氏通过这样细致入微的解说，把《老子》第一章中所包含的哲学问题都揭示出来，并且做了周到的阐释，这种方法应该是中国人研究古代哲学必须遵循的方法。牟氏一再说不要空论，也不要随便加上《老子》中所没有的字或概念来解释《老子》的思想，但又要有抽象的思维能力，不能局限于近现代的科学概念和逻辑，这样才能一步步地深入《老子》的思想中，才能准确地把握《老子》思想的本来意旨。如他所剖析的，《老子》的道是最高的真实，超越感性和经验的，不是一个东西，而是一种浑沌，一种境况。这样的阐释比那种生硬地把一些外来的概念套在《老子》语句头上的方法要更为妥当。虽然他在讲演中也引用了不少的佛教和西方康德等人的说法或概念，但都要回到《老子》原文的语义上去，这样才能不脱离《老子》思想的本来意旨，而保持对《老子》思想的直接面对与理解。

《中国哲学十九讲》为牟宗三 1978 年在台湾大学哲学研究所的讲课记录，1983 年出版。牟氏在其中专门阐述了"道家玄理之性格"，他强调说这是讲道家的内在义理。第一步先问"道"的观念如何，道家提出的"无"如何；再进一步了解"无"和"有"的关系，道家如何讲"有"；第三步了解"无"与"有"和"物"的关系。由这三层了解可以把道家玄理的性格全部展示出来。可知这是他理解《老子》思想的思维方法，即先切实把握《老子》的主要概念，再把《老子》思想中的重要概念的关系梳理出来加以整体把握。

对于道家的"无"，要从了解老子的文化背景开始。老子直接提出的是"无为"。"无为"是对"有为"而发的，老子反对有为，是由于他是对周文疲弊而发的。周文疲弊，即周公所造的礼乐典章制度，到春秋战国时代，都成了空架，是窒息人们生命的桎梏。因此周文的礼乐典章制度都成了外在的或形式的，没有真生命的礼乐就是造作的、虚伪的、外在的、形式化的。道家是这样把周文看成束缚桎梏，老子才提出无为的观念。无为是高度精神生活的境界，不是不动。西方人把它译成 inaction（不动），是完全失指的。讲无为就含着讲自然。道家所说的"自然"，不是我们现在所谓自然世界的自然，也不是西方说的自然主义。道家的自然是精神生活上的观念，是自由自在、自己如此，无所依靠，精神独立。精神独立才算自然，是很超越的境界。庄子讲逍遥、无待。现实上那有无待？如坐要依待椅子，肚子饿了要吃面包，这都属于西方人说的自然。道家所说的自然不是这个意思，它就是自己如此，就是无待。所以讲无为含着自然这个观念，马上就显出它的意义之特殊。它针对周文疲弊而发，把周文看成是形式的、外在的，所以向往自由自在，一定要把这些虚伪造作统统去掉，由此解放解脱出来，才是自然。道家就在这个意思上讲无为。

从无为再普遍化、抽象化而提炼成"无"。无所否定的是有依待、虚伪、造作、外在、形式的东西，而往上就是无为的境界，要高一层。所以一开始，无不是存有论的概念，而是实践、生活上的观念，这是人生的问题，不是形而上学的问题。无是实践上的观念，这样就很容易懂。因为在春秋战国时代文化出了问题，道家一眼看到把人们的生命落在虚伪造作上是最大的不自在，人们天天疲于奔命，疲于虚伪形式的空架子中，非常痛苦。一个人能够像道家所说的，一切言论行动好像行云流水那么自由自在，这需要很大的功夫，这是很高的境界。

了解了无为观念，把它再普遍化，就是无的观念。把周文这个特殊机缘抽掉，往前进，为什么反对造作呢？可以分成三层来说。最低层是自然生命的纷驰使人不自由不自在。这是第一层人生的痛苦。人都是在现实自然生命的纷驰上找刺激，不过瘾又找麻醉，所以老子说"五色令人目盲，五音令人耳聋，五味令人口爽，驰骋畋猎令人心发狂"。再上一层，是心理的情绪，喜怒无常等都是心理情绪，落在这个层次上也很麻烦。再往上一层属于思想，是意念的造作。意念的造作最不好，一套套的思想系统，都是意念的造作。意念造作、观念系统只代表一些意见、偏见，客气地说就是代表一孔之见的一些知识。凡是意念的造作都是一孔之见的系统，只有把它化掉，才全部是明。道家就从这里讲无，不讨论系统而反要将系统化掉。自然生命的纷驰、心理的情绪，意念的造作，都是系统，要把这些都化掉。

说存有论时，是西方哲学的立场，但当"无"之智慧彻底发展出来时，也可以含有一个存有论，那不是以西方为标准的存有论，而是属于实践的，叫实践的存有论。中国的学问都是实践的，用道家的话讲，实践的所表现的就是解脱、洒脱、无为这一类的字眼，这种智慧全部透出来以后，可以含有一个实践的存有论，也可谓实践的形而上学。实践的形而上学、存有论就寄托于对无的了解。

那么对于无，照它所显示的境界而言，该如何了解？这就是道家所说的道。道家通过无来了解道，来规定道，所以无是重要的关键。光无也不行，无中又有有。由此形成无与有，无、有和天地万物，无和物、有和物的关系等问题。为此要分三层，先了解无，然后再了解有，最后再了解无、有与物的关系。

由此可知，老子所阐释的道的境界，就是虚。致虚极，守静笃，无的境界就是虚静，就是使心灵不粘着固定于任何一个特定的方向上。生命的纷驰、心理的情绪、意念的造作，都有特定的方向，粘着在这个地方，就着于此而不能通于彼，你生命粘着于此，我生命粘着于彼，各是其是，冲突矛盾就出现了。所以第一步理解，无就是虚静，就是纯一无杂，没有乌七八糟的冲突矛盾纷杂，把生命肢解得七零八散。无、自然、虚一而静都是精神的境界，是有无限妙用的心境，所以无不是西方哲学中存有论的观念。

无的境界是要应世，所以"无为"一定连着"无不为"，所以道家的学问在以前叫"帝王之学"。事在人为，走对了就有好的结果，走错了就有坏的结果，所以学问最重要。平常这方面没有修养，就是"富而无教"。任何人要使自己的生命超越一层，要用点功训练自己。所以说"无为而无不为"，无不为是作用，无为是本。

知道了这个意思，进一步了解"有"。无是本，但不只讲无，将生命抽象了只挂在无也不行，一定要无、有、物三层都讲才完备，才显其全体大用。老子讲的"有"也不是西方存有论的概念，还是要从以无作本的心境讲。这个心境是要化掉对任何特定方向的粘着，但也不要把任何特定方向消化掉就停住，那就挂空了。无是本，光显这个本只是方便，还要进一步讲有，讲有就是由纯粹的普遍性（无）接触到具体的内容。无是虚一而静有无限妙用的心境，灵活得很。无限的妙用即从有处见。有就是无限妙用、虚一而静的心境的矢向性，《道德经》通过无与有来了解道，这叫作道的双重性。无不是死东西，而是灵活的心境，不管有没有这个世界，世界上有没有万事万物，它都可以活动。

无是本，无又要随时起徼向的作用。平常所谓深藏不露代表无的状态，但不能永远深藏不露，总有露的地方就是徼向性，道家如此讲有，很微妙。道家这一套出自中国的文化生命，发自春秋战国的文化背景，完全从人生上讲，很真实，也很玄妙，作用更大。愈是复杂的人生、高度的文化愈是需要，尤其是担当大事的人需要这套学问，所以是帝王之学。

牟氏又将无、有和物的关系等问题阐释得非常彻底，使《老子》的思想不再那么神秘玄妙。这都与既讲无又讲有密切关联着的，由此也可看出牟氏对《老子》思想理解之深刻。正如前面所说的，他没有生硬地套用外来的概念在《老子》思想上，而是从《老子》思想的本来思路脉络上将其解释得深入具体而细致。总之，正是因为他始终不离《老子》思想本来的脉络，不离《老子》思想本来的词语，所以能把《老子》的思想阐释得如此深入浅出。他又归结说：道家当智慧看，是人生的智慧，平常可以在自己生活上有受用。当学问讲，是个境界形态的形而上学。道家的系统性格要能分辨，和其他的系统相比较就可以看出来。中国人讲自己中国的学问当该有敬意，有真诚，讲得很恰当才行。所以要了解自己的文化背景，把生命不要完全只限在横切面的时空里，要把自己的生命纵贯地通起来，这才是真正扩大自己的生命，这样才能对古典有相应的了解。现在人的头脑大都只是横切面的，生命不能通于文化背景，所以不能和古人的智慧相契应，大都是乱讲一气，因此大家不可不仔细用功。牟氏这些话的意思又是对现代学者的最好劝诫，人们不可忽视。

五、劳思光、韦政通对老子的论述

1. 劳思光《新编中国哲学史》对老子思想的论述

劳思光（1927—2012），本名荣玮，字仲琼，号韦斋，祖籍湖南长沙，生于陕西西安。1946 年入读北京大学哲学系，1952 年台湾大学哲学系毕业，后在美国哈佛大学及普林斯顿大学从事研究工作。1964 年起任教于香港中文大学。著有《康德知识论要义》《历史之惩罚》《新编中国哲学史》《存在主义哲学新编》等。

《新编中国哲学史》第一卷出版于 1981 年，其第四章中有对老子思想的论述。在具体论述古代思想之前，他论述了中国古代文化传统的形成问题，认为在长期历史发展过程中，形成了南北文化的不同传统，而各有不同的影响和特色，这是研究先秦各家思想的历史前提。之后他分析了古代中国思想的主要观念，作为研究先秦诸子思想的思想前提。然后他先论述孔孟与儒学，之后才是道家学说，包括道家思想的源流和时代问题、老子及《道德经》中的思想、庄子其人与其思想等。整体上看对道家思想的分析所占比重不大。

关于老子其人，劳氏认为其中的问题聚讼久矣，论者都不敢最后断定，简单地归纳，可以确认的事情是中国哲学史中所论述的道家之老聃，与史书所记载的习礼的老聃、为周史官的太史儋还要分开理解。

关于《道德经》，他在总结前人争辩的基础上，认为其中部分材料先于《庄子·天下》而存在，以《天下》所述的老子观念为定点，可据理论的脉络，整理得出一老子学说。而《天下》作者所了解的老聃学说，主要应从庄子传来，故如此整理所得的老子学说，即可视为先于庄子。《道德经》之成书虽可能较晚，但相应于《天下》所述的各观念，应视为先于庄子，而庄子思想则较《天下》所述的老子思想为成熟，这说明老子思想不会晚于庄子。此即表示不赞同钱穆之说。

关于《道德经》思想，劳氏认为据《天下》所记述，以"无为"及"守柔"二观念为主。"无为"观念为《道德经》思想之中心，"守柔"则是老子所持之人生态度。老子之主要观念可分三组：常，道，反；无为，无不为；守柔，不争，小国寡民——无为观念之展开。第一组观念为思想根基，第二组为其思想之中心，第三组表此中心思想在人事上的应用。如果贯串来看各观念之精神，则为"肯定情意我（或生命我）之精神"[①]。

关于常、道、反，他认为老子思想起于观"变"而思"常"。老子举"天地"以概括经验世界之万有，言万有无不变，但不属于经验世界之事象群者则可久可常。此即事象所循之规律，老子命之曰"道"。规律本身非经验事象，老子即以超乎天地之语说之，故谓："有物混成，先天地生，寂兮寥兮，独立而不改，周行而不殆，可以为天下母。吾不知其名，字之曰道，强为之名曰大，大曰逝，逝曰远，远曰反。""道"指万有之规律，因规律本身非万有之一（即非经验事象），故谓"先天地生"。先天地生不属经验世界，但道虽非经验事物，并非超离之存在，而为经验世界恃之而形成之规律，此规律又有独一性。万物万象皆变逝无常，唯道超万物而为常。此道绝不能为万物之一，故不能为一"对象"，故老子谓"道可道，非常道"。"常道"不属对象，而范铸万有。此乃老子观变思常之第一步。

而所谓道的内容或经验世界之万有所循之规律，他认为即"大、逝、远、反"四字所状，总结之则归于"反"，"反者道之动"。动即运行，反包含循环交变之义。反即道之内容。就循环交变之义而言反以状道，故老子再三说明"相反相成"与"每一事物或性质皆可变至其反面"之理。《老子》言反，最易使人困惑，其实老子此类话头，皆只为"反者道之动"之注释，重在揭明此"反"之理。老子

———————————

① 劳思光：《新编中国哲学史》，广西师范大学出版社 2005 年版，第 175 页。

由此推出中心主张，即第二组观念：无为，无不为。

老子见道为反，则万物芸芸，悉在变逝之中，凡于事物有所固执，皆为不知道，故老子主张无为。无为指不陷溺于任一外在事物，故无为第一层意义是破"执"。观万物在反中变逝，而自觉不陷于万物，此破执后之境界。严格言之，即自觉心观照此以反为内容之道，及万物万象在此规律中之流转，故老子又用"知"及"明"以言观照。老子否定认知我，故不以知经验事物之性质或经验关系为明，独以"知常"为明。

老子思想之第三组为守柔，不争，小国寡民——无为观念之展开。老子欲由无为而获经验效果，必须从无为中导出某种具体观念，以用于具体之人事，于是提出守柔、不争及小国寡民理论。守柔就自处而言，不争乃接世之原则，小国寡民为其政治理想。无为观念展开后所生出之实用观念，最后为小国寡民观念。他解释老子小国寡民观念，认为老子视国家发展为不必要，因老子肯定的主体是驻于无为之境而利用反的规律以支配万物者，主体本身不是实现价值之主体，亦不能肯定文化之价值。国家生活不能视为有价值之活动，无须发展。可知"小国寡民之主张，乃'无为'观念之必然产物"①。

劳氏认为老子思想中还有一个最重要的问题，即老子所肯定的自我境界，为老子哲学的基本特性。老子自我之境设准为三，一为德性我，二为认知我，三为情意我。他认为老子否定德性我，即对仁义诸德性的显明否定。又否定认知我，即否定智，视一切知识技术为堕落。且否定由认知我划出的形躯我，老子否定仁、义、礼，否定智巧，即否定形躯欲求满足之价值。德性我、认知我、形躯我皆被否定，所肯定者只是一"生"。此生与形躯非一事，不是形躯意义的生存，只是指纯粹生命情趣，这就是情意我的境界。他认为老子肯定情意我，指自我驻于此境以观万象及道之运行。总之，他认为老子之学起于观变思常。万象无常，常者唯道。于是道为老子思想的中心。而道为形上的实体，以心观道，心遂离物。心依于道，

---

① 劳思光：《新编中国哲学史》，广西师范大学出版社 2005 年版，第 184 页。

乃成其德，故德为自觉之理境。合而言之，万象皆依一道，分而言之，道之表现乃随事物之特殊性而异。万物如此，形躯之我亦然，因形躯之我本是万物之一。于是心由观道而离形躯，此离物之心乃为真我。老子所取者为情意我，故在五千言中力破德性我、认知我及形躯我。

据劳氏所述，可知他所认识的老子思想为哲学家对宇宙世界万物的总体观察而归约出根本之道，再由道的涵义而落实到人的生命之中，使人成为情意我，而不再受一般的德性、知识和形躯所束缚，由此获得人的精神的最高自由与德性，这样就解释了老子的道与德之学的整体含义。

2. 韦政通《中国思想史》对老子的论述

韦政通（1927—2018），江苏镇江人。曾在台湾世新大学、台湾中国文化大学、台湾清华大学任教。著有《传统的透视》《荀子与古代哲学》《中国思想史》《伦理思想的突破》等。

《中国思想史》1980 年出版。书中对中国古代思想的研究，以孔子以前的文化与思想为开端，那时中国的政治制度与思想文化都已成形，也已出现了人文思想和人文主义的思想先驱。从孔子到淮南子为子学时代，是思想的多元发展的时期，老子的思想就在这一时期。这一时期的思想一些是与明确的学者联系在一起的，也有不少是不知名的学者们所完成的，如《易传》《礼记》《吕氏春秋》与《淮南子》。从董仲舒到范缜为儒学的制度化与玄学的兴起时期，之后为佛学时代，从佛教初入中国讲到慧能，再后为儒学的复兴时期，从韩愈直到戴震。

可以说在韦氏所标定的子学时代，是思想家们独自创立学说的时代，他们思想的来源就是长期以来发展起来的中国传统制度与思想文化。但子学时代的学者们对这一思想渊源有着不同的汲取与思考，故能形成不同的思想流派，呈现诸子并起的思想多元发展的态势。

在这个思想发展的时间轴上，孔子、墨子、老子排在前三位。

韦氏对老子思想首先进行了探源，然后分析老子思想的特征（正言若反、返回自然、创造的反叛）、形上的概念群（道、自然、有与无、反智、无为的政治论、和谐的社会论、返朴归真的人生观），完整地分析了老子的思想体系。[①]

在老子思想的渊源上，他认为老子思想与《易传》的思想有密切的关系，但《易传》也是长时期不断发展完善起来的，所以也不能简单地说谁为源谁为流，只能说二者都从《易经》中吸取了不少思想养分，各自沿着独特的思路不断成熟起来，但二者确实有不少相通之处，这是必须注意的。

关于老子思想的特征，他认为有两点，一是正言若反，这是众多学者都认可的一点。一是返回自然，这是与其他诸子截然不同的思考方向。因此也就形成了第三个特点，即创造的反叛。这三点总起来看，就是"反"，就韦氏的分析来看，他把老子思想的最大特点讲得非常鲜明了。

而老子思想的另一个显著特点就是他创立了形上的概念群，这也是韦氏的独到之见。这个形上的概念群，以道为中心，而道的概念又包含了如下的意旨：本体论的意义、宇宙论的意义。此二者共同合成了老子的道的概念。道与自然的关系为中心的概念。他认为老子在提出道的概念之外，又提出自然的概念，并说道法自然，这表示他的道之创生天地万物，不是出于神的意志，也不出于人的意志，只是因任自然的结果。自然也就是它自己本来如此，不含有任何外来的造作，道与自然，都是万物的自性，这一思想是老子的独造，有着极为重要的意义，在中国古代思想史上占据了极为重要的地位。

由此就产生了有与无的概念组合，韦氏认为老子论有、无，是属于宇宙论的概念，把它与"道法自然"和"道生一"等联系来看，则有同于道或一，而无同于自然。即道以自然为其本性，也就是以

---

① 参见韦政通《中国思想史》（上海书店出版社 2003 年版）第五章。

无为其本性，懂得了无同于自然，就可知道以无为其本性，而道并不是空洞虚无，如果用虚无主义解释老子的道和无，就是误解。而且无不与天地万物为对，它只与一切的人工造作为对，所以无就是无为，无为就是自然。有（道）所以能生天下万物，是因其自性就是如此，演化的历程，就是自生自化的历程，不是有一个天下万物的创造主在那里造作。而且他认为老子所以要提出有与无，就是要剔除创造主式的万物创生之说。不论是神的意志、人的意志还是天功或人工，这都是造作，在老子看来，都是人类万恶的渊薮。如果只讲道而不讲无，传统的天道信仰很容易使人把道也理解为创造主，是万物的主宰。道是效法自然的，是以无为其本性的，这样才能与天道的信仰彻底分离。

他这样阐释老子的道与有和无的关系，使它们成为一组不可分割的形上概念，是对老子思想的深入阐释，能把老子分析说到的概念统一起来，成为一个有机的整体。

韦氏还分析了老子反智思想的问题，认为老子既然以自然为宗建立了他的宇宙观和价值观，因此就必须要反对智性活动。这是他反智的内存逻辑，同时还有外在的客观原因，即对社会现实的观察与思考而形成这种反智思想。老子的思想以反为特点，一般都认为智性活动是正面的东西，而老子则看到它们对于社会的反面作用，故反之。这是与一般思维相反的思考，但也是有道理的，说明老子以反为特点的思维，对于分析和解决社会问题也是有价值的。

在无为的政治论方面，韦氏认为这是来自强烈的现实感，来自对现实暴政的反抗。他又指出，老子的政治思想如果只是对社会的抗议，还不能在思想史上获得重要的地位，因为这是西周以来史不绝书的旧传统，老子这种政治思想的重要性在于提出了一套理想，要从根本上解决治道的问题。不能因为这一理想难以实现而低估它的价值。其价值在于老子透视了人类政治核心的权力问题，认识到人民与社会困苦的根源是统治者的种种扰民，过度的予取予求。因此无为的政治理想的核心就是要化解这种政治的根本问题。既然原因出于统治者的过度有为，所以根本的解决之道就是让统治者自我抑制而无为。

他认为老子由自然的宇宙观导生出反智和无为的政治观，进一步发展就是和谐的社会观。老子希望由顺乎自然的方式去达成这一目标，这与孔子以有为来引导而达成其社会和谐理想是完全不同的思想。这一思想使后来的陶渊明设想出了桃花源式的社会和谐模式，说明它是有道理的。韦氏认为，这种思想能引导现实的社会和文化进行调整，返回自然的呼声代表人类社会的木铎与警钟。这是对老子社会理想的高度评价。

因此老子的思想还需要对人生问题有所论述，才显得完满。故韦氏又分析老子的人生观是返朴归真，这里仍是一个反的思维。在人生观问题上，返朴归真的"返"是一种功夫的历程，根据自然宇宙观看人生，人在婴儿时最纯朴自然，后来这种纯朴自然就受社会的影响而逐渐丧失，虚伪和造作逐渐增加，这说明生命的成长是反自然的过程，要人重新拾回失去的纯真，必须反社会化的发展，在自我本身上下一番功夫。老子说的为道日损，就是这种功夫的基本模式。道家因任自然，即是反对不合乎自然的社会化、非人化，而追求人的本来的自然纯朴。具体而言，就要知足、克欲、虚静等。韦氏认为老子已认识到人的归根复命与万物不同，人虽是自然的一部分，但人的本性却使他必然违离自然，所以人要恢复生命的本真，就要凭借功夫。功夫的过程，是一个圆，始于本真，归于本真，所以说圣人皆孩之，又说复归于婴儿，经历了重重的功夫，就已不是初生的婴儿，而是生命的再生，是象征着朴与真的圣人境界。

韦氏对老子思想的整体把握，从自然的宇宙观为出发点，以人的返朴归真为结束点，而这个结束点又与始发点是统一的，这不是循环论，而是其思想的统一性之表现，完整性之表现。如果其中缺了一环，就构不成这个思想整体，也使这个思想体系不能圆融为一，这说明他对老子思想的理解与阐释，达到了其自身的统一性，故能令人感到其中的哲理之深刻。

第三节　严灵峰、萧天石、陈鼓应的
《老子》研究

一、严灵峰的老子研究

严灵峰（1904—1999），福建福州人。著有《老子章句新编》《老子王注勘误补正》《老庄研究》《周秦汉魏诸子知见书目》等，并编有《无求备斋老子集成》。

《老子章句新编》是严氏对《老子》文本的重新编排，故谓"新编"。在该书《原道》一文中，他将所理解的《老子》的道分为道体、道理、道用、道术四个方面，在此基础上再把《老子》全文重新编排，并附《老子》原文、删除重要经文及字数表、增补重要字句及字数表，由此说明他对《老子》原文做了哪些编订。他在重新编排中，对各章为什么如此改编，也都做了充分的论证。

严氏指出，道体即"道之本体，亦即道之所自然也"①。他把相关的重要概念及其相互的关系用表加以排列，使人一见而知其中的重要内容。此表如下：

有	玄	自然始祖	万殊大宗	
无	自然	太易	未见气	太易
有	道	太初	气之始	易
天下万物	一	太始	形之始	太极
	二三万物	太素	质之始	两仪四象八卦

道理，即"自然之理，亦即道之所必然也"。道用，就是"因道理之必然，利而用之者也"。道术，"为道用之变相，即道之可以然

①　严灵峰：《老子章句新编》，文风书局版，第1页。

者也"。① 由此，他把《老子》原有的章划归道体部分的有"有物混成"章、"道之为物"章、"道可道"章、"视之不见名曰夷"章，此为他所新排的第一至第四章。

划归道理部分的章有"天下有始"章、"天长地久"章、"道生一"章、"道冲而用之"章、"三十辐共一毂"章、"天地之间"章。

划归道用部分的章为"道生之"章、"大道泛兮"章、"道常无名"章、"道常无为"章、"执大象"章、"知其雄"章、"孔德之容"章、"曲则全"章、"天之道其犹张弓"章、"宠辱若惊"章、"名与身孰亲"章、"执而盈之"章、"出生入死"章、"人之生也柔弱"章、"天下莫柔弱于水"章、"天下之至柔"章、"天下皆知美之为美"章、"美言可以市信"章、"载形抱一"章、"唯之与阿"章、"古之善为士"章、"善行无辙迹"章、"言有宗"章、"知不知上矣"章、"上士闻道"章。

划归道术部分的章为"上德不德"章、"天地不仁"章、"大道废"章、"不尚贤"章、"为学日益"章等。四个部分共五十六章。

他的这一重新编排，是对《老子》的另一种研究，通过把相关的内容相对集中起来，由此说明《老子》的道的全部思想。这种新的编排，可作为人们研究《老子》的一种参考。

《老子王注勘误补正》，是他对陶鸿庆王弼注勘误的补正，写于1957年。他认为校勘《老子》盛于清代，至民国仍不断有人从事此事。但这些校勘考订，其间不无矫枉过正之嫌，尤其偏重于经文的校勘，而对古注的校正者则罕见。王弼《老子注》为书最古，于义最胜，但现行王本，其注文错乱阙误实多，易滋强解。而陶氏对王注的勘误，有独到之见解，但难免有拘泥割裂之失。日本学者于王注的校正，亦颇有可取者。于是他据陶氏勘误，兼采众说，并附己见，阙者补之，讹者正之，撰成此书。

该书又称《道藏》本《老子微旨例略》，实为王弼所撰，可以参校王注，故亦加以引用。对《老子》原文的校考，以蒋锡昌《老子

---

① 严灵峰：《老子章句新编》，文风书局版，第5、7、8页。

校诂》最为详尽。严氏因已有《老子章句新编》，此只就王弼注进行勘误补正。所据本不用陶氏用的武英殿聚珍本，改用《古逸丛书》本，这是因为该本对于原来存在的错字已多有改正。

严氏在撰写时参考了众多研究与校勘王注的成果，特别是使用了王注的日本版本，包括冈田赟本、宇佐美本，及日本学者的相关成果如桃源藏《老子评注》、东条弘《老子王注标识》、波多野太郎《老子王注校正》等。这些都是非常宝贵的资料，严氏加以引用，很有参考价值。

严氏的补正在陶氏勘误的基础上又进了一步，主要是增加了更多的资料，以考察王注的本来面貌。如第一章王注："故常无欲空虚可以观其始物之妙"，此条陶氏无说，而《道藏》河上公等四家《集注》本、刘惟永《道德真经集义》本，"空虚"下并有"其怀"二字，严氏以为作"空虚其怀"乃为"常无欲"足句，当据以补正。其说值得参考。

另外严氏发现第四章王注中有七十八字（"夫执一家之量者"至"则不能保其精"），乃第二十五章的王注错入于第四章注中，且此七十八字中亦有误字。这些字当在第二十五章注文"穷极之辞也"句下，于是补正第二十五章全部注文。

《老庄研究》是严氏对老庄哲学的研究，重点还是在老子。其书分为研究、讨论、传记、附录四部分。研究部分是他对老庄思想的讲解，讨论部分是对人们的不同解释进行分析。研究部分包括老庄哲学的新检讨、老庄哲学与辩证法、原道、老子的重要用语之新解释、老子书中"德"字的系统研究、老子孔子思想的比较研究、儒墨道三家逻辑的比较研究、老子思想对《孙子兵法》的影响、《庄子·天下》非庄周所作，以及对《庄子》的《逍遥游》《齐物论》《秋水》《骈拇》《马蹄》《胠箧》《在宥》等篇的错简与异文校订。可以看出，他的研究一部分是对老子思想的研究，包括与儒墨兵家的比较研究，另一部分则是对《庄子》书的文本进行考订性研究。

在讨论编，他所关注的问题包括老子的"道"的新解释、《老子》书不后于《庄子》书、钱穆《庄老通辨自序》、饶宗颐《老子想尔注校笺》、《老子想尔注》写本残卷、以及 Archie J. Bahm 的《道德经释译》。可以看出，这是对一些老子研究成果的分析评价以及商榷性的文章。

在对老子的"道"进行新解释时，严氏主要针对胡适对老子思想的阐释进行批驳。他指出，胡适对老子的道的本质及其与有和无的关系，因袭中国以前学者的见解，没有新的发现，这是他研究老子学说中的严重缺点。严氏认为胡适所说的道与无和有的关系，可归纳为：道即是无，无即是道，道与无同是万物的母，无即是虚空，无形无声，整体的不可分断，却又无所不在，一切万有若没有他，便没有用处。但"在老子看来，'道'这个东西是生在天地之先；就是说，在整个宇宙未建立以前就存在了"①，只是那种存在是一种混沌，因而道就不是胡适所说的道即是无，所以严氏说胡适这种解释是错误的。《老子》第一章的断句，胡适认为应当断为"无名"和"有名"，"常无"和"常有"。严氏认为《老子》书中以"有名"与"有欲"相对的文句极少，以"无"和"有"相对的名词，其意义至为显明。即认为在第一章里不能读作"有名""无名"，只能读作"无"和"有"。既然是"有，名万物之母"，则"有"与"道"是同一个事物的两种称谓。即"有"为万物之母的"名"，"道"是同一个事物的"字"。因此就可以说道即是有，有即是道，但还要进一步看道与有和无的关系。

胡适又说道不是无，而是有与无之间的一种情境。严氏则认为老子用恍惚形容有物，用惚恍形容无物、无状，这是对第一章"无，名天地之始"的解说。但这不是胡适所说的无即是虚空。严氏认为胡适把有与无看作完全独立的、互相对立而不可逾越的分离。而严氏认为有与无是对立的统一，所以是"有无相生"，"有之以为利，无之以为用"。总之，严氏认为胡适对道与有和无的关系没有彻底说清楚，说法前后不一，而他用对立统一的说法把有与无统一起来，再与道统一起来。不过，严氏的分析与牟宗三的相比，还是差一些

---

① 严灵峰：《老庄研究》，台湾中华书局 1979 年版，第 342 页。

内在的理据。

严氏又对钱穆认为《老子》后于《庄子》的观点进行了批驳。他认为《庄子》一书为庄周所著，或由其后人所纂辑补缀而成。在《史记》成书以前，《庄子》书为十余万言，虽已分篇，但未分内、外、杂篇，到班固时为五十二篇，已分内外篇，《齐物论》在外篇之内，到汉末高诱注《淮南子》时，只存三十三篇或二十三篇，若为三十三篇，则此分不始于郭象，若为二十三篇，则为陆德明所说的"有外而无杂"。而现存郭象本和成玄英疏本都是三十三篇，是最后的定本。在亡佚的十九篇中，有些知其篇名，但与现存本的篇名不一样。现存《庄子》书中的有些内容，当是庄周后人所补。

而关于老子，他据各种文献记载，认为老聃就是老子，且是《老子》书的著者，但其书是纂辑古代格言遗训，自附己见，著之于简牍。其书中没有"老子曰"或"老聃曰"，可知这是他的自著，但后经刘向的编纂雠校，已非原书之旧，现存《老子》中必有后人的窜乱和羼混。而《老子》此书的成书时间，他认为最晚也当在荀子以前。而要证明《老子》与《庄子》谁先谁后，他认为最好的内证就是书中所叙述前代或当时的史事，以及书中所征引前人或同时代人的言论。根据这两条，他分析后的结论是：《庄子》的成书在老聃、惠施死后，而且在庄周本人死后。也即老子先于庄子。关于主张老子晚出的各种说法，他都做了具体的分析与批驳，并引用了前人的相关说法。他的最后的结论是：老聃就是老子，老子的书先于庄子的书而出世的。[①] 对于人们提出的种种质疑，他认为都不足以否定这个结论，有些问题由于缺乏资料，无法得出最后的结论，但不能从整体上否定这一结论。

他的这一考证，算是对二三十年代有关争论的再次清理，总结更多的学者的意见，在这一点上，是有价值的。他对《老子》思想其他内容进行的分析研究，也都有重要的参考价值。对于严灵峰，人们多重视他在收集《老子》古注以及资料方面的重大成就，如

---

① 严灵峰：《老庄研究》，台湾中华书局 1979 年版，第 380 页。

《无求备斋老子集成》及其《续编》，但对他的研究方面的成果关注不够，因此值得专门论述他在《老子》研究上的种种见解与成果，以知他在现代老学史上的作用与地位。

二、萧天石《道德经圣解》

萧天石（1908—1986），湖南邵阳人。1930年毕业于武汉大学。后潜心研究道教养生学。著有《大学中庸贯义》《道家养生学概要》《禅宗心法》《道德经圣解》等。

《道德经圣解》曾收入萧氏主编的《道藏精华》丛书内，1983年出单行本。此书对《道德经》采用河上公八十一章分法，每章加以注释、考证，再作"圣解"，对各章意旨加以阐释。但章名则全部新拟，如第一章章名为"总阐大道纲宗第一 分阐有无第二 通其分为一第三 参证章旨第四"，因此可据他所标出的章名知其对各章的理解。此书宗旨是以《道德经》为体，以老子心为心，融合《周易》与老庄，又合老孔与百家而一之，以见中华道统文化之大本大根。

萧氏认为《易》为诸子百家之源，有周文王和孔子所用的以祖乾为特点的伏羲易（即《周易》），又有黄帝与老子祖坤而法坤的归藏易，二者体虽有异，用则大同，法虽有异，而本则不二，同归于大易絜静精微之旨。故老子之教与孔子之教不二。他认为读《道德经》不可死读，否则就是文字汉，即拘束于文字之内，而要把握《道德经》的深邃意旨，这就是所谓"道极万世之统，德通百家之要"。萧氏认为"心在世外者，方能应世，身在甕外者，方能运甕。身在道外者，方能弘道，心在经外者，方能通经"，所以欲得真老子，不可死在《道德经》语言文字章句下，但又不能离《道德经》以说教。所以要置心于老子道外以观老子，方为至当。

萧氏又指出，《老子》一书，言言是道，字字是功夫，故对《老子》全书，章章节节字字，都要仔细参会。他认为《老子》书所论大道与心性修持功夫，是其学说的重点，而他对这些内容的阐释，都在各章的"宗旨纲宗"和"参证章旨"部分。此书还在卷三中说明东方哲学与老子哲学的问题，又有《老子评述举隅》和《老子评述纠谬》《历代老子评述杂记》三文，对历史上关于老子的评述加以评述。

此书又有曹哲士序，认为萧氏已将老子思想归纳为二十四条原理，这可看作萧氏对老子思想的整体归纳。此二十四条原理如下：乾坤原理、宇宙原理、自然原理、无为原理、循环原理、天道原理、相对原理、玄同原理、生生与唯生原理、守中与养中原理、用反与反用原理、用无与无用原理、用虚与虚用原理、玄牝原理、性命原理、返璞还醇原理、归根复命原理、清虚静定原理、无我无争原理、非兵非战原理、无事无治原理、君学圣学原理、圣功神化原理、先天无极原理。此外还有修道修德心法、养性修真心法、长生久视心法、道化人生与道化世界心法等。

以下以萧氏对《道德经》第一章的阐释为例，来看他是如何理解老子思想的。他认为老子开示的是天下万世之道，亦是宇宙天地万物之本体，此为常道，但它不可言说。"道可道"的第一个"道"是此道之名，为常名，而万德万行万法与万事万物之名是分名，不是常名。"常"即真常不坏永恒不变之常。对"无名天地之始，有名万物之母"二句，他断句在"无"和"有"之下，认为《史记·日者列传》引作"无名者，天地之始"，是错误断句已很久了。他的理由是第四十章"天下万物生于有，有生于无"，知"有"与"无"对举，为老子原意。有人引其他章的"道常无名，始制有名"，认为当在"名"下断句，他认为这是两章的谊旨各有别，不当混淆。而就《道德经》全书来看，他认为老子是用"有"与"无"贯通全书，故此处当在"无"和"有"下断句。

"常无欲以观其妙，常有欲以观其徼"二句，又有断句问题，他认为当从司马光、王安石等人，在"常无""常有"下断句。他的理由是《道德经》多以"有""无"对举，如"有之以为利，无之以为用"，而且《庄子·天下》中也说"建之以常无、有"，是指常无、常有，说明这样断句，自庄子已然。而且只有这样断句，才能与上面二句贯通，不然，"无名""有名""无欲""有欲"，乃四句义，与下文"此两者同"也不相称。

萧氏又认为王弼解"常无"和"常有"两者，是指"母"和"始"，也是错误的。因为《老子》全书"均以'有''无'贯通其全体大用，此为全书头脑处，不可不明"①。有人认为"常无"和"常有"是指"妙"与"徼"，更是错误。还有人根据第三十四章的"常无，欲可名于小"句证明应从"欲"字断句，他认为此"欲"字是衍文，高亨已提出这一点。而这里的"欲"是指意欲，如庄子所说的"欲言而忘其所欲言"之"欲"。前面笔者曾分析陈徽等人的研究，他们认为这里的"欲"是心中的欲望。看到萧氏这里的论证，就可知陈氏等人的理解不对。

对于"妙"和"徼"，他认为"妙"指微眇，指无形无迹无端倪，即荀悦《申鉴》所说的"理微之谓妙"。"徼"当从敦煌本作"曒"，为光明之谓，指有形有迹有端倪可寻。把"徼"训为归或边徼，都不是老子本义。

对"此两者同出而异名"，萧氏认为当在"同"字下断句，陈景元和吴澄都作这种断句，而他认为《道德经》也说过"是谓玄同"，严复也认为当在"同字下逗，一切皆从同得"。因此下句的断句也要发生变化，即"同谓之玄"，应该断为"同，谓之玄"，承上句指既有无同矣，则其同亦可谓之玄矣。玄是无形无迹，为自然之根，变化莫测，无可言说，无可拟议。玄之又玄，指此一无形无象在同中之有无，变化再变化，相生再相生，互为激荡迁化流转，无穷无极，便为众妙之门。

他的断句有一定的道理，如"此两者同，出而异名"，可以理解为两者本同，未出时是同，出现后才有异名，即有了不同。而"同，谓之玄"，正好说明上句的同之义即玄，盖谓此两者在玄的方面是同的，或者说此两者同为玄。

他认为道统有无，道同万殊，此同即混沌，即恍惚，既窈冥，即玄同。这一理解也有道理，可以参考前面所论牟宗三对《老子》的阐释。

① 萧天石：《道德经圣解》，华夏出版社 2007 年版，第 64 页。

萧氏在对《道德经》第一章原文作了逐字逐句的诠释之后，又分"总阐大道纲宗第一""分阐有无第二""通其分为一第三""参证章旨第四"四部分，来对第一章的思想内涵进行分层的论述。这表明他对《道德经》的研究是以文献解读为基础的，再在此基础上阐释其中的思想意涵。这样的方法能使人对《道德经》的文本及思想内涵都能得到理解，而且二者相贯，不至于没有根基。

三、陈鼓应《老子注译及评介》

陈氏早期在台湾研究老子的成果为《老子今注今译及评介》，1970年出版，后据马王堆帛书《老子》等新的资料，作了全面的修订和增补，更名为《老子注译及评介》，于1984年出版。

书前有陈氏所写《增订重排本序》，其中说新的增订主要在注释部分，引述部分保持原来的观点。注释的增订补入了一百九十多条，为此他重读了王安石《老子注》、王夫之《老子衍》、严复《老子道德经评点》等，并加以选集。但增补重点在当代学者的著述，包括近年发表的论文，而帛书《老子》出土后的有关书籍，是增订的主要参考资料。严灵峰既肯定帛书本为历史上所保留珍贵古物，也指出帛书《老子》也有讹字、脱文、衍误、错简等，所以陈氏仍以王弼本为蓝本，参照帛书本加以校订。

帛书本仍有不少处可提供有力依据以订正通行本，如第二章"高下相盈"句，各通行本"盈"俱作"倾"，译成高和下互相倾倚，在文义上不通。直到核对帛书作"高下相盈"，才得知通行本作"倾"，是避汉惠帝刘盈讳而改。第三十一章"夫兵者不祥之器"，通行本俱作"夫佳兵者不祥之器"（傅奕本"佳"作"美"），王念孙怀疑"佳"字误，认为"佳"当作"隹"，即古"唯"字，帛书出现，证实"佳"字是衍文。第四十九章"圣人常无心"，通行本都作"圣人无常心"，帛书乙本作"圣人恒无心"（甲本残损），当从帛书本。因为《老子》书所用"常"字，除用以形容道的永恒性或事物的长久性外，专有名词则指变化中的不变规律，都是正面肯定的意义。而"无常心"意即去除成心（偏心或私心），则"常心"竟成反面的意义，这与全书文律不合，有违《老子》书对"常"的肯定意义。帛书本作"圣人常无心，以百姓心为心"，从文义看，正合《老子》思想。

陈氏此书要评介老子的思想，故也注意到 20 世纪 50 年代以来人们关于老子思想的评价，主要包括老子其人其书的问题，老子阶级立场及其思想代表的问题，老子的世界观属唯心主义或唯物主义的问题。陈氏对此也提出了自己的看法。

关于第一个问题，陈氏认为主张《老子》书晚成的论点，多不能成立。

关于第二个问题，陈氏认为老子可能属于士阶层中人。由"无为自化，清静自正"及"我独闷闷""我独若遗"的生活形态看，较近士阶层中的隐士。他曾任周守藏室之史，后来见周之衰，乃遂去，由这看来，可能是属于下降的处境。但"讨论一个人的思想所反映的立场时，不能机械地以'出身'下定论或陷于'唯成分论'，当从他的言行来下判断"①。就老子的言论内容看，其五千言所谈的治道，虽有献策的意味，但就对统治者及贵族集团展开的批判与反映庶众的愿望和要求而言，绝不能说是站在没落贵族的立场，为奴隶主统治阶级立场说话。

关于第三个问题，陈氏认为人们在讨论时不免有以现代思维模式牵强附会的地方。老子在建构哲学系统时，未必意识到这些问题。以西方哲学观点分析，则老子形而上学的性质是混杂的，在看似唯物主义的内容里，包含了唯心主义的成分，在看似唯心主义的因素里，包含了唯物主义的成分。其间的交织性，并不是明确的。不过，老子提出的作为宇宙本体的道，是实存性的，不可将它和绝对概念、绝对精神混为一谈。而且，作为宇宙本体的道之预设，固可说不具有经验上的认知意义，"但以它来取代进而否定神学上天帝无上权威的思想，在哲学史上是一个突破性的发展"②。

---

① 陈鼓应：《老子今注今译及评介·增订重排本序》，中华书局 1984 年版，第 5—6 页。
② 陈鼓应：《老子今注今译及评介·增订重排本序》，中华书局 1984 年版，第 6—7 页。

陈氏认为，从哲学史的观点看，老庄思想的重要性表现在中国哲学史上的一些基本观念，如道、德、一、理、无、有、常、精、气、心等，多由其提出。老庄哲学自成一套独特的宇宙论、认识论、方法论、自然哲学及人生哲学，值得分析探讨。

此书又有《修订版序》，其中说明了陈氏是如何进行修订的。此书的引述部分是陈氏自己的意见，注释部分选集前人的精辟解说，共参考了古今注书一百多种，今译也是依前人注解而语译，参考了张默生《老子章句新释》、任继愈《老子今译》、严灵峰《老子达解》的语译部分。

在《修订版序》中，陈氏又说明了此书在初版时之所以没有提及老子其人及其书的问题，乃是因为前人对此讨论得很多，而且古籍资料欠缺，有些问题实在无法探出究竟，而学者们在这方面费的精力甚多，思想方面反略而不谈。他的基本看法是《老子》书前于《庄子》书是不成问题的事，不仅《庄子》书辄引老聃其人及老子书文可证，战国策中也引《老子》，是《老子》成于《庄子》之前的铁证，这已由严灵峰《辩老子书不后于庄子书》论证过了。此外就出书时代问题的相关内容，他也对前人的争论提出了自己的看法，总结起来，老子即老聃，《老子》书为老聃作，成书年代不至晚于战国初。在先秦典籍中多有《老子》的引述，可证《老子》书的成书时代。而且陈氏还特别指出，《老子》书是一本专著而不是纂辑。书中前后理论一贯，层层推出，成一家之言，而且全书有表示著者自称的"我""吾"，则非由编纂而成，甚为明显。《老子》书中没有一处称"老子曰"或"老聃曰"，也可以证明是老聃自著。当然，有些字句为其弟子或后学附加，亦所不免。

在此书《误解的澄清》一文中，陈氏对老子的思想提出了自己的看法，主要认为老子是朴素的自然主义者，关心如何消解人类社会的纷争，如何使人们生活幸福安宁的问题。老子期望的是：人的行为能取法于道的自然性与自发性，政治权力不干涉人民的生活，消除战争的祸害，扬弃奢侈的生活，在上者引导人民返回真诚朴质的生活形态与心境。陈氏指出老子哲学中的重要思想便是从这些基本观点引发出来的，但由于老子用语的殊异性而让人产生许多误解。①

最大的误解是人们以为老子思想是消沉的、厌世的或出世的。他认为老子的无为是顺任自然、不强作妄为，这观念主要针对统治者提出。不争是不伸展一己的侵占意欲，这也是针对统治者提出的。谦退具有不争的内涵，要人含藏内敛，不显露锋芒。柔弱的观念意在不可恃刚陵物、强悍暴戾。柔弱并非懦弱，老子说的柔，含有无比的韧性和持续性的意义。虚是形容道体的，指道体是虚状的，虚状的道体能发挥无穷的作用，虚含有无穷的创造因子。用在人生层面上，虚有深藏的意义。无有两种解释：一是指称道，因为道是无形无色而不可见的，所以用无来形容它的特性；一是指空的空间。可知老子没有消极的思想，却蕴含着培蓄待发的精神。因为他关注世乱，极欲提供解决人类安然相处之道，另一方面，他要人凝练内在生命的深度。可知，老子的思想并没有消沉出世的念头。

一般人又以为老子思想含有阴谋诈术，这是将《老子》书的一些文句割离了文脉而产生的误解。如"无为而无不为"，被解释为表面上不做，暗地里什么都来。事实上，无不为是无为的效果，即顺其自然便没有一件事做不好。又如"圣人后其身而身先"，"非以其无私邪，故能成其私"，有些人以为老子是叫人为私，无私只是手段。其实这一章的重点是说无私。圣人要效法天地的无私意，高位的人由于机会便利，往往容易抢先占有，因而老子唤醒人要贡献力量而不据有成果，如果能做到退让无私（后身），自然会赢得人的爱戴（身先）。所谓"成其私"，相对于他人来说，得到大家的爱戴，相对于自己来说，成就了个人的精神生命。

对于"古之善为道者，不以明民，将以愚之"，后人以为老子主张愚民政策，其实这里说的"愚"，是真朴的意思。老子期望统治者培养出笃实的政风，引导人民以挚诚相处。老子期望人民真朴，更要求统治者以身作则。第二十章说"我愚人之心也哉"，老子以"愚人之心"赞许圣人的心态，可知愚人乃统治者的自我修养的理想境

---

① 陈鼓应：《老子今注今译及评介·误解的澄清》，中华书局 1984 年版，第 15 页。

界。老子深深感到人们攻心斗智、机诈相见是造成社会混乱的根本原因，所以他极力提倡人们应归真返朴。因而以愚（真朴）为人格修养的最高境界。

"将欲歙之，必固张之；将欲弱之，必固强之；将欲废之，必固兴之；将欲取之，必固与之，是谓微明"，这几句被普遍误解为权诈之术。其实老子只在于分析事物发展的规律，指出事物常依物极必反的规律运行，这是自然之理，任何事物都有向它的对立面转换的可能，当事物发展到某一个极限时，它就会向相反的方向运转，这里并没有权术的思想。此章的误解出现得甚早，在《韩非子·喻老》就已出现，之后程、朱和苏轼也强调这是权谋思想。陈氏认为这是读者不求甚解而草率附会的结果。同时，他也指出也有不少学者对此章有正确的解释，如汉代的严遵，宋代的董思靖、范应元，明代的释德清、朱得之、薛蕙、王道、陆长庚、林兆恩、徐学谟、陈懿典、赵统、洪应绍等。细读以上各家的注解，就可以充分了解老子的原意，也可分辨程、朱等人的误说。

总起来看，陈氏对《老子》的研究下了很大功夫，参考了古往今来众多学者的注释，充分吸取了他们的研究成果，并能保持自己的独立思考，从而对《老子》思想的研究以及对老子其人其书及其时代的复杂问题提出了自己的见解，这都为他深入细致阐释《老子》的思想内容提供了坚实的基础。

第四节　刘殿爵、丁原植的《老子》研究

一、刘殿爵的老子研究

刘殿爵（1921—2010），香港人。曾任教于英国伦敦大学、香港中文大学。著有《语言与思想之间》《淮南子韵读及校勘》等，主编《先秦两汉古籍逐字索引丛刊》《魏晋南北朝古籍逐字索引丛刊》等。

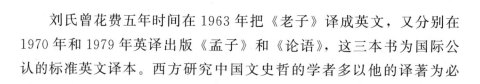

刘氏曾花费五年时间在1963年把《老子》译成英文，又分别在1970年和1979年英译出版《孟子》和《论语》，这三本书为国际公认的标准英文译本。西方研究中国文史哲的学者多以他的译著为必读书。

刘氏对帛书《老子》的考释有《马王堆汉墓帛书〈老子〉初探》，分上下篇发表在香港《明报月刊》1982年总第200、201期。其研究多为人称道，如《老子》今本第二十章"人之所畏，亦不可以不畏"，帛书本作"人之所畏，亦不可以不畏人"。他指出今本的意思是别人所畏惧的，自己也不可不畏惧，而帛书本的意思是为人所畏惧的——就是人君——亦应该畏惧怕他的人。两者意义很不同，前者是一般的道理，后者则是对君人者所说的有关治术的道理。高明《帛书老子校注》就曾引用刘氏说。张舜徽在《老子疏证》中说："各本作'人之所畏，不可不畏'。语意不明，显有缺夺，今据帛书乙本补正。此言人君为众人之所畏，人君亦不可不畏众人也。"古棣在《老子通》中也引用了刘氏的看法，但认为："按照古汉语语法，'人之所畏'，不能解作人君（为人所畏惧的），只能解作'人们所畏惧的事情'，如果是刘先生所说的那种意思，按照古汉语语法，老子该写成：'为人之所畏者，亦不可不畏人。'由此看来，帛书的后一个'人'字为衍文无疑。"高与张都认可刘的看法，古虽不认可，但也没有直接的证据，只能根据古汉语的一般情况来做分析。然刘、张等人对中国古文岂不熟悉，可见古所依据者也不可靠。

又如今本第四十八章"无为而无不为"句，帛书本损掩，傅奕本作"无为则无不为"。有研究者认为，帛书本此句损掩，不能据以认为帛书《老子》全书没有"无为而无不为"句，而传世诸本均有此句，只有严遵《道德真经指归》作"至于无为而无以为"。刘殿爵指出此文中有几点值得注意：一，经文是"至于无为而无以为"，严文夹注中作"无为而无不为也"，两引经文不同。二，经文下谷神子注"无不事也"，则释所注经文应作"无不为"，不应作"无以为"。三，严遵所解的《老子》究竟作"无为而无以为"抑"无为而无不为"，是无法判断的。那时刘氏还没有看到郭店竹简本《老子》，后来出土的郭店竹简《老子》作"损之或（又）损，以至亡为也，亡为而亡不为"，"亡"与"无"同，因此可定为"无为而无不为"，由此看来当年刘氏的推断很有道理。

刘氏关于老子思想的整体认识，亦体现在他英译《老子》时所写的导论中。香港中文大学出版社 2004 年出版的《采掇英华——刘殿爵教授论著中译集》收有此文。

在文中，刘氏说《老子》是道学中人广泛传阅的经典著作，有不少译文传入西方，单是英文已有超过三十种译本，无疑是现今最多译本的中文著作，但不幸译者都未能把书的精髓尽译，因为许多译者都未尽了解中国语言文化思想，又被东方的神秘主义吸引和误导。

他认为《老子》一书及其同时期的作品，反映出当时的中国思想史的黄金时代，思想家辈出，称为诸子百家。对于《老子》，他认为不单是一本文集，甚至每一篇里也是由没有关联的小段落凑成，这些小段落是由不同的作者搜集的，所以这部书里的思想也没有连贯性，只能找出其中的共同点和矛盾的地方。因此他认为最好的方法是由《老子》中的哲理入手。老子的学说以道为中心，第一章就说了道的重点是道可道，非常道，在其他章也说道常无名，道隐无名。这是说道不能用语言来表达，如果要传述道，就要找到一种办法来解释它，但没有一个适合的名称来解释它，最接近的是"大"或"一"。道亦是宇宙万物之本、之始，对它要形容的话，就是不可名、无物、无状之状、无物之象、惚恍、有物混成、先天地生、独立不改、周行不殆、似万物之宗、象帝之先等。道不是万物之中的物，这种物是会向其反面转变的，即不是固定的，而是不断转变的，是有限制的，而道不能用任何名称来限制。这与西方传统的形而上学不同，如柏拉图认为在理性的世界里，物体都不是真实的，他们都是 A 或－A，各种物体有不同的形，而且认为任何真实的事物都是可以了解的。而道家与这种观念完全相反，即存在超出理性世界的有形的物体的道，而且它是不能完全被了解的。老子认为道是无形无实的，所以凡是相反相对的名词都不能用来解释道。这些相反相对的事物总结起来就是两大类：有与无。道是有与无的总和，所以一方面可以用无来解释道，另一方面也可以用有来解释道。用无来解释道，就是与西方哲学不同之处。西方认为只有存在的东西才是真实的，有一段时间甚至只用一个临时的名词"存在物"来代替它。而老子学说里没有这个问题，因为他认为任何存在都是不足道的。

在老子之前，人们认为创造者是天，"道"是天道天意，对人来说，"道"是人道，即人应该如何循天道去做，这包括个人的行为和政府的运作。而老子的道完全取代了天，道是天和人要走的路，道变成了一个抽象的大原则。但《老子》中也说天之道和天道，与道还有不同。

关于道的运作，刘氏认为即反者道之动，弱者道之用，弱、柔、诎是《老子》中的重要论点。道的运动可称为反，即万物经过循环变更，弱会变强，强到了极限，又会变成弱，万物都有这个循环性地发展和衰落。另外老子还认为弱和软可以胜坚和强。刘氏指出这种观点是有问题的，即柔弱胜了刚强，就又会被战胜，所以这种胜利是短暂的。如果万物都向反面发展变化，则老子所说的这一套理论也无法实践了。如果要坚持做到守柔，这一个循环性的理论就得放弃了。因此对于反者道之动要重新思考。刘氏认为，万物的发展衰落就是归根，这是无可避免的，也就是说，在没有提到归根的时候，发展是不可避免的，即变化并不是循环性质。继续推论下去，发展不单不是无可避免，还可以某种方法阻止这一渐进的程序。也就是说，发展和衰落是不同的，发展是慢的、渐进的，衰落是快而突然的，所以变化不是旋转木马，而是摇摇板，会慢慢地爬上去，但一到顶点，就不可避免地快而急地向下滑。如果对老子的理论这样阐释，守柔就是可行的。因为可以根据引导去放慢甚至阻止事物的发展。而且守柔是不要堕落，这就是知足及知止。虽然要阻止进展是艰辛的，但人有这一种自然的推动力。欲望需要更大的满足，是人与生俱有的，所以一定要用知足和知止来对抗这些欲望，如果不能这样，最终就是自取灭亡。在守柔中用知足知止对抗欲望，就是放慢或阻止事物发展到它的反面。

而在守柔上，要做到不争。对此一定要理解提出这种思想的时代背景，即当时是大动荡的时代，各国互相残杀，弱肉强食，对当时的人来说，求生是必须的，老子由此提出他的主张的，即为了求生，就要守柔、不争，放慢向灭亡的进展。因此《老子》书中反对战争动武，并对统治者提出警告：如果把民众逼到失去求生欲而不想活的时候，他们就什么事也不怕了，什么事都敢做了，而这会造成统治者的灭亡。

刘氏认为在这一点上，老子与西方的霍布斯有相似之处，但霍布斯的办法是设计一套政治体系去给人民安全感，老子则是向人民提供他认为可行的求生方法。

刘氏指出中国思想都关注一个人的道德操守，但也论及治国之道，这二者在中国是殊途同归的，所以《老子》中屡次提到圣人和侯王，证明《老子》是关于治国的书。

《老子》中的圣人是明道之人，如果他又是人君，他就可以用所明之道来治国，这说明道能让圣人成为仁君，就像宇宙要用道来生万物一样。对于这样的道，《老子》又用无为、无名的说法。无为是不去做，起码是不要扰乱现状。刘氏认为，按照《老子》的思路，如果在做一件事，就一定会忽略另外的一些事，会顾此失彼。所以《老子》主张道常无为而无不为，统治者要学道，做到无为。而且在这种思想之中，又包括对人民的要求，即要无知无欲，像孩童一样，这里的欲不是求温饱，而是一切奢华的欲念和贪欲。因此《老子》又提出了朴，统治者的无为是朴，人民的无知无欲也是朴。圣人则要注意处处留神，让人民永远保持这种纯真的状态，不受欲望的引诱。他也分析了人们对《老子》中的阴谋欺诈思想的批评，指出对这些说法，要与《老子》的其他说法联系起来看，如"圣人后其身而身先，外其身而自存，以其无私故能成其私"，"欲上民必以言下之，欲先民必以身后之"等，如果这样来理解，这政策不一定有什么坏处。即统治者应忘掉自己的快乐，去找更大更宽的快乐，才能得到永恒的快乐，也不会因为一己之私就做出不利他人的事。

刘氏认为老子主张的是在道德和政治上都要以道为中心，无论是民众还是统治者，最终的目标都是求生存，方法就是守柔。

刘氏指出中国或西方都争着为《老子》加上神秘感，但《老子》中都是朴实的思想，是教人求生存和令天下太平。当然也不能简单地照字面来理解《老子》，如其中说到"母""谷神""玄牝"，但这不是神话，只是用来比喻道与宇宙的关系，描绘宇宙是如何产生的。另外如"赤子"，也是这样，它只是用来形容柔弱和纯真。他认为老子由独立的观察，得到的直觉的顿悟就是宇宙的本质是柔软，而柔软是可以生存以及得到最后胜利的。一旦有了这种直觉，就不再需要其他的观察。

他还分析了《老子》与其他一些典籍的关系，认为虽然它们相互之间有一些相同或相似的说法，但这些典籍与《老子》的中心思想都不一样。另外，虽然要承认《老子》也吸收了其他学派的用语，但赋予的含义则有很多不同，这需要结合各家的完整文本来解读。这种观点也是客观而公允的，对一些学者的片面解读有一定的警醒作用。

整体上看，刘氏对《老子》思想的分析能抓住重点和中心，找出其中的逻辑，对一些表面上的矛盾之处，也能用此方法加以解释，并对《老子》思想所遭受的一些批评，给予了合理的回答和解释。他还善于适当地拿《老子》思想与西方有关思想进行比较，让人们看出其中的不同之处，不至于不加解析生搬硬套，这也是很有参考价值的。

二、丁原植郭店竹简《老子》研究

丁原植（1947—　），山东日照人。台湾辅仁大学教授。著有《郭店竹简老子释析与研究》《文子新论》《郭店楚简儒家佚籍四种释析》《〈淮南子〉与〈文子〉考辨》等。

《郭店竹简老子释析与研究》由台湾万卷楼图书有限公司于1998年出版。丁氏在书中对郭店竹简《老子》的文本和意涵都进行了深入的研究，并对以往的相关资料和研究成果也做了比较分析。

以"绝智弃辩"章为例，对于"绝"，他不认为是"继"字，认为意为禁绝。对于"智"，他认为指机智或谋略，不是一般意义的知识，而是治理人民的机智与谋略。对于"辩"，他认可裘锡圭的看法，但"辩"不是论辩，而是指治理，这里引申为治理人民的规范与约制。对于这种解释，他又引用了《说文解字》《左传》《礼记》等文献中的相关说法。而且他认为根据简文资料，"辩"作为论辩的意思，可能不存在于《老子》的原始资料中，出现"辩"字的今通行各本的第八十一章和第四十五章，似乎都经过了后人的改动。另外，他认为《庄子·在宥》所说把圣知看作桁杨接槢，仁义为桎梏凿枘，均是天下大乱的根源，故强调绝圣弃知，天下乃能大治。这与郭店简文思想接近。但圣智与智辩的意涵不同，因此他认为"绝圣弃智"句是经过战国学者的改动。而且此篇中引用老子的话也与《老子》不尽相同，这可能是取自此派所传的《老子》文本。另外他还引用了一些先秦文献的相关原文，也做了类似的分析，说明从战国到秦汉间，《老子》的传本与文本都在不断发生变化，还没有定本。

对"绝伪弃虑，民复季子"，他采取裘锡圭的释读，将"虑"释为"诈"，认为"绝伪弃诈"的"伪诈"指人伦关系的矫饰约束。"季"为"孝"字之误，"子"与"慈"音近假借，孝慈指发自人性之中、自然而生的孝敬、慈爱的情感。"绝伪弃诈，民复孝慈"意谓抛弃并禁绝雕琢人性的诈伪，人民才能复返孝慈。

对"少私寡欲"，他认为"寡"字字形为"寡"字之误。

关于各本中"绝学无忧"句的归属问题，丁氏认为在"少私寡欲"句后，帛书乙本与通行各本都有"绝学无忧"四字，竹简本此处无此四字。竹简《老子》乙本有"绝学无忧"四字，是在"唯与可"前。乙本此段资料，属于与王弼本对应的《老子》第二十章。对于"绝学无忧"的归属问题，高亨曾提出自己的看法，认为此句应属王弼本的第十九章，并提出三证。丁氏认为此句似属于王弼本第十九章，只是此句与其前面的句子"为学日益"章的"亡为而亡不为"之间有一短横符号，而这个符号表示分章还是断句，不易判定，所以它的归属还不能确定。另外，此句的义理与"学者日益"章相近，故此句当属于该章，但此句看起来像是一个孤立的句子，与该章文意不太连贯，似乎其间应有阙文，此句是用来总结此章，以与前面的"学者日益"呼应。不管怎样，"绝学无忧"与"少私寡欲"的关系不大，今通行本将此句归属第二十章，或许保留了《老子》的原始资料，但却与"学者日益"章分离。由于简文此处并未出现"绝学无忧"句，因此将通行本此句归属于此章的说法，应不能成立。

丁氏对郭店竹简《老子》的研究问世比较早，此书可与后来更多的相关研究著作进行比较，以看出这一研究的发展与推进。

第十四章　海外老子研究

《老子》是被译成外文版本和语种最多的中国典籍，国外很多哲学家、文学家、科学家都给予了《老子》高度的评价，显示出《老子》的世界性影响。本章对《老子》在东亚及欧美的研究情况进行总结。

第一节　日本近现代老子研究

《老子》作为中国传统文化与思想的重要代表之一，在长期接受中国文化的日本有着深刻的影响，日本学者对于《老子》的研究也是长期的。在古代，日本学者对《老子》的研究与中国学者没有根本的不同，也是以注释为主，且注释中的思想观念也都来自中国。故此处只关注近现代日本学者对《老子》的研究。

一、刘韶军《日本现代老子研究》

此书出版于 2006 年。书名包含两层意思，"日本现代"是限定其研究的时代，以日本明治维新以来为其时代断限，下及 20 世纪。"老子研究"是限定其研究的对象，是指对老子其人其书的研究，包括老子其人其书最初是怎样的情况以及后来在漫长历史过程中又是如何发生变化的。

此书的写法是着重介绍日本学者的具体研究过程和内容，作者很少议论评价。之所以如此，是因为中国学者对日本学者的研究成果知之不多，因此需要着力介绍他们的具体研究内容与考论过程，将其完整地叙述出来。此书的最大愿望是"让中国学者通过了解日本学者的研究内容，而对自己的研究有所反省和参照，进一步促进中国学者的相关研究"①。

此书首先分析日本学术的现代走向问题，这是说明日本现代老子研究的时代背景，其中主要问题是西学影响后的学术变化和对西学的反拨及其学术影响。其次分别论述狩野直喜与小柳司气太的老子研究情况，如狩野直喜在他的哲学史著作中对老子思想的分析；小柳司气太则研究了老子思想的时代背景，对《史记·老子传》进行分析与评价，探讨关于老子的思想及其外延等问题。从武内义雄开始，日本学者对于老子的研究进入新的阶段。武内义雄出版有《老子原始》《老子的研究》《日本的老庄学》以及《中国思想史》等著作，既对老子其人其书及其思想做了专门的研究，又把老子思想放在中国思想史的整体系统中加以分析。书中还分析了武内义雄的老子研究法及相关的评价。与武内义雄齐名的是津田左右吉。他针对武内的研究方法提出了自己的方法论，把对老子其人其书的研究放在中国道家思想发展史上进行了多方面的深入考察，分析了老子的思想及其渊源，还对道家思想做了自己的评价。

之后日本学者对《老子》的研究，沿着武内和津田开辟的道路继续前进，如木村英一重点是探讨《老子》的原型，在此基础上对《老子》思想进行分析。而福井康顺、大渊忍尔和岛邦男等则在武内提出的《老子序诀》的问题上继续研究，各自提出自己的看法。赤塚忠把道家与《老子》思想的研究结合起来，重点考察《管子·心术》等四篇中的思想以及在《老子》中的发展等问题。岛邦男的《老子》研究重点放在《老子》书的形成、《老子》诸本的源流、《老子》全书的校正上。他的校正搜集了当时能找到的各种《老子》重要版本，列举出来以资对照比较。楠山春树对《老子》河上公注做了专门的研究，分析了河上公注中的道家养生说和道教养生说，并

---

① 刘韶军：《日本现代老子研究》，福建人民出版社 2006 年版，第 609 页。

考察了河上公注本形成的问题。

以下根据金谷治等人对武内义雄《老子》研究方法的介绍和评价，略作论述。①

武内义雄和津田左右吉是 20 世纪 20 年代上半期日本最有影响的两位研究《老子》及道家道教的学者。武内义雄是京都大学京都学派的重要代表，主要在日本东北大学任教，培养了不少有名的学者，使京都学派的影响不断扩大。津田左右吉因思想激进，被当时的日本政府禁止发表学术论著，已出的论著也列为禁书。这两位学者对《老子》的研究都非常深入细致，具有鲜明的个性，但在方法上又有明显不同。分析他们的不同的研究方法，对于中国学者也有不可忽视的参考价值。

武内义雄（1886—1966），字谊卿，号述庵。日本学士院会员。著有《老子的研究》《中国思想史》《论语之研究》《易和中庸的研究》等，并有对《论语》《孟子》《老子》原文的校定译注。

金谷治《中国思想论集》（日本平河出版社 1997 年出版）下卷中收有他对武内《老子》研究方法的看法。他认为，武内义雄在学术上的最大贡献，是树立了思想史学研究法，改变了日本以往的中国哲学研究方法。

武内在京都大学读书时的指导教授是狩野直喜，同时深受著名中国史研究专家内藤湖南的影响。狩野直喜是将清朝考证学引入日本学术界的代表性学者，他开设有清朝学术沿革史课程，讲得非常精彩。武内通过此课而阅读了清代学者阎若璩的《尚书古文疏证》，并非常佩服阎氏的精确考证和赅博引证。狩野直喜的授课对武内的研究方法产生了决定性影响，他由此决定了今后学术生涯的路向，把治学的方法牢固树立在清朝考证学的基础之上。

武内以清朝考证学的方法为根基，因此他的研究方法首先就是忠实地、正确地阅读古籍原典。武内对古籍原典的阅读是按照清朝考证学家的训诂学原则，极为严格地、完整地阅读古籍原典，而不

---

① 另可参见刘韶军《日本现代老子研究》第三章第四节相关内容。

是为了研究某个课题而在古籍原典中寻章摘句。但要能正确阅读古籍原典，只靠训诂还不够。中国的古籍原典在漫长的传承过程中产生了许多讹误，因此必须对古籍原典中存在的各种讹误加以识别和订正，这需要清代考证学家所重视的校勘学。为了校勘的绝对准确，这种工作还不能只做一次，必须由后来的学者多次重复进行。

这种校勘学，在日本江户时期享保年间，已有著名学者山井鼎做出了出色成绩，清代学者阮元校勘《十三经注疏》时就利用了山井鼎的校勘成果。武内对古籍的校勘又利用了目录学和版本学的方法。首先是利用历代书籍目录，尽量把不同的版本及相关的异文搜集齐全，同时必须选择一个正确的版本系统，然后与其他的版本进行比较，并考察不同版本之间的源流关系。武内还充分利用日本独有的中国古籍古抄本，而这往往是中国学者没有见到的版本，因此他能在校勘方面取得更显著的成就。武内译注的《论语》《老子》，就是运用以上方法完成的。他对此二书的许多文句的解读，都基于精密的训诂学考证，值得参考。

要把正确阅读再推进一步，就要在校勘学和训诂学之外加上"原典批判"的方法，武内研究方法的最大特点就在于此。原典批判，就是对古籍原典的内容进行批判性分析，而不是盲从，为此就要考察其书的成书情况及后来不断传播而演变的问题。武内把这一方法应用于中国古籍的研究，由此构成了他研究中国古代思想史的重要方法。武内原典批判的著名成果是《老子原始》，这是他向京都大学提出的博士论文。该研究对《老子》进行本文批判，并对《史记·老子传》进行分析研究，考证了《老子》书的形成及老子其人的年代。武内在文中不同意以往人们认为老子是孔子先辈的说法，认为老子在孔子之后，《老子》书在战国时期混入了不同派别的思想。

这种看法并不始于武内，但他对这一看法做了完整而有体系的实证性研究。武内把现行本《老子》的文本分成韵文与散文两类，以此为基础，再仔细区分《老子》文本中的原初思想及后来附加上去的法家、纵横家、兵家等思想，这是对《老子》研究的一大创新。

这一时期中国顾颉刚等人掀起"疑古"学风，武内的研究方法和成果得到了很多人的赞同。

武内掌握并应用了清朝考证学派的训诂学、目录学、版本学等方法，对古籍原典进行踏踏实实地阅读分析，充分利用中国已经失佚而日本尚有保存的稀缺版本。武内发现了多部保存在日本的古抄本，将其作为校勘的材料，同时注意利用日本前代学者的成果。将中国、日本前代学者的方法、成果与资料全面结合起来，以古籍原典的全部文本为根基，进行踏踏实实地研究，这就是武内研究方法的精髓所在。

武内并不只对古籍原典进行研究，还从思想史的角度充分利用古籍文献的资料，来对其中的思想进行研究，把古籍原典与思想史研究密切结合起来。他的《老子和庄子》《易和中庸的研究》就是这样的成果。《老子和庄子》以《老子》《庄子》二书为基础，把它们与道家其他文献联系起来进行分析，由此寻找从周初直到汉初的道家思想变迁轨迹。《易和中庸的研究》通过对《易》《中庸》两部古籍进行原典批判，论证这两部古籍具有同样的思想内容和共同的思想背景。由此，武内确立了基于古籍原典批判的思想史研究方法。

武内的思想史研究并不局限于对一些古籍原典的分析论述，而是进一步发展到研究中国古代思想全过程。他的《中国思想史》出版不久就被译为中文，与当时出版的冯友兰《中国哲学史》并列，属于划时代的著作，受到高度评价。这部书不用"哲学史"而用"思想史"之名，这里有着武内的独特思考。他不满意以往哲学史的写法，即把自有体系的哲学古籍原典分割成一个个的列传式叙述，他要寻求思想本身推移发展的原来面貌，并且阐明其中的历史过程。他追求的是对思想自身的历史性考察。因此他把中国古代思想史分成上世、中世、近世，认为上世有"孔门两个学派"和"稷下之学"，中世主要问题是"从儒教到老庄""从老庄到佛教""道教的成立"，近世的主要问题是"儒学的新倾向""佛教的新倾向"等，这些命题都是从思想长河的变迁中探讨其中流变动向。这在当时是全新的视点，对以后的中国思想史的研究产生了长远影响。

此书包括了佛教思想，同时涉及道教，这也是一大特色。今天看来，他对这些内容的分析还不够充分，但当时以儒教为中心的列传式哲学史，并不重视佛教与道教的思想，武内首次让它们成为中国思想史研究的重要组成部分，意义重大。

武内所以能够形成这些新方法与新视野，要从日本汉学的发展大背景上来看。日本学者研究中国古籍原典，开始于江户时代，那时称为"汉学"。明治维新以后，东京帝国大学继承"汉学"的正统观念和方法，从学科上分为历史、文学和哲学，其中的哲学，主要是以朱子学为代表的宋学。其后创立的京都帝国大学的学者，避开这一传统，为当时学术界带来了新风。这种新学风，就是对宋明之学的思辨性学风加以抑制，而把清代考证学的实证方法作为历史学的研究方法。以内藤湖南、狩野直喜为中心的京都大学的一批学者以及他们早期培养的学生，如青木正儿、小岛祐马及武内义雄等人，都是这一学派的代表。

武内从狩野直喜那里受到了清代考证学的全面洗礼，而他的原典批判方法则来自内藤湖南。内藤湖南是史学家，中国哲学通过武内而成为中国思想史学，这意味着哲学变成了历史学。传统的"汉学"主要研究哲学思想，而新的思想史学则要排除从这种纯哲学研究中产生出来的主观解释，追求实证科学的确实性。武内重视的不是思想本身的哲学性内容，而是对思想派别及其推移的历史性研究，因此，树立科学的实证的研究方法，成为他从事学术研究的核心目标。

现在看来，对古籍原典的文献学批判，还是把古籍原典文献作为研究的中心，而使学者不能脱离古籍原典文献，若仅是如此，思想史研究就还是有局限的。后来社会学、考古学、民俗学等学科都有很大发展，因此有必要在思想史研究中把它们都引入进来作为参考。这就使思想史学的研究，从以往怀疑资料真伪的疑古性质，变成了把零碎资料当作活的思想内容而加以研究的"释古"学风。武内的思想史学当然不是尽善尽美，但作为学术方法的文献学和训诂考证学，对后来的思想史研究仍可作为基础方法而必须继续保存与发展。武内开创的中国思想史学方法，可以说是日本 20 世纪东洋学发展史上的重要部分之一。

金谷治《中国思想论集》下卷中还有专文分析评价了武内义雄对中国古籍的校勘方法与原典批判方法。他指出，武内对中国古籍的研究成果颇多，最先有《老子原始》，之后有《老子的研究》《老子和庄子》《诸子概说》《中国思想史》《论语之研究》《易和中庸的研究》等，并对《论语》《孟子》《老子》原文进行校定译注，还有五十余篇论文。这些成果确立了"武内学"的学术风格，受到学术界的高度评价。

武内校定的《老子》有两种，这两种《老子》不是新旧关系，而是性质完全不同的两种版本，不可互相取代。一种是改造社出版的《老子的研究》中的《老子》文本，一种是岩波书库本的《老子》译注。这两种《老子》一个是王弼注本，一个是河上公注本，武内的目的是努力恢复两种《老子》文本的原貌。武内认为，《老子》的传本分为三个系统：王弼注本、河上公注本和唐玄宗御注本。其中唐玄宗御注本由于当时刻有石经，故其原形比较易知，而另两种则不同。河上公注本有敦煌本和日本古抄本等几种版本，利用它们可以帮助恢复其原貌，而最古的王弼本则缺乏较好的传本，因此恢复原貌时困难最大。

一般而言，人们校定《老子》，可以不管此三种版本的差别，只将古时的写本和版本集中起来，由此校定原本《老子》的文本。可在武内看来，则必须先将这三种版本的原初形态恢复出来，再来校勘三种版本的祖本，这样得到的结果才是《老子》最早的原本。之所以要分改造社本和岩波书库本，其意义就在这里。这两个本子可以说是为了导出《老子》最早原本而必备的基石，按照他的设想，这两个本子搞好之后，下一步则要校定唐玄宗的御注本，然后再对三本进行校勘。

总之他的学问不是只对古籍原典做出精善的校定本，从哲学或思想史学的角度看，这样的工作只是整个学术研究的一部分，是基础工作。基础工作是必须的，但基础只是基础，此外还有更重要的研究工作，这就是对原典的批判。

如果校勘只是比较异本的文字差异，则不会看到新的问题。如果要对这些文字差异进行判断，何为正，何为误，就产生新的问题。而要在没有版本异文的情况下还能够发现错误而订正之，则问题更为复杂。原典批判，就是从这些事情开始的。武内对王弼注本《老子》进行校定时，因为传世的王弼注本缺乏善本，于是一方面参考王弼的注文，一方面根据《老子》本文的押韵情况，对其思想内容进行分析，由此做出批判性的修正，最后才完成校定工作。校定之后的原典批判，是指对原典的内容进行批判性分析，由此来考虑此书形成时的情况，然后确定这个原典作为思想史资料的特点。

武内义雄的治学方法以清朝考证学为出发点，这是他的学问的核心，但他不墨守此种方法，而是发展为以原典批判为主的思想史研究法，具有新的意义。武内的这种治学方法，是在清代训诂学、校勘学、目录学的基础上，以历史发展的眼光看待中国古籍原典中所反映的中国古代思想的前后发展演变轨迹与线索，并以极其精致和彻底的精神从事其研究，由此形成了独特的学术成就。

如果只是单纯文献学的批判研究，不对古代典籍文献中的思想内容进行考察研究，就不会出现这种出色的原典批判。在这个意义上，原典批判的方法和思想史研究的方法是密不可分的。日本的中国哲学乃至思想史学的研究以及中国学者的研究，都曾对研究的方法论进行过大量而深入的讨论。在这方面，武内义雄的方法论及其研究成果能获得高度评价，其最独特的贡献在于把古籍原典研究中必须进行的基础性研究（训诂学、校勘学、目录学）与原典批判结合起来，再与思想史研究法结合起来，这种研究方法应得到学术界的认可与推广。

《日本现代老子研究》中又介绍了木村英一对武内义雄《老子》研究方法的评价。木村英一是战后研究《老子》的著名学者，他的成果《老子的新研究》，可以看作武内义雄《老子的研究》的续篇。由来他对武内义雄的《老子》研究进行评价，可以说最合适不过。日本角川书店1978年出版《武内义雄全集》时，请木村英一撰写了

《武内博士的老子研究》，作为《武内义雄全集》第五卷的解说，对武内的《老子》研究做了全面的总结性评述，其见解值得中国学者了解。

武内义雄《老子》研究的最重要成果是《老子原始》（1926）和《老子的研究》（1927），之后又有《老子与庄子》（1930），对《老子》及后来的道家思想的全貌，提出了独特见解。在《诸子概说》（1935）和《中国思想史》（1936）中，他把对《老子》和道家思想的研究，放在诸子百家及中国思想史的整体之中加以评论。在为思想社《世界精神史讲座（二）》（1940）撰写的《老庄思想》中，他再次阐述了这一看法。武内对《老子》本文也有精到的校勘，包括他用日文译注而由岩波文库出版的《老子》（1938），是对河上公本《老子》进行绵密校勘的成果，是集中了河上公本系统的各种资料校订之后而确定下来的善本。此前在武内《老子的研究》中已对王弼本《老子》进行了校勘，这样就对古本《老子》传到今天的两大文本系统都进行了彻底校勘，具有重要的意义。

木村英一指出，武内最主要的研究成果《老子原始》和《老子的研究》，各有不同的研究任务。《老子的研究》是对一系列研究的综合成果进行总结，《老子原始》则是这一总结性研究的基础，其中包括四个问题：《史记·老子传》的研究、古籍原典《老子》的文本研究、《老子》五千文的性质研究、《老子原始》的学说研究。

武内义雄《老子原始》和《老子的研究》的特色之一，是以确实详密的文献学知识为基础的研究观念。人们读中国的古籍原典而欲究明其真相时，有许多问题必须加以解决，归纳起来为四类基本问题，需要综贯思考并不断研究，且必须一步步推进研究。这四类问题是：

第一，将流传至今的古籍原典复原。在遥远的古代成书之后一直流传到今天的古籍原典，因不断传诵、传写而有种种变形。必须通过校合异本和文献学考证，尽量纠正后代出现的变形，订正其中的误脱和错乱，复原成原典。

第二，究明原典成书情况。即使能够恢复原典的文本，但若不

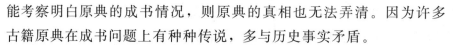

能考察明白原典的成书情况，则原典的真相也无法弄清。因为许多古籍原典在成书问题上有种种传说，多与历史事实矛盾。

第三，对原典进行正确解释和理解。即使已复原为原典的文本，且查明了其成书情况，但若不能清楚知道原典产生时的语言及历史，也不能正确解释和理解原典的内容。为了正确解释和理解原典，必须了解当时的语言和历史。

第四，解明古籍原典的意义和价值。即使已对原典有了正确的解释和理解，但仅此仍不能究明原典所含有的意义和价值。关于原典形成以来直至今日的复杂而长久的历史过程中的每一时期，这部原典对人类的文化生活有怎样的意义和价值以及这些意义和价值在今天又是如何，都应当作为古籍原典研究的终极问题加以研究。所以，意义与价值层次的问题，是古籍原典研究中具有启示性的广泛的问题。

以上四类问题，都应关联起来进行解决。不能只研究其中的一个或一类问题而无视其他。但这些问题范围广泛而又复杂多歧，一个学者不可能同时进行研究并完成之，而且学者个人的天分也有不同，社会地位也有不同，所以对同一部古籍原典进行研究时，以怎样的问题、怎样的视角、怎样的方法推进其研究，各人不同。如果一个学者对某一类或某一个问题的研究超过了以往的研究，又为后来的研究开辟了新道路，就可以说开辟了研究的新局面，具有开拓意义。

武内的《老子》研究，对第一类问题，进行了未曾有过的详确探索，形成了杰出的成果，开辟了新的研究局面。在第二类问题上，他也报以极大的关心。因为与第一类问题相关联，他的探索使第二类问题出现了光明。而对上述第三、四类问题的研究，他也从专门的角度进行了阐述，可以为后来学者提供重要参考和启示。而武内最出色的研究成果，从根本上说还是表现在第一类和第二类问题上。

木村英一又指出，在武内《老子的研究》出版的同一年，津田左右吉也出版了《道家思想及其展开》。二人的方法角度不同，尤其是在第二类问题的研究上，显示了津田左右吉独到的犀利眼光。这一类问题的研究本来与第一、三、四类问题深刻关联，故从结果看，津田左右吉的研究方法及其成果反映了他对武内相关研究方法的批评与不满。而津田左右吉的研究业绩，也对后来的研究产生了很大影响。可以说此二人的《老子》研究，是 20 世纪日本《老子》研究的双璧，对后学来说，都是值得尊重的遗产。

木村英一分析了武内《老子》研究的特点，认为武内《老子》研究的方法，在于前述第一类问题即原典复原的研究，以及与之参照的第二类问题即原典成书情况的研究。关于原典复原，就《老子》而言，学者都会面对两个共同的问题：一是有关老子其人其书的说法都存在着真伪。二是现存的诸本中，无论是解释还是本文，都有非常多的差异，那么其书原形是怎样的？

武内为了判定第二个疑问，尽可能地调查中国及日本自古以来的《老子》注释书，以慎重的态度对待之，从历史的角度来把握。在这方面的成果，就是《老子的研究》的附录三《〈老子〉的注释书》和岩波书库本《老子》附录《日本的老庄学》。他将如此众多的注释书加以系统研究，追溯注释所据文本的异同，弄清了后来的《老子》书存在着四个版本系统：六朝以前的王弼注本、河上公注本，唐代傅奕古本、开元御注本。

据武内分析，在六朝时，王弼注本和河上公注本已因流传地域和其他情况，各自产生了详、略两个系统的文本，其间又各有若干异本，而傅奕欲以河上公详本为基础，对王弼本进行取舍，作成统一的本子。开元御注本看重河上公略本而欲与王弼本统一，这就使得六朝以后一千多年间的《老子》文本主要就是王弼本和河上公本两个系统。于是武内在实证基础上确立了他的研究方针：对王弼本和河上公本各自的来历进行彻底研究，但对两者采取不同的校正方法，对两者的关系和异同，以及基于两者而尽量接近原典的文本之校定等，也都努力探究。虽然武内的工作主要是校勘、考证，但其精密和博览、驱使资料的取舍之严正以及研究进行方法之有组织等方面，远远凌驾于前人。尽管其中还有许多问题，直到今日也未能解决，但武内在研究中多次预见了所存在的问题，并提示了解决的途径，堪称卓见。

关于第一个疑问中的《史记·老子传》的真伪，武内首先校勘《史记》的异本，以研究其在唐以前的面貌，然后将它与先秦汉初的古文献进行比照，以判定是否合乎历史事实。据武内的研究，《史记·老子传》中只有记载子孙系谱的部分可信度较高。它出自与司马迁时代相近的、居于齐地的自称为老子子孙的家族。再据此而考定，可知老子生活的时代约在孔子之后一百年，比孔子孙子思及墨子等人稍后，比孟子稍前。这个推论，即使放在先秦诸子之间也没有矛盾。他又认为，《老子》不是《史记·老子传》中所说的那个老子所著，但既有其书，则必有著者。于是他分析《老子》并与先秦诸子的文辞和思想进行对照和精读，发现在原著中混入了后人附加的文句和不同性质的文辞。武内认为《老子》原著是在孔子之后一百年左右的某位称为老子的著作，但在成书后的流传过程中，又被同一学派的学者加进本非原书的记述和不同的内容。为了判别《老子》原有的旧文与后附的新文，武内提出可把如下情况当作考证的线索：文脉的混乱、韵文与散文的混合、韵脚不一致等。他认为，人们口中传诵的古代名言大体上都是有韵的文句，而后人附加的部分，大体都是无韵的散文。他的这一见解绝不是轻易提出的，是对前人关于老子的诸多研究成果作了历史性了解之后才得以提出的。这一说法中确有值得后人重视的东西。当然，现在看来，武内对《史记·老子传》的考辨以及对《老子》的成书年代都存在误判，这也是我们需要注意的。

木村英一认为武内的《老子》研究，是他在充分掌握了考证学中目录、校勘等学的优点之后，形成的日本学者在中国古籍原典研究上的出色研究成果。

以目录校勘学为基础的研究，随着新的文本的出现而应有所变更。其后敦煌本中发现了六朝写本《老子想尔注》，长沙马王堆三号汉墓中出土了帛书《老子》甲、乙本，荆门郭店一号楚墓中出土竹简《老子》甲、乙、丙本，这都不属于王弼、河上公两系统的版本，必须要考察它们与王、河两系统版本之间的关系。近年又陆续发现了先秦、汉代的遗迹和遗物，其中也有不少竹木简和帛书，这意味着中国古籍原典学的研究将有新的发展，甚至对于历史的看法与思考方法也比以往有了很大变化。因此《老子》研究不能满足于原有的成果。但是，学问的进步，新资料的发现，新角度的提出，绝不意味以往的研究全都无用而可废弃。以往研究中的长处在今后的研究中也绝不会丧失，后来的学者必须在继承前人研究长处的基础上，才能开拓新的研究角度，才能谈到学术进步。所以掌握武内的研究方法，然后推进斯学以取得进步，这正是后学的任务。

《日本现代老子研究》一书还分析了津田左右吉《老子研究法》的方法论。[①] 津田左右吉（1873—1961），日本学士院会员。著有《道家的思想及其展开》《儒教的实践道德》《左传的思想史研究》《论语与孔子的思想》等。

津田是具有自由主义精神的历史学家，学术研究的特点在于强烈的批判精神。他对中国古代思想文化的批判，被严绍璗认为是继承了白鸟库吉对中国传统文化的怀疑精神，是最深层次上的批判。如他在《中国思想与日本》中论中国文化的特点时说：中国社会中最发达的思想的最大特点，是这些思想都直接与人的现实生活有关，因此，中国文化最大特点，就是具有政治性或道德性的处世之术和成功之法。儒家学说集中于道德和政治方面，墨家学说也表现在解决政治方面的处世之术，而道家更是一种保身之道与成功之法，法家学说则是关于君主如何强化权力、如何驾驭臣人、如何役使民众的学说。

对中国古代思想文化既持此种看法，则他对《老子》的研究必然会有独特的认识。他曾专门撰写了《老子研究法》，提出了自己的研究方法是重视古籍原典文献中的思想内容，而其如何分析古籍原典中的思想内容，在方法上也很有特点。

津田研究《老子》的成果体现在 1927 年出版的专著《道家思想及其开展》中。此书 1937 年再版时改为《道家思想及其展开》。所

---

① 参见该书第四章第一节。

以改"开展"为"展开"，他说一是因为"展开"之语比"开展"更为流行，二是想以此与初版相区别。再版时他重写了不少内容，并把之前发表的《老子研究法》也收入其内，强调《老子》研究要更重视文本的思想内容，而不相信武内义雄根据文句用韵与否判断时间先后的方法。

津田在此书初版《前言》中，谈到研究中国古代思想的看法，认为，古代中国的典籍一直存在许多传说，但大多不可相信，可是这些传说却一直被人们当作史实，这是一大谬误。因此，中国思想研究的第一步，应对这类传说进行批判。第二，古代中国的思想，是从中国人的生活中产生的，有着中国人的特殊性，与印度人和希腊人的想法与思考方法必有不同，欲知其中真意，就要把中国人的思想作为中国人的思想来看待。要考虑这些思想是怎样形成的，要把它们作为思想本身，并要从中国人的生活的内部来观察。古代人当然会有共同的思想，因而可以与其他民族的思想相互参照，以帮助理解中国古代人的思想。但一定要记住：中国人的思想中，有着中国人的生活中所产生的特殊的内容。古代中国人虽然也从其他文化的民族吸取了各种知识，但一定要注意：中国人是如何吸收和处理这些外来知识，又是如何改变它们的？如何将这些知识作为资料而从中形成他们自己的思想？这些问题在思想史研究中，非常重要，不可忽视，所以一定要注意中国人的特殊思考方法和对事物的见解。如果对古时的传说原封不动地加以承认，并以此种态度对待那些古书，硬用属于其他文化系统的思想及思考方法来解释和说明中国古书中的思想内容，就将犯下严重的错误。他将中国思想作为中国思想来看待，只是作为研究方法或态度而言，并不是尊尚和赞美中国思想。中国思想如何有价值，这是另外的问题，对这个问题，只能用正确方法来研究，才能究明其中的真意。

在《绪言》中，他谈了对于道家与老子思想的理解。他认为道家是后人通过属于老子及其思想系统的典籍所能了解的古代中国学派之一。这种表述表明他对研究中国古代思想的特别看法，即现在人们所能知道的道家等古代中国学派，只不过是通过某些典籍所了解的情况而已，并不是古代当时实际存在的某一学派的真实情况。这仅是后世人们主观上的了解和认识，而非客观的复原。这与武内义雄截然不同。武内义雄相信能够通过现存典籍复原古代道家及老子的思想原貌，津田根本不提这种原貌的复原。他认为现在人们所说的道家，是根据现存文献所了解的，大致始于汉代。《史记·太史公自序》所载的司马谈之说，就反映了这一点。但在《儒林传》等处又将此派学说写为"黄老之术"，在《淮南子·要略》则称为"老庄之术"。先秦有没有这样的学派之名，则缺乏文献证实。儒墨或孔墨这类称呼见于先秦的著作，可知墨家之名在先秦就已经出现而与儒家相对而称。但未见到孔老这类相对而言的名称，这一学派的通名，在当时尚未与儒家对立而行。尽管如此，此一学派在战国末年就已存在则是事实，并在当时百家相争的思想界占有重要地位。故津田将"老子"以来的这一学派总称为道家。

如此定义道家的概念后，他又说明自己的研究任务，是考察道家思想如何出现于世，如何被继承、变化、展开。如果道家是一个学派，则有师徒相嗣，前后相续以传递某种思想，此种思想也必会随着世代变迁而发生变化。这是人的思想必然产生的现象，据道家的老子和庄子比较，也可看出这一点。他又强调对这种变化进行思考时，要注意两点，一是此种思想的本身，一是作为其背景的现实生活，前者又分为思想之内的发展和思想之外的影响，后者又分为学者的个人生活和广大的社会生活。

津田认为道家思想的出现始于《老子》之书，时间在孟子之后不远。因此对《老子》及道家的研究，从年代上说，大致从公元前4世纪末至公元前1世纪中期为止。把老子放在孟子之后，与通常的传说相反。

津田因为对武内义雄的《老子》研究方法有不同看法，故专门撰写了一篇《老子研究法》，说明应该如何研究《老子》。

津田认为研究《老子》首先要弄清楚其书何时写成，这就要寻求外部证据与内部证据。《老子》的作者，据传说是老子，老子之名见于现存文献，始于《荀子》，其次是《庄子》中作于战国末的篇章

（津田认为《庄子》是将战国末至汉初的道家著作编集起来的书）以及《吕氏春秋》等书。因为老子或老聃之名在这些书中有所记录，故可知在战国末年老子之名已闻于世，但《老子》之书何时撰写，据上述文献则不得而知。在《庄子》诸篇中，有关于老子的种种故事，据此好像能知老子的时代，但道家思想常以故事即所谓寓言的形式来阐说，《庄子》诸篇既多为寓言，因此这些记述不能当作历史事实。《史记·老子传》也不可信，其记载不可认作事实。其中记录老子子孙系谱一节，出自特殊的史料，此一节记载从外观上看，似乎可以作为事实的记录，但这一事实如此完整存在而被世人所知，也有令人怀疑之处。因为同一部《老子传》所记录的老子究竟是老聃还是老莱子或周太史儋已不能明知，那么这就与如此清楚明白的老子子孙系谱绝不可能两立而并存。而且《孔子世家》所言孔子后裔，直至武帝时仍有孔安国及其子某某、其孙某某的明确记载，而《老子传》所记的老子裔孙，则仅至景帝时代，其后则完全湮没不闻，这也是奇怪的，若对此事强行辩解，无论如何也说不通。《史记·老子传》既有这种矛盾的记载，则不得不令人怀疑这一节或许本来不在《史记》原文中，乃是后人添加进来的。所以不可据《史记·老子传》及《庄子》等书这些外部资料，只能在《老子》书中寻找内在根据。

求其内证之前还必须解决一个问题，即现存《老子》是否其原作原貌；若不是，则如何能知其原形。这个问题是研究老子思想的先决问题，也应加以解决。因为现存《老子》中，存在着文字之误及序次错乱，又有后人增补、削除、掺入、遗脱者，以及因版本不同又有许多文字变异，但这都是《老子》书产生之后出现的问题。津田关心的是：在后世的版本文字变异尚未产生之前的《老子》，在其当初写定之时的文本，是否其书的原作原貌。为考究此问题，必须根据"本文批判"。但在本文批判上，又有不少问题需要究明。人们通常使用的方法都是外在的方法。其一是据其他古籍中引用的《老子》之语与现存的文本进行对照，但是古籍所引文句未必完全符合原文的原样，所以这种方法也甚为危险。因引用场合的不同，原文或有节略或有脱掉，将此种引文缀合为一，为不少考证家的通常方法，但极不可靠。古人引用其他书籍，多靠记忆，故引用之际及传写之间就会造成文字之误，遂使古籍原典多有文字变异。所以在古籍原典中只看引文就用来判断原书文本，并不是合理的方法。还有一种情况，即把逸文看作原典之文，同样也很危险。因而，当引文与现存文本存有差异时，谁是正确的，并没有据以判断的标准。若是同一条引文在同一时代的多种古籍原典中多有引用，全都一致，才能确定这个引文是正确的，但这种情况甚为罕见。另外，引文本身即使是原文原样，但在中国典籍中也没有表示引文的标识，如今天的引号，因此难以知道引文的起讫，因此仍易产生误解。还有为了某种特定的目的而引用《老子》文句，也会有意无意地改动原书的文本。以上是明确表示引自《老子》的情况，还有一种情况，即在引用或袭用时，根本不标明它的原文来源，这种情况也甚为多见。更重要的是有些引文，只从字面上看不出来它是不是出自《老子》而未标记《老子》之名。这也让人怀疑《老子》是不是也引用于其他的书籍，不过只能存此怀疑而无外部的证据。要想解决这些问题，只有一个办法，就是判断这些引文作为《老子》中的语句是否与《老子》全书的思想内容一致。而要判断它们是否一致，可以根据思想本身以及它的用语或表达方式，为此就要先把《老子》的思想及其用语和表达方法罗列出来，并弄清楚它们的关系。总之，为研究《老子》而要使用本文批判方法时，就必须考虑到如上的问题。

至于《老子》中使用的语汇或语法，以及其中多见的押韵形式或声韵本身，因时代的不同而有不同，要从语言史及音韵史上搞清楚，才可推知其时代的先后，然后，再来区分使用于较古时代的语汇及语法、声韵，和时代较晚的语汇语法和声韵。以前者为原作中固有的，以后者为后人补入的，但这一问题靠当时的音韵学研究成果还不能解决，直至今天的音韵学也不能对每个字及其音韵都确定无疑地断定其时代的先后，所以用这个方法来判断《老子》文本中的时代先后，仍是不可能完成的任务，故这一方法仍不可靠。武内义雄重视《老子》文本的有无押韵，据此区别是不是原作。《老子》

中确实有较多的有韵之句，津田认为，如果认为只是有韵的句子存在于原作中，就要证明这一说法，至少必须说明，原作者既用有韵的句子又用无韵的句子乃是不合理或不可能的，但武内义雄并没有证明这一点。而且还必须考虑到押韵是后人也能模仿的，或说是易于模仿的。假若取此类句子编入《老子》中，再用武内义雄主张的有无押韵的方法进行区别，恐怕也不能辨别。所以，要对有韵之句进行辨别谁为原作，谁为后人补进的，辨别的标准就必须不能只据有无押韵而应另外寻求标准或证据。津田认为这种标准只能存在于其书的思想内容之中，所以武内义雄主张的根据《老子》的文本有无押韵来区分是原本还是后人所补就不是可靠合理的方法，用这种方法研究《老子》也就没有意义了。

另外还要注意到，作为研究古代音韵的材料而用《老子》，和对《老子》的本文批判而分析是否押韵，并不是一回事。《老子》书在押韵之外还有其独特的表达方式，其最重要的是逆说法，这在有韵之句与无韵之句中都有运用。《老子》中又有多种修辞法，如观念的突然转向、无关系的或相反观念的突兀结合、极端夸张、该用譬喻而不用譬喻却用直叙等，此外还有语词重复、句子重复以及同样的说法反复出现、使用对称语句等。这类修辞法不适合平叙式、说明式的表达方式，而与警句相似。这些修辞技巧是在有规则地运用，已不单是修辞技巧，实是一种有意使用的表达方式。所以《老子》中的无韵之句，称之为散文也不恰当，而应看作使用特殊表达方式的句子。这样看来，有韵和无韵的差别就不那么重要了。不采用这种特殊表达方式的平叙、说明性的文章，才是真正的散文，这样的文体在《老子》中也随处可见，在判断《老子》中是否有后人补加的文句时，这是重要的一个因素。因为这种表达方式也是后人所能模仿的，所以要以此为标准来判断《老子》中的文句原作或非原作，也难以成立。还必须注意，对表达方式的判断，不应脱离思想内容，这样才有价值。因为之所以采取这种表达方式，本是为了表达其独特思想，所以还是要以思想为判断的基础。因此，《老子》本文批判的主要标准，只能在思想本身之中，而不在文本的外在形式上，所以研究《老子》的根本问题是研究《老子》的本来思想。

现存《老子》中所包含的思想中是否混入了原本《老子》不存在的内容，其思考方法之一是与儒家、法家及其他学派的思想进行对照，看与这些学派相同的思想是否存在于现存《老子》中。若有这种相同的思想，就可推定其思想是后来混入的。但在对照分析时还应注意多种情况，即任何一个学派的思想也不是固定的，而是逐渐变化的，在中国思想中，其变化多是吸取其他学派的思想而产生，因此与《老子》相同的思想，在道家之外的各个学派的学说中也能看到，这可能意味着这些学派把本来属于《老子》的思想吸取到自己的思想中，而不一定是相反。特别是保存这些学派思想的典籍今日仍有遗存，稍早者在战国末，更多的是于汉代述作编纂而成的，因此必须认识到这些典籍所记载的内容是其学派发展演变了几个阶段之后的思想。

《老子》与其他典籍有同样的语句，这就产生了本末关系。要判断《老子》是不是本，就要看与这种语句相比，属于相同精神的思想且有相同表达方式的语句在《老子》中还有没有或有多少。若在《老子》中确实还有不少这类语句，就不能怀疑这类语句是《老子》固有的。

其次还要考虑《老子》成书之后的道家思想是否混进了《老子》。《论语》中的孔子之语，其中有不少是后世的儒家思想，这种情况可以类推。问题是如何查出这种后来混入的内容，为此就必须知道道家思想的发展历史。而要知道这种发展史，又要首先知道老子的思想是什么。这就存在着方法论上的矛盾，如同那个著名的悖论一样，是先有鸡还是先有蛋。实际上，研究的方法完全可以事先建立起来，至少作为方法论应该阐明。就《老子》研究的问题而言，一个主要方法是，在明确了道家的重要典籍的性质及其述作的时代之后，将这些典籍所说的内容与《老子》的语句进行对照，由此可以大体确定老子时代的思想是怎样的，然后就可据以判断相关的文句及其思想与这种原本思想的差别和关系。

道家思想的发展也会受到其他学派思想的影响，所以，为了掌

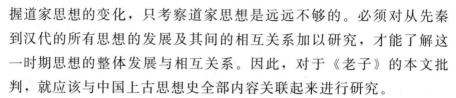

握道家思想的变化，只考察道家思想是远远不够的。必须对从先秦到汉代的所有思想的发展及其间的相互关系加以研究，才能了解这一时期思想的整体发展与相互关系。因此，对于《老子》的本文批判，就应该与中国上古思想史全部内容关联起来进行研究。

但这样又会产生一个矛盾，即这样的思想史研究，首先就要把记述这些思想的诸多古籍原典的性质及其制作年代研究清楚，还要了解它们的原始形态以及后来出现的添加遗脱混乱的轨迹。可是这样的古籍原典研究本身，又要等待思想史的研究才能进行，这仍然是方法论上的根本矛盾。

但就古籍原典的本文批判而言，不能期望上述方法之外还有别的方法，在必须以思想本身为依据的情况下，这个矛盾作为方法论是难以避免的。但这个矛盾在实际研究中会有各种考察角度而使矛盾有所缓和。

如思想的发展有一定的顺序，又有一定的方向，对此是可以判定出来的。因而，在若干点上，如果能够看出它的顺序和方向，再以此为基础，就可推测思想整体的发展过程。这时又要注意到，中国的思维不是逻辑性的，因而思想的推移很少以逻辑性的发展为目标，即使如此，仍有其独特的思维方式，所以，能据此而在某种程度上追寻其思想发展变化的轨迹，从而能在某种程度上得知社会、政治以及一般文化的历史变化，因而就能认识与之相伴的思想变化，作为思想在许多学派中有着共同性的时代风潮，和许多思想都有着相互的关联。既然如此，若能知道一个思想的发展路程，就能借此而摸索到其他的思想的历史变化。此外，典籍的述作时代，也不是必须等到全部的思想史研究之后才能考察，而是可以通过几个外部的证据就可知道，因此就可借此为根据或线索而推测其他，这些都会在某种程度上减轻上述方法论矛盾之困扰。

以前专门进行考证的学者常见的一个失误，就是他们对所研究的典籍所处的时代在思想上默认为是一成不变的，且与其他典籍中的思想没有影响和关涉的，因此就把对典籍文本的孤立解释作为学问的要道，故特别尊重文字记载的文献，其学术的关注点集中在典籍及文字的考证上，而这种考证往往会形成不可靠的结论，虽然表面上看起来引用了许多证据，推论也很有逻辑，但脱离了真实的历史背景及其诸多因素的影响，所以这种考证最终往往是不可靠的。津田的思维方法就在于阐明不能对这种考证学过于相信和崇仰。这是值得今天的学者关注的一个问题。

津田认为对《老子》本身内容要用心精察。对《老子》进行本文批判，要将《老子》本文与其他典籍进行对照，要考察其他学派思想与老子思想的关系，还要把道家和整个思想史研究关联起来。同时不能忘记对《老子》本身进行批判研究，包括对《老子》所说的内容一一地彻底考查，考察其间有无矛盾，在此基础上再看所说的内容与表达方式之间的关系。当然，要理解古代的思想，首先必须对相关的文本语句的意义一一进行解释，在此基础上才能理会道家的全部思想，并从更广的角度考察道家思想与古代中国全部思想之间的关联。为此首先必须解释只有根据《老子》才能解释的内容，要做到这种解释，只有按照如下的办法：即对《老子》的文字本身，忠实地按照文字的原样来理解，并与《老子》中的语句交互参照，然后要把由此而得到的解释作为全部考察的基础。

所以，津田强调对《老子》的全部思想及其精神，首先必须通过对其文本语句一一理解其意义，才能大体了解之，这是最重要的工作。而不少人对《老子》的解释的一大缺点，是将原文不存在的意义强加给《老子》，其根本错误就是不对《老子》原文忠实地一字一句地进行理解。津田强调不能再犯这种错误，要对《老子》原文忠实仔细地进行理解，找出其思想中没有龃龉矛盾的内容以及属于后来派生衍生的内容，这样再来断定这种思想是不是《老子》中原有的内容。当然，事实是不是这样，还难以判断，但从现在的情况来说，只能以此种方法来理解《老子》的思想。

武内和津田对《老子》及道家典籍和思想都做了专深研究，在研究方法上各有所长。津田作为后继研究对武内的方法提出了批评，且做了细致分析。今天来看他们相关见解存在失误，但其研究方法仍然还有值得借鉴之处。

二、曹峰对近代日本《老子》研究的总结

曹峰在《老子永远不老——〈老子〉研究新解》一书中，对于近代日本的《老子》研究和影响也有自己的看法。 近代日本从农业国家转变为发达工业国家，从"脱亚"到"入欧"再到"兴亚"，在这个过程中，曾经对日本的思想文化发生巨大影响的中国圣人如孔子、孟子、老子、庄子，在日本人心目中的地位、评价，也随着时代的变迁而发生了巨大变化。曹氏认为这个过程，主要发生在日本的明治后期、大正时期和昭和早期。明治时期各种主义相互交锋，思想极其多元、活跃。学界对于近代日本的孔孟和儒家，已经有较充分的研究，而对老子、庄子的系统研究却很少看到，故他从两个方面论述这个问题，一是作为学术研究对象，近代日本学界是如何认识老子及《老子》书的，二是当时的社会人士如政治家、文学家是如何认识《老子》、如何从《老子》中借取智慧的。

在明治以前，日本学术与中国学术没有什么不同，就《老子》研究而言，几乎都是注疏体。进入明治以后，启蒙思想家如福泽谕吉、中江兆民等人对汉学完全否定，认为汉学研究都是虚的东西，只有近代西方的实学才能利国利民。当时著名的汉学家，如井上哲次郎、白鸟库吉、内藤湖南、服部宇之吉、狩野直喜等都非常熟悉西方汉学的研究方法，开始运用西方的学术框架，如哲学、政治学、伦理学、社会学来分析中国的诸子思想，就研究的方法和特征言，表现为三个方面，即怀疑精神、实证主义、文本批判（后来有高等批判）。狩野直喜对当时怀疑老子其人其书的情况概括为五种：一是老子其人在历史上并不存在，其书成于战国时代学者之手。二是老子这个人在历史上生存过，《老子》书的作者就是老子，但《史记》所载之事却是虚构。老子是战国时代的人，其出生不仅晚于孔子，甚至远远晚于孟子，和《礼记》所见老聃完全没有关系。三是老子与《老子》书没有任何关系，撰著《老子》的人是太史儋。四是认

---

① 参见该书第十一章。

为《老子》是战国时代的人剽窃《庄子》及其他书的内容而做成的书，托老子之名。五是法国学者拉库博里等倡导的学说，认为老子深远的世界观和重视实践道德、排除空想、追求实际的孔孟等其他中国人的思想全然不同，因此，老子之学的渊源要从印度寻求，老子其人也是从外国来中国传道者。

　　狩野直喜是在日本老子研究史上第一个对这些问题做了系统归纳研究的人。他认为确实有老子这个人，《老子》这部书的主要内容的确是春秋晚期老子这个人所写，但有后人修改增补的痕迹。有不少学者不同意狩野直喜的结论，但没有人说他的研究方法不科学，也没有人说狩野直喜不具有怀疑精神。他是用科学研究的方法来一一排除那些怀疑。狩野直喜先收集当时所能利用的所有材料，分析当时的所有观点，考虑到问题的所有方面，然后从横向和纵向做出冷静、客观的分析，得出权威的结论。狩野直喜也是日本较早对"道"的概念做出哲学总结，从伦理学、政治学角度对老子学说做出研究的人。总之，他是将中国的训诂、校勘和西方的科学分析结合起来的学者，他的研究对日本后来的学术界产生了很大影响，著名的《老子》研究家武内义雄是他的学生，他在中国也有很大的影响。赤塚忠认为狩野直喜的研究方法是文本批判和思想研究并举，在文本批判中，他提出训诂、校勘的重要性，在思想研究中，他提倡"历史的研究""比较的研究"的重要性。

　　大正时期另一位对老子做过系统研究的是小柳司气太。他对《史记·老子传》的研究比狩野直喜更深入，到了逐字分析的地步。他的思想分析也比狩野直喜更全面，除了"道论""人论""政论"外，还分出"道是什么""道的分化""孔老之道的比较""修养法道德的退步""理想的人物""处世术""独善思想""政治论"等细目，并讨论了老子和庄子的不同、黄老和老庄概念的不同、《老子》和《周易》的关系、老子和史官的关系、魏晋时期的老庄学等，可以说今天所讨论的关于老子的问题，小柳司气太几乎全部都讨论到了。近现代中国学者老子研究体系的建立，比小柳司气太晚得多。

　　另一方面，日本的社会人士读《老子》、用《老子》，是为了从

中汲取智慧，或借以表达自己的感情和思想。主要分为三种类型。

第一种是借助老子的思想来批判社会。这是非常多见的。如西村茂树作为理想主义的代表者，对当时日本侵略中国的行为做过批判。他曾在向内阁总理大臣伊藤博文建言的信中，为了增加批判的力度，引用了老子的语言"夫兵者凶器，圣人不得已而用之"。政治思想家田冈岭云信奉社会主义，他在《壶中观》说，社会主义就是实行"孔子之仁、老庄之无为、瞿昙之遏欲、基督之爱"。据有关研究，田冈岭云"思想之根柢，是老庄哲学"，他曾出版过《和译老子》《和译庄子》。著名记者和评论家长谷川如是闲是激进的自由主义者，他写有一本《老子》，此书分为三部分，讨论了老子的道、老子的伦理学、老子的政治学、老子生活的时代、老子学说发生的社会条件、老子学说与儒教的关系等。他也写过《孔子和老子》一文，认为孔子和老子代表两种理想的形态，孔子代表的是"道德国"，老子代表的是"村落自治体"。他的老子研究，是欲从中寻求东方国家的理想形态。

第二种是借助老子的思想来建设理想社会。《老子》"小国寡民"章所描述的社会理想，在明治大正时期，曾被很多日本人向往，并力图亲自建立这种乌托邦式的社会。但这种社会思潮，不仅来自《老子》，也和基督教思想甚至和托尔斯泰文学在日本的影响有很大关系。

托尔斯泰曾邀请小西增太郎和他共译《老子》。托尔斯泰写有《老子经神髓》等三篇关于老子的文章。小西增太郎在大学教授俄语时，使用的教科书就是他和托尔斯泰一起翻译的《老子》。

第三种是借助老子来表达人生中理想和现实之间的矛盾。夏目漱石是其代表。明治大正时期的文人都有很高的文学修养，他们往往不是社会的主人公，而是冷眼观察社会、批判社会的人。因此，较之孔孟，他们更喜欢老庄。夏目漱石在给友人的信中使用了"埋尘道人"的笔名，他有一句自己创造的名言"则天去私"，也可以看出他对老庄思想有深刻的了解。夏目漱石还写过一篇论文《老子的哲学》，是1892年他在东京帝国大学读书时提出的东洋哲学方面的论文。通过论文以及他的文学作品，可以发现，作为研究对象的老子和作为人生体现的老子，在夏目漱石那里完全不同。《老子的哲学》分"总论""老子之修身""老子之治民""老子之道"四部分，从这种方法和框架看，和狩野直喜等学者的研究没有不同。当夏目漱石从进化论、康德哲学和逻辑学的立场去理解老子时，他是反老子的，如说"老子的方法归根到底是不可行的，而且其主要的思想从科学发达的今天看来也不足为论"。可以说夏目漱石心中有两个老子。从哲学的立场，或者说从逻辑的立场出发，他无法接受老子的哲学。而在感性层面上，夏目漱石憧憬老子的境界。可以看出，夏目漱石站在西方、现代、理性、现实的立场时对老子持批判态度，当他面对自己的心情时，又倾向老子的人生观，希望从现实中逃出来。

曹氏对近代日本社会人士关于《老子》的理解与应用的论述，能从一个侧面反映日本人对《老子》的态度。这与学者从学术研究角度研究老子其人其书的问题时有着极大的不同，对于人们了解《老子》在日本的传播情况，很有帮助。

总之，曹氏所述日本近代以来的《老子》研究情况，可以弥补刘韶军《现代日本老子研究》的不足，故有重要的参考价值。

三、波多野太郎的《老子》研究

波多野太郎（1912—2003），曾任教于大东文化学院、横滨市立大学、东洋大学、圣心女子大学、日本大学等校。著有《老子道德经研究》《中国方志所录方言汇编》《中国文学史研究——小说戏曲论考》《宋词评释》等。

波多野太郎在横滨市立大学任教期间着重研究《老子》，撰有《〈老子〉王弼注之校勘学的研究》，所用的研究方法深受中国清代乾嘉学派的影响。此书的核心部分是《老子王注校正》，共分二十章，此外还有《道德经名称考》《老子原二篇考》《王弼考》《王注老子考》等相关部分，所列《征引要籍提要》一章，征引中国《老子》善本多种，又用日本享保、安永、明和年间刊本多种，对于《老子》

王弼注的版本资料做到了详备的收集。长沙马王堆出土帛书《老子》后，波多野太郎又加以引用作为补充。此后，他又撰《老子王注校正四补》，使其书更为完备。楼宇烈整理《老子》王弼注时，就对波多野太郎的这部著作多次引用。此书1979年出版，定名为《老子道德经研究》。笔者1999—2000年在日本东北大学文学部中国思想研究室访学时，曾对此书相关内容加以抄录并译成中文，以下所论即依据当时所抄及译文。

此书内容包括：对《老子》王注的校正及补遗、续补，宇佐美灊水《老子校订》与服部南郭的关系，关于《道德经》的一种书入本①，东条一堂对《老子》王注的文献学研究的价值之批判，马王堆出土《老子》考，《老子》序说。

书前有作者的序，据此可知书中的《老子王注校正》成稿于1941年春，当时他还不到三十岁。波多野年轻时就对日本传统汉学的不科学性以及把汉学当作维持宗法制社会的政治工具的情况怀有反感之心。之后作为日本近卫师团的士兵，亲身感受了二·二六事件，更使他对日本当时政治和军事制度产生了极大的愤怒，经过内心的激烈斗争，于是决定进行这一研究。另一方面，他从十七岁就对清代乾嘉学派戴、段、二王的学风产生了敬慕之心，后又对日本的京都学派及罗振玉、王国维等人的治学方法非常敬佩，因此仿效清代学者戴望的《管子校正》而把自己的研究命名为《老子王注校正》。研究过程中，他在日本东北帝国大学与不少学者多有交流。书稿完成后，由于当时他还在日本军队中，原稿由妻子放在老家的防空壕里精心保护。所以，他深有感触地说，书中除了《马王堆出土〈老子〉考》，其他部分都是他的人生记录。由此也可体会到他从事这一研究的内心世界。

波多野认为，老子五千言之书，为之进行解说者，始于韩非，但《喻老》《解老》之篇不是对《老子》的全书进行注说，《汉书》著录《老子》注另有邻、傅、徐、刘四家，但都久佚不传，厥后的

---

① 书入本，日语名词，指在原本上加写了文字的版本，即中国古代学者的批注本。

注解著述不知凡几，综而论之，只有河上公、王弼二家最古。河上公注虽有颜师古、贾公彦、李贤等人征引其言，世颇重之，但此注为子虚乌有，出于假托，近人辨析已详。因此可知传世的《老子》诸注，以王弼注为最古。所以必须对王注补苴刊正，恢复王弼之旧，这样才能使汉代传下来的《老子》书的原文可得而窥，老子在此书中的思想主旨也才可得以了解。但传世本王弼注与《老子》正文相互掺乱衍脱，为数极多，难以偻指，宋人已说王弼注的文字多有误谬，有不可读者，日本的古代学者如宇佐美濏水、东条一堂等以及清代学者易顺鼎、陶鸿庆诸家均有考订，多所匡正。易、陶二家的考证精确，所以有人以为二者可与高邮王氏相比。就东条一堂的考证研究来说，比易、陶二家更早，他的考证也是精研博讨，而且他的研究之目的正是欲通过王弼注以使《老子》原书之文字及思想意旨接近原来面貌。此外还有武内义雄也能参订群籍，考核源流，其研究成果也是超越古人的。但武内义雄的研究不是专就王弼进行考察，所以还要继续进一步来研究《老子》王弼注。波多野太郎的研究步骤是先正释文，再订注文，然后考察《老子》原文。方法是对比众本，甄别异文，遍考唐、宋、元、明之书，博搜中国及日本各家研究成果，汇而列析，别加案语，以审是非，目的是使世讲老子者一读此作而能知群说之渊薮，希望由此恢复王弼注及《老子》书的原貌。

对于《老子》王弼注的版本，首先是宋代晁说之写定而由熊克所刊的本子，这是最重要的一类版本，其中包括明代正统《道藏》得字号所收的版本，其次有享保版的冈田阜谷本、明和七年（1770）版的宇佐美濏水本、武英殿聚珍本、浙江书局二十二子本等，各本均有晁、熊二人的跋，可知它们是同一源流的版本。《道藏》本虽分为四卷，已非《老子》上下二篇之旧，但正文与注文的款式则最接近熊克本的本来面貌。而宇佐美本和冈田本，出于明代孙鑛《老庄合刻》本，款式略似殿本，《老子》正文与注文多有不相合处。殿本出于明代华亭张之象本，浙江本也题"华亭张氏"本，可知它们的源头也是一样的。

在文字异同方面，《道藏》本和宇佐美本最佳，其次是《道藏》中的《道德真经集注》、彭耜《道德真经集注杂说》、董思靖《道德真经集解》所引的《老子》原文和王弼注文，这三种注本都保留了王弼以第三十一章非老子之作之说。晁氏的跋中说：王弼知"佳兵者不祥之器"至"战胜以丧礼处之"一段非《老子》之言（以前诸本均无第三十一章的王弼注），这与《道藏》本与宇佐美本为一类。而第七十五章的《集注》及《集解》中又有王弼注，认为非老子作，这又是一类。第三，《道藏》中的李霖《道德经取善集》、赵学士《道德真经集解》所引的王弼注，颇杂有神仙家言，疑非王弼注，这又是一类。波多野太郎怀疑此两本所据应同。其他如《文选》李善注、贾大隐《老子述义》、陈景元《道德真经藏室纂微篇》、范应元《老子道德经古本集注》、刘惟永《道德真经集义》等书所引，字句有不少与今本王弼注不同，因此要据这些不同的版本进行汇校刊正。波多野太郎认为经过自己这样地校理，使《老子》王弼注中原来不能读者变得稍为可读，不像旧本那样脱误满纸。他本来还想在校理王弼注之后再用同样的方法校理河上公注，但因各种原因而未能成功。

他的《老子》王弼注校正按照如下的凡例进行校勘整理：一是以日本明和七年（1770）版宇佐美本为底本，校勘所用各种版本，则另撰提要详列。二是以年代为先后列述历代学者或版本的异同，间附以己意，以作辩证。三是《老子》原文与王弼注中有疑误处，则顶格摘出，注文冠以"注"字；先代学者的校语，则低一格以胪列；他自己的看法则改行另排；释文考异之类则夹注其下。四是各家见解皆随本文误脱的先后予以列出，其先后又参考各本杀青的早晚或其人的卒年等情况而定。五是又有先校订而后发论议的情况，这是因为只有先校正原文，才能进一步考察注之义旨，这也是必须加以注意的。六是对前人的说法，也加以审查取舍，有不值得尽录者则省；对于前代学者们的草稿，因为尚未刊行而唯存钞本，此类也多录备载，以求不泯遗说。七是凡王弼诸本及诸书所引与底本相同者，则只校而不录，同字而正俗微殊者，一概从略。

　　波多野还说明了宇佐美灊水的研究与服部南郭的关系。他认为在宇佐美灊水《老子校订》所附的案语中，多有出自服部南郭者，为此他考察了二人的传记以及学术上的相互关系，然后找出了抄袭的客观根据。波多野认为服部南郭有自己独到的《老子》学术研究。即服部南郭从书志学角度对古代典籍进行整理和校勘，以求恢复其原貌，这是他治学的宗旨。因此他对《列子》的张注、《庄子》的郭注、《左传》的杜注都作了校订。校订之中，非常重视《文选》李善注，又广泛浏览九流百家，充分搜集相关资料。服部南郭既对《庄子》《列子》都有校订，按理说不应遗漏《老子》的王注，为此波多野在服部南郭的文集中发现了他的《读老子王注》一文。文中认为与《老子》的历代注说相比，王弼注可称为"清言"而最有参考价值，但其中也有不通之处，对于此种情况，则要旁取诸家以做综合考察。但王弼注的今本中脱误甚多，未能找到善本加以校勘，这是最为可憾的事。波多野认为服部南郭既有《郭注庄子校》十卷和《张注列子注校》四卷，当然应有《王注老子校》。他既向门人讲述《庄子》，也应为他们讲述《老子》和《列子》。波多野在《文会杂记》卷二中发现了相关的记载，即服部南郭认为《老子》的注中最能得老子之意者为王弼注，传世本中文字多有脱误，但对这些脱误，应该可以进行校理。服部南郭所说的《老子》王弼注，就是前面提到的冈田本王注。波多野又在《文会杂记》卷三中发现了服部南郭关于《老子》思想的有关说法。他认为《老子》思想的根本意旨，就在于治天下的问题，《庄子》也说到这种问题，但只是用寓言而言之，即《老子》是用道理来说治天下的问题，《庄子》则是用寓言来说这个问题。而《庄子》中的《马蹄》《胠箧》二篇，就是《老子》这种思想的注解。后来的人们真正了解《老子》者很少，大都用养生、心法或佛理来看待《老子》的思想，这都是错误的。波多野太郎认为，由此可知服部南郭对庄子的价值观以及老庄关系的基本看法。不过就这些资料看，也不能说宇佐美灊水就是抄袭了服部南郭，只能说宇佐美灊水的研究受了服部南郭的影响。

　　波多野还对日本学者东条一堂关于《老子》王弼注的文献学研

究做了分析评价。东条一堂的《老子王注标识》一卷，收在关书院刊布的《老子注释全书》（后改称《老子诸注大全》）中，以熊谷绢介的收藏本为底本，参校数种传写本而成。其稿本收藏在日本仙台的东北大学狩野文库中。波多把狩野文库本与通行的关书院本对校一遍，发现二者繁简互异，字句也有不同，但狩野本胜处更多，且狩野本还有序，说明了东条一堂此书的相关情况，从中可知，东条一堂认为王弼注多有脱乱，殆不可读，但可依靠《经典释文》中的相关资料以及其他不同版本的王弼注或各书所引来进行综合的校理，这样可对王弼注中误脱而不可读的地方，大体上得到勘正。然后再据王弼注来与《老子》正文进行比较，这样又可作为参考，以订正王弼注中的脱误之处。东条一堂又据中国清代的武英殿本王弼注《老子》，加上《永乐大典》及《经典释文》的相关资料，由此来进行校勘整理，这比仅依靠不同的王弼注版本更有价值。

波多野太郎认为东条一堂的考证精密正确，多有与易顺鼎《读老札记》和陶鸿庆《读老子札记》相吻合者。而东条一堂的研究除了《老子》王弼注，还有《诗经标识》八卷，其方法是根据先秦两汉的文献来理解其语句，求证于《尔雅》《说文》，以此组合出三百篇的语法，以求适当的解释，这与刘师培的《毛诗词例举要》的方法是一样的。相比之下，波多野太郎认为东条一堂《老子王注标识》的狩野文库所藏的本子是他对明和刊宇佐美灊水的考订本亲自点勘的自笔本，故较关书院本更有价值。

东条一堂对《老子》王弼注校理的基本方法是利用古文献中对王弼注的引用资料，由此来订正今本之误。波多野认为其书价值主要就在于此。如《老子》第一章的王弼注中："两者始与无也"，东条一堂认为"无"应作"母"，他比宇佐美灊水更进一步，依据《文选·孙绰天台山赋》李善注引的王弼注和聚珍版指出的《永乐大典》来证明这一点。又如第三十五章的"道之出口"，东条一堂据此处和第二十三章的王弼注以及《释文》《文选·景福殿赋》注所引，认为"口"乃"言"字之坏，应作"言"，这里东条一堂做了周到的考证，胜过陶鸿庆和马叙伦的考诂。又如第四十一章王弼注"有形则有分，有分者不温则炎，不炎则寒，故象而形者，非大象"，东条一堂用《文选·应诏燕曲水作诗》的李善注所引以及《列子·天瑞》篇注所引相比较，指出其与传世本大为不同。又如第五十一章王弼注"谓成其实各得其庇荫不伤其体矣"，宇佐美灊水引《初学记》及《文选·辨命论》李善注所引，以为传世本王弼注多有脱误。而东条一堂以为上脱"亭谓品其形毒"六字，且句中的"实"为"质"之误。而《道德真经集注》本"实"正作"质"，此二字从韵与形的关系上看，是"质"误为"实"。又如第三十九章的王弼注"各是一物之生所以为主也"，明显有误，东条一堂据《世说·言语》注所引，以为"生"为衍文，而尊经阁景宋本，"物"下有"之"字。波多野太郎认为此句当作"一物之主所以为主也"。"各是"二字恐是衍文，"各"字涉下注"物皆各得此一"而衍。"生"与"主"，是形似而误。第四章王注"万物舍此而求主主其安在乎"，《永乐大典》引之，"主"作"生"；《庄子·逍遥游》郭象注"若乃失乎忘生之主"；《释文》"之生本亦作主字"；王叔岷《郭象庄子注校记》称明世德堂本"主"并作"生"；《往生礼赞偈》"天人不动象，清静智海生"；高丽本"生"作"王"。波多野太郎根据这些例子，认为东条一堂的王注校理很有价值。

波多野的《老子道德经研究》中还有《老子序说》一篇，其中阐述了他对老子其人其书及其思想的基本认识。波多野认为《老子》的时代比较晚，应在孟子之后。他又根据司马迁《史记·老庄申韩列传》说《庄子》"散道德放论，要亦归之自然"，而认为《庄子》是敷衍《老子》学说者，可知《老子》早于《庄子》，只是那时的《庄子》肯定与现行本《庄子》不一样。根据现行本《庄子》，可以看出其中对《老子》所说的宇宙之实体的"无"做了进一步的深入说明，可知《庄子》在《老子》之后。因此，他不赞同钱穆的看法。

他还认为现行本《老子》大略成书于韩非子的时代，通过对韩非子所引《老子》之言作绵密考察，就可判明这一点。但他也认为要确定现行本《老子》的成书年代，把其他诸子所引的《老子》与现行本比较，从文献发展史上进行考察，再把思想发展史的情况综合参考，这是非常重要的文献学方法，但这种是有限度的，即使穷其极也不能找出最终的正确答案，而只能深陷一片泥沼之中。这一观点，当然是针对武内义雄的《老子》研究的方法而言的，但也对当今根据简帛资料用文献学方法的考察有一定的警示作用，所以还是不可忽略的。如果仅用文献学与思想史的方法还不够，在他看来，更为重要且不可欠缺的，就是根据科学的历史学而对古代社会的发展情况加以彻底的考察，以此作为研究《老子》成书问题的大背景。这一思想方法，又与中国从"古史辨"至五六十年代的老子问题的考察与争论非常接近，可见波多野在研究《老子》及王弼注的时候，有着非常广阔的思想视野。

对于老子其人的问题，他在《史记·老子传》的基础上，参考了武内义雄和津田左右吉、福井康顺等人的相关研究，以及中国学者高亨《史记老子传笺证》、唐兰《老聃的姓名和时代考》、罗根泽《老子及老子书的问题》、钱穆《先秦诸子系年》等诸家的研究。他认为《史记·老子传》是据种种传说资料缀合而成的，故据此传来看老子这一人物，就有不少矛盾之处，但老子思想的存在则是必然的。可以将老子视为老聃，因为其思想是相同的。

关于《老子》书的文本，波多野认为现行本《老子》在其思想内容中有不少矛盾，在表现形式上也有不尽一致之处，可知它不是原型。且在全书中有不少重复的语句，在一章之中也有类似衍文的语句，或是解释古语的句子，这都应是后来掺入进来的。还有一些章如第六十七、二十九、三十、四十八、五十、五十七、六十九、七十九章中的某些内容，都有与《老子》思想相背驰的内容。而在第一、二十二、二十三和五十四章中，也有不同文体缀合而成者。可以根据文本的有韵无韵，分出原有的文本与后来附加的文本。

关于王弼所据的《老子》文本，根据有关记载，可以追溯到东汉蔡邕。蔡邕的藏书近万卷，据《三国志·魏志·钟会传》裴松之所引《博物记》，王粲及其族兄王凯投靠刘表之时，刘表把女儿嫁给王凯，其子就是王业。蔡邕用数辆车载其藏书，送给了王粲。其后王粲被诛，其藏书到了王业之手。据《博物志》卷六，王凯还有一子王叶，蔡邕送给王粲的藏书，在王粲被诛之时，也有部分为王叶收入。据《三国志·魏志·王粲传》，王粲非常聪明，故受蔡邕的赏识，而将其藏书送给他。又据《铁琴铜剑楼藏书目录》卷十八子部道家类的"冲虚至德真经"条，张湛之母是王弼的从姐妹，《列子》张注的序中，引用了张湛之父的故事，其中提到了王凯之子王玄与王弼，二人都喜好文献而收集之，故将近万卷的蔡邕藏书收到手中。据《三国志·魏志·王粲传》，时蔡邕名闻天下，但听说还不到十七岁的王粲来访，就倒屣相迎，并说自己的才能不及王粲，要将藏书全部送给他。蔡邕是东汉时校定六经的名家，他也读过汉代学者普遍作为重要古典的《老子》，而他的六世祖也好黄老，由此可知蔡邕的藏书中一定会有《老子》。因而他所藏的《老子》就会最终传到王弼手上。可知王弼所据的《老子》文本，就是从东汉传下来的文本，是很古老的文本。因而能把王弼的《老子》文本复原，就可以了解东汉时期的《老子》文本。

但王弼本《老子》在后世的流传则形成了非常复杂的情况，据《道德真经集注杂说》卷下，在宋代，王弼本就已有两个字数不同的本子，一个是5683字，一个是5610字，其原因就在于有的本子省略了虚词。流传于北方的《老子》比流传于南方的《老子》字数少。《老子》的分经及分章或章名，也各有所不同。据唐写本《玄言新记》，王弼本已分上下卷八十一章。据《道德真经集义大旨》卷下所引程泰之说，分卷为上下而加上"道德经"之名，是王弼所传的《老子》。在西汉时还没有这样的划分。

而后世所传王弼本可分为四种版本系统，第一种是宋代晁说之写定而由熊克刊行的版本，属于这一类的版本有：正统《道藏》得字号所收本、享保版冈田本、明和版宇佐美本、武英殿聚珍版本、浙江书局二十二子本。其中的《道藏》得字号本分为四卷，不是王弼本的原式，但正文与注文的款式与此类的其他版本相同，特别是与熊克说的"不分道德而上下之，亦无篇目"相近。冈田本出自明孙鑛的《老庄合刻》，格式接近殿版，但《老子》原文与注文并不一致，这是因为《老子》原文用河上公本。殿本出自明华亭张之象本，浙江本也题"华亭张氏"本。从文本的情况看，《道藏》本与宇佐美本为优，宇佐美本更优。第二类为《道藏》系诸本，即《道藏》所收四种集注本，它们都有前一类版本中所不同的王弼注文，传留了王弼注的本来格式与王注的遗说，还有现行本中已经佚失了的王注。第三类如《道藏》中的李霖《道德经取善集》及赵学士《道德真经集解》所引的王弼注，与现行本不同，又与王注的口吻不同，类似神仙家言，完全不是王弼注，故列为第三类。第四类为《文选》李善注、贾大隐《老子述义》、陈景元《道德真经藏室纂微篇》、范应元《老子道德经古本集注》、刘惟永《道德真经集义》等所依据的王弼注本，虽然它们并不是一个严格的版本系统，但与前三类相比，有明显的不同，故列为第四类。

此外，波多野还详细介绍了日本学者对王注的校勘工作的情况，涉及宇佐美漪水、东条一堂、服部南郭、狩谷棭斋、屋代弘贤、赤松大庾、片山兼山、桃井白鹿、冢田大峰、藤泽东畡、幡镰邻斋、佐佐木琴台、饭室天目、板仓帆丘、小林肃翁及无名氏的校勘，这都是中国学者较为陌生的《老子》王弼注研究资料。

四、金谷治对《老子》的研究

金谷治（1920—2006），日本学士院会员。著有《秦汉思想史研究》《论郑注论语》《孔子学说在日本的传播》等。

在《道家文化研究》第三辑，收有金谷治的论文《关于帛书〈老子〉——其资料性的初步探讨》，原文收在 1976 年出版的《中国哲学史的展望和摸索》中。此文通过文献的考证，认为不能仅以帛书来确定《道经》《德经》的先后，甲、乙本也未必有直接的关系，它们当是更早版本的不同传本。推断在战国时期，已经有了各种版本的《老子》，因此《老子》成书时间当上溯到更早的时期。文中还对现行本《老子》的分章和排列，提出独到的看法。

关于帛书甲、乙本的关系，金谷认为除了字体和形制的不同之外，还要注意二者在内容上的异同。用甲、乙本与通行本比较，甲、乙本一致处很多，说明二本有密切的关系，但二者也有明显的不同之处，如虚词和假借字上都有明显不同，而更重要的不同是文本的不同，这说明二者属于同一系统的异本。这表明它们的祖本要上溯到战国时期。

甲、乙本的《德经》在前，《道经》在后，这是不是《老子》本来的篇次，中国学者有不同的看法。如张政烺认为古本本来就是如此，《韩非子》的《解老》与《喻老》篇也是"德篇"在前、"道篇"在后。张政烺还认为严遵《老子指归》中说"上经四十，下经三十二"，说明也是《德经》为上经。而高亨认为原书的编次难以论定，以为在战国时期可能有《道经》在前的法家传本和《德经》在前的法家传本。金谷赞同后一种看法，因为前一说的理由还不够充分。如《韩非子》对《老子》的解释，并不是严格按照《老子》的篇次和章次来解说的，这一点把它所解说的内容按通行本的章次排列一下就可看出。而严遵的《指归》晚于甲、乙本，所以也不能据之判断甲、乙本的篇次。金谷认为《老子》上下经的顺序，并不是人们所想象那样有非常严格的顺序，所以高亨说原书的顺序难以论定，还是有道理的。他的看法是到汉代时，《老子》可能还没有统一为一个固定的版本，还有多种异本在流传。

关于《老子》的分章，他认为河上公的八十一章并不是原始的分章，根据多种文献资料可知《老子》还有七十二章、三十七章、六十四章等情况，在时间上也是先后不一的，而且现行本的章，也有被分为两章或三章的情况。他认为帛书《老子》中的·号，有的是用来区分句节的，有的可能是用来表示分章的，为此他用了一些实例来证明。但这种符号与章数来比，还是太少，他推测可能是抄写人只录了部分·号。不管怎样，如果认为·号是分章的标记，则分章在汉初就有了，而且这种版本在战国就已存在了。如果从这种符号的情况看，甲、乙本也可说是不同的本子。

关于分章顺序，他认为有三个不同之处：一是今本第四十章和第四十一章颠倒了前后顺序；二是根据一些章的顺序，在《德经》的末尾，不是"信言不美"这一章，而是以第七十九章的"天道无亲，常与善人"结束；三是不按通行本的章次来排列，有些章的内容在连接上非常好，甚至可以合为一章。如通行本第二十四章可与第二十二章合为一章。这一分法，在吴澄和魏源那里就已出现了。武内义雄认为不能这样合，因为中间的第二十三章与前后不合。金谷认为如果把第二十四章移到第二十二章之前，就避开了第二十三章的前后不合的问题。因此他认为帛书分章顺序的不同，不是偶然的，肯定是保持了更古时代的章序情况。而后来为什么这样排章序，只能归因于存在着不同的版本。

金谷还分析了字句的不同。通行本第三十八章"下德为之而有以为"一句，前人已经产生了不少不同的看法，他认为如果根本没有这一句，这些分歧就好解决了。即只有上德、上仁、上义、上礼，而没有下德掺在中间，前后所说就比较容易一致了。又如通行本第七十三章在"天之所恶孰其知故"与"天之道不战而善胜"中间有一句"是以圣人犹难之"，他认为也应以没有这一句为好，前后文义更为通顺。帛书本为严遵等本以及马叙伦等人的看法提供了佐证。他还举了一些类似的例子，说明仔细分析这种字句的不同，对于理解《老子》的思想有重要意义。

五、池田知久对简帛《老子》的研究

池田知久（1942—　　），曾任教于东京大学、大东文化大学、中国山东大学等校。著有《马王堆汉墓帛书五行篇研究》《老庄思想》《郭店楚简老子研究》等。

在《〈老子〉的"道器论"——基于马王堆汉墓帛书本》[1] 一文中，池田认为以前人们没有注意《老子》中的道器论的内容，帛书《老子》出土之后，为弄清《老子》中有无道器论和它的内容与特征提供了充分的资料。

通行本第五十一章有"物形之，势成之"一句，帛书本作"物形之而器成之"。池田指出作"器"才与《老子》一书最为符合。这一看法是不少学者所公认的，如金谷治《关于帛书〈老子〉——对

---

① 见《道家文化研究》第十二辑，三联书店1998年版。

其资料的初步考察》、张舜徽《老子疏证》、许抗生《帛书老子注译与研究》、张松如《老子说解》、黄钊《帛书老子校注析》等。但对帛书本第五十一章文意的理解与池田相同者，只有金谷治和许抗生，但此二家也没有把这段文字视为道器论。

池田对此段文义的理解是：根源性、本体性的道使万物得以存在，而机能性的德使万物得以生长，以这种主宰性为依据，一切物都通过刑而得以存在，通过机能性之器而得以完善。总之，道作为主宰者使一切物（或器）存在、生长和完善，其结果是万物得以存在、生长和完善。这就是阐述了一种原理：刑出现以前就存在的根源性的本体性的道，起主宰的作用使物有形有器而存在下去。这就与《易传》的道器论大体相同。而且这种道器论或道物论，是道家本来就有的、最为核心的思想，而不是从其他学派那里借用而来的。他还认为《易传》的道器论是受过《老子》道器论的强烈影响，以此为依据而形成的。

池田称自己之前已在《中国思想史中的"自然"的诞生》[①] 和《马王堆帛书周易要篇研究》[②]、《老庄思想》[③] 中对这一问题有所关注，而最先指出《老子》第五十一章存在着道器论者，是陈鼓应，他在《易传系辞所受老子思想的影响——兼论〈易传〉乃道家系统之作》及《〈系辞传〉的道论及太极、大恒说》中提出了这一看法。这说明池田氏对这一问题的研究是前后持续的，并且关注了中国学者的相应研究成果。

在《尚处形成阶段的〈老子〉最古文本——郭店楚简〈老子〉》[④]一文中，池田认为郭店楚简《老子》甲乙丙本并非后代定型的《老子》五千言中的一部分，而是尚处于形成阶段的、目前所见最古的《老子》文本。为了说明这一问题，他从甲乙丙三个文本中分别抽取性质各异的存在着版本问题的段落，一是甲本第六十四章上段、下

① 见《中国——社会与文化》第 8 号，1993 年。
② 见《东京大学东洋文化研究所纪要》第 123 册，1994 年。
③ 放送大学教育振兴会 1996 年版。
④ 见《道家文化研究》第十七辑，三联书店 1999 年版。

段和丙本第六十四章下段，二是乙本第二十章上段和第十三章，三是丙本第十八章，来与帛书《老子》及通行各本的相应段落进行比较。比较之后他认为，较之甲本，丙本更接近于帛书本与通行本（王弼本），这是因为从丙本演化至帛书本及通行本，所以才有一些语句和次序的调整。其分析相当详细，并与荀子思想的时代进行关联比较。

在《郭店楚简〈老子〉各章的上中下段——从〈老子〉文本形成史的角度出发》① 一文中，池田对郭店楚简《老子》甲乙丙本某些篇章中的上中下段进行分析，以说明郭店《老子》在文本的一个特征，即帛书《老子》与通行本《老子》各章的上、中、下段完全具备，而郭店《老子》甲、乙、丙本则不同，有些篇章只具中段、下段而缺上段，有些只具上段、中段而缺下段。再次说明了郭店《老子》是处于《老子》一书的形成阶段中，是目前所见最古的文本。以后的文本只能是内容渐渐扩充蓄积的结果。文中还涉及帛书本、王弼本《老子》都受到荀子思想的影响，即帛书本成书于荀子的思想渐为世人重视但还没有形成压倒性影响的时代（战国末期）。

池田知久还有《〈老子〉的形而上学与"自然"思想——以北大简为中心》② 一文，此文根据北大西汉竹书《老子》及楚简本、帛书本、王弼本《老子》，将《老子》中形而上学与自然思想的相互关联作为跨越哲学与政治两大领域的重要问题进行考察。

论文首先对《老子》中所见形而上学进行定义和说明，认为形而上学把道看作根源性的存在，道生出万物，使万物老病死灭，即这种哲学认为只有"道"才能支配、决定万物生老病死等一切的运动和变化。其次他分析《老子》重视道的原因，是通过对道的把握，可以克服人的异化，获得人的主体性，为了修道者成为世界的主人而度过有意义的人生。而这种以道为中心的形而上学又包括四个方

---

① 见《池田知久简帛研究论集》，中华书局 2006 年版。
② 见《古简新知——西汉竹书〈老子〉与道家思想研究》，上海古籍出版社 2017 年版。

面：以形而上学为中心的哲学，探究人应如何生存的伦理问题，如何成为帝王为主要目标的政治思想，以实现不老长生为目的的养生思想。

池田认为《老子》中的"自然"，是表示万物的自主性自发性，是自己如此的意思。而《老子》中的"自化""自富""自正""自朴"，都是自然的具体体现。他还指出，《老子》中的"自然"及"自○（○代表其他字，与'自'合成'自○'一类的词语）"都是处于"道——万物"的关系及"圣人——民"的关系中，其性质属于受到哲学的或政治的支配的万物与民。

池田又分析了自然思想的构造，即在哲学上，以道的无为为原因，其结果导致了万物的自然，同时在政治思想上，以圣人及侯王的无为为原因，其结果导致了民及百姓的自然。之后他分析了这种自然思想的民主主义和无政府主义的问题，他认为将上述自然思想中的政治思想，去掉复杂的枝蔓，以理念型的形式简化，即为：圣人及侯王的无为、虚静、不言等行为，指的是政治上的支配者什么也不做，至少在实际政治中不起任何的作用，也不发挥任何的影响力。极端地说，几乎等同于不存在支配者，这样，作为被支配者的百姓、民就必然会自力地自主地自发地展开各种各样的活动。

但他也认为形而上学与自然思想间存在着矛盾，即《老子》构建的政治思想是以圣人（帝王）对百姓所有的活动给予一元管理，百姓仅仅只是服从其统治为内容的、一君万民式中央集权的政治思想。而以自然为基础的政治思想，则是帝王无为，不施加任何作用与影响力，因此百姓自己成为社会主人公，自主地自发地展开各种活动为内容的民主主义或无政府主义。因此二者之间存在着难以并存的矛盾。

此文的第三部分是论述对过度"自然"的抑制，一是表明了"自然"思想有危险性，二是对于过度的"自然"之限制的具体例证。第四部分分析北大西汉竹书《老子》第五十九章的"积正"，认为此语不是《老子》本来的用语，甚至是不适合《老子》的用语，由此来推论北大简《老子》的抄写年代问题。

由以上几篇论文看，池田知久对中国出土的简帛文献能结合中国思想史进行关联性研究与分析，所提出的问题也都有新意，值得中国学者关注。

此外池田在《郭店楚简老子研究》《郭店楚简老子的新研究》二书中也针对郭店楚简《老子》文本进行了专门考证性研究。如郭店楚简《老子》甲本第一章中的"绝伪弃虑"的"虑"，裘锡圭最初认为此字当读为"诈"，而池田认为当为"虑"字，崔仁义、袁国华、韩禄伯、许抗生、廖明春等同此说，裘锡圭后来改从此说。

此章的"或命之或虖豆"中的"虖"字，《郭店楚墓竹简》释文以"乎"为本字，裘锡圭认为当读为"呼"，池田认为此字相当于马王堆帛书中作为"虖"而频频出现的字，仍应是"乎"的意思。对于此句中的"豆"字，他认为可能是"续"字的假借字，亦即在上文"三言"之后"续"以若干"言"，来补足"事不足"的状况。一般认为此字当读为"属"，通嘱，嘱托之意，谓前面"三言"有所"不足"，故嘱托后之几言。但理解为"续"以后面几言，意亦可通。

此章的"视索保朴"，池田认为"视"为"示"的假借字，意为显示，"视索"即"示素"，谓将自身内在的素朴显现于外。裘锡圭也认为此字当读为"示"，"示素"的说法比"见素"（帛书与通行本作"见素"）合理。

对第二章的"以其能为百浴下"，池田认为"下"对应于上句"江海所以为百浴王"的"王"，是名词用法，不是动词。因为帛书本与通行本都作"下之"，故一般都理解为动词。廖明春认为"之"代"百浴"，"下之"即为"百浴下"，句式虽有变化，而意义却相同，故书当作"为百谷下"。廖氏此说认为"下"与"下之"意同，不确。此外不当多一"之"字。如按池田的释读，"下"为名词，上句"王"也为名词，句式相同，则更好理解句意。

可见池田在对郭店简文的考释上，也多有所见，值得参考。

六、其他日本学者的《老子》研究

如前所述，《古简新知——西汉竹书〈老子〉与道家思想研究》

中，除了池田知久的论文，还有其他几位日本学者如井上亘、汤浅邦弘、福田哲之、谷中信一等撰写的文章，由此可知日本学者对于新发现的文献能够紧跟着进行研究，反映了他们的学术敏感性。这里主要评述福田哲之和谷中信一的研究。

福田哲之，日本岛根大学教育学部教授。其所撰《简帛〈老子〉诸本的系谱学考察》① 一文，主要考察汉代文本的实际情况，把握从战国郭店本到传世本的大致流程，通过对《老子》诸本的异文整理，建立以简帛诸本为中心的系谱。他使用的《老子》诸本为北大本、郭店本、马王堆本、王弼本、河上公本、严遵本、《想尔注》本、傅奕本，对传世本还参考了日本学者岛邦男的《老子校正》（东京汲古书院 1973 年版，此本中国学者很难看到，笔者曾在《日本现代老子研究》中对此书做过评述）。其文第一部分是异文整理，认为应特别重视《老子》中词句异文的对照与分析。他的方法是对照各本《老子》中有哪些后来增益的文本，以及它们的异同，由此确定文本之间的血缘关系，并进而看出诸本在系谱上的关系。

福田指出，应特别重视《老子》中的词句异文。《老子》散见不少增益句的异同，因这类句子基本被后代继承，所以成为明确文本相互间血缘关系的重要指标。这样在整理异文时重视有无词句的异文，就成为《老子》诸本系谱建设上一个极为有效的方法。

即以郭店本为最早，对照其后各本的文句中有哪些增出的字词，并比较各本增出的文句的异同。由此分出几类情况：第一类是郭店本无，而马王堆本、北大本、严遵本、传世本有；第二类是郭店本、马王堆本无，而北大本、严遵本、传世本有；第三类是郭店本至严遵本无，而传世本有；第四类是北大本、严遵本、传世本无，而马王堆本有。根据这样整理的结果，他定出衡量的标准：在第一类中，郭店本无，而马王堆本、北大本、严遵本、传世本中可见异文，将共有的马王堆本、北大本、严遵本、传世本共同的祖本定为祖本Ⅰ；第二类中，郭店本、马王堆本未见，北大本、严遵本、传世本可见

---

① 见《古简新知——西汉竹书〈老子〉与道家思想研究》，上海古籍出版社 2017 年版。

异文，将共有的北大本、严遵本、传世本共同的祖本定为祖本Ⅱ；第三类中，郭店本、马王堆本、北大本、严遵本未见，而传世本可见异文，将共有的传世共同的祖本定为祖本Ⅲ。由此可以确知：祖本Ⅰ、祖本Ⅱ、祖本Ⅲ，分别具有以第一类、第二类、第三类异文为媒介的血缘关系，以此为祖本的诸本也在整个系统线上得以定位。而第四类是仅马王堆本可见的独自异文，将甲、乙两本的共同祖本定为祖本Ⅳ，未见于马本以外诸本，明确了祖本Ⅳ位于从祖本Ⅰ分歧出来的其他系统线上，与祖本Ⅱ、祖本Ⅲ系统相异并具有独自的文本价值。

之后文章又分析了郭店本与马王堆本、北大本的关系，马王堆本与北大本的关系，汉代《老子》文本的系统与传世本的关系。此文日文版原载大阪大学中国学会 2015 年出版的《中国研究集刊》第60 号。

谷中信一（1948—　　），日本女子大学教授。他的《〈老子〉经典化过程（Process）的研究——从郭店〈老子〉到北大简〈老子〉》①，为其所著《〈老子〉经典化过程的研究》② 一书中的终章。此文所说的"过程"，是指《老子》通过口耳相传或通过竹帛记载而出现之后（谷中称之为原《老子》），随着时代的发展，受到多种思想的影响而有增补或改变，最终历史地成为了经典，以《道德经》之名为人所知。这一看法的前提是此书不是某个时间点上由某个人单独完成的文献，也就是非一人一时之作。

他认为《史记·老子传》中只说老子著书上下篇，言道德之意五千余言，到《汉书·艺文志》就称为"老子某氏经传或经说"，这说明《老子》被经典化了。他根据平冈武夫在《经书的成立》中所说的"经"之含义，认为称一书为经，是指此书的内容说到了形而上学的常道、记载了恒常之道、论述了恒久之至道。之后他分析

① 见《古简新知——西汉竹书〈老子〉与道家思想研究》，上海古籍出版社 2017 年版。
② 东京汲古书院 2015 年版。

《荀子·解蔽》中的"道经"及相关的问题，认为荀子所说的"道经"并不是《老子》或《道德经》。

　　然后他分析了关于《老子》成书的前人说法，主要说明日本学者如武内义雄、津田左右吉、木村英一等人都认为《老子》不是成于一时一人之手。之后他根据"道"的哲学的展开来看《老子》经典化的过程，认为"道"的哲学是有多层构造的，并比较了与"道"的哲学有关的"水"的概念，由此说明"道"的概念是有复杂内涵的。

　　他又通过分析《庄子》和《史记》中有关关尹的记载，认为关令尹喜受老聃"道德之意，上下五千余言"，事实上是关尹作为老子教义的继承者，为其所编"道德之意，上下五千余言"注入权威而虚构的故事。他还从《凡物流形》中的"执一"思想来看《老子》的经典化，分析了《老子》中关于"一"的说法和《凡物流形》中源自黄老思想的《老子》思想成分，还探讨了促成《老子》经典化的"一统天下"的趋势。

　　最后他的结论是：道家思想并非始于老子，《老子》是在长期时间过程中，依据时代的要求而逐渐形成的，有其本身的思想历史。老子其人只是道家、道教的一个代表形象，不能把《史记》中的老聃（李耳）完全当作道家的始祖。也不能认为《老子》的作者就是老聃。作者可能是关尹，但也不能肯定。因为在关尹之后，《老子》还不断吸收外部的思想资源，直至最后实现经典化。而《老子》的经典化又与"一统天下"的历史进程相适应，它最终也是为了实现"一统天下"的目标而提出了相应的方法论或是实现"一统天下"之后的统治论，所以说它在本质上是以"道"为基础而构建的专制统治系统。

　　此文沿着日本早期学者如武内义雄等人关于《老子》成书的观点，认为它是逐步形成的，但谷中又加上了"一统天下"的因素来说明《老子》经典化之中所包含的政治思想，这是他的新意所在。

　　谷中信一的论文《现代日本对〈老子〉的受容——以加岛祥造

的著作为中心》①，也值得注意。《中华读书报》2002 年 4 月 17 日曾登过一篇文章《加岛祥造同老子度日》，说明加岛祥造对《老子》的理解在日本和中国都有一定的影响。加岛祥造 1923 年出生，早年留学美国，回国后在大学任教。一次偶然的机会，他看到亚瑟·韦利英译的《中国诗歌百七十首》，后又看到韦利英译的《老子》。之后加岛祥造找到多种英译《老子》，如林语堂、铃木大拙与德国人共译的《老子》，以几种英译本为基础，将《老子》译成日语口语诗，这就是《伊那谷的老子》。伊那谷在长野县以南，加岛从大学退休后，便到这个山谷中独居，把伊那谷视为"心灵的故乡"，他对《老子》的理解，就是他在伊那谷对人生的反思。他翻译的《老子》，有《道——老子》《道——再生的老子》等四部，还有随笔《心灵哟，到这里来吗》《同老子度日》等。他的《老子》翻译，不是严格按照原文进行翻译，在意象上也有所改动，如他把"圣人"译作"继承道的人"。

加岛祥造说他的动机是把与《老子》共鸣的东西再现出来，强调倾听老子"声音"的重要。加岛祥造从老子的"声音"中听出了什么？他说，老子讲的是人的宇宙意识与社会意识的均衡，其左手向着什么也抓不到的天空张开，右手紧紧拽住大地，在其话语里就能体会到这种巨大均衡，人也就感受到舒适安定的心情。他说，老子从这种巨大均衡的角度，向人过分的行为发出了警告。如近世以来的欧美社会，出现了以所有、主张自我、支配为中心的态度，人和国家都争抢优势。老子的时代也是如此，他对此抱着警惕，多次说要"不争""自足"，这些话不仅对个人有用，也是对世界、对全体人的警告。他还认为，老子所说的真正革命性的东西是在复归的作用之中，不仅是从天空向大地复归，而且是社会和人的归根，回归到与自然分离以前的根源中去。

看了这篇文章，再来看谷中信一的论文。文中更详细地介绍了加岛祥造对《老子》的理解与传播，且对加岛祥造所理解的《老子》

---

① 见《道家文化研究》第二十七辑，三联书店 2013 年版。

思想进行了专业的分析。

此文是从社会思想的角度考察《老子》在现代日本如何被解读。在日本，出自中国哲学研究者之手的"老子论"并不少见，但美国文学研究者加岛祥造的"老子论"可谓一枝独秀。他对老子的道的哲学产生了强烈共鸣，并形成了极具个性的见解。

在20世纪90年代之初，日本社会面临泡沫经济崩溃之时，加岛祥造的著作即论述置身于被文明荼毒的竞争社会，在物欲横流的生存状态下，人们是不可能幸福的。他试图唤起国民找回被忘却的生活心态，为此求助于《老子》的思想，认为日本人应有的生存状态存在于过去的传统和古典中。

加岛祥造60岁时偶然看到了英译本《老子》，他说自己从老子那里认识了"道"，感到了自然的生命力。老子带着对人类生命的巨大而温暖的关爱，提醒我们觉察道的作用。

日本传统的《老子》研究，是将其作为中国先秦诸子百家思想的文献之一来解读的，只将其内容作为学术研究来探讨。加岛祥造认为，这使老子本来的魅力荡然无存。如果局限于这种传统解释，老子的"自然的生命力""对生命的关爱"等，将永远无法了解。

谷中指出，加岛祥造从英译本《老子》中感到了明治维新以来欧美的理性主义、合理主义对日本人的思想的束缚。他认为欧洲彻底的理性思维创制了社会的法律、制度、思想，但进入20世纪，这种思维走入死胡同，而在老子之道中有解放这种思维的东西，现代需要老子的道。所以《老子》的思想具有重要意义，这就是回归，一是从西方回归到东方，二是从城市回归到田园。通过回归，加岛祥造开始能服从自己的内心的声音，而这会使生命能量或精神能量高涨。这一点，可以说是他独创的对道的诠释。他还关注女性问题，认为女性生来就近于道，她们是带着精神能量而生存的。他由此感到老子所说的不要思考和聪明不能带来益处，其内涵真意正在于此。

谷中认为加岛祥造把道理解为三个方面：作为能量的道、内涵宇宙意识的道和内含女性原理的道。如对最后一个方面，他指出老子感悟到"母性的温柔是一切孕育生命者所皆有的温柔"，因此老子成了昭示"柔弱"的价值的思想家。

加岛祥造称自己已经变成了"老庄信奉者"，所谓老庄崇拜是指遵循老子的根本原理道来度过人生。他强调作为老庄信奉者，志在"与道相通"的生存方式，强调"与道相通"的人能够自我满足，并通过自我满足，从自己的内部唤起以前未被发现的能力（潜能），使人生变得丰富。他认为老子将这种潜能称之为"富"。加岛祥造把《老子》作为"人类的诗歌"来阅读。如他解释"躁胜寒、静胜热、清静为天下正"时说："清静，只有清静，能改变这个世界的疯狂。每个人心中持有一份'清静'是最奏效的。"他又指出老子是"最大的乐天主义者"："按老子式的说法，无为任道，会使你心中的喜悦和恐怖的平衡自然得到很好的调整。人类头脑变得越来越复杂，莫名的恐惧无限增加，并为随之而来的压力而烦恼。老子要为我们解消这一切。"总之加岛祥造这样解释老子的学说，旨在告诉人们如何从各种各样的恐惧中解放自己。

谷中还认为加岛祥造对"知足者富"的解释中有独创的思想。加岛祥造认为老子主张"知足就是富有"，但这句话被误解为"能够知足就可以了"。实际上，这句话的意思是"因由知足，才能够开始发现自己内心的丰富"。所谓知足，就是从物质的富有转向心灵的富有，发现自己内在的潜能，不是指单纯的物质的富有，而是表达了精神世界的丰饶和深刻，尤其重要的是精神上的自由。这样的解释也是加岛祥造的独创。加岛祥造通过知足而留意到自我内部的潜在的能力。今天日本人需要的不是更富裕的物质生活，而是精神上的满足。要满足心灵上的饥渴，首先必须找回心灵的自由。只有心灵自由，才能将人们带入丰饶的境界。自由和丰饶通常为一体，只有在这种自由和丰饶中，道的能量才能充分发挥作用。这就是加岛祥造的结论。

谷中此文以加岛祥造对《老子》的理解，从一个侧面诠释了《老子》思想对于现代生活条件下的人类的价值，即它可以消解因社会的发达而引起的种种精神和心灵上的困惑，能让人重新发现自己及其潜能，而获得平静自足的精神生活，由此来面对现代社会带来的各种困扰。前述曹峰在他关于日本对于《老子》的接受的文章中，特别强调日本的学者之外的社会人士所受《老子》思想影响的问题，谷中信一关于加岛祥造的论文，可为这个问题再添一份重要的资料。

在《道家文化研究》第十五辑，收有麦谷邦夫的论文《唐玄宗〈道德真经〉注疏之撰述与其思想特征》。麦谷邦夫（1948—　　），京都大学人文科学研究所教授。此文认为《老子》注疏在隋唐初期出现了重大的转折，唐玄宗的《老子》注是这一转折的象征。为此麦谷先考证了唐玄宗注的完成和公布的时间以及此注是否由他人代笔的问题。唐玄宗注的完成时间是在开元二十年（732），但没有马上公布，到二十三年才与疏一起赐给集贤院的学士，命他们研讨，之后逐渐施行。而根据相关史料的记载，麦谷认为此注确实出自唐玄宗之手。而疏开始于开元二十年，实际上是注的撰写之延长，由集贤院的学士和若干道士完成。

唐玄宗注的最大特点是提出"妙本"的概念。成玄英在《老子道德经开题序诀义疏》里也说到"妙本"，但在成玄英的解释中，道没有失去穷极的、根源的实在性，"妙本"只是与"粗迹"对立的概念而已。而唐玄宗注里的"妙本"，已成为根源性的实在，否定了"道"在存在论上的穷极性和根源性。当时儒道释论争激烈，故唐玄宗想用"妙本"作为核心，对三教各自主张的最高范畴加以调和，同时又在暗中主张道教的优越性。而疏承袭了这一思想，但有一定的发挥。

唐玄宗在注释时还有对《老子》原文进行改动的情况，如把第十章的"载"改为"哉"，还对第二十章末句"我独异于人而贵食母"改成"我独异于人而贵求食于母"，这表明他对《老子》原文的态度是比较自由的，这与学者们不敢轻易改动是不同的。

关于唐玄宗注与疏的思想联系，麦谷认为既有密切的关联，但也有不容忽视的差异。疏根本不按照义疏的体裁，对注加以阐释，而是与注一样直接解释经文，可看作是对注进行扩大性的解释。这表现在疏文中有些地方所论是注中没有的说法，或是对注加以改动的说法。

麦谷还撰写有《关于老子想尔注》[①] 一文。此文是把《想尔注》放在道教教理思想的历史发展背景下来探讨其主旨，以此确定《想尔注》在思想史上和道教教理史上的地位。为此他分析了道气论的发展演变及《想尔注》中的道气概念的关系、道体论与《想尔注》的关系、太阴说与《想尔注》的关系、《大道家令戒》与《想尔注》等问题。如第一个问题，他认为在东汉时期形成的古典生成论之道气论，伴随着道教教理的形成，到晋代，就发生了重大变化，即原来道与元气是严格区分开的，此时则被看作是相同的了，出现了"道，气也"的思想，同时，元气则被神秘化，因引入了道气概念，而具有更高宗教价值，并在道教经典中广泛运用。结果，在河上公注中用"道""元气""和气""精气"来阐释的道生成万物的理论，就变成用"道""道气""道精"来解释了。由此可知，麦谷认为《想尔注》中的道气论是对东汉以来的道气论的根本性改进，这是与道教教理的发展相适应的。

第二节　韩国学者的老子研究

一、金白铉《老子栗谷注浅释》

金白铉，韩国江陵原州大学教授。《道家文化研究》第十五辑中，收有金氏的论文《老子栗谷注浅释》。栗谷即李珥，朝鲜李朝哲学家、教育家。金氏此文分析栗谷对《老子》的解释及其特点，认为当时的性理学家忌讳佛老，最怕讲"无"，但是重视"妙合"的哲学家栗谷却说"无为无欲，近理之言，虽君子有取焉"。栗谷摘抄《老子》中近于性理学的两千多字，分成四十章，每句下有详细注释，又有口诀，每章后有数语作为总结，说明各章主旨，并有最后

---

① 见《东方学报》第 57 册，1985 年。

总论，由此编成《醇言》一编，附题为《老子抄解口诀》。该书是以儒解《老》的典范。通过研究此书，可以了解老子哲学在性理学的背景下是如何被曲解转向的。

此文认为栗谷虽在一定程度上肯定老子哲学，但他反对养生之言、阴谋之术和清谈的风气，故他说："此书以无为为宗而其用无不为，则亦非溺于虚无也。只是言多招诣，动称圣人，论上达处多，论下学处少，宜接上根之士，而中人以下则难于下手矣。但其言克己窒欲，静重自守，谦虚自牧，慈简临民之义，皆亲切有味有益于学者，不可以为非圣人之书而莫之省也。"这说明栗谷对《老子》并不完全排斥，但他只取合乎儒家的思想，而不是没有取舍。

栗谷在《醇言》最后总论部分归纳他所认可的《老子》思想有道体、心体、治己治人之始终、以损与啬为治己治人之要旨、因啬字演出三宝之说，又言轻躁之失、言清静之正、言用功之要、言全天之效、言体道之效、言治人之道及其功效、言慎始虑终防于未然之义、言天道福善祸淫亏盈益谦之理、叹人莫能行道。在此基础上，再配合各章所揭示的主旨，即可得其全书对于《老子》思想的全面理解。

金氏认为栗谷对《老子》的解释是以理气论为中心的，这与朱熹一样，以为道即太极，即理，这样的解释把道以为理而可保障道的超越性和普遍性，但栗谷说的理不是冲虚无主，而是包括仁义在内的。金氏认为栗谷所理解的《老子》的道的造化性是说明宇宙万物创生的过程。道的创生，是由全而分，由一而多的过程，如德，也是道的分化。在栗谷的解释中，老子的道相当于栗谷的天道，老子的玄德相当于栗谷的本然之性，老子的德相当于栗谷的气质之性。

金氏认为栗谷对老子的无为的理解是道之本体无为而妙用无不为，但把人心的作用加进来，说心之体即性，它是无思无为而寂然不动的，人心有觉，所以心之用即情，则感而遂通天下之故，可知栗谷是主张人应须有为地修养自己而体会无为而无不为的道。这是用儒家的思想来解释老子，把重点放在人的修养上，认为主体修证的功夫都在"心"上。但栗谷对"心"的解释不同于《老子》，他用

《老子》"有之以为利，无之以为用"来说明心的作用，认为"外有譬则身也，中无譬则心也。利者顺适之意，利为用之器，用为利之机也。非身则心无所寓，而心不虚则理无所容。君子之心必虚明无物，然后可以应物"。这也是用儒家的心性学来解释《老子》的修养学。此外栗谷还主张用《老子》的"损"来复其性、复其气，可知他的功夫论就是通过人心之有为而达到湛一清虚的浩然之气。

总之，金氏分析栗谷注《老子》，重点还是用来说明儒家的心性之学以及其修身实践之论。这样看来，栗谷的《老子》注，是以儒释《老子》，而使之与宋代理学为代表的儒家学说协调起来，这正是栗谷所强调的"妙合"，实际上这也正是一种融通。由此可以了解传统朝鲜文化中的儒学为主的特色。

金白铉又有论老子思想与现代生态观念的论文《生态危机与老子的自然观》[①]。此文针对世界性的生态环境问题，探讨用老子的自然思想加以解决的可能性。作者认为老子的自然观在生态环境哲学上具有现实的意义。因为老子的自然观是自然而然、自己如此，又与"道通为一"相统一，这样的自然观要保证事物的多样性，故自然界的所有存在都具有其内在的价值。这些存在物都自然而然地运动变化、自生自化，因此人与人之外事物存在共同相处的准则，这样可以不妨碍人类与世界的沟通及和谐。根据老子的自然观，可以在自然界的整体秩序中，找到道德性根据，以避免人类的权利与自然界的权利形成对立。这意味着人类与自然界的生存都要依从自然。在老子哲学中，自然就是不争与和谐的原理。

另外，老子自然观中的无的观念，也可以为人类与环境世界的共存找到一个准据点。因为老子的无表明人类的知性是有界限的，这也表明人类不是世界的中心。以无为基础的行为是无为，这也要求人类顺其自然，不可违背自然。在老子的自然和无为思想中，万物都顺其自然而生长、发展，如果以人为中心，就违背了这种世界的本来生存规则。而且老子的无为还要人类把违反自然的行为损之

---

① 见《道家道教与生态文明》，华中师范大学出版社 2015 年版。

又损，这也可使人类与自然和谐相处。

按照老子的无为观念，人们不能在人类生活的所有方面都尽量向外扩展，否则就与环境世界形成冲突。所以一味向外扩展而不顾环境世界的人类行为，不能成为伦理原则的唯一方式。按照老子的自然与无为思想，才能找得到不破坏生态环境的正确道路。所以人类一定要记着老子的话："天之道，损有余而补不足。人之道，则不然，损不足以奉有余。孰能有余以奉天下？唯有道者。"

此文把老子的自然、无为思想与解决生态恶化问题结合起来，由此可以看出老子的思想在今天仍有现实意义。

二、吴相武的《老子》研究

《道家文化研究》第十四辑收有吴湘武《〈老子〉"小国寡民"新解》，《道家文化研究》第十五辑收有其两篇论文：《关于〈河上公注〉成书年代》和《〈老子想尔注〉之年代和作者考》，这里一并介绍。

关于小国寡民，许多人都理解为这是《老子》的理想社会，是国家既小而人口又少的社会，但吴氏认为这种理解难以成立。因为这与《老子》的大国思想不符，并在早期的注《老》著作中找不到根据。他认为小国寡民只是一种假设，与《老子》主张的理想社会并无关联，为此需要考察《老子》的国家思想和理想社会的性质以及政治思想的性质。

吴氏的理由是老子的时代是强大国家通过战争不断兼并弱小国家的时期，在这种时代背景下，向往国小民少的社会意味着自取灭亡，而《老子》是为当时的君主提供治国方法的，这就与国小民少的理想显得矛盾。他考察了相关古籍文献中的小国观，发现无一提到小国优越于大国的看法。在汉代的文献中，说到道家时，也无人提及小国寡民的思想，虽然《史记·货殖列传》引用了"至治之极，邻国相望，鸡狗之声相闻，民各甘其食，美其服，安其俗，乐其业，至老死不相往来"，但没有用"小国寡民"四个字。《文子》引用了小国寡民的说法，但不是强调为理想社会，而是说国家好兵好战是危险的，不如虽有什伯之器而无用。而早期《老子》注，如《韩非子》的《解老》《喻老》没有对小国寡民的解释，严君平的《老子指归》解释小国寡民，是说国家虽小，如果治理得法，仍能不会灭亡，但同时也强调国大优于国小，民多优于民少。《河上公注》对此章的解释是"圣人虽治大国，犹以为小，俭约不奢泰，民虽众，犹若寡少，不敢劳之也"。这也不是以小国寡民为理想社会，而是说治大国众民要像国小民少一样来治理，不奢泰，不劳民。王弼注此章说："国既小，民又寡，尚可使反古，况国大民众乎，故举小国而言也。"意谓国小民寡也可按《老子》的自然无为思想治理，并不是把小国寡民作为理想社会。而从《老子》思想本身来看，他认为是主张大国论的，如说"治大国，若烹小鲜"，"大国者下流，天下之交，天下之牝"，这都不是主张国小的。

吴氏认为对小国寡民可以有四种解释：一是认为"小"和"寡"是"国"和"民"的定语，意谓小的国家，少的人民；二是认为"小"和"寡"是"国"和"民"的谓语，意谓国家小，人民少；三是认为"小"和"寡"是形容词，意谓使国小，使民少；四是认为"小"和"寡"是形容词的意动用法，意谓以国为小，以民为少。第一、二种解释都可有两种理解，一是把小国寡民当作完整的陈述，一是把小国寡民当作假设，意谓在国小民少的情况下，这就与《老子》的大国思想不会矛盾。从第八十章全章的思想来看，此章是说在国小民少的情况下，君子应如何治国。这样解释就与国家的大小无关，而是强调反对文明利器、使人民重视死亡、反对战争、过朴素的生活等，这与《老子》整体思想相符。可知小国寡民是一种假设，并不是以小国寡民为理想。这样就要重新思考以前人们关于《老子》的国家思想和社会思想的理解。

他的这一分析对于理解小国寡民，进一步把握《老子》的国家思想和社会思想都有参考意义。

对于《河上公注》的成书年代，吴氏先全面考察了前人关于这一问题的看法，指出代表性见解中存在的不足，在此基础上提出自己的看法，认为成书于两汉之际。

　　他认为成书于晋朝的看法，问题在于，从现存的文献看，《河上公注》在晋朝以前就已存在，如张衡《东京赋》的薛综注就已引用《河上公注》。成书于东汉中后期的看法，理由并不充足，如理由之一是章句之体东汉盛行，但西汉也盛行章句之体；理由之二是老学西汉初期主治国经世，东汉后期则主治身养生，但《河上公注》既重视治身，也重视治国，而非偏重于养生。主张不同阶段形成说的日本学者楠山春树认为《河上公注》的五藏神思想与六朝时期茅山派的五藏神思想相同，因此《河上公注》中的五藏神思想是后来的灵宝派加上去的，而吴氏认为二者的五藏神思想有根本的差别。楠山春树又认为现行本《河上公注》中有"国身同也"的思想，这也与茅山派思想一致，故也是后人附加的，吴氏则认为二者也有不同之处。他认为楠山春树把《河上公注》里的养生思想定为道教的养生，由此与所谓原本《河上公注》的思想区分开，这种做法值得怀疑。也就是说吴氏从根本上否定了楠山春树的思考方法。

　　对于成书于西汉的说法，他认为这是指成书于西汉成帝之前，比《老子指归》还早。主张此说者提出四个根据，如《河上公注》没有神仙思想的问题、河上公注的思想比《老子指归》朴素平实而《老子指归》的思维水平较高的问题等，吴氏做了仔细的分析，认为都不能成立。

　　最后吴氏提出自己的成书于两汉之际的看法，主要理由有二：一是《论衡》的有关内容与《河上公注》基本一致，则王充此类说法可能是指《河上公注》而言，故此书要在《论衡》之前。二是认为《河上公注》的一切思想都能从《论衡》以前的作品中找到渊源，如果此书晚于《论衡》，则书中必定会有一些内容用《论衡》之前的思想无法说明。但吴氏的这一推论还欠严密，即按照这种情况，不一定必然证明《河上公注》早于《论衡》，也完全有可能晚于《论衡》。

　　同时他又认为《河上公注》不可能在《老子指归》以前，这是其成书时代的上限，对此他具体分析了两书一些说法与思想的异同，以论定其先后。

　　吴氏此文对《河上公注》的成书朝代问题做了全面的分析，归

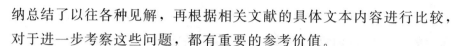

纳总结了以往各种见解，再根据相关文献的具体文本内容进行比较，对于进一步考察这些问题，都有重要的参考价值。

对于《老子想尔注》的年代和作者，饶宗颐主张此书是东汉末期天师道的作品；有的学者认为此书出于东汉末期，但对作者提出了不同的看法；而大多数日本学者对东汉末期说表示怀疑，有北魏末期以后、北魏时期、刘宋时期等不同看法，总之是成书于南北朝时期。吴氏根据《大道家令戒》的成书年代与《想尔注》的关系、《想尔注》所批判的"世间伪伎"、古代典籍对《想尔注》作者的提及、房中术与张陵的关系等问题进行考察，论证此书成于东汉末期的张鲁。

此文的价值同样在于全面收集相关学者对于《老子想尔注》的不同说法，再进行深入而专门的分析，由此提出自己的看法。这是吴氏研究类似问题的方法与思路，值得借鉴。

三、李顺连《道论》

《道论》[①] 一书是李顺连的博士论文。此书分道家之道、儒家之道、中国佛教之道、基督教之道和道的总论五个部分，对中西方不同的道论进行比较。在道家之道中，分析了老子之道、庄子之道、《淮南子》之道和玄学之道。在基督教之道中，也分析了《道德经》中的基督论价值、《道德经》与虚己基督论。

对老子之道，此书认为老子是从天道自然深入到宇宙发生论和宇宙本体论，提出道为"万物之宗"的思想，并由此展开其道论。李氏首先分析了道的原义和引申义，认为在《老子》中，道的含义有如下几项：道是天地万物的本原，道是事物发展的规律，道是生活准则。道的特性：自然、无为、虚静、柔弱、不争不先、和谐。关于道与名、道与德的关系，李氏认为道指实体，名指概念，二者的关系就是存在与思维的关系；道是德之本，是德的根据，德是道之性，道之外显。此书还特地讨论了道纪的问题，认为道是万理的

---

① 　华中师范大学出版社 2003 年版。

总原理或总规律，故名之为"道纪"，道纪虽不可得闻见，但依据其在事物所显现的功能，可以推测总规律的存在及其形式。道纪之用，有用反、顺化、知儿三个方面。

关于老子的治国之道，李氏认为包括无为而治、以奇用兵、小国寡民三个方面。李氏又指出，老子首分道为天之道和人之道，还说在二者之间存在一个中介状态，即圣人之道。圣人之道的实践特征是"为而不争"。为了身心两全以实现对大道的体认，老子提出了超越之道，包括重身轻物、少私寡欲、守柔处弱、为而不争。在分析了老子的道论之后，李氏认为要用一句话概括老子之道，就是"反者道之动"。"反"字包含着一切宇宙自然万物和人生的哲理，老子思想的核心就在于寻找道的方法，这方法就是"反"。

李氏指出，《道德经》中的道与《圣经》中的耶稣基督有两个方面的联系：一是表面的状态，即老子的道是冲虚的，好比一个空杯子，隐藏自己的锋芒，超脱纠纷，而又包含一切。基督的圣灵与属神的心灵也是这样，像一个小小的空杯子，却能盛下天地万物，又含而不露，隐藏在自然与现实世界之中。二是在于心里面的状态，即老子的道让人如婴儿一样，将婴儿视为最高的理想人格，保持着无知无欲、混混沌沌的纯真自然状态。这种状态是道家心目中的溟蒙太古，理想王国，因此老子主张返朴归真，使人间消除一切欺诈、灾难、争斗，这与《圣经》中伊甸园的情景相似，最初人无知而无忧无虑，后来偷吃智慧树上的禁果，就不再无知无欲，有了善恶、美丑、羞耻之心，因此失去了乐园。在处世之道方面，老子与基督也有相通之处，即不争谦让、救人救物。

此书认为老子对道的理解，在基督教的著作中获得了回响。基督教的相关著作中提出，神的道是万物的根源，它自己没有始也没有终，它不可名，也不可言诠，超乎理解，但它进入了时空，可以直接被人认识，它不显露自己的锋芒（挫其锐），不是来审判我们，乃是来从罪和死亡中拯救我们。它收敛自己的荣光（和其光），因此我们不会因它的荣光而黯然失色。它与尘世成为一体（同其尘），所以将自己中的一切倒空，为的是提升我们进至神圣的境地。它倒空

自己中的一切，所以能接收万物，接收万物为的是容载万物，而容载万物，为的是赐予万物，而赐予万物，为的是引进永恒的喜乐。

李氏认为道有共通性，体现在自在性、根本性、超越性、实存性、创生性、遍通性、有序性、舍己性、平常性、复生性、融合性等方面，因而道的现代意义在于：一，道是人类追求真善美的本性；二，道能沟通东西方文化。

在道能沟通东西方文化的问题上，李氏先列举了西方人对老子之道的理解。

如美国学者阿契·巴姆总结"道"在西语世界的译法，说西方神学家（如希伯来教徒、基督教徒和伊斯兰教徒）把它称作"耶和华""上帝"，印度教徒把它称作"梵"，柏拉图主义者把它当作"善的理念"，斯多葛主义者把它当作"逻各斯"，斯宾诺莎主义者把它当作"实体"，黑格尔主义者和其他绝对唯心主义者把它当作"绝对"，柏格桑主义者把它当作"生命行动"，爱默生主义者把它当作"超灵"，弗洛伊德主义者把它当作"宇宙里比多"，唯物主义者会把它当作"物质""能量"。但这些译名都不够恰当，较好的译法是"way"，有人用"Nature"或"Existence"，为英语中最恰当的词。

在黑格尔看来，老子的道具有普遍和抽象的意义。这就是西方所说的"理性"，而这种理性的确立，又是由两个原则即刚、柔的结合。道是指一般的道路，道就是道路、方向、事物的进程、一切事物存在的理性与基础。道的成立是由于刚与柔两个原则的结合，天之道、地之道、人之道都是如此，所以道就是"原始的理性，产生宇宙，主宰宇宙，就像精神支配身体那样"。黑格尔认为，老子用"夷""希""微"形容道的玄妙是绝对的空虚和无，是最高的抽象。至高至上的和一切事物的起源就是虚、无、惚恍不定，名为道或理。

海德格尔指出老子的道就是"道路"（Way）。西方人认为道路不足以表示道的意思，因而把道译成"理性""思想""理由"或"逻各斯"等。但海德格尔认为"道"本身并不是理性和逻各斯，它是思索能力的源泉。富有思想性的言说中之不可思议者深藏在"道"这个词中。是伟大而隐蔽着的流中流溢出来的推动着一切，给一切东西以出路。一切皆道路。

托尔斯泰认为老子的道就是"神"，如"吾不知其名，字之曰道"这句，他译成："我不知道它的名字，为了给它一个名字，我称它为神。"1906 年，他在《给一个中国人的信》中多次提到"道"，把道视为"合理的生活道路"，"符合人类生活永恒基本规律的活动"，"上帝的最高律法"。

科学家卡普拉认为，道作为统一具体事物的实在，是把世界看成一个不断流动和变化的过程及其循环性，阴阳两极就是循环的结构。这个过程的终极元素称之为"道"。人们观察一切现象并参与其中的这个宇宙过程，是动态的。道的基本特征是永不止息的循环性，自然界中一切演化，包括物理世界以及心理的和社会领域的演化，都表现着循环的图像。中国人引进极性相反的阴和阳，给这一循环思想一个明确的结构，用两极规定变化的循环：阳极生阴，阴极生阳。

以上说明西方人对道的理解不同，这样的话，道能不能沟通世界呢？李氏理解的老子思想，是把世界看作一个统一的整体，人是自然的一部分，天地万物与人浑然一体之中，存在着一个共同的最高本体，这就是道。道既然为宇宙万有之根，其自然无为的本性便是宇宙万有的本性，也是人的本性。对不同的国家、文化、语言来说，道是一本而多元，异途而同归，一体而多用的。如水一样，道的作用千变万化，所以，任何事物、国家、人种、文化都能接受它。因为道不是具体的东西，而且道根本不会受到任何事物的影响，如时间和空间的限制。所以，道不会有旧或新之分，也不会有东方或西方之别。在这个意义上，人们可以不分文化而理解这个共通的道理。因此，道是可以沟通世界的。

此书把老子的道论放在整个中国传统文化不同道论的背景下加以考察，又与西方的基督教文化加以联系，还把古代的道论与现代的世界的文化沟通问题结合起来，这样的思考角度，对于理解老子的道，还是很有新意的，值得对其中所涉及的种种问题进行深入思考与研究。

第三节　欧美《老子》研究

一、中国学者关于欧美译介《老子》的研究

吴雪萌所著《英语世界的老学研究》①，全面考察了英语世界对《老子》的研究情况，是国内为数不多的专门探讨欧美《老子》研究的论著。

《英语世界老学研究》全书主要分为英语世界老学的发展历程、英语世界基督教背景下的《老子》诠释、英语世界对《老子》的哲学诠释、对《老子》政治思想的诠释、对老子生命之道的诠释、对出土《老子》的研究六个部分。第一章介绍了《老子》在全世界的译介与传播情况。《老子》的对外传播最早始于隋唐，早期主要是传往中国附近的日本、朝鲜、印度等地，到明清时期，伴随着西方传教士的足迹，《老子》开始进入西方世界。据不完全统计，迄今为止，《老子》的外文译本已近 1100 种，涉及 30 多个语种，是目前世界上除《圣经》外翻译最多、流传最广的经典著作。据荷兰尼梅根大学克努特·沃尔夫教授对《老子》西文译本总数的统计，从 1816 年到 1988 年的 172 年间，共有 252 种译本问世，涉及 17 种欧洲文字，几乎每年都有一到两种译本问世。丁魏在《老子典籍考：二千五百年来世界老子文献总目》下编中则收录了《老子》的西方语言系的各种版本，最多的是德语 241 种，其次是英语 182 种，法语 109 种，其他还有 26 种欧洲国家的语言（包括世界语），可知《老子》在西方世界传播之广。

书中又对几个欧洲国家的《老子》传播做了介绍。如法国，法

---

①　华中师范大学出版社 2016 年版。

兰西学院首任汉学教授雷慕沙于 1820 年发现中文本《老子》并被其吸引。1823 年，他发表了《老子的生平与学说》一文，在文中断言老子《道德经》几乎不能理解，老子与西亚各民族的思想存在着一致性，可以证实老子西行的传说。他用法文翻译了《老子》的第一、二十五、四十一、四十二章，并认为第十四章的"夷""希""微"三个字的发音——i、his、we 构成了希伯来文中的 Jehovah（耶和华），即上帝。他还认为道就像 logos，传达着上帝、理性和言说"三位一体"的概念。此文传递了一种对欧洲影响极大的认识，即老子的思想跟基督教思想相吻合。后来，雷慕沙的弟子儒莲参照数十种中文著述，在 1842 年发表了《老子》全译本，纠正了雷氏论述中的附会牵强之处，被认为是最佳译本，受到德国哲学家谢林的称赞。法籍华裔哲学家刘家槐 1967 年也用法文翻译了《老子》，但影响不如儒莲的译本。

在德国，老子研究被称为"汉学中的汉学"。最早翻译《老子》的是普兰科内尔和作家维克多·冯·施特劳斯，施特劳斯的译本题为《关于神性与德性之书》，出版于 1870 年，被 1923 年出版《勃罗克豪斯百科辞典》称为《老子》的最佳译本。施特劳斯受过德国哲学的训练，所作的解释深入精细，有玄奥哲学的味道。他的译文不易读懂，需要借助注释来理解，但简洁含蓄，富于表现力。这一时期西方翻译《老子》的基本特色是把宣讲自然无为的道家哲学变成灵智主义的有神论，把"道"当作"神"，认为"道"的概念几乎完全符合"神"的精神。

德国汉学家卫礼贤，在中国居住长达 26 年，并师事于晚清大儒劳乃宣。1911 年他出版了德译本《老子》，其译文细致优美，为 20 世纪欧洲接受中国文化奠定了基础。卫礼贤认为第一次世界大战的爆发标志着西方文化和机器文明的崩溃，拯救战后西方文明的"良药"只能是中国的道家文化。1930 年，瑞士著名心理学家荣格在纪念卫礼贤的讲话中强调："东方的精神的确拍打着我们的大门。我觉得，在我们这里，实现这种思想，寻求天道，已成为一种集体现象，这种现象来势之猛，超过了人们一般的想象。"①

　　据德国哲学家海德格尔的弟子熊伟教授所说，海德格尔也曾译过《老子》。熊伟还指出，古今中外人类思想可以共通，并特别强调老子与海德格尔的契合，认为上下两千年的时间和东西方空间不能阻隔两者，妨碍两者思想的接通。

　　1828年，俄国传教士丹尼尔·西维洛夫翻译了《老子》全文，但到1915年才被以"丹尼尔·西维洛夫档案资料中未公布的《道德经》译文"的名义发表。而第一个系统译介老子学说的是第九届俄罗斯正教驻北京传道团领班俾丘林（教名雅金甫）。1842年，他在《祖国之子》杂志上发表《老子及其学说》，认为老子与宗教没有任何关系，后世老子的继承者脱离了老子思想方式，构建新原理，创立了道教。俄国作家列夫·托尔斯泰也翻译过《老子》。1878年，他根据法国儒莲所译的名为《老子所著〈道德经〉》一书，拟定了应该翻译的各章目录，还对某些章节写下简明批注。1884年起，他着手试译，但未能如愿。1878年，他的朋友叶·伊·波波夫根据德文译本全文翻译了《道德经》，请他共同审阅和校订译稿，这一工作持续到1894年5月。他不知道传教士西维洛夫翻译的《老子》全文已经在俄国外交部的档案里存放了半个多世纪了。1909年媒介出版社准备出版托尔斯泰与波波夫共译的《老子》，托氏为译本写了前言。在付印之前，他又对前言和译本反复修改，删除了译文中的很多段落，成了《老子》语录的选编。此书于1910年出版，题为《中国圣人老子语录：列·尼·托尔斯泰编选》。书中还收有伊·戈尔布诺－波萨多夫写的短记《关于闲人老子》，以及托尔斯泰写的前言《论老子学说》。正是由于托尔斯泰的翻译，《老子》在俄国广泛传播。《老子》俄译本在东欧国家的影响极其深远，带动了匈牙利、罗马尼亚和波兰等国的《老子》翻译。

　　作者指出，《老子》在英语世界的早期传播多从拉丁语、法语、

① （德）夏瑞春编：《德国思想家论中国》，江苏人民出版社1995年版，第278页。

德语转译。在英语世界，最早的《老子》译本是用拉丁语完成的。在欧洲中世纪，教会有至高无上的地位，拉丁文被认为是最接近上帝的语言，所以《老子》在英语世界的流传，最早以拉丁语文本出现。据李约瑟考证，欧洲最早的《老子》译本有三种：一是 17 世纪末比利时传教士卫方济的拉丁文译本；二是 18 世纪上半叶由曾在中国传教、后在梵蒂冈传信部任职的法国传教士付圣泽的拉丁文、法文合译本《道德经译注》；三是 18 世纪末德国神父格拉蒙特的拉丁文译本。据理雅各记载，第一个《老子》的西方语系译本是由罗马天主教传教士用拉丁语完成（约于 1750 年出现），后来一个名叫雷帕的传教士将其复制本作为礼物于 1788 年 1 月 10 日献给伦敦皇家学会。在这个译本中，"道"被理解为"圣三一体"，即"道"作为最高神是神性存在、创造者和统治者的统一。

鸦片战争以后，英国加速了在华传教，英国传教士开始翻译中国典籍，最初主要翻译儒家经典，后来才将目光转移到道家经典，《老子》的英译本开始出现。1868 年，伦敦图伯纳出版社出版了英籍传教士湛约翰（John Chalmers）翻译的《老子玄学、政治与道德的思辨》，英语世界有了第一个《老子》英译本。

除了翻译，也有研究性的著作不断出现，特别是 20 世纪七八十年代以来西方出现了对于《老子》的多元化解读，如约瑟夫《老子哲学中"无"的作用》、高瑞汉《论道者》、陈张婉莘《道德经——新译及评注》、安乐哲《道不远人——比较哲学视域中的〈老子〉》、本杰明·霍夫《生命之道——〈道德经〉的核心》、约翰·海德《领导之道》、阿奇·巴姆《道德经——自然与才智》、迈克尔·拉法格《道与方法——对〈道德经〉的推理探讨》等。英语世界对道教的研究也颇有成绩，如柏夷教授对《老子想尔注》进行了深入研究，撰有《早期道教经典》《祖先与焦虑》等具有重要影响的著作。妮维亚·康恩撰有《陈抟的生平与传说》及《七步得道——司马承的〈坐忘论〉》《道教的冥想和养生术》《道教的神秘哲学——〈西升经〉》《早期的中国神秘主义——道教传统中的哲学和救世信仰》等著作。总之，自《老子》进入西方世界已有几百年的历史，老子思想不仅引起了西方一些思想家、哲学家的研究和重视，也受到普通大众的欢迎。可以看出，《老子》思想的传播越来越广泛，影响日益扩大，已成为全人类共同的精神财富。

对于英语世界老学研究的成就，该书从宗教、哲学、政治、人生等角度进行了解析，注意到了湛约翰、保罗·卡鲁斯（Paul Carus）、理雅各（James Legge）、葛瑞汉（Angus Charles Graham）、约瑟夫（Hai—Nguyen, Joseph Q.）、安乐哲（Roger T. Ames）、约翰·海德（John Heider）、威特·宾纳（Witter Bynner）、本杰明·霍夫（Benjamin Hoff）等个案，还专门论述了韩禄伯（Robert G. Hen riks）对出土《老子》研究的学术贡献。

辛红娟的《〈道德经〉在英语世界——文本行旅与世界想像》①侧重从英语翻译的角度对《老子》在英语世界的传播过程进行研究。该书将《老子》在英语世界的翻译分为三个阶段：第一阶段是1868—1905年，这期间共有14种英译本。第二阶段是1934—1963年，该时期共有25种英译本。第三阶段是1972—2004年，以1973年长沙马王堆汉墓出土帛书《老子》为起点，英语世界掀起了《老子》研究热，该时期共有78种英译本。20世纪以后，美国出版的译本增多，成了英语世界翻译、研究《老子》的主力军。20世纪下半叶，美国对《老子》的译介和研究更广泛深入，78种《老子》英译本中有59种在美国刊行。

该著从对《老子》文本的理解、《老子》英译文本的多元存在、《老子》文本的主要翻译策略、英语世界对《老子》的形象建构等几个方面对《老子》在英语世界的文本行旅之路进行了介绍，清晰地描述了《老子》在英语世界的传播与接受过程，是一部有价值的学术著作。

杨玉英的《英语世界的〈道德经〉英译研究》②，亦从英译的角度探讨《老子》在英语世界的传播。内容包括英译本对《老子》章

① 上海译文出版社 2008 年版。
② 中国社会科学出版社 2013 年版。

节的划分及书名、章名的英译研究，对《老子》核心术语的解读，以出土《老子》、王弼《老子注》为底本的英译研究等，该书借鉴了比较文学的研究范式，注重文本细读，具有自己的特点。

关于欧美《老子》研究的总结，还有张娟芳 2003 年的博士论文《二十世纪西方〈老子〉研究》①。该文通过对具体学者具体著作的介绍与分析，探讨 20 世纪西方《老子》研究的概况。张氏认为，20 世纪西方《老子》研究，学术性日益增强，具有丰富的内容可供考察。选择个案研究，是因为要深入系统考察一个文化现象，必须了解它的具体内容，即西方研究《老子》的主要人物、主要观点及研究风气。

她从《老子》的西传开始，指出耶稣会士将《老子》介绍给西方世界，也将实用主义态度传给了后世的西方学者。《老子》的西传史，决定了 20 世纪西方《老子》研究的基本态势。此文认为，以利玛窦为代表的早期耶稣会士让西方人知道了传说中的老子。后来为了化解在中国传教与坚守天主教教义之间的冲突，白晋等人从《老子》中寻找基督教文化的痕迹，将《老子》介绍给了西方世界。在 19 世纪，西方对《老子》的学术性研究是以《老子》证实基督教文明为特征的。该文指出，多元化是 20 世纪西方《老子》研究的显著特点，或从西方社会人生角度对《老子》加以发挥，或从东西文化比较角度为《老子》定性，或从《老子》文本探讨其中的诸多问题。20 世纪《老子》研究有两个突出特点：一是实用的、功利主义的态度没有中断；二是学术性不断增强，对《老子》本身越来越重视，对《老子》所在的中国文化背景亦有所关注。此文从人生宗教与理想人生指南、"道"与"德"的讨论、《老子》思想体系的建构、"历史的"方法与《老子》的原始意义以及对中国老学的研究五个方面进行个案研究。

张氏不仅对英语世界的《老子》研究进行观察和分析，而且包括了整个西方的《老子》研究，研究视野更为宽泛。张氏对西方的

---

① 西北大学 2003 年博士论文。

《老子》研究从不同研究者的不同背景加以分析，使人们认识到西方对于《老子》的研究也是不同的类别，故他们对《老子》的看法也必然不会一致。这对于中国学者研究《老子》时有较高参考价值，即不能笼统地说西方对《老子》的看法，而要有所区别和分析，同时也不能把西方关于《老子》及其思想的认识视为真理，它们都只能算是西方不同的人群对于《老子》的不同理解而已。

此外，陈才智《老子研究在西方》[①] 一文根据大量文献介绍了法国、英国、美国、德国、荷兰、瑞典、丹麦、芬兰、意大利、匈牙利等国家研究《老子》的基本概况。此文对文中所提及的学者及其《老子》译注或研究著作，都有详细的外文出处，是非常重要的资料。

二、德国学者的老子研究

1. 黑格尔论道家

黑格尔在其《哲学史讲演录》的"东方哲学"部分，有对道家思想的分析评述。[②]

黑格尔指出，道家一派的哲学和与哲学密切相关的生活方式的创始人是老子，比孔子老，因为孔子曾经往见老子，向他请教。老子的书《道德经》，对道士而言（遵从道理的人，他们的生活方式称为"道德"，即遵从道的命令或法则）是一部重要的著作。他们献身于道的研究，并且肯定人若明白道的本原，就掌握了全部的普遍科学、普遍的良药以及道德，也获得了超自然的能力，能飞升天上和长生不死。他在说明道家之前，对儒家做了介绍，认为儒家作为一个宗派，是国家的宗教、皇帝的宗教、士大夫的宗教，孔子的哲学是国家哲学。但中国人还有另一个特异的宗派，叫作道家。这派的主要概念是"道"，就是"理性"。老子的书有两部分：《道经》和

---

① 见《汉学研究》第八集，中华书局 2004 年版。
② 可参见《哲学史讲演录》第一卷（商务印书馆 1959 年版）相关内容。

《德经》，通常叫作《道德经》，是关于理性和道德的书，是这一宗派的主要著作。

黑格尔称，据雷缪萨说，道有理性、本体、原理的意思。道是道路、方向、事物的进程、一切事物存在的理性与基础。道（理性）的成立是由于刚与柔两个原则的结合，道就是"原始的理性，产生宇宙，主宰宇宙，就像精神支配身体那样"。

老子书中有很重要的一段常被引用。这就是第一章的开始。照法文的译本是："那可以理论的（或可以用言语表达的）原始的理性，是超自然的理性。我们可以给它一个名字，但它是不可名言的。没有名字，它便是天与地的根源，但有了名字，它便是宇宙的母亲。人们必须没有欲望，才能观察它的庄严性；带着情欲，人们就只能看见它的不完善的状态（它的限度，它的边极）。这些（它的完善性和不完善性）只是标志同一泉源的两个方式；而这个泉源可以叫作不可钻入的幽深；这个不可钻入的幽深包含着一切事物在它自身。"这里说到了某种普遍的东西，也有点像在西方哲学开始时那样的情形。

还有一段常被古人引用："理性产生了一，一产生了二，二产生了三，三产生了整个世界。"有人曾想在这段话里去找一个对"三位一体"的观念的暗合。"宇宙背靠着黑暗的原则，宇宙拥抱着光明的原则"。因为中文没有格位的变化，只是一个个的字并列着，所以也可以倒转译为"宇宙为以太所包围"。

另外一段话："你看了看不见的名叫夷，你听了听不到的名叫希，你握了握不着的名叫微。你迎着它走上去看不见它的头；你跟着它走上去看不见它的背。"这些分别被称为"道的连环"。"夷""希""微"三个字，或 I—H—W 还被用以表示一种绝对的空虚和无。至高至上的和一切事物的起源就是虚、无、惚恍不定（抽象的普遍）。这就名为道或理。当希腊人说绝对是一，或近代人说绝对是最高的本质时，一切的规定都被取消了。在纯粹抽象的本质中，除了只在一个肯定的形式下表示同一的否定外，即毫无表示。假若哲学不能超出上面那样的表现，哲学仍停在初级阶段。

黑格尔只是根据别人对《道德经》的介绍，对《道德经》的哲学给予简单的说明，他并没有真正阅读《道德经》书以阐释其中的哲学。台湾学者严灵峰在他的《老庄研究》中，有一篇文章《黑格尔对中国古代哲学之曲解》，认为黑格尔没有直接读中国古代著作的原文，故对中国古代哲学思想的评判是武断的。

2. 鲁道夫·瓦格纳《王弼〈老子注〉研究》

鲁道夫·瓦格纳（1941—2019），德国海德堡大学教授。著有《当代中国历史剧——四个实例研究》《注释家的力量——王弼的〈老子注〉》《语言、本体论和政治哲学——王弼对玄学的学术考察》等。

《王弼〈老子注〉研究》[1] 是瓦格纳关于王弼《老子注》研究相关著作的翻译合集，作者在《中文版序》中说明了他是如何研究《老子》王弼注的，以及他所要达到的目的，其中包含了他对一些研究方法的批评。他说自己是以德语为母语的学者，却要用英语分析和翻译一部以 3 世纪的汉语写成的著作，从语法、修辞和字义等方面解释约 600 年前的文本的注释。这个研究包括对王弼在其注中所用的解释学方法的分析，王弼《老子》本及注释的批判性重构和翻译，以及对作为王弼《老子注》核心的哲学问题的分析等。

该书《中文版序》中又说，西方学者在中国发现了清代考据学传统，其中许多领域达到了精深的水准。这一中国学的传统吸收了西方的文本批判方法，其中最突出的例子就是七卷本《古史辨》。但有些最为基本的中国经典文本没有值得信赖的批判性版本，带有王弼注的《老子》通行本就是一个例证。岛邦男的《老子校正》是最早为《老子》传承的不问世系建立批判性版本的。在他的著作之后发表的抄本，如马王堆帛书本，在许多例证中证实了他对这些文本族中的两个文本族的读法。岛邦男也是第一个将注释中的引文用作《老子》文本资料的人。通过从他的工作中汲取重要的方法论并将其

---

① 　江苏人民出版社 2009 年版。

推展为更系统的方法，瓦格纳开始着手建构王弼手中的《老子》版本和王弼注释本身的批判性版本。

瓦格纳运用了解释学的方法对王弼用于注释中、并使他的注释揭示原本的哲学宗旨的复杂方法和程序进行了分析。这种分析，包含了对忽视中国学研究中注释传统的含蓄批评。一直以来，注释者常被学者们当做参考书，用来检索某个东西的意义，某个地方的古地名和位置以及某个汉字的罕见语义。如果注释者被纳入思想史或哲学史，他们就会被分配到这个或那个学派。他们的著作被当做独立的哲学论文，而完全忽略了它们是作为另一有更高权威的文本的注释来展开其论辩的。结果是它们与本文的互动关系、它们的注释策略都没有得到研究。瓦格纳称自己的研究力图显示这些策略及其暗示的研究的实质性哲学旨趣和思想趣味。这一研究的结果之一是对文本的现代翻译的深层策略。他指出王弼注是要去除《老子》本文的所有可能的多义性。在王弼提供某种"翻译"或以3世纪的语言详尽阐发本文的内容和语法功能的地方，这种对多义性的去除是相当明确的。但在文本本身只有唯一一种合理选项的场合下，仍然存在着含蓄性。如在某个句子中，不知名的主角的行动对百姓具有普遍的影响，那么，这意味着这个不知名的主角是统治者或整个政府，但对现代的读者，这些暗示不是自明的。因此，瓦格纳要把这些内容用括号补充进来，这样就形成了带有明确性和可证伪性这两种相互关联的性质的现代汉语翻译。对学术探讨而言，这样做的优点是：把这种翻译开放给任何尖锐的批评性阅读，容许发现和校正错误，而非隐藏在文本假定的多义性背后。

他又说，关于论述《老子》王弼注中的哲学的部分，也有重要的意义。因为许多人致力于研究新发现的竹简或帛书抄本上的文字，但只关注文本的修辞、叙事结构，而对其中的政治、哲学意涵则极少关注与探讨。他则想把从文本的版本到翻译、从注释策略的分析到哲学和政治意涵的探讨，都包括在自己的研究中。

此书在上述指导思想下全方位展开。第一编为"注释的技艺"，即探讨注释学的解释学方法问题，包括对王弼其人一生的疏理。之后进入正题，探讨经典的系统问题，主要分析汉代注释策略。然后进入更具体的领域，研究技巧与结构的哲学，分析了《老子》及王弼注中的链体风格、西方学术对骈体风格的发现，具体包括分章内部的分子关联性、《老子》中显见的链体风格、《老子》中隐蔽的链体风格、《老子》以外的其他早期文本中的链体风格、王弼时代的链体风格等。之后探讨更为深入的解释学问题，即意义的解构与建构，包括隐藏的意义、隐含的作者及其权威（孔子和老子），隐含的读者及其教育、对立的文本、一致性的假设、文本的潜能等，并具体比较不同注释的《老子》构造。以上是一般性的问题，之后是对王弼的注释技艺的具体研究与分析，包括注释与文本的结合、对其他读法的强调性拒绝、解释暗喻与明喻和比拟及象征，插入主语、通过对等关系界定字汇、翻译本文、合并字汇与结构等问题。

此书第二编研究"文本的批判性重构与翻译"问题，第一部分是研究王弼的《老子》的校订本问题，探讨了王弼对《老子》的最初校订、叠加、分章与分篇等。第二部分研究王弼注的襄赞和传承、批判性版本的基础、王弼《老子注》的历史等。第三部分是研究王弼的《老子微旨略例》，包括翻译及文字学研究、《老子微旨略例》的真实性、王弼的《老子微旨略例》与传世文本、《老子微旨略例》的文体、从《老子微旨略例》看《老子》的结构、文本的版本基础、《老子微旨略例》的文本及翻译等。第四部分研究王弼所用《老子》的重构及批判性版本的问题，包括王弼《老子注》的重构及批判性版本、根据王弼注推论出的《老子》译文、王弼《老子注》的译文、关于版本的说明、关于推论性翻译的说明、关于此前的翻译的说明等。

此书第三编研究"语言哲学、本体论和政治哲学"的问题，第一部分是识别"所以"（这是作者自创的新词），包括《老子》和《论语》的语言、对理解史的渴求、关于圣人思想不可言说的共识、彻底的立场、发展解读策略、曹魏时期关于语言与圣人之意的讨论、孔子文本的结构性矛盾与谈玄的问题、万物之"所以"的不可名的逻辑推演、有关万物之"所以"的有局限但足够可靠的命题可能性的演绎、孔子文本在可知的存在者结构中发现的"所以"的印迹、把握"所以"的特征、对"象"（《周易》之"象"）的解释等众多的问题。第二部分研究王弼的本体论，包括分析的架构、王弼对"所以"的探究、王弼的立场、存在者的二元结构组织、万物的秩序、一与众、道、玄等。第三部分研究王弼的政治哲学，包括人类社会不断面临的危机、危机的原因、运作复归与圣人、作为公共行动的圣化政治、王弼的哲学是不是一种意识形态等。

由此可以看出作者对《老子》王弼注的研究不是只对版本与文本的校勘与考证，更是从解释学的宏大背景探讨这样的注释与本文思想之间的关系，为此则要探讨相关的解释学问题，是从方法论到具体研究的全方位结合。

瓦格纳的王弼《老子》本和《老子》注也有一些不足之处。如《老子》第一章"此两者同出而异名"注，楼宇烈《老子道德经校释》本云："玄者，冥默无有也，始、母之所出也。不可得而名，故不可言同名曰玄。而言同谓之玄者，取于不可得而然也。〔不可得而〕而谓之然，则不可以定乎一玄而已。〔若定乎一玄〕，则是名则失之远矣。"瓦格纳以王雱《道德真经集注》为依据，将文本定为："玄者，冥也，默然无有也，始母之所出也。不可得而名，故不可言同名曰玄，而言谓之玄者，取于不可得而谓之然也。谓之然，则不可以定乎一玄，若定乎一玄而已，则是名，则失之远矣。"这一段文字中的"谓之然，则不可以定乎一玄"，义理上不知所云。楼氏校释时依据陶鸿庆的意见，在"谓之然"前加上"不可得而"四个字，整段文字的意义就豁然开朗起来。而瓦格纳的重构本，未能看到其中的关键所在。

此书各部分之间彼此关联，第二部分的文本重构和翻译，以第一部分对王弼注释技艺的解释学阐发为基础，第三部分的哲学探究，基于第二部分的校刊和细读。对王弼《老子注》的哲学思想的深入发掘，则体现了瓦格纳的哲学素养。如在处理王弼的本体论思想时，瓦格纳拒绝以任何既有的西方哲学语汇翻译王弼哲学中的本体概念，而是用了他自己创造的语汇"That-by-which"。"That-by-which"译为中文只能译作"所以"。"所以"并不是王弼哲学的核心范畴，瓦格纳是将自己对王弼哲学中的"本"这一概念的理解，融入这个语汇当中。这个语汇的发明，极大降低了"本"字的实体性意味。而去除了实体性意味的"本"，才能真正将与之相关的本体论和语言哲学的观念间的缠绕充分展现出来。在处理王弼的政治哲学时，瓦格纳将一与众的关系与本体论中无与万物的关系等同起来，并以"否定性的对立面"来诠解一和无的作用：通过为万物的具体特性提供一般的否定性的对立面，并以这种方式成为万物的"所以"，一成为众之一。而所谓的"否定性的对立面"，必须在黑格尔哲学的意义上才能准确把握。正是这个"否定性的对立面"提供的否定性力量，才在限定万物的同时成就了万物，从而成为了万物的"所以"。而最高统治者的无为而治，就是对至高的否定性的对立面的效法。这样的诠解将王弼哲学当中难以言说的意味，在哲学概念的高度呈现出来。

瓦格纳此书用了 23 年时间才得以完成，其中的方法与内容充分体现了西方解释学的具体实践，故此书对中国学术研究而言具有典范意义和启示意义。

3. 汉斯—格奥尔格・梅勒《东西之道——〈道德经〉与西方哲学》

《东西之道——〈道德经〉与西方哲学》[①] 书前有梅勒为自己所著的《〈道德经〉的哲学——一个德国人眼中的老子》[②] 所写的序，此序说明了他是如何研究《老子》的思想的。

梅勒指出要从内部接触道家思想，即对《道德经》进行历史性的、文献学的深入阅读和分析，从而来理解道家思想。他之所以要这样读和研究《道德经》思想，是因为他看到 20 世纪的中国和西方的学者对中国古代哲学文本总是试图用形而上学、本体论、认识论

---

① 北京联合出版公司 2018 年版。
② 人民出版社 2010 年版。

的方法和语汇来进行阐释，无论道家、儒家还是佛教的文本，他们都是用西方学者创造的西方术语来作解释。如中国的冯友兰或在北美的陈荣捷，都能把他们对中国古代哲学著作的理解，展现为哲学性的、与（西方）哲学相符的形态，这在当时只有这样做，才能为人注意。所以他要改变这种方式，要从内部阐释道家哲学。这种方法不是用西方哲学的术语理解道家哲学，而是从道家文本的语义出发。他认为这是 21 世纪研究中国哲学的恰当路径。他在研究中还注意比较道家思想与西方哲学的相似之处，要通过指出不同的哲学特点而达成二者的比较。这就牵涉一个重要的问题，即在全球化和趋于多元化的时代，什么是道家思想的独特魅力？他想让人们知道，《道德经》告诉我们：政治哲学会有另一种可能，战争哲学会有另一种可能，这些思想会让现代的人们大吃一惊。

他还指出古代道家哲学已被人们混同于当代哲学中的新道家哲学，而这是根本不同的。

在书前的《英文版序》中，梅勒说明了他对《道德经》这部书的看法。他认为《道德经》最初是关于政治哲学的入门书，具体说就是如何维持、建设社会秩序的论著。但《道德经》这部书不好理解，这是因为中国古代哲学家与古希腊哲学家不同，他们不关心如何通过现象看本质，主要关心如何从无序（乱）中辨别出有序（治），特别是关于如何实现治而不乱。中国古代哲学家就是探讨这样的问题，他们的著作不是服务于大众教育的，而是要为统治者解决如何善治的问题，仅仅是供一小部分人来研读。要历史地理解《老子》，就要了解这样的语境。

梅勒认为要历史地理解《道德经》，则西方当代阐释学的原则就不适用。人们通常用来理解哲学文本的许多前提和假设，在阅读该书时不是有效的工具，反而是障碍。这部书不是以第一人称叙述的，也不是以线性方式发展的。它的文本在形式上非常奇特，在内容上也相当奇特，更不好理解。他认为人们现代习以为常的价值观和见解，在《道德经》中是找不到的。它虽然是论述政治哲学的，但里面并没有民主、自由、权利、正义一类的概念，这都决定了它不好理解。但这不是说《道德经》的哲学思想对今天的人们就没有意义。因为它可以让我们学习不同的哲学思维或思考方式，用不同的视角来看待已经熟悉的事物。所以他在书中常常拿《道德经》哲学与西方哲学进行比较。

梅勒认为《道德经》最有意思的部分，是对"人的能动性"的质疑。这与西方的思想极为不同，因为现代的西方哲学从主体性的发现开始，一直过于关注自我和自我的力量，而《老子》的无为准则，不是以个体活动为基础，而是以自然或自发的运作为基础的。这就是说，它是一种"自创生"的哲学。

可以看出梅勒对《道德经》的理解能从历史和文本出发，而不是从现代西方哲学的概念出发来进行解读，这是非常值得赞赏的思路与方法。笔者为了撰写这部近现代老学史，阅读了不少中外学者对于《老子》的研究论著，能有这种意识者极为少见，不少人都沉迷于用西方哲学的概念与论述方式来解释《老子》的思想，实际上都是不得要领。没有梅勒所具有的这种历史观和文本观，就不可能对《老子》的思想做出恰当的解释。

此书的第一章是"如何阅读《道德经》"，这与众多的《道德经》研究著作完全不同。在本书所涉及的众多学者及其论著中，似乎只有钱基博能从《道德经》的读法来为人们讲解阅读此书的问题，而德国的这位学者也有这样的思路，就太令人赞叹了。

梅勒不是空谈《道德经》的读法问题，而是通过对该书中的具体文本的解释来说明如何阅读。如第一章的"玄之又玄，众妙之门"，对于"玄"字人们觉得很难理解其中隐晦的意义，找不出其中富有启发性的东西。这是因为《道德经》写于二千多年前，又是只为少数拥有社会权力和财富的人写的，这些人是文化精英，《道德经》只在他们之间相传，所以现代人是很难理解它的。对那些精英来说，《道德经》是一种指南，由此来行使社会权力、修养自身并在自然和宇宙间找到个人恰当的位置。他认为《道德经》思想属于定位的核心范式，在这种定位中，那些精英来理解他们在国家和宇宙中的位置，并由此掌握理解这个世界的认知图式，而在这个世界上规划自身的行为。而现代人阅读《道德经》时，文化背景已完全不同，所以在阅读时会觉得玄而又玄。他又告诉人们，《道德经》不是按照特定顺序写成的文本，没有明确的开篇和结语，也不沿着某个特定的思路来展开，甚至文本的排列顺序在流传过程中发生了很多变化。他认为这反而与现在流行的网络超文本相似，因为网络超文本也没有特定的作者，没有开头和结尾，不是专为某个具体问题而做的解决方案。这种文本具有多方向性、多问题性、多信息性的特点，而且是预设了读者对这些事情的熟悉性，即他们已经非常熟悉这种文本中的主题，且知道自己可以从中得到什么。所以他说《道德经》是古代的超文本，并不是一本书，但这些超文本已成为文本完形，能为熟悉其中主题的精英提供多种信息。他又认为由于以上特点，在读《道德经》时也要像读网络的超文本一样，需要找出它们之间的链接关系，在《老子》中的链接，是通过修辞来完成的，即一系列重复出现的表述和用语、意象和象征以及策略与箴言。由此可让读者知道这些文本中有哪些内容是可以链接起来的。

他的这种理解，可以说是为了阅读《老子》的全部文本及其内容而思考出来的，也符合《道德经》的文本结构特点，是阅读《老子》并理解其中的思想的一种有效的方法。这比只按照西方哲学的某些概念在《道德经》中寻章摘句以进行阐释的方法更为合乎该书文本的实际情况和它的历史背景与意涵特点，是更实事求是的态度，也是踏实平正的路数。为此，他举了不少例子以说明这一方法的有效性及其特点，但我们更应重视对这种阅读思路的理解与把握，改变以往那种好高骛远的解读方式，改变那种套用外来的概念强行解释《老子》思想的研究模式，摆脱对许多并不重要的问题的过度关注和用力，把对文本的阅读以及对其中关键的重要用语的理解及其之间的网络链接关系找出来，作为阅读和研究《老子》的重点，从而突破以往那种并不符合《老子》本来情况的解读方式与阐释模式。

此书的附录也很有参考价值，如附录二是简论《道德经》的英文翻译。梅勒根据自己的看法，把这些英译《道德经》及《道德经》

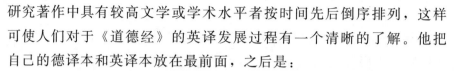

研究著作中具有较高文学或学术水平者按时间先后倒序排列，这样可使人们对于《道德经》的英译发展过程有一个清晰的了解。他把自己的德译本和英译本放在最前面，之后是：

2003 年出版的安乐哲与郝大维《道不远人——比较哲学视域中的〈老子〉》。这个译本从哲学视角呈现了《老子》文本，对主要哲学术语做了定义，并对郭店《老子》文本做了学术性分析。

2003 年出版的瓦格纳《王弼〈老子注〉研究》。此书与其说是译本，不如说是汉学研究。

2002 年出版的艾文贺《老子的〈道德经〉》。此书可读性较强，涉及近期的学术研究，并附有一个对《老子》第一章各种翻译进行比较的附录。

2000 年出版的韩禄伯《老子〈道德经〉》，此书对郭店《老子》做了详细分析，还有学术性的翻译，还对郭店《老子》与帛书《老子》和王弼本《老子》做了一字一句地比较，并说明了章节的划分和相关的标点符号的含义。

1999 年出版的林理彰《王弼〈老子注〉》。此书对王弼《老子注》这个版本做了详细而有趣的研究，同时还包括王弼《老子指略》的翻译。

1998 年出版的梅维恒《道德经——德与道之经典》。此书翻译的可读性很强，是以帛书本《老子》为底本的翻译，并分析了《老子》的口述背景，试图证明《老子》和古印度的印度教修行及其文本有关。

1994 年出版的米歇尔·拉法格《道与方法——接近〈道德经〉的正当之路》。此书对《老子》及其历史背景做了详细研究，也提出了自己的解释理论。

1989 年出版的韩禄伯《老子〈道德经〉》。此书以哲学分析为主，对帛书《老子》每一章都做了注释。

1982 年出版的刘殿爵《道德经》。此译本非常易读，里面还有刘殿爵对文本口头起源的分析，这一点很有影响。此书的香港版又包括对帛书本的翻译。

1981 年出版的杨有维、安乐哲翻译的陈鼓应《老子注译及评介》。此书可让人了解现代中国对《老子》文本进行的学术研究。

1979 年出版的 Ariane Rump 与陈荣捷《王弼的〈老子注〉》。此书中包含陈荣捷的译本，以及侧重哲学相关性的王弼《老子注》的译本。

1977 年出版的林保罗《老子〈道德经〉及王弼注译本》。此书主要介绍了王弼注。

1963 年出版的陈荣捷《老子之道》。此译本为《老子》文本赋予了形而上学的光芒，极大影响了《老子》文本在哲学界的认可度。

1950 年出版的何可思《河上公〈老子注〉》。梅勒认为河上公注仅次于王弼注，是中国关于《老子》的最重要版本之一，河上公注对道家修炼者的影响较大。

1934 年出版的韦利《道及其力量——〈道德经〉研究》。这个经典的译本极大地影响了《老子》文本的接受与认可度，此译本以诗意的风格展现了《老子》一书的内容。

1891 年出版的理雅各《道家文本》。这个译本反映了早期西方传教士对《老子》文本的理解。

通过对这些西方学者《老子》研究著作的简要评述，可使中国学者比较完整地了解西方学者译介与研究《老子》的基本概况。

此书附录三是关于本书英文版的访谈。对于《道德经》在影响重大的哲学著作中占何地位的问题，梅勒认为《道德经》是高高在上的，它是古代智慧的源泉，是理解中国现代文明和文化的一把钥匙。它是一部世界经典，它的关联性不囿于某一特定的时间与空间，它讨论的主题有全球性的重要意义。作为核心策略的无为（或者说无造作），意思就是积极的干扰会导致更多的问题，比所要解决的问题要多，而且会引起许多意料不到的问题。他用伊拉克的局势来说明这一点，如果政府、政策、战争一旦活跃起来，就会导致能源和资源的消耗，因而会削弱而不是增强侵略者的气势。所以，通过规避冲突、集中自身能量的方式来处理威胁和混乱，会比人们一般采取的武力解决的方式更好。

但这也不是说老子主张孤立主义，他认为老子主张的是一幅政治图景，在其中，小的共同体（小国）之间和平共处，没有任何干扰他国的意思。他说这与他所居住的加拿大追求的世界主义理念似乎没有什么不同。《道德经》是一本关于如何维持和平、维护社会秩序、获得持久成功的书，可以应用在政治、战争中，也可以应用在其他社会和个人的问题上。如让领导者使一切事物自然运行，而不是强迫事物运行。在个人问题上，如有关性和情感的问题上，它主张保存个人的能量（保精）、保持健康。而健康的生活方式，一定是要避免摩擦的，在生理上和精神上都是如此。在祸福相互转化的问题上，他认为《道德经》的思想非常有启发性，这可让现代人在面对问题时懂得保持冷静，不要过早为事情下结论，这都是徒劳地对事物施加个人意志，而不是让事物自然地发展。

他还说到《道德经》在今天全球化的背景下，已不再是异域文化了，其中有价值的思想可以帮助后现代、后殖民进程中的联系越来越紧密的西方思考方式。他认为老子并不反对全球化，而当西方的后现代主义者也开始走向多元化，不再关注"本质"问题时，已经非常像道家了。因为道家并不坚持一种具体信仰或意识形态，很容易被任何文化、任何时代或行为所接受。它在本质上是非基础主义的，因而更适合于全球化的浪潮，而不是排外的宗教或传道式的政治信仰。所以，他认为道家与宗教不同，它不关注任何"外在""超绝"的东西，如上帝或真理、善等绝对价值。道家不是为了找出什么是"真"，而是探索"有效"或"有效的行动"，这样社会秩序才能建立，人才能过上健康富足的生活。他认为道家是彻底"此世"的，不相信外在的创造者或神秘力量，认为世界是一个自我生产、生成的过程，是一个持久不息的生生过程，并不追问是先有鸡还是先有蛋，这是道家与西方哲学和宗教在形而上学上的最大不同。

道家也与西方以人为中心的价值观不同，主张人与整个自然和宇宙是统一的，并不主张人高于其他事物。在这一点上，他认为《老子》与当代的"深生态学"相似，即人与其他的事物在本质上没有什么不同，这是一种"非人类中心主义"。老子主张的善是维持生命，包括人的生命与一切生物的生命，这里面就包括维持秩序，即人的社会秩序和一切生物的存在的自然的秩序。梅勒认为，从《道德经》的思想看，现在的所谓民主，绝不应该是政府掌管一切的形式。有人提出，我们生活在一个"后人文主义"的世界，道家的后人文主义在这个时代就获得了一种全新的、惊人的相关性。由此，梅勒更提出中国作为道家思想的发源地，在许多方面值得西方文明借鉴。也许在西方化的时代后，就是中国化的时代，而道家思想就是其中重要的一环。这是因为西方化的核心价值观是人文主义，从创造论来说，人处于世界的中心。但老子思想是非人文主义的世界观，在涉及伦理、政治和自然时，它与西方的价值观和世界观针锋相对。他认为西方的价值观可能是不切实际的，西方干涉政治的人道主义伦理学，也许是与现实格格不入的；西方对待自然的态度，是以人为中心的，但这使人类与自然难以和谐相处。对这些问题都值得重新思考，而《道德经》可以提供新的思维。

梅勒通过阅读《道德经》，对《道德经》中的思想进行了依靠其全部文本的理解，从中发现了许多值得西方世界重新认识的思想与价值观。面对纷纭繁杂的现代社会，一些西方的有识之士转向中国古代的道家思想寻求具有启发性的思想资源，试图整合出一个全新的价值观与处世模式。作为中国学者，亦应致力于把自己的学术研究的眼光放高放远，对关于整个人类（中国当然也就包括在内）前途与命运的根本性问题提出具有远瞻性的思想，而不是尾追在后亦步亦趋。

三、李约瑟、杨兴顺等人的老子研究

1. 李约瑟对道家和老子思想的论述

李约瑟（1900—1995），英国皇家学会会员、中国科学院外籍院士。著有《化学胚胎学》《生物化学与形态发生》《中国的科学与文明》（即《中国科学技术史》）等。

《中国科学技术史》卷二为《科学思想史》，其中第十章为对道

家思想的评述，分成如下问题：道家的道的观念，自然界的统一性与自发性，对自然的态度，变、化和相对性，道家对知识和社会的态度，对封建制度的抨击，萨满、巫和方士，道家的个人目标，作为一种宗教的道教。这里只就其中与《老子》直接相关的内容略为叙述。

李约瑟对道家的定义不是仅限于老庄，他所理解的道家是包括道教在内的。他认为道家思想体系，是一种哲学与宗教的出色而极其有趣的结合，同时包含着原始的科学和方技。他还引述冯友兰的说法，道家思想是世界上唯一不极度反科学的神秘主义体系。

李约瑟把《道德经》视为道家哲学的原始材料，《道德经》即"道"（在力量、甚至在超自然力量那种意义上）的、"德"的经书。此书被认为是中国语言中最深奥的、最优美的著作。但该书文句往往隐晦不明，而且像一切其他中国典籍一样，有些讹误之处。晚近对《道德经》考订最精审的是高亨的书。李约瑟称，《道德经》几乎已经译成了现在一切活着的语言，在加尔各答的图书馆里，他查得的译本数目有三十多种，如戴闻达所说，大批的半瓶醋学者肆意曲解《道德经》，以便使它说出最合乎他们胃口的话来。李约瑟觉得可以采用的译文版本，其中多半是韦利的，但埃克斯对韦利译文的评论应予参考。

关于老子其人的时代问题，他通过古史辨的争论，知道了一些情况。他在当时只能采纳这些人的老子晚出说的看法，认为《道德经》的年代不会超过公元前 300 年以前很久，即大约亚里士多德已到老年而伊壁鸠鲁和芝诺还很年轻的时候。

此外他还把《庄子》《列子》《管子》《吕氏春秋》《淮南子》等书，都列入道家哲学的原始材料之中。

他对《道德经》中关于道的看法，主要依据"道生之"章。从他的翻译中可以了解他对《道德经》的理解：

道使它诞生，

（道的）德对它进行养育，

（内在）物质赋予它形状，

（外部）影响使它达到完善。

所以，万物没有不尊重道和不崇敬德的，而对道的尊重，对德的崇敬，从来用不着什么命令。

这永远都是自发的。

所以，（既然）道生下它们，道的德养育它们，使它们生长，抚育它们，庇护它们，催化它们，给它们以滋养并孵化它们——（那末，人们也就必须）

养育它们而不是据为己有，

管理它们而不依赖它们，

作它们的首长而不统御它们，

这就叫作不可见的德。①

这里的译文并没有说明"它"或"它们"是什么，也许认为就是万物，但译文里有一句为"人们也就必须"，如果前面的主语都是道或德，这里为什么突然变成了"人们"？从原文看，这一章全都是以"道"为主语的，没有"人们"的问题，"生而不有"数句，还是说道对万物的关系，不是"人们"的问题。这就是译文的问题，说明对于《道德经》的理解还不到位。

李约瑟认为老子的意思是说作为大自然的秩序的"道"，使得万物发生并且支配万物的一切活动，而这种支配更多地不是靠强制力，而是靠一种空间和时间的自然曲率。这种道使人想起了以弗所的赫拉克利特的那种支配有秩序的变化过程的宇宙法则——逻各斯（Logos）。圣人应取法于这种道：它的运行是看不见的，而且也并不主宰什么。他通过顺应，而不是以他的先入之见强加于大自然，就能够观察和理解，因而也就能支配和控制。

据这样的说法，可知他理解《道德经》里的"道生之"等句的

---

① （英）李约瑟：《中国科学技术史》第二卷《科学思想史》，科学出版社、上海古籍出版社 1990 年版，第 39 页。

"之"，就是指万物，但在译文里看不出来。他在后面说"圣人应取法于这种道"等，就是译文中的"人们"。但这不是这一章的文本中所含有的内容。

他又引述了《道德经》的另一段话，即"大道氾兮"章：

> 那至高无上的道啊，它是如何弥漫于四面八方！
> 这里，那里，没有它不到的地方。
> 万物都要依靠它为生，而它从不推辞；
> 而当它大功告成时，它却一无所有。
> 它覆盖和营养着万物，而又从不君临其上。
> 因为它对万物无所要求，
> 所以它可列入低品位事物；
> 但由于万物都毫无强制地遵从它，
> 所以它又可被推为至尊。
> 但它从不妄自尊大，
> 这样，它就实现了它的伟大。①

李约瑟并没有就这一段话谈他的理解，只是引这两段来说明道家的道，偏重于道与万物的关系上，而不是道家的哲学问题。他又引了《庄子》的话，认为由此看到的是一种强调自然界运行的统一性和自发性的自然主义泛神论。这种认识他是根据《庄子》而形成的，而与《道德经》无关。此后他又引了《庄子》《列子》《管子》《淮南子》等书中的说法，来看道家的道与万物与自然界的关系，并不是专门分析《道德经》中的思想。

李约瑟把《道德经》第二十二章的"是以圣人抱一为天下式"，译为"所以圣人信奉（宇宙）一体性的观念，以此作为检验天下一切事物的工具"。他把"抱一"解释成"信奉宇宙一体性的观念"，

---

① （英）李约瑟：《中国科学技术史》第二卷《科学思想史》，科学出版社、上海古籍出版社 1990 年版，第 39—40 页。

这样他就认为道家有自然界的统一性的思想了。之后又引《管子》中的"执一"、《庄子》中关于"道之所在"的话、《庄子》中的"万物一齐"，用来说明道家的自然界的统一性思想。

李约瑟又引用《道德经》"天地不仁"章的说法，认为这是道家坚持人类的（及个人的）标准并不是唯一的标准，并认为，对这一段，除非能体会到自然科学在其发展中排除伦理的评价乃是必不可少的一步，否则就不能理解其含义。即是说，道家不坚持儒家的伦理标准，而把人与万物视为同等：自然现象不能分为高贵的和卑贱的，伦理标准不适用于社会关系之外，科学在理论上是中性的。现代医学和传染病学，虽然以"仁"为全部最终目的，但为了得以增加人类的知识（从而也就是增加人类的力量），所以，逻辑上就必然要采用实验方法，这就使人想起《道德经》第五章的第三、四行来，最终的仁可能要求暂时的不仁。他由此说明人与万物一样，没有贵贱之分，这就是他所说的自然界的统一性。

李约瑟引《老子》"有物混成"章，来说明他所理解的道家关于自然界的自发性的思想。他指出，自然界是自足的，而非创造出来的，这里关键用语是"自然"，即自生自发、自然而然的意思。他认为这种说法，是对科学自然主义的基本肯定。他引用卢克莱修的话来证明这一思想：

> 从一切暴主之下解放出来，
> 因而自由了的自然
> 就能被看到
> 是独立自主地做它一切的事情，
> 不受神灵的干预。[1]

李约瑟又引述了《庄子》和《淮南子》的话，认为道家已接近于正

---

[1] （英）李约瑟：《中国科学技术史》第二卷《科学思想史》，科学出版社、上海古籍出版社 1990 年版，第 56 页。

确地评价因果关系的问题，虽然他们从未像亚里士多德派那样，把它作为正式的主张提出来。

李约瑟又提出道家重视对自然界进行观察，并且说由于方术、占卜和科学在其初期是不可分的，所以对于中国的大部分科学思想，都必须在道家中去寻根究底。为此他提到了《道德经》"上善若水"的内容，认为水是柔顺的，容器是什么形状，它就成为什么形状，它浸透一切看不见的孔隙，它那镜子般的表面可以反映自然界的一切。又引用《道德经》"天下之至柔"章的说法，认为水还流入溪谷，容纳各种污秽，但它却能洁净自身，永不受污。并说水和阴性的象征，还有社会意义，即"江海所以为百谷王"章中所反映的思想。此外他还提到"谷神不死"章和"知雄守雌"章，说老子使用阴性象征的章节还有不少，他认为这些说法是一种心理上的象征主义，但人们并不能正确了解其含义，这些说法的要点是直观地达到了科学和民主二者的根源。

李约瑟对这一看法做了阐释：儒家和法家的社会伦理思想复合体是阳性的、管理的、强硬的、统治的、进取的、理性的和赐予的；道家则是通过强调阴性的、宽容的、柔顺的、忍耐的、退让的、神秘的和承受的，以之根本而彻底地与它决裂。《论语》说"是以君子恶居下流，天下之恶皆归焉"，而道家对"谷神"的称颂正是对儒家的一种侮辱。同时，道家在自然观察中愿意展示的阴性的承受性，是和他们认为必须在人类社会关系中占主导地位的阴性的柔顺性分不开的。他们必然是和封建社会相对立的，因为他们所相信的那种柔顺性是和这种社会不相容的。它适合于一种合作的集体主义的社会，同时也是这种社会的诗意的表现。尽管道家并不知道，在这种社会再度出现之前，人类还必须要经历几千年之久。美国昆虫学家惠勒和伯格曼指出，清算男性的进取性乃是促使合作集体主义社会成功的最重要因素之一，而随着最高社会组织的范围和潜力的继续增长，这种社会是人类不可避免的方向。道家早已洞察到这一点。从政治地位上来看，道家进行了两千年坚持社会主义立场的活动并且被谴责为永恒的异端之后，却仍然把其中所孕育的科学以最充分的意义保留下来，在整个中国科学思想发展史上发挥巨大的作用。

看来李约瑟不仅研究了道家的科学思想，也非常重视道家的社会政治思想，而且认为这二者是密不可分的，且能得到现代科学家的认同。他这样分析道家的社会思想之后，又说这使我们想起了培根的话："我们不能命令自然，只有服从自然。"也想起一位现代哲学家说的：人类从必然王国步入自由王国，要靠对必然性（自然法则）本身的研究。对于这样的道家思想，还可以深思赫胥黎的话："在我看来，科学似乎是以最高和最强而有力的方式，把完全屈从于上帝旨意的基督教概念中所体现的伟大真理教给了人们。在事实面前，要像小孩子一样地坐下来，准备放弃一切先入之见，谦逊地顺从大自然引导你到不管是什么地方，什么深渊，否则你就会什么也学不到。"他认为任何一个古代的道家哲学家都可以写出这些话来，而任何儒家都不会理解它。

他的这些论述，使人们对《老子》及道家的社会政治思想的内涵有了更深入的认识。

李约瑟又继续分析了《道德经》的"让"（退让）的概念。他认为这个字表示了阳性所具有的阴柔性。让的概念在《道德经》中达到了最高点，即"是以圣人后其身而身先，外其身而身存，非以其无私耶？故能成其私"，"善胜敌者不与，善用人者为之下"，"曲则全，枉则直"等。这种"让"的哲学，是为了取而与，为了不丧失而舍弃，是一种深刻的非占有欲。他认为这是道家的代表性口号："我不愿做主教。"①

道家喜爱从事自然观察的主要动机，是为了要对围绕和渗透人类社会脆弱结构的各种可怕自然现象，找出一种哪怕是暂时的理论或假说，从而得到心情上的安静。这种具有原始科学特色的心地平静，中国人称之为"静心"。《道德经》的"致虚极"就充分表达了这种思想，《庄子》中也有这种思想。这就是道家提出"让"的哲学的原因。这种思想与西方伊壁鸠鲁派和卢克莱修的思想接近。他还

---

① 即庄子拒不出仕，不为楚相的西方式说法。

引用了更多的道家著作，来说明这是他们共同的思想。这一点可以作为先秦诸子或道家诸子思想研究时的一个重要方法，即把诸子的相关思想及其论述整合起来加以分析、观察和阐释，就能看出这一思想的丰富内涵以及它的学派特色。

在"为"与"无为"的问题上，李约瑟把"为"解释为"违反自然的行为"，把"无为"解释为"（为的）对立面"。他认为，将"无为"翻译为"无所作为"或"不活动"，是汉学家的误解。就早期原始科学的道家哲学家而言，"无为"的意思就是"不做违反自然的活动"，即不固执地违反事物的本性，不强使物质材料完成它们所不适合的功能；在人事方面，当有识之士能够看到必归于失败时，以及用更巧妙的说服方法或简单地听其自然反会得到所期望的结果时，就不去勉强从事。李约瑟认为《淮南子·修务训》所说的正表明了这一点："无为者，寂然无声，漠然不动，引之不来，推之不往，如此者乃得道之像，吾以为不然……吾所谓无为者，私志不得入公道，嗜欲不得枉正术，循理而举事，因资而立，权自然之势……若夫以火熯井，以淮灌山，此用己而背自然，故谓之有为。若夫水之用舟，沙之用鸠，泥之用辋，山之用蔂，夏凟而冬陂，因高为田，因下为池，此非吾所谓为之。圣人之从事也，殊体而合于理。"

如果用这一观点来看道家著作中有关"无为"的说法，就会发现无为思想和这一学派的原始科学的一般特性是很符合的。所以李约瑟把"无为，则无不治"翻译成"不要有（违反自然的）行为，那么，就没有任何事情是治理不好的"。这种不违反自然的活动，就是无为。《庄子》《管子》《淮南子》和郭象《庄子》注都对这种无为思想做了进一步的阐释。他还指出这种无为思想的最深沉的根源之一是原始农民生活的无政府性：植物没有人干涉就生长得最好，人没有国家干涉就最昌盛。他认为，在许多情况下，放任无为的方法比积极主动的策略更有成效，但对"无为"这个词的极端误解，导致了它被滥用，并玷污了道家的声誉。

为此李约瑟分析了道家的经验主义的问题，指出"为"就是不考虑事物的内在原理，凭借别人的权威，为了个人私利而对事物加以强制；"无为"则是听任事物按照其内在的原理而得出自己的命运。而要能实践无为，就意味着要通过基本上是科学的观察而取法自然，这就使道家的无为与经验主义联系在一起了。对道家的经验主义的认识，他主要引用了《淮南子》和《吕氏春秋》《慎子》《关尹子》等道家文献，并没有来自《老子》的说法。

他还认为道家既然重视自然，就不可避免地要关心变化和相对性的问题，与之有关的术语是"变""化""反""还"。"反"和"还"还有反应和返回的意思，"变"表示逐渐地变化、转变或变形，"化"表示突然和彻底的突变或改变。① 他认为《道德经》中说的"物或行或随，或嘘或吹，或强或羸，或挫或隳。是以圣人去甚、去奢、去泰"就表现了道家的变化观，且与卢克莱修《物性论》中的说法接近：

> 万物皆消逝，
> 因为自然改变一切，强使一切改变，
> 看，这个腐朽了，
> 因为年深月久而衰弱无力，
> 那个却从卑微中出现，
> 又一次光辉昌盛。②

《道德经》中关于变化思想的说法还有不少，如"祸兮福之所倚，福兮祸之所伏……正复为奇，善复为妖"，"反者道之动"等。这种变化与反变的思想反映了对变化的重视和顺从，体现为对自然的理解，这是道家静心或心地恬静的基础。道伴随一切事物，并适应一切事物的变化。道是位于一切事物"变动"中心的"平静"。它产生充盈

---

① 这些术语的内涵，应该结合具体的语境来分析，会看出种种不同的含义。
② （英）李约瑟：《中国科学技术史》第二卷《科学思想史》，科学出版社、上海古籍出版社1990年版，第84—85页。

和空虚，但它不是盈也不是虚；它产生衰败和肃杀，但它不是衰也不是杀。它产生根和枝，但它不是根也不是枝；它产生积聚和消散，但它不是积也不是散。

关于变化，最困难的是无从知道变的分界点。从一种情况向另一种情况转化，在哪个点上开始转变，道家并没有说清楚，或者说是根本没有说这个问题。① 李约瑟认为这个问题，一直成为形式逻辑背上的芒刺。庄子为解决这个问题，提出了变与不变都一样的观点，即所谓的朝三暮四与朝四暮三没有区别。

李约瑟指出，总的来说，道家避免搞一套宇宙生成论，而是认为道的原始创造性活动一定是永远不可知的。但《道德经》中也有关于宇宙起源的神话，即"道生一"章所说。但这种观念没有得到详细地比较研究和阐明。

由于道家对当时的社会制度是批判的，因此不少人认为道家是反对知识的，这在《道德经》中确实能找到许多相关的说法，如"使民无知无欲，使夫智者不敢为"，"绝圣弃知"，"绝巧弃利"，"非以明民，将以愚之"等。李约瑟认为这些说法与前面说到的道家对自然知识抱着兴趣是矛盾的。但他理解这些说法，实际上不是反理性的神秘主义，而是原始科学在反对经院哲学。他认为对这一点有些了解的人几乎只有武尔夫，武尔夫谈到封建哲学的虚伪无用的琐碎废物，认为道家的这些论述是对儒学及其伦理的抨击，而很多学者没有理解到这一点。他解释说，道家确实有强烈的神秘因素，但关于道的运行的某些知识，是可以获得的，他们所反对的只是儒家和法家那些对于认识道的知识绝无裨益的经院哲学。这就是《淮南子》所说的"曲士不可与至道，拘于俗、束于教也"。

对于《道德经》如"虚其心，实其腹"等的正确含义，李约瑟认为应当是要教育人民抛弃一切成见或偏见，这样就会增加对自然

---

① 这个问题，后来有西汉的扬雄试图加以解决，他认为从两极之间向对方转变，要经过一个中间阶段。但他也不能说清楚如何确定这个分界点，只能说在这个转变过程中有一个中间阶段。

的了解，就会使现有的真正知识成倍增加。他引用宋代林景熙《霁山文集》里的说法，证明这一理解是正确的。林景熙说："老氏尝有虚心实腹之论，既欲其虚，又欲其实，何也？曰：虚心似无物，实腹似万物，皆备言虚致实，其言最近理而少密。"可知《道德经》的虚心的含义不是从心里除去那种真正的自然知识，是要除去一切歪曲的记忆、偏见和成见，从而使真正实用的知识发达起来，这样，丰富的一切就会接踵而至。李约瑟认为，这一思想的绝对验证在中国古代各种伟大发明中都可以看到，水力的利用就是一例。

李约瑟还分析了《道德经》的理想社会，即"小国寡民"章所说原始合作社会。他认为根据这一章所说，说明道家是某种原始的土地集体主义的代言人，他们既反对封建贵族，又反对商人。

他认为人们往往误解了老子和道家，觉得道家是一些表达东方智慧的软弱无力的神秘主义者，但老子及道家的言辞之极端激烈乃至狂暴，却证明这种看法是不对的。如《道德经》中"金玉满堂"章、"朝甚除"章、"其政闷闷"章、"和大怨章"等，都表达了这种激烈的社会批判思想。这些思想在《庄子》中则表现得更为鲜明与突出。因此，老子及道家的社会理想就是朴与浑沌，这表示社会的均同一致性，他们批评社会阶级的分化，而主张原始的集体主义。如《道德经》中的"大道废"章、"太上下知有之"章和"三十辐共一毂"章，这在《庄子》中表达得更为清楚和深刻。在此基础上再来看《道德经》的"塞其兑"章，他采用了侯外庐的解释并把它译成了英文。英译之后，这一章的意思如下：

> 塞上"洞"
> 闭上（倏与忽在浑沌身上凿开的）"门"，
> 弄钝（武器的）锋刃，
> 解除封建的阶级差别（"分"），
> 协调起才华（社会上有才智的人），
> 联合起尘埃（社会上的群众），
> 这就叫做"玄同"。

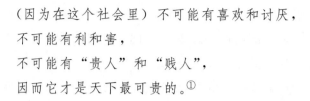

（因为在这个社会里）不可能有喜欢和讨厌，

不可能有利和害，

不可能有"贵人"和"贱人"，

因而它才是天下最可贵的。①

据此可知道家相信在他们那个时代恢复纯朴性状态是实际可行的，他们寻求一种统治者来把自己的原理付诸实施，以驾驭今天的私有财产的时代，虽然这在现实中是失败的。而在"以正治国"章，更是说明了他们的全盘计划，他认为这是对道家的朴和浑沌的最好说明，但大多数的中国和所有的欧洲的道家评论者都未能体会。他指出韦利把"朴"译成了一种带有纯神秘意味的"未经雕凿的木头"，而把"朴"字原义中含有的强烈的政治因素，即原始集体主义的那种团结性、一致性和质朴性都给遮隐掉了。他认为对此要结合《道德经》"古之善为士者""敦兮其若朴""谷神不死""混兮其若浊""抱朴""复归于朴""朴虽小，天下莫能臣"等说法才能深刻和准确地理解之。

最后李约瑟还论述了科学和民主的问题。他认为道家思想是中国的科学和技术的根本，但由于道家对"知识"的自相矛盾的态度，以致这一点不能为人理解。因此，要说明道家赞成哪种知识，反对哪种知识，就要阐明他们的政治立场。同时还要看到道家反封建还有一种内在兴趣，即道家提出了科学与民主二者关系的问题。在这个问题上，李氏提醒人们注意：自然界是不考虑人的，君主和圣贤都不能违抗或逆转大自然的"道"。他引述《吕氏春秋》中的话"欲为天子，民之所走，不可不察"，即最高贵者如果违反了自然而动（与"无为"相反的"为"）也必然自取灭亡。一个人不管多么德高望重，都不能逃避"为"和"无为"的后果，即《吕氏春秋》所说："君虽尊，以白为黑，臣不能听。父虽亲，以黑为白，子不能从。"

① （英）李约瑟：《中国科学技术史》第二卷《科学思想史》，科学出版社、上海古籍出版社 1990 年版，第 126 页。

虽然这不是《道德经》的直接说法，但是从《道德经》所代表的早期道家思想中发展出来的，这表明古代道家和前封建的中国古代平等主义的社会理想有关，故他们重视与自然有关的知识，也重视这样的社会理念。

李约瑟认为《道德经》从重视自然的知识出发，就形成了重视人的生命的长久的思想，如《道德经》"含德之厚"章，提到"精之至"与"和之至"，以及"益生曰祥"等问题，后来则被道教发展成为追求长生不死的思想。后世道教认为完美化的身体，要像母腹中的胎儿一样，经过终身的修炼，以达到成仙的目的，所以后世道教重视各种修炼功夫，如练气术、日疗术、导引术、炼丹与药物技术、饮食法等，这些方法统称为养气或养性。虽然《道德经》中并没有这些内容，但其起源是与《道德经》中的相关说法有关的。

总起来看，李约瑟对道家的思想进行了全面而深入的探索与分析，虽不是专以老子为中心，但与老子的思想解读有着密切关系。据他的论述，人们对于老子思想的理解会得到一些不同的启示性意见，这对于研究相关问题是有助益的。

2. 杨兴顺的《老子》研究

杨兴顺（1904—1987），苏联科学院哲学研究所高级研究员。著有《中国古代哲学家老子及其学说》《马列主义在中国的胜利斗争史》《中国古代哲学》《中国古代的唯物主义思想》等。

《中国古代哲学家老子及其学说》中译本由科学出版社出版于1957年。此书探讨了如下的问题：《道德经》思想发生时的社会历史情况、老子其人及《道德经》一书、道的学说的唯物主义本质、《道德经》的社会伦理学说、西欧资产阶级学者论《道德经》、俄国和苏联对《道德经》的研究。

关于老子学说的性质，杨氏认为是唯物主义的。他的理由是老子认为万物是由最细微的物质分子——气所构成，世界是天然的、永恒的，不是神所创造，也不受天志主宰，世界又是处于不断的运动和变化中，它服从于统一的法则——道，服从于自然界本身的必

然性的法则。老子要求按照实际上存在着的自然去理解自然。

杨氏指出区别唯物主义与唯心主义的根本点在于老子的道究竟是表示自然法则，还是表示天志，后者是唯心主义和神秘主义的，前者是唯物主义的。西方不少学者都认为老子学说是神秘主义的，他们却不用唯物主义和唯心主义的概念来看老子的学说。他认为老子的道是自然界、人类社会和思维的法则，道意味着普遍存在的、视之不见的、与物质世界不可分开的、主宰万物的法则。视之不见的道不独存于万物之外，而常处于万物之混成中，它是物质世界的内在的本质和本源。在说道是无的时候，它是不可感知的，但这无又是确实存在着，而且没有物质的万物的有，无的存在也是不可能的。即有与无是统一的，万物存在的基础和万物自动的根源，就是有与无的统一与协调。万物服从于道这一法则，道是永远存在着的，它只遵循它自己的本性，而不从属于天志，并拒斥超自然力的任何干预。

许多西方学者把老子的道和神、柏拉图的相、新柏拉图派的逻各斯、理性或悟性混为一谈。杨氏认为道与这些概念毫无共同之处，没有给超自然力留下任何余地。道不需要神的创造，它本身就是自己存在的原因。老子的道同于斯宾诺莎的实体，无论在空间和时间上，都是无始亦无终的。

杨氏认为老子的整个学说，充满着自然界客观法则的思想和万物变化的自然过程的思想，"道"是主宰万物的力量，是万物之母、根。这里又有道生万物的问题，他的解释是：道不仅意味着客观世界的自然法则，还意味着万物的物质实体。如一个俄国学者所说，道即是法则，又是这一法则的遵循者。这就是说，法则（道）及其物质基础，是不可分离地存在着。中国古代思想家认为世界上存在着两种互不可分而又相互对立的力——阴与阳，二者是万物变化和发展的根源。这两种力同样是混沌所固有的，由于这两种力，混沌分离为二，正者为阳，负者为阴，阴与阳就是《老子》所说的一生二之二。

他在分析了老子的道之后，总结了道的如下特点：一，道是物的自然法则，它排斥一切神或天志。二，道永远存在，它是永存的物质世界的自然性，道在时间和空间上都是无限。三，道是万物的本质，它通过自己的属性（德）而显现，没有万物，道就不存在。四，作为本质来说，道是世界的物质基础气及其变化的自然法则的统一。五，道是物质世界中不可破灭的必然性，万物都从属于道的法则。六，道的基本法则是万物与一切现象处于经常的运动与变化中，在变化的过程中，万物与一切现象都转化为自身的对立物。七，万物与一切现象，都处于相互联系的状态中，这种联系通过统一的道而完成。八，道是视而不见、搏之不得的，它是人们的感官所不能感知的，但在逻辑思维中，它是可以认识的。

他也认为老子思想中有唯心主义的倾向。在法则与物质的关系上，抽象的法则道变成了物质世界的基础，这是离开唯物主义而走向唯心主义。老子的哲学还有历史的局限性，即过分夸大了统一的作用，否认对立物的斗争是向前发展的运动的根源，也缺乏渐进发展的思想。老子在认识上也是不彻底的，即依赖统一的道而忽视经验知识和人类实践，认为经验会妨碍人的认识。

有人认为康德的理性的先验原则与老子的认识论有相近之处。杨氏认为康德与老子的思想完全不同，一是因为康德的认识论的基础是先验的范畴，而老子的认识论的基础是个别的事物，康德的物自体是不可知的，而老子的"道"是可以认识的，认识的方法就是在复杂的现实中找到统一。

他还拿老子的思想与古代希腊哲学家进行比较，认为老子已远远超过伊阿尼亚学派的安纳西门特等唯物主义者；与毕达哥拉斯派、赫拉克利泰等有一定的相似，但有根本的不同。

关于老子的社会伦理思想，他认为有如下几点：一，对压迫者深恶痛绝，他揭露古代社会的罪恶，对灾难深重的人民抱有真挚的同情。二，认为智慧、对精美之物的迷恋、大伪等，是社会罪恶的根源。三，圣人认为必须在社会上恢复自然法则道，并使人民甘其食，美其服，因此圣人与人民必须紧密联系，并以自身的正当行为成为人民的领袖。四，圣人的主要品质是对人民的忠诚和热爱、勤劳和谦逊。五，慈是圣人实际活动的基础，对灾难深重的人民抱有兼爱的思想。六，热爱人民是战争思想的基础，原则上反对战争，但防御战争又是必要的。

杨氏的老子思想论述，在 20 世纪 50 年代的中国有较大的影响，代表了当时苏联学术界对中国古代思想家的基本看法。其思想分析方法与特点，影响了当时不少的中国学者，甚至也是现在一些中国学者所熟悉和惯用的。

杨氏此书还介绍了欧洲学者对道的理解和对《道德经》的研究，是非常重要的外国研究老子的资料，值得注意。

据杨氏介绍，罗马的天主教教士波捷是《道德经》的第一个译者，他用拉丁文翻译，但未能引起欧洲研究者的注意。法国汉学家莱谟萨的法文译本 1823 年出版，莱谟萨认为"道"只能译成最高的存在（即上帝）或理性及其体现，除此之外，不可能有任何正确的译法。莱谟萨把"道"看作《圣经》意义的逻各斯，还把道看作哲学意义的相，即柏拉图所谓的"相"。莱谟萨对《道德经》有高度评价，称其研究了此书以后，就完全改变了对老子的看法，不再认为老子是江湖骗子的祖师、巫术教授、研究长生不老和白日飞升的术士，发现老子是微妙的形而上学的真正哲学家，并不逊于柏拉图。他还认为老子的学说与毕达哥拉斯学派和柏拉图学派的学说有共同之处。

黑格尔读了莱谟萨的译本，在哲学史讲演中，把道看作理性。黑格尔对老子的道的看法是认为它是万物之最高起源，是无、空、完全的抽象物，未规定的东西，抽象的共相，在其间，一切的差异都消失了，道是单纯的、抽象的实体。

德国学者施特劳斯也翻译了《道德经》，他把道当作神，认为道的概念完全符合神的概念，还说"道"兼具神的三位一体，天上的主就是看不见的道，自然及其创造力就是看得见的道，而人之道就是人的不死的灵魂中的神的本原。这在德国威廉的《老子道德经》的译本中以及德国汉学家福尔凯的《中国古代哲学史》中都是一样的看法。此外还有荷兰的神学博士桑特比在《宗教史》中认为用不着探求道的精确的翻译，只要说它表示神就够了。英国牛津大学的印度学专家麦克斯·缪勒则说老子的道与印度的神是一样的，说"利陀"这一宗教观念最符合道的概念。因为古梵语中的"利"就是走、沿着小路向前运动的意思，利陀表示诸神护持的正道、真理，这就是道。

苏格兰的教授明义士也拿道来与宗教比较，他认为道家学说作为哲学有很高地位，但作为宗教就毫无用处。

康德派则反对把道看作神，如施图柏《老子其人及其学说》中认为老子思想中的基本观念是具有多种含义的道，它是永恒的、不变的、作为万物始因的理性原则，还说道是先验的。曾凯尔也用康德派的见解来论证老子的道，认为"道"是欧洲人不能理解的概念，道的发生与斯宾诺莎的神一样，不能从个人所采取的立场来对等道的概念问题，道字应暂时作为数学上的 X 来保留，只有弄清楚它的成分之后才能理解它。曾凯尔研究了几十种欧洲的《道德经》译本，所以他会有这样的看法。

俄国汉学家宙兰 1842 年译出了完整的《道德经》，附有数十个中国作者的注释，受到人们的称赞。他把"道"字译成"伟大的世界道路"，又译为"最高的宇宙理性"。他还研究了道家的其他著作，如《庄子》《淮南子》《河上公老子注》，他认为老子的道和人们的行动、思想、判断、理性是两回事，借助于道并不能理解神，老子所说的自然既不是思想，也不是理性。有不少学者同意他的看法，如英国的亚洲协会会员、英国驻香港领事馆的外交官瓦特士。瓦特士认为古代伊阿尼亚的哲学家安纳西门特的"无极"，以及近代的斯宾诺莎的"实体"和谢林哲学中的"绝对"在很多方面与道颇为近似，但它们不能作为道的正确译名，所以他用"自然"作为"道"字的对译，并在最广义和最抽象的意义上来使用它：伟大的创造者——自然。

李雅格曾叙述了英国人对道的认识。副主教哈德维克说老子体系的中心是某种能或力，它和现代思想家的"自然"类似。巴富尔把道看成自然之性、物之本质。李雅格认为"道"是简陋的词，道是现象，不是内在的本质，而是本质的形象。福尔凯则不同意李雅格的看法，他认为把"道"译成"理性"，是对道的物质的一面考虑得太少了，而把它理解为"自然"，则是没有注意到道的神的本质和道德的一面。他认为在近代哲学中与道最接近的是谢林的绝对或神。

杨氏对西方学者关于《老子》的理解，集中在对"道"的解释上，并不是完整地介绍西方译介和研究《老子》书及其思想，但仍为值得参考的资料。

杨氏还介绍了俄国和苏联的学者关于《道德经》的研究情况。他说19世纪的俄国进步汉学家都反对莱谟萨、黑格尔等人对中国哲学的消极评价。他认为1842年在《祖国之子》杂志上发表的《老子及其学说》一文是俄国汉学家俾邱林所写，此文反驳了莱谟萨等人对老子学说的理解。俾邱林还在《中国帝国统计集》一书中对老子的问题提出了两个重要的意见：第一，老子学说是与孔子学说对立的，这种对立表现在孔子要求每个人无条件地执行社会所交给他们的责任，而老子则认为要改善人的道德本性，就必须废除礼俗，这表明孔子是维护现有的社会政治制度，而老子是反对这种制度。第二，古代圣人老子和宗教没有任何关系，把老子当作道教的始祖，是不正确的。他认为老子的学说中只有对人类道德方面的哲学，而不是宗教，只是老子的继承者渐渐脱离了老子的思想方式，构成了新的原理，并创立了道教。

1857年《俄罗斯教会驻北京人员报告书》中有修道司祭芝雅可夫的《论道教》一文，他认为老子是道教的奠基者，老子的门人破坏了他的学说，醉心于各种魔法，但老子的学说并不是这样的。他还认为老子的道德学说与伊壁鸠鲁的学说有共同之处。

1873年，俄国汉学家华西里也夫院士出版了《东方的宗教：儒教、佛教和道教》。此书说明了宗教的神秘主义与老子的哲学学说结合起来了，道教是为了反对儒教而把一切不满现实的人们联合在同一的旗帜下，他们为了反对儒教，需要一个思想基础，于是在老子学说中找到了这个基础。

1885年，俄国汉学家海奥基也夫斯基在他老师华西里也夫的基础上出版了《中国历史的初期》。书中强调道的物质基础为太初混沌，并且把这种理性的本原融合在物质的万物中。他认为"道"字用来标志太初混沌，而理性是这种混沌所固有的。按照老子的学说，这个可以看得到的世界的多样性是永恒的、统一的、绝对的道的生命的显现，道是宇宙的物质，是宇宙的力，是宇宙的理性。他还著有《中国的生活原则》一书，其中认为就思维的深刻性来说，老子远远超过古希腊的塔利斯和伊阿尼亚学派的哲学家。他还说，古代哲学家老子的学说是中国一切哲学思维发展的起点，所有其他中国哲学家的体系都是在《道德经》哲学体系的各个部分的基础上发展起来的。

1901 年，莫斯科神学院的格拉哥列夫在《中国的宗教》一书中提出，道的概念比新柏拉图学派的逻各斯又广泛又狭窄。逻各斯是神，是真正的真实性，而道不是神，这样看道就比逻各斯狭窄；但道是万有的潜力，道就是万有，就是一切存在着的东西，这样看就比逻各斯广泛得不可比拟了。道是万物所遵循的永恒的道路，道不是谁所创造的，道自己就是永恒的存在，道是一切，又什么也不是，道是万有的自然法则与万有的显现。

杨氏认为十月革命前的俄国对于老子有两种态度，一是憎恨和仇视，一是同情和尊敬。前者的代表是梭洛夫岳夫，后者的代表是托尔斯泰。梭洛夫岳夫赞同帝国主义对中国进行侵略和签订不平等条约，他认为中国是异邦的、敌对的、日益逼近我们的世界的代表，而老子哲学正是这一世界的精神基础，老子是欧洲文明极大的危险。

托尔斯泰对于遭受到"缺德的、暴虐的、自私的、贪婪的"欧洲人的残暴行为的中国人民，抱以深切的同情与爱护，他对老子的哲学和道德学说，给予极高的评价。他和老子一样，认为人类社会应该回复到原始的农业生活，并认为东方民族能成为其他民族的榜样。但他是想用老子的学说来证实自己的观点，把老子的无为论与他的对恶不抵抗的学说混为一谈。

1936 年，彼得洛夫在《王弼》一书中对道家的哲学定性为客观唯心主义的体系，是对宇宙本质的唯一深刻的唯心主义的理解。他后来又有《中国哲学概论》一书，其中认为道的概念至今还没有公认的科学的译名，现有的译名和解释如逻各斯、世界的道路、神、世界的始因、神的意图、纯粹的先验的有等，都没有表达出道的真正本质。他认为道法自然和道先天地生，这两个定义让人想起在古代的解释中，道可能具有唯物主义的内容。杨氏认为中国古代哲学的发展，也是以思维与存在的关系问题为基础的。他认为老子的哲学对这一问题是从唯物主义的立场来解决的，因为老子认为物的世界是自然存在的，并且受固有的自然法则道的支配，而且道的学说排斥一切神或天志，有无神论的性质，在这个学说中，人应该遵循物的自然性，并且按照事物真实情况来理解它们。这就表明其学说是以客观存在的物质世界为第一性的，而人的意识是第二性的，因此说它是唯物主义的体系，而且它为中国唯物主义后来的发展提供了基础。同时，他还指出儒家是唯心主义的，因为他们把道变成神的意志，变成先验的本原——理。所以道家的唯物主义是与儒家的唯心主义进行斗争的。他还顺便批评了胡适的哲学，认为胡适把哲学看成理性的产物。

杨氏又对《道德经》进行了全文的翻译。他说这不同于西欧那种以形式语言学的原则为依据的翻译，而是在难以理解的地方综合参考老子本身的思想，所以在有些地方要补充一些文字。在翻译中，他也参考了中国古代的相关注释，如王弼的注，还参考了中国唯物主义者关于道的学说的论述。

杨氏此书最初撰写于20世纪40年代，1950年在莫斯科出版，出中文版时，又作了修改与补充，反映了当时苏联学者对老子的认识与理解。其中关于欧洲学者对《道德经》的翻译与理解和苏联学者关于老子思想的认识，都有重要的参考价值。他的《道德经》全文翻译，在一些字句的断句和看法上，也有自己的独到理解，并通过这种译本得到了充分的展示，反映了他对一些理解的分歧提出了自己的看法。

3. 施舟人的老子研究

施舟人（1934—2021），法国高等研究院特级教授，荷兰皇家科学院院士。著有《道体论》《老子中经初考》《道藏通考》等。

《道家文化研究》第十五辑收有施舟人所撰《道与吾》一文。他在文中认为，早期的道家思想体系里，"吾"的概念非常重要，但不为人注意，故撰有《道与吾》一文，讨论道与吾，也就是道与个人之间的关系。他所说的"吾"来自于《庄子》，如《齐物论》所说的"吾丧我"。郭象解释了"丧我"的意思，但没有解释"吾"的概念是什么意思。施舟人认为"吾"原是一种个人对自我的意识。如果与"我"对比，"吾"可以对应英文的"Self"，"我"可对应"I"或"Me"。"吾丧我"，就是说他的"吾"已经没有"我"了。施舟人分析《庄子》中种种说法，认为人与道互为影响，这与《庄子》中说的"世丧道矣，世与道交相丧矣"非常相似，即《老子》第二十三章所说的"同于道者，道亦乐得之，同于德者，德亦乐得之，同于失者，失亦乐得之"。这种思想在后来的道教文献中也都有类似的说法，如曹魏时代的《正一法文天师教戒科经》中说："子念道，道念子，子不道，道不念子也……子不念道，道即远子。"他还认为"道，吾也"比较符合原来的道家思想体系，后来的道家文化，更进一步发展了道和个人身体的关系（"道在一身之中，岂在他人乎"）。

此文探讨的道与吾（道与个人）的关系，侧重在《庄子》和后来道教文献中的说法，与《老子》的关系较少，但并不表明《老子》中没有这种思想。如《老子》说："载营魄抱一，能无离乎"，"古之善为士者，微妙玄通，深不可识"，"保此道者不欲盈"，"常德不离，复归于婴儿"，"常德不忒，复归于无极，常德乃足，复归于朴"，"侯王得一以为天下贞。侯王无以贞将恐蹶"，"挫其锐，解其纷，和其光，同其尘，是谓玄同"等，都是说道与人的关系。所谓"抱一""得一""保此道""常德不离""常德乃足""玄同"，都是说人之得道或人与道同一，常德即得道而不离不忒等。在此关系下，所以有人与道交相得或交相丧的情况。而儒家的《礼记·中庸》中也说：

"道不远人"，与此文所引后世道教文献中的相关说法相同，这说明这种思想并非道家所独有，乃中国古代普遍的概念。关于道与个人的关系问题，并不是仅有"吾"字来表达，在道家文献中这一问题有着很多说法，它与人对道的体认、把握、修得等问题密切相关，是研究道家思想时的一个重要问题，也并不是不为人关注。

4. 拉多萨夫·普舍奇的老子研究

拉多萨夫·普舍奇，曾任贝尔格莱德哲学研究所研究员。

拉多萨夫的论文《老子——婴儿与水》[1] 认为人总是选择某种价值观作为自己在世界上行动的准则，选择什么样的价值观，就会对世界有什么样的评价，而自己也就成为什么样的人。老子选择了道，在明白了生命是如何进入有之后，进一步发现了生命（宇宙）的秘密。它超越了言语和理智，修行才是绝对必需的。他认为老子的哲学中包含着许多重要的命题，对于存在与非存在、生与死、善与恶、超越性与内在性都不采取偏执的看法。如果要确定老子的道是什么，要准确地把握道的含义，就必须依据老子对道的理解。拉多萨夫认为婴儿与水最合乎道的性质。

他认为老子对人提出了修养的最高要求，就是要人像婴儿和水一样。这是要人的精神和身体合一，永远不分离，长久地保持婴儿时的柔和状态，达到这种状态就达到有与无、有为与无为、自在与自为的结合。

老子对于道不用概念来定义，而是用形象来描述，从很多方面用各种不同的事物作比喻，如婴儿。婴儿的特点是静、和、柔而不离于自己的性质，这种性质是道表现出来的自然本性，人们应该通过老子对婴儿的描述而体认道的特点与人的自然本性。

老子又用水来比喻道。水是柔弱的，但又能无所不在，无处不入，它没有自己固有的形态，而是随顺别的事物，且总是向低处流。老子用水的这些特性来说明道的特性，要人像水一样来处世，这样

---

① 　见《道家文化研究》第四辑，三联书店1994年版。

一来，道就不再是不可捉摸的了。

拉多萨夫还撰有《论老子的"无"》[1]。此文认为老子提出"无"，与萨满的"舞"有密切关系。他分析了"无"有两种不同的字形和意义：舞蹈和虚无。老子用"无"这个字形来反映那个体现着亡、虚无意义却又无所不包、无所不在的事物，即道。

他认为研究哲学与语言分不开，但哲学在遵守语言规范的同时，又不时超出这个规范，各种变形打破了人们习惯的语言常规。通过文字得到的是一种意义，而通过文字所表达的事物本身则得到另一种意义。也就是说，有形的具体事物可以用语言表达，无形的抽象的道不能用语言表达。这个不可言说、无名的部分，就成为神秘的东西。在一个命题中，除了名称和所指明的对象之外，还存在着第三种因素，这就是这个名称的意义。这个名称之所以能够指称它的对象，就是由于它具有这种意义。这个意义就是名字的使用方法。因此，人必须先要了解名字的意义，而孤立的一个名字是没有什么意义的，它要在特定的语言环境中才有意义。要了解一个词语或一个短语的意义，就要了解它在不同的语句中所起的作用，这是研究古代思想的方法。

但研究哲学不能只研究语言及其用法，还要了解哲学概念的意义和内容，这就需要另一种分析与研究，就是在研究语言的同时来对某种哲学本义进行研究。中国古代对于语言和哲学本义的关系，有三种不同的看法：言不尽意论、得意忘言论、言尽意论。言与意，就是语言与哲学本义。语言可以说明象，象是说明意的工具，所以在言与意的关系之外，又有象与意的关系，而言与象和意又都有关系，所以中国古代认为"言者所以明象，得象而忘言"，同时，"象者所以存意，得意而忘象"。但意是无穷的，言与象又不足以表达它。拉多萨夫从这个角度来看老子的无的本义。

他认为道与无都不是本体自身，也不能用来表达本体的各个方面及其全面而深刻的含义。道是就本体之根而言，无是就本体之深

---

[1] 见《道家文化研究》第十四辑，三联书店 1998 年。

而言。关于老子无的启示有三层内容：象征意、深层意和言外意。象征意附着在词语的宣示意义上，有时在整个句子或全书之中。深层意可以在语词中去找，但一般来说，它总是含蓄地隐藏在全句或全篇之中。言外意既不在词语之中，也不在句子之中，它在字字句句之间。而老子的无的本义就要在言外意中去找。

如果从象形文字来看，与无字具有共同一个符号的字还有"巫""舞"。这个甲骨文符号所表现的是一个男的或女的萨满手拿羽毛或其他法器在起舞作法。这表明"无""巫""舞"三字的背后有一个舞蹈的概念。老子并不是随便用"无"字的，无不是简单的不或否定，不是对现在事物的否定而得到的结果，所以，无比它们的层次更高、更原始。无本身还包含着巫和舞的含义。老子的无与萨满的舞紧密相关的，而巫是"能事无形以舞降神"的人，这里，无、巫、舞是同一事物的三个方面。这个事物，他认为就是"宇宙的舞蹈"。这个宇宙的舞蹈，是生活及其一切重要内容的来源。无、巫、舞三者关系如下：巫能事无形，其对象就是无。这里，巫就是主体，无是对象，舞是联结主体与对象的手段。可知，这三个字都代表着具体的形式，反映着事物本质（道）的意义。所以，无不是在有了在者之后才提出的相对概念，无从一开始就原始地附属于本质本身。世界万物都起源于无而又再回到无。无就是宇宙的舞蹈的生动表现。所以无具有动力性，万物及一切事件都从中获得自己的功能。在这里，本质（无）与现象（万物）结成了一对反复循环的关系，老子所说的"天地之始""众妙之门""万物之母"，都表示这种关系，这也是"玄"。

他又认为道与无的所有神秘性和全部能量都出于"混沌初始"，这同神话中的宇宙本源的创造力的初始状态一样。这种初始状态，老子把它抽象为"无"。而"舞"不是为了舞蹈而舞蹈，而是为了表现生命戏剧的主题思想、人物和情节服务的。无作为一种舞，就是为表达道而服务的。

此文对老子的无做了新奇的解释，但还解释得不透彻。如无、巫、舞本身与它们所要表现的对象相比，它们是虚无的，而所要表现或所要表达的对象与事物则是实在的，但这个实在的对象或事物没有具体的形象，所以只能用虚无的无、巫、舞来表达或传达其中的意象。老子的无或许就有这样的意涵。

四、美国学者的《老子》研究

1. 美国学者对郭店《老子》的研究

美国学者此类研究有不少论文发表在《道家文化研究》中。如《道家文化研究》第十七辑，主要收录 1998 年在美国达慕思大学召开的郭店《老子》国际学术讨论会的论文，其中有美国罗浩、韩禄伯的文章。

罗浩所撰《郭店〈老子〉对文中一些方法论问题》一文指出，要最大化利用郭店新发现去重新评价中国古代思想，就要用严谨系统的方式把前人的假定都拿来讨论。可以借鉴西方的古典研究和《圣经》研究的方法论。罗浩认为对研究郭店《老子》最为相关的方法有四种，即文本研究方法、文学研究方法、哲学研究方法和宗教研究方法。

关于文本研究方法，他认为要就具体问题来分析，如这些简文是否属于传世或通行的八十一章《老子》文本的一种版本，还是这些简文自身就是独立的文本，或是三种互不相关的文本。文本研究方法中的文本历史研究与文本批评研究大大有助于这些问题的解决。前者包括研究文本的传播、流变，确定文本的真伪、归属以及研究在中国传统上归为图书版本学、目录学和各种书目编制及图书制作的问题，后者是从文本历史研究中获取有关资料，确立一种与某一著作的作者最初文本尽可能接近的校订本。这又包括两个过程：一是认真审读由文本历史研究过程中收集到的所有重要抄本或版本的异文，分析这些异文出现的内在规则，制作一份可用来确定这些异文中哪一种从逻辑上最有可能属于作者原文的系谱图。二是修订那些逻辑上根据系谱图不能确定的异文。结合这些方法，他提出了《老子》成书过程的三种模型。

模型一：从八十一章《老子》祖本分化出郭店本、帛书本、河上公本、傅奕本、河/王合本。

模型二：从推测性的甲本、郭店本、推测性的乙本发展为八十一章《老子》祖本，再从这个祖本分化出帛书本、河上公本、傅奕本、河/王合本。

模型三：从推测性的一种或多种来源发展为郭店本、八十一章《老子》祖本、《内业》，再由八十一章《老子》祖本发展为帛书本、河上公本、傅奕本、河/王合本。

关于文学研究方法，他认为分为三个方面，即文体研究、编纂者思想背景研究、撰写手法研究。

关于哲学研究方法，他提出三个一般性范畴来组织归类为道家的哲学思想，即宇宙论（基于道为宇宙主导性统一力量的宇宙观）、自我修炼（通过排除大脑中的杂念直到达到极度宁静状态的过程而得道）、政治思想（把这种宇宙观与自我修炼方法运用到统治国家的问题上）。根据这三个范畴，早期道家可分为三种形态，它们在宇宙观和修炼方法上相同，而在政治思想上不同，即个人主义倾向（以《内业》《庄子》内篇为代表）、原始主义倾向（以《老子》和《庄子》第八至十一篇及第十六篇为代表）、调和主义倾向（以许多不同文本为代表，包括《庄子》第十二至十四篇的大部分、第十五篇、第三十三篇以及《管子》的《心术上》《心术下》《白心》《经法》和《淮南子》等）。他并认为《论六家要指》所说的道家，是最后一种道家。

所谓宗教研究方法，即研究通过不同宗教实践方法所达到的特殊意识和心理状态。上述的道家哲学范畴中有自我修炼，这是通过练气或打坐的方法有系统地达到极其宁静和空玄的状态，由此洞察宇宙本质。根据这种理解，他找出郭店《老子》中的相关部分以说明这些研究方法的应用。

韩禄伯的论文《治国大纲——试读郭店〈老子〉甲组的第一部分》，以达慕思郭店《老子》国际学术讨论会上王博的观点为出发点，对郭店《老子》各组的组成性质问题进行进一步分析。王博认为郭店《老子》的诸章及片段并非随意集合在一起的，每组各有一主题：乙组集中于修身，即怎样摆脱烦恼、牵挂以健康长寿；丙组为治国提供意见；甲组包括五个单元，两个单元讨论治国之术，另两个单元描述道，其余一个单元指导如何养生。

韩禄伯同意王博的意见，但他又推进一步，认为甲组第一单元或许有刻意的"结构"或"设计"。他的看法归纳如下：

甲组第一单元是说理想的道家统治者的统治方式。这部分的开头即今本《老子》第十九章，包含了统治者的治国大纲的概要，并指明主要应关注什么。而第六十六、四十六、三十、十五、六十四、三十七、六十三、二和三十二诸章中的材料，阐释第十九章的主题。

韩禄伯指出，之所以说这一单元具有刻意的结构，是因为第十九章之后的发挥部分以同样的方式开始和结束，这说明这是有意地表明这一主题。

第十九章即"绝知弃辩"章，他认为开头的句子似乎针对一位统治者，因为如果他像设想的那样做，民必定受益。第一、三、五句告诉统治者不要做什么，去除什么；第九、十句告诉他应做什么。这样，这份统治者的议程包括应去除的和无用的：知、辩、巧、利、伪、诈；应鼓励的：视素、保朴、少私、寡欲。总之，第十九章被当作道家统治者的"使命宣言"。这样的统治者在他统治国家时，要去除并摆脱一定的事物，尤其是知、辩、巧、利、伪、诈。从正面说，他应显示出朴素，保持朴素，并且寡欲。这是他的"事"或"使"。

接下来的诸章——从第六十六到三十二章——将看到知、欲、伪、诈、私等被谴责为坏事物，被刻画为不成功的统治之术，并且将看到好的、成功的统治者是一个寡欲并朴素的人。

还要看第一单元的其他诸章，看每一章的要点是什么。他认为第六十六章呈现的是无私的统治者，这种统治者得到了所有统治者想得到的东西（控制和领导），并被人民爱戴，而且人民从不对他感到厌烦。第四十六章称颂的是知足，第六十六、四十六章是对第十九章最后一句提出的那些关切的直接反应。

　　第三十章讲"以道佐人主"之人，像第六十六章一样，这一章告诉我们成功属于无意于自我吹嘘的统治者。

　　第十五章基本是"容"或"颂"那些值得称颂的统治者，他们"豫""犹""严"，像客人们那样；"涣"且"屯"朴，像未雕琢之木那样；并且"坉"，像混沌的水，即是说他们不做明晰的区分。另外，第十九章中似无说明鼓励统治者做到"犹""严""涣"的原因，但"坉乎其如朴"肯定与第十九章中"视素保朴"相联系。另一个联系就是都要"去知"。

　　第六十四章告诉我们圣人出于无为而不破坏事物，因为无执而无所失。处事"慎终若始"，不仅"教不教"，而且"欲不欲"，"不贵难得之货"，最终"能辅万物之自然而弗能为"。这与第十九章提到的大纲有关，最明显的一点是圣人（或是统治者）是"欲无欲"之人，并且鲜有欲望。第十九章"绝巧弃利"与圣人"不贵难得之货"之间有某种联系。此章还提出了无为和不教，它们已在第十九章中被暗示了。韩禄伯还分析了甲组其他各章的主旨，都与第十九章有关，说明这是为统治者提供的治国大纲。

　　他认为，这是正确理解郭店《老子》性质的重要提示。此外，第五十七章末的"我无为而民自化，我好静而民自正，我无事而民自富，我无欲而民自朴"，充分表述了圣人关于道家统治者的统治方式的思想。他进一步指出，如果郭店《老子》甲组是为一个确定的目的而选定的材料，那么《老子》一书在郭店《老子》之前应已存在，或至少除郭店《老子》之外有《老子》一书的存在，而且这些章节的顺序也会是有所不同的。同样，甲组与通行本相比而缺失的部分是在设计时被刻意删节的。

　　美国艾兰与英国魏克彬所编《郭店〈老子〉——东西方学者的对话》[①] 一书，收录了 1998 年 5 月在美国达慕思大学召开的郭店《老子》国际学术讨论会的论文与学者间的交流对话。中文版出版于2002 年。此会的论文集国内也曾有编纂出版，如《道家文化研究》

①　学苑出版社 2002 年版。

第十七辑及《中国哲学》第二十辑。

此书分三篇，上篇是关于郭店楚墓、郭店《老子》整理、研究方法论的论文，中篇分专题整理学者间的研讨与对话，下篇是雷敦龢的郭店《老子》和《太一生水》校笺。书后还附有郭店《老子》研究的中文论著目录、索引。

关于方法论，美国人鲍则岳的文章主要论述古代写本文献整理的基本方法问题，包括如何作释文、如何辨读文字、如何追溯写本文献的源流。在释文问题上，要分两种情况：一是原写本文字完整、清晰时的步骤；二是文字有残缺或字迹不清楚时的步骤。前者的原则是尽最大可能准确地不含糊地释写原写本里的文字字形，不能因为作释文的学者本人或其他人的假想、偏见或主观决定而对原写本的文字进行增、改或添加。对此他把这一原则规范化描述为：凡是完全可以看到、看清的文字，一定要按照原写本里的字形一笔一画地照抄下来，绝不可以擅自对这些文字的字形结构加以省略或补充。对于后者，释文的原则是一定要严格区别原写本本文和整理者经推测而增加、删减或修改的文字。

辨读释文也分两种情况：一是有传本对照的异文文字；二是无传本对照的文字。对于前者，他举了不少例子，来说明判断文本中的异文到底是异字还是异读，是非常重要的问题。如河上公本第四十一章"上士闻道勤而行之，中士闻道若存若亡，下士闻道大笑"，帛书乙本第一句"上□□道董能行之"，其余除了"大笑"后多了一个"之"字外，都与河上公本一样，帛书甲本此一行完全没有。这里的问题是帛书乙本的"董"与通行本的"勤"、"能"与通行本的"而"如何看待。一般认为"董"与"勤"是异字，意思相同；"能"与"而"就有意思上的差别。但刘殿爵认为"而"字与"能"字都可以代表"然后"之义的"而"字，即"能"在早期文献中作"而"字的假借字。与此相关，"董"又可读作"僅"，则与"能"字相配合，意思就完全不同，一是勉强能够付诸实践，一是很勤奋地付诸实践。而把"勤"和"董"、"能"和"而"的不同读法综合起来，就会有四种情况。这说明此类情况一旦深入分析起来就非常复杂，

不能简单处理。

对于没有传本对照的文字，此文认为问题变成：根据一个已知的陌生字形，来确定它的发音和意义。这意味着要用一个已知的词来界定一个未知的字。他认为该字的发音，最好根据谐声的材料加以确定。如《太一生水》中"反楠大一"，对"楠"字根据声旁来找谐声字就有"辅""浦""醋""匍""黼""補"等，而且各有不同意义。这时可以提取一种贯穿整组词的一个要素，然后把它与无论是哪一个最适合上下文关系的词义相结合。用这种方法分析下来，他认为"楠"最好被理解为一个至今未被证实的"辅"字的异体字，表示"相互作用、相互补充"的意思。

谭朴森的文章探讨文献证据的形式处理问题，也就是文献证据的组织问题。他选取了郭店《老子》甲组始于第2简的第19字、终于第5简的第13字的一部分文字来具体说明。这部分文字对应于今本《老子》的第六十六章。一般将该章分为四个组成部分，即所谓句，每一句被视为一个独立单位。他集中了相关的资料，如郭店《老子》、帛书《老子》、《道德真经指归》、景龙碑本、王弼本、河上公本，首先将它们组合起来，进行对照，然后找出其中的异文。这要分多音节词和短语结构，再来找出文献的点和文献的逆序、阙文和省略，还要确定其中的异体字、避讳等情况。然后进行校勘，这时要注意校本证据的评估、证据材料的确定、证据的规则、文献证据，还要追求协调。根据选取的文本，加上这些规则和因素，他最后整理成一个文本校勘表，把上述所有的因素都标示出来而组合在这个表之中，这样就完成了文献校勘的第一步工作。谭氏在此文的开头处强调这是文献学研究第一个阶段的问题，即如何把文献证据分门别类组织成一个校勘成果之整体。他认为这是年轻的汉学家在整理和研究古代文献时必须掌握的基本功。这种基本功还要与鲍则岳所说的那些问题结合起来进行分析思考和判断，这都是研究出土文献或古代文献的方法论中的组成部分，不可分割。

关于郭店《老子》研究，在文献分析方面，学者们提出了文字分析的方法、版本的校勘与比较等问题。前者有鲍则岳、裘锡圭和高明的论文，主要探讨对古代文字的不同释读方法，而对特定的字有多种不同的读法，这都反映在雷敦龢的校笺中。学者们也提出了不仅要根据《老子》的各种版本，还要关注传世文献，而裘锡圭则强调字形分析时，要从汉字的历史演变（包括楚文字的特定演变）以及历史音韵学等方面综合分析，并且不能滥用音近通假的方法。至于后者，韩禄伯为会议提供了一个郭店《老子》的校本，是根据郭店《老子》、帛书《老子》、王弼本的逐行比较。谭朴森也在他的文章中介绍了更精细的校勘方法，已如上所述。罗浩对谭氏的校勘法，提出一个问题，即应该先把不同的《老子》版本之间的关系搞清楚，谭氏则认为要先把不同版本的异文校勘出来。谭氏的方法会把许多人们往往忽视的细节显示出来，可见是不可缺少的基础工作。

在句读问题上，学者们主要讨论了标点、分章、符号、章序等。而在主题的问题上，有人认为郭店《老子》中有一些主题贯穿了材料的始终，一些学者认为郭店三组《老子》的每一组，各有一个或两个特定的主题，而这又与《老子》的成书问题有关。也有人提出，郭店《老子》是否有一个统一的主题。

在哲学倾向方面，集中在《老子》思想与儒家思想的关系问题上。因为郭店《老子》的有些文本与通行本不一样，所以学者们认为以往根据通行本理解的《老子》思想要根据郭店《老子》的文本加以调整，如"绝知弃辩、绝巧弃利、绝伪弃诈"与"绝圣弃智、绝仁弃义、绝巧弃利"，又如"大道废焉有仁义"与"大道废，有仁义"等。

雷敦龢对郭店《老子》的校笺，综合了与会学者的不同观点，采用了西方《圣经》研究的方法，这一点值得注意。雷敦龢说这种方法已经应用在他1997年出版的《马王堆黄帝四经》一书中，并认为这种方法便于引用和交流。这种方法是在校笺的每一页的左边，都用数字标明竹简的号码，而在每行的文字上边，又有数字表示该字在该简的第几个字。这里的字数，不包括分章分句的符号，但包括可以计算出的空格的数字，重文符号也没有当作字数来计算。例如：A1：2 或 甲1：2，表示甲组《老子》第1号简的第2个字。

但在校笺中还要加上具体的文字，如：

A 1：2　　知：**知**：智 DYZ

第一个"知"字，是校笺者校定的字。第二个"知"字，是竹简上的原字，用粗体字表示。最后的"智 DYZ"，是某位学者的特定读法，比如 DYZ 表示丁原植。学者的简写有简写表列出。如果同一个学者或不同学者有不同意见，则继续用"：某字　某人简写"格式补在后面，可以有多个。"alt"表示可供选择的谈法，如：

A 9：16　　　屯：**屯**：沌 LL：敦 LL alt

在第一个写出的汉字后面如果附上了学者的简写，则表示校笺者采用了此学者的意见。对于补字、删字、存疑的字或多种释读，也有一定的格式或符号加以表示。此外，分章也使用了规定的字符加以表示。

这套方法一般人比较陌生，但雷敦龢认为如果熟悉了这套方法，就可以非常方便地加以引用，因为所有信息都用这种方法包括在内了。

他的这个校笺，还有自己的注释和说明，故有一定的资料性和参考性。

此书把中国与外国的学者所提出的问题以及他们各自的看法都进行了综合与条理化，便于了解学者们当时对郭店《老子》的研究情况，又可与国内的刊物所编纂的此次会议的论文集对照起来阅读，故有特定的价值。

2. 本杰明·史华兹《古代中国的思想世界》中的老子研究

本杰明·史华兹（1916—1999），1960 年起任美国哈佛大学教授，著有《寻求富强——严复和西方》《古代中国的思想世界》等。

《古代中国的思想世界》一书的中文版由江苏人民出版社出版于2008 年。其中第六章专论道家，他对老子思想的看法，包括在这一章中。史华兹对古代中国思想史的发展顺序，是把孔子、墨子放在道家之前，而且在论述道家思想之前，还专辟一章论述公共话语的兴起，包括性（本性或人性）、气、心（心灵），然而在其后的老子思想中却没有这些公共话语出现。当然，在《老子》中也能找到类似的字或词，或在其他道家著作中能找出类似的话语，但那都不是老子思想的主要概念或不是老子主要关心的问题。这说明把老子思想放在这种所谓公共话语兴起之后，是值得商榷的。

关于道家，史华兹一开始就强调要把早期的道家与后来的道教区分开来，而且认为"道家"这个术语所代表的人物与思想趋势也是相当不一样的，在他们的同时代人看来，这些人物代表了各自不同的观点。而要追溯他们之间的联系又是极为困难的，而且道家思想又包含在杂家中。他的这些看法说明道家是一个复杂的概念，不能笼统地使用。他又认为虽然道家的人物及其著作和思想在学者们看来还存在着许多不能确定的事情，但《老子》一书的确成功地反映了理路上极其统一的富有诗性色彩的世界观，帛书《老子》就支持这一点。他还认为道家的三个流派：老子、庄子和黄老思潮，都可归入到道家的范畴之下。他也承认道家是神秘主义，但不是婆罗门主义、大乘佛教或波默的神秘主义，它是中国式的完全自成一格的神秘主义。他说虽然人们对《老子》的看法不一，但他仍然从它的神秘主义维度着手。

之所以说《老子》是神秘主义的，他认为是因为这种主义都有某种不能按照人类语言范畴加以讨论的观点，这个不能用人类语言来讨论的东西，在不同的神秘主义那里是不一样的，但都可以归结为一种实在或实在的方面，用人类语言来描述的一切决断、关系和过程对它都是无效的。如果只是断言存在着这类实在，那还不是神秘主义，必须要有深刻的信仰或灵智意义上的"知识"，这种信仰或知识认为：尽管无法用言语与这种实在进行沟通，但这种实在确实是人类意义世界的根源，这种神秘性是一种更高的直接知识，是一种与不可言说的终极本源有关的知识，这种本源为世界上的存在物赋予了意义。

史华兹认为老子用"道"这个词作为中国式神秘主义的主要术语，但他并不对名词本身关心，可以用不同的名词来称呼它。他只是用这些名词指称由确定性存在物组成的世界和称万事万物时所具有的包含一切秩序的含义。对这种中国式的神秘主义，史华兹认为不能按西方人的思维模式来思考。西方人所说的非人格化的秩序或结构，表示这是与神秘事物相对立的事物，它们不包含任何神秘性。但中国的秩序观念不是这种意义上的结构，它完全是一种有机的样式，不是由部分搭建而成的。换句话说，道不是由大量的单独成分或关系构成的，使它们结合成一个整体的东西并不存在于部分之中，但这样的整体中又的确存在着秩序，这种秩序的中心就是某种统一性原则，而这种统一性是人类无法把握。

《老子》的神秘主义又不是有神论的，它彻底否定了"天"的中心地位。在《老子》中，天和地并非终极的存在物，人们能对它们做出确定的表述，这和其他具有确定性的事物一样，它们是有限的，并非永恒，因为天地尚不能久，即表示它们是有限的，不是常或恒。语言对这种无限永恒的实在是无能为力的，在《老子》中，那种使得起决定性作用的"道"得以可能的东西是超越了所有语言的能力的。"道"是无法预先决定和无法命名的，不能等同于任何可命名的事物，它又是非存在（无）。"无"是一种与任何一种能被命名的、确定而有限的实体、关系和过程都无法对应的实在，它又是真实的，并且是一切有限实在的根源。

史华兹说《老子》全书81章中，约有30章涉及神秘主义的内容，在全部文本中，它们属于最富有诗意和狂想色彩的段落。在这里，他发现了与其他任何一种神秘主义文献同样的特点，即一种持续不断的充满着佯谬色彩的努力，试图谈论不可谈论的东西。这里，他没有进一步说明这种佯谬的意图是什么。笔者认为这种佯谬的种种说法，即谈论不可谈论的东西，其实就是让人们意识到道是不可谈论的，只要谈论它，就是谬的。要真实的认识道，就不要谈论它。这也就是老子所说的"反"：我这样说，你们要反过来思考，不要顺着我所说的去思考。

他又探讨了这种神秘主义的体验问题，认为《老子》中缺少有关为了实现神秘主义体验所需要的专门技术的论述。他又提醒人们，道是无限的实在，但这不意味着那些有限的实在是无意义的或"非真实的"，或其本身内含着"邪恶"。他认为这种神秘主义有着明显的宽厚而肯定的态度，不论对个体化原则还是对被产生的实体世界的原则，都是如此。这种神秘主义并不否定自然，而是肯定自然。因此，它与佛教截然对立。

史华兹还注意到《老子》中用了母亲和女性来作比喻，把女性作为"无为"原则和"自然"原则的象征而加以赞颂，而这些原则把自然界与它的非存在的本源关联了起来。他认为《老子》把女性的特征用来比喻道的特性，如柔弱、虚空、生殖、消极接受、静止不动、处下。总之，女性都是以"不行动"而行动，她代表着非断定性的、非计算性的、毋须深思熟虑的、无目的的生殖和生长过程——借助于这一过程，"虚空"之中产生出"充满"，"静止"之中产生出"活跃"，"一"之中产生出"多"。因此，他认为女性就是无为的缩影。尽管非存在（无）本身是不可命名的，但人们却在《老子》书中感受到了自然的、消极的、虚空的、习惯性的、非断定性的特点，非人类的宇宙甚至人类生活的"自然"方面，都以这种自发的和无为的方式运行。所以只能说自然驻留于道之中，在自然之中，非存在和存在之间并不存在截然的断裂。自然的无为方面是道的显现，自然借此而驻留于道之中。

此外史华兹还分析了《老子》中的其他方面思想，如老子的自然与"科学的"自然主义、对人类生命的关怀、关于学习与知识、关于人类领域的问题、人与道的关系问题、社会政治方面的问题和圣贤—君王的统治问题，并讨论了《老子》中为什么没有出现"性"（人的本质）这个词语。总之，他对《老子》的思想进行了全方位的分析，并从西方学者的文化背景和知识构成的基础上对《老子》思想的含义与性质做出了评论。在分析过程中，并没有高深艰涩的哲学词汇，可知他之所以用"古代中国的思想"这个题目而不用"古代中国哲学"这种说法，还是有他特定考虑的。

3. 邰谧侠的新老学

邰谧侠（Misha Tadd），现任南开大学哲学学院副教授，负责成

立了全球老学研究中心。著有《〈老子〉译本总目——全球老学要览》[1] 等。

邰谧侠在其论文《〈老子〉的全球化和新老学的成立》[2] 中提出了"新老学"的概念。他收集了所知的全球的《老子》译本，以便全面深入描述《老子》外译情况。这些译本反映了《老子》的全球化，同时提醒人们，当代老学研究可称为"新老学"，与传统老学研究有很大区别，它要面对全球化的《老子》。"新老学"超出了中国范围，值得关注。全球范围的《老子》解释是《老子》的全球化，以国外解《老》为镜，对中国学界可有启益。

邰谧侠认为传统老学是对老子其人其书以及后人释读的研究，重视《老子》本意探究，还关注后代各种注疏。据丁巍《老子典籍考》统计，中国老学著作有 2185 种，日本 430 种，韩国 91 种。这些大都属传统老学。

传统老学包括不同时代不同学派的"老子"，新老学则包括不同语境和不同文化、哲学、宗教中的"老子"，如天主教"老子"、新教"老子"、犹太教"老子"、印度教"老子"、通神学"老子"、唯物主义"老子"、神秘主义"老子"、环境主义"老子"、女权主义"老子"、自然主义"老子"、无政府主义"老子"、法西斯主义"老子"和自由主义"老子"等。这说明中国内外的老子研究，是既统一又多元的。而从新老学出发，所有的《老子》译本可归于一个体系，研究会更富全局视野，有利于从对比中把握世界不同文化中的老学特点。

还有一种《老子》外译情况，即《老子》外译本又被译成其他外文。由此，原译本的解《老》方式被后续者沿袭，复杂的传承与影响形成了老学思想谱系。想了解哪些国家哪些人物接触过哪种《老子》，必须了解这些思想谱系。这种谱系也能说明全球众多的《老子》解释中，何种解释最受欢迎及其原因。

---

① 南开大学出版社 2022 年版。
② 见《中国哲学史》2018 年第 2 期。

因此要具备新老学的全局观，才能全面理解老学传播从中国到世界这一现象。因为《老子》原意模糊，后来解释者必须参考前人的注解，这使老学延绵不断。每个从中文翻译《老子》的译者都会参考历代注本或当代译本，有的译者，尤其帛书和竹简《老子》的注译者，虽然没有帛书本和竹简本《老子》译介本参考，也会受此前《老子》注本的影响。国际化老学的发展植根于传统老学，最终归于新老学。

邰谧侠又分析了汉语与非汉语的解释传统，认为传统老学以汉语解《老》为主，新老学则包括以外语解《老》的内容，二者解《老》原则有相似之处。另外，新老学一共包括五种解《老》方法：历史考据、哲学分析、宗教信仰、文学欣赏、个人启发。

历史考据法指从清朝开始，考据学为主流。国际汉学家多沿袭这种倾向，现在仍很常用，尤其是出现新的出土文献后，比如德国的瓦格纳、美国的韩禄伯、法国的 Jean Lévi。

哲学分析法指虽然宗教"老子"和哲学"老子"彼此交错，但不少解释强调哲学方面。比如美国的陈汉生、德国的布鲁诺。

宗教信仰法指从宗教信仰角度出发的解释，强调鬼神、超越世界、带有宗教性的宇宙观、修行等。新老学有将《老子》作为三位一体证据的天主教诠释的拉丁文译本，又有瑞典 Adolf Kolmodin 的新教译本，荷兰 Henri Borel、德国 Franz Hartmann 的通神学会译本，美国 Thomas Cleary 将泽庵宗彭《老子讲话》英译的外国佛教解释，韩国柳永模的基督教、佛教和仙道融合的译本。新宗教如督爷主义和绝地教也有自己的《老子》译本。

文学欣赏法强调《老子》的文学性，多以诗歌形式翻译，或从文学角度解析《老子》。如中国张南、卢国龙，美国 Gerald Schoenwolf，波兰 Jan Lemański 和俄国 В. Перелешин 等。

强调《老子》对个体启发意义的译本，不限于哲学或宗教，有更强的个体性。如 Timothy Leary 重新翻译的《老子》、Wayne Dyer 的《老子》、John Heider 的《领导之道》、Ray Grigg 的《爱情之道》、Waldo Japussy 用猫的立场解释的《老子》。

　　中外的解《老》文献可以归为以上五种，第五种只在国外出现，这是因为这类翻译的主观性最强。和中国本土有极强主观性的佛道解《老》相比，国外译介往往自出心裁，中国的佛道解《老》强调不背弃传统，现代西方对他者的文化更重在为己所用。

　　邰谧侠认为传统老学和新老学的主要区别不在于解释种类的不同，而在于新老学存在语言转化的困难和技术问题。传统老学以汉语解释汉语为主，因为上古汉语、中古汉语、近古汉语不同，早期经典需要注疏，但整个注本不算翻译。现代汉语白话文今译也与外文翻译有很多不同，不能归于翻译。《老子》汉语今译不需要处理难以以外语表达的词汇，如"道""德""气""天"等，因为这些词在汉语译本中不会造成困难。小部分译者对"道"选择零翻译即不翻译，但大部分外译无法逃避类似问题。汉语中多无主语，而英语则有，因此，从汉语的无主语句翻译至有主语的英语，译者要设定一个主语，而在汉语今译中，没有这个必要。因此汉语解释可以保持原文的模糊性，外译必须详细解释每句话甚至每个字。也有从外文译本回译成中文，如王强和刘飒翻译的《改变思想改变生活》，其中有外文转译。还有一种外译，不是直接从中文《老子》译为外文，而是从中文译成的外语本再转译为第三种语言。虽然准确度降低，但这也是对《老子》的解释和传播方式之一。这个转译现象提高了译本的数目。还有很多是在同种语言间的转译，即《老子》被译成某一语种，被不懂中文的读者看到，以该语种为母语的译者融入自身理解，仍以该语言写出新的译本。这种现象在英语界最为常见，如作家 Ursula Le Guin 的译本，还有 Aaron Brachfeld 的和 Peter Frentzel 的译本。这些转译，尤其是同种语言翻译的译作，准确度往往有一定问题。但从新老学的角度和《老子》中外传播的角度看，这些都是《老子》的众多"化身"。随着时代的变化及文化特色的不同，《老子》应该有其特殊的表现。可以说，转译是解《老》的重要方法之一，批评要具体情况具体分析。如果译者以有历史考据的译本为目的，就可以判断对错。如果译者不懂外语而按照个人感悟随性地翻译《老子》，也应是有价值的。

　　邰谧侠还概要叙述了《老子》的翻译史。他认为有历史记载的《老子》译本最早出现于唐朝，是梵文译本。现存最古的《老子》译句（14 条）是宋朝时的西夏译文，如"天下无道，戎马生于郊"翻译成西夏文，其意为"人君为不义，故不久兵马起"。可以看出西夏文《老子》有解释性，一是将"天下"解释为"人君"，二是将"无道"翻译成"为不义"，看来，西夏文的佚名译者将《老子》的话更具体化了。1658 年卫匡国用拉丁文翻译了第二十五章的小部分，强调道是无形的造物者。接下来较早的足译本是产生于 1721—1729 年的拉丁文手稿，译者是索隐派传教士，很可能是聂若翰。最早的印刷译本是日本金兰斋 1761 年出版的《老子经国字解》。该译本不只用了汉字符号，还用了日文。最早现代西文译本是东正教驻北京传教士 Архимандри'тДании'л 1828 年翻译的俄文译本，直到 1915 年才发表。西方最早的印刷译本是儒莲 1842 年出的法文译本。儒莲后出现的其他译本已达 72 种语言、1548 种译本，这么多译本表明《老子》的国际性，是新老学的研究对象之一。如果意识到每个译本都代表了独特的解《老》立场，就会承认《老子》翻译有着无限的可能性。

　　虽然译本各有其独特的解《老》立场，但多会与之前的注疏传统、译本或某一个意识形态（包括哲学宗教等）有关，故研究国际化的《老子》应考虑译本所处的思想谱系。《老子》译介会形成谱系，是因为知名译本常被转译，由此产生的转译本就会形成对初始译本解《老》思想的再传播。

　　这一类型的《老子》译本很多（转译自英文的 246 种、转译自法文的 42 种、从德文有 40 种），这种大规模转译中，译本间形成的复杂脉络影响深远。由于缺少新老学研究需要的全球意识，目前的新老学研究基本上只限于某一语境语种，尤其是仅指英语、德语的《老子》，而缺少对其他语境语种《老子》的观照，无法形成对全球化《老子》的具体认识。

　　如以儒莲的法译本为底本形成的耶鲁大学英译藏本（1859）、Chalmers 英译（1868）、Strauss 德译（1870）。除耶鲁大学藏本外，其他几个并非纯粹转译，它们各自融入了译者自身的特性。如儒莲翻译"道"为 La voie（路径、上天堂之道、上帝之法、上帝引导人类的方法），耶鲁藏本直接将儒莲的 La voie 转译成 The Way，即路径、方法、行为模式，Chalmers 则译为 Tao 和 Reason（理性）。Strauss 脚注像儒莲一样把"道"翻成 Weg（路径、往目的地的方向、方法），但将"道"音译为 Taò。儒莲翻译时只是沿袭原来的注疏传统，没有一贯的哲学立场，但其解《老》倾向影响了所有早期西译本。而且虽然后来译者用的解释方法各自不同，翻译方法仍多沿用儒莲，如将"道"翻译为"La voie"或"The Way"就沿用最多。

又如苏联 1950 年出版的《老子》，由杨兴顺翻译，虽然他对中国思想文化并不精通，但其译本因有唯物主义色彩而成为苏联标准译本。所以后来出现了众多以杨兴顺译本为底本的转译《老子》：罗马尼亚文（1953）、捷克文（1954）、德文（1955）、中文（1957）、波兰文（1977）、哈萨克文（2003）、乌克兰文（2008）、马其顿文（2011）、蒙古文（2014）。虽然后面几本是苏联解体后的译本，但仍成为苏联唯物主义《老子》思想谱系的重要部分，这说明苏联式《老子》的影响力还在扩大。

再如由著名的嬉皮祖英文译本形成的思想谱系。嬉皮祖属于接受《老子》的重要群体。20 世纪六七十年代《老子》特别流行，冯家福和 Jane English 1972 年的英译本是这一时期影响广泛的译本。该译本强调自由、人与大自然的关系，最出色的地方在于审美方面。每一章配有一张黑白照片和用毛笔写的原文，给读者一种恬静雅洁和优美的东方传统审美体验，这是译者解《老》的特色之一。目前这个译本已被转译成六种语言：希腊文（1978）、芬兰文（1985）、荷兰文（1987）、德文（1989）、泰文（1992）、西班牙文（1998），影响到不少其他译本。

带有解释性质的译本转译成其他语言的译本，形成了具有一定系统性的网络，影响深远而广泛，构建出复杂的思想谱系。但不是所有的影响力大的译本都会形成相应的思想谱系，如儒莲的译本，他的 La voie 翻译很广泛，但影响是间接的，没有多少译者全盘采用儒莲解释和翻译《老子》的方法，因此，它们之间的传播脉络不太明显。此外，不少译作者没有说明自己的译本出自哪个译本或受哪一译本影响，它们是否在某一思想谱系之内，也不得而知。

在成体系的《老子》译本外，还有比较特别的、没有构成谱系的译本。如有的体现了法西斯主义，有的是出于民族主义而作，有的是语种罕见。

Julius Evola 是著名的法西斯主义者，他反对现代社会、民主主义与平等主义，认为不同的人意识或精神成就也不同，根据这种不同建构社会层级才是合理的。其《老子》意大利文译本以 Alexander Ular 的法文本为底本。Ular 的译本是神秘主义立场，但没有 Evola 的法西斯社会概念，Evola 自己为译本加入了法西斯思想。

有的《老子》译本有民族主义的因素。如西方较早的译本之一是 1878 年的捷克文译本，译者 Františka Čupr 是政治家、哲学家和翻译家。为了推广捷克文（当时知识分子常用德文或法文），他将世界著名经典翻译成捷克文，《老子》是其中之一。因为要弘扬捷克民族，就有了那么早的《老子》捷克文译本。同样，菲律宾文《老子》是菲律宾裔的哈佛教授 E. San Juan，Jr. 写的。这位教授批评殖民主义，主张菲律宾人用自己的语言，因此他译了菲律宾文《老子》。

小语种或译本少的语种影响不大，但都表现了世界与中国交流的有趣故事和解释立场。如马耳他是欧洲地中海中的海岛小国，仅有五十万人口，曾任驻华大使的 Clifford Borg-Marks 将《老子》翻译成马耳他文，是用他自己英文译本转译。还有一种孟加拉文版《老子》，是泰戈尔侄子的孙子 Amitendranath Tagore 翻译的。新中国成立时他在北京大学读书。

邰谧侠在文末指出，《老子》的文化及历史价值不只跟原文有关，还与各种注疏和翻译有关。《老子》属于全世界，因此需要建立新老学。新老学是全球化的老学，值得研究的题目众多，如传统老学与注疏对国外《老子》诠释的影响，《老子》转译的思想谱系，外译本回译现象，《老子》的多样性和原文意义等。如果要探究《老子》在历史上和全球的影响和意义，应研究中外的所有《老子》注。因此，他将在《国际汉学》发表《老子》外译总目，希望能成为新老学的起点，也为《老子》跨文化跨语言的研究奠定基础。

邰谧侠对国外老学研究的总结以及新老学的提出，充分显示老子思想具有跨越历史，连接现实，面向未来，走向世界的恒久价值。因此，全面总结中国老学所蕴含的思想意义与历史影响，不仅有助于我们重新认识道家文化的现代性与世界性，对提高中华民族的文化自觉与文化自信亦具有重大意义。

参考文献

一、古籍类

1. 冯桂芬：《校邠庐抗议》，光绪十年（1884 年）刻本。

2. 司马光：《资治通鉴》，中华书局 1956 年版。

3. 康有为：《大同书》，古籍出版社 1956 年版。

4. 司马迁：《史记》，中华书局 1959 年版。

5. 郭庆藩：《庄子集释》，中华书局 1961 年版。

6. 班固：《汉书》，中华书局 1962 年版。

7. 永瑢等：《四库全书总目》，中华书局 1965 年版。

8. 马王堆汉墓帛书整理小组：《马王堆汉墓帛书老子（壹）》，文物出版社 1976 年版。

9. 杨伯峻：《列子集释》，中华书局 1979 年版。

10. 国家文物局古文献研究室编：《马王堆汉墓帛书》，文物出版社 1980 年版。

11. 夏东元编：《郑观应集》，上海人民出版社 1982 年版。

12. 许维遹：《吕氏春秋集释》，中国书店 1985 年版。

13. 陆德明：《经典释文》，上海古籍出版社 1985 年版。

14. 王栻主编：《严复集》，中华书局 1986 版。

15. 王卡：《老子道德经河上公章句》，中华书局 1993 年版。

16. 王夫之：《船山全书》第十三册，岳麓书社 1996 年版。

17. 湖北荆门市博物馆编：《郭店楚墓竹简》，文物出版社 1998 年版。

18. 钟哲：《韩非子集解》，中华书局 1998 年版。

19. 何宁：《淮南子集释》，中华书局 1998 年版。

20. 黎翔凤：《管子校注》，中华书局 2004 年版。

21. 魏源：《魏源全集·海国图志》，岳麓书社 2004 年版。

22. 汪中：《新编汪中集》，广陵书社 2005 年版。

23. 姜义华、张荣华编校：《康有为全集》第一集，中国人民大学出版社 2007 年版。

24. 阮元等：《畴人传汇编》，广陵书社 2009 年版。

25. 马建忠：《马氏文通》，商务印书馆 2010 年版。

26. 熊铁基、陈红星主编：《老子集成》第十一至十五卷，宗教文化出版社 2011 年版。包括以下文献：

　　魏源：《老子本义》（第十一卷）

　　黄裳：《道德经讲义》（第十一卷）

　　宋翔凤：《老子章义》（第十一卷）

　　高延第：《老子证义》（第十一卷）

　　魏锡曾：《校老子》（第十一卷）

　　德园子：《道德经证》（第十一卷）

　　陈澧：《老子注》（第十一卷）

　　易顺鼎：《读老札记》（第十一卷）

　　郭阶：《老子识小》（第十一卷）

　　陆心源：《道德真经指归校补》（第十一卷）

　　孙诒让：《老子札迻》（第十一卷）

　　杨文会：《道德经发隐》（第十一卷）

　　严复：《老子道德经评点》（第十一卷）

　　吴汝纶：《点勘老子读本》（第十一卷）

　　易佩绅：《老子解》（第十一卷）

　　文廷式：《老子枝语》（第十一卷）

　　俞樾：《老子平议》（第十一卷）

　　于鬯：《老子校书》（第十一卷）

　　刘师培：《老子韵表》（第十一卷）

　　刘师培：《老子斠补》（第十一卷）

刘鼐和：《新解老》（第十一卷）

杨增新：《补过斋读老子日记》（第十二卷）

杨树达：《老子古义》（第十二卷）

陶鸿庆：《读老子札记》（第十二卷）

张其淦：《老子约》（第十二卷）

徐绍桢：《道德经述义》（第十二卷）

胡薇元：《道德经达诂》（第十二卷）

无名氏：《老子精华》（第十二卷）

马其昶：《老子故》（第十二卷）

吴承仕：《老子音义辨证》（第十二卷）

马叙伦：《老子覈诂》（第十二卷）

奚侗：《老子集解》（第十三卷）

缪尔纾：《老子新注》（第十三卷）

罗运贤：《老子余谊》（第十三卷）

黄元炳：《老子玄玄解》（第十三卷）

区大典：《老子讲义》（第十三卷）

刘咸炘：《老子二钞》（第十三卷）

胡远濬：《老子述义》（第十三卷）

李大防：《老子姚本集注》（第十三卷）

陈登澥：《老子今见》（第十三卷）

李翘：《老子古注》（第十三卷）

丁展成：《老子校语》（第十三卷）

罗振玉：《老子考异》（第十四卷）

高亨：《老子正诂》（第十四卷）

丁惟鲁：《道德经注》（第十四卷）

陈柱：《老子集训》（第十四卷）

陈柱：《阐老》（第十四卷）

陈柱：《老子韩氏说》（第十四卷）

于省吾：《老子新证》（第十四卷）

蒋锡昌：《老子校诂》（第十四卷）

成上道：《老子心印》（第十五卷）

胡怀琛：《老子补注》（第十五卷）

张之纯：《评注老子菁华》（第十五卷）

马荫良：《老子新诂》（第十五卷）

劳健：《老子古本考》（第十五卷）

张默生：《老子章句新释》（第十五卷）

张纯一：《老子通释》（第十五卷）

徐昂：《道德经儒诠》（第十五卷）

谭正璧：《老子读本》（第十五卷）

蒙文通：《晋唐老子古注四十家辑存》（第十五卷）

27. 陈澧：《东塾读书记》，上海古籍出版社 2012 年版。

28. 北京大学出土文献研究所编：《北京大学藏西汉竹书（贰）》，上海古籍出版社 2012 年版。

二、今人著述

1. 江瑔：《读子卮言》，1917 年排印本。

2. 蔡元培：《中国伦理学史》，商务印书馆 1922 年版。

3. 郎擎霄：《老子学案》，上海大东书局 1924 年版。

4. 吕思勉：《经子解题》，商务印书馆 1926 年版。

5. 王力：《老子研究》，商务印书馆 1928 年版。

6. 陈柱：《老学八篇》，商务印书馆 1928 年版。

7. 钟泰：《中国哲学史》，商务印书馆 1929 年版。

8. 陈柱：《老子与庄子》，商务印书馆 1931 年版。

9. 孙思昉：《老子政治思想概论》，商务印书馆 1931 年版。

10. 吕思勉：《先秦学术概论》，世界书局 1933 年版。

11. 张默生：《先秦道家哲学研究》，山东文化学社 1934 年版。

12. 冯友兰：《中国哲学史》，商务印书馆 1934 年版。

13. 钱基博：《老子道德经解题及其读法》，大华书局 1934 年版。

14. 刘其宣：《老子学案》，京华印书馆 1934 年版。

15. 侯外庐：《中国古代社会与老子》，山西国际学社 1934 年版。

16. 蒋维乔、杨大膺：《中国哲学史纲要》，中华书局 1935 年版。

17. 胡哲敷：《老庄哲学》，中华书局 1935 年版。

18. 王蘧常：《严幾道年谱》，商务印书馆 1936 年版。

19. 吕振羽：《中国政治思想史》，黎明书局 1937 年版。

20. 历劫余生：《老子研究与政治》，中国图书杂志公司 1939 年版。

21. 周振甫：《严复思想述评》，中华书局 1940 年版。

22. 方豪：《明季西书七千部流入中国考》，《中外文化交通史论丛第一辑》，独立出版社 1944 年版。

23. 侯外庐：《中国古代思想学说史》，文风书局 1994 年版。

24. 大同法师：《老子哲学》，大法轮书局 1947 年版。

25. 金声：《老子哲学之研究》，松涛出版社 1948 年版。

26. 张默生：《老子章句新释》，济东印书社 1948 年版。

27. 王明：《老子河上公章句考》，北京大学出版部 1948 年版。

28. 张静庐辑：《中国近代出版史料初编》，群联出版社 1953 年版。

29. 中国史学会编：《中国近代史料丛刊·戊戌变法（二）》，上海人民出版社 1953 年版。

30. 郭沫若：《青铜时代》，科学出版社 1957 年版。

31. （苏）杨兴顺著，杨超译：《中国古代哲学家老子及其学说》，科学出版社 1957 年版。

32. 李泰棻：《老庄研究》，人民出版社 1958 年版。

33. 罗根泽：《诸子考索》，人民出版社 1958 年版。

34. 杨柳桥：《老子译话》，古籍出版社 1958 年版。

35. 车载：《论老子》，上海人民出版社 1959 年版。

36. （德）黑格尔著，贺麟、王太庆译：《哲学史讲演录》第一卷，商务印书馆 1959 年版。

37. 任继愈主编：《中国哲学史》，人民出版社 1963 年版。

38. 关锋：《春秋哲学史论集》，人民出版社 1963 年版。

39. （日）津田左右吉：《津田左右吉全集》，日本岩波书店 1964 年版。

40. 侯外庐：《中国思想通史》（第一卷，增订本），人民出版社

1967 年版。

    41. 谢无量：《中国哲学史》，台湾中华书局 1976 年版。

    42.（日）武内义雄：《武内义雄全集》，日本角川书店 1978 年版。

    43. 严灵峰：《老庄研究》，台湾中华书局 1979 年版。

    44. 钱锺书：《管锥编》第二册，中华书局 1979 年版。

    45.（日）波多野太郎：《老子道德经研究》，日本国书刊行会 1979 年版。

    46. 黄焯：《经典释文汇校》，中华书局 1980 年版。

    47. 高亨：《老子注译》，河南人民出版社 1980 年版。

    48.（英）赫胥黎著，严复译：《天演论》，商务印书馆 1981 年版。

    49. 张松如：《老子校读》，吉林人民出版社 1981 年版。

    50. 方汉奇：《中国近代报刊史》，山西人民出版社 1981 年版。

    51. 顾颉刚、罗根泽等：《古史辨》第四册、第六册，上海古籍出版社 1982 年版。

    52. 商务印书馆编：《论严复与严译名著》，商务印书馆 1982 年版。

    53. 张舜徽：《周秦道论发微》，中华书局 1982 年版。

    54. 许抗生：《帛书老子注译与研究》，浙江人民出版社 1982 年版。

    55. 任继愈主编：《中国哲学发展史·先秦》，人民出版社 1983 年版。

    56. 朱谦之：《老子校释》，中华书局 1984 年版。

    57. 陈鼓应：《老子注译及评介》，中华书局 1984 年版。

    58. 古棣、周英：《老子通》，吉林人民出版社 1984 年版。

    59. 李泽厚：《中国古代思想史论》，人民出版社 1985 年版。

    60. 钱穆：《现代中国学术论衡》，岳麓书社 1986 年版。

    61. 牟宗三：《老子〈道德经〉讲演录》，香港鹅湖出版社 1986 年版。

    62. 张舜徽：《清人笔记条辨》，中华书局 1986 年版。

    63. 金岳霖：《论道》，商务印书馆 1987 年版。

    64. 徐梵澄：《老子臆解》，中华书局 1988 年版。

65. 梁启超：《饮冰室合集》，上海中华书局 1989 年版。

66. 陈撄宁：《道教与养生》，华文出版社 1989 年版。

67. 任继愈主编：《中国道教史》，上海人民出版社 1990 年版。

68. （英）李约瑟著，何兆武等译：《中国科学技术史》第二卷，科学出版社、上海古籍出版社 1990 年版。

69. 饶宗颐：《老子想尔注校证》，上海古籍出版社 1991 年版。

70. 黄钊主编：《道家思想史纲》，湖南师范大学出版社 1991 年版。

71. 黄钊：《帛书老子校注析》，台湾学生书局 1991 年版。

72. 郭齐勇：《熊十力思想研究》，天津人民出版社 1993 年版。

73. 王博：《老子思想的史官特色》，台湾文津出版社 1993 年版。

74. 巩德顺主编：《老子与中华文明》，陕西人民教育出版社 1993 年版。

75. 巩德顺主编：《老子思想的现代价值》，陕西旅游出版社 1994 年版。

76. 欧阳哲生：《严复评传》，百花洲文艺出版社 1994 年版。

77. 萧兵、叶舒宪：《老子的文化解读——性与神话学之研究》，湖北人民出版社 1994 年版。

78. （意）贺荣一：《老子之朴治主义》，百花文艺出版社 1994 年版。

79. 章太炎：《国学讲演录》，华东师范大学出版社 1995 年版。

80. 张志建：《严复学术思想研究》，商务印书馆国际有限公司 1995 年版。

81. 熊铁基、马良怀、刘韶军：《中国老学史》，福建人民出版社 1995 年版。

82. 高秀昌、龚力：《哲人的智慧——〈老子〉与中国文化》，河南大学出版社 1995 年版。

83. 尹振环：《帛书老子释析——论帛书老子将会取代今本老子》，贵州人民出版社 1995 年版。

84. （美）本杰明·史华兹著，叶凤美译：《寻求富强——严复与西方》，江苏人民出版社 1996 年版。

85. 郭沫若：《十批判书》，东方出版社 1996 年版。

86. 马一浮：《马一浮集》第一册，浙江古籍出版社、浙江教育出版社 1996 年版。

87. 刘梦溪编：《中国现代学术经典·康有为卷》，河北教育出版社 1996 年版。

88. 张智彦：《老子与中国文化》，贵州人民出版社 1996 年版。

89. 潘乃樾：《老子与现代管理》，中国经济出版社 1996 年版。

90. 陈鼓应：《易传与道家思想》，三联书店 1996 年版。

91. 高明：《帛书老子校注》，中华书局 1996 年版。

92. （德）黑格尔著，贺麟译：《小逻辑》，商务印书馆 1996 年版。

93. 王国维：《王国维文集》第三卷，中国文史出版社 1997 年版。

94. 胡适：《中国哲学史大纲》，上海古籍出版社 1997 年版。

95. （英）哈耶克著，邓正来译：《自由秩序原理》，三联书店 1997 年版。

96. （日）金谷治：《中国思想论集》下卷，日本平河出版社 1997 年版。

97. 张松如：《老子说解》，齐鲁书社 1998 年版。

98. 崔仁义：《荆门郭店楚简〈老子〉研究》，科学出版社 1998 年版。

99. 丁原植：《郭店竹简老子释析与研究》，台湾万卷楼图书有限公司 1998 年版。

100. 陈鼓应主编：《道家文化研究》第十四辑，三联书店 1998 年版。

101. 李天纲编校：《万国公报文选》，三联书店 1998 年版。

102. 姜国柱：《道家与兵家》，西苑出版社 1998 年版。

103. 《中国哲学》编辑部、国际儒联学术委员会编：《中国哲学》第二十辑《郭店楚简研究》，辽宁教育出版社 1999 年版。

104. 陈鼓应主编：《道家文化研究》第十五辑，三联书店 1999

年版。

105. 陈鼓应主编：《道家文化研究》第十七辑《"郭店楚简"专号》，三联书店 1999 年版。

106. 刘信芳：《荆门郭店竹简老子解诂》，台湾艺文印书馆 1999 年版。

107. 吴文俊主编：《中国数学史大系》第七卷，北京师范大学出版社 1999 年版。

108. 冯友兰：《三松堂全集》，河南人民出版社 2000 年版。

109. 姚民权、罗伟虹：《中国基督教简史》，宗教文化出版社 2000 年版，

110. 武汉大学中国文化研究院编：《郭店楚简国际学术研讨会论文集》，湖北人民出版社 2000 年版。

111. 丁四新：《郭店楚墓竹简思想研究》，东方出版社 2000 年版。

112. 石元康：《当代西方自由主义理论》，上海三联书店 2000 年版。

113. 蒙文通：《道书辑校十种》，巴蜀书社 2001 年版。

114. 江晓原、钮卫星：《天文西学东渐集》，上海书店出版社 2001 年版。

115. 熊十力：《熊十力全集》，湖北教育出版社 2001 年版。

116. 麻天祥：《中国近代学术史》，湖南师范大学出版社 2001 年版，

117. 彭浩：《郭店楚简〈老子〉校读》，湖北人民出版社 2001 年版。

118. 尹振环：《楚简老子辨析——楚简与帛书〈老子〉的比较研究》，中华书局 2001 年版。

119. 刘固盛：《宋元老学研究》，巴蜀书社 2001 年版。

120. 王中江：《道家形而上学》，上海文化出版社 2001 年版。

121. 辜鸿铭著，黄兴涛等译：《中国人的精神》，广西师范大学出版社 2002 年版。

122. 钱穆：《庄老通辨》，三联书店 2002 年版。

123. 何炳棣：《有关〈孙子〉〈老子〉的三篇考证》，台湾"中央研究院"近代史研究所 2002 年版。

124. 熊铁基、刘韶军、刘筱红、吴琦、刘固盛：《二十世纪中国老学》，福建人民出版社 2002 年版。

125. 王葆玹：《老庄学新探》，上海文化出版社 2002 年版。

126. 董恩林：《唐代老学——重玄思辨中的理身理国之道》，中国社会科学出版社 2002 年版。

127. 刘固盛：《宋元时期的老学与理学》，陕西人民出版社 2002 年版。

128. 徐志钧：《帛书老子校注》，学林出版社 2002 年版。

129. （美）艾兰、（英）魏克彬，邢文译：《郭店〈老子〉——东西方学者的对话》，学苑出版社 2002 年版。

130. 章太炎：《国故论衡》，上海古籍出版社 2003 年版。

131. 韦政通：《中国思想史》，上海书店出版社 2003 年版。

132. 刘钊：《郭店楚简校释》，福建人民出版社 2003 年版。

133. 廖名春：《郭店楚简老子校释》，清华大学出版社 2003 年版。

134. 任继愈主编：《中国哲学史》（一），人民出版社 2003 年版。

135. 郑开：《道家形而上学研究》，宗教文化出版社 2003 年版。

136. 李顺连：《道论》，华中师范大学出版社 2003 年版。

137. 荆门郭店楚简研究（国际）中心编：《古墓新知——纪念郭店楚简出土十周年论文专辑》，国际炎黄文化出版社 2003 年版。

138. 聂中庆：《郭店楚简〈老子〉研究》，中华书局 2004 年版。

139. 李若晖：《郭店竹书〈老子〉论考》，齐鲁书社 2004 年版。

140. 尹志华：《北宋〈老子〉注研究》，巴蜀书社 2004 年版。

141. 徐复观：《中国思想史论集》，上海书店出版社 2004 年版。

142. 林语堂著，黄嘉德译：《老子的智慧》，陕西师范大学出版社 2004 年版。

143. 刘殿爵：《采撷英华——刘殿爵教授论著中译集》，香港中文大学出版社 2004 年版。

144．孙以楷：《老子通论》，安徽大学出版社 2004 年版。

145．阎纯德主编：《汉学研究》（第八集），中华书局 2004 年版。

146．（日）池田知久：《郭店楚简老子的新研究》，日本汲古书院 2004 年版。

147．邓各泉：《郭店楚简〈老子〉释读》，湖南人民出版社 2005 年版。

148．杨昶等著：《出土文献探赜》，崇文书局 2005 年版。

149．牟宗三：《中国哲学十九讲》，上海古籍出版社 2005 年版。

150．劳思光：《新编中国哲学史》，广西师范大学出版社 2005 年版。

151．唐君毅：《中国哲学原论·导论篇》，中国社会科学出版社 2005 年版。

152．唐君毅：《中国哲学原论·原性篇》，中国社会科学出版社 2005 年版。

153．唐君毅：《中国哲学原论·原道篇》，中国社会科学出版社 2006 年版。

154．唐君毅：《中国哲学原论·原教篇》，中国社会科学出版社 2006 年版。

155．刘笑敢：《老子古今》，中国社会科学出版社 2006 年版。

156．（日）池田知久著，曹峰译：《池田知久简帛研究论集》，中华书局 2006 年版。

157．华中师范大学历史文献学研究所编：《张舜徽研究论集》，崇文书局 2006 年版。

158．唐明邦：《论道崇真集》，华中师范大学出版社 2006 年版。

159．成中英：《中国哲学的四个特性》，湖北人民出版社 2006 年版。

160．詹剑峰：《老子其人其书及其道论》，华中师范大学出版社 2006 年版。

161．胡道静主编：《十家论老》，上海人民出版社 2006 年版。

162. 任继愈：《老子绎读》，北京图书馆出版社 2006 年版。

163. 刘韶军：《日本现代老子研究》，福建人民出版社 2006 年版。

164. 萧天石：《道德经圣解》，华夏出版社 2007 版。

165. 李零：《郭店楚简校读记》，中国人民大学出版社 2007 年版。

166. 朱大星：《敦煌本〈老子〉研究》，中华书局 2007 年版。

167. 楼宇烈：《老子道德经校释》，中华书局 2008 年版。

168. 刘固盛：《道教老学史》，华中师范大学出版社 2008 年版。

169. 辛红娟：《〈道德经〉在英语世界——文本行旅与世界想像》，上海译文出版社 2008 年版。

170. （美）本杰明·史华兹著，程钢译：《古代中国的思想世界》，江苏人民出版社 2008 年版。

171. （德）鲁道夫·瓦格纳著，杨立华译：《王弼〈老子注〉研究》，江苏人民出版社 2009 年版。

172. 李维武编：《徐复观文集》第三卷，湖北人民出版社 2009 年版。

173. 蒋维乔：《中国佛教史》，岳麓书社 2009 年版。

174. 丁四新：《郭店楚竹书〈老子〉校注》，武汉大学出版社 2010 年版。

175. 公木、邵汉明：《道家哲学智慧》，吉林人民出版社 2010 年版。

176. 江淑君：《宋代老子学诠解的义理向度》，台湾学生书局 2010 年版。

177. 彭裕商、吴毅强：《郭店楚简老子集释》，巴蜀书社 2011 年版。

178. 方东美：《原始儒家道家哲学》，中华书局 2012 年版。

179. 刘玲娣：《汉魏六朝老学研究》，华中师范大学出版社 2012 年版。

180. 任法融：《道德经释义》，东方出版社 2012 年版。

181. 赵保佑、高秀昌主编：《老子思想与现代管理》，社会科学文献出版社 2013 年版。

182. 陈鼓应主编：《道家文化研究》第二十七辑，三联书店2013年版。

183. 王孝鱼：《老子衍疏证》，中华书局2014年版。

184. 林光华：《〈老子〉之道及其当代诠释》，中国人民大学出版社2015年版。

185. 刘固盛主编：《道家道教与生态文明》，华中师范大学出版社2015年版。

186. 陈梦家：《老子分释》，中华书局2016年版。

187. 吴诚真：《道德经阐微》，东方出版社2016年版。

188. 王闯：《清代老学研究》，华中师范大学出版社2016年版。

189. 吴雪萌：《英语世界的老学研究》，华中师范大学出版社2016年版。

190. 王素芬、丁全忠：《生态语境下的老子哲学研究》，人民出版社2016年版。

191. 北京大学出土文献研究所编：《古简新知——西汉竹书〈老子〉与道家思想研究》，上海古籍出版社2017年版。

192. 刘思禾：《清代老学史稿》，学苑出版社2017年版。

193. 曹峰：《老子永远不老——〈老子〉研究新解》，中国人民大学出版社2018年版。

194. 江淑君：《明代老子学诠解的义理向度》，台湾学生书局2018年版。

195. （德）汉斯—格奥尔格·梅勒著，刘增光译：《东西之道——〈道德经〉与西方哲学》，北京联合出版公司2018年版。

后　记

　　本书是我主持完成的国家社科基金重大项目《中国老学通史》的最终成果，全书五卷六册，300 余万字。经福建人民出版社申请，本书也有幸被列入国家"十三五"重点图书出版规划项目和 2022 年度国家出版基金资助项目。《中国老学通史》于 2014 年 11 月获得立项以后，本人召集课题组全体人员按照预期研究计划商讨并制定了具体研究方案，就课题涉及的一些重要问题，向詹石窗教授、王卡研究员、陈静研究员、卢国龙研究员、李大华教授、盖建民教授、曹峰教授、郑开教授、吴根友教授、丁四新教授、谢阳举教授、尹志华教授等专家学者进行了咨询，从而使课题的研究思路、研究方法、重点难点和创新点变得更加清晰。为了保证课题的研究质量，课题组成员高度负责，广泛收集文献资料，并积极参加国内外与本课题相关的学术交流活动。在项目执行期间，孙亦平教授、林乐昌教授等专家充分肯定了课题的学术价值，陈鼓应先生先后多次从台北来电询问项目的进展情况，陈耀庭先生细心审阅了项目的中期成果《道德真经三解通释》，问永宁教授为我提供了十分珍贵的元代德异《直注道德经》的整理本，胡孚琛研究员、刘仲宇教授、朱越利教授、张泽洪教授、樊光春研究员、杨立志教授等专家对我多有鼓励，这些都是我非常感激的。2020 年年初，各分卷书稿基本完成。当时适逢新冠疫情肆虐，本人被困于湖南老家，虽诸事不便，却也获得了较为充裕的时间，可以潜心整理书稿。先后两次通读全书，对书稿进行了修改、补写，有的章节进行了较大的修改，力求使全书各卷体例统一，风格相近，学术观点前后一致。

　　2021 年 5 月，按照全国社科规划办的结项批复与要求，课题结项鉴定会在华中师范大学召开。专家组由郭齐勇教授、盖建民教授、孙亦平教授、张广保教授、强昱教授五位学者组成。各位专家认为本成果达到了项目的预期目标，是一项优秀的研究成果。各位专家也对成果的进一步完善提出了宝贵的修改意见，他们的金玉之言，让我深深感佩。

在此谨向在项目申报、开题、执行研究计划直至结项过程中诸多学者和朋友的支持与帮助致以最诚挚的谢意！

同时感谢业师熊铁基先生对本课题的关心和指导，并为本书撰写序言，先生在老庄学领域的开拓，是本课题研究最直接的学术基础。感谢朱英教授、彭南生副校长的真切关怀，感谢香港青松观董事会、武当山道教协会对华中师范大学道家道教研究中心以及本人的大力支持，感谢福建人民出版社刘亚忠社长的支持和信任，感谢全书各卷责编的辛勤付出。最后要向课题组全体成员表示衷心的感谢！大家集思广益，通力合作，真诚相待，这份学术情谊我将倍加珍惜。

老子曰："执古之道，以御今之有。"在学术研究的漫漫长路上，愿道家真精神同在。

全书的具体分工如下：

《先秦两汉卷》，徐华执笔，其中《前言》由刘固盛执笔。

《魏晋南北朝隋唐卷》，刘玲娣执笔，其中第十二章由刘固盛执笔。

《宋元卷》，刘固盛、肖海燕执笔，其中刘固盛撰写第一、二、三、五、六、七、九章，第八章第一、二、三节，第十章第一节；肖海燕撰写第四章，第八章第四节、第十章第二节，第十一、十二章。

《明清卷》，刘固盛、王闯、涂立贤执笔，其中刘固盛撰写第一章第二节（其中第二、三小节与王闯合写），第二章，第八章；王闯撰写第一章第一节第三小节，第三章第二节，第五章第四节，第七章，第九章，第十一章，第十二章第二、三、四节；涂立贤撰写第一章第一节第一、二小节（其中第一小节与王闯合写），第三章第一节，第四章第一、二、三、六节，第五章第一、二节，第六章，第十章，第十二章第一节。甄跃达撰写第四章第四节、第五章第三节；樊平撰写第四章第五节。

《近现代卷》（上下册），刘韶军执笔。

全书由刘固盛统稿、修改增补、定稿。

刘固盛

2023 年 6 月于武昌桂子山